调结构 抓扶贫

CHUXIONG ALMANAC

规模以上固定资产投资:601.41 亿元
第一产业投资:40.71 亿元
第二产业投资:184.24 亿元
第三产业投资:376.46 亿元
新增固定资产投资:336.69 亿元
房地产开发投资:92.48 亿元
商品房销售面积:225.02 万平方米
商品房销售额:78.29 亿元

社会消费品零售总额:238.37 亿元
外贸进出口总额:35181 万美元
实际利用外资:2045 万美元

公路通车里程:18293.46 千米
年末机动车拥有量:586574 辆
客运量:3535 万人次
货运量:2904 万吨
邮电业务总量:19.17 亿元
电话普及率:67.8 部 / 百人
旅游业总收入:83.52 亿元

财政总收入:153.29 亿元
地方公共财政预算收入:63.72 亿元

地方公共财政预算支出:205.12 亿元
金融机构年末人民币存款余额:801.55 亿元
城乡居民储蓄存款余额:448.08 亿元
金融机构年末人民币贷款余额:499.60 亿元

普通高校:2 所
普通中专学校:25 所
科技对国民经济增长贡献率:52.1%
电视覆盖率:97.86%
广播覆盖率:97.43%
卫生机构:1704 个
专业卫生技术人员:12738 人
医疗卫生机构床位:14656 张

农村常住居民人均可支配收入:7570 元
城镇常住居民人均可支配收入:24531 元

[主要数据来源:《楚雄州 2014 年国民经济和社会发展统计公报》]

(本版摄影:李建华)

2015 年 5 月 21 日，中共云南省委副书记钟勉到元谋县调研　　（高建波 / 摄影）

2015 年 5 月 5 日，中共云南省委常委、省委统战部部长黄毅到楚雄州民主党派机关调研

（高建波/摄影）

2015 年 6 月 16 日，中共云南省委常委、省纪委书记张硕辅在楚雄州纪委监察局机关查看党风廉政建设档案 （金　伟 / 摄影）

2015 年 6 月 2 日，云南省人大常委会常务副主任杨应楠到双柏县调研（王华蓉 / 摄影）

2015 年 3 月 24 日，云南省人民政府副省长丁绍祥视察楚(雄)南(华)一级公路建设情况

（王　洪／摄影）

2014 年 11 月 14 日，云南省人民政府副省长刘慧宴到楚雄调研辣木产业发展情况

（夏天彧／摄影）

2015 年 1 月 5~6 日，中共楚雄州委八届五次全体（扩大）会议召开 （高建波/摄影）

2015 年 2 月 5~8 日，楚雄州第十一届人民代表大会第五次会议召开 （高建波/摄影）

2015 年 2 月 4~7 日，政协楚雄州第九届委员会第五次会议召开 （王 明/摄影）

2014年10月11日，楚雄州党的群众路线教育实践活动总结大会召开　　（高建波/摄影）

2014年10月31日，楚雄州召开纪念《中华人民共和国民族区域自治法》颁布实施30周年座谈会　　（高建波/摄影）

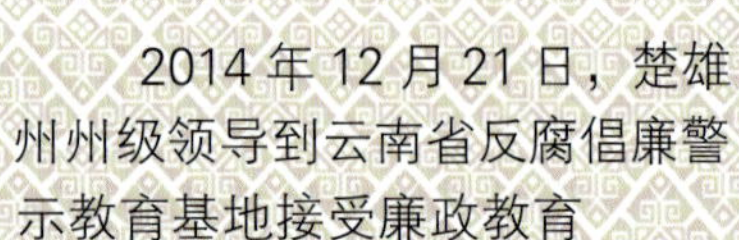

2014年12月21日，楚雄州州级领导到云南省反腐倡廉警示教育基地接受廉政教育　　（高建波/摄影）

2015 年 5 月 14 日，州委书记侯新华，州委副书记、州长李红民参加"云南通·楚雄"党政客户端上网启动仪式 （高建波/摄影）

2015 年 6 月 12 日，州委书记侯新华，州委副书记、州长李红民到南博会楚雄馆巡馆 （夏天彧/摄影）

2015 年 7 月 22 日，楚雄州与中国新兴矿业化工总公司签订战略框架协议 （起永俊 /摄影）

2015 年 8 月 8 日，中国楚雄·西南义乌商品交易博览城项目开工奠基 （高建波/摄影）

2015 年 3 月 12 日，州人大常委会主任卢显林到禄丰工业企业调研 （王华蓉 / 摄影）

2015 年 2 月 11 日，州政协主席李兴顺到武定县高桥镇弯腰树村委会走访慰问困难群众和党员 （吴明阳 / 摄影）

大姚嘉宏纺织集团有限公司生产车间 （高建波/摄影）

永仁县莲池乡小枣丰收 （高建波/摄影）

牟定星贸食品有限公司野生菌加工（高建波/摄影）

红塔集团楚雄卷烟厂烟叶加工 （高建波/摄影）

姚安县蛋鸡规模化养殖　（王　明/摄影）

元谋县外销蔬菜装运　（高建波/摄影）

禄丰县土官工业园区云钛公司钛产品生产（王　明/摄影）

云南华香源公司工人在封装香料原料（李文华/摄影）

2014 年 12 月 17 日，楚雄州彩(云)至碍(嘉)公路建设工程启动仪式 （夏天彧/摄影）

2014 年 12 月 29 日，楚(雄)至广(通)高速公路通车仪式 （高建波/摄影）

建设中的楚(雄)南(华)一级公路茅草坪大桥 （王 洪/摄影）

2014 年 11 月 10 日，云南爱尔发生物技术有限公司“侯保荣院士工作站”揭牌

（高建波 /摄影）

2015 年 4 月 24 日，在楚雄州第九届劳动模范和先进工作者表彰大会上，州党政领导为受表彰者颁奖 （夏天彧/摄影）

2014 年 11 月 28 日，楚雄州精神文明建设工作暨第十次表彰大会召开 （夏天彧/摄影）

2014 年 7 月 2 日，楚雄州第五届残疾人运动会开幕

（夏天彧/摄影）

2014 年 11 月 19 日，2014 七彩云南格兰芬多国际自行车节楚雄站比赛现场

（向　琳/摄影）

2015 年 1 月 28 日，楚雄州文化、科技、卫生“三下乡”活动在永仁县莲池乡启动

（夏天彧/摄影）

2014 年楚雄州城区职工庆“五一”广场健身舞蹈大赛
（马兴华 /摄影）

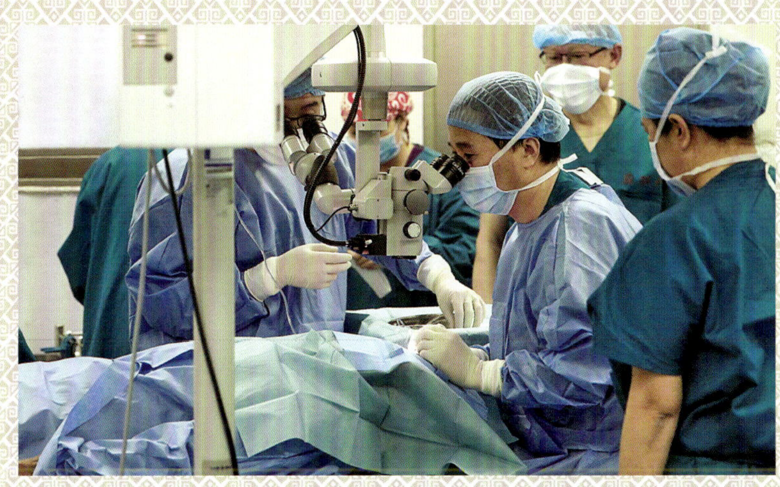

2014 年 12 月 20 日，深圳市政协委员、医学博士姚晓明在双柏县为白内障患者做复明手术
（夏天彧/摄影）

2015 年 5 月 24 日，由文化部、中央文明委主办的“大地情深”——国家艺术院团志愿服务演出活动在楚雄市举行
（夏天彧/摄影）

医保政策宣传 （王 明/摄影）

2014楚雄美丽乡村摄影展

（马兴华/摄影）

楚雄一中新教学大楼——知行楼落成 （何 鹏/摄影）

楚雄州年鉴

CHUXIONG ALMANAC

2015

楚雄彝族自治州人民政府 主办
楚雄州地方志办公室 编纂

云南出版集团公司
云南科技出版社
·昆 明·

图书在版编目（CIP）数据

楚雄州年鉴. 2015/楚雄州地方志办公室编纂. —昆明：云南科技出版社，2015.7

ISBN 978-7-5416-9190-4

Ⅰ. ①楚…　Ⅱ. ①楚…　Ⅲ. ①楚雄彝族自治州-2015-年鉴　Ⅳ. ①Z527.42

中国版本图书馆 CIP 数据核字（2015）第 162409 号

楚雄州年鉴(2015)

楚雄彝族自治州人民政府　主办
楚 雄 州 地 方 志 办 公 室　编纂
地　　址　云南省楚雄市州公务中心一楼 1016 室
邮　　编　675000
电　　话　(0878)3389345
传　　真　(0878)3389348
邮　　箱　yncxznj@126.com

出版发行　云南出版集团公司
　　　　　云南科技出版社
地　　址　昆明市环城西路 609 号云南新闻出版大楼
邮　　编　650034
电　　话　(0871)64192752
网　　址　www.ynkjph.com
责任编辑　李永丽
责任校对　叶水金
印　　刷　楚雄师范学院印刷厂

开　　本　889×1194mm　1/16
印　　张　27
字　　数　1000 千字
版　　次　2015 年 9 月第 1 版
印　　次　2015 年 9 月第 1 次
插　　页　54
印　　数　1000 册

ISBN 978-7-5416-9190-4
定价：180.00 元

编 辑 说 明

一、《楚雄州年鉴》是云南省楚雄彝族自治州人民政府主办、州地方志办公室编纂的地方综合年鉴。全面记录楚雄州经济和社会发展基本情况，突出时代特色和地方民族特色，坚持常编常新，旨在为领导决策、部门开展工作和社会各界了解楚雄、研究楚雄、建设楚雄提供系统的州情资料。

二、《楚雄州年鉴》创刊于1989年，每年赓续出版。2015年卷反映楚雄州2014年各项事业发展状况、重大事件和新的成就及经验。为增强时效性，部分图片、文稿收录了2015年的重要内容。

三、《楚雄州年鉴》(2015) 以条目体为主，按类目、分目、条目三级编排，设特载、大事·要闻、综述、政治、军事、法制、经济管理、农业、工业、商贸、交通运输、旅游、信息通信、城建·环保、财政·税务、金融·保险、科学技术、社会科学、教育、文化、卫生、体育、民族、社会、县（市）概况、人物、附录、统计资料28个类目。类目下设分目223个，约有条目1500个。

四、《楚雄州年鉴》(2015) 框架设置在上年版的基础上略有调整，把“信息业”改为“信息通信”，根据实际内容，在“文化”部类将“群众文化”改为“公共文化”，并增设“文化遗产保护”和“文化产业”为二级目；在“民族”部类恢复“民族体育”为二级目，提高设目的科学性和合理性。开设“深化改革·富民强州”主题宣传专版，围绕州委、州人民政府“10个抓”工作重点，展示2014年以来彝州经济社会发展成就和历史发展轨迹，用图片真实记录彝州科学发展、和谐发展、跨越发展的历程。

五、《楚雄州年鉴》(2015) 卷首设目录和英文要目，卷末配有索引，具有完备的图书检索系统。

六、《楚雄州年鉴》(2015) 采用文稿，均由州属各部门和各县（市）指定专人撰稿，并经部门领导审定。“县（市）概况”、“统计资料”的数据由州、县（市）统计局提供并负责审核，涉密内容由州国家保密局负责审定。编辑结束，经楚雄州年鉴编辑委员会审定后交付出版。

楚雄州地方志办公室

2015年9月

楚雄州年鉴编辑委员会

主　　任 李红民（中共楚雄州委副书记、州人民政府州长）
常务副主任 邓斯云（楚雄州人民政府副州长）
副 主 任 李德胜（楚雄州人民政府秘书长）
苏贤发（中共楚雄州委副秘书长、办公室主任）
郭孟贤（楚雄州地方志办公室主任）
委　　员 张士金（中共楚雄州委副秘书长、州委政研室主任）
阮建文（楚雄州人民政府副秘书长）
徐　东（楚雄州发展和改革委员会主任）
赵晓明（楚雄州财政局局长）
苏铸红（楚雄州工业和信息化委员会主任）
戴凤玲（楚雄州统计局局长）
何锡英（楚雄州社会科学界联合会主席）
杨永昌（楚雄州国家保密局局长）
高建祥（楚雄州档案局局长）
白云鹏（楚雄州地方志办公室副主任）

《楚雄州年鉴》编辑人员

顾　　　问　何　宣（云南年鉴研究会会长）

　　　　　　　张淑静（云南年鉴研究会名誉会长）

主　　　编　郭孟贤

执 行 主 编　白云鹏

副　主　编　李　梅

编　　　辑　李　梅　周能汉　安孟勤

校　　　对　李　梅　周能汉　安孟勤

编　　　务　杜晋宏　任学全　朱卫明　王艳萍　罗相海　向　明

　　　　　　　唐建业　杞华仙　李俊兵　者宗菊　彭利侯　李光昌

数 据 审 核　楚雄州统计局

保 密 审 查　楚雄州国家保密局

英文目录翻译　杞华仙

《楚雄州年鉴》审稿人员

（按姓名笔划排序）

飞　平　马　宏　凤云松　尹　睿　王　平　王　权　王文书　王庆平　王建新
王若舟　王振华　王晓明　王爱萍　韦　薇　付　雨　冉江民　冯伟玲　卢显亮
白　云　白忠华　石永祥　关惜分　刘　祥　刘　毅　刘予敏　刘仕举　刘江云
刘宗根　刘昌雄　孙家成　曲建忠　朱成玉　朱鸿伟　何　勇　何文高　何兆发
何锡英　佘昌值　余美蓉　吴双华　吴亚峰　吴启荣　吴学彬　张　明　张　勇
张　健　张文学　张文林　张发润　张建国　张明力　张祖武　张继华　张竣珲
张鹤雁　李　文　李　平　李　建　李　能　李　璇　李云华　李光彪　李兴国
李红梅　李志岗　李忠顺　李松禄　李茂尊　李秋洪　李彩林　李富才　李碧勇
李蜀昆　李静媛　李德胜　杨　龙　杨　杰　杨　柳　杨　健　杨　珺　杨　辉
杨　雷　杨永云　杨永昌　杨玉江　杨秀成　杨俐昆　杨柏繁　杨树荣　杨海抒
肖惠华　苏光祖　苏贤发　苏铸红　邱文华　陆绍林　陈　涛　陈大强　陈之昌
陈长来　陈宗文　陈金文　周　睿　周　燕　周正芬　周国兴　周建琼　孟树仙
罗金林　罗曙光　侯志荣　侯家学　施　慧　施克沛　施宗明　施剑波　柳文跃
段咏晴　段学武　段彦溪　段福金　胡有钢　胡显文　赵廷龙　赵宗喜　赵树礼
赵琼美　钟仕民　钟继红　夏　军　夏　良　夏绍先　徐　沧　徐　勇　聂天荣
起云志　起云忠　起绍祥　郭孟贤　高　翔　高建祥　高锡鹏　商　珊　黄正山
曾光微　曾晓松　程宗文　蒋雁飞　窦才科　靳　昌　谭秀元　滕　洪　戴凤玲
戴富才

目　录

特　载

大事·要闻

综　述

政　　治

军　　事

法　　制

经济管理

农　　业

工　业

商　　贸

交通运输

旅　　游

信息通信

城建·环保

财政·税务

金融·保险

科学技术

社会科学

教育

文　化

卫　生

体　　育

民　　族

社　　会

县（市）概况

人　物

附　　录

统计资料

索　　引

Main Contents

特　　载

主动适应新常态　奋力开创新局面

——在中共楚雄州委八届五次全体（扩大）会议上的报告

中共楚雄州委书记　张太原

（2015年1月5日）

同志们：

受州委常委会委托，我向全委会报告工作。

一、2014年的主要工作

州委八届四次全会以来，州委常委会全面贯彻落实中央部署和习近平总书记系列重要讲话精神，在省委的坚强领导下，围绕党建第一职责、发展第一要务、稳定第一责任，坚持打基础、谋长远，抓改革、促发展，惠民生、保稳定，转作风、强保障，全力推动各项工作取得了新的成绩。

*一是党的群众路线教育实践活动成效显著。*在俞正声主席的亲切关怀指导下，按照中央和省委统一部署，扎实开展以“为民、务实、清廉”为主题的教育实践活动。强化思想教育，坚持领导带头，着眼群众满意，突出问题导向，抓实基层基础，健全长效机制，对文山会海、奢侈浪费等27个方面的问题进行专项整治，严肃查处了一批违反中央八项规定的人和事，整顿软弱涣散基层党组织，省州县联动对97个历史遗留问题进行会商处理，“四风”突出问题得到有效整治，关系群众切身利益的突出问题得到进一步解决，党员干部作风进一步转变，党群干群关系进一步密切，发展活力进一步涌现。

*二是重点领域改革稳步推进。*按照中央和省统一部署，着眼“必须改、能够改、改得好”的领域，精准发力，重点突破。州级行政审批事项大幅减少，政府职能积极转变。农村土地、集体林地承包经营权流转有序推进，农业生产活力持续释放。市场机制在招商引资中的作用充分发挥，企业直接融资取得突破。积极防范和化解债务风险，全州债务总体可控。小微企业扶持政策全面落实，民营经济加快发展。加大预算公开力度，全州各级各部门按要求公开了预算。

*三是经济发展实现提质增效。*坚持稳增长、调结构、转方式，充分发挥投资的关键作用和消费的基础作用，经济发展的质量和效益明显提高。狠抓基础设施建设，交通、水利、能源、信息、市政重点项目加快推进。狠抓产业结构调整，持续加大园区建设力度，企业达规工作取得新进展，积极化解产能过剩，科技创新能力进一步提升，优势农业、生物医药、新能源新材料和文化旅游等产业成为发展亮点。狠抓第三产业发展，商贸物流、金融、健康养老等现代服务业加快发展。加大统筹力度，城乡转户、新型城镇化建设初见成效，县域经济发展步伐进一步加快。据初步预计，全州生产总值实现705亿元，增长11%，规模以上固定资产投资达590亿元以上，增长30%以上，地方公共财政预算收入达63.7亿元，增长13%，地方公共财政预算支出达205亿元，增长18.8%。

*四是民主政治建设全面加强。*始终把民主政治建设摆在突出位置，支持人大及其常委会探索建立审议意见督办机制，重大事项决定和人事任免工作得到加强，地方民族立法质量进一步提高。支持政协与时俱进履行职能，推进协商民主广泛多层制度化发展。统一战线工作得到加强，各民主党派、工商联和各界人士的作用充分发挥。支持和重视工会、共青团、妇联等人民团体和群众组织依照法律和各自章程开展工作。民族团结进步示范区建设成效明显，宗教工作依法有序。支持审判机关和检察机关依法履行职责，依法治州工作扎实推进，党管武装、国防动员和后备力量建设进一步加强。

*五是思想文化建设深入推进。*始终把思想文化建设作为头等大事，全面贯彻落实党的十八大、十八届三中四中全会精神，深入学习贯彻习近平总书记系列重要讲话，中国梦、中国特色社会主义宣传教育持续深化，社会主义核心价值观宣传教育得到强化。对外宣传全面加强，传统媒体与新兴媒体融合发展。国家公共文化服务体系示范区建设进展顺利，文化产业发展步伐加快。

*六是社会更加和谐稳定。*坚持把民生改善、社会稳定作为一切工作的出发点和落脚点，进一步加大民生支出力度，居民就业不断扩大、收入持续提高，教育和卫生事业健康发展，扶贫攻坚、保障性住房建设、社会保险等基本民生工作扎实推进。全面加强和创新社会治理，全力抓好安全、信访、维稳和刑事犯罪防控工作，积极疏导群众情绪，畅通利益诉求渠道，社会保持和谐稳定。

*七是生态环境保护更加有力。*牢固树立生态优先理念，加大了生态文明建设在全州综合绩效考核中的比重。退耕还林、生态效益补偿、农村能源建设、低效林改造等工程深入实施。强化污染防治，严厉打击环境违法行为。淘汰落后产能，节能减排工作力度不断加大。城乡人居环境提升行动计划深入实施。

*八是从严治党各项措施落到实处。*始终把加强党的建设作为最大政绩，构建了基层党建工作“1+4”制度体系，完善了党委（党组）书记抓基层党建工作双向述评制度和考核办法。基层服务型党组织建设成果明显，党组织和党的工作覆盖面不断扩大。干部教育、选任、监督工作全面加强。认真执行中央八项规定和省州实施办法，持之以恒推进作风建设。出台鼓励和保护干部干事创业措施，全州支持改革、鼓励创新、保护干事、宽容失误的氛围逐渐形成。全面落实党风廉政建设主体责任，扎实开展“学党章、学准则、学条例”专题集中教育活动。坚持有案必查、有腐必惩，保持了惩治腐败的高压态势，风清气正的干事创业环境进一步形成。

过去一年取得的成绩来之不易，是各级党委政府团结带领各族干部群众努力拼搏、苦干实干的结果，特别是在座的各位真抓实干、艰辛付出的结果。在此，我代表中共楚雄州委向你们并通过你们向奋斗在各条战线的全体党员干部群众，和所有关心支持楚雄工作的同志们、朋友们表示诚挚的谢意！

二、2015 年的重点工作

2015 年是全面深化改革的关键之年，是全面推进依法治州的开局之年，也是全面完成“十二五”规划的收官之年。经济发展进入新常态，深化改革进入深水区，法治建设进入快车道，全面建成小康社会进入冲刺期，与之相对应的是：楚雄州的经济发展不充分，民生改善难，维稳压力大，各方面的任务艰巨而繁重。看到困难，更要看到机遇。中央和省作出一系列战略部署，特别是中央进一步加大对民族地区和集中连片贫困地区扶持力度，省委省人民政府加快推进滇中城市经济圈一体化发展，给楚雄州带来了重大发展机遇。我们必须坚定信心，抢抓机遇，迎难而上，奋发有为，力争全面实现“十二五”规划的发展目标。

总体要求是：全面贯彻党的十八大、十八届三中四中全会、中央经济工作会议、习近平总书记系列重要讲话，省委九届九次全会和省委经济工作会议精神，坚持稳中求进工作总基调，坚持以提高经济发展质量和效益为中心，适应经济发展新常态，守住生态良好、社会稳定底线，突出打基础、兴产业、调结构、抓扶贫，更加注重依法治州，更加注重改革创新，更加注重民生改善，更加注重开放合作，更加注重风险防范，促进经济平稳健康发展和社会和谐稳定。

主要预期目标是：生产总值增长 9% 左右，地方公共财政预算收入增长 7%，规模以上固定资产投资增长 20% 以上，城镇常住居民人均可支配收入和农村常住居民人均可支配收入分别增长 9% 和 10%，居民消费价格涨幅控制在 3.5% 以内，城镇登记失业率控制在 4.3% 以内，单位生产总值能耗下降完成省下达目标。

围绕以上目标要求，要着力抓好 10 个方面的工作：

*（一）全面推进依法治州。*党的十八届四中全会和省委九届九次全会，为我们全面推进依法治州指明了方向、提供了遵循。这次提交全会审议的《中共楚雄州委关于贯彻落实〈中共中央关于全面推进依法治国若干重大问题的决定〉的实施意见》，明确了依法治州的具体任务，各级各部门要认真学习领会，结合实际抓好贯彻落实。一要扎实推进科学立法。用好民族自治地方立法权，坚持民主立法、开门立法，充分发挥人大代表、政协委员、专家学者和中介组织的积极作用，保障人民群众的知情权、参与权、监督权、评判权，不断提高立法质量。二要严格规范依法行政。科学界定行政权限、规范行政行为，建立健全权力清单、负面清单、责任清单，全面推进政务公开，优化依法治理软环境，加快建设法治政府。三要全力保障公正司法。大力支持司法机关独立公正行使职权，优化司法职能配置，推进“阳光司法”，预防和惩处司法腐败，加大司法救助力度，筑牢公平正义防线。四要深入推进全民守法。领导干部要带头学法用法守法，各级干部要增强法治观念。深化法制宣传教育，深入落实“六五”普法、“四五”依法治州规划，大力培育具有地方特色的法治文化，推动全民知法守法。坚持依法办事，用法治思维和法治手段化解各类社会矛盾，提高基层治理法治化水平。

*（二）深化重点领域改革。*通过改革释放市场活力、激发创新潜力，为发展提供强大动力。一要进一步转变政府职能。

继续精简行政审批事项，增加权力运行的透明度。完善基本公共服务体系，放宽公共服务领域准入限制，加大政府购买公共服务力度，推进新一轮政府机构改革和事业单位分类改革。正确处理政府与市场的关系，全面深化国有企业改革，进一步完善国资监管体制。二要推进农村综合改革。建立农村土地流转信息平台，稳妥推动土地经营权、林地使用权和农民住房财产权确权、抵押、担保、转让等改革。鼓励承包经营权向专业大户、家庭农场、农业合作社、龙头企业等流转，发展多种形式的规模经营。引导和支持工商资本到农村发展现代种植业、养殖业，兴办各类事业。三要深化财税和投融资体制改革。推进政府部门预决算公开，加强财政专项资金清理整合和绩效评价管理。合理划分事权与支出责任，加强政府债务管理，推进税收制度改革。拓宽投融资渠道，落实和完善鼓励民间投资政策措施，健全地方金融市场体系，完善小微金融服务。四要抓好民生领域的改革。深化教育综合改革，统筹城乡义务教育资源均衡配置。推进县级公立医院综合改革，强化县乡村医疗服务一体化管理。抓好公共文化服务标准化试点、公益性文化单位法人治理结构、国有经营性文化单位转企改制、文化体育人才队伍建设等改革工作。

（三）加强基础设施建设。抓住中央和省加大基础设施建设力度的大好时机，主动融入云南省向北连接长江经济带和成渝经济圈、向南连接北部湾和珠三角的南北经济带、城镇带建设，加快构建适度超前、功能配套、安全高效、互联互通的现代化基础设施体系，全面提升城乡公共服务水平，不断增强发展的保障能力。一要加大向上争取力度。认真研判中央和省的投资与产业政策导向，重点围绕基础设施、重大产业、重点民生领域、生态建设和环境保护做深做细项目前期工作，力争更多项目进入国家和省计划盘子。二要强化项目要素保障。转变思路、创新方法、提高效率、主动作为，努力破解项目审批难、落地难、融资难等难题。三要抓实一批重点项目。加快推进楚南一级公路、108国道改造、彩碍公路、广大铁路复线、成昆铁路永仁至广通段扩能改造等工程建设，推进双柏至新平公路开工建设，加大农村公路建设力度，抓紧开展禄丰至大姚、武定至安丰营公路升级改造的前期工作。扎实推进尚未完工的烟草水源工程和7件中小型水源工程建设，力争永仁直苴等6件中小型水源工程开工建设。全力加快城市路网建设，统筹推进供排水、燃气、通信、电力等地下管网建设，完善市政基础设施和公共服务体系。加快保障性住房、“美丽乡村”、“两污”治理、教育和卫生等项目建设，进一步改善发展基础。

（四）加快产业转型升级。产业兴则经济兴，要按照滇中城市经济圈一体化发展规划，进一步优化产业布局，以园区为平台，以企业为支撑，强化要素保障，加大技术创新，加快重点产业发展。一要优化产业结构。巩固和提升烟草、冶金化工两大支柱产业，积极争取石油炼化下游产品项目布局楚雄。大力推进楚雄国家农业科技园区建设，加快农产品原料基地建设，加快发展现代农业。抓好中药材基地建设，推进新版GMP技改认证，加大资源整合力度，发展壮大生物医药产业。加快发展风能、太阳能和以高性能复合材料为重点的新能源新材料产业。加快发展装备制造、文化旅游、商贸物流、住房、教育体育、健康服务业。尤其是健康服务和旅游产业，是楚雄州的优势所在、潜力所在，要全力推进。要抓实消费政策，释放消费潜力，使消费继续在推动经济发展中发挥基础作用。二要推进园区建设。落实省级工业园区及滇中产业聚集区重大转型升级工业项目差别化用地政策，推进园区体制机制创新，多渠道筹集资金，加大投入力度，抓好成长型企业的扶持，推进企业升规达限。落实好小微企业扶持政策，大力发展民营经济，培育新的增长点。三要强化企业服务。坚持州级领导联系重点企业制度，完善企业服务团队、金融服务团队、专家服务团队，加强对重点县（市）、重点企业经济运行的监测分析，加大对困难企业的帮扶力度，确保全州工业经济快速发展。四要扩大对外开放。主动参与服务“一带一路”、长江经济带、孟中印缅经济走廊等前期工作。进一步转变招商理念，完善招商机制，选优招商项目，让有限的资源用到优质项目上。改进统计考核办法，加强对落地项目资金到位的核查监督、跟踪服务，确保项目引得来、资金能落地、发展有条件。

（五）加大扶贫开发力度。把扶贫工作与农业生产方式转变相结合，与农村基础设施改善相结合，与农民增收致富相结合，与新型城镇化建设相结合，实施精准扶贫，持续打好连片特困地区区域发展和扶贫攻坚战，以扶贫开发的新成效实现“三农”工作的新突破。一要狠抓基础设施。以实施滇西边境山区和乌蒙山片区扶贫规划为契机，强化规划衔接和项目资金整合，以农村公路、安全饮水、小流域治理、基本农田建设、电网升级、危房改造、防灾减灾等工程建设为重点，落实以工代赈、易地搬迁、安居工程等有效措施，不断改善农村基础设施条件。二要培育优势产业。因地制宜发展优势产业，推进山区综合开发，把农林牧特色产品做优、做强、做大、做出效益。着力培育扶贫带动力强的龙头企业，强化企业与农户的利益联结机制，增强贫困地区自我发展能力。三要发展社会事业。大力推进教育扶贫、文化扶贫、信息化扶贫、生态扶贫，促进贫困人口就业，增加贫困人口收入，改善贫困地区民生。

（六）加强民主政治建设。实现富民强州，必须充分发挥党委总揽全局、协调各方的领导核心作用，广泛凝聚各方智慧和力量。要切实加强和改进党对人大、政协工作的领导，支持人民代表大会及其常委会依法履行职能，支持人民政协充分发挥政治协商、参政议政、民主监督作用。巩固和壮大爱国统一战线。支持工会、共青团、妇联等人民团体创造性开展工作。深入开展“双拥”工作，加强国防教育和国防后备力量建设。全面贯彻落实中央民族工作会议精神，坚持民族平等，巩固民族团结，推动民族互助，构建和谐民族关系，加快推进民族团结进步示范区建设，促进少数民族和民族地区经济社会发展。全面贯彻党的宗教政策，依法管理宗教事务。

（七）加强宣传思想文化工作。思想文化是精神动力，也是生产力。必须高度重视宣传思想文化工作，筑牢全州各族人民团结奋斗的共同思想基础。一要突出思想理论建设。深入学习习近平总书记系列重要讲话精神，强化理论武装，筑牢思想根基。大力培育和践行社会主义核心价值观，深化“文明楚雄行动”，开展善行义举好人榜创建活动，办好道德讲堂，推动学雷锋志愿服务活动常态化，全面完成乡村学校少年宫建设任务，提升城乡精神文明建设水平。二要把握正确舆论导向。坚持党管媒体不动摇，打好主动战、唱响主旋律、激发正能量。加强互联网等新兴媒体的建设和管理，提高各级领导干部舆论引导能力。加大对外宣传力度，大力实施文化“走出去”战略，加快构建文化对外交流合作新机制，努力提升楚雄美誉度和影响力。三要坚持社会效益优先。加强党对文艺工作的领导，繁荣社会主义文艺。加强公共文化服务体系建设，深入实施文化惠民工程，丰富人民群众精神文化生活。加快文化产业园区和文化旅游项目建设，发展文化创意产业，扶持壮大文化骨干企业，增强文化产业发展活力。

（八）加快推进美丽楚雄建设。生态良好是楚雄州的天然优势和最大潜力，关系经济社会永续发展的长远大计，是全面建成小康社会的持久动力，必须作为长期的战略举措抓紧抓实。一要树牢生态理念。牢固树立尊重自然、顺应自然、保护自然的生态文明理念，逐步形成绿色发展、循环发展、低碳发展良好格局。从源头严防、过程严管、后果严惩入手，逐步建立体现生态文明要求的目标体系、考核办法、奖惩机制、生态补偿机制，鼓励生态优先、合理消费的社会风尚，营造爱护生态、保护环境的良好风气。二要发展生态经济。严控项目环保准入，严禁上马高能耗、高污染项目，促进清洁生产。利用彝州得天独厚的生态和气候资源，大力发展生态农业、生态工业、生态服务业。鼓励和支持生态示范县市创建，探索生态建设产业化新路径。三要优化生态环境。继续实施好生态保护工程，抓紧做好楚雄哀牢山国家公园总体规划编制和申报工作。实施最严格的水资源管理和最严格的耕地保护制度，加大违法建设用地整治，节约集约利用资源。加强节能减排，确保完成目标任务。加大城乡环境综合整治力度，顺应人民群众对良好生态环境的期待。

（九）加大保障和改善民生力度。按照守住底线、突出重点、完善制度、引导舆论的要求，保障基本民生，推进公共服务均等化，让发展成果更多更公平地惠及群众。一要抓就业促增收。实施大学生创业引领计划，创建省级青年创业示范园区，加强职业技能培训，提高就业能力，鼓励创业带动就业。加强对就业困难人员的就业援助，推进小额担保贷款扶持创业，确保完成就业目标。深化收入分配制度改革，落实工资收入分配改革政策。推进工资集体协商，构建和谐劳动关系，多渠道增加低收入群体收入，不断扩大中等收入群体比重。二要兜底线强保障。全面实施临时救助制度，落实社会救助和保障标准与物价水平挂钩联动机制，为特殊困难群众基本生活提供保障。完善被征地农民社会保障制度，继续提高养老保险、失业保险待遇水平，推进社会保障“一卡通”建设。加快棚户区改造，完成保障性住房建设任务，确保分配公开公平公正。三要提质量促均衡。加大对教育的投入，加强教师队伍建设，巩固提高教育质量，促进各类教育均衡发展。加强城乡医疗卫生基础设施和州县医疗机构专科能力建设，提高公共卫生服务质量，强化新农合制度监管，确保农村群众基本医疗保障。

（十）全力保持社会和谐稳定。更加注重服务为先、依法管理、源头治理、社会参与，全面提高社会治理科学化水平。一要改进社会治理方式。加强党委统一领导，发挥政府主导作用，鼓励和支持社会各方面参与，实现政府治理和社会自我调节、居民自治良性互动。二要正确处理社会矛盾。处理好维稳和维权的关系，解决好群众合理合法的利益诉求。高度重视群众来信来访，持续开展领导干部大接访活动，认真化解信访积案，稳妥处理涉法涉诉信访案件，把矛盾控制在源头、纠纷化解在基层、问题解决在萌芽。三要深化平安楚雄建设。坚决落实安全生产党政同责，切实抓好人员密集场所、高危行业领域安全隐患排查整治，有效防范和坚决遏制重特大安全生产责任事故，减少一般性事故。加大食品药品监管力度，完善突发事件应急管理机制，增强灾害应急救援和防灾减灾能力。加快创建立体化社会治安防控体系，严打严防暴恐犯罪活动，深入推进新一轮禁毒防艾人民战争，依法惩处各种违法犯罪行为，进一步提升群众安全感和满意度。

2015 年是“十二五”收官之年，“十三五”规划之年。各级党委要加强对经济工作的领导，研究提出关于制定“十三五”规划的建议，各县（市）各部门要按照统一部署，全力完成好全年的各项目标任务，为“十三五”发展奠定基础。楚雄州“十三五”规划编制工作要按照国家和省的基本思路，适应经济发展新常态，准确把握全州发展的主基调，找准未来5 年全州发展的着力点和新的经济增长点，体现前瞻性、实用性和可操作性，加强规划对接，争取楚雄州的重大基础设施、重点产业项目更多地进入上级规划盘子。

三、全面加强党的建设

富民强州，关键在党；管党治党，务必从严。必须以习近平总书记系列重要讲话精神为指导，立足全州党建工作实际，突出以下 10 个方面的工作，切实提高党的领导能力和执政能力。

（一）落实工作责任。把抓好党建作为最大的政绩，全面落实基层党建工作责任制，强化抓好党建是本职、不抓党建是失职、抓不好党建不称职的责任意识，强化抓党建出效益、抓党建出政绩、抓党建出动力的产出意识，强化抓不好经济会误大事、抓不好党建会出大事的危机意识，把从严治党的责任承担好、落实好。建立健全党建工作任务落实督促检查机制，落实好党委常委会向全委会报告抓党建工作情况、党委（党组）书记抓基层党建工作专项述职评议、党委常委会定期研究讨论基层党建工作、党委（党组）班子成员抓基层党建工作联系点等措施，确保基层党的建设各项部署落到实处。进一步完善党建工作考核办法，增加基层党建工作在综合绩效考核中的比重，将考核结果作为评定工作实绩、选拔干部的重要依据，对履职不尽责的坚决调整，对敷衍失职造成不良后果的严肃问责追责。

（二）健全制度体系。健全完善群众工作制度、选人用人制度、党风廉政建设和反腐倡廉等制度，探索建立党员领导干部诚信档案、为官不为惩戒、违反从政道德行为等一批管党治党制度。强化党内法规执行力，使党纪刚性约束得到严格遵守，真正成为触碰必伤的“高压线”，做到遵守制度没有特权、执行制度没有例外，切实增强法规制度的严肃性和权威性，坚决纠正有令不行、有禁不止的行为。

（三）加强思想建设。深入学习习近平总书记系列重要讲话精神，坚持不懈推进思想理论武装。深化学习关键是要联系实际、注重实效，做到学而信、学而用、学而行，真正落实到忠诚信仰上，落实到严以律己上，落实到勇于担当上。在全州县处级以上领导干部中深入开展“三严三实”和“忠诚干净担当”专题教育，突出问题导向、坚持教育与实践并重、坚持领导带头、坚持从严从实、坚持以整风精神开展批评与自我批评、坚持依靠群众，把“三严三实”和“忠诚干净担当”要求贯彻落实到管党治党全过程和各方面。加强党性和道德教育，采取案例通报、参观廉政教育基地、旁听党纪政纪案件公开审理或审议等方式，让广大党员干部受警醒、明底线、知敬畏。

（四）严肃政治生活。严肃开展批评与自我批评，从与人为善的角度出发，实事求是地指出他人的缺点和错误，帮助他人改正；从自我完善的角度出发，真诚的进行自我批评，虚心接受他人批评。严格执行民主集中制，进一步建立健全议事决策机制，切实提高各级领导干部运用民主方法形成共识、开展工作的本领，营造民主讨论的良好氛围，防止只要集中不要民主的独断专行；强化统一意志和共同意识，坚决纠正议而不决、决而不行，防止只要民主不要集中的软弱涣散。认真执行党内政治生活制度，认真落实“三会一课”、党员党性定期分析和双重组织生活等制度，形成严肃党内政治生活常态化。

（五）正确选人用人。坚持党管干部原则，按照信念坚定、为民服务、勤政务实、敢于担当、清正廉洁的好干部标准，公道正派、规范程序，重点选拔使用对党忠诚、个人干净、敢于担当的党和人民事业需要的干部，进一步树立良好的选人用人导向。不断完善干部选拔任用责任追究制度，建立干部“带病提拔”等问题倒查机制，以实际行动让干部感受到组织上的公道、公平、公正。坚持从严管理干部，健全科学的干部日常考察和考核评价体系，切实形成奖勤罚懒、能上能下、从基层选拔、充实基层队伍的体制机制。认真落实职务与职级并行制度，充分调动基层干部的积极性。

（六）严格监管干部。全面落实党风廉政建设党委主体责任，严格执行领导干部诫勉谈话和函询制度、党政领导干部问责、经济责任审计、党员领导干部报告个人有关事项和述职述廉等各项报告制度，及时通报干部监督信息和信访核查结果，分析研究干部队伍中出现的倾向性、苗头性问题，提出解决问题的对策措施，做到日常监督常态化。强化群众监督，推进各级党政机关权力清单公开，完善信访、举报制度，调动社会力量参与干部的监督管理。严肃问责处理，紧紧盯住领导机关、领导干部、重点岗位，加强明察暗访，对顶风违纪、影响恶劣的坚决从严处理。

（七）严明党的纪律。严明政治纪律，思想上始终做到政治信仰不变、政治立场不移、政治方向不偏，时刻与以习近平同志为总书记的党中央保持高度一致；行动上不折不扣地执行中央和省、州党委的决策部署，坚决做到令行禁止。严明组织纪律，坚决反对特权思想，着力解决党组织和党员中存在的组织涣散、纪律松弛等问题，主动接受组织监督，严格请示报告，在约束中工作，在监督下干事。严明工作纪律，做到职责清晰、履职尽责，绝不允许擅作主张、违规操作、违纪办事、乱开口子。

（八）持续改进作风。继续抓好党的群众路线教育实践活动“两方案一计划”、整改清单和专项整治任务的整改落实，强化对“不敢担当、不愿负责、为官不为”问题的专项整治，持续抓好历史遗留问题的化解工作，把承诺整改的事项真正落到实处。推动联系服务群众各项制度的落实，切实解决群众反映强烈的突出问题，坚决整治侵害群众利益行为，畅通联系服务群众“最后一公里”，走好联系服务群众“最后一步路”，进一步密切党群干群关系。深入推进中央八项规定和省州实施办法的贯彻落实，进一步完善相应制度措施，密切关注作风领域出现的新变化新问题，坚决防止“四风”问题反弹回潮，推进作风建设常态化。

（九）严厉惩治腐败。坚持有案必查、有腐必惩，对腐败现象绝不姑息，对腐败分子绝不手软，露头就打，重拳出击，发现一个查处一个。突出重点，坚决查处高压态势下还不收敛、不收手，问题线索反映集中、群众反映强烈，现在重要岗位且可能还要提拔使用的领导干部，治病树、拔烂树。健全查办案件机制，加强对查办案件工作的领导，强化反腐败协调小组职能，支持依纪依法查办腐败案件。各级纪委要加强同司法、审计等机关协调配合，增强工作合力，加大执纪监督力度，充分发挥案件查办的治本功能。

（十）夯实基层基础。坚持政治属性与服务功能的有机统一，加快建设服务型党组织，全面推进各领域党的基层组织建设，健全服务网络体系，完善服务制度机制，创新服务活动载体，推动基层党组织在强化服务中更好地发挥领导核心作用和政治核心作用。加强带头人队伍和骨干队伍建设，提高发展党员质量，抓好软弱涣散党组织的整顿转化，重点督促解决发展思路不清、影响基层和谐稳定以及村（社区）干部不作为乱作为的问题。加强党组织活动阵地建设，抓好保障措施落实，继续强化基层组织人财物保障，努力形成人往基层走、钱往基层投、政策往基层倾斜的良好导向，真正帮助基层解决一些实实在在的困难问题。

同志们，让我们更加紧密地团结在以习近平同志为总书记的党中央周围，在中共云南省委的坚强领导下，坚定信心，振奋精神，扎实工作，开拓进取，不断开创富民强州和全面建成小康社会新局面！

政府工作报告

——在楚雄彝族自治州第十一届人民代表大会第五次会议上

中共楚雄州委副书记、州长　李红民

（2015 年 2 月 5 日）

各位代表：

我代表州人民政府向大会报告工作，请予审议，并请州政协委员和列席人员提出意见。

一、2014 年工作回顾

过去的一年，是楚雄州积极应对复杂经济环境，奋发有为、攻坚克难并取得显著成绩的一年。在省委、省人民政府和州委的正确领导下，州人民政府团结带领全州各族人民，紧紧围绕州委八届四次全会、州十一届人大四次会议确定的目标任务，抓改革、调结构，强产业、稳增长，惠民生、促和谐，全力推动经济社会持续健康发展。通过努力，全州生产总值达701.8 亿元，增长 11%，总量排名从全省第 7 位上升到第 6 位；地方公共财政预算收支分别完成 63.7 亿元和 205.1 亿元，分别增长 13% 和 18.8%；规模以上固定资产投资增长 33.1%；社会消费品零售总额增长 13.2%；外贸进出口总额增长 25.4%；城乡居民收入分别增长 9.7% 和 13.2%；居民消费价格上涨 2.5%；城镇化率达 38.7%，城镇登记失业率为 3.3%；人口自然增长率控制在 5‰以内；单位生产总值能耗完成省下达目标。除城镇常住居民人均可支配收入外，年初人代会确定的各项目标全面完成。

一年来，我们重点抓了 8 个方面的工作。

（一）*克难奋进促发展，稳增长成效明显。*围绕年初确定的目标任务，突出重点，提出“3 个 30”重点项目、20 项重要工作、10 件民生实事作为重要抓手，细化任务分解，明确牵头领导和责任部门，同时把人代会确定的 13 项主要指标细化分解成 51 个具体支撑性指标，强化责任担当，逐级传导压力，坚持按月督导、按季通报、列表推进、目标倒逼，确保了各项工作落实。牢牢把握经济工作主动权，坚持每月例行分析、每季度集中研究，及时掌握宏观经济形势及全州经济运行动态，认真贯彻落实省稳增长“16 条”意见，及时出台楚雄州稳增长“18 条”措施，整合资金 1.2 亿元，支持企业升规达限、扩产促销和扶持小微企业发展，确保了经济稳增长。全面推行综合绩效考核，加大督查力度，加强协调推进，确保了各级各部门勤勉尽责、奋发有为。这些措施，有力促进了全州经济持续平稳增长，全州生产总值、固定资产投资、财政收支等主要指标增速始终位居全省前列，其中固定资产投资、地方公共财政预算收入、农村常住居民人均可支配收入等指标已提前实现“十二五”规划目标。

（二）*千方百计增投资，重点项目推进有力。*以推进列入省“3 个 100”和州级“3 个 30”重点项目为抓手，全年实施项目 2084 项，全州规模以上固定资产投资达 601.4 亿元，新增 150 亿元，总量跃居全省第四位。加强项目前期工作，州级财政投入项目前期费 6945 万元，力度进一步加大。楚雄机场获省批准开展前期工作；有 71 个项目列为滇中城市经济圈一体化近期推进重点。楚广高速公路建成通车，楚南一级、108 国道改造、彩云至碍嘉公路全面开工建设，修建农村公路 1733 千米，公路投资突破 40 亿元。水源工程、病险水库除险加固、中小河流河道治理等水利项目全面实施，新增库容 2027 万立方米，完成投资 36 亿元；观音岩水电站移民搬迁安置按期完成。城镇、电力、通信等基础设施加快推进。要素保障能力不断增强，全年报批建设用地 1.3 万亩，盘活历年批而未供存量建设用地8000亩，提供林地1.4万亩，争取财政资金126.5亿元，增长19.6%。充分发挥驻楚金融机构和开投、交投、水投等融资平台的作用，全年新增各类融资101亿元，其中新增银行信贷70.6亿元。

（三）抓好“三农”促增收，农村经济稳步发展。稳定面积、科技增粮，粮食总产量达122.9万吨，再创新高。加快发展优势特色农业，楚雄国家农业科技园区建设项目启动实施，楚雄、元谋、大姚绿色食品加工园区被认定为云南省第一批生物产业示范基地，双柏绿汁江和禄丰彩云、恐龙山特色农业示范园区建设取得突破，蔬菜、核桃、食用菌、早熟鲜食葡萄种植和山地牧业发展迅速，新增省级农业龙头企业7户、州级45户，“武定壮鸡”、“白竹山茶”、“牟定腐乳”获国家地理标识农产品认证，“姚安山药”、“元谋番茄”成功注册为国家地理标志证明商标，有22个农产品获“云南名牌农产品”认证，市场竞争力得到增强。加大扶贫力度，完成扶贫投资15.9亿元，其中向上争取10.3亿元，有6万扶贫对象脱贫。认真落实强农惠农政策，农林水资金支出达34.2亿元，增长20.3%，农村常住居民人均可支配收入达7570元，增加1213元。

（四）聚焦工业强支撑，产业建设取得实效。狠抓工业目标责任制落实，规模以上工业增加值增长13.1%。扎实推进100个重点工业项目，完成工业固定资产投资184.2亿元，占规模以上固定资产投资的31%。完成园区基础设施建设投资22亿元，竣工标准厂房44万平方米，新增入园企业62户。安排工业专项扶持资金1.1亿元，支持工业项目实施，培育企业成长，新增规模以上企业47户，新增产值10亿元以上企业2户，扶持创办小微企业1500户，带动就业1万人。落实企业税费减免等优惠政策，5.9万户小微企业受益。关闭5对煤矿矿井，全面完成了淘汰落后产能年度任务。促进科技与产业融合，支持企业建立4个院士工作站，新增国家高新技术企业7户、省创新型试点企业2户，有5项成果获省科技奖。

重点产业建设取得新成效，六大重点产业增加值占全州生产总值的比重稳定在47%以上。烟草产业支撑有力，按照计划收购烟叶186.4万担，均价提高1.51元/千克；烟草制品业增加值增长8.6%，拉动工业经济增长3.8个百分点；楚雄卷烟厂产值达102.7亿元，实现了楚雄州年产值百亿元以上企业的零突破。冶金化工业在极为困难的情况下实现企稳回升，增加值增长8.4%。绿色食品、生物医药、文化旅游、新能源新材料产业发展迅速，增加值分别增长12%、38.4%、13.1%和36.7%。烟草、绿色食品两大重点产业增加值达到或突破100亿元。加快培育新兴服务业，商贸物流业加快发展，10万吨国家白糖储备和甩挂运输试点项目落户广通物流园区；楚雄职教园区被确定为全省第一家电子商务示范基地，建成淘宝·特色中国“楚雄馆”、南华野生菌信息港等电商交易平台，全州电商网点达122个，运营良好。家政、健康养老、休闲、信息、中介、小微金融等服务业加快发展。服务业增加值增长9.4%。

（五）深化改革促开放，发展活力不断增强。落实“接放管”要求，对省下放的行政审批事项甄别分类，州本级精减86项，保留168项，精减1/3；网上行政审批大厅建成运行，“三级联网”审批有序运转。营改增政策实施范围进一步扩大。推进工业园区体制机制创新，引进企业参与州内工业园区建设，园区建设投资多元化迈出新步伐；积极支持企业建立现代企业制度，培育资本市场，有7户企业成功在“新三板”等股权交易中心挂牌。推进工商登记制度改革，大力发展非公经济，民营企业达1.2万户，增长44.8%，民营经济增加值占全州生产总值的比重达47.8%，提高1.9个百分点，市场主体活力明显增强。以农村土地流转为重点的农村综合改革扎实推进，累计流转土地20.7万亩、集体林地98.1万亩。坚定不移抓招商，实际引进州外到位资金473亿元，增长39.6%。

（六）以城带乡抓统筹，人居环境不断改善。加快重点城镇总体规划修改，禄丰等县城总体规划已通过省级评审，州级30个重点示范小城镇建设全面实施，楚雄市吕合镇等16个镇入选全国重点镇，姚安光禄西关村等20个村庄列入国家级传统村落名录。禄丰撤县设市工作有序推进。城乡建设用地增减挂钩试点初见成效，整理置换建设用地12613.5亩，低丘缓坡土地综合开发利用试点有序推进，基本农田得到有效保护。全面启动城乡人居环境提升三年行动计划，54个新农村省级重点村、500个美丽乡村示范村建设加快推进。生态文明建设得到加强，完成营造林40万亩。启动了生态县（市）建设工作，创建省级以上生态乡（镇）15个、绿色学校77所、绿色社区24个、环境教育基地8个。积极推进城镇燃气管网及场站规划建设，建成首座天然气加气站，部分车辆实现“天然气代油”。“两污”治理任务超额完成，新建城镇污水配套管网94.5千米。

（七）强化保障惠民生，社会保持和谐稳定。投入民生领域财政资金155亿元，增长19%，高于财政收入增幅6个百分点，占地方公共财政预算支出的75.7%。新增城镇就业2.7万人。规范机关事业单位津补贴工作全面完成；乡（镇）机关事业单位工作人员每人每月500元的岗位补贴全部落实到位。初步建立了统一的城乡居民基本养老保险制度。企业退休人员基本养老金实现“十连增”，城乡低保、最低工资、失业保险金标准和工伤保险待遇水平增幅均在10%以上。建设保障性住房5511套。投入1.4亿元，启动实施了全面改善农村义务教育薄弱学校基本办学条件五年规划，教育信息化建设加快推进；学前3年儿童毛入园率达75.3%。加强重大疾病预防控制和农村医疗卫生服务体系建设，新农合参合率达98.9%。计划生育奖励扶助政策全面落实；为符合条件的147对夫妇落实了“单独两孩”政策。稳步推进国家公共文化服务体系示范区创建工作；成功申报国家藏羌彝文化产业走廊。理顺体制，食品药品监管得到加强。积极开展全民健身运动，竞技体育取得新成绩。10件民生实事全面完成。和谐社会建设成效明显，民族团结进步示范区建设扎实推进，武定县民族团结进步工作受到国务院表彰，全州民族团结，宗教和顺。推进治安防控体系建设，群众安全感满意率居全省第四位，提升了4个位次。整合、加强抢险应急力量，应对自然灾害和处置突发事件的能力得到提高。落实安全生产“党政同责”、“一岗双责”制度，安全生产形势总体平稳。

（八）整治“四风”抓落实，政府自身建设得到加强。扎实开展党的群众路线教育实践活动和“学党章、学准则、学条例”专题集中教育活动，落实“中央八项规定”精神和反对“四风”成效明显。全年政府性会议压缩14.7%，“三公”经费削减28%，批次出国（境）人数零增长，办公室超标整改和第一批13家州级部门办公用房调整工作基本完成。加强制度建设，修订出台了《政府工作规则》等制度规定。认真落实党风廉政建设主体责任，政府系统廉政工作得到加强。

一年来，我们自觉接受人大法律监督、工作监督和政协民主监督以及社会舆论监督，推进了政府工作规范化、制度化。全年办理人大代表建议236件、政协提案364件，办结率100%。支持法院、检察院依法独立行使职权；政法系统办公区即将建成。支持工青妇、工商联等组织发挥自身优势推动经济社会发展。弘扬凡人善举，精神文明建设得到加强。坚持统筹兼顾，国防动员、双拥共建、民兵预备役、人防等工作取得新成绩，决策咨询、广电、外事、侨务、审计、统计、国资、气象、史志、档案、地震、红十字会等各项工作得到加强，妇女儿童、老龄、残疾人等其他社会事业全面发展。

一年来，我们高度重视打基础、谋长远的工作。全面启动了“十三五”规划编制，组织开展了生产力空间布局暨重点产业发展等重大课题研究。滇中城市经济圈楚南经济带发展总体规划全面完成，启动实施了铁路集装箱物流中心等一批重大项目。

各位代表，在经济下行压力持续加大、新问题新挑战不断增多的形势下，取得上述成绩实属不易、经验弥足珍贵。这是州委总揽全局、协调各方、正确领导的结果，是州人大、州政协有效监督、大力支持的结果，是全州上下同心同德、共同奋斗的结果。在此，我代表州人民政府向全州广大干部群众和各民主党派、工商联、人民团体、各族各界人士，公安干警、驻楚部队官兵，向所有关心、支持楚雄发展的同志们、朋友们，表示衷心的感谢并致以崇高的敬意！

在肯定成绩的同时，我们也清醒认识到工作中存在的不足和困难：一是财政收支矛盾突出，保平衡、保持续快速增长任务更加艰巨。财政增收乏力，可用财力难有大的增量，同时，机关事业单位养老保险并轨、增资及保障和改善民生投入进一步加大，刚性支出增长较快，加之全州进入了偿债高峰期，财政支出缺口大、压力大。二是保持固定资产投资持续增长任务更加艰巨。楚雄州是典型的投资拉动型经济，但由于国家和省压缩专项转移支付，清理整顿地方政府融资平台，实行举债总额控制，而且楚雄州放宽民间投资领域还不到位，民间投资活力不足，保持投资持续增长后劲乏力。三是保持招商引资快速增长任务更加艰巨。由于国家清理规范招商引资优惠政策，地价、税费等传统招商优势难以为继，加之发达地区实行“反招商”，楚雄州区位、基础设施和产业链配套、软环境建设有待加强，招商引资难度加大。四是产业结构单一，保持稳增长任务更加艰巨。楚雄州烟草和冶金化工两大产业比重大，新兴产业培育短期内难有大的成效，保持经济平稳较快增长难度不小。五是加快转变政府职能，推进依法行政任务更加艰巨。受惯性思维和传统观念影响，我们运用法治思维和法治方式解决问题还有较大差距，依法行政的意识和能力亟须增强。同时，我们对经济转入新常态面临的困难认识还不充分，解决深层次问题的办法还不多，一些干部不同程度存在不敢担当、不愿负责、不作为、懒作为的问题。这些都需要大家在下步工作中高度重视并切实加以解决。

与此同时，我们也要认真分析发展中面临的新机遇：一是国家实施“一带一路”、构建孟中印缅经济走廊等重大战略，将加大对交通等基础设施投资力度，有利于我们争取和实施一批重大项目。二是国家依托黄金水道推动长江经济带建设，楚雄州属于规划覆盖区，加之其他战略实施，我们面临难得的叠加发展机遇。三是国家进一步加强新形势下民族区域发展扶持工作，加大扶贫开发投入，楚雄州大部分地区纳入扶贫攻坚规划，对我们总体有利。四是省委、省人民政府加快推进滇中城市经济圈一体化发展和昆瑞经济带建设，楚雄州一批重大基础设施和重点产业项目列入了省近期实施计划，为彝州加快融入滇中一体化和对外开放发展带来历史性机遇。五是楚雄州作为滇中城市群的重要组成部分，区位优势日益凸现，随着国家和省新型城镇化步伐加快，尤其是区域中心城市、重点县城、特色小镇、新农村建设、城市棚户区改造等力度加大，将释放出投资和消费的巨大潜力。同时，楚雄州基础设施和产业建设不断加强，人民群众求发展、奔小康、谋幸福愿望强烈，为富民强州提供了不竭动力。

新常态需要新发展，新挑战需要新作为，新机遇带来新希望。我们必须进一步坚定信心、顺势而谋，迎接挑战、把握机遇，科学应对、主动作为，振奋精神、勇于担当，牢牢把握主动权，确保经济保持合理增速，确保完成目标任务，实现稳中求进、稳中提质、稳中向好，加快富民强州进程，推动全州经济社会平稳健康发展。

二、2015年目标任务和工作重点

2015年是全面深化改革和推进依法治州的关键一年，也是“十二五”收官之年，政府工作的总体要求是：全面贯彻中央和省各项决策部署，深入贯彻落实习近平总书记视察云南时的重要讲话精神，积极主动参与全省建设民族团结进步示范区、生态文明建设排头兵、面向南亚东南亚辐射中心，主动服务和融入国家战略及云南省滇中城市经济圈一体化建设，按照州委八届五次全会要求，围绕富民强州宏伟目标，坚持以稳中求进为工作总基调，以提高经济质量和效益为中心，主动适应经济发展新常态，打基础、兴产业、调结构、建生态、保稳定、促和谐，更加注重依法行政，更加注重改革创新，更加注重开放合作，更加注重民生改善，更加注重风险防范，确保完成全年目标任务，促进经济平稳健康发展和社会和谐稳定。

2015年全州经济社会发展主要预期目标建议为：生产总

值增长9%左右；规模以上固定资产投资增长20%以上；地方公共财政预算收入增长7%以上；社会消费品零售总额增长12.5%；外贸进出口总额增长14%；居民收入增长与经济发展同步；城镇登记失业率控制在4.5%以内；城镇化率达40%以上；居民消费价格涨幅控制在3.5%以内；人口自然增长率控制在6‰以内；单位生产总值能耗和主要污染物排放继续下降。

围绕上述目标任务，2015年要着力抓好9个方面重点工作。

（一）*着力推进重点项目，确保投资持续增长*。投资是彝州拉动经济增长的第一动力，一刻也不能放松。要以州“3个30”项目为重点，强化要素保障和工作协调，破解项目实施中的难题，确保规模以上固定资产投资持续增长，总量达720亿元以上。

扎实做好项目前期工作。围绕云南省提出的“五大基础网络”建设（交通、航空、水保障、能源、信息化网络），加紧谋划和推进一批重点前期项目，力争有一批前期项目实现年内开工建设，并为今后有更多重点项目新开工打下坚实基础。制定出台项目前期费管理使用办法，建立项目前期费投入滚动使用机制和前期费安排与固定资产投资挂钩联动机制，推进项目前期工作取得新突破。

加快推进在建和新开工项目实施。着力抓好楚南一级、彩碍三级公路建设，积极配合做好广大铁路复线、成昆铁路永广段扩能改造有关工作，继续加快实施烟草水源工程、仁和水库建设等中小型水源工程项目，全面完成小型病险水库除险加固和中小河流治理任务。开工建设双柏至新平（水塘）公路、永仁直苴水库等项目。争取大德油库、乌东德水电站移民搬迁安置等项目启动实施。确保30个在建、30个新开工项目完成投资110亿元以上。

强化项目实施的要素保障。加大对批而未用土地、闲置土地的清查处置力度，建立城镇低效用地再开发和存量用地盘活机制，推广姚安城乡建设用地“城增村减”试点经验，破解建设用地制约。做好林地保障。加大工作力度，力争向上争取资金增长10%。继续发挥好金融机构和州级3家融资平台的作用，盘活机关事业单位闲置资产，多渠道筹集项目建设资金，新增各类融资100亿元以上，其中新增银行信贷75亿元以上。

鼓励和扩大民间投资。按照“非禁即入”的原则最大限度放开投资领域，推出一批市政基础设施、公用事业项目，推行政府和社会资本合作模式（PPP）。鼓励民间资本发起设立私募基金、资本管理公司、产业投资基金等新兴金融组织，撬动社会投资。力争新增新兴金融机构5户以上。力争民间投资占固定资产投资比重达50%以上。

（二）*着力培强重点产业，夯实稳增长基础*。产业强、楚雄兴，必须坚定不移推进六大重点产业建设，确保增加值增长9%以上；加快培育新兴产业，进一步夯实稳增长基础。

优化产业布局。继续加强生产力空间布局研究，坚持全州“一盘棋”，通过加强领导、规划引领、设立主导产业发展基金、提供人才支持等方式，增强州级对全州重点产业布局的统筹能力，优化州域生产力空间结构。指导、推动每个县（市）因地制宜培育2~3个主导产业，突出特色、错位发展。以楚南经济带建设为突破，探索“园区共建、资源整合、优势互补、利益分享”的跨县（市）产业培育机制。充分发挥产业园区功能，科学确定园区主导产业，推动产业集群化、聚集化、配套化发展，打造区域产业竞争新优势。

扎实抓好六大重点产业。巩固提升“两烟”支柱地位，全面完成卷烟生产销售和181.9万担烤烟收购任务，提升烟草产业配套发展能力，力争烟草产业增加值增长6%以上。支持云冶钛材、德钢、楚雄矿冶等冶金化工企业克服困难，转型发展，提高效益，确保冶金化工业实现平稳增长。突出特色，建好园区，培育龙头，打造品牌，加快发展食品加工业，确保绿色食品业增加值增长10%以上。实施生物医药产业行动计划，加快中药材基地建设，积极推进中国彝药科技文化产业园区规划建设，支持彝药研发、新药引进和药品批文申报，力争生物医药产业增加值增长30%以上，占生产总值的比重达2%以上。扎实推进七彩云南·时空世界、元谋古人类历史文化旅游等项目实施，继续申报哀牢山国家公园，加快环州精品旅游线路开发，确保文化旅游业增加值增长10%以上。有序推进风电、太阳能项目建设，支持已建成新能源项目稳定生产；支持有关企业延伸钛产业链条，提高附加值；积极发展木塑等新型材料。确保新能源新材料产业增加值增长35%以上。

加快培育新兴产业。重点培育发展生物资源开发、现代物流、健康养老服务、先进装备制造、信息服务、节能环保等产业，拓展产业发展空间，增强稳增长的支撑能力。巩固提升建筑业，确保增加值增长17%以上。

提升产业发展服务能力。继续落实州级领导挂点联系重点产业制度，整合服务团队资源，做好用地、融资、项目审批等协调服务工作。完善配套服务体系，加快发展中介服务机构，提高服务实体经济的水平。强化科技引领，力争新增2个院士工作站、3户国家高新技术企业。重视产品质量建设，加强品牌创建工作，以彝族文化、地方特色产品为重点，支持企业争创品牌和地理标志产品，新增1个国家地理标志产品、1件国家地理标志证明商标、3件云南省著名商标、2个以上云南名牌产品。加强企业家队伍建设。

切实增强工业对稳增长的支撑能力。抓好工业园区建设工程，落实省转型升级重大工业项目差别化用地政策，加快园区建设，确保工业园区基础设施投资增长20%以上，产值增长12%以上，新入园企业40户。支持武定、南华2个工业园区申报进入省级园区。抓好工业转型升级培育工程，新增规模以上工业企业25户以上，力争再新增2户产值10亿元以上企业；继续推进“两个10万元”微型企业培育工程，抓好50户成长型企业扶持；继续淘汰落后产能，完成8对矿井关闭任务。抓好产业基地建设工程，加快楚雄、禄丰高新技术产业基地和钛产业基地建设，支持楚雄开发区申报国家级高新区。抓好重大工业项目争取工程，做好工业项目策划包装和招商工作；积极争取资金和项目，着力推进100个重点工业项目实施。力争规模以上工业增加值增长10%以上。

（三）*着力构建大扶贫开发格局，加快农业现代化建设。*民之大事在农。要全面贯彻落实中央1号文件精神，按照稳粮增收、提质增效、创新驱动的要求，以构建社会大扶贫工作格局为统领，把扶贫开发与促进农业生产方式转变、农村基础设施改善、促农增收相结合，以扶贫开发新成效助推“三农”工作实现新突破。

推进区域扶贫。强化规划引领，全面实施乌蒙山、滇西边境片区区域发展和扶贫攻坚规划，抓好13个重点专项规划编制工作，突出抓好楚中高寒冷凉地区、楚北金沙江干热河谷地区和楚南哀牢山边远少数民族地区3个区域扶贫综合开发。推进精准扶贫，完成140个自然村和贫困行政村整村推进、4个整乡推进项目，完成扶贫投资15亿元，发放扶贫到户贷款5亿元，确保5万扶贫对象脱贫，总体上形成点上突破、面上推进、均衡发展的扶贫新态势。

夯实农村发展基础。加强农村重大基础设施项目上报争取工作，加快推进农村交通、水利、通信、生态环保等项目建设。完成4个乡（镇）通乡油路建设，加快实施建制村路面硬化项目。完成彩虹水窖、爱心水窖建设各2万件，解决农村15万人口饮水安全问题。改造中低产田地22.6万亩，完成1.3万亩土地整治项目。开展以“乡风文明、村容整洁”为目标的农村生态环境综合整治。

加快农业现代化建设。大力发展优势农业，粮食总产量保持在120万吨左右，积极建设粮食产业园区。加快推进楚雄国家农业科技园区建设，力争辣木种植和精深加工有新突破，黑山羊等畜牧养殖业有新发展。以金沙江、绿汁江、礼社江、马龙河等低热河谷地区开发为抓手，以楚南经济带建设为突破，加大山区半山区农业综合开发力度，突出基础设施配套、特色品牌打造、质量体系建设、电商平台发展、行业协会创建等工作重点，加快培育种养大户、家庭农场、庄园经济、农民合作社等产业化、专业化经营主体，分片种植（养殖），集中加工，延伸链条，统一品牌，专业营销，流水作业，努力形成从种养殖、加工、物流、销售等环节分工科学合理的绿色食品产业体系，促进农业转型升级，最终形成一、二、三产业融合发展的新格局，聚集各种要素，增强竞争力，促进产城融合发展。

千方百计增加农民收入。通过发展多种经营主体和培养现代职业农民，把农户经营引入现代农业发展轨道，提高农民组织化程度和农业规模效益。完成农村劳动力转移输出15.8万人。全面完成姚安整县推进农村土地承包经营权确权颁证工作，并在全州推广，引导农村土地规范、有序流转，开展经济林木（果）确权颁证工作，推广林权抵押贷款，增加农民财产性收入。加强监管，坚决防止农地流转中的“非农化”现象。农村常住居民人均可支配收入增加1000元左右，贫困地区农民收入增幅高于全州平均水平。

（四）*着力培育和扩大消费，促进第三产业健康发展。*充分发挥消费的基础作用，增强第三产业支撑能力。加强领导，统筹推进服务业发展。力争社会消费品零售总额突破270亿元，第三产业增加值增长9%以上。

培育消费热点。支持社会力量投资兴办医疗、养老、健康保健、家政服务、幼儿教育等服务机构，满足不同群体多样化消费需求。优化住房供应结构，满足多层次住房消费需求。继续扩大家电、建材、汽车、大众餐饮等传统消费。落实带薪休假制度，加快发展乡村旅游，促进旅游休闲消费。推广4G应用，推进宽带提速普及，扩大信息消费。适应消费从模仿型、排浪式转向个性化、多元化的新形势，结合特色产品生产、精深加工，加快发展电子商务和物流配送，促进彝州绿色食品、彝绣等特色产品消费，以扩大消费刺激新兴产业加快发展。

改善流通环境。实施现代物流产业发展总体规划，加快推进楚雄物流基地、集装箱物流中心等项目工作，继续实施乡（镇）农贸市场和大型批发市场项目。积极支持电子商务和物流配送融合发展，支持电商平台发展壮大。商贸物流业增加值增长10%以上。

稳定消费预期。加强农产品流通等网络建设，探索建立特色农产品、中药材等质量安全可追溯体系，改善消费环境，强化消费维权，让群众愿消费。落实收入分配制度改革政策，多渠道增加城乡居民收入，让群众能消费。加快推进城乡社会保障一体化和社会救助体系建设，让群众敢消费。

（五）*着力推进新型城镇化，加快城乡一体化发展。*以滇中城市经济圈一体化建设为契机、棚户区改造为重点，以城乡人居环境提升行动为抓手，全力推进以人为核心的新型城镇化，构建城乡一体化发展新格局。

完善城乡规划体系。强化城乡一体化空间管控，促进产城融合、组团式发展，在完成州域城镇体系规划、10县（市）城市总规以及重点镇总规修改的基础上，加强村镇规划编制和建设管理。推行多规合一，完成楚南经济带有关规划，启动实施武定县多规合一试点。

加快推进城镇基础设施建设。抓紧推进列入滇中城市经济圈一体化基础设施建设中的重点项目。认真实施楚雄州新型城镇化规划，以城镇功能优化和城乡“一水两污”为重点，推进河道整治等重点项目建设，新建城市配套污水管网95千米，启动一批建制镇供水、污水和生活垃圾处理设施建设项目，加强市政基础设施建设。

推进城镇基本公共服务全覆盖。以农业转移人口市民化为重点，推进城镇基本公共服务均等化。深化户籍制度改革，重点解决已进城定居农民工的落户问题，建设城乡统筹的信息系统和数据库，全面实行城乡统一的户口登记制度。积极探索农民工市民化的成本分担机制。完善教育、卫生、就业创业、社会保障、住房租购等配套措施，开展农业转移人口社区教育和培训关爱活动，努力推进城镇基本公共服务向常住人口全覆盖。

创新城镇管理体制机制。高度重视“重建轻管”问题，创新城镇管理模式，提高城镇管理服务的科学化、精细化和人性化水平。通过PPP模式引入社会资本，引导社会主体参与城镇建设和管理，拓展城镇服务领域。争取将楚雄市列为全国中小城市综合改革试点。继续推进禄丰县撤县设市工作。

深入开展城乡人居环境提升行动。支持楚雄市加强区域中心城市建设，支持各县（市）实施美化、绿化和亮化工程，支持创建园林县城、文明县城、卫生县城，提升城市整体形象，带动休闲、旅游、综合服务、文化等服务业发展，激发城市活力。全面推进30个重点小集镇建设。整合项目资金，建设500个美丽乡村示范村。

*（六）着力推进改革开放，增强发展动力。*深化改革，完成年度改革目标任务，为全州经济社会持续发展注入新的动力和活力。

推进重点领域改革。继续精简行政审批事项，承接和清理上级下放的行政审批项目，力争州级行政审批事项再削减1/3，扎实推进网上并联审批；放宽领域，加大政府购买公共服务力度；推进新一轮政府机构改革和事业单位分类改革。全面推进公务用车制度改革。以县为主，建立农村土地流转信息平台，稳妥推进土地经营权、林地使用权和农民财产权确权、抵押、担保、转让等改革。加强财政专项资金清理整合和绩效评价管理，合理划分事权和支出责任，强化政府债务管理；根据中央和省部署推进税收制度改革；深化投融资体制改革。深化教育综合改革，统筹城乡义务教育资源均衡配置，完成州属职业学校改革工作。推进县级公立医院和县乡村医疗服务一体化综合改革。抓好公共文化服务标准化试点、公益性文化单位法人治理结构、文化体育人才队伍建设等改革工作。

进一步提升开放合作水平。积极融入国家和省发展战略，借力滇中城市经济圈一体化，加快彝州发展。加强与周边地区的交流合作。推进成昆经济带云南北大门建设，推动滇川合作发展。积极推进与广州市的经贸合作。继续实施外贸外经促进政策，以野生菌、蔬菜、核桃等优势农产品和机电设备、化工产品为重点，鼓励企业积极开拓国际市场。加快培育外贸龙头企业，促进外贸持续增长。

加大招商引资工作力度。改善软环境，提升综合服务水平，完善基础设施配套，加强产业链条和营销平台建设，降低企业生产经营成本，尽快形成招商引资新优势。突出产业招商，试行驻点招商，探索市场化招商，力争引进州外到位资金新增100亿元。

*（七）着力加强环境保护，推进生态文明建设取得新进展。*牢固树立“保护生态环境就是保护生产力、改善生态环境就是发展生产力”的理念，更加重视保护我们生存发展的共同家园。

加强生态建设和环境保护。严格执行新环境保护法，加强监管，强化生产者环境保护法律责任。严格按照国土空间主体功能区划分，优化城镇、产业和生态布局，合理定位发展重点。继续实施天然林保护、退耕还林还草等生态建设工程，完成营造林40万亩，治理水土流失面积440平方千米。抓好青山嘴水库等重点水源地环境整治和保护。加强农业面源、危险废物和重金属污染防治。

加强节能减排和资源节约。全面落实节能减排责任，坚决淘汰落后产能，探索合同管理、污染第三方治理等模式，加强“两污”治理和监管，确保全面完成“十二五”节能减排责任目标。加快开发节能环保产品，发展新兴节能环保产业。落实项目建设用地投资强度要求，集约节约利用土地。

*（八）着力保障和改善民生，不断增强人民群众幸福感。*坚持守住底线、突出重点、完善制度、引导舆论，更加注重保障基本民生，更加关注低收入群众生活，更加重视社会和谐稳定。

积极促进就业。落实云岭大学生创业引领计划和农民工职业技能提升计划，继续发挥工、青、妇、工商联等组织的作用，加快培育“两个10万元”小微企业，鼓励支持创业带动就业，更好发挥市场在促进就业中的作用。提高职业教育、技能培训质量，加强州职教园区、楚雄涉外职业技术培训基地建设，增强政府公共就业服务能力，新增城镇就业2.7万人，保持就业形势总体稳定。

不断提高保障能力。精准发力，推进各项社会保险实质性全覆盖。推进城镇居民医保与新农合统筹工作，落实新农合和城镇居民医保、基本公共卫生服务经费财政补助提标政策，实现城乡居民大病保险全覆盖。落实机关事业单位养老保险制度改革政策。建立健全以经济困难高龄老人、失能老人为重点的老年福利制度，鼓励兴办养老机构。坚持物质帮扶和人文关怀相结合，关爱农村留守儿童、留守老人、留守妇女和孤儿、残疾人等特殊困难群体，努力让他们都能生活得到保障、心灵充满温暖。进一步完善以廉租房、公租房、城市棚户区、农村危房改造为重点的住房保障体系，新开工建设保障性住房6053套，争取实施1万户农村危房改造及地震安居工程。

促进社会事业均衡发展。继续实施改善农村义务教育阶段薄弱学校基本办学条件等重点项目，增加城市优质教育资源，大力推进城乡教育资源均等化，努力让城乡孩子都能接受公平的有质量的教育；基本完成教育信息化建设，启动实施第二轮学前教育行动计划；稳步推进各类教育发展。推进县级医院和标准化乡（镇）卫生院、村卫生室建设，强化基层卫生基础设施建设和人才引进；探索建立合理分级诊疗模式。鼓励社会资本办医、办学。稳定适度低生育水平。积极发展城乡公共文化体育事业，加大公益文体设施向社会开放力度，做好国家公共文化服务体系示范区创建验收工作。重视文艺人才培养，丰富优秀文化产品供给。改善城市公共交通。继续办好10件民生实事。支持工、青、妇工作，推进妇女儿童、残疾人、慈善、广电、档案、史志、社科等其他社会事业加快发展。

*（九）着力推进精神文明和法治平安楚雄建设，确保社会和谐稳定。*汇聚正能量，推动法治、平安、和谐楚雄建设取得新成效。

加强精神文明建设。推动法治和德治相结合，大力弘扬社会主义核心价值观，提升公民道德素质，引导和规范社会行为。重视发展民族文化，强化新闻出版、新闻媒体建设和舆论引导，重视新兴媒体的引导和管理，努力把核心价值观内化为全州各族干部群众的共同精神力量，外化为攻坚克难、深化改革、推进发展的实际行动，构建全州各族干部群众共同的精神家园。继续深入开展“文明楚雄行动”，不断增加社会正能量。

加强民族宗教工作。认真贯彻落实中央和省委民族工作会议精神，加强民族团结进步示范区建设，推动各民族和衷共济、和睦相处、和谐发展。继续抓好12个民族团结示范村、10个民族特色村创建工作。做好城市和散杂居地区民族工作。依法管理宗教事务，巩固和保持宗教领域的和顺稳定。

全力维护社会和谐稳定。加快创新立体化社会治安防控体系，加强反恐工作，切实维护公共安全，依法严打各类犯罪活动，进一步提升群众安全感和满意度。推行网上信访、视频接访和集中联合接访，健全完善及时就地解决诉求机制，有效防止大规模群体访、越级访。创新城镇社区、居民小区治理机制，引导居民依法依规推进民主管理。完善人民调解、行政调解、司法调解“三调联动”工作体系，推进社会治理方式法治化。落实重大事项和建设项目社会稳定风险评估机制。全面落实安全生产责任，有效预防各种重特大事故。高度重视食品药品安全，健全县乡村监管体系。加强应急力量建设，进一步提高防范和应对自然灾害及突发事件的能力。

支持国防和军队建设。做好国防教育和动员、民兵、兵役、人防等工作，加快实施县武装部标准化建设项目。巩固军政军民关系。

2015年是“十三五”规划编制的关键之年，要围绕全面建成小康社会的总体目标，加强对重点、难点和关键问题的研究，找准楚雄州在国家和省发展战略中的定位，找准与国家和省“十三五”规划的结合点，编制好总体规划和专项规划，增强规划对经济社会发展的指导性。同时，要积极汇报争取，确保有更多项目和规划内容进入上级规划盘子，通过主动服务和融入国家及省的发展战略、发展规划，赢得彝州发展新优势，为全州未来发展奠定坚实基础。

三、坚持依法行政，推进法治政府建设

依法行政是全面做好政府工作的保障。要加快建设职能科学、权责法定、执法严明、公开公正、廉洁高效、守法诚信的法治政府和人民满意的服务型政府。

切实转变政府职能。认真落实“权力清单、责任清单、负面清单”制度，妥善处理好政府与市场、企业、社会、公民的关系，通过做好政府行政权力的减法来换取市场活力、社会活力的加法，努力让市场主体做到“法无禁止即可为”。加强服务能力建设，改善服务环境，提升行政效能，最大限度激发市场活力。加快建立常态化监管制度，推动管理重心从事前审批向事中事后监管服务转变。

推进依法行政。坚持法定职责必须为、法无授权不可为，以法治思维和法治方式，依法全面履行政府职能。严格执行《楚雄州人民政府重大行政决策程序规定》，建立健全“公众参与、专家论证、风险评估、合法性审查、集体讨论决定”相结合的行政决策体系，确保决策制度科学、程序正当、过程公开、责任明确，把行政权力关进制度的笼子。抓好制度建设和执行，强化权力制约监督。对财政资金分配使用、国有资产监管、政府投资采购、公共资源转让、公共工程建设等权力集中的部门和岗位实行分事行权、分岗设权、分级授权和定期轮岗，防止权力滥用。加强政府新型智库建设，加快建立和完善法律顾问制度。自觉接受人大、政协、司法、社会和舆论监督，加强审计工作，形成行政权力运行制约和监督合力。坚持以公开为常态、不公开为例外，全面推行决策、执行、管理、服务、结果“五公开”，重点推进财政预决算、公共资源配置、重大建设项目审批、社会公益事业和民生项目安排等领域的信息公开。

加强政府自身建设，进一步改进作风。扎实开展“三严三实”和“忠诚干净担当”专题教育，坚持执政为民，坚定理想信念，严守政治纪律、政治规矩。巩固群众路线教育实践活动成果，坚决防止“四风”反弹回潮。认真落实关于鼓励创新、宽容失误的决定，引导干部敢于担当、勇于负责，为官有为、开拓进取，多用行动引导，少用声音指挥，以卓有成效的工作赢得人民群众的信任。进一步完善综合绩效考核，加强督查，加大“庸、懒、散”整治力度，加强公务员队伍建设和管理，提高执行力和落实力。全面落实党风廉政建设主体责任，认真履行“一岗双责”，努力做到干部清正、政府清廉、政治清明。

各位代表！适应新常态，必须在状态。让我们紧密团结在以习近平同志为总书记的党中央周围，在中共楚雄州委的坚强领导下，坚定信心，攻坚克难，齐心协力，真抓实干，以善作善成的实绩实效为人民造福，用改革发展的崭新答卷为明天铺路，为富民强州、全面建成小康社会、共同谱写“中国梦·楚雄篇”而努力奋斗！

（责任编辑：李　梅）

大事·要闻

2014年大事记

1月

1日　楚雄州第三次全国经济普查开始。

2日　楚雄州人力资源和社会保障局向38名首次成功创业人员发放一次性创业补贴。

3日　中共楚雄州委八届四次全体扩大会议在楚雄召开，听取和讨论张太原受州委常委会委托所作工作报告，审议通过《中共楚雄州委关于认真学习贯彻党的十八届三中全会精神全面深化改革的意见》。总结部署经济社会发展工作。

6~7日　州委书记张太原走访慰问敬老院孤寡老人、优抚对象、低保户、高龄老人、五保户、受灾户、困难职工及老党员、老干部，为他们送上党和政府的温暖和新春祝福。

9日　楚雄州2014年文化科技卫生“三下乡”集中示范活动在光禄古镇启动。

同日　云南省人民政府“产城怎么融”课题调研组到禄丰县、楚雄市专题调研。

同日　云南省人民政府党组成员、省移民工作领导小组组长夜礼斌到楚雄州走访慰问困难移民家庭。

同日　楚雄州2014年农民工春节座谈会在楚雄召开。

10日　“云岭大讲坛·楚雄讲坛”州级机关第一讲开讲，省社科联主席范建华应邀作《美丽中国——生态文明建设纵横谈》专题讲座。

15日　楚雄城区各族各界人士代表新春座谈会举行，州党政军领导与各族各界人士代表欢聚一堂，畅叙友情、共谋楚雄发展大计。

同日　中国侨联和全国总工会联合慰问组到楚雄州走访慰问困难归侨、侨眷职工。

同日　楚雄州消防安全委员会发布《关于开展今冬明春第二次“清剿火患”战役的通告》，集中开展第二次“清剿火患”战役。

16日　由中国社科院、中国人民大学、省社科院专家、学者组成的“云南省民族团结进步边疆繁荣稳定示范区建设”课题调研组到楚雄州调研。

17日　元谋古人类历史文化旅游项目总体规划评审及控制性详细规划审查会议在元谋召开。

19日　昆明小微企业金融交易服务有限公司在楚雄举行以“发展小微金融交易，助推滇中产业经济”为主题的产融对接现场交流会，入驻楚雄。

21日　中共云南省委常委、省纪委书记辛维光到楚雄市紫溪彝村走访看望老党员、困难群众。

23日　楚雄州食品药品监督管理局集体约谈州57家食品生产经营企业主，签订《食品安全责任书》。

27日晚　中央电视台七套“大地之子——2013年中央电视台农业科技人物颁奖典礼”上，楚雄州农科所水稻育种栽培站站长李开斌作为10位为我国农业科技事业做出突出贡献的农业科技人物之一登台领奖。

28日　中共楚雄州委书记、州委党的群众路线教育实践活动领导小组组长张太原主持召开中共楚雄州委党的群众路线教育实践活动领导小组第一次会议暨州委常委会议，传达学习贯彻中央和全省第一批教育实践活动总结暨第二批活动部署会议，安排部署近期需要抓紧做好的教育实践活动重点工作。

同日　楚雄州党政领导受中共云南省委、省人大常委会、省人民政府、省政协的委托，慰问先进劳模工作者、困难老党员和困难企业职工。

同日　楚雄州公安工作会议在楚雄警察培训学校召开。

2月

8日　中共楚雄州委召开离退休老领导座谈会，听取群众路线教育实践活动意见建议。

10日　中共楚雄州纪委八届四次全体会议在楚雄召开。

同日　中共楚雄州委党的群众路线教育实践活动领导小组召开第二次全体成员会议，向省委第六督导组汇报活动准备情况及下步打算。

11日　楚雄州党的群众路线教育实践活动动员大会召开。

12日　中共楚雄州委在州会务中心召开全州政法工作会议。

18~21日　政协楚雄州九届四次全会在楚雄举行。

20~24日　楚雄州十一届人民代表大会第四次会议在楚雄举行。

24日　州人民政府召开第三次廉政工作电视电话会议。

25~29日　中共楚雄州委理论学习中心组学习会议暨党的群众路线教育实践活动专题学习会议在楚雄召开。

27日　全州安全生产工作会议暨州安委会第一次全体会议在楚雄召开。

同日　第十九届中国电视纪录片颁奖盛典在广西南宁举行，由深圳著名导演、楚雄州“荣誉州民”李亚威编导的纪录片《彝乡赛事》荣获第十九届中国电视纪录片长片最佳创意奖。

28 日 楚雄州十一届人大常委会第十三次会议通过《楚雄彝族自治州人民代表大会常务委员会关于促进改革创新的决定》，于 3 月 3 日对外发布。

同日 全州宣传思想工作会议在楚雄召开。

同日 楚雄州人民政府发布《2014 年森林高火险期防火命令》，3 月 1 日至 4 月 30 日为全州森林高火险期。

3 月

3～4 日 中共云南省委常委、省委高校工委书记、滇中产业聚集区（新区）党工委书记、省委第六督导组组长李培深入到武定、元谋和永仁县机关、农村、特色农业产业园区和农户家中，调研指导党的群众路线教育实践活动。

4 日 楚雄州文明委召开 2014 年第一次全体会议，提出全面深化“文明楚雄行动”，打造精神文明创建升级版。

5 日 全州工业和信息化工作会议在楚雄召开。

5～6 日 中央文明办、教育部督查组到楚雄州督查乡村学校少年宫建设工作。

5～13 日 中共楚雄州委副书记、州长李红民，楚雄师范学院教授杨甫旺，姚安县官屯乡马游坪村村民自贵菊等 3 名全国人大代表在北京参加十二届全国人大二次会议。

7 日 全州统战工作视频会议在楚雄召开。

12 日 禄丰县勤丰镇马关营村委会王家尖山发生森林火灾，过火面积约 3500 亩，扑救工作没有造成人员伤亡。

同日 中共楚雄州委召开常委会议，传达学习中央巡回督导组在楚雄巡回督导期间的讲话精神和全省第二批党的群众路线教育实践活动推进会精神。

13 日 中共云南省委常委、省纪委书记辛维光到楚雄市督导党的群众路线教育实践活动。

17 日 中共云南省委书记秦光荣，省委常委、省委秘书长曹建方，省委常委、省委组织部部长刘维佳深入武定县调研党的群众路线教育实践活动开展情况。

19 日 云南省人民政府副省长丁绍祥到楚雄州检查督促铁路和高速公路建设。

同日 彩碍公路妥甸至大庄 K21 + 000 至 K23 + 000 路段作为试验路段先行启动建设。

22 日 “台湾乡里邻长云南探访之旅”百名台湾乡里邻长到楚雄交流农业发展、古镇建设与保护。

22～23 日 国务院农村综合改革工作小组办公室副主任何兆斌到楚雄市、禄丰县调研一事一议财政奖补工作。

23～25 日 中共中央政治局常委、全国政协主席俞正声深入武定县部分乡（镇）和窗口服务单位，实地指导群众路线教育实践活动。

28 日 滇东 9 州（市）科技局长联席会在楚雄召开，来自昆明、玉溪、昭通、楚雄、曲靖、红河、文山、普洱、西双版纳等州（市）的科技局长参加会议。

同日 全州关心下一代工作会议在楚雄召开。全州有各级各类关工委组织 1948 个，救助贫困学生 5187 名。

同日 “中华魂”主题教育活动在天人中学启动。

31 日 中共楚雄州委召开常委会，传达学习习近平、俞正声等中央领导在党的群众路线教育实践活动联系点调研指导工作时的重要讲话精神。

同日 新华社、《人民日报》、中央电视台、《光明日报》、《经济日报》、中央人民广播电台等中央级媒体和《云南日报》、云南电视台等省级媒体记者聚焦武定，开始对武定县的群众路线教育实践活动进行集中采访。

同日 楚雄州重点建设项目融资工作会议在楚雄召开。

4 月

2 日 2014 年度中共楚雄州委议军议警会议暨州国防动员委员会第八次会议在楚雄州会务中心举行。

8 日 云南省科技厅与楚雄州人民政府在楚雄举行 2014 年科技工作会商。

同日 云南省森林防火工作专项督查组到楚雄州森林防火物资储备仓库和楚雄市紫溪山省级自然保护区开展督查。

9～13 日 云南省“以案说法 · 反腐倡廉”大型巡回展在楚雄州文化活动会展中心巡展。

10 日 全州文明家庭行动启动仪式“暨美丽人生大讲坛 2014 年文明家庭讲座”在楚雄举行。

12 日 由中央电视台电影频道、北京太阳圣火国际传媒有限公司联合创作的《美丽中国》公益音乐电影《彩云之恋》系列片《摩尔之恋》在楚雄紫溪山开机拍摄。

17 日 云南省和楚雄州相继召开森林防火工作电视电话会，部署森林防火工作。

20 日 元谋热坝果蔬产销专业合作社设立的“番茄基地”服务微信平台开通，成为中国第一个番茄基地服务微信平台。

21 日 云南省人大常委会副主任刀林荫带省人大常委会视察组到紫溪彝村视察楚雄州民族团结进步边疆繁荣稳定示范区建设推进情况。

同日 楚雄州十一届人民政府召开第二十七次常务会议，研究讨论产业转型升级、煤矿整顿、党风廉政建设等议题。

21～23 日 楚雄州人大常委会组织部分驻楚全国和省、州人大代表专题视察楚雄州“四五”依法治州规划和“六五”普法规划实施情况。

24～25 日 云南省人大常委会执法检查组到楚雄州开展贯彻实施《云南省森林防火条例》情况执法检查。

25 日 云南省十大历史文化旅游项目之一的“七彩云南 · 时空世界”项目在禄丰县彩云镇正式开工。

27 日 楚雄州人民政府与广州万潮兴建材科技有限公司签订《武定石材资源开发战略合作框架协议》。

同日 楚雄州人民政府邀请中国经济战略研究院院长谢秉臻到楚雄作《现代服务业促进区域经济跨越式发展》专题讲座。

27～29日 楚雄州人民政府分片区在禄丰（含武定）、南华（含牟定、双柏）、楚雄（含开发区）、大姚（含姚安）、永仁（含元谋）召开全州重点项目、重点产业及重要工作督查推进会。

28日 楚雄州党外知识分子联谊会在楚雄成立。

28～29日 云南省政协调研组到楚雄州开展“云南省矿产业绿色发展情况”专题调研。

29日 由楚雄州公安、安监、交通运输等部门组成检查组深入报警中心、企业、单位等排查事故隐患，打造平安“五一”。

5月

1日 《云南省楚雄彝族自治州民族教育条例（修订）》和《云南省楚雄彝族自治州青山嘴水库管理条例》开始施行。

同日 楚雄州上调最低工资标准。

1～7日 双柏县首届少数民族传统体育运动会暨“美丽双柏行”第二届查姆诗会举行。

2日13时30分 永仁县部分地区遭受冰雹灾害。

3日 南华县第一台风力发电机组在龙川镇云台山风电场正式安装完成。

7日 云南省科技厅在昆明举行“稳产水稻新品种楚粳31号的选育”成果鉴定会，省专家组鉴定认为该品种生产上表现出秧龄弹性大、耐迟栽、分蘖强、成穗率高等特性，总体达到高原粳稻育种研究国内领先水平。

同日 22时11分41秒，北纬22.5°，东经101.9°，元谋县东南25千米（羊街镇）发生4.7级地震，震源深度13千米。

8日 楚雄州和楚雄市红十字会联合组织州中医院、州妇幼保健院等多家会员单位在桃源湖畔开展“红十字博爱周”第67个世界红十字日活动，为市民义诊、做健康咨询等。

9日 中共云南省纪委在紫溪彝村召开建设与发展座谈会，省委常委、省纪委书记辛维光和省级相关部门负责人出席会议。

13日 云南省人民政府副省长丁绍祥率省人民政府调研督查组到楚雄州开展加快产业转型升级促进经济平稳较快发展16条措施、安全生产措施落实情况督查指导。

14日 云南省以“文明走基层、服务献爱心”为主题的文明单位志愿服务基层行活动在双柏县妥甸中学启动。

15日 全国政协常委、教科文卫体委员会副主任黄洁夫率调研组到楚雄州调研《精神卫生法》贯彻落实情况。

15～19日 楚雄州彝族刺绣产品首次参加在深圳市举行的第十届中国（深圳）国际文化产业博览交易会展出。

16～17日 中共云南省委常委、省委高校工委书记、滇中产业新区党工委书记、省委第六督导组组长李培到南华、姚安、大姚等县调研指导党的群众路线教育实践活动。

18～19日 中共中央政治局常委、全国政协主席俞正声到教育实践活动联系点武定县参加并指导武定县委常委班子专题民主生活会。

21日 刘尧汉教授的妻子严汝娴及其女儿刘宇女士按照刘教授的遗愿，将其珍藏多年、弥足珍贵的2000余册个人藏书和荣获中国社会科学院荣誉学部委员证书无偿捐赠给楚雄州，个人捐款20万元设立楚雄刘尧汉彝学研究基金会。

同日 全省16个州（市）、滇中产业聚集区（新区）197个重点项目之一的楚雄泰兴年产1.86万件机械配件项目开工建设。

22日 楚雄州在昆明云南高原特色农业发展论坛的院士专家助农业产业行动签约仪式上，签订涵盖蔬菜种业、核桃产业、农业科技、青稞育种扩繁等领域的合作协议5个。

同日 第十六届中国科协年会“院士专家科普报告彩云行”在楚雄师范学院、北浦中学等6所学校举行，专家们讲授“地球南北与人类未来”、“现代武器与战争”等科普知识。

22～23日 云南省政协调研组到楚雄州调研历史文化名镇保护和利用情况。

24日 楚雄州电子商务协会成立大会暨特色中国楚雄馆开馆动员大会在楚雄州职教园区召开。

同日 教育部调研组到楚雄州调研教育信息化工作。

27～28日 国务院办公厅督查组到楚雄州督查推进义务教育均衡发展工作。

29～30日 云南省政协主席罗正富到楚雄市大过口乡、西舍路镇调研山区农村经济社会发展。

30日 楚雄州召开抗旱工作紧急电视电话会议，全力应对旱情持续蔓延。

同日 楚雄州建设全国民族团结进步示范区工作领导小组召开会议，推进民族团结进步示范建设。

6月

3日 云南省人民政府新闻办公室和楚雄州人民政府在昆明海埂会堂联合举行“楚雄州野生菌产业推介暨中国·南华野生菌信息港上线”新闻发布会，中国·南华野生菌信息港上线运行。

同日 在云南省人民政府主持的2014年冀滇合作项目对接活动会上，楚雄州人民政府与河北欣意电缆有限公司成功签订稀土高铁铝合金电力电缆楚雄生产基地建设项目战略合作协议。

3～19日 楚雄州道德模范先进事迹巡回宣讲活动在10县（市）和机关、医院、社区、企业单位、学校开展，巡回宣讲16场。

5日 楚雄州级领导班子集中观看《武定县委常委班子专题民主生活会专题片》，学习借鉴武定县委常委班子专题民主生活会经验做法。

同日 楚雄州环境保护局发布《楚雄州2013年度环境统计公报》。

同日 云南省农业综合开发利用亚行贷款建设现代农业项目实施采购招标的第一个项目在楚雄州公共资源交易中心成功招标。

6日 云南路桥股份有限公司在全国中小企业股份转让系统（简称“新三板”）成功实现挂牌，成为楚雄州第一家、全省第三家在“新三板”挂牌的企业。

6～7日 楚雄州参展团参加在昆明

国际会展中心举行的第二届中国南亚博览会暨第二十二届中国昆明进出口商品交易会，有16个招商项目成功签约，协议投资总额237.59亿元。

7日 《人民日报》发表《云南省武定县干部扎实群众踏实》的报道。

8日 楚雄州列入云南省2014年第二批重点项目（工程）的22个项目在楚雄世纪华宝生物产业开发有限公司项目施工现场集中开工。

9日 凌晨2时30分许，楚雄经济开发区紫云路64号云南路桥四公司生活小区内一单元房发生爆炸，造成3人死亡，4人受伤。公安部门及时组织侦破，于10日成功破案。

9~10日 国土资源部副部长王世元带调研组到楚雄州调研土地管理制度改革情况。

10日 由楚雄州食品安全委员会牵头，州农业、质监、工商、卫生等部门参加的2014年食品安全宣传周活动在楚雄市桃源湖启动。

11~17日 楚雄州第九届少数民族传统体育运动会在楚雄举行，来自10县（市）的10个代表团470名运动健儿在7个大项、46个小项的竞赛项目和4个表演项目中竞技。

16日 云南省人民政府调研督查组到楚雄州督查调研促进经济平稳较快发展和安全生产工作情况。

17~20日 云南省人大常委会贯彻落实中央和省委强农惠农富农政策情况和当前抗旱救灾工作情况调研组到楚雄州调研。

23日至7月4日 云南省非公经济督导组到楚雄州督导调研民营经济发展情况。

26日 楚雄州法学会第六次会员代表大会在州公务中心举行。

28~30日 云南省金融调研组到牟定、大姚、姚安、南华、双柏、楚雄、禄丰7县（市）调研金融工作情况。

29~30日 楚雄州佛教协会第四次代表会议在州佛教培训中心召开。

30日 楚雄州道德模范和先进人物事迹州级机关副处以上干部专场报告会在州公务中心民族会堂举行。

火把节祭火点火仪式 （马兴华/摄影）

30日至7月1日 云南省人大常委会常务副主任杨应楠率队，省人大常委会副主任王树芬，省人大常委会秘书长白保兴等组成的调研组到楚雄州专题调研深化国有企业改革情况。

7月

1日 楚雄滇一重型机械制造有限公司在上海股权托管交易中心股权报价系统（又称Q板）正式挂牌。

2~7日 楚雄州第五届残疾人运动会在楚雄市举行，来自全州10县（市）的10个代表团337名运动员参加6个大项160个小项的比赛。

4~5日 中共楚雄州委召开州委常委班子专题民主生活会，中央第四巡回督导组组长张维庆，省委常委、省委组织部部长、省委教育实践活动领导小组副组长兼办公室主任刘维佳，省委常委、省委高校工委书记、滇中产业聚集区（新区）党工委书记、省委第六督导组组长李培到楚雄，全程指导州委常委班子专题民主生活会。

7日 中共楚雄州委书记张太原主持召开企业发展座谈会，以现场办公的形式，以点带面对全州工业经济发展现状进行“把脉会诊”。

9日 中共楚雄州纪委发布《关于对违反中央八项规定精神和省州党委实施办法典型问题的通报》，通报违反中央八项规定精神和省州党委实施办法的19起典型问题。

14日 中共楚雄州委印发《关于鼓励保护干部干事创业办法（试行）》的通知，激发干部队伍干事创业活力，营造良好的干事创业环境。

16日到10月15日 中国·姚安2014荷花节在姚安县光禄古镇举行。

16日 13时25分许，普洱市景东县锦屏镇御笔社区河东街吴平荣驾驶号牌为云JYM986的小型普通客车（载8人）在南华县一街乡王湛庄村委会大蛇腰路段时，翻下公路，造成4人当场死亡，4人受伤。

19~22日 中国·楚雄2014彝族火把节在楚雄举办。

25日 由中共云南省委宣传部、省社科联主办的大型公益性科普讲座“云岭大讲堂·楚雄讲坛”在楚雄举行。

28日 全州党政领导干部国防知识专题讲座在楚雄举行，中国人民解放军国防大学战略教研部教授王宝付作专题授课。

31日至8月1日 云南省森林防火考核组到楚雄州开展森林防火工作及2014年度森林防火目标管理责任状执行情况考核。

8月

3日 楚雄州派出由州人民医院医

疗专家组成的25人地震医疗救援队，到鲁甸县地震重灾区龙头山镇开展医疗救援工作。

4~5日 云南省防治艾滋病工作委员会督查组到楚雄州督查指导艾滋病防治工作。

同日 全国人大常委会办公厅调研组到楚雄州调研基层人大宣传工作。

5日 楚雄州举行"云岭大讲堂·楚雄讲坛"州级机关第三场讲座，云南循环经济投资有限公司首席科学家、副总经理，美国南达科他州矿业学博士叶毅应邀作《生活垃圾资源化处理项目》专题讲座。

同日 楚雄州人民政府发布《楚雄州地震应急预案》。

7~8日 国家林业局驻云南专员调研组到楚雄州调研检查林地定额使用和湿地管理工作。

8日 楚雄州派出12名疾控专家组成的地震卫生疾控应急队到巧家县包谷垴乡红石岩村堰塞湖所在地建立卫生防疫点开展地震救灾卫生应急工作。

9日 楚雄国家农业科技园区建设领导小组暨园区启动会议在楚雄召开，楚雄国家农业科技园区建设正式启动。

11日 追忆中国远征军海峡两岸记者联合采访团到楚雄州采访。

11~13日 云南省人大常委会执法检查组到楚雄州专题检查贯彻实施《云南省涉诉特困人员救助条例》工作情况。

13日 云南省人民政府稳增长保安全督查组到楚雄州督查指导重点项目推进和安全生产工作。

14~16日 国家教育行政学院党委书记、常务副院长黄百炼率调研组到楚雄州调研教育部滇西连片扶贫支持教育改革发展工作情况。

15日 云南广电网络集团公共覆盖现场推进会在楚雄召开，楚雄州人民政府与云南广电网络集团公司签署楚雄州广电网络公共覆盖合作备忘录。

26日 云南·楚雄招商推介会暨西南（楚雄）义乌商品交易博览城项目签约会在中国义乌小商品城会展中心成功举行，楚雄市人民政府与华丰股份·中国亿丰集团有限公司成功签订西南（楚雄）义乌商品交易博览城建设项目合作合同。

27日 楚雄州人民政府召开全州县（市）工商、质监管理体制调整移交工作会议，县（市）工商局、质监局调整移交当地政府管理。

同日 国家质检总局在北京召开国家地理标志产品保护技术审查会，"牟定腐乳"通过专家委员会审查，成为楚雄州首个地理标志产品。

27~28日 中共云南省委副书记、省长李纪恒率队到楚雄州调研稳增长保安全及节能减排、综合交通基础设施建设、产业发展、民生等经济社会发展各项工作。

30日至9月7日 楚雄州代表团101人参加在曲靖举行的云南省第十届残疾人运动会暨第四届特殊奥林匹克运动会，获得金牌32枚、银牌16枚、铜牌22枚，综合团体总分564分。

9月

2日 楚雄州召开"十三五"规划编制工作动员会，楚雄州"十三五"规划编制工作正式启动。

5日 2014年楚雄城区各族各界代表人士中秋茶话会在楚雄举行。

6日 楚雄州在楚雄火车站举行欢送新兵仪式。

11日 云南省金融办公室与楚雄州人民政府共同举办"金融支持县域经济发展楚雄行"活动。

同日 《中国禁毒报》头版刊出长篇通讯《真心英雄——记楚雄州公安局禁毒支队流动警务站民警何聪》。

12~21日 楚雄州少数民族体育代表团在香格里拉县参加云南省第十届少数民族传统体育运动会。

13日 《人民日报》刊出新华社电《云南武定：上下联动破解历史遗留问题》，报道中共武定县委党的群众路线教育实践活动。

15日 广通至大理铁路扩能改造工程桃园1号隧道800米处发生塌方，导致隧道里面施工的6名人员被困。云南省人民政府副省长丁绍祥亲临事故现场组织指挥紧急救援工作。通过4天4夜的救援，4名被困人员成功获救。

15~18日 国家环境保护部督查组到楚雄州督查2014年整治违法排污企业保障群众健康环保专项行动推进情况。

17~18日 中共云南省委常委、常务副省长李江到楚雄州调研。

20日 楚雄州政法干部培训班在楚雄举办，邀请中国政法大学副校长张保生等6名专家教授授课。

同日 上海市东方医院与楚雄州人民医院对口支援项目合作签字仪式暨"上海市东方医院（同济大学附属东方医院）楚雄心脏中心"、"上海市东方医院国家卫生紧急医学救援队——楚雄救援队"挂牌仪式在楚雄州人民医院新区医院举行。

22日 "道德的力量"云南省道德模范、云南好人宣讲活动在楚雄举行。

同日 《人民日报》头版刊出新华社电《云南武定：问题立行立改，落实有始有终》，报道中共武定县委开展党的群众路线教育实践活动。

28日 楚雄州首届"十大孝星"颁奖典礼暨敬老节文艺晚会在州广电中心演播大厅举行，楚雄州"十大孝星"登台领奖。

同日 大姚石羊孔子文化节举行。

同日 来自中国魔芋协会、西南大学、云南农业大学、云南师范大学、云南省农科院的专家在楚雄市大过口乡磨刀箐村对楚雄州农科所选育的魔芋新品种"楚魔花1号"实地测产，平均亩产4239.8千克。

29日 中共楚雄州委召开深化农村改革专项小组第一次会议，专题研究《楚雄州全面深化农村改革总体方案》（征求意见稿）。

同日 2014年楚雄地区敬老节暨州老年体协成立30周年文体展演活动在州体育馆举行。

10月

1日 《楚雄彝族自治州重点建设项目稽察办法》开始施行，实行稽察特派员制度，对全州重点建设项目的建设和管理进行稽察。

8日 中共楚雄州委常委（扩大）会议在楚雄召开，会议总结全州深入开展党的群众路线教育实践活动情况，研究部署巩固扩大教育实践活动成果相关工作。

11日 全州党的群众路线教育实践活动总结大会在楚雄召开。

13日 云南省人民政府副省长丁绍祥到楚雄州调研城市污水减排和稳增长情况。

13～14日 “斯达克·世界从此欢声笑语”——中国（云南）项目第二站在楚雄州如期举行，楚雄州1400位听障人士受益。

14日 云南省人民政府节能减排督查组到楚雄州专项督查1～9月节能减排目标任务完成情况、污水处理厂工程建设运行和重点节能项目建设等情况。

14～15日 国家统计局副局长李强到楚雄州调研文化产业和统计工作。

17日 中共楚雄州委常委（扩大）会议在楚雄召开，集中传达学习国家主席习近平在云南考察时对云南工作的重要指示精神。

21日 滇中经济区四州（市）政协合作机制第六次会议在曲靖召开，楚雄州政协主席李兴顺作交流发言。

21～24日 楚雄州政协主席、州文化和旅游产业协调指导组组长李兴顺率队赴山东省济宁市嘉祥县、临沂市费县及河北省保定市曲阳县学习考察石文化产业发展情况。

26～27日 文化部党组成员、部长助理刘玉珠率文化部第二批创建国家公共文化服务体系示范区中期督查组到楚雄州督查国家公共文化服务体系示范区（项目）创建情况。

28日 文化部党组成员、部长助理刘玉珠到楚雄市紫溪彝村、中国彝族十月太阳历文化园调研楚雄市创建国家公共文化服务体系示范区工作。

28～29日 中国国民党革命委员会楚雄州第一次代表大会在楚雄举行，云南省人大常委会副主任、民革云南省委主委杨保建出席开幕式并讲话。

29日 云南省8个自治州政协第26次横向联系会议在楚雄召开，省政协副主席喻顶成出席会议并讲话。

31日 楚雄州文明委召开2014年第二次全体会议，专题讨论全州精神文明建设工作暨第十次表彰大会相关事项。

同日 中共楚雄州委、州人大常委会召开纪念《中华人民共和国民族区域自治法》颁布实施30周年座谈会。

同日 楚雄州举行2014年度优质米品鉴会，评选出一批品质上佳的楚雄产楚粳优质大米。

11月

1～2日 中国民主促进会楚雄州第二次代表大会在楚雄州宾馆举行，云南省政协副主席、民进云南省委主委罗黎辉出席会议并讲话。

3日 楚雄新媒体——云南楚雄网上线运行仪式在楚雄日报社举行。

6日 云南省人民政府副省长尹建业到元谋、永仁两县调研依法治省工作。

7日 全省社会科学普及工作骨干培训暨经验交流现场会在楚雄举行。

同日 楚雄州在楚雄供电局应急指挥中心举行全州处置电网大面积停电应急演练。

10日 中国工程院院士侯保荣为云南爱尔发生物技术有限公司“侯保荣院士工作站”揭牌。

11日 云南省首个电子商务示范基地在楚雄州职教园区“楚雄州电子商务创业园”挂牌成立。

12日 川滇黔毗邻州（市）工商联第十次联席会议在楚雄召开，楚雄、攀枝花、宜宾、凉山、安顺、六盘水、丽江、保山、昭通等9州（市）工商联领导及企业家代表共谋发展大计。

14日 国家卫生计生委副主任、国家中医药管理局局长王国强率督查组到楚雄州督查县级公立医院综合改革试点工作。

同日 云南省人民政府副省长刘慧晏到楚雄州调研工业经济发展情况。

15日 楚雄州37家企业派员参加2014第十届中国昆明泛亚国际农业博览会，向来自全省、全国及海外的客商进行展示交流和洽谈。

楚（雄）广（通）高速公路立交区 （李建华/摄影）

17 日　滇桂黔 3 省（区）11 州（市）老龄工作协作区第 28 次会议在楚雄州召开。

19 日　2014 年七彩云南格兰芬多国际自行车节楚雄分站在彝人古镇毕摩广场拉开帷幕。

25 日　经传统保护村落发展专家委员会评审认定，住房和城乡建设部、文化部、国家文物局、财政部、国土资源部、农业部和国家旅游局联合发文公布第三批中国传统村落名录，楚雄州 13 个村跻身名录。

26 日　中国工程院院士梁维燕为楚雄中高光热太阳能产业基地有限公司“梁维燕院士工作站”揭牌。

同日　第五届川滇黔十二州（市）合作与发展峰会在丽江市召开，楚雄州外宣、发改、交通、招商、文体、旅游、商务等部门负责人参加峰会。

28 日　中共楚雄州委召开全州“学党章、学准则、学条例”专题集中教育活动动员会议。

同日　中共楚雄州委、州人民政府召开全州精神文明建设工作暨第十次表彰大会。

12 月

2～3 日　民建楚雄州委第二次代表大会在楚雄召开。

3 日　中央办公厅、国务院办公厅联合督查组到楚雄州专项督查调研党中央、国务院系列重大决策部署贯彻落实情况。

4 日　首个国家宪法日，楚雄州 70 余家部门在楚雄市桃源湖广场开展“12·4”国家宪法日暨云南省法治宣传周活动。

5 日　云南省司法行政系统“坚守与忠诚的赞歌”先进典型巡回宣讲团到楚雄州宣讲。

同日　体验科学——“中国流动科技馆”云南·楚雄巡展在禄丰县启动。

7 日　楚雄和康中药材产销协会在楚雄市东瓜镇挂牌成立。

10～11 日　华中师范大学副校长彭南生率学校代表团就挂点扶贫和校地双方合作工作到楚雄州考察。

13 日　楚雄州 2014 年科学技术学术年会在楚雄召开。

17 日　预计总投资 9.6 亿元，全长 206 千米的禄丰彩云至双柏碍嘉三级公路建设工程正式启动。

18 日　昆楚高速公路楚雄至昆明方向 K127 处（孔家庄隧道外长下坡路段）发生多车连续追尾交通事故，造成 8 人轻伤 8 车受损。

19 日　楚雄州第二次全国地名普查工作会在州公务中心举行。

同日　楚雄州傣学会在楚雄成立。

20～23 日　深圳、楚雄政协委员“光明行”活动在楚雄举行。

23 日　首届缅北跨境民族留学生开班典礼在楚雄天人中学举行，《求是》杂志原总编辑王天玺、缅甸掸邦东部第四特区政府行政管理委员会主席岩香腊等出席开班仪式。

25 日　21 时许，一辆载 5 人的云 EC6469 小型汽车在哀牢山公路南华县马街镇沙坦郎村委会路段翻下 131 米的深箐，造成车上 4 人死亡、1 人受伤。

26 日　国家烟草专卖局局长、总经理凌成兴到楚雄州调研。

29 日　楚雄至广通高速公路通车典礼举行，楚广高速公路正式通车。楚雄直达广通全长 20.3 千米只需 15～20 分钟。

［周能汉］

领导视察

【俞正声到楚雄调研】　2014 年 3 月 23～25 日，中共中央政治局常委、全国政协主席俞正声在中央第四巡回督导组组长张维庆，中央组织部副部长、中央党的群众路线教育实践活动领导小组办公室副主任王秦丰，中共云南省委书记秦光荣，省政协主席罗正富，中央第四巡回督导组副组长李川，中共楚雄州委书记张太原等中央、省、州领导陪同下，就深入开展第二批党的群众路线教育实践活动到武定县调研。调研期间，俞正声深入部分乡（镇）和窗口服务单位，实地指导教育实践活动。在出席中共武定县委常委（扩大）会议时，俞正声强调，要在深入扎实搞好学习教育的同时，切实坚持问题导向，着力用解决问题的实际成效取信于民；要注重从本地区本单位的典型案例、重大事件、信访积案中查找问题，注重从群众反映的突出问题中反思领导班子和领导干部的作风问题，注重从普遍存在的共性问题中聚焦个性问题；要立行立改，抓好整改落实，敢于动真碰硬，有一件改一件，改一件成一件。

5 月 18～19 日，俞正声再次深入武定，主持召开中共武定县委常委班子专题民主生活会。秦光荣、张维庆、张太原等中央、省、州领导全程参与指导武定县委常委班子专题民主生活会。俞正声对武定县党的群众路线教育实践活动给予了充分肯定，并就进一步搞好活动作具体要求。

【秦光荣到楚雄调研】　2014 年 3 月 17 日，中共云南省委书记秦光荣，省委常委、省委秘书长曹建方，省委常委、省委组织部部长刘维佳在州委书记张太原，州委副书记邱江，州政协主席李兴顺，州委常委、州委组织部部长徐昕，州委常委、州委秘书长赵克义等陪同下，就党的群众路线教育实践活动等工作深入武定县调研。秦光荣一行先后深入插甸乡安德村种养殖专业合作社大耳黄羊养殖基地和猫街镇政府、猫街中学、猫街卫生院看望养殖户、基层干部、食堂工作人员、教师和一线医务工作者，询问他们的工作、生活情况，了解他们的困难，倾听他们的意见建议。在听取武定县的工作情况汇报后，秦光荣强调，武定县要围绕新形势下党组织和政权怎样领导农村发展、农村国有资产如何实现保值增值、深化农村改革的路径、如何下决心解决“四风”问题等方面进行认真思考和探索，以作风建设为切入点，以干部直接联系群众、推进“红色信贷”、“红色股份”、“红色农场”为特色，提升和推广插甸经验，切实搞好“学查改”，推动教育实践活动全面开展。省委第六督导组常务副组长王智在会上就开展好活动提出要求。

【李纪恒到楚雄调研】 2014年8月27～28日，中共云南省委副书记、省长李纪恒率省人民政府秘书长卯稳国，省工信委主任岳跃生，省环保厅厅长姚国华，省发改委副主任海文达，省政府研究室副主任张懋功等一行到楚雄州调研稳增长保安全及节能减排、综合交通基础设施建设、产业发展、民生等经济社会发展各项工作。李纪恒一行先后深入楚广高速公路马房立交建设现场、南华新世纪生物工程有限公司、南华松香厂、楚雄市第一污水处理厂、云南积大生物科技有限公司、云南爱尔发生物技术有限公司、滇中大商汇、紫溪彝村等，对高速公路建设、产业园区发展、节能减排工作及新农村建设作实地调研。在28日下午召开的调研座谈会上，州委副书记、州长李红民代表州委、州人民政府汇报了楚雄州经济社会发展情况。楚雄州党政领导张太原、李红民、邱江、卢显林、李兴顺、任锦云、左荣贵、杨照辉、赵克义、孙赟等陪同调研或出席调研座谈会。

【罗正富等到楚雄调研】 2014年1月10日，云南省政协主席罗正富，省委常委、省委高校工委书记、滇中产业聚集区党工委书记李培，省人民政府副省长和段琪，省人民政府副省长、滇中产业聚集区党工委副书记刘慧晏，省政协副主席、滇中产业聚集区党工委副书记、管委会主任米东生等一行深入禄丰县对滇中产业聚集区规划布局进行调研。州长李红民、常务副州长杨照辉陪同调研。

［郭　海］

【李江到楚雄调研】 2014年9月17～18日，中共云南省委常委、常务副省长李江到楚雄州调研产业转型升级工作。州委书记张太原，州长李红民，州委常委、常务副州长杨照辉等陪同调研。

［郭　海］

【辛维光到楚雄调研】 2014年2月25日，中共云南省委常委、省纪委书记辛维光带领省委2013年度惩治和预防腐败体系建设暨党风廉政建设责任制检查考核第八组成员一行6人，对楚雄州2013年度惩治和预防腐败体系建设暨落实党风廉政建设责任制执行情况进行检查考核，听取楚雄州2013年度惩治和预防腐败体系建设暨党风廉政建设责任制检查考核汇报。

3月13日，辛维光到群众路线教育实践活动联系点楚雄市，指导第二批党的群众路线教育实践活动。听取楚雄市活动开展情况汇报，深入苍岭镇苍岭村委会苍岭岗村民小组进行随机走访，听取干部群众对开展党的群众路线教育实践活动的意见、建议，并详细了解苍岭镇畅通群众诉求渠道“五级联动”工作开展情况。

5月9日，省纪委在楚雄市召开紫溪彝村建设与发展座谈会，辛维光出席座谈会并就紫溪彝村特色村庄建设下步工作重点作强调指导。

6月10～11日，辛维光深入第二批党的群众路线教育实践活动联系点楚雄市，全程指导楚雄市委常委班子专题民主生活会。

［王丽萍］

【李培到楚雄调研】 2015年3月3～4日，中共云南省委常委、省委高校工委书记、滇中产业聚集区（新区）党工委书记、省委第六督导组组长李培深入武定、元谋、永仁3县的机关、农村、特色农业产业园区和农户家中，与县、乡村组干部和党员、群众座谈，实地调研指导楚雄州党的群众路线教育实践活动并提出要求。省委第六督导组常务副组长王智、副组长闫友谊参加调研。州委副书记邱江，州委常委、组织部部长徐昕陪同调研。

5月16～17日，李培再次深入楚雄州南华、姚安、大姚3县的机关、乡（镇）、企业，采取听、看、察的方式，对各地开展党的群众路线教育实践活动的情况进行现场督查指导。通过实地察看和听取各县工作汇报，李培对3县的教育实践活动给予了充分肯定，并结合各县实际，就各县把自然优势转变为产业优势，进而发展为经济优势，进一步推进现代农业产业发展及县域经济社会发展提出意见建议。

［张舫瑞］

【杨应楠到楚雄调研】 2014年6月30日至7月1日，云南省人大常委会常务副主任杨应楠、省人大常委会副主任王树芬率省人大常委会国企改革调研组赴楚雄调研。州委书记张太原，州长李红民，州人大常委会主任卢显林、副主任卜德诚，州人民政府副州长周兴国分别陪同调研和出席座谈会议。

【刀林荫到楚雄视察】 2014年4月21日，云南省人大常委会副主任刀林荫率人大代表视察组到楚雄州视察民族团结进步示范区建设工作。楚雄州人大常委会主任卢显林、副主任熊卫民，州人民政府副州长赵祖莹陪同视察。

【高峰到楚雄调研】 2014年5月6～7日，云南省人民政府副省长高峰率省人民政府办公厅、省卫生厅、省医改办有关处室负责人到禄丰县调研县级公立医院综合改革工作，楚雄州人民政府副州长邓斯云陪同调研。

【丁绍祥到楚雄调研】 2014年3月19日，云南省人民政府副省长丁绍祥率省级有关部门负责人到楚雄州调研楚广高速公路、广大铁路、永广铁路建设情况，并召开调研座谈会。省人大常委会原副主任、原副省长、省铁路和公路建设督导组组长梁公卿参加调研。州委常委、常务副州长杨照辉，副州长周兴国陪同调研并出席调研座谈会。

5月13日，丁绍祥率省铁路和高速公路建设督导组、省级有关部门负责人组成的省人民政府调研督查组，到楚雄对加快产业转型升级促进经济平稳较快发展16条措施及安全生产措施落实情况，作实地督查指导并召开座谈会。楚雄州党政领导张太原、李红民、任锦云、左荣贵、杨照辉、周兴国等陪同调研或参加调研座谈会。

9月15日上午9时18分，中铁八局

广大铁路一标段楚雄市境内1号隧道763米左右发生塌方，导致隧道施工人员6人被困。19时32分，丁绍祥率省人民政府办公厅、省安监局、省铁建办、省卫计委等部门负责人赴隧道坍塌事故现场组织指挥施救。次日，丁绍祥再次深入事故现场，就救援工作作具体要求。

10月13日上午，丁绍祥到楚雄州南华县督查调研城镇污水管网建设和污染物减排以及全州经济运行情况，州委常委、州人民政府副州长任锦云陪同调研。

【尹建业到楚雄调研】 2014年11月6日，云南省人民政府副省长尹建业到楚雄州永仁县和元谋县调研依法治省工作，深入了解当地社会治安综合防控、毒品缉查、普法教育、法律服务和援助等工作情况，州长李红民和州委常委、州委政法委书记岑化虎等陪同调研。

【刘慧晏到楚雄调研】 2014年11月14日，云南省人民政府副省长刘慧晏率省人民政府副秘书长董保同、省工信委副主任周赤、省环保厅副厅长高正文及省人民政府办公厅有关处室到楚雄州调研工业经济发展情况。州长李红民，州委常委、常务副州长杨照辉等陪同调研。

【范继英等到楚雄调研】 2014年1月16～17日，由全国总工会副主席范继英带队的全国总工会、云南省总工会慰问团一行到楚雄对楚雄州的困难劳模和困难企业职工进行慰问，并对楚雄州工会工作情况进行调研。州委书记张太原，州委副书记、州长李红民，州委副书记邱江，州委常委、楚雄市委书记左荣贵，州人大常委会副主任、州总工会主席商雁鸿，副州长邓斯云分别陪同调研慰问。

【凌成兴到楚雄调研】 2014年12月26日，国家烟草专卖局局长、总经理凌成兴率国家烟草专卖局办公室（外事司）主任、司长张建连，经济运行司司长徐维华等一行到楚雄州调研。在云南省人民政府副省长丁绍祥，中共楚雄州委副书记、州长李红民，州委常委、常务副州长杨照辉陪同下，调研组一行深入红塔集团楚雄卷烟厂烟叶原收原调货场、复烤车间、制丝车间、卷包车间以及州烟草专卖局（公司）实地调研。省人民政府副秘书长李石松，省烟草专卖局（公司）局长、总经理余云东，云南中烟公司党组书记、总经理朱绍明，云南中烟公司董事长、党组副书记夜礼斌，红塔集团总裁、党委书记夏开元，红塔集团董事长王勇，州人民政府秘书长李德胜等陪同调研。

【史耀斌等到楚雄调研】 2014年3月21日，财政部副部长史耀斌、亚洲开发银行行长中尾武彦率队到楚雄州考察亚行贷款楚雄州城市基础设施建设项目武定子项目。云南省财政厅厅长陈秋生、副厅长唐新民参加调研；州委书记张太原，州长李红民，州委常委、常务副州长杨照辉陪同调研。

【黄洁夫到楚雄调研】 2014年5月15日，全国政协常委、教科文卫体委员会副主任黄洁夫率国家和省级有关部门负责人组成调研组，到楚雄州调研《精神卫生法》贯彻落实情况。州长李红民、副州长邓斯云、州政协副主席何根源陪同调研。

【王世元到楚雄调研】 2014年6月9～10日，国土资源部副部长王世元率调研组，到楚雄州调研土地管理制度改革情况，并召开调研座谈会议。云南省国土资源厅党组书记杜筑华，楚雄州州委书记张太原，州长李红民，州委常委、常务副州长杨照辉，州长助理刘春华等陪同调研并出席座谈会。

【苏正国到楚雄调研】 2014年6月23日，云南省政协原副主席、省非公经济督导组副组长、省工商联原会长苏正国率省非公经济督导组一行，深入楚雄州南华、牟定、姚安、永仁、武定5县就楚雄州民营经济发展情况进行督导调研。7月4日下午，州人民政府召开楚雄州民营经济发展工作汇报暨督导意见反馈会议，副州长周兴国、州政协副主席张启俊出席会议。

【黄百炼到楚雄调研】 2014年8月14～16日，国家教育行政学院党委书记、常务副院长黄百炼到楚雄州调研教育和扶贫工作，副州长邓斯云陪同调研。

【李强到楚雄调研】 2014年10月14～15日，国家统计局副局长李强、国家统计局社科文司司长贾楠一行在云南省统计局党组成员、纪检组长熊晓东陪同下，到楚雄州就文化产业和统计工作进行调研。州人民政府副州长周兴国等出席汇报会并陪同调研。

【王国强到楚雄督导工作】 2014年11月14日，以国家卫计委副主任、中医药管理局局长王国强为组长的国务院医改办县级公立医院综合改革督导评估组在云南省人民政府副省长高峰陪同下，到楚雄州禄丰县对县级公立医院综合改革工作进行督导评估。州委书记张太原、副州长邓斯云陪同调研。

［郭　海］

（责任编辑：李　梅）

综述

楚雄彝族自治州概貌

【地理位置】 楚雄彝族自治州位于云南省中北部滇中高原腹地，地跨北纬24°13′~26°30′、东经100°43′~102°30′之间，东西最大横距175千米，南北最大纵距247.5千米。全州行政区域总面积29258平方千米，东接省会昆明市，西邻大理白族自治州，南界玉溪、普洱市，北与四川省攀枝花市和凉山彝族自治州接壤，西北隔金沙江与丽江市相望，是省会昆明市西出滇西7州（市）及缅甸的必经之地，故有“迤西咽喉”之称。州府驻楚雄市城区，海拔1773米，东距省会昆明市区165千米。

【历史沿革】 楚雄州境是人类发祥地之一，有着悠久的历史和灿烂的文化。早在170万年前，生活在龙川江两岸的元谋人就已进入了旧石器时代，掌握了用火技术。距今4000年以前，以元谋大墩子和永仁菜园子为代表，楚雄州境各地已先后进入了新石器时代。在2500年前的春秋时期，州境先民创造了以铜鼓为特征的青铜文化，步入了奴隶社会。先秦时期，楚雄州境主要分布着氐羌、百越、百濮3大族群。

西汉中期楚雄州境被纳入中原王朝的版图，分别隶属于越巂、益州二郡；蜀汉时期，分属建宁郡、越巂郡和云南郡；西晋时分属云南、建宁二郡；东晋咸康八年（公元342年），有“爨酋威楚筑城硪碌赕居之”，故有威楚之称；南北朝时分属晋宁郡、兴宁郡和建宁郡；唐初属戎州都督府和姚州都督府，南诏时属拓东节度和弄栋节度；宋属弄栋府、鄯阐府和威楚府；元初分属威楚万户、罗婺万户和大理万户府，后改设路、府、州、县，分属中庆路、威楚开南路、武定路和大理路；明代分属云南府、楚雄府、姚安军民府和武定府；清代分属云南府、武定直隶州、楚雄府。民国初期，统一全省县治，裁府、州，设县、道，楚雄州境西部各县属迤西道，民国2年改滇西道，民国3年改腾越道；东部各县属迤东道，民国2年改滇中道，民国5年裁道归省直辖。

中华人民共和国成立后，分设楚雄、武定两专区。1953年，两专区合并为楚雄专区，辖楚雄、镇南、牟定、姚安、大姚、盐丰、永仁、元谋、武定、罗次、禄丰、广通、盐兴、双柏、禄劝、富民、安宁17县。1954年改镇南县为南华县。1957年划安宁县归昆明市。

1958年4月15日，楚雄彝族自治州正式成立。建州前夕，并盐兴县入广通县。同年又合并楚雄、南华、牟定、双柏4县为楚雄县，合并姚安、大姚、盐丰、永仁4县为大姚县，合并罗次、禄丰、广通3县为禄丰县，合并武定、元谋2县为武定县，划富民县归昆明市。

1959~1961年间，先后恢复永仁、姚安、南华、双柏、牟定、元谋6县。1983年9月改楚雄县为楚雄市，10月划禄劝县归昆明市。至此，楚雄州形成辖楚雄市和双柏、牟定、南华、姚安、大姚、永仁、元谋、武定、禄丰9县的格局至今。

【行政区划】 2014年末，楚雄州共辖9县1市103个乡（镇），其中乡43个（含民族乡4个）、镇60个；村（居）委会1099个，其中社区居委会101个，村委会998个。

【人口民族】 2014年末，全州常住人口272.80万人，按公安户籍人口统计，年末全州总人口2636250人，比上年末增加8247人。其中，农业人口1805778人，非农业人口830472人。在总人口中，少数民族人口934864人，占总人口的35.5%。在少数民族人口中，彝族人口754502人，占总人口的28.6%，占少数民族人口的80.7%；万人以上少数民族有彝族（754502人）、傈僳族（57544人）、苗族（47231人）、傣族（23259人）、回族（21475人）和白族（17517人）。全年出生人口26424人，死亡人口18811人，人口出生率11.30‰、死亡率6.95‰、自然增长率4.35‰。男女性别比为104.3：100。

【自然概貌】 地形地貌。楚雄州境地势大致由西北向东南倾斜，从南北展布看，具有中部高、南北低、北部比南部稍高的特点；从东西展布看，东西稍高、中部低缓。最高点为大姚县百草岭的主峰帽台山，海拔3657米；最低点是双柏县与玉溪市新平县交界的三江口，海拔556米。境内地层发育完全，褶皱、断裂发育，山高谷深，地形复杂。山地面积占全州总面积的90%以上，盆地及江河沿岸的平坝所占面积不到10%，是一个以高中山和低山丘陵为主的地区，素有“九分山水一分坝”之称。主要山脉有东部的乌蒙山、西南的哀牢山、西北的百草岭，形成三山鼎立之势。在三山二水之间，全州共有109个面积在1平方千米以上的盆地（俗称坝子）星罗棋布，总面积1216.58平方千米，占全州总面积的4.3%。其中面积在50平方千米以上的有元谋、姚安、罗次、牟定、楚雄5个坝子。

水系。楚雄州地跨金沙江、元江两大水系，其分水岭自东向西从州境中部蜿蜒而过，构成南北分流之态。其中金沙江在州境段全长137千米，水系流域面积1.7万平方千米，涉及除双柏县以外的8县1市，占全州面积的60.1%，主要支流自西向东有一泡江、多底河、湾碧河、万马河、蜻蛉河、龙川江、勐果河、黑鲁拉河等河流，流向均由南向北；元江水系流域面积1.13万平方千米，涉及双柏全县及南华、楚雄、禄丰3县（市）的大部分地区，占全州面积的39.9%，主要支流有礼社江、马龙河、绿汁江及14条小支流，均系从北向南流。

【气候环境】 楚雄州境气候宜人，属亚热带亚湿润高原季风气候，由于山高谷深，气候垂直变化明显。全州总的气候特征是冬夏季短，春秋季长；日温差大，年温差小；冬无严寒，夏无酷暑；干湿分明，雨热同季；日照充足，霜期较短；蒸发旺盛，降水偏少；冬春少雨，夏旱偏重。全州因各地地形和海拔的差异，有明显的立体气候和小气候特征，呈“一山分四季，谷坡两重天”的特点。2014年，全州平均降水量765毫米，比上年偏多92毫米，比历年偏少98毫米；年平均气温17.5℃，比上年偏高0.4℃，比历年偏高1.1℃；年平均日照时数2498小时，比上年偏多102小时，比历年偏多184小时，偏多8%。监测的6个县（市）政府驻地空气质量，楚雄市、牟定县、大姚县的空气质量达到一级标准，南华县、姚安县、禄丰县达到二级标准。城市生活污水集中处理率83.2%；城市垃圾无害化处理率100%。全年各类自然灾害造成直接经济损失4.41亿元。农作物受灾面积56.9万亩，其中绝收7.4万亩。全年发生森林火灾39起，受害森林面积471.03万亩。

【资源特产】 土壤资源。楚雄州地带性土壤有暗棕壤、棕壤、黄棕壤、红壤，非地带性土壤有紫色土、水稻土、燥红土、石灰土、冲积土、盐土，共10个土类、18个亚类、57个土属、145个土种，酸碱性适中，宜种范围广，其中紫色土占总面积的65.16%，是烤烟等经济作物优质高产的土壤类型。2014年末，全州耕地保有量、基本农田保护面积分别为547.80万亩和374.85万亩。有中小型水库1091座，总库容12.76亿立方米。全年人工造林28.13万亩，退耕还林面积11.30万亩，天保工程管护面积3256万亩。有自然保护区19个，保护区面积284万亩，其中国家级保护区面积47.90万亩。全州有林地面积2667.45万亩，活立木蓄积量9236.73万立方米，森林覆盖率62.48%。

矿产资源。楚雄州境地质构造复杂，矿产资源丰富，已发现的地质矿产共有11大类73种。优势矿种有铁、铜、钛、煤、砷、石盐、石膏、芒硝等，储量比较丰富的矿产还有铅、铂、银、铌、硒、碲、氟、钒、硅石、石墨等，金、大理石、石棉、磷等矿藏也有分布。历史上，铜、铁、盐、煤等矿产曾对楚雄州乃至云南省的经济发展起过举足轻重的作用。据初步探测，楚雄州境还有丰富的石油和天然气资源，预计天然气的资源量十分可观。

水资源。楚雄州地处金沙江、元江两大水系的分水岭地带，境内无天然湖泊，也无入境暗河，水资源均由大气降水形成，多年平均水资源量68.67亿立方米。2014年，全州地表水资源量41.42亿立方米，地下水资源量9.71亿立方米，扣除地表水与地下水重复计算量后全州水资源总量为9.50亿立方米，比上年偏多22.9%，比常年偏少34.5%。全州蓄水工程年末蓄水量8.01亿立方米，比上年增蓄12.8%。全州供、用水总量23.29亿立方米，其中河道外供用水9.29亿立方米、河道内供用水14.0亿立方米。河道外供水中，地表水源供水量占96.7%，地下水源供水量占2.3%，其他供水量占1.0%。河道外用水中，生产用水占89.0%，生活用水10.0%，生态环境用水1.0%。

生物资源。楚雄州境生物资源丰富。植物资源有6000余种，主要是森林、中草药、野生食用菌等。其中，珍稀植物27种，国家一级保护植物8种、二级保护植物19种，经济林127种。野生哺乳动物种类110余种、鸟类390余种、爬行类66种、两栖类34种、鱼类85种，其中长臂猿、懒猴、云豹、绿孔雀等为国家重点保护的珍稀动物。发现有药用植物资源1770种，药用动物77种，药用矿物13种。有哀牢山、雕林山、紫溪山、化佛山、狮山、方山、昙华山、白竹山、老黑山等19个自然保护区，保护区面积284.96万亩，其中国家级保护区面积47.91万亩，是云南省重点林区之一。

旅游资源。楚雄州旅游资源以“恐龙之乡”、“腊玛古猿”、“元谋猿人”、元谋土林、狮山牡丹、紫溪山茶、彝族十月太阳历、古镇文化、彝族风情和冬暖夏凉的宜人气候而著称。以彝族文化为代表的民族节日、民族服饰、民族歌舞绚丽多彩、风韵独特。各种民族服饰多达400余种，传统的民族节日和集会多达57个，影响深远广泛的有“火把节”、牟定“三月会”、大姚“插花节”、永仁“赛装节”、姚安“龙华会”、禄丰“花会”、武定“花山节”、双柏“虎笙节”等。主要景区（点）有武定狮子山、元谋土林、彝人古镇、禄丰世界恐龙谷、楚雄州博物馆、黑井古镇、南华咪依噜风情谷、楚雄紫溪山、大姚石羊古镇、永仁方山、中国彝族十月太阳历文化园、牟定化佛山、大姚三潭景区、姚安光禄古镇、武定罗婺彝寨等。

土特名产。楚雄州不仅资源丰富，地方产品也独具特色。久负盛名的有楚雄云泉豆瓣酱，禄丰香醋、黑井石榴，南华野生食用菌、大白芸豆、沙桥豆腐、月琴，大姚薄壳核桃、果脯、小把粉丝、野坝子蜂蜜，姚安三角糯米、茯苓、菖河蜂蜜、荞酒、山药，永仁苴却砚、永兴花椒、永桥酒，牟定油卤腐、喜鹊窝酒、铜炊具、化佛茶，双柏妥甸酱油、白竹山茶，元谋热带水果、冬早蔬菜，武定壮鸡、木纹石等。楚雄市、大姚县、南华县被授予“全国核桃之乡”称号。姚安蛉河藕粉、大姚薄壳核桃、元谋蔬菜、武定壮鸡已成产业化发展趋势。此外，遍布全州的虎掌菌、松茸、牛肝菌、黑木耳、香蕈等野生食用菌畅销欧洲及日本；元谋冬早蔬菜远销全国各大中城市，是全国十大蔬菜基地之一；柠檬酸、高低压开关柜等工业产品畅销全国；“排毒养颜胶囊”等民族药享誉海内外。

【经济状况】 2014年，全州实现生产总值（GDP）701.78亿元，按可比价计算，比上年增长11.0%。其中，第一产业增加值156.28亿元，增长6.5%，拉动经济增长1.3个百分点；第二产业增加值297.33亿元，增长14.1%，拉动经济增长6.5个百分点；第三产业增加值248.17亿元，增长9.4%，拉动经济增长3.2个百分点。第一、第二、第三产业对生产总值增长的贡献率分别为11.8%、58.9%和29.3%，分别比上年下降2个百分点、提高6.5个百分点和下降4.5个百分点。第一、二、三产业增加值占生产总值的比重分别为22.2%、42.4%、35.4%。全州人均生产总值（GDP）25744元，比上年增长10.8%。非公有制经济增加值335.44亿元，占GDP的比重为47.8%，比上年提高1.9个百分点（按可比口径计算）。

全年完成地方财政总收入153.29亿元，比上年增长9.1%；地方公共财政预算收入63.72亿元，增长13.0%，其中，税收收入45.47亿元，增长6.6%；非税收入18.25亿元，增长33.1%。地方公共财政预算支出205.12亿元，增长18.8%。

全州居民消费价格总水平比上年上涨2.5%。其中，城市上涨2.6%，农村上涨2.4%。居民消费价格中，食品价格上涨3.1%，其中粮食价格上涨2.8%，烟酒价格下降0.7%，衣着价格上涨2.5%，家庭设备用品及维修服务价格上涨1.2%，医疗保健和个人用品价格上涨1.7%，交通和通信价格下降0.6%，娱乐教育文化用品及服务价格上涨7.2%，居住价格上涨2.3%，服务项目价格上涨4.8%。商品零售价格总水平上涨1.3%。农业生产资料价格总水平下降1.2%。

年末全州共有从业人员170.17万人，比上年增加3万人。其中，从事农业产业的99.60万人，占58.5%，比上年下降2个百分点；从事非农产业的70.57万人，占41.5%，上升2个百分点。年末城镇登记失业率为3.3%，与上年持平。城镇化水平（城镇化率）38.74%，比上年提高1.28个百分点。

全年实现农林牧渔业总产值262.97亿元，按可比价计算，比上年增长6.4%。全年粮食作物种植面积380.60万亩，经济作物种植面积246.26万亩，其中烤烟种植面积70.47万亩、油料作物种植面积37.91万亩、蔬菜种植面积114.85万亩。粮食作物与经济作物种植面积比为60.7：39.3。全年粮食总产量122.91万吨，比上年增长2.2%。其中，秋粮94.97万吨，夏粮27.94万吨。

全年肉类总产量44.57万吨，增长10.0%；牛奶产量196吨，下降71.8%；禽蛋产量12693吨，增长8.2%；蜂蜜产量1193吨，增长11.3%；蚕茧产量3041吨，增长6.8%；水产品产量24404吨，增长8.5%。年末，大牲畜存栏102.64万头，增长3.9%；生猪存栏280.96万头，增长6.3%；羊存栏156.79万只，增长10.4%；家禽存栏1319.51万只，增长5.3%。

全州有效灌溉面积138.41万亩，节水灌溉面积112.41万亩。全州农业机械总动力277.2万千瓦，增长7.3%，其中排灌机械总动力36.8万千瓦，增长2.7%。农村用电4.74亿度，增长13.1%；农用化肥施用量（折纯）15.07万吨，增长5.6%；农药使用量3328吨，增长3.6%。

全年规模以上工业完成产值541.28亿元，比上年增长12.5%（现价）；实现增加值178.53亿元，增长13.1%。

烟草制品业、冶金化工业、医药制造业实现增加值134.64亿元，增长9.3%，占全部工业增加值的58.1%，占规模以上工业增加值的75.4%。其中，烟草制品业实现增加值76.57亿元，占规模以上工业增加值的42.9%；冶金化工业实现增加值52.61亿元，占规模以上工业增加值的29.5%；医药制造业实现增加值5.46亿元，占规模以上工业增加值的3.1%。

全州规模以上工业企业实现利税总额102.02亿元，增长6.3%。其中，实现利润21.56亿元，增长1.2%；实现税金80.46亿元，增长7.7%。

全州134个资质内本地建筑业企业完成总产值111.82亿元，比上年增长24.6%，全年实现建筑业增加值65.76亿元，比上年增长19.1%。

全年规模以上固定资产投资601.41亿元，比上年增长33.1%。其中，国有单位投资289.07亿元，增长35.8%。按构成分，建筑工程投资446.25亿元，增长41.3%；安装工程投资34.32亿元，增长47.4%；设备购置48.74亿元，下降12.7%；其他费用72.09亿元，增长26.7%。全年新增固定资产336.69亿元，增长24.0%。本年新开工项目1549个，增长47.5%。按产业分，第一产业投资40.71亿元，比上年增长88.7%；第二产业投资184.24亿元，增长17.8%；第三产业投资376.46亿元，增长37.5%。

全年房地产开发投资92.48亿元，比上年增长5.5%。商品房销售面积225.02万平方米，增长20.0%。商品房销售额78.29亿元，增长23.3%。

全年社会消费品零售总额238.37亿元，比上年增长13.2%。按城乡分，城镇实现203.14亿元，增长13.4%；乡村实现35.23亿元，增长11.8%。按经济类型分，公有制经济实现48.64亿元，增长11.1%，其中国有及国有控股经济实现39.43亿元，下降1.4%；非公有制经济实现189.73亿元，增长13.8%，其中个私经济实现177.62亿元，增长11.8%。非公有制经济实现的消费品零售额占零售总额的79.6%，比上年提高2.7个百分点。

全年外贸进出口总额35181万美元，比上年增长25.4%。其中，出口额33391万美元，增长30.3%；进口额1790万美元，下降26.2%。全年实际利用外资2045万美元，下降20.9%。

年末州内公路通车里程18293.46千米（含村道）。其中，高速公路339.40千米，一级公路46.13千米。机动车拥有量586574辆，比上年增长2.2%。其中，汽车167903辆（个人144624辆），增长17.1%；拖拉机52504台，下降1.6%；摩托车365443辆（个人365086辆），下降2.9%。有机动车驾驶员580442人。全年完成客运量3535.39万人次，增长4.5%。其中公路运输客运量3490万人次，增长4.6%。旅客周转量167514.12万人千米，增长1.4%，其中，公路旅客周转量166515.98万人千米，增长1.3%；运输货运量2903.69万吨，增长10.3%，其中公路运输货运量2875.56万吨，增长10.1%；货运周转量459383.98万吨千米，增长14.5%，其中公路货运周转量458939.14万吨千米，增长14.6%。

全年完成邮电业务总量19.17亿元，比上年增长24.2%。其中，邮政业务总量0.76亿元，增长22.6%；电信业务总量18.41亿元，增长24.3%。全年订售报纸3099.52万份，订售杂志111.20万份，收发国内信件436.97万件。年末固定电话用户15.23万户，移动电话用户163.63万户。电话普及率为67.8部/百人（按公安户籍人口计算），比上年增加0.1部/百人。年末互联网用户达318377户。

全年共接待国内游客1851.28万人次、国际游客36117人次，分别比上年增长11.6%和11.2%。实现旅游总收入83.52亿元，增长26.3%。其中，国内旅游收入83.05亿元，增长26.9%；旅游外汇收入4731.6万元，下降31.6%。

金融机构年末人民币存款余额801.55亿元，比上年末增长13.8%，其中城乡居民储蓄存款余额448.08亿元，增长14.6%。金融机构年末人民币贷款余额499.60亿元，增长16.5%。

全年州内保险公司保费收入174154.25万元，比上年增长18.2%。其中，寿险业务保费收入74303.46万元，增长11.9%，赔款及给付19593.36万元；财产保险业务保费收入75796.60万元，增长27.0%，赔款及给付37274.44万元；健康和意外伤害业务保费收入24054.19万元，增长12.8%，赔款及给付16981.91万元。

【教科文卫】 2014年末，楚雄州有普通高校2所，专任教师753人，招生4446人，在校生15085人，毕业生3990人；普通中专学校25所（含成人中专学校9所、中等职业技术学校5所、职业高级中学10所和技工学校1所），专任教师1188人（其中中等专业学校394人），招生10068人，在校生29949人（其中中等专业学校9558人），毕业生7540人；高中21所，专任教师3018人，招生15234人，在校生43765人，毕业生12955人；初中113所，专任教师6789人，招生34838人，在校生102137人，毕业生32302人；小学820所，专任教师11886人，招生25434人，在校生173319人，毕业生35054人。特殊教育学校2所，专任教师67人，招生101人，在校生381人。幼儿园296所，专任教师1865人，在园幼儿55474人。学龄儿童净入学率99.95%。小学毕业生升学率99.38%，初中毕业生升学率78.47%，初中学龄人口净入学率99.70%，高中学龄人口毛入学率76.32%。教育部门主管录取的大学生12560人，比上年增长5.57%；残疾儿童入学率94.17%。小学、初中、高中专任教师学历达标率分别为99.53%、99.68%和99.18%。

全年列入州级以上科技计划项目116项。其中，国家级8项，省级43项，州级65项。全年自然科学研究成果获省部级奖2项，获地厅级奖41项。科技对国民经济增长的贡献率52.1%，比上年提高1.1个百分点。全年组织科技培训21万人次。受理专利申请491件，批准专利320件。

年末，共有专业艺术表演团体10个，公共图书馆11个，文化馆11个，博物馆4个，文管所10个，乡镇文化站103个。全州有电视台1座，广播电台1座，电视覆盖率97.86%，广播覆盖率97.43%。全年出版报纸312期，936万份。

年末，全州有各级各类卫生机构1704个，其中，医院74所，基层医疗卫生机构1591个（社区卫生服务机构17个、卫生院114所、村卫生室1092个、门诊部15个、诊所医务室353个），专业公共卫生机构37个（疾病预防控制中心11个、妇幼保健院11所、卫生监督所11个、采供血机构1家、急救中心2个、健康教育所1家），其他卫生机构2家。全州各级各类卫生机构在岗职工17007人，其中卫生技术人员12738人（执业/助理医师4379人、注册护士4802人、药师/士709人、技师/士704人、其他卫生人员2144人），乡村医生1853人，卫生员58人，管理和工勤人员2358人，平均每千人（按常住人口计算，下同）拥有卫生技术人员4.67人。全州医疗卫生机构实有床位14656张，其中医院11588张、卫生院2635张、社区卫生服务机构40张、妇幼保健院323张、门诊部10张，平均每千人实际拥有医院病床4.25张。

全年体育健儿参加省级及以上体育竞技比赛获得奖牌192枚。其中，金牌46枚，银牌52枚，铜牌94枚。

【社会生活】 2014年，楚雄州农村常住居民人均可支配收入7570元，增长13.2%；城镇常住居民人均可支配收入24531元，增长9.7%。全州998个村委会，998个通电话、通公路、通电，993个通自来水。

全州参加城镇职工基本养老保险138452人，比上年增加3370人。其中，在职职工91550人，离退休人员46902人；参加失业保险111652人，增加1284人；参加基本医疗保险434797人，增加11993人；参加工伤保险174582人，增加10126人；参加生育保险70649人，增加2279人。城乡居民参加社会养老保险1426202人，增加3791人；参加新型农村合作医疗2167496人，比上年增加21678人。

年末，全州领取失业保险金人数8393人。分别有101501名城镇居民和193097名农村居民得到政府最低生活保障，保障金额分别为33650.34万元和28766.03万元。全年民政优抚伤残军人1212人，在乡复员军人7140人。

年末，全州有敬老院102个，收养老人4569人；有福利院7个，收养280人。

全年发生生产安全事故368起，110人死亡，事故起数比上年下降22.2%，死亡人数比上年下降21.1%，253人受伤，直接财产损失1574.69万元；亿元生产总值生产安全事故死亡人数为0.16人，下降20%。其中，工矿商贸企业从业人员生产安全事故14起，15人死亡，3人受伤，直接财产损失1093.6万元；交通事故186起，93人死亡，250人受伤，直接财产损失198.79万元；火灾168起，2人死亡，无人受伤，直接财产损失282.3万元。无煤矿生产安全事故。

［李　梅］

经济建设

【宏观经济】　2014年，楚雄州面对经济下行压力不断加大的严峻形势，全州上下紧紧围绕年初人代会确定的经济社会发展目标，突出稳增长、抓改革、调结构、惠民生、促和谐等工作重点，经济工作在新常态下保持了平稳发展势头，社会建设全面推进。实现生产总值701.8亿元，增长11%；规模以上固定资产投资完成601.4亿元，增长33.1%；地方公共财政预算收入完成63.7亿元，增长13%；实现社会消费品零售总额238.4亿元，增长13.2%；外贸进出口总额完成3.5亿美元，增长25.4%；城镇和农村常住居民人均可支配收入分别为24531元和7570元，分别增长9.7%和13.2%；居民消费价格总水平上涨2.5%；城镇登记失业率为3.3%；人口自然增长率控制在5‰以内；城镇化率提高1.28个百分点，达38.7%；单位生产总值能耗下降完成省下达目标。州十一届人大四次会议确定的经济社会发展目标，除城镇常住居民人均可支配收入指标外，其余指标均完成或超额完成。

【重点产业发展】　2014年，楚雄州六大重点产业建设取得新的成效，共实现增加值330.85亿元，占全州GDP比重达47.1%，其中，烟草产业实现增加值99.89亿元，增长4.9%；冶金化工业实现增加值52.61亿元，增长8.4%；生物医药业实现增加值10.18亿元，增长38.4%；绿色食品业实现增加值120.79亿元，增长12.0%；文化旅游业实现增加值44.52亿元，增长13.1%；新能源新材料实现增加值2.86亿元，增长36.7%。

【基础设施建设】　2014年，楚雄州筹集安排项目前期经费6945万元，列入省“3个100”、州“3个30”的重点项目和年度1495个支撑项目稳步推进，实施项目2084个，其中新开工项目1549个，以交通、水利、城镇为重点的重大基础设施建设步伐加快。年末，公路通车里程1.83万千米（含村道），其中高速公路339.4千米，一级公路46.13千米，农村公路通车里程15771千米，等外公路6875.3千米。公路路网面积密度62.5千米/百平方千米，公路路网人口密度67.2千米/万人。103个乡（镇）通公路等级率100%，有101个乡（镇）通油（水泥）路，通油路率98.1%。楚（雄）南（华）一级公路建设顺利，累计完成投资12.37亿元，年度完成投资8.84亿元；楚（雄）广（通）高速公路累计完成投资15.93亿元，年度完成投资7.09亿元，已正式通车运行；国道108线永仁至武定段改造示范工程项目主体工程完工；禄丰彩云至双柏碍嘉公路项目启动建设。共有中小型水库1091座，总库容12.76亿立方米，大姚、牟定、双柏、永仁、武定5县列入国家山区“五小水利”重点县建设。年度水利固定资产投资34.9亿元，超额完成年度目标任务。新增有效灌溉面积4.19万亩，新增节水灌溉面积7.7万亩。库塘蓄水8.02亿立方米，成为2009年以来蓄水最多的一年。续建和新建市政基础设施项目239项，完成投资15.53亿元。商品房施工面积874.24万平方米，比上年增长9%，房地产完成投资92.48亿元，增长5.5%。保障性住房实际建成1.53万套，城市棚户区改造完成1557户。建成“美丽乡村”示范村444个。工业园区建设有序推进，标准化厂房、园区水电路基础设施建设取得新进展。

【产业结构调整】　2014年，楚雄州加快三次产业优化调整和转型创新，服务业对经济社会发展的支撑和带动作用增强，产业结构得到优化，三产产业结构调整为22.3∶42.4∶35.3。农业农村经济稳步发展。完成农林牧渔业总产值262.97亿元，增长6.4%。粮食播种面积达380.6万亩，粮食总产量122.91万吨，增长2.16%，实现了四连增。种植烤烟70.4万亩，收购烟叶186.4万担，实现烟农总收入28.61亿元，与上年持平。高原特色农业加快发展，种植蔬菜108.86万亩，总产量196万吨，产值40亿元；种植优质水果18万亩、魔芋9.58万亩，新植核桃20万亩、花椒4万亩、油橄榄0.62万亩。农业产业化步伐加快，州级以上农业产业化重点龙头企业达219户，其中省级44户，获得“云南名牌农产品”22个、“云南省著名商标”农产品47个，“武定壮鸡”、“白竹山茶”等被国家农业部认定为地理标识农产品。土地承包经营权和林权流转面积累计分别达20.7万亩、98.1万亩。实施中低产田地改造25.6万亩、低效林改造20万亩，巩固退耕还林基本口粮田2.08万亩。工业经济实现企稳回升。实现工业增加值231.56亿元，增长12.9%，其中规模以上工业增加值178.53亿元，增长13.1%。南华、武定工业园区完成省级工业园区申报工作，全州共完成园区基础设施建设投资22亿元，建设标准厂房44万平方米，新增入园企业62户。中小企业上市融资取得新突破，18户企业签订了协议，有7户企业成功在“新三板”等股权交易中心挂牌。强力推进煤炭产业结构调整和转型升级，加大对重点企业技术改造、名牌产品和著名商标打造、企业技术中心建设的扶持和奖励力度，钛卷板轧制等一批生产设备和工艺技术达到国内领先水平，共有11户企业被认证为省级企业技术中心，建立了4个院士专家工作站。第三产业保持平稳发展。第三产业实现增加值248.17亿元，增长9.4%。积极推进楚雄建材城、广通集装箱和多式联运等商贸物流项目建设，大力培育淘宝·特色中国“楚雄馆”、南华野生菌信息港等网络交易，商贸与物流互动发展的格局基本形成。深挖城乡消费潜力，积极组织参与省内外商品博览会、展销会，多部门联动抓好商贸流通企业的申规达限工作，社会消费品零售总额增长13.2%，高于计划目标0.2个百分点。禄丰恐龙、元谋人等一批重大文化旅游项目稳步推进，A级景区创建取得新进展，文化旅游业快速发展，全年接待海外游客3.61万人次、国内游客1851.28万人次，实现旅游业总收入83.5亿元，增长26.3%。积极落实外贸奖励政策，帮助企业解决出口退税等难题，外贸实现逆势增长，全年外贸进出口总额突破3.52亿美元。金融业保持较快增长，全年新增银行贷款70.6亿元,增长16.45%。

【重点领域改革】　2014年，楚雄州深入推进重点领域改革。以经济体制改革为重点的各项改革稳步推进。简政放权力度加大，取消和下放了一批行政审批事项。研究提出了新一轮政府机构改革方案和165家州属事业单位的分类定别工作。财税体制改革取得新进展，部门预算和“三公”经费全面公开；营改增工作进展顺利，实现营改增税收9297万元。国有资产监管体制、工商登记制度改革和资源性产品价格改革全面推进，现代市场体系建设步伐加快。公务用车制度改革全面启动，以公立医院改革试点为重点的医改工作稳步推进，以农村土地制度改革为重点的农村综合改革全面展开，以小微金融服务和建立多元投融资主体为重点的投融资体制改革有新进展。

【县域经济发展】　2014年，全州9县1市中，GDP绝对数最高为楚雄市的269.05亿元，第2为禄丰县140.07亿元，楚雄、禄丰两县（市）GDP占全州GDP总量的58.3%，从第3到第10分别是大姚县52.51亿元、武定县46.06亿元、南华县40.75亿元、牟定县40亿元、元谋县39.33亿元、姚安县37.97亿元、双柏县26.18亿元和永仁县22.86亿元。县域产业结构更趋合理，所有制结构趋向民营化，就业结构趋向非农化，人口结构趋向城镇化。县域经济效益不断改善，县域全部工业增加值由上年的209.8亿元增加到231.6亿元，增长12.9%，比全省快5.7个百分点，县域规模以上工业企业达到239家，比上年净增42家，其中楚雄、禄丰、大姚3县（市）共有115家。规模以上固定资产投资有4个县（市）投资额超过50亿元，楚雄市超过200亿元。社会消费品零售总额238.4亿元，增长13.2%，增速快于全省0.5个百分点，其中楚雄市超过100亿元。进出口总额由上年的2.8亿美元增加到3.5亿美元，增长25.4%，快于全省8.3个百分点。

【滇中城市经济圈一体化建设】　2014年12月16日，中共楚雄州委召开常委扩大会议，学习传达云南省滇中城市经济圈一体化建设现场推进会精神，并由州人民政府发文成立了由州长任组长，常务副州长任副组长，州级相关部门和10县（市）人民政府县（市）长为成员的领导小组。把推进楚（雄）南（华）经济带和云南永仁北大门建设作为主动参与滇中城市经济圈一体化建设的关键点，共纳入滇中城市经济圈重大建设项目171项。2015～2016年计划实施71项，总投资4928.7亿元，把纳入省重点推进的2015年项目作为州级“3个30”重点项目计划盘子。《滇中城市经济圈楚（雄）南（华）经济带发展总体规划》于2月25日通过政府常务会议，启动了《桥头堡滇中产业聚集区楚雄组团发展总体规划》的编制工作并通过省州专家评审。以将永仁县建设成为滇川合作的试验示范区为目标，云南永仁“北大门”建设取得新进展，县级合作协议签署的相关工作取得突破进展，得到省人民政府和相关部门大力支持。

［张云徽］

政治建设

【基层党组织建设】　2014年，楚雄州组织部门认真落实《基层党建工作3年规划》和《发展村级集体经济实施意见》、《村（居）民小组党支部活动场所建设实施意见》、《村干部待遇“倍增计划”实施意见》、《发展党员工作实施意见》等文件精神，抓牢党员和干部两支队伍，突出党性、道德教育和素质提升两个重点，强化正面引导和反面警示两股力量，全面加强教育、管理、处置各环节工作。强化党员发展管理。把“控制总量、优化结构、提高质量、发挥作用”要求落到实处，发展党员2577人；稳妥处置不合格党员，评定出不合格党员677名，占党员总数的0.43%，其中支委会初步处置意见为“限期改正”592名、“劝退”37名、“除名”48名。加强基层党组织负责人队伍建设。选优训强村组干部特别是党组织负责人，积极开展党性、道德和能力素质提升为主的教育培训，共开展党员干部培训1865个班次、培训15万余人次。做好党员关爱工作。组织开展“农村困难党员关爱行动”，对年龄在70周岁以上的农村困难老党员每人每月给予20元的补助。春节期间，州委领导共走访慰问老党员和生活困难党员72名，发放慰问金5.76万元；下拨补助各县（市）委组织部和州属有关党（工）委用于走访慰问老党员和生活困难党员的州管党费22.5万元。“七一”建党节期间，州委领导共走访慰问70名老党员和生活困难党员，发放慰问金5.6万元，对18名建国前入党的生活困难老党员发生活补贴28260元。开展强基惠农“合作股份”。学习推广省委组织部在武定插甸的实践经验，采取资金入股、资产资源经营权入股等方式，积极开展“合作股份”，发展壮大村级集体经济。全州共有229个村开展了“合作股份”工作，村集体经济收入超过3万元的达70.24%，超过5万元的达33.14%。开展扶贫开发与基层党建“双推进”工作。实施“双推进”项目的乡（镇）共流转土地3.46万亩，带动7800余人就近就业，引进和扶持农业龙头企业50个，种植冬桃、芒果、小枣、花椒、葡萄、中药材、蔬菜等经济作物25.64万亩，发展养殖牛、羊、猪、鸡等畜禽15.15万头（只），为3.54万户农户培植种养殖特色增收产业，人均增收800元。整治软弱涣散党组织，调整党组织负责人28名，96%的软散党组织转化为良好党组织。严肃党内组织生活。认真组织各级党组织开展以党的群众路线教育实践活动和“学党章、学准则、学条例”为主题的专题民主生活会和组织生活会。在教育实践活动中，有18个单位的专题民主生活会、60个基层党组织的专题组织生活会进行了“补课”、“返工”，党员民主评议为“好”、“一般”、“差”的党员分别占62.1%、32.1%、5.8%，专题组织生活会民主评议满意率97%。

【县处级领导班子建设】 2014年，楚雄州充分发挥党组织在干部工作中的领导和把关作用，重视日常情况的了解掌握和班子分析研判，根据工作需要和干部德才表现，将民主推荐与平时考核、年度考核，一贯表现和用人所长、人岗相适等情况综合考虑、充分酝酿，强化党委（党组）、分管领导和组织部门在干部选拔任用中的权重和干部考察识别的责任，优化班子结构，提高整体功能。年内共提请州委常委会议讨论干部8批139人次，其中，实行常委会票决干部任免115人（含州级有关单位机构改革职务名称变更及州级民主党派换届继续提名人选24人）。办理处级干部退休59人。加大干部跨领域交流轮岗力度，对在一个地方或部门工作时间较长的16名干部进行了交流轮岗，激发干部队伍活力。坚持组织部门与领导干部谈心谈话制度和领导班子定期分析制度，定期对领导班子的整体结构、运行状况、优化方向和领导干部的履职情况、作风建设情况等进行分析研判。年内，州委组织部与处级干部开展了一次谈心交心，全面掌握县处级领导班子的运行情况和领导干部的思想状况。开展了县（市）党政正职履职情况报告和队伍分析。完成了2013年县处级干部的年度考核、公开推优、科级干部情况统计分析等，1190名处级干部确定优秀等次265人、称职912人，确定为“不定等次”的干部10名，不进行考核3人。对50名试用期满干部进行了考核。

［王华国］

【规范性文件制定、登记、审查、备案、清理】 2014年，按照楚雄州人民政府规范性文件制定要求，及时向州级行政执法部门下发《关于上报2014年州人民政府规范性文件立法计划的通知》，审查列入州人民政府2014年立法计划的规范性文件6件。

参与做好地方民族立法的起草、修订工作。根据《楚雄州人大常委会关于做好楚雄州2012~2016年地方民族立法工作的通知》和州人民政府办公室《关于做好楚雄州2012~2016年地方民族立法工作的通知》要求，提前介入地方民族立法工作，积极参与《云南省楚雄彝族自治州林业条例》的调研、起草、修订和审查工作。到双柏县、永仁县开展立法调研1次，组织讨论修改5次。

确保规范性文件制定质量。按照年初制定的规范性文件制定工作计划，从提高规范性文件质量入手，本着维护群众利益的宗旨，不断改进审查方式，严格制定程序，每件规范性文件除以发文形式向县（市）人民政府、州级各部门征求意见外，还通过政府公众网站公开征求社会公众的意见，反复研究论证，确保规范性文件质量。共组织召开规范性文件论证会4次、修改讨论会4次；完成州人民政府规范性文件审查5件，其中经省人民政府法制办公室登记后州人民政府公布的3件，报州人民政府常务会议审定的2件，部门申请调整至2015年制定1件。

加强对县（市）政府和州级部门规范性文件备案审查工作力度。收到县（市）人民政府、州级部门报送登记备案的规范性文件共18件，其中县（市）人民政府14件、州级部门4件。经审查，除1件不符合修改要求不予登记外，其他全部符合规范性文件制定的要求，没有与法律、法规、规章相抵触的内容。

清理现行规范性文件。根据《云南省人民政府法制办公室关于集中清理在市场经济活动中实行地区封锁规定的通知》要求，对2013年10月31日前州人民政府的114件现行规范性文件和10县（市）人民政府、楚雄开发区管委会、州级部门的641件现行规范性文件进行清理。共清理出内容已不适应市场经济活动需要的规范性文件5件，分别作出拟修改或者废止决定，其中修改州人民政府规范性文件1件、废止州级部门规范性文件4件。

开展立法后评估，推进科学立法、民主立法进程。请州人大教工委、州政协社会法制委、州安监局领导带队，分别对10县（市）政府实施《楚雄彝族自治州防雷减灾管理办法》进行检查，实地抽查了19个建设项目、3所中小学校、1个民爆库、1个林场落实防雷装置设计审核、竣工验收、执行定期检查制度的情况；向企事业单位和行政机关发放《办法》立法后评估问卷调查表297份，充分听取各方面的意见、建议，对《办法》中制度设计的科学性、条款的可操作性、贯彻执行的有效性等作出客观、公正的评价，检验立法效果，提高立法质量。

年内，州法制部门共收到省人民政府法规征求意见稿9件，按照规定进行修改，并按时反馈了修改意见。审查州人民政府和州级部门非规范性文件45件。其中，审查州人民政府及办公室领导安排的非规范性文件25件，出具审查意见书25份；收到州级部门非规范性文件征求意见稿20件，反馈修改意见20份。

【行政许可监督管理】 2014年，楚雄州法制部门协助州委编办做好第六轮行政审批制度改革工作。根据省人民政府行政审批制度改革工作相关要求，以州委编办、州法制办的名义及时起草下发《楚雄州人民政府关于转发云南省人民政府进一步精简行政审批项目相关文件的通知》、《关于进一步精简行政审批项目的通知》，对楚雄州第六轮行政审批制度改革工作作出安排部署。对照国务院、省人民政府关于取消和调整部分行政审批项目的情况，对州级部门上报的清理情况进行了梳理，进一步取消、下放和调整了一批行政审批事项，并以州人民政府文件形式公布实施。同时，根据省人民政府法制办《关于清理以政府名义实施的行政审批事项的通知》的要求，及时组织州级部门和10县（市）政府对以政府名义实施的行政审批事项进行清理并把清理情况上报。

严格落实制度，规范许可管理。根据州人民政府加强政务中心建设的有关要求，积极配合政务中心建立完善各项制度，加强对行政许可（审批）工作的指导和监督，大力推进和规范行政许可（审批）集中办理和公开制度，不断加大对行政审批“一站式服务”、“一个窗口对外”和重点领域、重点行业的指导监督，提升行政许可（审批）服务水平和服务质量。按照《云南省人民政府关于印发云南省行政许可项目目录管理办法的通知》要求，积极配合州委编办拟定了《楚雄州州级取消、下放行政审批项目目录汇总》、《楚雄州州级行政审批项目目录汇总》和《纳入楚雄州州级目录管理的省垂直管理部门行政审批项目目录汇总》，落实行政许可项目目录管理办法。

［武少林］

【政务公开】 2014年，楚雄州出台《中共楚雄州委党务公开工作实施方案》，深入推进县（市）、部门、乡（镇）、村委会（社区）、企业党务、政务、厂务、村（居）务公开和其他领域办事公开，督促各级各部门利用政府门户网站、政务专线、板报、简报等载体，及时公开全州经济社会发展和群众广泛关注的强农惠农政策落实情况及民生热点问题，接受社会各界和群众监督。各职能部门进一步优化行政审批流程，简化审批环节，提高审批效率，确保行政审批项目办理大幅提速。州级部门保留精简的行政审批项目大部分进入州政务服务中心集中受理办理。至年底，进驻州政务服务中心37家部门行政审批事项85项，其中州级部门64项、省直管部门21项，进驻公共服务事项122项，实现了办公地点、服务职能、工作人员、设备设施集中，建立了“一个窗口对外、一条龙服务、一站式办结”的工作机制。同时，进一步规范行政事权的设定和实施，理清州、县（市）的行政事权，合理划分州级和县（市）行政事权。采取直接放权、委托放权和前移服务等方式向县（市）下放事权，积极主动承接省级下放州、县（市）的行政审批服务事项。编制公布了行政审批事项目录，对纳入目录清单的行政审批事项制定具体实施办法，明确事项名称、审批依据、实施机关、审批程序、审批条件、审批期限、收费标准等。加强依法行政、简政放权和行政审批工作的监督，督促取消行政审批事项270项，下放行政审批事项364项，简化行政审批流程事项2092个；对123件行政审批及政务服务督办件发出电话、电子监察和书面监察通知57件次，办结行政审批及政务服务事项15.19万件，办结率99.5%。

［王丽萍］

文化建设

【第二批国家公共文化服务体系示范区创建】 2014年1月7日，楚雄州创建第二批国家公共文化服务体系示范区动员会议召开，州人民政府与各县（市）签订创建责任书。10月16日，楚雄州召开创建第二批国家公共文化服务体系示范区工作推进会，全面总结示范区创建工作，明确任务要求，为迎接文化部中期督查、深入推进创建工作进行再部署。10月26～28日，国家文化部党组成员、部长助理刘玉珠率领的第二批创建国家公共文化服务体系示范区（项目）中期督查第六督查组到楚雄州开展中期督查工作。督查组听取汇报、查阅资料和台账，并实地考察了楚雄州博物馆、州图书馆、州文化馆，禄丰县图书馆、文化馆、金山镇岔河村文化活动室及活动广场、金山镇文化站、金山镇官洼社区文化室。经过督查，楚雄州24项重点指标，18项评定为优秀、5项评定为良、1项评定为中。

【“三馆一站”免费开放】 2014年，国家文化部公布了全国第一次乡（镇）综合文化站评估定级情况，楚雄州有83个乡（镇）文化站达到定级标准，其中，一级综合文化站18个，二级综合文化站15个，三级文化站50个，达标率80.5%。年末，全州共有129处乡（镇）级以上文化场馆，已全部实行免费开放，服务人次比上年增长15%。全州公共图书馆、乡（镇）文化站图书室、村（社区）图书室和农家书屋总藏书313.82万册，人均占有藏书1.19册；书刊外借86.23万册次；全州图书馆（室）新增藏书12.98万册，人均年新增藏书0.05册。

年内，全州共拨付图书馆、文化馆、文化站免费开放经费1015万元，以奖代补经费32万元；拨付博物馆免费开放经费181万元，以奖代补经费74万元，陈列布展经费200万元。4个博物馆接待观众约170万人次。全州11个公共图书馆共免费开放阅览室70个，开放面积1.1万平方米；开放电子阅览室终端数317台，开放时间3万余小时，接待阅览人数24万余人；举办公益讲座314次，参加人数6万余人；举办展览146次，接待群众6万余人；举办培训184次，共培训3万余人。全州11个文化馆共举办展览129次，接待群众21万余人；举办文艺活动603次，参加人数15万余人；举办培训165次，培训5万余人次；举办公益讲座48次，参加人数4万余人。全州103个乡（镇）文化站共开放电子阅览室终端数1217台，开放时间21万余小时，接待阅览人数55万余人；举办展览776次，接待群众64万余人；举办文艺活动2321次，参加人数196万余人；举办培训1588次，培训23万余人次。

［周 芸］

【文化遗产保护】 2014年，楚雄州加强文物遗产保护力度。姚安龙华寺、元谋乌头禾村红军标语、楚雄吕合白土玉皇阁3项文物维修工程通过国家、省、州文物部门验收；州级重点文物保护单位姚安光禄文昌宫、楚雄西舍路达诺王彩旧居、禄丰黑井庆安堤等文物修缮工程有序推进。楚雄州人类起源元谋猿人研究重点项目工作、彝族火把节申报联合国非物质文化遗产项目后续工作、第一次全国可移动文物普查工作、第三批州级重点文物保护单位“四有”工作、国家级非遗项目申报等工作有序推进。禄丰县仁兴镇黑城遗址考古勘察、3条公路（320国道安丰营至天申堂段、双柏至新平段、彩云至碍嘉段）立项考古调查、全州境内古道调查等工作圆满完成。“5·18”国际博物馆日和第九个“中国文化遗产日”期间，全州范围内组织开展了丰富多彩的系列活动。有2个项目入选第四批国家级非物质文化遗产代表性项目名录，16人被列入第五批省级非物质文化遗产项目代表性传承人。《楚雄州文化遗产十年回眸》、《再说梅葛》等书籍和DVD编撰制作出版。

年内，全州有各类不可移动文物819处，有各级重点文物保护单位384处，其中国家级10处、省级29处、州级65处、县级280处。有博物馆4个，其中州级1个（国家二级馆）、县级3个（国家三级馆），馆藏文物近万件。已初步建立国家、省、州、县（市）4级非物质文化遗产保护名录体系，公布各级非物质文化遗产项目376项，其中国家级非遗项目13项、“中国民间文化艺术之乡”1个；省级非物质文化遗产项目18项、民族传统文化保护区10个、“中国民间文化艺术之乡”1个；州级非物质文化遗产项目48项、民族传统文化保护区17个、“中国民间文化艺术之乡”14个。公布命名各级非物质文化遗产项目代表性传承人1333人，其中国家级5人、省级82人、州级171人、县级1075人。公布命名“中国历史文化名镇”1个，“云南省历史文化名镇名村”4个，中国传统村落20个。

［周芸　张云］

【第一次全国可移动文物普查业务督查】 2014年10月14日至11月4日，楚雄州第一次全国可移动文物普查业务办公室采取听取汇报、查阅纸质文档及电子文档、现场规范指导等方式，对全州第一次全国可移动文物普查一、二阶段组建普查机构、普查经费落实、普查人员培训、普查进展等情况进行了全面督促检查。督查显示，各级政府认真组建了普查领导小组、机构；全年全州共落实普查经费88万元；州县博物馆、文物管理所共参加国家文物局、省文物局举办的普查培训4期共23人次；7月，全州各文物收藏单位全面进入普查二阶段，文物管理单位藏品信息登记录入计约300件。针对普查中存在的经费得不到保障、人员未能到位，队伍技术力量薄弱、文物认定普遍存在困难、普查宣传力度不够等问题，提出了意见和建议。

［杨丽美］

社会建设

【精神文明建设】 2014年，楚雄州城乡精神文明建设以“文明楚雄”创建为抓手，以“楚雄好人”培树为着力点，广泛开展社会主义核心价值观宣传教育，制定出台了《中共楚雄州委关于培育和践行社会主义核心价值观的实施意见》。城乡道德讲堂普遍建立，健全完善了常态化的“美丽楚雄·身边好人”等先进典型评选宣传工作机制，李开斌、赵丽华等4人入选“云南好人”和“365中国好人榜”。组织道德模范和先进人物宣讲团在10县（市）宣讲20场次，直接听众达2万余人次。建立关爱道德模范长效机制，春节前组织对46名道德模范进行慰问，对10名生活困难道德模范进行重点帮扶。结合党的群众路线教育实践活动整改要求，出台《楚雄州志愿者招募注册制度》等4个志愿服务制度。承办了在双柏县举行的云南省文明单位志愿服务活动启动仪式。年内，全州有志愿服务机构366个，有志愿服务团队585支，注册志愿者72662人，占全州总人口的2.6%，着力推进学雷锋志愿服务常态化，各类志愿服务活动有声有色。“文明楚雄行动”不断深化拓展，在原“文明餐桌、文明交通、文明服务、文明环境”四个“文明楚雄”行动的基础上，启动“文明礼仪”行动和“文明家庭”行动，丰富“文明楚雄”行动载体，群众性精神文明创建活动覆盖面和实效性得到提升。全州精神文明建设暨第十次州级文明单位表彰大会顺利召开，391个先进单位、50名先进个人、1000户十星级文明户受到州委、州人民政府表彰。承办了在永仁县召开的2014年度云南省乡村学校少年宫推进会，推出了永仁县抓好乡村学校少年宫建设的工作做法，重点抓了“做一个有道德的人”等一系列道德实践活动，实施乡村学校少年宫建设项目20个。

［杨建林］

【义务教育学生寄宿制生活费补助“全覆盖”】 2014年，全州有小学在校生183091人，其中寄宿生88912人，占在校生的48.56%；有初中在校生101338人，其中寄宿制学生80483人，占在校生的79.42%。至年底，共下达义务教育阶段家庭困难寄宿制学生生活费补助资金1.91亿元，补助学生170261人（小学88912人，初中81004人，特殊教育学校345人），按照小学每生每年1000元，初中每生每年1250元，特殊教育学校每生每年1250元的标准补助，实现了义务教育阶段农村学校（含县镇）寄宿制学生生活费补助全覆盖。同时，城市学校低保家庭和农村户口寄宿制学生生活费补助全部拨付到学生手中。

［张存芬］

【县级公立医院改革】 2014年，楚雄州继续做好县级公立医院改革工作。继续深化禄丰县按疾病诊断组（DRGS）新农合支付方式改革，控制医药费用不合理增长。将临床特征相似、发生频率较高、消耗资源相近的疾病进行合并分组，科学测算每组疾病付费标准，按照新农合补偿方案，医疗机构按实际发生的费用与病人结算，县新农合办按付费标准与医疗机构结算。在保障医疗服务质量和安全的前提下，努力降低医疗费用，达到消耗最少的医疗资源为患者治好疾病的目的。在上年实施264个病组分组的基础上，2014年提升为432个病组26429种疾病，其中手术治疗疾病145个组，非手术治疗疾病287个组。禄丰县人民医院、县第二人民医院、县中医院药品全部实行“零差率销售”，因药品“零差率销售”减少的收入，通过政府补助、提高医务人员技术性收费、降低检查设备收费来弥补。禄丰县县级新农合次均住院费用2618元，平均住院天数6.1天，费用和住院天数均低于全省、全州二级医院平均水平。大姚县人民医院完成了DRGS相关信息系统软件招标采购、相关技术人员培训和疾病组编制工作。

［自卫平］

【餐饮食品安全监管】 2014年，楚雄州食品药品监督管理部门强化餐饮食品安全监管，共出动执法人员6034人次，检查餐饮服务单位8611家，下达监督意见书128份，下达书面整改通知204份，立案查处89起，罚款24.61万余元。先后组织开展了节假日餐饮消费市场专项整治，“地沟油”专项整治、米线专项整治、旅游景区餐饮服务食品安全专项整治、学校食堂食品安全专项检查、高等级公路周边餐饮服务食品安全专项整治、餐饮服务单位餐用具专项整治和过期食品专项检查。推进餐饮服务食品安全监督量化分级管理工作，全州餐饮服务持证单位9831个全部纳入量化分级管理。加强餐饮服务食品安全事故应急处置能力建设。州县两级都分别制定和完善了《食品安全事故应急预案》，建立了应急处置机构和应急队伍。支持永仁县承办了云南、四川跨省边际协作餐饮服务食品安全事故应急演练；在武定县组织开展了楚雄州2014年餐饮服务食品安全事故应急演练。强化食品监管技术支撑，提高监管实效。完成食用菌等13类餐饮产品的监督抽验，共抽验204批次，开展了260余个品种的餐饮食品快速检测工作。

［沙朝仁］

【就业创业工作】 2014年，楚雄州全面推进就业创业工作。以高校毕业生、失业人员、城镇困难人员等就业困难群体充分就业为重点，认真落实中央、省各项积极就业政策，加强扶持创业带动就业工作，保持了全州就业局势的总体稳定。

高校毕业生就业。下发《楚雄州人民政府办公室转发云南省人民政府办公厅进一步做好普通高等学校毕业生就业创业工作文件的通知》，认真组织离校未就业高校毕业生就业专项服务活动，对困难家庭高校毕业生实行重点就业帮扶，实施高校毕业生就业见习政策，营造促进高校毕业生就业的社会氛围；设立专门服务窗口，为登记失业的各类高校毕业生提供免费职业介绍、政策咨询、就业指导等“一条龙”就业服务；积极创建大学生创业孵化园区。全年共帮助4282名应届高校毕业生实现就业，为692名高校毕业生发放创业贷款3460万元，带动就业2422余人。

城乡一体化“农转城”人员就业。在群众办理就业和社会保障业务的工作场所设置专门的“农转城”人员就业和社会保障办理窗口。将姚安县前场镇新村村委会、永仁县莲池乡羊旧咋村委会及大姚县赵家店乡作为直接实施帮扶的重点乡和重点村委会，建立“农转城”人员基本台账。

就业专项资金。全年全州共支出就业专项资金5004.49万元，结余就业专项资金2268.27万元。其中，公益性岗位补贴支出2087.33万元，社会保险补贴支出2434.32万元，职业培训补贴支出48.19万元，农民工培训补贴支出163.90万元，高校毕业生一次性求职补贴47.5万元，劳动密集型小企业贷款贴息196.16万元，高校毕业生就业见习补助300万元。

就业岗位开发。年内全州新增城镇就业2.7万人，失业人员再就业1.8万人，就业困难人员就业0.61万人，开发公益性岗位4100个，帮助高校毕业生就业见习900人，城镇登记失业率3.32%，低于全省4.3%的控制指标。

就业培训。全州共组织开展城镇失业人员职业技能培训0.53万人，组织农业富余劳动力职业技能培训3.1万人，组织城乡劳动力参加创业培训0.59万人。组织开展新成才劳动力和拟转移就业劳动者就业技能培训1.93万人，占计划的101.5%；组织在岗农民工岗位技能提升培训631人，占计划的105.1%；对有创业意愿的农村转移就业劳动者开展创业培训814人，占计划的101.7%。

农业富余劳动力转移就业。全州共组织农业富余劳动力转移就业16.35万人，其中新增转移就业6.28万人，国际劳务输出1759人。

贷免扶补。进一步拓展全州小额担保贷款服务范围，在原有的农业银行、农村信用联社两家小额担保贷款承贷银行的基础上，新增邮政储蓄银行为全州小额担保贷款扶持创业工作的承贷金融机构。年内，全州各贷款承办单位共计新增发放小额担保贷款扶持创业6668人，发放贷款4.13亿元，带动就业17252人。其中新增发放“贷免扶补”创业贷款4057人，贷款金额2.71亿元，带动就业10573人；新增发放小额担保贷款2605人，新增贷款金额1.42亿元，带动就业6679人；劳动密集型企业扶持6户，发放贷款1100万元。实现生产经营收入16.8亿元，纳税0.21亿元。

就业服务。按照全国统一的安排部署，积极组织开展“就业援助月”、“春风行动”、“民营企业招聘周”、“高校毕业生就业服务月”、“全国高校毕业生网络招聘周”、“第三产业专场招聘会”等就业援助活动，并针对不同就业群体，有针对性地开展送政策、送服务、送岗位、送补贴等就业服务活动。全年共组织各类供需见面会100余场次，收集和开发用工岗位2.5万余个，帮助4282名应届高校毕业生、1.5万名就业困难人员及各类城乡劳动者实现就业，提供就业政策咨询、职业介绍、就业指导等就业服务2万余人次，消除“零就业家庭”339户，帮助521名“零就业家庭”成员实现就业，实现动态清零。

［杨 杰］

生态文明建设

【生态文明体制改革】 2014年，中共楚雄州委专门成立“生态文明体制改革专项小组”，在州环境保护局设立生态文明体制改革专项小组办公室，强统筹，抓协调，有序推进生态文明体制改革工作。年内，研究制定了2014年度生态文明体制改革工作要点；召开了生态文明体制改革专项小组第一次会议；制定并审议通过了《生态文明体制改革专项小组工作规则》和《生态文明体制改革专项小组办公室工作细则》；落实《楚雄州农村环境综合整治方案》，争取州级财政预算配套资金300万元，推进农村环境综合整治；严格执行国家和省主体功能区划，建立空间规划体系，落实用途管制；推动“多规合一”，相关部门着手开展全州概念性规划研究，力求在“十三五”经济社会发展总体规划中，环保、林业、国土等方面的规划由“多规合一”实现“多规融合”；启动了《云南雕翎山省级自然保护区总体规划》、《楚雄州生物多样性保护实施方案》和生态县（市）建设规划编制工作；开展生态环境损害责任终身追究制探索，起草《楚雄州生态环境损害责任终身追究制》初稿，将自然资源资产纳入领导干部离任审计。

【农村生态环境保护】 2014年，楚雄州以“美丽楚雄”建设为抓手，扎实推进农村生态环境综合治理。确定生态保护和农村环境综合整治项目286个，修改完善了楚雄州农村环境综合整治项目储备库。组织33个项目参与2014年省级环境保护专项切块资金竞争工作，上报争取省级环境保护专项切块资金1.51亿元。州环境保护局共争取到中央和省、州用于农村环境综合整治的资金累计1265万元，实施农村环境综合整治项目40个；州环保局联合州财政局，对33个农村环境综合整治项目进行了审查和批复，对7个农村环境综合整治项目进行了竣工验收；完成省级“七彩云南”保护专项切块资金农村环境综合整治项目管理情况自查工作；组织全州10县（市）环保局、重点乡（镇）80人开展了农村环境综合整治和生态创建培训。深入推进生态示范创建工作。印发《2014年楚雄州自然生态和农村环境保护工作要点》，启动了生态县（市）创建工作。年内，双柏县生态建设规划通过省环保厅专家审查、县人大常委会批准转入实施阶段，牟定、永仁、姚安、大姚、南华、武定、元谋、楚雄8县（市）的生态县（市）建设规划进入编制阶段。全年全州共创建国家级生态乡（镇）4个，省级生态乡（镇）20个。州环保局共向上争取到位环保补助资金6378.33万元，超额完成734.33万元。

【环境宣传及绿色创建】 2014年，楚雄州不断强化环境宣传教育力度，提高公众生态文明意识。认真组织开展“6·5”世界环境日宣传活动，组织编印和通过州级媒体、网络发布《2013年楚雄州环境质量统计公报》，积极参与“三下乡”、“防灾减灾日”、安全生产宣传日、节能宣传周、低碳日等集中宣传活动。共展出环保宣传展板186块、图片280幅，向过往群众免费发放环保购物袋1700个、环保宣传册1.07万本、环保宣传资料1.2万份，解答群众环境投诉和咨询280余人次；通过手机短信平台向全州手机用户发送环保宣传短信40万条。充分发挥媒体宣传主渠道作用，在《楚雄日报》、楚雄电视台和州广播电台开设“建设生态文明、构建和谐彝州”专栏，基本做到每日网络上有环保信息，每周《楚雄日报》有环保稿件、州广播电台有环保声音、楚雄电视台有环保新闻和公益广告，为推进生态文明建设营造氛围。深入开展绿色系列创建活动。组织开展了第六批州级绿色学校和首批州级绿色社区、州级环境教育基地创建活动。年内，全州共创建州级绿色学校262所、省级绿色学校77所、受国家级表彰绿色学校2所；创建省级绿色社区24个，省级环境教育基地8个；有190余名环境教育优秀教师、优秀工作者分别受到国家、省、州表彰奖励，有8个单位被省绿色创建领导小组表彰为先进集体。

［张国跃］

【林业生态建设】 2014年，楚雄州加强林业生态建设。天然林保护、退耕还林、农村能源建设、生态效益补偿等重点生态工程建设稳步推进。年内，全州共完成天保工程公益林人工造林0.5万亩、封山育林12.5万亩，分流安置森工企业职工1355人，聘用护林员4742人，对1598.32万亩国有林和公益林进行管护，对1640.83万亩商品林实施监管；完成退耕还林荒山造林1.5万亩，巩固成果后续产业建设人工造林9.8万亩；完成农村改灶1.01万户，安装太阳能热水器1.4万户，新建沼气池200户；兑现和使用2013年度国家级和省级公益林生态效益补偿资金1.51亿元，兑现2014年度公益林补偿费1.29亿元；完成低效林改造22.5万亩。

【编制生态文明建设林业行动计划】 2014年，楚雄州充分发挥林业在生态文明建设中的主体作用，认真实施生态建设为重点的林业发展战略，组织编制《楚雄州生态文明建设林业行动计划》，加快绿色楚雄和“美丽彝州”建设，推进全州绿色发展、循环发展和低碳发展。《楚雄州生态文明建设林业行动计划》由10个行动组成，分别为生态红线保护行动、生物多样性保护行动、天然林保护行动、公益林保护行动、退耕还林行动、生态功能提升行动、身边增绿行动、林业产业提升行动、森林灾害防控行动、生态文化建设行动。

［杨发民］

（责任编辑：白云鹏）

政　治

中国共产党楚雄彝族自治州委员会

重要会议

【中共楚雄州委八届四次全体（扩大）会议】 2014年1月3日，中共楚雄州委常委会主持召开州委八届四次全体（扩大）会议。州委委员46人、州委候补委员9人。州纪委委员，不是州委委员、候补委员、州纪委委员的州级党员领导，县（市）党政主要领导和纪委书记，有关部门和单位党员负责人、部分基层州党代表列席了会议。全委会认真学习了党的十八届三中全会、中央经济工作会议、城镇化工作会议、农村工作会议和省委九届七次全会精神，听取和讨论了州委书记张太原受州委常委会委托所作的工作报告，审议通过了《中共楚雄州委关于认真学习贯彻党的十八届三中全会精神全面深化改革的意见》，州委副书记、州长李红民对全州经济社会发展作了总结部署。

【中共楚雄州委常委会议】 2014年，中共楚雄州委共召开常委会议26次，对全州经济社会发展重大问题和重大事项作出研究。

1月3日召开会议，听取州委八届四次全会分组讨论情况汇报，研究相关问题。

1月17日召开会议，审定《中共楚雄州委常委会议2014年度议题计划（送审稿）》；审定《州委八届四次全会精神分解立项督查事项（送审稿）》和《楚雄州贯彻落实中央和省委城镇化工作会议农村工作会议精神任务分解（送审稿）》；研究综合绩效考评工作有关问题；审定《中共楚雄州委、楚雄州人民政府关于进一步加快旅游业发展的实施意见（送审稿）》；审定《中共楚雄州委、楚雄州人民政府关于进一步加强信访工作的实施意见（送审稿）》；传达学习全省禁毒工作会议精神，研究楚雄州贯彻意见；听取2013年新农村建设工作队及指导员总结考核和评选推优情况汇报，研究有关问题；审定《楚雄州关于进一步加强和改进国有企业党建工作的意见（送审稿）》；学习贯彻中央政法工作会议精神，研究召开州委政法工作会议及表彰事宜和申报省平安县（市）有关问题；学习贯彻中纪委十八届三次全会精神，研究召开州纪委八届四次全会有关事项；审定《楚雄州纪委监察局内设机构调整和组建楚雄州预防腐败局方案（讨论稿）》；研究纪检案件；研究干部人事问题。

1月28日召开会议，传达学习中央和全省党的群众路线教育实践活动第一批总结暨第二批部署会议精神，研究楚雄州贯彻意见；传达学习省纪委九届四次全会精神，审议州纪委八届四次全会《工作报告（送审稿）》；传达学习全省政法工作会议精神，研究楚雄州贯彻意见；审定《2014年全州各级党委（党组）理论学习中心组理论学习安排意见（送审稿）》；学习贯彻中央全面深化改革领导小组第一次会议和中央政治局会议审议贯彻执行中央八项规定情况报告的精神，研究楚雄州贯彻意见；研究楚雄州关于进一步加强领导干部外出报备工作相关事宜。

2月8日召开会议，审定《中共楚雄州委常委班子开展党的群众路线教育实践活动方案》、《州委常委班子开展党的群众路线教育实践活动学习教育、听取意见环节实施方案》（讨论稿）；审议《2014年政府工作报告》、《楚雄州2013年国民经济和社会发展计划执行情况与2014年经济社会发展计划草案的报告》、《楚雄州2013年地方财政预算执行情况和2014年地方财政预算草案的报告》送审稿；审定《楚雄州接受全省2013年度综合考评工作方案》；传达学习全国宣传部长会议、全省宣传思想文化工作会议精神，研究楚雄州贯彻意见；传达学习全省统战部长会议精神，研究楚雄州贯彻意见；审议《关于促进改革创新的决定（送审稿）》。

2月27日召开会议，审定《中共楚雄州委关于成立州委全面深化改革领导小组的通知（送审稿）》；审定《中共楚雄州委常委会2014年工作要点（送审稿）》；审定《中共楚雄州委、楚雄州人民政府关于加快小城镇建设促进城乡统筹发展的意见（试行）（送审稿）》；传达学习全国全省组织部长会议精神，研究楚雄州贯彻意见；书面传达学习省委农村工作暨全省第八批新农村建设指导员下派动员会议精神；听取“2·17”工作方案落实情况汇报，研究有关事宜。

3月12日召开会议，专题研究楚雄州党的群众路线教育实践活动有关问题。

3月31日召开会议，学习习近平、俞正声等中央领导和省委书记秦光荣到教育实践活动联系点调研指导工作时的重要讲话精神，中央教育实践活动领导小组《关于认真学习贯彻习近平总书记在河南省兰考县调研指导党的群众路线教育实践活动时讲话的通知》精神，省委教育实践活动领导小组第七次会议暨督导组长会议精神，研究楚雄州贯彻意见；学习习近平总书记在参加全国政协十二届二次会议少数民族界委员联组讨论时的讲话；审定《中共楚雄州委办公室关于州委常委在党的群众路线教育实践活动学习教育听取意见环节边学边查边改的通知（送审稿）》；传达学习《中共云南省委关于加强新形势下宣传思想文化工作的意见》精神，审定楚雄州贯彻意见；审定《中共楚雄州委、楚雄州人民政府关于加强司法行政促进依法治州的实施意见（送审稿）》；研究关于出任西南经济区市长联席会议第二十二届主席方的有关问题；研究楚雄州落实乡（镇）工作岗位补贴的有关问题；研究开展楚雄州第八届社会科学优秀成果评奖活动的有关问题；听取州纪委监察局机关精减议事协调机构情况汇报，研究有关问题；审定《楚雄州党风廉政建设责任制考核办法（送审稿）》、《关于楚雄州2013年度推进惩防腐败体系建设暨落实党风廉政建设责任制检查考核情况和等次评定建议的报告（送审稿）》；研究纪检案件。

4月1日召开会议，研究干部任免有关问题。

4月21日召开会议，听取全州一季度经济运行情况汇报，研究有关问题；传达学习省委理论学习中心组学习会议精神，研究楚雄州全面深化改革相关工作；传达学习省委落实党风廉政建设主体责任专题研讨班精神，研究楚雄州贯彻意见；研究全州党的群众路线教育实践活动有关问题，安排部署下步工作；审定《中共楚雄州委议事协调机构设置方案（送审稿）》；研究楚雄州参加申报云南省利用世界银行贷款实施贫困地区小流域生态恢复项目的有关问题；传达学习全省机关党的工作会议精神，研究楚雄州贯彻意见；审定《中共楚雄州委领导与党外代表人士联谊交友制度（送审稿）》，研究成立党外知识分子联谊会有关事宜；学习贯彻全国全省防范处理邪教工作会议主要精神，研究楚雄州贯彻意见；研究纪检案件。

5月13日召开会议，专题学习贯彻习近平总书记在指导兰考县委常委班子专题民主生活会时的重要讲话精神，研究审定《楚雄州党的群众路线教育实践活动查摆问题、开展批评环节的实施意见（讨论稿）》；研究审定《楚雄州教育实践活动“四风”问题清单（讨论稿）》；研究设立楚雄产业促进引导基金的有关问题；研究州开发投资公司发行中期票据和发行企业债券支持全州棚户区改造及向国家开发银行申请抗旱应急贷款的有关问题；研究解决青山嘴水库移民搬迁安置遗留问题资金筹措方案的有关问题；审定《楚雄州州级行政事业单位差旅费管理办法（送审稿）》、《楚雄州州级会议费管理办法（送审稿）》、《楚雄州党政机关国内公务接待管理实施细则（送审稿）》；审定《楚雄州贯彻〈党政机关厉行节约反对浪费条例〉实施办法（送审稿）》；传达学习全省党委中心组学习贯彻习近平总书记系列重要讲话视频会议精神，研究楚雄州贯彻意见；审定《楚雄州贯彻落实〈建立健全惩治和预防腐败体系2013～2017年工作规划〉的实施意见（送审稿）》；研究纪检案件；听取2013年度省管、州管干部考核情况汇报；研究干部人事问题。

5月20日召开会议，对楚雄州人民政府副州长（党外）考察人选问题进行专题研究。

5月26日召开会议，对楚雄州人民政府副州长（党外）人选问题进行专题研究。

6月27日召开会议，安排部署党的群众路线教育实践活动相关工作。

7月2日召开会议，研究审定《中国·楚雄2014彝族火把节实施方案及招商推介座谈会工作方案》；研究审定《2013年综合绩效考评结果和2014年考评方案》；研究州级人防指挥所提升改造工程增加投资计划和资金的有关问题；研究审定《中共楚雄州委关于2013年度基层党建工作责任制考核结果的奖惩决定（送审稿）》；研究审定《进一步支持鼓励干部干事创业办法（讨论稿）》。

7月3日召开会议，研究州委常委班子专题民主生活会相关事宜。

7月17日召开会议，研究审定《楚雄州安全生产党政同责暂行规定（送审稿）》；研究楚南一级公路（k17+500～k19+000段）路线调整、楚广高速公路建设资金筹集有关问题；研究审定《楚雄州关于健全完善党员干部直接联系服务群众制度的实施意见（送审稿）》；研究审定《关于加强基层服务型党组织建设的意见》等6个文件送审稿；传达学习全省纪检监察工作座谈会精神，研究楚雄州贯彻意见；研究审定《中共楚雄州委落实党风廉政建设主体责任的规定（送审稿）》；研究纪检案件。

8月25日召开会议，学习贯彻《中共中央国务院转发〈国家发展和改革委员会关于上半年经济形势和做好下半年经济工作的建议〉的通知》、《中共云南省委办公厅关于印发〈秦光荣同志在省委常委（扩大）会上听取抗震救灾情况汇报时的重要讲话〉的通知》精神；研究楚雄州全面深化改革近期有关事宜；听取全州工青妇工作情况汇报，研究有关问题；研究审定《楚雄州检查考评工作规定（送审稿）》；听取抓工业抓投资抓招商工作督查调研情况汇报，研究有关问题；研究审定楚雄州拟上报国务院第六次全国民族团结进步表彰大会表彰的模范集体和模范个人推荐名单；研究审定楚雄州2013年度综治维稳目标管理责任考核结果；传达学习省委组织部理论中心组学习暨下半年工作部署会议、全省基层服务型党组织建设视频调度会议精神及楚雄州初步贯彻意见；研究审定《中共楚雄州委常委班子党的群众路线教育实践活动整改方案》、《楚雄州党的群众路线教育实践活动中深化“四风”突出问题专项整治工作方案》、《中共楚雄州委研究制定贯彻党的群众路线教育实践活动制度建设计划》、《中共楚雄州委常委班子党的群众路线教育实践活动整改清单》送审稿；听取省政府转贷楚雄州政府债券资金的报告，研究有关问题；研究干部人事问题。

9月25日召开会议，听取州委规范性文件清理工作情况汇报，审定《中共楚雄州委关于决定废止和宣布失效一批党内规范性文件的决定（送审稿）》；传达学习2014年全省扶贫开发工作会议和全省集中连片特殊困难地区区域发展与扶贫攻坚工作现场推进会议精神，研究楚雄州贯彻意见；审定《中共楚雄州委办公室、楚雄州人民政府办公室关于印发创新机制扎实推进全州农村扶贫开发工作的实施意见（送审稿）》；审定《中共楚雄州委、楚雄州人民政府关于推进特色新型城镇化发展的实施意见（送审稿）》，研究有关问题；审定《楚雄州招商引资目标任务考核办法（修订送审稿）》和《2013年度招商引资责任目标考核奖励方案（送审稿）》，研究有关问题；研究彩碍公路工程建设问题；研究再次修订《楚雄州州级机关差旅费管理办法》的有关问题；研究州公务中心厅级领导干部办公用房整改的有关问题。

10月8日召开会议，传达学习中央党的群众路线教育实践活动总结大会等会议精神，审定楚雄州教育实践活动总结等有关事宜；传达学习中央民族工作会议暨国务院第六次全国民族团结进步表彰大会精神，研究楚雄州初步贯彻意见；学习贯彻中央、省委巡视工作有关精神，研究州委巡视工作相关事宜；审定《中共楚雄州委关于加强人民政协协商民主的意见（送审稿）》；审定《中共楚雄州委关于命名楚雄州党史党性教育基地的决定（送审稿）》；研究纪检案件；研究干部人事问题。

10月17日召开会议，传达学习全省领导干部会议和全省1～3季度经济形势分析会议精神，全面总结分析前三季度全州经济发展情况，安排部署当前工作，确保完成全年目标任务。

10月28日召开会议，传达学习中国共产党第十八届中央委员会第四次全体会议精神，对楚雄州深入贯彻落实全会精神进行安排部署；审定《中共楚雄州委关于加强和改进党委督促检查工作的实施意见（送审稿）》；研究楚雄州土地储备开发整理中心向楚雄市农村信用联社抵押贷款1亿元的请示事项；研究纪检案件；研究干部人事问题。

11月24日召开会议，传达学习中共云南省委九届九次全体会议精神，研究楚雄州贯彻意见；研究召开楚雄州第十一届人民代表大会第五次会议和政协楚雄州第九届委员会第五次会议的有关问题；传达学习全省党的群众路线教育实践活动督导工作总结会议精神，研究楚雄州贯彻意见；研究州水务发展公司向中国农业发展银行贷款1.5亿元用于小（二）型病险水库除险加固建设的有关问题；研究禄丰县撤县设市的有关问题；学习十八届中纪委四次全会精神，研究楚雄州贯彻意见；研究审定《中共楚雄州委关于开展“学党章、学准则、学条例”专题集中教育活动的实施意见（送审稿）》；研究审定《关于进一步落实主体责任加强党风廉政建设工作方案（送审稿）》；研究楚雄州精神文明建设工作暨第十次表彰大会有关问题；研究审定《关于培育和践行社会主义核心价值观的实施意见（送审稿）》；研究干部人事问题。

11月27日召开会议，对楚雄州人大常委会副主任（党外女干部）考察人选问题进行专题研究。

12月2日召开会议，对楚雄州人大常委会副主任（党外女干部）人选问题进行专题研究。

12月16日召开会议，传达学习滇中城市经济圈一体化发展现场推进会精神，研究楚雄州贯彻意见；研究审定《中共楚雄州委八届五次全体（扩大）会议方案（送审稿）》；研究审定《楚雄州2014年州对县财政转移支付计算办法（送审稿）》、《楚雄州州本级2014年财政预算调整草案报告（送审稿）》；研究审定《楚雄州州属职业教育学校改革方案（送审稿）》；研究召开州红十字会第三次会员代表大会有关问题；听取楚雄州贯彻落实中央禁毒和反恐怖工作文件精神的情况汇报；学习贯彻全国、全省信访工作专题会议精神，研究楚雄州贯彻意见；研究成立楚雄州网络安全和信息化领导小组及其办公室筹备组相关事宜；审定《中共楚雄州委关于贯彻〈中共云南省委关于进一步加强少年儿童和少先队工作的意见〉的意见（送审稿）》；传达学习全省基层服务型党组织建设现场推进会议精神，研究楚雄州贯彻意见；研究审定《楚雄州2014年度惩治和预防腐败体系建设暨党风廉政建设责任制检查考核实施方案（送审稿）》；研究纪检案件；研究干部人事问题。

12月29日召开会议，学习贯彻中央经济工作会议、中央农村工作会议和省委经济工作会议精神，研究楚雄州贯彻意见；听取2015年国民经济和社会发展计划主要指标初步建议情况汇报，研究有关问题；研究审定中共楚雄州委八届五次全体（扩大）会议文件；研究审定《楚雄州接受省委省政府2014年度综合考核评价工作方案（送审稿）》、《楚雄州2014年集中检查考核组织实施方案（送审稿）》；听取楚雄州2015年春节慰问活动安排情况汇报，研究有关问题；研究审定《中共楚雄州委、楚雄州人民政府关于全面深化国有企业改革的实施意见（送审稿）》；研究审定《楚雄州党的纪律检查体制改革实施方案（送审稿）》；研究审定《中共楚雄州委关于深化“四风”整治、巩固和拓展党的群众路线教育实践活动成果的实施意见（送审稿）》。

【中共楚雄州委专题会议】 2014年，中共楚雄州委共召开3次专题会议，对全州经济社会发展有关问题和有关事项作出专题研究。

4月2日召开2014年度州委议军议警会议暨州国动委第八次会议，研究解决全州国防动员和后备力量以及武警、消防部队建设发展问题。

7月7日召开会议，专题听取州内部分企业生产经营情况汇报，深入分析企业生存发展过程中存在的问题和面临的困难，研究帮助企业解决问题和困难的对策、措施。

7月15日在禄丰县召开会议，分析查找禄丰县工业经济发展中存在的问题，切实帮助企业解决生产经营中存在的困难，研究抓工业经济促进县域经济发展的办法措施。

【中共楚雄州委中心组理论学习会议】 2014年2月25日，中共楚雄州委召开理论中心组学习会议。会议的主要任务是：全面学习、深刻领会中央关于党的群众路线教育实践活动的安排部署和习总书记重要讲话精神，深入学习党的群众路线教育实践活动所要求的学习内容，学习中央、省委党的群众路线教育实践活动第一批总结暨第二批部署会议及全省“两会”精神，按照“学习教育、听取意见”阶段的要求，聚焦“四风”，“破四关、治八病”，深入开展专题学习讨论，广泛听取各方面意见，为扎实开展全州党的群众路线教育实践活动、推进2014年各项工作打下坚实基础。州委书记张太原主持会议并作动员讲话；省委党的群众路线教育实践活动督导组组长王智作指导讲话；李红民、邱江、卢显林、李兴顺等州委理论学习中心组成员参加会议，州委常委及部分中心组成员围绕开展好党的群众路线教育实践活动作发言；会议期间，参会人员观看了警示教育片《一个州长的疯狂——云南楚雄原州长受贿警示录》、《苏联亡党二十年祭——俄罗斯人在诉说》，前往州党风廉政建设警示教育基地接受警示教育。各县县委书记、县（市）长，楚雄经济开发区党委书记、主任，禄丰工业园区管委会党工委书记、主任，州级有关部门主要负责人参加会议。

8月4日，州委召开理论中心组学习会议。会议的主要任务是：认真学习习近平总书记系列重要讲话精神，深入贯彻落实十八届三中全会、中央政治局第十六次集体学习、省委九届八次全会、省委中心组2014年第二次学习会议及州委八届四次全会精神，围绕“上半年怎么看？下半年怎么办?”、“工业项目怎么抓？工业园区怎样建？工业转型升级怎么搞?”认真总结上半年工作，查找不足和问题，安排部署下半年全州经济社会发展任务。张太原作中心组学习动员并作总结讲话；李红民传达省委中心组学习会议和省委九届八次全会精神并通报上半年全州经济运行情况，安排下半年经济工作；10县（市）汇报上半年工作完成情况及下半年工作计划；州发改委、州工信委、州财政局、州招商局、州政府金融办汇报上半年工作完成情况及下半年工作计划；州级领导按照安排围绕主题发言；云南循环经济投资有限公司叶毅博士就“循环经济工作”作专题讲座。张太原、李红民、邱江等州委理论学习中心组成员参加会议。各县县委书记、县（市）长，楚雄经济开发区党委书记、主任，禄丰工业园区管委会党工委书记、主任，州级有关部门主要负责人参加会议。

12月11日，州委召开理论中心组学习会议。会议的主要任务是：认真学习党的十八届四中全会公报、《中共中央关于全面推进依法治国若干重大问题的决定》和习近平总书记在会上发表重要讲话，深入学习省委九届九次全会精神，深刻领会中央和省委提出的一系列新思想、新观点、新论断、新要求，切实把精神落实到具体工作中，体现在行动上。学习《中国共产党章程》、《中国共产党党员领导干部廉洁从政若干准则》、《中国共产党纪律处分条例》，贯彻落实“党要管党、从严治党”的要求，坚定理想信念，增强宗旨意识，树立道路自信、理论自信、制度自信，切实做到“对党忠诚、个人干净、敢于担当”，为实现富民强州和推进依法治州提供坚强有力的政治和纪律保证。张太原作中心组学习动员，并在会议结束时围绕“学党章、学准则、学条例”作专题辅导并总结讲话；省纪委常委拉玛·兴高作专题辅导；州级领导按照安排围绕主题发言。李红民、邱江等州委理论学习中心组成员参加会议。各县县委书记、县（市）长，楚雄经济开发区党委书记、主任，禄丰工业园区管委会党工委书记、主任，州级有关部门主要负责人参加会议。

［张舫瑞］

重要活动

【党建活动】 楚雄州党的群众路线教育实践活动动员大会。2014年2月11日，中共楚雄州委召开楚雄州党的群众路线教育实践活动动员大会。州委书记张太原出席会议并讲话，在楚省委委员、候补委员和省纪委委员，州委委员、候补委员，现职州级领导干部，正厅级老干部和近5年退出领导岗位的副厅级老干部出席会议。

州委落实党风廉政建设主体责任专题研讨班和州直部门主要领导集体廉政提醒谈话会议。8月5日，州委举办落实党风廉政建设主体责任专题研讨班和州直部门主要领导集体廉政提醒谈话会议。

参加中央和省党的群众路线教育实践活动总结大会。10月8日，中央党的群众路线教育实践活动总结大会在北京召开；10月9日，云南省党的群众路线教育实践活动总结会议在昆明召开。州委、州人大常委会、州人民政府、州政协领导班子成员，州产业督导协调组组长、副组长，州法院代理院长、州检察院检察长，楚雄师院、楚雄医专、楚雄技师学院党政主要负责人；州级各单位主要负责人；各县（市）党委、人大常委会、政府、政协领导班子成员和法检“两长”、乡（镇）党委书记在楚雄州、县（市）分会场参加会议。

全州开展“学党章、学准则、学条例”专题集中教育活动动员视频会议。11月28日，州委召开全州开展“学党章、学准则、学条例”专题集中教育活动动员视频会议。州委常委，州人大常委会主任、党员副主任，州人民政府党员副州长，州政协主席、党员副主席，州产业督导协调组组长、副组长，州法院代理院长、州检察院检察长，享受副厅级待遇的党员领导；州级各单位主要负责人；各县（市）党委、人大常委会、政府、政协领导班子成员和法检“两长”、乡（镇）党委书记在楚雄州、县（市）分会场参加会议。

【政务活动】 云南省民族团结进步边疆繁荣稳定示范区建设调研座谈会。2014年1月15～18日，云南省示范区建设调研组到楚雄州调研，并于1月16日召开调研座谈会听取楚雄州民族团结进步示范区建设情况汇报。州委常委、州委统战部部长杨静，州人民政府副州长赵祖莹；州级相关部门领导参加座谈会。

在楚州级离退休老领导座谈会。2月8日，州委召开在楚州级离退休老领导座谈会，征求在楚州级离退休老领导对楚雄州深入开展党的群众路线教育实践活动的意见建议。州级党政领导张太原、李红民、邱江、徐昕、夏新建、赵克义；担任过实职副厅级以上领导职务的在楚离退休党员老领导；州委党的群众路线教育实践活动领导小组办公室副主任、各组负责人，州委老干部局负责人等出席会议。

中央宣讲团党的十八届四中全会精神报告会。11月12日，中央宣讲团党的十八届四中全会精神报告会在昆明召开。州委常委，州人大常委会主任、副主任，州人民政府副州长，州政协主席、副主席，楚雄军分区司令员，州产业督导组组长、副组长，州法院代理院长，州检察院检察长，楚雄师院副厅级以上领导，楚雄医专、楚雄技师学院党政主要领导，享受厅级待遇的干部；担任过副厅级及以上领导职务和享受副厅级政治生活待遇的离退休老干部；州级各单位副处级以上领导干部，驻楚武警部队副团级以上领导干部；宣传文化系统和社科理论界理论工作者、专家学者代表；高校师生代表；各县（市）副科级以上领导干部在楚雄州、县（市）分会场参加会议。

省委宣讲团党的十八届四中全会精神报告会。11月26日，省委宣讲团党的十八届四中全会精神报告会在楚雄召开。州委常委，州人大常委会主任、副主任，州人民政府副州长，州政协主席、副主席，楚雄军分区司令员，州产业督导组组长、副组长，州法院代理院长，州检察院检察长，楚雄师院副厅级以上领导，楚雄医专、楚雄技师学院党政主要领导，在职保留和享受副厅级待遇的干部；担任过副厅级及以上领导职务和享受副厅级政治生活待遇的离退休老干部；州级各单位副处级以上领导干部，驻楚武警部队副团级以上领导干部；宣传文化系统和社科理论界理论工作者、政法系统代表、高校师生代表；各县（市）副科级以上领导干部在楚雄州、县（市）分会场参加会议。

庆祝建军87周年国防知识讲座。7月28日，州委、州人民政府开展庆祝建军87周年国防知识讲座，邀请国防大学战略教研部教授王宝付就“国际安全形势与我国安全环境”作国防知识讲座。州委常委，州人大常委会主任、副主任，州人民政府副州长，州政协主席、副主席；州产业督导协调组组长、副组长；州法院代理院长、州检察院检察长；保留和享受厅级待遇的在职干部；楚雄军分区党委常委，驻楚团以上部队军政主官；州级各单位副处级以上领导干部；各县（市）党委、人大常委会、政府、政协领导班子成员和法检“两长”，乡（镇）党委书记、乡（镇）长、武装部长在楚雄州、县（市）分会场参加讲座。

楚雄州烈士纪念日活动。9月30日，州委、州人民政府在楚雄市西山爱国主义教育基地举行楚雄州烈士纪念日活动。州委常委，州人大常委会、州人民政府、州政协领导班子成员，楚雄军分区司令员，州产业督导协调组组长、副组长，州法院代理院长、州检察院检察长，楚雄师院、楚雄医专、楚雄技师学院党政主要领导，在职保留和享受厅级待遇干部；烈士遗属、英模代表20名，少先队员50名，军队代表50名，少数民族代表50名，公安民警50名共同参加烈士公祭活动。

【表彰奖励】 2014年1月7日，中共楚雄州委、州人民政府决定对凌清华等10名非公有制经济人士给予表彰，并分别授予“楚雄州第四届优秀中国特色社会主义事业建设者”荣誉称号。

2月14日，州委、州人民政府决定对一年来取得优异成绩的中共云南省委组织部等28家单位、唐建国等6位总队长、李维友等11位工作队队长、杜涛等59位指导员、吕忠俊等62位常务书记给予表彰，并分别授予“楚雄州第七批新农村建设指导员工作先进派出单位”、“楚雄州第七批新农村建设工作队优秀队长”、“楚雄州第七批新农村建设工作队优秀队员”、“楚雄州第七批新农村建设工作队优秀常务书记”荣誉称号。

4月9日，州委、州人民政府决定对全州130个县（处）级单位2013年度推进惩治和预防腐败体系建设暨落实党风廉政建设责任制情况检查考核结果兑现奖惩。对检查考核为优秀的姚安、永仁、元谋3个县，州委办公室等24个单位，检查考核合格的双柏、牟定、南华、大姚、武定、禄丰6个县，州委政策研究室等91个单位，州惩防腐败体系建设暨党风廉政建设责任制工作领导小组和州纪委监察局进行奖励；对基本合格的楚雄市和州环境保护局、州林业局、州商务局、州博物馆、楚雄开发区管委会5个单位的领导班子进行诫勉谈话并限期整改。

6月27日，州委、州人民政府决定对《楚雄州农村人口梯度转移与城镇化模式研究》、《新时期山区农村水利建设的有效途径》、《和谐楚雄视阈下的和谐社区构建》等34项优秀社科成果予以表彰。

6月27日，州委、州人民政府决定对禄丰县委、县人民政府扑灭安宁“5·21”、“5·24”森林火灾禄丰县勤丰镇火场工作进行通报表扬。

6月30日，州委、州人民政府决定对徐桂华等100名优秀村（社区）党支部（总支、党委）书记（主任）和段正伟等100名“农村党员致富先锋”进行表彰奖励。

7月9日，州委决定对10个县（市）委、12个州属党（工）委、47个州级部门党组抓基层党建工作责任制落实情况考核兑现奖励。对考核为合格的中共双柏县委等9个县委、楚雄师范学院党委等11个州属党（工）委、州人民政府办公室党组等45个州级部门党组及州委党建工作领导小组成员单位进行奖励；对考核基本合格的楚雄市，州林业局党委，州环境保护局党组、州商务局党组不予奖励，并要求对基层党建工作中存在的问题限期整改。

9月12日，州委、州人民政府决定对2013年度履行《综治维稳目标管理责任书》、《铁路护路联防承包责任书》和创建“先进平安县（市）”、“平安铁路示范县”达标县（市）、单位和个人予以表彰奖励。授予永仁、南华两县平安创建、综治维稳先进县并进行奖励；授予双柏、大姚两县先进平安县并进行奖励；授予永仁县《综治维稳目标管理责任书》考核一等奖，授予“平安杯”并进行奖励；授予双柏县、南华县、大姚县、姚安县《综治维稳目标管理责任书》考核二等奖并进行奖励；授予武定县、牟定县、元谋县、禄丰县、楚雄市《综治维稳目标管理责任书》考核达标奖并进行奖励；对州委办公室等25个履行《综治维稳目标管理责任书》先进单位进行奖励；对州委政法委等52个履行《综治维稳目标管理责任书》达标单位进行奖励。授予牟定、南华2个县《铁路护路联防承包责任书》考核先进县并进行奖励；授予永仁、元谋、姚安、楚雄、禄丰5个县（市）《铁路护路联防承包责任书》考核达标奖并进行奖励；授予牟定县平安铁路示范县并进行奖励；对163名2013年度党政领导干部综治维稳政绩考核为优秀等次的县（市）委书记、县（市）长、政法委书记、分管副县（市）长及州综治委成员单位主要领导、分管领导进行奖励；授予州综治委及办公室、州维稳工作领导小组及办公室、州护路领导小组及办公室组织奖并进行奖励。

11月28日，州委、州人民政府决定授予大姚县城等5个县城“楚雄州第六批文明县城”称号，州检察院等14个行业“楚雄州第七批文明行业”称号，楚雄鹿城供电局等238个单位“楚雄州第十批文明单位”称号，禄丰县仁兴镇等13个乡（镇）“楚雄州第七批文明小城镇”称号，楚雄市鹿城镇中大街社区等15个社区“楚雄州第五批文明社区”称号，楚雄市东瓜镇桃园社区福源居民小组等100个村（组）“楚雄州第十批文明村”称号，楚雄市紫溪山风景区等5个景区“楚雄州第二批文明风景旅游区”称号，吴芹等50名个人“楚雄州精神文明建设先进个人”称号，沈建梅户等1000户农户“楚雄州十星级文明示范户”称号。

［张舫瑞］

重要决策

【政治事务】 2014年1月7日，中共楚雄州委下发《中共楚雄州委关于印发州委八届四次全体（扩大）会议文件的通知》，文件包括：《张太原同志在州委八届四次全体（扩大）会议上的报告》、《中共楚雄州委关于认真学习贯彻党的十八届三中全会精神全面深化改革的意见》和全委会《决议》。《张太原同志在州委八届四次全体（扩大）会议上的报告》内容包括：2013年的主要工作；2014年的主要任务；全面加强和改进党的建设。《中共楚雄州委关于认真学习贯彻党的十八届三中全会精神全面深化改革的意见》内容包括：准确把握全面深化改革的总体要求；全面深化改革的主要任务；扎实推进近期重点领域和关键环节改革；切实加强对全面深化改革的领导。

3月7日，州委修订下发《州委关于在全州开展党的群众路线教育实践活动的实施方案》，内容包括：总体要求；重点任务；方法步骤；组织领导。

4月24日，州委、州人民政府制定下发《中共楚雄州委、楚雄州人民政府关于加强司法行政促进依法治州的实施意见》，内容包括：加强司法行政促进依法治州的总体要求；加强司法行政促进依法治州的工作重点；加强司法行政促进依法治州的保障措施。

5月14日，州委、州人民政府制定下发《楚雄州贯彻〈党政机关厉行节约反对浪费条例〉实施办法》，内容包括：总则；经费管理；国内差旅和因公临时出国（境）；公务接待；公务用车；会议活动；办公用房；资源节约；宣传教育；监督检查；责任追究；附则。

5月20日，州委制订下发《楚雄州贯彻落实中共中央〈建立健全惩治和预防腐败体系2013～2017年工作规划〉的实施意见》，内容包括：指导思想和工作目标；切实加强党的作风建设；坚决有力惩治腐败；科学有效预防腐败；加强党对党风廉政建设和反腐败斗争的统一领导。

7月14日，州委印发《关于鼓励保护干部干事创业办法（试行）》。内容包括：为全面深化改革，营造支持改革者、鼓励创新者、保护干事者、宽容失误者的干事环境和良好社会氛围，制定此办法；各级党组织要坚持信任干部、保护干部、激励干部，引导干部牢固树立正确的权力观、事业观、政绩观，增强公仆意识、开拓意识，敢于负责、敢于担当，勇于创新、勇于突破，争做“三严三实”的引领者、组织者、推动者、实践者；支持各级干部依法依规履行职责，非依据法律法规或上级主管部门授权，上级部门或领导不得随意干涉下级的正常工作，不得对下级设置“一票否决”事项，不得违规启动对下级的问责程序；坚持在一线岗位锻炼培养干部、在急难险重任务中考验识别干部、在完成重大任务和应对重大事件的实践中选拔使用干部。拓宽选人视野和渠道，加强干部跨条块跨领域交流。建立各级各部门党政正职“干事档案”制度，作为干部提拔使用和评优评先的重要依据。对于那些对工作有激情、对群众有感情、对发展有贡献的优秀干部，要大力提拔，优先使用，并在评先评优和绩效考核奖金分配上给予适当倾斜；允许失误、宽容失败。对于在干事创业过程中非主观原因并且没有徇私枉法的工作失误不求全责备，要宽容对待，并给予改正机会；对于一般性的偏差，要帮助总结经验、吸取教训、改进完善，不作处理；对于突破某些不适应现实情况的规定，但有利于科学发展的，要明确给予支持；保护和维护干部的正当权益，对因工作中的矛盾纠纷引发的各种上访、举报，要严格按照相关程序仔细甄别、妥善处置。举报不具体，没有可查性的，要按照举报线索分类标准及时了结；查无实据的，要及时反馈调查结果，澄清事实；因深化改革、推进工作得罪人而遭到造谣中伤、甚至打击报复的，要大力保护，消除影响，给予关怀；着力营造良好干事创业环境，挖掘树立一批深化改革、推进发展、扎实干事的先进典型，积极倡导鼓励改革创新干事创业的社会风尚。对于出于个人恩怨或别有用心，乱议论、乱评论，捏造传播小道消息，造谣中伤、诬告陷害他人，干扰改革发展事业的，要严肃批评教育，造成严重后果的，要依纪依法追究责任；拓宽和疏通干部“下”的渠道，对于不作为、慢作为、乱作为，以及不胜任现职的干部要及时调整。对于打着改革创新旗号以权谋私、贪污受贿、腐化堕落、玩忽职守的干部，要依纪依法严肃处理；此办法适用于全州各级党政群机关、企事业单位领导班子成员和各类工作人员。

7月25日，州委制订下发《中共楚雄州委落实党风廉政建设主体责任的规定》，内容包括：总则；责任内容和要求；责任追究；附则。

10月9日，州委下发《中共楚雄州委关于加强人民政协协商民主的意见》，内容包括：指导思想；基本原则；协商主体；协商内容；协商形式；协商程序；组织保障。

10月29日，州委下发《中共楚雄州委关于加强和改进党委督促检查工作的实施意见》，内容包括：进一步明确党委督促检查工作的主要职责；进一步健全完善党委督促检查工作机制；进一步加强对督促检查工作的组织领导。

【经济事务】 2014年4月20日，中共楚雄州委、州人民政府制定下发《中共楚雄州委、楚雄州人民政府关于加快小城镇建设促进城乡统筹发展的意见（试行)》，内容包括：重大意义；总体要求；工作重点；保障措施；组织领导。

11月17日，州委、州人民政府制定下发《中共楚雄州委、楚雄州人民政府关于推进特色新型城镇化发展的意见（试行)》，内容包括：总体要求；优化城镇空间布局和形态；全力推进七项重点工作；落实各项保障措施。

【社会事务】 2014年2月18日，中共楚雄州委、州人民政府制定下发《中共楚雄州委、楚雄州人民政府关于进一步加强和改进新形势下侨联工作的实施意见》，内容包括：充分认识加强和改进新形势下侨联工作的重要意义；新形势下侨联工作的主要任务；切实加强和改进新形势下对侨联工作的领导。

8月28日，州委制定下发《中共楚雄州委关于进一步加强新形势下工会共青团妇联工作的意见》，内容包括：加强新形势下工青妇工作的重要意义、总体要求和目标任务；充分发挥工青妇组织在推进富民强州进程中的作用；努力为工青妇组织开展工作创造良好环境。

12月23日，州委制定下发《中共楚雄州委关于贯彻〈中共云南省委关于进一步加强少年儿童和少先队工作的意见〉的实施意见》，内容包括：准确把握新形势下少年儿童和少先队工作的目标任务；推动楚雄州少年儿童和少先队事业专业化建设取得新进展；为实现少年儿童和少先队工作科学发展提供有力保障。

【文化事务】 2014年2月18日，中共楚雄州委、州人民政府制定下发《中共楚雄州委、楚雄州人民政府关于进一步加快旅游业发展的实施意见》，内容包括：加快旅游业发展的总体要求；加快旅游业发展的主要任务；加快旅游业发展的保障措施。

［张舫瑞］

组织工作

【党组织情况】 2014年末，楚雄州共有基层党组织11201个。党委202个，其中乡（镇）党委103个、乡（镇）社区党委14个、建制村党委8个、其他党委4个、企事业单位党委44个、机关单位党委29个；党总支1280个，其中乡（镇）社区党总支93个、建制村党总支939个、企事业单位党总支107个、机关单位党总支136个、其他党总支5个；党支部9719个，其中乡（镇）及社区（含其他）党支部6423个、企事业党支部1823个、机关党支部1473个。在991个建制村中，建立党委的有8个，建立党总支部的有939个，建立党支部有44个；在108个乡（镇）社区（居委会）中，建立党委的有14个，建立党总支部的有93个，建立党支部的有1个。

【党员队伍状况】 2014年末，楚雄州有党员158135名，比上年增加1292名，增长0.82%，党员占全州总人口数的6%；有女性党员37273名，占党员总数的23.57%，占全州女性人口数的2.89%；有少数民族党员51734名，占党员总数的32.72%，占全州少数民族人口数的5.53%；年龄在30岁及以下的党员有17232名，占党员总数的10.9%；31~35岁的有16372名，占党员总数的10.35%；36~40岁的有19990名，占党员总数的12.64%；41~45岁的有22208名，占党员总数的14.04%，46~50岁的有19517名，占党员总数的12.34%；51~55岁的有15726名，占党员总数的9.94%，56~60岁的有11206名，占党员总数的7.09%，61~65岁的有12187名，占党员总数的7.71%，66~70岁的有8846名，占党员总数的5.59%，71岁及以上的有14851名，占党员总数的9.39%。从文化程度看，有研究生党员813名，占党员总数的0.51%，比上年增长10.91%；大学本科22027名，占党员总数的13.93%，比上年增长7.52%；大学专科22390名，占党员总数的14.16%，比上年增长0.61%；中专10908名，占党员总数的6.9%，比上年减少0.47%，高中、中技12918名，占党员总数的8.17%，比上年减少0.58%；初中及以下89079名，占党员总数的56.33%，比上年减少0.38%。从职业情况看，有农牧渔民党员88187名，占党员总数的55.77%；公有经济单位党员40190名，占党员总数的25.41%（其中党政机关工作人员17032名，占党员总数的10.77%；企事业单位管理人员和专业技术人员19889名，占党员总数的12.58%；工勤技能人员3269名，占党员总数的2.07%）；非公有经济单位党员3592名，占党员总数的2.27%（其中企业管理人员和专业技术人员1974名，占党员总数的1.25%；民办非企业单位管理人员和专业技术人员330名，占党员总数的0.21%；工勤技能人员1288名，占党员总数的0.81%）；学生党员1336名，占党员总数的0.84%；离退休党员16369名，占党员总数的10.35%；其他党员8461名，占党员总数的5.35%。

【发展党员情况】 2014年，楚雄州共发展党员2577名，其中，公有经济单位发展党员540名，占发展总数的20.95%(其中党政机关工作人员124名，占发展总数的4.81%；企事业单位管理人员和专业技术人员262名，占发展总数的10.17%，工勤技能人员30名，占发展总数的1.16%)；非公有经济单位发展党员124名，占发展总数的4.81%（其中企业管理人员和专业技术人员91名，占发展总数的3.53%；民办非企业单位管理人员和专业技术人员15名，占发展总数的0.58%；工勤技能人员18名，占发展总数的0.7%)；发展农牧渔民党员1391名，占发展总数的53.98%；发展学生党员530名，占发展总数的20.57%；发展其他党员116名，占发展总数的4.5%。发展35岁及以下党员1963名，占发展总数的76.17%；发展高中及以上文化的党员1487名，占发展总数的57.7%（其中大学本科以上文化358名、大学专科文化263名，分别占发展总数的13.89%、10.21%)；发展妇女党员1113名、少数民族党员983名，分别占发展总数的43.19%、38.15%；发展生产、工作一线党员2019名，占发展总数的78.35%。

【干部队伍状况】 2014年末，楚雄州共有公务员19544人，其中，公务员机关工作人员18392人、参照公务员法管理的群团机关工作人员453人、参照公务员法管理的事业单位人员699人；女性5959人，占总数的30.49%；少数民族7149人，占总数的36.58%；中共党员14817人，占总数的75.81%；大学本科及以上学历12459人（含研究生学历420人，其中博士4人、硕士100人)，占总数的63.75%；大学专科学历5919人，占总数的30.29%；中专及以下学历1166人，占总数的5.97%；35岁及以下5176人，占总数的26.48%；36～40岁3630人，占总数的18.57%；41～45岁3604人，占总数的18.44%；46～50岁3542人，占总数的18.12%；51～54岁2535人，占总数的12.97%；55岁及以上1057人，占总数的5.41%。

【开展党的群众路线教育实践活动】 2014年，中共楚雄州委组织部按照中央的要求和省州党委的部署，把开展党的群众路线教育实践活动作为全州组织工作的重中之重，举全员之力，认真履行组织者和参与者的工作职责，推动活动深入有效开展。楚雄州于2月11日召开党的群众路线教育实践活动动员大会，全面启动教育实践活动。全州共有1015个州、县（市）机关及其直属单位和企事业单位，103个乡（镇）和1099个村（社区)，11133个基层党组织、156843名党员（含4215名流动党员）参加了教育实践活动。重点对象是州县领导机关、领导班子和领导干部，其中厅级党员干部37人，县处级党员干部1189人。活动中，武定县被列为中央政治局常委、全国政协主席俞正声和省委书记秦光荣的联系点，楚雄市被列为省委常委、省纪委书记辛维光的联系点。在中央和省委的正确领导下，在俞正声主席的关怀下，在省委领导的帮助下，在中央第四巡回督导组和省委第六督导组的指导下，各级各部门各单位紧紧围绕保持党的先进性和纯洁性，以为民务实清廉为主要内容，按照“照镜子、正衣冠、洗洗澡、治治病”的总要求，始终坚持高起点谋划、高标准推进、高质量开展，深入开展学习教育，广泛听取意见建议，找准查实“四风”方面存在的突出问题，严肃开展批评与自我批评，以钉钉子精神扎实抓好整改落实和建章立制，顺利完成活动各项任务，取得了较好成效。州委于10月11日召开了全州深入开展党的群众路线教育实践活动总结大会，州委书记张太原对全州教育实践活动进行了全面总结。

【干部直接联系群众工作】 2014年，楚雄州组织部门认真落实《健全完善党员干部直接联系服务群众制度的实施意见》，健全完善调查研究、基层联系点、干部到基层挂职任职、定期接待群众来访、与干部群众谈心、征集群众意见、党组织和党员承诺践诺、党代会代表直接联系群众、直接联系群众工作考核评价9项具体制度，不断深化和拓展群众路线教育实践活动成果，使全州干部直接联系群众工作步入常态化。年内，州级党员领导干部共深入联系点研究指导工作350人（次)，帮助协调落实发展项目175个，解决实际问题326件；全州共有830个州、县（市）属部门（单位）直接挂钩联系103个乡（镇)、128个贫困村委会、702个村组，共建立民情责任区、责任片、责任点1.6万个，5.41万名干部结对直接联系群众19.54万户，有963名新农村建设指导员驻村直接联系服务群众，接待群众来信来访，收集和反映重要民情事项，帮助群众解决实际问题。

【社区基层服务型党组织建设】 2014年，楚雄州组织部门认真落实云南省在职党员到社区报到为群众服务的意见，组织开展在职党员到社区报到为群众服务，全州共有499个县级以上机关单位、9311名在职党员到社区报到，为群众服务2.27万次，听取群众意见建议4092条，化解矛盾纠纷1580件，投入资金173.68万元，帮助解决社区和群众实际困难1.61万个，为社区和群众办好事实事2701件。

【非公有制经济组织和社会组织党建】 2014年，楚雄州组织部门推进非公有制经济组织和社会组织党建工作，配备州党工委书记、专（兼）职副书记，推动10县（市）非公有制经济组织和社会组织党建内设机构建设，及时配备工作人员，保障工作有效开展。召开县（市）党工委负责人、州级行业主管部门负责人调研座谈会，组织开展全州非公有制经济组织和社会组织党建工作调研。由州党工委5名专兼职副书记任组长、各成员单位科室负责人为成员，分5组到10县（市)、6个州级相关党（工）委进行全面深入调研，研究提出了下步工作意见建议。组织受州（市）级以上表彰的非公有制经济组织党建工作示范点党组织书记参加中央组织部举办的专题培训示范班，进一步增强服务意识、提高服务本领、改进服务作风。

【干部工作】　2014年，楚雄州组织部门以加强领导班子和干部队伍建设、深化干部人事制度改革、改进干部管理方式为重点，推进干部工作。

配合省委组织部完成2013年度州委干部选拔任用“一报告两评议”、领导班子和省管领导干部2013年度考核及1名党外副州长人选、1名党外州人大常委会副主任人选的民主推荐等工作，为2名省管领导干部到龄办理退休相关手续，补选州十一届人大常委会委员5名。

做好干部挂职培养工作。选派2名处级领导分别到上海市闵行区颛桥镇和国家民委办公厅挂职锻炼，推荐10名干部到省直单位挂职锻炼学习，协调长江水利委2名专家、省财政厅2名干部到楚雄州挂职，选派12名干部到州信访局学习锻炼，在下派的新农村建设工作队员中选派27名挂职担任乡（镇）党政副职。召开楚雄州少数民族年轻干部挂职座谈会。

开展“三超两乱”专项治理。全面开展超职数配备干部自检自查，制定《超职数配备干部整改计划表》，明确整改措施和消化时限，逐步进行整改消化。年内，采取改任非领导职务、向省级机关推荐干部等方式，消化18名县处级领导干部；各县（市）也通过交流轮岗、调整职务、改任非领导职务、退休等措施，消化科级领导干部31名、科级非领导职务88名。

从严监督干部。抓好干部监督工作各项任务的贯彻落实。按照干部选拔任用工作四项监督制度的有关规定，共受理县（市）和州级部门上报的干部任免审批事项12件。州委组织部“12380”共受理举报件24件。组织完成41名厅级领导干部和1119名县处级领导干部报告个人有关事项工作，随机抽取核实了35名处级领导干部个人事项报告的真实性。委托州审计局对20名领导干部24个职位进行任期经济责任审计。对楚雄州在职国家工作人员配偶、子女移居国（境）外的情况进行清理核实。

稳妥推进干部人事制度改革。制定出台《州管干部任前考察档案审核规定（试行）》，进一步规范干部档案审核程序，确保干部信息真实可信。制定出台《关于鼓励保护干部干事创业办法（试行）》，营造敢于担当、干事创业的良好氛围，进一步激发全州干部干事创业激情。研究制定加强乡（镇）干部队伍建设的意见，树立注重实践、重视基层的导向。年内提拔任用的24名处级领导干部均有2年以上基层工作经历，其中从县乡党政机关选拔使用11人。年内共废止干部政策文件42个、宣布失效5个，结合新修改的《党政领导干部选拔任用工作条例》，组织人员编制印发了《州管干部选拔任用工作操作规程》，对干部选拔任用从动议提名、推荐考察、讨论决定和职务任免到信息维护及材料归档等相关工作操作程序进行细化和疏理，进一步规范楚雄州干部选拔任用工作程序。

【干部教育培训】　2014年，楚雄州组织部门认真贯彻落实《2013～2017年楚雄州干部教育培训规划》，推进干部教育培训工作。

开展习近平总书记系列讲话和党的十八届三中全会精神集中轮训。下发《关于认真做好楚雄州各级领导干部学习贯彻习近平总书记系列重要讲话精神集中轮训工作的通知》，对全州集中轮训工作作出总体安排和部署，明确基本要求和完成时限。组织全州49名厅级领导干部和19名县（市）党政正职参加省委组织部在省委党校举办的学习贯彻习近平总书记系列重要讲话精神专题研讨班学习。在州委党校举办了2期县处级领导干部和1期乡（镇）党政主要领导学习贯彻习近平总书记系列重要讲话暨十八届三中全会精神专题培训班，1048名县处级领导干部和乡（镇）党政主要领导参加了学习培训。以州、县（市）党委理论中心组学习为载体，开展专题学习20余场次。开展送学服务，组建宣讲团到基层单位开展习近平总书记系列重要讲话精神宣讲，开展宣讲30余场次，培训干部8600余人次。

统筹开展各级各类干部培训。始终围绕服务彝州经济社会发展这一中心任务，在提高各级各类干部综合素质、增强业务能力上下功夫。组织推荐30名少数民族年轻干部参加省委组织部举办的楚雄大理少数民族年轻干部培训班。围绕行业性质和职能开展专题培训，举办了党校教师培训班、全州组织人事干部学习贯彻《党政领导干部选拔任用工作条例》专题培训班、高原特色农业专题培训班、网络宣传员和新闻发言人专题培训班、安全生产执法暨安全监管业务专题培训班等，年内州委干教委共举办主体班次20期4783人次，提升专业门类干部的业务能力和专业水平。

做好干部在线学习教育工作。扩大干部在线学习的人员范围，要求州级部门公务员全员参学，要求企业、事业单位、大专院校中层管理人员和中层领导干部全部参学，鼓励非领导职务干部、非公有制经济组织和社会组织党组织书记参学。年内共有1.12万人参加干部在线学习，副科级以上领导干部全覆盖，逐步形成“布局合理、分工明确、特色鲜明、优势互补”的培训网络体系。

完成上级干部调训任务。严格执行调训计划申报制度，坚持和完善组织调训制度，年内完成上级干部调训64期426人次，其中厅级领导干部9期11人次、县处级领导干部38期122人次、科级领导干部12期106人次、村干部6期187人次。

开展校地合作培训。抓住教育部安排高校对楚雄州开展扶贫工作的重要机遇，与到楚雄州开展扶贫工作的6所高校建立校地合作关系。通过“请进来”的方式，邀请华中师范大学、中国政法大学的知名专家为楚雄州举办教育管理干部和政法系统干部专题培训班，培训教育管理干部和政法干部740余人。通过“走出去”的方式，组织部分领导干部、教师和村干部分别到南京大学、华中师范大学、中国政法大学和国家教育行政学院等高校学习培训。

【人才工作】　2014年，楚雄州组织部

门进一步加强人才工作，认真贯彻落实省委、省人民政府《关于创新体制机制加强人才工作的意见》，起草了楚雄州《实施意见》，在留住基层人才、盘活现有人才、培养选拔优秀人才、引进高层次和紧缺急需人才上着力，创新举措。加强云南省高层次人才创新创业楚雄天然药物产业园区示范基地建设，积极实施“项目引才”和“产业聚才”工作，新建院士工作站2个、专家工作站1个、专家基层工作站6个。围绕全州六大重点产业发展加大人才项目和急需紧缺人才引进，引进外国人才技术项目6个，组织实施出国培训项目3个，引进州内紧缺急需人才186人，其中硕士研究生14人、本科生172人。认真实施“云岭牌”人才培养工程，加大优秀专业技术人才推荐评选力度，有3人分别被评选为“云岭学者”、“云岭首席技师”、“云岭名医”，5人被评选为“云岭教学名师”。选拔24名县乡基层优秀专业技术骨干到省级学校、医院和农业科技科研单位学习进修。组织实施楚雄州“专家乡村讲堂”，由州、县、乡3级分别派出各类专家和人才，采取农民点题、专家讲授、典型示范等方式，深入到农村基层定向或流动开展农村实用技术、科学文化知识及法律咨询服务。加强科技人才的培养、使用、激励，开展了科学技术奖评选，评选出科学技术奖40项，涉及50个单位、313名科技人才。坚持开展州中青年学术技术带头人培养工程，新选拔一批中青年学术技术带头人培养人选。全州人才资源总量16.1万人，其中，党政人才1.88万人，企业经营管理人才2.1万人，专业技术人才6万人，高技能人才2.1万人，农村实用人才4万人，社会工作专业人才860人，人才资源占人力资源总量比例为7.3%，每万劳动力中研发人员数为6.09人，高技能人才占技能劳动者比例为17.1%，主要劳动年龄人口受过高等教育的比例为7.79%，人力资本投资67.9亿元，人力资本投资占GDP比例的10.73%，人才贡献率15.54%。

［王华国］

老干部工作

【全州老干部基本情况】 2014年末，楚雄州共有离退休干部21791人，其中离休干部540人，退休干部21251人。健在离休干部540人中，机关单位260人，事业单位146人，企业单位134人；抗日战争时期参加革命工作的20人，解放战争时期参加革命工作的520人；享受副部级医疗待遇1人，正厅级待遇的3人，副厅级待遇6人，副厅级政治生活待遇5人，副厅级单项待遇15人，县处级待遇267人；全州有省外易地安置离休干部13人，省内易地安置离休干部41人。有离休干部遗属528人，其中无固定收入遗属286人。健在退休干部21251人中，正厅级待遇13人，副厅级待遇18人，副厅级三项待遇18人，正处级待遇350人，副处级待遇562人。

【全州离退休干部学习党的十八届四中全会精神培训班】 2014年10月30日至11月1日，中共楚雄州委老干部局在州老干部活动中心举办“全州离退休干部学习党的十八届四中全会精神培训班”，来自全州各地的450余名离休、副处级以上退休干部和老干部党支部负责人、州属部分单位老干部工作人员及州委老干部局系统全体干部职工参加了学习培训，并共享授课视频到县（市）辐射学习达8000余人次。州委常委、州委组织部部长徐昕出席开班仪式并作动员讲话。培训班上，省委党校、云南大学等高校教授围绕学习十八届四中全会主要精神、全面从严治党、国际国内经济形势等进行了辅导授课，印发了《中共中央关于全面推进依法治国若干重大问题的决定》，书面通报了全州2014年1~3季度经济运行情况。

【调整提高离休干部护理费标准】 2014年4月29日，中共楚雄州委组织部、州委老干部局、州财政局、州人力资源和社会保障局联合发出通知，调整提高楚雄州离休干部护理费标准。调整后的标准为：1937年7月7日至1945年9月2日、1945年9月3日至1949年9月30日参加革命工作的离休干部分别享受高龄护理费1200元/月、600元/月，其中离休干部年满80周岁，再分别增发100元/月。同时，原规定因危重病住院期间生活不能自理的离休干部每人每天20元的陪护费政策取消，改为全体离休干部每人100元/月特殊护理费并随高龄护理费一并发放；因瘫痪等原因生活长期完全不能自理的离休干部发放特殊护理费1000元/月。离休干部特殊护理费与高龄护理费（含陪护费）按照就高不就低的原则享受其中一种，由离休干部原单位报同级老干部局审批，所需经费按原渠道解决。

【老干部“凝聚正能量·共筑中国梦”系列文体活动】 2014年，中共楚雄州委老干部局按照中央组织部、省委老干部局的部署，在全州老干部中举办了以“凝聚正能量·共筑中国梦”为主题的系列文体活动。6~8月，组织开展“凝聚正能量·共筑中国梦”主题征文，共收到来自全州老干部和老干部工作者来稿120余篇，评选出部分优秀作品予以表彰；7月下旬，举办“全州离退老同志第五届书画、摄影作品展”，展出全州各县（市）、州级各单位200余位离退休老干部精心创作的近230余件书画、摄影作品，吸引1700余名观众到场观展；8月29日举办楚雄城区老干部棋牌比赛，共有来自中央、省州市驻楚雄城区各单位的140名离退休老干部参加比赛；6~9月，组织开展“凝聚力量·推动老干部工作转型发展”专题调研，收集到调研文章40余篇；6月20日，州老年大学举办“凝聚正能量·共筑中国梦”红歌大合唱，该校2013级的学员登台演唱；敬老节前夕，举办“楚雄城区离退休老同志球类运动会”，来自楚雄城区700余名老年运动员参加了网球、门球、地掷球、羽毛球、乒乓球等5个项目的比赛。

【老年大学四级教学网络】 2014年，全州老干部门主动争取各方支持，以“老同志不动，学校动、课堂动、教师动”的原则，积极创办老年大学乡（镇）分校、社区（或老同志集中区域）教学点的灵活办学模式，初步探索形成州、县（市）老年大学、乡（镇）分校、社区教学点的四级教学网络。年内，全州11所老年大学、17所分校、20个校外办学点共招收学员达14710人，比上年增长57.48%，突破全州老年人口数的4%。全年老年大学组织学员走进农村、社区、广场，以文艺演出、书画展览、写送春联等群众喜闻乐见的形式宣传党的十八大、十八届三中、四中全会精神、展示学习成果50余场次，受到广大群众的热情欢迎。

【离退休干部信息数据库建设】　中共楚雄州委组织部、州委老干部局于2014年9月中旬进行了系统培训和部署、11月下发通知正式全面启动退休干部信息库建设工作。各级组织、老干部门和宣传、人社、卫生、教育等人事档案管理部门协同配合，经过全州各级各单位近3个月的共同努力，在全省率先完成退休干部信息库建设工作。同时，继续更新完善离休干部信息库、完善了特困老干部台账、建立特困老干部遗属台账并实行动态认证管理，全州2.1万余名离退休干部信息数据全部录入信息管理系统，老干部和生活有特殊困难的老干部遗属信息资料完整、准确，州县乡3级信息库健全完善，提高了老干部工作基础业务水平，为决策提供了准确的数据参考。

【老干部活动中心工作】　2014年，楚雄州州、县（市）两级老干部活动中心不断完善功能，加强安全管理，共举办老干部门组织开展的“凝聚正能量·共筑中国梦”活动60场次，承办各类老年文体活动100余场次，活动中心吸引力和影响力持续增强，全州11所老干部活动中心日均接待老干部3000余人次，成为全州老干部和社会老年人老有所为、老有所乐、老有所学的主流阵地。

［何　荻］

【州干休所】　2014年末，楚雄州干部休养所有健在离休干部17人，其中抗日战争时期参加革命10人，解放战争时期参加革命7人，生活不能自理5人。有正处级退休干部1人、老干部遗属27人，在老干部家属、遗属中还有离休干部8人（去世2人），仍是省内16个州（市）健在老干部人数最多的干休所。健在老干部年龄最大92周岁，最小82周岁，平均年龄87岁，超过90周岁7人，遗属中年龄最大95周岁。有在职职工11人，负责住所老干部政治、生活待遇的全面落实。年内，积极开展群众路线教育实践活动，健全完善在职职工联系老干部制度，强化与老干部的联系沟通，确保老干部的健康和安全；组织老干部参加州内重要会议、重要活动、情况通报会、老干部培训班等活动；医务室接诊老干部约1000余人次，进家入户看望、慰问，安全检查、零星维修等200余户次；筹集资金2.31万余元，为所内多年失修的老办公楼更换窗户、补会议室屋顶、疏通下水道等，及时消除安全隐患；多次为老干部适时采购新茶、新米，分发到户、背送到家。党支部为43名党员征订《党建文汇》人手一份，阅览室订阅各种报纸、刊物28种，自办《学习月刊》12期，出刊黑板报17期，橱窗图片展、保健知识各2期。“七一”建党节系列活动中，组织老干部唱红歌和红色回忆座谈；组织“凝聚正能量·共筑中国梦”征文活动中，上报征文4篇，获奖4篇。年内老干部及家属住院25人次，其中住院频率最高的老干部全年住院5次。

［田怀忠］

宣传工作

【理论武装】　2014年，楚雄州宣传系统理论武装工作结合州内实际，说百姓话，阐明白理，各项工作得到加强。党的十八大、十八届三中全会和习近平总书记系列重要讲话精神学习宣传教育深入推进，全年全州分层次、分受众的宣讲工作2000余场次，直接受众近60万人次；中国梦、中国特色社会主义宣传教育持续深化。至11月底，以州委书记为团长，部分州级领导、部门领导、社科专家组成的全州党的十八届四中全会宣讲团已在全州宣讲50余场次，直接受众近3万人次，掀起了学习宣传贯彻十八届四中全会的热潮。党委（党组）中心组理论学习有效加强和改进，全年联系彝州实际、分专题的州委理论学习中心组学习4次，学习型组织建设全面深入推进。“爱读书、读好书、善读书”活动有效开展。配合开展党的群众路线教育实践活动理论宣传工作，开展了党的群众路线论文征集活动，有7篇理论文章在全省理论研讨中获奖，居全省各州市第一。编印《楚雄州党的群众路线教育实践活动理论研讨文集》一书。完善重大理论政策宣讲工作机制，理论大众化通俗化工作取得实效，出台《中共楚雄州委关于加强和改进理论学习政策宣讲的意见》，涌现出用梅葛、花灯等群众喜闻乐见的民族民间文艺形式宣讲党的理论政策的“姚安模式”和将农民经纪人培养为“农民理论家”的“元谋模式”，受到全省关注。开展近年来干部群众思想动态和意识形态领域突出问题首次专项调研，社会思想舆情研究和掌控有效加强。组织召开全州党委（党组）中心组学习习近平总书记系列重要讲话精神经验交流会，会上，元谋县委等7家单位作交流发言。姚安梅葛宣讲团和赵章才被评选表彰为全省优秀宣讲队伍和先进个人。组织开展首届楚雄州宣传思想文化工作创新奖评选活动，展示全州宣传思想文化工作两年来的创新成果，激励全州各级各部门干事创业的热情。组织开展社会科学课题研究。围绕全面深化改革和富民强州宏伟目标，开展了《万家坝铜鼓文化资源整合》、《中国梦·美丽楚雄》（科普读本）、《元谋人》（科普读本）、《楚雄州社科界2014年课题选编》、《2015楚雄州经济社会发展蓝皮书》、《“楚雄记忆”之传统文化遗迹调研整理》、《楚雄州现代公共文化服务体系建设探索研究》（暂名）7个课题研究工作。

【舆论导向】　2014年，楚雄州宣传系统加强舆论引导，舆论导向保持健康向上的良好势头。广泛开展了全面深化改革、中国特色社会主义和中国梦主题宣传教育，圆满完成州委八届四次全会、州“两会”、“文明楚雄行动”、创建国家公共文化服务体系示范区等重点宣传报道工作。完善新闻媒体“走转改”长效机制，制定了《新闻阅评》和楚雄州《重要会议重要活动重要文稿新闻宣传统筹管理制度》等制度，积极回应大众关切，州内各主流媒体社会宣传的亲和力、吸引力有效增强。党的群众路线教育实践活动中，直面群众诉求，完成了直播卫星“户户通”收视故障整改工作，基层党报党刊的征订不再与年终的各项考核挂钩，制定改进党报党刊征订发行工作、减轻基层负担的具体措施，赢得基层干部群众的广泛赞誉。

【外宣工作】 2014年，楚雄州宣传系统策划主题外宣，“美丽楚雄”影响广泛。党的群众路线教育实践活动宣传工作成效显著。在人民日报、央广、央视等国家级媒体发稿73篇（条），省级媒体发稿538篇（条），刊播稿件数居全省各地州市首位。其中，《人民日报》刊发稿件11篇，头版头条2篇，头版4篇；《人民日报》（海外版——东南亚特刊）刊发了“云南楚雄高原特色农业，引领致富梦想”1个专版；《新华每日电讯》刊发稿件8篇，其中头版4篇；《光明日报》刊登稿件4篇；《经济日报》刊登稿件4篇；《云南日报》刊发稿件170篇，其中头版头条14篇，头版31篇，深度报道5个专版，半版报道10个；楚雄电视台报送的新闻宣传稿件被中央电视台播出22条（其中《新闻联播》9条）、云南电视台播出350余条；楚雄州广播电台报送的新闻宣传稿件被中央人民广播电台和中国国际广播电台播出51条（组）、云南人民广播电台播出1170条（组）；楚雄日报社在《云南日报》、新华网、中新网等媒体网站刊发稿件24篇。精心策划火把节系列外宣活动。央视四套将楚雄州火把节活动列为习近平总书记拉美之行文化互动大型直播节目的直播点，进行了4次连线直播，时长达10余小时，开创楚雄对外宣传先河。加大外宣策划和资源整合力度。音乐电影《摩尔之恋》在央视展播，在《人民日报》、《光明日报》、《农民日报》、《云南日报》等主流媒体推出了一批楚雄专题专版，在昆明火车站、长水机场、《昆明航空》、《人与自然》杂志等推出大批对外主题宣传广告。楚雄新媒体——“云南楚雄网”上线运行，建成了覆盖全州的政务微博集群，传统媒体与新兴媒体融合发展迈出新步伐。精心组织了“楚雄州野生菌产业推介暨中国·南华野生菌第一信息平台新闻发布会”，及时有效开展了禄丰彩云“2·26”和勤丰“3·12”火灾、楚雄“6·09”爆炸案、“9·15”广大铁路隧道坍塌事故等突发事件的新闻发布和舆论引导工作。制定出台《楚雄州新闻外宣奖励办法》，进一步调动州内外各类人才外宣工作积极性；举办全州新闻发言人和网络宣传员培训班，进一步规范新闻发布程序，提升新闻发布及网上舆论引导水平。

【文化事业发展】 2014年，楚雄州宣传系统真抓实干，文化事业不断发展。积极稳妥深化文化体制改革，研究出台了文化体制改革方案和近期工作要点，启动了“两台”合并和新闻出版、版权、广播电视职责整合等12项改革工作任务。国家公共文化服务体系示范区创建工作顺利推进，“三馆两中心一基地”、农村“小广场·大喇叭”等重点工程有效实施，公共文化服务设施网络更加健全，公共文化服务水平显著提升，圆满通过了国家中期督查。深入学习贯彻习近平总书记在全国文艺工作座谈会议上的讲话精神，认真落实州委“六个一”文艺工作要求，出台了文学创作奖补办法和重点题材作品扶持办法，彝族舞蹈诗《彝·歌》创作启动，一批文学作品登上了《人民文学》等高端文艺平台，彝语音乐电视《新娘哭嫁》获第六届中国民族言语、民族题材电视节目“金鹏展翅”奖音乐电视类一等奖。圆满举办了“2014中国·楚雄彝族火把节”系列活动，广泛开展了创建国家公共文化服务体系示范区新剧（节）目调演、文化科技卫生“三下乡”等文化惠民活动，承办了2014七彩云南格兰芬多国际自行车节楚雄站比赛，大力扶持基层业余文艺演出队发展，促进基层文化繁荣。深化文化对外交流合作，成功举办了“2014海峡两岸文化交流”云中火把系列音乐会，组团参加了2014深圳文博会、2014京交会、云台文化创意产业对接会等会展活动，为2014青岛世界园艺博览会演出63场，在广州、上海举办了民族文化特色展览。招聘了一批网络技术人才，一批中青年文艺工作者不断成长，非明荣等一批优秀年轻人才在国际舞台崭露头角。选派了一批文化人才赴基层服务，以非遗传承人为代表的民间文艺人才队伍不断发展壮大，有1304支群众文化队伍常年活跃在基层。聘请了2名州政府文化顾问，引进邓一光等著名作家到楚雄州开展本土题材的联合创作，著名导演李亚威、著名画家罗江到州内开设了文化工作室。

【文化产业发展】 2014年，楚雄州宣传系统立足楚雄特色资源，突出彝州比较优势，文化产业不断得到发展。《楚雄州建设民族文化强州规划（2013～2020年）》实施办法印发实施，深化文化改革发展、建设民族文化强州的氛围日益浓厚。“七彩云南·时空世界”、“元谋古人类历史文化旅游”项目开工建设，禄丰石文化产业园、双柏彝族虎文化大观园等一批重点项目开发稳步推进。进一步加大产品研发、市场开发和扶优扶强力度，彝绣、苴却砚等彝州特色文化产业发展势头强劲。8月，州文产办从全州推介35件彝族刺绣产品参加2014“针尖上的云南刺绣大赛”，最终6件产品顺利入选获奖。火把节期间，成功举办了“中国楚雄2014彝族火把节‘绽放指尖的花朵——非物质文化遗产·彝族刺绣动态展’”。稳步推进彝人古镇品质提升工程，精心打造了名特优商品和文化艺术两条主题街区。提高了彝人古镇的文化品位。启动实施广电网络覆盖公共场所和公益性户外电子大屏建设工程，规范全州户外广告发布秩序。完善文化产业发展激励机制，改革州博物馆、图书馆、文化馆法人治理结构，积极探索建立全州演艺联盟，研究制定广播、电视、报刊、文艺演出等领域特殊人才引进、培养和转岗分流长效机制，着力创新文化对外交流合作。

［杨建林］

对外宣传

【对外宣传工作概况】　2014年，楚雄州对外宣传工作以党的十八届三中全会精神和习近平总书记系列重要讲话精神为指导，创新对外宣传方式，弘扬主旋律，传播正能量，深入贯彻落实州委八届四次（扩大）会议精神，展示美丽楚雄新形象，扎实做好对外宣传工作，为促进彝州全面深化改革、推动经济持续健康发展、维护社会和谐稳定和加快富民强州进程提供了有力的舆论支持。

【外宣新闻发布】　2014年，楚雄州对外宣传部门规范10县（市）及州级相关部门新闻发布会的审批程序，以云南省人民政府新闻办公室和楚雄州人民政府名义承办的楚雄州野生菌产业推介暨中国·南华野生菌信息港上线电商销售新闻发布会相继在昆明、深圳、上海、杭州举行，州委副书记、州长李红民参加深圳新闻发布会，副州长周兴国分别在昆明、深圳、上海推介了楚雄州野生菌产业发展情况，展现南华“野山菌王国”魅力，提升楚雄州的知名度和影响力。州人民政府新闻办公室与州安全生产委员会召开了全州安全生产情况通报新闻发布会，正确引导社会热点问题，主动化解社会矛盾，增强主流媒体舆论引导能力。

【楚雄州新闻发言人、网络宣传员培训班】　2014年，楚雄州对外宣传部门为提高楚雄州新闻发言人和网络宣传员的综合素质及整体水平，根据州干教委的安排和外宣工作要点，“楚雄州新闻发言人、网络宣传员”培训班于9月27～29日在州委党校举行。州级五班子办公室领导、10县（市）委、政府分管领导、州委各部委办局、州级国家机关各委办局、州级各人民团体、医疗卫生单位、大中专院校，中央、省属驻楚各单位的领导和网络宣传员，近500人参加培训。培训内容紧贴工作实际，操作性、实用性强。所请授课专家用大量的案例，就如何做好新闻发布、如何适应新形势运用新媒体做好网络宣传，如何研判、处置网络舆情，化解舆论危机等方面的内容为学员作专题培训。

【火把节宣传筹划】　2014年，楚雄州对外宣传部门为加大楚雄州的外宣力度，火把节前，州委宣传部与《人与自然》杂志社合作，编辑出版向国内外发行了《人与自然》（秘境彝州·传奇楚雄）专刊10万册，并向参加火把节的嘉宾和媒体记者发放了3500册，提升楚雄州的知名度和影响力。火把节期间，共有新华社、中新社、中央电视台、中央人民广播电台、《光明日报》、《云南日报》、人民网、云南网、云南信息港等39家媒体网站98名记者赴楚参与火把节宣传，刊发大量稿件，国内外数百家网站进行了转载。至7月23日上午11时，以“2014楚雄彝族火把节”为关键词在百度搜索，共找到相关报道约8.45万篇。同时，该活动在新浪微博、腾讯微博呈密集转发、评论态势，影响力持续扩大。此次火把节外宣，中央、省级主流媒体齐聚楚雄，阵容宏大，宣传稿件数量多，质量高，影响大。央视4套将楚雄作为配合习总书记拉美之行文化互动大型直播节目的直播点，在节目中与楚雄州4次现场连线对全球直播，楚雄彝族火把节名扬四海；新华社派出图文综合记者，面向全球发图文通讯稿7组，发内视觉2组，图片近百张，国内外100余家媒体、网站进行转载。《光明日报》以《云南楚雄：各族群众共度火把节》为题，对楚雄州火把节作深度宣传报道。

【网络管理和网络外宣】　2014年，楚雄州对外宣传部门坚持“积极利用、科学发展、依法管理、确保安全”的方针，健全互联网管理工作机制，规范互联网新闻信息传播秩序，加大州内各网络媒体的管理力度，全州各级官方网站及时公开党务、政务信息，进一步加强和整合网络宣传员队伍，加强网络舆情监控，准确把握舆情，积极开展网上舆论引导。建成楚雄新闻外宣网站“云南·楚雄网”；在“云南网”建立楚雄外宣平台，对楚雄州的经济、政治、社会、文化、生态文明建设进行重点整体推介，构建全州外宣网络新格局。初步建立各级各部门的官方微博集群，提升网络外宣和网络舆情引导水平。

［赵现培］

精神文明建设工作

【2014年州文明委全体会议】　2014年3月4日，楚雄州精神文明建设指导委员会2014第一次全体会议在楚雄召开。州委副书记、州文明委主任邱江出席并讲话。州人大常委会副主任、州文明委副主任李佳，州政协副主席、州文明委副主任何根源参加会议。会议由州委常委、宣传部长、州文明委副主任主持。会上，州委政研室（州农办）、州直机关工委、州司法局、州财政局、州环保局等5家州文明委成员单位进行了大会发言述职，听取了州文明办《关于届期内州级以上（含州级）精神文明创建各类先进单位复查工作的情况汇报》，审议了《楚雄州2014年精神文明建设工作要点》。州委610办公室、州发改委、州工信委、州科技局、州民委、州民政局、州人社局、州法院、州检察院、州妇联10家文明委成员单位进行了书面述职。45家州文明委成员单位的负责人和10县（市）委副书记，县（市）委常委、宣传部部长，文明办主任参加会议。

10月31日，州文明委召开第二次全体会议，专题讨论全州精神文明建设工作暨第十次表彰大会相关事项。会议审议了《全州精神文明建设工作暨第十次表彰大会方案》。州委副书记、州文明委主任邱江主持会议。

【群众性精神文明创建活动】　2014年，楚雄州群众性精神文明创建活动成效明显，亮点频出。

文明楚雄行动。文明餐桌、文明交通、文明环境、文明服务4项行动不断巩固，“厉行节约、文明用餐”的良好风尚进一步形成，文明驾车、文明行路、文明乘车的意识明显增强，城乡环境卫生有了新的改观，窗口单位和服务行业的服务质量和水平不断提高。新启动了文明礼仪、文明家庭两项行动，开展了文明礼仪宣传普及、“五好文明家庭”创建、寻找最美家庭等一系列活动。建立“文明楚雄行动”联席会议制度，成立10个“文明楚雄行动”督导组，以每季度定期督导1次或不定期督导的方式，点对点加大对“文明楚雄行动”各项工作的督促检查和指导力度。

关爱道德模范。根据《楚雄州关爱道德模范实施办法（试行）》，落实年度专项经费12万元，春节前由州文明委领导分别对46名道德模范进行了慰问，10月中旬对10名生活困难道德模范进行了重点帮扶。

道德模范和先进人物事迹巡回宣讲。6月3～30日，由州检察院刘曦、州公安消防支队万雅洁、楚雄电视台黄嬰赟、大姚县民政局殷正萍、大姚县六苴镇人民政府赵晓勤、武定县森林公安局李俊军6人组成楚雄州道德模范先进事迹巡回宣讲报告团，就楚雄州涌现出来的李亚威、李开斌、李炳祥、陈章亮、邵世雄、赵丽华6位道德模范的先进事迹，在全州开展巡回宣讲活动22场，直接参与听众达2万余人次。

身边好人培树。大力从农村、教育、文化、卫生、企业等基层一线发现、挖掘、培树身边好人，全年共推出州级身边好人46人，其中李开斌、赵丽华、杨守武、陈章亮4人先后入选云南好人、中国好人，李开斌、赵丽华2人荣登“中国文明网”《好人365》封面人物。

云南省道德模范云南好人宣讲活动。以“道德的力量”为主题的云南省道德模范、云南好人宣讲活动于9月22日下午在楚雄州举行。州人民政府副州长、文明委副主任赵祖莹，州政协副主席、州文明委副主任何根源出席。州级部门有关领导、州文明委成员单位、州级以上文明单位干部职工代表700余人参加了报告会。此外，省公民道德宣讲团还在楚雄师范学院举行了2场专题宣讲报告会。

编印出版《德耀彝州——楚雄州培育和践行社会主义核心价值观故事（一）》。对楚雄州历届道德模范、身边好人和美德少年中精选出来14位人选进行实地采访，编印成《德耀彝州——楚雄州培育和践行社会主义核心价值观故事》一书，以生动活泼的形式宣传了身边好人和道德模范的事迹，弘扬主旋律，传播正能量。

道德讲堂建设。5月，位于州文化活动中心州文化馆小剧场的楚雄州道德讲堂中心讲堂建成，该讲堂可以容纳300人。9月，禄丰县金山镇南门社区“道德讲堂”、楚雄师范学院“道德讲堂”、楚雄市鹿城镇龙江社区“道德讲堂”被命名为省级道德讲堂示范点。

“讲文明树新风”公益广告宣传。年内，《楚雄日报》累计刊登24个整版、州广播电台累计播出时长约3619分钟、楚雄电视台累计播出时长约15140分钟的公益广告，宣传取得良好效果。

学雷锋志愿服务活动。6月，楚雄州出台《楚雄州志愿者招募注册制度》、《楚雄州志愿服务记录办法》、《楚雄州志愿者培训制度》、《楚雄州“点对点”结对志愿服务制度》4项制度。年内州级机关79家文明委成员单位和文明单位组织“学雷锋志愿活动日”活动11次，参加志愿服务的志愿者达2000余人。全州有志愿服务机构366个，有志愿服务团队585支，注册志愿者72662人，占全州总人口的2.6%。苏丕超、段连斌被团中央授予“中国青年志愿者优秀个人奖”荣誉称号，禄丰县金山镇董户村社区被省文明委命名为省级学雷锋活动示范点，张小静、姜光文被省文明委授予“云南省岗位学雷锋标兵”荣誉称号。

云南省文明单位志愿服务基层行活动。5月14日，以“文明走基层、服务献爱心”为主题的云南省文明单位志愿服务基层行活动在双柏县举办。45家省、州、县级文明单位的110余名志愿者深入学校、医院、乡村，开展文化、体育、卫生、农业、科技等5大类14个项目的志愿服务活动。省文明办专职副主任李联斌，州人大副主任、州文明委副主任吴丽华参加活动启动仪式。

州级“文明村创建提升示范工程”。年内，投入资金40万元实施了姚安县光禄镇光禄村委会朝阳一组、大姚县金碧镇七街社区、元谋县黄瓜园镇牛街村民小组、武定县猫街镇百子村委会阳家村4个州级“文明村创建提升示范工程”，打造农村文明创建新典型，深化农村精神文明建设。

“文明创建先锋榜”图片展。11月中旬，与州直机关工委联合利用“彝州先锋看台”宣传平台，推出以“文明的足音”为主题的第七期“文明创建先锋榜”图片展，对全州面上和80余家精神文明创建先进单位的创建成效、经验进行集中展示，促进精神文明创建工作。

乡村学校少年宫建设。全州新建乡村学校少年宫项目20个，其中中央项目13个、省级项目4个、州级项目3个。加上县级自建10个（大姚县5个，双柏、牟定、姚安、永仁、禄丰5县各1个），全州累计建成乡村学校少年宫64个。年内，由州文明办牵头组织州教育局、州财政局、州文体局、州民政局组成督查考核组，通过材料审核、实地考察、调查了解等形式，对34所已经建成的州级以上2011～2013年乡村学校少年宫进行综合考核评定，兑现中央、省级30所建成乡村学校少年宫项目运行经费150万元（州级4个项目由县级配套兑现）。在永仁县承办2014年度云南省乡村学校少年宫推进会，学习推广永仁县“一宫两站”和“非物质文化遗产”进乡村学校少年宫的经验，永仁县做法受到中央文明办肯定，并向全国推介。

【全州精神文明建设工作暨第十次表彰大会】 2014年11月28日，中共楚雄州委、州人民政府以视频形式召开全州精神文明建设工作暨第十次表彰大会，总结2011年以来全州精神文明建设工作的成绩和经验，表彰先进、树立典型。州委书记张太原代表州委、州人民政府讲话，州委副书记、州长李红民宣读了

《州委、州人民政府关于表彰楚雄州精神文明建设先进单位和先进个人的决定》。州党政军领导卢显林、岑化虎、左荣贵、杨静、杨照辉、徐昕、曹军、夏新建、吴丽华、赵祖莹、何根源在州主会场出席会议。会议由州委常委、州委宣传部长主持，与会领导为获奖先进集体和个人代表颁奖。州主会场和10县（市）分会场共1800余人参会。在此次表彰活动中大姚县城等5个县城获“楚雄州第六批文明县城”称号，州检察院等14个行业获“楚雄州第七批文明行业”称号，楚雄鹿城供电局等238个单位获“楚雄州第十批文明单位”称号，禄丰县仁兴镇等13个乡（镇）获“楚雄州第七批文明小城镇”称号，楚雄市鹿城镇中大街社区等15个社区获“楚雄州第五批文明社区”称号，楚雄市东瓜镇桃园社区福源居民小组等100个村（组）获“楚雄州第十批文明村”称号，楚雄市紫溪山风景区等5个景区获“楚雄州第二批文明风景旅游区”称号，吴芹等50人获“楚雄州精神文明建设先进个人”称号，沈建梅户等1000户农户获“楚雄州十星级文明示范户”称号。会上，大姚县、州检察院、楚雄鹿城供电局等7个精神文明建设先进单位和个人代表在会上作交流发言。

［熊建忠］

文化体制改革和文化产业发展

【文化体制改革与文化产业发展概况】 2014年，楚雄州文化体制改革和发展工作领导小组办公室认真落实《中共中央关于全面深化改革若干重大问题的决定》，云南省委、省人民政府关于《云南省深化文化体制改革实施方案》，楚雄州委、州人民政府关于《楚雄州建设民族文化强州规划（2013～2020年）》和《楚雄州建设民族文化强州规划（2013～2020年）的实施意见》等文件精神，努力适应文化体制改革和文化产业发展的新常态，顺利完成2014年全州文化体制改革工作和文化产业发展的各项目标和任务。

【文化体制改革与发展工作】 2014年，楚雄州文化产业部门按照州委全面深化改革领导小组办公室的统一安排和部署，积极推进各项改革任务。州委宣传部高度重视文化体制改革工作，把全面深化文化体制改革工作摆在部门工作的重要位置，成立以州委宣传部长为组长，宣传部班子成员为副组长的楚雄州深化文化体制改革工作领导小组，确定各块改革责任领导、参加单位、完成时限和工作人员，责任明确，机制完善。适时研究改革。年内，州委宣传部多次召集宣传文化系统主要领导、涉及的相关单位领导在部长办公室、宣传部会议室共同研究各项改革工作。将改革工作纳入宣传文化系统重要议事日程，要求各组组长和责任单位及时研究改革推进过程中出现的问题，及时解决改革过程中遇到的困难，改革工作做到有计划、有安排、有落实，确保各项改革措施落实到位。协调改革。加强与涉及改革单位的协调沟通，并把情况及时反馈给州委改革办，确保改革事项不拖延、不遗漏，确保上情及时下达、下情及时上报。扎实推进各项改革工作。及时出台改革举措。认真贯彻落实中央和省委、州委有关改革的政策措施，及时研究出台楚雄州文化体制改革举措、方案和办法。扎实推进改革工作。认真探索实践符合上级改革精神、符合宣传文化系统实际、具有楚雄特色的改革路子、模式、举措和方法，积极稳妥、扎实有序地推进各项改革工作，确保各项改革措施落到实处。

【文化产业发展工作】 2014年，楚雄州文化产业部门进一步加强文化产业发展指导工作。落实《楚雄州建设民族文化强州规划（2013～2020年）》和《楚雄州建设民族文化强州规划（2013～2020年）的实施意见》。全面贯彻落实《规划》，根据州委办公室、州人民政府办公室关于认真贯彻落实《楚雄州建设民族文化强州规划（2013～2020年）的实施意见》的部署和要求，出台督查实施方案，对《规划》中的目标和任务进行督查和落实。完善文化产业项目和资金管理制度。针对管理制度不完善，制度执行不到位，内部监督乏力等问题，在项目申报、项目评审、资金管理、项目督查等方面进一步加强，提高资金使用效益，确保资金安全。调整思路，积极推进文化产业园区项目建设。加强对园区建设的统筹规划和业务指导，稳步推进园区建设进程。加大彝族刺绣、苴却砚、石艺文化的扶持力度。年内彝族刺绣、苴却砚、石艺文化获得了长足的发展，实现规模化、产业化。实施文化“走出去”战略。加快推进文化“走出去”步伐，加大扶持力度，统筹政府、企业、社会组织和个人的力量，形成推动文化“走出去”的整体合力和长效机制。加强文化人才的培养力度。完善文化人才内培外引和基层文化人才队伍建设机制，优化文化人才队伍结构，加强文化人才环境建设，加大刺绣、雕刻、市场营销等方面人才的培养。加强文化产业统计，鼓励文化企业上联网直报系统。高度重视，明确职责，分工协作，精心组织，定期通报，推进文化产业统计工作。

［杨征祥］

统战工作

【统战工作概况】 2014年，楚雄州统战工作着力巩固思想政治基础，发挥凝心聚力作用，破解重点难点问题，全面加强自身建设，各项工作取得新业绩，被中共云南省委表彰为“民族团结进步模范集体”、被省委统战部表彰为目标责任制考核一等奖。中国共产党新闻网、中央统战部官网先后3次刊发报道了楚雄州统战工作情况；《云南统战信息》、《云南统一战线》先后刊发反映楚雄州统战工作信息32条（篇），其中典型经验做法6条。

【加强民主党派组织建设】 2014年，中共楚雄州委统战部坚持成熟一家、成立一家的原则，坚持党委领导与尊重民主党派主体性相结合、思想教育引导与严肃换届纪律相结合的原则，先后2次向州委常委会汇报有关民革楚雄州委成立，民建楚雄州委、民进楚雄州委换届工作汇报，扎实做好一系列成立、换届有关工作，保证各项工作顺利进行。于10月28日完成民革楚雄市委成立民革楚雄州委工作，于11月1~2日完成民进楚雄州委换届工作，于12月2~3日完成民建楚雄州委换届工作。

【出台领导干部联谊交友制度】 2014年6月24日，中共楚雄州委出台《中共楚雄州委领导及州委统战部与党外代表人士联谊交友制度》，制度规定13位州委常委及3位州委统战部领导分别联系23名民主党派、工商联、州党外知识分子联谊会、州级宗教团体主要负责人，联系领导要定期不定期了解党外代表人士的思想动态，向党外代表人士介绍全州经济社会发展情况和重大战略部署及重要工作，听取党外代表人士意见建议，帮助党外代表人士解决实际困难，要以开展交心谈心、委托调研、定期慰问、解决难题、出席活动等形式，将联谊交友工作贯穿于党外代表人士培养使用的各个环节，推动全州党员领导干部与党外代表人士联谊交友工作。

【破解宗教热点难点问题】 2014年，中共楚雄州委统战部会同有关部门妥善化解元谋县姜驿乡贡茶教堂矛盾纠纷等一批热点难点问题；贯彻落实省委"9·16"专题会议精神，从2014年起将4家州级宗教团体工作经费由每年每家5万元提高到8万元；协调争取财政资金247万元解决州伊斯兰教协会办公场所建设及州基督教"两会"办公楼和培训中心差欠尾款问题；会同州宗教局制定提高宗教教职人员生活待遇方案；争取资金50万元投入9处重点宗教场所修缮建设；协助州佛教协会完成换届工作；支持宗教团体、宗教部门加大宗教工作"三支队伍"培训；选派16名宗教代表人士、13名党政领导干部参加中央和省级培训；落实好州、县（市）领导及统战、宗教干部同心·直接联系宗教场所及宗教界代表人士制度；争取资金35万元，做好抵御境外宗教渗透和反极端思想渗透工作。

【楚雄州党外知识分子联谊会成立】 2014年4月28日，楚雄州党外知识分子联谊会成立。省委统战部副部长、省社会主义学院党组书记、省党外知识分子联谊会常务副会长苏红军，州委常委、州委统战部部长杨静分别为该会授牌、授印。楚雄州党外知识分子联谊会通过采取个人自愿、组织推荐、考察的办法，首批推荐和发展会员103名，来自78个单位，涵盖了教育、科技、文化、卫生等多个领域。州人大常委会副主任、州工商联主席吴丽华，州人民政府副州长赵祖莹到会祝贺。

【开展党外代表人士队伍培训】 2014年8月5~7日，中共楚雄州委统战部在州社会主义学院举办处级实职党外领导干部培训、副高以上职称党外知识分子培训、海外统战工作业务培训3个主体培训班。培训班开设党对党外干部的方针政策，涉台工作礼仪，增强中国特色社会主义理论自信、道路自信、制度自信等9个专题，共有282人参加培训。

【开展深入基层访民情真心实意办实事活动】 2014年，中共楚雄州委统战部领导班子成员采取不打招呼、不搞陪同的方式，先后分成3个组30余人次直接深入扶贫联系点、联系企业、宗教场所、非公企业、台商台资企业及广大统一战线成员中，开展调查研究和走访座谈活动，共走访企业20余户、农户80余户、统一战线人士29人次，征求到意见建议260余条；先后10余次开展坚持和发展中国特色社会主义学习实践活动、非公有制经济人士理想信念教育实践活动以及民族团结进步示范区建设、和谐宗教活动场所创建等宣讲活动；开展帮扶弱势群体活动；深入大姚县三台乡黄家湾村委会及楚雄市子午村委会，看望慰问17户"空巢"老人、困难老党员、残疾人，帮助他们解决生产生活困难；开展办好事实事活动，先后为联系县（市）和扶贫联系点和新农村建设工作队员派驻点协调项目9个、资金100余万元，组织农工民主党医务人员到大姚县三台乡黄家湾村委会开展为基层群众送医送药活动；开展调研建言活动，选定《楚雄州贯彻中央省州党外代表人士队伍建设文件精神的喜与忧》等6个年度重点调研课题，深入开展调查研究。

【开展非公经济人士理想信念教育实践活动】 2014年，中共楚雄州委统战部以"民营企业家与中国梦"为主题、以增强"四信"为内容，继续开展非公经济人士理想信念教育实践活动。通过签订责任书、召开推进会、建立联系点、发挥非公经济人士主体作用、开展诚信守法经营公开承诺、召开非公经济人士座谈会、组织民营企业家赴文山州老山自卫反击战遗址开展爱国主义教育等形式，扎实推进非公经济人士理想信念教育实践活动，并取得实效。

【巩固扩大民族团结进步示范区创建成果】 2014年，中共楚雄州委统战部发挥统战部门牵头协调作用，协助召开楚雄州建设民族团结进步示范区工作领导小组会议，研究部署2014年示范区建设目标任务，明确以示范区建设为抓手，扎实推进云南省示范区建设"十县百乡千村万户"楚雄州示范点创建工程；在继续推进示范区建设112示范点创建工程的基础上，重点抓好州级2个示范县、10个示范乡（镇）、1个示范社区、1个示范学校、1个示范企业创建。协助州委、州人民政府召开楚雄州民族团结进步示范区建设现场推进会，总结经验，推广典型，研究部署加快推进民族团结进步示范区建设的工作措施，会同有关部门开展马克思主义民族观、党的民族政策宣传教育和有关法律法规教育，推动民族政策、法规进机关、进社区、进学校、进企业、进农村、进寺院，进一步增强各族群众"三个离不开"、"四个认同"思想观念。开展全州少数民族干部和少数民族专业技术人员分类统计工作，健全完善少数民族动态管理数据库；会同相关部门开展楚雄州少数民族干部队伍建设调研，做好少数民族干部的培训、培养、举荐工作。认真履行挂钩联系民族团结进步示范乡（镇）职责，按照州委统战部2014年度民族团结进步示范区创建工作计划，带头抓好所联系的大姚县赵家店镇和六苴镇民族团结进步示范创建各项工作。年内，赵家店镇共实施完成创建项目32个，投入整合项目资金5205万元。

【规范伊斯兰教经文学校（班）管理】 2014年，中共楚雄州委统战部先后召开2次规范管理伊斯兰教经文学校（班）专题会议，制定《关于加强阿语学校和伊斯兰教经文学校（班）规范管理工作的实施方案》；深入重点经文学校（班）检查指导，协调处理相关问题，强化对全州批准开放的13所经文学校（班）的治理整顿、规范管理工作，实现州内4所经文学校（班）无外省籍教师和学生的目标，率先完成省委统战部安排的工作任务。

【非公有制经济人士和党外知识分子团结引导】 2014年，中共楚雄州委统战部完成27名州工商联专兼职副主席、副会长、常委、执委的增补调整工作；开展非公有制经济代表人士综合评价工作；组织开展评选表彰活动；组织召开楚雄州第四届优秀中国特色社会主义事业建设者表彰大会，对10名优秀中国特色社会主义事业建设者进行表彰，评选推荐上报全省表彰3名；指导和协助州工商联开展"五好"县级工商联建设试点工作。

【调研宣传和实践创新】 2014年，中共楚雄州委统战部开展重点课题调研，完成《楚雄州贯彻中央省州党外代表人士队伍建设文件精神的喜与忧》、《基层统战工作"典型"个案再实践中值得关注的三个问题》等6个课题调研；加强对全州统战理论研究及调研工作的统筹，全年共完成调研报告27个，评选出优秀调研成果10篇；充分发挥《楚雄统战信息》《楚雄统战工作》宣传阵地作用，加强与《楚雄日报》和州广播电台合作，开设"楚雄统一战线"及"统战之声"专栏，加大统一战线理论政策及工作动态的宣传力度。全年共刊载各种稿件250多篇（条）；做好统战实践创新成果总结提炼工作，做好全州统战实践创新成果总结提炼及评选表彰工作，全年共完成实践创新成果11篇，择优上报省委统战部2篇，评选表彰了优秀实践创新成果4篇，信息工作获省委统战部考核一等奖。

［杨春华］

政策研究

【重要文稿起草】 2014年，中共楚雄州委政策研究室始终坚持把起草州委重要文稿列为单位的重要工作职责，努力把州委的工作意图贯穿到文稿起草的全过程，不断提高各类文稿的质量，发挥综合文稿为州委工作部署和工作汇报服务的主渠道作用。先后参与了州委八届四次、五次全会报告和全州党的群众路线教育实践活动实施方案、州委主要领导向中央和省委重要汇报材料的起草工作；牵头筹办了州委全面深化改革领导小组扩大会议、全州农村工作视频会议、全省"三农"金融服务改革创新视频会议等12个重要会议。研究起草了《中共楚雄州委关于进一步加强新形势下工会共青团妇联工作的意见》、《楚雄州全面深化农村改革总体方案》、《中共楚雄州委、楚雄州人民政府关于推进美丽乡村建设的实施意见》等近30份重要文件稿。协调5家涉农部门起草了《楚雄州深化农业改革专项方案》、《楚雄州深化水务改革专项方案》、《楚雄州深化林业改革专项方案》、《楚雄州供销合作社综合改革试点工作方案》和《楚雄州现代粮食流通产业改革专项方案》等一批重要文稿，把有利于促进全州经济社会发展的政策建议转化为州委、政府领导的工作部署和政策文件。

【重大课题调研】 2014年，中共楚雄州委政策研究室按照州委、州人民政府重点工作部署，结合州内实际，先后对楚雄州重点产业发展、投融资体制改革、民营经济发展、工业园区和开发区管理体制改革、城乡一体化发展、城镇化发展、服务型政府建设、社会治理创新、人才队伍建设等问题进行专题调研，形成《加快楚雄州食用菌产业转型升级调查思考》、《加快健全城乡发展一体化体制机制问题》、《关于楚雄州机关作风建设和党的群众路线教育实践活动社情民意调查问卷的分析报告》、《建设新农村综合体推进城乡一体化发展——赴成都市学习考察报告》、《楚雄州民营经济发展问题研究》、《推动产业转型升级必须发挥民营经济的主力军作用》、《加强机关效能建设是服务型政府建设的重要途径》、《综合绩效考核应立足重奖重罚》、《我国西部工业园区资本化、市场化运营流程探讨》、《培强重点产业推动转型升级——对楚雄州重点产业转型发展的思考》、《楚雄州城镇化进程中少数民族传统古村镇保护与开发问题研究》、《行政审批制度改革是服务型政府建设的第一突破口》、《发挥集群效应、延长产业链条、多措并举促进钛产业发展壮大——加快楚雄州钛产业发展的探索与思考》、《加快楚雄州服务型政府建设是适应市场经济发展的必然选择》、《完善管理体制突破要素制约加快工业园区发展的对策建议》、《转变政府职能是服务型政府建设的核心》、《教育与法治、服务与管理，社会治理体系和治理能力建设的四个维度》、《加强基层服务型党组织建设充分发挥其在社会治理中的堡垒作用》、《搭车借势是楚雄州加快发展的必胜选择》、《加快社会组织健康有序发展充分发挥其在社会治理中的主体作用》、《楚雄州新型城镇化发展状况及对策研究》、《实施"走出去"战略对构建楚雄州开放型经济格局具有重要作用》、《楚雄州新型城镇化管理问题研究》、《楚雄州新型城镇化融资问题研究》、《对楚雄州新型城镇化规划若干问题的认识》、《农村土地承包经营权"确权"是全面深化农业农村改革的重要抓手和突破口》、《新政策环境下政府投融资平台必须加快转型》、《推动产业转型升级必须发挥民营经济的主力军作用》等高质量的调研咨询报告，刊发《决策参考》28期，供州委、州人民政府决策参考。

【重点课题研究】 2014年，中共楚雄州委政策研究室向州级领导、州级各部门征求调研课题，把涉及全州经济社会发展的全局性问题和战略性问题，确定9个重点课题，分别是《楚雄州加快重点产业发展研究》、《楚雄州投融资体制改革研究》、《楚雄州工业园区、开发区管理体制改革研究》、《楚雄州民营经济发展研究》、《构建开放型经济格局研究》、《楚雄州城乡一体化发展研究》、《楚雄州城镇化发展研究》、《楚雄州服务型政府建设研究》、《楚雄州社会治理创新研究》。其中，《楚雄州加快重点产业发展研究》从准确研判楚雄州重点产业发展态势入手，分析了全州六大重点产业取得的成绩和经验、遇到的困难和问题、面临的机遇和挑战，提出了谋划“十三五”重点产业，必须坚持同步推进工业化、信息化、城镇化和农业现代化，严格遵守主体功能区定位，充分发挥市场在资源配置中的决定性作用，举全州之力，巩固提升特色农业、烟草、生物、冶金化工、装备制造五大支柱产业，加快发展文化旅游、能源和商贸物流三大主导产业，全面提升经济增长质量，增强全州综合实力和竞争优势的政策建议；《楚雄州工业园区、开发区管理体制改革研究》深入分析了全州工业园区、开发区管理体制现状，对全州工业园区、开发区管理体制改革问题开展了专题研究，找出制约发展瓶颈，提出用改革的办法解决阻碍工业园区、开发区发展的体制性、机制性问题，充分发挥工业园区、开发区在全州经济发展中的引领带动作用；《楚雄州投融资体制改革研究》分为《新政策环境下政府投融资平台建设》、《楚雄州新型城镇化融资问题研究》对楚雄州投融资体制改革进行研究，提出政策建议；《楚雄州民营经济发展研究》对全州民营经济在繁荣城乡经济、增加就业机会、维护城乡社会稳定等方面的作用进行分析研究，提出适应新形势，推进楚雄州民营经济发展，必须以科学发展观为指导，以改革创新为动力，以全民创业为基础，以优化环境为保障，以培育企业家为依托，坚定不移地提升民营经济发展水平，把民营经济打造成推动产业转型升级的主力军的建议；《构建开放型经济格局研究》分为《搭车借势是楚雄州加快发展的必然选择》、《实施“走出去”战略对构建楚雄州开放型经济格局具有重要作用》两个子课题，对构建全州开放型经济格局提出对策；《楚雄州城乡一体化发展研究》提出建设新农村综合体，推进城乡一体化发展的政策主张；《楚雄州城镇化发展研究》分别用《楚雄州新型城镇化发展状况及对策研究》、《楚雄州新型城镇化管理问题研究》、《楚雄州新型城镇化融资问题研究》、《对楚雄州新型城镇化规划若干问题的认识》4个子课题从思路、管理、融资、规划等方面，提出政策建议；《楚雄州服务型政府建设研究》分别从《加快楚雄州服务型政府建设是适应市场经济发展的必然选择》、《转变政府职能是服务型政府建设的核心》、《加强基层服务型党组织建设充分发挥其在社会治理中的堡垒作用》等几个角度对加快全州服务型政府建设作系统研究；《楚雄州社会治理创新研究》分别从《加快社会组织健康有序发展充分发挥其在社会治理中的主体作用》、《教育与法治、服务与管理，社会治理体系和治理能力建设的四个维度》对社会治理提出对策。

【推进深化改革】 2014年，根据中共云南省委文件精神，楚雄州成立了州委全面深化改革领导小组，州委全面深化改革领导小组办公室设在州委政研室，负责处理领导小组日常事务。该室积极履行办公室工作职责，在广泛调研并听取各方意见的基础上，向州委建议在州纪委等9部门设置专项小组办公室，统筹推进各领域的改革工作。州委改革办根据中央和省委的部署和要求，向州委全面深化改革领导小组提交了全州全面深化改革的系列文件稿，经州委审核同意后下发了《州委全面深化改革领导小组工作规则》、《中共楚雄州委全面深化改革领导小组专项小组设置方案》、《中共楚雄州委全面深化改革工作专家库建设方案》和《中共楚雄州委全面深化改革领导小组专项小组联席会议制度》等一系列文件。这些文件确定了州委全面深化改革领导小组、专项小组和改革办的工作规则，制定了调动联络员、专业人士的工作方案，明确了改革信息报送和改革工作考核等办法，完善了改革工作机制。为了在改革工作上实现突破，改革办组织相关工作部门，围绕深化农村改革、投融资体制机制改革、工业园区和开发区管理体制改革、民主政治领域改革等重点难点问题开展了调研，结合省委的安排部署和州情实际，研究提出了75项改革重点工作，并进行了任务分解和工作督查，确保改革工作落到实处、取得实效。年内，全州重点推进的75项改革工作已经取得了阶段性成果。在民生方面，医药卫生、教育、文化、统筹城乡等改革工作，得到了各级领导和社会各界的认可；在经济建设方面，国有企业改革、简政放权、土地流转、林权制度等改革，产生了良好的经济和社会效益；在党建方面，武定县的群众路线教育实践活动，得到了中央领导的指导和认可，成为了全省学习的典型。

【工作平台建设】 2014年，中共楚雄州委政策研究室在继续办好《决策参考》的基础上，着力提升《楚雄新农村工作通讯》质量。12月，为宣传全面深化改革的相关精神、反映彝州改革工作推进情况，创办反映全州深化改革进展工作的《楚雄改革快报》，形成了《楚雄政研》、《决策参考》、《楚雄新农村工作通讯》、《楚雄改革快报》“一刊三简报”的政研工作平台。全年刊发《楚雄政研》6期，有决策参考价值的文稿共95篇，约162万字。

［高琳燕］

农村工作

【“三农”工作概况】 2014年，楚雄州“三农”综合发展统筹协调推进。量化“三农”综合发展的目标任务。制定下发了《楚雄州新农村建设目标任务及评分办法》，对2014年“三农”综合考核、新农村省级重点建设村、农村劳动力转移就业特别行动计划、新农村建设工作队及指导员、中低产田地改造、城乡统筹转户、农村“五金”监管和美丽乡村示范村等8项新农村建设目标任务进行量化分解及评分。完成了州对10县（市）2013年“三农”综合考核等6项新农村建设工作的综合绩效考评，统筹协调推进全州“三农”综合发展工作的竞争激励机制进一步健全。专题研究部署“三农”工作。筹办全州农村工作视频会议、全州第八批新农村建设指导员下派动员视频会议、州委农村工作领导小组会议、州农业农村改革专项小组会议、州农口部门联席会议等涉农会议7次，组织参加省委农村工作暨全省第八批新农村建设指导员下派动员视频会议、全省“三农”金融服务改革创新视频会议、全省“三农”保险服务改革创新视频会议、全省引导农村土地经营权有序流转发展农业适度规模经营工作视频会议等涉农会议4次，制作并下发州委农办文件52个，电子协同办公平台共收文3601个，专题研究部署新农村建设各项重点工作。专项督查新农村建设重点工作。专项督查54个新农村省级重点建设村、500个美丽乡村示范村、25万亩中低产田地改造项目，以及城乡统筹转户、农村劳动力转移就业特别行动计划、新农村建设工作队及指导员、农村“五金”监管等工作9次，确保新农村建设各项工作有序推进。

【农业农村改革】 2014年，楚雄州农业农村改革深入推进。深入开展专题调研。对农村改革、高原特色农业发展、村庄变迁、美丽乡村建设、新农村建设工作队及指导员、人才发展、家庭农场、水稻田保护、新型城镇化等进行专题调研，形成了《深化农村改革加快农业现代化进程》、《楚雄州发展高原特色农业与促进农民增收情况的报告》、《统筹协调服务“三农”，全力推进彝州社会主义新农村建设》、《辣木的特性、价值及产品研发和市场前景》、《楚雄州村庄变迁情况调查统计分析》、《改善人居环境，建设美丽乡村》、《充分发挥工作队在新农村建设中的重要作用》、《加快人才发展要创新体制机制》、《楚雄州家庭农场发展情况专题调研报告》、《楚雄州水稻田保护专题调研报告》、《楚雄州新型城镇化发展状况及对策研究》和《楚雄州新型城镇化工作“人往哪里去、钱从哪里来、城乡怎么统”专题调研报告》等一批专题调研成果，为州委、州人民政府提供调研信息服务。制订“三农”发展措施。在深入农村、深入基层、深入实际调研的基础上，研究起草了州委、州人民政府《关于全面深化农村改革，全力加快“三农”发展的意见》、《关于推进美丽乡村建设的实施意见》、《楚雄州2014年农业农村工作要点》、《楚雄州全面深化农村改革总体方案》，协调5家涉农部门起草了《楚雄州深化农业改革专项方案》、《楚雄州深化林业改革专项方案》、《楚雄州深化水务改革专项方案》、《楚雄州现代粮食流通产业改革专项方案》和《楚雄州供销合作社综合改革专项方案》等一批政策性文件，为州委、州人民政府提供决策咨询服务。

【扩大统筹城乡发展试点】 2014年，楚雄州为加快推进扩大统筹城乡发展试点工作，研究起草了中共楚雄州委办公室、州人民政府办公室《关于扩大统筹城乡发展试点工作的实施意见》，下发了《关于印发统筹城乡发展试点县（市）名单的通知》。年内，楚雄市、禄丰县被批准列为全省统筹城乡发展试点县（市），确定楚雄市开展以小城镇建设带动型、禄丰县开展以工商经济带动型为主的统筹城乡发展试点建设。双柏、姚安、元谋3县作为州级统筹城乡发展试点县，确定双柏县开展以山区综合开发型、姚安县开展以乡村旅游带动型、元谋县开展以农业产业带动型为主的统筹城乡发展试点县建设。通过不同层次、不同类型的试点建设，最终实现优势互补、全面带动，形成各种试点类型同步推进，构建统筹城乡一体化发展模式。

【新农村省级重点建设村项目】 2014年，中共云南省委下达楚雄州新农村省级重点建设村项目54个，省级补助资金3240万元。至年末，楚雄州共完成新农村省级重点建设村项目54个，受益群众4307户1.79万人，完成项目总投资1.01亿元，其中，省级补助资金3240万元，整合涉农项目资金2766万元，群众筹资及投劳折资3902万元，其他资金180万元，户均投资2.14万元，人均投资5145元。通过新农村省级重点建设村项目的实施，楚雄州农村基础设施不断改善，农村人居环境极大提升，示范带动作用充分发挥。

【美丽乡村示范村建设】 2014年，楚雄州按照村庄“十有”、农户“八有”的建设目标，建设美丽乡村示范村500个，项目规划总投资5.19亿元。积极整合涉农部门项目资金。把农村民居地震安全工程、危旧房改造、特色村庄建设、农村公益事业建设“一事一议”财政奖补、农村人畜饮水安全工程、农业科技培训等项目有机结合起来，有效扩大美丽乡村建设规模，提高建设成效。在该项目建设中，州级专项补助资金4440万元，县级配套资金4701.8万元，乡（镇）资金128.43万元，整合部门资金2.47亿元，群众自筹资金1.20亿元，以劳折资1985.28万元，其他资金3905.67万元，平均每个项目建设点投资103.73万元。项目建设初见成效。500个美丽乡村项目建设规划主要涉及基础设施、卫生能源、文化科技、村庄整治、产业发展等14个大项40个小项。受益农户2.08万户8.51万人，户均增收890元，人均增收230元。至年末，已完成项目规划总投资的92%，农村群众最迫切、最需要的改路、改水、改厕、整治环境等问题得到解决，项目区群众走上平坦路，喝上清洁水，用上卫生厕，村容村貌焕然一新。

【农村劳动力转移就业特别行动计划】 2014年，云南省下达楚雄州培训目标4.45万人，组织招聘会24场（次），新增转移就业3.95万人。至年末，全州共完成培训4.64万人，组织招聘会49场（次），新增转移就业4.15万人，超额完成了省下达的转移培训计划。楚雄州在农村劳动力转移就业特别行动计划实施方面有5个特点。市场化机制逐步形成。以农村劳动力转移就业示范县、富余劳动力资源丰富的县（市）为重点地区，以高校毕业生、农村转移就业劳动力、城镇就业困难人员和转户进城人员为重点人群，劳务输出由盲目分散向有组织、产业化的方向转变，以劳务中介组织和劳务经纪人为主体的市场化运作机制基本形成。组织化程度进一步提高。通过搭建农村劳动力转移就业平台、组织农民工职业技能提升培训、贷款扶持促进农民工创业、加强与用工企业的沟通合作等措施，提供“一站式”优质服务，进一步完善用工劳务需求信息发布，规范发展劳务派遣组织，有效提高农村劳动力转移就业的组织化程度。覆盖范围不断扩大。将城乡统筹转户居民中符合就业条件的作为培训转移重点，采取“送培训、帮就业”方式，每年为1万名城乡统筹转户居民每人送1次培训，为1万户城乡统筹转户居民家庭户均推荐提供1个高中端就业岗位，农村劳动力转移就业的覆盖范围不断扩大。维权机制不断完善。通过加强与输出地对口部门的联系，健全完善农民工维权机构，提供劳动保障维权和法律咨询援助，初步实现了转得出、在得住、报酬优、能发展。务工收入明显增加。通过加大农村劳动力转移培训，增强务工人员劳务技能，务工领域拓展和工薪标准提高，外出务工人员收入明显增加。全年楚雄州农村常住居民人均可支配收入7570元，比上年增长13.2%，高于全省7456元的平均水平和11%的增幅。其中工资性收入2045元，增长19.2%，占可支配收入的27%。

【新农村建设工作队及指导员工作】 2014年，楚雄州选派第八批新农村建设指导员963名（省级95名、州级351名、县级517名），组成县（市）工作总队10支，乡（镇）工作队101支。一年来，全州指导员共走访农户14.70万户，撰写民情日记5.53万篇，结对帮扶贫困户7527户，办理惠及民生的好事实事4575件，解决群众最急最盼的问题2697个，攻克热点难点问题814个；帮助驻地发展农民专业合作组织568个，扶持发展特色产业391个，积极争取发展项目899项、落实资金2.73亿元，帮助农村劳动力转移就业1.56万人，帮助901个村发展村级集体经济，帮助留守老人、儿童、妇女6002人。全州的新农村建设工作队及指导员工作做到“五个到位”。组织领导到位。州委及时召开全州第八批新农村建设指导员下派动员视频会议、2次领导小组工作会、3次总队长联席会议，专题研究部署工作队阶段性重点工作。全面落实10名总队长兼任县（市）委副书记、101名工作队长兼任乡（镇）党政副职、578名党员指导员任行政村（社区）党组织常务书记的规定，为工作队及指导员开展驻村工作创造条件。管理服务到位。各级新农村建设工作队领导小组办公室强化日常管理，健全完善管理制度，严格工作例会、信息报送、资金管理、督查巡视、考勤纪律制度，严格执行指导员因公请假“双向签名”管理卡制度，对指导员驻村出勤、请销假、任务完成、考核定级等情况进行记录和分类归档，做到台账规范、健全。完善州委新农村建设工作队qq工作群，与县（市）委新农村建设工作队领导小组办公室的沟通联系更加便捷。驻村培训到位。采取以会代训的形式，州、县（市）对所下派指导员分别进行驻村前培训，帮助指导员进一步增强对省情、州情和县情认识，熟悉农业农村工作，提升群众工作能力。随机督查到位。州委组织部、州委新农村建设工作队领导小组办公室联合开展随机督查调研4次，州纪委暗访督查2次，县（市）坚持每月督查，乡（镇）坚持每周抽查，尤其严查“两头”失管的指导员。编发指导员每月驻村情况通报，对指导员驻村工作作点评。通过强化随机督查调研，促进督查巡视工作制度化、常态化，全州指导员在岗率明显提高，驻村形象更加良好。后盾帮扶到位。专项工作经费列入州、县（市）财政预算，州财政安排515万元，各县（市）财政安排79.2万元，部分乡（镇）也安排工作经费33.6万元，建设村（社区）小食堂，解决指导员吃住行难题，为指导员购买意外伤害保险。派出单位安排工作经费956.74万元，为指导员开展驻村工作提供保障。2013年度楚雄州委新农村建设工作队及指导员工作被省委综合考评为二等奖。

【中低产田地改造任务完成】 2014年，中共楚雄州委、州人民政府把中低产田地改造作为全州30个重大建设项目之一，突出部门主导力量，强化抓项目落实的责任；突出集中连片推进，集中力量攻克规模连片面积；突出社会力量参与，广泛动员群众投工投劳；突出重点产业发展，确保改造一片见效一片；突出促进农民增收，实现改造效益最大化。超额完成省下达的2013年度中低产田地改造任务。2013年，省下达楚雄州2013年度中低产田地改造计划总投资2.46亿元，改造面积20.38万亩。全州实际落实项目107个，项目受益面积25.61万亩，投资3.35亿元。至2014年5月30日，项目受益面积25.06万亩，其中，建成高稳产农田地18.81万亩，完善面积6.79万亩；建成小型水利工程2.15万件，建成沟渠439.36千米，管网381.13千米，田间机耕路178.67千米；坡改梯0.43万亩，土地平整2.62万亩，实施农艺措施2.62万亩。完成投资3.31亿元，增加耕地面积2035.87亩，建成高稳产农田地亩均增加粮食200千克，增加农民收入人均509元。着力推进2014年度中低产田地改造工作。2014年，省下达楚雄州2014年度中低产田地改造计划总投资2.68亿，改造面积19.99亩。州级相关部门实际落实项目99个，项目受益面积22.6万亩，投资3.09亿。全州完成中低产田地改造10.77万亩，完成投资10.03亿。组织实施田地改造以奖代补项目。2013年，争取省级以奖代补项目资金410万元，在楚雄、武定、元谋3县（市）组织实施中低产田地改造以奖代补项目，项目覆盖面积4100亩。2014年，争取省级以奖代补项目资金200万元，在元谋、双柏2县组织实施中低产田地改造以奖代补项目。全州完成中低产田地改造后建成的高稳产农田地，土地平整成形，灌排沟渠和机耕路基本配套，并采取了相应农艺措施，基本达到“能灌能排、旱涝保收”标准，超额完成了省人民政府下达的目标任务。楚雄州中低产田地改造工作被省人民政府考核为一等奖，元谋县为二等奖，南华县和楚雄市为三等奖。

【城乡统筹转户工作】 2014 年，全州城乡统筹转户工作平稳推进。开展摸底调查，合力推进转户工作。根据 2014 年省州对县（市）不再下达转户任务指标的实际，通过对各县（市）农业人口数、城镇发展水平等情况的摸底调查，科学合理分析预测出各县（市）年度转户数量，把水库移民、小城镇建设吸纳人员、进城务工经商人员、农村籍大中专毕业生、农村籍退役士兵、失地农民、城中村农村籍居民、中心城镇农村籍人员等重点人群作为全州转户重点，指导各县（市）参照转户参考数充分发掘转户潜力，有的放矢推进转户工作，确保全州转户工作进度。至年末，全州累计转户 43.7 万人，其中全年全州完成农业转移人口转户人数 9.8 万人，超额完成了年初省下达转户 5 万人的目标任务，转户数量位居全省前列。加强督查指导，全面落实权益保障。严格按照省城乡统筹转户居民权益保障的有关政策文件要求，把落实转户居民权益保障作为工作重点，加大对转户居民权益保障情况的督促检查，认真落实“两床被子、十件衣服”政策，切实把城乡统筹转户居民的农村“五项保留”和城市“五项享有”落到实处。至年末，全州有 43 万已转户居民的农村土地承包经营权、林地承包权和林木所有权、宅基地使用权及农房所有权得到保留；9.7 万人享有农村集体经济组织收益分配权；累计为 20122 人落实计划生育奖励优待政策，办理二孩《生育服务证》411 本。城市五项权益落实方面，办理城乡统筹转户居民参加城镇职工养老、工伤、生育、失业保险 3412 人次，城镇（职工、居民）医疗保险 2064 人、医疗参与 3.2 万人，纳入城市低保 836 人、救助医疗困难群众 178 人，救助临时困难群众 159 人，教育保障 5.2 万人，享受住房保障 5600 人、已落实保障性住房 126 套。

【农村“五金”监管】 2014 年，楚雄州进一步加强农村“五金”监管工作。研究监管措施。为扎实开展农村“五金”监管工作，州委认真研究农村“五金”监管的有效措施，统筹协调州委农村“五金”监管工作领导小组及综合组、监审组、农村低保和救灾救济、征地补偿、强农惠农资金管理 5 个小组工作，为做好农村“五金”监管工作打牢基础。强化监督协调。结合新农村省级重点建设村、农村劳动力转移就业特别行动计划、新农村建设工作队及指导员、中低产田地改造、城乡统筹转户、扩大统筹城乡发展试点、美丽乡村示范村建设等工作开展随机督查调研，深入 10 县（市）47 个乡（镇），对农村“五金”监管工作进行督查、指导，进一步强化监督协调，健全内控机制，完善监管措施，接受群众监督，确保农村“五金”安全、高效运行。

［徐泽华］

机构编制管理

【行政审批制度改革】 2014 年，中共楚雄州委机构编制办公室根据国务院和省、州人民政府关于深化行政审批制度改革的安排部署，积极会同州级相关部门，严格按照省审改办关于行政审批制度改革具体工作的原则和要求，认真开展州级行政审批事项清理工作。经过清理，州级共有行政审批事项主项 290 项、子项 84 项。其中，主项取消 15 项、下放 72 项、保留 173 项；纳入楚雄州州级目录管理的省垂直管理部门保留主项 30 项；子项取消 2 项、下放 17 项、保留 65 项。拟订《楚雄州州级取消、下放行政审批项目目录汇总》、《楚雄州州级行政审批项目目录汇总》和《纳入楚雄州州级目录管理的省垂直管理部门行政审批项目目录汇总》报州人民政府常务会议审定印发。

【政府机构改革】 2014 年，中共楚雄州委机构编制办公室根据《云南省人民政府关于改革完善省以下食品药品监督管理体制的实施意见》要求，按期完成全州食品药品监督管理体制改革工作，建立了横向到边、纵向到底的全覆盖监管网络，印发州食品药品监督管理局“三定”方案并组织实施。按照《云南省人民政府办公厅关于做好省级以下工商质监行政管理体制调整工作的通知》要求，将州县（市）工商、质监部门由省以下垂直管理调整为同级政府工作部门，全面完成工商、质监行政管理体制调整工作。按照全省政府职能转变和机构改革工作电视电话会议精神，对现有政府部门职能配置、机构设置、人员编制和运行机制等情况进行全面摸排，拟订《楚雄州政府职能转变和机构改革方案》，于 12 月 9 日提交州编委会审议，并报省备案。

【事业单位分类】 2014 年，中共楚雄州委机构编制办公室按照省州关于事业单位分类的实施意见要求，积极稳妥推进全州事业单位分类工作，将全州纳入分类的 2210 个事业单位划分为行政类事业单位 16 个，其中州级 3 个、县（市）13 个，占全州事业单位总数的 0.7%；公益一类事业单位 1885 个，其中州级 116 个、县（市）1769 个，占全州事业单位总数的 85.4%；公益二类事业单位 242 个，其中州级 30 个、县（市）212 个，占全州事业单位总数的 11%；生产经营类事业单位 45 个，其中州级 6 个、县（市）39 个，占全州事业单位总数的 2%；暂未确定类别事业单位 20 个，其中州级 8 个、县（市）12 个，占全州事业单位总数的 0.9%。按照省分类推进事业单位工作领导小组办公室关于州（市）行政类事业单位报备工作的有关要求，于 4 月 8 日把拟定为行政类事业单位的方案，提交州机构编制委员会全体会议研究审定后，上报省委编办备案。

【优化机构编制资源】 2014 年，中共楚雄州委机构编制办公室按照“总量控制、盘活存量、动态调整”的原则，及时撤销职能消失的州南永二级公路管理处和州茶花协会办公室，收回事业编制14名；收回州民政福利厂事业编制10名；根据事业单位需求，将其管理人员编制、工勤人员编制调整为专业技术人员编制29名；增加楚雄一中、楚雄开发区永安小学和州儿童保护中心事业编制共22名，保障教育和儿童福利等社会事业健康发展。研究设立了州居民家庭经济状况核对中心、州林火监测中心；在州土地收购储备中心加挂州土地储备开发整理中心牌子；研究提出了设立楚雄国家农业科技园区管理机构和楚雄州哀牢山国家公园管理机构的意见，按程序上报省委编办；研究提出了《楚雄州州属职业教育改革意见》，起草了《楚雄技师学院机构编制方案》；研究提出了在州监察局加挂州预防腐败局牌子、调整州纪委监察局相关内设机构职责、建立民革楚雄州委、理顺法学会管理体制、调整煤炭工业监督管理职责等机构编制意见报州编委会议审定，部分报省委编办同意后组织实施。

【确保财政供养人员只减不增】 2014年，中共楚雄州委机构编制办公室为认真贯彻落实党中央、国务院和省州党委、政府关于严格控制机构编制增长的要求，强化县（市）党委、政府控制财政供养人员的主体责任，确保财政供养人员只减不增，报请州委办公室、州人民政府办公室下发《关于确保财政供养人员只减不增的通知》，明确从当年起，把县（市）机关和事业单位补充工作人员的编制使用审批权限下放到县（市），督促县（市）党委、政府严格履行控制财政供养人员增长的责任。坚持编制使用审批，严格控制人员增长。共审核批准州级89个单位使用编制263名，其中用于招考公务员和事业单位工作人员95名，用于调入工作人员69名，用于引进紧缺急需人才86名，用于聘用人员13名；审核批准19个单位使用科级领导职数79名。

【机构编制专项清理】 2014年，中共楚雄州委机构编制办公室根据省委编办的要求，认真组织开展全州机关事业单位人员“吃空饷”问题专项清理工作，对州级29个部门和6个县进行了重点督查，摸清了机构编制、财政供养人员情况。对全州2007年4月至2014年3月设立的机构和核定的领导职数进行全面清理，按期完成州、县两级机关事业单位机构编制数据收集、审核及机构编制核查基础数据库录入工作，实现行政编制数据零误差。

【重点领域重点行业综合改革】 2014年，中共楚雄州委机构编制办公室根据党中央国务院和省委省人民政府深化改革的战略部署，积极推进重点领域重点行业综合改革工作。研究提出了《义务教育学校临时聘用人员问题处理意见》、《楚雄州文化教育卫生体制改革2014年工作重点（征求意见稿）》、《楚雄州第二期学前教育3年行动计划（2014～2016年）（草案）》，配合教育部门做好全州教育系统教职工编制和人员情况统计等工作；督促指导县（市）做好中小学校、幼儿园教职工编制核定工作；形成《中共楚雄州委机构编制办公室关于“十二五”医药卫生体制改革中期评估报告》及时报州医改办；会同有关部门做好县（市）公立医院综合改革相关工作，配合相关部门做好州广播电台和楚雄电视台“两台”合并前期准备工作；配合相关部门做好2014年深化文化体制改革有关工作。

【事业单位登记管理】 2014年，中共楚雄州委机构编制办公室根据事业单位分类改革的要求，进一步加强事业单位登记管理工作，全州通过网上登记管理系统办理设立登记68户，办理变更登记386户，注销登记8户。其中州级办理设立登记3户、变更登记58户、注销3户。全州事业单位取得独立法人资格2014户，参加年检1821户、合格率100%，不需年检88户，尚未年检105户（无法人或其他原因暂缓年检63户，待注销42户）。其中，州级事业单位取得独立法人资格188户，参加年检175户、合格率100%，不需年检3户，尚未年检10户。及时向社会公告全州事业单位登记、年检情况，接受社会监督。

［李贵平］

保密工作

【保密工作概况】 2014年，楚雄州保密工作按照省、州保密委员会部署，紧密联系实际，有计划、有步骤地组织开展各项保密业务工作，杜绝了重大泄密事件，取得了较好成绩。年内，州委办公室、州人民政府办公室下发贯彻落实《手机使用保密管理规定》的通知，对普通手机的使用提出了明确具体的要求。开展保密审查工作。全年州县（市）保密局共完成保密审查43件1125万字，其中州保密局审查33件432万字。开展定密工作。州国家保密局根据国家和省保密局定密工作规定和定密工作中发生的泄密案例，组织了定密培训，深入基层指导定密工作，对乱定密等问题进行了纠正。对涉密单位发放了《保密范围汇编》633本和《国家秘密定密工作指导手册》200本。保密工作纳入全州综合绩效考核，制订严格的考核制度，对10县（市）和85个州级机关单位进行考核并上报考核结果。

【计算机网络保密管理与检查】 2014年，楚雄州国家保密局强化计算机网络保密管理与检查。建立违规外联监控平台和互联网站违规发布涉密信息检查监控系统，适时对州级机关单位网站开展监控和检查。武定等9县（市）也建立相关检查监控系统。保密专干分片包干检查党政机关门户网站，每月检查1～2次，责任到人，定期报告。全年全州共检查政府公开信息门户网站2762个（次）、信息2.05万条，杜绝了公开信息中的泄密问题。

年内，州国家保密局组织全州137个州级单位和1017个县级单位开展自检自查，共自查涉密计算机672台、非涉密计算机6219台、涉密移动存储介质423个、涉密光盘291张。州保密局工作人员深入单位进行督促检查和指导，共检查县（市）457个单位的3300台计算机，提出整改措施55条。

【保密技术防范设备推广和技术服务】 2014年，楚雄州国家保密局积极开展技术防范设备推广和技术服务工作。全州共推广物理隔离卡187块，“三合一”设备39套，安全保密数据交换设备19套，手机信号屏蔽器10台，保密检查工具10套，数据清除工具6套。对州委组织部、州委政法委两个单位的涉密网络分级保护工作进行现场指导，参与电子政务建设项目的安全保密方案论证，12次对州县（市）档案局的数字档案建设工作进行指导，对19个州级单位的29台涉密计算机进行数据销毁，对州委政法委等部门召开的涉密会议进行现场监督服务，提供27套保密检查工具分别发放10县（市）保密局试用。刻制保密技术防范宣传光盘97张发到基层单位，到基层开展技术检查和服务工作178人次。南华县销毁废旧硬盘15块，禄丰县收缴废旧硬盘62块，永仁县完成2779台计算机的备案工作。

【保密宣传教育】 2014年，楚雄州国家保密局组织开展“保密法制宣传月”活动。在全州上下联动开展学习宣传《保密法》及实施条例，通过保密专题党课，泄密案例通报，年度涉密人员培训，年度保密专职干部培训，学习保密工作先进典型等多种形式宣传活动。州县（市）1648个单位、3.2万人参加活动（厅级46人、县处级1530人、科级8947人、其他21477人）。其中，州内917个单位组织了专题党课和泄密案例通报活动；州县（市）组织保密培训24期，州保密局工作人员讲课15场，培训3181人，保密工作人员上门指导和讲解保密法规117人次；结合群众路线教育实践活动，组织全州保密干部学习保密先进典型，指定了学习篇目，32名专干撰写了体会文章；采取多种形式开展面向社会的保密宣传活动，全州在广播电台、电视台播放新闻33条，滚动播出宣传标语812条次，电子显示屏滚动播放宣传标语2316次，发送手机短信5590条次；各单位在办公大楼或主要街道悬挂布标123条，出黑板报130期；发放《保密意识保密常识教育手册》3300册，《楚雄州保密专题党课教材》1300册。

【涉密文件清退和废旧文件资料收集销毁】 2014年，楚雄州国家保密局组织完成了2013年度中央、省委、州委涉密文件清退和废旧文件资料销毁工作。州国家保密局共组织销毁废旧文件资料30吨，10县（市）组织收集销毁67.9吨，其中楚雄市销毁18吨，双柏县销毁2.3吨，牟定县销毁9.8吨，南华县销毁4吨，姚安县销毁3吨，大姚县销毁7.6吨，元谋县销毁8.6吨，武定县销毁7吨，禄丰县销毁7.6吨。

【国家统一考试保密工作】 2014年，楚雄州保密系统强化统一考试专项检查工作。对州内124名招生办公室工作人员和相关部门领导进行了保密培训；对全州11个高考试卷保密室进行了现场检查验收，督促有关单位对存在问题进行整改；6月17～19日，组织人员对部分乡（镇）考点的中考试卷保管工作进行了抽查。确保全州高考和中考试卷的安全，实现了平安高（中）考的目标。配合做好其他统一考试保密工作。派出工作人员帮助教育招生考试部门完成高中学业水平考试和高考英语批次考试保密工作；帮助人社局等部门完成了公务员面试命题、大学生村官面试命题、事业单位招考面试命题及试卷保管工作，保障考试的顺利进行。

［白宝珍］

机关党建

【州直机关党组织概况】 2014年，中共楚雄州委州级直属机关工作委员会指导所属8个机关党组织进行换届选举，新成立4个党组织；按照发展党员“十六字”方针，发展党员30人，办理预备党员转正45人，转入党员145人，转出58人，死亡26人。至12月31日，州委州直机关工委下辖基层党委23个、党总支16个、直属支部35个。共有党员4441人，其中正式党员4386人，预备党员55人；男性党员3456人，女性党员985人；少数民族党员807人。党员年龄结构：35岁及以下党员756人，36～45岁党员1107人，46～55岁党员1219人，56～60岁党员345人，61岁及以上党员1014人。党员学历结构：研究生167人，大学本科生2145人，大学专科1064人，中专290人，高中、中技192人，初中及以下583人。新发展党员中，少数民族3人，妇女10人，35岁及以下7人，大专以上文化程度14人。

【思想政治建设】 2014年，中共楚雄州委州级直属机关工作委员会强化思想政治建设。按照省州要求，楚雄州直机关党组织以各种形式组织党员、干部认真学习党的十八大、十八届三中、四中全会和习近平总书记系列重要讲话精神，在广大机关党员中大力培育和践行社会主义核心价值观。加强对基层党组织学习的指导和督促检查，共投入专项学习教育经费18万余元，为州直机关党员征订各类学习资料近9000册。组织开展“我为彝州发展献良策”和“我为彝州发展做奉献”活动，立足单位的基本职能和改革定位，动员组织广大机关党员立足岗位为彝州改革发展建言献策、敬业奉献。强化机关党员学习教育平台建设。认真办好“报刊、简讯、讲堂、看台”四大平台，年内共编发《楚雄机关党建简讯》3期，《楚雄机关党建》内部报刊4期，举办“彝州机关先锋讲堂”2期，举办“彝州机关先锋看台”2期。加强机关精神文明建设。抓好党建带群建工作，加强对机关工会、共青团和妇女组织的领导，发挥群团组织在密切联系群众方面的桥梁和纽带作用。完善机关党组织指导机关精神文明建设工作机制，抓好机关精神文明建设。统筹安排组织开展好庆祝建党93周年系列活动，指导所属机关党组织积极开展机关文体活动，加强机关文化建设。在州级机关开展“文明服务行动”，利用《楚雄机关党建》报刊等宣传平台，宣传文明餐桌、文明交通等相关要求和在活动中涌现出的先进典型。州直机关工委被州委表彰为“文明服务行动”先进单位，5名干部被表彰为楚雄州第十次精神文明建设先进个人。

【机关党组织建设】 2014年，中共楚雄州委州级直属机关工作委员会加强机关党组织建设。加强党组织和党员服务管理。深入贯彻《党章》、《中国共产党党和国家机关基层组织工作条例》及省州实施意见，着力抓好各项党建工作制度落实。指导所属党组织规范党组织设置，按期进行换届选举，选强配齐基层党组织班子，新成立党组织2个、变更党组织隶属关系1个、进行换届的党组织8个、增补调整党组织班子成员13个。落实“三会一课”制度和党员领导干部双重组织生活制度。认真开展党员民主评议，及时表彰先进和处置不合格党员，近700名党员受到表彰。加强非公经济组织和社会组织党建工作，深入到非公经济组织和社会组织党支部进行调研指导，按党员人数下拨每人100元的党建活动经费共计1.5万元，为党组织开展活动提供经费保障。加强机关党组织及党员信息化管理。做好离退休党员管理服务。深化机关党组织和党员联系服务群众工作。贯彻落实《关于加强基层服务型党组织建设的意见》，进一步强化服务功能，督促所属党组织认真做好联系服务群众工作，落实机关党员干部直接联系服务群众制度，坚持推进城乡基层党建资源整合，组织机关党组织和党员深入联系点和结对户，为群众办实事、办好事，为新农村建设和扶贫攻坚献计出力。创新机关党组织服务载体，重点推进机关党组织联系服务社区工作。发挥社区兼职常务书记、委员作用，使联系服务经常化。州直机关党组织按照“双联双创双评”的总要求，以党组织“五联五共”和党员“三服务”为主要内容，深入社区开展调查研究、走访慰问、助学济困、知识技能培训，帮助解决具体问题。全年州直机关党组织和党员开展结对帮扶323户，走访慰问困难党员群众727人，投入助学济困资金40余万元，上党课和开展技能培训等30场，帮助解决矛盾纠纷和具体困难问题60余项，协调项目16个，涉及资金160余万元。

【机关党员队伍建设】 2014年，中共楚雄州委州级直属机关工作委员会加强机关党员队伍建设。做好发展党员工作。始终把政治标准放在首位，把工作重点放在对入党积极分子的教育培养和考察上，注重入党积极分子培养，加强入党积极分子培训，严把“入口关”。重视在生产和工作一线及所辖的非公经济组织中加大发展党员力度，落实发展党员推荐、培训、政审、公示、预审、票决等制度，做到程序合法，手续完备，严格把关，确保发展党员质量。年内新发展党员30名。强化党员学习培训。深化对各党组织推进学习型组织建设情况的督促、检查、指导，改进日常集体学习方式，提高学习实效。举办2个班次的州级部门科级党员干部培训班，邀请省州知名专家授课，对700余名州级部门正科级党员干部进行培训。举办机关党务干部新闻宣传业务培训班，州直各机关党组织及10县（市）机关工委90余人参加了学习培训。举办第17期入党积极分子培训班，近300名入党积极分子参加培训。举办州直机关党组织党员统计知识培训，对71家州直机关党组织党员统计人员进行业务培训。举办以“弘扬主旋律、传播正能量”为主题的州道德模范先进事迹宣讲报告。邀请州委宣讲团，州法院党组书记、代理院长为州直机关200余名党员干部作学习贯彻党的十八届四中全会精神专题宣讲。积极发展基层党内民主，推进机关党务公开工作，尊重党员主体地位，落实和保障党员各项权利，定期开展党员思想状况分析。对照“五个好”和“五带头”要求开展党组织和党员公开承诺践诺，作出承诺6000余项（件），90%以上承诺年内得到兑现。继续在窗口单位和服务行业开展“四亮、四创、四评”活动，在窗口服务行业推行党员示范岗、党员责任区，鼓励党员立足本职，争当先锋，发挥作用。进一步健全完善党内激励关怀帮扶机制，力所能及帮扶生活困难党员，关爱老党员。春节前夕看望慰问了65名生活困难党员，发放慰问金1.6万元。

【机关制度建设】 2014年，中共楚雄州委州级直属机关工作委员会加强制度建设。认真落实和完善机关党的工作责任制。以《机关党建工作责任制》为抓手，完善机关党建与中心工作统筹融合发展的机制保障，强化州直机关党政主要负责人抓党建第一责任人和机关党组织书记直接责任人职责，统筹中心工作与党建工作，推动中心工作与队伍建设协调发展。改进机关党的工作目标管理责任书的考核内容、考核标准、考核方式，完善日常管理评价机制，增强责任制对工作的引领和导向作用，不断提高机关党的工作规范化、科学化水平。州直机关各党组织把服务单位中心工作、业务工作的发展作为机关党建工作的重要内容，在计划安排、目标责任、督促检查、考核奖惩等方面落实体现出来，提升党组织和党员推动深化改革、服务科学发展的能力。坚持机关党建工作分类联系指导制度。深化对机关党组织类别、工作特性、人员构成等的研究，健全完善分类联系指导制度，加强对机关党建工作的分类联系指导。落实好州委年初出台的《关于州直机关工委指导县市机关工委业务工作的意见》，加强对县（市）机关党建工作指导联系，工委领导定期深入县（市）指导工作，实行党务干部统一培训、重点工作统一安排、统一落实，各县（市）机关党建工作成效显著。

【机关作风建设】 2014年，楚雄州以开展党的群众路线教育实践活动和“学党章、学准则、学条例”专题集中教育活动为契机，不断改进机关作风，切实服务基层群众。开展专项调研工作，分赴所属州直机关党组织、“四群”教育联系点召开座谈会11场，广泛征集“四风”方面的问题和意见建议，并形成调研报告提供州委决策参考。扎实抓实活动。在抓好工委机关群众路线教育实践活动的基础上，工委发挥联系服务、督促指导作用，督促好所属党组织开展群众路线教育实践活动，组织集中学习，观看警示教育影片，及时了解活动开展情况、督促整改落实。组织所属党组织通过支委会、党员大会等形式，及时传达学习相关精神，增强党员干部群众观念。按照“照镜子、正衣冠、洗洗澡、治治病”的总要求，州直机关工委派出督导组，深入71家直属党组织，督促指导开好组织生活会，紧扣作风建设，聚焦“四风”问题，对发现的问题坚持立行立改，让基层和党员群众及时感受到变化，看得到实效。广大党员在活动中查找到了自己在践行群众路线方面的差距，自觉把全心全意为人民服务的宗旨作为立身做人为政的价值追求，把好世界观人生观价值观这个“总开关”，振奋了精神，端正了心态，工作责任感和工作热情得到激发，服务大局、服务中心、服务群众的意识得到了强化，少数单位纪律松弛、管理混乱等现象得到了初步纠正，改进了工作程序，提高了办事效率，机关工作作风进一步转变。深入开展“学党章、学准则、学条例”专题集中教育活动。州直机关工委立足于不断转变机关作风，推动部门工作落实，落实州委“七个一”活动的基础上，突出自身特点，抓好所属机关党组织开展活动，做到学习《党章》走在前头，遵守《准则》争当先锋，贯彻《条例》作出表率，真学、真用，抓出成效、推动工作。

【机关党风廉政建设】　2014年，中共楚雄州委州级直属机关工作委员会加强党风廉政建设。贯彻落实《建立健全惩治和预防腐败体系2013～2017年工作规划》，组织学习《工作规划》及省州实施意见，制定具体的措施，抓好工作落实。落实党风廉政建设和反腐败工作主体责任，贯彻执行廉洁自律规定情况，严格执行民主集中制原则。贯彻《关于进一步加强畅通群众诉求渠道工作的意见》，认真做好上级下转的信访举报件处理工作；督促所属党组织协助单位落实党风廉政建设责任制，深化党风廉政宣传教育。深入开展廉政文化进机关、进家庭活动。组织干部职工开展廉政教育体会交流、廉政主题征文活动，在会议室悬挂廉洁自律宣传字画，营造廉洁从政的机关文化氛围；通过走访党员职工家庭，发放联系卡、宣传资料，让每个党员职工家庭了解“廉政文化进家庭”的目的意义，发挥家庭在促进干部职工廉政勤政上的作用。

［郑曙霏］

企业党建

【企业党建工作概况】　2014年，楚雄州工业和信息化委员会党委认真履行党委工作职责，抓好企业党建工作。年初，召开楚雄州工信委2014年度党建和党风廉政建设会议，部署党委系统全年党建工作，与各直属党组织签定党建和党风廉政建设责任书，落实党的建设和党风廉政建设责任制。年中，对党委29个直属党组织党建工作开展情况进行督促检查，强化落实。年终，考核基层党建目标责任制和机关党风廉政建设责任制，兑现奖惩。落实党建目标责任制，不断推进基层党建工作制度化和规范化。同时，党委召开9次党委会，传达贯彻党的十八届三中、四中全会精神和州委、州纪委相关会议精神，讨论相关党建议题；召开4次党委中心组理论学习会议；召开17次党的群众路线教育实践活动办公室工作会议，分析研究教育实践活动开展情况，部署相关工作。

【学习型党组织建设】　2014年，楚雄州工业和信息化委员会党委认真抓好学习型党组织建设，党员干部素质得到不断提高。坚持党委中心组理论学习制度，组织了15次共12天的集中学习，其中，党委中心组专题学习研讨4次，紧密结合工业和信息化建设工作实际进行学习研讨。向基层发放各类学习资料6000余册，指导和督促基层党组织抓好政治理论学习教育，基层党组织累计组织集中学习190余次，学习时间112天，党员干部撰写学习心得体会250余篇。

【整顿基层党组织】　2014年，楚雄州工业和信息化委员会党委整顿软弱涣散基层党组织，基层党建工作不断加强。按照中央和省州党委的要求整顿软弱涣散基层党组织的要求，以主动担责的精神，扎实开展整顿软弱涣散基层党组织工作，解决了基层党建工作中的“老大难”问题。党委领导带头，深入到36个直属基层党组织开展随机调研和指导工作，在充分听取基层意见的基础上，通过采取找党员、听意见、推荐班子人选、党委考察讨论决定候选人、党员大会选举等方式，对13个软弱涣散基层党组织进行了全面整顿，党委直属党组织由36个减为29个。为巩固整顿成果，采取签订责任书、帮助和指导建立健全规章制度、对党务干部和入党积极分子进行培训、提供党建经费保障、落实活动场所等措施，强化对整顿后新组建基层党组织的管理。年内，州工信委从压缩的“三公”经费中挤出经费5万余元，对9个困难党组织的党务干部给予交通通讯费补助，并按照每位党员每年50元的标准给予工作经费补助。通过整顿，党组织战斗堡垒作用得到加强，整顿成果得到省州的充分肯定。

【党员队伍建设】　2014年，楚雄州工业和信息化委员会党委组织培训入党积极分子1期20人，发展党员26人。督促基层落实“三会一课”和组织生活会等制度，切实加强对党员的教育管理，队伍建设得到加强。认真履行党管人才的职能，全年培训工业和信息化人才52期3700余人次；举办基层党务干部培训班1期83人。

【民主制度建设】　2014年，楚雄州工业和信息化委员会党委健全完善了党组织换届、党员经常性教育、党务公开、党员发展、流动党员管理、服务型党组织建设、党员干部直接联系服务群众等10余项制度，初步建立了党建工作长效机制。落实党务公开制度，认真组织党委民主生活会和基层党组织生活会，充分发扬党内民主，落实党员民主权利。落实关爱党员制度，重大节日走访慰问困难党员、老党员110名，发放慰问金3.3万元。

［李星华］

党校教育

【干部教育培训】 2014年，中共楚雄州委党校坚持党性原则，以学习宣传党的十八大、十八届三中、四中全会及习近平总书记系列重要讲话精神为重点，强化理论武装，把党性教育作为干部教育培训的核心抓实抓好，坚定理想信念，凝聚共识，服务好全州党员干部教育培训大局。年内，举办楚雄州民盟、民革、致公党（盟员）培训班，楚雄州处级党外干部培训班，政法干部培训班，州妇联科级女干部培训班，全州教育管理干部培训班等主体班次20期，培训学员3985人次；举办全州乡（镇）财政干部培训班、楚雄州农业系统干部培训班、楚雄州扶贫系统干部培训班等计划外班次22期，培训学员4222人次。总计完成各级各类培训班42期，培训学员8207人次。举办了第21期中青班，对全州50名优秀后备干部进行了为期1个半月培训，取得了良好教学效果。年内，州廉政教育基地完成升级改版并投入使用后，发挥了党风廉政建设宣传教育功能，至12月，参观场次达到182场次，参观总人数1.4万余人。

【政治理论研究】 2014年，中共楚雄州委党校深化对中国特色社会主义理论体系的研究，紧密结合党的十八大、十八届三中、四中全会及习近平总书记系列重要讲话精神，坚持理论联系实际，围绕党委政府的热点难点和焦点问题就基础理论和现实问题开展研究，发挥马克思主义理论阵地的作用。年内，全校教师积极参加省、州相关部门的课题申报与调研工作。全年共完成科研成果285篇（项）。其中，在《学习时报》、《中国纪检监察报》、《云南日报》、《中共云南省委党校学报》等刊物上发表论文196篇；完成省社科规划办社科基金等省、州级和校管课题45项。其中《建立健全社会主义协商民主程序》、《我的中国梦》等25项科研成果，分别获得省、州各类优秀成果奖励。全年党校编辑发行校刊《彝州论坛》4期，2800册，刊发理论文章107篇。

【理论宣讲】 2014年，中共楚雄州委党校延伸党校课堂，抓好党的理论政策宣讲。全年党校教师深入全州各级各部门的机关、企事业单位、村（社区）就党的十八大、十八届三中、四中全会精神，党的群众路线、党风廉政教育、社会主义核心价值观等专题广泛开展理论宣讲，共182场次，受众2万余人次，把党的声音传递到社会各界、田间地头。

【基础设施建设】 2014年，中共楚雄州委党校优化校园环境，改善办学条件。投入经费70余万元对校园围栏、消防设施、综合楼供热系统、校园路面等进行改造维护，并安装了校园监控设备。投入700多万元建设的报告厅已投入使用。同时，加强对县（市）党校基础设施建设的指导。在各级党委、政府的关心帮助及州委党校的协调指导下，县（市）党校建设不断推进，在双柏、大姚县委党校建设项目获得立项的同时，2015年，南华、永仁、姚安3家县级党校也获得省级异地搬迁、改扩建项目的立项。

【全州党校系统师资培训班】 2014年5月5～9日，中共楚雄州委党校举办了为期5天的楚雄州党校系统学习贯彻习近平总书记系列重要讲话精神师资培训班，对习近平总书记关于中国特色社会主义理论、党的建设、外交战略等内容进行系统培训。培训期间，州委副书记、州委党校校长邱江就如何转变作风、如何做好干部教育培训和理论宣传工作为全州党校教师作了专题党课。全州党校系统126名教师参加培训。

【全州党校系统精品课竞赛】 2014年，中共楚雄州委党校为进一步提升党校教师教学水平，举办首届楚雄州党校系统精品课竞赛，经过层层选拔，13名教师参加复赛，6名教师获奖，课赛内容丰富、主题鲜明，紧扣党的十八大、十八届三中、四中全会及习近平总书记系列重要讲话精神等专题展开，参与教师精心备课、讲解精彩。

［杨晓艳］

信访工作

【信访工作概况】 2014年，楚雄州信访工作围绕州委、州人民政府的中心工作，把维护社会和谐稳定、促进经济社会发展作为工作目标，把落实信访工作属地责任、维护群众合法权益、依法规范信访秩序、努力化解社会矛盾作为工作重点，把督促解决合理诉求、了解社情民意、汇集群众意见建议、规范信访工作业务、强化管理提升素质作为抓手，全力做好新形势下的信访工作，努力推动全州信访形势持续好转，确保在国家和省、州重大活动期间，全州没有发生因信访问题处置不当而引发的群体性事件和极端恶性事件，为全州经济社会发展营造了良好的社会氛围。

【来信来访情况】 2014年，全州信访形势保持了平稳持续向好的态势，信访总量稳中微升，平稳可控，呈现出“三升三降一好转”（信访总量、网络来信、个体访上升，集体访、传统纸质来信、到京非正常上访下降和信访秩序持续好转）的特点。全年全州各级各部门共办理群众来信来访14774件批次，比上年下降0.5%；办理群众纸质来信2691件，比上年下降6.9%；接待群众来访9719批41004人次，批次和人次分别上升1.5%和6.4%，集体访1349批23412人次，批次和人次分别下降15.4%和11.9%；办理网上来信2364件，比上年上升67.7%，到省上访253批564人次（集体访18批237人次）；到京非正常上访38人133批次，人数和批次分别比上年下降41.9%和59.3%。

【督查督办】 2014年，楚雄州信访联席会议办公室发挥信访联席会议在化解信访事项中的综合协调、组织推动、督导落实等职能作用，对信访事项进行定期和不定期的分析排查交办、督促协调，加强对重点地区、重点领域、重点问题的跟踪和问效，有力推动了重大信访问题的解决。开展专项督查。州联办就重点工程建设、视频接访、信访维稳、重信重访问题、属地责任等内容组织协调相关部门进行了5次专项督查，督促排查化解重大矛盾纠纷167件，排查督办突出信访问题401件，对存在问题与各县（市）委主要领导和分管领导进行了逐一逐项反馈，收到较好效果。加大交办督办化解力度。全年州联办共督办和办理初信初访765件批次；对286件立案信访事项进行跟踪督办（中央和省交办督办131件，州级领导接待群众来访交办督办128件，州委州人民政府领导批示交办督办10件，州信访局立项督办17件），已化解214件；对排查出的537件重大信访问题开展适时督办，化解442件（其中调处289件）。按照中央和省委要求，州联办先后派出10批47人次到昆明和北京开展劝返专项整治工作，共劝返到北京非正常上访人员44人次，到昆明上访566人次。

【信访积案化解】　2014年，楚雄州信访部门加大信访积案化解力度。实行高位推动化解。在群众路线教育实践活动中，将排查出的42件突出信访问题、27名到京非正常上访人员、12个重点群体、21个历史遗留疑难复杂问题、5个热点难点问题分别交办和包保到州委常委、各县（市）和有关部门；10月，州委办公室、州人民政府办公室又将州信访局排查出的88件重大信访事项予以交办，经12月份督查，办理率均在85%以上。实行三级联动化解。全州对排查出的97件历史遗留问题进行分类，以县（市）党委政府为主继续整改落实的问题21件，州县联动研究解决的问题60件，省州县联动解决的问题16件，州委群众路线教育实践活动办公室分别向责任县（市）和部门发出整改、交办、催办通知，收效良好。争取专项资金化解。年内，全州共争取到中央信访专项资金和省级补助资金792.2万元，州级配套150万元，已解决特殊疑难信访问题153件，一批长期困扰全州各级各部门的特殊疑难信访问题得到有效化解。

【处置信访违法行为】　2014年，楚雄州通过政法、公安、法院、检察院、司法等部门的通力合作，依法处置非正常上访工作取得实效，州内到京非正常上访38人133批次，与上年相比，人数和批次分别下降41.9%和59.3%。全年对信访活动中违法犯罪行为的58人进行刑事处理，对209人进行了治安处罚，其中警告126人、罚款17人、行政拘留66人，有效维护了信访秩序，扭转了楚雄州到省进京非正常上访居高不下的局面。

【信访调研】　2014年，针对楚雄州12个重点群体、21个历史遗留疑难复杂问题、5个热点难点问题、干部作风引发的信访问题，以及农村土地流转、建设工程领域拖欠工程款、在建重点项目（成昆铁路线、广大铁路线扩能改造、中缅油气管道等）、房地产行业等存在的信访问题，州信访联席会议办公室（州信访局）及时开展专题调研，理清问题来龙去脉，分析社会稳定风险，形成12个专题调研上报州委、州人民政府，为领导决策提供了较好参考。信访调研引起州委、州人民政府和相关责任部门的关注，把存在隐患及任务分解落实到各级责任主体，许多问题得到化解。

【信访制度改革】　2014年，楚雄州结合党的十八大、十八届三中和四中全会精神，按照中央信访工作制度改革的要求，积极推进全州信访工作制度改革，不断提升信访工作法治化水平。宣传《信访条例》。以全国《信访条例》执法检查为契机，坚持运用法治思维和法治方式定纷止争、维护群众合法权益，坚持法定途径优先原则，做好法规政策的宣传解释工作，引导信访人通过法定途径解决信访问题。引导群众依法逐级走访。按照《国家信访局关于进一步规范信访事项办理程序引导来访人依法逐级走访的办法》，引导群众依法、有序、就地表达诉求，不支持、不受理越级上访，压实县（市）和部门工作责任，并逐步实现规范化。落实诉访分离相关工作。按照中央关于涉法涉诉信访工作改革的要求，引导涉法涉诉信访人依法向有关机关提出，积极支持政法机关依法处理涉法涉诉信访事项，并与职能部门一起做好教育疏导、帮扶救助和矛盾化解工作，进一步规范涉法涉诉信访秩序。落实信访工作责任制。按照省委、省人民政府《关于进一步强化信访工作属地责任的通知》，进一步压实信访工作属地责任，实行党政一把手报告信访工作等制度。建立领导干部带案下访情况通报制度。州委信访联席会议定期排查重大信访事项，并将排查出的重大信访事项交由州级领导带案下访，每月对领导干部接访下访情况进行通报。

【畅通和规范诉求渠道】　2014年，楚雄州信访部门进一步畅通和规范诉求渠道。按照省委要求，楚雄州按期完成了视频接访系统建设任务，并于7月7日启动楚雄州视频接访群众工作。建成的视频接访系统覆盖全州10县（市）103个乡（镇），实现州县乡三级在同一时间、不同地点音频视频同步接访群众，搭建信访信息综合平台，深入推进阳光信访，最大限度地引导群众就地就近反映诉求，不断提高用视频方式解决群众诉求的实效，公开透明接待群众，接受群众监督，降低信访成本。加强法制宣传，依法规范信访秩序。利用橱窗、宣传画册、广播、电视、报刊等媒体加强对信访法律法规的宣传，编印4万本《信访工作宣传册》分发到各级各部门和广大人民群众手中，引导群众依法逐级反映合理诉求。加大对网上信访事项的办理力度，提高办理质量。全年全州网上信访比上年上升67.7%，占来信的46.8%，占信访总量的14.5%，网上信访成为群众信访的重要渠道。建立畅通群众诉求渠道五级联动监督平台，实行省、州、县、乡、村五级联动工作机制。推行网上信访代理制度，在乡（镇）、村委会（社区）确定1名工作人员对通过网上信访反映诉求有困难的群众进行代理，最大限度方便群众反映诉求，满足不同层次群众网上信访的需要。

［江平泉］

楚雄彝族自治州人民代表大会常务委员会

重要会议

【楚雄州第十一届人民代表大会第四次会议】 2014年2月19～24日，楚雄州第十一届人民代表大会第四次会议在楚雄召开。会议共有9项议程，听取和审查《楚雄州人民政府工作报告》；审查《楚雄州2013年国民经济和社会发展计划执行情况与2014年国民经济和社会发展计划草案的报告（书面）》；审查和批准《楚雄州2013年国民经济和社会发展计划执行情况的报告与2014年国民经济和社会发展计划》；审查《楚雄州2013年地方财政预算执行情况与2014年地方财政预算草案的报告（书面）》；审查和批准《楚雄州2013年地方财政预算执行情况的报告和2014年州级财政预算》；听取和审查《楚雄州人大常委会工作报告》；听取和审查《楚雄州中级人民法院工作报告》；听取和审查《楚雄州人民检察院工作报告》；审查《云南省楚雄州青山嘴水库管理条例（草案）》；审查《云南省楚雄州民族教育条例（修订草案）》；补选州十一届人大常委会委员。有326名人大代表出席会议，有224名法定、特邀、决定列席人员和15名旁听公民列席会议。在19日下午的预备会议上，表决通过了63人组成的大会主席团成员、大会秘书长和大会议程以及财政经济、议案、《云南省楚雄州青山嘴水库管理条例（草案）》和《云南省楚雄州民族教育条例（修订草案）》审查委员会人员名单等事项。预备会后，州委召开了“两会”中共党员负责人会议，州委书记张太原主持会议并讲话，对出席“两会”的中共党员负责人提出了具体要求。大会由大会主席团主持。主席团第一次会议推选张太原、卢显林、李佳、吴丽华、卜德诚、商雁鸿、熊卫民、李志勇、张林敏为大会主席团常务主席。20日上午9：00时大会开幕，开幕大会由大会主席团常务主席、会议执行主席、州人大常委会主任卢显林主持。之后举行大会第一次全体会议，听取州长李红民作《政府工作报告》、州人大常委会副主任李佳作《云南省楚雄州青山嘴水库管理条例（草案）》的说明、州人大常委会副主任熊卫民作《云南省楚雄州民族教育条例（修订草案）》的说明；审查《楚雄州2013年国民经济和社会发展计划执行情况和2014年国民经济和社会发展计划报告（书面）》；审查《楚雄州2013年地方财政预算执行情况和2014年地方财政预算草案报告（书面）》。22日上午9：00时，举行第二次全体会议，听取了《楚雄州人大常委会工作报告》、《楚雄州中级人民法院工作报告》、《楚雄州人民检察院工作报告》。表决通过了州十一届人大四次会议补选办法草案和总监票人、监票人建议名单。24日举行第三次全体会议，选举关惜分、周雷、吴亚峰、李红芸（女，彝族）、段云为州十一届人大常委会委员。大会还审查通过了《云南省楚雄州青山嘴水库管理条例（草案）》和《云南省楚雄州民族教育条例（修订草案）》。24日上午，卢显林主持第四次全体会议和闭幕大会。代表们通过了《州政府工作报告的决议》、《楚雄州2013年国民经济和社会发展计划执行情况与2014年国民经济和社会发展计划的决议》、《楚雄州2013年地方财政预算执行情况和2014年地方财政预算的决议》、《云南省楚雄州青山嘴水库管理条例（草案）》的决议、《云南省楚雄州民族教育条例（修订草案）》的决议、《楚雄州人大常委会工作报告的决议》、《楚雄州中级人民法院工作报告的决议》、《楚雄州人民检察院工作报告的决议》。大会主席团成员、州党政军领导、曾担任过正州级职务和担任过州人大常委会副主任的老领导等在主席台就座。出席州政协九届四次会议的政协委员列席了开幕大会和第一次全体会议。卢显林在闭幕大会讲话。会议期间，代表共提出议案79件，建议、批评和意见158件。

【楚雄州十一届人大常委会会议】 2014年，楚雄州十一届人大常委会共召开6次常委会议，对全州经济、文化、社会等重大事项进行专题研究。

第十三次会议。2月28日召开，会议听取和审议了州人民检察院《关于楚雄州公诉工作情况的报告》、《楚雄州人民政府关于提请审议州开发投资公司向云南省铁路投资有限公司借款的议案》、《楚雄州人民政府关于提请审议州土地储备地产交易管理中心向楚雄市农村信用联社抵押贷款的议案》、《楚雄州人民代表大会常务委员会关于促进改革创新的决定（草案）》及其说明和州人大常委会法工委对1个报告的初审意见；表决通过了1个审议意见、3个决定和人事任免事项。

第十四次会议。4月28～29日召开，会议听取和审议了州人民政府《关于楚雄州高原特色农业产业发展情况的报告》、《关于楚雄州扶贫整乡推进工作情况的报告》、《关于楚雄州中小学布局结构调整和校安工程建设情况的报告》；书面审议了州人大常委会条例评估小组关于对《云南省楚雄州小型水利条例》立法后的评估报告，州人大常委会关于组织部分驻楚全国、省、州人大代表视察“四五”依法治州和“六五”普法规划实施情况的报告。会议通过审议，表决通过了州人民政府关于高原特色农业产业发展、扶贫整乡推进、中小学布局结构调整和校安工程建设等报告和审议意见；表决通过了州人大常委会条例评估小组关于对《云南省楚雄州小型水利条例》立法后的评估报告，州人大常委会关于组织部分驻楚全国、省、州人大代表专题视察楚雄州“四五”依法治州规划和“六五”普法规划实施情况的报告；作出了两个决定，表决通过了有关人事任免事项，依法补选了1名省第十二届人民代表大会代表。

第十五次会议。6月26～27日召开，会议听取和审议了州人民政府《关于楚雄州小（二）型病险水库除险加固工程实施情况的报告》、《关于楚雄州商贸物流业发展情况的报告》、《关于参加申报云南省利用世界银行贷款实施贫困地区小流域生态恢复项目的有关问题的议案》、《关于发行企业债券支持全州棚户区改造的议案》、《关于向国家开发银行申请抗旱应急贷款的议案》、《关于发行中期票据的议案》和州中级人民法院《关于贯彻执行新修订的民事诉讼法情况的报告》及州人大常委会代表资格审查委员会《关于楚雄州第十一届人民代表大会代表资格审查和代表变动情况的报告》和人事任免事项。书面审议了州人大常委会执法检查组关于对楚雄州贯彻实施国务院《艾滋病防治条例》和《云南省艾滋病防治条例》情况进行执法检查的报告。会议完成议程后，表决通过了对州人民政府《关于楚雄州小（二）型病险水库除险加固工程实施情况的报告》的意见、《关于楚雄州商贸物流业发展情况的报告》的意见和州法院《关于贯彻执行新修订的民事诉讼法情况的报告》的意见及《关于参加申报云南省利用世界银行贷款实施贫困地区小流域生态恢复项目的有关问题的议案》的决定、《关于发行企业债券支持全州棚户区改造的议案》的决定、《关于向国家开发银行申请抗旱应急贷款的议案》的决定、《关于发行中期票据的议案》的决定和《关于楚雄州第十一届人民代表大会代表资格审查和代表变动情况的报告》；作出了《关于确认许可对州十一届人大代表徐文采取强制措施并暂时停止其执行代表职务的决定》、《关于确认许可对州十一届人大代表李绍荣采取强制措施并暂时停止其执行代表职务的决定》；表决通过了人事事项。

第十六次会议。8月28～29日召开，会议听取和审议了州人民政府《关于楚雄州2013年财政决算的报告》、《关于楚雄州2014年上半年财政预算执行情况的报告》、《关于楚雄州2014年上半年国民经济和社会发展计划执行情况的报告》、《关于楚雄州2013年度州级预算执行和其他财政收支审计工作的报告》、《楚雄州人民政府关于提请审议省政府转贷楚雄州政府债券资金有关问题的议案》。书面审议州人大常委会关于对楚雄州贯彻执行《楚雄州宗教事务管理规定》情况的执法检查报告、《关于楚（雄）南（华）一级公路工程建设情况的调研报告》。会议通过审议，表决通过了《关于批准楚雄州2013年财政决算的决议》、州人民政府《关于楚雄州2014年上半年财政预算执行情况的报告》、《关于楚雄州2013年度州级预算执行和其他财政收支的审计工作报告》的意见和《楚雄州关于提请审议省政府转贷楚雄州政府债券资金有关问题的议案》的决定；作出了《关于确认许可对州十一届人大代表温连勇采取强制措施并暂时停止其执行代表职务的决定》；表决通过了有关人事任免事项。

第十七次会议。10月30～31日召开，会议听取和审议了州人民政府《关于建设创新型楚雄行动计划情况的报告》、《关于楚雄州工业园区建设情况的报告》、《关于楚雄州建设全国民族团结进步示范区工作情况的报告》。书面审议州人大常委会关于对楚雄州新型农村合作医疗工作情况进行专题视察的报告、关于对楚雄州贯彻实施《中华人民共和国统计法》、《中华人民共和国畜牧法》情况进行执法检查报告、关于对楚雄州公安机关执行新修订的《中华人民共和国刑事诉讼法》情况进行执法检查的报告、关于对楚雄州贯彻实施《云南省乡（镇）人民代表大会主席团工作条例》情况进行执法检查的报告，审议了有关人事任免事项。会议表决通过了州人大常委会审议州人民政府《关于建设创新型楚雄行动计划情况的报告》的意见、《关于楚雄州工业园区建设情况的报告》的意见、《关于楚雄州建设全国民族团结进步示范区工作情况的报告》的意见；表决通过了有关人事任免事项。同意曹卫东辞去州人民政府副州长职务。

第十八次会议。12月25～26日召开，会议听取和审议了州人民政府《关于楚雄州2014年州本级财政预算调整方案的报告》、《关于楚雄州2013年度州级预算执行和其他财政收支审计查出问题整改情况的报告》、《关于对州十一届人大四次会议第29号议案办理情况的报告》、《关于对州十一届人大四次会议代表提出的建议、批评和意见办理情况的报告》；《关于提请审议州水务发展公司向中国农业发展银行贷款用于小（二）型病险水库除险加固建设的议案》；《关于提请审议禄丰县撤县设市的议案》。听取和审议了州人大常委会选联委《关于对州十一届人大四次会议代表提出的建议、批评和意见办理情况的报告》和《关于州第十一届人民代表大会代表资格审查和代表变动情况的报告》。听取和审议了《楚雄州人大常委会关于召开楚雄州第十一届人民代表大会第五次会议的决定（草案）》的说明、《楚雄州人民代表大会常务委员会工作报告（讨论稿）》的说明和楚雄州第十一届人民代表大会第五次会议筹备工作情况的报告。审议了关于《楚雄州人大常委会2015年度工作要点、议题安排、代表视察、执法检查安排（草案）》、《楚雄州人人常委会2015年立法工作计划（草案）》。会议表决通过了《关于批准楚雄州2014年州本级财政预算调整方案的决议》、州人大常委会审议州人民政府《关于对州十一届人大四次会议第29号议案办理情况的报告》的意见，审议《楚雄州人民政府关于提请审议州水务发展公司向中国农业发展银行贷款用于小（二）型病险水库除险加固建设的议案》的决定和《楚雄州人民政府关于提请审议禄丰县撤县设市的议案》的决议；表决通过了州十一届人大常委会代表资格审查委员会《关于楚雄州第十一届人民代表大会代表资格审查和代表变动情况的报告》；《楚雄州人大常委会关于召开楚雄州第十一届人民代表大会第五次会议的决定》、《楚雄州第十一届人民代表大会第五次会议列席人员名单》、州人大常委会2015年度工作要点、议题安排、代表视察、执法检查安排和楚雄州2015年立法计划；表决通过了有关人事事项。

［张垭柠］

重要活动

【全国人大常委会视察调研】 2014年6月12～13日，全国人大环境与资源保护委员会代表团一行到楚雄州，就绿色食品及生物医药产业进行调研。先后深入云南摩尔农庄生物科技开发有限公司、云南新世纪中药饮片有限公司、云南爱尔发生物技术有限公司、南华新世纪生物工程有限公司以及南华县咪依噜天然食品开发有限责任公司的生产车间、流水生产线、展厅查看和了解情况，听取企业负责人对生产经营、技术研发创新、自主知识产权保护等方面的情况汇报，针对企业在生产、技术研发中遇到的困难和问题，与企业负责人座谈交流。州委书记张太原，州委副书记、州长李红民，州人大常委会主任卢显林等陪同调研。

8月4～5日，全国人大常委会办公厅新闻局副局长王效云带领调研组，在省人大常委会研究室宣传处处长王云的陪同下，到楚雄州调研基层人大宣传工作开展情况。调研组先后到楚雄市的东瓜镇人大主席团、东瓜社区“人大代表工作站”、市人大常委会机关、武定县狮山镇人大主席团、县人大常委会机关，看望机关干部职工，听取工作汇报、查看有关资料、召开座谈会，了解基层人大工作开展情况。州人大常委会副秘书长、办公室主任白忠华陪同调研。

【省人大常委会视察调研】 2014年4月24～25日，由云南省人大常委会农业工作委员会副主任周运龙、徐显云率队的省人大常委会执法检查组一行，对楚雄州贯彻实施《云南省森林防火条例》情况进行执法检查，并深入禄丰县土官镇、勤丰镇实地检查森林防火卡点设置情况和村委会防火物资储备情况。州人大常委会副主任李佳陪同检查。

5月8日，由省人大常委会研究室主任单文，办公厅副巡视员、《云南人大》杂志社社长李希华，研究室宣传处处长王云组成的调研组，对楚雄州加强和改进人大工作情况进行调研。州人大常委会主任卢显林，副主任李佳，秘书长张林敏及办公室、各工作委员会负责人参加了调研工作座谈会。

6月10～13日，由省人大常委会研究室巡视员马之德一行到楚雄市、禄丰县、双柏县调研乡（镇）人大主席团工作。调研组一行在听取工作汇报和座谈后，对乡（镇）人大工作的开展提出了意见建议。州人大常委会副主任李志勇陪同调研。

6月17～20日，由省人大常委会农业工作委员会副主任周运龙任组长的省人大常委会贯彻落实中央和省委强农惠农政策和抗旱救灾工作情况调研组到楚雄州调研。省委教育实践活动第六督导组常务副组长、省人大常委会农业工作委员会副主任王智参加调研。在卢显林、任锦云、李佳、熊卫民等领导的分别陪同下，调研组一行先后深入到楚雄市尹家嘴水库、西静河水库、青山嘴水库、楚双水库、紫溪镇、子午镇及双柏县月芽埂水库、李芳村水库、小沙河在建小（一）型水库、大麦地镇、妥甸镇、法脿镇、大庄镇等地实地调研了解旱灾、强农惠农富农政策贯彻落实、彝村特色民居建设、烤烟连片种植及双柏县低热河谷农作物开发、坡耕地水土流失综合治理、土地出让开发和小水窖建设使用等情况，并听取州和所到县（市）、乡（镇）政府、企业、村社的情况汇报。

6月23～24日，省人大常委会立法调研组在省人大常委会法制工作委员会副主任马春文、省扶贫办副主任阿堆的带领下到永仁县对农村扶贫开发工作进行调研。调研组在州人大常委会副主任商雁鸿的陪同下，深入到宜就镇易地扶贫搬迁点火把新村、小哨芒果基地、云尤村委会小布租扶贫整村推进项目，莲池乡羊西道小组扶贫开发整乡推进小枣、葡萄产业项目、扶贫开发整乡推进橄榄油产业项目，猛虎乡逸帕拉咋产业扶贫冬桃项目调研。并召开州、县、乡有关部门领导参加的座谈会，对《云南省农村扶贫开发条例（草案）》提出了修改意见。

8月11～13日，以省人大常委会委员、省人大内务司法委员会副主任委员康仲明为组长的省人大常委会执法检查组到楚雄，就楚雄州贯彻实施《云南省涉诉特困人员救助条例》工作情况进行专题执法检查。11日下午，在听取州人民政府、州法院、州检察院、州公安局等13个州级部门对贯彻实施《云南省涉诉特困人员救助条例》工作情况汇报后，12日上午又召集州、市16个相关部门主要负责人进行座谈，了解楚雄州贯彻实施《条例》的相关情况。随后，检查组一行深入州法院、州检察院、州公安局及禄丰县等地实地查看涉诉特困人员救助情况，并详细了解州内涉诉信访、检察院法律监督、人大司法监督工作。州人大常委会主任卢显林，副主任商雁鸿，副州长夭建国，州人大秘书长张林敏参加汇报会或陪同检查。

【州人大代表视察】 2014年4月21～23日，楚雄州人大常委会组织部分驻楚全国和省、州人大代表对全州“四五”依法治州规划和“六五”普法规划实施情况进行专题视察。21日上午，在听取了副州长曹卫东代表州人民政府所作的专项工作情况汇报后，由州人大常委会主任卢显林，副主任李佳、卜德诚、商雁鸿、熊卫民、李志勇带队，分别深入楚雄、牟定、南华、大姚、永仁、禄丰6县（市），采取深入实地察看、查阅台账资料、走访相关人员、与基层干部群众座谈等形式对各级、各部门、各行业贯彻实施“四五”依法治州规划和“六五”普法规划实施情况进行专题视察。23日上午召开视察情况反馈会，各视察小组分别作视察情况汇报，卢显林主持会议。李佳、卜德诚、商雁鸿、熊卫民、李志勇，秘书长张林敏，副州长赵祖莹以及参加视察的代表、陪查人员、工作人员和州级有关部门主要负责人参加会议。针对视察组提出的意见和建议，副州长赵祖莹作了表态发言。卢显林就如何继续贯彻实施好“两个规划”作了要求。

9月22～24日，州人大常委会组织部分驻楚全国、省、州人大代表对楚雄州新型农村合作医疗工作情况进行专题视察。22日上午，在听取州人民政府关于全州新型农村合作医疗工作情况汇报后，由州人大常委会主任卢显林，副主任吴丽华、卜德诚、熊卫民、李志勇带队，分别深入楚雄、双柏、南华、姚安、元谋、武定6县（市），采取随机抽查等方式对新型农村合作医疗工作情况进行了实地视察。24日下午召开视察反馈会，3个视察组分别作视察情况汇报，州人大常委会副主任李佳主持会议。州人大常委会副主任卜德诚、熊卫民、李志勇，州人民政府副州长邓斯云以及参加视察的代表、陪查人员、工作人员和州级有关部门主要领导参加会议。针对视察组提出的意见和建议，邓斯云代表州人民政府作表态发言。

【执法检查】　2014年5月19～23日，楚雄州人大常委会副主任吴丽华率领执法检查组对楚雄州贯彻实施国务院和云南省《艾滋病防治条例》情况进行执法检查。检查组深入到州卫生局、州人民医院、州疾控中心，楚雄市、南华县、元谋县进行了检查，听取了相关部门和县（市）人民政府的情况汇报，察看部分疾病预防控制中心、医疗机构及宾馆酒店，召开部分县（市）艾滋病防治工作领导小组成员单位负责人参加的座谈会，听取各方面的意见建议。检查结束后，检查组进行了认真的分析总结，并把检查情况向州人民政府进行了反馈。

8月7～8日，以州人大常委会副主任熊卫民为组长、民工委、州宗教局负责人、部分州人大代表为成员的执法检查组，对《楚雄州宗教事务管理规定》贯彻执行情况进行执法检查。检查组分别深入楚雄市、牟定县、南华县听取县（市）人民政府的情况汇报，听取县（市）基督教“两会”、佛教协会、伊斯兰教协会负责人的意见、建议，随机深入楚雄市兴隆寺，牟定县宝莲寺、袈裟殿，南华县宝珠寺庙、城区清真寺等宗教活动场所实地察看，与宗教教职人员座谈了解情况。

9月17～19日，州人大常委会副主任李志勇带领选联工委，在10县（市）对贯彻实施《云南省乡镇人民代表大会主席团工作条例》进行自检自查的基础上，对大姚、姚安、永仁3个县6个乡（镇）贯彻实施《条例》的情况进行执法检查。检查组认真听取工作汇报及各方面的意见和建议，在充分肯定成绩、分析存在问题的基础上，对各县（市）继续深入贯彻实施《条例》，进一步做好乡（镇）人大主席团工作提出了意见和建议。

9月25～30日，州人大常委会副主任卜德诚带领执法检查组对《中华人民共和国统计法》贯彻执行情况进行执法检查。在牟定、元谋、武定县听取了县人民政府的工作情况汇报，查看了5个乡（镇）统计站、5个村居委会、9户抽样调查点、3户企业、3家机关事业单位，实地查看了相关统计原始资料，并与统计人员和8位记账员进行了座谈。检查组听取了州统计局局长戴凤玲关于楚雄州贯彻实施《中华人民共和国统计法》的情况汇报。

10月9～11日，以州人大常委会副主任李佳为组长、农环资工委、州畜牧兽医局负责人、部分州人大代表为成员的执法检查组，对《中华人民共和国畜牧法》贯彻执行情况进行执法检查。检查组听取了双柏县、南华县、禄丰县人民政府工作情况汇报，深入到双柏县妥甸镇“云南祥鸿农牧业有限公司”黑山羊养殖基地、“云南双柏县天蓬养殖有限公司”、“双柏县鼎盛养殖发展有限公司”、南华县龙川镇“楚雄安友畜牧业有限公司”生猪养殖示范基地及肉联厂、“南华县灵关养殖场”、禄丰县彩云镇“彩云印象现代农业开发有限公司”等畜牧畜禽养殖龙头企业实地察看，与部分畜牧企业负责人进行座谈了解情况。10月22日，召开执法检查意见反馈会，听取了副秘书长张竣珲受州人民政府委托所作的《关于楚雄州贯彻执行〈中华人民共和国畜牧法〉情况的报告》。李佳作了意见反馈，对州内畜牧业发展工作提出5个方面的意见建议。

10月16～17日，州人大常委会副主任商雁鸿带领法工委和州公安局有关领导组成的执法检查组，对楚雄州机关贯彻执行新修订的《刑事诉讼法》情况进行执法检查。检查组分别对姚安、大姚、楚雄等县（市）和州公安局进行了执法检查，听取所到县（市）人民政府和公安局的工作情况汇报，到公安局有关队室和派出所查看工作情况，听取意见。17日，检查组召开会议，听取了州公安局对贯彻执行新修订的《刑事诉讼法》情况的汇报，州法院、州检察院、楚雄精益律师事务所参会人员作了发言，提出了意见和建议。商雁鸿对执法检查情况及意见向州公安局作了反馈，并就进一步贯彻执行好新修订的《刑事诉讼法》，提出5个方面的意见。

【专项活动】　政情通报会。2014年1月15日上午，楚雄州人大常委会召开2013年下半年政情通报会。州人大常委会主任卢显林主持会议并讲话，州委副书记、州长李红民到会向驻楚雄城区部分全国、省人大代表和部分州人大代表通报2013年全州经济社会发展情况和2014年工作初步意见，州人大常委会副主任李佳、吴丽华、卜德诚、商雁鸿、熊卫民、李志勇，秘书长张林敏出席会议。7月18日，州人大常委会召开2014年上半年政情通报会。州人大常委会主任卢显林主持会议。州委副书记、州长李红民在会上代表州人民政府向驻楚雄城区部分全国、省人大代表和部分州人大代表通报了上半年全州经济社会发展情况。副主任李佳、吴丽华、卜德诚、商雁鸿、熊卫民、李志勇，秘书长张林敏参加会议。

2014年楚雄环保世纪行活动。6月6日下午，2014年楚雄环保世纪行活动正式启动，州人大常委会、州人民政府、楚雄环保世纪行活动组委会紧紧围绕“遏制生态退化——发展中的资源利用与环境修复”活动主题，开展了内容丰富、主题鲜明、形式多样、重点突出、富有特点、成效明显的环保世纪行活动。活动期间，州、县（市）新闻媒体共刊载、播出宣传新闻稿件528条，州、县（市）环保世纪行组委会组织编发简报、发放宣传材料36.3万份，制作环保宣传板报、展板2600块、图片4700幅，布标、横幅666条，发送环保宣传短信41万余条，开展宣传活动文艺演出35场。11月25日，召开总结表彰会，对2014年全州开展环保世纪行活动情况进行总结。对楚雄市人大常委会等7家先进集体和《楚雄市步入国家级示范区行列》等14件优秀新闻作品进行了表彰奖励。

“人大代表之家”创建工作会。7月31日，州人大常委会召开“人大代表之家”创建工作会，对创建工作进行部署。会前，与会人员实地观摩了楚雄市人大常委会和鹿城镇“人大代表之家”、彝海社区“人大代表工作站”的建设情况。会上，各县（市）对“人大代表之家”创建情况作交流发言。州人大常委会副主任李志勇对进一步抓紧抓好“人大代表之家”和“人大代表工作站”创建提出5点要求。州人大常委会选联工委全体人员和10县（市）人大常委会分管领导及选联工委主任参加会议。

全州基层人大代表工作座谈会。9月15日，州人大常委会组织召开全州基层人大代表工作座谈会。10县（市）人大常委会、部分乡（镇）人大主席团负责人和部分人大代表参加会议。与会人员围绕“创新代表工作机制、提高代表工作水平”，“打基础抓关键，切实做好新时期的人大代表工作”，“加强服务与管理，激发代表履职活力，扎实做好新形势下乡镇人大工作”，“联系群众干实事、服务群众谋发展”等内容进行交流和研讨。州人大常委会主任卢显林出席会议并讲话。

第二十一次宣传人民代表大会制度好作品评选活动。5月下旬，州人大常委会办公室向10县（市）和州属新闻单位发出了《关于做好楚雄州“第二十一次宣传人民代表大会制度好作品”评选工作的通知》，要求各县（市）和各部门按条件做好推荐上报工作。在规定时限内，收到符合参评条件的文字和音像作品稿件63件。按照评审条件和要求，最终评出文字作品一等奖6件，二等奖8件，三等奖10件；音像作品一等奖1件，二等奖1件，三等奖2件，获奖作品占上报参评作品的44%。其中《苗山深处的贴心人》等7件作品获一等奖，《这样的人大代表群众喜欢》等9件作品获二等奖，《大姚县首次人大代表问政会》等12件作品获三等奖。在评审出来的28件获奖作品中，又推荐出10件报送参加“云南省第二十一次宣传人民代表大会制度好作品”的评选。

“人大工作在基层”主题联合新闻宣传采访。9月16～30日，州人大常委会组织开展了以“人大工作在基层”为主题的联合新闻宣传采访活动。采访团深入实际、贴近生活、走近群众，先后采访了毛家芬、朱静、杨丽芹、普开成、王景舒、李静等代表的先进事迹，对楚雄、双柏、牟定、南华、姚安、禄丰6县（市）人大常委会、乡（镇）人大主席团和各级人大代表牢记使命，立足本职，依法履行职权，投身彝州经济社会发展实践的情况进行了深入采访，并在州级3家媒体同时连续刊播。

学习习近平总书记在庆祝全国人民代表大会成立60周年大会上的重要讲话精神。9月17日下午，州人大常委会召开党组（扩大）会议，专题传达学习习近平总书记在庆祝全国人民代表大会成立60周年大会上的重要讲话精神。会议由州人大常委会党组书记、主任卢显林主持。

纪念《中华人民共和国民族区域自治法》颁布实施30周年座谈会。10月31日上午，州委、州人大常委会召开纪念《中华人民共和国民族区域自治法》颁布实施30周年座谈会，学习贯彻党的十八大、十八届四中全会和中央民族工作会议精神，回顾总结30年来民族区域自治制度在彝州的光辉历程、显著成就和实践经验，加快推进依法治州进程，努力开创民族区域自治工作新局面。州委书记张太原出席会议并讲话，州人大常委会主任卢显林主持会议并作要求。

【调研督查】 2014年3月19～24日，楚雄州人大常委会副主任熊卫民深入大姚县三岔河镇，永仁县莲池乡、宜就镇和双柏县大麦地镇就《云南省楚雄州小型水利条例》立法后评估工作和扶贫整乡推进工作情况进行调研，走访农户，与乡村干部群众座谈交流，听取意见和建议，并提出要求。

3月26～27日，州人大常委会副主任、州总工会主席商雁鸿带领州人大法工委人员到扶贫联系点大姚县金碧镇凉桥村委会参加生产劳动、并听取群众意见。调研组一行深入到农户家中走访，与村干部座谈，接触干部群众，听取意见，了解村委会发展规划，查看挂钩扶贫项目建设情况，并询问各级惠农政策在农村落实的情况，并提出要求。

5月8日，州人大常委会主任卢显林深入双柏县法脿镇折苴村委会开展工作调研，并带领机关党员干部开展春耕春播生产劳动活动。之后，卢显林分别到村委会卫生室和在州人大常委会的帮助协调下在建的村委会党员活动室和便民活动室工地检查了解情况，并与村卫生室的医务人员和建筑施工人员进行交谈，并提出要求。

6月18～19日，州人大常委会副主任卜德诚带领财经工委有关人员到州财政局和州工信委调研了解全州上半年财政收支和工业经济发展情况。卜德诚通过听取州财政局局长和工信委主任及其相关负责人关于全州1～5月财政预算执行情况和工业经济发展情况的汇报后，与两家单位分析了存在问题的原因，并针对楚雄州在财政预算执行和工业经济发展中存在的困难和问题，提出了下步工作的意见和建议。

7月1日，州人大常委会副主任、州工商联主席吴丽华深入姚安县光禄镇，就基层人大工作和基层人大代表之家建设工作开展调研。在调研中，吴丽华听取了光禄镇有关人大工作开展情况汇报，查看了镇人大代表之家软硬件设施建设、了解代表之家各项制度建设和活动开展情况，并就进一步加强和提升光禄镇基层人大代表之家建设进行了专题研究和部署。

7月30日，州人大常委会副主任熊卫民带领州人大常委会民工委、州水务局有关人员深入元谋坛罐窑水库工程建设现场调研指导工作。在实地察看工程建设进度情况，召开座谈会听取水库建设管理局及参建单位工作情况汇报后，熊卫民对州级主管部门、坛罐窑水库建设管理局、元谋和大姚两县有关部门及各参建单位提出了5点要求。

7月31日，州人大常委会副主任李佳带领州人大常委会农环资工委、州工信委、楚雄开发区管委会等单位的人员深入仁恒化肥有限公司、云星铜材有限公司，通过听取汇报、实地察看、同企业一线职工交谈等方式就企业生产经营、存在问题和下步打算等情况进行调研。

9月4日，州人大常委会主任卢显林到牟定县戌街乡就基层公共设施建设、烟叶收购、山区农业综合开发等工作进行调研。调研组一行了解基层文化站建设和为民服务中心办事窗口设置等情况，到烟叶收购点查看了收购烟叶质量、现场管理、烟叶调拨等情况，到戌街乡大丰、新田平掌特色蔬菜种植基地，集镇水厂、勐岗河提水泵站查看了山区农业综合开发及水利设施建设情况。卢显林在调研后就进一步加强基层公共设施建设、烟叶收购、山区农业综合开发等工作提出了意见。

9月10~12日，以州人大常委会副主任熊卫民为组长，州人大民工委、州法制办、州住建局等相关部门负责人为成员的立法调研组，围绕城市管理工作取得的经验、执法管理中存在的主要困难、问题和制定城市管理条例的必要性、可行性等内容，深入到楚雄市、大姚县、武定县、禄丰县就制定《云南省楚雄州城市管理条例》立法项目进行立法前期专题调研。

9月15~30日，州人大常委会副主任吴丽华带领由教科文卫工委及州科技局组成的调研组，到楚雄市、大姚县、永仁县对州内实施建设创新型楚雄行动计划情况进行了调研。调研组一行随机查看部分企业及科研机构，听取州科技局、有关县（市）政府及科技主管部门的意见，召开州级相关部门、高等院校及科研机构负责人参加的座谈会，征求意见建议。

10月15~17日，州人大常委会副主任熊卫民率领民工委和州民委相关人员深入姚安县前场镇、适中乡，永仁县宜就镇、猛虎乡、莲池乡，武定县狮山镇等乡村就推进民族团结进步示范区建设工作情况开展调研。调研组一行实地察看示范区建设项目推进情况，走访农户，与乡村干部群众进行交流。

12月19日，州人大常委会主任卢显林、副主任李志勇前往楚雄市、牟定县的部分乡（镇）、村（社区），对“人大代表之家”、“人大代表工作站”运行情况进行随机调研。先后深入楚雄市东瓜镇，牟定县江坡镇、共和镇、新桥镇等地进行调研指导。了解基层人大代表之家、人大代表工作站的机构设置、制度建设和代表活动开展情况，并对下步开展工作和活动提出意见建议。

［张址柠］

决议决定

【专项工作决议决定】 关于《政府工作报告》等的决议。2014年2月20日，楚雄州第十一届人民代表大会第四次会议听取和审议了州长李红民所作的《政府工作报告》、审查了州人民政府提出的《关于楚雄州2013年国民经济和社会发展计划执行情况与2014年国民经济和社会发展计划草案的报告》及2014年国民经济和社会发展计划草案，审查了州人民政府提出的《关于楚雄州2013年地方财政预算执行情况和2014年地方财政预算草案的报告》及2014年楚雄州地方财政预算草案，听取并审议了《州人大常委会工作报告》、《州法院工作报告》、《州检察院工作报告》，听取并审议了大会议案审查委员会关于州十一届人大四次会议代表提出的议案处理意见报告。会议决定批准《政府工作报告》、批准《关于楚雄州2013年国民经济和社会发展计划执行情况与2014年国民经济和社会发展计划草案的报告》、批准2014年国民经济和社会发展计划，批准《关于楚雄州2013年地方财政预算执行情况和2014年地方财政预算草案的报告》、批准2014年楚雄州地方财政预算、决定批准《州人大常委会工作报告》、《州法院工作报告》、《州检察院工作报告》，决定将78件议案转为建议、批评和意见，闭会后由州人大常委会交州人民政府及有关部门（单位）研究办理。

关于《云南省楚雄州青山嘴水库管理条例（草案）》、《云南省楚雄州民族教育条例（修订草案）》的决议。《云南省楚雄州青山嘴水库管理条例（草案）》、《云南省楚雄州民族教育条例（修订草案）》2月24日经州第十一届人民代表大会第四次会议审查通过，由州人大常委会报省人大常委会审查批准后公布施行。

对州人民政府《关于提请审议州土地储备地产交易管理中心向楚雄市农村信用联社抵押贷款的议案》、《关于提请审议州开发投资公司向云南省铁路投资有限公司借款的议案》和州人大常委会《关于促进改革创新的决定（草案）》的决定。2月28日，州十一届人大常委会第十三次会议审议了州人民政府《关于提请审议州土地储备地产交易管理中心向楚雄市农村信用联社抵押贷款的议案》、《关于提请审议州开发投资公司向云南省铁路投资有限公司借款的议案》和《州人大常委会关于促进改革创新的决定（草案）》，表决通过了州人大常委会对州人民政府《关于提请审议州土地储备地产交易管理中心向楚雄市农村信用联社抵押贷款的议案》、《关于提请审议州开发投资公司向云南省铁路投资有限公司借款的议案》和《州人大常委会关于促进改革创新的决定（草案）》的决议（草案）。

关于批准《云南省楚雄州民族教育条例（修订）》和《云南省楚雄州青山嘴水库管理条例》的决议。3月28日，省第十二届人大常委会第八次会议审议了《云南省楚雄州民族教育条例（修订）》和《云南省楚雄州青山嘴水库管理条例》，同意省人大民族委员会的审议结果报告，决定批准《条例》，由州人大常委会公布施行。

对州人民政府《关于参加申报云南省利用世界银行贷款实施贫困地区小流

域生态恢复项目有关问题的议案》、《关于发行企业债券支持全州棚户区改造的议案》、《关于向国家开发银行申请抗旱应急贷款的议案》、《关于发行中期票据的议案的决定》。6月27日，州第十一届人大常委会第十五次会议审议了州人民政府4个议案，表决通过了州人大常委会对州人民政府《关于参加申报云南省利用世界银行贷款实施贫困地区小流域生态恢复项目有关问题的议案》的决定，《关于发行企业债券支持全州棚户区改造的议案》的决定（草案），《关于向国家开发银行申请抗旱应急贷款的议案》的决定；《关于发行中期票据的议案》的决定。

对州人民政府《关于提请审议省政府转贷楚雄州政府债券资金有关问题的议案》的决定。8月29日，州第十一届人大常委会第十六次会议审议了州人民政府《关于提请审议省政府转贷楚雄州政府债券资金有关问题的议案》，表决通过了州人大常委会对州人民政府《关于提请审议省政府转贷楚雄州政府债券资金有关问题的议案》的决定（草案）。

对州人民政府《关于提请审议州水务发展公司向中国农业发展银行贷款用于小（二）型病险水库除险加固建设的议案》的决定。12月26日，州第十一届人大常委会第十八次会议审议了州人民政府《关于提请审议州水务发展公司向中国农业发展银行贷款用于小（二）型病险水库除险加固建设的议案》，表决通过了州人大常委会审议州人民政府《关于提请审议州水务发展公司向中国农业发展银行贷款用于小（二）型病险水库除险加固建设的议案》的决定（草案）。

对州人民政府《关于提请审议禄丰县撤县设市的议案》的决议。12月26日，州第十一届人大常委会第十八次会议审议了州人民政府《关于提请审议禄丰县撤县设市的议案》，表决通过了州人大常委会批准州人民政府《关于提请审议禄丰县撤县设市的议案》的决议（草案）。

关于召开州第十一届人民代表大会第五次会议的决定。12月26日，根据《中华人民共和国地方各级人民代表大会和地方各级人民政府组织法》的规定，州第十一届人大常委会第十八次会议决定，楚雄州第十一届人民代表大会第五次会议于2015年2月4～8日在楚雄召开，会期4天半。建议会议议程：1. 听取和审查楚雄州人民政府工作报告；2. 审查楚雄州2014年国民经济和社会发展计划执行情况与2015年国民经济和社会发展计划（草案）的报告（书面）；审查和批准楚雄州2014年度国民经济和社会发展计划执行情况的报告与2015年国民经济和社会发展计划；3. 审查楚雄州2014年地方财政预算执行情况和2015年地方财政预算（草案）的报告（书面）；审查和批准楚雄州2014年度地方财政预算执行情况的报告和2015年州级财政预算；4. 听取和审查楚雄州人大常委会工作报告；5. 听取和审查楚雄州中级人民法院工作报告；6. 听取和审查楚雄州人民检察院工作报告；7. 补选事项。

【人事任免决定】 2014年2月28日，根据楚雄州人民政府州长李红民的提请，州第十一届人大常委会第十三次会议决定：刘祥任州宗教事务局局长，免去州粮食局局长职务；李红梅任州粮食局局长；免去杨发荣州宗教事务局局长职务。

4月29日，根据州人大常委会主任会议的提请，州第十一届人大会常委会第十四次会议决定：吴亚峰任州第十一届人大常委会代表资格审查委员会委员，李兴文任州人大常委会民工委委员，王文书、徐永金、王清华、孔玉华任州人大常委会财经工委委员，罗向阳、李静媛、李永军任州人大常委会教科文卫工委委员，鲁光埔任州人大选联工委委员，黄丕刚、刘仕举任州人大常委会农环资工委委员；免去张子荣州人大常委会民工委委员，陆赵李、周晁哗州人大常委会财经工委委员，周保全、普正祥州人大常委会教科文卫工委委员，杨庆文州人大常委会选联工委委员，生国强、王之忠州人大常委会农环资工委委员职务。根据州中级人民法院的提请，决定：免去张传世、周建坤州中级人民法院审判员职务。根据州人民检察院的提请，决定：任命云娟、普文乾为州人民检察院检察员；免去罗发仁、罗湘震、张荣新、杨利州人民检察院检察员职务。补选鲁维生为省第十二届人民代表大会代表，并报省人大常委会审查。

6月27日，根据州人民政府州长李红民的提请，州第十一届人大常委会第十五次会议决定：夭建国任州人民政府副州长。根据州人大常委会主任会议的提请，决定：刘宗根任州中级人民法院审判员、审判委员会委员、副院长，代理院长；普建辉辞去州中级人民法院院长职务，免去州中级人民法院审判员、审判委员会委员职务。

8月29日，根据州人民政府州长李红民的提请，州第十一届人大常委会第十六次会议决定免去：苏光祖州司法局局长职务、蔡永林州环境保护局局长职务、刘祥州宗教事务局局长职务、罗秀娟州科学技术局局长职务、普学芬州人口和计划生育委员会主任职务、李玉林州旅游局局长职务。

10月31日，根据州人民政府州长李红民的提请，州第十一届人大常委会第十七次会议决定：普学芬任州科学技术局局长，李平任州司法局局长，苏光祖任州环境保护局局长，王若舟任州旅游局局长，程宗文任州安全生产监督管理局局长，杨柳任州食品药品监督管理局局长；免去曹卫东州公安局局长职务，免去李明祥州安全生产监督管理局局长职务。根据州中级人民法院代理院长刘宗根的提请，决定：任命李佳岭、速力、黄雨倩、张珩瑶、殷肖为州中级人民法院审判员。

【人事辞职罢免停职决议决定】 2014年4月29日，根据楚雄州人民检察院的报告，州十一届人大代表彭宪琪、毕应潮涉嫌受贿犯罪，州人大常委会第三十二次主任会议、第三十三次主任会议分别作出的关于许可对州十一届人大代表彭宪琪、毕应潮采取强制措施并暂时停止其执行代表职务的决定。经州十一届人大常委会第十四次会议审议，确认州人大常委会第三十二次、第三十三次主任会议分别作出的关于许可对州十一届人大代表彭宪琪、毕应潮采取强制措施并暂时停止其执行代表职务的决定。

6月27日，根据州人民检察院的报告，州十一届人大代表徐文、李绍荣涉嫌受贿犯罪，州人大常委会第三十五次、第三十六次主任会议分别作出的关于许可对州十一届人大代表徐文、李绍荣采取强制措施并暂时停止其执行代表职务的决定。经州十一届人大常委会第十五次会议审议，确认州人大常委会第三十五次、第三十六次主任会议分别作出的关于许可对州十一届人大代表徐文、李绍荣采取强制措施并暂时停止其执行代表职务的决定。

8月29日，根据州人民检察院的报告，州十一届人大代表温连勇涉嫌受贿犯罪，州人大常委会第四十次主任会议作出的关于许可对州十一届人大代表温连勇采取强制措施并暂时停止其执行代表职务的决定。经州十一届人大常委会第十六次会议审议，确认州人大常委会第四十次主任会议作出的关于许可对州十一届人大代表温连勇采取强制措施并暂时停止其执行代表职务的决定。

10月31日，州第十一届人大常委会第十七次会议根据州人民政府州长李红民提请和曹卫东关于辞去州人民政府副州长职务的请求，决定接受曹卫东辞去州人民政府副州长职务，并报州第十一届人民代表大会第五次会议备案。

12月26日，州第十一届人大常委会第十八次会议表决接受了州人大常委会主任会议提请吴丽华关于辞去州第十一届人大常委会副主任职务的请求、州人大常委会主任会议提请杨光盛、段光洪关于辞去州第十一届人大常委会委员职务的请求，并报州第十一届人民代表大会第五次会议备案；表决接受了州人民政府州长李红民提请王厚军关于辞去州人民政府副州长职务的请求，并报州第十一届人民代表大会第五次会议备案。

［张址柠］

议案和建议办理

【州十一届人大四次会议代表提出的议案】　2014年2月19～24日，在楚雄州十一届人大四次会议期间，到大会规定的议案截止时间22日中午12时止，大会秘书处共收到10名以上代表联名提出的议案79件。其中涉及农林水气26件、工交经济31件、财贸金融1件、教科文卫12件、政法综合1件、其他8件。大会秘书处议案组收到代表提交的议案后，及时将议案复印送交议案审查委员会委员审阅并提出初步处理意见。当天下午议案审查委员会召开会议对所有议案进行审查，决定将78件议案转为建议、批评和意见办理，会后由州人大常委会交州人民政府及有关部门（单位）研究办理。

【州十一届人大四次会议代表建议、批评和意见办理】　2014年2月19～24日，在楚雄州十一届人大四次会议期间，州人大代表共提出建议236件（包括议案转建议办理的78件），其中，交由州人民政府系统办理的有219件，占建议总数的92.8%。至11月底，代表所提议案、建议已经在规定时限内全部办理完毕并答复了代表。各办理单位认真办理人大代表议案、建议，努力解决人大代表提出的问题，取得明显成效，解决率59.1%，比上年增加1.1个百分点。

［张址柠］

地方性法规审查和立法

【规范性文件备案审查】　2014年，楚雄州人大常委会按照《云南省各级人大常委会规范性文件备案审查规定》和《楚雄州人大常委会规范性文件备案审查规定》，对州人民政府规范性文件备案审查4件、县（市）人大常委对各县（市）人民政府规范性文件备案审查3件；州人大常委会制定的1个规范性文件已报省人大常委会备案审查。

【立法前期调研和立法后评估】　2014年，楚雄州人大常委会开展对《楚雄州小型水利条例》立法后的评估，检验立法成果，积累立法经验，启动了《楚雄州林业管理条例》立法修订程序，修订工作有序推进。对《楚雄州城市管理条例》、《楚雄州茶花保护与开发条例》、《楚雄州实施〈中华人民共和国中小企业促进法〉办法》、《楚雄州招商引资促进条例》等8个立法储备项目开展了立法前期调研。

【《云南省楚雄彝族自治州民族教育条例（修订）》和《云南省楚雄彝族自治州青山嘴水库管理条例》公布施行座谈会】　2014年4月28日下午，楚雄州人大常委会在楚雄召开《云南省楚雄彝族自治州民族教育条例（修订）》和《云南省楚雄彝族自治州青山嘴水库管理条例》公布施行座谈会。州党政军领导李红民、卢显林、李佳、吴丽华、卜德诚、商雁鸿、熊卫民、李志勇、关惜分和州人大常委会秘书长张林敏、州人民政府秘书长李德胜出席座谈会。出席州人大常委会第14次会议的全体组成人员和列席人员、旁听公民，州人民政府组成部门主要领导，州属相关部门主要负责人，各县（市）人民政府分管教育或水务的副县（市）长共130余人参加座谈会。会议由州人大常委会副主任熊卫民主持，州委副书记、州长李红民，州人大常委会主任卢显林作讲话，州教育局、州民委、州水务局、州青山嘴水库管理局主要领导结合部门工作职责，就如何学习宣传和贯彻执行两个《条例》分别作表态发言。

［张址柠］

楚雄彝族自治州人民政府

重要会议

【楚雄州十一届人民政府第三次全体（扩大）会议暨第三次廉政工作会议】 2014年2月24日下午，楚雄州十一届人民政府召开第三次全体（扩大）会议。州长李红民出席会议并讲话，州委常委、常务副州长杨照辉主持会议。州委常委、副州长任锦云，州委常委、副州长孙赟，州产业督导协调组组长杨应旭，副州长赵祖莹、邓斯云、周兴国、曹卫东、洪维智，州人民政府李家龙，州长助理刘春华，州人民政府秘书长李德胜，州人民政府党组成员、州发改委主任徐东出席会议。州人大常委会副主任商雁鸿、州政协副主席王玉玺应邀参加会议。

州十一届人民政府召开第三次廉政工作电视电话会议。2月24日下午召开，州长李红民出席会议并讲话，州委常委、常务副州长杨照辉主持会议。州委常委、副州长任锦云，州委常委、副州长孙赟，州产业督导协调组组长杨应旭，副州长赵祖莹、邓斯云、周兴国、曹卫东、洪维智，州人民政府李家龙，州长助理刘春华，州人民政府秘书长李德胜，州人民政府党组成员、州发改委主任徐东出席会议。州委常委、州纪委书记夏新建应邀参加会议。

【楚雄州人民政府常务会议】 2014年，楚雄州十一届人民政府在年内召开13次常务会议，会议对全州经济、文化、社会、生态建设事项进行专题研究。州长李红民主持会议。

第二十三次常务会议。1月14日召开，会议研究调整城镇居民大病保险政策、调整城镇职工基本医疗保险特殊疾病慢性病门诊管理政策和调整城镇职工基本医疗保险单位缴费率的有关问题，州文化中心工程欠款的有关问题，综合绩效考评工作的有关问题。审定《中共楚雄州委、楚雄州人民政府关于进一步加快旅游业发展的实施意见（送审稿）》；听取全州第六轮行政审批制度改革阶段性工作情况汇报；传达全省禁毒工作汇报会议精神，研究楚雄州贯彻落实意见；听取楚雄州贯彻落实中央、省有关信访工作改革和全省信访工作专题会议精神情况汇报。

第二十四次常务会议。2月7日召开，会议传达学习省第十二届人民代表大会第二次会议精神；审定《2014年政府工作报告（送审稿）》，2014年全州重点督查的“3个30”重大建设项目、20项重要工作和重点落实的10件民生实事，《楚雄州2013年国民经济和社会发展计划执行情况与2014年经济社会发展计划报告（送审稿）》，《楚雄州2013年地方财政预算执行情况和2014年地方财政预算草案报告（送审稿）》，《楚雄州城乡人居环境提升3年行动计划（送审稿）》，《关于促进改革创新的决定（送审稿）》；研究利用外资实施水土保持生态建设项目州县配套资金及还款责任有关问题；拟召开的十一届州人民政府第三次全体（扩大）会议和第三次廉政工作会议有关问题。

第二十五次常务会议。2月23日召开，会议审定《楚雄州2014年固定资产投资考核奖励办法（送审稿）》，《楚雄州人民政府与云南省国防科技工业局、东方知云科技（北京）有限公司楚雄州清洁空气系统产业化项目战略合作框架协议（送审稿）》，《楚雄州人民政府关于推进中小企业在全国股份转让系统挂牌的实施意见（送审稿）》，2012年度科学技术奖励成果有关问题。研究提高州级机关事业单位聘用人员工资和调整公益性岗位补贴标准的问题，楚南一级公路52.5级水泥采购招标询价工作的有关问题，解决青山嘴水库移民搬迁安置遗留问题；听取全州安全生产工作情况汇报。

第二十六次常务会议。3月26日召开，会议传达学习第十二届全国人民代表大会第二次会议精神。研究楚广高速公路、广大铁路、永广铁路建设筹资和楚南一级公路线路调整等有关问题，州级人防指挥所提升改造工程增加投资有关问题，2014年公共财政预算争取上级补助任务分配，落实乡（镇）工作岗位补贴有关问题；全州森林防火工作，2014年度经济责任审计工作有关问题，西南经济区市长联席会议有关问题。审定楚雄州第八届社会科学优秀成果评选结果，《楚雄州流动人口计划生育服务管理规定（草案）》，《中共楚雄州委、楚雄州人民政府关于加强司法行政促进依法治州的实施意见（送审稿）》。

第二十七次常务会议。4月21日下午召开，传达学习《云南省人民政府关于加快产业转型升级促进经济平稳较快发展的意见》精神，研究楚雄州贯彻意见。研究楚雄州贯彻落实《云南省人民政府关于促进煤炭产业转型升级实现科学发展安全发展的意见》及《云南省人民政府办公厅关于全省9万吨/年及以下煤矿立即停产整顿的通知》精神的有关问题。传达学习秦光荣、辛维光等领导在落实党风廉政建设主体责任专题研讨班上的讲话精神；研究干部处分问题。

第二十八次常务会议。5月7日下午召开，会议审定《楚雄州州级财政扶持企业发展专项资金使用管理暂行办法（送审稿）》和《楚雄州州级财政畜牧产业化发展专项资金管理办法（送审稿）》，《楚雄州现代物流产业发展规划（2013～2020年）（送审稿）》，《楚雄州州级会议费管理办法（送审稿）》、《楚雄州州级行政事业单位差旅费管理办法（送审稿）》和《楚雄州党政机关国内公务接待管理实施细则（送审稿）》。研究设立楚雄产业促进引导基金的有关问题，州开发投资公司关于发行中期票据和确定第三期企业债券发行主承销售商及向国家开发银行申请抗旱应急贷款的有关问题，州水务局关于州水务发展有限责任公司融资的有关问题；解决青山嘴水库移民搬迁安置遗留问题资金筹措事宜；聘请王厚军、周成龙、蒋洪跃3位专家担任州人民政府顾问的问题；传达学习刘云山同志和秦光荣同志在5月6日召开的党的群众路线教育实践活动视频会议上的讲话精神。

第二十九次常务会议。6月26日晚召开，会议审定《楚雄州安全生产党政同责暂行规定（送审稿）》，《中共楚雄州委、楚雄州人民政府关于进一步加强反恐维稳工作的意见（送审稿）》；研究楚交集团盘活企业土地资产和云南省第四公路桥梁工程公司房屋资产处置的有关问题；提高城乡低保补助水平和保障标准的有关问题；解决云南楚雄国家粮食储备库2010年新增800万千克州级临时储备粮亏损的有关问题；预拨小反刍兽疫疫情处置专项资金的有关问题；聘请2014年度州人民政府法律顾问的有关问题；开展2014年度彝族火把节招商推介活动的有关问题；州监察局提请的有关案件问题。听取2013年综合绩效考评结果和2014年考评方案情况汇报。

第三十次常务会议。7月25日召开，会议传达学习政府信息公开工作有关法规文件。审定《楚雄州地震应急预案（送审稿）》，《楚雄州重点建设项目稽察办法（暂行）（送审稿）》，《楚雄州检查考评工作规定（送审稿）》；研究彩碍公路建设工程的有关问题，部分重点建设项目资金筹集的有关问题，偿还富滇银行楚雄分行2亿元借款的有关问题，解决州伊斯兰教协会活动场所的有关问题，楚雄市供排水有限公司管网融资租赁项目的有关问题，废止部分规范性文件的有关问题；楚雄州拟上报第六次全国民族团结进步表彰大会表彰的模范集体和模范个人推荐人选的有关问题。

第三十一次常务会议。8月26日召开，会议传达学习《关于进一步严明纪律坚决刹住中秋国庆公款送礼等不正之风的通知》精神，云南省工业转型升级工作会议精神；审定《楚雄州2013年财政决算报告（送审稿）》和《楚雄州2014年上半年财政预算执行情况报告（送审稿）》，全州教育信息化建设方案，《楚雄州招商引资目标任务考核办法（修订）（送审稿）》和《2013年度招商引资责任目标考核奖励方案（送审稿）》，《楚雄州人民政府关于贯彻省人民政府加强农村公路建设的意见（送审稿）》，《楚雄州2014年上半年国民经济和社会发展计划执行情况报告（送审稿）》，《楚雄州地面数字电视广播无线覆盖网项目建设方案（送审稿）》，《楚雄州食品药品监督管理局三定规定（送审稿）》，《楚雄州城乡居民基本养老保险实施细则（送审稿）》，《楚雄州示范性综合实践基地项目建设方案（送审稿）》；研究债券转贷资金安排使用的有关问题，招商引资责任目标考核奖励的有关问题，州政务服务中心大厅窗口调整设置的有关问题。

第三十二次常务会议。9月19日召开，会议审定《中共楚雄州委、楚雄州人民政府关于推进特色新型城镇化发展的实施意见（送审稿）》，《云南省气象局、楚雄州人民政府提高气象对楚雄州实现富民强州保障能力合作协议（送审稿）》，《楚雄州人民政府办公室关于建立疾病应急救助制度的实施意见（送审稿）》，新修订的《楚雄州州级机关差旅费管理办法（送审稿）》；传达学习2014年全省扶贫开发工作会议和全省集中连片特殊困难地区区域发展与扶贫攻坚工作现场推进会议精神，研究楚雄州贯彻意见；研究全州城镇污水处理厂配套管网建设及污染减排工作有关问题，楚雄州应急救援中心暨综合保障基地一期项目建设有关问题，楚雄州煤炭产业转型升级有关问题；听取全州第三、四季度重点工作、重点项目督查推进工作计划情况汇报。

第三十三次常务会议。11月3日召开，会议传达学习党的十八届四中全会精神，研究政府系统贯彻落实意见；研究楚雄州土地储备开发整理中心向楚雄市农村信用联社抵押贷款的问题，州水务发展公司向中国农业发展银行贷款1.5亿元用于小（二）型病险水库除险加固建设的有关问题，楚雄州外贸发展考核奖励工作的有关问题；审定《中共楚雄州委、楚雄州人民政府关于贯彻落实〈楚雄州建设民族文化强州规划（2013～2020年）〉的实施意见（送审稿）》，追加州精神文明建设工作暨第十次表彰大会经费的有关问题；研究《政府工作规则》等2项制度修订和《州人民政府重大行政决策程序》等3项制度制定的有关问题，禄丰县撤县设市的有关问题，州监察局提请的有关案件问题；审定《禄丰县城总体规划修改（2014～2030年）（送审稿）》，《楚雄州人民政府关于加快全州现代粮食流通产业改革发展的实施意见（送审稿）》，《楚雄州村级公益事业建设“一事一议”财政奖补实施办法（送审稿）》；听取楚雄州食品药品监管体制改革工作情况汇报。

第三十四次常务会议。12月8日下午召开，会议听取2014年州级“3个30”新开工重点项目中期调整计划的情况汇报；听取义务教育学校聘用后勤人员有关问题情况汇报；听取州级行政审批制度改革和州级取消、下放、保留的行政审批项目情况汇报。审定《楚雄州本级2014年财政预算调整草案的报告（送审稿）》和《楚雄州2014年州对县财政转移支付计算办法（送审稿）》，《楚雄州州属职业教育学校改革方案（送审稿）》，《楚雄州中小学在岗代课教师择优招聘指导意见（送审稿）》；研究向海通证券办理股权质押融资的有关问题，处置州人民政府原驻河口办事处资产的有关问题，确定重点项目征地拆迁过程中部分补偿审批的有关问题，永仁县莲池乡等3个乡撤乡设镇的有关问题，以及拟召开州红十字会第三次会员代表大会的有关问题。

第三十五次常务会议。12月28日下午召开，会议书面传达学习中央、省委经济工作会议精神，研究政府系统贯彻落实意见；听取楚雄州2015年春节慰问活动安排情况汇报和2015年国民经济和社会发展计划主要指标初步建议情况汇报；审定《楚雄州加快中医药发展行动计划（2014～2020年）（送审稿）》，《楚雄州集体林权流转管理办法（送审稿）》，《楚雄州体操足球项目发展规划（2014～2025年）（送审稿）》；审定《楚雄州新型城镇化规划（2014～2020年）（送审稿）》；研究广大铁路和楚南公路建设拆迁原汇东乳业有限公司资金补偿的问题，《中共楚雄州委、楚雄州人民政府关于全面深化国有企业改革的实施意见（送审稿）》，楚雄州第六批中青年学术技术带头人培养人选的有关问题，评选楚雄州第九届劳动模范和先进工作者的有关问题。

［郭　海］

重要活动

【经济活动】　2013年12月30日至2014年1月2日，州长李红民，常务副州长杨照辉，副州长周兴国、洪维智到州商务局、州交通运输局、州工信委、州住建局、人行楚雄州中心支行和州发改委等部门调研工作。州政府秘书长李德胜参加调研。

1月1日，全州财政收支情况通报会议召开。州长李红民、常务副州长杨照辉、州政府秘书长李德胜出席会议。

1月3日，省统计局局长姚堂文深入禄丰县调研第三次全国经济普查工作开展情况，副州长周兴国陪同调研。

1月8日上午，州人民政府召开全州投融资工作座谈会议，各金融机构对2014年投融资工作进行专题汇报。副州长洪维智出席会议并讲话。

1月9日，省科技厅厅长助理郑健、四川省内江市市长助理王亚武率考察组赴元谋考察楚雄国家农业科技园区，并听取有关工作情况汇报。州委常委、副州长孙赟陪同考察。

1月13日，武定县与州开发投资有限公司、云南中冶投资有限公司、昆明市福保文化城有限公司签订《武定县禄金工业园区基础设施建设融资合作协议书》，协议融资合作总额5亿元。

1月20日下午，州人民政府与广东东莞金状元网络科技有限公司召开楚雄金状元电子商务产业园建设座谈会议，副州长周兴国出席会议并讲话。

2月7～10日，州政府顾问、国家食品药品监督管理局原副局长惠鲁生，省药学会理事长、省食药监局原局长孙学明，省食药监局副局长邢亚伟一行深入楚雄州调研生物医药产业发展情况，并于10日召开楚雄州生物产业发展座谈会议。州级领导李红民、邱江、卜德诚、何根源出席会议。副州长周兴国主持会议。

2月19日，州人民政府召开七彩云南·时空世界项目推进会。州长李红民，州政府秘书长李德胜，州政府党组成员、州发改委主任徐东出席会议。

2月21日上午，省交通运输厅在楚雄州召开高速公路重点项目第七次生产调度会，重点研究加快推进楚广高速公路建设有关问题。省交通运输厅厅长刘一平、副厅长郭大进，省公路投资有限公司董事长孙乔宝，州长李红民、副州长周兴国出席会议。

3月3日上午，州人民政府与省公路局召开座谈会议，研究国道320线改造合作事宜。省公路局副局长马先志、副州长周兴国出席会议，并代表双方签订合作协议。

3月4～6日，州人民政府分别召开2014年全州环境保护工作会议、工业和信息化工作会议、招商引资工作会议。副州长周兴国出席会议并讲话。州人大常委会副主任卜德诚，州政协副主席张启俊、蒲涌分别出席会议。

3月12日上午，省发改委副主任、能源局局长马晓佳到楚雄州调研能源建设工作，副州长周兴国陪同调研。

3月13日上午，全省供销合作社项目管理工作会议在禄丰县召开，省供销合作社主任李琳波、副主任谢晖出席会议，副州长周兴国出席会议并致辞。

3月27日，2014年全州烤烟预整地现场会议在牟定召开。州委常委、常务副州长杨照辉出席会议并讲话，州人大常委会副主任李佳到会指导，州烤烟生产协调领导小组部分成员单位，各县（市）分管烟叶工作的副县（市）长、烟草分公司经理、副经理、生产科长参加会议。

4月8日，省政府森林防火工作专项督查组到楚雄州督查森林防火工作。州委常委、副州长任锦云陪同督查。

4月9日，全州春耕生产水利建设暨森林防火工作现场会议在元谋县召开。州长李红民，州委常委、副州长任锦云，州政府秘书长李德胜出席会议。

4月11日，州人民政府召开吕合煤业有限责任公司长坡露天矿年产90万吨扩建项目调研工作会。州长李红民，州委常委、常务副州长杨照辉，副州长周兴国，州政府秘书长李德胜出席会议并对煤矿安全生产工作情况进行实地检查。

4月24日下午，楚雄州召开煤矿安全生产煤炭产业转型发展及道路交通安全工作会议，安排部署煤矿安全生产、煤炭产业转型发展、道路交通安全、非煤矿山安全、地质灾害防治、森林防火等重点工作。州长李红民，州委常委、常务副州长杨照辉，副州长周兴国、曹卫东，州政府秘书长李德胜出席会议。

4月26日，中国经济战略研究院院长谢秉臻一行到楚雄州考察石材产业发展情况。

4月27日上午，州人民政府举行“现代服务业促进区域经济跨越式发展”专题讲座暨招商引资项目签约仪式。州级领导李红民、卜德诚、周兴国、张启俊，州人民政府秘书长李德胜出席讲座和签约仪式。

5月4日，州长李红民主持召开州长办公会议。州委常委、常务副州长杨照辉，州委常委、副州长任锦云，副州长赵祖莹、邓斯云、周兴国、曹卫东、洪维智，秘书长李德胜等出席会议。

5月13日，中国医药集团总公司、中国药材集团公司副总经理兰青山一行到楚雄州考察中药材种植情况，并召开座谈会。副州长邓斯云出席座谈会。

5月13日下午，楚雄州中小企业融资工作座谈会召开，围绕企业直接融资、拓展融资渠道进行专题讨论。副州长洪维智出席会议。

5月15～16日，省国资委主任董华一行到楚雄州调研国有资产监督管理和国有企业改革工作，州长李红民、副州长周兴国陪同调研。

5月17～19日，州长李红民、州长助理刘春华率州政府办公室、州发改委、州林业局、州交通运输局、州水务局、州旅游局等有关部门负责人赴双柏县、南华县、楚雄市调研哀牢山国家级自然保护区工作情况，检查春耕生产工作和农田水利建设情况，研究申报哀牢山国家公园有关工作。

5月30日，全州抗旱工作紧急电视电话会议召开。州长李红民，州委常委、副州长任锦云，州人大常委会副主任熊卫民，州政协副主席蒲涌出席会议。

6月3日，由省人民政府主持的2014年滇冀合作项目对接活动举行，楚雄州与河北欣意集团签署《河北欣意电缆有限公司稀土高铁铝合金电力电缆楚雄生产基地建设项目框架协议》。州长李红民参加对接活动。

6月4日下午，州人民政府召开全州重点项目推进办公会议。州长李红民出席会议并讲话，州委常委、常务副州长杨照辉主持会议。州委常委、副州长任锦云，副州长邓斯云、周兴国、曹卫东，州长助理刘春华、州政府秘书长李德胜出席会议。

6月5日下午，州长李红民、副州长周兴国与天津医药集团董事长张建津一行就楚雄州医药产业发展进行研究洽谈。

6月6日，第2届中国—南亚博览会暨2014年第22届中国昆明进出口商品交易会开幕。由州长李红民率州政府办公室、州商务局、州工信委、州招商合作局、州政府新闻办等有关部门负责人组成代表团参会。开幕式当天，州长李红民、州人大常委会副主任卜德诚、副州长周兴国、州政协副主席张启俊到楚雄馆巡馆。7日上午，楚雄州参加了第2届南博会·中国侨商投资贸易洽谈会。州长李红民向参会各国侨商专题推介楚雄州招商引资项目。同日上午，举行南博会暨昆交会经贸合作项目集中签约仪式。卜德诚、周兴国、张启俊参加签约仪式。7日下午，副州长周兴国率队，组织10县（市）、楚雄开发区招商部门参加第2届南博会·第12届东盟华商推介会。

6月10～11日，云台农业产业对接会议在楚雄州举行。省台办副主任周友亮主持会议，州委常委、副州长任锦云致辞，州委常委、州委统战部部长杨静，州委常委、副州长孙赟出席会议。州长李红民参加有关对接活动。

6月17～18日，省审计厅副厅长吴绍吉先后到永仁县、元谋县、武定县调研指导工作，并看望基层审计人员。

6月25日，省投资控股集团有限公司集团党委书记、董事长保明虎率集团总裁刘一农及有关处室负责人共10余人到姚安调研。州长李红民，州委常委、副州长任锦云，州政府秘书长李德胜等陪同调研。

6月26日，工信部政法司司长李巍一行深入州政务服务大厅、市便民服务中心调研行政审批改革工作情况，深入云南植物药业有限公司楚雄原料药基地、云南盘龙云海药业有限公司、云南开关厂调研企业生产经营情况。副州长周兴国出席汇报会。

6月28～30日，省人民政府金融办主任刘光溪一行到楚雄、双柏、牟定、南华、姚安、大姚、禄丰7县（市）对县域金融发展等有关工作开展调研并召开座谈会。副州长洪维智陪同调研并出席座谈会。

7月2日，红塔集团总裁、党委书记夏丌元到楚雄调研。夏丌元在红塔集团楚雄卷烟厂了解企业生产经营情况，并对下步工作提出要求。州党政领导张太原、李红民、杨照辉、周兴国出席座谈会议。

7月2～3日，中国行政区划与区域发展促进会赴禄丰调研指导撤县设市工作，副州长赵祖莹陪同调研。

7月8日上午，州人民政府召开2014年上半年经济运行分析会议。州长李红民，州委常委、常务副州长杨照辉，副州长周兴国，秘书长李德胜出席会议。

7月15日，州委书记张太原到禄丰县调研工业经济发展。州委常委、州委秘书长赵克义，副州长周兴国参加调研。

7月29日，全州现代山地牧业现场推进会在双柏县举行。州委常委、副州长任锦云出席会议。会议传达学习全省高原特色农业现场推进会议精神，对楚雄州上半年山地牧业发展情况进行总结回顾，并对下步工作进行安排部署。

7月30日上午，全州高原特色农业发展推进会在南华县召开，州委常委、副州长任锦云出席会议并讲话。

8月6～8日，国家林业局云南专员办党组书记、专员兼濒管办主任万兆奇一行到楚雄州对林地定额使用情况、湿地管理情况进行调研检查。州长李红民，州委常委、副州长任锦云，副州长周兴国陪同调研。

8月9日，楚雄国家农业科技园区建设领导小组暨园区启动会议在楚雄召开。州长李红民，州委常委、副州长任锦云出席会议并对有关工作作安排部署，州政协副主席蒲涌、州长助理刘春华、州政府秘书长李德胜出席会议。

8月11日，州委书记张太原，州委常委、副州长任锦云到楚雄市尹家嘴水库、中石坝水库、楚双水库、九龙甸水库，双柏县栗树埂水库和牟定县庆丰水库，实地检查了解水库蓄水及管理养护情况。

8月19日上午，省铁建办专职副主任王勇、昆明铁路局副局长韩忠平到楚雄市、南华县调研铁路征地拆迁工作情况，副州长周兴国陪同调研。

9月1日，省质量技术监督局局长杨榆坚到楚雄州质量技术监督综合检测中心调研，副州长邓斯云陪同调研。

9月10～11日，州人民政府与省金融办共同举办“金融支持县域经济发展楚雄行”系列活动。省金融办党组书记、主任刘光溪作金融专题讲座，州委常委、副州长任锦云致欢迎词，副州长洪维智主持活动。

9月15～16日，省科协党组书记唐兵到楚雄州调研农民合作组织工作，副州长禾建国陪同调研。

9月17日，楚雄州辣木产业化发展现场推进会议在元谋县召开。州委常委、副州长任锦云，州委常委、副州长孙赟，副州长洪维智，州长助理刘春华出席会议。

9月24日上午，全州生物医药发展座谈会议召开。州长李红民，州委常委、副州长任锦云、孙赟，副州长周兴国出席会议。

10月9日下午，2014年楚雄州高原特色农业专题培训班在州委党校举办，州委常委、副州长任锦云作开班动员讲话，并就党的十八届三中全会和楚雄农业发展作专题发言。

10月11日下午，2014年前三季度全州经济运行分析会议召开。州委常委、常务副州长杨照辉，州委常委、副州长任锦云，州产业督导协调组组长杨应旭，州政府秘书长李德胜出席会议。

10月11日下午，省交通运输厅副厅长王彩春带领有关处室负责人到楚雄就农村公路建设有关工作召开座谈会，州委常委、副州长孙赟参加会议。

10月9~13日，州长李红民、副州长周兴国率团参加第十届泛珠洽谈会暨滇粤合作交流活动。

10月13日下午，全州2014年晚秋作物生产暨2015年冬季农业开发现场会议在姚安召开，州委常委、副州长任锦云出席会议并讲话。

10月16~17日，中国农科院原书记、中国蔬菜协会会长薛亮到元谋县调研蔬菜产业发展情况，副州长夭建国陪同调研。

10月21日，国家林业局森林资源管理司副司长王洪波、国家林业局驻云南专员办专员万兆奇、国家林业局昆明勘察设计院书记周红斌、省林业厅副厅长夏留常到元谋县天子山和永仁县秀田并网光伏发电场调研。州委常委、副州长任锦云陪同调研。

10月21日，省商务厅党组书记、厅长和良辉一行到楚雄调研电子商务、企业商贸物流等工作，州长李红民陪同调研。

10月22~23日，由省国土资源厅副厅长陈刚带队的省政府督察组到楚雄州督查煤炭转型升级工作，州长李红民、副州长夭建国参加23日上午召开的汇报反馈会议。

10月29日，州人民政府召开专题会议，研究彝族医药科技园建设有关问题。州长李红民，副州长夭建国出席会议并讲话。

10月31日下午，州人民政府召开全州工业园区建设工作座谈会议，副州长周兴国、州政协副主席张启俊出席会议并讲话。

11月3日上午，上海德邦证券有限责任公司一行到楚雄州与州金融办、州上市办、州开发投资公司专题讨论中小企业私募债发债及培育上市事宜。副州长洪维智出席会议并讲话。

11月4日上午，州人民政府召开全州金融运行分析会，围绕"全年新增各类融资100亿元以上，新增银行贷款70亿元以上"任务目标进行深入交流和讨论。副州长洪维智出席会议并讲话。

12月17日上午，州委、州人民政府举行彩云至碍嘉公路建设工程启动仪式。州党政领导张太原、李红民、邱江、卢显林、李兴顺、周兴国，州政府秘书长李德胜出席启动仪式，州直有关部门负责人，禄丰县、双柏县有关领导，州县指挥部有关人员，施工单位和监理单位代表等参加启动仪式。

12月18日，全省引导农村土地经营权有序流转发展农业适度规模经营工作电视电话会议召开，楚雄州设分会场参加会议，州委常委、副州长任锦云出席会议。

12月18日上午，国家林业局资源管理司副司长徐济德到元谋县调研光伏电站林地使用情况，副州长夭建国陪同调研。

［郭　海］

【政务活动】 2014年1月9日，省人民政府党组成员、省移民工作领导小组组长夜礼斌到楚雄走访慰问困难移民。州委常委、副州长任锦云陪同走访。

1月15~18日，省社科院党组书记李涛带领省民族团结进步边疆繁荣稳定示范区建设课题调研组赴楚雄州调研，并于16日召开座谈会。州委常委、州委统战部部长杨静，副州长赵祖莹出席会议。

1月20~22日，以国家安全监管总局职业健康司司长高世民为组长的安全生产工作专项督查组到楚雄州对安全生产和职业病预防工作进行专项督查。州委常委、常务副州长杨照辉陪同督查。

4月1日，国家发改委副秘书长任珑率国家发改委、工信部、住建部、地震局和总参作战部等部门领导组成的国务院抗震救灾指挥部督查组，到楚雄州督查指导地震应急准备工作。省地震局副局长陈勤、副州长邓斯云陪同督查。

4月4日上午，大理州人民政府副州长、州公安局局长陈川一行及省公路投资公司有关人员到楚雄州召开楚大高速公路保通工作协作会。副州长曹卫东出席会议。

5月22日，第十六届中国科协年会云南高原特色农业发展论坛暨院士专家助农业产业行动大会在楚雄召开。吴孔明、陈宗懋、方智远、傅廷栋、桂建芳、邓子新6位中国科学院和中国工程院院士、2位国际著名专家和13位国内知名学者齐聚一堂，助力云南农业发展、献计云南农村改革。楚雄州党政领导张太原、卢显林、李兴顺、任锦云，孙赟出席会议。

6月11日上午，省人民政府召开全省政府职能转变和机构改革工作电视电话会议。州级领导李红民、杨照辉、任锦云、孙赟、杨应旭、周兴国，州政府秘书长李德胜在楚雄州分会场参加会议。

6月17日，2014年行政执法案卷评查初步评查意见反馈组到楚雄州召开座谈会，反馈全州行政执法案卷初步评查情况。副州长赵祖莹出席座谈会。

6月18日，国家信访局办信二司副司长孙宽平一行到楚雄州调研督查信访工作。省"两办"群众工作局副局长、信访局副局长郭金富，楚雄州人民政府副州长曹卫东陪同调研。

7月10~11日，省法制办、省国土资源厅组成调研组到楚雄州开展《云南省实施土地利用总体规划办法（草案）》立法调研，副州长赵祖莹陪同调研。

8月18日、22日，省质监局、省工商局分别到楚雄州举行楚雄州质监、工商系统行政管理体制调整划转交接仪式，副州长邓斯云出席仪式并讲话。

8月27日，州人民政府召开全州县（市）工商、质监管理体制调整移交工作会议，副州长邓斯云出席会议并讲话。

9月2日下午，全州“十三五”规划编制工作动员会召开。州委常委、常务副州长杨照辉出席会议并讲话，州政府秘书长李德胜主持会议。

9月12～13日，州长李红民，副州长周兴国，州政府秘书长李德胜率10县（市）政府领导和州直有关部门负责人赴红河州建水县考察学习工业园区建设经验和做法。

9月15日上午9时18分，中铁八局广大铁路一标段楚雄市境内1号隧道763米左右发生塌方，导致隧道施工人员6人被困。15日19时32分，副省长丁绍祥率省政府办公厅、省安监局、省铁建办、省卫计委等部门负责人赴隧道坍塌事故现场组织指挥施救。16日6时50分，副省长丁绍祥再次深入事故现场，就下步救援工作提出8点要求。州委书记张太原、州长李红民等党政领导先后深入事故现场看望在一线奋战的救援人员，并就贯彻落实副省长丁绍祥指示精神细化工作措施。经各方不懈努力，被困6人中4人获救。

10月14日，由省住建厅党组成员、驻厅纪检组长李春华率队的省政府节能减排督查组，对楚雄州1～9月节能减排目标任务完成情况、污水处理厂工程建设运行和重点节能项目建设等情况开展专项督查。副州长夭建国出席汇报反馈会并讲话。

10月22日下午，州人民政府在州会务中心召开州长李红民任期经济责任审计进点会议，省审计厅党组成员、副厅长、经济责任审计局局长、审计组组长吴绍吉出席会议，并对审计工作提出要求。州级领导李红民、杨照辉、任锦云，州政府秘书长李德胜，以及有关部门主要负责人参加了会议。

12月18日，州级领导李红民、岑化虎、杨照辉，州人民政府秘书长李德胜等到楚雄市白龙箐，实地调研查看州法院、州检察院、州公安局、州司法局办公及业务用房迁建工程情况，并召开专题办公会议，对4个部门办公及业务用房迁建工程等有关问题进行研究。

［郭　海］

【文化活动】　2014年1月7日，中共楚雄州委、州人民政府召开楚雄州创建国家公共文化服务体系示范区动员会议。省文化厅厅长黄峻，州委书记张太原，副州长邓斯云，州政协副主席何根源等出席会议。

1月12日，州长李红民到姚安县官屯乡马游村委会调研民族文化建设工作，并看望慰问非物质文化遗产国家级和省级传承人。州政府秘书长李德胜参加调研。

1月17日，元谋古人类历史文化旅游项目总体规划评审及控制性详细规划审查会议在元谋召开。州长李红民、州人大常委会副主任吴丽华、州政协副主席何根源、州政府秘书长李德胜出席会议。

1月20日，由云南爱尔发生物技术有限公司捐资助学的第一届爱尔发奖助学金发放仪式举行。州人大常委会副主任、州工商联主席吴丽华，副州长邓斯云，州政协副主席张启俊出席发放仪式。

3月23日，州长李红民率州级有关部门到元谋县调研元谋古人类历史文化旅游项目推进情况，并召开项目推进会。

3月26日，全省数字档案馆建设管理业务培训会在楚雄召开，省档案局局长黄凤平、楚雄州副州长邓斯云，各州（市）档案局局长参加会议。

3月28日下午，世界恐龙谷景区发展交流会在昆明召开，应云南世博旅游集团邀请，州长李红民率州人大常委会、州人民政府、州政协和州级有关部门领导及禄丰县党政主要领导参加了交流会。

3月28日，滇东九州市科技局长联席会议在楚雄召开，省科技厅副厅长赵志武、省知识产权局局长高颂山、副州长邓斯云出席会议。

4月8日，省科技厅、州人民政府2014年科技工作会商会议在楚雄召开。省科技厅厅长龙江、副厅长关鼎禄，州委书记张太原、州长李红民、副州长邓斯云、州政府秘书长李德胜出席会议。

4月23日上午，云南开放大学2014年工作会议在楚雄州召开，共商全省开放教育事业改革发展问题。云南开放大学书记罗骥、校长徐彬，副州长洪维智出席会议。

4月25日上午，云南省十大历史文化旅游项目——七彩云南·时空世界项目在禄丰县彩云镇举行开工仪式。省旅发委党组书记、主任段跃庆，省政府参事黄兴奇，省农科院副院长范源洪，州党政领导张太原、李红民、李兴顺、吴丽华、何根源等出席开工仪式。

5月8日，州人民政府召开2014年全州国家教育统一招生考试工作电视电话会议，副州长邓斯云出席会议并讲话。

5月26～28日，由国务院办公厅督查室副主任傅卿德任组长，教育部、人社部、住建部有关处室负责人为成员的督查组，在省政府教育督导团总督学廖晓珊、省政府督查专员安南的陪同下，到楚雄州督查推进义务教育均衡发展情况。副州长邓斯云陪同督查。

6月7日，副州长邓斯云率州政府办公室、州教育局、楚雄市政府有关负责人到楚雄紫溪中学、楚雄一中、东兴中学各高考考点巡视2014年高考工作。

6月9日，楚雄州文化和旅游产业协调指导组彝人古镇专题办公会议召开。州政协主席李兴顺，副州长邓斯云等出席会议。

6月10日，以“尚德守法，提升食品安全治理能力”为主题的2014年全国、全省“食品安全宣传周”活动启动，楚雄州在桃源湖广场同步举行启动仪式。州人大常委会副主任吴丽华、副州长邓斯云出席启动仪式。

6月11日，楚雄州第九届少数民族传统体育运动会开幕。州党政领导张太原、李红民、杨静、熊卫民、邓斯云、李怡，州人民政府秘书长李德胜出席开幕式。

6月23日，州人民政府在双柏县召开教育部滇西连片扶贫挂职干部座谈会。教育部派驻双柏、牟定、南华、姚安、大姚、永仁6县的挂职副县长和有关部门负责人参加座谈会。副州长邓斯云出席会议并讲话。

6月24日上午，楚雄州第三届残疾人职业技能竞赛在楚雄市职业高级中学开幕。副州长赵祖莹、省残联副巡视员吴正杰出席开幕式并讲话。

6月26日上午，楚雄州在桃源湖广

场举行以“防范冰毒危害，崇尚健康生活”为主题的禁毒宣传活动启动仪式。副州长曹卫东参加启动仪式并讲话。

7月2日晚，楚雄州第五届残疾人运动会开幕。州党政领导张太原、李红民、商雁鸿、赵祖莹、邓斯云、蒲涌，州人民政府秘书长李德胜等出席开幕式。

7月4日，全省2014年乡村学校少年宫项目建设工作推进会议在永仁县召开，中央文明办三局副局长张志勇、省文明办主任蔡春生、副州长邓斯云出席会议并讲话。

8月15日上午，云南广电网络集团公共覆盖现场推进会议在楚雄召开。云南广电网络集团党委书记、董事长王建又，总经理王国栋，省广播电视局纪检组长周云峰，州长李红民、副州长赵祖莹等出席会议。

8月26日，昆明理工大学应用人才培养基地授牌暨2014级新生开学典礼在州职教园区举行。昆明理工大学副校长易健宏、副州长邓斯云出席典礼并讲话。

8月31日，云南省第十届残疾人运动会暨第四届特殊奥林匹克运动会在曲靖开幕，副州长夭建国率领楚雄州代表团参加比赛，并出席运动会开幕式。

9月4～9日，在第30个教师节到来之际，州委书记张太原，州长李红民，州人大常委会主任卢显林，州政协主席李兴顺分别率队代表州级四套班子前往楚雄、双柏、元谋、武定走访慰问了4县（市）部分学校，看望广大教职员工，向他们致以节日的问候。左荣贵、赵克义、吴丽华、邓斯云、何根源等州级领导参加慰问。

9月17日，国家档案局副局长李明华一行到楚雄州开展档案行政执法检查工作，省档案局局长黄凤平、副州长邓斯云陪同检查。

10月16日，全州创建国家公共文化服务体系示范区推进会议召开，州长李红民、副州长赵祖莹等出席会议。

10月26～27日，以文化部党组成员、部长助理刘玉珠为组长的国家文化部、财政部创建国家公共文化服务体系示范区中期督查组到楚雄州督促检查示范区创建工作情况。州长李红民、副州长赵祖莹等陪同督促检查。

11月2～3日，东南大学党委常委、副校长王保平一行到楚雄州调研，州委常委、副州长任锦云陪同调研。

11月10日，云南爱尔法生物科技有限公司“侯保荣院士工作站”举行揭牌仪式，州委书记张太原为院士工作站揭牌，州长李红民在揭牌仪式上讲话，州委常委左荣贵、杨静、徐昕出席揭牌仪式。副州长夭建国主持揭牌仪式。

11月17～21日，教育部“人教数字教材（教师版）云南省楚雄州实验项目”实施商谈会议在州教育局召开，省出版集团有限责任公司总经理江庆波，州委常委、州纪委书记夏新建，副州长邓斯云等参加会议。

11月19日，2014七彩云南格兰芬多国际自行车节楚雄站比赛举行。省体育局副局长沈俊镔出席开幕式，州委常委、州委政法委书记岑化虎主持开幕仪式，州委常委、常务副州长杨照辉致辞。

11月20日，元谋古人类历史文化旅游项目现场推进会议在元谋县召开。州长李红民，州委常委、常务副州长杨照辉，副州长赵祖莹出席会议。

［郭　海］

【社会活动】　从2014年1月1日起，楚雄州上调失业保险金发放标准，执行二类地区一档713元/月、二档805元/月、三档886元/月3个档次，调标后，楚雄州失业人员月人均可增加失业保险金105元。

从1月1日起，楚雄州乡村医生配置按照每千农业人口配备1名乡村医生的标准核定，全州乡村医生补助每人每月增加100元，增加补助资金由省级财政全额承担。提高补助后，楚雄州乡村医生补助标准从每人每月200元提高到每人每月300元。

1月8～9日，以省发改委副主任、省医改办主任饶卫为组长的省医改督导调研组深入武定县、大姚县对楚雄州深化医药卫生体制改革工作进行督导调研。副州长邓斯云陪同调研。

1月9日，全州2014年文化科技卫生“三下乡”集中示范活动在姚安县光禄镇启动。州人大常委会副主任吴丽华、副州长邓斯云、州政协副主席何根源等出席启动仪式。

1月13日，州长李红民、副州长赵祖莹等到双柏县走访慰问敬老院及低保户、受灾户、残疾人户，并走访慰问了部分驻楚部队官兵。

1月24日，楚雄州食品安全检测信息共享平台运行及管理培训会在州疾控中心举行，标志着楚雄州食品安全检测信息共享平台即州食品安全网建成并正式投入运行。

2月18～20日，中央统战部、国家民委调研组一行赴楚雄调研民族团结进步示范区建设。州委常委、州委统战部部长杨静，副州长赵祖莹陪同调研。

2月19日，州人民政府召开2014年全州防震减灾工作联席会议，州长李红民，副州长赵祖莹、邓斯云、曹卫东，州政府秘书长李德胜出席会议。

2月27日，2014年全州安全生产工作会议暨州安委会第一次全体会议召开。州长李红民出席会议并讲话；州委常委、常务副州长杨照辉主持会议，并代表州人民政府与10县（市）人民政府、州级有关部门、19户重点企业签订2014年度安全生产责任书。

2月27日，公安部消防局副政委琼色一行深入楚雄州公安消防支队、楚雄市、禄丰县公安消防大队看望慰问消防官兵，调研基层消防工作，并采取随机抽查方式对部分防火重点单位开展“清剿火患”战役进行实地督查。州长李红民、副州长曹卫东陪同调研。

3月4日上午，2014年全州教育卫生人口计生食品药品监管工作会议召开，副州长邓斯云、州政协副主席何根源出席会议。

3月6日，全州民政暨防灾减灾老龄工作会议召开。副州长赵祖莹出席会议并讲话。

3月19日，全省县级计生服务站国家免费孕前优生健康检查项目临床实验室质量管理技术培训班在楚雄州举办。副州长邓斯云出席开班仪式并讲话。

3月19日，上海市合作交流办主任、沪滇对口资源与合作工作领导小组办公室主任林湘率对口帮扶单位到武定县插甸村委会考察扶贫整乡推进工作。省扶贫办主任李新平，州委常委、副州长任锦云，副州长邓斯云，州长助理刘春华陪同考察。

3月24～27日，省级检查验收组到楚雄州对会理“8·30”、姚安“7·09”地震恢复重建工作进行全面检查验收，州委常委、常务副州长杨照辉陪同检查。

3月26～28日，省扶贫办党组书记、主任李新平一行到楚雄、双柏、大姚、永仁、元谋5县（市）调研，州长李红民，州委常委、副州长任锦云陪同调研。

3月28日上午，州人民政府召开全州缉枪治爆工作汇报会，副州长曹卫东向省政府督查组汇报了楚雄州开展缉枪治爆工作情况。省政府督查组组长、省工商局副局长刘本军对楚雄州开展缉枪治爆工作给予肯定，并对下步工作提出了意见和建议。

4月10日，全省餐饮服务食品安全事故应急演练现场会在永仁县举行。国家食药监总局应急管理司司长郭晓光，省政府副秘书长、省食安委办公室主任、省食药监局局长杨杰出席现场会，副州长邓斯云参加会议。

4月24日下午，省保监局局长华日新到楚雄州调研政策性农房地震保险制度工作，对试点实施方案进行再次征求意见并召开座谈会议。副州长洪维智出席会议并讲话。

5月7日22时11分，楚雄州元谋县羊街镇境内（北纬25.5°，东经101.9°）发生里氏4.7级地震，震源深度13千米。地震发生后，省委书记秦光荣作了重要批示。州党政领导张太原、李红民、杨照辉、徐昕、夏新建、邓斯云、曹卫东等第一时间赶往州地震局和州应急办指挥地震应急工作，并对有关工作迅速作出部署，要求有关人员迅速查明灾情，科学有效组织救灾。副州长赵祖莹带领州地震局、州民政局等有关部门领导迅速赶往元谋县灾区指导救灾工作。

5月9日，州长李红民率副州长赵祖莹、州政府秘书长李德胜和州级有关部门负责人深入元谋县、永仁县、牟定县查看元谋“5·07”地震和永仁“5·02”特大冰雹灾情，指导救灾工作，调研督查重点项目推进情况。

5月16日上午，州政府召开楚雄州城市棚户区改造工作座谈会。州长李红民，州委常委、常务副州长杨照辉，州人大常委会副主任熊卫民，州政协副主席张启俊出席会议，州政府秘书长李德胜主持会议。

5月27日，全州人力资源保障建设工作座谈会议召开。州长李红民，州委常委、常务副州长杨照辉出席会议，州政府秘书长李德胜主持会议。

5月30日，全州建设全国民族团结进步示范区工作领导小组会议召开，听取全州民族团结进步示范区建设工作进展情况汇报，研究安排下一阶段工作。州长李红民，州委常委、州委统战部部长杨静，副州长赵祖莹，州政府秘书长李德胜出席会议。

6月3日上午，全州公安机关视频调度会议召开，对进一步加强火车站等人员密集场所安全防范暨社会面整体防控工作作出部署，副州长曹卫东出席会议。

6月5～6日，省民政厅厅长段丽元一行到楚雄州调研民政工作，并于6日召开全州民政工作汇报会。州长李红民、州长助理刘春华陪同调研，州委常委、副州长任锦云，州政府秘书长李德胜出席汇报会。

6月9日上午，省长助理、省公安厅党委书记、厅长杨嘉武，副厅长王建中率省公安厅刑侦等有关部门领导及刑侦专家赶赴楚雄州“6·09”爆炸案现场，指导案件侦破工作。

6月11～12日，招商银行总行副行长汤小青一行到楚雄州开展扶贫慰问活动，州长助理刘春华陪同慰问。

6月12日上午，国家发改委、环保部等8部委召开全国打击企业违法排污保障群众健康专项行动电视电话会议。州长李红民、副州长周兴国在楚雄州分会场参加会议。

6月15日，2014年全州扶贫开发暨整乡推进工作现场会议在大姚县召开。州长李红民，州委常委、副州长任锦云，州长助理刘春华出席会议。

6月19～23日，以省民委巡视员木桢为组长的民族团结进步示范区建设目标责任制检查考评组对楚雄州民族团结进步示范区建设工作情况进行检查考评，并召开座谈汇报会。副州长赵祖莹出席座谈汇报会。

6月26日上午，省委、省人民政府组织召开全省“三农”保险服务改革创新工作视频会议，州委副书记邱江，州委常委、副州长任锦云，副州长洪维智在楚雄分会场参加会议。

6月26日，省公安厅党委副书记、副厅长董家禄一行3人深入楚雄市公安局、市公安局开发区派出所、昆明铁路公安处楚雄站派出所、楚雄东客运站检查督导反恐工作。副州长曹卫东等领导陪同检查。

6月30日，州人民政府召开楚雄州重大火灾隐患集中整治专项行动动员部署电视电话会议，副州长曹卫东出席会议并讲话，对全州开展重大火灾隐患集中整治专项行动作出安排部署。

7月11日下午，省政府召开全省防汛减灾工作电视电话会议。州委常委、副州长任锦云，州委常委、副州长孙赟在州分会场参加会议。

7月14日，昆明麦特兰进出口贸易有限公司向楚雄州人民医院捐赠医疗设备仪式在州医院新区举行。省政协原常务副主席孟继尧，省政协原副主席、省老年学会会长李明德，省委教育实践活动第六督导组副组长闫友谊；州党政领导张太原、杨照辉、邓斯云、何根源等参加捐赠仪式。

7月29日，全省2014年防艾办主任工作会暨HIV检测卡现场交流会在楚雄州南华县召开。省卫生厅副厅长徐和平、副州长邓斯云出席会议。

7月31日上午，州扶贫开发领导小组专题会议在武定县召开，州委常委、副州长任锦云出席会议并讲话。

8月4日，以省国家安全厅总队长刘乔光为组长的省防艾委2014年防艾责任目标半年督导组到楚雄州督导艾滋病防治工作。副州长邓斯云陪同督导并参加反馈会议。

8月21日，楚雄州分别在元谋县、双柏县召开全州缉枪治爆、打击黄赌毒和涉恐涉爆涉毒重点人员排查整治专项工作片区推进会议。州委常委、州委政法委书记岑化虎，副州长曹卫东出席会议并讲话。

9月11～12日，全省集中连片特殊困难地区区域发展与扶贫攻坚工作现场推进会议在红河州石屏县召开，州长李红民，州委常委、副州长任锦云赴红河参加会议。

9月15日，全省城镇污水处理厂管网建设及运营管理现场督查推进会议在元谋县召开，州委常委、副州长孙赟出席会议并致辞。

9月15～17日，省食品药品监督管理局副巡视员张豫昆率省政府食品安全专项整治行动第一督查组到楚雄州督查2014年食品安全专项整治工作，副州长邓斯云陪同督查。

9月18日，全州城乡人居环境提升行动推进会议在大姚县召开。州委常委、常务副州长杨照辉，州委常委、副州长任锦云，州人大常委会副主任熊卫民，州政协副主席何根源出席会议。

9月18日，云南中部地区（楚雄及邻区）震情研讨会议在楚雄州召开。省地震局副局长毛玉平、副州长邓斯云出席会议并讲话。

9月20日上午，上海市东方医院与州人民医院对口支援项目合作签字仪式暨“上海市东方医院（同济大学附属东方医院）楚雄心脏中心”、“上海市东方医院国家卫生紧急医学救援队——楚雄救援队”成立挂牌仪式在州人民医院新区举行。上海市东方医院院长刘中民、副州长邓斯云出席项目合作签字及挂牌仪式。

9月22～23日，州委书记张太原，州长李红民分别率队深入大姚县和牟定县，走访慰问高龄长寿老人，开展“九九”敬老节慰问活动。

9月24日，全省阿语学校和伊斯兰教经文学校（班）规范管理工作会议召开，副州长夭建国参加会议。

10月12～14日，楚雄州2014年“斯达克·世界从此欢声笑语中国（云南）”助听项目在彝人古镇举行，活动为州内1400余名听力障碍人士免费验配了助听器。副州长夭建国出席活动。

10月24日下午，州人民政府召开工作推进会议，分析研究全州城镇污水处理厂管网建设及棚户区改造工作中存在的困难和问题，安排部署下步工作。州长李红民对两项重点工作作了安排部署。

10月28日，楚雄州民族团结进步示范区建设干部培训班在州委党校举办，副州长夭建国作动员讲话，对培训活动提出要求。

11月4～6日，省人民政府对楚雄州养老服务发展政策和社会救助暂行办法落实情况进行专项督查，副州长夭建国陪同督促检查。

11月17日，滇黔桂三省（区）十一州（市）老龄工作协作区第二十八次会议在楚雄召开，副州长夭建国出席会议并致辞。

［郭　海］

【表彰奖励】　2014年2月8日，楚雄州人民政府发布《关于命名表彰2013年度见义勇为先进个人的决定》。根据《云南省奖励和保护见义勇为人员条例》和《楚雄州见义勇为基金会奖励办法》，州人民政府决定对董启荣等12名先进个人予以表彰奖励，并授予“见义勇为公民”称号。

3月4日，根据《楚雄州科学技术奖励办法》的规定，经州科学技术奖评审委员会评审、州科学技术奖励委员会审核，州人民政府常务会议审定，决定授予杨长楷2012年度楚雄州科学技术突出贡献奖，授予“云南彝族、汉族2型糖尿病下肢血管病变与AHSG基因多态性研究”等3项成果为2012年度楚雄州科学技术自然科学奖，授予“钛带卷电加热氩气保护退火工艺技术、设备研发”等3项成果为2012年度楚雄州科学技术发明奖，授予“楚雄卷烟厂烟叶工业分级和复烤质量控制的研究及应用”等34项成果为2012年度楚雄州科学技术进步奖。

11月24日，经州人民政府办公室研究决定对2013年度政务督查工作成绩突出的楚雄市人民政府办公室等25个先进单位和李波等50名先进个人给予表彰奖励。

［郭　海］

重要决策和部署

【经济事务】　2014年1月15日，楚雄州人民政府发布《关于加快推进企业技术改造的实施意见》。主要内容：充分认识企业技术改造的重要性；发展目标；重点任务；重点行业技术改造方向；保障措施。

1月21日，州人民政府发布《关于做好2014年大春农业生产的意见》。主要内容：明确发展思路，落实目标任务；把握工作重点，抓牢关键环节；强化保障措施，确保目标实现。

1月27日，州人民政府发布《关于2014年烟叶工作的意见》。主要内容：指导思想和目标任务；主要政策；主要措施；统一思想，提高认识，加强领导。

1月28日，州人民政府办公室印发《2014年烟叶生产收购质量管理考核办法的通知》。主要内容：考核内容及标准；奖惩；其他。

2月13日，州人民政府办公室印发《关于推进城市综合体建设的实施意见》。主要内容：目的意义；指导思想；基本原则；建设目标；重点工作；政策措施；项目认定和监测；保障措施。

2月17日，州人民政府办公室印发《关于进一步加强煤矿安全生产工作的实施意见》。主要内容：加快推进小煤矿关闭退出；严格煤矿安全准入；严格煤矿瓦斯综合治理；全面普查煤矿隐蔽致灾因素；大力推进煤矿“四化”建设；强化煤矿矿长责任和劳动用工管理。

2月22日，州人民政府发布《关于双30招商项目进行责任分解的通知》。主要内容：提高认识，强化责任；健全机制，强化落实；定期督查，强化考核。

3月6日，州人民政府发布《关于认真落实2014年烟叶工作责任状烟叶种植和收购计划的紧急通知》。主要内容：

进一步明确烟叶工作责任目标；认真落实好2014年烟叶责任状目标任务；加强领导，强化督促管理。

4月2日，州人民政府发布《关于2014年度畜牧业发展工作的意见》。主要内容：总体要求；目标任务；主要措施；保障机制。

4月17日，州人民政府办公室转发《省人民政府办公厅关于全省9万吨/年及以下煤矿立即停产整顿文件的通知》。主要内容：全州9万吨/年及以下煤矿和全州坑探出煤探矿井自此通知印发之日起立即停产整顿；落实责任，监管到位；规范标准和程序，有序开展复产工作。

4月25日，州人民政府发布《关于加快产业转型升级促进经济平稳较快发展的实施意见》。主要内容：进一步加大向上协调争取项目资金工作力度；保持固定资产投资快速增长；全面贯彻落实减轻企业负担有关政策；支持企业采取扩产促销措施；积极扶持中小微企业发展，营造鼓励创业、全民创业氛围；扩大城乡消费需求；大力鼓励外贸出口；推动高原特色农业快速发展；加大重要民生产品收储力度；创新产业园区投资、建管体制；着力推进新型城镇化发展；全面落实招商引资责任制；加快预算资金拨付进度；进一步加强要素保障；深化改革优化发展环境；加强领导，明确职责，精准发力；完善综合绩效考核体系；强化督查落实。

4月25日，州人民政府发布《关于进一步加强新形势下统计工作的意见》。主要内容：认清形势，提高认识；坚持依法治统，着力提高统计数据质量；夯实统计基层基础工作，进一步提高统计能力；加快服务型统计建设，提高政府统计公信力；加强领导，健全工作机制，为统计工作提供保障。

5月28日，州人民政府办公室印发《关于进一步加强土地储备工作（试行）的通知》。主要内容：目标任务；创新土地储备机制；完善土地储备方式；健全土地收益分配体系；强化储备土地供应计划管理；严格土地储备资金管理；加强组织领导；建立考核奖惩制度。

7月5日，州人民政府发布《关于抓好2014年晚秋作物生产的通知》。主要内容：明确思路目标；突出工作重点；强化措施落实。

9月1日，州人民政府发布《关于做好2015年小春生产和冬季农业开发的通知》。主要内容：总体要求；目标任务；主要措施。

11月19日，州人民政府发布《关于加快现代粮食流通产业改革发展的实施意见》。主要内容：改革思路和发展目标；工作重点；政策措施。

12月1日，州人民政府办公室印发《关于促进县域金融改革创新发展与服务便利化的实施意见》。主要内容：目的意义；总体思路；重点任务；创新金融产品和服务；优化发展环境。

12月5日，州人民政府办公室印发《关于加快推进煤矿企业整合重组工作的通知》。主要内容：认真落实煤矿企业整合重组有关政策；落实企业责任，积极推进煤矿企业整合重组；落实县（市）人民政府责任，全面加快煤矿企业整合重组；落实州级部门责任，主动服务煤矿企业整合重组。

【政治事务】　2014年2月22日，楚雄州人民政府发布《关于分解落实政府工作报告20项重点工作和10件民生实事任务的通知》。主要内容：高度重视，确保工作落到实处；细化任务，抓好各项工作落实；明确职责，强化督查，确保各项工作顺利推进；综合分析，定期上报各项工作进展情况；严格奖惩，建立健全考评激励机制。

2月22日，州人民政府发布《关于分解落实2014年经济社会发展主要工作目标任务责任的通知》。主要内容：加强领导，落实责任；加强督查，严格考核；协调配合，形成合力。

2月24日，州人民政府发布《关于取消下放和调整一批行政审批项目的决定》。经十一届州人民政府第二十三次常务会议研究决定，在第五轮行政审批制度改革后保留的州级行政审批项目中，取消、下放和调整16项，其中取消行政审批项目6项、下放层级管理行政审批项目9项、调整行政审批项目实施单位1项。

4月2日，州人民政府办公室印发《关于2014年依法行政工作计划的通知》。主要内容：以加快法治政府建设为重点，扎实推进依法行政；以落实“三统一”为抓手，提升制度建设质量；以规范自由裁量权为切入点，进一步完善行政执法程序，不断加大对行政执法的监督，接受各界监督；改革行政复议体制，健全行政复议案件审理机制，纠正违法或不当的行政行为，扎实做好行政应诉工作；以强基固本为重点，推进县（市）政府法制机构规范化建设；强化保障，确保依法行政工作计划落实。

5月16日，州人民政府办公室印发《2014年楚雄州政府信息公开工作要点及分解细化方案的通知》。主要内容：全面贯彻落实条例和规定；加强平台和渠道建设；推进重点领域信息公开；加强依申请公开工作；加强培训工作；加强督促检查。

12月2日，州人民政府发布《楚雄州人民政府工作规则的通知》。主要内容：总则；组成人员和工作部门职责；全面正确履行政府职能；强化依法行政；坚持科学民主决策；推进政务公开；健全监督制度；坚持学习制度；严格会议制度；严格公文审批制度；加强和改进政务督查；规范公务活动；强化作风纪律；附则。

12月30日，州人民政府办公室印发《关于严格控制政府系统2015年度会议的通知》。主要内容：严格会议管理；严格会议审核；严格控制会议材料；改进开会方式；坚决纠正会议活动中的各种不正之风；加强会议管理和监督；凡列入此计划安排召开的会议、州人民政府常务会议决定召开及州人民政府领导批准召开的其他会议，由州人民政府办公室下发会议通知；因省人民政府临时召开会议，必须以州人民政府名义召开会议贯彻的，报州人民政府分管领导审核，并报州长或常务副州长同意后召开会议，会议经费由州财政局按照有关要求和标准核拨。

【社会事务】　2014年2月21日，楚雄州人民政府办公室印发《关于印发突发事件现场处置实施方案的通知》。主要内容：预案启动；分级负责；工作要求；应急结束；总结评估。

4月28日，州人民政府办公室印发《关于2014年全州社会事业重点工作任务分解落实的通知》。主要内容：高度重视，加强领导；细化任务，明确责任；加强协调，密切配合；严格考核，扎实推进。

7月4日，州人民政府办公室转发《省人民政府办公厅关于进一步做好普通高等学校毕业生就业创业工作文件的通知》。主要内容：准确分析把握形势，充分认识做好普通高校毕业生就业创业工作的重要意义；强化各级政府责任，使就业创业工作与改革发展紧密结合；加强部门工作联动，进一步形成促进高校毕业生就业创业政策全面落实的工作合力；促进就业环境公平，营造高校毕业生就业创业良好社会氛围。

8月8日，州人民政府办公室印发《县乡村医疗服务一体化管理试点实施意见（试行）的通知》。主要内容：指导思想和目标任务；基本原则；县乡村医疗服务一体化管理试点的主要形式；县乡村医疗服务一体化管理试点周期；县乡村医疗服务一体化管理试点主要内容；工作要求。

8月28日，州人民政府办公室印发《深化医药卫生体制改革2014年重点工作任务的通知》。主要内容：总体要求；重点任务；保障措施。

9月29日，州人民政府发布《楚雄州第二次全国地名普查实施方案的通知》。主要内容：目的意义；目标任务；普查范围；组织机构；时间安排；方法步骤；职责分工；工作要求。

10月28日，州人民政府办公室转发《省人民政府办公厅关于建立中小学校舍安全保障长效机制实施意见文件的通知》。主要内容：统一思想，提高认识；明确任务，认真履职；建立完善校舍安全年检排查、安全台账制度及预警机制；严格校舍建设项目管理；明确校舍安全责任。

10月29日，州人民政府办公室印发《加强地质灾害防治专项资金管理的通知》。主要内容：州、县（市）年度地质灾害防治专项资金规模及承担比例；州、县（市）地质灾害防治专项资金的筹措；各级地质灾害防治专项资金使用；州、县（市）地质灾害防治专项资金的管理及使用。

12月10日，州人民政府办公室印发《统筹解决学校后勤人员进一步加强校园安全工作的通知》。主要内容：充分认识加强学校安全的重大意义；中小学校后勤人员配备标准；人员配备方式及工资待遇；聘用人员经费来源；统筹整合学校各类人力资源；落实校园安全物防技防措施。

12月12日，州人民政府办公室印发《新型农村合作医疗大病保险实施方案的通知》。主要内容：指导思想和基本原则；筹资机制；保险内容；监督管理；工作要求；考核与奖励。

12月30日，州人民政府办公室印发《关于建立疾病应急救助制度的实施意见》。主要内容：设立疾病应急救助基金；救助对象和范围；基金管理；基金使用；工作机制；工作要求。

［郭　海］

督查应急和建议提案办理

【政务督查】 2014年，楚雄州人民政府加强政务督查工作。突出重点，抓重大决策部署的贯彻落实。以“省双20”项目和10件民生实事、州人民政府20项重要工作和10件民生实事、“3个30”项目为主抓手，每个季度一督查、一通报，加大实地检查力度，及时反馈工作进展情况，查找工作中存在的问题和不足，并提出下步工作意见建议和要求，促进工作落实。把重大项目作为全州综合绩效考核各责任单位的职能职责目标进行考评，以考评作为手段促进目标任务的完成，促进省、州重要工作、重大项目的落实和推进。切实高效，做好阶段性督办事项。督查室着力加大跟踪督查和实地核查力度，在领导批示件、阶段性督查方面做到优质高效，缩短办结时间，提高办结质量。对领导批示的事项，认真做好分办、转办、催办工作，坚持从分办、承办、交办到结果反馈统一由一个口子出人，做到有承办单位、有专人负责，有效地保证批示件按时办结。年内重点以减排和污水处理厂运行、向上争取补助资金、财政支出、楚广高速和楚南一级公路、永广铁路、农村公路建设为阶段性重点工作，进行真督实查。在督查过程中，对需要实地督查的阶段性工作，组织力量进行实地复核，一抓到底；对督促检查中带有普遍性、倾向性和苗头性的问题，坚持原则、实事求是，督促相关部门限期解决；对落实工作中敷衍塞责、弄虚作假、落实不力的，认真通报并督促相关部门进行整改。全年共编发《政务督查》42期，办理州人民政府领导批示件27件。政务督查工作在确保政令畅通，促进经济社会发展目标完成，确保州人民政府阶段性重要工作落实方面发挥了作用。积极探索，完善综合绩效考核评价体系。组织完成了2013年的集中检查考核工作。2013年的集中检查考核工作从2013年12月份开始准备，经过了调查清理、自检自查、州委州人民政府集中检查考核、结果汇总审定和结果运用等阶段，至2014年5月结束，并运用了考核结果；修改完善了2014年考评体系和评分办法。减少实地检查考评项目。2014年综合绩效考评工作，通过从对州级部门分类考核，对县（市）统筹考核增幅、基数、目标任务等多方面的修改完善，考评指标体系的确定更为科学合理，对促进全州经济社会发展导向作用更加明确。

【应急管理】 2014年，楚雄州人民政府应急工作在省应急办公室的指导帮助和州人民政府办党组的领导下，深入贯彻落实《突发事件应对法》。按照省、州应急管理的总体安排和部署，健全组织机构、完善工作机制，夯实基层基础、提供物质保障，通过认真开展预防和处置突发事件，有效地减少了广大人民群众的生命财产损失，促进了区域经济社会又好又快地发展。抓重点，着力推进州应急指挥平台建设。抓住州应急指挥平台建设这个重点，按照预防和应急并重、常态和非常态结合的要求，依托州政务专网，整合有效资源，实现资源共享，搭建统一高效的全州应急平台体系。强基础，做好全州应急保障工作。坚持24小时值班制度，做好特殊时期及节假日的值守工作；完善信息报送制度，改进信息报送方法，规范信息上报流程；加强信息收集、汇总、筛选、审核和分析研判，全年共编报《值班信息》56期，发送突发事件手机短信131条4200人次，起草应急管理文稿5份，承办各种来电来函、通知等112份（次），非正常上班期间处理各类文件96份。办理各类领导批示件，全年共办理各级领导批示文件13份。处置突发事件14起，其中，森林火灾5起，交通事故6起，地震1次，民房爆炸事故1起，坍塌事故1起。配合信访、维稳等部门处置群体性上访450批1955人次（集体上访89批1624人）。完善突发事件应急处置规程和处置突发事件时所需的各类模板。制作州人民政府及州人民政府办公室领导《每日活动表》、《每周重要活动安排》。维护、检修应急视频会议系统，主动接受省应急办每周星期一、星期四的视频点名和节假日值班期间省政府领导的视频点名检查，确保了应急值守视频会议系统正常运行。重实效，开展应急工作绩效考核。制定《楚雄州10县（市）应急管理工作绩效考核实施办法》，有力推进了全州应急管理工作科学化、规范化、制度化。

【人大代表建议和政协委员提案办理】 2014年，楚雄州十一届人大四次会议和州政协九届四次会议期间，州人大代表和州政协委员共提出建议、提案600件（建议236件、提案364件），其中交由州人民政府系统办理的有563件（建议219件、提案344件），占总数的93.8%。根据建议、提案内容和政府部门（单位）的工作职责，州人民政府分别交由9县（市）人民政府、楚雄开发区管委会和州属49家单位承办。州政府系统各承办单位高度重视人大代表建议和政协提案办理工作，贯彻落实办理工作有关规定，进一步提高认识，加强领导，健全制度，规范程序，落实责任，注重实效，加强与人大代表和政协委员的沟通协商，所有建议和提案均在规定时限内办理完毕。

联络交往

【楚雄州人民政府驻北京联络处】 2014年，楚雄州人民政府驻北京联络处以服务楚雄发展为中心，以厉行勤俭节约反对浪费为目标，以制度创新为根本，全力做好服务工作。

公务接待工作进一步规范。认真贯彻落实中央八项规定和省州党委、政府的实施办法，修改完善并出台了联络处公务接待制度，促进公务接待工作的规范化，切实把中央和州委、州人民政府的新规定、新要求落到了实处。进一步规范接待工作。根据《党政机关国内公务接待管理规定》及州内的有关办法，将接待工作按层次分为公务接待、工作接待、服务保障、公共服务、工作就餐等类，规范接待工作流程，全力保障来京公务活动。全年服务州级领导20余人次。圆满完成了党的十八届三中、四中全会、全国“两会”、全国民族团结进步表彰大会等多次重要会议楚雄州内参会代表的服务保障工作。至12月底，共完成接待任务1920人次（省级33人次、厅级131人次、其他1756人次），住宿安排176人次（其中厅级13人次、其他163人次）。提高公务用车保障水平。坚持科学、合理安排车辆，建立车辆管理台账，加强燃油费、修理费、过路费等费用的控制和管理，有效降低车辆运行维护费用；克服北京市车辆尾号限行和部分车辆机械老化的困难，圆满完成了车辆保障任务。共出车960车（次），安全行车3.23万千米。

政务联络工作有新突破。拓展政务联络与交流，密切与中央、国家机关各部委办局以及北京市有关部门的协调沟通，为州委、州人民政府及州级部门在京政务、商务、事务活动做好服务；全年共与31家部委办局、9家医院、7所大学、6家北京市级单位、10个云南省级单位进行了沟通联络或提供服务。做好项目争取的前期准备和项目跟踪对接工作，配合争取项目503个，争取中央资金84281万元。配合楚雄州有关部门及相关县（市）做好招商引资工作，与浙江台州签订了3000亩现代农业综合开发的项目协议。

信访维稳工作成效明显。认真做好日常劝返工作。在党的十八届四中全会、全国“两会”、首都重大活动期间、“3·01”昆明火车站恐怖袭击等特殊时期，以及全国信访专项治理期间，按照州委、州人民政府的工作安排，履行组长单位工作责任，组织楚雄州驻京信访组开展工作，较好地完成了特殊时期的信访维稳工作。全年共接待和协助劝返州内赴京上访人员38人133人次。

［张运恩］

【楚雄州人民政府驻昆明办事处】 2014年，楚雄州人民政府驻昆办事处始终把搞好州内领导机关服务工作、塑造办事处窗口形象，联络协调各部门、各县（市）和州内大型企业的关系，配合全州招商引资工作，做好内引外联和接待服务作为工作的主要内容。全年共向州内提供13971间公务用房，接待3万人次；免费提供州内招商引资客商接待用房700间，接待客商1400余人次。年内因各种经营费用增长，但驻昆办克服不利因素，保证了办事处向每位州内来昆公务人员提供优惠房价，节约了州财政支出，保障来昆公务活动的便利，取得了良好的社会效益。进一步加强了与州内各部、委、办、局、学校、部队，特别是9县1市和州内知名企业的交流，切实发挥了驻外机构的职能，为彝州的经济发展、社会进步作出自己的贡献。积极和各地客商交流往来，提高楚雄大厦和驻昆办的知名度，促进了招商引资，内引外联工作的开展，加大服务和外宣力度，对外宣传彝族、宣传彝州。做好楚雄州在昆安置老干部的服务工作，得到老干部的好评和肯定。做好信访和上访劝返工作，及时处理楚雄州到省上访人员的劝说解释和善后工作，尽量减少上访人员给楚雄州带来的负面影响。进一步推进思想作风、领导作风、学风、工作作风和生活作风建设。认真履行办事处职责，增强大局意识，主动加强配合好州内重点工作开展，增强质量意识，认真做好做细接待服务工作，增强效率意识，高效有序完成上级安排的各项任务。

［王海宏　费淑娥］

接待工作

【接待工作概况】　2014 年，楚雄州接待处围绕州委、州人民政府的发展思路和中心工作，坚持“有利公务，务实节俭”的原则，立足于体现地方特色，坚持以规范化、精细化、个性化服务为标准，不断拓宽接待工作思路，认真履行工作职责，严格执行相关标准，用心做好各项接待服务工作。圆满完成接待任务 215 批次，接待来宾 2936 人次，其中，国家级领导 3 人次、省部级领导 66 人次、厅局级领导 246 人次、总服务人数 1.64 万人次；接待各级各类检查组、督查组、调研组 141 批次，考察团（组）15 批次；圆满完成招商引资接待任务 30 批次，涉外接待任务 4 批次；各项接待服务工作得到各级领导以及来宾的认可。圆满完成了“3·23”、“5·17”重要活动的接待服务工作，得到了中央办公厅、全国政协办公厅及省州党委、政府的肯定和表扬。

【内部管理】　2014 年，楚雄州接待处始终坚持把制度建设作为加强公务接待能力建设的重要环节，围绕贯彻执行中央八项规定和省州党委、政府实施办法的有关要求，不断健全和完善各项规章制度，强化内部管理和监督，确保了公务接待工作正常有序开展。牵头制定了《楚雄州党政机关国内公务接待管理实施细则》，参与制定了《楚雄州贯彻〈党政机关厉行节约反对浪费条例〉实施办法》，研究制定了《楚雄州接待处工作规则》、《楚雄州接待处公务接待清单制度》、《楚雄州接待处公务接待费用报销一事一结算制度》等公务接待管理制度，进一步明确公务接待的相关标准和要求，不断改进和规范接待服务工作，努力形成“热情、周到、细致、节俭、干净、卫生”的公务接待工作新常态，切实推进全州公务接待工作规范有序开展。

【商务接待】　2014 年，楚雄州接待处积极配合有关部门，精心组织，热情服务，圆满完成了第十六届中国科协年会云南高原特色农业发展论坛暨院士专家助农业产业行动大会、第三届云台会——云台农业产业对接会、“火把节”招商活动、昆明茂名商会、国药集团、上海汽车集团、东航集团、红塔集团、美国美联信公司、东方之云北京有限公司、北京基金公司、北京亿展资产管理公司、东莞金状元公司、东航云南分公司、华电云南公司、南方电网云南分公司、省水投公司、省公路投资公司、云南有色公司、国开行云南分行、申银万国证券股份有限公司投资银行、富滇银行、曲靖市商业银行楚雄分行等招商引资客商赴楚雄考察、洽谈投资项目的接待任务 30 批次。

【外事接待】　2014 年，在中共楚雄州委办公室、楚雄州人民政府办公室的统筹安排下，楚雄州接待处积极配合有关部门，精心组织，热情服务，圆满完成了中国远征军海峡两岸记者采访团、柬埔寨新闻采访团、台湾乡里邻长考察团、台湾大高雄工商经贸代表团涉外来宾的接待任务 4 批次。

［鲁琦云］

人事管理

【人事管理工作概况】　2014 年，楚雄州人力资源和社会保障系统加强公务员、事业单位人员、专业技术人员队伍建设，健全人事考试预防作弊机制，完善阳光招考制度；认真贯彻《事业单位人事管理条例》，不断深化事业单位人事制度改革，规范事业单位岗位设置和聘用管理制度，理顺事业单位管理体制，事业单位人事制度配套改革政策逐步完善。

【公务员管理】　2014 年，楚雄州人力资源和社会保障系统着力加强公务员管理工作。

公务员考录。实行“九公开、五监督、三当场、双抽签、一统一”的阳光招考制度，改革面试主考官制度，规定有招考任务的单位人员一律不参加面试考务工作，考官实行上下午分别临时抽签确定。年内，全州州、县、乡党政群机关（含省地税系统）共设置 336 个岗位，计划公开招考 364 名公务员。经过笔试、面试、体检、考察等环节，共有 348 人（含法检系统录用 30 人，省属直管单位录用 22 人）录用为公务员，其中州级机关 11 人，县（市）机关 152 人（含法检系统录用 30 人，省属直管单位录用 22 人），乡（镇）机关 185 人。

公务员培训。年内举办两期新录用公务员初任培训班，全州共有 398 名公务员参加培训。在全州行政机关公务员中开展以政治鉴别能力、学习能力、创新能力等通用能力和政治理论为重点的更新知识学习培训，全州行政机关 1.3 万余名公务员参加学习。

公务员统计。全年全州行政机关共有公务员 14181 人，其中，州级机关 1988 人（正厅级职务 1 人，副厅级职务 6 人，正县处级职务 107 人，副县处级职务 265 人，乡科级正职 939 人，乡科级副职 388 人，科员 213 人，试用期人员 10 人，警员职务人员 55 人）；县级机关 9580 人（正县处级职务 15 人，副县处级职务 70 人，乡科级正职 1883 人，乡科级副职 3472 人，科员 3173 人，办事员 5 人，试用期人员及其他 114 人，警员职务人员 834 人）；乡级机关 2612 人（乡科级正职 408 人，乡科级副职 841 人，科员 1149 人，办事员 0 人，试用期人员及其他 214 人）。参照公务员管理人员 601 人。少数民族公务员 5120 人，约占全州行政机关公务员总数的 36.10%。

公务员考核。2013 年，全州各级行政机关科级及以下公务员应参加考核 13365 人，实际考核 13340 人，考核率

99.81%，其中，优秀2136人，占考核人数的16.01%；称职10829人，占考核人数的81.18%；基本称职1人，占考核人数的0.01%；不称职8人，占考核人数的0.06%；不定等次366人，占考核人数的2.74%。参照公务员法管理单位科级及以下公务员应参加考核404人，实际考核404人，考核率100%，其中，优秀78人，占考核人数的19.31%；称职319人，占考核人数的78.96%；不定等次6人，占考核人数的1.49%。

公务员职位管理。年内全州共为4名军队转业干部和2012年新录用的13名公务员办理了公务员登记手续，为州食品药品监督管理局等3个单位14名公务员办理了调动手续；对州财政局等4个单位29名公务员的职位调整工作进行审核，做到程序规范，审核严格。

公务员评比表彰。年内全州共审核上报国家级先进个人9名，国家级先进集体4家；省级先进个人25名，省级先进集体14家。全州共有2043人荣获各级表彰奖励，其中298人连续三年考核优秀记三等功，2214人给予嘉奖。

【事业单位管理】　2014年，楚雄州人力资源和社会保障系统进一步加强事业单位管理工作。

事业单位公开招聘。全州实行“六公开”和“六统一”的事业单位阳光招聘制度，打破地域限制，重点对县乡基层紧缺急需岗位的公开招聘政策作了倾斜，放开114个部分紧缺急需专业岗位的开考比例，187名计划招聘的县乡基层专业技术人员不受招聘比例限制。全年全州计划招聘紧缺人才272名，州、县、乡事业单位计划招聘787个岗位1340人，共有1.23万名毕业生参加网络报名，审核通过1.12万名，计划招聘数与报考人数比例为1∶8。经公开招聘，择优选拔等程序，共聘用1256名事业单位工作人员（公开招聘1071名、紧缺人才招聘185名）。其中，卫生类聘用287名，占23%；教育类聘用573名，占45%；文化社保农林牧渔交通等聘用396名，占32%。本科775名，占62%；专科442名，占35%；中专13名，占1%。少数民族452名，占36%。引进硕士研究生26名。

事业单位人员计划管理。按照人事工作“两个调整”的总体要求，年内全州共审批州级事业单位增加职工计划46名，办理事业单位人事调动（调出州外人员）审批手续22名，办理事业单位人事调动（调入州属单位人员）审批手续46名，审批聘用特岗教师34名、执业医师2名。办理事业单位科级领导职务任职审核57人，其中正科级10人，副科级7人，非领导职务任职审核40人，其中主任科员17人，副主任科员23人。

事业单位岗位设置管理。全年州属事业单位共批复完成岗位设置11个单位，重新变更核准岗位设置7个单位，岗位聘用共批复47个单位632个岗位，机关工勤岗位共批复12个单位，20个岗位，完成率100%。全州事业单位工作人员全部与单位签订了聘用合同，聘用合同签订率100%。为73名公开招聘的大中专毕业生办理了转正定级手续。

事业单位工作人员年度考核。年内，全州事业单位工作人员共有43904人，其中，专业技术人员36533人、管理人员1233人、工勤人员4519人、见习期人员（未定职）1237人。应参加考核43860人，实际参加考核43690人，因长期生病以及其他原因未参加考核175人。在实际参加考核的43690人中，优秀等次8292人，占总人数的19%；合格等次33991人，占总人数的78%；基本合格24人，占总人数的0.05%；不合格42人，占总人数的0.1%；不确定等次99人，占总人数的0.2%，未参加考核175人，占总人数的0.4%。

专业技术人员职称评审。放宽基层专业技术人员职称评聘条件。在县及县以下单位工作的专业技术人员，除国家执业准入制度有明确要求的行业外，具有大专或中专文凭，从事专业技术工作分别满15年或20年，中级专业技术职务履职满5年，可申报评审副高级专业技术职务任职资格。放宽县级以下专业技术人员的计算机考试和论文要求，职称推荐评审同等条件下向基层倾斜。全年共开展教育、社科、艺术等29个系列申报高、中级专业技术职务的资格审查，进行资格审查1662人，向高中级评委会推荐1594人，评审通过中级人数951人；高级评审认定人数为508人，通过率为93%。完成卫生技术系列以考代评资格审查工作。通过资格审查，全州共有3810人参加了卫生中级考试。取消因违法违纪专业技术职称中级11人；高级5人；取消中青年学术技术带头人1人。

【军队转业干部管理与服务】　2014年，楚雄州加强军队转业干部的管理与服务工作。

军队转业干部安置。全年云南省下达楚雄州军队转业干部安置任务30名，其中指令性计划安置的15名转业干部全部安置到州级党政机关，自主择业转业干部15名，根据转业干部的意愿安置到楚雄市13名、牟定县2名。

企业军队转业干部解困维稳。年内，全州人社部门通过热情服务、真心解困、诚恳关怀等措施，州属及10县（市）在春节、建军节、中秋节期间共走访慰问企业军转干部291余人次，发放慰问品及慰问金价值15万元。兑现企业军转干部生活补贴和特殊困难补助510.6万元，门诊医疗补助11.62万元。

自主择业军转干部管理服务。自主择业党支部坚持每月召开一次支委会，每季度召开一次支部大会；做好自主择业军转干部年度增资的审批、退役金的核发、档案的接收、年度健康体检、医疗保险、职工互助医疗办理以及新增人员各项保险的办理工作。通过部队转业前培训和转业后就业培训，全州有91名军转干部实现自主创业或就业，就业率61%。

【人才工作】　2014年，楚雄州以落实中长期人才发展规划为主线，认真贯彻落实省委、省人民政府《关于创新体制机制加强人才工作的意见》，推进人才工作体制机制改革和政策创新，用好用活各类人才，统筹推进各类人才队伍建设，为全州经济社会发展提供人才保证和智力支持。

高层次人才选拔。组织开展全州

“云岭教学名师”、“云岭名医”、“云岭文化名家”、“云岭首席技师”的选拔推荐工作，全年共推荐“云岭文化名家”3人、“云岭教学名师”17人“云岭名医”2人、“云岭首席技师”3人，经专家评审，3人获得“云岭教学名师”称号、1人获得“云岭名医”称号、1人获得“云岭首席技师”称号。

高技能人才培养。组织实施社会化技师、高级技师培养工作，下发《楚雄州人力资源和社会保障局关于加强2014年全州社会化高技能人才培养工作的通知》，明确组织管理、考评工种、申报条件等相关要求，开展第三届楚雄州残疾人职业技能竞赛、全州电网‘素质杯’职工技术技能竞赛，加强职业技能鉴定工作。全年全州培养高级工3164人、技师59人，全州累计鉴定高级技师16人、技师54人、高级工2929人、中级工15332人。

拔尖农村乡土人才选拔。按照自下而上、民主公开、好中选优的原则，组织第四批楚雄州拔尖农村乡土人才选拔工作，对评选出来的100名拔尖农村乡土人才进行了表彰奖励。

智力引进。年内，围绕全州六大重点产业发展需要引进项目和人才，组织实施出国培训项目3个，引进州内紧缺急需人才186人，其中硕士研究生14人，本科生172人；引进国内外高层次人才和急需紧缺人才项目1个——“美丽中国”（Teach for china）项目；完成国际人才技术交流与合作项目18个455人次，其中完成行政人员出国（境）培训学习项目3个3人次；达成协议与国外高校及科研单位签署引进国外人才技术项目6个，续签合作协议1个，东兴中学获得聘请外国专家资格认可。

专业技术人才培养管理。完成上年度中青年学术技术带头人的年度考核工作，对管理期内的第三批、第四批学科带头人共计48人进行认真考核，及时兑现上年度学科带头人津贴8.16万元；组织50名第五批中青年学术技术带头人培养人选以及部分优秀中青年学术技术带头人赴青岛农业大学培训学习；评选出1名享受国务院政府特殊津贴、2名享受省政府特殊津贴人员，有3人被授予“云南省有突出贡献专业技术人才”三等奖荣誉称号，有16人被表彰为“云南省第六届科技兴乡贡献奖”；有33人拟认定为第六批中青年学术技术带头人培养人选。

人才招聘。州人才市场为8930名高校毕业生和社会流动人才办理求职登记，举办各类招聘会11场，接待用人单位899家，为求职者提供岗位9504个，达成意向5671人，实际聘用3623人。

人才服务。人才市场接待高校毕业生报到登记6287人，其中硕士30人、本科2508人、专科2497人、中专1252人，并将高校毕业生相关信息录入人才库进行统一管理；接收2014年毕业生档案4280份，外地生源遗留档案17份，已转至各县（市）4230份；累计与21家企事业单位签订人事代理协议，为466名社会流动人员提供了人事档案托管代理、户口托管服务；配合州委组织部做好选聘高校毕业生到村任职工作，选聘150人到村任职。

【人事考试】 2014年，楚雄州加强人事考试工作，严格考试工作程序，安全措施、预防作弊措施落实到位，形成了由州人社部门牵头，公安、税务、工商、保密、无线电管理等部门配合的考试环境综合治理工作机制。年内，完成全州专业技术人员计算机应用能力考试，861人报考，考试模块2038个，考试合格489人；完成全州专业技术人员职称外语等级考试工作任务，775人报考，考试合格436人；完成二级建造师1460人、全国经济师279人、药学（非临床医疗）专业资格612人考试考务工作。完成24项、2355人职业（执业）资格考试的组织报名。办理、发放各类资格证书1223本。

【效能政府责任政府建设】 2014年，楚雄州加强效能政府责任政府建设。全州10县（市）、53家州属实施部门，共确定上报1791项学习培训专题，1423项重点工作，641项目标倒逼管理重点工作。完成1791项学习培训专题，1423项重点工作，641项目标倒逼管理重点工作。完成一线决策事项9.91万件，现场办结事项2.06万件，合作办结事项9671件，通报事项2917项，其他事项6.59万件。57家州属实施部门共上报受理涉及服务承诺事项18.75万件，其中限时办结18.75万件，限时办结率100%。有7个部门收到投诉共8件，其中涉及服务态度差的3件，其他投诉5件，投诉回复率100%。

［杨 杰］

行政监察

【监督检查】 2014年，全州纪检监察机关围绕州委、州人民政府的中心工作，聚焦中心任务，强化监督检查。组织开展对州委、州人民政府确定的30个在建项目、30个新开工项目、30个重大前期项目和州政府确定的20项重点工作和10件民生实事任务落实情况的监督检查，重点加强对保障性住房建设、烟草水源建设项目、财政扶贫资金、廉政风险防控等工作进行监督检查，督促整改存在问题254个。参与安全事故调查处理5起，对123件行政审批及政务服务督办件发出电话、电子监察和书面监察通知57件（次）。督促相关部门整改烟草水源建设、财政扶贫资金、保障房建设、抗震救灾捐赠款物等州委、州政府确定的重点项目、重要工作、民生实事方面存在的问题47个；参与调查处理较大安全责任事故5起、森林火灾事故9起；对123件行政审批及政务服务事项进行督办，及时查处影响非公经济健康发展的投诉举报2件。

【专项治理】 2014年，全州纪检监察机关结合群众路线教育实践活动中群众反映强烈的“四风”方面存在突出问题，对文山会海、检查评比泛滥、公款送礼、公款吃喝、奢侈浪费等27个方面的问题进行专项整治。全州党员干部对不出入私人会所、不接受和持有私人会所会员卡作出承诺。针对全州干部在“4·12”专案以后出现“不敢担当”的突出问题，会同组织部门代州委制定了《关于鼓励保护干部干事创业的办法(试行)》，营造鼓励干事创业的良好氛围。全面推行粘贴“公务用车”标识工作，10县（市）和州级部门3683辆公务用车统一粘贴“公务用车”标识，全州公务用车运行经费7788.91万元，比上年下降7.8%；采取“对换”、“合并”、“腾退”等方式整合办公用房资源，调整清理超标办公用房5.77万平方米；清理超编制、超职数配备工作人员68人；停建楼堂馆所1.52万平方米；对数字电视收费进行全面清理和督查，全州范围内按政策应减免数字电视收视费的有710户敬老院、五保户、低保户及残疾人未享受减免政策，清退违规收取的4.37万元费用。

【政风行风建设】　2014年，全州纪检监察机关制定了政风行风热线工作方案，组织播出“政风行风热线”直播节目22期，姚安县等4个县人民政府和州水务局等18个州级部门的主要负责人、27名分管领导和89名科室负责人走进州广播电台直播间与听众直接交流沟通互动。受理群众咨询投诉148件，办结146件，公开反馈群众反映问题办理情况130件。与楚雄电视台联合制作“政风行风热线·跟踪反馈”栏目，播出8期节目，对拖欠农民工工资、交通拥堵、农村低保评选、新农合筹资、村组干部以权谋私、治超工作中重复处罚、数字电视费用减免、转变作风提高服务质量等群众反映的突出问题进行了跟踪报道。在《楚雄日报》办好“政风行风热线·回音”栏目，刊出10期，公开反馈了190件群众反映问题的办理情况；楚雄政务网“政风行风热线”栏目公开反馈群众反映问题的办理情况146件。年内，全州通过“政风行风热线”、行风联络员、纠风信访等渠道共受理群众咨询投诉371件，办结371件，督促兑现惠农补贴、补偿款、赔付款等182.61万元，清退违规资金12.99万元。其中，州政府纠风办直接受理群众咨询投诉191件，办结186件，办结率97.38%，满意和基本满意率为90%。督促兑现惠农补贴、补偿款、赔付款等28.52万元，清退违规资金5.56万元。

【行政问责】　2014年，中共楚雄州纪律检查委员会制定明察暗访工作办法，坚持一个时间节点一个时间节点地抓作风建设，实行不固定暗访人员、车辆、时间、形式和处理上限的“五不固定”形式开展明察暗访159次，查处违反中央八项规定精神和省州实施办法的问题110件，处理违纪违规人员174人。3批次点名道姓通报曝光38个典型问题，起到了较好的警示震慑作用。参与调查处理较大安全责任事故5起、森林火灾事故9起。对禄丰县连续发生的9起森林火灾事故进行了调查处理。对落实工作不力的3名处级干部、5名科级干部和19名一般干部进行问责处理，其中1名处级干部和3名科级干部被免职。全年对303名不作为、乱作为的干部进行问责。

［王丽萍］

政府法制

【政府法制监督】　2014年，楚雄州人民政府法制办公室根据《楚雄州行政执法责任制规定》的要求，制定了《楚雄州2014年加强法治政府建设、推行行政执法责任制目标管理责任书》，并于3月12日，在全州政府法制工作会议上，州人民政府分别与10县（市）人民政府、州级48个行政执法部门以及楚雄开发区管委会签订《楚雄州2014年度加强法治政府建设推行行政执法责任制目标管理责任书》。

创新案卷评查方式，提高行政执法案件评查的质量和效果。加强案卷评查的组织协调，由过去的法制机构组织评查调整为由州委依法治州领导小组办公室、州政府依法行政领导小组办公室共同组织评查，加强对评查工作的领导和案卷评查的力度。由过去的法制部门自己评查，调整为从法院、律师事务所、州级行政执法部门抽人评查，增强评查的科学性，提高案卷评查的质量。从过去的分组到县（市）和州级部门评查，调整为集中分组评查，减轻基层负担，并设立复查组，统一评查标准，指导疑难案卷评查。细化评查标准，将评查结果分为优秀、合格、不合格。并把评查意见逐卷反馈执法部门征求意见，增强评查的针对性，提高评查的实际效果。加大评查意见的反馈力度，改变过去口头原则反馈的做法，改为先以大会形式向县（市）人民政府和州级行政执法部门反馈评查的初步意见，再以书面形式逐件反馈评查结果。此次案卷评查共对全州10县（市）人民政府和开发区管委会以及州级行政执法部门2013年度的行政执法案卷进行了随机抽查。共抽调行政执法案件1028件，其中处罚案卷594件，行政许可案卷413件，行政复议案卷6件，其他案卷15件。

进一步加强法制监督，规范行政行为。及时指导各级具有行政处罚权的行政执法部门制定细化行政处罚自由裁量权工作方案和基准制度，并对全州的行政执法责任制的修订进行监督指导。根据《云南省行政执法监督条例》、《云南省法制督察管理办法》的规定，积极开展调查摸底，组织185名人员参加省法制督察培训，经考试合格后取得云南省法制督察证。

推进综合行政执法工作。组织由10县（市）人民政府、楚雄开发区管委会分管政府法制工作的副主任和综合执法局局长、法制机构负责人参加的全州相对集中行政处罚权工作座谈会。交流工作经验，分析存在问题，推进工作举措。组织参会人员到楚雄市城市管理行政执法局的数字化城管指挥中心和楚雄开发区城市管理行政执法局标准化中队建设进行参观学习。

推进《云南省行政调解规定》实施，化解行政争议。把《云南省行政调解规定》作为2014年度行政执法培训的重要内容，发放宣传资料1650份，到州级19个行政执法部门，对2237名行政执法人员开展行政调解培训。在案件办理中，利用和解、调解手段，妥善处理行政争议，促进行政机关依法行政，达到“定纷止争”、“案结事了”的社会效果，维护了社会稳定。

抓好行政执法人员培训。进一步提高行政执法人员的综合法律素质，安排授课人员配合19个州级行政执法部门对2237名行政执法人员进行了培训，保障了州内行政执法人员持有效证件上岗和亮证执法，促进依法行政。

【行政复议和行政应诉】 2014年，楚雄州人民政府行政复议办公室积极受理行政复议案件，及时解决行政争议。共收到行政复议申请27件，比上年同期上升42%，受理18件，比上年同期上升13%。不予受理3件，不支持申诉1件，在补正期间未补正材料视为未申请3件，其他处理2件。审理结案18件，结案率100%。其中维持15件，撤销1件，确认违法1件，撤回申请终止审理1件。

落实行政复议制度，推进行政复议工作规范化建设。继续认真落实省、州人民政府行政复议规范化建设工作的具体要求，着力推进行政复议规范化建设的各项工作，指导县（市）人民政府、州级各部门认真推进行政复议工作规范化建设，切实保障了行政复议工作规范化建设的全面贯彻落实。

稳妥推进行政复议委员会试点工作。为落实党中央、国务院关于完善行政复议体制、创新行政复议工作机制要求，进一步优化行政复议资源配置、充分发挥行政复议制度功能，积极推进和探索行政复议委员会工作。在对姚安、牟定两个行政复议委员会试点县进行指导的基础上，重点加强对禄丰县、南华县两县建立行政复议委员会的工作指导，帮助完善了《行政复议委员会章程》、《行政复议委员会工作规则》、《行政复议委员会委员守则》等相关制度，在相对集中行政复议权方面有了进一步的突破。

规范行政复议行为，提高行政复议案件的办理质量。以行政复议工作规范化建设为着力点，进一步畅通行政复议渠道，积极受理、依法办理行政复议案件，妥善化解行政争议。按照行政复议规范化建设工作的相关要求，进一步规范行政复议人员的行为，规范行政复议的接待、受理、审理、集体讨论等工作程序。同时在行政复议案件审理中严把证据事实关、法律程序关、文书质量关，确保案件的审理质量。加强对县（市）政府和州级部门的监督指导。对报备的5件行政复议案件进行了认真细致的审查，及时反馈审查中发现的问题。针对禄丰县、南华县、武定县、州农业局、州住建局、州国土资源局请示的案件办理中的难点问题，通过仔细研究，认真回复，帮助解决。通过案件报备审查、案件质量评查、专项工作检查、问题的研究回复，进一步强化对县（市）政府及州级部门业务的指导监督，对全州行政复议案件办理质量的整体提高起到促进作用。

【政府法律服务】 2014年，楚雄州人民政府法制办公室按照州人民政府领导的批示要求，对涉及州人民政府的16件重大决策事项、重要协议，研究提出了法律意见。这些法律意见的内容涵盖了金融、能源、工业、水利、交通、工业园区建设、社会事务体制机制等领域的重要法律问题，法律顾问室均在领导交办的时限要求内，高质量地完成了审查并出具了规范的书面意见，为州人民政府正确、依法、科学决策发挥了重要作用。按照《楚雄州人民政府法律顾问室工作规则》的要求，州人民政府法律顾问任期1年，可连聘连任，法律顾问由州政府法制办公室提名，经州人民政府领导批准后，由州政府法制办公室与其签订聘用合同。在2013年度聘任法律顾问聘期届满前，及时对法律顾问一年工作情况进行考核，提出新一年度政府法律顾问初步人选提交州政府常务会议讨论通过，保证了法律顾问室工作正常有序开展。

［武少林］

经济决策与咨询

【重要文稿起草】 2014年，楚雄州人民政府研究室围绕州委、州人民政府中心工作和重大部署，履行部门职能职责，深入开展调查研究，组织协调有关部门起草、修改州人民政府有关重要文件和承担涉及全州经济社会发展的重要文稿起草任务。完成了5份重要文件的草拟，完成了15件州委州人民政府领导批示的专题件，完成12篇调研报告，形成各类文稿35篇，为州委、州人民政府提供了许多决策咨询意见和政策建议。

参与政府决策研究。围绕加快楚雄州小城镇建设促进城乡统筹发展问题，由州政府研究室牵头，组织协调州住建局、州国土局、州农办等州级相关部门人员组成专题调研组到各县（市）开展调研，起草了《中共楚雄州委、楚雄州人民政府关于加快小城镇建设促进城乡统筹发展的意见（试行）》，提出了加快小城镇建设的6个工作重点和9项保障措施。围绕贯彻落实好《中共云南省委、云南省人民政府关于推进云南特色新型城镇化发展的意见》精神，加快推进楚雄州特色新型城镇化进程，州政府办统筹，组织州级相关部门人员组成3个专题调研组深入各县（市）开展实地调查、走访座谈、收集数据资料，由州政府研究室牵头起草了《中共楚雄州委、楚雄州人民政府关于推进特色新型城镇化发展的意见（试行）》，明确提出楚雄州推进特色新型城镇化发展的指导思想、基本原则和发展目标，提出优化城镇空间布局和形态，建立与全州经济社会发展和城镇化水平相适应、规模等级适度、职能分工协调、空间布局合理的城镇体系，有序推进各级城镇发展，做大楚雄区域中心城市，做优禄丰州域中心城市，做强8个县城，做特30个州级重点示范镇（含13个省级特色小镇），做美乡村，促进中小城市、小城镇和广大农村各展特色、功能互补、协同发展的七项重点工作、七项保障措施。围绕更好实施《楚雄州人大常委会关于促进改革创新的决定》，州政府研究室在深入学习研究了上海、西安、昆明等地经验和做法的基础上，结合楚雄州实际，针对楚雄经济社会发展面临的重大问题提出改革创新的方向和领域，侧重于改革创新的组织工作职责、改革创新的工作程序和考核激励机制，起草了《中共楚雄州委办公室、楚雄州人民政府办公室贯彻楚雄州人大常委会〈关于促进改革创新的决定〉的实施意见》。围绕贯彻落实《云南省人民政府办公厅关于印发云南省县级以上政府向社会组织购买服务暂行办法的通知》，州政府研究室起草了《楚雄州人民政府关于推进政府向社会力量购买服务促进政府简政放权的实施意见》和《楚雄州政府向社会力量购买服务办法（暂行）》。

承担全州性重要文稿起草任务。组织人员全程参与2015年《政府工作报告》和州委八届五次全会《报告》的调研、起草、讨论及征询座谈会；配合州发改委做好《楚南产业发展聚集区总体规划（2014～2030年）》编制研究，提出规划建议纳入规划编制中；结合对全州小城镇建设和新型城镇化发展的跟踪研究，参与州住建局修改完善《楚雄州新型城镇化规划（2014～2020年）》。

做好决策咨询服务工作。按照州委、州人民政府的安排，办理领导批示的各类专题件。草拟了《楚雄州“十二五”以来产业发展情况》、《楚雄州关于融入滇中城市经济圈一体化发展情况汇报》以及《楚雄州经济社会发展情况汇报》等系列汇报材料。研判一季度国际、国内经济形势以及全州经济运行情况，通过找准全州一季度投资、工业、消费、外贸等要素指标增速放缓的原因，形成《关于做好当前经济工作的几点建议》供州委、州人民政府决策参考。与州发改委合作，通过对《国务院关于加快沿边地区开发开放的若干意见》的全面解读，分析楚雄州面临的机遇、有利条件和制约因素，提出楚雄州融入沿边开发开放的战略重点及对策建议，形成《楚雄州贯彻〈国务院关于加快沿边地区开发开放的若干意见〉重点研究的问题及工作建议》供州人民政府决策参考。按照省发改委关于《昆—瑞对外开放经济带（楚雄部分）建设总体规划》编制任务分解的通知要求，配合州发改委提出了《昆—瑞对外开放经济带（楚雄部分）建设总体规划》中开放平台建设的意见建议。对近年来全州高原特色农业品牌创建的做法和经验、存在的困难和问题结合进行调研分析，进一步提出推进高原特色农业品牌创建的意见和建议，形成《楚雄州高原特色农业品牌创建报告》供州人民政府决策参考。

【专题调研】 2014年，楚雄州人民政府研究室紧扣党委、政府中心工作，抓住当前领导关心的重点、群众关注的热点和实际工作中的难点问题，把调查研究做深、做细、做实，组织人员深入县（市）、企业、村组以及农户调研40余次，准确掌握第一手资料，形成了10余篇调研报告。

领导关心的重点问题调研。根据《中共楚雄州委办公室关于对州委八届四次全会精神进行分解立项督查的通知》的部署和要求，州政府研究室牵头到楚雄市、楚雄经济开发区听取意见，走访座谈，在会同相关部门研究讨论，借鉴昆明、曲靖开发区经验做法的基础上，形成《关于完善楚雄经济开发区管理体制的调研报告》，深入分析了楚雄经济开发区管理体制、机构沿革、人员及财政体制等现状，对现行管理体制存在的功能定位不清、管理体制不顺、运行机制缺乏活力、发展空间受限和发展后劲不足等问题进行了综合分析研究，进一步提出了完善楚雄开发区管理体制的建议。

群众关注的热点问题调研。州人民政府研究室围绕小城镇建设、商贸物流、服务“三农”、辣木产业扶持、城乡建设用地使用以及农业废弃物资源化利用等群众关心的问题开展专题调研和跟踪研究，形成了《彝山工贸携手小微金融公司实施“彝山助农贷”服务“三农”调研》、《姚安县栋川镇包粮屯村土地流转及晚秋作物套种专题调研报告》、《楚雄州城乡建设用地增减挂钩试点情况调研报告》、《楚雄州辣木产业发展的调研报告》以及《楚雄州“城乡一体化”课题专题调研报告》、《楚雄州“人往哪里去”课题专题调研报告》、《楚雄州产城融合调研报告》等系列调研报告，对解决群众关心的热点问题提出了一些具有战略眼光、创新精神的建议和对策。

实际工作中的难点问题调研。针对当前农村、城郊结合部、集镇中心和公路沿线等地区违法违规乱建住房问题，州政府研究室组成专题调研组对禄丰等县（市）、农户进行了实地走访、座谈，通过全面了解掌握全州农村建房现状，分析当前农村违法违规占地建房存在的问题及成因，充分借鉴外地经验和做法，形成了《楚雄州治理农村违法违规占地建房问题对策研究》。

【课题研究】 2014年，楚雄州人民政府研究室研究制定了《楚雄州人民政府研究室课题管理暂行办法》，通过对课题申报、立项、实施、检查、结题、评奖和成果运用等环节都进行规范，加强对课题研究的管理工作，实现课题研究管理的科学化、规范化、制度化。根据年初广泛征集的课题研究建议，将关系楚雄州经济社会发展的全局性、方向性和战略性的问题确定为年度课题研究重点，采取重点研究与专题研究相结合、单位选题与个人选题相结合、部门合作与社会合作相结合的方式共开展了19个课题研究，课题内容涉及全州经济、政治、文化、社会、生态建设等各方面。

重大前期研究课题研究。主要承担了“十三五”规划前期重大研究课题，其中完成了“十三五”规划前期重大研究课题《楚雄州优化生产力空间布局暨重点产业发展研究》和《楚雄州“十三五”经济社会发展环境研究》。《楚雄州优化生产力空间布局暨重点产业发展研究》从全州生产力空间布局及重点产业发展现状入手，对未来5～10年楚雄州发展环境和条件进行综合分析，提出楚雄州优化生产力空间布局暨重点产业发展的总体思路和战略构想，以及重点产业、园区、城镇、交通、水利和电网布局的建议。

单位自主选题研究。围绕州委政府中心工作认真选题，完成了《发展家庭农场是建设现代农业的重要途径》、《楚雄州养老服务事业发展对策研究》、《楚雄州加快发展农村学前教育对策研究》、《楚雄州推进产城融合对策研究》、《家庭农场与庄园经济比较研究》、《楚雄州农业废弃物资源化利用研究》、《楚雄州重点产业选择与培育问题研究》、《楚雄州推进简政放权与政府职能转变研究》等课题研究成果。其中，《发展家庭农场是建设现代农业的重要途径》和《家庭农场与庄园经济比较研究——以楚雄州为例》课题研究，提出了楚雄州要大力发展家庭农场，鼓励有条件的地区积极发展庄园经济的发展思路以及确保家庭农场和庄园经济健康有序发展的保障措施和建议。

开放合作创新研究。通过借用“外脑”，与州政务服务管理局、州商务局、州计生委、州社科联以及县（市）等部门合作开展课题研究。形成了《楚雄州转变政府职能加强政务服务对策研究》、《楚雄州加快发展商贸物流产业思路研究》、《楚雄州新形势下坚持计划生育基本国策与促进人口长期均衡发展对策研究》、《楚雄万家坝铜鼓文化及其开发利用》等课题研究成果。

经过努力，继《楚雄州农村人口梯度转移与城镇化模式研究》获2010～2011年楚雄州第八届社科优秀成果著作类一等奖后，在2014年云南省发展研究奖评比中，由州政府研究室牵头研究的《楚雄州推进桥头堡建设产业发展研究》课题荣获省发展研究奖二等奖。

【专家咨询和政府顾问工作】 2014年，楚雄州人民政府研究室继续做好州专家咨询委员会办公室日常管理，以及州政府顾问管理和咨询服务工作。做好专家咨询委员会办公室日常管理工作。加强与各专业组的联系，按要求组织相关活动，做好专家咨询委员对《州委八届五次全会报告》和《2015年政府工作报告》的征询意见收集，组织完成州专家咨询委员会各专业组7个课题研究，汇编完成《专家咨询建议集》（2012～2013年）。做好政府顾问管理和咨询服务工作。政府顾问日常服务、协调和顾问费发放等工作有序开展，组织好新聘顾问的审核评价和推荐上报，联系协调好在京政府顾问座谈会的相关筹备。年内新增政府顾问3人，至12月州人民政府共聘请顾问37人。

【期刊信息工作】 2014年，楚雄州人民政府研究室加强信息收集和整理，不断提高《楚雄彝族自治州人民政府公报》和《彝州经济研究》办刊质量，提升“楚雄发展研究网”的社会知名度。扎实抓好“两刊”办刊工作。从2014年第2期开始，原《楚雄政报》正式更名为《楚雄彝族自治州人民政府公报》，全年共刊发了6期，刊发各类文件材料75份。注重《彝州经济研究》刊物的选稿、用稿，严把政治、政策关和文稿质量关，注重文章的理论性、实践性。全年共刊发6期，收到来稿217篇，刊用了119篇，共计72万字。加强决策信息咨询服务。围绕中心工作和社会热点、难点，广泛收集国内外信息资料，通过研究和分析为党委、政府决策提供准确的信息服务。全年共编印《经研信息内参》17期，《经济研究内参》10期，其中有3篇受到领导的批示和肯定。更新提升网络平台建设。完成“楚雄发展研究网”数据资料信息更新上传工作，加强与中国人民大学书报资料中心的联系合作，不断扩大网站社会影响力。

［花荣艳］

外事侨务

【州委外事工作领导小组会议】 2014年10月9日，楚雄州外事工作领导小组会议在楚雄召开，会议由州人民政府副州长、州委外事工作领导小组副组长赵祖莹主持，7家成员单位负责人参加了会议。会议审定了《中共楚雄州委办公室、楚雄州人民政府办公室转发〈州外侨办、州纪委、州委组织部、州财政局关于进一步规范厅级以下国家工作人员因公临时出国（境）管理的实施意见〉的通知》、《中共楚雄州委办公室关于印发〈中共楚雄州委外事工作领导小组工作规则〉和〈中共楚雄州委外事工作领导小组办公室工作细则〉的通知》2个文件，州委书记、州委外事工作领导小组组长张太原，州委副书记、州人民政府州长、州委外事工作领导小组副组长李红民出席会议并讲话。

【因公出国（境）管理】 2014年，楚雄州人民政府外事侨务办公室贯彻落实中央、省、州有关因公出国（境）管理的规定，把规范因公出国（境）管理、提高出访效益、为地方经济社会发展服务作为出国（境）管理工作的出发点，切实加强因公出访计划性管理。省外办下达楚雄州因公出国（境）团组数7个，楚雄州自组团实际出访4个，因公出国（境）团组、人数和经费比往年明显下降；全州共受理、审核因公出国（境）团组任务审批件30件，实际办理29件，同意出访人数36人，其中副厅级3人，正处级7人，副处级17人，科级及以下人员9人，比上年减少39件41人；实际支出出访经费94.70万元，比上年减少53.07万元。全年因公出国（境）团组数、人数及经费均控制在年初下达的计划数内。

【外事接待和翻译服务】 2014年，楚雄州人民政府外事侨务办公室积极扩大对外合作交流，3月21日，参与亚洲开发银行行长中尾武彦等一行7人到楚考察的接待工作；4月4日，参与老挝民主阵线主席等一行6人到楚交流考察的接待工作；6月8～10日，完成了瑞典卡尔斯克鲁纳市市长一行3人为落实2012年12月双方签署的《中国云南省楚雄市与瑞典布莱金厄省卡尔斯克鲁纳市开展教育文化友好交流合作意向书》及2013年3月在卡市签署的《楚雄市与卡市签署建立伙伴关系及开展友好交往协议书》而访问楚雄的接待方案、楚雄简介和著名景区介绍、座谈会资料、结为友好城市意向书等资料的翻译工作，以及到昆明迎接和外宾在楚访问学校、召开建立友好城市座谈会、举行签字仪式等活动时的口语翻译工作；6月28～29日，完成了马来西亚交通部原部长一行5人到楚雄交流考察的接待工作；7月23日，完成了中非考察团一行11人到楚雄交流考察的接待工作；8月20～21日，完成了美国美联信公司一行8人到楚雄考察投资项目的接待工作；9月25日，完成了老挝中央组织部副部长万赛·蓬沙万等一行15人到楚雄交流考察的接待工作；11月19日，完成了2014七彩云南格兰芬多国际自行车节楚雄彝人古镇和紫溪山比赛的外事翻译服务工作；11月21日，完成了2014年中缅胞波友谊行缅方代表团到楚雄参观紫溪山彝绣工艺等的接待服务工作；12月20日，完成了韩国忠清南道议会议长金奇泳一行12人到楚雄元谋土林景区考察接待等工作。

【外籍人员管理】 2014年，楚雄州人民政府外事侨务办公室加强驻楚外籍人员的日常监管，配合有关部门做好在楚雄经商、教学、留学等驻楚外国人的管理工作；与彝人古镇及楚雄师范学院等单位沟通协调，督促其加强社区内外籍人员服务与管理；做好外籍人员信息收集、整理、报送及相关管理工作，并提供涉外管理业务指导和咨询服务。

【侨务扶贫】 2014年，楚雄州人民政府外事侨务办公室关注贫困侨界民生，开展了全州贫困归侨侨眷情况调查、侨户棚区改造调查、华侨华人归侨侨眷调查、侨务情况调查及农村散居侨情调查等5项专题调查；与州扶贫办联合下发《关于将楚雄州散居农村贫困归侨侨眷纳入全州扶贫规划的意见》，要求各县（市）将散居农村的贫困归侨侨眷纳入当地扶贫开发规划，在整村推进、产业化扶贫、贫困户劳动力转移培训等方面，实行同等优先、重点扶持，从政策层面对散居贫困归侨侨眷帮扶提供保障；制定《关于实施“归侨侨眷关爱工程”工作计划》，推进“归侨侨眷关爱工程”的实施；充分利用12.05万元侨务扶贫资金，对全州贫困归侨侨眷户开展有偿无息滚动扶贫；走访慰问困难归侨侨眷37户，发放慰问金和慰问品2万余元；开展重点帮扶工作，为越南归侨比较集中的楚雄市学桥街社区无偿提供帮扶资金3.5万元，创建“家政服务公司”，解决部分归侨侨眷子女就业问题。

【侨益维护】 2014年，楚雄州人民政府外事侨务办公室把维护归侨侨眷合法权益作为侨务工作的重点来抓，开展侨法宣传活动，营造依法护侨的社会氛围；按照侨务法律和政策规定，为2名报考全国普通高等院校和3名报考高级中学的学生出具了“三侨生”升学考试加分证明；协调州卫生局、州人社局、州住建局等部门落实涉侨政策，对城镇或农村的归侨侨眷在医保、新农合医疗、养老保险、低保、城镇廉租房等方面给予“适当照顾”；深入开展归侨侨眷关爱工程，帮助协调解决实际困难问题。年内，州外侨办把侨务信访作为维护侨权侨益的一项重要工作，主动掌握侨务民意民情，排查不稳定因素，并将矛盾化解在萌芽状态，维护侨界的和谐稳定；认真对待和妥善处理侨界群众的诉求，解决侨界信访合理诉求，维护归侨侨眷合法权益。年内办理归侨侨眷信访45件（次），办结率100%。积极协调楚雄市人民政府和开发商，努力寻求解决2010年原侨办归侨侨眷团购房历史遗留问题的办法，2次召开归侨侨眷购房户座谈会，妥善解决113户归侨侨眷团购房历史遗留问题，避免群体性上访事件的发生。

【华文教育】 2014年，楚雄州人民政府外事侨务办公室始终把华文教育作为一项重要工作来抓，加强外派教师的派出和管理服务，筛选11名优秀教师报省侨办储备，配合省侨办做好楚雄州外派教师的管理服务和相关经费拨付工作，3名派往泰国清迈华人村任教教师于4月圆满完成派出任务回国，得到了泰方学校和省侨办的一致好评。高度重视“春令营”和“华文教师培训班”的办班工作，分别于3月21日和4月11日在楚雄一中举办了“中华寻根之旅七彩云南楚雄春令营”和“缅甸腊戌果文中学教师培训班”，来自缅甸腊戌果文中学的47名学生和50名华文教师参加了为期15天的培训活动。

【招商引资】 2014年，楚雄州人民政府外事侨务办公室始终把侨务招商作为服务全州经济发展的重要抓手，充分发挥部门优势，切实抓好侨务招商工作。组织参加“第十二届东盟华商投资西南项目洽谈会暨亚太华商论坛”的会前、会中和会后各项工作，借助省级涉侨招商引资平台，推介楚雄，开展招商，共筛选25个项目在东盟华商会上进行推介，加强与华商的沟通联系，拓宽招商引资渠道。做好州外侨办引进侨资招商引资项目的服务推进工作，制定《楚雄州人民政府外事侨务办公室2014年重点项目推进工作方案》和《2014年云南积大生物科技有限公司还原型谷胱甘肽（GSH）建设项目推进行动方案》，安排专人跟踪服务，掌握项目进展情况，及时协调解决工程施工、电力、许可报批等方面的困难和问题，确保项目于10月投产生产；继续做好日本水质净化材料生产线建设项目的协调服务工作，不断督促项目单位的日方投资资金和设备尽快到位。全年州外侨办实现招商引资实际到位资金1500万元，超额完成了州委、州人民政府下达的1000万元的目标任务。

［何晓琼］

对台工作

【州委对台工作领导小组（扩大）会议】 2014年4月8日，中共楚雄州委对台工作领导小组（扩大）会议在楚雄召开。州委对台工作领导小组成员单位、州级相关单位和10县（市）台办共40余家单位的领导参加了会议。省台办副主任周友亮到会指导，并以以会代训的方式，就台海形势及如何做好新时期对台工作对参会人员作专题辅导；州委常委、州委统战部部长、州对台工作领导小组组长杨静在会上讲话，深入分析台海两岸和楚雄州对台工作形势，研究部署新时期对台工作任务；州委统战部常务副部长、州台办主任刘予敏传达了中央对台工作会议、省委对台工作领导小组（扩大）会议和省台办主任会议精神。州人民政府副州长赵祖莹主持会议。

【第三届云台会设立楚雄分会场】 2014年6月10～11日，参加第三届云台会的100位台湾农业界专家、学者、企业家到楚雄州分会场参加云台农业产业对接会。会议围绕“台企入滇、西进东盟、开拓南亚、优势互补、资源共享、产业对接”的主题，与会嘉宾通过演讲、交流、互动、产业对接、参观考察等形式，共商云台农业产业的进一步合作事宜。会议由省台办副主任周友亮主持，州委常委、副州长任锦云在会上致辞，州委常委、州委统战部部长杨静，州委常委、副州长孙赟出席会议。会后，两地专家学者及企业家还参观考察了云南摩尔农庄生物科技开发有限公司、楚雄宏桂绿色食品有限公司以及州博物馆。

【对台招商引资】 2014年12月8日，楚雄州邀请台北市商业总会考察团一行35人到州内考察投资环境和招商项目。考察团一行考察了彝人古镇、州博物馆和云南摩尔农庄生物科技开发有限公司，副州长周兴国陪同参观考察，并在欢迎午宴上致辞。通过省黄埔同学会的牵线搭桥，开展一对一、点对点的招商活动，邀请了台商正点生机科技有限公司总经理萧义达为代表的考察团多次到大姚县考察核桃产业发展，与当地企业座谈交流，促成双方达成了初步合作意向。

【楚台交流交往】 2014年，楚雄州对台工作部门加强楚台交流交往活动。及时掌握全州对台交流的各种动态，为相关单位涉台交流活动和个人赴台提供政策咨询和业务指导，全年共有13人（批）次办理因公赴台审批手续，参加中央、省有关部门组织的赴台交流参访。按照省委统战部、省台办的要求，做好到楚雄州交流参访的台湾同胞的接待服务工作，全年共接待7个台湾交流参访团共400余人。3月22～23日，接待了七彩云南宝岛行“十个一百”交流活动——以邝丽珍女士为团长的台湾乡里邻长代表团一行110人参观考察；6月8日，接待了到云南参加第三届云台会的廖正豪先生和台湾古生物专家一行7人到禄丰县考察恐龙胚胎化石基地；6月10～11日，接待了七彩云南宝岛行“十个一百”交流活动——台湾农民代表100名，组织参加了在楚雄州举办的云台农业产业对接会；6月14日，接待了七彩云南宝岛行“十个一百”交流活动——云南同乡代表赴滇交流参访团50余人；7月30日至8月6日，接待了台湾桃园乐友丝竹室内乐团40余人，8月4日晚，在彝州大剧院举行了2014海峡两岸文化交流“云中火把”系列——周成龙作品音乐会；8月11～12日，接待了“追忆中国远征军”两岸记者联合采访团一行50余人；8月28～29日，接待了台湾中医药参访团一行40余人，参访团参观考察了彝人古镇、峨碌公园、南华野生菌交易市场以及盘龙云海药业有限公司等制药企业，与企业负责人座谈交流。

【服务台商台胞台属】 2014年，楚雄州对台工作部门加强台商台胞台属服务工作。进一步健全完善台胞、台属、台企的档案资料，为台属探亲、子女升学、企业注册等出具各种证明材料。做好春节、中秋节前夕走访慰问工作，召开座谈会向台属通报全州经济社会发展形势。做好涉台矛盾纠纷排查调处工作，与有关县（市）联系，帮助台胞台属和台资企业协调解决生产生活中遇到的困难。对生活困难台胞台属、黄埔同学和遗孀进行走访慰问，想方设法改善他们的生活条件。慰问困难台胞3人，每人补助1000元，共发补3000元；慰问困难台侨属33名，每人补助600元，共发放1.98万元；为6名黄埔老人每人发补助5700元，共发补助3.42万元，其中省补2.32万元；对无工资收入的10名黄埔遗孀每人补助1000元，共发补助1万元。

【举办全州港澳台海外统战工作业务培训班】 2014年8月4～7日，楚雄州对台办公室举办了2014年度全州港澳台海外统战工作业务培训班，全州76名对台及海外统战干部参加培训。培训班邀请省台办副主任周越明讲授“台海形势和对台方针政策”专题讲座，邀请省外办处长金晶讲授“涉外工作礼仪”专题讲座，培训班还就海外统战工作知识、党的十八届三中全会关于改革问题等作了系统培训。

［董　华］

妇女儿童工作

【全州妇儿工委组织概况】 2014年，楚雄州有县（市）妇女儿童工作委员会10个，设立州及县（市）妇女儿童工作委员会办公室11个。州妇女儿童工作委员会共有成员单位32个。

【州妇儿工委第十四次全会】 2014年5月13日，楚雄州人民政府召开州妇女儿童工作委员会第十四次全体会议。会议总结了2013年工作，安排部署了2014年工作任务，通报2013年州妇女儿童发展规划实施情况，4家成员单位代表在会议上进行了述职。

【实施“两个规划”】 2014年，楚雄州妇女儿童工作委员会针对部分重点难点指标，加大实施力度。加强“两个规划”示范点的管理。对国家儿童发展纲要实施示范县南华县、省级“两个规划”实施示范县牟定县、元谋县工作的督导，并将双柏县妥甸镇、禄丰县黑井镇确定为州级“两个规划”实施示范乡（镇），补助2个示范乡（镇）2万元工作经费。提高民办幼儿园的管理水平。9月，州教育局、州妇联联合举办楚雄州2014年民办学校校（园）长培训班。来自全州10县（市）的252名民办学校校（园）长参加了培训，并到州民族中专学前教育实训基地参观学习。强化流动留守儿童关爱措施。争取省州关工委支持6万元资金在牟定县天台中心小学建成州留守儿童关爱中心。选派21名专兼职家庭教育工作者到昆明接受家庭教育知识培训；选派4名专兼职儿童工作专家及州内留守流动儿童示范家长学校教学骨干到昆明接受心理学培训；在10县（市）开展“守护童年·春蕾计划护蕾行动”，向流动留守儿童及其家长发放儿童自护手册和家长手册共4000册。

【规范“两个规划”评估】 2014年，楚雄州妇女儿童工作委员会进一步规范“两个规划”的监测评估。2月26日，州妇儿工委办、州统计局在州委党校举办楚雄州妇女儿童发展规划监测评估工作培训班，10县（市）统计局分管副局长、负责“两个规划”监测统计业务的工作人员，州、县（市）妇儿工委办公室主任、专干，州妇儿工委成员单位的联络员，以及不是成员单位但有“两个规划”监测统计指标任务的4个部门的相关人员共87人参加培训。4月28日，州妇儿工委办公室组织召开2013年楚雄州妇女儿童发展规划统计监测报告专家评审会议，评审通过了《楚雄州2013年实施妇女儿童发展规划监测统计报告》。8月，州妇儿工委办公室通过对“两个规划”2013年度监测数据的研判分析，结合年度监测评估工作反映出来的规划实施中存在的主要问题，将“妇女常见病筛查情况”、“初中三年学生巩固情况”分别作为妇女发展规划、儿童发展规划实施的重点难点问题，委托第三方开展专项评估工作，形成《楚雄州妇女常见病筛查专项评估报告》和《楚雄州初中三年学生巩固专项评估报告》。

[沈　琼]

归国华侨联合会

【归国华侨联合会概况】 2014年，楚雄州归国华侨联合会围绕全州中心工作，不断提高履行侨联各项职能的能力和水平，修改完善《楚雄州归国华侨联合会制度》，按时召开州侨联五届二次全委会。年内，共召开侨联常委扩大会议4次；州侨联机关全年走访、慰问归侨侨眷16户；全年刊出《侨联工作简报》14期；开展工作调研3次，形成调研报告3个；州侨联全年接待华侨华人100余人次，协助接受海外侨胞、港澳同胞各类捐赠折合人民币28万元，资助贫困学生114名，为5所乡级中学捐赠多媒体教学设备5套；州侨联接待来信来访咨询6人次，办理各类来信来访问题6件。

【拓展海外联谊】 2014年，楚雄州归国华侨联合会围绕州委、州人民政府中心工作，配合政府有关部门，利用自身工作特点和优势，加强海外联谊。牵线搭桥，充分利用侨资服务彝州公益事业。引进马来西亚《星洲日报》基金、香港两地一心、美国妈妈联谊会，资助贫困山区学生114名，发放助学金18万余元，为州内武定县5所中学校捐赠移动式多媒体教学设备5套，价值10万元。为改善州内贫困学生的学习和生活条件提供帮助，争取香港师子会捐建大姚县赵家店大平地完小教学楼项目。做好走出去、请进来工作。充分利用中国侨联华商投资贸易促进会、省侨联基金会、省华商投资贸易促进会等资源平台，积极推介项目，开展招商引资、招贤引智服务工作，服务全州经济建设。弘扬中华文化，促进文化交流。在各县（市）委统战部的支持配合下，组织了全州侨心小学学生参与中国侨联举办的第十六届“世界华人小学生作文大赛”征文活动。组织全州归侨、侨眷、侨联干部参加省侨联举办的《中国梦·华侨情》征文摄影比赛，全州有3篇征文、4幅摄影作品获奖。

【参政议政】 2014年，楚雄州归国华侨联合会进一步加强与侨界人大代表、政协委员的联系。把认真服务和做好侨界人大代表和政协委员参政议政作为工作的一个重点，积极动员州县（市）侨界人大代表、政协委员充分发挥优势和作用，认真履行职责，关心、关注彝州经济社会发展和热点问题，充分反映侨情民意，围绕彝州经济社会发展、民生等重大问题和群众关注的热点、难点问题，向人大、政协提交提案、议案及建议，为促进全州经济社会发展、改善民生、构建和谐社会建言献策。年内组织侨联界别的州政协委员提出提案4件。

【维护侨益】 2014年，楚雄州归国华侨联合会始终坚持为侨服务的宗旨，把维护广大归侨侨眷和海外侨胞的根本利益作为工作的出发点和落脚点。重视归侨侨眷的生产生活问题，努力为侨界群众办实事、办好事。探索侨联为社区服务的新路子，关心楚雄市学桥街社区侨联小组，经常了解社区“家政服务站”的发展工作，并帮助他们解决工作中遇到的实际困难和问题；开展春节走访慰问活动，在党的群众路线教育实践活动中，深入基层、深入侨界群众，通过走访，了解侨界群众疾苦，慰问州内困难归侨、侨眷16人，送去慰问金和慰问品共1万余元，把党和政府的关怀和温暖送到困难归侨侨眷家中。

【侨联工作调研】 2014年，楚雄州归国华侨联合会为促进新形势下侨联工作发展，积极开展侨联工作调研。根据省侨联《关于〈中央办公厅关于加强和改进新形势下侨联工作的意见〉贯彻落实情况进行调研的通知》精神，结合党的群众路线教育实践活动，深入基层，在全州开展贯彻落实情况调研，形成调研报告上报省侨联。开展出国留学人员情况调研。通过对楚雄州近年来出国留学人员情况调研，加强与华裔新生代、新华侨华人、归国留学人员的联谊，确保侨务资源的可持续发展，并向省侨联申报新侨创新人才及项目。为贯彻落实省侨联关于开展全省“侨资侨属企业”调查的通知精神，结合楚雄州侨联工作实际，8～9月开展了侨资侨属企业调研，形成《楚雄州“侨资侨属企业”发展现状调研报告》上报省侨联。

[李晓琼]

机关事务管理

【机关事务管理概况】 2014年，楚雄州机关事务管理局以强化《机关事务管理条例》、《党政机关厉行节约反对浪费条例》和《公共机构节能条例》的学习、宣传和贯彻落实为着力点，以大力推进机关事务科学发展为动力，以加强队伍作风建设、提升干部职工能力素质为工作方向，积极发挥主观能动性，求真务实，狠抓科学化、集约化和规范化管理，较好地完成了各项工作任务，为机关正常有序高效运转提供了强有力的保障。

【州级党政机关办公用房清理】 2014年，楚雄州机关事务管理局根据中央关于党政机关停止新建楼堂馆所和清理办公用房的有关文件精神和省州的相关要求，严格按照《党政机关厉行节约反对浪费条例》、《机关事务管理条例》、《党政机关办公用房建设标准》的有关规定和要求，在充分开展调研和征求意见的基础上，制定工作方案，起草了《楚雄州州级党政机关办公用房管理办法》、《关于进一步推进州级党政机关办公用房清理整改工作的紧急通知》和《楚雄州机关事务管理局关于落实州委〈党的群众路线教育实践活动中深化“四风”突出问题专项整治工作方案〉的实施方案》，完善有关制度和标准，建立健全了推进楚雄州党政机关停止新建楼堂馆所和清理整改办公用房工作的机制，采用调换、腾退、合并等方式，开展州级党政机关办公用房清理整改工作，确保清理整改工作任务的完成。在组织州级党政机关办公用房清理整改工作的同时，按照领导小组的安排部署，牵头组织完成楚雄州驻外办事处的清理整顿工作，并配合做好培训中心、楼堂、馆所等的清理整顿工作。

【办公用房清退及群众反映问题整改】 2014年，楚雄州机关事务管理局针对州委常委班子在党的群众路线教育实践活动中征求到“关于及时研究办公用房清退后相关工作，防止资源闲置浪费的问题”的意见后，遵循业务相近、办公单位地点相对集中、利于群众办事，实事求是、节约资源、建新交旧、调新交旧等原则。以不断优化办公用房及资产配置和提高使用效率为目的，实现国有资产科学、公平、合理利用和节约型机关建设目标，及时草拟并向州人民政府呈报《关于对部分州级单位办公用房及资产进行调整优化的建议报告》。经州人民政府召开办公会议研究决定，原则同意州机关事务管理局上报的办公用房调剂方案。第一批调整搬迁13个单位，有3个单位已搬迁完毕。完成州委周转房水电存在的安全问题整改；完成会务中心供水质量和开水房水电问题整改；完成了“一公司两市场”办公区干部职工反映出入口开启、停车、路灯、安全等问题整改；完成了州公务活动中心办公大楼门厅外霜冻枯萎树木影响景观问题整改；对“州政务服务中心窗口办理事务时车辆无停放处，造成周边街道乱停乱放，受到交管部分的处罚，群众反映强烈问题”及时进行整改；对“州公务中心凭证进门，很多干部忘带证进不来，县（市）基层干部群众就更进不来，门卫隔离了领导机关与人民群众联系的问题”进行整改落实；对“关于州公务活动中心机关食堂管理服务不到位，饭菜质量差，价格偏高，品种单一，多少年一个样；就餐人员杂，卫生差；窗口少，服务态度差的问题”进行整改。

【公共机构节能】 2014年，楚雄州机关事务管理局遵循“保障公务，厉行节约，务实高效，公开透明”的价值准则，围绕建设资源节约型、环境友好型社会目标，以贯彻《条例》等法律法规和规范性文件为重点，有效推进公共机构节能工作。制定印发了《楚雄州2014年公共机构节能工作要点》、《楚雄州关于开展公共机构节水型机关建设的通知》和《关于做好2014年度财政补贴高效照明产品推广工作的通知》，开展了公共机构节水型单位建设和高效节能产品推广工作。组织了2014年“公共机构节能宣传周”系列活动。协调组织州、市公共机构和上海亚明照明有限公司在楚雄市桃源湖进行节能宣传，达到了“公共机构做表率，宣传群众共节能”的目的。在完成第1期10县（市）和机关事务管理局2名管理人员培训的基础上，组织12个独立办公的州级部门和部分县（市）公共机构节能管理人员参加清华大学与国家机关事务管理局举办的公共机构远程培训。按照省政府节能办和州公共机构节能领导小组的要求和部署，结合楚雄州地理环境和机关工作规律等因素，通过大量的调研和数据的采集、收集、计算和分析，对州内党政机关的20个用电项目、5个用水项目、20个品牌49个规格的车辆项目定额标准做出了初步核定。完成了州公共机构节能能耗定额管理试点方案，起草下发了《关于进一步加强公共机构能源资源计量器具配备的通知》，按照“分户彻底、分区规范、分项合理、应配尽配”的原则，对全州公共机构行政区、业务区、后勤服务区、主要用能设备计量器具配备工作提出了要求和完成时限，并在3个县和10个州级公共机构开展试点。按照节约型公共机构示范单位创建标准和创建要求，将州职教园区和楚雄医药高等专科学校作为楚雄州第二批国家级节约型公共机构示范单位，完成州级初验并报省政府机关事务管理局，待国家机关事务管理局确定后创建。根据省水利厅、省政府机关事务管理局、省节约用水办公室《关于开展公共机构节水型单位建设的通知》要求，会同州水务局、州节约用水办公室联合发文，对州内节水型单位建设作出创建计划，计划2015年州级公共机构创建单位比例达到70%，比省规定的比例超出50%。年内各单位上报了创建方案。

【重点设施建设】 2014年，楚雄州机关事务管理局对公务中心互联网设备进行了升级更换，提升单台电脑接入速率到10M，终端接入电脑数量972台，实行一人一台电脑一个账号，专人专用，进一步落实了网络保密责任，加强网络安全管理；按照国家工程建设项目验收的有关规范要求，组织楚雄州党政内网屏蔽机房和密钥中心屏蔽机房建设项目（该项目2013年10月竣工）验收，并按规定及时报审；完成了会务中心大会议室和民族会堂音视频应急设备的安装改造。

【行政后勤保障】 2014年，楚雄州机关事务管理局履行职责，确保了公务活动中心、“一公司两市场”办公区的后勤服务、会议服务和安全保卫工作有序运转。优质高效完成570场会议服务（不含“两会”）和2次对外音响服务保障工作。规范了信息部门在公务中心内的管理和施工，协调指导好办公单位内网、专网建设，排除网络、电话故障200余次，有效确保了公务活动中心700

余个语音点、1000余个网络信息点的畅通。强化设备、设施日常检查和维护制度的落实，对水、电、消防、通信系统等设施设备的维修维护，做到及时、准确、迅速、到位，保障了设施设备的正常运转。全年完成水电、房屋、设备设施、电路电器等各类维修3660人次（公务活动中心3160人次，“一公司两市场”办公区500人次）；完成了公务活动中心、“一公司两市场”办公楼、会务中心地砖修复、高低压配电检修、供水设施设备以及房屋渗漏处理。按质按量确保桶装水供应及进行废旧物品回收，供应桶装水17186桶（其中公务中心10946桶、“一公司两市场”办公区6240桶），收集处置废品378千克。加强对公务活动中心、“一公司两市场”办公区域绿化养护管理，按季节及时抓好病虫害防治、施肥养护和草坪、绿篱修剪工作，搞好环境绿化美化。按照规范加大对公务活动中心、“一公司两市场”办公区日常卫生保洁力度，强化卫生管理，抓好春季防虫、防鼠工作，确保了机关公共区域室内外卫生的整洁。坚持安全至上原则，严格落实机关安保相关规定，落实社会管理综合治理及维护稳定的目标责任制，制定反恐预案和措施，添置了相应的装备，做到人防、技防与物防相结合，加强机关安保工作。落实安全生产责任制，加强水、电和电梯及消防设备管理，消除不安全隐患。组织了安保人员、义务消防员岗位培训和专业技能训练，并选派了两名消防控制室操作人员参加初级技能培训。更换灭火器1000只。组织人员调研，拟定公务中心出入口、地下车库和周边防范等安防配套设施建设方案。圆满完成州“两会”和省州在会务中心召开的570场会议的安全保卫工作。对州公务中心、“一公司两市场”办公区域的交通安全进行专项整治。办理IC卡120张，清理乱停乱放车辆116辆次，规范政务服务大厅外围群众车辆停放。严格执行门卫管理制度，加强对公务中心出入人员的管理，按规定做好来访人员的登记、确认工作，全年盘查登记外来人员11340人次，进出物品登记510件。配合州信访局等部门做好上访人员解释疏导工作，有效处置到公务中心上访事件289批890人次，其中，3～30人以下上访249起329人，30人以上群体性上访30批1051人次，30人以上10批506人次。加强了对公务活动中心办公区域的交通安全管控，进行专项整治28次，发放告知书610份，通报、告知单位及个人违规车辆56台次，纠正违规车辆168台次，清理违规车辆30台次，处置交通事故3起。派出人员165人次参加州级领导接访日秩序维护，共接访1130人次。并配合州纪委监察局等相关部门做好节假日期间公务用车管理登记工作。

［谭有亮］

政务服务

【政务服务机构概况】 2014年，楚雄州政务服务管理局落实中央、省州深化政务公开加强政务服务的要求，深入推进行政审批制度改革，以转变作风、服务群众为重点，加强队伍建设，创新服务方式，加强规范化管理，推进政务服务、投资项目集中审批、公共资源交易、政务服务信息化建设各项工作的开展。全州10县（市）103个乡镇1098个村委会（社区）政务（为民）服务机构、13516个村民小组代办服务点积极为群众开展服务工作。

【政务服务能力建设】 2014年，楚雄州政务服务中心以加大事项进驻力度为目标，以服务好群众为动力，依托各部门的力量，推动窗口服务工作能力和水平的提升。对窗口设置进行调整，提高资源利用率；将服务时间调整为“朝九晚五”，解决了县（市）基层群众到州政务服务中心办事不方便和办事成本高的问题；加大与州级部门的沟通对接，将关系群众切身利益的事项整合进驻中心办理，真正实现中心一站式办结、一条龙服务；各进驻窗口着力在提高工作效率、简化办事程序、改善服务内容、赢得群众满意方面下功夫，创新服务方式，服务质量得到提高，州级22家部门60项行政审批事项在原来基础上压缩了承诺时限，优化了审批流程，提高了审批效率；实行州政务服务管理局领导班子成员到州政务服务中心坐班制度，对州政务服务中心原有管理考核办法、服务准则作了进一步补充完善，为管理服务提供了制度保障。全年进驻州政务服务中心的43家单位窗口共受理行政审批及政务服务事项18.39万件，办结18.39万件，按时办结率100%，办件量与上年相比增加0.41万件、增长28.9%。

【创新为民服务方式】 2014年，全州各县（市）进一步加大基层为民服务平台软硬件建设投入，服务平台规范化建设得到加强。各县（市）探索基层为民服务的新方式，推行代办服务制、预约服务制、集中服务、约时定点服务等服务方式，有效破解了偏远山区群众办理证照难、路费贵的难题。各县（市）围绕重点项目建设和经济发展工作，创新政务服务方式，拓展服务内容，不断提升政务服务功能，全力营造支持发展、关心发展、服务发展的良好氛围。全年全州10县（市）政务服务中心共受理行政审批及政务服务事项210.01万件，办结209.91万件，按时办结率99.95%，办件量与上年相比增加59.63万件、增长39.6%；全州103个乡（镇）为民服务中心共受理为民服务事项34.47万件，办结34.19万件，按时办结率99.21%，办件量与上年相比增加11.07万件、增长47.3%；全州1098个行政村（社区）为民服务站共受理为民服务事项44.18万件，办结43.32万件，按时办结率98.06%，办件量与上年相比增加8.49万件、增长22.3%；全州13516个村民小组开展免费代办服务共受理为民服务事项16.05万件，办结15.87万件，按时办结率98.86%，办件量与上年相比增加6.03万件、增长60.1%。

【投资项目审批提速】 2014年，各县（市）、州级各部门加大简政放权力度，进一步压缩审批时限，精减审批程序，依托政务服务中心开展投资项目集中审批服务，实现了审批提速，推动了项目建设的步伐。年内，全州共受理投资项目1420个，涉及事项合计3821件，投资概算724.79亿元，按时办结率99.51%，受理项目数与上年相比增加548个、增长62.8%，投资概算增加157.62亿元、增长27.8%。

【公共资源交易】 2014年，楚雄州公共资源交易中心不断加强管理，加强制度机制建设，进一步完善了公共资源交易的服务流程，推进了运作规范化，最大限度的降低风险，树立交易中心廉洁、公平、阳光、规范的形象。州人民政府办公室印发了《关于进一步加强公共资源交易行政监管的通知》，对各行政监管部门的职能职责进行了明确，加强了各行政监管部门对交易过程的事前、事中及开评标的监管。配合发改部门，完成了全州评标专家库专家的征集、认定、培训、入库、抽取及管理考核等方面的工作，建成了门类齐全、数额充足的综合评标专家库，为提高评标质量打下了基础。年内，州公共资源交易中心共组织交易项目932个，交易额74.68亿元，交易项目与上年相比增加121个、增长14.9%，通过招标节约资金2.72亿元，通过竞拍增加收益金3800万元。10县（市）公共资源交易中心共组织交易项目1693个，交易额48.69亿元，交易项目与上年相比增加45个、增长39.7%，交易额增加7.07亿元、增长2.7%，通过招标节约资金1.38亿元，通过挂牌和竞拍增加收益金8022.12万元；103个乡（镇）公共资源交易中心共组织交易项目1341个，交易额3.01亿元，交易项目与上年相比增加965个、增长256.6%，交易额增加2.16亿元、增长245.4%，通过招标节约资金568.83万元，通过挂牌和竞拍增加收益金143.2万元。

【行政审批网上大厅建设】 2014年，楚雄州政务服务管理局主动加强与省投资项目审批中心管理办公室的沟通联系，制定了《楚雄州行政审批网上服务大厅建设工作方案》，组织州、县（市）系统管理员和州级审批部门近200余名工作人员开展了行政审批网上大厅应用平台业务培训，结合州委编办的行政审批事项梳理工作，积极协调州级部门开展事项录入，加强对县（市）网上大厅建设工作的督促指导力度，行政审批网上大厅建设工作有序推进。

［张映莲］

中国人民政治协商会议楚雄彝族自治州委员会

重要会议

【政协楚雄州第九届委员会第四次会议】 2014年2月18～21日，政协楚雄州第九届委员会第四次会议在楚雄召开。应到会委员348名，实到会委员337名。州政协主席李兴顺，副主席张启俊、何根源、李怡、蒲涌、杨玉泉、王玉玺，享受和保留副厅待遇领导马旷源、李天云、张万礼，秘书长李光彪出席会议。州委书记张太原，省委党的群众路线教育实践活动督导组组长王智，州委副书记、州长李红民，州委副书记邱江，州人大常委会主任卢显林，州人大常委会、州人民政府、楚雄军分区、州人民法院、州检察院领导和驻楚中央属、省属和州属相关部门领导列席会议。李兴顺、张启俊、何根源、李怡、蒲涌分别主持会议。会议听取、审议并通过了李兴顺代表政协楚雄州第九届委员会常委会所作的《关于政协楚雄州第九届委员会常务委员会工作报告》和李怡代表政协楚雄州第九届委员会常委会所作的《关于政协楚雄州第九届委员会常务委员会提案工作报告》。与会委员列席州第十一届人民代表大会第四次会议，听取、协商并赞同《政府工作报告》、“两院”工作报告和其他有关报告。会议期间，10位州政协委员进行了大会发言，分别召开《政府工作报告》和“两院”工作报告协商会，并对州政协九届二次会议优秀提案、2013年度政协好新闻、2013年度优秀社情民意和信息工作先进单位和先进工作者进行表彰。与会委员踊跃建言献策，州党政军有关领导到会听取意见建议。

【政协楚雄州第九届委员会常委会议】 2014年，政协楚雄州第九届委员会召开4次常委会议，对全州经济、文化、社会等重大事项进行专题研究。

九次会议。1月14日召开。会议传达学习了省政协十一届四次常委会议精神；州委常委、副州长任锦云到会作《政府工作报告（征求意见稿）》的说明，并通报了楚雄州农转城工作和州政协九届二次会议政府系统提案办理情况，与会人员分组进行协商讨论；听取州环保局民主监督意见建议整改落实情况通报；听取州人社局、州住房公积金管理中心有关情况通报；民主评议州农业局、州林业局、州教育局、州文体局、州卫生局的提案办理工作；协商通过了州政协九届四次会议有关事项；协商通过了《关于强力推进楚雄州特色民居建设的建议案》及有关人事事项。

十次会议。4月30日召开。会议传达学习了省政协十一届五次常委会议精神；州委常委、州人民政府常务副州长杨照辉到会通报了以产城融合为突破口加快推进彝州新型城镇化建设情况，听取了州政协调研组《关于以产城融合为突破口加快推进楚雄州新型城镇化建设问题的调研报告》，与会人员分组协商讨论以产城融合为突破口加快推进楚雄州新型城镇化建设工作；听取了州宗教事务局、州畜牧兽医局的有关工作情况报告；协商通过了《政协楚雄州委员会委员管理服务办法》。

十一次会议。9月23日召开。州人民政府副州长周兴国到会通报楚雄州民营经济发展情况，听取州政协调研组对楚雄州民营经济发展情况的调研报告，与会人员分组协商讨论楚雄州民营经济发展问题；协商通过了人事事项；听取了州粮食局关于楚雄州粮食安全问题的工作情况报告和州审计局关于楚雄州领导干部经济责任审计工作情况的报告。

十二次会议。12月29～30日召开。会议传达学习了党的十八届四中全会精神和省政协十一届八次常委会议精神；州人民政府副州长赵祖莹到会作《政府工作报告》（征求意见稿）的说明，并通报楚雄州行政审批制度改革和州政协九届四次会议政府系统提案办理情况；州委办公室负责人通报州政协九届四次会议党群系统提案办理情况（书面）；听取州政协调研组对楚雄州行政审批制度改革情况的调研报告，与会人员分组对楚雄州行政审批制度改革进行协商讨论；会议协商通过了州政协九届五次会议召开的时间、日程、议程（草案）、特邀列席人员名单及相关事项；协商通过了《政协楚雄州委员会全体会议工作规则》、《政协楚雄州委员会常务委员会工作规则》、《政协楚雄州委员会主席会议制度》、《政协楚雄州委员会委员视察工作规则》、《政协楚雄州委员会专门委员会工作通则》；协商通过了人事事项。会议听取州移民局民主监督意见建议整改落实情况通报；听取州公安局通报禁毒工作情况、州卫生局通报防艾工作情况、州民政局通报老龄工作情况；民主评议了州发改委、州环保局、州食药监局、州民政局、州交警支队的提案办理工作。

【州政协教科文卫文史资料委员会工作座谈会】　2014年3月26日，楚雄州政协教科文卫文史资料委员会工作座谈会在楚雄召开。州政协教科文卫文史资料委员会主任、副主任，10县（市）政协分管领导和教科文卫文史资料委员会主任、副主任共50人参加会议。会议总结了州政协教科文卫文史资料委员会2013年工作，安排部署2014年工作任务；学习党的群众路线教育实践活动相关文件精神，征求与会人员对州政协教科文卫文史资料委员会及其领导班子成员的意见建议。州政协副主席何根源出席会议并讲话。

【州政协经济运行恳谈会】　2014年7月16日，楚雄州政协经济运行恳谈会在楚雄召开。州政协主席李兴顺，副主席张启俊、何根源、李怡、蒲涌、杨玉泉、王玉玺，享受和保留副厅待遇领导马旷源、张万礼，秘书长李光彪出席会议。驻楚雄城区省、州政协委员，州统计局、州发改委、州财政局、州工信委、州商务局、州农业局的主要领导，州政协经济委主任、副主任参加会议，会议由张启俊主持。会议研究分析楚雄州上半年经济运行情况，州委常委、州人民政府副州长任锦云到会通报全州上半年经济运行情况；州统计局、州发改委、州财政局、州工信委、州商务局、州农业局书面通报有关情况；9名政协委员在会上发言，积极建言献策。州政协主席李兴顺作总结讲话。

【州政协社会法制委员会工作座谈会】　2014年11月28日，楚雄州政协社会法制委员会工作座谈会在楚雄召开。州政协社会法制委员会主任、副主任，10县（市）政协分管领导和社会法制委员会主任、副主任共50人参加会议。会议传达学习了党的十八届四中全会精神；总结交流2014年社会法制工作经验，研究谋划2015年工作重点。州政协副主席蒲涌出席会议并讲话。

【州政协民族宗教联络委员会工作座谈会】　2014年12月26日，楚雄州政协民族宗教联络委员会工作座谈会在楚雄召开。州政协民族宗教联络委员会主任、副主任，10县（市）政协分管领导和民族宗教联络委员会主任、副主任共50人参加会议。会议传达学习了党的十八届四中全会精神、中央民族工作会议精神；总结交流2014年民族宗教工作经验，安排部署2015年工作。州政协副主席王玉玺出席会议并讲话。

【禄丰撤县设市专题协商会】　2014年12月30日，楚雄州政协在楚雄召开禄丰撤县设市专题协商会。州政协主席李兴顺，副主席张启俊、何根源、李怡、蒲涌、杨玉泉、王玉玺，享受和保留副厅待遇领导马旷源、张万礼，秘书长李光彪出席专题协商会。州政协常委、州政协机关各委室主任，州级相关部门领导、各县（市）政协主席共87人参加了会议。各位参会人员围绕禄丰撤县设市开展协商讨论，一致赞同州委、州人民政府对禄丰撤县设市的决策部署。会议由州政协主席李兴顺主持。

【全州政协提案工作座谈会】　2014年12月30日，全州政协提案工作座谈会在楚雄召开。州政协主席李兴顺，副主席张启俊、何根源、李怡、蒲涌、杨玉泉、王玉玺，享受和保留副厅待遇领导马旷源、张万礼，秘书长李光彪出席会议。州政协机关各委室主任，州政协提案委委员，各县（市）政协主席，各民主党派、工商联负责人参加会议。会议由州政协提案委员会主任刘洪群主持。会议传达学习省政协第二十三次提案工作会议精神，并对2015年度全州提案工作进行安排部署。

［沈新荣　左麟祥］

重要活动

【新春座谈会】　2014年1月15日，楚雄州政协举办楚雄城区各族各界人士代表新春座谈会。州委书记张太原代表州委、州人民政府向各民主党派、工商联、人民团体各族各界在过去一年为楚雄经济社会发展作出的贡献表示感谢，希望继续发挥优势，拥护改革、支持改革、凝心聚力，推动发展，构建和谐。州委副书记、州长李红民通报了2013年全州经济社会发展情况。州党政军领导、州政协、州委统战部副处级以上领导，各族各界代表参加座谈会。州政协主席李兴顺主持会议，与会者踊跃发言。

【楚雄城区州政协委员活动日活动】2014年1月21日，楚雄州政协组织楚雄城区200余名委员开展委员活动日活动。州政协副主席李怡结合贯彻落实中共十八大和十八届三中全会精神，作了题为“发挥重要渠道作用，推进协商民主进程”的专题讲座。副主席张启俊、何根源、王玉玺，享受和保留副厅待遇领导马旷源、李天云，秘书长李光彪出席活动。

【“彝州政协委员讲坛”活动】2014年4月29日，楚雄州政协举行“彝州政协委员讲坛”活动，12名州政协委员就“我的履职感悟”、“我的群众观”进行交流发言。州政协主席李兴顺作动员讲话。州政协副主席张启俊主持讲坛，州委常委、州委统战部部长杨静，州委常委、楚雄军分区政委曹军，州政协副主席何根源、李怡、杨玉泉、王玉玺，享受和保留副厅待遇领导马旷源、李天云、张万礼，秘书长李光彪及驻楚雄城区省、州政协委员，州政协机关全体干部职工参加活动。

【开展抓工业抓投资抓招商督查工作】2014年7月24～31日，楚雄州政协主席李兴顺带领州委第四督察组先后到禄丰县、牟定县、武定县开展抓工业抓投资抓招商督查工作。督查组强调3县围绕省委打好“园区经济、县域经济、民营经济”三大战役的战略部署，要加强领导、强化责任，确保年初预定目标的顺利实现；要坚持统筹兼顾，重点突破，确保县域经济持续健康发展；要抓机遇，用好人，提高办事效率，确保发展步伐进一步加快；要多方沟通协调，积极向上争取政策资金扶持，确保发展中的困难得到有效解决。政协副主席李怡、蒲涌，保留副厅待遇领导张万礼，秘书长李光彪分别陪同督查。

【中秋座谈会】2014年9月5日，楚雄州政协、州委统战部召开楚雄城区各族各界人士中秋座谈会。来自各族各界的54名代表，州委、州人大常委会、州人民政府、州政协机关副处以上干部，州委组织部、州委统战部、州级有关部门领导101人出席座谈会。州委书记张太原代表州委、州人民政府发表讲话，州委副书记、州人民政府州长李红民通报了2014年上半年全州经济社会发展情况及下半年全州经济工作重点。出席会议的7位代表从不同角度围绕楚雄经济社会发展踊跃发言。州委常委、州委统战部部长杨静主持会议。

【州政协民生论坛】2014年9月24日，楚雄州政协召开2014年“以人为本，推进新型城镇化”为主题的民生论坛。州政协主席李兴顺、副主席何根源、蒲涌、杨玉泉、王玉玺，享受和保留副厅待遇领导马旷源、张万礼，秘书长李光彪出席会议。李兴顺就办好民生论坛作出要求，8位政协委员围绕民生论坛主题积极建言。驻楚省政协委员、州政协常委、州级相关部门领导、各县（市）政协主席、州政协机关副科以上干部参加会议。

【滇中经济区四州（市）政协合作机制第六次会议】2014年10月20～22日，楚雄州政协主席李兴顺，副主席张启俊、王玉玺，秘书长李光彪到曲靖市参加滇中经济区四州（市）政协合作机制第六次会议暨曲靖会议。会议认真贯彻落实省委九届八次全会精神，为加快推进滇中经济区外向型经济发展，推动滇中经济区产业转型升级建言献策。

【全省八自治州政协第二十六次横向联系会议】2014年10月29日，全省八自治州政协第二十六次横向联系会议在楚雄召开。云南省政协副主席喻顶成，楚雄州委副书记、州长李红民，州政协主席李兴顺，州人大副主任李佳，副州长夭建国，州政协副主席张启俊、何根源、蒲涌、杨玉泉，享受和保留副厅待遇领导马旷源、张万礼，秘书长李光彪和八自治州政协分管副主席、秘书长，楚雄州政协办公室、研究室、各专委会主任、副主任共50人出席会议。会议围绕“学习贯彻中共十八届四中全会精神，就新时期人民政协如何更好地践行‘三严三实’、坚持履职为民”主题进行交流。会议由楚雄州政协主席李兴顺主持，州委副书记、州长李红民致词，省政协副主席喻顶成作重要讲话。

【州政协各民主党派、工商联界别委员活动】2014年11月19日，楚雄州政协举行各民主党派、工商联界别委员活动。州政协主席李兴顺，州委常委、州委统战部部长杨静，州人大副主任、州工商联主席吴丽华，州政协副主席张启俊、何根源、李怡、蒲涌、杨玉泉，享受和保留副厅待遇领导马旷源、张万礼，秘书长李光彪参加活动。委员们围绕学习中共十八届四中全会和习近平总书记在庆祝人民政协成立65周年大会上的讲话精神进行座谈交流发言。

【深圳·楚雄州政协委员“光明行”活动】2014年12月20～22日，深圳·楚雄州政协委员“光明行”活动在双柏县举行，楚雄州政协主席李兴顺，副主席李怡，秘书长李光彪参加。此次活动是由深圳市政协委员、深圳文联副主席、“楚雄州荣誉州民”李亚威牵线搭桥，深圳市政协委员、深圳晓明眼库基金主席姚晓明博士一行9人对双柏县100名山区少数民族白内障患者进行免费手术的义诊活动。

［沈新荣　*左麟祥*］

视察调研

【全国政协到楚雄视察调研】2014年3月14～17日，全国政协提案委主任孙淦一行到武定县调研，州政协主席李兴顺陪同调研。

5月15日，全国政协常委、教科文卫体委员会副主任黄洁夫率全国政协调研组到楚雄州，对楚雄州贯彻落实《精神卫生法》情况进行调研。实地走访了鹿城镇彝海社区患者家庭，并到州精神病医院了解患者管理治疗情况。州委副书记、州长李红民，副州长邓斯云，州政协副主席何根源陪同调研。

【省政协到楚雄视察调研】 2014年3月31日，云南省政协民族和宗教委员会主任欧志明一行到楚雄州对实行《民族区域自治条例》以来取得的成就，进一步推动民族区域自治地方全面发展面临的困难和问题进行专题调研，并召开听取意见建议座谈会。州政协副主席王玉玺陪同调研。

4月28～29日，省政协常委、省政协人口资源环境委员会主任高旭升一行到楚雄州对"云南省矿产业绿色发展情况"开展专题调研。调研组先后深入楚雄滇中有色金属有限责任公司、大姚县六苴铜矿进行实地调研并听取情况汇报。州政协主席李兴顺，州人民政府副州长周兴国，州政协副主席蒲涌，州政协秘书长李光彪陪同调研并出席楚雄州矿产业绿色发展情况汇报会。

5月22日，省政协常委、省政协文史委员会副主任汪叶菊一行到姚安县光禄古镇、禄丰县黑井古镇及炼象关村，对云南历史文化名镇（村）的保护和利用进行实地考察调研。州政协副主席何根源陪同调研。

6月23日，州政协主席李兴顺陪同云南省政协原副主席、省非公经济督导组副组长、省工商联原会长苏正国一行到牟定、南华、姚安、永仁、武定5县，对楚雄州民营经济发展工作进行督导调研。调研组通过召开非公企业负责人座谈会，全面了解州内民营经济发展情况，并听取了州人民政府副州长周兴国对楚雄州民营经济发展工作汇报。州政协副主席张启俊出席汇报反馈会。

9月10日，省政协社会和法制委员会副主任周发洪、齐晓勇一行到楚雄调研协商政协民生论坛工作。州政协副主席蒲涌陪同调研。

【州政协视察调研】 2014年3月17～19日，楚雄州政协副主席张启俊到大姚县新街镇夏家坝村委会、六苴铜矿、红豆树中型水库、大坡小（一）型水库建设工地对水利建设情况进行视察调研。

3月20～21日，州政协主席李兴顺到武定县高桥镇弯腰树村委会走访调研，征求群众意见建议。

4月17～18日，州政协副主席蒲涌带队到楚雄市东南片区、医药园区，禄丰县土官工业园区，大姚县核桃产业园区，对以产城融合为突破口推进新型城镇化建设工作进行专题调研。

5月30日，州政协副主席何根源率部分州政协委员对楚雄州图书馆发展情况进行专题调研，实地查看州图书馆藏书室及读者阅览室，听取州图书馆发展情况和工作情况汇报。

6月10～18日，州政协副主席李怡和州政协保留副厅待遇领导李天云率领州政协相关人员联合州委办公室、州政府办公室组成两个调研组，先后深入到楚雄市、双柏县、南华县、永仁县、武定县、禄丰县，对《关于进一步加强人民政协提案办理工作实施意见》，以及《政协楚雄州委员会提案工作条例》贯彻落实情况和提案办理情况进行调研。

8月18～22日，州政协副主席张启俊率调研组到楚雄市、双柏县、禄丰县对楚雄州民营经济发展情况进行调研，提出工作要求。调研形成《楚雄州民营经济发展情况调研报告》。

8月26～28日，楚雄州政协秘书长李光彪率办公室、研究室有关人员到姚安、南华、牟定、武定对政协工作创新、省州政协下拨县（市）政协改善办公条件项目资金使用情况，以及政协宣传、社情民意、《楚雄政协》稿件报送等工作开展调研。

9月1日，州政协秘书长李光彪率州政协办公室相关人员到永仁县政协指导交流政协宣传、信息、社情民意工作，并就近年来省、州政协下拨县（市）政协改善办公条件资金使用情况进行检查。

9月22～29日，州政协副主席杨玉泉率州政协调研组到禄丰县、元谋县、武定县、楚雄市及州级机关相关部门对州内行政审批制度改革工作情况进行专题调研，形成《楚雄州行政审批制度改革工作调研报告》。

9月24日，州政协组织常委会组成人员、驻楚省政协委员、各县（市）政协主席、州政协各委室主任视察楚（雄）广（通）高速公路建设情况。州政协主席李兴顺，州人民政府副州长周兴国，州政协副主席何根源、蒲涌、杨玉泉，享受和保留副厅待遇领导马旷源、张万礼，秘书长李光彪参加活动。

［*沈新荣　左麟祥*］

提案工作

【优秀提案表彰会】 2014年2月17日，政协楚雄州委员会召开九届二次会议优秀提案表彰会。会上表彰了政协楚雄州九届二次会议上提出的《关于加强财政资金投入项目的全程监督和管理的提案》等38件优秀提案。

【政协九届四次会议提案审查情况】 2014年2月18日～21日，政协楚雄州第九届委员会第四次会议期间，共收到提案372件，经审查立案364件。在立案的提案中，委员个人提出和联名提出219件，占立案总数的60.16%；集体提案145件，占39.84%。按类别分为：经济建设方面215件，占59.06%；教科文卫体方面86件，占23.63%；政法社会保障方面63件，占17.31%。不立案8件，已按有关规定另作处理。

【政协委员提案交办会】 2014年3月27日，楚雄州人大常委会办公室、州委办公室、州人民政府办公室、州政协委员会办公室联合召开2014年人大代表建议案和政协委员提案交办会。州委常委、州人民政府副州长任锦云出席会议并讲话，州政协副主席李怡、秘书长李光彪出席会议。政协楚雄州九届四次会议审查立案的364件提案交70家承办提案部门办理，其中交办党群系统12家、政府系统51家、县（市）部门7家。

【提案督办】 2014年上半年，楚雄州政协提案委对贯彻落实《中共中央办公厅、国务院办公厅〈关于进一步加强人民政协提案办理工作的意见〉》、《中共云南省委办公厅、云南省人民政府办公厅〈关于进一步加强人民政协提案办理工作的实施意见〉》的情况开展了调研、督查工作，联合州委办公室、州人民政府办公室组成两个调研组，分别深入6个县（市）督促检查和提案办理协商工作。下半年，分别由主席、副主席带队，组织7个督查组对《关于进一步推动楚雄州特色民居建设的建议案》和《关于抓住滇中产业新区建设机遇，加快楚雄州现代物流产业发展的提案》等10件重点提案办理情况进行重点督办，推进提案办理落实工作。

【提案办理情况】 2014年末，政协楚雄州九届四次会议审查立案的364件提案已全部办复完毕。其中，办理结果A类为解决或采纳的252件、占办复总数的69.2%，比上年提高1.3个百分点；B类为列入计划解决的75件、占办复总数的20.6%；C类为留作参考的37件、占办复总数的10.2%。办复率、面商率均为100%，满意率98.6%，基本满意率1.4%。

［沈新荣　左麟祥］

中国共产党楚雄彝族自治州纪律检查委员会

重要会议

【中共楚雄州纪委八届四次全会】 2014年2月10日，中共楚雄州纪律检查委员会八届四次全会在楚雄召开。州委常委，州人大常委会主任、副主任，州人民政府副州长，州政协主席、副主席，州产业督导组组长、副组长，州人民检察院检察长，州中级人民法院负责人，州纪委委员出席会议。州委常委、州纪委书记夏新建主持会议。州委书记张太原出席会议并讲话。充分肯定了2013年党风廉政建设和反腐败工作，并就做好2014年的全州党风廉政建设和反腐败斗争工作提出要求。州委副书记邱江代表州委、州人民政府与各单位签订《2014年党风廉政建设责任书》。会议传达贯彻了习近平总书记重要讲话和十八届中央纪委五次全会、省纪委九届六次全会及州委八届四次全会精神。会议审议通过了州委常委、州纪委书记夏新建代表州纪委常委会所作的《明确职责、正风肃纪，深入推进全州党风廉政建设和反腐败工作》的工作报告，全面总结2013年全州党风廉政建设和反腐败工作，部署了2014年工作任务。8名县（市）和州属部门党政主要负责人在会上述廉。

【楚雄州纪检监察学会一届五次常务理事会和第二次会员代表大会】 2014年11月27日，楚雄州纪检监察学会召开一届五次常务理事会和第二次会员代表大会。会议审议通过了第一届理事会《工作报告》和修改后的《楚雄州纪检监察学会章程》，选举产生了学会第二届理事会，对下一阶段学会工作进行安排部署。州委常委、州纪委书记夏新建出席会议，省纪检监察学会专职副会长华苑生到会指导，并对学会以后的工作提出了要求。会上，新当选的州纪检监察学会第二届理事会会长作表态发言。

【落实党风廉政建设主体责任研讨班】 2014年8月5日，中共楚雄州委举办落实党风廉政建设主体责任专题研讨班。州委常委、州人大常委会、州人民政府、州政协委员会领导班子成员中的州级党员领导干部，州中级人民法院代理院长，州人民检察院检察长，州纪委常委，州委各部委、州级国家机关各委办局、各人民团体、州属企事业单位党委（党组）主要负责人，州纪委监察局各纪工委书记，各县（市）委书记、县（市）长、县（市）纪委书记190余人参加会议。与会人员观看了中央纪委宣传部副部长、中国纪检监察报社社长李本刚作的《如何发挥党委的主体责任》的专题辅导录像。州委书记张太原对全州各县（市）和州级部门党委（党组）落实党风廉政建设主体责任提出明确要求。

【民生资金监管平台运行培训暨四级联网推进会议】 2014年12月19，楚雄州召开民生资金监管平台运行培训暨四级联网推进会议。10县（市）纪委监察局、财政局，州属51家涉及民生资金监管单位的领导和业务人员共120余人参加四级联网推进会。州纪委监察局、州财政局利用多媒体分系统管理、监管程

2014年2月10日，州纪委八届四次全会召开　（金　伟/摄影）

序、业务人员操作流程3个模块进行讲解演示，对州属51家涉及民生资金监管单位的业务人员进行了业务培训。州纪委副书记、州监察局局长、州预防腐败局局长王志梅对县乡两级民生资金监管平台运行情况进行了总结，对下步工作提出了5点要求；州财政局相关领导对财政部门要进一步运用好民生资金监管平台，履行好资金监管职责提出了明确要求；3个县（市）纪委监察局、3个县（市）财政局就县乡两级民生资金监管平台运行作了经验交流。

［王丽萍］

党风党纪

【作风建设】　2014年，中共楚雄州纪律检查委员会持之以恒抓好“中央八项规定”精神和省州党委实施办法的落实，加大对全州干部作风建设的督促检查和问责力度，坚决纠正“四风”方面存在的问题。制定《楚雄州贯彻落实惩治和预防腐败体系2013～2017年工作规划的实施意见》，把任务分解到11个主办单位和64个协办单位。抓住元旦、春节、州庆、五一、端午、火把节、中秋、国庆等主要节点，及时下发通知，要求全州各级各部门认真贯彻执行《党政机关厉行节约反对浪费条例》、《关于严禁公款购买印制寄送贺年卡等物品的通知》和《关于严禁元旦春节期间公款购买赠送烟花爆竹等年货节礼的通知》，狠刹公款消费、奢侈浪费等不正之风。把作风建设、惩治腐败、预防腐败3大任务22项具体任务细化分解到11个牵头主办单位和64个协办单位。州委书记张太原代表州委与10个县（市）和84个州属部门签订了《2014年党风廉政建设责任书》。制定《州委落实党风廉政建设主体责任的规划和工作方案》，举办了落实党风廉政建设主体责任专题研讨班。州纪委制定《楚雄州纪委监察局明察暗访工作办法》，成立5个明察暗访组，采取不固定暗访人员、车辆、时间、形式和处理上限“五不固定”的形式开展明察暗访。全州开展明察暗访159次，查处违反“中央八项规定”精神和省州实施办法的问题110件，处理违纪违规人员174人。3批次点名道姓在“楚雄州纪检监察网”、《楚雄日报》、州广播电台、楚雄电视台等主流媒体通报曝光38个典型问题。紧盯不落实的人和事，全州共对303名不作为、乱作为的干部进行了问责。

【反腐倡廉宣传教育】　2014年，楚雄州纪检监察机关结合党的群众路线教育实践活动，加大党性党风党纪教育，组织开展了云南省纪委率先在楚雄州开展的“学党章、学准则、学条例”专题集中教育试点活动，全州598个党委（党组），6万余名党员率先在全省深入开展“学党章、学准则、学条例”专题集中教育活动，并组织43名州级领导干部及家属到省反腐倡廉警示教育基地接受教育。全州各级党委（党组）中心组专题学习反腐倡廉1715场次，7.3万人参加；讲授廉政党课1324场次，其中党政主要领导讲授1138场次；作反腐倡廉形势报告318场次，5.1万人次受到教育。完成州廉政教育基地的改版提升，改版提升后的警示厅由4个板块62个案例构成，阳光厅由5个板块58项内容构成。发挥州县廉政教育基地的作用，开展警示教育1426场次、示范教育1564场次、岗位廉政教育1658场次，撰写心得体会文章1.8万篇，利用廉政短信平台进行提醒教育，发送廉政短信22期2.7万余条。在州政务中心电梯间制作主题宣传展板3期共24版，在州公务中心电梯口播放4部专题片。开展廉政文化建设。开展廉政文化作品创作和廉政公益广告展播，协调各级媒体开展廉政公益广告展播，全州共开展各类廉政文化活动161场次，演出各类廉政文艺作品93场次，3万人次受到教育。在楚雄市紫溪彝村建成占地2800平方米的全省首个廉洁文化主题广场。全州共创建各级廉政文化示范点540个，其中省级示范点9个，州级示范点84个。按照《楚雄州廉政文化建设示范点评定办法》廉政文化“七进”示范点各自的评定标准，对全州84个州级廉政文化示范点进行复查，建议进行摘牌处理单位5个。全州在州以上媒体刊播宣传报道稿件313篇（条），处置涉及楚雄的网络舆情13件，其中2件作为典型案例在全州主要媒体进行通报。

【预防腐败】　2014年，中共楚雄州纪律检查委员会严格落实党内监督各项制度，推进权力公开透明运行和廉政风险防控，加强对领导干部特别是主要领导和关键岗位的监督。组织3个督查组深入到部分县（市）和27个州属单位开展廉政风险防控工作监督检查，对检查中发现的问题限期整改，对开展廉政风险防控工作不认真的2家单位的纪委主要领导进行约谈。全州10县（市）、88个州级单位查找内设机构和个人廉政风险6.8万个，制定防控措施9.5万条。切实加强对领导机关和领导干部廉洁履职情况的监督，加强对拥有审批权、执法权、收费权的责任人和窗口单位一线负责人履职情况监督。加强民生资金监管，适时对民生资金监管平台运行情况进行抽查，督促县（市）履行资金录入、下达、拨付、发放和信息发布、资金发放公示等职责，建立民生资金监管平台运行情况季度通报制度。

【廉洁自律工作】　2014年，楚雄州制定印发了《中共楚雄州委落实党风廉政建设主体责任的规定》、《党风廉政建设责任制考核办法》、《关于建立落实党风廉政建设责任制情况报告制度的通知》等规定，严格执行述廉、约谈、任前廉政谈话、个人重大事项报告等制度。州委书记、州长与42个州直部门主要领导进行集体廉政提醒谈话，分别约谈44名县（市）和州人民政府工作部门党政主要领导。组织全州各级各部门领导干部开展述廉工作，8名县（市）和州级部门党政主要领导在州纪委全会上述廉，全州5632名科以上干部进行了述廉，对55名州管干部进行任前廉政谈话并签订廉政承诺。54名州管干部向州纪委报告了婚丧喜庆事宜。严格执行廉政审核和审查制度，对148个部门和单位评选先进，211名处级干部评先推优、提拔任用在执行党政纪及廉洁自律方面的情况进行了廉政审核和廉政审查。

【案件查处】 2014年，楚雄州进一步完善反腐败协调小组职能，健全线索移送和联合办案机制。规范反映州管干部问题线索报送工作，制定出台《州纪委监察局纪工委监察分局查办案件工作暂行办法》，全州纪检监察机关受理信访举报988件，初核863件，立案254件，其中处级13件、科级67件，结案265件，给予党政纪处分279人，移送司法机关59人，挽回直接经济损失3931.32万元。严肃查处和通报了“万村千乡市场工程”领域、牟定县政府领导班子成员系列违纪违法重大典型案件。为反映失实的56名党员干部澄清事实。坚持依纪依法安全文明办案，做到办案安全零事故，办案工作零违纪。

【纪律检查体制改革】 2014年，中共楚雄州纪律检查委员会认真贯彻落实中央纪委和省纪委的部署要求，进一步明确职责定位，聚焦党风廉政建设和反腐败斗争中心任务，全面推进转职能、转方式、转作风，履行监督责任。州委审定印发《楚雄州党的纪律检查体制改革实施方案》，明确改革的路线图和时间表，细化分解17项改革任务和31项具体措施，按步骤、分阶段稳步推进各项改革。对参与的议事协调机构进行清理，清理出州纪委监察局机关参与各类议事协调机构119个，经州纪委常委会议审议通过，并报州委常委会研究决定，州纪委监察局机关参与的议事协调机构保留和继续参与15个、取消1个、退出103个，精简率超过87%。州纪委监察局完成了机关内设机构改革调整试点工作，撤销党风廉政建设室、纠正部门和行业不正之风室、执法监察室、四项制度办公室、综合室、宣传教育室、干部室；将纪检监察一室、二室分别更名为第一纪检监察室、第二纪检监察室，新设第三纪检监察室和纪检监察干部监督室。改革调整后，州纪委监察局内设机构仍为13个室（部）、4个科室。13个室（部）是：办公室、组织部、宣传部、政策法规研究室、党风政风监督室（州政府纠正不正之风办公室）、信访室、案件监督管理室、第一纪检监察室、第二纪检监察室、第三纪检监察室、案件审理室、纪检监察干部监督室、预防腐败室；4个所属科室机构为：办公室秘书科、行政科，宣传部网络舆情科，机关党委办公室。调整后直接从事办案工作的机构和人员分别占到了总数的53.8%和65.2%。落实纪律检查工作双重领导体制具体化、程序化、制度化要求，强化上级纪委对下级纪委的领导，下级纪委向上级纪委报告工作、定期述职、约谈汇报。州纪委分管副书记代表州纪委约谈了10县（市）纪委书记和分管副书记。落实查办腐败案件以上级纪委领导为主，线索处置和案件查办在向同级党委报告的同时必须向上级纪委报告的要求。各级纪委书记、副书记的提名和考察以上级纪委会同组织部门为主。深化州、县（市）纪检监察派出机构统一管理改革，加强和改进纪工委监察分局对监督联系单位的监督。

【畅通群众诉求渠道】 2014年，楚雄州全面推进畅通群众诉求渠道“五级联动”工作。抓住“事要解决”、“群众满意”两个关键，打牢“制度建设、软硬件建设、规范管理”三个基础，强化“培训、宣传、整合、创新、督查、考核”六大举措，着力深化畅通群众诉求渠道五级联动工作。全州各级诉求中心受理群众诉求6.23万件，办结6.22万件，办结率99.9%，解决实际问题3.21万个，息诉息访1.70万批次，挽回经济损失53.6万元，督促兑现各类款项136.3万元，清退资金3.1万元。

【紫溪彝村廉洁文化主题广场建设】 2014年，在云南省纪委“四群”教育联系点楚雄市紫溪彝村规划建设廉洁文化广场。楚雄州纪委常委会专题研究规划建设实施方案，解决相关问题，于2013年12月5日开工，2014年3月15日全面建成紫溪彝村廉洁文化主题广场。占地面积约2800平方米，主要由廉门、“爱莲说”浮雕照壁、“激浊扬清、守正保廉”石鼓、百廉柱、“彝家火把照亮人生”浮雕墙、珍廉长卷、爱莲池、“勤、洁”魔方、“饮水思源”井栏圆雕、品廉轩、“走好人生每一步”棋盘、萃廉廊、“修身以德、兴邦以法”铭刻墙、荟廉廊、廉石、戒石、“涌廉谷”门坊、思廉亭、民声亭、步廉道、足迹池、足迹道、书廉墙、映廉镜、准则墙、“戒贪图”浮雕照壁等文化设施组成。

【纪检监察调研】 2014年，中共楚雄州纪律检查委员会确定全州纪检监察重点调研课题28个，全州完成调研论文101篇，筛选优秀调研论文7篇报送省纪委研究室，精选出《楚雄州违纪违法案件发生的重点领域和关键环节探析》、《构建廉洁程度评价指数体系的探讨》等6篇优秀调研论文，编辑印发了6期《楚雄纪检监察调研》。州纪委监察局、州纪检监察学会共同组织开展2013年度纪检监察优秀调研论文评选活动，推选出90篇调研论文参加评选，对评选出的37篇优秀调研论文进行表彰奖励。组成调研组到县（市）、乡（镇）开展纪检监察工作调研，从调研成果中选出《弘扬廉政勤政优良作风，为建设廉洁政治聚集正能量》、《遵守纪律没有特权，执行纪律没有例外》、《对加强党的纪律建设的探索分析》3篇优秀理论文章，报送中国监察杂志社理论征文办公室和省纪委政研室参加征文评选活动。选送的《弘扬廉政勤政优良作风，为建设廉洁政治聚集正能量》、《积极探索廉政文化建设的有效途径》、《楚雄州纪检监察机关落实党风廉政建设监督责任的实践与思考》等5篇优秀调研论文在《楚雄政研》、《楚雄社科论坛》杂志刊出。做好全州纪检监察信息工作，信息工作考核成绩居全省第5名。

［王丽萍］

群 众 团 体

工　会

【工会工作概况】　2014年，全州各级工会组织加强工会干部队伍培训，着力强化基层工会建设，促进基层工会作用发挥。基层工会组织和会员发展稳步推进，至9月30日，全州基层工会组织数达4230个、会员22.41万人，职工入会率98.4%。工会经费地税代收顺利进入财税库银横向联网，拨缴经费收入稳步增长。深入开展财务管理规范化建设，加强工会经费预算管理，强化工会会计基础工作，州总工会被全国总工会表彰为工会财务工作先进集体。全年全州工会共培树基层工会发挥作用好的先进典型30个，姚安县前场镇、牟定县共和镇工会被省总工会评为全省“六好”乡（镇）工会，大姚县总工会被省总工会评为云南省工会工作先进县，楚雄市东瓜镇工会被推荐为2014年度全国百家示范乡镇（街道）工会；州总工会被云南省总工会评为落实建会3年规划先进单位并获得特别优秀奖，连续9年被省总工会表彰为全省工会重点工作目标考核一等奖。

【维权机制建设】　2014年，楚雄州各级工会组织坚持以职工为本，着力构建和谐劳动关系，切实维护职工权益，促进社会和谐稳定。把和谐劳动关系建设纳入州委、州人民政府对县（市）党委政府年度绩效考核的内容，评选表彰楚雄州“劳动关系和谐企业”11户，有2户企业被评为云南省“劳动关系和谐企业”。深化厂务公开、民主管理，全州公有制企业厂务公开、职代会制度建制率达100%，实现了全覆盖；全州2919户已建工会的非公企业“双建制率”达95%以上。继续完善工会与政府联席会议制度，召开“三方四家”联席会议，切实推进企业工资集体协商工作。至年末，全州共有3735户企业签订工资专项集体合同，覆盖职工11.10万人，超额完成省总工会下达的工作任务。

【素质提升工程】　2014年，全州各级工会组织深入实施“云岭职工跨越发展先锋活动”和“云岭职工人才工程”，推动“一活动一工程”在各地各行业各单位普遍开展。举办电网“素质杯”职工技术技能竞赛和初中女教师语文、数学学科岗位技能大赛、妇幼健康技能竞赛等活动，5100名职工参加比赛；组队参加云南省首届滇中城市经济圈职工技能大赛、党政机关女职工公文处理大赛，6名职工获奖。围绕“争当学习创新先锋、促进能力素质提高”，广泛开展职工经济技术创新活动，引导广大职工争做“创新能手”、争创“创新示范岗”。申报全国劳模工作室、省级技师工作站和创新工作室6个；命名“先进职工之家”88个、“职工小家”60个；组织煤矿、建筑、矿山、商业、冶金等23个行业286家企事业单位2144个班组2.69万名职工参加了“安康杯”竞赛活动。通过开展技能培训、技术交流、技术技能竞赛、名师带徒等活动，全州有4500名职工取得专项能力证书、职业资格证书和晋升了技术等级。完成了云南省“第二十一届劳模”、全国“五一劳动奖状”和省“五一劳动奖章”的推荐工作，9名职工荣获省劳模称号，7名一线女职工分别荣获“云南省优秀护士”、“优秀教师”、“五一巾帼标兵”称号，楚雄州人民医院检验科、楚雄广电网络公司客户服务部被省总工会授予“五一巾帼标兵岗”。

【为职工群众办实事】　2014年，楚雄州各级工会组织开展以元旦春节、中秋国庆等重大节日为节点的“送温暖”活动，共走访慰问职工6526人，发放慰问金492.03万元。继续加强帮扶中心规范化建设，巩固完善4个“AAA”级困难职工帮扶中心建设，推进楚雄市和双柏县困难职工帮扶中心规范化建设；及时建立完善困难职工、困难劳模档案并实施帮扶救助，着力推进困难职工帮扶工作。年内，开展困难职工帮扶活动4次，向2459名困难职工发放帮扶金264.58万元、向22名全国劳模发放“三金”26万元、向46名省部级困难劳模发放“两金”35.1万元。1月16日全国总工会副主席范继英亲临楚雄走访慰问了困难劳模、困难职工及省重点工程一线农民工，州委、州人大常委会、州人民政府、州政协主要领导参加了走访慰问活动。继续做好“贷免扶补”工作，为120名创业者申请创业贷款722万元；广泛开展“金秋助学”活动，向408名困难职工子女发放助学金76.9万元。切实做好第10期职工医疗互助补助金的审批报领工作，职工报销领取补助金1125.23万元，1.96万人次生病住院职工获得医疗互助补助；召开楚雄州职工医疗互助活动10周年总结表彰大会，表彰了47个先进集体和82名先进个人；组织16.43万人参加了第11期职工医疗互助活动，比上期16.16万人增长1.7%。组织劳模和一线职工疗休养230余人次。继续开展女职工“关爱行动”，为4000多名女职工提供免费妇科体检，自2010年以来，累计为女职工提供免费健康体检3万余人次。

【劳动者风采宣传活动】　2014年，楚雄州各级工会组织大力弘扬劳模精神，深入开展“劳动者风采”宣传活动。州总工会与州委宣传部联发文件，制定方案，召开了州委宣传部、州总工会、楚雄日报社、州电视台、州广播电台相关领导及人员参加的协调会，在4~7月，利用州、县（市）电视台、电台、《楚雄日报》、《彝州工会》期刊等媒体宣传报道了89名劳动模范和先进人物的先进事迹，云南电视台、省委组织部《党的生活》等省级媒体专门对楚雄州省级劳模何聪进行宣传报道，进一步营造“学习劳模、崇尚劳模、关爱劳模”的舆论氛围，展示彝州职工群众的风采。州委宣传部、州总工会对在劳动者风采宣传活动中涌现出来的23名新闻宣传工作者给予了表彰奖励。编辑《彝山劳模》一书，进一步选树先进典型，弘扬正气，传播社会正能量。

【职工文体活动】 2014年，全州各级工会组织围绕“争当遵规守德先锋、促进精神文明创建”，广泛开展健康向上的广场健身舞蹈展演、职工运动会、登山比赛等“五一”职工系列文体活动。组织开展楚雄州职工职业道德建设“十佳单位”、“十佳标兵”评选表彰活动，评选表彰楚雄州“创建学习型组织、争做知识型职工”活动先进个人137名，新建全国职工书屋示范点1个、省级职工书屋示范点4个、州级职工书屋示范点12个；征集286篇文稿参加全省“读一本好书”征文活动，征集260件作品参加全省职工庆祝建国65周年摄影美术作品展览活动；组织职工参加全省“中国梦·劳动美·我与改革创新”主题演讲比赛，部分作品和选手获全省二等奖、三等奖，州总工会荣获全省摄影美术作品展、演讲比赛优秀组织奖；组织参加职工“手机书屋”建设、“中国梦·云南故事——我的云南故事”大型征集展示活动、“娘家人·暖心事———工会在身边”全国职工微博大赛。会同有关部门组织文艺工作者深入职工开展创作实践服务活动、“2014七彩云南格兰芬多国际自行车节”楚雄站比赛及楚雄体验赛活动。在“五一”节期间，州总工会举办了楚雄州城区职工庆“五一”广场健身舞蹈展演，共有32支参赛队942名选手参赛，16支参赛队进入决赛，分获一、二、三等奖和优秀奖，州委机关工会女职工委员会代表队、楚雄老战友艺术团代表队荣获一等奖。

［秦光宏］

共青团

【团组织及团员】 至2014年末，共青团楚雄州委下辖216个团委，1373个团总支，12933个团支部，30个团工委；全州有专职团干部355人，团员17.64万人；全年发展新团员22358人，“推优”1238人，团员入党794人；少先队员19.75万人，专兼职辅导员1710人。

【引领青少年思想】 2014年，楚雄州共青团组织举办“楚雄青年社区文化节”、“乡村青年文体活动周”、“真情助困进万家”、“青帆网校”、“青春彩云南·建功新农村”、“云南精神伴我成长”、“我与祖国共奋进，彝州青年建新功”等弘扬社会主义核心价值观主题教育实践活动；举办共青团学习贯彻党的十八大，十八届三中、四中全会精神，习近平总书记系列重要讲话精神培训班、座谈会，分批、分类轮训基层团干部670名；开展“我的中国梦——奋斗的青春最美丽”系列分享活动，招募30位优秀创业青年、“五四”奖章获得者、两代表一委员到基层共举办分享会13场次，参加人员达5600人次；举办“楚雄青年论坛”12期；举办第二届“楚雄青年创业奖”、“最美青工”、“青年文明号杰出号”、共青团系统“两红两优”等评选活动，集中表彰115个先进集体和120名先进个人，表彰州级创业典型10名，2家青年集体和9名先进个人受省级以上表彰；举办中职优秀毕业生报告会11场次，参与学生1.07万人次；开展少工委主任、少先队总辅导员到学校蹲点工作，为5所乡（镇）小学配备少先队鼓号队。

【服务党政中心工作】 2014年，楚雄州共青团组织开展共青团希望水窖“1+X”公益活动，援建“共青团希望水窖”93口。组建73支楚雄青年助农春耕服务队到基层一线开展志愿服务；举办各类专业技能培训158场次，培训农村青年7680人，完成“两个10万元”扶持微型企业300户任务，完成贷免扶补贷款650户，失业人员小额担保贷款300户，发放扶持青年创业循环金182.28万元、创业贷款6017万元，扶持创业青年950人，带动就业1959人；创建“百企万岗”青年就业创业见习基地33个，提供见习岗位400个；召开2014年预防青少年违法犯罪专项组工作会议，在全州推广全国重点青少年群体服务管理和预防犯罪试点工作经验，扩大服务重点青少年群体，实时掌握全州重点青少年群体底数；开展“共青团与人大代表、政协委员面对面”、“共青团倾听日”24次；加大“12355”平台建设以及志愿者平台建设，切实为青少年提供心理咨询和法律援助；开展“保护母亲河”、“七彩云南”保护行动，营造青年林650亩；与北京大学等7所高校建立合作关系，选派研究生支教团到楚服务；实施希望工程，筹集资金736.31万元，资助家庭经济困难大中小学生1027名，争取希望小学援建项目2个及相关配套设施设备；招募共青团关爱农民工子女行动项目专员187名，动员4300名志愿者与164所学校19107名农民工子女结对；开展志愿者实名注册工作，建立志愿服务机构240个、志愿服务团队446个，注册青年志愿者6.95万名。广泛开展建设美丽乡村、建设和谐社区、争当最美学生、立足岗位建功、建设幸福城市五大行动，刊播“做好事做善事做志愿者”公益广告，发布宣传标语675条，开展志愿服务活动1200场次，10万名志愿者提供志愿时32.4万小时；实施大学生志愿服务西部计划，招募志愿者470人。

【团的基层组织建设和基层工作】 2014年，楚雄州共青团组织贯彻落实《中共楚雄州委关于进一步加强新形势下工会共青团妇联工作的意见》和《中共楚雄州委关于贯彻〈中共云南省委关于进一步加强少年儿童和少先队工作的意见〉的实施意见》，推进乡（镇）实体化“大团委”建设和城市区域化团建工作。全州新建乡（镇）直属团组织335个，新覆盖团员3015名，联系青年1.51万人，建设城市青年工作共建委员会10个，组织活动165场；继续推进“两新”组织团建、驻外团工委建设，新建驻外团工委一家、“两新”团组织23家；积极探索行业建团，在农村专业合作组织中组建团组织109家，参加农户1535户；按照“四有一好”标准在1046个村级团组织、1142家“两新”团组织中开展基层团组织达标创优工作；创建国家级基层团建示范点3个、省级基层团建示范点1个，3家团队组织获省级表彰，创建州级基层团建示范点10个。

【品牌工作】 2014年，楚雄州共青团组织推进青年社会组织工作，在全州范围内开展了两轮调查摸底，摸排出社会影响较大、组织化程度较高、组织活动比较活跃的青年社会组织37家。注册成立全州首家楚雄骑迹青少年事务服务中心。成立楚雄州青年社会组织服务中心，首批吸引楚雄市自行车协会、蓝天救援队楚雄分队、楚雄州业余无线电协会、关爱贫困山区助学总群等4家青年社会组织正式签约入驻服务中心；开展青年志愿者助残“阳光行动”。在楚雄市、姚安县积极推进省州试点工作。开展青年志愿者与残疾青少年结对活动，全州共结对1.33万名残疾青少年，覆盖了全州25%左右的残疾青少年；对团州委网站进行改版升级，共发布信息4760条，编发《彝州青年资讯》27期，利用气象信息电子显示屏发布信息2680条次，建立青农、青联、城青等微信群，运用新媒体对青年思想动态、网络舆情进行收集和分析。

［李振海］

妇女联合会

【全州妇女组织概况】 2014年末，楚雄州有县（市）妇女联合会10个，乡（镇）妇女联合会103个，村级妇女代表会994个，社区妇女联合会19个，社区妇女委员会87个，州、县（市）机关事业单位妇女委员会894个，厂矿企业女职工委员会346个，新经济组织中妇女组织412个，新社会组织中妇女组织155个。团体会员1406个，其中女工委员会1391个，各类妇女组织15个。州妇联荣获云南省第七批五好文明家庭创建工作先进协调组织、第十批州级文明单位、楚雄州综治维稳工作先进单位等荣誉称号。

【楚雄州妇女联合会九届五次执委会议】 2014年1月10日，楚雄州妇女联合会在楚雄市召开九届五次执委会议。会议总结2013年工作，安排部署2014年工作，通过了州妇联党组书记、主席孟树仙作的《坚持改革创新、凝聚巾帼力量，团结动员全州妇女为实现富民强州梦作贡献》的工作报告，增补州妇联党组成员、副主席李和枝，州直机关工委副书记秦玉兰为州妇联第九届执行委员会委员、常委；替补姚安县政协副主席、妇联主席张春艳，双柏县县委常委、妇联主席岑云英为州妇联第九届执行委员会委员；增补楚雄师范学院党委宣传部部长陈文清、州文体局副局长徐丽琴为州妇联第九届执行委员会委员。此次人选替补后，州妇联九届执行委员会有委员37人，常委13人。

【妇女素质提升工程】 2014年，楚雄州妇女联合会和州文化体育局继续联合举办楚雄州第十八届庆“三八”女子健身运动会，开展了家庭袋鼠跳等7个项目的比赛，共有44家单位报名，1760人参加活动。加强女性人才库建设，拓宽联系、服务、举荐优秀女性人才的渠道，与州委组织部、州委党校联合举办“楚雄州科级女干部培训班”，149人参加培训。年内全州共举办妇女干部培训班10期1829人次。

【巾帼创业创新工程】 2014年，楚雄州各级妇联组织继续整合培训资源，组织实施好妇女教育培训计划，举办妇女实用技术培训303期2.52万人次。继续落实妇女小额担保贷款和“贷免扶补”政策，发放“贷免扶补”贷款6228万元、小额担保贷款500万元，扶持1000名创业人员创业，带动3027人就业。启动“两个10万元”微型企业培育工程，帮助195名妇女申请扶持资金585万元。实施州级妇女创业循环金累计108.18万元、省级妇女发展循环金100万元、中国妇基会循环金50万元，项目覆盖10县（市）34个乡（镇）82个村，扶持483名妇女发展彝族刺绣、种养殖业。先后举办了彝绣经纪人培训班和彝绣技能培训班，召开了州彝绣文化发展方向研讨会，组织了“指尖上的记忆——彝族刺绣动态展”，继续实施“玫琳凯促进妇女参与文化产业发展项目”，选送彝绣骨干赴北京参加2014年亚太经合组织“妇女与经济论坛”和杭州、昆明培训班，带领绣女到四川省学习蜀绣、羌绣特色发展，邀请中国美术学院设计团队老师为大姚县、永仁县项目点绣女进行面对面指导，提升绣女刺绣技艺。大姚县咪依噜民族服饰制品专业合作社选送的彝绣品桌旗和餐垫荣获2014年联合国教科文组织杰出手工艺品徽章认证。中央电视台和《中国妇女》杂志报道了大姚县彝绣协会会长樊志勇和大姚彝族刺绣发展情况，彝绣影响力不断扩大。州妇女彝绣协会入选云南省文化产业特色协会10强，永仁县莲池乡查利么村委会凹泥奔新村和中和镇直苴村委会分别获云南省“云南十大刺绣名村”和“特色文明村寨”称号，彝族刺绣品牌不断提升，知名度和销售市场逐步扩大，全州5万余名绣女全年销售绣品百万件，销售收入突破亿元，彝绣成为全州妇女增收致富的新渠道。

【家庭文明工程】 2014年4月10日，楚雄州妇女联合会举行“楚雄州文明家庭行动”启动仪式，编印《崇德尚善——楚雄州文明家庭读本》3000册发放到广大家庭之中；举办34场优秀家庭角色讲座，共1.2万余人聆听了讲座。把寻找“最美家庭”活动作为文明家庭行动的重点，在《楚雄日报》全面报道宣传55户候选家庭的典型事迹，州农科所的李开斌家庭被表彰为云南省第七届“五好文明家庭”、荣获全国“最美家庭”提名奖和云南省“最美家庭”奖。组织参与第七届中国家庭文化艺术节暨

“好家风好家训”主题宣传展示活动，征集到家庭才艺、家庭节俭养德视频、图片、家庭故事等108个，“好家风家训”格言67条。评比表彰优秀家庭角色762人。与州综治办联合召开了楚雄州“平安家庭”创建活动推进视频会；到牟定县、大姚县的4个村委会举办了4场400多人参加的“乡村专家讲堂”妇女维权知识讲座。命名大姚县、禄丰县为“平安家庭”创建活动示范县，楚雄市鹿城镇东兴社区等10个示范社区（村），表彰“先进平安家庭”100户。

【妇女儿童关心关爱工程】 2014年，楚雄州妇女联合会继续发挥“12338”维权服务热线电话和彝州妇女网“维权之窗”信访窗口的作用，做好来信来访处理工作，及时化解矛盾纠纷。年内全州妇联共接待来信来访848件，办结率达98.94%。按照《楚雄州特殊困难妇女儿童救助资金管理办法（暂行）》规定，为合法权益受到侵害导致生命健康及生存发展受到较大影响的22名来访贫困妇女儿童提供1.81万元资金救助；依托州反家庭暴力妇女儿童庇护所为44名妇女提供庇护。开展了巾帼志愿服务民情体验活动，全州共组织4464名巾帼志愿者开展活动1.39万次；关注弱势妇女儿童，开展走访慰问活动，州妇联走访慰问386名贫困母亲和留守流动儿童，送出价值3万的慰问生活物品；争取40万元省级资金支持禄丰县黑井镇实施巾帼美丽乡村集中供水建设“大地之爱·母亲水窖”项目，解决了10个村民小组497户1687人1200头大牲畜的饮水困难和黑井镇的集镇供水困难；在武定一中实施“蓝天春蕾计划”捐资助学项目，30名高中女生连续3年每人每年获得1200元学习生活救助；在武定县永兆春蕾小学、大姚县三台乡冯镒春蕾小学实施“幸福蛋糕电影公益计划”项目；在永仁县永定镇小汉坝小学建成“安康图书馆”1个，获得捐赠图书1万册；实施“叶显伦项目循环金”项目，4名省寄宿制“春蕾高中班”贫困女生家庭每户获得两年无偿使用1万元循环金；推荐8名春蕾女童到省“春蕾高中班”就读；在楚雄市、双柏县、大姚县各建设1个州级“儿童之家”示范点。

【强基固本工程】 2014年，楚雄州妇女联合会组织妇联干部走基层、访妇情，了解掌握妇女群众思想动态，为妇女群众办实事好事。组织开展听专家讲理论，听领导讲党课，听基层讲经验，听妇女讲心声，听同事讲体会、听前辈讲传统等“六听讲”活动和走访608名人大女代表、政协女委员、女党代表、巾帼致富带头人、女刑释解教人员、贫困母亲、流动留守儿童“六走访”活动。8月29日，州委召开了全州工会共青团妇联工作会议，推动出台了《中共楚雄州委关于进一步加强新形势下工会共青团妇联工作的意见》，州县（市）财政按妇女儿童人均1元钱落实工作经费得到落实。与州政协教科文卫文史资料委员会联合编纂出版州文史资料第三十辑《彝州妇女百年》。

［沈　琼］

民主党派·工商联

农工党楚雄州委

【思想建设】 2014年，农工党楚雄州委在州委统战部指导下，以坚持和发展中国特色社会主义学习实践活动为抓手，按照农工党中央、农工党省委和州委统战部的统一部署，及时成立学习实践活动领导小组，制定印发《学习实践活动实施方案》、《学习实践活动2014年工作计划》，并以各级组织班子成员和代表人士为重点，在全体党员中广泛开展了学习实践活动。先后召开州委全委（扩大）会议1次、常委会议4次，对学习实践活动有关重要事项进行研究部署；先后召开全体党员大会3次，对学习实践活动进行广泛动员，对中共十八届三中、四中全会精神、州委八届四次全会和农工党州委二届四次全会精神进行传达学习。召开座谈会1次，对学习实践活动开展情况进行汇报交流；选派6名参政议政骨干党员，参加了由省委统战部、农工党省委、省社会主义学院共同举办的学习实践活动骨干党员培训班学习。选送2名党员参加农工党省委“中国梦·农工情”演讲比赛，并分别荣获二等奖和三等奖。选送的“中国梦·农工情”演讲和征文稿，被农工党省委《农工滇讯》陆续刊发。选送参加农工党中央和中国书画院联合举办的“庆祝中华人民共和国成立65周年暨人民政协成立65周年——美丽中国书画展”的2件书法作品，被农工党中央书画院收藏。在做好《前进论坛》、《农工滇讯》的征订发行工作的同时，利用各种媒体，对各种重要会议、重大活动等进行及时宣传报道。年内，农工党楚雄州委被农工党中央办公厅授予“2014年度《前进论坛》发行工作先进单位”，《楚雄日报》新闻稿《农工党“和平周”情暖永仁》，荣获了州政协办公室、州新闻工作者协会“2013年度政协好新闻”优秀奖。实施奖励制度和激励机制，先后对2013年度6个先进基层组织和先进集体、59名先进个人和优秀党员等进行了表彰奖励，对6名作出重要贡献的党员进行了嘉奖。

【组织建设】 2014年，农工党楚雄州委进一步加强对基层组织建设的支持和指导，举办了1期由各基层组织班子成员以上党员和2011年以来发展的党员共70余人参加的“基层组织建设培训班”。实施“人才强党”战略，切实加强各级领导班子和代表人士队伍建设。采取培训教育和实践锻炼相结合的方式，把各级班子成员和代表人士作为培训学习和实践锻炼的重点对象，组织他们参加各种培训以及参政议政和社会服务工作，不断提高素质、能力和水平。加大对高层次人才和代表人士发展力度，全年共发展党员5名，其中实职副厅级领导1名，为健全农工党楚雄州委领导班子和2015年换届打下良好基础。至年末，有基层组织16个，其中总支部委员会1个，支部委员会14个，支部1个；有在册党员257名，其中，医药卫生等主界别党员189人，占党员总数的73.54%；本科及以上党员125人，占党员总数的48.63%；中级职称及其以上党员218人，占党员总数的84.82%；科级实职及其以上党员20人（厅级1人、处级6人），占党员总数的7.78%；各级医疗机构科（室）负责人32人，占医卫届党员人数的16.33%；州级中青年学术带头人2人，占党员总数的0.78%；州卫生系统学术技术带头人5人，占医卫届党员人数的2.5%；有全国人大代表1人，省政协委员1人，州人大代表2人，州政协常委2人、委员11人，市政协常委1人、委员8人。

【参政议政】 2014年，农工党楚雄州委进一步采取切实有效的政策措施，推动参政议政工作。先后召开2次参政议政工作会议，传达学习贯彻农工党中央和农工党省委有关会议精神，总结研究和安排部署有关工作；制定出台《农工党楚雄州委关于进一步加强参政议政工作的决定》，为参政议政工作提供指导；先后成立“参政议政工作领导小组”和“参政议政工作委员会”，为参政议政工作提供组织保障和工作平台；制定实施《关于支持鼓励农工党员积极开展参政议政工作的规定（试行）》，进一步调动广大党员参政议政工作积极性；围绕州委政府中心工作，开展调查研究，建言献策。全年共提交调研报告3篇，州政协大会发言材料4篇、《民生论坛》稿件1篇，提交州政协九届四次全会集体提案18件、联合提案2件，提交市政协八届二次全会集体提案5件。其中《关于民主党派机关办公楼修缮及室外环境改造有关问题的提案》，引起了州委主要领导的高度重视，年内提案建议得到采纳落实；《关于尽快解决好州级民主党派机关内设机构、职数、编制设置问题的提案》，州编委报请省级有关部门帮助解决；《关于对楚雄市集镇和农村集中式生活饮用水水源保护区实施严格保护的提案》，被市政协列为重点提案，提案建议得到采纳。首次提交州政协八届五次会议《关于实施楚雄市区交通畅通工程的提案》中关于修建航空路与开发区之间跨龙川江大桥的建议，年内正式付诸实施，并于火把节前完工投入使用；提交《发展服务业是楚雄经济方式转变的必由之路》的调研报告，被州委统战部评为理论研究及调研成果一等奖；提交州政协九届三次全会《关于加强医疗废物处置监管，保障人民群众身体健康的提案》和提交市政协八届一次全会《关于加快推进龙川江风光带建设的建议的提案》，分别被州、市政协评为优秀提案。

【社会服务】 2014年，农工党楚雄州委进一步加强对常设医疗服务机构“农工诊所”的管理，及时协调处理各种矛盾和问题，努力提高服务质量和水平，继续实施风险准备金制度，农工诊所风险抵御能力进一步增强，诊疗服务能力得到巩固和提升。中国“环境与健康宣传周”和“国际科学与和平周”两个“同心”活动品牌继续得到巩固。先后与州委老干局联合开展了第七届“中国环境与健康宣传周”系列活动，为楚雄城区300余名离退休干部举办了“老年保健”知识讲座，为州工业学校的400余名师生举办了“环境因素引起的寄生虫感染”专题知识讲座，向楚雄市民发放环保和疾病预防宣传资料1000余份；与州人民医院和州中医院联合举办了第26届中国“国际科学与和平周——情暖元谋”大型社会服务活动，分别在元谋县医院、县中医院和元马镇中心卫生院开展带教查房、会诊和专题讲座等活动，共为340余名患者进行了会诊。先后参加州委统战部在大姚县三台乡黄家湾村委会和州教育小区举行的社会服务活动，为群众义诊咨询400余人次，捐赠价值近5000元的药品。“同心工程示范点”建设成效显著。为定点挂钩扶贫村委会牟定县柳丰村委会协调争取各类项目8个，总投资760余万元。

［聂天荣］

民进楚雄州委

【思想建设】 2014年，民进楚雄州委创新学习方法，拓宽学习领域，完善学习制度，带领全体会员开展坚持和发展中国特色社会主义学习实践活动，全面推进思想建设工作。围绕开展“双岗建功”、“创先争优”、学习型参政党建设及坚持和发展中国特色社会主义学习实践活动，结合学习中共十八大、十八届三中、四中全会及习近平总书记系列重要讲话精神，制定活动方案，细化活动措施，明确活动责任，在会内掀起学习热潮，召开年度全委会议、常委会议、主委会议，并形成制度，推进各类学习活动深入开展。把握开展中国特色社会主义学习实践活动这一主题，不断凝聚全体会员与中国共产党“同心同向”的思想政治共识。选派会员参加民进中央、民进云南省委和楚雄州、市党委组织的各种理论学习和培训。年内，共有2人次参加民进中央组织的学习培训，有5人次参加民进省委组织的参政议政工作学习培训，有45人次参加州委统战部组织的学习培训，以会代训培训会员90余人次，并于11月举办113名会员参加的参政议政工作培训班。加强宣传工作，积极宣传会员、会务和参政议政、社会服务等活动，不断提升整体形象和影响。全年共编发简报12期，在各级各类刊物发表调研及理论文章10余篇，人物专访2篇。向相关媒体、网站上报并刊出信息50余条。结合民进楚雄州委第二次代表大会的召开，于8月编辑出版《同心同向五年行》，记载民进楚雄州委成立五年来的发展历程、重要事件、主要工作经验。坚持利用组织生活和会务活动开展会员学习教育活动，提升广大会员知情明政和政治把握能力，加强会员沟通和交流，增强会员参政党意识和组织凝聚力。

【组织建设】 2014年，民进楚雄州委稳步推进组织建设。按照《中国民主促进会章程》及省委统战部《关于民主党派换届工作的问题的若干规定》，于11月1～2日召开第二次代表大会，选举产生新一届领导班子，实现民进楚雄州委组织建设的新发展。10月12日，全国政协委员、民进中央秘书长高友东一行5人在民进云南省委副主委、昆明市政协副主席、民进昆明市委主委汪叶菊的陪同下到楚雄就民进楚雄州委“开展坚持和发展中国特色社会主义学习实践活动”及“组织建设”情况进行调研。针对中央领导调研提出的加强发展代表性人士、加强与会员所在单位中共党组织沟通联系及重视机关建设等要求，制定发展目标，研究发展思路，促进组织建设。按照领导班子会议制度和工作制度，根据工作推进情况及时召开主委会议、主委办公会议，建立健全后备干部队伍动态信息库，加强后备干部队伍的推荐、培养、使用，通过换届，把综合素质好，业务能力强，在会员中影响较好的会员推上领导岗位。适时选派会员参加学习培训，不断提升综合素质。根据《民进楚雄州委工作制度（暂行）》，在各基层支部中强化对各项规章制度贯彻落实情况的督促检查，以科学的制度促进各项工作的规范化和程序化。在坚持届别特色的基础上，严把会员入口关，对提出入会申请的人员进行为期半年的前期考察，在严格考察的前提下发展5名会员入会。年内，有3名会员去世，有4名会员调动，共有会员205人。对鲍有红等15名优秀会员，机关支部、东兴中学支部、楚雄师院总支、紫溪中学总支等4个先进基层支部进行表彰奖励，对高建平等6名获得省级以上表彰的优秀会员进行再奖励。

【参政议政】 2014年，民进楚雄州委以围绕中心，服务大局为宗旨，注重开展调查研究，积极建言献策，反映社情民意。在州市政协会上共提交提案43件，大会交流发言2件，其中集体提案32件、个人提案11件。有5件提案荣获优秀提案奖。《关于严格落实配套政策确保楚雄州重点水利建设项目顺利实施的提案》被州政协评选为优秀集体提案；《关于楚雄城区长期闲置土地尽快盘活利用的提案》被市政协评选为优秀集体提案，受到表彰奖励；《关于统筹教育资源促进楚雄州教育资源共享的提案》、《关于推进高雅艺术进校园活动的提案》、《关于搭建政协委员履职互动的信息网络平台的提案》被评选为优秀个人提案，受到表彰奖励；《关于整合教育资源，做强做大楚雄州职业教育的提案》被列为重点督办提案。积极开展各种调研活动，形成《农产品质量安全体系建设问题研究》、《有序推进农业转移人口市民化》、《全面推进新型城镇化要以改善和发展民生为本》、《新型城镇化建设中应合理调控学校规模》等调研报告，其中，《有序推进农业转移人口市民化》入选省政协民生论坛，《全面推进新型城镇化要以改善和发展民生为本》、《新型城镇化建设中应合理调控学校规模》入选州政协民生论坛。荣获全州统战理论研究及调研成果一等奖，受到表彰奖励。关注社会热点难点问题，反映社情民意，有1件社情民意被评选为优秀社情民意；向相关部门报送社情民意4条。其中，“八角镇乡村夜话民情恳谈值得推广”被州政协社情民意专报选登，受到党委政府重视；《楚雄城区交通治堵保畅盼解决》荣获州政协2014年度优秀社情民意奖。

【社会服务】 2014年，民进楚雄州委发挥自身优势，开展社会服务。春节前夕组织领导班子成员，对曾经担任过支部负责人的14名老会员进行了走访慰问。继续做好扶贫点扶贫帮困工作。为扶贫点解决扶贫专项资金1万元，协调各类扶贫资金5万元；1月16日，民进州委领导深入扶贫点姚安县官屯乡马游村委会，看望慰问部分困难群众，并就村委会集体经济基地建设情况进行调研。3月18～21日，民进州委领导深入扶贫联系点与群众同吃同住同劳动，帮贫助困，恳谈民情，问计生产发展。开展支部师生书画赛。依托楚雄师院附中支部在美术、书法方面的优势，举办师院附中支部第二届“促学杯”师生书画赛，于5月17～18日在市工人文化宫四楼书画展厅展出，19～21日在校内展出，共收到书画作品233幅，评选出一等奖7名，二等奖16名，三等奖29名，优秀奖37名，有89件作品获奖。开展敬老节活动。9月28日，在楚雄“凤山书院”开展敬老节活动。

［李云华］

民建楚雄州委

【思想建设】 2014年，民建楚雄州委加强思想政治建设，开展了坚持和发展中国特色社会主义学习教育实践活动的宣传动员，制定下发《民建楚雄州委关于开展坚持和发展中国特色社会主义学习实践活动的意见》和《民建楚雄州委2014年开展坚持和发展中国特色社会主义学习实践活动的具体实施意见》，落实学习实践活动主题任务。各支部通过组织生活会等形式举行了形式多样的“中国特色社会主义学习实践活动”学习会和座谈会。在《楚雄民讯》上开辟专栏，宣传学习实践活动的进展情况。建立中心组理论学习制度，并利用全委会、主委会、组织生活等各种学习形式，深入学习贯彻中共十八届三中、四中全会和全面深化改革等有关会议精神。组织开展征文活动，组织全体会员参加民建省委“庆祝新中国成立65周年·七彩呈祥”征文、“中国梦、我的梦”书画摄影展和民建州委组织的“忆传统·爱民建”为主题的纪念民建州委成立5周年征文活动，有3名会员书法、摄影作品入选民建省委组织活动并获奖。加强学习培训，提升会员理论水平，年内共有70余名会员参加各级各类培训学习。8月24～26日，举办首期民建全体会员培训班，邀请省、州专家就中共十八届三中全会精神、习近平总书记系列重要讲话精神、参政议政、统一战线理论及民建会史、提案撰写、课题调研等专题进行辅导，民建云南省委专职副主委王宏出席开班仪式并作专题辅导。培训班组织参训会员参观廉政教育基地。

【组织建设】 2014年，民建楚雄州委加强组织建设。2月2~3日，民建楚雄州委召开第二次代表大会，开展换届工作。省政协副秘书长、民建云南省委专职副主委王宏出席会议并讲话。中共楚雄州委副书记邱江在开幕式上致辞。会议听取并审议民建楚雄州第一届委员会工作报告，选举产生民建楚雄州第二届委员会领导集体，杨玉泉当选为民建楚雄州第二届委员会主任委员，商珊、李援当选为副主任委员，任命刘应雄为秘书长；选举产生王亚明、陈飞、周平忠、赵勇、魏立言等9人为常务委员，张芸、李琳、杨家禄、庞建国、武景辉、姚志程等15人为民建楚雄州委委员。大会通过《民建楚雄州第二次代表大会决议》，表彰了民建楚雄州委2009~2014年优秀会员30名。年内，民建州委新发展会员19名，平均年龄40岁，其中大专以上文化程度16人，中高级职称8人。年末，共有会员105人。新成立创业二支部和医卫支部，民建州委下设支部增至6个。在年内表彰活动中，民建州委被民建省委评为会务工作先进集体；李援、王亚明、陈飞和张芸4名会员被民建省委授予“双岗建业贡献奖”；魏立言、李琳、陈颖3名会员被表彰为云南民建优秀会务工作者。

【参政议政】 2014年，民建楚雄州委加强参政议政工作。在省政协十一届二次会议上，民建州委中的省政协委员提交个人和联名提案8件；在省人代会二次会议上，民建州委中的省人大代表提交议案1件；民建州委及民建界别的委员在州、市政协会议上提出提案53件，其中集体提案43件，个人提案10件。在州政协九届四次会议上，民建州委作了《加大力度、突出重点，加快建设楚雄州全国民族团结进步示范区》大会发言和《关于加快楚雄州民营经济发展的建议》的书面发言；1件集体提案被列为州级领导督办的重点提案，4件集体提案和3件个人提案被列为州级有关部门主要负责人领办的重点提案；1件集体提案《关于整合资源、扬长避短，推进工业强州平台建设的提案》被州政协表彰为优秀提案；《关于进一步做好楚雄市就业工作的建议》和《关于鼓励楚雄城区市民绿色低碳环保交通出行的建议》，被表彰为市政协八届一次会议优秀集体和优秀个人提案。完成并上报民建云南省委调研课题《关于楚雄州建设民族团结进步示范区难点和对策的调研报告》。组织支部骨干会员，围绕民生到楚雄市大地基乡专题对山区乡村医生队伍建设进行社情民意调查，向相关部门反映了“加强山区乡村医生队伍建设浅见”的社情民意。

【社会服务】 2014年，民建楚雄州委发挥自身特点，加强社会服务工作。先后争取到中华思源工程扶贫基金会芭莎公益慈善基金、宝塔公益慈善基金捐赠楚雄州救护车2辆，分别捐赠给武定县医院和大姚县医院，于4月9日，在武定县医院举行了2014·思源救护中国行暨芭莎公益慈善基金救护车捐赠接收仪式。5月5日和12日，民建州委医卫支部分别在楚雄市吕合镇干田村完小和东华达苴完小举行慈善公益活动，医卫支部把会员募集价值3.4万元的物品捐赠给小学的全体学生，组织民建会员企业庞氏牙科医院24名医护人员为两所小学269名学生进行口腔保健免费检查，讲授口腔健康卫生知识。医卫支部副主委、环小教师李琳和医卫支部副主委、州法院行政庭副庭长陈翠莲先后到吕合镇中心小学和东华达苴完小，为两校708名小学生、55名教师讲授了“预防青少年女性性侵害”、“知法守法健康成长”，“远离毒品、珍惜生命、快乐成长”等系列知识讲座。教师节来临之际，州政协副主席、民建州委主委杨玉泉带领医卫支部和创业二支部部分爱心企业家、会员单位庞氏牙科诊所3名口腔医生以及机关干部，分3个组深入扶贫联系点楚雄市树苴乡迤能村开展系列扶贫献爱心活动，医卫支部为迤能村完小学生进行口腔保健免费检查，创业二支部企业家会员到树苴乡獭兔养殖中心进行实地查看和指导。鲁甸“8·03”地震灾害发生后，民建会员企业云南成丰乡商贸有限公司总经理王真理迅速组织价值7万余元的物品灾区。5月6~8日，主委杨玉泉率民建州委部分会员企业家及机关全体干部，深入到迤能村委会调研扶贫工作和产业发展。协调经费3万元补助树苴乡，帮助迤能村委会向州畜牧局协调争取到资金2万元，作为发展肉牛、仔猪养殖技术培训专项扶持资金对口支持。创业二支部筹集5万元资金，对树苴乡獭兔养殖示范中心给予帮扶。

［刘应雄］

民革楚雄州委

【思想建设】 2014年，民革楚雄州委坚持把理论学习作为州委委员会议、党员大会和支部活动的重要内容，采取党员个人自主学习与集体学习相结合、传达有关会议文件精神与党员交流讨论相结合等方式，深入学习中共十八大、十八届三中全会精神和民革中央、民革云南省委有关会议文件精神，广泛开展学习践行社会主义核心价值体系活动，组织开展坚持和发展中国特色社会主义学习实践活动，在联合3家市级民主党派组织全体党员参加“楚雄州2014年市级民主党派坚持和发展中国特色社会主义学习实践活动培训”等系列学习教育活动。动员广大党员参加州委统战部开展的“与党和人民同心”主题征文活动，有《薪火相传共创未来》等两件作品获奖，民革楚雄州委荣获优秀组织奖受到表彰奖励。年内提案《畅通渠道，完善菜篮子工程》被省政协评为“关注民生，报道云南政协工作”好新闻。由民革党员、国家一级演员张吉顺主演，其他5名民革党员参与创作演出的大型彝剧《杨善洲》，自公演以来在全国引起强烈反响，为全社会传递正能量，推动群众路线教育实践活动的深入开展发挥了作用。

【组织建设】 2014年，民革楚雄州委按照民革中央和民革云南省委的安排部署，于10月28日召开大会成立了民革楚雄州第一届委员会，选举产生民革楚雄州第一届委员会委员和主委、副主委，任命民革楚雄州委第一届委员会秘书长，通过了《民革楚雄州第一次代表大会决议》。年内，民革楚雄州委有党员89人，去世2人，新发展5名，年末有党员92名，平均年龄56岁；有省、州、市三级政协委员7人，党员中担任处级领导职务2人，科级干部3人；本科以上学历占57.3%，中级以上职称占69.68%。

【参政议政】 2014年，民革楚雄州委加强参政议政工作。在州市"两会"召开前夕，组织党员深入调研，认真筛选。党员们围绕当地经济发展、社会热点和难点问题，积极建言献策，会议期间提交了市政协9件集体提案，州政协5件集体提案，所提交的集体提案和个人意见建议，都得到有关部门的办理答复和采纳。其中，《关于关注政府债务，推动彝州健康、可持续发展的建议》、《关于在楚雄富民工业片区打造创业平台积极鼓励创业的建议》被列为2014年州政协重点督办提案；《关于进一步完善机制、统筹协调，促进招商引资见成效的提案》被评为市政协优秀提案。

【社会服务】 2014年，民革楚雄州委按照民革中央《关于开展伸出博爱之手——民革基层组织牵手困难群众活动通知》的要求，积极开展帮扶活动，与民革上海市嘉定区委联合实施结对帮扶贫困学生活动，在大姚县铁锁乡选定10名困难学生，由民革上海市嘉定区委的爱心人士实行结对帮扶，直到他们完成学业走向社会。积极为楚雄州协调争取2个培训名额参加为期1年的"西部乡村女教师培训计划"。发挥民革党员的人才和专业优势，支持配合州市政府职能部门开展"三下乡"活动。响应民革中央"伸出博爱之手——民革基层组织牵手困难群众活动"号召，按照民革云南省委的具体安排，协调州、市有关部门和楚雄市苍岭镇人民政府支持配合，在苍岭镇举办了"法律服务普法知识专题讲座"、"法律援助咨询服务"系列活动，为提高基层干部、青少年和农村群众的法律意识，推进法治楚雄建设发挥作用。

［曹 蕊］

民盟楚雄市总支

【思想建设】 2014年，民盟楚雄市总支坚持以深入学习型民盟组织建设为抓手、以支部活动为依托，继续推进思想建设。认真组织学习中共十八大、十八届三中、四中全会精神、上级盟组织的有关文件、盟史盟章，参加上级盟组织的培训和学术交流活动，选派盟员参加民盟云南省委组织思想宣传工作会议和中青年骨干培训班、民盟总支主副委参加了民盟云南省委组织工作会议、参加民盟省委和省政协联合举办的民生论坛、参加民盟省委宣传工作会议暨通讯员培训、参加民盟省委举办的高教论坛、参加州委统战部举办的"民主党派基层组织负责人培训班"和学习会座谈会，主委、副主委、专干参加了学习中共十八大和十八届三中、四中全会专题辅导座谈会；举办"坚持和发展中国特色社会主义学习实践活动"培训班，邀请专家讲解盟史，讲授"增强中国特色社会主义理论自信力"、"统一战线和多党合作理论"的专题讲座，民盟市总支盟员45余人参加培训。通过组织总支委员学习文件精神及实地参观学习、以会代训等形式开展盟员培训，促进支部之间学习共享、宣传共享、扩大学习交流平台，提高盟员的学习实效。

【组织建设】 2014年，民盟楚雄市总支围绕民盟云南省委"基层组织建设年"活动，高度重视，积极响应，切实增强组织建设。至年末，民盟楚雄总支共有盟员103人，分布在中央、省属、州、市属41家单位，平均年龄57岁。离退休成员47人。中央、省属单位成员47人，占成员总数的45.63%；州属单位成员30人，占成员总数的29.12%，市属单位成员26人，占成员总数的25.24%。具有大学本科以上文化程度的成员58人、专科文化程度的成员17人、中专及其以下文化程度的成员28人，分别占总成员的56.31%、16.50%和27.18%；高级职称的成员38人，中级职称的成员47人，分别占总成员的36.89%和45.63%。40岁以下成员17人，41～50岁成员25人，51～60岁成员18人，61岁以上成员43人，男性63人，女性40人，中共党员3人。分布界别为教育届60人；科卫、农业、艺术28人；其他15人。成员中，省政协委员1名，州政协委员5名、其中常委2名；市政协委员4名、其中常委1名；在高等院校担任处级领导干部1人，担任楚雄市人民陪审员1人。下设五个支部，分别为师院支部、中学支部、勘查院支部、综合支部、医专支部。年内，民盟楚雄师院支部获民盟云南省委先进基层组织奖，受到表彰。

【参政议政】 2014年，民盟楚雄市总支围绕年初市委市政府提出的工作目标，进一步增强责任感和使命感，建言献策，使民盟参政议政工作取得新成效。年初，召开总支扩大会议，专题研究参政议政工作，确定了民盟楚雄总支在州、市政协会议上的集体提案议题。各级政协委员，认真履职，积极建言献策。在2014年州政协全会上，民盟总支提交了《关于加强龙川江保护和污染整治工作的提案》、《关于落实贯彻州政府"社会服务中介机构建设与管理"的提案》、《关于建设工程招标投标评标方式改进的提案》、《关于建设工程招标投标采用资格后审方式的提案》、《关于建设工程招标投标报名方式改进的提案》、《关于大力发展林下经济的提案》、《关于简化农业设施用地审批手续的提案》、《关于规范楚雄州驾校培训和考试的提案》、《关于加强楚雄州招标代理机构监管的提案》、《关于加强农业基础设施保护工作的提案》10件集体提案，以及《关于公安交警在执行公务活动中应规范执法的提案》1件个人提案。市政协全会上，提交《关于协同云南省博物馆等相关单位联合举办“楚雄万家坝古墓群”发现与发掘四十周年系列纪念活动的建议》、《关于保护楚雄青山湖水库水质不受污染的建议》、《关于养老产业化——未来发展的重要方向的建议》3个集体提案；《关于推进新建小区“饮用水”与“生活用水”水道分离的建议》、《关于绿化、亮化西山公园内输水水渠两岸的建议》、《关于亮化龙川江的建议》3件个人提案。《关于加强农村学前教育，促进教育公平发展的提案》被评为楚雄市政协八届一次会议优秀提案，受到表彰。《关于落实贯彻州政府“社会服务中介机构建设与管理”》的提案被列为州政协重点督办提案。民盟市总支开展专题调研。年内对楚雄市的水利工作、现代农业发展、水环境保护等工作进行调研，撰写了《关于楚雄市城区市民饮水安全》的调研报告上报市委统战部。

【社会服务】　2014年，民盟楚雄市总支组织开展抗震救灾工作。民盟市总支积极响应中共楚雄州委的号召，动员全体盟员捐款捐物支持抗震救灾，在“8·03”鲁甸发生地震后，民盟盟员通过各种渠道捐款捐物，体现了楚雄民盟盟员在大灾大难面前患难相恤、守望相助的社会责任感。民盟市总支结合实际，注重发挥盟员专长开展社会服务。依托盟员中的农业科技人才开展调研活动。引导盟员发挥专业特长到农村“结农亲、送技术”。同时民盟医专支部盟员发挥自身优势，在学校举办有关健康讲座，在学生中获得好评。这些活动拓展和丰富了社会服务内容，树立了楚雄民盟的良好形象。

［卢　繁］

致公党楚雄市委

【思想建设】　2014年，致公党楚雄市委在致公党云南省委的领导和州、市统战部的指导、支持下，认真开展好坚持和发展中国特色社会主义学习实践活动。6月中旬在楚雄州社会主义学院开展了“致公党楚雄市基层委员会坚持和发展中国特色社会主义学习实践活动培训”。通过培训，广大党员加深了对致公党党史、党章了解，对中国共产党领导的多党合作和政治协商制度有了更深的理解，激发了广大致公党员作为一名参政党党员的荣誉感、归属感，从而自觉将坚持和发展中国特色社会主义学习实践活动落实到日常工作当中。

【组织建设】　2014年，致公党楚雄市委新发展党员5名，年末共有党员81人，其中女党员41人。党员平均年龄48岁。党员中，共有归侨侨眷、港澳属、台属31人，占党员总数38.3%；有州人大代表2名、州政协委员5名（常委1名），市人大常委1名、市政协委员7名（常委2名），市人民政府特邀监督员1名，人民陪审员1名；教育、医疗卫生、党政机关的党员分别占党员总数的27.1%、27.2%和19.8%，新社会组织人士6名（律师4人），占7.4%；公务员系列实职副科级干部2人；有中、高级职称的党员68人，占党员总数的83.9%。

【参政议政】　2014年，致公党楚雄市委履行参政党职责，做好参政议政工作。年内致公党市委向州、市政协提交集体提案29件、个人提案5件，其中向州政协提交集体提案12件、个人提案1件，向市政协提交集体提案17件，个人提案4件。《关于加强农产品质量安全监管的提案》和《加强对食品生产加工小作坊的监管的建议》两件集体提案分别被州、市政协列为重点督办提案。

【社会服务】　2014年，致公党楚雄市委协调社会资源，做好社会服务工作。10月到楚雄市栗子园小区进行社会服务工作，组织党员对小区群众进行义诊，义务法律咨询，并在现场发放价值5000元常用药品（非处方药品），800余份健康知识宣传资料。

［徐　彦］

九三学社楚雄州委

【思想建设】　2014年，九三学社楚雄州委把学习贯彻落实中共十八大，十八届三中、四中全会精神，习近平总书记系列重要讲话精神，九三学社中央十大精神同加强自身建设、履行参政党职能有机结合，以深入开展坚持和发展中国特色社会主义学习实践活动为总抓手，制定“十个一”工作计划，即制定一个学习实践活动实施方案；召开一次学习实践活动动员大会；组织观看一次社史宣传片；召开一次社员座谈会；参观一次廉政警示教育基地；组织一次调研活动；举办一次社员培训班；开展一次纪念“抗日战争胜利69周年暨九三学社成立69周年”知识竞赛活动；组织一次“百名专家科技下乡”社会服务活动；召开一次交心谈心的民主生活会。通过“十个一”工作计划的实施，进一步增强社员坚持中国共产党领导的自觉性和坚定性，增强了中国特色社会主义道路自信、理论自信、制度自信，坚定了在政治上、思想上、行动上与中国共产党同心同德、同心同向、同心同行的信心。同时提高了社员对参政党性质、地位和历史使命的认识，对爱国民主科学核心价值理念的认同，进一步增强了履行参政党职能的能力，增强了九三学社组织向心力和凝聚力。

【组织建设】　2014年，九三学社楚雄州委加强组织建设。修改完善《九三学社楚雄州委员会议事、办事制度》，使九三学社州委的各项工作走上程序化、规范化、制度化的轨道，通过制度的建立健全推动组织建设。年内共发展新社员8名，至年底共有社员135名，其中，高级职称58名，占社员总数的43%；中级职称65人，占社员总数的48%；女社员54人，占社员总数的40%；离退休社员18人，占社员总数的13.3%，大学及以上文化程度的95名，占社员总数的70.4%。分布在高等教育、科学技术、医药卫生界别的社员107名，占

79.3%；平均年龄48.5岁。重视基层组织活动，发挥专委会和各支社的作用，开展丰富多彩的活动。4月初，各支社相继开展了观看社史宣传片的活动；6月27日，九三学社州委组织全体社员到州委党校廉政警示教育基地参观学习；9月13日，在楚雄师院东校区，妇女及老社员专门委员会和师院支社共同承办了九三学社州委开展的纪念“抗日战争胜利69周年暨九三学社成立69周年”知识竞赛活动；9月29日，工程支社和科技二支社联合组织社员到云南摩尔农庄生物科技开发有限公司调研；10月12日，在永兴酒店和彝人古镇光影流年工作室，综合二支社承办九三学社州委“庆祝建国65周年”摄影培训暨采风活动，近30名社员参加了活动，并以此为契机，成立“楚雄九三学社摄影小组”。

【参政议政】 2014年，九三学社楚雄州委围绕党委、政府中心工作以及人民群众关心的热点、难点问题，认真开展调研，积极建言献策。在各类协商会、座谈会、征求意见会上参与协商讨论、发表意见，支持担任各级政协委员的社员参加各种会议和调研、视察等活动，履行参政党职能。年内，完成了《楚雄州农村私人住房管理现状及对策研究》、《楚雄州实施品牌战略问题研究》、《楚雄州在创建国家公共服务体系乡镇文化工作中存在的问题调查》、《加快楚雄州工业发展的研究》、《党政机关、事业单位中人员管理短板问题探讨》、《楚雄市农机化发展现状及对策研究》、《楚雄市集体林权制度改革情况调查》、《楚雄州农村劳动力转移培训调查研究》、《楚雄州中学生心理健康状况调查分析》等9篇调研报告。“两会”上共提交集体提案20件，政协委员个人提案7件。主委韦薇提出的《关于云南省农村学前教育存在问题及对策》提案，作为九三学社省委集体提案提交省政协十届四次会议；集体提案《关于加强对农业龙头企业扶持项目监管的提案》被评为州政协九届三次会议优秀提案；《关于进一步加快楚雄市魔芋产业发展的提案》被评为市政协八届一次会议优秀集体提案，《关于加强对乡村文物、非物质文化遗产等文化资源管理的提案》和《关于加强对食品药品企业开展食品添加剂中塑化剂排查工作的提案》受到承办单位的重视和采纳；专职副主委苏梅撰写的《关于加快推进楚雄州全面小康社会进程的建议》，社员严涛聪撰写的《关于加快楚雄州产业结构调整的建议》、张晓峰撰写的《大力发展现代林业，建设生态美丽彝州》被州政协九届四次会议大会发言材料收录。在省、州政协组织的“我的履职故事”和“民生论坛”活动中，主委韦薇撰写的《父女两代的政协情缘》在《云南政协报》刊登，并在该报2013～2014年度“我的履职故事”征文活动评选中获得一等奖；社员钟学龙撰写的论文《解决新生代农民工融入城市问题的初步探讨》被选入《省政协第七届民生论坛优秀论文集》，并在大会上作交流发言，被“云南网”等报刊媒体宣传报道；专职副主委苏梅、社员鲁永新分别撰写的论文《浅谈城镇化进程中的农村私人建房管理》、《失地农民移民安置模式的反思》被收录在《2014年楚雄州政协民生论坛文集》中；社员刘刚撰写的论文《推动楚雄高原特色农业发展途径研究》获州委统战部统战理论研究及调研成果二等奖。

【社会服务】 2014年，九三学社楚雄州委各支社社员为“8·03”鲁甸地震灾区社员捐款1.39万元，支持灾区救援和灾后重建工作。为响应九三学社省委开展“百名专家科技下乡”活动的号召，组织社内专家到大姚县三台乡开展送医送药、送文化、送科技下乡活动。在活动中，向三台乡农民群众捐赠了1100余件衣物，向三台乡小学捐赠了饮水机和2000余元的文具；为当地群众提供中医内科、五官科、妇产科等专门诊疗及相关健康、法律咨询，共接诊病人、法律咨询300余人次，为前来看病的群众发放了价值2000余元的常用药品，散发科技宣传材料500份。社员伍鹏带领诊所的口腔专家和医护人员，到楚雄市三街镇力戈完小开展健康知识讲座和医疗义诊，免费为123名学生进行了口腔体检，并为10名口腔患者进行了手术；为123名学生捐赠了文具和体育用品。

［李　辉］

楚雄州工商业联合会

【工商联工作概况】 2014年，楚雄州工商业联合会把握“两个健康”主题，团结广大非公经济人士积极参与改革发展。按照州委的统一安排部署，扎实开展以“为民、务实、清廉”为主题的党的群众路线教育实践活动。先后到全州10县（市）工商联，楚雄州广安商会、楚雄州浙江商会等商会和会员企业走访调研，召开专题座谈10余场，发放征求意见表200余份，收回186份，重点了解和掌握群众及会员企业反映的各级领导干部身上存在的突出问题，查找班子“四风”方面存在的20个主要问题，列出整改清单，坚持边查边改，切实改进工作作风。以“内增凝聚力，外树形象”为重点，进一步加强机关干部职工的思想作风、学风、工作作风建设，努力提高服务水平和能力。在机关开展了创建州级文明单位活动，从思想道德教育、优化环境建设、特色文化建设、工作作风建设、和谐社会建设等五个方面着力，树立机关良好形象。年内，州工商联被州文明委评为州级文明单位；楚雄州深入开展非公有制经济人士理想信念教育实践活动被省委统战部、省工商联考评为一等奖。

【非公有制经济人士理想信念教育实践活动】 2014年，楚雄州工商业联合会在全省深入开展非公有制经济人士理想信念教育实践活动视频会议后，及时调整充实领导小组，召开会议，对楚雄非公有制经济人士理想信念教育实践活动进行动员部署，领导小组与10县（市）签订理想信念教育实践活动工作目标责任书，10个党支部80余名党员及10县（市）执委会员企业开展了“诚信守法经营公开承诺”活动。领导小组组长、副组长每人联系1个县（市），并确定

2～3个商（协）会或非公企业作为联系点，领导小组成员确定1～2个商（协）会或非公企业作为联系点。州级共建立10个县（市）8个商（协）会20个非公企业作为联系点。从6月25日至8月31日止，组织全州2559人进行理想信念教育知识竞赛活动，并对15名一等奖、30名二等奖、50名三等奖，3名组织奖进行表彰奖励。10月28～31日，组织33名民营企业家赴老山参观战争遗址、到烈士陵园举行纪念活动，激发企业家的爱国、爱党热情，用爱国主义教育增强非公经济人士的“四信”，强化非公经济人士思想政治工作。制定《理想信念教育活动宣传方案》，在《楚雄日报》、州广播电台、楚雄电视台开设“同心共筑中国梦，助推民企大发展”专栏。《中华工商时报》采用楚雄州活动信息5条，全国工商联网站采用6条，省工商联信息和网站采用28条，《楚雄日报》刊发相关报道和文章26篇，楚雄电视台播出新闻42条，州广播电台播出稿件58条。州领导小组办公室编发《教育活动简报》44期、《教育活动专报》15期，手机短信宣传48条，编印《非公有制经济人士理想信念教育实践活动知识问答》3000册。

【非公有制经济人士思想政治工作】　2014年，全州工商联系统把开展形式多样的教育培训和会员活动作为做好非公有制经济人士思想政治工作的重要抓手。1月7日，召开楚雄州第四届优秀中国特色社会主义事业建设者评选表彰大会，推荐10名非公有制经济人士作为州委、州人民政府表彰对象，推荐上报3名非公有制经济人士作为云南省第四届优秀中国特色社会主义事业建设者人选并获得表彰。组织非公经济人士参加了省工商联“智博文化公益行·万名非公有制经济人士免费研修EMBA计划”学习活动。8名州、县工商联主席、党组书记参加了省工商联在上海交通大学举办的学习党的十八届三中全会精神培训班，1名副主席参加了州工信委在四川大学组织的工业经济培训班。9月11日，举办全州工商联系统干部和非公经济代表人士共250余人参加的十八届三中全会精神培训班。邀请云南省知名民营企业家张亚光、兰靖作专题讲座，提振企业发展信心。成立了楚雄州湖北商会党支部和楚雄州温州商会党支部。12月10日，组织会员开展“学习宣讲党的十八届四中全会精神”主题会员活动，邀请州委党校常务副校长马爱芳作十八届四中全会精神专题辅导。

【服务非公有制经济】　2014年，楚雄州工商业联合会为进一步支持中小企业的发展，帮助破解融资难题，在4月5日顺利收回并归还州人民政府2013年拆借给民营企业的1.06亿元资金后，又向州人民政府借款5000万元拆借给15家中小企业，并于12月15日全部收回并归还州人民政府。年内，楚雄州非公有制企业贷款担保资金理事会共为中小企业担保65笔，贷款金额12350万元，还款率为99%，有力推动了实体经济和小微企业的发展。积极做好“贷免扶补”工作，实际发放贷款1001人，超额完成了省工商联下达的工作任务，贷款金额6732万元，创业人员大学生比例为13.3%，还款率99.53%。做好“两个10万元”微型企业培育工程工作，圆满完成300户微型企业的补助扶持任务。积极参与由劳动人事部门牵头的人事争议预防和仲裁工作，以点带面规范企业合法用工并建立劳动争议预防机制。对在党的群众路线教育实践活动和非公经济人士理想信念教育实践活动中征求到的非公企业发展中存在的困难和问题进行分析，筛选出29个问题同上年未解决的8个问题一起于5月23日上报州委主要领导，并根据州委主要领导的批示要求，配合州委督查室和州人民政府督查室抓好落实。7月7日，州委书记张太原召开专题办公会议，现场为5户非公企业解决困难和问题。通过畅通非公经济人士反映问题和解决问题的渠道，营造非公经济发展的良好环境。

【调研与参政议政】　2014年，全州工商联系统以经济社会发展、人民群众关注的重点热点及非公经济发展关键问题为切入点，形成调研报告50余篇，其中州工商联6篇，充分发挥了党委政府的参谋助手作用。在州十一届四次人代会和州政协九届三次会议上，非公经济人士中的人大代表、政协委员履行职能，参政议政，提出关乎国计民生和非公经济健康发展的议案、提案。州工商联提出的《关于加快工业园区配套基础设施建设的提案》、《关于高度重视保护非公经济财产安全的提案》、《关于加强政府公信力建设，营造非公经济发展良好环境的提案》、《关于推进楚雄州商会大厦建设的提案》等得到相关部门的高度重视；《关于建立全州非公有制经济发展资金支持体系的提案》获得优秀提案表彰，进一步激发了全州工商联及非公经济人士参政议政的热情，同时对推动全州经济社会发展发挥了积极的作用。

【工商联组织建设】　2014年3月24日、10月27日，楚雄州工商联分别召开四届三次、四次执委会，增补州工商联（总商会）第四届执行委员会委员12名、常委16名、州总商会兼职副会长5名，通过增补调整，州工商联第四届执行委员会共有委员127名，常委72名；主席（会长）1名，专职副主席（副会长）4名，兼职副主席（副会长）21名，州总商会兼职副会长14名。开展五好县级工商联建设，按照“五好”标准，制定创建设方案，计划用两年时间使全州县级工商联全部达到“五好”标准，并按省工商联要求考评申报了5个县工商联作为全省首批“五好”县级工商联。加强会员的发展和管理工作，把会员发展重点放在全州骨干民营企业、州级规模以上企业上，做好企业的摸底排查和入会动员工作。同时把乡（镇）商会和直属商会的会员纳入工商联会员统计范围。全年全州共发展新会员815名，其中企业会员476名，团体会员6名，个人会员333名。全州工商联系统共有会员10198名，其中企业会员2774名，团体会员181名，个人会员7243名，会员结构进一步优化。指导和协助广安商会、安岳商会、湖南商会、湖北商会召开年会，做好四川商会的换届工作。至年底，州工商联设党组1个，有党组成员4名；设机关党委一个，有党委委员7名，机关党委下设党支部12个（新成立湖北商会党支部、温州商会党支部），有党员123名（正式党员101名、预备党员22名），其中机关党员14名，占党员总数的11.38%；非公有制经济组织党员23名，占党员总数的18.7%；商（协）会党员86名，占党员总数的69.92%。举办了一期有53名入党积极分子参加的培训班，发展22名新党员，有14名预备党员转正，扩大党组织的覆盖面。组织机关党支部、湖北商会党支部、金融商会党支部、安岳商会党支部到楚雄市鹿城镇青龙社区，对44名60岁以上的老党员进行慰问，组织浙江商会党支部、广安商会党支部、温州商会党支部、四川商会党支部、金鹿国际旅行社党支部、美容美发暨餐饮美食行业协会党支部先后到楚雄市鹿城青龙社区党委、东华镇朵基村党支部、紫溪镇母掌村党支部，禄丰县碧城镇青山村党支部进行农村基层党组织帮扶活动，捐助农村党建经费4万余元。组织机关党员到大姚开展劳动体验活动，开展庆祝建党93周年“十个一”系列活动。州工商联机关党委、州金融商会党支部被州直机关工委表彰为先进党组织。

【光彩事业】 2014年，楚雄州工商联组织动员民营企业履行社会责任，投身光彩事业。昭通鲁甸“8·03”地震发生后，在州工商联的倡议下，州内广大民营企业家积极向灾区捐款140万元，并于10月13～15日组织部分捐赠企业代表赴昭通地震灾区实地考察援建项目，确定在昭阳区苏家院镇顺山村委会官家沟村投资100万元援建文化活动中心，在昭阳区炎山镇松乐村委会上营村投资40万元援建1所村民小学。年内，岭东集团捐资援建的大姚赵家店海联小学已竣工验收，交付使用。参与和协助岭东集团开展2014年“岭东英才奖助学金”的资助对象推荐和发放、爱尔发公司“爱尔发奖助学金”组织发放、禄丰高峰自忠集团“自忠文芳教育奖励基金”组织发放、永兴集团2014年度助学金组织发放等工作。组织动员广安商会、安岳商会、四川商会、湖南商会、湖北商会向贫困学生、农村困难群众、农村老党员献爱心。全年州光彩会共组织实施光彩项目12个，投入资金251.69万元。

【州工商联四届执委会议】 2014年，楚雄州工商业联合会（总商会）召开2次执委会议。3月24日召开四届三次执委会议。州委常委、州委统战部部长杨静，州人大常委会副主任、州工商联主席吴丽华，州政协副主席张启俊，云南省总商会副会长、州工商联副主席、云南岭东印刷包装有限公司董事长庄小峰，州委统战部副部长、州工商联党组书记杨发荣等领导及州工商联执委共120余人出席会议。会议听取和审议了吴丽华代表州工商业联合会（总商会）四届常委会所作的《工作报告》。会议还传达学习了省工商联十一届三次执委会议精神和省工商联经济服务工作会议精神；审议通过了州光彩事业促进会工作报告；表彰了2013年目标管理考核、调研、信息及商会工作先进集体；增补州工商业联合会（总商会）第四届执行委员12名、常务委员15名、副主席（副会长）1名、总商会副会长5名。经主席提名，全体参会人员一致推选杨发荣为州工商联常务副主席，周云峰为州工商联秘书长。

10月27日召开州工商联四届四次执委会议，传达学习十八届四中全会精神。会议增补执委、常委1名，选举增补副主席（副会长）1名。州人大常委会副主任、州工商联主席吴丽华出席会议并讲话，州委统战部副部长、州工商联党组书记、常务副主席杨发荣主持会议，州工商联副主席周云峰、马志洪、陈涛，以及起自忠、陈云道、陈护国、何志芳等兼职副主席或副会长，州工商联执委共100余人参加会议。

【川滇黔毗邻州（市）工商联（总商会）第十次联席会议】 2014年11月12～13日，川滇黔毗邻州（市）工商联（总商会）第十次联席会议在楚雄召开。云南省工商联党组成员、副主席夏云东，中共楚雄州委常委、州委统战部部长杨静，州人民政府副州长杨建国，州政协副主席张启俊应邀出席会议。来自四川省凉山州、宜宾市、攀枝花市，贵州省安顺市、六盘水市，云南省保山市、丽江市、昭通市和楚雄州的企业家、工商联同仁以及楚雄州州县招商局局长、县（市）工商联主席170余人参加会议，其中企业家70余人。联席会议由楚雄州人大常委会副主任、州工商联主席吴丽华主持，杨静致辞，云南省工商联党组成员、副主席夏云东作了讲话，楚雄州委统战部副部长、州工商联党组书记、常务副主席杨发荣，凉山州政协副主席、州工商联主席宋光明，安顺市工商联副主席王恒，宜宾市工商联副主席、宜宾市玉水寨生态科技发展有限公司董事长魏弟华，楚雄州广安商会会长罗映明围绕“建设中国特色社会主义商会，促进非公经济‘两个健康’”的会议主题，作了交流发言。期间，还召开了楚雄州招商引资项目推荐洽谈会，组织与会人员参观楚雄州湖北商会建设、云南摩尔农庄生物科技开发有限公司、州博物馆。联席会议通过了会议决议。会议决定，第十一次联席会由四川省凉山州工商联（总商会）承办。

［徐海燕］

（责任编辑：白云鹏）

军事

楚雄军分区

【战备训练】 2014年，楚雄军分区聚集军事斗争准备，升级改造作战值班系统，制定处置重大突发事件“1小时反应”工作流程，建立军地联合指挥机制，加强针对性演练，应急能力有效提升。坚持党委议训抓训管训，树立战斗力标准，推动实战化训练。采取“统分结合、随训随考”的方式，认真组织军分区首长机关带人武部训练，分区党委机关接受省军区军事训练考核取得较好成绩，分区党委常委带队考评人武部军事训练情况。参加“云岭——2014”党政军联合指挥所演习，练谋略、练指挥、练协同，提高联合指挥多元力量应急处置能力。协调中共楚雄州委、州人民政府出台《应急资源整合工作方案》，抓实民兵应急分队建设。按类别、视任务，加强民兵针对性训练。充分利用实战环境摔打部队，组织民兵完成禄丰“2·26”、“5·21”等20余起森林火灾扑救和“5·07”元谋地震应急救援任务。

【基层全面建设】 2014年，楚雄军分区认真抓好基层全面建设，推进人民武装部建设全面进步和官兵职工全面发展。7月，借鉴云南省军区“两个经常性”工作能力培训做法，采取有力措施抓好延伸培训，着力提高各级干部筹划工作、解决问题的能力。严格落实“真蹲”“真当”要求，分区领导、机关干部深入基层蹲点调研、指导帮带，总结经验教训8个、研究对策措施25条。积极推进10县（市）人武部营区新建，永仁县人武部新营区建设即将竣工，两个人武部已完成建设报批，其余人武部正在有序推进。强力推进基层武装部规范化建设达标工作，第一、二批单位已如期达标。

【安全管理】 2014年，楚雄军分区狠抓“六个管好”，开展条令学习月、安全大检查、武器装备仓库专项整治、狠刹“六股歪风”、“两个以外”人员管理不严整顿活动，制定《干部休假探亲管理办法》，狠抓军区《严禁饮酒的规定》落实，进一步正规部队“四个秩序”。定期进行安全形势分析和安全风险预测，集中开展“重制度、严纪律、强责任、正作风”专题教育整顿和“六个专项治理”、“百日安全”活动，签定《遵章守纪安全责任书》和《履职尽责率先垂范承诺书》，打牢安全发展基础。认真组织城市警备纠察，有效纠治外出军人军车违规违纪现象。严密组织涉密人员政治考核，9次派出检查督导组，查纠各类问题23个，及时有效消除事故苗头和安全隐患。

【国防后备力量建设】 2014年，楚雄军分区着眼提高应急作战动员准备和遂行多样化军事任务能力，切实加强对国防动员的组织领导，充分发挥国防动员委员会牵头协调功能作用，制定处置重大突发事件1小时反应工作流程，修订完善动员预案体系，建立常态化应急协调机制。10月，以参加云南省党政军联合指挥所演习为契机，以抗震救灾为课题，组织了楚雄州党政军联合指挥所应对重大突发事件方案推演，进一步熟悉应急预案，强化应急意识，规范组织程序。紧贴使命任务，突出建设重点，推动民兵组织全面转型，建实民兵应急队伍、建精支援保障队伍、建专储备队伍，积极推进抗震救灾和联合防空分队建设。认真贯彻省人民政府、省军区“玉溪会议”精神，扎实推进乡（镇）武装部规范化建设。3月，在大姚县召开了基层武装部规范化建设和民兵组织转型推进任务部署会；9月，在南华县召开了“两项建设”观摩推进会；12月，州人民政府、楚雄军分区派出5个联合工作组，对10县（市）基层武装部规范化建设情况进行督查抽查，全州有77个乡（镇）武装部规范化建设任务达标。扎实抓好学生军训工作，安全顺利的完成了全州32所高中阶段中学、2所普通高校学生的军训任务。积极研究解决征兵时间调整为夏秋季出现的新情况、新问题，严格按照《兵役法》和《云南省征兵工作条例》，坚持廉洁征兵，严把兵员质量关，高质高效完成新兵征集任务。

【后勤保障】 2014年，楚雄军分区坚持党委理财，加强经费物资管理。严肃认真对待云南省军区财经执法检查和经济责任审计指出的问题，整改问题19个、退交经费16.69万元；组织对10县（市）人武部进行财经执法检查，纠治问题26个，退回经费11.5万元。严格车辆管理，坚持每周1次车场日活动，4次组织驾驶员教育整顿，封存超标和不合规车辆10台。强化资产管理，对所有物资实行挂账管理。严格武器弹药管理，积极搞好日常装备保障，认真组织武器装备仓库专项整治，高标准完成了军分区民兵武器装备仓库建设。

【参建参治】 2014年，楚雄军分区大力支持地方经济社会建设，义务参加修补公路40余千米，修挖水渠9000余米，架设引水管道1.37万米，植树40余亩。协调驻楚部队先后组织官兵1万余人次，车辆、机械50余台次，支持地方重点工程建设。组织部队和民兵参加巡山护林、森林火灾扑救、维稳执勤等急难险重任务，累计投入兵力6600余人次。认真开展扶贫帮困活动，协调资金和扶贫款71万元，运送化肥、农药等农用物资23吨；为中小学捐款捐物、购买11万余元的教学办公用具；看望慰问乡（镇）敬老院孤寡老人77人次，送去慰问金3万余元，慰问品800余份。

【新闻报道】 2014年，楚雄军分区新闻宣传工作按照“紧跟中心、服务大局、突出经常、保持特色”的工作思路，围绕中心工作、非战争军事行动、部队正规化建设、经常性工作落实等内容，制定措施，统一筹划，区分任务，围绕中心抓报道，突出特色搞宣传，立体打造出精品，全方位展示成果亮点，为部队建设凝神聚气鼓劲，为部队发展提供舆论支撑。全年在各类媒体上刊发稿件260篇，其中《解放军报》1篇，《中国国防报》2篇，《战旗报》44篇，《西南民兵》52篇，《云南国防》111篇，《云南日报》14篇，《云南法制报》12篇，云南电视台2条，其他省级以上媒体刊发22篇；网络上刊发121篇，其中中国军网2篇，成都军区政工网4篇，云南省军区军综网38篇，云南省军区政工网77篇。

【楚雄市人武部民兵应急队伍建设】 2014年，楚雄市人武部紧密结合楚雄市自然灾害频发，抢险救灾任务繁重和城市规划建设的实际，狠抓民兵应急队伍建设。充分利用民兵组织整顿、军事训练、征兵工作等时机，组织民兵应急队伍集中思想政治教育10次，夯实思想基础。按照年度训练计划，圆满完成上级下达的首长机关和基干民兵训练任务，经过考核验收，各训练课目成绩均在优秀以上。先后2次组织城区部分民兵应急队员进行封闭式军事训练，提高民兵队伍遂行多样化军事任务的能力。

【双柏县人武部加强国防教育工作】 2014年，双柏县人武部坚持把国防教育工作作为人武部的重要工作抓紧抓实，利用“青年民兵之家”、黑板报、宣传橱窗等加强对《兵役法》、《国防法》、《国防教育法》等法律法规的宣传。利用民兵整组、军事日、民兵军事训练、学生军训及征兵等有利时机进行国防教育，全民国防教育面达90%以上。

【牟定县人武部完成年度征兵】 2014年，牟定县人武部坚决贯彻执行国务院、中央军委的征兵命令，严格按照成都军区征兵流程规范，紧紧围绕提高新兵质量这一核心，严把体检关、政审关、文凭关、定兵关，确保兵员质量，圆满完成了年度新兵征集任务，其中大学生新兵占42.1%、初中生新兵占11.8%，超标完成了年度兵员征集工作。

【南华县人武部双拥工作受表彰】 2014年，南华县人武部按照楚雄军分区和中共南华县委、县人民政府的安排部署，深入发动干部职工和民兵预备役人员带头参建参治，共出动干部、职工、民兵1678人次参与抢险救灾、社会维稳、扶贫帮困工作，投入经费9万余元为扶贫挂钩联系点困难群众购买生产生活用品、慰问困难党员和军烈属，及时解决困难群众的生产生活需求。协调相关部门解决了7名现役人员的涉军维权问题，将义务兵优待金从1823元提高至3500元。11月，被中共云南省委、省人民政府、省军区表彰为“双拥模范县”。

【姚安县人武部抓好年度军事训练】 2014年，姚安县人武部与军分区机关同步进行了识图用图、外军知识、轻武器操作、沙盘堆制等科目的学习和训练。利用10天时间组织干部职工12人完成了县职业中学400余名学生军训任务。组织11个单位的干部、群众、学校师生和民兵共236人，在太平镇太平村委会太平铺村民小组进行了山洪灾害防御预警实兵演练。用10天时间，组织县民兵应急分队94人进行了队列、抗震救灾、森林扑火、维稳处突、紧急拉动、实弹射击等训练，并指导各乡（镇）民兵应急分队完成了以抢险救灾为主要内容的民兵军事训练任务。

【大姚县人武部承办“两项建设”任务部署会】 2014年3月6日，楚雄州基层武装部规范化建设任务部署会暨民兵转型建设任务推进会在大姚县人武部召开。会议的主要内容是传达学习云南省“三项建设”任务部署会精神，交流基层武装部规范化建设及应急、支援、储备“三支”队伍建设经验，观摩大姚县金碧镇武装部规范化建设成果及民兵应急连集结点经验，研究部署全州基层武装部规范化建设和民兵转型建设任务。全州10县（市）副县（市）长、人武部部长，军分区部门以上领导、机关各办负责人，两所地方高校分管武装工作领导，楚雄州电视台、州广播电台和《楚雄日报》等媒体共40人在主会场参加会议。军分区本级及各人武部开设分会场，军分区全体机关干部，人武部所属干部、职工及各乡（镇）、企（事）业单位武装部部长，共247人参加会议。

【永仁县人武部参建参治】 2014年，永仁县人武部认真贯彻军民融合式发展的方针，找准武装部与地方工作结合点和切入点，积极参加应急维稳、护林防火、抗旱救灾、防汛抢险等急难险重任务；坚持深入基层开展拥政爱民活动，依托青年民兵之家，举办烤烟、核桃、蚕桑、养殖等农业技术培训，得到地方党委、政府的充分肯定和人民群众的好评。

【元谋县人武部遂行多样化军事任务】 2014年，元谋县人武部结合辖区内自然灾害多发频发的实际，及时修订战备方案，加强战备值班，提前预储预置所需物资器材，编实配强民兵应急分队，加强以维稳处突和抢险救灾基本技能为重点的军事训练，全年共出动民兵496人次，完成抢险救灾、协助维稳、参建参治等任务19次。在元谋县羊街镇“5·07”地震灾害救援中，人武部干部职工及民兵应急分队第一时间进入震灾现场，高标准完成了伤员搜救、帐篷搭建、转移安置受灾群众和危房拆除等工作。

【武定县人武部抓好民兵整组】 2014年，武定县人武部通过调整布局，改进编组方法，优化基干民兵组织结构，圆满完成了民兵整组工作任务。民兵组织工作从3月18日开始到4月12日结束，经过组织整顿，达到了编组合理、布局科学、人员落实的要求。

【禄丰县人武部抓好基层武装部达标】 2014年，禄丰县人武部深化云南省“玉溪会议”和楚雄州“大姚会议”精神贯彻落实，积极筹备召开本级“两项建设”任务部署会，抓好金山镇武装部规范化建设试点，组织全县基层武装部长和专武干事培训观摩，统一标准要求、明确方法路子，先后投入经费30万元，第一、第二批共8个乡（镇）武装部如期达标，通过了州人民政府和楚雄军分区的联合工作考评验收。

［杨 灿］

预备役高炮团

【预备役高炮团工作概况】 2014年，云南预备役步兵师高炮团紧紧围绕党在新形势下的强军目标，按照“抓班子带干部、抓中心求突破、抓规范严秩序、抓作风提士气”的工作思路，主动瞄准实战练兵，大力塑风正气成型，全面深化改革攻坚，努力在新的起点上推动团队建设向更高层次发展。

【思想政治建设】 2014年，云南预备役步兵师高炮团紧紧围绕“牢记强军目标、献身强军实践”主题教育活动，持续掀起学习热潮，深化课题研究，开展“战斗力标准”大讨论，抓好庆祝新中国成立65周年、改革开放35周年系列文化活动，把“强国梦、强军梦”融入官兵头脑，着力在坚定信念、启迪思想，激励斗志上下功夫。全年制作展板20块、橱窗24块、横幅42条，集中教育144课时，人均撰写心得体会15篇以上。

【实战训练】 2014年，云南预备役步兵师高炮团着眼真打实备，修订会审作战方案，以“发现问题、解决问题”的问题倒逼方式，精心组织动员集结演练。突出应战应急、实战实用，全面展开作战室、作战值班室和各类战备库室建设，推进基层正规化建设向打仗功能聚焦。通过开展“考比拉”和“岗位练兵创破纪录”活动，建立官兵训练档案，强化官兵“三能”。突出应急救援力量建设，着力构建应急救援指挥平台，组织常态化训练，圆满完成了禄丰“3·12”、“5·21”森林扑火、鲁甸“8·03”抗震救灾、楚雄“9·15”广大铁路一号隧道塌方救援、景谷“10·7”抗震救灾响应等任务，受到省人民政府通报表扬。

【基层建设及后勤保障】 2014年，云南预备役步兵师高炮团积极协调地方各级党委、政府支持，全面展开基层正规化建设达标活动。围绕打仗搞保障，科学推进后勤装备建设与改革。紧紧围绕现代后勤“三大建设任务”，深化拓展后勤保障准备，在多次完成全团拉动任务中不断提高后勤装备综合保障能力。着力加强机关食堂社会化保障科学管理，顺利完成食堂正规化达标建设，并通过考评验收。树立“勤俭建军、节约发展”观念，严格财经纪律，确保经费投向投量向战斗力聚焦。减少行政消耗性开支，增加训练经费投入。投入近10万元建设应急物资储备库，应急处突能力得到进一步加强。

【安全稳定】 2014年，云南预备役步兵师高炮团从严治军抓管理，始终保持部队安全稳定。围绕“六个管好”，认真落实安全教育、安全训练、安全组织、安全制度、安全环境、安全设施、安全活动、安全责任“八项基本工作”，持续做好“两个经常性”工作，深化群众性安全预测防范，坚持做到每季度安全形势有分析、每月安全工作有检查、每半月营区防范有演练、每周安全隐患有督察、重大活动安全风险有评估，确保部队安全稳定。

［肖依昂］

武警楚雄支队

【武警楚雄支队工作概况】 2014年，武警楚雄支队大力加强党的创新理论武装，以强军目标为统领，按照“聚焦中心、建强班子、纯正风气、打牢基础、确保稳定、赢得支持”的工作思路抓建设，高标准实现了“两个确保”，部队全面建设水平稳步提升，被总队表彰为“基层建设先进支队”。

【军事训练】 2014年，武警楚雄支队按照“能打仗、打胜仗”的要求，持续抓军事训练。按照抓龙头（首长机关训练）、抓排头（干部训练）、抓教头（指挥士官训练）、抓拳头（反恐力量训练）、抓大头（部队经常性训练）、抓源头（新兵训练）的思路，大力加强实战化训练，严密组织“卫士－14”网上演习，举办3期勤训轮换，部队整体训练水平得到提升。1名教员被武警云南总队评为“优秀教练员”。

【执勤处突】 2014年，武警楚雄支队按照落实制度、治理隐患、提高能力的思路狠抓固定勤务，坚持周分析、月通报、季讲评，进一步正规执勤秩序。先后2次与州公安局派出联合工作组开展执勤隐患排查，积极推进“两看”目标AB门建设。认真抓好五中队上勤工作，确保验收达标、上勤顺利。牢固树立“真打实备”观念，根据可能担负的任务不断完善处突方案，有针对性地组织训练演练，充分做好处突反恐和遂行多样化任务准备。完成了党和国家领导人视察楚雄期间住地警卫工作，成功参与了南华“8·28”杀人犯围捕，参与完成了禄丰、武定、姚安多地山林火灾扑救，圆满完成“火把节”庆典等安保任务19起，维护楚雄社会稳定。

【基层建设】 2014年，武警楚雄支队认真贯彻武警党委抓基层打基础的思路，始终把工作重心放在基层。建立党委成员包片、股队挂钩帮建责任制，扎实开展“月蹲一周、下队当兵”活动，重点抓好“三帮一提高”工作。年内，7名党委成员均落实了“月蹲一周”，先后派出机关干部31人次深入基层考帮建，安排23人下基层蹲队住班、6人下队当兵，达到了当兵再锻炼、住班摸实情、蹲点解难题的目标，提高了基层建设质量。一中队被武警云南总队表彰为“基层建设标兵中队”，永仁、禄丰、南华、武定4个单位被武警云南总队表彰为先进中队。

【安全管理】 2014年，武警楚雄支队着眼夯实强军之基，始终在依法治警、从严治警上下功夫，实现连续18年安全无事故。认真开展经常性条令学习，不断强化官兵政治意识和安全意识。建立领导检查、机关纠察、大队巡查、中队自查、官兵互查、网络抽查的“六查”机制，不定时间、不打招呼对机关和部队进行督导检查，正规部队秩序，消除安全隐患。始终把深化治理“五个重点问题”和信息安全保密作为确保部队安全发展的突破口，发现和消除安全隐患3类12起。

【警营文化】 2014年，武警楚雄支队努力抓好战斗精神培育，不断提升官兵“敢打硬仗、善打恶仗、能打胜仗”的血性胆气。大抓先进军事文化建设，投入9万余元精心打造机关营区政治环境。深入挖掘先进典型，扎实搞好新闻宣传，全年在各级媒体上发表稿件450余篇，树立支队良好形象。积极搞好拥政爱民工作，扎实开展纪念烈士、义务植树、扶贫帮困和学习雷锋等活动，义务军训学生2万余人次，为地震灾区和贫困山区学校捐款捐物价值6.8万余元、义务植树6000余株、无偿献血8万余毫升，被中共楚雄州委、州人民政府表彰为“双拥工作先进单位”和“无偿献血先进单位”。

【后勤保障】 2014年，武警楚雄支队坚持保中心、保基层、保生活不动摇，狠抓规范化管理，后勤综合保障能力不断提高。大力加强“一组五队”建设，先后组织5个批次的驾驶技能复训、战地救护、野战宿营、野战炊事等实用技术训练。坚持党委集体理财，做到“预算总把关、采购有招标、开支严审批、支付有报告、全程搞审计”，有效堵塞管理漏洞。大力开展“节水、节粮、节电”活动，有效降低生活成本。发挥双重领导、双重保障优势，加强向驻地党委、政府请示汇报，全年协调地方资助经费1033万元（机关619万元、基层414万元）；协调371处投入资金200余万元改造五中队营房；协调州、市两级政府出资4000万元收储支队土地。年末，教导队建设前期筹备工作基本完成，南华、大姚、双柏、三中队新营房主体工程均已完工。

［刘亚辉］

公安消防

【消防工作概况】 2014年，楚雄州公安消防支队紧紧围绕“全面融入滇中城市经济圈，全面服务富民强州战略，为加快建设开放、富裕、文明、幸福新彝州创造良好消防安全环境”的总目标，严格执法，热情服务，英勇作战，全州火灾形势持续稳定、火灾防控基础更加稳固、灭火救援实力显著增强、服务地方经济社会发展和保障人民群众生命财产安全的能力大幅提升。全年接警出动3440起，出动消防车5592辆次、消防官兵2.7万人次，抢救被困人员594人，疏散人员2076人，抢救财产价值3.61亿元。支队在昆明安宁“5·21”、“5·24”森林火灾扑救中的突出表现受到省人民政府通令表彰。10个大队荣立集体三等功，1人荣立二等功，7人荣立三等功，80人受到嘉奖。

【社会化消防】 2014年，楚雄州公安消防支队报请州人民政府出台《楚雄州消防工作考核办法的通知》，推动消防工作纳入精神文明创建、平安创建、社会管理综合治理考核内容。成立联合督查组，由州人民政府分管副秘书长带队，每季度开展消防安全工作督导检查，推动县（市）、部门、消防安全重点单位安全责任制的落实。促进行业协会综合运用地理信息系统、数字视频监控等信息技术，研发“天眼”全程监控管理平台，对城乡重点区域实施24小时监管，有效提高建筑消防设施的完好率、运营率。提请州公安局主导，组建派出所消防中队85个，派驻消防文员103人。会同州委宣传部邀请《云南日报》等10家媒体23名采编人员，举办警媒座谈会，为消防宣传工作献计献策；协调《楚雄日报》等6家主流媒体开设宣传专栏，广泛普及消防常识；广电网络有限公司在27万用户数字电视开机画面上显示消防安全提示；州气象局在各村镇、社区设立的2850块气象电子显示屏上滚动播出消防安全知识。发动居民参与“全民消防知识大竞赛”活动，与地方传媒公司合作拍摄微电影《美丽的一天》，在横店电影城放映，向居民传播消防理念和安全常识。

【消防便民服务】 2014年，楚雄州公安消防支队紧贴全州大开发、大建设和实施重大工程项目的现实需要，主动服务发展大局保障民生。优化审批服务。按照“方便办事、就近审批”的原则，施行建设工程分级管理，下放部分建设工程消防行政审批权限至大队。紧扣省、州、县（市）招商引资项目，跟进新农村建设战略部署，推行并联审批制度，简化行政审批程序，减少申报资料，缩短审批时限。审核、验收工程由法定20个工作日缩短为7个工作日，开业前检查由法定10个工作日缩短为5个工作日，备案工程由法定20个工作日缩短为10个工作日。规范窗口服务。在便民窗口公示办事程序、需提交的资料和注意事项；公示中介机构资料，由群众自主选择。窗口日均接待群众35人，满意率100%。主动上门服务。对政府重点工程项目和外资企业、招商引资、高新技术等工程项目的消防服务提前介入，主动联合职能部门召开现场会，进行集体论证审核，优化设计方案，提高工作效率，缩短审批时限。积极跟踪问效。请办事单位、群众填写《消防监督执法服务质量回执单》，对消防行政审批过程的服务情况进行打分，进一步规范消防执法行为、改善执法形象。成立执法纠察队，常态化深入社会单位、基层大队和派出所，对消防监督执法项目真实性、执法台账的同步性、执法质量、廉政建设等内容开展督查，对社会单位开展执法回访，及时发现、查处违规、违纪行为。

【实战能力建设】 2014年，楚雄州公安消防支队围绕“管好部队、抓好训练、完成好灭火救援任务”的工作目标，全面提高部队正规化管理水平和灭火救援实战能力。年初，在云南省公安消防总队组织的冬训考核中取得全省第二名的成绩。5月，参加总队滇中地区跨区域地震救援实战拉动比武竞赛，取得综合成绩第二名的成绩。开展实战演练76次，测试单位413家。完成了楚雄市“4·24”工业酒精火灾、禄丰县“5·21”森林火灾、楚雄“9·15”广大铁路隧道坍塌、楚雄市“11·1”天然气泄漏等灾害事故处置工作，参与了鲁甸“8·03”地震救援。采取现役官兵进驻与招收专职队员的方式，组建战勤保障大队；第十一届州人民政府第32次常务会议通过了州应急救援中心暨综合保障基地一期项目建设方案。结合鲁甸6.5级地震救援情况，拟定下发加强地震救援能力建设的措施，制定出台轻重型队建设标准、地震救援分队建设标准，从机制、人员、经费、装备等重点环节开展建设。

［黄志鹏］

人民防空

【人防工作概况】 2014年，楚雄州人防系统认真贯彻落实人防建设“长期准备、重点建设、平战结合”的方针，以新时期军事战略方针和“能打仗、打胜仗”的要求为依据，科学谋划年度工作，按照“三严三实”的要求，扎实改进工作作风，大力营造团结干事工作氛围，严格依法行政，认真履行职责，积极开拓进取，努力推进全州人防工作全面协调发展。年内，全州各县人防办机构单列设置为正科级，财务独立，落实了5～8人编制，配齐了相关人员，落实了办公经费及办公室，9个县共有人防工作人员38人。县级人防行政审批进一步规范，人防建设目标管理责任纳入全州综合绩效考核，县级人防工作步入规范化建设轨道。

【人防工程建设管理】 2014年，楚雄州积极加强人防工程建设管理。州级人防指挥所提升改造建设项目依法稳步推进，年内完成工程总量的90%，工程建设严把质量关、安全关、廉洁关，未发生任何事故。指导元谋、武定、永仁、牟定、姚安5县的人防指挥所建设。年末，永仁县、武定县人防指挥所建设项目完成可研及初步设计评审，进入施工图设计阶段。协调落实省级项目补助县级人防指挥所建设资金298万元。其中，中央、省补助元谋县指挥所建设项目经费50万元，元谋县、永仁县争取省级补助指挥所建设资金各50万元，武定县争取省级补助指挥所建设项目资金100万元、组织指挥专项经费27万元，为大姚县争取工作经费15万元，为南华县、姚安县争取组织指挥专项经费各3万元。州人防办补助各县办公经费23万元。抓好人防结建工作。年内，全州共依法审批防空地下室建设项目19项，其中州本级审批12项，9县审批7项。审批缴纳防空地下室易地建设费项1300件，收缴入库易地建设费3301万元。其中，州本级审批292件，收缴易地建设费1000万元；9县审批1008件，收缴易地建设费2301万元。

【人防指挥通信和警报网建设】 2014年，楚雄州进一步强化人防指挥通信和警报网建设。进一步完成人防机动指挥所的安装、调试、培训工作。8月3日，昭通鲁甸地震发生以后，全州10县（市）组织了防空警报试鸣默哀悼唁活动，警报鸣响率100%，警报音响覆盖率95%以上。严格落实通信值班制度，确保信息实时、高效、安全、可靠地传递、交换和处理。参加成都军区演习，完成省人民政府赋予的演习任务。完成2014年度跨区域人防通信训练任务。11月23～30日，开展了联合野外通信训练，提高处置突发事件应急通信指挥保障能力，积累实战经验。完成州级指挥所配套信息系统工程建设项目招投标准备工作。

【人民防空宣传教育】 2014年，楚雄州积极开展人防知识进校园活动。州人民防空办公室配合州国防动员委员会办公室、州教育局在全州初级中学春季开学之际结合人防知识宣传教育工作和学校教学计划，编印《人防知识手册》和《人防知识》光碟下发到各学校，在新学期开展国防教育的同时宣传人防知识。全州141所中学，参学率95%，85%的学校出黑板报、学生写心得体会，州人防办收集到好的心得体会文章30篇。积极同新闻媒体协调，提供资料，利用媒体及时宣传人防政策法规和楚雄州人防建设的新成就、新动态。在省级刊物上发表12篇，在州级刊物上发表2篇，编发《彝州人防信息》11期。9月，在楚雄州电视台新闻频道播放《居安思危、备战人防》影视片。结合人防行政审批窗口发放《人防政策法规宣传手册》3000余份。为州、县主要领导及相关部门征订赠阅《中国人民防空》杂志150份。各县（市）结合当地实际，充分利用民族节日、街天等，向广大群众适时进行宣传教育，不断增强各级领导干部和广大群众的人防意识，社会效果良好。

［张承明］

（责任编辑：李　梅）

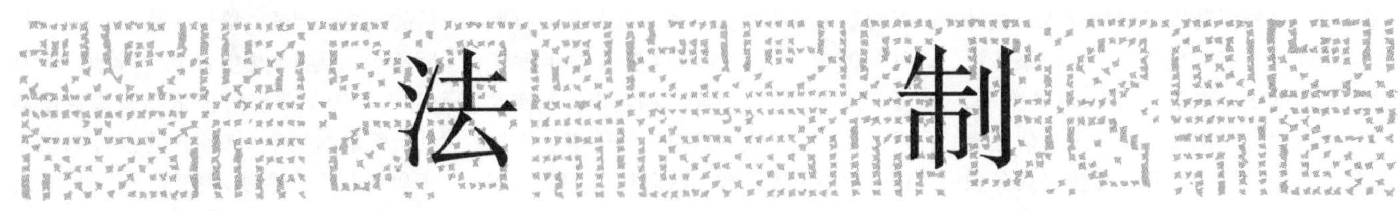

法制

政法委员会

【政法工作概况】 2014年，楚雄州各级政法部门全面落实中央和全省、全州政法工作会议各项部署及要求，全面推进平安建设、法治建设和政法队伍建设，努力提高人民群众的安全感和满意度，为全州全面深化改革、促进经济社会协调发展营造安全稳定的社会环境。8月13日，中共云南省委、省人民政府对2013年度全省社会管理综合治理维护稳定责任制考核成绩优秀的7个州（市）、30个县（市、区）进行表彰奖励，楚雄州被表彰为先进州（市），名列全省第三名，永仁县、南华县被表彰为先进平安县（市、区），再次进入全省社会管理综合治理维护稳定工作先进行列。在2014年度全省统一组织的群众安全感调查中，楚雄州群众安全感满意率居全省第四位，比上年前进了4位。

【州委政法工作会议】 2014年2月12日，中共楚雄州委在楚雄召开州委政法工作会议，贯彻落实党的十八届三中全会和中央、全省政法工作会议及州委八届四次全会精神，总结2013年度全州政法工作，安排部署2014年工作任务，并对2013年度涌现出的董启荣等12名楚雄州“见义勇为公民”进行表彰。

【省委政法委到楚雄州检查指导工作】 2014年2月24~28日，中共云南省委政法委副书记闻柏到楚雄州检查指导工作。在听取州委政法委、州级政法各部门、州信访局排查化解矛盾纠纷、解决信访突出问题的工作情况汇报后，闻柏先后深入姚安、大姚、永仁、元谋、武定等县检查指导，与基层的工作人员一起逐案分析，共同研究，提出了明确的工作要求。

3月19日，省委政法委副巡视员任慧敏、执法监督室副主任闻书漳到楚雄州督查、调研政法综治工作。任惠敏一行先后深入楚雄市鹿城镇综治办、青龙社区、东兴社区，姚安县栋川镇西街社区、光禄镇江尾村委会，禄丰县和平镇调研座谈，听取基层干部群众对做好政法综治维稳工作的意见和建议。

8月26日，省委政法委副书记、省综治办主任朱家美，省综治办三处处长李绍才，省护路办主任陈力、副主任杨云华等深入楚雄州禄丰县检查指导基层铁路护路联防、社区网格化管理、非访突出问题处理等工作。朱家美一行深入到禄丰县新火车站，检查火车站反恐装备配置及治安管控措施落实情况，实地查看了金山镇昆广铁路复线建设占用耕地需要复垦的现场，对楚雄州铁路护路联防、网格化服务管理、处理非访突出问题等工作给予充分肯定。

【楚（雄）大（理）高速公路保通工作协作会在楚雄召开】 2014年4月4日上午，楚雄、大理两州在楚雄州公安局交警支队召开楚大高速公路保通工作协作会议。楚雄州人民政府副州长、州公安局局长曹卫东，大理州人民政府副州长、州公安局局长陈川，大理州人民政府秘书长杨毅平、楚雄州人民政府办公室副主任代淳志到会指导。两州公安、安监、公路管理总段等部门的负责人和省公路开发投资有限责任公司昆明西管理处、大理管理处负责人，以及大理祥云县、楚雄南华县公安局、昆楚大队领导共30余人出席会议。双方就楚大高速公路保通工作进行交流磋商。

【楚雄州网格化服务管理工作推进会】 2014年4月11日上午，中共楚雄州委、州人民政府在楚雄召开全州网格化服务管理工作推进会，贯彻落实省委办公厅、省人民政府办公厅《关于在全省社区（村）推行网格化服务管理的意见》及3月5日省综治办召开的“网格化服务管理视频会议”精神，总结上一阶段全州网格化服务管理工作，分析存在的问题和不足，安排部署全州社区网格化服务管理推进工作。州推行社区（村）网格化服务管理工作领导小组成员，各县（市）政法委书记、分管副县（市）长，州社管综治委成员单位主要负责人共120余人参加会议。

【楚雄州“6·26”禁毒宣传活动启动暨公民防暴恐袭击常识手册发放仪式】 2014年6月26日上午，楚雄州禁毒委、楚雄州反恐工作领导小组在州体育馆广场举行“6·26”禁毒宣传活动启动暨《公民防范暴力恐怖袭击常识》发放仪式。州委常委、州委政法委书记岑化虎，州人民政府副州长曹卫东，州政协副主席蒲涌等出席启动仪式，州、市禁毒委成员单位，州职教中心、楚雄师范学院等大中专学校师生代表、青年禁毒志愿者代表共1000余人参加活动。

【楚雄州法学会第六次会员代表大会】 2014年6月26日，楚雄州法学会召开第六次会员代表大会，州第五届法学会理事、州法学会第六次会员代表大会代表共121人参加会议，按照相关选举程序，完成了州法学会管理体制原由州司法局代管调整为州委政法委领导、代管的换届选举、移交工作。根据《楚雄州法学会第六次会员代表大会选举办法》规定，选举产生楚雄州法学会第六届理事会理事55人，常务理事21名。选举州委常委、州委政法委书记岑化虎为州法学会第六届理事会名誉会长；选举州委政法委常务副书记秦国雄为第六届理事会会长；选举州委政法委副书记李鹏程、州人大法工委主任杨文昌、州法院副院长起绍洪、州检察院副检察长姚燕平、州公安局副局长戚玉刚、州司法局局长苏光祖为第六届理事会副会长；选举州政法委调研员李靖为秘书长。

【平安建设】 2014年9月2日，楚雄州召开深入推进平安建设工作会议。与会人员参观了楚雄市东瓜镇兴隆村委会农村网格化和鹿城镇学桥街社区网格化服务管理试点情况，并现场演示了“6995”平台运行功能和社区网格化人口信息服务功能；参观了楚雄市青少年警示教育基地、市矛盾纠纷大调解中心、市网格化服务管理信息中心。12月8～13日，州委政法委、州综治委按照年度省级“先进平安县（市）”推荐申报工作的安排部署和相关要求，抽调10县（市）委政法委专职副书记，由州委政法委副书记带队，组成2个督查组，采取交叉督导检查的方式，对10县（市）创建“先进平安县（市）”工作进行督导检查，并根据督查结果，推荐3个优秀县(市)申报省级“先进平安县（市）”。

【中央护路办检查组到楚雄州检查考核】 2014年12月17日，中央护路办检查组一行3人在云南省护路办副主任杨云华的陪同下，到楚雄州检查考核2014年铁路护路联防工作，实地检查楚雄火车站平安站区创建工作，并听取楚雄州铁路护路联防工作情况汇报。通过检查考核，检查组对楚雄州铁路护路联防工作给予了充分肯定。

【社会管理综合治理信息系统平台建设】 2014年，楚雄州按照省社管综治委加快推进社会管理综合治理信息化建设工作的相关要求，结合实际，科学规划，全面推进社会管理综合治理综合信息系统平台建设。年底，楚雄州综治信息化平台建设已完成“硬件”环境建设和州、县（市）两级操作人员选配及培训工作，将通过电子政务外网实现省、州、县（市）、乡（镇）、村社5级接驳；在州、县（市）两级11个综治办、103个乡（镇）、1099个村社及600个成员单位社管综治综合信息系统客户端的安装、联网、调试，全州社会管理综合治理综合信息系统建设稳步推进。

【执法监督和司法救助】 2014年，中共楚雄州委政法委制定了《关于依法处理涉法涉诉信访工作的实施意见》，进一步规范涉法涉诉信访案件的办理程序，畅通和拓宽涉法涉诉信访渠道；积极推行网上信访、视频接访、联合接访、来信来访、电话、网络、视频等诉求表达方式。采取带案下访、定点接访、重点约访等形式，及时就地解决群众合理诉求。带案下访25件，解决了一大批进京非正常访问题。认真组织州级政法部门分管领导和部门负责人在州党政领导大接访日联合接待涉法涉诉信访群众，共接待群众来访96件114人。加强对涉法涉诉信访问题的跟踪督办，交办信访事项的复查复核率、办结率、回访率均达100%。组织开展集中排查化解涉法涉诉信访案件专项行动，共排查梳理出12件重点信访案件，采取领导包案、挂牌督办等措施，逐案分析研究、找准问题症结、细化方案措施、限期加以解决。落实专人加强稳控，防止发生赴省进京非正常访的情况。按照《楚雄州国家司法救助工作实施办法（试行）》，把过去已经建立的刑事被害人救助机制、执行救助机制和涉法涉诉信访救助机制统一合并为国家司法救助机制。年内，州级财政共救助32件50人，发放救助资金59万元，同时向省财政争取国家司法救助资金275万元下达到10县（市）。

［永社明］

公　安

【公安工作概况】 2014年，楚雄州公安机关坚持把维护国家安全和社会政治稳定作为首要任务，围绕重点工作和重大警务部署抓落实，各项公安工作和队伍建设取得阶段性成效，维护了全州社会治安大局的持续稳定。全州共有48个集体、178名个人受到各级表彰，楚雄州公安队伍建设全省考核荣获三等奖，公众安全感满意度测评排名全省第四，州公安局被中共楚雄州委、州人民政府授予“文明行业”称号。年内，楚雄州公安机关共完成重大警卫任务和勤务32起，确保了各级“两会”、南博会、十八届四中全会和APEC会议、“火把节”等各类节庆活动期间的安全稳定，实现全年警卫任务“零差错率”。

巡逻队整装待发　　（马兴华/摄影）

【维护社会政治稳定】 2014年，楚雄州公安机关坚持以维护国家安全和社会政治稳定为首任，强化情报信息的收集分析研判，共上报情报信息3170条，提前预知、预警，为党委、政府和领导决策提供依据，一些情报研判产品得到公安部和省公安厅领导的批示表扬；认真做好矛盾纠纷排查调处和群体性事件处置工作，排查矛盾纠纷313起涉及43134人，化解89起涉及3433人；强化对敌斗争，深入开展反邪教专项行动，成功侦破了一批邪教案件，打击处理了一批邪教违法犯罪人员；加大对境内外非政府组织的管控力度，严防其进行宗教渗透；做好重点信访群体的稳控工作，严防其在敏感节点串联聚集上访。

【案件侦办】 2014年，楚雄州公安机关加大案件侦办力度，刑事侦查部门快侦快破楚雄市彝人古镇“1·17”非法贩卖非制式枪支案，南华县“1·29”、“8·28”故意杀人案，武定县“3·08”故意杀人案，楚雄市“5·07”特大金店被盗案和楚雄市“6·09”爆炸案等一批有广泛社会影响的重特大案件，实现了命案全破。全年全州共侦破各类刑事案件4909起，其中“杀人、放火、爆炸、劫持、绑架、伤害、抢劫、强奸”8类主要案件557起、现行命案37起，共抓获刑事案件作案成员2446人，抓获各类网上在逃人员617名。经济侦查部门共立各类经济犯罪案件361起，破获305起，抓获犯罪嫌疑人155人，涉案总金额约4.68亿元，挽回经济损失2398.54万元。成功破获涉及上万人的“团结帮”特大网络传销案、朱某某虚开增值税专用发票用于抵扣税款案等一批大要案件。破获假币案全省排名第二、打假专项行动全省排名第三。禁毒部门共破获毒品案件224起（万克以上案件7起），抓获涉毒犯罪嫌疑人250人，缴获各类毒品273.73千克，缴获毒资0.45万元。成功破获1起楚雄州首例未成年人体内运输毒品案件。加强禁吸戒毒工作，共收戒吸毒人员677人、安置戒毒康复人员1521人；创建、巩固“无毒县”5个、“无毒乡（镇）”73个，配齐社区戒毒专干110名，招录辅警80名；深化物流寄递业实名制管理，依法打击假借物流、寄递渠道寄递毒品、反宣品、枪支弹药等禁寄物品的违法犯罪活动；加大跨区域打击贩毒力度，与四川省攀枝花市、凉山州进一步建立禁毒执法协作机制，与昆明、玉溪、大理、德宏、临沧、保山等州（市）进行禁毒执法交流，联手打击跨省、跨州市毒品犯罪活动。全州公安机关坚持网上网下相结合，严厉打击网络违法犯罪活动。建立网安警务工作室2个，处理网上报警65起；查处违规经营网吧210家；累计完成ICP备案320家，联网使用单位备案5060家；侦办各类网络违法犯罪案件15起，查处39人。

【社会治安管理】 2014年，楚雄州公安机关以开展“缉枪治爆”、“打击黄赌毒”和涉恐涉爆涉毒重点人员排查整治3个专项行动为抓手，认真开展打击“食品犯罪保卫餐桌安全”、“护校安园”等18个专项整治，取得明显成效。年内，共受理治安案件1.25万起，查处1.19万起，查处违法人员7665名；收缴了一批枪支弹药、爆炸物品和管制刀具；查处涉黄案件232件，处罚307人，查处涉赌案件670件，处罚1064人，收缴赌资117.7万余元、电子游戏机989台。积极开展民间纠纷排查调处，共排查8102起，化解7826起；受理审核爆破作业人员许可291人、爆破作业单位许可6家。

【人口管理】 2014年，楚雄州公安机关着力加强实有人口清理核查，强化流动人口管理。全州治安管理部门清理重复户口921个、应销未销户口2940个，16周岁以上无照片人员2509人，纠正户口登记差错项目2507个，核查“同证不同人”信息6587人、“双重虚假户口”信息3885人；换发指纹居民身份证15.37万份；通过“E网办证厅”受理预约户籍业务10449件；办理“农转城”手续9.83万人。建立流动人口管理协调领导小组120个612人，下设办公室120个、流动人口服务站139个，招聘录用流动人口专职协管员233名，登记出租房屋2086户、流动人口2.26万人，办理“居住证”6.83万证；清理登记出租房屋1.77万家，登记管理流动人口7.56万人，清查出“三无”人员247人，流动人口“居住证”办证率98.9%。年末，全州总人口263.63万人，增长3.14‰；总户数93.92万户，增长4.10%。

【出入境管理】 2014年，楚雄州出入境证件申请办理推出网上预约便民利民服务措施。全年共受理审批公民出国（境）申请2.24万人。其中，出国护照1.16万人次，去港澳台1.05万人，办理台湾居民往来大陆签注13人、台湾居民居留签注12人，签发外国人居留许可98人、外国人签证186人，服务管理境内常住外国人和台湾居民119人。

【社会治安防控体系建设】 2014年，楚雄州按照“政府牵头，公安指导，社会参与，市场运作”的原则，进一步深化治安防控体系“六张网”建设。州人民政府出台《楚雄州社会治安视频监控系统建设应用实施意见》，将视频监控系统建设纳入全州经济社会发展总体规划，决定到2016年底全州扩建公共区域视频监控高清摄像头5000个，并把系统建设费、网络传输费、更新维护费等列入同级财政预算给予优先保障。同时，推行合作、租赁等市场化、社会化运作模式，积极引导以公司为主体、市场化运作的联网报警系统建设，推动全州视频监控系统的建设步伐。楚雄市公安局创新警务模式，实施主动警务战略成效初显，各县（市）公安局加快推进民间安防、联网报警建设，社会面治安防控能力不断提高。全年全州完成联网报警建设2937户，建设城市治安视频监控2359个，督促、指导金融部门、重点单位、居民小区建设视频监控5200个；建有警务亭12个、街面社区警务室42个，新建成“警银亭”4个、内部单位保卫机构617个、群防群治组织1119个10784人。加强对重点人员的动态管控，防止其在重点时期、敏感时段制造事端。

【公安信息化建设】　2014年，楚雄州公安机关信息化建设投入7851万元，完成110接处警系统维护保养、DNA数据库应用系统建设、社会治安视频监控共享平台建设、视频抓拍机动车辆卡口系统建设、城市视频监控系统建设、公安350兆数字集群（PDT）通信系统建设、看守所监控联网建设、公安监督管理信息平台建设等28个建设项目，350兆警用数字集群通信系统建设、视频联网整合工作处在全省前列。全州新建视频抓拍机动车辆监控卡口65个，摄像头总数达到224个，高清视频监控摄像机点1764个；应用"大情报"平台使警务实战能力进一步提升，通过签收的积分预警信息协破了一批案件，抓获各类网上在逃人员617名，全州公安机关运用信息化手段破获案件数占破案总数的70%以上。

【执法规范化建设】　2014年，楚雄州公安局以提升执法质量为核心，坚持案件五级审核把关制度，实行局领导点评案件制，案件质量红、橙、黄"三色预警"制，执法责任和办案质量终身负责制，落实"一案一审一评"。共开展执法质量考评118次，局领导点评案件22次，执法培训32期6300余人次；审核各类案件7458件；以开展规范使用办案区"四个一律"专项检查和执法检查"回头看"活动为契机，对全州12个办案中心进行提升建设，规范改造办案区111个，完成率100%。组织全州408名民警参加执法资格考试。年末，全州共有2389人取得基本级执法资格、1828人取得中级执法资格、17人取得高级执法资格。

【实战培训】　2014年，楚雄州公安局着力强化民警实战培训，组织全州公安民警开展了依法使用武器警械大轮训、民警随岗训练及日常练兵活动。共举办各类脱产业务培训班92期，培训民警8280人次，投入培训经费334.60万余元；组织视频培训、以会代训70余场次，培训民警1.2万余人次；组织各项调训任务49期326人次；组织武器警械专项训练39期，训练民警2303人次，培训警务技能教官226人。

［和丽香］

检　察

【检察工作概况】　2014年，楚雄州检察机关践行"强化法律监督，维护公平正义"的检察工作主题，各项检察工作取得新进展。司法警察在全省检察机关司法警察大练兵业务技能竞赛比武活动中荣获团体第一名。州检察院档案室荣获"楚雄州党政机关社会团体档案工作规范化管理示范单位"；全州检察机关连续第四次荣获"文明行业"称号。年内，全州检察系统共有5个集体和19名个人获省级以上表彰、21个集体和64名个人获州级表彰。2名侦查监督干警参加全省首届检察机关侦查监督部门释法说理竞赛，1名选手荣获"全省释法说理竞赛十佳选手"，1名选手获"全省释法说理竞赛优秀选手"；7名司法警察参加2014年云南省检察机关司法警察大练兵业务技能竞赛比武，参赛队员全程参加了所有比武竞赛项目的角逐，并夺得全省团体第一名，6人荣获"个人全能奖"和多个团体及单项成绩。

【反贪污贿赂】　2014年，楚雄州检察机关共立案侦查贪污贿赂等职务犯罪案件104件114人，其中大案98件108人、要案8件8人，大要案占立案数的100%。所立案件中，贿赂案90件92人（受贿58件60人、行贿28件29人、单位行贿3件4人、介绍贿赂1件1人），挪用公款案5件6人。涉案金额2921.2万元。其中，不满5万元案件4件4人，5～10万元38件41人，10～50万元50件55人，50～100万元7件8人，100万元以上5件6人。共侦查终结经济犯罪案件101件111人，侦结率97.1%，移送审查起诉率100%，提起公诉97件105人，法院审理作出有罪判决126人（含上年积存的19人），通过办案为国家挽回直接经济损失1895.54万元。

【反渎职侵权】　2014年，楚雄州检察机关共立案侦查渎职侵权犯罪案件32件35人，其中重特大案件19件21人，重特大案件占立案数的59.4%，其中重大案件7件7人、特大案件12件14人。所立案件中，玩忽职守案20件20人、滥用职权案12件15人，涉及"三农"领域渎职犯罪案件15件15人，教育培训领域渎职犯罪案件4件7人，环境保护领域渎职犯罪案件5件5人，国土资源监管领域渎职犯罪案件4件4人，其他领域案件4件4人。所立案件均于年内侦查终结，移送审查起诉29件31人，经人民法院开庭审理，对其中26件27人作出有罪判决，无无罪判决。为国家挽回经济损失456万余元。

【侦查监督】　2014年，楚雄州检察机关共受理各类批捕案件917件1419人，审结911件1401人，经审查，批准和决定逮捕719件1030人，批捕率73.52%。共对192件371人依法作出不捕决定，其中绝对不捕17件39人，存疑不捕78件165人，无社会危险性不捕87件151人，刑事和解不捕3件3人，符合监视居住条件不捕1件2人，不捕率26.48%。办理复议复核案件6件7人，均为维持。批准和决定逮捕的1030人中，存疑不诉1人，相对不诉5人。全州检察机关共办理立案监督（含监督撤案）案件245件，其中监督公安机关应当立案而不立案案件45件51人，发出《要求公安机关说明不立案理由通知书》45件，公安机关主动立案44件，发出《通知立案书》1件，通知后公安机关已立案；监督公安机关不应当立案而立案案件200件，向公安机关发出《要求公安机关说明立案理由通知书》后，侦查机关均撤销案件。监督立案案件法院作出有罪判决36人（含上年未判决案件），被判处徒刑以上刑罚26人，被判处拘役、单处罚金及免于刑事处罚10人。全州侦监部门共办理建议行政机关移送涉嫌刑事犯罪案件67件，法院依法作出有罪判决34件。共向侦查机关发出《纠正违法通知书》114件次，纠正漏捕后起诉60人，判决48人（含上年未起诉、判决案件)；发出检察建议1件，办理批准延长侦查羁押期限12人；发出羁押必要性审查建议2件4人，侦查部门采纳2件4人。

【检察公诉】 2014年，楚雄州检察机关共受理侦查机关移送审查起诉各类刑事案件1775件2666人。审查后提起公诉1547件2331人，决定不起诉208人，附条件不起诉41人，附条件不起诉考验期满后不起诉23人。州检察院公诉处检察员出庭参与被告人上诉二审开庭案件12件，所起诉的公诉案件人民法院全部作出有罪判决。全年共纠正漏罪37件，纠正漏犯196人；提出书面纠正侦查活动违法意见并已纠正157件；出席庭前会议32次，证人出庭作证案件1件，鉴定人出庭案件1件，刑事和解案件8件9人；向人民法院发出纠正违法建议58件，均得到回复；向人民法院提出量刑建议案件共2231人；向人民法院提出刑事抗诉案件16件（二审抗诉13件、审监抗诉3件)，法院审结16件，改判12件，抗诉意见采纳率75%。全州检察机关共受理未成年人刑事案件126件283人，提起公诉96件203人，不起诉14人，附条件不起诉41人，开展社会调查257人次。

【监所检察】 2014年，楚雄州检察机关共检察收押（监）2731人、出监（所）2224人，检察发现不符合收押10人，已提出书面纠正违法意见予以纠正。全年共检察发现监管活动违法情况98件，提出书面纠正违法98件。其中违法收押3件、混管混押77件、其他违法情况18件，监管部门整改纠正98件。全州各派驻看守所检察室全年共开展安全检察216次，与监管部门联系工作并召开联席会议627次。认真开展减刑、假释、暂予监外执行专项检察，对涉及“三类案件”罪犯（职务犯罪、破坏金融秩序类犯罪和金融诈骗犯罪、涉及黑社会性质的犯罪）74人进行全面清理，造册登记，逐人建档，逐案审查。通过检察监督，共发现监外执行不当和违法情况138件，提出纠正意见138件，纠正138件。全年共检察监外执行罪犯1853人，其中缓刑1590人、假释107人、剥夺政治权利79人、管制4人，暂予监外执行73人。州人民检察院驻楚雄监狱检察室共检察云南省楚雄监狱收押罪犯1173人，检察刑满释放、假释释放、保外就医、调动出监等罪犯731人，均按规定严格执行。对8件8人人民法院生效的法律文书记载刑期时间、罪名等有误，发出《纠正违法通知书》予以纠正；1件1人入监服刑但党籍未及时予以开除的，发出《检察建议书》建议予以党籍开除。对楚雄监狱刑罚执行部门拟提请监狱减刑假释评审委员会评审的1279件1279人有期徒刑罪犯的减刑、74件74人有期徒刑罪犯的假释、拟提请云南省高级人民法院裁定予以减刑的41件41人无期徒刑罪犯的减刑、拟报请省监狱管理局批准同意暂予监外执行（保外就医）的31件31人的材料进行检察。列席监狱减刑、假释和罪犯保外就医评审委员会，对1277件1277人有期徒刑罪犯的减刑、41件41人无期徒刑罪犯的减刑、75件75人有期徒刑罪犯的假释、31件31人的保外就医进行逐人逐案审查、办理并录入案卡。对人民法院裁定通过的1272件1272人罪犯的减刑《刑事裁定书》、46件46人罪犯的假释《刑事裁定书》进行审查并录入案卡。将人民法院裁定准予假释的46名罪犯、省监狱管理局批准同意首次保外就医的5名罪犯的法律文书在7日内复印邮寄当地检察机关监所检察部门，监督社区矫正机构对监外执行罪犯实施有力监管。全年发出《纠正违法通知书》29份，发出《减刑建议检察监督意见书》16份，发出《假释建议检察监督意见书》23份，对1件1人已符合减刑条件的罪犯建议提请予以减刑。

【控告申诉检察】 2014年全州检察机关共受理各类来信来访572件，其中，来信113件，来访364件，电话5件，网络4件。根据信访类别分类，举报79件，控告申诉463件。民事监督案件168件，刑事申诉149件。共受理刑事申诉案件111件，其中，不服法院生效判决68件，不服检察机关处理决定43件。经过复查，改变原决定11件，建议法院再审4件，维持原决定32件，不予抗诉64件。检察长或副检察长共接待来访群众269人次，批办信访案件140件。全州控申部门共下访巡访164人次。全年共办理司法救助案件86件，同意救助73件，拨付金额18万元。

【民事行政检察】 2014年，楚雄州检察机关共办理各类民事行政监督案件914件；其中对诉讼结果监督案件52件，经审查，提请省人民检察院抗诉3件，向人民法院提出再审检察建议19件，法院采纳9件。办理执行监督案件386件，办理对审判程序中的违法行为监督案件243件，发出的检察建议均获采纳；办理行政执法监督案件133件。其中办理督促履行职责案件133件，对行政机关违法行为监督案件83件，发出的检察建议均被相关部门采纳；办理支持起诉86件，办理和解息诉32件。

【职务犯罪预防】 2014年，全州两级检察机关开展预防职务犯罪调查并形成调查报告63次，进行职务犯罪案例剖析72件，向有关单位提出书面预防职务犯罪检察建议74件，预防建议被有关单位采纳74件；开展职务犯罪警示宣传教育965场次，受教育人数达3.79亿余人，受理行贿犯罪档案查询2152次，被查询单位2.81万个，被查询个人5.34万人，对有行贿犯罪记录的单位或个人作出处置92次。

【人民监督员监督】 2014年，楚雄州检察机关规范有序做好“七类案件或事项”案件监督工作，人民监督员共监督评议职务犯罪案件6件6人，其中，拟不起诉5件5人，不服不立案决定1件1人，6件监督评议案件人民监督员均同意拟处理意见。人民监督员共参与办案活动40件次、观摩评议案件庭审活动50件次，其中首次邀请人民监督员、特约检察员及部分民主党派人士观摩减刑、假释案件庭审，楚雄州中级人民法院对16名罪犯（含4名职务犯罪罪犯）的减刑、假释案件庭审中的检察人员出庭监督活动进行监督评议。组织特约检察员参与观摩重大刑事案件庭审、参与办案、接待来访、案件质量评查、回访案件当事人、视察办案工作区等75件次。深化检务公开，坚持和完善检察开放日、检察长接待日、案件公开审查等制度，保障人民群众对检察机关执法活动的知情权、参与权和监督权。

【案件管理】 2014年，楚雄州检察机关案件管理办公室共受理各类案件3521件，其中公安机关移送2181件，审判机关移送53件。共接收卷宗6585册，通过口头提示和发送流程监控通知书两种方式对案件办理流程进行监督，共进行口头提示违法办案情形160件，已纠正78件；发送流程监控通知书15份，已纠正并书面回复9件。对每一件案件都能做到随时监控、及时预警，防止案件超期羁押或超期办案，实现“零超期”办案。评查案件407件，并将评查结果及时反馈到案件承办部门，对存在问题提出合理化的意见和建议。共受理律师和当事人案件信息查询72次，侦查期间申请会见12次；要求或申请阅卷219次，安排阅卷219次；申请调取证据材料3次；申请变更或解除强制措施8人，要求听取意见9次。全州案管办共办理涉案款入库791.98万元，涉案物入库744件；涉案款出库373.46万元，涉案物出库520件。与纪检部门共同完成涉案款物专项检查，实现全年已办理涉案款物工作“零投诉”、“零违纪”目标。

【检察技术】 2014年，楚雄州检察机关技术部门完成了全州检察机关统一业务应用系统的部署安装和运行维护保障；配合相关部门完成了州人民检察院办案工作区和楚雄州、武定县看守所远程提讯系统建设工作、全州检察网络升速扩容工作和全省检察专线网高清视频会议系统工程试点调测工作；负责州检察院新建办公大楼的弱电系统、中心机房、视频会议等建设工作；完成全州检察机关视频会议38场次会议的保障服务；做好检察网络的日常维护、安装及维修处理终端设备、检察网络系统补丁、病毒库更新，确保网络系统的正常运行，全年无责任及安全事故。全州检察技术部门共办理各类检案593件。其中，全州技术部门办理392件、参加省人民检察院技术处办案201件，州、县两级检察院完成技术性证据审查11件、同步录音录像319件、技术协助1件，新技术手段支持办案61件。参加省人民检察院技术处办理重大疑难检验鉴定7件、办理全省检察机关保外就医专项检查技术性证据审查194件。

【司法警察工作】 2014年，楚雄州检察机关司法警察总计出警1.27万人次。其中，执行传唤、拘传出警144人次；参与搜查出警14人次；协助执行监视居住、拘留、逮捕等强制措施出警1533人次；提押犯罪嫌疑人、被告人和罪犯出警338人次；送达法律文书出警1220人次；看管犯罪嫌疑人、被告人出警1884人次，看管犯罪嫌疑人、被告人350人；协助维护接待群众来访场所秩序和安全出警283人次，参与处置突发事件出警54次；协助追捕犯罪嫌疑人出警15人次，抓获犯罪嫌疑人3人；保护出席法庭检察人员安全出警169人次；履行法律规定的其他职责出警2317人次，完成检察长交办的其他任务出警3606人次。全年未出现办案安全事故和违法违纪现象，保障了执法办案安全。

［董 文］

审 判

【审判工作概况】 2014年，楚雄州法院系统以提升队伍素质为根本，坚持人才强院方针，扎实开展“素质提升年”活动，强化大局意识、公正意识、效率意识和服务意识，全面推动法院领导班子建设和队伍建设。全面落实党风廉政建设主体责任，将党建工作与开展“学党章、学准则、学条例”、法院系统“司法廉洁”专项教育活动有机结合，扎实开展司法廉洁教育和“良知、道德、公正、廉洁”专项教育活动，预防和惩处司法腐败，筑牢公平正义防线。围绕司法能力建设，以司法为民为主线，以司法公开为重点，以裁判文书在互联网上公开为突破口，搞好审判流程公开、裁判文书公开、执行信息公开“三大平台”建设，大力推进“阳光司法”工程，全年开展阳光司法庭审221场次，参加评议人数达618人。邀请人大代表、政协委员295人次旁听37件案件的庭审，邀请参加“法院开放日”体验活动视察调研40人次，听取意见244人次，走访、召开座谈会19次。以提高司法公信力为目标，围绕执法办案中心，紧紧把握司法为民、公正司法主线，依法惩治刑事犯罪，以化解社会矛盾为重点，依法化解行政争议，健全破解执行难的长效机制，加强立案、信访、减刑假释工作，依法及时将大量社会矛盾纠纷纳入司法解决渠道，做到从速立案、从速审理、从速裁判、从速执行。积极推进执行信息系统与社会征信体系对接，严格贯彻执行权与委托评估、委托拍卖分离制度，认真推进司法拍卖改革工作，探索减刑假释与财产刑执行和附带民事赔偿责任履行关联机制。以提高审判质效为中心，建立健全规章制度，大力推行案件会商制度，妥善办理疑难复杂案件，健全案件质量评查制度，规范案件请示报告制度，建立审判执行运行态势分析制度，完善审判质效评价方法。以深化改革管理为动力，把专业教育、重点培训、岗位练兵、办案竞赛相结合，积极推行精细化管理，注重提高执法水平和效率。以整治“六难三案”为重点，推进涉诉信访机制改革，修改完善《院长接待日制度》，强化运用法律手段解决涉诉信访问题。注重与人大代表、政协委员的日常沟通联络，完成人民陪审员“倍增计划”，全州人民陪审员人数达到710名。全年，全州法院受理案件17452件，审结、执结16014件，比上年分别增长9.94%和6.6%，州中级人民法院受理案件3088件，审结、执结2809件，分别上升6.64%和3.77%。全州法院系统共受理诉讼案11246件，其中一审10167件、二审1056件、审判监督再审23件，均实现了案件的全程跟踪管理。全年共审结诉讼案10522件，其中一审9541件、二审959件、审判监督再审22件；依法接受检察机关法律监督，共审结检察机关提起的抗诉案件13件（包括再审抗诉），其中维持8件、改判4件、发回重审1件。涌现出了“云南十大法治新闻人物”大姚石羊中心法庭庭长姜光文，“全国法院人民法庭先进个人”楚雄洒鸡口中心法庭庭长赵建新，爱岗敬业的办案能手倪志敏等一大批先进典型。年内，全州共有2人受最高法院表彰，受省委、省人民政府表彰3人，受州委、州人民政府表彰6人，36名干警受到记功和嘉奖。

【刑事审判】 2014年，楚雄州法院系统受理一审刑事案件1432件，其中旧存69件、当年收案1363件，审结1348件，结案率94.13%。新收案件中，公诉收案1296件，自诉收案63件，检察机关重新起诉和上级人民法院发回重审4件。从涉案性质看，放火案11件，以危险方法危害公共安全案2件，失火案55件，非法制造、买卖、运输、邮寄、储存枪支、弹药、爆炸物案27件，非法持有、私藏枪支、弹药案79件，交通肇事案140件，重大责任事故案1件，危险物品肇事案1件，盗窃、抢夺枪支、弹药、爆炸物、危险物质案1件，抢劫枪支、弹药、爆炸物、危险物质案1件，虚报注册资本案1件，虚报出资、抽逃出资案1件，国有公司、企业、事业单位人员滥用职权案1件，出售、购买、运输假币案1件，非国家工作人员受贿案1件，信用卡诈骗案6件，合同诈骗案10件，非法经营案6件，故意杀人案16件，过失致人死亡案2件，故意伤害案229件，强奸案23件，强制猥亵、侮辱妇女案3件，猥亵儿童案2件，非法拘禁案7件，绑架案2件，侮辱案3件，抢劫案47件，盗窃案236件，诈骗案24件，抢夺案9件，职务侵占案1件，挪用资金案2件，敲诈勒索案5件，故意毁坏财物案9件，破坏生产经营案3件，妨害公务案10件，伪造、变造、买卖国家机关公文、证件、印章案1件，聚众扰乱社会秩序案1件，组织利用邪教组织、利用迷信破坏法律实施案4件，聚众斗殴案2件，寻衅滋事案32件，赌博案3件，编造、开设赌场案1件，窝藏、包庇案2件，窝藏、转移、收购、销售赃物案8件，拒不执行判决、裁定案1件，掩饰、隐瞒犯罪所得、犯罪所得收益案10件，非法猎捕、杀害珍贵、濒危野生动物案1件，非法收购、运输、出售珍贵、濒危野生动物，珍贵、濒危野生动物制品案1件，盗伐林木案52件，滥伐林木案42件，非法占用农用地案36件，走私、贩卖、运输、制造毒品案50件，非法持有毒品案2件，非法种植毒品原植物案1件，容留他人吸毒案1件，强迫卖淫案1件，引诱、容留、介绍卖淫案4件，贪污案8件，挪用公款案4件，受贿案44件，单位受贿案1件，行贿案26件，滥用职权案8件，玩忽职守案19件。对单位行贿案1件，介绍贿赂1件，单位行贿案2件，非法采矿案3件，非法收购、运输、加工、出售国家重点保护植物制品案1件。全年审结一审刑事案1348件，结案率94.13%，其中，判决1302件，调解22件，检察机关撤诉2件，自诉人撤诉16件，驳回自诉5件，终止1件。已结案中，适用普通程序审理的932件，适用简易程序审理的416件。楚雄州中级人民法院受理二审刑事案件147件，其中旧存7件，当年收案140件（上诉案130件，抗诉案10件）。至12月20日，二审刑事案已审结131件，结案率89.12%。已结案件中，维持90件，占68.7%；改判27件，占20.61%；发回重审3件，因事实不清或证据不足发回重审2件，因违反诉讼程序或其他原因而发回重审1件，占2.3%；调解3件，占2.3%；撤诉4件，占3.05%；其他处理4件，占3.05%。全州人民法院依审判监督程序立案受理刑事再审案6件，其中旧存2件、当年收案4件，审结6件，结案率100%；受理刑事再审案件6件，审结6件，结案率100%。已结案件中，维持2件，占33.33%；改判3件，占50%；发回重审1件，占16.67%。再审新收案件中，本院发现决定再审的1件。年内，发生法律效力的刑事案865件1269人，其中，给予刑事处分1191人，免予刑事处分74人，因证据不足或其他原因宣告无罪4人。在给予刑事处分人员中，处无期徒刑以上并剥夺政治权利的10人，处15～20年以下有期徒刑的6人，处10年以上不满15年有期徒刑的29人，处7年以上不满10年有期徒刑的18人，处5年以上不满7年有期徒刑的35人，处3年以上不满5年有期徒刑的66人，处3年以下有期徒刑的270人，处拘役的30人，处有期徒刑、拘役宣告缓刑的585人，管制1人，单处罚金140人，单处剥夺政治权利1人。此外，处有期徒刑并处罚金的478人，处有期徒刑并处没收财产的10人。从身份上看，在业工人12人，下岗工人4人，民工41人，其他（农民）970人，国家机关工作人员18人，国有公司或企业人员6人，国家事业单位工作人员13人，国家其他工作人员2人，学生24人，职员3人，离退休人员3人，个体劳动者或私营企业业主39人，无业人员104人，其他25人。年内，楚雄州中级人民法院受理办结减刑假释案件1339件，比上年上升8.28%。

【民商事审判】 2014年，楚雄州法院系统受理一审民商事案件8640件，其中旧存500件，当年收案8140件。当年收案中，婚姻家庭继承案3184件，合同案2923件，权属、侵权及其他民事案2400件。年内审结8099件，结案率93.74%。其中，婚姻家庭、继承纠纷案件3189件，合同纠纷案件2689件，权属、侵权纠纷及其他民事案件2221件。与上年相比，新收案件增加443件，上升5.76%；结案增加559件，上升7.41%。受理民商事二审案件873件，审结792件，结案率90.72%。其中，婚姻家庭、继承纠纷案件88件，合同纠纷案件358件，权属、侵权纠纷及其他民事案件346件。与上年相比，新收案件增加96件，上升12.96%；结案增加54件，上升7.32%。全年审结一审民商事案件中，调解3209件，判决3234件，裁定驳回起诉78件，裁定撤诉1328件，裁定其他处理284件，移送30件，终结8件；案件诉讼标的总金额 10.32 亿元。从审理情况看，适用普通程序的 1621 件，其中批准延长审限的 51 件、适用简易程序的 6405 件、适用特别程序的 73 件；从案件性质看，离婚案 2595 件，调解离婚 1050 件，调解不离婚 305 件，判决离婚 379 件，判决不离婚 354 件。审结的二审民商事案件中，判决维持原判 328 件，占 41.41%；判决改判 114 件，占 14.4%；裁定发回重审 55 件，占 6.94%；裁定撤诉 127 件，占 16.04%；驳回 35 件，占 4.42%；其他处理 28 件，占 3.54%；调解 105 件，占 13.26%。年内，全州人民法院依审判监督程序立案受理民商事再审案 17 件，其中旧存 2 件，审结 16 件，结案率 94.12%。其中，判决维持原判 1 件，占 6.25%；改判 9 件，占 56.25%；发回重审 1 件，占 6.25%；调解 5 件，占 31.25%。

【行政审判和国家赔偿】　2014 年，楚雄州法院系统受理一审行政诉讼案 95 件，审结 94 件，结案率 98.95%，分别比上年增长 10.53% 和 42.42%。其中旧存 11 件，当年收案 84 件。当年收案中，公安行政案件 5 件，工商行政案 1 件，资源行政案 41 件，城市建设行政案 1 件，其他行政案 36 件。从结案情况看，判决维持行政决定 3 件，占 3.19%；判决全部撤销行政决定 23 件，占 24.46%；裁定驳回起诉 4 件，占 4.26%；原告主动撤诉 17 件，占 18.09%；驳回诉讼请求 12 件，占 12.77%；其他处理 35 件，占 37.23%。州中级人民法院受理二审行政案 36 件，审结 36 件，结案率 100%。其中，判决维持原判 13 件，占 36.11%；裁定驳回起诉 11 件，占 30.56%；其他处理 12 件，占 33.33%。受理并审结国家赔偿案件 2 件。

【案件执行】　2014 年，楚雄州法院系统受理执行案 4767 件，其中包括旧存 328 件，执结 4054 件，执结率 85.04%。当年收案中，申请执行案 4115 件，移交执行案 287 件，受委托执行案 37 件，当年收案的申请执行标的金额 5.89 亿元；从类别上看，民商事执行案 3942 件，行政执行案 5 件，刑事罚金执行案 100 件，刑事附带民事执行案 256 件，行政非诉讼执行案 30 件，其他执行案件 106 件。全年处理执行案 4054 件，其中自行履行 2341 件、和解 276 件、终结 367 件、强制执行 426 件、其他处理 644 件，执行标的金额 4.87 亿元，执行率 85.04%。认真开展涉民生案件专项集中执行活动，列入省挂牌督办的 51 件旧存民生案件全部执结，另执结新收涉民生案件 74 件，共执结涉民生案件 125 件，执行到位案款 347.68 万元。与上年相比，新收案件增加 47 件，上升 27.49%；结案增加 32 件，上升 22.54%；执结率下降 8.9 个百分点。全州法院共协调公安机关对规避执行的被执行人实施布控 143 件次，对被执行人、案外人、协助执行义务人实施司法拘留 51 人次，纳入失信被执行人名单库 198 人次，限制高消费 198 人次，限制出境 1 人次，拒不执行判决裁定罪追究刑事责任 1 件 2 人，有力打击了抗拒执行、规避执行等违法犯罪行为。

民生案件执行　　(州法院提供)

【立案申诉与涉诉信访案件办理】　2014 年，楚雄州法院共受理申诉、申请再审案件 98 件，审结 97 件，分别增长 32.43% 和 29.33%。共登记来信来访 1891 件次，接待来访 4900 余人次，处理来信 580 件次，院领导接访下访 680 余次。相关部门转办涉诉信访案件 93 件，云南省高级人民法院交办和自行排查办理 28 件，网上信访 49 件，视频接访 2 件（最高法院、云南省高级法院各 1 次）。中央政法委交办的 3 件涉诉信访案件全部办结，省高级人民法院交办的 14 件和自行排查出的 5 件涉诉信访案件全部办结。全州法院信访积案由 2012 年的 50 件降至 22 件，进京访排名由全省第 5 名降至第 7 名。

【司法警察支队工作】　2014 年，楚雄州司法警察支队共完成各类案件开庭值庭 178 件次。其中，州法院刑事案件开庭值庭 116 件次，最高法院、省法院调警值庭 46 件次，民商事案件、行政案件开庭值庭 4 件次，基层法院调警 6 件次，出动警力 974 人次；押解、看管刑事被告人 273 人，出动警力 1021 人次；其他执行方式 6 场次 6 人，出动警力 62 人；全年共参与开展执行工作 120 人（件）次；维护机关安全工作，对 14380 名诉讼当事人、诉讼参与人和来访人员实施身份登记、安全检查，积极参与处置突发事件和劝返无理取闹诉讼当事人及其参与人 21 场次 400 余人。

［李永勤］

司法行政

【司法行政工作概况】 2014年，楚雄州司法系统认真履行司法行政的各项职能，以维护社会稳定、忠诚法律、服务群众，保障人民安居乐业为职责使命，全面推进依法治州进程，建设法治楚雄，州司法局被考核评定为州级“文明行业。”年内，共269名考生参加司法考试，通过30人，通过率11.2%。对通过2013年司法考试并符合条件的58名考生发放了法律职业资格证书，对符合备案规定的340名持证人员进行了备案。全州45个乡（镇），26所学校，165个单位完成了法治创建工作；武定县、元谋县被评定为全省县（市）创建活动先进县（市），永仁县永定镇太平地村委会获全国第六批“民主示范村（社区）。”年内，楚雄州8家司法鉴定机构98名司法鉴定人员共办理司法鉴定类业务4215件，其中法医类鉴定17件，车辆技术鉴定774件，文书痕迹鉴定7件，其他类鉴定48件。

【普法和依法治理】 2014年初，楚雄州调整充实州委依法治州和普法领导小组成员，由州委书记任领导小组组长，州委常委、州委政法委书记和州人大常委会副主任、州人民政府副州长、州政协副主席各1人为副组长，领导小组成员共23人，加强对依法治州和普法工作的领导。全州各级司法行政机关协同有关部门，积极开展送法律进机关、进农村、进社会、进学校、进企业、进单位“六进”活动，以领导干部、公务员、青少年、企业人员、农民为重点对象，开展不同形式的法律宣传教育。9月15～19日，组成“法律专家讲堂”宣讲人员，分别深入到大姚、永仁等5个县10所中学开展送法律进学校宣讲。与州反恐办、州公安局联合投资51万元，组织编印《楚雄州公民防范暴力恐怖袭击常识读本》15万册发放到公民手中。4月9～18日，组织云南省“以案说法·反腐倡廉”大型巡回展在楚雄展出54场，来自全州10县（市）及州级各部门、驻楚中央和省属各单位共163家单位的82名厅级领导干部、1176名处级领导干部、3351名科级领导干部和管人、财、物等重要岗位人员4609人参观了展览。11月25日，州委组织召开州委依法治州和普法领导小组暨纪念“12·4”国家宪法日座谈会，州委书记、州委依法治州和普法领导小组组长张太原出席并讲话。12月4日，州、县（市）、乡（镇）3级依法治理和普法领导小组办公室、司法局组织2300余个主管部门、执法单位开展了以“弘扬宪法精神，建设法治楚雄”、“谁主管谁普法，谁执法谁普法”为主题的大规模《宪法》知识、法治宣传和法律质询服务活动，发放《宪法》等法治宣传资料，悬挂法治宣传标语2000余条，展出法制宣传展板1000余块，解答群众咨询8000余人次；全州开展以《宪法》为主要内容的送法下乡105场次，送法进校园200场次，组织30支文艺演出队开展法治文艺演出421场次，50万人次受到教育。全州各级各部门共开展普法宣讲600余场次、法制文艺演出600余场、法律“六进”3135场，受教育121万人次；举办普法考试139场，参考人员12.06万人次；发放法治宣传书籍100万余册，解答群众咨询3000余人次。

【人民调解】 2014年，楚雄州进一步规范人民调解员管理，加强行业性、专业性人民调解工作，进一步完善人民调解、司法调解、行政调解“三调联动”机制。完成全州1264个调委会，10484名调解员的信息采集和持证上岗工作；在乡（镇）调委会开设调解微博，建立集宣传、通报、咨询、调处为一体的人民调解网上工作新平台，争取实现网上、网下调解联动互助。年内，全州共办理“司法确认”案件37件，任命人民调解员为人民陪审员70人；办理“检调对接”52件，办理警民联调案件3284件；调处交通事故纠纷3877件、医疗纠纷217件、劳动争议纠纷28件、校园纠纷26件、物业纠纷19件，其他矛盾纠纷365件；建立以“全国模范人民调解员”、“全国调解能手”等优秀调解员个人名义命名的“个人调解室”7个。全年共调解各类矛盾纠纷3.24万件，调解成功3.15万件，成功率97.2%。

【律师管理】 2014年，楚雄州加强律师管理工作，加强执业律师执业道德教育，组织律师开展社会公益法律服务活动。开展“为民生做实事”活动。9月29日，9个法律服务团律师在桃源湖广场开展法律咨询服务，共接待群众1000余人次，解答法律咨询67件，发放宣传资料1.45万份、法律服务联系卡1000余张。开展“四个在一线”活动。即服务中心在一线，全州29家律师事务所251名执业律师担任法律顾问448家；服务保障民生在一线，律师办理法律援助案件471件，参加公益事业和社会活动775人次；化解矛盾纠纷在一线，律师在非诉讼、庭前、庭审中调解成功539件；服务群众在一线，律师解答口头咨询8017人次，代写法律文书2195件。年内，共办理刑事诉讼及代理1062件；办理民事诉讼代理2299件；办理行政诉讼代理41件，办理非诉讼业务256件，咨询和代书1.06万件。

【公证工作】 2014年，楚雄州司法局对全州10个公证处执业活动、公证质量监控、组织建设、档案管理、公证收费和财务管理、内容管理等进行了考核，10个公证处和24名公证员通过考核均被评定为合格。完成公证机构规范化建设试点工作。确定州佳汇公证处，大姚县公证处为试点单位，按要求完成了标准化公证处建设，并顺利通过云南省司法厅的考核验收。认真开展“公证公信办”建设活动。全州共办理各类公证3743件，其中国内公证类3239件，涉外公证481件，涉台、涉港23件；办理公益性服务4473件；提出司法建议566件，被采纳566件；接待来访7581人次。

【法律援助】 2014年，楚雄州健全完善工作制度，推进法律援助服务标准化，规范化建设。制定《楚雄州法律援助工作目标责任制考核实施办法》等10项制度和办法，严格执行法律援助“十不准”工作纪律；加大法律援助宣传力度。在全州中小学、乡（镇）、社区宣传《法律援助条例》，共开展法律援助宣传103场次，发放宣传资料、读本、画册18万余份。扩大法律援助范围，加大法律援助办案经费保障力度，调高办案补贴标准。在原来的基础上，将因签订合同、履行变更、调解和终止劳动合同导致合法权益受到侵害主张利益等18种利益被侵害的情况列入法律援助范围。年内，全州各级财政下拨法律援助经费161万元，法律援助案件办案补贴标准由原来的刑事案件400元每件，提高到600元每件；民事行政案件由原来的500元每件，提高到700元每件。全年全州11个公证处共办理法律援助案件4014件，其中，刑事法律援助792件，民事、行政法律援助3222件；为当事人挽回经济损失案件4506件，提供法律咨询2.1万人次。

【社区矫正】 2014年，楚雄州不断健全完善社区矫正制度，进一步规范社区服刑人员的交接手续、监督管理、收监执行、解除矫正等执法环节，统一执法标准，探索建立监狱与社区矫正无缝对接新机制，建立检察机关与司法行政机关联合执法检查机制；推进社区矫正专门执法机构“队建制”建设，州级建立社区矫正执法支队，10县（市）建立执法大队，乡（镇）建立执法中队，同时鼓励和支持社会工作者、志愿者参与社区矫正工作。年末，全州共配置社区矫正辅导员91名、社会工作者555人、社会志愿者1639人参与社区矫正工作，在楚雄市和南华、姚安、大姚、永仁、元谋、武定、禄丰等县建设完成4个社区矫正综合场所和4个心理矫正室。2～11月，组织开展了“两联三帮一确保”活动，州、县（市）、乡（镇）3级领导共联系567名矫正对象开展教育帮扶工作。至2014年9月，全州10县（市）累计接收社区服刑人员5055人，累计解除3364人，在册1691人。

［吴光能］

公安交通管理

【公安交通管理概况】 2014年，楚雄州公安交警部门围绕州委、州人民政府和上级公安机关的工作部署，以“忠诚、为民、公正、廉洁”的人民警察核心价值观为主线，以“防事故，强管理，除隐患，保安全，保畅通”为中心，以“事故少、秩序好、人民群众满意”为目标，全面加强道路交通安全管理和公安交警队伍建设。通过年终综合考评，大姚县人民政府获得道路交通安全目标管理一等奖；姚安县、双柏县人民政府获得二等奖；元谋县、牟定县、武定县、楚雄市、禄丰县人民政府获得三等奖；永仁县为合格单位；南华县人民政府考评得分在70分以下，且年内发生2起一次死亡3人（含）以上5人（不含）以下较大道路交通事故，列为不合格单位，责成南华县人民政府向州人民政府写出书面检查。楚雄市公安局树苴派出所、禄丰县公安局川街派出所、武定县公安局发窝派出所、元谋县公安局老城派出所、永仁县公安局中和派出所、大姚县公安局三台派出所、姚安县公安局前场派出所、南华县公安局沙桥派出所、牟定县公安局新桥派出所、双柏县公安局新街派出所被州公安局授予道路交通管理先进派出所。交警支队机关民警刘劲辉被省公安厅交警总队授予2014年春运交通安全管理工作先进个人，楚大高速公路交巡警大队被省公安厅交警总队授予2014年春运交通安全管理工作先进集体，交警支队机关在2014年道路交通安全目标管理和综合绩效考核中，受到省公安厅通报表扬并获得州公安局优胜奖，被州总工会授予“先进职工之家”。

【道路交通事故预防】 2014年初，楚雄州人民政府先后召开全州道路交通安全工作电视电话会议和全州煤矿安全生产、煤炭产业转型发展及道路交通安全工作会议，安排部署全州道路交通安全工作；下发《楚雄州2014年道路交通安全目标管理考核奖惩办法》等文件通知，并与10县（市）人民政府签订2014年道路交通安全目标管理责任状。州预防道路交通事故领导小组先后组织召开5次联席会议和专题会议，研究部署道路交通管理工作，3次派出督查组深入各县（市）开展督导检查，确保道路交通安全责任和工作措施落实。年内，全州共发生统计内道路交通事故186起，造成93人死亡、250人受伤，直接财产损失198.79万元。与上年相比，事故次数减少57起，下降23.46%；死亡人数持平；受伤人数减少121人，下降32.61%；直接财产损失增加57.37万元，上升40.57%。全州道路交通万车死亡率为1.65，生产经营性道路交通事故死亡人数和万车死亡率均未突破州人民政府下达的控制指标，未发生一次死亡5人以上较大交通事故，全州道路交通安全形势总体平稳。

【“两个防控体系”建设】 2014年，楚雄州继续深化高速高等级公路交通安全防控体系和农村道路交通安全防控体系建设。在全州主干公路设立28个交通安全执法服务站；争取资金在楚大、永武高速公路和元双、南永二级公路急弯、陡坡、隧道，以及结冰、多雾等事故多发路段，设置定点测速、区间测速、视频监控卡口，并将公安出入城卡口及各大队自建卡口接入缉查布控系统；开展农村交通安全“五个一”建设，即一个乡（镇）建立1个交通安全管理工作站，一个村委会（社区）建立1个交通安全管理服务点，一个村民（居民）小组设1名交通安全管理联络员，一个农村公安派出所内设1个交警中队，一名公职人员挂钩联系1个村民小组，全州共有99个山区乡（镇）派出所内设了交警中队；协调安监、交通、公路经营管理等部门，对辖区道路交通安全隐患点段进行全面排查整治，共排查上报道路交通安全隐患点段105个，其中州人民政府挂牌督办点段7个、县（市）人民政府挂牌督办点段50个。年内，已整治39个，投入整治经费639.52万元；排查上报隧道安全隐患16个，已得到有效整治9个，共投入整治经费24.9万元。

【交通违法集中整治】 2014年，楚雄州公安交警部门先后组织开展了以预防重特大道路交通事故为重点的酒后驾驶、面包车交通违法、高速高等级公路交通秩序、农村道路交通违法、道路旅客运输、危险化学品运输等20个专项整治行动，共出动警力10.2万人次，出动警车7.34万辆次，查验车辆71.47万辆次，纠正各类交通违法26.78万起。其中，拘留29人，扣留驾驶证1.16万本，吊销驾驶证101本，违法记分8.66万人次。

【机动车及驾驶人管理】 2014年，楚雄州公安交警部门认真贯彻落实公安部123、124号令，强化措施，落实责任，全面加强机动车及驾驶人源头管理，筑牢道路交通事故的第一道防线。州、县（市）两级车辆管理所严格执行《机动车登记规定》、《机动车驾驶证申领使用规定》和《机动车驾驶人考试工作纪律》等有关规定，严把机动车注册登记、检验和机动车驾驶人考试、发证、审验关。全州共办理新车注册登记6.15万辆，转移登记1.4万辆，变更登记8.37万辆，抵押登记2493辆，注销登记6.61万辆，核发检验合格标志24.94万份，核发申领驾驶证5.8万本、增驾驾驶证2.03万本，转入驾驶证3185本，转出驾驶证1091本，补换驾驶证7.12万本，核换军警驾驶证152本，注销登记驾驶证610本，更正机动车及驾驶人档案122份。年末，全州机动车和驾驶人保有量分别为53.41万辆、54.5万人。

【交通安全宣传教育】 2014年，楚雄州公安交警部门以“文明交通行动计划”为契机，多措并举，广泛开展交通安全宣传教育活动。精心策划并组织开展了5月交通安全宣传月、“警营开放日，走进车管所”、学雷锋志愿者文明交通劝导服务、“12·2”全国交通安全日等系列主题宣传活动；与州内主流媒体建立道路交通安全宣传协作联办制度，利用广播、电视、报刊、微博、微信、QQ群、手机报等媒体，刊播交通安全信息，曝光交通违法行为、全方位、多渠道广泛开展交通安全宣传；组织民警深入企事业单位、部队、中小学校，开展交通安全宣传教育、知识讲座活动，普及道路交通法律法规及安全常识；以楚雄州交通安全警示教育中心为平台，对初学驾驶人员和客货运驾驶人等重点群体，分期分批开展警示教育，大力倡导文明交通，努力营造人人参与交通安全的良好氛围；积极推进农村地区交通安全广播站（室）建设，全州已有616个乡（镇）及村委会挂牌设立农村地区交通安全广播站（室）。全年全州共出动宣传车4000余辆次，交通安全宣传进学校797个，进村（社）264个，进单位、企业426个，播放警示教育片2740余次，发放宣传材料50余万份，在省级以上新闻媒体刊播宣传稿件4723篇（条），受教育群众达60余万人次。

交通安全宣传进校园 （马兴华/摄影）

【科技信息化建设】 2014年，楚雄州公安局交警支队按照科技强警的发展思路，加大资金投入力度，深入推进科技信息化建设。年内，完成了永武高速公路交巡警大队指挥调度系统建设，完成了全州12个交警大队50台在用测速设备的标定工作，完成了警务通操作培训和软硬件配置，完成了机动车驾驶人考试监管系统和车管所小车考场、大中型客货车考场设备选型、安装、调试，完成了楚大、永武高速公路和元双公路6套区间测速和高清视频监控设备报批和安装，积极推进机动车缉查布控系统的前端设备接入工作。同时，认真做好全州公安交警部门在用业务系统的检查指导和视频会议保障，确保全州公安交警部门各类信息系统高效、安全运行。

【执法规范化建设】 2014年，楚雄州公安交警部门始终坚持“执法质量是公安工作生命线”的理念，细化责任分解，强化执法监督和管理，积极推进执法规范化建设。年内，组织执法记录仪使用培训394人，为道路执勤、事故处理、车驾管岗位民警配发执法记录仪387台。州公安交警支队机关共受理行政处罚审批案件145件，办结145件，限时办结率100%；按规定受理复核申请49件，依法作出交通事故认定复核结论48件，1件正在办理中，限时办结率100%；对构成交通肇事罪的130名交通事故当事人实施了吊销机动车驾驶证处罚。其中，终生禁驾17人，5年内不得重新取得机动车驾驶证21人，10年内不得重新取得机动车驾驶证2人。全州12个基层交警大队执法办案质量全部达到优秀等次。

【轻微交通事故快处快赔】　2014年，楚雄州共建立交通事故人民调解委员会10个、交通事故人民调解工作室27个，10县（市）交警大队均成立道路交通事故快处快赔服务中心。年内，共受理轻微财产损失道路交通事故案件2972件，占适用简易程序处理交通事故总数的23.79%，受理调解一般程序道路交通事故损害赔偿案件145件、简易程序处理的道路交通事故损害赔偿案件4438件，受理调解的案件数分别占一般程序和简易程序处理案件总数的41.55%和35.52%。

【机动车和驾驶人管理便民服务】　2014年，楚雄州公安局交警支队推出19条机动车和驾驶人管理便民服务措施，建立“网上车管所”，利用互联网平台推行机动车号牌自编预选、提交身体条件证明、驾驶人考试预约、违法信息告知等业务。推进机动车带牌销售和车驾管业务改革，将车驾管业务（除汽车驾驶人考试和大中型客车落户业务外）下放至县级车管分所办理。推进车驾管业务下乡，主动上门服务。全州已建立州、县、乡3级车驾管服务网点，形成了楚雄城区1所（车管所）2点（便民服务点）、5站（4个汽车4S店带牌销售登记服务站、1个摩托车带牌销售登记服务站）、10个交警大队分所、16个山区交警中队办理车驾管业务的服务格局。

［姚立富］

楚雄监狱

【监狱工作概况】　2014年，楚雄监狱结合规范化、精细化管理的深入推进，通过开展岗位大练兵、警体技能竞赛、警务礼仪培训、应急处突演练等专项活动，进一步提高队伍的综合素质，规范警察的执法行为和举止风貌，使队伍更加富有朝气与活力，凝聚力、向心力和战斗力明显增强，监狱工作改革不断推进，监管安全、教育改造、队伍建设等各项工作均取得一定成绩。

【监管安全】　2014年，楚雄监狱在押犯人不断增加，比上年同期增长15.8%，押犯结构发生重大变化，警力严重不足（警囚比降低3个百分点），新监狱使用处于整改完善的情况下，全体警察职工认真履职，严格落实监管安全制度，确保了监狱安全稳定。狱政、狱侦工作扎实平稳。全年开展安全隐患排查26次，整改问题31条，依法按程序办理罪犯会见5364人次，审批罪犯行政奖惩4221人次。按照省委要求，积极配合省司法厅、省监狱管理局做好在押罪犯的跨地区调出、调入工作。新收押罪犯、释放罪犯、减刑假释、监外执行等刑罚执行依法依规。维护罪犯的合法权益，保障在押罪犯的生活卫生。全年罪犯“五费”支出754.47万元，其中医药费支出59.86万元，确保罪犯有病能够得到及时医治。安全生产工作稳定。共排查整改各类安全生产隐患问题9起，查处“三违”现象8起18人，有效巩固和保持了监狱连续八年实现“四无”的良好局面。

【教育改造】　2014年，楚雄监狱严格落实“5+1+1”教育改造模式。思想教育切实加强，积极开展“反脱逃”、“爱护改造环境”等多项专题教育活动，提升罪犯的守法意识、悔罪意识、改造意识。个别教育效果不断增强，对年内排查出的顽危犯，逐人建立“顽危犯教育转化专档”，成立挂牌攻坚小组6个，参与攻坚警察36人，确保所有顽危犯均实现了转化或消除危险，转化率100%。职业技能培训有新突破，833名罪犯获得职业等级证书，获证率95.6%，超指标完成353人，积极组织就业推荐活动2场，与多家省内外企业签订就业意向书198份。社会帮扶帮教成效显著，为297名家庭困难的罪犯子女争取到社会帮扶资金22.8万元，对在鲁甸“8·03”地震中受灾的15名鲁甸籍罪犯帮扶资金1.5万元；精心组织警察、罪犯共计500余人参加LP（妻子）手拉手大型社会帮教活动；接受州、县（市）各级党委政府及单位警示教育34场1959人次，接受捐款4.83万元，真正搭建起监狱与社会公益救助的桥梁。年内，楚雄监狱受省监狱管理局表彰优秀教师、个别教育能手6人。

【规范化管理】　2014年，楚雄监狱先后投入资金300余万元，全面推进监狱工作规范化、精细化管理。建立规范的制度体系，参与省监狱管理局编撰完成了《监狱执法手册》，制作执法流程ppt（演示文稿制作软件）5个，编创完成了《服刑人员行为规范》、《狱园歌曲》等专题片制作。现场管理取得新突破，全面规范罪犯劳动、生活、学习的现场管理，推行罪犯日常生活用品全塑化和内务管理标准化，加强监狱各功能区管理，警察管理水平普遍提升，管理面貌发生较大变化，基本达到了“人要精神，物要整洁，事要规范，形象良好”的要求。楚雄监狱于11月6日顺利通过省监狱管理局验收。

［王　滇］

（责任编辑：李　梅）

经济管理

发展与计划

【发展与改革工作概况】 2014年，楚雄州发展和改革委员会充分发挥发展改革各项职能，加强对宏观经济的分析研究，稳步推进各类规划编制，推动固定资产投资快速增长，加强项目管理工作，稳妥推进各类改革，继续完善价格调控，全面完成了中共楚雄州委、州人民政府及上级部门的各项安排部署。通过积极努力，物价总水平保持基本稳定，CPI指数为102.5%，提前启动了“十三五”规划编制工作，向上争取项目资金取得新突破，固定资产投资呈现新增长，新能源开发有新进展，医疗卫生体制改革、水价改革、金融体制改革等深入推进。

【项目管理】 2014年，楚雄州发展和改革委员会始终把抓项目、增投资作为工作重心，强化项目要素保障，加强协调服务，全力保持固定资产投资快速增长。全年全州共完成规模以上固定资产投资601.41亿元，比上年增长33.1%。年末，禄丰大荒山风电场、铁路集装箱物流中心、双柏县城至新平水塘二级公路、永仁县直苴水库、南华县城市基础设施建设等一批项目前期工作进展顺利，南华县医院、彩云至碍嘉等一批项目顺利开工建设。列入省级“3个100”重点建设的30个项目和州级“3个30”重点项目稳步推进。州级30个在建项目中，楚广高速公路已竣工通车，楚南一级公路建设、108国道改造、武定仁和水库建设等一批重大基础设施建设项目加快推进，完成投资67.57亿元，完成年度计划的118.91%；30个新开工项目全部开工建设，完成投资48.02亿元，完成年度投资计划的78.86%；30个重大前期项目相关工作有序推进，其中有6个项目的部分工程开工，完成投资8931万元。共向上级争取到项目503个，补助资金13.05亿元，比上年增长13.5%。进一步加强项目管理，修改完善项目上报、审批、招标、管理、验收等制度，加大重点项目稽察。推行了“3+2”（3个办法和2个清单）项目管理模式。

【规划编制】 2014年，楚雄州发展和改革委员会积极主动参与做好规划编制工作。配合省发展和改革委员会开展了云南省新型城镇化规划、滇中城市经济圈一体化发展总体规划、桥头堡滇中产业聚集区发展总体规划、昆瑞对外开放经济带发展总体规划和长江经济带金沙江黄金水道综合交通规划等规划的编制工作，争取把楚雄州更多的项目和需要上级给予重点支持的重大政策纳入到国家和云南省的相关规划中，在滇中城市经济圈一体化发展规划中，楚雄州共纳入重点建设项目170余项。在云南省2015～2016年将重点推进的滇中城市经济圈一体化发展项目中，楚雄州有71个项目纳入了计划盘子。积极参与州级相关规划编制，配合州级有关部门做好楚雄州新型城镇化、现代物流产业发展、重点产业发展等规划编制工作。牵头推进重点区域规划编制，牵头完成了昆瑞经济带楚雄总体规划、滇中城市经济圈楚南经济带发展总体规划、滇中产业聚集区楚雄组团发展总体规划、长江经济带楚雄发展总体规划等规划的编制工作。按照“多规合一”要求，做好楚南经济带土地利用、林地、环保、城镇发展等专项规划编制工作。“十三五”规划的编制工作全面启动。及时筹备召开了全州“十三五”规划编制工作会议，按要求成立领导小组及办公室、及时制定印发了规划编制工作方案，开展重点前期课题研究，及时组织规划编制工作培训，并对各县（市）规划编制工作进行指导。

【新能源建设】 2014年，楚雄州的新能源开发利用成效显著。新能源建设取得重大进展。新开工新能源建设项目10项，总装机68.2万千瓦，总投资64.96亿元。完成在建、新开工项目投资30.1亿元。共投产新能源项目13项，合计装机54.6万千瓦，已投产新能源项目2014年发电量11.12亿度，实现产值7.55亿元，实现增加值2.8亿元，比上年增长45%。加大太阳能发电项目的建设力度，电网建设取得新突破。编报了2014年农村电网改造升级建设项目中央预算内投资计划；组织上报2015年楚雄州农网项目2项，总投资633万元；全州农网项目全部开工建设，累计完成投资1.13亿元；楚雄州2013年农网改造升级项目顺利通过省级验收。电力装备制造取得新突破。积极引导楚雄州新能源项目使用云南云开电气股份有限公司生产的相关设备，云南云开电气股份有限公司2014年在楚雄州新能源项目中的中标率达到90%以上。积极支持中高光热太阳能发电设备制造基地项目建设，力争在楚雄市打造新能源设备基地。稳步推进生物质能开发。争取到833万元中央财政补助资金的大姚绿色能源示范县项目开工建设。传统能源建设利用有序推进。认真落实煤炭产业政策，加快推进吕合煤业扩能技改，加快推进楚雄、禄丰、南华等县（市）的城市管道天然气利用建设，煤炭油气开发利用步伐进一步加快。

【重点领域改革】 2014年，楚雄州发展和改革委员会按照州委、州人民政府的部署，扎实抓好重点领域改革各项工作。与州委政策研究室共同起草了州委贯彻落实中央和省全面深化改革决定的实施意见。全面开展经济体制改革专项小组办公室的各项工作，协调推进行政审批制度、简政放权、营改增、农村金融、医疗卫生体制等方面的改革工作，研究提出了楚雄州2014年经济体制改革重点工作意见并提交州人民政府审定发布实施。统筹协调推进供销社和现代粮食流通体制改革前期研究。及时对州发改委现行的行政审批事项进行清理和规范，压缩现行行政审批事项办理时限，审批时限总和由原来的法定时限155个工作日压缩到承诺时限101个工作日，压缩了54个工作日，办事效率提高34.8%。做好行政审批网上服务大厅建设工作。及时转发水价综合改革政策、城镇居民用水阶梯式价格指导意见、国家建立健全居民生活用气阶梯价格制度、完善居民阶梯电价政策和电力用户与发电企业直接交易试点输配电价政策、改进低价药品价格管理政策等文件。完成了公务用车制度改革业务人员培训、数据统计填报和起草改革方案的前期调研。积极推进医改工作，公立医院改革试点成为全国亮点，禄丰县级公立医院综合改革、医保支付制度改革和药品托管改革成为云南省医疗体制改革的一张名片。

［张云徽］

物价监督管理

【价格管理】 2014年，楚雄州发展和改革委员会根据价格总水平变动情况及时做好全州居民消费价格总水平分析、研究。据调查资料显示，1~12月，全州居民消费价格分别累计上涨2.9%、2.8%、2.7%、2.8%、2.8%、2.6%、2.6%、2.6%、2.6%、2.5%、2.5%和2.5%，1~12月累计涨幅高于全国0.5个百分点、高于全省0.1个百分点，比

2014年楚雄州居民消费价格指数、食品类消费价格指数

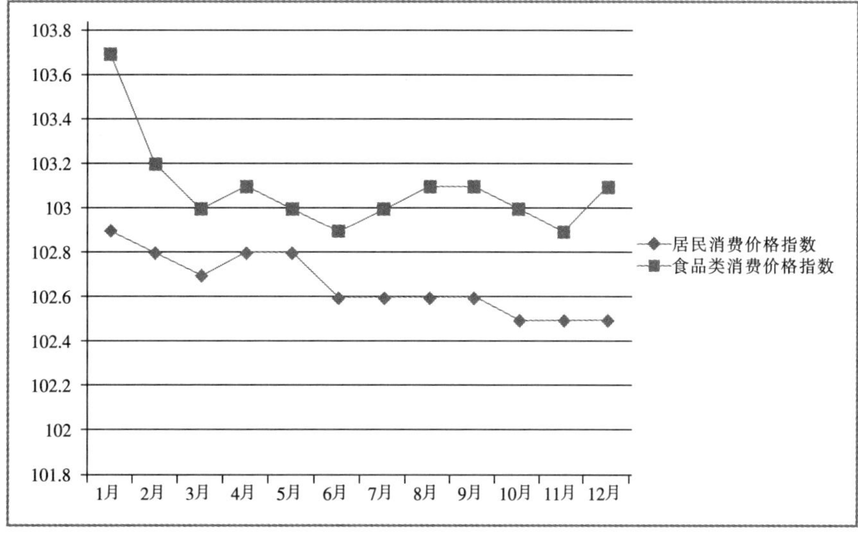

全年3.5%的调控目标低1个百分点。继续抓好10个平价商店监管相关工作，要求10个平价商店按照州发改委规定的最高零售价执行，州、市发改部门于7月组织开展了平价商店半年考核，对平价商店进行逐一量化评分，对多次考核达不到要求的千子言总店等5个平价商店进行置换，新置换的5个平价商店经营情况良好。根据省物价局继续推进资源性产品价格改革的要求，及时转发水价综合改革政策，明确2014年水价综合改革的主要任务；及时转发改进低价药品价格管理政策，取消国家和省定价范围内的低价药品清单内的药品最高零售价格，在日均费用标准内（西药不超过3元、中成药不超过5元），由生产者根据药品生产成本和市场供求以及竞争状况制定具体购销价格，涉及中西药品规774个。转发了运用价格手段促进水泥行业产业结构调整政策，对淘汰类水泥熟料企业生产用电实行更加严格的差别电价政策。将瓶装液化气价格、楚雄市农贸（集贸）市场商位租赁价格定价审批权限下放楚雄市价格主管部门。根据省物价局文件精神和要求，将甘蔗收购价格、桑蚕茧收购价格、两碱外工业用盐销售价格、种子销售价格等价格全面放开，实行市场调节。及时与州烟草公司联合转发2014年烤烟收购价格政策，烤烟收购价格平均提高5%；牵头粮食等5部门联文转发提高2014年稻谷最低收购价格文件；及时制定楚雄州2014年鲜茧暂定收购价格；与州农业局联合发文，制定对楚雄州农业产业化省级和州级龙头企业实行用电价格优惠名单，全州共有181户企业享受用电价格优惠扶持，比上年增加34户。与财政等3部门联合发文，转发《云南省公共租赁住房出租出售收入征收使用管理暂行办法》。及时转发省物价局药品价格文件，两次共调整62个药品价格政策。按照国家统一调整，共18次调整成品油价格（14降4升），93号汽油价格从6月份最高每升8.07元下降到年末的每升6.29元，每升下降了1.78元，下降28.3%；先后6次及时审批了州属医疗机构11个二类疫苗价格。

【价格认证】 2014年，楚雄州发展和改革委员会在开展好涉案财物价格鉴证的同时，不断拓宽价格认证新领域，积极争取价格鉴证业务来源。除开展涉烟违法犯罪案件财物价格鉴定外，还开展了价格水平合理性和合法性认证。全年共出具结论书11件，标的金额145.29万元。其中，完成价格评估案件1件，收取价格评估费0.3万元；完成元谋土林景区门票价格、楚雄华润燃气有限公司居民燃气设施安装成本和武定县城市垃圾收费调整前的成本审核认证，收取费用5万元；受理涉烟案件7件，收取价格鉴定费0.92万元。全年实现非税收

入6.22万元。完成了全州价格认证机构、价格鉴证师和价格鉴证员全国统一更换新资质证相关工作。

【收费管理】 2014年，楚雄州发展和改革委员会认真做好价格收费管理。加强景区门票价格管理。春节、“五一”、“十一”等节假日前夕，分别下发辖区内景区景点门票价格降价公示督查通知。“十一”黄金周期间，禄丰世界恐龙谷、武定狮子山、元谋土林、黑井古镇、石羊古镇等8个AAA级以上景区降价优惠金额137.06万元。依法组织召开了“元谋土林风景区旅游门票价格调整方案听证会议”。加强道路运输价格即客运票价管理。按照省物价局和省发改委启动云南省道路旅客运输价格与燃油价格联动措施的相关要求，在全省启动道路旅客运输价格与燃油价格联动措施降低收取燃油差价并降低客运票价后，对全州范围内涉及的跨省、跨州和县际间的所有线路车型的执行票价进行相应调整，调整政策于12月6日送到客运企业，于12月8日按时执行。认真组织开展收费许可证年度审验。共审验收费许可证正本（单位）610个（不含医疗机构）、副本单位704个。其中注销收费许可证单位25个、变更31个，涉及26个收费部门（系统）128项收费项目，年审率100%。年审中，未发现自立项目、提高标准、扩大范围等违规收费问题。对经营服务性收费和企业减负政策措施进行清理，组织州属部门清理出8类收费，年收费金额1.03亿元；组织10县（市）发改局清理出29类（项）收费，年收费金额1.16亿元，清理中未发现违规收费行为。认真办理市民直接向省发改委反映楚雄市停车收费信访件的咨询投诉举报和市民向楚雄州纠风办咨询投诉平台反映“市区停车费太高，收费不够规范”问题，对相关咨询投诉进行答复。

【价格检查】 2014年，楚雄州发展和改革委员会认真强化价格检查工作。在春节、火把节、国庆节等节假日期间，组织州、市两级价格监管人员对楚雄城区的主要农贸市场、大型超市、平价商店的粮油、肉、禽、蛋、菜等市场价格及供应情况，客运站和火车站的公路、铁路客运票价以及出租车收费、旅游门票价格等开展节日市场价格大检查，检查商品价格和服务收费4300余个。组织州县两级价格行政执法人员参加国家和省举行的新法规培训，并举办了1期全州30余名行政执法人员参加的培训班，强化对新价格行政处罚程序、商业银行收费检查等法律法规和业务的培训学习。检查县农村信用联社等28家单位，查出转嫁收费、与贷款挂钩代办保险等违规收费金额890万元。对住建、工商、环保、国土等主管部门及下属单位涉及向企业收取行政事业性收费政策执行情况进行重点检查，规范收费行为。根据群众投诉举报，对10家广电网络经营单位不严格执行对困难弱势群体有线数字电视收费减免政策的价格违法行为进行立案查处，实施罚没款11万元。组织检查组对楚雄、南华、姚安、大姚、永仁5县（市）的36所学校进行重点抽查，对检查中发现的个别重点高中向学生收取城市垃圾处理费和幼儿园收取接送卡费的违规行为依法进行纠正和清退，退还违规收费0.8万元。加强价格咨询举报投诉办理，全州“12358”价格举报平台共接听电话932个，受理群众反映的客运票价、出租车、物业管理、民用燃气、高速公路施救收费等价格咨询举报投诉件450件，其中当场答复完成的咨询件320件，直接办理和转交办理的举报投诉130件，办结率100%。对1.14万套商品房、1980个车位、23万平方米商铺的销售价格和价外收费进行了备案与审核。

［张云徽］

国有资产监督管理

【国资监管工作概况】 2014年，楚雄州国有资产监督管理委员会认真贯彻落实《中共云南省委、云南省人民政府关于全面深化国有企业改革的意见》精神，围绕年初制定的明确“一个中心”、推动“两项改革”、加强“三项工作”、抓好“四项建设”、实现“两大目标”的基本思路，强化国资监管，推动国企改革，各项工作取得新业绩。全州纳入监管的74户国有企业国有资产总额241.8亿元，比上年增长7.6%，其中州属行政事业单位非经营性资产41.4亿元；所有者权益总额144.1亿元，增长15.2%；负债总额97.7亿元，资产负债率40.4%；累计完成营业收入10.1亿元，比上年增长30%；实现净利润5631万元，增长50%；上交税费总额4746万元，增长35%；国有资产保值增值率101.2%。工作中的经验和做法在全省国资监管工作腾冲座谈会上作交流发言。

【国资国企改革】 2014年，楚雄州国有资产监督管理委员会将州保安公司由国有独资公司改制为国有资本控股公司，完成公司董事会、监事会和经营班子，实现州公安局与州保安公司政企分开，企业投资主体多元化，放大国有资本功能，为推动国有企业改革，发展混合所有制经济迈出了第一步，增强了企业活力和竞争力。由路桥四公司作为主发起人设立的云南路桥股份有限公司“云南路桥”在全国中小企业股份转让系统成功挂牌，成为云南省交通系统首家在中小企业股份转让系统挂牌的股份公司，为顺利进入主板或中小板交易奠定基础。州人民政府常务会议和州委常委会议通过了《中共楚雄州委、楚雄州人民政府关于全面深化国有企业改革的实施意见》，为切实解决楚雄州国资国企发展面临的困难和问题，进一步提升国资监管水平，提高企业效率，增强国有企业活力和竞争力，完善以管资本为主的国有资产监督管理体制，推动以发展混合所有制经济为主的新一轮国资国企改革，促进国有企业健康发展和国有资产保值增值奠定基础。

【国有资本收益上缴】 2014年，楚雄州人民政府下发《楚雄州人民政府办公室关于批准州属企业国有资本收益管理规定的通知》，建立州属国有企业国有资本收益上缴制度，完善国有资本经营预算制度，规范国家与企业的分配关系。

规定2014年州属国有企业国有资本收益上缴比例为企业净利润的15%，到2020年达到30%。

【国有资产处置】 2014年，按照《楚雄州州属企业国有资本处置审批制度》的要求，经州人民政府批准，楚雄交通运输集团有限公司东客运站项目建设用地在重新进行资产评估、规划设计及土地测绘划分后，第一期37.84亩国有土地于11月20日挂牌出让；宏源化工有限公司元双公路建设置换解决土地6.93亩；路桥四公司处置了土地房屋等5宗国有资产；樱花谷反恐训练基地按照评估价值992.43万元由州保安公司移交州公安局；原州面粉厂、州轴承厂、州氮肥厂部分非经营性土地、房屋资产交由楚雄市人民政府和楚雄经济技术开发区管委会用于城市规划开发建设。

【国资监管及基础工作】 2014年，楚雄州国有资产监督管理委员会积极强化国有资产监管及基础工作。强化产权管理。完成国有企业产权登记78户，帮助州开发投资公司完成棚户区改造项目发行企业债券15亿元的申报工作和涉及州开发投资公司的电能集团、交通银行股权划转、质押、备案工作，完成楚交集团、路桥四公司、锦星公司等融资贷款的审批工作。认真做好年度统计决算审核和经济运行分析。严格按照国务院国资委和云南省国资委的要求，按时完成企业国有资产统计报表决算、财务快报统计及经济运行分析工作。加强企业公务用车管理，规范审批工作，审批10户国有企业上报购买经营性用车74辆，清理企业公务用车115辆，对企业公务用车粘贴标识。认真做好改制企业履约情况监督管理。按照《楚雄州人民政府关于加强改制后新企业履约情况监督管理的通知》要求，加强改制企业履约监管，妥善处置江南制丝公司违约处置资产案件。加强国有企业领导人经济责任审计。充分发挥审计监督职能，配合州审计局对楚雄大厦、楚视传媒公司、广博传媒公司等3户国有企业领导进行了任期经济责任审计，规范国有企业领导人员廉洁从业行为。

【企业维稳】 2014年，楚雄州国有资产监督管理委员会围绕中心，服务大局，全力做好企业维稳工作。派出20余人参与了原楚雄州丝绸厂、州外贸公司、州磷肥厂、州氮肥厂、州活塞销厂等改制企业信访问题的协调处理工作。彻底解决了禄丰自忠公司与毛刚长达10余年的产权纠纷案件，妥善处理了路桥四公司大批公路建设轮换工集体上访案件，江南制丝公司违约处置资产诉讼案获省高级人民法院终审判决胜诉，州活塞销厂职工住宿区职工活动场所恢复建设信访问题得到妥善解决。积极做好原楚雄州属国有企业办学校教师上访的思想稳定工作，解决了万家坝安居小区廉租房住户交费难问题。

［杨洪平］

开发投资

【开发投资概况】 2014年，楚雄州开发投资有限公司以开展党的群众路线教育实践活动为着力点，进一步推进作风转变、工作创新，多渠道、多方式融资支持全州经济建设，合理科学调度资金，有效化解偿债风险，实现了债权债务平稳过渡。年内，州开发投资有限公司完成融资4.54亿元，拨付项目资金11.51亿元，有效解决了全州重点工程、重点项目、事关民生的工程建设项目对资金的需求。当年收回到期借款12.28亿元，偿还本金10.32亿元、利息3.55亿元，公司本部资产总额183.37亿元，负债总额62.9亿元，资产负债率为34.3%。年内，州开发投资有限公司作为州人民政府的债务主体之一，认真清理存量债务，将归属于政府类的债务进行统计汇总，完成了公司的债务甄别工作。年末，全部债务中政府负有偿还责任的存量债务总计59.03亿元。

【债券发行】 2014年，楚雄州开发投资有限公司积极开展第三期城市棚户区改造专项债券发行的券商选择、材料组织、财务表审计、信用评级、专项核查和律师鉴证等前期准备工作，于9月5日上报到云南省发展和改革委员会进行预审，根据预审反馈意见，认真做好补充资料的收集整理和相关问题答疑工作。认真撰写汇报材料，对存续期内两期债券的申报发行材料和相关数据进行收集整理，接受国家发改委对企业债券开展的专项检查，确保所提供资料及数据的准确、详实，并对检查人员提出的问题进行客观、公正的答复。年内，楚雄州开发投资有限公司的主体信用等级由AA^-提升为AA。

【项目融资】 2014年，楚雄州开发投资有限公司积极帮助企业开展项目融资，解决企业融资难问题。向云南省铁路投资有限公司成功申请3亿元的富滇银行专项委托贷款，确保了广大和永广铁路扩能改造工程征地拆迁项目的顺利推进。支持武定县禄金工业园区建设，协调云南中冶投资有限公司和武定县人民政府对合作内容、合作模式等问题多次进行商谈，结合楚雄州实际，对楚雄州开发投资有限公司与云南中冶投资有限公司和武定县人民政府签订的《融资合作协议书》多方征求意见并进行认真修改，确保合作工作顺利推进。5月，向国家开发银行云南省分行申请办理了1亿元的抗旱救灾应急贷款投入全州10县（市）的抗旱保民生项目中，推动灾区基础设施项目恢复重建工作的开展。

【融资渠道及融资方式探索】 2014年，楚雄州开发投资有限公司积极开展融资方式探索，想办法拓宽融资渠道。2月27日，公司首次以自身信用和财务状况为依托，向楚雄市农村信用社联合社办理太平洋证券资产管理计划委托贷款4000万元，实现了融资方式的新突破。在交通银行沪市671.67万股股份办理完成股权划转楚雄州开发投资有限公司手续后，经州人民政府批准，通过股票质押回购交易方式成功向海通证券股份有限公司融入资金1708万元，在利用新型融资模式拓展融资渠道方面进行了有益的探索。

【项目融资协调推荐】 2014年，楚雄州开发投资有限公司加强项目融资协调推荐力度，分别向楚雄当地办理对公贷款业务的10家金融机构以及昆明地区的国家开发银行推荐涉及水利、交通、城建（含保障房建设）以及工业园区建设等基础设施建设项目16个，涉及融资69.57亿元。同时，州开投公司积极与云南省城乡建设投资有限公司和西南交通建设投资集团公司就楚雄州2013～2017年城市棚户区改造合作建设事宜进行商谈，并结合楚雄州实际，代州人民政府起草了与西南交通建设投资集团签订《2013～2017年城市棚户区改造合作建设框架协议》。

【清产核资和股权划转】 2014年，楚雄州开发投资有限公司根据州国有资产管理委员会对各单位清查的损益审批结果，完成了清产核资工作。同时，办理完成了将州财政局代州人民政府持有的云南滇能楚雄水电开发有限公司5.91%的股权和交通银行6716695股股份，划转由州开发投资有限公司持有的工商及证券变更登记手续。

［胡　骏］

国土资源管理

【国土资源管理概况】 2014年，楚雄州国土资源管理部门严格按照“尽职尽责保护国土资源、节约集约利用国土资源、尽心尽力维护群众权益”的总体要求，着力破解国土资源工作中遇到的突出矛盾和问题，保重点、保民生、促发展，提升“保护资源、保障发展、维护权益、服务社会”的能力和水平，各项工作均取得较大突破。年内，开展了农村集体建设用地和宅基地使用权确权登记发证工作，对全州87.56%的宅基地和76.96%的农村集体建设用地使用权进行确权登记并发证。向社会公布第二次全国土地调查成果，继续开展第一次全国地理国情普查工作。组织开展土地矿产卫片执法检查和国土资源违法案件查处。实施国土资源领域“六打六治”打非治违专项行动，重点对以采代探、私挖滥采和盗采矿产资源，越界开采、无证开采矿产资源，非法转让探矿权、采矿权等矿产卫片执法检查中的违法行为以及其他矿产资源违法行为进行查处。进一步精简行政审批事项，规范行政审批行为。全年共受理信访件69件，均在规定时限内办结。积极推进低丘缓坡综合开发利用项目区建设工作，全年全州共完成2563亩的低丘缓坡综合开发利用一期用地中期评估，和9085.65亩的国家级低丘缓坡综合开发利用试点片区在线备案工作。

【土地利用规划管理】 2014年，楚雄州继续加强规划管理，合理局部调整规划布局，共局部修改土地利用总体规划面积2207.32亩，保障重点项目用地。上报南华县、姚安县城乡建设用地增减挂钩试点项目，继续深入推进保护坝区农田建设山地城镇工作，认真做好建设项目用地预审，坚持按照国土资源部规定的内容出具预审意见。

【基本农田保护及用地保障】 2014年，楚雄州保护与开发并举，继续执行最严格的耕地保护制度，健全耕地保护责任体系和考核评价体系，在做到“占一补一”的基础上，满足“占优补优”，占水田补水田的要求，全州耕地保有量、基本农田保护面积分别为547.80万亩和374.85万亩。4月，完成了基本农田划定工作。同时，全力保障全州经济社会发展用地，通过开展土地利用总体规划修改，确保省、州重点项目落地。做好具体建设项目用地保障，向各类建设项目供地273宗，面积1.28万亩。强化土地供应管理，进一步采取措施提高土地使用效率，大力盘活存量建设用地。年末，全州已批未供存量建设用地比年初减少7332万亩，供地率在全省排名由第11名上升为第6名。

【矿政管理】 2014年，楚雄州组织开展采矿权实地核查，进一步加强矿证管理。对是否持有合法《采矿许可证》的采矿权、是否存在越界开采、是否存在擅自改变开采方式等违法行为进行全面核查，督促矿业权人做好界桩埋设及采矿权、探矿权网上年检和报备。根据2013年度矿产卫片执法检查情况，对坐标漂移或坐标有误需要更正的矿山，以及需要新增的矿山情况进行全面清理汇总，认真做好《矿业权设置方案》修编。针对矿政管理工作中存在的问题，制定出台《楚雄州国土资源局关于进一步规范矿产资源管理有关问题的通知》、《楚雄州州级发证采矿权出让前期技术资料编制管理办法（试行)》等相关文件，对矿业权出让计划管理、矿山定期巡查、矿业权出让前期技术资料编制等相关制度作进一步完善，规范矿政管理。认真开展煤炭探矿权清理排查，规范勘查行为，严格按上级国土部门的要求，于5月20日前对58个煤炭探矿洞实行了永久性封闭。

【土地整治】 2014年，楚雄州国土资源管理部门稳步推进土地整治工作。制定下发了《楚雄州国土资源局关于进一步加强和改进土地整治项目管理的规定》、《楚雄州国土资源局关于进一步规范土地整治项目招投标管理工作的规定》、《楚雄州土地整治项目技术服务单位备案管理办法》3个试行办法，将土地整治项目的管理权限按州县职责进行划分，下放更多权限到县（市)，提高土地整治项目的规范性和可操作性。继续组织实施2013年的17个土地整治项目，总建设规模7.05万亩，新增耕地2.55万亩，17个土地整治项目工程进展顺利。积极争取2015年土地整治项目，共向上级国土部门争取到土地整治项目10个，建设总规模7.66万亩，预计新增耕地2382.6亩。

【地质灾害防治】 2014年，楚雄州纳入监测的地质灾害隐患点共945个，威胁9.09万人、32.43亿元资产的安全。国土资源管理部门分别于5月12日和9月3日召开全州地质灾害群测群防宣传培训会和地质灾害防治工作会议，进一步完善应急体系，增强地质灾害处置能力。全州共落实1885名地质灾害隐患点监测员，开展地质灾害应急演练196次，参与1.17万人次。组织实施地质灾害治理项目10个，组织10县（市）482户2035人实施地质灾害避险搬迁。全面推进矿山企业缴存地质环境恢复治理保证金制度，严格执行地质灾害危险性评估制度，加强建设项目地质灾害危险性评估和矿山地质环境保护与恢复治理工作管理，共组织完成各类地质灾害危险性评估报告和矿山地质环境保护与恢复治理方案审查备案42件。年内共发生地质灾害险情18起，成功避让1起，没有造成人员伤亡。

【国土资源财务管理】 2014年，楚雄州国土资源管理部门严格执行各项财务制度，积极收缴各项规费。认真执行“收支两条线”制度，确保土地出让金、耕地开垦费、坝区耕地质量补偿费和矿产资源专项收入等政府各项非税收入应收尽收并及时缴入国库。专项资金实行专户管理、专款专用、规范监管，按时报送国有土地出让收支统计报表和各类财务报表。按要求加强财政投资项目绩效评价和审计工作，全州土地整治、地质环境恢复治理等财政投资项目验收均进行了绩效分析评价和审计。向上级争取到位资金2.99亿元，完成州人民政府下达任务数的183.03%。完成招商引资任务2000万元，完成州人民政府下达任务数的200%。

【土地收储】 2014年，楚雄州着力推进全州土地统一收储工作，制定下发《楚雄州人民政府办公室关于进一步加强土地储备工作的通知》，建立完善全州统一的土地储备体系，加强土地调控，增强用地保障能力。开展了4个州级单位共121.46亩国有土地的收储及部分地块的出让工作。做好以土地收益筹措偿还楚南一级公路建设项目债券募集资金有关地块收储出让工作，共收储地块10块，出让宗地3宗，成交价款7092.22万元。全年全州共收购储备土地13宗1999亩，出让土地6宗154.1亩。

【国土资源信息化建设】 2014年，楚雄州国土资源管理部门积极响应国土资源部提出的建立“数字国土”的目标，通过信息化建设实现国土资源管理网上办公、审批、监管、交易和网上服务，全面建成省、州、县“一张图”管理的综合监管平台。根据2013年制定的《楚雄州国土资源信息化建设方案（2013～2014年）》，继续推进楚雄州国土资源信息化建设。加强门户网站维护，及时更新网站各版块内容，全年网站共更新工作动态1735条，发布公告154条，刊登国土资源通讯25期。

［杨　阳］

招商引资

【招商引资概况】 2014年，楚雄州招商引资工作立足县域特点，加大产业招商力度，特色产业招商成效初显；强化工作责任，务实节俭开展小分队招商，投资领域不断拓宽；抓牢投资服务，全力推动项目落地，全州引资总量持续增长，外来投资成效显著。至年末，全州共实施州外国内招商引资项目902项，比上年增加182项，增长25.3%。实际引进州外到位资金472.78亿元，完成州人民政府全年考核责任目标任务440亿元的107.4%，比上年增长39.6%。其中，省外到位资金311.72亿元，完成州人民政府省外到位资金责任指标310亿元的100.6%，比上年增长41.7%。工业项目到位资金242.93亿元，占同期到位资金总额的68.6%，比上年增长26.8%。据统计，年内全州共有977户州外国内外来投资企业列入统计，入库税收77.3亿元，外来投资企业从业人数5.01万人，其中当年新增9897人。全州有22户外资企业正常经营，入库税收5190万元，就业人数2014人。

【节会招商】 2014年，楚雄州引进实施了以双柏县大庄27兆瓦并网光伏电站建设、姚安县保顶山升压站建设，大姚县生物质能发电厂及能源基地建设，以及与大唐集团合作开发的大姚、永仁观音岩水电开发等一批太阳能、风能、生物质能、水电开发项目；以双柏绿汁江沿岸冬早反季蔬菜种植、辣木种植、农业生态畜牧养殖示范园建设，元谋果蔬种植基地建设及加工为代表的一大批高原特色农业项目；以禄丰“七彩云南·时空世界”项目、元谋古人类历史文化旅游项目为代表的文化旅游项目，以及金属、非金属制品加工，橡胶和塑料制品业、城市综合体、商贸、物流等产业项目，引资领域不断拓宽，投资来源地由四川、浙江、福建向上海、江苏、广东、安徽、福建、江西、湖北、湖南等

招商引资项目推介洽谈　（吕振敏/摄影）

长三角、珠三角地区拓展。第二届南博会暨第二十二届昆交会成功签约16个招商引资项目，协议投资237.59亿元；第十届泛珠三角区域合作与发展论坛暨经贸洽谈会成功签约12个招商引资项目，协议投资96.91亿元。签约项目合作区域覆盖泛珠“9+2”地区的广东、香港、福建和四川等省区，行业涉及现代物流、文化旅游、天然药业和绿色食品等行业。成功引进铁公鸡物流、成都恩威集团、山东菏泽交通集团等国内知名企业落户楚雄，现代物流、能源、制造业项目成为楚雄州新的产业亮点。

【特色生物医药产业招商】 2014年，楚雄州共实施医药产业招商项目53项，其中新实施项目30项。53个项目协议投资总额39.49亿元，实际到位资金14.28万元，完成州人民政府下达目标任务11.82亿元的120.9%，生物医药产业招商引资继续保持增长态势。其中，武定县建立中药材种植示范基地9个；楚雄经济开发区建立和创灯盏花种植基地，新世纪当归、丹参、桔梗、红花种植基地，益田重楼种植基地等多个中药材种植基地；在引进草本堂、邦桥科技、云南白药健康产品3家企业利用万裕药业厂房、设备进行生产的基础上，又引进铭鼎药业进驻万裕药业有限公司。全州以双柏县、武定县、大姚县中药材种植为带动，以楚雄经济开发区医药产业园为龙头，从种植到加工的医药产业链逐步形成。

【重点项目招商】 2014年，全州招商部门围绕年初州人民政府确定的“双30”招商引资项目，认真落实责任主体，细化任务和进度计划，研究制定推进措施和行动方案，加强对县（市）的跟踪指导。年末，30个重点洽谈项目中有18个项目签订了正式协议或框架协议，项目签约率60%。11个责任单位中，元谋、南华、武定、大姚、禄丰5县全面完成年初分解任务，重点洽谈引进项目均已签约或拟签约，推进情况较好，其余县（市）项目正在洽谈推进。30个拟重点策划包装项目的11个责任单位、县（市）均已完成项目投资建议书编制，任务完成率100%，部分县（市）项目正由专业机构进行更深层次的策划包装。

【招商项目开发】 2014年，楚雄州结合产业结构调整，进一步拓宽招商项目推出渠道和领域。通过增加对地方经济效益和投资商投资回报测算，对一些明显缺乏投资回报支撑的重点项目，采取“肥瘦”搭配招商，进一步提高项目的质量和可行性。通过与中国创意研究院、中国西促会投资西部研究院等机构的合作，强化围绕产业链开发项目的深度策划包装，项目的“创新性、专业性”进一步提升。多方位捕捉客商需求、市场发展方向和产业转移趋势等信息，强化项目开发的针对性，项目开发时效明显提升。全年共推出招商项目616项，比上年增长40.2%。其中征集州级项目352项，筛选并编印项目320项（州级重点项目43项，储备项目277项），数量比上年增长67%。上报省级重点项目40项，成功入选12项，夯实了楚雄州招商引资动态项目基础。

【投资服务】 2014年，楚雄州招商合作局重点突出对美华丰科技产业园、“七彩云南·时空世界”项目、滇中木本油料产业园、中南建材城、大姚百草岭蜂业有限责任公司系列深加工项目等招商重点项目的跟踪协调服务，深入实地了解项目存在的困难和问题，及时协调相关部门给予解决；切实做好重大招商活动签约项目的落实工作，下发《楚雄州招商委关于上半年重大招商活动签约项目任务分解的通知》，按照“属地管理”和“谁签约、谁负责”的原则，推动项目落地。全力推进以商招商，充分利用商会平台，组织核心会员企业考察楚雄州核桃等高原特色农业产业，相继促成云南菜篮子集团投资建设楚雄菜篮子基地、新希望集团投资建设楚雄奶牛基地等项目。

［吕振敏］

工商行政管理

【工商行政管理概况】 2014年，楚雄州工商行政管理局坚持“服务为先、同频共振、依法行政”工作理念，充分发挥工商行政管理职能作用，全力服务地方经济发展。认真抓好“两个10万元”微型企业培育。全州工商行政管理部门圆满完成300户承办任务，并按时、按质完成其他4家承办部门送交的1200户申请扶持的微型企业资料核审工作。支持服务新兴行业和新型业态企业发展。成立楚雄州工商局支持新兴行业和新型业态企业登记会商小组，分析研判全州新兴行业、新型业态企业发展状况及登记注册中遇到的困难问题，服务新兴行业、新型业态市场主体快落户，能发展。简化登记手续，加快前置审批制度改革步伐。采取能放即放、能免即免、能松即松、能通即通，尽量畅通准入。积极开展股权出质登记、股权出资、债转股登记，尽力帮助企业解决融资难题。全州共办理股权出质292件，出质股权数额15.57亿元，担保主债权数额32.96亿元，出质登记比上年增长52.2%。深入推进高原特色农业红盾助推行动，农民专业合作社户数和出资总额呈快速增长态势；积极探索登记“红色股份”农民专业合作社，创新合作社发展模式，依托集体经济组织注入“红色股份”，入股农民专业合作社支持家庭农场发展。

【工商登记制度改革】 2014年3月1日起，全国统一实施以取消最低注册资本限制、注册资本实缴登记制改为认缴登记制、减少营业执照种类和文书格式、取消企业年检、先照后证为主要内容的工商登记制度改革。楚雄州工商行政管理机关坚持便捷高效、规范统一、宽进严管3项原则，强化学习，掌握改革内容，广泛深入宣传引导，依法、稳步、有序推进工商登记制度改革各项政策、法规、措施的落实。社会投资热情高涨，创业活力迸发。3月1日至12月25日，全州新设私营企业3939户，比上年同期增长210.5%；全州私营企业新增从业人员4.57万人，增长169.63%；新设的3939户私营企业注册资金82.41亿元，增长186.2%。

【工商体制调整】 2014年，按照国务院、省、州机构改革总体部署，楚雄州工商行政管理体制发生重大变化，原属工商行政管理职能之一的“流通领域食品安全监管”职能正式划转食品药品监督管理局。按照划转方案及要求，全州工商系统认真完成了食品安全职能、编制、人员划转工作，共划转行政编制159名，实际划转公务员158人。顺利完成州、县（市）工商管理体制调整移交。按照《云南省人民政府办公厅关于做好省级以下工商质监行政管理体制调整工作的通知》要求，8月22～27日，州人民政府分别召开工商部门体制调整移交工作会和县（市）工商质监管理体制下划移交工作会议。省工商行政管理局与州人民政府、州工商行政管理局与各县（市）人民政府分别签订移交书，楚雄州工商体制正式由省以下垂直管理转变为地方政府分级管理。

【商标战略】 2014年，楚雄州各级工商行政管理机关以贯彻新《商标法》为契机，加大商标宣传培训，加强商标品牌培育，强化商标行政保护。积极组织开展新《商标法》培训，采取集中培训、上门讲解等方式，加强对辖区内企业商标管理人员的培训，提高企业商标管理从业人员的服务水平；召开商标战略企业座谈会，提高企业创牌意识。切实加大商标品牌创建申报力度。指导新申请注册商标159件，其中涉农商标83件；推荐上报云南省著名商标16件，认定楚雄州知名商标18件；指导元谋县成功注册地理标志证明商标“元谋番茄”，向国家工商总局申报“大姚核桃”（29类）、“元谋青枣”、“姚安山药”3个地理标志证明商标；积极为“大姚核桃”争取宣传展示平台，参加了在苏州举办的“2014中国国际商标·品牌节”，提升“大姚核桃”的品牌影响力。强化商标专用权保护。突出重点领域、重点行业，围绕食品、药品、建材、电器等商品开展专项整治行动，共查处商标侵权案件35件，没收侵权物品4.26吨。

【广告监管】 2014年，楚雄州以规范广告经营主体为目的，以开展虚假违法广告专项整治、媒体广告监测为重点，强化广告监督管理。加强食品类保健食品销售广告监管，及时查处个别媒体出现的普通食品或保健食品销售类广告。州工商行政管理局对“彝龙神酒”、“盐藻”、“蒙古降压”、“风古康”、“陈李济舒筋健腰丸”等药品、保健品广告责令停播，对“葛洪桂龙膏”、“神农百草膏”广告进行立案查处。牵头组织开展电视购物广告监管专项整治，加强对媒体、互联网、广告牌等媒体发布药品、食品（保健食品）广告的监测和检查力度，加大对电视购物广告的监管。强化互联网重点领域广告监管，共监测互联网广告399条，行政约谈2家网络技术服务有限公司。深入开展户外广告专项整治行动，共检查各类户外广告2131条块，督促户外广告发布单位整改96次，补办户外广告登记证37本，立案查处户外广告案件70件，发放各类行政指导文书252份，行政约谈、约见34人次。严厉打击利用广告资讯信息从事非法集资行为，重点对以杂志、广播电视、网络媒体以及户外广告、传单、手机短信等方式发布、传播的涉嫌非法集资广告资讯信息进行检查。

【市场监管】 2014年，楚雄州各级工商行政管理机关切实加大市场监管力度，努力营造和谐、健康、稳定的市场交易秩序。集中开展专项整治。开展规范和整治汽车品牌销售行为专项行动，对品牌汽车销售行为实施行政指导112户，下达整改通知书15份，对36户进行了宣传教育，依法查处无照经营2户、超范围经营10户。开展整治短斤少两欺诈消费者违法行为专项行动，检查市场（商场、超市）2898个次，检查经营户2.65万户次，下达整改通知76份，收缴不合格计量器具43台，受理消费者投诉5件，为消费者挽回经济损失1万元，查处短斤少两欺诈消费者违法案件9件。开展旅游市场专项整治，检查景区景点67个（次），检查旅游购物商店485个，检查旅游交通枢纽及周边各类旅游经营户3105户，查处销售假冒伪劣旅游商品和商标侵权行为等其他违法违章案件45件，下达整改通知28件，受理和处理消费者投诉和举报42件，为消费者挽回经济损失1.79万元。深入推进网络市场监管。实地和网上核查准确录入网站、网店监管备案信息243户，审核并加挂“工商网监”电子标识开展亮照经营的网站有86户；开展网上巡查、抽查中发现各类违法违规问题28个，对发现的轻微问题，采用行政指导规范处理17次，查处违法经营户5户。加大对合同违法行为的打击力度。共查处合同案件25件，就经营者利用格式条款免除自身责任、加重消费者责任、排除消费者权利等方面问题约谈银行业、电信业企业40余次。严厉打击传销行为，全州各级工商行政管理机关共出动执法人员2545人次，清理出租屋3010户次，捣毁传销窝点19个，查处案件1件，罚款0.2万元，教育遣返传销人员286人。开展查处取缔无照经营行为专项整治，查处无照经营案件435件。积极开展网吧专项治理，查处违法经营3户，查处取缔“黑网吧”4户，取缔电子游戏室1户。组织开展煤矿非煤矿山专项行动，共检查煤矿及非煤矿山企业321户，其中煤矿42户、非煤矿山个体户51户，查处无照经营26家。切实加强粮食、成品油等各类市场监管，认真组织开展“两烟”打假、流通领域反走私工作。积极配合做好道德领域突出问题专项治理、校园周边环境整治、“扫黄打非”、禁毒防艾等社会管理综合治理工作。

【工商行政执法】 2014年，楚雄州工商行政管理部门以规范行政执法行为，提升行政执法能力为重点，切实加大行政执法监督力度。落实执法责任，认真组织开展行政执法案卷评查工作，自查2014年度行政处罚案卷768卷、行政许可案卷3195件，受理复议案件2件；贯彻和推进重大疑难行政处罚案件评审规定，修改完善《楚雄州工商行政管理局重大疑难案件审查规定》，进一步规范工商行政管理机关行政执法行为；认真落实案件核审，共核审行政处罚案件830件。年内，全州工商行政管理系统共发生诉讼案件2件，其中1件原告撤诉，1件胜诉。

【市场信用分类监管】 2014年，楚雄州各级工商行政管理机关把市场诚信建设作为社会信用体系建设的重要组成部分，积极开展诚信创建活动。开展平安市场、农村文明集市和诚信市场创建，共创建县级平安市场8个、农村文明集市5个、诚信市场6个，创建州级平安市场3个、农村文明集市1个、诚信市场3个；积极推进农资市场信用分类监管制度，全州4923户农资经营户，其中A级信用4895户，B级信用19户，C级信用9户；积极开展农资示范店创建活动，年内共认定县级“农资经营示范店”50户、州级“农资经营示范店”20户；开展2012~2013年度“守合同、重信用”企业申报、评定、公示工作，分别公示县级、州级、省级、国家级“守合同、重信用”企业109户、98户、40户、15户。做好《企业信息公示暂行条例》的宣传部署工作，采取网络、广播、电视及公告栏、宣传栏等多种形式强化宣传，确保《条例》的实施和推进。

【消费维权】 2014年，楚雄州各级工商行政管理机关和消费者协会组织加大“12315”行政执法建设，提升消费维权水平，切实维护好消费者合法权益。加强消费宣传教育。以“消费满意在云南”楚雄行动为主线，紧紧围绕“新消法、新权益、新责任”主题，开展系列宣传活动，通过楚雄3大通信公司向全州190万移动、电信、联通手机用户发送“3·15”公益宣传短信；发放宣传《消费维权知识》7.89万份；组织各类培训班44期，培训人员4600余人次；与妇联、共青团合作，培训妇女干部、学生1200余人。切实加强“12315”行政执法体系建设，全州共有“一会两站”1219个，其中消协分会101个、两站1118个；建立健全维权网络和维权机制，进一步提升服务效能和消费维权水平，做到网络信息上下畅通，受理消费者申（投）诉和举报迅速，处理及时。全州“12315”指挥中心共接到消费者申（投）诉、举报和咨询电话8547个，受理2717件，其中投诉612件、举报67件、咨询2038件，为消费者挽回经济损失45.36万元，投诉办结率100%，举报办结率100%。

[朱亚文]

非公经济管理

【非公经济管理概况】 2014年，楚雄州各级工商行政管理机关和个体私营经济协会紧紧围绕服务民营经济发展分战场这一工作重点，认真贯彻落实工商登记制度改革各项举措，提升服务能力和服务水平，积极营造宽松的经济发展环境，切实加大对民营经济的培育扶持力度，促进全州非公经济持续增长和健康发展。放宽市场主体（住所）经营场所权属证明限制、放宽“一照多址”和“一址多照”，进一步简化个体工商户、合作社的经营场所登记手续。全州共简化住所提交材料登记个体工商户1.6万户，登记合作社509户。稳妥推进私营企业、个体工商户、专业合作社实施先照后证，加快前置审批制度改革步伐。放宽出资方式登记合作社224户，放宽经营范围登记合作社54户。积极鼓励创业就业，服务高校毕业生从事个体经营630人；服务退役士兵创业就业从事个体私营48人，其中申办个体工商户27人；服务下岗失业人员创业就业26人，其中申办个体工商户5人，共免收工商行政性收费1.72万元。

【私营企业发展】 2014年末，楚雄州共有私营企业1.2万户，注册资金310亿元，从业人员22.87万人，与上年相

2013~2014年楚雄州私营企业发展情况对比统计表

项目 年度	户数（户）	投资人数（人）	雇工人数（人）	注册资金（亿元）
2013年	8289	13558	166715	204.71
2014年	12002	18930	209789	310
增量	3713	5372	43074	105.29
增幅	44.79%	39.62%	25.84%	51.43%

2013~2014年楚雄州城镇、农村个体工商户发展情况对比表

项目	城镇个体工商户			农村个体工商户		
	2013年	2014年	同比（%）	2013年	2014年	同比（%）
户数（户）	33652	35015	4.05	39386	46726	18.64
从业人员（人）	66687	71134	6.67	77901	90356	15.99
资金数额（亿元）	16.85	19.37	14.96	17.79	23.33	31.14

2013~2014年楚雄州农民专业合作社发展情况对比表

	2013年	2014年	增量	增幅（%）
户数（户）	1793	2294	501	27.94
成员总数（人）	15070	18559	3489	23.15
出资总额（亿元）	18.83	29.49	10.66	55.48

比，分别增长 44.79%、51.43% 和 26.87%。其中年内新发展私营企业 4347 户，注册资金 87.71 亿元，从业人员 5.08 万人。与上年相比，私营企业新设立户数、注册资金和从业人员分别增长 148.4%、128.95% 和 115.71%。

【个体工商户发展】 2014 年，楚雄州新发展个体工商户 1.6 万户，个体工商户转型升级登记为企业 652 户，达到 1287 户。年末，全州有个体工商户 8.17 万户、从业人员 16.15 万人、注册资金 42.70 亿元，分别比上年增长 11.92%、11.69% 和 23.28%。

【外资企业发展】 2014 年末，楚雄州有外商投资企业 204 户，其中企业法人 68 户、分支机构 118 户、外商投资合伙企业 18 户。其中，法人企业投资总额 5.20 亿美元，注册资本 2.87 亿美元，实收资本 7092.47 万美元，与上年相比，分别增长 6.2%、36.7%、23% 和 17.2%。外商在楚雄州投资的行业布局主要以制造业、食品加工、化工生产、石材加工、制药、信息技术、非煤矿山、种养殖业等为主，第一产业占 10%，第二产业占 17%，第三产业占 73%。有来自 16 个国家（地区）的企业（投资者）在楚雄州投资经营。

【农民专业合作社】 2014 年，楚雄州切实加强农民专业合作社登记和管理。工商和农业部门建立会商制度，加大沟通协调、信息共享和分析研究力度，加大对合作社之间联合发展的服务力度，全州放宽出资方式登记合作社 224 户。其中，以土地林地承包经营权出资成立合作社 35 户，放宽经营范围登记合作社 54 户，合作社名称冠“云南”或“云南省”的登记 6 户、冠“楚雄”或“楚雄州”的登记 13 户，合作社参股登记注册公司 43 户。年内，全州新增农民专业合作社 509 户，登记农民专业合作社联合社 3 户。至年末，全州农民专业合作社发展到 2294 户、出资总额 29.49 亿元、成员总数 1.86 万人，分别比上年增长 27.94%、56.48% 和 23.15%，合作社出资总额呈快速增长态势。

【家庭农场】 2014 年，楚雄州认真贯彻落实《楚雄州工商局关于家庭农场登记指导意见》和《云南省家庭农场工商登记注册试行办法》，积极扶持新型农业经营主体发展。至年末，全州共登记家庭农场 25 户，以农村土地承包经营权流转集中经营为基础登记“农庄” 29 户、“庄园” 16 户。

【非公党建】 2014 年，楚雄州各级工商部门切实承担起抓好小微企业、个体工商户和商品交易市场党建工作职能，积极开展党的工作。努力扩大党组织覆盖面。从专业市场入手，点上择优引导与面上调查摸底相结合，采取措施，大力推进非公党建工作。深入开展调研，调查全州商品交易市场党建情况，全州共调研专业市场 55 户，已登记企业有从业人员 552 人，市场内有商户 6011 户，有党员 236 人，其中商户有党员 118 人，建党支部 9 个，党组织关系隶属于其他单位 9 个。加强培训交流，全州工商系统组织培训班 11 次、培训人员 464 人。继续抓好非公党建信息采集，进一步摸清实有党组织和党员情况。至 12 月末，全州个体私营企业建立党组织 626 个，共有党员 8720 人。

［朱亚文］

民营经济

【民营经济基本情况】 2014 年，楚雄州民营经济组织完成增加值 335.4 亿元，比上年增长 16%，占全州 GDP 比重的 47.8%，圆满完成省人民政府下达的责任目标任务。民营经济组织户数 9.37 万户，比上年增长 15.27%，其中个体工商户 8.17 万户，增长 11.92%；私营企业 1.2 万户，增长 44.79%。从业人员 39.02 万人，比上年增长 20.12%。注册资本 252.7 亿元，比上年增长 47.35%，其中个体工商户注册资本 42.7 亿元，增长 23.27%；私营企业注册资本 310 亿元，增长 51.43%。

【投资推动消费】 2014 年，楚雄州规模以上民营经济固定资产投资继续增长，完成固定资产投资 312.34 亿元，比上年增长 3.48%，占全州规模以上固定资产投资总额的 51.94%，其中房地产开发投资 92.48 亿元，增长 5.5%。全州民营经济实现社会消费品零售总额 189.73 亿元，比上年增长 13.8%，占全州社会消费品零售总额的 79.59%，其中个体私营经济实现社会消费品零售额 177.62 亿元，增长 11.8%。

【各项经济指标完成情况】 2014 年，楚雄州民营（中小）企业信贷资金增长较快，中小微企业年末贷款余额 186.83 亿元，比年初增加 11.29 亿元，增长 6.43%，其中小微企业贷款余额 122.85 亿元，比年初增加 20.54 亿元，增长 20.07%。民营企业外贸进出口大幅增长，共完成进出口总额 3.52 亿美元，比上年增长 25.4%。扶持小微企业发展取得新成效，全州新增企业 4081 户，共下达省、州微型企业创业扶持补助资金 4154 万元，带动本地居民就业 1 万余人。缓解中小企业融资难题有新突破，共有 7 户企业成功在“新三板”和其他股权交易机构挂牌。民营经济税赋水平继续下降，全州民营经济累计上缴税金 18.78 亿元(州口径),比上年下降 1.05%。

［毛　勇］

统　计

【统计工作概况】 2014 年，楚雄州统计系统紧紧围绕部门职责，认真开展各项统计业务，精心组织第三次全国经济普查，圆满完成各项统计任务。在全省统计系统专业评比中，楚雄州统计局荣获优秀和良好奖励 19 项；楚雄州第三次全国经济普查领导小组办公室被国务院第三次经济普查领导小组表彰为先进集体，州统计局被州委、州人民政府表彰为文明单位。

【统计基础工作】 2014 年，楚雄州人民政府制定《关于进一步加强新形势下统计工作的意见》，针对新形势下全州统计工作面临的形势与任务，客观分析统计工作存在的困难和问题，从“规范统计工作、确保数据真实可靠、客观公正评估数据、加强统计基层基础建设、提升统计公信力、加强统计工作保障”等方面提出具体的对策和措施。《意见》出台后，州统计局及时跟踪问效，深入10县（市）和部分乡（镇），对贯彻落实情况进行督查，狠抓工作落实，使统计基层基础建设迈出了新步伐。

【统计改革发展】 2014年，楚雄州统计系统按照国家和省统计局的统一部署，积极推行国民经济核算方法制度改革，进一步增强国民经济核算与专业统计数据之间的匹配性；乡（镇）社会经济基本情况、文化产业和重点服务业实现全国联网直报；工业企业用水情况统计表首次实现“一套表”审核、汇总数据；县级能源平衡表试点县（禄丰县、永仁县）完成了报表的编制工作；与州工信委、州林业局联合举办工业企业和林产业统计培训，在全州开展了林产业调查；全面开展工业成本费用调查，在工业经济下行压力加大的形势下，做到应统尽统，确保工业增加值小幅上升；首次对全州纳入统计范围的47户规模以上服务业企业统计人员进行业务培训，提高源头数据质量；针对常住人口城镇化率与户籍人口城镇化率之间的差异，开展专项调研，形成分析报告，为各级各部门及社会公众进一步了解城镇化率提供依据；建立文化产业调查单位名录库，获得国家统计局的充分肯定。强化统计监测预警职能，积极主动加强统计监测预警，按月、按季度对经济社会发展情况进行分析研判，密切关注鼓励工业企业扩销促产、新增限额以上商贸流通企业鼓励政策、重要产品收储政策、促进产业结构优化升级和扩大消费需求等政策的实施效果。积极收集整理企业升规达限申报工作流程和要求，提前对全年申报升规达限的企业进行跟踪分析，组织县（市）统计局和相关企业进行培训，加强向上级统计部门的请示汇报，进一步提高企业申报成功率，增加全州经济增长点；密切关注工业用电量、新开工项目、交通运输周转量、新增贷款等先行指标折射出的趋势信号，做到见事早、行动快、应对有成效；加强对重点县（市）、重点行业经济运行情况监测预警，对新投产的规模以上工业企业的统计上报工作及时跟踪督查，密切关注烟草制品业的月度生产计划调整对工业经济的影响，先后22次到楚雄市和禄丰、元谋、武定、南华、大姚等县以及相关企业调研指导工作，与县（市）一道分析经济运行情况，指导企业做好统计基础工作。加强现代化服务型统计建设，全州统计系统把撰写、提供统计资料作为统计服务的有效载体，坚持每月编印《楚雄州国民经济主要指标月快报》，按季度对主要经济社会发展预期指标进行支撑测算，开展县域经济主要经济指标的监测和分析，全年提供统计分析调研报告75篇，其中被省统计局内网采用37篇、被国家统计局内网采用1篇。编印统计信息106期共212条，其中被省统计局内网采用123条、被国家统计局内网采用2条。组织编印2014年《楚雄州国民经济和社会发展报告》1500册、《楚雄彝族自治州国民经济主要指标快报》6360册，按季度提供给州人大代表和州政协委员参考。

【统计法制建设】 2014年，楚雄州统计系统认真贯彻落实《统计法》、《统计违法违纪行为处分规定》、《经济普查条例》等法律法规。多层次开展统计执法检查，州人大常委会组织州统计局等相关部门，对贯彻执行《统计法》情况进行检查，对“一套表”联网直报违法违规和不规范报送行为进行专项整治，对发现有问题的25个单位发出《责令改正通知书》，对存在的统计违法行为进行限期整改。统计设计管理工作有序进行。修订完善《统计数据管理制度》、《统计数据质量责任追究制度》、《楚雄州专业统计数据质量评估（控制）办法》等，对源头数据质量检查、数据质量评估、各种统计调查等进行规范，为优质高效做好统计工作提供制度保障。做好全州26个城乡属性变动统计工作，其中乡改镇4个、村委会改社区7个、新增社区1个、调整村委会改社区14个，已全部划分编制入库，审核通过。加强部门统计调查项目管理，审批了州住建局、州妇儿工委、州文产办和州工信委等4个部门申请的统计调查项目。开展《楚雄彝族自治州统计管理规定》立法调研。年初，州统计局下发立法调研工作实施方案，对修订工作进行全面安排和部署；各县（市）统计局通过与县（市）发改、经信、司法等10余个相关部门和部分乡（镇）、村委会召开座谈会、实地走访、问卷调查等形式，收集到修改意见建议112条，召开座谈会17场次，收回问卷356份，形成调研报告10篇。

【第三次全国经济普查】 2014年，中共楚雄州委、州人民政府切实加强楚雄州第三次经济普查的组织领导，州人民政府把第三次全国经济普查列入2014年重点工作，多次听取普查工作汇报，研究部署经济普查工作，解决困难和问题。州、县（市）、乡（镇）3级共投入普查经费946.97万元，划分经济普查小区1235个，选聘普查人员3167名，利用现代空间信息技术，使用手持终端设备PDA和电子地图进行普查区界限划定，采集单位定位信息，获取重要空间基础信息，确保第三次全国经济普查登记工作的顺利开展。云南省统计局先后8次对楚雄州经济普查工作进行督查和指导，各县（市）人民政府分管经济普查工作的领导定期研究经济普查工作，全州各级各部门鼎力支持，按时按质完成了经济普查现场登记、数据处理和传输、事后质量抽查等各项工作，共向国家平台报送普查登记单位10.79万个。其中，法人单位1.02万个，产业活动单位1.67万个；个体经营户8.1万户。

［高华伟］

统计调查

【统计调查工作概况】 2014年，国家统计局楚雄调查队切实加强调查队伍、调查基础、调查业务建设，奋力提高全队统计调查能力、统计调查数据质量和统计调查公信力，坚持依法独立调查，独立上报原则，认真贯彻执行国家统计调查报表制度，精心组织实施，圆满完成了全州城乡住户一体化、居民消费价格指数（CPI）、工业生产者价格（PPI）指数、规模以下工业、农产品产量、采购经理、贫困监测、农民工监测、畜禽监测、农村固定资产、部分服务业等20余项常规调查任务。印发实施了《国家统计局楚雄调查队民主科学决策制度》、《国家统计局楚雄调查队厉行节约反对浪费制度》、《国家统计局楚雄调查队干部职工下基层调研指导工作制度》、《国家统计局楚雄调查队督查督办工作制度》、《国家统计局楚雄调查队统计执法检查工作制度》、《国家统计局楚雄调查队数据审核和评估办法》《国家统计局楚雄调查队统计调查资料管理、审批、提供和发布制度》7个制度，促进干部职工下基层检查指导工作，提高数据质量，规范统计调查资料管理，提高统计调查服务水平。3月13日，召开了全州统计调查工作会议。副州长周兴国代表州人民政府与10县（市）人民政府和州级有关部门签订了《2014年度调查工作目标责任书》。

【调查基础建设】 2014年，楚雄州各级党委、政府高度重视统计调查工作，进一步加大投入力度，把以城乡住户一体化调查为重点的有关调查经费列入日常财政预算，经费额度在上年基础上明显提高，并及时足额拨付，推动全州统计调查工作的顺利进行。各县（市）调查队、统计局按照国家统计调查方案要求，适时进行部分调查户样本轮换，优化调查样本结构，确保调查户的基本稳定。建立统一的抽样调查样本基础台账，要求基层专业人员定期对城乡住户调查点和物价采价点台账的填写进行指导，对样本单位进行数据质量检查和实地复查，做到数出有源；加强对辅调员和调查户的调查业务培训，提高基层调查人员业务技能；适当提高调查户的记账补贴，部分县（市）还为辅调员购买意外人身伤害保险，进一步增强调查户及辅调员的记账积极性和工作责任心。

【全州第三次全国经济普查个体经营户抽样调查】 2014年，楚雄州及时成立第三次全国经济普查个体经营户抽样调查办公室，对楚雄州第三次全国经济普查个体经营户抽样调查工作进行全面的宣传动员，开展调查业务培训，组织广大调查人员进村入户登记调查。按时完成了楚雄、双柏、南华、牟定、禄丰5个县（市）、11个普查区、5427户个体经营样本户的入户登记、数据录入处理、验收和上报任务。

【调查分析服务】 2014年，国家统计局楚雄调查队在高质量完成各项国家调查统计任务，搞实搞准调查数据的基础上，加大对调查信息、调查分析及调研报告的考核力度，认真开展调查分析，为全州各级党委政府及有关部门提供调查优质服务。年内，共编印报送调查分析（调研报告）18期18篇，围绕国家统计局云南调查总队的信息报送要点，及时捕捉、采集、编发和报送各类调查信息简报31期40篇条。做好常规调查服务工作，认真组织编辑、发布全年1～4季度《楚雄调查快讯》小册子600余册。每月与州发改委联合签发《关于楚雄州各月居民消费价格总水平及食品、粮食和蔬菜价格变动情况的通报》，与州工信委联合发布工业品生产价格公报，为州委、州人民政府及其管理部门及时掌握经济运行发展和消费物价以及工业品价格变化情况，加强市场监管和工业产品生产等提供优质服务。

【统计执法检查】 2014年，国家统计局楚雄调查队认真抓好统计法制建设，进一步加强统计普法宣传，加大统计执法检查力度，严禁在调查过程中的弄虚作假行为和上报过程中的人为干扰行为，确保调查数据质量。组织州、县（市）调查队业务人员参加州委依法治州和普法领导小组及国家统计局云南调查总队举办的执法骨干培训，提高统计执法人员的执法能力；围绕业务工作做好普法宣传，充分利用年报会和业务培训会的机会，对基层统计调查业务人员和调查对象进行《统计法》、《统计违法违纪行为处分规定》学习宣传，增强基层统计调查业务人员和调查对象的法律意识；强化日常执法检查，提高源头调查数据质量，州、县（市）调查队对全州范围内92个调查对象的调查基础、调查工作规范化和统计调查数据质量进行了检查，并配合州人大常委会对贯彻实施《中华人民共和国统计法》情况进行监督检查。

【州级文明单位创建】 2014年，国家统计局楚雄调查队认真履行州文明委成员单位职责，贯彻落实《楚雄州精神文明建设指导委员会工作制度》，按照州文明办的统一安排部署，国家统计局楚雄调查队分成3个考评组，从8月上旬至9月初，历时20余天，先后对全州10县（市）辖区内有关单位申报7个文明县城、13个文明小城镇、15个文明社区、5个文明风景旅游区的创建情况进行认真考评，为州文明委开展文明县城、文明小城镇、文明社区、文明风景旅游区表彰提供依据。年内，围绕州级文明单位创建标准，切实加强对文明单位创建工作的领导与组织实施，全队文明单位创建工作取得显著成绩，被州委、州人民政府表彰为州级文明单位。

［肖世良］

审计

【审计工作概况】 2014年，楚雄州审计局始终坚持“依法审计、服务大局、围绕中心、突出重点、求真务实”的审计工作方针，紧紧围绕州委、州人民政府中心工作和上级审计机关的安排部署，依法履职尽责，狠抓重点领域、重点部门和重点资金及事关人民群众利益的财政专项资金的审计监督。全州共完成审计项目655项，查出违规金额9.69亿元，管理不规范金额16.09亿元。审计后促进增收节支和挽回损失3.63亿元，核减投资额1.16亿元；移送违法违纪案件线索11件36人；提出被采纳审计建议1464条，促进建立健全制度92项，向社会公布审计公告387篇。年末，全州审计机关有各级各类专业技术人员193名，其中高级职称79名、中级职称93名、初级职称21名，中、高级职称人数占职工总数的68.3%。

【专项审计】 2014年，楚雄州审计局认真做好各项专项审计工作。

政策措施落实情况跟踪审计。组织州、县（市）审计机关持续开展了第三、第四季度稳增长促改革调结构惠民生防风险等政策措施落实情况跟踪审计，涉及州级22个部门和10县（市），重点关注22个方面的内容。揭示楚雄州在重大建设项目推进、简政放权政策措施落实、各项税收优惠政策措施落实、资金保障等方面存在的问题，提出针对性建议，督促被审计单位加强整改，确保各项政策措施顺利实施，促进政令畅通。

财政管理和预算执行审计。组织开展州、县（市）两级2013年度财政预算执行情况审计、全州地税系统2013年度税收征收管理情况审计、牟定县2013年度财政决算情况和税收政策执行情况审计、全州2013年度综合绩效考核奖励资金管理使用情况审计调查，以及州民族中等专业学校、州人防办等单位2013年度预算执行情况审计。重点关注财政部门预算的完整性和执行的规范性，财政体制改革及制度建设，预算收入全额管理，财政资金的存量和增量，财政资金支出结构及使用效益，政府债务控制管理等情况；地税部门税收政策执行，重点税源、税种征收管理等情况；预算执行单位预算编制和执行，其他财政收支合法、合规和绩效等情况。关注贯彻落实中央“八项规定”、厉行节约反对浪费、规范“三公”经费管理等情况，重点检查专项资金的管理使用情况，“三公经费”、会议费、培训费等管理使用情况。对发现的违规问题依法进行处理，并从体制、机制、制度和政策层面分析原因，有针对性地提出改进建议，促进财税部门和预算单位增强依法理财意识，提高公共财政管理水平。

民生资金和民生项目审计。组织开展了全州2013年城镇保障性安居工程跟踪审计、全州2013年农村安居工程“特色村庄”示范村建设项目跟踪审计、全州2012～2013年“爱心水窖”工程建设情况审计调查，以及州商务局负责实施的“万村千乡市场工程”项目专项审计调查。重点关注各类民生资金的筹集、分配、管理、使用和绩效，项目建设和政策执行情况，揭示资金管理使用及项目建设中存在的违规违纪问题，提出改进和加强项目管理的意见及建议，促进项目资金发挥最大效益，维护群众的切身利益。在“万村千乡市场工程”项目审计中，发现全州“万村千乡”专项资金存在大量被挪用、套取、骗取以及相关部门监管缺失，一些工作人员不作为、乱作为等突出问题，审计发现问题资金占已拨付财政资金的55.88%，揭开了一起严重的腐败窝案。审计发现的违法犯罪事实和有关案件线索及时移送检察机关后，州、县（市）两级检察机关立案31件、涉案人员34人，其中涉及处级领导干部4人、科级及以下干部25人、民营企业相关人员5人，被追究党纪政纪责任29人。通过案件查办，挽回经济损失1600余万元。完成了全州2011～2012年政策性农业保险资金管理使用和绩效情况专项审计。对2013年实施的全州财政扶贫资金审计项目进行跟踪督查，审计查出违规资金266万元、管理不规范资金1774万元大部分已得到整改，应收缴财政154万元已全部执行。

政府投资建设项目审计。认真贯彻落实新修订的《楚雄彝族自治州人民政府投资建设项目审计办法》，扩大审计覆盖面，加大审计力度，开展了州职教园区、州文化中心、州人民医院新区等重点建设项目竣工决算审计，楚南一级公路建设项目跟踪审计，昆广铁路复线建设项目、广大铁路建设项目征地拆迁资金审计。重点关注工程建设程序、项目建设管理、材料设备采购、征地拆迁政策执行、项目资金管理、基建财务收支、工程造价结算等情况，揭示项目建设中违法违规、管理薄弱和重大损失浪费等问题，并提出整改意见。全州共完成投资审计项目376个，送审金额38.3亿元，审计核减投资额1.16亿元。

领导干部经济责任审计。积极推广运用省、州制定的经济责任审计评价办法、审计对象分类管理办法、离任经济责任交接制度等，深入扎实推进领导干部经济责任审计工作。全州共完成经济责任审计项目112个，查出违规金额3538万元、管理不规范金额3.46亿元。审计处理处罚已上交财政1530万元、已归还原渠道资金4074万元，向被审计单位和主管部门提出审计建议323条，移送纪检监察机关查处案件1件、涉及人员1人、涉案金额5万元，移送主管部门处理事项2件、涉及金额111万元。对10名州管领导干部开展了离任经济责任事项交接工作。

【审计整改】 2014年，楚雄州认真抓好审计发现问题的整改落实，提升审计监督效果。州审计局坚持把审计发现问题整改落实作为检验审计工作成果的重要环节，采取项目跟踪督促、整改工作督查、整改情况报告、整改结果通报等措施，督促被审计单位积极主动整改。按照州人大常委会、州人民政府的要求，州审计局派出5个督查组，在各县（市）自查自纠的基础上，对全州515个单位、87个乡（镇）2013年7月至2014年6月审计发现的1128个问题的整改落实情况进行督查。全州有关部门和单位已按审计意见整改问题1091个，占应整改问题的96.7%；正在整改的问题27个，占应整改问题的2.4%；未整改落实的问题10个，占应整改问题的0.9%。各有关单位积极采纳审计建议1276条，促进被审计单位制定整改措施及建立健全规章制度101个。

【审计信息化建设】 2014年，楚雄州审计局坚持把信息化建设作为审计工作创新发展的重要抓手，继续加大硬件投入，强化能力提升，提高应用水平。采购更新了一批打印机、复印机、台式计算机、笔记本电脑、移动硬盘、移动办公系统终端等设备，设计并采购了视频会议分会场设备1套，适时启动“金审工程”三期建设并完成项目招标。坚持开展地税联网审计，全面运用现场审计系统和审计办公系统，提高工作效率和质量。坚持利用视频会商系统进行审计案例交流10期，征集计算机审计方法64篇、实例40篇并在审计内网进行登载，实现优秀审计成果全州共享。完善信息化考核内容和形式，组织开展对机关科室、县（市）审计局信息化应用考核。加大信息公开力度，及时更新政府信息公开内容，对审计相关法律法规及本部门重大决策、重要事项、重点工作、政务信息、服务承诺事项等及时发布上网，做好“96128”阳光政府咨询热线答复工作。

【审计法制建设】 2014年，楚雄州审计局重视抓好法制宣传教育，建立健全学法制度，制定《楚雄州审计局2014年度法制宣传教育和依法行政工作计划》、《楚雄州审计局“六五”普法和依法治理工作考评奖惩办法》，加大法律法规的宣传和学习教育力度。按照“谁主管、谁负责”的原则，落实“一把手”负责制，坚持与科室签订行政执法责任书。按照政府职能转变和行政管理方式创新的要求，建立健全法治政府相关制度，全面落实行政执法责任制，严格行政执法，规范审计行为，强化对自身行政权力的制约和监督。认真开展优秀审计项目评选工作，全州评选出优秀审计项目10个、实施较好项目10个；选送3个项目上报云南省审计厅和国家审计署参评，被审计署表彰项目1个，被评为全省优秀审计项目2个、全省组织实施较好审计项目1个。

［杨崇显］

质量技术监督

【质量技术监督概况】 2014年，楚雄州质量技术监督局围绕州委、州人民政府工作部署，突出服务主题，加大对全州重点企业、非公企业、民营企业服务力度，认真贯彻执行《楚雄州质监系统服务工业发展十八项措施》，制定出台10项服务承诺，积极服务地方经济发展。深入全州重点企业开展名牌战略工作调研、培育和宣传。将减轻企业负担落到实处，涉企（个人）收费能按标准下限收取的一律按下限收取，对一些经营确实存在困难的企业和个人采取部分免收或暂缓交付的方式，切实减轻企业和个人负担；对公益性事业单位（如学校、医院）和社会弱势群体（如残疾人）开办的小作坊、小工厂按收费标准的下限或半价收取检验检测费用；对集

2014年楚雄州“云南名牌”产品一览表

获名牌产品名称	企业名称	首获时间	有效期
“仁恒”牌复混肥料	云南楚雄仁恒化肥有限公司	2003.10	2015.12
“云开”牌气体绝缘金属封闭开关设备； “云开”牌户内金属铠装移开式封闭开关设备	云开电气集团股份有限公司（原云南开关厂）	2013.01 2004.10	2016.12
“国宾”牌系列卷烟	红塔烟草（集团）有限责任公司楚雄卷烟厂	2004.10	2016.10
“云绿”牌无公害蔬菜（洋葱、番茄、菜豆）	元谋县蔬菜有限责任公司	2005.10	2017.12
“德威”牌钢筋混凝土用热轧带肋钢筋	云南德胜钢铁有限公司	2006.10	2015.10
“双梅”牌酿造食醋	云南禄丰鼎鑫醋业有限公司	2006.10	2015.10
“勤丰”牌过磷酸钙	云南禄丰勤攀磷化工有限公司	2007.10	2016.12
“东宝一捏脆”牌核桃干果	云南楚雄东宝生物资源开发有限公司	2009.10	2015.10
“大雄”牌核桃干果	大姚亿利丰农产品有限公司	2009.10	2015.10
“奉氏”牌脱水香葱	元谋利明脱水蔬菜有限责任公司	2011.11	2017.12
“雁塔”牌蒲地蓝消炎片	云南龙发制药有限公司	2012.12	2015.12
“YUNTI”牌工业纯钛板卷	云南钛业股份有限公司	2012.12	2015.12
“光波”牌普通导爆索； “天力”牌啤酒瓶	云南燃二化工有限公司	2012.12	2015.12
“锦亿”牌核桃干果	大姚锦亿土特产有限公司	2012.12	2015.12
“天腾”牌复混肥料	云南天腾化工有限公司	2013.12	2016.12
“林春”牌脂松香	南华松香厂	2013.12	2016.12
“马樱花”牌生丝	云南海润茧丝绸有限公司	2013.12	2016.12
“闽中”牌脱水香葱	云南元谋闽中食品有限公司	2013.12	2016.12
“葆宏”牌食用牛肝菌	楚雄宏桂绿色食品有限公司	2013.12	2016.12
“彝人古镇”牌旅游景点管理服务	云南汇通古镇文化旅游开发集团有限公司	2013.12	2016.12
“盘龙云海“牌龙灯胶囊	云南盘龙云海药业有限公司	2014.12	2017.12
“白竹山”牌绿茶	云南省双柏县白竹山茶业有限责任公司	2014.12	2017.12
“格瑞甫”牌鲜食葡萄	云南和立庄园有限公司	2014.12	2017.12
“恐龙谷”牌旅游景点管理服务	云南世界恐龙谷旅游股份有限公司	2014.12	2017.12
“星贸”牌速冻松茸	云南星贸食品有限公司	2014.12	2017.12
“摩尔农庄”牌核桃乳植物蛋白饮料	云南摩尔农庄生物科技开发有限公司	2014.12	2017.12

贸市场使用的计量器具免收检定费用。全年共减收、免收检验检测费10万元。

【质监管理改革】 2014年，楚雄州根据国家及省、州有关文件精神，推进质监行政管理体制调整工作，质监部门由省质监局垂直管理调整为由当地人民政府分级管理。8月17日，省质量技术监督局和州人民政府进行了工作移交。8月27日，楚雄州实现工商质监的分级管理，10县（市）质监部门由州质监局垂直管理调整为由当地人民政府分级管理，列为当地政府工作部门，业务上接受州质量技术监督局的指导和监督，楚雄经济开发区质监分局继续作为州质量技术监督局的派出机构。县（市）质监部门所属事业单位随机关整体移交同级人民政府管理，并按照中共云南省委、省人民政府和州委、州人民政府的部署，做好职能、机构、编制、人员、档案、经费、固定资产、债务等划转移交，妥善安置交流干部，保障干部职工和离退休干部的待遇，确保队伍稳定、工作连续。州质量技术监督局按照中共云南省委、省人民政府关于食品职能调整改革的决定，提高认识、主动协调，完成工作资料、人员、资产、工作台账移交，建立健全移交档案，确保食品职能的调整工作全面、完整和彻底。至5月31日，全州质监系统全面完成了食品生产监管职能划转。

【质量工作】 2014年，楚雄州以贯彻落实《国务院质量发展纲要》为契机，强力推进质量兴州战略，进一步加强质量兴州领导小组办公室建设，进一步健全质量工作联席会议制度，定期召开会议，制定出台《楚雄州贯彻实施质量发展纲要2014年行动计划方案》，编制了楚雄州2014年度半年和全年的全州产品质量状况分析报告。积极推进政府质量奖工作。年末，楚雄市和姚安、永仁、元谋、大姚、双柏、南华6县均设立了县级政府质量奖，其余3县的政府质量奖已报各县人民政府待审定后设立。认真做好2014年“云南名牌产品”的申报工作，推荐上报8家企业8个“云南名牌产品”待省名牌产品推荐委员会评审；对全州2013年7家企业新创的7个“云南名牌产品”进行表彰奖励；组织7家“云南名牌产品”企业参加“2014香港——云南品牌商品大集”展览的报名工作。组织开展产品质量监督抽查，共抽查449家企业538个批次的产品，产品批次合格率89.25%。全州年内无产品质量事故发生。“牟定腐乳”获国家地理标志保护产品，楚雄州地理标志保护产品实现“零”的突破。

【特种设备安全监管】 2014年，楚雄州深入开展特种设备“打非治违”和专项整治工作，共检查特种设备使用单位1137家，检查设备3885台，发现问题351个，下发安全监察指令书240份。对全州26家气瓶充装（检验）单位进行年度审查，并就审查中存在问题和隐患下发督查通报，限期整改。全州年内无特种设备安全事故发生。

【标准化试点项目建设】 2014年，楚雄州标准化工作有序推进。州质量技术监督局根据中共中央、国务院《关于全面深化农村改革加快推进农业现代化的若干意见》要求，认真组织开展农业社会化服务标准化试点项目的征集、上报工作，并向省质量技术监督局上报了《元谋县农业社会化服务标准化试点项目申请书》。年末，该项目获云南省质量技术监督局批准立项，正在稳步推进中。积极推进全州滇撒猪养殖示范区、牟定县葛根种植示范区、永仁油橄榄种植示范区3个省级农业标准化示范区试点项目建设和永仁方山、禄丰世界恐龙谷两个省级服务业标准化试点项目建设。

【计量工作】 2014年，楚雄州组织开展了定量包装商品监督抽查工作，共检查151家企业（含销售领域）共252批次的产（商）品。其中，标注合格批次240批，合格率95.24%；检验合格批次199批，合格率78.97%。开展“民用三表”调查，已完成第一阶段的普查工作。年末，全州辖区安装有电能表70.98万块、水表14.16万块、煤气表2.53万块。对辖区内集贸市场开展计量免费检定活动，共涉及商户3704户、免费检定费用3万余元。认真开展重点用能单位能源计量审查，审查重点用能单位5家。加大计量监督检查和执法力度，组织实施“计量惠民生、诚信促和谐”双十工程，自我承诺示范单位59家，其中集贸市场12家、医疗机构12家、加油站12个、配镜店12个、能源计量示范单位11家。为50余家中小学校和乡（镇）社区提供免费计量服务。

【“12365”举报处置指挥中心建设】 2014年，楚雄州质量技术监督局进一步规范“12365”举报处置指挥中心工作，加强信息收集和预警分析。制定出台《楚雄州质量技术监督局12365工作制度》，确保申诉工作规范化、制度化、标准化。严格责任追究制度，对接到的投诉举报要求及时回复并妥善处置，严禁置若罔闻，敷衍塞责，玩忽职守，造成不良影响。年内，“12365”举报处置指挥中心共接到举报投诉电话56个，其中举报电话3个、投诉电话19个、咨询电话19个、测试电话9个、无效电话6个。转办案件19个，办结率100%。

【质检行政执法】 2014年，楚雄州质量技术监督局切实强化执法监管，推行行政执法责任制，不断强化案件核审、集体讨论等内部行政执法监督机制，积极开展行政执法集中检查和案件评查，共集中评查全州行政处罚案卷卷宗100卷。落实质监行政执法与刑事司法衔接制度，与公安部门联合制定出台《关于进一步加强执法协作的工作规范》，加强与公安、检察院等部门的沟通协调。组织开展了重点产品整治和“质检利剑”行动，全州质监系统共出动执法人员8079人次，检查企业2422家，立案并结案的各类行政案件共186起，查获货值金额430.43万元，移送公安机关案件1件，无行政诉讼、复议案件发生。

［樊建梅］

安全生产监督管理

【机构编制及职能划转】 2014年10月30日，楚雄州机构编制委员会下发《楚雄州机构编制委员会关于调整煤炭工业监督管理职责的通知》，楚雄州安全生产监督管理局承担的煤矿安全生产监督管理职责划入州工业和信息化委员会，撤销州安全生产监督管理局煤矿安全监督管理科。年末，州安全生产监督管理局共设局长1名，副局长3名，内设机构8个，共有干部职工30人。

【安全生产指标控制】 2014年，楚雄州安全生产总体形势稳中向好。全州共发生各类生产安全事故368起，死亡110人、受伤253人，直接经济损失1574.69万元。与上年相比，事故起数减少172起，死亡人数减少15人，受伤人数减少120人，直接经济损失减少550.05万元。2014年，云南省安全生产监督管理委员会下达楚雄州安全生产总死亡控制指标52人，其中工矿商贸20人、煤矿2人、生产经营性道路交通30人。全年楚雄州控制指标内各类生产安全事故共死亡45人，占总指标的86.54%，少控制指标7人。发生较大事故5起，占全年控制指标的83.33%，死亡17人。较大事故起数比上年减少1起，死亡人数减少8人。

2014年楚雄州安全生产绝对指标统计表

项目	事故起数（起）	与上年比（±%）	死亡人数（人）	与上年比（±%）	与控制指标比（±人）	受伤人数（人）	与上年比（±%）	直接经济损失（万元）	与上年比（±%）
煤矿外工矿商贸企业	14	-22	15	-21	-5	3	300	1093.60	-9.03
煤矿	0	—	0	—	-2	0	持平	0	—
道路交通	186	-23.46	93	持平	持平	250	-32.61	198.79	40.57
农机	0	—	0	—	—	0	—	0	—
消防	168	-62.96	2	-200	—	—	—	282.3	-51.30
合计	368	-31.85	110	-12	-7	253	-32.17	1574.69	-25.89

【安全生产责任制】 2014年2月27日，楚雄州人民政府召开全州安全生产工作会议，兑现2013年安全生产责任状奖金150万元，州长与各位副州长及秘书长签订《安全责任书》，州人民政府与10县（市）人民政府、21家州级部门和单位、18户重点企业签订《安全生产责任状》，州安监局与10县（市）安监局签订《安全生产综合监管责任书》。各县（市）人民政府和州安委会成员单位又对安全生产责任进行层层分解，安全生产责任进一步得到细化和落实。7月31日，州委、州人民政府出台《楚雄州安全生产党政同责暂行规定》，调整充实了州安全生产监督管理委员会，主任继续由州长担任，增加3位副州长和州人民政府秘书长担任副主任，副主任增至7人。12月22日，州人民政府办公室下发《关于进一步落实州级部门安全生产监督管理职责的通知》，对有关部门的安全监管职责进行进一步明确和细化。

【安全生产宣传教育培训】 2014年，楚雄州坚决贯彻“安全第一、预防为主、综合治理”的方针，强化安全生产宣传教育和培训。共举办“三项岗位”人员（生产经营单位主要负责人、安全管理人员、特种作业人员）培训班46期7818人；以“强化红线意识、促进安全发展”主题，投入经费8万元，组织开展安全生产宣传咨询日、警示教育周、安全文化周、应急预案演练周等第13个全国“安全生产月”系列活动，20余万人次受到教育；组织召开了2014年上半年全州安全生产新闻发布会；宣传新《安全生产法》，通过举办座谈会、专题采访及知识竞赛等活动，共兑现竞赛奖励资金3万元；与州委组织部联合在州委党校举办了为期三天的全州安全监管执法业务培训班，384人参加培训。

【安全生产行政审批】 2014年，楚雄州按照“谁主管、谁审批、谁发证、谁负责”的原则，切实把好安全生产行政许可受理、审查和发证关。对申请安全生产许可的企业，严格安全准入标准和条件。进一步简政放权，州安监局部分取消行政审批事项2项、下放和部分下放行政审批事项4项。在清理和下放行政审批权限的同时，加强“三同时”监管，强化预防事故措施，企业安全水平进一步提升。年内，州安监局共依法对220户安全生产行政许可申请企业进行审查，通过审查颁发《非煤矿山安全生产许可证》116户，其中新办12户、变更15户、延期89户；颁发《危险化学品经营许可证》92户，其中新办6户、变更58户、延期28户；颁发《烟花爆竹经营（批发）许可证》3户（延期换证）；上报省安监局审核发证9户；颁发“三项岗位”人员安全资格证书7818本。

【安全生产大检查】 2014年，楚雄州积极探索“1+3”常态检查机制，即以企业认真开展自检自查并逐月申报检查结果为基础，配之以部门专项检查、专家明察暗访、政府综合督查的方式，努力构建常态化、规范化、系统化的检查机制。更多地采用不发通知、不打招呼、不听汇报、不用陪同和接待，直奔基层、直插现场的方式，加强对企业的检查督查、暗访抽查。对发现的问题和隐患，及时下达整改指令，严格督促整改，一时整改不了的，实行挂牌督办。年内，全州共开展安全生产综合大检查4次，共排查一般隐患2万余项，整改2万余项，整改率100%；国务院安委会、省安委会2013年对楚雄州检查督查中指出的89条隐患，以及年内应完成整改的省、州挂牌督办重大隐患均按时限要求整改完毕。

【安全专项整治】 2014年，楚雄州继续抓好煤矿、非煤矿山、危险化学品、烟花爆竹、液氨、职业病危害、工贸行业等行业领域安全专项整治，协调督促道路交通、消防、建筑施工、特种设备、农机、油气管线等其他重点行业领域的安全专项整治。煤矿方面，按照中共云南省委、省人民政府的要求，楚雄州境内35对9万吨/年及以下煤矿矿井、55个探矿洞全部停产停探整顿，并由县（市）人民政府指定部门、明确专人盯守。按照产业转型发展的要求，2014年全州共关闭煤矿矿井5对。金属非金属矿山方面，围绕3年内整顿关闭145座的工作部署，2014年共整顿关闭矿山75座。危险化学品方面，以“两重点一重大”和实施自动化改造为重点，开展在役化工装置设计诊断工作，对粉尘、高毒物质等职业病危害严重的行业领域进行全面摸底排查，共清理出接触职业病危害工矿商贸企业155户、涉爆粉尘企业46户。

【打非治违专项行动】 2014年，楚雄州深入开展以“六打六治”为重点的打非治违专项行动，共打击矿山企业无证开采、超越批准的矿区范围采矿行为21起，整治图纸造假、图实不符问题39起；打击破坏、损害油气管道行为2起，整治管道周边乱建乱挖乱钻问题6起；打击危险化学品非法运输行为23起，整治无证经营、充装、运输，非法改装、认证，违法挂靠、外包，违规装载等问题30起；打击无资质施工行为14起，整治层层转包、违法分包问题12起；打击客车、微型面包车、客船非法营运行为163起，整治无证经营、超范围经营、违法挂靠经营及超速、超员、疲劳驾驶和长途客车夜间违规行驶等问题174起；打击“三合一”、“多合一”场所违法生产经营行为30起，整治违规住人、消防设施缺失损坏、安全出口疏散通道堵塞封闭等问题68起；组织开展联合执法46次。全年全州安监部门共监督监察生产经营单位4000个8140次，实施行政处罚95次、经济罚款77次，处罚罚款356.65万元。

【企业安全基础建设】 2014年，楚雄州继续把安全质量标准化达标创建作为夯实企业安全基础，提升企业本质安全水平的重要抓手，深化各行业领域安全质量标准化达标创建，巩固达标创建成果。积极推动建立州、县（市）安全生产骨干应急救援队，督促没有建立应急救援队的企业与相邻的具备相应能力的专职应急救援队签订应急救援协议，逐步建立区域性安全生产应急救援网络。加强应急救援专家队伍建设，及时调整、充实应急救援专家，发挥专家在事故应急救援中的作用。年末，全州安全生产重点行业领域达标企业544户。其中，煤矿企业30户，非煤矿山企业302户，危险化学品企业98户，烟花爆竹批发企业3户，工贸行业企业133户，交通运输企业56户，建筑施工标准化工地9个。生产经营企业建立各类专（兼）职应急救援队伍127支，其中具备相应救援能力的重点专（兼）职应急救援队伍22支。

【重大事故】 2014年，楚雄州境内共发生5起较大事故。

2月25日18时15分，大理市银桥镇马久邑村委会村民赵某驾驶云L35608号中型普通货车行至元双公路K88+300米处时（楚雄市辖区路段）翻下50米的山坡，造成车上3人全部死亡。

3月10日23时许，永仁县108国道K3123+100米处发生一起一辆燃油助力车（乘坐3人，含驾驶员）和一辆车牌号为云A80969的重型厢式货车相撞的道路交通事故，造成燃油助力车车上3人全部死亡。

4月18日下午17时40分许，禄丰县禄罗线至和平镇平掌村委会k1+700米路段处发生一起一辆车牌号为云E17865的重型自卸货车在倒车让行过程中，左后轮与一辆车牌号为云EDH755的二轮摩托车碰撞并碾压的道路交通事故，造成二轮摩托车上3人死亡。

7月16日13时25分，一辆牌照为云JYM986的微型车（核载7人，实载8人），从南景线驶往昆明方向，在途经南景线K39+853米处（南华县一街乡大蛇腰路段）时翻下61米山箐，造成4人死亡，4人受伤。

12月25日21时许，一辆载5人的云EC6469小型汽车，在哀牢山公路南华县马街镇沙坦郎村路段翻下131米的山崖，造成车上4人死亡、1人受伤。

5起较大事故均及时报州人民政府批复结案。

［陈思云］

食品药品监督管理

【食品药品安全责任体系建设】 2014年，楚雄州进一步强化食品药品安全责任体系建设。将食品药品监管工作纳入州委、州人民政府对县（市）政府和州级政府部门综合绩效考核，组成考核组对各县（市）食品药品监管工作完成情况进行检查考核，与10县（市）人民政府和州级相关成员单位签订《食品安全工作目标责任书》和《药品安全工作目标责任书》，强化州、县（市）两级政府对食品药品安全工作的领导责任，“政府领导，部门配合，多方联动”的工作机制逐步形成。与此同时，按照“下沉监管重心、延伸监管触角”的工作要求，在乡（镇）成立食品药品监督管理所34个。全面推行食品药品安全网格化监管，在全州建立食品药品安全网格化体系，将全州“四品一械”所有监管对象全部纳入网格中进行网格化管理，实现全州1张总网，以县（市）为单位划分为10个网格，州食品药品监督管理局领导分工联系10县（市）食品药品监督管理局，10县（市）局食品药品监督管理局局长作为网格责任人承担监管责任，全州所有药品、医疗器械、保健食品、化妆品生产经营企业和餐饮服务单位全部纳入网格体系，明确监管责任人，形成人人肩上有担子，千斤重担人人挑的良好局面。

【食品药品监管基础设施建设】 2014年，楚雄州先后争取到省级食品药品监管专项经费1070万元，其中，食品安全县创建项目1个，经费100万元；食品检验监测资源整合项目2个，经费300万元；食品药品信息化监管项目3个，经费200万元；乡（镇）食品药品监管所标准化建设试点项目11个，经费220万元；州食品药品检验所设备配置项目1个，经费250万元。争取到州级专项经费200万元，支持永仁、牟定、双柏等县实施食品药品信息化监管试点项目2个、民族传统食品加工园区建设项目1个、食品药品行业协会建设试点项目2个、食品药品安全宣传试点项目3个，并完成了楚雄州食品检测能力建设项目的可研和申报。

【服务企业】 2014年，楚雄州食品药品监督管理局强化服务意识，搞好企业服务。优化许可事项，下放2项行政审批事项直接由县（市）食品药品监督管理局办理，5类行政许可平均缩短审批时限15个工作日；将餐饮服务现场核查由原来的20个工作日缩短为7个工作日；精简申报材料，方便企业办理相关审批事项。积极协助药品生产企业通过各种途径申报药品批准文号。指导和协助云南植物药业有限公司、楚雄和创药业有限公司、云南盘龙云海药业有限公司、昆明宇斯药业有限责任公司、楚雄永强冶金化工有限责任公司办理药品批准文号申报。年内，云南植物药业有限公司、云南明镜亨利制药有限公司、楚雄永强冶金化工有限公司共在楚雄辖区取得药品批准文号6个，其中转移批准文号3个。积极帮助企业协调药品、保健食品注册审批中遇到的问题，楚雄州医用器具有限责任公司医疗器械注册事宜、云南摩尔农庄生物科技开发有限公司保健食品注册事宜获得批准。对新开办的药品生产企业和GMP认证企业进行现场服务，开展人员培训，提出验收达标生产建议。年内先后出动人员152人次，为企业开展现场指导、服务55户次，培训企业人员60人次。

【食品药品行业行政许可】 2014年，楚雄州共办理食品药品行业行政审批事项11995件，其中，《药品经营许可证》审批事项119件，《医疗器械经营企业许可证》审批事项93件，《楚雄州非处方药专柜准销证》办理事项16件，《餐饮服务许可证》审批事项4643件，《食品流通许可证》审批事项6825件，《食品生产许可证》审批事项174件，第二类医疗器械经营备案125件。州食品药品监督管理局共办理行政审批事项511件，其中，《药品经营许可证》审批事项31件，《医疗器械经营企业许可证》审批事项52件，《餐饮服务许可证》审批事项87件，《食品流通许可证》审批事项161件，《食品生产许可证》审批事项174件，第二类医疗器械经营备案6件。共发布药品、医疗器械和餐饮许可等行政许可审批事项公告33期。

【食品安全整合协调】 2014年，楚雄州制定出台《楚雄州人民政府关于调整充实州食品安全委员会成员及进一步明确食品安全监管工作职责的通知》，安排部署2014年全州农村食品市场、酒类流通领域、肉及肉制品、生鲜乳及乳制品、打击食品犯罪保卫餐桌安全等9个专项整治行动。在元旦、春节等节日期间，对保障节日期间食品市场安全进行安排部署，组织食品药品监督管理、农业、畜牧、质监、商务、工商等食品安全委员会成员单位及部门的负责人和执法人员，对全州食品生产经营企业和餐饮服务单位开展监督检查。制定下发《楚雄州食品安全事故应急预案》，明确各应急处置机构职责及食品安全事故的监测、预警、报告和应急响应等，进一步完善食品安全事故应急处理机制，增强食品安全突发事件的应急处理能力。发布预警公告3期。制定下发《楚雄州2014年食品安全工作要点》、《食品放心工程——云南在行动楚雄州实施方案》等文件，对全州2014年食品安全工作进行安排和部署。组织开展2014年全国“食品安全宣传周”活动，开通食品药品宣传手机短信平台，与楚雄州电视台、州广播电台、楚雄日报社等媒体签订长期合作协议，积极采编报送食品安全信息，全方位、多渠道宣传食品药品监管工作。根据机构改革、职能调整工作进展，及时对10县（市）职能调整及乡（镇）监管所设置情况进行调研督查，对存在的问题及下步工作建议形成调研报告向州人民政府报告。监管环节各项工作稳步推进。

【食品生产监管】 2014年，楚雄州共出动执法人员3239户次，检查食品生产监管对象1577户次，发出责令整改通知书140份，立案查处违法案件9起，收缴罚没款19.28万元，涉案金额8.3万元，没收不合格原料及食品11.62吨，没收不合格食品标签2820件，处理投诉举报案件线索9起。完成上级下达和自行组织的监督抽检样品95批次，完成食品生产许可证年度报告审查61户，约谈问题企业80户次，对35份企业委托加工备案申请进行了备案。组织开展从业人员培训14场次，培训人员719人次。

【食品流通监管】 2014年，楚雄州食品药品监督管理局共出动执法人员9475人次，检查食品流通企业和经营户2.91万户次，取缔无证经营85户，责令整改413户，查处不符合食品安全标准的食品1.07万千克，查处不符合食品安全标准的食品案件（已结案）235件，罚没金额68.31万元。加大食品安全法律法规宣传力度。发放各类宣传资料4.2万余份、教材321本，制作展板32块，培训食品经营单位5122户次6102人次，接待群众咨询495人次。深入开展专项整治，严厉打击违法行为。先后组织开展了夏秋季节食品安全专项整治、过期食品专项整治、农村食品市场专项整治、校园及周边食品安全专项整治、食用油及打击非法经营“地沟油”专项整治、儿童食品专项整治、清查“亨氏AD钙高蛋白营养米粉”等专项检查工作。组织开展食品快速检测操作培训，培训流通环节监管人员95名。

【药品生产监管】 2014年，楚雄州共出动执法人员820人次，检查药品生产企业、医疗机构制剂室、特殊药品经营使用单位185户次，提出整改意见265条。继续实施非正常生产企业的监管，共对6家生产企业办理非正常生产企业备案、对1家非正常生产企业恢复生产进行现场检查。强化药品生产日常监管，对20家药品生产企业进行现场检查36户次，提出整改意见111条。监督销毁不合格普通药品4户次13个品种，货值金额387.45万元。发出责令改正通知书1份。对基药中标企业进行摸底调查，根据企业的生产状况进行现场检查，对5家药品生产企业进行现场检查13户次。认真做好药品生产企业变更、药品注册及抽样等现场核查工作，开展现场检查16户次、提出整改建议22条，完成协助注册核查6户次、提出建议20条，形成专题报告4份，完成委托生产现场考核及样品抽验6户次、提出整改建议19条。检查医疗机构制剂室5户次。对特殊药品定点供应企业每季度或半年进行一次现场检查，共检查15户次；对使用特殊药品作为原料的药品生产企业及制剂室进行现场检查12户次；对涉及使用特殊药品的各类医疗机构检查23户次；对美沙酮维持治疗门诊进行检查2户次，提出整改建议7条。监督销毁不合格特殊药品23个品种，货值金额2003元；销毁特殊药品空安瓿4个品种共1445支。加大药品GMP执行力度，云南盘龙云海等8家制药企业通过了GMP（2010年版）认证，取得相应的GMP证书。先后开展了医疗机构制剂专项检查、中药饮片生产专项检查、基本药物生产质量专项检查、二类精神药品专项检查、中药提取及提取物专项检查，出动执法人员74人次，检查药品生产企业25户次，提出整改意见91条。

【药品市场监督】 2014年，楚雄州加强药品市场监督。强化日常监管，深入开展专项整治。先后组织开展了节假日药品生产、农村药品市场、含特殊药品复方制剂、二类精神药品、计划生育药械市场、中药材、中药饮片、电视购物、打击非法行医、整治互联网重点领域广告等专项整治，深入规范药品市场秩序。抓好《药品经营许可证》、《GSP认证证书》延期及GSP跟踪检查工作。共为71户药品经营企业办理了《药品经营许可证》和《GSP认证证书》延期手续，对通过认证的企业进行GSP跟踪检查，跟踪检查覆盖率97%。做好药品经营许可证变更、换证及新开办企业的现场核查工作。8月8日，恢复《药品经营许可证》新开办、变更、换证工作，对直管的6家零售连锁门店进行了许可证变更、换证现场核查和1家新开办门店的现场验收，完成云南康瑞德医药有限公司等10户批发企业药品经营许可证变更事项的资料审查和现场核查，并按规定上报云南省食品药品监督管理局。发挥技术支撑作用，加强药品监督抽验，加强基本药物配送和使用环节监管。下达药品监督抽验计划575批次，其中基本药物350批次、普通药物225批次，快速鉴别1100批次。安排专人负责药品电子监管工作，对未按规定进行监管码信息采集和报送的企业，加大督查督办力度，督促其及时核注核销，全年共发出《督促各县（市）做好药品电子监管工作的通知》7份，确保全州药品电子监管工作的正常开展；加强对基本药物配送企业及使用单位的监督检查，按规定完成了6家新农合基本药物配送中标企业每季度1次和使用单位每年2次的监督检查。进一步推进医疗机构规范化药房建设。全年全州新增规范化达标药房118个，全州规范化药房累计达标714个，规范化药房达标率为44.6%。积极开展药品电子监管工作。牟定37家药品零售（连锁）企业均已申请加入“中国药品电子监管网”，实现电子监管全覆盖，东骏大药房、健之佳连锁健康药房、怀德仁连锁大药房在楚雄地区的52家零售连锁门店也于2013年8月被确定为云南省首批电子监管试点药店，2014年全部申请加入“中国药品电子监管网”，按规定开展电子监管工作。严格治理违法广告。全年全州共监测药品广告3166个次，监测到违法药品广告548个，已按规定在监测系统内全部上报云南省食品药品监督管理局。年内，全州共出动执法人员7308人次，检查药品市场4879户次，查处假劣药品案件70件，罚没款合计8.89万元。共协查、回复不合格药品协查函9份。

【医疗器械监管】 2014年，楚雄州共完成《医疗器械经营许可证》审批事项93件，第二类医疗器械备案125件，发布医疗器械行政许可审批事项公告10期。制定《楚雄州2014年度医疗器械生产日常监督检查计划》，共对2家医疗器械生产企业及2家药包材和药品生产企业（注册）日常监管76人次；对8家连锁店新申办《医疗器械经营企业许可

食品安全监管 （州食药监局提供）

证》换证或变更事项进行现场检查验收，共出动执法人员36人次；出动执法人员78人次，检查医疗器械使用单位（医疗机构）17户。深入开展医疗器械“五整治”专项行动。组织1000余人参与理性选购、正确使用使医疗器械安全知识竞赛；开展了以“关注健康，共同行动——拒绝假冒伪劣医疗器械”及“打击防范经济犯罪，护航改革保障民生”为主题的医疗器械宣传月主题宣传活动；组织辖区内生产、经营、使用单位相关人员参加新修订《医疗器械监督管理条例》培训，培训人员近80人；对各县（市）医疗器械的生产、经营、使用单位进行督查，督查生产、经营、使用单位34户。

【保健食品化妆品监管】 2014年，楚雄州加强对保健食品、化妆品生产、经营企业的日常监管。全年全州共出动执法人员3895人次，检查保健食品生产企业21家次、化妆品生产企业6家次，检查保健食品经营企业2171家次、化妆品经营企业960家次。取缔违法广告15件，立案查处违法保健食品化妆品案件13件，货值金额1814元，罚没款合计6.95万元。检查州食品药品监督管理局管辖的保健食品生产企业21家次、保健食品经营企业159家次、化妆品生产企业6家次、化妆品经营企业14家次。认真按照“一户一档”要求建立和完善生产经营企业信息档案，做好风险监测工作。按照省食品药品监督管理局统一部署，结合日常监管中掌握的情况，在全州开展了2014年保健食品化妆品监督抽验和风险监测工作，共抽取保健食品监督抽验和风险监测20个批次、国产特殊用途化妆品监督抽验和风险监测30个批次、国产非特殊化妆品监督抽验50个批次。经检验，保健食品监督抽验和风险监测合格18个批次，不合格2个批次；国产非特殊用途化妆品合格50个批次；国产特殊用途化妆品委托云南省食品药品检验所检验。

【食品药品稽查】 2014年，楚雄州共立案查办食品药品行业各类案件557件，涉及物品总值48.11万元，罚没款金额187.48万元。加强食品药品投诉举报系统建设，全州食品药品投诉举报中心均挂牌成立，全面开通“12331”热线电话，全年全州共受理群众投诉举报147件，办结147件，及时办结、回复率100%。

【食品药品检验和三项监测】 2014年，楚雄州共完成药品检验662件，其中监督抽验583件、委托检验79件。完成保健食品检验20件，合格18件；完成餐饮食品餐具检验200批，合格179批，不合格21批；完成化妆品检验50批，合格50批；完成药品快速鉴别1326批次，初筛未通过88个批次。全州发生药品不良反应监测报告1785例、医疗器械不良事件监测报告295例、药物滥用监测报告46份、疑似预防接种异常反应监测报告68例。

［沙朝仁］

乡镇企业

【乡镇企业发展概况】 2014年末，楚雄州有乡镇企业10.35万个，从业人员3.95万人。乡镇企业实现总产值（含个体工商户）900.7亿元，比上年增长8.36%；实现营业收入1004亿元，增长8.4%；实现利润102.2亿元，增长25%；劳动者报酬64.9亿元，增长15%。以乡镇企业产值、营业收入总量计算，楚雄州乡镇企业规模在全省16个州（市）中综合排名第4位。

【农产品加工业持续增长】 2014年，楚雄州有规模以上农产品加工企业90个，从业人员1.2万人。实现工业总产值（含个体工商户）177.68亿元，比上年增长15.86%；实现营业收入168.1亿元，增长14.7%；实现利润16.3亿元，增长5%。以产值和营业收入计算，农产品加工业占全州规模以上工业比重分别为47%和46.5%；从发展速度看，农产品加工业产值、营业收入、利润增幅分别高于全州工业2.86个、2.7个和3个百分点。全州农产品加工业销售势头保持良好，产销率97.4%，比上年提高1.3个百分点，各月产销率基本保持在95%～98%之间。全行业内销率为98%，高于上年0.1个百分点。年内，楚雄州农产品加工业投资持续增长。企业完成工业投资总额49.4亿元，比上年增长25.7%，高出全州工业投资增幅4.7个百分点。其中农产品加工业技改投资完成38亿元，增长19.44%。

【特色农产品加工业初具规模】 2014年，楚雄州饮料制造业发展相对稳定，实现产值11亿元，比上年增长12.4%；食用菌行业增势明显，累计实现产值11.8亿元，增长18%；生物制药业增长幅度较大，实现产值21.1亿元，增长23%；蔬菜加工业实现产值20亿元，增长13%；竹木加工业实现产值11.3亿元，增长19%。

【农产品加工业样本监测】 2014年，楚雄州工业和信息化委员会按照国家农业部、云南省农业厅的统一安排部署，于8月中旬及时下发《关于开展全州农产品加工业样本监测工作的通知》，全面启动楚雄州农产品加工业样本监测工作，对全州10县（市）样本监测企业指标进行了任务分解，并将10县（市）样本监测企业工作纳入年度工作计划。9月，全州乡镇企业统计人员及30家在线样本监测企业共45人参加了在玉溪开展的全国农产品加工企业在线监测软件应用培训。

【乡镇企业“新三板”挂牌工作】 2014年2～9月，在申银万国证券、太平洋证券的配合下，楚雄州工业和信息化委员会先后深入楚雄、禄丰、牟定、永仁、大姚、姚安、南华、双柏等县（市），就全州乡镇企业“新三板”挂牌展开工作。至12月，全州纳入“新三板”挂牌培育的乡镇企业10户；与申银万国证券、太平洋证券签约企业4户，分别为牟定德尔思紫胶有限公司、禄丰双丰良种猪有限公司、侏罗纪世界投资有限责任公司、永仁和立葡萄醋酿造有限公司。

【乡镇企业融资】 2014年，楚雄州工业和信息化委员会为全州乡镇企业争取省级乡镇企业发展扶持资金240万元。协调帮助元谋云吉农产品有限公司、牟定金丰种养殖有限公司、禄丰金山龙养殖有限公司、武定云岭苗族文化旅游公司、云南滇洱古道生物公司、元谋川云制冰厂、楚雄泓利达食品公司、楚雄明强新型耐磨钢制造有限公司、云南爱尔发生物技术有限公司等9户企业落实贷款资金1.74亿元。

［王文斌］

云南楚雄经济开发区

【云南楚雄经济开发区概况】 2014年，云南楚雄经济开发区被省人民政府认定为省级高新技术产业开发区。开发区管委会为县一级行政主体，授权行使州级经济管理权、部分县级行政管理权和县级人事行政权，内设8个正科级局室、4个州市派驻单位、1个全职能局、4个事业单位、3个平台公司。年内，8个内设局室共有职工221人（正式110人、聘用111人），5个垂直管理单位共有干部236人（正式105人、聘用131人）。经过开发建设，楚雄经济开发区形成了庄甸医药产业园区、桃园冶金化工园区、赵家湾生物产业园区、苍岭云甸工业区“一园四区”的空间布局，重点发展生物医药产业、绿色食品加工产业、冶金化工建材产业、机电制造加工产业和商贸文化旅游产业。首期批准规划控制面积19平方千米，至年末，建成区面积16平方千米，行政管辖面积229平方千米（含东瓜镇）。同时，苍岭镇53.9平方千米由开发区管委会开发建设。区内（含东瓜镇）共有居民2.6万户，总人口6.96万人，其中农业人口1.23万人、非农业人口5.73万人。区内单位从业人员年人均劳动报酬36393元，比上年增长15.4%。其中，在岗职工年人均劳动报酬37596元，增长18.68%；农民人均纯收入7941元，增长13%。

【综合经济】 2014年，云南楚雄经济开发区实现生产总值50.16亿元，比上年增长16.71%。其中，第一产业增加值1.73亿元，增长6.41%；第二产业增加值34.21亿元，增长17.81%；第三产业增加值13.87亿元，增长13.62%。三次产业增加值占生产总值的比重由2013年的3.73∶67.27∶29.00调整为2014年的3.45∶68.19∶27.66。人均生产总值7.21万元，比上年增加9855元，增长15.82%。实现工业总产值102亿元，增长24.6%，规模以上工业增加值23.2亿元，增长25.2%；地方财政总收入7.8亿元，增长14.5%；一般财政预算收入5.5亿元，增长12.1%；规模以上固定资产投资64.3亿元，增长30.4%；招商引资到位资金50.6亿元，增长32.2%；社会消费品零售总额37.9亿元，年度目标任务圆满完成。

【工商经济】 2014年，云南楚雄经济开发区采取有力措施积极克服经济下行、市场需求不足等不利因素影响，持续实行区领导和部门一对一联系服务企业制度，强化对企业的指导和协调帮扶，通过股权出质登记和动产抵押及实施“助保贷”等方式，帮助企业解决土地、资金、用工等方面的困难问题。全区完成工业总产值101.98亿元，增长24.6%，首次突破百亿元大关。其中规模以上工业产值98.31亿元，增长22.12%；规模以下工业产值3.05亿元，增长173.58%。实现工业增加值24.3亿元，增长26.84%，其中规模以上工业增加值23.16亿元，增长25.18%；规模以下工业增加值1.1亿元，增长178.19%。年内全区累计实施工业建设项目43个，完成工业投资16.82亿元，增长45.39%；8个工业项目投产生产或试生产。新增规模以上工业企业12户，总数达到35户。35户规模以上工业企业实现主营业务收入77.82亿元，增长31.51%；实现利税总额2.59亿元，增长51.55%；实现利润1.56亿元，增长70.58%。稳妥推进注册资本登记制度改革，执行注册资本认缴登记制度、年度报告及信息公示制度，简化住所（经营场所）登记手续，推行电子营业执照和全程电子化登记管理；进一步完善首问负责制、一口清及一站式服务制，始终坚持“非禁即入”准入原则，最大限度降低准入门槛，各类市场主体大幅增加。年内，在开发区工商部门登记注册的私营企业和个体经营户分别达到1559户和5072户，分别增长50.4%和18.1%，其中新增限额以上商贸企业11户。新登记私营企业472户，增长45.4%；新登记个体工商户1027户，增长24%；新登记企业集团2户，总数达7户。实现社会消费品零售总额37.93亿元，增长13.3%；实现第三产业增加值14.02亿元，增长12.1%；非公经济增加值34.29亿元，增长20.10%，增加值占当期GDP比重的69.15%。

年内，开发区（含东瓜镇）乡镇企业完成总产值82.63亿元，比上年增长7.67%；实现营业收入70.4亿元，增长9.32%；实现利润2.78亿元，增长145.92%；上缴税金3.52亿元，增长8.93%；实现农产品加工业产值18.06亿元，增长17.74%。外贸进出口继续增长，年内有进出口实绩企业10户，完成外贸进出口总额2114万美元，增长21.21%。其中，进口额17万美元，下降63.04%；出口额2097万美元，增长28.18%。

【重点产业发展】 2014年，云南楚雄经济开发区完成重点产业产值（产出）107.64亿元，比上年增长24.51%。其中，生物医药及食品加工业产值29.9亿元，增长62.37%；冶金建材化工业产值68.25亿元，增长13.73%；机电制造加工业产值3.76亿元，增长12.66%；商贸旅游服务业产值5.74亿元，增长22.32%。实现增加值27.6亿元，增长25.36%，占当期生产总值的55.63%。其中，生物制药及绿色食品加工业增加值7.44亿元，增长64.64%；冶金建材化工业增加值15.99亿元，增长13.56%；机电制造加工业增加值7290万元，增长60.35%；商贸旅游服务业增加值3.43亿元，增长21.26%。

【招商引资】 2014年，云南楚雄经济

开发区积极抢抓滇中产业聚集区和楚南经济产业聚集区发展机遇，不断拓宽招商引资渠道，加大招商引资工作力度。编印制作《招商引资投资指南》、《开发区招商引资重点项目》和《开发区招商引资宣传光碟》，组织参加第二届中国南亚博览会（南博会）暨第二十二届中国昆明进出口商品交易会（昆交会）、中国进出口商品交易会（广交会）、泛珠三角区域合作与发展论坛暨经贸洽谈会，以及省、州组织的其他招商推介活动，进一步加大对外宣传和项目推介力度。加强项目包装储备，围绕园区及产业规划布局，策划、筛选、包装项目33个，其中电线电缆生产线项目、冶金化工和新材料产业项目、庄甸医药园二期标准厂房入驻企业招商项目、集装箱物流中心建设项目4个项目入选省级招商项目。拓宽招商引资渠道，由主要领导带队，多次赴广东、成都、江苏、河北等地开展小分队招商，促成河北欣意电缆楚雄生产基地等项目签约；实施以商招商，促成大姚亿利丰农产品有限公司收购太阳药业、郡筹制药收购万鹤鸣药业药品批文和机器设备入驻标准厂房、楚雄云宇鲜食品公司收购强鑫工贸实施鲜花饼项目，盘活区内闲置资产；探索委托招商，与浙江、广东等8个省级异地商会及2个中介机构签订代理招商协议；探索驻点招商，在广州设立驻外招商办事处。完善全员招商机制，修订《楚雄经济开发区招商引资工作考核办法（修订稿）》，印发《楚雄经济开发区管委会关于加强招商引资工作规范化管理的实施办法（试行）》，进一步调动各单位招商引资工作积极性，营造全员招商良好氛围，规范招商引资工作，确保招商引资提速增量、提质增效。年内，全区共实施招商引资合作项目101项，完成招商引资州外到位资金50.6亿元，增长32.1%；引进外资4786万美元；新签约项目20项，协议总投资71.4亿元。

【项目建设】 2014年，云南楚雄经济开发区一手抓项目引进，一手抓服务推进，完善和落实区领导和部包保联系项目的服务推进责任机制，全力破解制约项目建设的各种要素问题。年内获批林地指标1185亩，供应建设用地1177亩，获批金融机构贷款4.72亿元，向上争取资金1.1亿元，实施融资代建项目10项、企业垫资4.5亿元，有效解决了重点项目推进过程中的林地、土地、资金等问题。完成固定资产投资64.27亿元，增长30.4%。其中，城镇固定资产投资56.49亿元，增长42.18%；房地产投资7.77亿元，下降18.62%。至年末，全区有规模以上城镇投资在建项目190个，比上年增加84个，其中本年新开工项目153个，增加78个，新增固定资产38.89亿元，增长27.34%。

【楚雄工业园区】 楚雄工业园区是云南省40个省级工业园区之一，也是省委、省人民政府提出重点打造的云南省10个国家级工业园区之一，总体规划面积70.93平方千米，经5次规划编制及调整，形成了富民轻工业片区、庄甸医药产业片区、桃园冶金化工片区、赵家湾生物产业片区、苍岭工业片区“一园五区”的规划布局结构。除富民轻工业片区由楚雄市开发管理外，其余4个片区均由楚雄经济开发区开发建设和管理。2014年，云南楚雄经济开发区坚持以规划为先导，继续抓好规划编制工作，北片区分区规划和苍岭工业片区总体规划通过评审，苍岭工业片区控制性详细规划和火车站新区规划加快推进。投入4.37亿元实施园区基础设施项目57项，苍岭工业片区、西北城市新区基础设施建设加快，桃园、庄甸、赵家湾工业片区生产生活服务配套进一步完善，园区承载力和招商吸引力不断提升。年末，楚雄工业园区共聚集各类企业117户，其中规模以上工业企业40户、省级高新技术企业9户。实现工业总产值219.65亿元，其中规模以上工业增加值209.68亿元，主营业务收入180.9亿元，利税总额82.65亿元，利润11.06亿元。

庄甸医药产业片区。位于东瓜镇庄甸社区，规划面积1.47平方千米，至年末，引进企业15户，其中盘龙云海、老拨云堂、云中制药、天利药业、草本堂、新世纪、云南白药、邦桥节能等8户已经建成，合品健康科技、云科药业、积大药业、楚源药业、云南植物药业、郡筹制药、云南药材楚雄公司、云南益田中药饮片有限公司等8户在建。年内完成主营业务收入8.38亿元，实现工业总产值14.9亿元，增长20.71%，其中规模以上工业增加值3.81亿元，增长20.47%。

桃园冶金化工片区。位于东瓜镇桃园村委会，规划面积2.44平方千米，主要发展冶金、化工、建材业。至年末，引进企业22户，其中建成企业19户，即滇中有色金属公司、拉法基楚雄水泥有限公司、天腾化工有限公司、仁恒化肥公司、凯龙天泰木业公司、明强耐磨钢公司、吉荣活塞销公司、鑫华化工公司、昆钢奕标新型建材公司、云星铜材等；在建企业3户，即日本水质净化材料生产项目、云南威鑫农业科技股份有限公司BB肥生产项目和云南多美士新型涂料有限公司项目。年内完成主营业务收入60.05亿元，实现工业总产值76.47亿元，比上年增长13.92%，其中规模以上工业增加值16.62亿元，增长13.54%。

赵家湾生物产业片区。位于东瓜镇詹家社区，主要发展绿色食品加工业。至年末，引进企业18户，其中，建成企业12户，即摩尔农庄、一致魔芋、玛格达同佳、瑞福康生物、运泽通绿色食品、云泉酱园公司、和创药业、金七制药、宇斯药业等；在建企业6户，即华农乳业、和泰农产品、楚山源生物、爱尔康生物、马大泡清真食品、摩尔农庄三期、世纪华宝生物等。年内实现工业总产值11.93亿元，比上年增长120.42%，其中规模以上工业增加值2.73亿元，增长136.17%。

苍岭工业片区。位于苍岭镇，总体规划面积53.9平方千米，分为北部苍岭片区及南部云甸片区两个部分，其中云甸片区39.82平方千米（黄草10.51平方千米、云甸29.31平方千米），苍岭片区（智明、李家）14.08平方千米。该片区是滇中产业聚集区（新区）西区的拓展区、云南省低丘缓坡土地开发利用试点之一，也是楚雄市未来推进新型工业化和城市化发展的主战区。按照一次规划、分批实施，优先实施路网配套、供水管网配套、电网配套的开发时序，年末正全面推进云甸片区基础设施建设。年内共实施基础项目11个，计划总投资6亿元，其中，总投资1亿元的苍岭工业区引水输水工程已完工通水，东区中路一、二标段已完工；东区中路三、四、五标段，东片区路网，场地平整一、二期，标准厂房一期项目全面开工建设；完成保障性住房项目建设208套，招商引资工作全面展开。

【高层次人才基地建设】 2014年，云南楚雄经济开发区围绕建设具有楚雄特色的人才基地、打造创新活力凸现的“人才特区”的目标，深入推进高层次人才创新创业示范基地建设。全方位对省、州关于创新体制机制，加强人才工作及引导和鼓励各类人才到园区创新创业的相关文件政策进行有效整合，修订并颁布《楚雄经济开发区引进高层次创新创业人才项目产品实施办法》，不断优化政策环境，提供政策保障。年内，为创新企业争取上级资金340万元。强化现有平台和新平台建设，依托楚雄经济开发区创业服务中心，12月，按照《云南省级小企业创业示范基地认定管理办法》和《云南省中小企业公共服务示范平台认定管理办法》，经省工业和信息化委员会评审和公示，楚雄经济开发区创业服务平台和楚雄经济开发区小企业创业园被确定为第二批云南省中小企业公共服务示范平台和云南省省级小企业创业示范基地。通过与云南爱尔发生物科技有限公司合作，成功组建“侯宝荣院士工作站”，年末开发区内共拥有院士工作站3个、省级工程研究中心1个。7月，根据《云南省人民政府办公厅关于认定五华科技产业园等9个园区为云南省高新技术产业开发区的通知》，楚雄经济开发区被省人民政府认定为省级高新技术产业开发区。加强高层次人才引进和产业人才培养，依托爱尔发公司省级工程研究中心、侯宝荣院士工作站建设和天利药业省级企业技术中心建设，新引进高层次人才11名（院士1名），新增生物医药产业从业人员600人。至年末，开发区共引进生物医药产业领域高层次人才45名，其中院士6名，“千人计划”2名；拥有生物医药产业从业人员3144名，其中研究生以上学历的占2.1%，高级工以上职称的占3.4%。加快科技成果转化，生物医药产业新增药品批文3个，区内企业共计研发新产品97个，获得专利32项，获云南省重点新产品1个。

【社会事业】 2014年，云南楚雄经济开发区重视民生改善和社会和谐稳定。优先发展教育事业，启动开发区实验小学古镇校区建设并完成一期主教学楼和辅助教学楼地勘、场平等工作，启动天人中学综合教学楼和宿舍、食堂等建设并按计划加快推进。妥善化解义务教育阶段入学矛盾，适龄儿童实现全部分流入学。投入义务教育经费934万元，保障区内义务教育的正常开展；投入财政经费10万元，救助区内特困家庭子女723名。加快社会事业基础设施建设，实施完成网球公园三期建设并投入使用；推进保障性住房建设和棚户区改造，完成2012年温馨家园项目建设，桃园1000套保障房完成三层主体施工，2014年度300套公租房加快地勘等前期工作，400户棚户区改造、山嘴子安置小区棚户区改造全面开工建设。强化城市管理，大力开展以临街乱搭乱建、占道经营、噪声污染等为重点的城乡环境综合治理。引进宜良县桌星投资咨询有限公司每天对辖区内主要街道乱张贴、乱喷涂的小广告进行清理；以治堵保畅、维护交通秩序为目标，划定停车泊位1067个，规范车辆停放秩序；强化门头牌匾和灯光亮化管理、开展噪声污染治理和校园周边环境整治，城区人居环境和城市形象得到不断提升。强化安全生产，落实“党政同责、一岗双责、齐抓共管”安全生产责任制和企业主体责任，突出预防为主，加大安全生产宣传检查、隐患排查治理、打非治违和应急救援演练等力度，全区安全生产形势平稳，保持了连续12年无较大事故的记录。强化平安和谐建设，加大综治信访工作力度，进一步畅通信访渠道，构建四级信访工作网络，年内共受理群众来信来访322件（含上级部门的转办件），接待来访群众237人次，办结280件；成立彝人古镇社区和城管、交通、公安3个执法中队，彝人古镇社会管理创新成果得到巩固和加强；加大治安防范和犯罪打击力度，破获各类刑事案件441件，查处治安案件697件，查处率100%；强化劳动纠纷化解工作，受理劳动争议投诉案件97件，调解91件，为976名从业人员协调解决工资1840万元。

［者崇福］

（责任编辑：李　梅）

农村经济综述

【农村经济概况】　2014年，楚雄州认真贯彻落实中央、省委、州委农村工作会议精神和《中共中央、国务院关于全面深化农村改革，加快推进农业现代化的若干意见》，按照稳定政策、改革创新、持续发展的总要求和高原特色农业发展再上新台阶的总体部署，围绕新农村建设战略任务，突出粮食安全、农民增收和民生改善三大目标，紧紧围绕农业经济发展总体目标任务，以改革为动力，强化惠农政策，增强科技支撑，大力推进项目建设，培强优势特色产业，全面促进农业稳定发展、农民持续增收和农村社会全面进步，农业经济持续发挥了对国民经济的基础性保障作用。全年全州实现农林牧渔业总产值262.97亿元，按可比价计算，比上年增长6.4%；第一产业增加值156.28亿元，增长6.5%；全年农村常住居民人均可支配收入7570元，增长13.2%；全年粮食总产量122.91万吨，增长2.2%，再创全州历史新高。

【高原特色农业发展】　2014年，楚雄州紧紧围绕省委、省人民政府发展高原特色农业的决策部署，结合州情实际，发挥区域优势，继续培植壮大蔬菜、农作物种业、蚕桑、魔芋、优质水果、人工食用菌种植等为重点的特色优势产业，加快推进高原特色农业发展。全年蔬菜种植面积114.85万亩，比上年增长7.6%；总产量179.91万吨，增长9.4%；每亩单产1566.5千克，增长1.6%；实现产值40.26亿元，按可比价计算，增长9.9%，蔬菜产业继续成为拉动农业生产的重点特色优势产业。围绕楚雄州良种品牌优势，加大“楚粳”27号、28号两个国家超级稻推广力度，积极示范推广高产、优质后备品种“楚粳”37号；完成农作物繁制种面积5.99万亩，繁育种子5.15万吨，产值5.28亿元；以元谋、永仁、双柏等低热区为重点，发展早熟鲜食葡萄6.52万亩，产量8.94万吨，产值7.71亿元，全州特色优质水果累计种植面积17.8万亩，水果产量30.2万吨，比上年增长12.4%；以南华、大姚、武定等县为重点发展马铃薯种植12.85万亩，冬季农业开发和晚秋鲜食青早豆类种植面积36.95万亩；全州魔芋种植面积达到10.47万亩，产量22.45万吨，产值8.98亿元；淡水渔业平稳发展，发展水产养殖面积14.59万亩，水产品产量2.44万吨，比上年增长8.5%，实现渔业产值3.7亿元。

【外向型特色生物产业】　2014年，楚雄州着力推进人工食用菌、花卉等外向型特色生物产业发展。全年农业龙头企业带动全州891户菇农发展以香菇、茶树菇、球盖菇、木耳、金针菇为主的16个品种的人工食用菌350.8万平方米，比上年增长16.5%，实现产值4.53亿元，增长10.5%，实现农民收入2.66亿元；以楚雄、禄丰、武定、元谋、永仁等县（市）为重点，发展以玫瑰、康乃馨、百合等品种为主的鲜切花卉4632.5亩、食（药）用花卉7086亩、地方特色花卉380.9亩，花卉繁种面积292.5亩，花卉产业共实现产值3.42亿元。

【农业新型经营主体培育】　2014年，楚雄州以发展现代农业和促进农民增收为目标，培育壮大农业新型经营主体，着力打造农产品品牌，推进农业产业化发展进程。积极开展农业龙头企业指导服务。建立州级有关部门联系帮扶龙头企业的发展机制，积极协调落实电价优惠政策，将省、州级农业龙头企业纳入电价优惠范围，共为农业龙头企业减轻用电成本3000余万元。全年新认定农业产业化龙头企业州级45户、省级7户，州级以上农业产业化经营重点龙头企业达到219户，其中省级龙头企业44户，从规模看，销售收入上亿元的23户，2000万至1亿元的108户，500～2000万元的88户。全年龙头企业完成现价总产值141.8亿元，比上年增长22.48%；实现营业（销售）收入128.5亿元，增长17.13%；实现利润12.26亿元，增长16.1%；上缴税金1.7亿元，增长13.5%；企业从业人员3.01万人。抓好农业产业化项目申报与管理工作。加大产业扶持力度，争取了一批省级农业产业化、生物产业、高原特色农业等项目和资金扶持农业产业发展，下达州级农业产业化扶持资金400万元，云南白药中药材良种繁育庄园和禄丰彩云印象现代农业庄园获得省级扶持，扶持资金600万元；组织开展10个州级农业庄园评审工作，州级择优扶持4个，全州有农业庄园42个。加强交流合作与宣传推介。帮助农业龙头企业拓展农产品销售市场，组织100余户次农业龙头企业参加第16届中国科协年会云南高原特色农业发展论坛暨院士专家助农业产业行动大会、云台农业产业对接会、俄罗斯国际农展会、第十二届中国农产品交易会（山东青岛）、第十届中国昆明泛亚国际农产品博览会及云南高原特色农产品推介会（深圳、北京、西安）等展会，参展企业涉及400余个农产品，展会意向签约金额累计超过5000万元。积极发展农产品电子商务，农产品电商企业达到46户，名特优农产品网上销售额累计实现4563万元。加强农产品品牌建设。牟定腐乳、元谋蔬菜等6个品牌获省级农业品牌示范区建设项目扶持。年末，楚雄州获得“云南名牌”称号的农产品6个、“云南名牌农产品”称号的22个、“云南省著名商标”称号的农产品47个，“武定鸡”、“白竹山茶”被国家农业部认定为地理标识农产品。加快培育发展农民专业合作示范社。全州被认定为国家级农民专业合作示范社的4个，认定为省级示范社的22个、州级示范社30个，全州累计有各类农民专业合作组织4012个，会员34.03万人（户），有家庭农场164个，专业大户1.5万余户。

【农业园区建设】 2014年，楚雄州农业产业园区建设呈现一核、多园、多区蓬勃发展的良好局面。楚雄国家农业科技园区成立园区建设领导小组及园区管委会，制定了园区建设3年行动计划；元谋核心区以滇台农业合作为重点，启动了西藏青稞育种扩繁园区等建设项目；楚雄工业园区赵家湾生物产品加工区（开发区绿色食品加工园区）、大姚生物产业工业示范园区、元谋绿色生物科技园区被认定为第一批“云南省生物产业示范基地”。赵家湾生物产品加工区入驻的14户农产品及食品加工企业全年共完成销售收入10.48亿元，比上年增长81.35%，上缴税金1400余万元；姚安园区的16户企业全年共完成销售收入4.24亿元，比上年增长14.64%，上缴税金562万元；禄丰彩云恐龙山特色农业示范园区引入昆明诺仕达集团投资的“七彩云南·时空世界”项目建设持续推进，引进了一批企业建设现代畜牧庄园、特色花卉基地及休闲观光农业等；双柏绿汁江特色农业园区招商开发取得新突破，引入13户企业流转土地1.06万亩规模化、规范化种植鲜食葡萄；永仁县招商引资开发的万亩油橄榄基地、万亩晚熟芒果基地初具规模并产生效益。全州以园区建设为平台，促进了龙头企业聚集和农产品加工业提速发展，完成农产品加工产值（含个体工商户）176.45亿元，比上年增长15.01%。

【农产品质量安全】 2014年，楚雄州以对人民群众生命健康安全高度负责的态度，积极开展农业标准化生产，开展以农（兽）药残留为主的种植产品、渔业安全生产专项整治，强化农产品质量监测和农业行政执法，切实保障农产品质量安全，年内未发生农产品质量安全事故。农产品质量安全监管体系得到加强，建立健全州、县（市）、乡（镇）3级监管机构，中央预算内投资质检站建设项目取得新进展，楚雄州农产品质检中心获省级批复，州检测中心新建项目年内下达中央资金500万元；积极争取省、州级农产品质量安全专项资金支持，开展农业投入品监管和农产品质量检测预警工作，检查农资生产经营企业（门店）5353个，整顿市场710个（次），受理举报案件29件，立案查处违法农资生产经营案件216件，未发生坑农害农事件；完成省、州农产品质量例行监测定量检测任务540个，开展蔬菜农药残留速测样品3.6万个，总合格率保持在98%以上，对监测中发现的问题，及时进行追溯整改；积极开展农产品国家“三品一标”质量认证，9个企（事）业单位的15个农产品通过了国家质量认证，其中绿色食品14个、无公害农产品1个。至2014年末，全州累计有279个农产品通过了认证，其中获有机食品认证16个、绿色食品认证111个、无公害农产品认证150个，获地理标志农产品质量认证2个；累计认定农产品原料种植基地面积78.59万亩，产品产量52.08万吨，产值20.49亿元。

【强农惠农政策落实】 2014年，楚雄州切实加强农业项目资金争取工作，不断强化强农惠农富农政策落实，千方百计增加支农投入，粮食直补、农资、良种、农机购置等补贴力度进一步加大。全年上报农业项目182个，争取到各级支农惠农项目资金合计5.38亿元（中央资金3.92元，省级资金1.20亿元，州级资金0.26亿元），直接补贴到农户手中的资金3.10亿元，全州农民人均补贴收入163.75元；积极实施国家政策性种植业保险，全州参保面积174.8万亩，各级财政补贴资金总额2652.13万元，受灾理赔面积18.04万亩，理赔金额1705.36万元；加强项目资金监管力度，开展好项目的评审验收、专项检查和绩效评价工作，确保项目资金安全有效。

【科技增粮措施落实】 2014年，楚雄州紧紧抓住蓄水趋好的有利条件，积极扩大粮食播种面积，加大科技增粮措施落实力度，大力发展晚秋作物生产，为农业增产增收提供支撑保障。全年共实施粮油作物高产创建78片，示范面积79.89万亩；完成楚雄市吕合镇、禄丰县金山镇整乡推进8片；完成间套种面积335.06万亩，粮食作物地膜覆盖85.34万亩，集中育秧育苗面积7.8万亩，测土配方施肥示范推广面积305.89万亩，播种晚秋作物87.54万亩；积极应对上年“12·16”严重低温霜冻灾害，及时组织改种补种，冬季农业开发面积168.59万亩；落实州、县（市）救灾备荒种子储备资金161.75万元，储备种子21.77万千克；完成农机作业面积562万亩，全州农作物耕种收综合机械化水平43.5%；积极推广专业化统防统治和绿色防控技术措施，农作物病虫草鼠害综合防治面积1820.91万亩次，粮食作物病虫危害损失率控制在2.39%；加强基层农技推广体系改革与建设工作，培育农业科技示范户8000户，辐射带动示范户16万户。

【农村基础设施建设】 2014年，楚雄州积极做好农业基础装备和农村基础设施建设工作，进一步夯实农业、农村经济发展基础。组织实施农业部门负责的中低产田地改造任务2.78万亩，总投资2358万元，其中巩固退耕还林基本口粮田建设项目2.08万亩，省级财政资金中低产田地改造项目0.7万亩；大力提高农机装备水平，兑现农机购置补贴2614万元，带动农民投入购机资金6000余万元，受益农户1.66万户，购置各类农业机械1.71万台（套），全州农机总动力

275.71万千瓦；实施省农业厅下达的自然村村容村貌整治项目7个，项目资金350万元；基本完成全州103个乡（镇）的基层农技推广服务体系建设项目，进一步改善乡（镇）农技推广机构的工作条件和服务手段；争取美丽乡村沼气建设项目28个，项目资金330.2万元；积极开展农村沼气项目安全生产大检查，确保全州农村沼气正常使用率不低于70%、使用户数不少于6.58万户。

【农民教育培训】 2014年，楚雄州高度重视农民的教育培训工作，扎实开展农民学历教育、绿证培训、劳动力转移就业培训、新型农民培训和技能鉴定等工作，把各类培训办到农民家门口，办到农民心坎上。开展绿证培训工作。坚持以贴近政府工作、贴近产业发展、贴近农民需要为原则，围绕主导产业，在种植业、畜牧业、农机使用维修等方面开展实用技术培训1.11万人，结业7643人，有3411人获得“绿色证书”。开展农村劳动力转移培训。农业部门全年共组织农民工劳务技能培训1.59万人，实现转移就业1.04万人，举办农民工专场招聘会14场。开展新型职业农民培育试点。在楚雄、牟定、姚安、元谋、武定、禄丰6县（市）开展新型职业农民培育试点，培训新型职业农民750人。

【农业执法】 2014年，楚雄州加大农业行政执法力度，加强农资市场监管。全州农业执法机构以加强源头治理和市场整顿为重点，强化服务指导为手段，加大农资市场法律法规宣传，开展农药、种子等农资打假及市场检查，积极调查处理农资违法举报案件。加强执法体系建设，提高执法人员业务技能，完善规章制度，开展案件评查工作，全面提高农业执法水平。全年累计出动农业行政执法人员4049人次，印发执法宣传资料11.07万份，检查农资生产经营企业（门店）5353个，整顿市场710个次，立案查处违法农资生产经营案件216件，查获违法农资产品11.74吨，货值55.73万元，挽回经济损失176.8万元。

【农业信息化】 2014年，楚雄州把发展农业信息、提升农业信息化水平作为转变部门职能，推进农村经济发展的重要措施来抓，全方位开展信息服务。“数字乡村”工程建设。全州完成1068个行政村、11828个自然村的上年基础信息报表添加1.29万份，占应完成总数的100%；完成5103份文本更新，占应更新总量的100%。农业信息发布。全州州、县（市）农业信息网站发布信息5.92万条，其中，州农业信息网站发布信息3336条，州级农业信息网点击21.87万人次。农业信息为民服务平台建设。积极建立信息服务“三农”的新渠道，通过手机短信发布实用农业信息服务农民，共发布信息2568条，50余万农民接收到“三农”实用信息。

【农村经营管理】 2014年，楚雄州坚持和完善农村基本经营制度，深化农村经济改革。巩固和完善农村土地承包经营权制度，积极学习借鉴省外、州外有益经验，做好农村土地经营权确权登记颁证前期准备工作；引导农民依法自愿流转土地，全州农村家庭承包耕地流转面积20.75万亩，设立10个县级农村土地承包经营纠纷调解仲裁委员会。认真做好减轻农民负担工作，加强对农村各类收费项目的监督检查，及时处理农民负担信访件。认真抓好农村集体资产与财务管理工作，在全州103个乡（镇）成立村级财务代理机构，村级财务实现全面公开。扶持村集体经济发展，引导农民专业合作社科学发展，开展了农业新型经营主体摸底调查，探索村集体经济发展新模式，开展“红色股份”试点工作；有9个农民合作社获得省级扶持，扶持资金90万元；有13个村集体经济项目获得省级扶持，扶持资金160万元。

［姚国强］

种植业

【农作物播种面积】 2014年，楚雄州完成农作物总播种面积626.86万亩，其中粮食种植面积380.6万亩，经济作物种植面积246.26万亩，粮食作物与经济作物种植面积比为60.7∶39.3。粮食作物中，水稻栽插面积呈现恢复性增长，种植面积87.67万亩，比上年增加14.81万亩，增长20.33%。经济作物中，油料作物种植面积37.91万亩，蔬菜种植面积114.85万亩。

【晚秋农作物生产】 2014年，楚雄州完成晚秋农作物种植87.54万亩，其中粮食作物42.46万亩、经济作物45.08万亩。粮食作物中，秋玉米13.49万亩、豆类13.13万亩、马铃薯4.76万亩、秋红薯5.47万亩、秋荞子3.86万亩、其他1.75万亩；经济作物中，蔬菜12.29万亩、萝卜12.98万亩、菜用豆11.76万亩、其他作物8.05万亩。

【冬季农业开发】 2014年，楚雄州冬季农业开发完成168.59万亩，比上年增加5.94万亩，增长6.7%。全州春番茄、青大豆、春玉米等作物实现产量97.8万吨，比上年增加3.44万吨，增长3.7%；实现产值22.65亿元，比上年增加0.8亿元，增长3.6%。元谋县2013年冬至2014年春季，共完成冬早蔬菜种植面积16.75万亩，外销蔬菜31.55万吨，农民卖菜总收入9.22亿元，外销蔬菜平均单价2.92元每千克，与上年度相比，面积增加2.64万亩，蔬菜外销量增加3万吨，农民卖菜收入增加0.92亿元。

【茶桑生产】 2014年，楚雄州茶园面积5.05万亩，全年生产茶叶1007.7吨，比上年增产69.7吨，增长7.4%，其中春茶454.4吨，夏茶318.81吨，秋茶234.49吨；茶叶产值3824.81万元，比上年增加606.65万元，增长18.9%；茶叶均价37.96元每千克，平均单产25.39千克每亩，茶农收入3824.8万元。年内，有22户茶叶企业的22个品牌获QS认证，16户茶叶企业的18个品牌获无公害认证，无公害茶园认证面积1.75万亩，有3个品牌获绿色食品认证。全州名优茶产量249.64吨，无公害茶产量412.7吨，绿色食品茶产量84.7吨。年内，全州新栽桑1.4万亩，全州有桑园

15.96万亩，养蚕农户1.69万户，户均养蚕收入6574元，饲养蚕种8.39万张，鲜茧总产量3041吨，比上年增长6.8%，鲜茧产值1.11亿元，鲜茧均价37.22元每千克。

【农作物病虫害预警监测】 2014年，楚雄州加强田间主要农作物病虫草鼠害预警监测工作，提高防控指导能力。通过对全州46个病虫草鼠害点的监测，结合各地农作物品种布局、历年病虫害发生实况、施肥水平、降雨等因素，及时发布病虫害预报。对突发性病虫害、重大病虫害实行日报告制度，一般病虫害实行周报制度。全年发布《植保简报》98期1.26万份，发送病虫草害防控信息手机短信37条，全州农村用户共接收1961万条次；在报纸、电视、电台、网络上发布植保病虫害防治信息34条次；举办农药安全使用技术、农作物病虫害防治技术知识培训会95场次，培训农民3.6万人次。

【病虫草鼠害综合防治】 2014年，楚雄州在抓好预警监测的基础上，以典型样板、示范引路，带动农作物病虫草鼠害防治工作的开展，有效控制农作物病虫害损失。开展病虫害防治示范样板11片，核心示范面积1.1万亩，发生各类农作物病虫草鼠害1178.49万亩次，综合防治面积1820.91万亩次，挽回粮食损失14.83万吨，粮食作物病虫危害损失率2.39%。积极开展病虫害统防统治。通过"村级植保组织+农户、植保专业合作社+农户、农民专业协会、农资营销大户全程承包"等多种模式，全力推进植保专业化统防统治工作。全年在小麦、大麦、水稻、蔬菜、玉米等农作物上实施植保专业化统防统治429.6万亩次，占总防治面积的23.6%，专业化统防统治效果达到89.6%，比农民自防效果提高11.6%。推广绿色防控措施。全州有杀虫灯4387台，覆盖面积21.94万亩；实施黄板、蓝板诱杀害虫39.74万块，面积1.98万亩；实施性诱剂诱杀1.37万亩；实施农业措施防虫避虫、推广抗病虫品种、生物多样性控制病虫害、推广生物农药等其他植保绿色防控面积17.21万亩，全年共实施植保绿色防控面积42.5万亩。

【植物检疫】 2014年，楚雄州积极开展有害生物疫情普查、监测工作，认真开展产地检疫、调运检疫和市场检疫。实施种子、苗木产地检疫面积2.11万亩，签发《全国农业植物产地检疫合格证》105份，实施调运检疫7920批次24.6万吨，签发《植物检疫证书》7920份，实施市场检疫7936批次2.7万吨。

【政策性种植业保险】 2014年，楚雄州认真做好国家政策性种植业保险工作，涉及全州10县（市）103个乡（镇）1051个村委会，实际参保面积174.8万亩（水稻57.5万亩、玉米100.3万亩、油菜12万亩），比上年增加12.59万亩，增长7.76%。各级财政补贴资金总额2652.13万元，其中中央财政补贴1178.42万元、省级财政补贴442.02万元、州级财政补贴309.73万元、县（市）级财政补贴721.96万元，种植农户承担保费294.68万元。受灾理赔面积18.04万亩，其中水稻6.38万亩、玉米11.13万亩、油菜0.53万亩；理赔金额1705.36万元，其中水稻558.44万元、玉米1108.92万元、油菜37.98万元。

［姚国强］

畜牧业

【畜牧业概况】 2014年，楚雄州畜牧业工作围绕加快高原特色农业、山地牧业发展的目标要求，坚持"保供给、保安全、保生态"目标不动摇，紧扣"突出特色、壮大规模、完善机制、确保安全、实现增收"的发展理念，坚持"生猪稳发展、家禽促发展、牛羊快发展"的发展定位，以加快转变发展方式为主线，进一步增强畜禽综合生产能力，努力保障饲料和畜产品质量安全，大力开展草原生态保护建设，加快推进现代畜牧业发展。全州实现畜牧业总产值97.68亿元，比上年增长8.9%，占农林牧渔总产值的37.1%；实现畜牧业增加值53.29亿元，增长9.4%；全州猪、牛、羊、禽分别出栏385.3万头、38.57万头、111.12万只和2240.35万只，分别比上年增长9.8%、8.1%、8.8%和9.8%；肉类总产量44.57万吨，增长10%；农民人均出售畜牧产品的纯收入达1073元，比上年增207元，增长23.9%，占农民人均纯收入7570元的14.2%。

【畜禽规模养殖】 2014年，楚雄州畜牧兽医局、州财政局联合出台《楚雄州州级畜牧产业化发展专项资金管理办法实施细则（试行）》，对州级畜牧产业化发展专项资金扶持重点、标准和程序进行规范。年末畜禽规模养殖户达5422户，其中出栏生猪100头以上的1897户，出栏肉牛10头以上的1636户，出栏肉羊100只以上499户，出栏肉鸡1000只以上的1390户；生猪规模化养殖比例达42.3%，肉牛规模化养殖比例达23.9%，肉羊规模化养殖比例达28.5%，家禽规模化养殖比例达61.3%，全州有省级以上标准化畜禽示范养殖场18个，其中国家级3个。

【畜牧产业投入】 2014年，楚雄州共向中央和省争取草原生态保护补助奖励机制、生猪标准化养殖小区建设、中央财政支持现代农业、省级优势畜产品基地建设等项目共11大类110个项目到位资金1.49亿元，州、县两级地方财政投入3630.1万元，其中州级1119.58万元，县（市）级2510.33万元。同时，州人民政府通过产业扶贫安排1亿元小额扶贫贷款专项用于发展适度规模养殖。

【动物及产品检疫】 2014年，楚雄州建立的198个检疫申报点猪、牛、羊、禽规模养殖场出场动物产地检疫率100%，受理并实施产地检疫动物276.65万头只。年末，全州共有生猪屠宰场点76个，牛羊屠宰场点32个，禽类屠宰点36个，其他动物屠宰点24个。按照"屠宰检疫要同步"原则，全州共实施屠宰检疫66.42万头只，屠宰环节检出病害动物猪1353头、禽39只、有害动物产品肉类65.98吨，检出的病害动物全部按照规程进行无害化处理。办理动物卫生监督执法案件62件，涉案63人，收缴罚款14.05万元，移交公安部门立案侦查1件。

【畜产品质量安全检测】　2014年，楚雄州畜牧兽医局组织实施屠宰环节“瘦肉精”快速抽检3223批次，结果均为阴性。在38户养殖场户抽取尿样111份对养殖环节开展“瘦肉精”监测，其中生猪规模养殖场26户、牛羊规模养殖场12户，进行盐酸克伦特罗、莱克多巴胺和沙丁胺醇试纸条检测，检测结果全部为阴性。按照省农业厅计划安排，于5月、9月、10月3次抽取检测样本鸡蛋30批、鸡肉29批、猪肉20批、猪尿27批、蜂蜜40批，送省畜产品质量安全监测中心检测，均未发现检测项目不合格的情况。

【兽药质量监管】　2014年，楚雄州有350户兽药经营户，已通过兽药GSP认证企业342户。在兽药经营环节举办质量管理、法律法规等方面知识培训班25期，培训兽药经营从业人员609人次，发放宣传资料1026份，发放《告知书》1499份；在兽药使用环节对养殖场户宣传培训安全用药86期6875人次，发放宣传资料3308份，发放《告知书》3308份。检查兽药经营企业、医疗机构及养殖场6330个，抽样82批次送检，送检合格率76.3%。查处假劣兽药案件43件，涉案货值金额1.02万元，收缴罚没款2.99万元，没收销毁假劣兽药1.61万盒（包、瓶、支），取缔无证经营企业1个。

【饲料质量监管】　2014年，楚雄州畜牧兽医局认真贯彻落实全国农资打假视频会议精神，成立专项整治工作领导小组，对州内取得生产许可证的2家饲料生产企业和1家添加剂生产企业及8家未获证饲料生产单位、163家饲料经营户加强监督检查。全年检查饲料生产、经营企业1312个次，检查养殖场户5237户次，抽取饲料产品样84批次，其中送省兽药饮料检验所检验18批（养殖环节违禁药物检测13批次、经营环节检测5批），送州农产品检测中心检验66批，检验合格率为80.3%。立案查处饲料案件13件，收缴罚没款6.7万元，查处违法饲料产品6.01吨，责令整改饲料经营企业17个，取缔饲料经营企业1个。

【畜禽屠宰管理】　2014年，楚雄州按照国务院《机构改革和职能转变方案》和农业部相关文件要求，由州商务局承担的畜禽屠宰监督管理职责划入州畜牧兽医局，州级于8月20日完成移交。至9月末，全州10县（市）均顺利完成畜禽屠宰监督管理职责调整。

【家畜品种改良】　2014年，楚雄州有猪人工授精改良站点173个、本交改良站点1241个、肉牛冻精改良站点103个、肉驴改良站点33个、努比亚羊纯繁场26个扩繁场60个，完成生猪杂交改良48.92万胎、牛杂交改良8.20万胎、肉驴杂交改良6870胎，提供努比亚纯种羊3682只和杂交一代种公羊1565只。配合省草地动物研究院在楚雄、双柏、牟定、南华、大姚、姚安6县（市）开展云岭牛扩繁改良，累计配种1146胎，受胎930胎，受胎率81.15%，楚雄州成为全省云岭牛养殖最多的地区。

【草原生态建设】　2014年，楚雄州继续做好草原生态保护补助奖励机制补奖项目实施工作，通过禁牧、草畜平衡和人工种草等措施，建立健全草原生态保护长效机制，每年兑现农户禁牧和草畜平衡奖励补助资金3871.31万元，兑现人工种植牧草良种补贴381.5万元。经中央和省对2014年草原生态保护补助奖励机制各项政策实施情况进行绩效考评，下达全州草原生态保护补助奖励资金1465万元，其中草原畜牧业发展方式转变项目资金1048万元，双柏、南华、大姚、永仁、元谋5县各200万元，武定县48万元，用于建设牛羊圈舍、改良草场和种植多年生人工草地、新建青贮窖和贮草棚、建设牧草地围栏、配套饲草料机械等，推进草原畜牧业发展方式转变。

【动物疫病防控】　2014年，楚雄州继续开展动物防疫整村推进工作和推行生猪“三苗两点”同步注射，在规模养殖户中推行程序免疫。全年累计免疫注射猪牛羊口蹄疫913.34万头只，占存栏数的98.09%，推广生猪“321”免疫猪瘟弱毒疫苗、高致病性猪蓝耳病弱毒疫苗、猪O型口蹄疫灭活疫苗共471.62万头，占存栏数的97.43%，免疫禽类高致病性禽流感1024.8万只，免疫密度94.50%，免疫效果监测平均免疫合格率牲畜口蹄疫为84.65%，猪瘟、高致病性猪蓝耳病为91.46%和88.60%，高致病性禽流感、新城疫监测分别为90.62%和86.79%。

【免疫抗体监测】　2014年，楚雄州畜牧兽医局用ELISA试验分两次监测牲畜O型口蹄疫血清2926份，平均合格率为84.65%。其中检测猪血清1159份、牛血清885份、羊血清882份，合格率分别为79.12%、86.67%、89.91%。共检测猪瘟血清1159份，合格率91.46%，检测高致病性猪蓝耳病血清781份，合格率88.60%，用间接血凝法试验监测高致病性禽流感、新城疫监测鸡血清各5725份，合格率分别为90.62%和86.79%，送省疾控中心监测狂犬病免疫血清样品139份。

【人畜共患病疫情监测】　2014年，楚雄州动物疫控中心与州疾控中心共建沟通协作平台，采样送检结果和处置情况相互通报，共建信息平台，加大人畜共患病防控力度，保障人民群众的生命安全。狂犬病防控。年内共发生49起犬伤人事件，涉及10县（市）29个乡45个村，采样19份送检，阳性15份，其中1份阳性为人脑样品，是全州首例送检人脑。布鲁氏菌病防控。州内自1964年有4例人感染布鲁氏菌病以来时隔50年再次发生3人被感染布鲁氏菌病，对可能与患者接触的两个村存栏羊240只进行临床检查，并采集139份羊血清，进行实验室检测全部为阴性，同时对患者曾经骟割过的13只羊进行反复实验室检测，结果均为阴性，排除患者因骟割山羊而感染布鲁氏菌病，重新对患者感染布鲁氏菌病的原因进行流行病学调查。

【动物疫病监测】 2014年，楚雄州监测猪、牛、羊口蹄疫血清样品1649份，阳性率16.62%；猪瘟病毒血清监测417份，未检出阳性；布鲁氏菌病监测3342份血清，检出阳性26份，阳性率0.78%。进行猪伪狂犬病、猪圆环病毒病Ⅱ型、猪乙型脑炎、猪细小病毒病、猪衣原体病监测，监测猪血清样品分别为502份、497份、320份、308份、233份，阳性率分别为54.58%、67.20%、50.94%、59.09%、18.88%。奶牛结核病监测，两次共检测奶牛96头，检出阳性6头，阳性率6.25%，阳性牛已全部进行扑杀及无害化处理。开展马传染性贫血监测净化工作，共监测马属动物血清样品2576份，未检出阳性。

【小反刍兽疫情】 2014年4月，楚雄州经国家外来动物疫病研究中心确诊，元谋、武定等县（市）发生了小反刍兽疫疫情，疫情涉及10县（市）41个乡（镇）141个村民委员会229个村民小组503户农户，发病羊1.2万只，死亡1605只。疫情来势之猛、扩散之快、疫点之多，在州内有历史记载以来是第一次，全州各重大动物疫病防治指挥部迅速启动应急响应，迅速成立现场指挥组、督察协调组、疫源调查组、物资保障组、应急值守组等6个组开展疫情处置工作，采取紧急防控措施，全力拔除疫点，及时控制疫情扩散蔓延，迅速扑灭疫情，把疫情影响和损失降到最低程度。全州关闭活羊交易市场72个，设立重大动物疫病防控临时检查站302个，紧急调供防护服320套、生石灰10.76吨、烧碱2吨、消毒剂4633千克，环境消毒面积5.01万平方米；调供免疫疫苗205万份，对171.07万只山绵羊全部进行紧急免疫，共扑杀病羊及同厩羊1.21万只。州人民政府紧急安排250万元扑杀补偿经费，发生疫情的县（市）、乡（镇）人民政府也积极筹措资金，按规定对扑杀病羊及同厩羊给予补偿，及时把扑杀补助资金兑付到受损失养殖户手中，保证疫区社会稳定。

［李光祥］

农业机械化

【农机总量】 2014年，楚雄州农机装备总量平稳增长，装备结构持续优化。年末，全州农业机械总动力275.71万千瓦，比上年增加17.37万千瓦，增长6.7%。全州拖拉机拥有量3.38万台；微型耕整机10.39万台，比上年增加2.2万台，增长26.9%；水稻插秧机106台，增加33台，增长45.2%；播种机508台，增加82台，增长19.3%；联合收获机258台，增加45台，增长21.1%。

【农业机械作业量】 2014年，楚雄州农机作业面积持续增加，机械化水平稳步提升。完成机耕作业面积421.4万亩，比上年增长2.6%；完成机播作业面积51.1万亩，比上年增长189.7%，其中，完成水稻机插秧面积4.03万亩，增长97.5%；完成机收作业面积89.5万亩，增长15.4%；完成机电灌溉面积150.7万亩，增长15.2%。全州农作物耕种收综合机械化水平43.5%。

【农机安全监管】 2014年，楚雄州进一步强化农机安全监管，确保农业机械生产安全。全州未发生统计范围内的农机事故，田间场院、农机供油点和农副产品加工点未发生农机安全事故。实行农机安全生产责任制。州、县（市）、乡（镇）3级农业（农机）部门农机安全生产责任书签订面100%，乡（镇）农推中心与机手签订农机安全生产责任书12.22万份，签订面98%。开展农机安全宣传教育。共组织拖拉机驾驶员安全教育学习活动402场次，参加人数13.44万人次，制作安装永久性警示牌42块，制作宣传展板64块，喷刷永久性安全宣传标语237条，悬挂宣传横幅246条，粘贴宣传标语4280条，印发各类宣传材料16.82万份，发放告知书8.73万份。开展农机安全生产专项行动。共出动检查车辆2786车次，检查农业机械1.68万台次，排查驾驶操作人员1.71万人次；排查出一般农机安全生产隐患3420个，整改落实3363起，整改率98%。开展拖拉机道路交通安全委托执法工作。全州各级农机监理机构和监理人员按照公安交通管理部门的委托范围、委托权限开展农机安全执法活动，委托执法查处无牌行驶221车次，查处无证驾驶304人次，查处违法载人320人次，查处客货混装40车次，扣留拖拉机2辆，违法记1分17人次、记12分1人次，教育违法人员9769人次，处理简

农机作业　　（李光昌/摄影）

易程序拖拉机道路交通事故3起。

【农机登记管理与检验】 2014年末，楚雄州共有各类拖拉机3.38万台，其中持“云23”牌证拖拉机3.04万台，持“云NJ”牌证拖拉机3376台；办理拖拉机注册登记1287台，办理拖拉机转入41台、转出132台、报废86台。年末，全州共有各类拖拉机驾驶员3.95万人。全年全州受理拖拉机驾驶员考试36期，考试合格核发拖拉机驾驶证2170本，办理增驾考试合格核发驾驶证121本，办理拖拉机驾驶证审验换证2635本。年末，全州持“云23”牌证拖拉机应检数2.33万台，完成检验签证2.20万台，占应检数的94.57%；持“云NJ”牌证拖拉机应检数1424台，完成检验签证1099台，占应检数的77.2%。年内，楚雄州积极开展拖拉机驾驶员、农机操作手培训，共培训各类农机人员1.99万人，其中培训农机管理人员222人，培训农机技术人员921人，新训拖拉机驾驶员42期2599人，培训（轮训）农机操作人员1.62万人。

【农机购置补贴】 2014年，楚雄州农机购置补贴工作采取“全价购机、定额补贴、县级结算、直补到卡”的方式进行，全年全州实施农机购置补贴资金2614万元，其中中央资金2414万元，省级资金200万元。农机购置补贴惠及全州1.66万户农户7个农机专业合作社，补贴购置各类农业机械1.71万台（套），带动全州农户和农机专业合作社投入6000余万元资金购置农业机械。

【农机化新技术示范推广】 2014年，楚雄州大力开展农机新技术示范推广工作。实施机械深耕新技术推广180.41万亩，比上年增加25.87万亩；开展精少量播种新技术推广22.66万亩，增加20.25万亩；开展机械深施化肥新技术推广13.03万亩；开展节水灌溉新技术推广41.99万亩，增加13.93万亩；开展机械化秸秆还田新技术推广17.22万亩，增加4.02万亩。水稻全程机械化技术示范推广取得新进展，全年在禄丰、楚雄、牟定、大姚、南华、元谋6县（市）设立26个水稻机械化插秧示范点，全州共有插秧机108台，水稻机插秧面积4.2万亩，比上年增加2.18万亩；共有联合收割机286台，完成水稻机收面积20万亩，水稻机收面积占种植总面积的22%，比上年增长7个百分点。

［姚国强］

农业科技推广

【新品种选育】 2014年，楚雄州农科所在温室种植水稻优异稻种亲本47个，配制杂交组合140个。种植F4代杂种集团组合92个、F5代杂种集团组合28个，筛选优良单株794份，出圃26份。种植F5代以上育种系统材料，筛选优良系统208份，出圃77份。对136个性状基本稳定的优良品系进行产量、外观品质、抗逆性、丰产性等综合性鉴定，经过田间观察及经济性状等综合比较，选收37个突出品系。种植玉米自交系选育材料620份，通过田间鉴评和配合力测试，选出多个性状较好、配合力较高的自交系品种，配制新组合1200个。种植大小麦亲本材料399份，杂交组合186个。种植杂交后代材料745个，选留后代材料657个，新品种鉴定17个，出圃品种4个，苗头品种2个，提供省区域试验品种4个、生产鉴定品种2个，至年末，2个品种均通过了田间鉴评。全年收获蚕豆优异单株和株系800份，杂交组合23个，筛选出种植优异单株340个，株系34份；选育适于当地大面积应用的优良新品种2个，提供云南省区域试验及7州（市）联合区域试验品种各1个，选出优异品系30个。种植双低油菜标准材料、株系135份，收获有效单株342份；开展两系三系杂交油菜新组合42份；开展云南省田油菜组区域试验，参试品种11个，其中杂交油菜9个，常规双低2个；种植甘蓝型特大籽粒油菜材料225份，长势好于往年。

【产业体系综合试验站建设】 2014年，云南省水稻产业体系建设楚雄综合试验站首次在禄丰百亩核心区开展水稻“楚粳”31号、32号、37号等13个新品种的机插示范，展示面积153.5亩。示范区采用统一集中育秧、统一机插、统一配方施肥、统一病虫害防治、统一机收等技术措施，开展技术培训2个期次，培训农民368人次。9月16日，经楚雄州农业局组织有关专家对楚雄水稻综合试验站百亩核心示范区品种展示进行现场验收，百亩核心示范区平均亩产为812.29千克，比非示范区增加84.48千克，增产11.61%。由于示范区推广机插机收、配方施肥、病虫综合防治等技术，亩节约成本488元，综合生产成本降低37.54%，完成年内《任务书》规定的百亩核心示范区的任务指标，经济效益和社会效益显著。年内，云南省玉米产业体系建设楚雄综合实验站在禄丰县碧城镇实施玉米百亩核心区及千亩示范区成效明显。9月25日，受省农业厅委托，由楚雄州农业局组织相关专家对核心样板及示范区进行实打验收，平均亩产816.7千克，千亩示范区亩产768.3千克，比非示范区亩增加148.3千克，圆满完成省农业厅下达给楚雄州玉米综合试验站项目合同任务目标，一致同意通过验收。年内，国家小麦产业技术体系楚雄综合试验站工作任务圆满完成，组织实施了小麦隐性灾害防控技术研究、小麦简易机械播种技术研究及示范推广，在5个示范县分别建立当地主要隐性灾害防控及节本增效的高产综合示范基地6个1330亩，开展麦类主要病虫害监控防治配套技术研究、组织会议及技术培训、开展了体系方面的其他工作。

【烟后种植项目】 2014年，云南省立体间套种项目姚安片区经专家实测，亩产鲜豌豆750千克，亩产值5000元；烟后套种长寿仁食米豌豆后再套种油菜1000亩核心示范，亩产鲜豌豆750千克，产油菜150千克，综合亩产值6500元以上。双柏片区经专家实收测产，项目主栽作物玉米套种大豆的平均复合亩产688.7千克，复合产值1441.8元每亩，套种效益和效果均十分明显。

【州（市）联合区域试验】 2014年，楚雄州农科所牵头实施“云南省优质水稻新品种协作选育及示范推广”项目，成员单位有楚雄、大理、曲靖、保山、丽江、文山、临沧7州（市）农科（院）所。共收集省内外稻种资源250份；鉴定交换育种材料36份；种植亲本材料963个，配制杂交组合1005个；种植选种材料1.19万份，鉴定稳定品系525个，筛选出苗头品种（系）约80个；提供省区域试验品种6个；11个品种通过云南省审定。协作组全年示范推广自育水稻新品种513.84万亩，超计划完成37.84万亩，平均亩产589.55千克，比当地原主栽品种或对照品种每亩增加61.14千克，增产11.57%。协作组全年组织实施水稻10亩核心区7个、百亩示范方8个、千亩示范片9个，超额完成计划任务。年内，提供云南省优质蚕豆区域试验参试品种9个，7州（市）联合区域试验参试品种9个，云南省优质大豆区域试验参试品种6个，楚雄州农科所提供品种彝豆2号产量最高，折合亩产330千克，比对照1亩增产12.6%。年内，州农科所参与云南省地麦新品种区域试验2组，供试品种20个，经田间调查、室内考种和产量比较，州农科所提供的地麦新品种楚11-3表现最好，比对照增产21.44%，产量排列第1位。参与云南省啤饲大麦新品种区域试验1组，提供参试种11个，州农科所提供的楚B11-585产量最高，亩产411.35千克，比对照亩增50.67千克，增产14%，居试验第1位。

【农作物新品种示范推广】 2014年，楚雄州重视农作物新品种示范推广工作。在大理州弥渡县及楚雄州大姚县实施超级稻后备品种楚粳37号百亩示范方2个，9月19日经农业部专家组实产验收，百亩示范方平均亩产分别达到974.05千克和849.96千克，最高田块亩产1038.26千克。在楚雄、姚安等地实施优质软米楚粳39号有机稻示范种植约300亩，共收购稻谷58491千克，该品种米饭油润光亮、口感好、冷不回生，深受用户欢迎，具有较好的市场开发前景。在云南省的楚雄、禄丰、武定、永仁、泸西、巍山、曲靖、保山、丽江等14个县（市）多点示范楚粳37号、38号、41号、42号、43号5个新品种，示范效果较好。年内在全省适宜地区推广种植超级稻楚粳28号218万亩、楚粳27号55万亩，经多点实收和测产，2个品种合计共新增稻谷2.66亿千克，按当年国家粳稻最低收购价每千克3.1元计算，实现农民增收8.24亿元。年内，经过筛选引进玉米新品种云瑞88号、云瑞47号、云瑞8号、楚单7号、楚单11号、北玉16号、北玉21等玉米品种。全年全州玉米种植面积90万亩，楚单7号、云瑞47号、云瑞88号、楚单11号、楚白单5号、保玉9号、北玉16号示范推广总面积50万亩，占全州玉米种植面积的55.5%以上。年内，在楚雄、姚安等6个示范基地进行小麦新品种云麦53号、云麦56号的节本增效集成栽培技术示范1720亩，在南华、楚雄、禄丰、姚安等县（市）组织云大麦1号、云大麦4号、保大麦8号、V43、S-4等6个大麦新品种示范2300亩，合计示范大小麦新品种4020亩。其中小麦平均亩产322.43千克，比非示范区亩增35.33千克，增产12.31%；大麦亩产381.62千克，比非示范区亩增44.32千克，增产13.14%。全年共计繁殖推广大小麦新品种24万亩。年内，在楚雄市和大姚县进行8个新品种展示，实测产量结果彝豆1号产量最高，折合亩产273.5千克，其次是凤豆98-29，折合亩产264.75千克。新品种示范繁殖200亩，由于受干旱影响，经测产平均亩产183.3千克。较本地对照种平均亩增产21.3千克，增产13.15%。开展新品种试验、示范推广蚕豆稀植高效栽培技术，品种以彝豆1号为主，在楚雄市、大姚县和武定县推广示范500亩，辐射带动4500亩，测产结果，平均亩产209.7千克，较本地老品种增产干籽粒34.8千克每亩。参与完成的早熟高效鲜销型品种“云豆早7”选育与运用项目，获得省科技进步一等奖，彝豆1号通过了省级蚕豆新品种审定，也是州农科所蚕豆育种以来第一个通过审定的蚕豆新品种。彝豆2号通过省蚕豆新品种区域试验，进入2014~2015年生产试验。年内，在楚雄市开展楚魔花1号商品芋高产示范100亩，辐射带动全州1万亩，9月28日州人民政府邀请国内魔芋专家田间测产验收，商品芋产量为4239.80千克每亩；元谋县江驿乡引进楚魔花1号示范种植，田间测产验收产量为5401.9千克每亩；在楚雄、大姚等地开展楚魔花1号种芋扩繁示范1247亩，平均产量为1823千克每亩，比全州种芋平均产量增长14.94%；开展魔芋杂草化学药剂防除示范1247亩，每亩节约人工除草劳力10个，节约资金800元；在省内示范种植楚魔花1号7.5万亩，该品种在州内覆盖率80%以上。

［王学辉］

烟叶生产

【烟草产业概况】 2014年，楚雄州共销售烟叶215.78万担，销售卷烟10.32万箱，“两烟”实现销售收入97.45亿元，比上年增加9.8亿元；实现税利35.5亿元，比上年增加3.5亿元，增长10.9%，比行业平均增速高0.9个百分点，圆满完成年初确定的各项目标任务。全州种植烤烟74.43万亩，收购烟叶186.4万担，比上年减少18.6万担；上等烟比例67.13%，比上年下降2.37个百分点；收购均价27.51元每千克，比上年增加1.51元；收购总值25.64亿元，加上各项补贴2.97亿元，实现烟农总收入28.61亿元，比上年增加400万元；烟叶税5.64亿元，比上年减少2200万元；烟农户均收入2.37万元，比上年增加3300元。在收购总量减少18.6万担、下降9.1%的情况下，保持烟农收入略有增加、烟叶税收基本稳定，全面实现了“控量、提质、增效”目标。

【烟叶生产管理】 2014年，楚雄州烟草专卖局（公司）系统把提升质量、打造品牌、满足需求作为事关楚雄烟叶市场信誉的头等大事，严守收购总量红线、严守烟叶质量生命线、严守规范管理底线。严控规模坚守红线成效明显。在计划分解上，改变过去自上而下简单摊派计划的做法，以村组为基本单元自下而上规划并逐一核实审批；在合同管理上，采取“明确主体、双向承诺、全程公示、核实发放”等手段，减少空假合同隐患；在过程管控上，切实加强供种和育苗管理，特别是优化结构更加扎实到位，确保了“栽实、管好、不超”。特色优质烟叶开发稳步推进。抓住红花大金叶品种收购价格上浮 20%、K326 品种每亩补贴烟农 300 元的政策机遇，种植红花大金叶品种 9.75 万亩、收购量 19.5 万担，种植 K326 品种 32.28 万亩、收购量 80.3 万担，特色品种占比 53.5%，有效满足卷烟工业企业原料需求，对烟农增收起到决定性作用。烟叶生产管理水平持续提升。坚持大、小棚育苗相结合，壮苗率在 95% 以上；推广膜下小苗移栽 20.5 万亩；投放烟蚜茧蜂 30.5 万亩，严控农药施用量，烟叶安全性有效提升；组建州、县（市）、烟站、合作社 4 级烘烤技术指导服务体系，大力推行“分类编烟、排队入炉、同杆同质”烘烤，烤后烟叶质量大幅提升，烘烤损失率从 15% 降到 13%；自然灾害保险机制进一步理顺，缴纳保险费 3423 万元（烟农缴纳 1339 万元），全年受灾定损 6.04 万亩，理赔 1980.29 万元，切实维护了烟农权益。烟叶收购等级质量明显提高。围绕“主攻纯度、善始善终、平稳收购”要求，全力推进专分散收工作，散叶收购 137.82 万担，占总量的 73.94%；全新构建三级管控机制，将分公司（收购站点）、州公司质量巡检组、烟叶经营部二次质检组三者挂钩，同步考核奖惩；全面提升规范管理水平，综合运用信息化手段，做到“三统一（身份证识别、皮重、时段）两严禁（暂存和脱机）”，有效杜绝营私舞弊、收人情烟、收关系烟的现象发生，收购秩序和质量均好于往年，等级纯度明显提升，实现烟农、工业企业、政府三个满意。国家烟草专卖总局抽检收购等级合格率 80.5%，工商交接合格率 60.47%。

【现代烟草农业建设】　2014 年，楚雄州根据“整体规划、系统设计、综合配套”的总体要求，全面完善烟水配套、密集烤房、农用机械、育苗小棚、土地整理等设施的综合配套，进一步改善烟区生产条件，提高烟叶种植现代化生产能力。基础设施建设项目稳步推进。全年全州共建成项目 2.31 万件，烟草补贴 1.87 亿元，受益基本烟田面积 9 万亩。水源工程按质按量顺利推进。2011 ~ 2012 年度批复的 9 件项目建设进展顺利，年内已完工楚雄罗其美、双柏螃蟹冲、牟定丰乐等 3 件项目；2013 ~ 2014 年度申报的 3 件项目尚待批复。基地单元建设水平进一步提升。2014 年国家烟草专卖局新增楚雄基地单元 6 个，全州建设国家级基地单元 25 个，其中特色烟单元 9 个，对口工业企业 13 家，重点在楚雄子午基地单元开展精益生产试点工作。合作社建设更加完善规范。全州以乡（镇）为单位依法组建 80 个综合服务型合作社，开展育苗、机耕、烘烤、植保、分级专业化服务和生产技术服务、物资供应等拓展业务，烟农入社率 89%，成员代表大会对专业化服务的提供主体和服务价格等进行协商表决，烟草补贴形成的资产、涉烟大额资金开支由烟叶站参与监管，实现“全面覆盖、全程服务、全体受益”。

［蔡雨璐］

林　业

【林业工作概况】　2014 年，楚雄州林业系统围绕州委、州人民政府提出的“生态立州”战略，坚持走生态建设产业化，产业发展生态化路子，克服长时期高森林防火等级等不利因素的影响，深化改革、克难奋进、狠抓各项措施落实，全州完成营造林任务 40.63 万亩，为计划的 109.8%；完成低效林改造 22.5 万亩，为计划的 112.5%；完成义务植树 1024.1 万株，四旁植树 1657.8 万株，分别为计划的 106.7% 和 110.5%；完成育苗 2093.8 亩，为计划的 126.1%；森林火灾受灾率 0.17‰、林业有害生物成灾率 0.78‰，两项指标均在省下达 1‰、5.8‰的控制指标以内；退耕还林补助到期面积、天保工程森林抚育项目通过国家林业局核查验收，森林防火和林业宣传等工作受到省人民政府和省林业厅的表彰奖励。全州林业产值 106.47 亿元，比上年增长 11.78%；农民人均从林业中获得收入 2200 元，比上年增加 400 元。年内，省林业厅在全省开展“森林云南”建设省级示范基地创建活动，授予楚雄市中山镇草介村、大姚县石羊镇叭腊么村为核桃产业示范基地；授予永仁县维的乡板栗产业示范基地；授予禄丰县仁兴和禄丰县仁兴大平坝为观赏苗木产业示范基地；授予南华县五街镇咪黑们村和大姚县桂花镇自必苴村分别为松茸科技推广示范基地和核桃科技推广示范基地；授予牟定县飒马场村为退耕还林云南红梨示范基地；授予大姚县赵家店镇石板箐为辣木特色产业森林庄园。

【林业改革】　2014 年，楚雄州完善集体林权制度主体改革，开展集体林确权发证查缺补漏工作。积极推进集体林权制度配套改革，报送并出台《楚雄彝族自治州集体林权流转管理办法》，草拟、讨论并向州人民政府报送《关于进一步深化集体林权制度改革的实施意见》、《关于开展经济林木（果）确权颁证工作的意见》和《楚雄州经济林木（果）确权颁证暂行办法》；在双柏县、大姚县开展经济林木（果）确权发证工作；林业分类经营改革向纵深发展，国家和省级生态公益林全部纳入生态效益补偿；以森林公安为主的林业综合执法改革稳步推进；森林火灾保险和野生动物公众责任保险试点工作如期完成；天保工程集体商品林采伐试点取得新成效，林木采伐指标入村到户长效机制进一步健全，减少审批环节，简化审批程序，方便林农自主经营。全州各县（市）进一步完善林权流转管理制度，规范流转程序、加强流转监管、拓展林权抵押贷款登记及政策咨询等服务。年末，全州林权抵押贷款面积 45.2 万亩，林权抵押贷款余额 9.6 亿元，林权流转 7665 宗 98.1 万亩；全州 2901.64 万亩集体林地，已确权2890.81万亩，确权率99.6%，共发放林权证41.73万本，发证面积2864.77万亩，发证率99%。积极推进林业向规模化、集约化和专业化经营发展，在政策和资金等方面加大对林农专业合作社等新型林业合作组织的扶持。年末，全州有国家级农民林业合作社示范社3家（楚雄市中山镇草介核桃专业合作社、大姚县彝丽核桃专业合作社、大姚县三台核桃种苗专业合作社），省级林业合作社29家。

【林业产业】 2014年，楚雄州林业系统认真做好项目资金争取和招商引资工作，加大龙头企业扶持力度，培强做大以核桃为主的特色经济林产业，以野生食用菌为主的非木质林产业，以人造板、家具制造为主的木材深加工产业，以松香、桉叶油、天然香料和生物质能源为主的林产化工产业和林木种苗花卉产业。至年末，全州已发展特色经济林710万亩，其中核桃530万亩、油橄榄2万亩、板栗51万亩、花椒44万亩、水果32万亩、膏桐40万亩，实施野生菌保育150万亩。全年全州共生产核桃5.2万吨、板栗1.6万吨、水果13.6万吨、野生菌2.16万吨、中药材0.4万吨、人造板28.6万立方米、松香松节油7万吨、桉叶油0.8万吨、种苗花卉5470万株。野生菌、松香产量均居全省第一位，核桃产量居全省第三位。实现林业产值106.47亿元，比上年增长11.78%。

【林业科技】 2014年，楚雄州各级林业主管部门进一步强化在职教育和培训，狠抓科技项目建设，落实科技入户制度，开展科技下乡等活动，共投入教育、科技培训和新技术推广经费526.30万元。全州干部职工共有2274人次参加林业行业教育和培训，举办林业科技培训411场次、培训林农3.63万人次；组织林业科技下乡活动198场次、现场指导农民9896人次，科技咨询服务5.5万人次，发放科普资料10.39万份、科普图书7.03万册；推广科技项目23项。

【依法治林】 2014年，楚雄州林业系统积极推进林业法治建设。加大森林资源管理专项检查和林业行政执法力度，查处各类林业行政案件2100起，查处率100%。全州森林公安共受理各类涉林违法案件1640起，查处1612起，查处率98.3%；查处各类违法犯罪人员2187人，收缴野生动物706只（头）、林木木材1716.11立方米，为国家挽回经济损失1034.68万元。加强资源林政管理。进一步规范征占用林地审核、审批，林木采伐，木材运输、加工和经营活动，天保工程区人工商品林采伐试点和森林采伐管理进一步加强。为重点项目建设服务。进一步简化使用林地审批手续，创新探矿、露天开矿、挖沙、采石、取土及风电、光伏发电、生态旅游等项目林地使用模式，破解重点建设项目征占用林地的瓶颈问题，保障了州“3个30”和省“3个100”重点项目使用林地。年内，省、州、县（市）3级共审核审批用地项目266个，批准面积1.43万亩。其中，批准永久性征占用林地123个，面积10005亩，占省林业厅下达楚雄州林地定额的148.2%。省、州、县（市）3级批准临时占用林地113个，面积2890.2亩。其中，省林业厅批准临时用地14个，面积1322.85亩；州林业局审批临时占用林地项目12个，批准使用林地面积849.15亩；县（市）林业局审批临时占用林地项目87个，批准使用林地面积718.35亩。批准林业生产设施使用林地项目20个，批准使用林地面积1360.35亩。

【森林防火】 2014年，楚雄州各级党委、政府和林业主管部门高度重视森林防火工作，各级人民政府层层签订森林防火目标管理责任状，切实把森林防火行政首长负责制落到实处；各级森林防火指挥部成员单位切实履行部门森林防火职责，做到服务保障到位；各级林业主管部门切实做好森林防火的组织、协调、指导、监督工作，把森林防火作为中心工作来抓，使各项防扑火责任和措施落实到位。全州共发生森林火灾39起，其中一般森林火灾17起、较大森林火灾22起，过火面积2.27万亩，森林受害面积4710.3亩，受害率0.17‰。杜绝了重、特大森林火灾，实现了零伤亡。全州森林火灾次数、受害森林面积、当日扑灭率均在省人民政府下达的控制指标以内，被省人民政府考评为二等奖。在参与扑救安宁“5·21”、“5·24”森林火灾中，楚雄州森林防火指挥部、州林业局受到省人民政府通报表扬。

【林业有害生物防治检疫】 2014年，楚雄州林业系统切实抓好林业有害生物防治检疫工作，采取药物防治、仿生物防治等措施，有效遏制森林病虫害的发生和危害。全年全州发生各种林业有害生物面积14.86万亩，发生率0.48%；成灾面积2.42万亩、成灾率0.78‰。全州共防治各种林业有害生物面积14.17万亩，防治率95.33%。

【生物多样性保护】 2014年，楚雄州林业部门加大生物多样性保护宣传力度，采取图片展览、现场咨询、散发科普宣传资料等多种方式，组织开展了世界湿地日、世界生物多样性保护日等专题宣传活动。依法打击破坏野生动植物违法行为，加强自然保护区自然资源、森林生态系统、湿地生态系统保护，积极推进哀牢山国家公园申报工作，开展森林生态系统及黑长臂猿、绿孔雀等珍稀濒危物种调查监测，严格候鸟保护及野生动物疫源疫病防控，完成野生动物肇事公众责任保险工作，全州生物多样性保护得到进一步加强。

【林业项目资金争取】 2014年，楚雄州林业系统继续坚持“以项目争投资、以投资促建设、以建设促发展”，组织申报2014年度林业产业项目35个，上报项目总投资5.5亿元。全州共向上争取林业建设资金7.73亿元，其中无偿资金4.86亿元，林业贴息贷款2.87亿元。完成招商引资项目2个，引进到位资金3100万元。

【造林绿化暨林改工作】 2014年7月18日，楚雄州人民政府召开全州造林绿化暨林业改革电视电话会议，州绿化委员会成员单位领导、州集体林权制度改革领导小组成员单位领导和州林业局科级以上干部在主会场参加会议。10县（市）人民政府分管领导、绿化委员会成员单位领导、集体林权制度改革领导小组成员单位领导、各乡（镇）人民政府主要领导和林业站负责人在各县（市）分会场参加会议。州委常委、州人民政府副州长任锦云出席会议并讲话，州绿化委员会副主任、州林业局局长卢显亮安排造林绿化和林业改革工作。8月14～15日，省委、省人民政府专项督查组深入楚雄市、南华县，对楚雄州造林绿化暨林业改革工作进行专项督查。督查组专门听取州、县（市）工作情况汇报，并先后深入南华县龙川镇岔河村委会、红土门村委会的核桃、花椒种植基地和南华县林业局林权流转中心对造林绿化、林权流转工作进行检查；深入楚雄市万木春绿化服务中心、森源科技有限公司、楚雄卷烟厂、市区网球公园、紫溪彝村，对苗木产业、城镇绿化、乡村绿化等工作进行指导。7月25日上午，州级机关在楚雄市苍岭镇面山植树点举行义务植树活动。州、市机关干部和楚雄军分区、武警楚雄支队官兵等600余人参加义务植树活动，共植树造林200余亩。州党政主要领导参加了义务植树活动。

［杨发民］

水　利

【水利建设概况】　2014年，楚雄州水务局围绕州委、州人民政府确定的年度水利工作目标任务，全面推进水源工程、病险水库除险加固、灌区节水改造、水土保持生态环境治理、中小河流整治、小型农田水利、农村人畜饮水安全、抗旱保民生、水务改革等各项工作。水务发展改革工作呈现又好又快发展的良好态势。全州共争取到中央和省水利建设补助资金13.26亿元，其中中央资金8.99亿元、省级资金4.27亿元，比上年增长46.7%。全州累计完成水利固定资产投资34.92亿元，比上年增长16.9%，占州人民政府下达年度投资计划30亿元的116.4%。全年全州新增有效灌溉面积4.19万亩，占年度目标任务的104.75%；完成干支渠防渗109.36千米；完成水土流失治理面积450.27平方千米，占计划的102.3%；建设2万件“爱心水窖”工程，改善了15.7万农村人口及学校师生饮水安全问题。

【水利基础设施建设】　2014年，楚雄州在建22个重点水源工程及2个大型灌区2013年度续建配套与节水改造建设项目顺利实施。续建的禄丰沙龙、双柏河口河、楚雄罗其美、双柏螃蟹冲、牟定丰乐、禄丰老鸦关6座中小型水库全面完工，其中双柏河口河、禄丰沙龙水库通过省级验收，双柏螃蟹冲、南华羊成、牟定丰乐和中锋水库完成建设下闸蓄水。续建的元谋坛罐窑、大姚红豆树、禄丰西河、大姚大坡、永仁阿朵所、武定羊旧、姚安大麦地7座水库和新开工的双柏小沙河、牟定双龙闸、永仁拉里么、禄丰梅域村、元谋挨小河、大姚木卡拉、武定仁和7座水库工程顺利实施。蜻蛉河及元谋大型灌区2013年度续建配套与节水改造建设项目已完工，2014年度项目完成招投标。开工建设619件小（二）型病险水库除险加固工程，完工

2014年度楚雄州库塘蓄水情况统计表

单位：万立方米

县（市）	计划蓄水	现有水量	占计划%	大型		中型		小（一）型		小（二）型		小坝塘		上年同期
				计划	实蓄	计划	实蓄	计划	实蓄	计划	实蓄	计划	实蓄	
青山嘴	6578	6583	100	6578	6583									5378
大海波	625	658	105			625	658							523
塘房庙		1469					1469							1815
楚　雄	10307	7572	73			4576	2560	2553	1313	1800	1601	1614	2098	8141
双　柏	3500	4195	120					2200	2555	480	799	820	841	3131
牟　定	4656	6035	130			1508	1593	1108	1149	980	1146	1060	2147	3962
南　华	4837	5030	104			2331	1769	886	869.5	900	1083	810	1308	4767
姚　安	8239	5748	70			6095	2980	1320	775	1142	838	1206	1155	5699
大　姚	7257.3	6660	92			781	665	4676	3897	900	1025	900	1073	6723
永　仁	7400	8587	116			4528	4343	1122	1520	1050	1784	700	940	6988
元　谋	8500	8691	102			4913	4700	1251	1757	780	982	1007	1252	7456
武　定	6201	6930	112			2564	2564	2211	2444	700	974	710	948	5669
禄　丰	11900	11952	100			3741	2780	5370	4767	1900	2345	1678	2060	10791
合　计	80000.3	80109	100	6578	6583	31662.29	26081	22697	21046	10632	12577	10505	13822	71042.63

475件，竣工验收147件。

【抗旱增蓄水】 2014年，楚雄州由于前期晴热少雨，蒸发强烈，土壤失墒快，特别是5月份，全州持续高温少雨，月平均雨量16毫米，仅为历年平均值的23%，月平均最高气温超过30℃，为近5年最高值，加剧了旱情发展蔓延。全州因旱农作物受灾面积24.9万亩，有23.3万人11.5万头大牲畜饮水困难。旱情发生以后，州水务局等有关部门按“有水喝、能增收、促发展”的要求，围绕城乡居民生活、烤烟和水稻育苗、重点工业企业“三个用水基本需求有保障”组织开展抗旱工作，使旱情处于可防可控状态，保障了全州经济社会在大旱之年的可持续发展。全州共投入抗旱39.2万人次，投入抗旱保饮水资金4836.24万元，续建和新建抗旱应急供水工程12件，累计临时解决了23.3万人11.5万头大牲畜饮水困难。至年末，全州平均累计降雨764毫米，比上年多127毫米，比历年少67毫米。全州前期干旱少雨，入汛后降雨基本正常，但分布不均，降雨强度弱，地表产水量偏低，库塘蓄水不均衡。全州库塘蓄水从6月8日最低的2.74亿立方米增加到年末的8.01亿立方米，净增5.28亿立方米，其中采取引、提、调等有效措施增加蓄水0.7亿立方米。全州34.25万个水池（窖）全部蓄满。全州最高时饮水困难人口仅为上年同期一半，10个县城、部分重点集镇群众基本生活用水和重点工业企业用水需求基本有保障，抗旱工作取得全面胜利。

【防汛减灾】 2014年，楚雄州的防汛工作通过落实防汛责任制，认真抓好队伍组织、物资储备、工程调度、抢险救灾等各个环节，确保各类工程安全度汛。未发生较大洪涝灾情，水库无溃坝情况。在抗御洪涝灾害中，投入资金66.65万元，其中省级以下18万元，群众自筹48.65万元；投入防汛抢险2279人次；投入运输设备70班次机械设备50台班；投编织袋5300条、沙石料700立方米，抗灾用油10.6吨、用电0.6万度，总物资消耗折算资金50.2万元。减淹面积150亩，减少受灾人口100人，解救洪水围困群众100人，减灾经济效益200万元。

【水利前期规划】 2014年，楚雄州积极做好治涝规划、水中长期供求规划、水资源保护规划等水利规划和小型水库工程建设总体实施方案编制，及时成立州水务发展“十三五”规划工作领导小组和规划编制工作组，启动水务发展“十三五”规划编制。全面推进西南5省重点水源工程建设规划内项目前期工作。列入《全国抗旱规划实施方案（2014~2016年）》的抗旱水源工程有小（一）型水库5件、小（二）型水库工程3件，其中牟定双龙闸小（一）型水库工程2013年开工建设，大姚木卡拉、南华代家箐两件小（一）型水库初步设计报告通过省、州复核和批复，木卡拉水库工程于8月开工建设，代家箐水库年内开始开展“三通一平”建设；保处鲁小（一）型水库初步设计报告通过省级相关部门复核；元谋依洒小（一）型水库完成可行性研究报告编制工作上报省，待省审核；完成了姚安干香凹和饮光石箐、楚雄红丹箐3件小（二）型水库初步设计报告编制工作，姚安干香凹和饮光石箐两件小（二）型水库初步设计报告通过省级审核，红丹箐水库初设已通过州级审查，待修改完善后上报省审核。列入规划的24件中小河流治理项目已批复开工17件，元谋县蜻蛉河弯保至那化段、大姚西河、双柏小沙河、姚安勐岗河前场适中段、元谋永定河、禄丰西河和南河7件初步设计已通过省审查批复。年内开工建设的饮水安全工程、重点县、两个大型灌区等项目完成建设方案编制或审批，加快小（二）型水库除险加固项目前期工作及初步设计批复工作，确保满足投资计划安排和建设需要。

【农田水利建设】 2014年，楚雄州加快推进农田水利设施建设。完成了元谋、南华、大姚、牟定4个重点县2013年度建设任务，完成楚雄市重点县年度项目验收；完成了双柏普龙片区、元谋芝麻片区、武定插甸片区3个高效节水灌溉项目、禄丰秀宁南冲小型灌区及农田水利工程维修养护工程等2013年中央统筹土地出让收益计提项目建设，完成楚雄市紫溪镇箐上村山区水利整村推进项目建设任务。完成冬春农田水利基本建设投资21.25亿元，占计划的108.4%，启动11个乡（镇）水管站建设项目。

【污水处理厂配套管网建设】 2014年，楚雄州共建成城镇污水处理厂11个。完成配套管网建设94.53千米，占省下达年内配套管网建设计划25.72千米的

除险加固后的大海波水库 （州水务局提供）

367.52%。楚雄州污水管网建设推进情况全省排名保持第1名。通过加快污水管网建设和对直排河道的排污口改造，污水处理厂的污水处理运行负荷率明显提高，从每天8万立方米提高到每天14万立方米。

【水土保持】 2014年，楚雄州完成水土流失防治面积450.27平方千米，占计划440平方千米的102.3%，完成投资1950万元。全力做好2014年度水土保持重点治理工程及坡耕地水土流失综合治理工程的实施工作。2013年度双柏县实施的峨足小流域坡耕地水土流失综合治理工程土地总面积5024.55亩，完成投资1150万元，已完成水土流失治理面积3578.55亩。抓紧实施2014年度双柏县马龙河小流域坡耕地水土流失综合治理工程。楚雄州水土保持重点工程为元谋、牟定、姚安和武定4个县，计划治理水土流失面积10平方千米，总投资400万元。年内，4个县的综合治理工程已开工建设。

【水利投融资改革】 2014年，楚雄州水务局积极推广“一库一策”投融资模式，带动社会资本参与水利工程建设，重点水源工程建设融资取得新突破。在武定仁和水库试点采取融资模式筹措资金参与工程建设，通过公开招投标的方式选择融资单位代县人民政府融资进行工程建设的模式，融资5000万元，解决了县级资金配套不及时的问题，确保了工程顺利开工建设。结合全州实际，以202件小（二）型病险水库除险加固项目省级投资账户做质押向州农发行成功贷款1.5亿元，实现融资工作零的突破，为按时完成小（二）型病险水库除险加固建设任务奠定基础。在建设管理模式上，以县（市）为单位分别成立小（二）型病险水库除险加固工程建设管理局，统一集中管理辖区内的所有小（二）型病险水库除险加固工程项目；为加强建设项目工程质量的控制和监督，强制要求“隐蔽工程施工过程留图片”和实行“现场两公示一监督”制度。

【水资源管理保护】 2014年，楚雄州全面落实最严格水资源管理制度，确保实现水资源开发利用和节约保护的主要目标，制定《楚雄州实行最严格水资源管理制度考核办法》、《楚雄州实行最严格水资源管理制度考核实施方案》，经州人民政府批准实施。州人民政府对各县（市）落实最严格水资源管理制度情况进行考核，各县（市）人民政府为责任主体，政府主要负责人对本行政区域水资源管理和保护工作负总责，以5年为1个考核期，采用年度考核和期末考核相结合的方式进行。分解下达最严格水资源管理“三条红线”考核指标，组织技术单位对水资源总量控制、用水效率控制、水功能区限制纳污控制“三条红线”指标进行分析和论证，确定10县（市）2015年、2020年、2030年用水总量控制指标，2015年农田灌溉有效利用系数、万元工业增加值用水量指标，重要饮用水水源地、重要水功能区达标率指标，充分征求县（市）人民政府、水务部门意见后分解下达，并将其列入2015年州人民政府考核10县（市）的重要内容。

［李雪花］

青山嘴水库工程建设

【《楚雄彝族自治州青山嘴水库管理条例》颁布施行】 2014年2月24日，《楚雄彝族自治州青山嘴水库管理条例》经楚雄州第十一届人民代表大会第四次会议通过，5月1日正式颁布施行。《条例》颁布后，青山嘴水库工程建设管理局积极抓紧做好条例的宣传贯彻落实工作。在州广播电台经济频道、新闻频道上连续播出5天，每天10次；在《楚雄日报》上全文刊载；印发《条例》单行本5000本，《条例》问答5000份分发到州级相关单位、相关县（市）、乡（镇）、村委会学习宣传；举办由局机关干部职工、库区管护人员、保安、库区周边乡（镇）、村委会干部、村民小组长参加的专题培训班2期，营造宣传学习氛围。

【水库管理】 2014年，青山嘴水库工程建设管理局努力抓好水库蓄水，做到应蓄尽蓄，至12月12日，达到水库正常蓄水位1814米，蓄水6578万立方米，完成州防汛抗旱指挥部下达的蓄水任务。积极组织向下游供水，切实做好服务群众工作。全年向下游供水3489万立方米，其中向元谋县供水2400万立方米，向楚雄市供水1089万立方米，收取水费230万元，初步发挥水库效益。青山嘴水库被列为楚雄市城镇生活用水后备水源，为做好水库水质保护工作，使水质达到《云南省楚雄彝族自治州青山嘴水库管理条例》中的Ⅲ类水质目标，年内投资50余万元购置水面清洁船1艘。树立防大灾、抗大旱的思想，做到蓄水防洪两不误，强化安全管理，进一步充实完善防汛工作领导小组，做到抢险队伍、防汛物资、应急措施到位，多次进行安全检查，切实消除安全隐患。年内，青山嘴水库工程建设管理局进一步完善水库配套设施，不断改善枢纽区环境。针对青山嘴水库枢纽区域无公厕、无专用停车场，给游客及管理工作带来诸多不便的实际，投资107万元建设停车场1个、公厕2座，年内工程竣工并交付使用。

【库区护林防火】 2014年，青山嘴水库工程建设管理局强化领导责任，建立健全24小时防火值班制度，聘用常年护林员20名、季节性护林员7名，管护库区林地4.3万亩、耕地3800亩，实行包干管护，并与水库周边的3个乡（镇）、6个村委会及35个村民小组建立群防群治森林防火联防应急机制，做到信息互通，发生火情应急迅速。年内共发生火情2起，未发生人员伤亡和重大财产损失，护林防火工作在楚雄市人民政府2014年考评中获得森林防火目标管理责任二等奖。

［周荣志］

（责任编辑：安孟勤）

工业经济综述

【工业经济发展概况】　2014 年，楚雄州努力克服市场有效需求不足，主要工业品价格大幅下滑，企业用工成本上升，部分企业停产半停产等不利因素，认真贯彻落实促进经济平稳较快发展、推动产业转型升级的各项决策部署，细化目标任务、强化工作落实、加强协调帮扶，实现了工业经济平稳增长，主要经济指标完成或超额完成年初下达的目标任务。实现工业增加值 231.6 亿元，增长 12.9%，增速分别比上半年和一季度提高 2.0 和 7.2 个百分点；对 GDP 增长的贡献率达 38.7%，比上年提高 4.6 个百分点。其中，规模以上工业实现增加值 178.5 亿元，增长 13.1%，高于全省增长数 5.8 个百分点，高于州人代会目标 1.1 个百分点。规模以上工业企业达到 239 户，比上年增加 47 户。产值亿元以上企业达到 99 户，比上年增加 12 户。其中，产值 10 亿元以上企业达到 8 户，比上年增加 2 户。楚雄卷烟厂产值 102.7 亿元，实现了楚雄州年产值百亿元以上企业零的突破。全州 10 县（市）工业保持增长势头，除禄丰县外，其余 9 县（市）和楚雄经济开发区的增长速度达到 10% 以上，牟定、南华、姚安、永仁、元谋、武定 6 县的增长速度达到 20% 以上。

【工业转型升级】　2014 年，楚雄州烟草及加工、冶金化工传统支柱产业得到巩固提升。烟草制品业增加值比上年增长 8.6%，冶金化工业在极为困难的情况下实现企稳回升，增加值增长 8.4%。装备制造、农产品加工业、医药制造业发展提速，增长速度分别达到 30.9%、31% 和 31.5%，成为拉动工业增长的亮点。全州非烟工业增加值比上年增长 16.6%，非烟工业增加值占规模以上工业增加值的 57%。煤炭产业转型升级工作有序推进。全州关闭煤矿 5 个，煤矿数量从 36 个减少到 31 个，保留煤矿企业 8 户，在上年 19 户基础上压减 11 户，完成了省下达楚雄州煤炭转型升级年度工作任务。淘汰落后产能任务顺利完成。

2014 年楚雄州重点监测工业行业主要经济指标完成情况统计表

单位：万元

县（市）	企业数（户）	工业产值			主营业务收入			利税总额			利润总额		
		实际完成	上年同期	同比增减（%）	实际完成	上年同期	同比增减（%）	实际完成	上年同期	同比增减（%）	实际完成	上年同期	同比增减（%）
烟草加工业	1	1027220	942321	9	953909	905386	5.4	701351	647559	8.3	99470	105084	-5.3
冶金工业	49	1563323	1525367	2.5	1374113	1265395	8.6	24155	40291	-40	-13833	15171	-191.2
化学工业	21	672760	634655	6	439739	463219	-5.1	7799	6186	26.1	7471	5076	47.2
医药工业	16	236802	177116	33.7	150007	101730	47.5	5121	3920	30.6	12413	5252	136.4
包装印刷及卷烟辅料业	10	135044	110722	22	98707	81382	21.3	4037	4345	-7.1	11607	11347	2.3
食品加工业	56	809352	591082	36.9	748298	562167	33.1	15941	8718	82.8	61745	42678	44.7
建材工业	30	266056	171944	54.7	229124	147480	55.4	8691	5462	59.1	11132	7637	45.8
电力生产及供应业	20	296638	296325	0.1	287593	283757	1.4	15025	13781	9	22315	12017	85.7
煤炭采选业	9	86883	116620	-25.5	64704	98033	-34	8517	10701	-20.4	-3040	5899	-151.5
塑料制品及纺织业	9	61102	48481	26	53784	46217	16.4	3823	1612	137.2	2443	403	506
机械及装备制造	15	238236	165695	43.8	217587	151077	44	1936	1197	61.8	3416	1408	142.7
其　他	3	19353	29907	-35.3	11341	27808	-59.2	386	484	-20.4	502	1222	-58.9
合　计	239	5412770	4810237	12.5	4628905	4133652	12	796782	744256	7.1	215642	213194	1.1
其中：非烟工业	238	4385550	3867916	13.4	3674996	3228265	13.8	95431	96697	-1.3	116173	108110	7.5

2014年楚雄州10县（市）重点监测工业企业主要经济指标完成情况统计表

单位：万元

县（市）	企业数（户）	工业产值			主营业务收入			利税总额			利润总额		
		实际完成	上年同期	同比增减（%）	实际完成	上年同期	同比增减（%）	实际完成	上年同期	同比增减（%）	实际完成	上年同期	同比增减（%）
楚雄市	64	2480844	2164367	14.6	2109270	1858299	13.5	726024	671787	8.1	136288	131160	3.9
开发区	29	973654	805038	20.9	769541	591724	30.1	10331	7966	29.7	14848	9154	62.2
除开发区外的非烟工业	34	479970	417008	15.1	385821	361188	6.8	14342	16262	-11.8	21971	16922	29.8
双柏县	21	195582	151588	29	166968	121746	37.1	8813	5314	65.8	4415	5029	-12.2
牟定县	20	176265	148952	18.3	148515	132063	12.5	4682	4043	15.8	15720	10108	55.5
南华县	21	359542	276555	30	331083	262952	25.9	10261	8607	19.2	26800	21689	23.6
姚安县	16	99289	75545	31.4	94301	73163	28.9	1550	1241	24.9	6028	3157	91
大姚县	24	415894	334014	24.5	372157	290917	27.9	15945	12382	28.8	12544	4762	163.4
永仁县	15	97582	92028	6	91551	88468	3.5	1872	2013	-7.0	4090	1434	185.3
元谋县	16	215608	176794	22	217730	179110	21.6	7105	5693	24.8	22516	16628	35.4
武定县	15	252284	198937	26.8	190301	167021	13.9	6690	7107	-5.9	7071	6117	15.6
禄丰县	27	1119879	1191457	-6	907030	959914	-5.5	21636	28737	-24.7	-19830	13112	-251.2
合 计	239	5412770	4810237	12.5	4628905	4133652	12	804578	746924	7.7	215642	213194	1.1

企业技术创新能力稳步提高，新认定州级企业技术中心9家、省级企业技术中心2家，4户企业建立了院士工作站。州内生物医药企业拥有国药准字批文371个、国家中药保护品种8个、保健食品批准文号9个、拥有自主知识产权并获国家药品批准文号的新药25个、全国独家生产药品品种31个。全年共争取中央、省扶持项目131个，扶持资金1.27亿元，支持企业技术改造、园区基础设施建设、标准厂房建设、达规企业培育、微型企业创业扶持等，促进了全州工业结构的调整和企业的转型升级。

【工业招商引资】 2014年，楚雄州工业和信息化委员会成立策划包装和工业招商引资工作领导小组及办公室，举办工业招商引资项目策划包装培训班，对110余人进行培训。各县（市）组织专业人员或借助“外脑”包装策划111个工业招商项目。评审、筛选55个重点工业招商项目，印制项目推介手册300册，向省内外进行招商推介。组织招商小分队到河北、陕西等地招商。在州人民政府的重视下，与云南省国防科技工业局和东方知云公司签订了清洁空气系统产业化项目三方战略合作协议，与河北欣意电缆公司签订了稀土高铁铝合金电力电缆生产基地建设项目战略合作协议，与广州万潮兴建材科技有限公司签订了武定石材资源开发战略合作框架协议，一批招商引资工业项目成功签约并落户工业园区发展。

【节能技术改造】 2014年，楚雄州进一步加大节能专项资金投入，共争取到686万元资金支持4个项目进行节能技术改造。对78个工业固定资产投资项目开展节能评估审查。组织推广节能惠民产品，圆满完成省下达的财政补贴节能灯推广任务。对重点用能企业开展节能执法监察。组织开展千家企业节能行动、能源管理体系建设、能效达标对标、能源审计等工作。持续推进清洁生产，落实优惠措施，6户企业通过清洁生产审核评价，7户企业通过资源综合利用认定。全年规模以上工业单位增加值能耗下降17%，预计单位GDP能耗下降6%，可超额完成省人民政府下达年度节能目标任务。加大新型墙体材料和散装水泥推广工作力度，推广新型墙材建筑面积181万平方米，散装水泥供应量达到60万吨，商品混凝土推广使用量达到194万立方米。全年征收新型墙体材料专项基金和散装水泥专项资金857.6万元。

【企业技术改造】 2014年1月15日，楚雄州出台《楚雄州人民政府关于加快推进企业技术改造的实施意见》，组织实施重点技术改造项目40个，其中重点技术改造项目10项、重点技术创新项目10项、重点新开工项目10项、重点竣工投产技术改造项目10项。建立全州工业转型升级重点项目64项，项目总投资144亿元，项目全部建成投产后可新增销售收入380亿元，可实现利税64亿元。全州通过省技术中心评定工业企业1户，通过州级技术中心认定工业企业8户。至年末，全州有省级认定企业技术中心11家、州级认定企业技术中心39家（含省级中心）。

【品牌战略建设】 2014年，楚雄州认真贯彻国家知识产权战略纲要，推动企业建立健全知识产权工作体系和管理制度，提高企业知识产权创造、管理、保护和运用能力。鼓励企业把知识产权工作纳入企业新技术及新产品开发、生产经营、市场运作和资产管理的各个环节，利用知识产权占领和扩大市场，支持非公企业实施品牌发展战略、知识产权战略，积极申报商标、域名和专利，做好中国名牌和全国驰名商标、云南名牌和云南著名商标等品牌的挖掘、培育、申报、注册、宣传和保护工作。以天然药业、绿色食品、新材料等领域为重点，推进知识产权产业化示范，引导企业和社会力量投入知识产权转化和实施。州工业和信息化委员会积极协助州科技局、州质量技术监督局、州工商行政管理局完成了科技成果、名牌、商标等的认定、申报工作。至年末，全州共有国家级高新技术企业16家、云南名牌产品企业20家、云南名牌产品22个、国家地理标志产品保护1个（牟定腐乳），有院士工作站4个、云南省著名商标86件、地理标志证明商标4件，认定楚雄州知名商标35件、知识产权产业化示范企业1户（云开电气公司）。

【企业安全生产】 2014年，楚雄州工业和信息化委员会认真履行行业主管部门的安全生产管理责任，定期组织开展安全生产隐患排查和专项检查，确保各项安全生产责任落实到位。积极配合相关部门抓好汛期地质灾害隐患排查和节日期间的食品安全、食盐安全检查。切实履行煤矿安全监管职能，指导各产煤县（市）依法依规关闭煤矿，加强对停产整顿煤矿的管控，认真落实副科级以上专人盯守制度，深入开展煤矿安全生产大检查，加强节假日期间安全应急值守，落实企业应急救援队伍和救援物资，首次实现年度煤矿安全生产零死亡。

【稳增长政策落实】 2014年，楚雄州工业和信息化委员会加强工业经济运行分析，准确研判发展形势，提出一系列对策措施，及时向州人民政府上报《关于遏制工业经济下滑势头促进工业经济平稳增长的一揽子方案》，认真抓好《关于加快产业转型升级促进经济平稳较快发展的意见》、《楚雄州人民政府办公室关于2014年100个重点工业项目责任分解的通知》、《“两个10万元”微型企业培育工程实施方案》、《关于鼓励企业发展电子商务的实施意见》等一系列政策措施的宣传、落实、督查工作，确保了扩产促销、建材促销、达规奖励、融资、微型企业培育、上市培育各项措施及时发力，取得成效。

【工业企业融资】 2014年，楚雄州工业和信息化委员会切实解决企业融资难的问题，对235户企业贷款需求情况进行调查收集，并将有贷款需求的企业向金融机构进行推荐。组织金融服务团队深入企业开展融资服务活动，为企业提供多样化服务。年末，金融机构对中小微企业的贷款余额达186.83亿元，增长6.4%，其中小微企业贷款余额122.85亿元，增长20.1%。支持建设银行开展“助保贷”业务，政府投入风险补偿金4800万元，为43户企业投放助保贷款2.35亿元。出台了《推进中小企业在全国股份转让系统挂牌的实施意见》，有14户企业分别与券商投资机构签订了“新三板”挂牌辅导协议。其中，以云南路桥四公司为主组建的云南路桥股份有限公司已在“新三板”挂牌，侏罗纪世界投资有限公司、云南欣绿茶花股份有限公司等企业已完成股改，楚雄滇一重型机械制造有限公司、云南琦宇节能科技开发公司、姚安农哈哈食用菌开发有限公司、大姚利英特色食品有限公司在上海股权托管交易中心股权报价系统实现挂牌。

【工业项目前期工作】 2014年，楚雄州工业和信息化委员会按照“五个一批”的要求，筛选了100个重点项目推进实施。加强项目前期工作，积极推进清洁空气系统产业化、稀土高铁铝合金电力电缆生产基地建设、武定石材资源开发等重点项目的洽谈落实工作。加强项目动态管理，建立项目台账，按月收集整理项目进展情况，做好跟踪服务，及时协调解决项目推进中存在的困难问题，有力推动了各重点项目实施。

【企业帮扶】 2014年，楚雄州工业和信息化委员会针对年初工业经济下滑形势，及时组织人员调查研究，坚持不懈开展好企业、金融、专家服务团队工作，深入到全州10县（市）对重点工业企业、重点工业项目及工业经济发展情况进行现场调研，协调解决存在困难问题。同时，突出重点县（市）、重点企业，对楚雄、禄丰2个县（市）6户产值10亿元以上企业以及成长性好、困难大的企业进行重点帮扶，成效明显，禄丰县扭转了工业负增长的局面，楚雄市工业实现了平稳增长，重点企业生产经营困难的状况得到改善。

［雷文生］

工业投资及项目建设

【工业投资及项目建设概况】 2014年，楚雄州完成工业投资（含电力）184.2亿元，比上年增长21.6%，完成州人民政府下达目标任务162亿元的137%。完成非电工业投资150.6亿元，比上年增长15.9%，完成省人民政府下达目标任务149亿元的101.1%。其中，楚雄市完成30亿元，比上年下降10.0%，完成考核目标29亿元的103%；楚雄开发区完成17亿元，比上年增长13.3%，完成考核目标14亿元的121%；双柏县完成13亿元，比上年增长15.8%，完成目标任务11亿元的118%；牟定县完成8亿元，比上年增长17.7%，完成目标任务8亿元的100%；南华县完成13亿元，比上年增长25.5%，完成目标任务12亿元的108%；姚安县完成13亿元，比上年增长313.5%，完成目标任务5亿元的260%；大姚县完成17亿元，比上年增长41.9%，完成目标任务13亿元的131%；永仁县完成6亿元，比上年下降65.9%，完成目标任务14亿元的43%，欠进度57个百分点；元谋县完成13亿元，比上年增长19.7%，完成目标任务

11 亿元的 118%；武定县完成 20 亿元，比上年增长 30.2%，完成目标任务 15 亿元的 133%；禄丰县完成 34 亿元，比上年增长 98.3%，完成目标任务 30 亿元的 113%。

年末，全州重点推进的 100 个项目中，30 个前期项目开工 5 个，其中竣工 1 个，完成投资 2.6 亿元；30 个计划新开工项目开工 16 个，其中竣工 2 个，完成投资 19.3 亿元；25 个续建项目竣工试生产 5 个，完成投资 16.27 亿元，开工起累计完成投资 46.3 亿元；15 个计划竣工项目竣工试生产 13 个，完成投资 3.1 亿元，开工起累计完成投资 16.67 亿元。茅粮集团云南彝州酒业股份有限公司年产 30 万吨健康型木瓜酒品饮料项目一期白酒生产线等一批项目建成投产。

【工业投资举措】 2014 年，楚雄州工业和信息化委员会采取多项举措，确保完成工业投资目标任务。进行任务分解，年初按照州人民政府下达的工业固定资产投资目标任务，分解细化到全州 10 县（市）及开发区管委会，明确各县（市）的目标任务。修改完善 2014 年工业投资考核办法，提出 2013 年工业投资考核奖励方案。认真抓好工业投资分析，按月召开工业经济暨投资分析会，对全州工业固定资产投资完成情况认真分析研究，查找存在问题，提出下步工作意见建议。

【项目管理】 2014 年，楚雄州工业和信息化委员会严格按照省人民政府项目并联审批制的要求及审批程序，办理项目备案等相关工作，抓好项目备案，办理备案 5 个；根据省、州党委、政府开展“产业建设年”的决策部署，紧紧围绕工业跨越发展计划，牢固树立“以项目建设为中心，增量投入靠项目，存量调整靠项目，考核评价靠项目”的发展理念，着力打造“五个一批”项目，实现一季一报，形成动态滚动报送管理机制；以项目建设为抓手，抓好省“212”项目，全省“3 个 100”项目，楚雄州“3 个 30”项目，州人民政府确定的 100 项重点工业项目，按月汇总重点项目进展情况、按照责任分工跟进服务，细分实施进度，建立前期、在建、新开工、竣工投产 4 个台账，按月调度，掌握进展情况，帮助项目单位解决项目推进中遇到的重大问题；根据州人民政府的工作安排，按季度上报涉及州工信委的全省“3 个 100”项目，省“212”项目；按月上报州“3 个 30”项目进展情况及存在问题；按季度督查 100 个重点工业项目用地、环评的完成情况、存在问题，督促县（市）人民政府和项目业主抓好推进落实，配合州产业督导组做好项目督查工作，针对项目督查中存在问题，与国土、林业、环保等部门协调，使问题得到及时解决；配合州消防支队做好 4 个医药企业项目、54 个其他项目的消防备案工作，4 户医药企业消防行政审批问题已落实，其他 54 户消防行政审批问题消防部门已办理 31 户，正在办理技术咨询 12 户，无施工图纸、不属于施工许可范围、不纳入消防行政审批（备案、审核）、不需要办理的 11 户。

【工业项目策划包装和招商引资】 2014 年，楚雄州成立了策划包装和招商引资工作领导小组及办公室，举办招商引资项目策划包装培训班，邀请清华大学教授、省州专家就项目策划包装方面给予专业培训指导。全州 10 县（市）经贸与信息化局及楚雄开发区经贸局按冶金化工、装备制造、生物医药、绿色食品、新材料、消费品、信息化、资源利用、工业园区基础设施建设和标准厂房、节能减排、资源综合利用、信息化 8 大类，以及以规划为引领，符合国家产业指导目录、符合省州产业规划和空间布局、符合当地重点发展产业的“一引领三符合”要求，组织专业人员或者借助“外脑”包装策划 111 个工业招商项目。州工信委在全州各县（市）经贸与信息化局及楚雄经济开发区经贸局包装策划上报项目的基础上评审、筛选确定 55 个重大工业项目，其中工业园区项目 6 个、原材料工业项目 16 个、消费品工业项目 17 个、生物医药产业项目 8 个、装备工业项目 7 个、信息化产业项目 1 个，于 7 月编印成《楚雄州工业招商引资重点项目推介》、《楚雄州招商引资优惠政策及工业招商引资重点项目》进行发布，组成 6 个招商小分队，有针对性的按行业开展小分队招商。

【企业项目资金扶持】 2014 年，楚雄州工业和信息化委员会继续积极争取省工信委的资金扶持，筛选上报 28 个全省工业跨越发展专项资金扶持项目，共争取扶持项目 8 个，争取项目资金扶持 1980 万元。加大州级资金对企业和项目的扶持力度，全州共申报项目 46 项，其中建设项目类 34 项，生产经营类 12 项。经过项目申报、现场核查、专家审核评估、公示，对 27 个企业和项目给予了 530 万元资金扶持，其中建设项目类 22 项，扶持资金 435 万元，生产经营类 5 项，扶持资金 95 万元。

［王家明］

节能减排

【节能降耗概况】 2014 年，楚雄州高度重视节能降耗工作。11 月 29 日至 12 月 4 日，州工业和信息化委员会组织系统内 50 余人参加了在厦门大学举办的节能监察能力建设培训，提高全州节能监察队伍的执法能力，为促进节能降耗目标任务的落实奠定基础。1～12 月，全州规模以上工业综合能耗为 185.4 万吨标准煤，比上年下降 6.2%；单位增加值能耗为 1.04 吨标准煤/万元，比上年下降 17%。全社会单位 GDP 能耗比上年下降 6.39%。“十二五”前 4 年累计下降 15.79%，完成“十二五”省下达目标进度的 113.93%，提前超额完成“十二五”节能降耗目标任务。

【节能目标责任考核】 2014 年 3 月，楚雄州节能办公室牵头组织州级有关部门组成考核组，对全州 10 县（市）、7 个州级行业主管部门、39 户重点企业共 56 个责任单位 2013 年度节能目标完成情况和节能措施落实情况进行现场评价考核。考核结果报经州人民政府同意，对 10 县（市）人民政府、7 个州级部门

建设中的云甸工业园区 （李 梅/摄影）

和29户重点企业，给予通报表扬，并兑现奖励；对未完成等级的8户企业，给予通报批评，并责令限期整改。

【能源管理体系建设】 2014年7月，楚雄州工业和信息化委员会在全州开展了能源管理体系建设动员培训工作。组织国家万家企业、省级千家企业和重点耗能企业实施贯标动员，对参会企业能源管理人员进行了《能源管理体系要求》GB/T23331—2012、ISO50001：2011和《能源管理体系实施指南》GB/T29456—2012标准等相关知识培训。对纳入能源管理体系建设试点的企业给予适当资金补助。

【节能宣传周活动】 2014年6月8～14日，在全国节能宣传周和低碳日活动期间，楚雄州开展了形式多样、内容丰富的宣传活动。6月10日在桃源湖广场开展集中宣传咨询活动，普及节能减排知识，宣传绿色发展理念，提高公众应对气候变化和低碳意识，在低碳日掀起节能低碳活动高潮，州、市40余家部门及有关企业参加宣传咨询活动。

【节能减排工作座谈会议】 2014年6月10日，楚雄州人民政府召开全州节能减排工作座谈会议，分析研究全州节能减排工作形势，安排部署节能减排工作任务。会上，州工业和信息化委员会通报了2013年及2014年1～5月节能减排目标完成情况，州发展和改革委员会、州环境保护局、州机关事务管理局、云南电网楚雄供电局、楚雄滇中有色金属有限责任公司作交流发言，州人民政府副州长出席会议并讲话。

［樊峪甫］

【墙改和散装水泥推广应用】 2014年，楚雄州依据《云南省发展新型墙体材料条例》、《云南省散装水泥促进条例》和《楚雄州人民政府办公室关于进一步推进墙体材料革新和推广散装水泥工作的通知》的要求，大力推进墙体材料革新和散装水泥推广应用工作。除牟定、姚安两县外，其余各县（市）均建立健全了管理机构，楚雄市和大姚、武定、永仁、南华、元谋、双柏6县已于年内开始征收新型墙体材料专项基金，预拌混凝土搅拌站覆盖全州1市8县。随着散装水泥管理机构的建立健全和推广散装水泥相关政策的宣传、贯彻落实，社会预拌混凝土使用意识的增强，以及行业装备水平的提升，水泥生产企业和预拌混凝土生产企业产能得到进一步释放，水泥散装率逐年提高。全年全州新型墙材推广使用建筑面积181万平方米，其中楚雄市141万平方米，其余各县40万平方米；散装水泥供应量60万吨，水泥散装率37%；商品混凝土产量合计194万立方米，其中楚雄市98万立方米，其余各县96万立方米。年内，楚雄经荣新型建材开发有限公司年产20万立方米加气混凝土砌块生产线项目和楚雄州恒麟建材有限公司年产20万立方米加气混凝土砌块复合生产线、年产1.2亿块蒸压砖全自动生产线项目建成投产，且两家企业生产的加气混凝土砌块均先后通过了云南省墙改办新型墙体材料产品认定，标志着楚雄州生产的加气混凝土砌块产品正式进入新型墙材市场，楚雄州新型墙材的产业结构调整迈出实质性步伐。

［朱 刚］

工业园区建设

【工业园区发展概况】 2014年，楚雄州10个工业园区实现工业总产值539.6亿元，比上年增长21.2%；园区入园企业共494户，比上年新增62户；完成基础设施投资22.31亿元，比上年增长95%（剔除上年楚雄卷烟厂搬迁入园投资纳入统计因素）；工业投资完成76.4亿元，增长2%；新建标准厂房44.34万平米；完成土地收储1.3万亩。全州工业园区规划总面积达386.15平方千米，元谋工业园区小雷宰那坝梁子片区、永仁工业循环经济片区和生物加工片区、南华工业园区老高坝片区控制性详规通过评审，其他工业园区拟开发片区控制性详规正在抓紧编制。年内，州级安排工业园区标准厂房建设补助资金2100万元，支持工业园区基础设施建设扶持资金3900万元；争取省级新型工业化扶持资金2260万元，其中标准厂房建设补助资金900万元、工业园区基础设施建设扶持资金1360万元。州工业和信息化委员会与州财政局一道加强督查、监督，认真做好项目资金管理使用的绩效考核工作，确保州级支持园区基础设施建设的扶持资金切实发挥作用。

【园区基础设施建设】 2014年，楚雄州各工业园区加强基础设施项目的策划包装，积极开展招商引资工作，促成武定、南华、禄丰3县与云南中冶投资公司签订融资合作协议。楚雄市财政加大投入，富民、赵家湾、桃园、庄甸3个片区的主干道以及次干道路网形成，供排水系统、供配电系统基本建成，云甸工业片区输水管道已通达园区；杭瑞高速公路开口完成可行性研究报告上报待评审；自来水厂项目、污水处理厂项目正加快办理选址意见书、环评、编制可研报告等前期工作；美华丰科技产业园项目正进行10平方千米控规方案编制。禄丰工业园区勤丰、土官工业片区先后投入资金4亿余元，建设腰站220千伏变电站，云钛路及老鸦关水库，土官片区320国道至云南彝州酒业公司道路，罗次片区110千伏输变电基础设施工程，勤丰片区威龙化工公司道路及电力线路工程，天宝磷化工有限公司、云铜铁峰矿业化工新技术有限公司配套道路、供水、供电配套工程，土官片区指挥营110千伏变电站、土官片区政企共建廉租房基础设施配套道路等工程。大姚县完成了金碧工业片区水、电、路、通讯等基础设施配套建设，金碧片区3.89平方千米土地已全部开发使用；完成了南山坝工业片区规划建设范围内林地流转，完成2.5千米主干道路、10千伏输电线路及35千伏变电站建设，正在开展供水工程、机械铸件加工区场地平整项目建设。武定县多方筹资，累计投入1.63亿元建设禄金新型工业片区；该片区一期核心区自2013年5月开工建设至2014年末，收储核心区土地5618亩，开挖主、次干道路基20千米，完成10千伏施工用电架设。

【园区融资模式创新】　2014年，楚雄州工业园区办公室为破解资金难题，积极探索各种方式拓宽园区投融资渠道。不断引进有实力的企业参与园区开发建设，创新投融资模式。鼓励园区组建开发投资公司或工业投资公司作为融资平台，按照"政府主导、市场化运作"模式，积极开展多种方式融资，实现滚动发展。楚雄市工业投资有限公司采取合股经营、标准厂房出租等运作模式自主经营建设富民机电机械加工区；武定工业开发投资有限公司与中冶投资云南有限公司签订融资合作协议，融资5亿元用于武定工业园区禄金片区基础设施建设；楚雄市成立楚雄苍岭工业开发投资有限责任公司推进云甸工业片区开发建设；引进美华丰置业有限公司建设美华丰科技产业园。认真做好州级财政6000万元园区建设专用资金拨付使用，重点对园区基础设施建设、标准厂房建设给予扶持。

【园区土地收储】　2014年，楚雄州工业园区将土地收储纳入工作目标责任考核，进一步强化对各园区的指导督促，土地收储工作取得初步成效。武定禄金片区再收储土地450亩；大姚完成南山坝片区林地、土地收储1505.6亩，同时利用县工业投资有限公司土地一级开发权，全力推进南山坝片区林地、土地收储，至年末已签订林地流转协议600亩；双柏工业园区完成大庄片区林地征收流转4020亩，完成县城片区土地收储44.4亩，累计完成建设用地收储及林地流转4064.4亩。

【园区招商引资】　2014年，楚雄州工业园区办公室坚持抓好招商引资工作，指导各园区加强项目包装策划，积极开展招商引资。6个园区招商项目列入《楚雄州工业招商引资重点项目推介》。大姚工业园区引进大姚明惠包装印刷有限公司投资1000万元的农特产品包装盒加工印刷建设项目、大姚县御春农食品有限公司投资2500万元项目、大姚丰林农业发展有限公司投资2500万元高粱加工项目、楚雄健源农产品开发有限公司投资1000万元的农产品加工销售项目。南华工业园区引进中信塑木新型材料有限公司投资9000万元木塑系列产品生产线，云南惠强塑料制品有限公司投资

2014年楚雄州8户产值10亿元以上重点企业主要经济指标完成情况统计表

单位：万元

县（市）	工业产值			主营业务收入			利税总额			利润总额		
	实际完成	上年同期	同比增减（%）	实际完成	上年同期	同比增减（%）	实际完成	上年同期	同比增减（%）	实际完成	上年同期	同比增减（%）
红塔烟草（集团）有限责任公司楚雄卷烟厂	1027220	942321	9	953909	905386	5.4	701351	647559	8.3	99470	105084	-5.3
楚雄滇中有色金属有限责任公司	461778	401327	15.1	431063	319915	34.7	2681	1723	55.6	4115	6562	-37.3
云南德胜钢铁有限公司	439541	532117	-17.4	373926	434936	-14	5737	16346	-64.9	-20502	4686	-537.5
楚雄德胜煤化工有限公司	150563	170152	-11.5	120235	144134	-16.6	3474	1734	100.4	1708	1826	-6.4
云南楚雄矿冶有限公司	140035	123500	13.4	121769	103009	18.2	5570	8806	-36.8	-2547	-4133	减亏38
云南电网公司楚雄供电局	129407	136341	-5.1	129407	136341	-5.1	7183	5110	40.6	2823	3832	-26.3
云南昆钢钢结构有限公司	115014	97273	18.2	117614	94519	24.4	232	36	552.1	1944	8	23608.5
云南禄丰勤攀磷化工有限公司	100024	78069	28.1	44350	33069	34.1	980	0	——	547	675	-18.9
合　计	2563583	2481101	3.3	2292272	2171310	5.6	727206	681313	6.7	87558	118539	-26.1

3600万元的高效节水滴灌带、聚乙烯PE、PV管生产线，楚雄州恒麟建材有限公司投资1.2亿元的蒸压砖、加气混凝土砌块及城市透水街沿行道砖生产线，南华县咪依噜天然食品开发有限责任公司投资4417万元的年产40吨松茸、松露等野生食用菌提取物新型高端保健品项目，南华摩尔农庄生物科技开发有限公司投资2000万元的核桃初加工生产线。禄丰工业园区引进了7个项目，其中有5个落户土官片区，8月已开工建设。分别是云南明宇建筑工程有限公司（昆明）年产2万吨钢结构加工项目建设、昆明嘉绩钢结构工程有限责任公司（昆明）年产3万吨钢结构生产线建设项目、云南富诚人防设备有限公司（昆明）人防设备生产基地建设项目、昆明天贝特种气体有限公司（昆明）溶解乙炔气生产及瓶装工业和医用气体充装项目、云南云宏钛科技有限公司（北京）年产3000吨钛合金材料熔炉项目。姚安工业园区招商引资企业6户，项目计划总投资3.55亿元，至9月，6户企业完成投资3400万元。云南美凌食品科技有限公司冷冻食品生产、饮料、奶粉加工项目总投资8000万元，已投资120万元平整场地。楚雄华雄投资有限公司姚安县高原特色农产品科技开发项目总投资6000万元，已投资50万元平整场地。云南顶兴农业科技开发有限公司食用菌科技开发及精深加工项目总投资3480万元，已投资80万元平整场地。姚安农哈哈食品有限公司年产1.5万吨食用菌精深加工项目，已投资3000万元，完成标准化厂房建设。姚安县万佳工贸发展有限公司家用电器生产项目总投资2000万元，已投资50万元平整场地。姚安正奇工贸有限公司油料、饲料加工项目总投资3000万元，已投资100万元平整场地。

【省级工业园区申报】 2014年，楚雄州抓住省工业和信息化委员会组织考核认定省级工业园区的机遇，按照《云南省工业和信息化委关于印发实施〈云南省省级重点工业园区发展综合考核评价办法（暂行）〉的通知》和《云南省省级重点工业园区发展综合考核评价工作实施方案》的要求，认真组织准备省级工业园区申报工作。经过对经济发展水平、可持续发展能力、循环经济、园区环境等方面的考核筛选，将发展潜力大，符合申报条件的武定、南华2个工业园区作为重点支持对象申报到省工信委。省工信委牵头组成考核组于10月21日对武定、南华2个工业园区进行了现场考核。

【园区标准厂房建设】 2014年，楚雄州工业和信息化委员会继续抓好省、州新型工业化发展专项资金补助政策的执行和落实工作。年初，对上年全州新建成的43.7万平方米标准厂房进行了实地验收，认真做好标准厂房资金扶持申报，兑现州级标准厂房扶持资金2100万元。各工业园区认真执行《关于进一步明确工业园区标准厂房建设有关问题的通知》，进一步加强标准厂房的建设管理，提高标准厂房建设质量，改善园区投资环境，全年建设标准厂房44.34万平方米。楚雄工业园区富民片区机电加工园占地面积2350亩，入驻企业36户，建成厂房10万平方米，建成投产企业22户，完成工业增加值2.5亿元，实现税收2500万元；楚雄工业园区赵家湾生物食品加工片区占地面积1.96平方千米，入驻企业17户，建成厂房9.86万平方米，完成工业增加值1.23亿元，实现税收786万元；楚雄工业园区庄甸生物医药片区占地面积2平方千米，入驻企业18户，建成厂房6.2万平方米，完成工业增加值3.36亿元，实现税收3204万元。

［沈 焰］

原材料工业

【冶金化工业】 2014年，楚雄州规模以上冶金化工业共实现增加值（按可比价）52.61亿元，比上年增长8.4%，占全州规模以上工业增加值的29.5%；实现工业产值233.19亿元，比上年增加5.73亿元，增长2.5%。云南禄丰勤攀磷化工有限公司产值突破10亿元，全州产值10亿元以上冶金化工业重点企业达到5户。其中，云南德胜钢铁有限公司和楚雄德胜煤化工有限公司生产经营情况持续下滑，产值均为负增长。云南德胜钢铁有限公司全年实现产值43.95亿元，比上年减少9.29亿元，下降17.4%；楚雄德胜煤化工有限公司全年实现产值15.06亿元，比上年减少1.96亿元，下降11.5%。楚雄滇中有色金属有限责任公司和云南楚雄矿冶有限公司由于上级公司云铜集团增加生产计划任务，产值比上年大幅增长，全年实现产值46.18亿元，比上年增加6.05亿元，增长15.1%。云南楚雄矿冶有限公司全年实现产值14亿元，比上年增加1.65亿元，增长13.4%。云南禄丰勤攀磷化工有限公司由于国内农业需求旺盛和出口政策利好，实现产值10亿元，比上年增加2.19亿元，增长28.1%。年内，云南德胜钢铁有限公司顺利通过中国钢铁协会专家组和工信部核查组的现场检查验收，被国家工业和信息化部确定为第三批符合《钢铁行业规范条件》企业进行了公告。

【冶金矿产业】 2014年，楚雄州规模以上冶金矿产业实现工业产值154.12亿元，比上年增长1.9%，其中，云南德胜钢铁公司完成工业产值43.95亿元，下降17.4%，完成主营业务收入37.39亿元，下降14%；楚雄滇中有色金属有限公司完成工业产值46.18亿元，增长15.1%，完成主营业务收入43.11亿元，增长34.7%；云南楚雄矿冶有限公司完成工业产值14亿元，增长13.4%，完成主营业务收入12.18亿元，增长18.2%。

【化学工业】 2014年，楚雄州化学工业实现总产值70.76亿元，比上年增长8.2%，其中，楚雄德胜煤化工公司完成工业产值15.06亿元，下降11.5%，完成主营业务收入12.02亿元，下降16.6%；云南禄丰勤攀磷化工有限公司完成工业产值10亿元，增长28.1%，完成主营业务收入4.44亿元，下降34.1%。

【禄丰工投能源有限责任公司】 2014年，禄丰工投能源有限责任公司年产10万吨炭质还原剂项目完成投资1.07亿元，该项目自2009年12月开工建设，累计完成投资6.02亿元。至年末，整个项目工程公用配套设施及2条干燥煤生产线已建成投产，正在进行提质生产线的调试整改。

【禄丰威龙化工有限公司】 2014年，禄丰威龙化工有限公司年产30万吨硫铁矿制酸项目完成投资3766万元。该项目自2012年12月开工建设，累计完成投资1.86亿元。至年末，已完成主体工程建设，正在进行设备安装，预计2015年3月进行装置试车工作。

【新材料产业】 2014年，楚雄州新材

2014年楚雄州重点工业企业主要产品产量

企业名称	主要产品名称	单位	实际完成	上年同期	同比增减（%）
冶金工业					
云南德胜钢铁有限公司	生铁	吨	1320458	1323327	-0.2
	粗钢	吨	1377953	1483330	-7.1
	成品钢材	吨	1408602	1485078	-5.1
楚雄滇中有色金属有限责任公司	铜金属含量	吨	96622	60814	58.9
	硫酸	吨	210190	200452	4.9
云南楚雄矿冶有限公司	铜金属含量	吨	11579	18651	-37.9
	精炼铜（电解铜）	吨	17004	4886	248
化学工业					
楚雄德胜煤化工有限公司	焦炭	吨	659132	694655	-5.1
	球团	吨	529992	531166	-0.2
云南禄丰勤攀磷化工有限公司	硫酸（折100）	吨	225500	219196	2.9
	磷酸（折100）	吨	86388	44324	94.9
	磷肥（实物量）	吨	485118	454633	6.7
	普钙（实物量）	吨	287838	345303	-16.6
	重钙（实物量）	吨	197280	109330	80.4
	铁精矿	吨	195058	160611	21.4
南华松香厂	松香	吨	25327	29605	-14.5
	松节油	吨	6885	7879	-12.6
医药工业					
云南盘龙云海药业有限公司	化学药	吨	4.50	4	9.5
	中成药	吨	438	353	24.1
云南新世纪中药饮片有限公司	中药饮片	吨	8942	7773	15
云南新世纪中药饮片有限公司	中药饮片	吨	8942	7773	15
食品加工业					
澜沧江啤酒（集团）楚雄有限公司	啤酒	千升	138662	139261	-0.4
电力生产及供应业					
云南电网公司楚雄供电局	电力供应（全部）	万千瓦/小时	348760	379579	-8.1
煤炭采选业					
一平浪煤矿	原煤	吨	477128	654652	-27.1
	洗精煤	吨	264464	268675	-1.6
楚雄州吕合煤业有限责任公司	褐煤	吨	577475	478744	20.6
机械工业					
云南锦润数控机械制造有限公司	4HG立式铣床	台	26493	12617	110
	铸铁件（各型）	吨	7916	14365	-44.9
包装印刷及卷烟辅料业					
云南岭东印刷包装有限公司	烟标（商标、条盒）	对开色令	199647	206593	-3.4
	纸箱	吨	29414	28907	1.8

料产业完成工业产值5.17亿元，比上年增长4.6%。3户规模以上新材料企业中，云南钛业有限公司受产品价格下跌、市场需求不足影响，产值大幅下降，实现工业产值1.82亿元，下降12.6%；云南美森源林产科技有限公司受到产品价格下跌因素影响，生产经营出现下滑，实现工业产值2.80亿元，下降1.8%；楚雄中信塑木新型材料有限公司年产2万吨木塑系列产品建设项目于2014年10月投入生产，实现工业产值0.54亿元。

【木塑产品项目投产】 2014年，楚雄中信塑木新型材料有限公司建设年产2万吨木塑系列产品建设项目，总投资8863万元。上半年，后续4条生产线主体工程建设完成，进行安装和试生产，10月正式建成投产，至年末，实现工业产值0.54亿元。

［韩新平］

装备工业

【机械装备业发展概况】 2014年，楚雄州机械装备工业已涵盖金属制品、通用设备制造、专用设备制造、交通运输设备制造、电气机械及器材制造等行业。其中，电力装备、金属机械加工行业发展优势突出。高低压开关、钢结构、电力变压器、活塞销、汽缸套、车桥、差减速器壳、机床、刹车毂、铁铸件、水利闸门等设备和配套产品远销国内20余个省（市）市场，活塞销、变压器等产品远销国外市场。部分产品技术已达到国内外先进水平，成为工业经济发展的重要支撑。全年全州纳入统计的规模以上机械工业企业共15户，其中楚雄市3户、楚雄经济开发区2户、禄丰县5户、大姚县2户、南华县1户、永仁县1户、双柏县1户，分别是云南昆钢钢结构制造有限公司、云南锦润数控机械制造有限责任公司、云南大姚机械配件厂、云南双清螺旋钢管有限公司、云南省楚雄变压器有限责任公司、云南江能工程技术有限公司、云南金恒宇电源有限公司、云南星禹水利设备有限责任公司、云南云马缸套制造有限公司、楚雄活塞销有限公司、禄丰锦泰工贸有限公司、双柏县东源木制品商贸有限公司、云南领峰机械制造有限公司、云南楚雄优豪太阳能科技有限公司、云南琦宇节能科技开发有限责任公司。云南云开电气股份有限公司从2014年起不再纳入地方统计。15户重点监测机械工业企业实现工业总产值23.82亿元，比上年增长43.8%；实现主营业务收入21.76亿元，增长44%；实现利税1936万元，增长61.8%；实现利润3416万元，增长142.7%。在全州重点监测的12类工业行业中，机械工业增速排名第2位、产值排名第6位，占全州工业总产值的4.4%。

云南锦润数控机械制造有限公司现代化生产线 （李 梅/摄影）

【机械工业技术实力增强】 2014年，楚雄州在培育先进装备制造产业过程中，通过传统改造、自主研发、集成创新和引进消化吸收再创新，全州机械工业产品结构持续改善，企业的生产能力、创新能力、技术水平、市场竞争力和产品配套能力持续增强。电力装备、开关设备、输变电产品、机床、钢结构和汽车零配件产品在国内外的影响力进一步增强。年内，全州机械工业拥有省级技术中心1个，州级技术中心1个，省级工业产品质量控制技术评价实验室1个。

【机械工业重点项目建设】 2014年，楚雄州机械工业重点项目除云南楚雄中高新能源股份有限公司年产2.5万套热声太阳能发电设备生产基地建设项目投资进度缓慢未达预期外，云南富诚人防设备有限公司人防设备生产项目、云南楚雄变压器公司技改搬迁项目快速推进，云南双清螺旋钢管有限公司年产3万吨螺旋钢管项目已建成投产。

【铸造行业准入公告管理】 2014年，楚雄州按照国家工业和信息化部《铸造行业准入公告管理办法》和省工信委的要求，积极组织开展铸造行业准入公告管理申报，进一步规范铸造行业管理，加快铸造行业转型升级。经过持续2年的行业准入公告规范管理，2014年，楚雄州共向国家工信部申报铸造行业准入公告管理企业3户，通过准入公告管理认定2户。至年末，全州已累计成功申报国家铸造行业准入企业4户。

【装备行业招商】 2014年，楚雄州抢抓产业转移机遇，积极围绕重大项目推进行业招商和产业招商工作，成功实现州人民政府、省国防科工局、东方知云（北京）公司3方签订清洁空气系统产业化项目战略合作协议；州人民政府与河北欣意电缆有限公司成功签订稀土高铁铝合金电力电缆楚雄生产基地建设项目战略合作协议，相关前期工作取得有效进展，正在全力争取签订项目落户楚雄州的具体合作协议。

［赵继承］

消费品工业

【消费品工业发展概况】 2014年，楚雄州消费品工业实现总产值203.27亿元，比上年增长20.09%；实现利税72.51亿元，增长9.5%；实现利润17.52亿元，增长9.87%。其中烟草加工业完成现价工业总产值102.7亿元，比上年增长9%；实现税金70.13亿元，增长8.3%；实现利润9.9亿元，下降5.3%。包装印刷及卷烟辅料业实现产值13.5亿元，比上年增长22%；实现税金4037万元，下降7.1%；实现利润1.16亿元，增长2.3%。食品加工业实现产值80.94亿元，比上年增长36.9%；实现税金1.59亿元，增长82.8%；利润总额6.17亿元，增长44.7%。塑料制品及纺织业产值6.11亿元，比上年增长26%；实现税金3823万元，增长137.2%；实现利润2443万元，增长506%。生产啤酒1.4万吨，下降0.4%。全州消费品工业规模以上企业（不含医药制造业）达到87户，利润200万元以上消费品工业企业达到52户。消费品工业规模以上产值占全州工业产值的37.6%，比上年度增加2.4个百分点。消费品行业保持平稳增长态势，产品结构进一步优化，产业核心竞争力和抗风险能力有所提升。全州10县（市）中，消费品工业接近或已占县域经济总量50%以上的有楚雄、元谋、南华、大姚、姚安5县（市），其他县在30%左右，消费品工业成为支撑县域经济增长的骨干力量。

【食品工业】 2014年，楚雄州共有农产品加工企业（含个体工商户）1.09万户，实现销售产值153亿元；有从业人员4.8万人，其中农村从业人员4.28万人。有规模以上食品加工企业60户，其中产值5亿元以上企业2户、产值1～4亿元企业19户；规模以上食品加工业实现产值80.94亿元，增长36.9%，占规模以上工业产值的14.95%，连年保持30%以上的增长幅度。元谋、大姚、姚安、南华4县的食品工业产值超过全县工业产值一半以上，其中元谋、姚安、南华3县食品工业产值占全县工业产值的80%以上。年内，共有219户农产品加工企业被评为省、州级农业产业化龙头企业，其中有44户被评为省级龙头企业。

［钱美萍］

【核桃加工】 2014年，楚雄州共生产核桃产品6.15万吨，产值12.29亿元。其中，加工核桃仁2406吨，产值1.64亿元；加工核桃干果1.18万吨，产值4.41亿元；生产核桃炒果1955吨，产值7923万元；生产核桃饮料4.52万吨，产值4.96亿元；生产核桃油250吨，产值4201万元。生产企业主要有云南摩尔农庄有限公司、大姚亿利丰农产品有限公司、大姚广益发展有限公司、大姚华盛饮料食品有限公司、大姚兆鹏食品有限责任公司、大姚欣杰食品有限公司、大姚家和天然食品开发公司、南华鸿发核桃产业开发有限公司、楚雄市树苴乡农业技术综合开发公司、楚雄东宝生物资源开发有限公司、大姚云海果品有限责任公司和大姚东兴食品有限公司等。

【野生食用菌加工】 2014年，楚雄州加工野生食用菌1.30万吨，产值10.29亿元。其中，加工野生食用菌干片862吨，产值1.59亿元；速冻野生食用菌9518吨，产值4.29亿元；生产盐渍野生食用菌638吨，产值1.62亿元；生产油渍野生食用菌92吨，产值1644万元；生产其他野生食用菌产品1530吨，产值1.98亿元。生产企业主要有楚雄宏桂绿色食品有限公司、南华新世纪生物工程有限公司、大姚锦亿土特产有限公司、云南星贸食品有限公司、南华宏怡野生菌开发有限公司、楚雄欣泰实业集团公司、南华腾龙物业有限公司、云南玛格达同佳食品有限公司和楚雄州进出口有限公司等。

［杨发民］

卷烟工业

【卷烟生产概况】 2014年，红塔集团楚雄卷烟厂累计生产卷烟64万箱，比上年增加1.49万箱，增长2.38%。其中，玉溪系列卷烟10.15万箱，减少1.23万箱，下降10.82%；红塔山系列卷烟33.32万箱，增加6.49万箱，增长24.19%；红梅系列卷烟20.53万箱，减少3.77万箱，下降15.52%。在全年64万箱总产量中，玉溪系列产品产量占15.86%，红塔山系列产品产量占52.06%，红梅系列产品产量占32.08%。

【卷烟生产经济指标】 2014年，红塔集团楚雄卷烟厂完成现价工业总产值102.72亿元，比上年增加8.49亿元，增长9.01%。实现税利78.92亿元，比上年增加2.77亿元，增长3.63%。其中，税费70.04亿元，比上年增加4.40亿元，增长6.69%；利润8.88亿元，比上年减少1.63亿元，下降15.49%；完成主营业务收入92.85亿元，比上年增加2.31亿元，增长2.56%。全厂卷烟产量实现了产值、税利、主营业务收入的稳步提升，成为全州首家工业总产值超百亿元企业。

【卷烟生产管理】 2014年，红塔集团楚雄卷烟厂高度重视基础管理，以生产组织、设备保障、成本控制、质量保证和队伍建设为抓手，持续深化、完善优质管理体系建设。在生产管理方面，全年按计划完成卷烟生产任务，生产计划满足率100%；设备有效作业率明显提升，卷接设备运行效率为96.70%，包装设备运行效率为84.80%，比上年同期均有提升；卷烟产品质量出厂抽检合格率100%。在全面优质管理方面，以课题攻关为突破口，强化班组建设、对标创优工作，扎实开展精益六西格玛项目攻关和“6S”试点工作，全年对标、创优指标进一步优化。在规范管理方面，认真贯彻国家烟草总局“应招尽招、真招实招”要求，全面推行公开招标采购，严格执行办事公开民主管理，建立实施内部监督检查、专卖自查，全面审计自查“三项检查”长效机制。在信息化管理方面，加快生产、办公信息平台建设，沟通设备管理、节能减排、清洁生产、物资保障、运输配送、仓储管理、物业管理联动创效，推动规范、效率、活力、和谐楚烟建设。

【卷烟生产科技创新】 2014年，红塔集团楚雄卷烟厂从夯实生产管理着手，不断完善创新机制，深化创新管理成果。“红塔特色中式卷烟工艺技术在楚雄生产线的应用研究”、“卷接机组、滤棒成型机组集中工艺用风系统应用研究”获云南中烟工业公司2014年度科技进步三等奖，“一种梗丝低温干燥加工工艺”获云南中烟工业公司2014年度优秀知识产权三等奖；“楚雄卷烟厂烟叶工业分级和复烤质量控制的研究及应用”、“卷烟机组、滤棒成型机组集中工艺用风系统应用研究”分别获楚雄州2012年度科学技术一等奖、三等奖。年内，红塔集团楚雄卷烟厂共获得红塔集团2013年度科技进步一等奖1项、二等奖3项、三等奖6项；累计专利授权5件；QC成果发布获国家烟草总局奖励1项，云南中烟工业公司奖励5项，集团奖励8项。

【卷烟生产特色】 2014年，红塔集团楚雄卷烟厂实现“两个第一”，打造出“三个特色”。即实现烟草行业第一家从烟叶工商交接、烟叶分选到打叶复烤、制丝、卷包在同一平面进行生产作业的卷烟工厂，世界烟草第一家采用分切打叶复烤工艺技术的企业。依托红塔集团“打叶复烤特色工艺技术研究及应用”项目研究成果，建成具有红塔特色的复烤加工生产线，实现非叶基、叶基单独加工，在线分切打叶合并复烤加工，离线分切加工3种不同的加工模式，配套采用红塔独有的烟叶83级工业分级、分切打叶、分区配伍、保香去杂、保润增香技术，有效提升中、低等级烟叶的配方可用性，拓宽原料使用范围，提高烟叶的使用价值，生产线整体工艺技术申报了16项国家专利。

第一条按照红塔特色卷烟产品加工技术研究成果规划建设的“红塔山核心加工技术生产线”成功运行。该生产线由两条制叶丝线和一条梗丝膨胀线组成，采用了真空回潮、切片+松散回潮，二次多模块加料、新型滚筒干燥和气流干燥等特色生产工艺，有效应用了13项自主专利技术、9项节能减排措施，自主研发并采用了15项个性化设备及技术，能够完全实现红塔集团不同档次卷烟产品的不同分组、分模块加工方式要求。

“滚筒——气流式烘丝机”在楚烟完成安装调试，形成完整生产线，开展了相关工艺试验和产品配方应用研究。作为云南中烟和中烟机技术中心联合承担的“烟草行业卷烟工艺与装备研究重点实验室”项目核心研究成果之一，承担着国家烟草专卖局中式卷烟特色工艺装备的研发任务。该设备结合传统的薄板式烘丝机和管道式气流烘丝机的优点，在保持烟丝香气的同时，有效解决了现有滚筒式烘丝机填充值偏低和“干头、干尾”多的问题，克服了管道式气流干燥设备产品香气损失大、出料水分不均匀、烟丝结团和湿团等问题。使用“滚筒—气流”干燥烟丝后，烟丝填充值明显提高，达到5.2立方厘米每克，据测算，卷烟烟丝消耗每箱可降低0.4千克左右，每年产生直接经济效益约1300余万元。

【卷烟原料保障】 2014年，红塔集团楚雄卷烟厂按照红塔集团原料保障要求，以基地建设、原收原调和原烟分选为中心，强化基地建设和烟叶采购，不断完善楚雄、禄丰、南华、双柏、姚安5县（市）11个原料基地单元建设，全面稳步提升烟叶收购、分选质量整体水平。至12月31日，工商交接工作进展顺利，共入库烟叶54.18万担，占计划的100%。上等烟比例为71.11%，品种合格率89.34%，等级综合合格率73.23%，烟叶质量总体好于往年，品种纯度比上年有较大提高，等级纯度比往年有较大提高，特别是上等烟叶。累计投入分选烟叶43.34万担，占分选计划的80%。分切烟叶7.31万担，占计划的91.38%。分级质量较为平稳，在云南中烟技术中心的工业分级巡检中，合格率94.57%，达到红塔集团工业分级质量要求。全面提升复烤生产水平，烤季（2013年11月至2014年5月）共加工复烤烟叶（初烤烟）65.08万担，产出成品片烟44.84万担，烟叶出叶率69.18%，出梗率25.56%，复烤损耗2.46%。生产过程质量批量合格率99.78%，其中一类品率98.46%。

【卷烟安全生产】 2014年，红塔集团楚雄卷烟厂认真贯彻执行国家烟草专卖局、云南中烟工业公司和红塔集团关于安全生产的各项要求，以基础、基层、基本的“三基”为落脚点，加强安全培训和检查，加大企业在安全生产方面的投入，加强对危险源和危害因素的识别与控制，深化安全管理，全方位引入精益生产安全管理理念。认真落实安全生产责任制和“一岗双责”制度，拓宽安全范畴，树立“大安全”的理念，推动建立以覆盖生产、消防、交通、生命财产、信访维稳、社会及生产生活秩序、自然生态等多方位、全过程的安全管理体系建设。年内，无较大以上火灾事故、无较大以上工伤设备事故、无较大以上环境污染事故、无重大以上交通责任事故、无影响集团和社会稳定的事件，全厂平稳、顺畅、安全运行。

［徐　娅］

生物医药及药品工业

【生物医药业发展概况】 2014年，楚雄州生物医药产业紧紧围绕发展目标，采取有力措施，强化协调服务，狠抓工作落实，实现持续较快发展。实现增加值10.18亿元，比上年增长38.4%，增长幅度在六大产业中保持领先，占全州GDP总量的1.45%，首次超过1%，实现新的突破；实现总产值48.3亿元，增长38.6%；实现主营业务收入37.4亿元，增长46.2%；药品企业生产中成药8852吨，增长39.7%；全州种植中药材11.91万亩，增长64.3%；生物医药招商引资到位资金15.3亿元，增长

48.8%。纳入统计的34户生物医药企业中有28户（比上年新增10户）规模以上工业企业（盘龙云海药业、天利药业、老拨云堂药业、万裕药业、新世纪中药饮片公司、云中制药、龙发制药、金碧制药、三圣药业、和创药业、金七制药、郡筹制药、益田中药饮片公司、华香源香料公司、恒瑞生物科技公司、摩尔农庄生物科技开发公司、森美达生物科技公司、德尔思紫胶公司、爱尔康生物技术公司、振彝生物科技公司、瑞福康生物科技开发公司、宝丰药品包装材料公司、极粹生物科技公司、白药集团楚雄健康产品公司、新世纪生物工程公司、州医用器具公司、爱尔发生物技术公司、一致魔芋生物科技公司）实现产值38.48亿元，比上年增长40.4%；实现主营业务收入27.92亿元，增长53.5%。规模以上生物医药工业企业创造的产值和主营业务收入分别占到了全州生物医药产业总产值和主营业务收入的79.7%和74.6%，比上年分别提高1.7个和2.9个百分点。28户企业中，除个别企业产值、主营业务收入下降外，绝大多数企业产值和主营业务收入均实现不同程度的增长。其中，天利药业、云中制药、新世纪中药饮片公司、龙发制药、摩尔农庄生物科技开发公司、爱尔发生物技术公司、极粹生物科技公司、瑞福康生物科技开发公司、牟定恒瑞生物科技公司、新世纪生物工程公司、宝丰药品包装材料公司产值、主营业务收入均增长20%以上。

【生物医药项目招商】 2014年，楚雄州共实施生物医药招商项目53项，其中新引进签约实施项目31项，53个项目协议投资总额39.49亿元，实际到位资金15.3亿元，比上年增长48.8%，完成州人民政府下达全年目标任务11.82亿元的129.4%。全州10县（市）和楚雄经济开发区都全面完成了目标任务。

【中药材种植基地建设】 2014年，楚雄州中药材种植规模化效应、效益逐渐显现，种植基地建设步伐明显加快，种植面积达11.91万亩，比上年增长64.3%。全州10县（市）均超额完成了州人民政府下达的种植目标任务，其中南华、大姚、武定3县增长速度分别达到114.7%、81.2%和73.6%。种植面积较大的续断（38150亩）、白扁豆（11115亩）、玫瑰茄（7097亩）、三七（6609亩）、茯苓（6046亩）、红花（5466亩）、龙胆草（5067亩）7个品种的种植面积达79550亩，占总种植面积的66.78%。武定县、双柏县、大姚县3个省级“云药之乡”种植面积达87305亩，占全州种植面积的73.29%。有种植企业和专业合作社51户，创建示范样板28片，其中100～200亩的20个，500～1000亩的7个，1000亩以上的1个。全年全州共生产中药材原料5万吨，产值8亿元，种植企业和农户增加收入4.7亿元。中药材产量、产值、农户增加收入分别比上年增长53.5%、62.3%和62.6%。

【生物医药重点企业培育】 2014年，楚雄州生物医药企业呈现出快速发展良好态势，企业规模不断壮大，实力不断增强。主营业务收入上2000万元的生物医药企业达32户，其中，亿元以上企业比上年新增4户，即森美达生物科技公司、新源和药业公司、新天地农业开发公司、武定知青中药材专业合作社；2000万元以上企业比上年新增10户，即和创药业公司、金七制药公司、郡筹制药公司、益田中药饮片公司、振彝生物科技公司、爱尔康生物技术公司、瑞福康生物科技开发公司、宝丰药品包装材料公司、德尔思紫胶公司、新天地农业开发公司。

【重点项目技术改造】 2014年，楚雄州实施重点生物医药工业技改项目15项。其中，云南植物药业、楚雄和创药业、云南金七制药、云南积大生物、云南郡筹制药、南华振彝生物、云南森美达生物7户企业已建成投产；摩尔农庄三期年产20万吨有机及国食健字核桃乳深加工生产线建设项目、金碧制药民族（彝）药技改扩建项目、楚源药业药用辅料建设项目、世纪华宝松花粉建设项目、云南药材公司楚雄基地项目等正在推进中。

【药品批准文号申报】 2014年，楚雄州生物医药企业共取得药品批准文号6个（其中转移批准文号3个），Ⅰ类药包材注册证2个（PVC硬片、药瓶各1个），Ⅲ类医疗器械注册证1个。另外，还有30余个项目40余个产品在研发中，一批药品品种、保健食品正在申报过程中。至年末，全州生物医药企业共拥有有效国药准字批文371个，其中有25个具有自主知识产权的新药品种，有8个国家中药保护品种，有9个保健食品批准文号，有31个全国独家产品，有86个省内独家产品。

【新版GMP认证】 2014年，楚雄州积极稳步推进药品生产企业实施新修订GMP工作，相关职能部门加大对药企GMP认证过程中的服务指导力度，年内，楚雄老拨云堂药业有限公司、云南植物药业有限公司楚雄原料药基地、云南楚雄天利药业有限公司、云南郡筹制药有限公司、云南盘龙云海药业有限公司（中药饮片）、云南明镜亨利制药有限公司（原料药）、云南万裕药业有限公司、云南云中制药有限公司（4个剂型和前处理）通过了新版GMP（2010年版）认证，取得了GMP证书，其他药品生产企业GMP认证工作也在积极有序推进中。

【科技研发能力建设】 2014年末，楚雄州生物医药企业已获得国家高新技术企业5家（盘龙云海药业、老拨云堂药业、天利药业、龙发制药、爱尔发生物）、省级创新型试点企业2家（盘龙云海、摩尔农庄）、省级企业技术中心4个、省级工程研究中心1个、州级企业技术中心8个。有3个院士工作站（刘颂豪院士工作站、王永炎院士工作站、侯保荣院士工作站）和1个专家工作站（黄贤明工作站）落户楚雄。建成了摩尔农庄“国家新药研发工程中心楚雄民族药及生物资源产业化研发基地”、云南彝族医药研究所、老拨云堂彝药研发中心3个医药研发中心。

【云南盘龙云海药业有限公司】 2014年，盘龙云海药业有限公司按照董事会决策部署，进一步加大产品研发、工艺研究、市场开拓力度，完善硬件和软件系统建设，优化提升工艺技术装备水平，进一步加强企业文化建设，提升员工素质，各项工作取得显著成效，推动企业稳健发展。产品研发。完成了玛咖人参片工艺处方及生产试制研究，天仁止痛颗粒提取工艺试制研究，干姜袋泡茶、黄芪袋泡茶、松茸红茶、醋含片、醋含片颗粒、龙灯胶囊模拟剂、银杏叶胶囊模拟剂、灵丹草颗粒模拟剂的试制研究，复方南板蓝根片的稳定性考察研究，臭灵丹草药材醇提、浓缩、干燥研究，更年安胶囊有效期变更资料研究及上报，石斛、松茸、三七、玫瑰4个面膜产品进行多次配方调试及样品试制，玛咖人参片、玛咖干制品企业标准起草及备案；对大美云南诗莉薇品牌46个化妆品、产品进行网络备案填报，有半数产品取得备案文号；对已获备案的22个面膜产品进行纸质资料整理上报，并同时进行产品调试；协助大美云南完成玛咖干制品、玛咖片和玛咖人参片、松露酒、冻干水果等相关产品包装标签文字起草及核对。科研成果。获得玛咖人参片、玛咖干制品企业标准备案证书，诗莉薇化妆品（石斛、松露、龙血树、三七）等系列16个产品备案证书，益肾灵颗粒（无蔗糖）药品补充申请批件，蔬菜干制品（自然干制蔬菜、蔬菜粉及制品）食品生产许可证书。GMP认证准备。认真对照国家新版GMP要求，结合生产工作实际，对硬件及软件系统进行全面梳理，分阶段、按进度进行技术改造、软件修订工作，为公司第四轮药品GMP认证做好各项准备。年内，公司实现工业产值5.51亿元，比上年增长8.9%；实现主营业务收入2.49亿元，比上年增长64%；实现利润总额4911万元，应缴税金1908万元。

【云南摩尔农庄生物科技开发有限公司】 2014年，云南摩尔农庄生物科技开发有限公司围绕科学发展、跨越发展的目标，按照GMP、ISO22000国际食品安全管理标准加强产品质量管理，提升产品品质，加大新产品研发、品牌打造、市场开拓、项目建设工作力度，推动公司实现高速发展。应用低温浓缩、冻干技术研发出固态核桃乳干浆，在复溶之后仍能保持植物蛋白功能性饮料本身的营养成分、形态颜色和质量稳定性，可在销售网络建立情况较好的地区建立灌装厂或委托销地饮料灌装厂复原后罐装，可大幅节约物流及人员成本。全面推进楚雄占地203亩、投资4.5亿元三期年产20万吨有机及健字号功能饮料深加工生产线、保山昌宁投资1.9亿元四期年产5万吨功能性饮料及1万吨功能性饮料干浆生产线及南华五期核桃功能性保健食品综合开发及深加工项目建设实施。深度挖掘云贵两省市场，扩大川渝市场份额，统筹规划开发华北、华南市场，公司已在贵州、四川、重庆、上海等地开设销售分公司，产品销售逐步向全国扩展。年内，公司在紫溪山建成170亩摩尔农庄"中国核桃种质资源圃"核心园区，包含世界核桃种质资源博物馆及世界核桃科普观赏种质园，收集了全世界112种核桃种质资源。加大产品研发力度，新研发上市了红茶核桃乳、咖啡核桃乳，利乐钻核桃乳，利乐钻橄榄枝饮料，扩大了产品销售。全年公司实现工业产值7.2亿元，比上年增长41.2%；实现主营业务收入7.17亿元，增长40.7%；实现利润总额7637万元，应缴税金1229.59万元。

【云南金碧制药有限公司】 2014年，云南金碧制药有限公司紧紧围绕中心工作，从强化公司内部管理入手，以全面提升员工队伍的综合素质为重点，以突破重点工程项目建设为核心，以科技项目申报为着力点，在强化开拓能力和创新能力上下功夫，全面提高企业的生存能力和核心竞争能力，努力克服资金极度短缺和生产暂时陷于停顿等困难，全面完成了全年各项工作任务和管理目标。实现产值1.75亿元，比上年增长16.4%；实现主营业务收入1.55亿元，增长12.1%；实现利润总额478.90万元，应缴税金118万元。

【云南龙发制药有限公司】 2014年，云南龙发制药有限公司通过目标化、精细化管理，顺利完成了年初既定的生产经营目标，推动公司实现快速发展。全年实现工业产值1.29亿元，比上年增长23.2%；实现主营业务收入1.03亿元，增长19%；实现利润总额976万元，应缴税金432万元。

【云南新世纪中药饮片有限公司】 2014年，云南新世纪中药饮片有限公司着力提升企业管理水平，加大市场开拓和中药材种植推广力度，培训农户中药材种植技术1136人次，带动农户种植中药材6000余亩。全年加工中药材、中药饮片4000余吨，实现产值3.8亿元，比上年增长24.8%；实现主营业务收入1.68亿元，增长27.5%；实现利润总额1747万元，应缴税金477万元。

【云南楚雄天利药业有限公司】 2014年，云南楚雄天利药业有限公司坚持"立足彝药产业，打造企业品牌，突出公司独家品种优势，推动公司向现代化、高层次领域发展"的方针，着力抓好各项工作落实，公司业绩实现快速增长。全年实现工业产值2.67亿元，比上年增长34.2%；实现主营业务收入1.1亿元，增长99.7%；实现利润总额40万元，应缴税金258万元。

［左　宏］

煤炭工业

【煤炭工业发展概况】 2014年，楚雄州煤炭工业以"科学发展、安全发展"为主题，以产业结构调整转型升级为主线，加大煤矿企业整合重组，加大技改和机械化改造工作力度，加快小煤矿关闭退出，提高煤炭生产集约化程度和生产力水平，强化煤炭经济运行调节，保障煤炭供需平衡，夯实煤矿基础管理，加强全员安全意识教育培训，提高生产安全保障能力，促进煤炭工业持续稳定健康发展，为全州经济社会平稳较快发展提供基础能源保障。全州规模以上煤炭开采及洗选企业实现工业产值8.69亿元。禄丰工投公司白沙煤矿年产200万吨褐煤扩建项目、吕合煤业有限公司长坡露天矿年产90万吨褐煤扩建项目行政审批工作取得突破性进展。

【煤炭产业转型升级】 2014年，楚雄州人民政府成立由州长任组长的煤炭产业结构调整转型升级工作领导小组，统筹煤炭产业转型升级工作。成立由分管副州长任总召集人的煤矿整顿关闭工作联席会议，协调解决煤矿整顿关闭工作中的困难和问题，指导、督促煤矿整顿关闭有关政策落实。楚雄市、双柏县、南华县、禄丰县人民政府成立相应工作机构，全力推进各项工作。通过“整合重组一批、改造升级一批、整顿关闭一批”，进一步减少煤矿企业和小煤矿数量，提高煤炭产业集中度，推进煤炭产业结构调整转型升级，促进全州煤矿产业科学发展、安全发展。年内共关闭煤矿5个，全州煤矿数量从36个减少到31个；保留煤矿企业8户，在上年19户基础上压减11户。

【煤矿安全隐患排查治理】 2014年，楚雄州认真组织开展煤矿安全隐患排查治理行动，全面排查通风、瓦斯、火灾、水害、顶板、机电运输、监测监控、防治煤与瓦斯突出、防治水、边坡治理及培训用工等系统和管理方面存在的安全隐患和问题。对排查出的安全隐患和问题，做到责任落实，限期整改。全年共查出一般安全隐患296条，整改296条，整改率100%。

【煤矿从业人员教育培训】 2014年，楚雄州高度重视煤矿从业人员教育培训，进一步健全完善3级培训机构各项规章制度，配足配齐教职工队伍，培训机构的软硬件得到加强，通过了省级复查验收。建立培训考核奖惩机制，与产煤县（市）煤炭行业管理部门签订培训工作目标责任书，并严格兑现考核奖惩，有效推进培训工作。举办煤矿从业人员培训班21期，培训2390人；举办教师资格培训班1期，培训教师48人；举办煤矿特种作业人员培训1期，培训特种作业人员118人；举办煤炭产业转型升级工作业务培训班1期，培训煤炭行业管理人员和煤矿企业实际控制人、法人代表68人。

［孙绍兴］

电力工业

【电力工业概况】 2014年，云南电网有限责任公司楚雄供电局认真落实推进全面创先的工作思路，关键指标稳步提升，安全生产态势平稳有序，吸收合并理顺体制，客户满意度持续向好，企业管理更加规范，各项工作取得积极成效。全年完成输电量1184.2亿千瓦时，比上年增长89.3%；完成售电量35.16亿千瓦时，下降7.09%。楚雄电网实现销售收入21.80亿元（不含税及基金），上交税金1.63亿元，固定资产原值93.75亿元，综合供电可靠率99.53%。

【供电能力】 2014年，云南电网有限责任公司楚雄供电局管辖500千伏线路25段，220千伏线路16段，110千伏线路67段，35千伏线路112段，输电线路总长度5828.49千米。管辖变电站59座，其中500千伏2座、220千伏6座、110千伏24座、35千伏27座，变电站容量5360.4兆伏安。有用电客户82.3万户。

【安全生产】 2014年，云南电网有限责任公司楚雄供电局全面梳理业务范畴和流程节点，建立四大风险管控脉络图。持续开展隐患排查治理，治理外力破坏安全隐患132起、线路通道树木隐患952起；检查客户用电及线路通道等安全隐患241起。扎实开展配网普查，摸清设备缺陷隐患，核查设备图实相符，编制配网生产运维“七字诀”，全面推进抢修业务精益化管理。成功管控71项电网风险预警，重大紧急消缺率100%。建立了867人的应急队伍，与9家外协施工单位签订了应急抢险合同，对19个地震高风险供电所配置了9类应急物资。加强与政府应急系统的衔接和联动，签订了合作框架协议，促成政府出台处置电网大面积停电事件应急预案并开展演练。成功应对了冬春季多场山火、元谋“5·07”地震灾害。千里驰援海南电网完成“威马逊”台风灾后抢修复电工作，获得南方电网公司抗击超强台风“威马逊”抢修复电先进集体称号。

【优质服务】 2014年，云南电网有限

带电作业 （樊家海/摄影）

责任公司楚雄供电局完成配网线路互联工程29项，首次10千伏配网合环调电取得成功，带电作业实现10县（市）全覆盖。抓实电力市场分析预测，实时掌握省、州重点项目进展，超前谋划项目用电，促成州内6家企业参与市场化交易，汛期累计消纳电量1.38亿千瓦时。筛选楚雄州重点耗能生产企业，积极挖掘客户厂区节能空间，与客户签订2个项目合作协议并完成了节能改造，与楚雄州发展和改革委员会共同组织开展节能宣传活动，发出节能宣传资料5000余份，全年节约电量1261.23万千瓦时，节约电力0.32万千瓦。荣获云南电网有限责任公司2014年度"营销优质服务先进单位"称号。

【电网规划】 2014年，云南电网有限责任公司楚雄供电局编制了楚雄苍岭工业园区电力专项规划，完成"十二五"配电网供电可靠性规划，开展新能源接入对楚雄北部电网影响专题研究工作，并全部通过评审。完成观音岩直流送出工程前期协调工作。启动"十三五"配电网规划编制。项目储备平稳可控，完成220千伏可研1项、110千伏核准1项、35千伏可研5项、10千伏及以下可研123项、供电所项目可研批复3项。

【经营管理】 2014年，云南电网有限责任公司楚雄供电局以成本管理为基础、资金管理为中心，深化全面预算管理，核减成本费用126.81万元，清理长期挂账资金129万元。抓实经济责任审计、基本建设项目审计和专项审计工作，完成审计项目50项，促进资金节约122.96万元，促进增收节支66.07万元。整合楚雄地区3家供电单位，成立楚雄鹿城供电局、楚雄武定供电局，实现楚雄电网供电服务的统一，整体管理水平得到提升。

［浦　祥］

林产工业

【林产工业概况】 2014年，楚雄州林产工业实现产值44.80亿元，占林业总产值的42.08%，比上年增长8%，其中木材加工业产值7.97亿元，林产化工工业产值12.83亿元，核桃加工产值12.29亿元，野生食用菌加工产值10.29亿元。共有林业企业444户，其中国家级龙头企业2户，省级龙头企业33户。

【木材加工】 2014年，楚雄州完成木材加工业产值7.97亿元。其中锯材加工15.58万立方米，产值2.38亿元；木片加工2.87万立方米，产值1992万元；胶合板制造10.32万立方米，产值2.5亿元；中密度纤维板制造18.18万立方米，产值2.47亿元。生产企业主要有双柏华兴人造板有限公司、双柏县宏光木业有限公司、楚雄中信塑木新型材料有限公司、双柏茂林木业有限公司、大姚森盛木业有限责任公司、楚雄洪兴木业有限公司和托雄胶合板有限公司等。

［杨发民］

【松脂加工】 2014年，楚雄州规模以上松脂加工企业有4户，分别是楚雄市的楚雄弘邦林化有限公司、双柏县的云南松原化工有限公司、云南美森源林产科技有限公司和南华县的南华松香厂。4户企业从业人员500人，实现工业总产值10.89亿元，实现销售收入10.03亿元，实现税金1725万元。

［钱美萍］

【林产化工】 2014年，楚雄州生产林产化工产品7.72万吨，产值12.83亿元。其中，生产松香3.41万吨，产值4.89亿元；生产歧化松香1.61万吨，产值2.26亿元；生产松香树脂5310吨，产值8744万元；生产松节油1.21万吨，产值1.75亿元；精加工桉叶油6773吨，产值2.53亿元。生产企业主要有南华松香厂、云南华香源香料有限公司、楚雄弘邦林化有限公司、云南森美达生物科技有限公司、楚雄亮晶晶林化工有限公司、云南牟定恒瑞生物科技有限公司和楚雄德尔思紫胶公司。

【楚雄州首批国家林业重点龙头企业认定】 2014年，按照国家林业局的通知及《国家林业重点龙头企业推选和管理工作实施方案（试行）》的规定，经各县（市）申报，楚雄州林业局认真审核筛选，推荐上报3户经营上规模、辐射带动强和产品竞争能力强的林业产业省级龙头企业。经有关部门审核、专家评定、社会公示，云南摩尔农庄生物科技开发有限公司及南华松香厂被认定为首批国家林业重点龙头企业。

［杨发民］

（责任编辑：安孟勤）

商 贸

商贸综述

【商贸工作概况】 2014 年，楚雄州商务局坚持改革创新，着力完善扩大消费需求长效机制，千方百计保持消费增长；着力打基础调结构，进一步做大进出口规模；着力加强招商引资，切实提高利用外资水平；着力加快“走出去”步伐，增强企业国际化经营能力；着力加快内、外贸一体化进程，促进内、外贸协调发展，完成社会消费品零售总额 238.37 亿元，比上年增长 13.2%，增速排名全省第 2 位；实现进出口贸易总额 3.52 亿美元，比上年增长 25.4%，连续第 6 年创历史新高。

【商品流通市场监测管理】 2014 年，楚雄州商务局切实加强市场监测，建立和完善社会消费品零售总额统计工作部门协调联动机制，督促和指导各县（市）抓好申规达限工作，提高统计数据质量。全州限额以上统计对象 432 户，其中限额以上法人企业 246 户，限额以上个体及产业活动单位 186 户。共监测重点流通企业 65 户、居民生活必需品企业 13 户、重要生产资料企业 17 户、重点商贸流通企业 59 户（国家级 24 户、省级 35 户），市场监测工作得到加强。坚持办好《商务预报》，引导企业科学生产经营，引导居民理性消费；定期召开重要消费品储备企业联席会议，完善市场应急供应和各种突发事件、自然灾害的应急预案；协调成品油资源保障重点需求，确保成品油等重要商品供应，全州商品市场供应基本稳定，没有出现较大范围排队加油现象，其他商品没有出现断档脱销现象。

【打击侵犯知识产权和制售假冒伪劣商品】 2014 年，楚雄州制定了《楚雄州打击侵犯知识产权和制售假冒伪劣商品工作方案》，做好年度和每季度打击侵权假冒伪劣商品工作安排部署和落实，始终保持对打击侵犯知识产权和制售假冒伪劣商品违法行为的高压态势。州商务局依法加大市场监管力度，集中力量做好重点区域、重点领域、重点商品的查处整顿工作。配合工商、质监部门开展酒类市场专项整治，严格落实酒类流通备案登记和随附单制度；牵头召开 2014 年打击侵权假冒工作联席会议，及时部署有关工作；组织相关部门开展为期 6 个月的电视购物专项整治活动，督促相关部门按要求查处违法违规行为；做好为期半年的打击互联网领域侵权假冒工作，制定《楚雄州打击互联网领域侵犯知识产权和制售假冒伪劣商品工作实施方案》，细化工作职责，加强宣传教育，严厉打击违法违规行为；开展农村和城市结合部市场假冒伪劣专项整治活动，督促成员单位细化责任，认真开展专项整治。保护知识产权和打击侵权假冒相结合，突出专利、商标及地理标志保护和打击侵权假冒行为两大重点，整体联动，密切配合，行政与司法衔接，宣传与教育结合，日常监管与专项整治并进。行政执法部门出动执法人员 6.5 万人次，出动执法车辆 7656 台次，检查各类企业、经营主体 10.14 万户次，检查各类市场 356 个次。

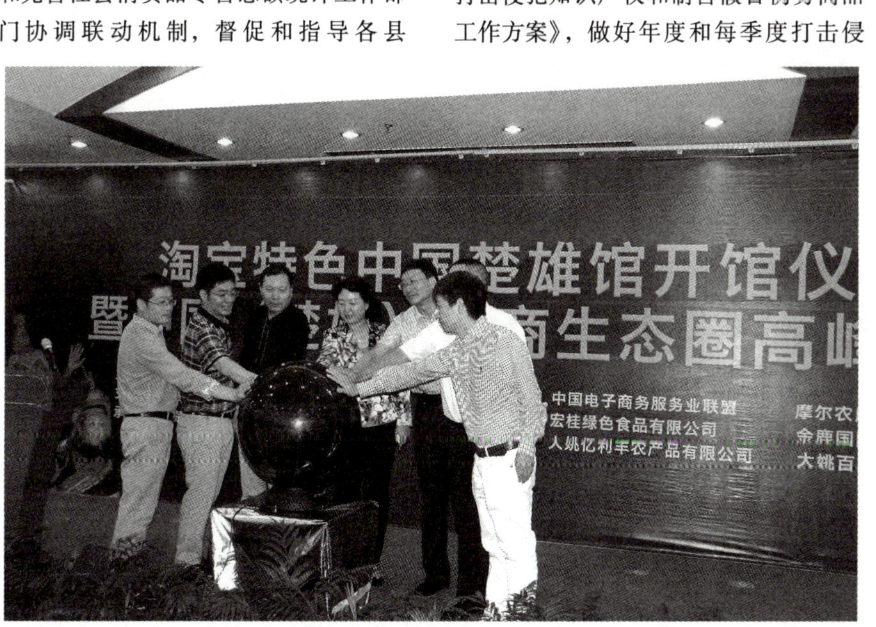

2014 年 7 月 20 日，淘宝特色中国楚雄馆开馆 （李成峰/摄影）

【节能减排和绿色消费】 2014 年，楚雄州商务局积极抓好节能减排，促进绿色消费。年初与各县（市）经济贸易和信息化局签订年度节能减排目标责任书，并将完成情况列入全州流通业发展责任目标一并进行考核奖惩；做好 2013 年节能减排考核工作，州商务局获得州人民政府节能减排二等奖；抓好宾馆、超市、饭店、商场等流通企业节能灯使用推广，全州商务系统共推广高效节能环保灯4.14万只，超额完成州节能办下达的1.6万只推广任务，广泛采用节能新技术、新产品。积极开展绿色饭店创建活动，建华国际大酒店申报5叶级绿色饭店，待国家绿色饭店评审委员会专家评审。至年末，全州累计通过评审认定绿色饭店10家。

【商务行政执法培训】 2014年11月4~7日，楚雄州商务局举办全州商务系统干部行政执法暨业务培训班，10县（市）经济贸易和信息化局局长，开发区经贸局局长、分管副局长，具体从事商务工作的干部以及州商务局全体干部职工参加培训。培训班邀请省商务厅、州人民政府法制办工作人员授课，讲授行政法基础、行政处罚法、行政强制法、行政许可、行政确认、行政调解、行政复议和内外贸、外资外经及电子商务等相关政策和业务知识。

【商品市场应急保供】 2014年，楚雄州商务系统认真做好重要商品储备工作，强化突发事件和自然灾害应急保障能力，保障生活必需品市场供应和价格稳定，维护人民群众生产生活的正常秩序。落实《楚雄州重要商品市场供应突发事件应急预案》，建立应急物资政府储备与社会储备相结合的应急储备体系，确定应急储备企业62户，其中州级应急储备企业16户，实行授牌管理，建立健全联系联络机制。召开应急保供专题会议，及时通报汛情和灾情，分析防汛和地震应急等工作形势，以及救灾应急工作方面存在的问题，并作安排。适时启动应急值班管理制度，特殊时段州商务局和企业安排人员24小时值班，保持信息畅通和协调联动，做好救灾应急工作和救灾物资储备准备。加强与州级应急保供企业的联系，定期报送应急物资储备数量，随时掌握各种物资的存量、规格、价格等情况，动员企业组织应急商品采购，增加应急商品库存，确保商品质量安全、数量充足，提高应急保供能力，保障应急需要。

商贸流通

【内贸流通】 2014年，楚雄州商务系统牢牢把握扩大内需这一战略基点，积极发展休闲旅游度假观光、住宿餐饮业，组织企业参加南博会、昆交会、广西东博会、成都食博会、法国、西班牙食品展等国内、国际展会，通过展会、节假日促销等手段扩大商品销售，刺激消费。加强统计监测工作，及时掌握消费市场动向，增加市场有效供给，发展网络购物、手机购物、刷卡消费等新型消费方式，不断提升消费者的消费意愿。加快城乡流通网络建设，进一步改善消费环境，着力拉动消费平稳增长。落实促进消费各项措施，内贸流通保持较快增长，全州实现社会消费品零售总额238.37亿元，比上年增长13.2%，增速排名全省第2位。餐饮业实现营业额40.6亿元，比上年增长18.9%；零售业实现商品销售额235.6亿元，比上年增长17.2%；住宿业实现营业额16.39亿元，比上年增长16.3%；批发业实现商品销售额274.04亿元，比上年增长12.4%。流通服务业完成税收43.28亿元，比上年增长7.6%，占全州财政总收入153.29亿元的28.23%。其中，国税完成17.69亿元，比上年增长6.28%；地税完成25.59亿元，比上年增长8.54%。流通服务业吸纳就业人员20.71万人。

2014年楚雄州流通服务业发展情况统计表

县(市)	全社会消费品零售总额										上缴国家税收			上缴地方税收			吸纳就业人员		
	计划完成（万元）	实际完成（万元）	增长（%）	完成年度计划（%）	限额以上比重计划（%）	实际比重（%）	其中				计划完成（万元）	实际完成（万元）	完成年度计划（%）	计划完成（万元）	实际完成（万元）	完成年度计划（%）	计划完成（人）	实际完成（人）	完成年度计划（%）
							批发业计划增长(%)	实际增长（%）	零售业计划增长(%)	实际增长（%）									
楚雄市	1048668	1010115.1	13.3	96.3	50	45.8	25	12.9	25	19.3	30012	30721	102.4	73718	81321	110.3	53609	53650	100.1
开发区	376050	379304.0	13.3	100.9	50	54.95	25	26	25	17.8	106988	106394	99.4	26842	26526	98.8	15696	15720	100.2
双柏县	69445	75076.1	13.5	108.1	50	30	25	13.2	25	8	2803	2324	82.9	11615	11857	102.1	8517	8550	100.4
牟定县	103685	108124.8	13.7	104.3	50	21.7	25	15	25	21	2710	2742	101.2	11605	12103	104.3	11516	11550	100.3
南华县	141870	143949.7	13	101.5	50	43.1	25	9	25	17	4481	4454	99.4	19857	17242	86.8	14337	14350	100.1
姚安县	102760	104520.9	13.9	101.7	50	33.7	25	13	25	22	2313	2339	101.1	11903	13079	109.9	15685	15700	100.1
大姚县	189076	189168.9	13.4	100.0	50	58.2	25	13.2	25	16	3949	3984	100.9	16006	16533	103.3	15706	16380	104.3
永仁县	46599	46252.7	13.2	99.3	50	27	25	14.1	25	10	4800	2971	61.9	14686	17042	116.0	7399	7420	100.3
元谋县	132184	132375.7	13.8	100.1	50	35.2	25	14	25	17.8	3651	3614	99.0	8779	9124	103.9	14609	14640	100.2
武定县	176996	177454.1	13.6	100.3	50	35	25	13	25	17.6	12409	7496	60.4	25803	31104	120.5	16741	16760	100.1
禄丰县	390126	396675.8	12.3	101.7	50	24	25	7	25	13.8	8963	9850	109.9	26762	19981	74.7	32416	32440	100.1
全　州	2401409	2383713.8	13.2	99.3	50	39.1	25	12.4	25	17.2	183079	176889	96.6	247576	255912	103.4	206231	207160	100.5

【组团参加昆交会】 2014年6月6日，第二届中国南亚博览会暨第二十二届中国昆明进出口商品交易会在昆明国际会展中心开幕，楚雄州以“魅力楚雄”为主题，充分展示楚雄州情、重点产业及重点产品、电子商务、投资优势、政策政务环境以及浓郁的彝族文化风情。首次在电子商务展示区重点介绍楚雄州电子商务发展情况，突出展示楚雄州在电子商务发展方面的新举措、新成效，现场演示电子线上交易。楚雄州有22户企业申请25个展位参展，参展企业22户，产品种类71类，产品品种286种。参展5天发放宣传材料2.90万份，现场咨询6.68万人次，实现商品零售额31.5万元。大姚亿利丰进出口贸易有限公司、武定小花猫民族工艺品厂与国外客商现场签订出口合同总额1100万美元，加上其他重点进出口企业与国外客商的签约成交额，共签约成交2.41亿美元，比上年增长20.5%，成交商品主要为蔬菜、水果、松茸和牛肝菌等。参展企业还与国内外63家客商达成1896万元的区域销售代理或内外销供货意向。年内，州商务局组织34户企业参加2014年楚雄火把节名特优产品展销会、第十一届中国——东盟博览会（广西南宁）、第十届中国食品博览会（四川成都）、长沙国际食品展、中越边境交易会（河口）、2014滇台茗茶咖啡暨美酒展（台北）、第二十三届中国食品博览会（湖北武汉）等7个国内展会，累计发放各种宣传资料1000余份，现场销售100余万元，签定上百万元订单，现场咨询人员达上万人次。

【成品油市场保供】 2014年，楚雄州商务系统认真落实成品油保供各项措施，成品油市场供应平稳有序。年初下发《楚雄州商务局关于下达2014年成品油市场供应计划的通知》，明确中石化和中石油两大集团在楚企业保供任务。坚持月报和应急状态下的日报制度，加强全州成品油购进、销售及库存监测，及时准确把握市场供求变化情况，在元旦、春节等重大节日和重要时段督促两大集团在楚企业增加成品油库存，及早做好准备，防止断档脱销的情况发生。中石化、中石油在楚企业销售成品油51.02万吨，比上年增长3.8%。其中，汽油15.14万吨，增长13%；柴油35.88万吨，增长0.1%。完成全州196座加油站2013年度检审工作，其中年检合格175座、歇业8座、就地改造4座、搬迁建设9座，年检合格率89%。严格准入，规范主体，按照公开、公平、公正原则受理加油站新建、迁建、验收、变更申请，审查批准加油站新（迁）建项目申请8个，至年末，全州加油站总数199座。始终坚持“安全第一，预防为主”的方针，及时与中石化楚雄石油分公司、中石油楚雄销售分公司签定2014年消防安全工作目标责任书，定期不定期对辖区内加油站（点）进行安全检查，发现问题及时整改，现场检查加油站175座，占全州加油站的88%，查出安全隐患98处，提出整改意见121条，确保加油站生产安全。

【拍卖行业】 2014年末，楚雄州共有拍卖企业3家，即楚雄金槌商品拍卖有限公司、楚雄金信拍卖有限公司、楚雄大西南拍卖有限公司。年内，共举办拍卖会64场次，成交总额3.40亿元。其中，楚雄金槌商品拍卖有限公司举办拍卖会28场次，年成交总额4041万元；楚雄金信拍卖有限公司举办拍卖会36场次，年成交总额2.99亿元；楚雄大西南拍卖有限公司未举办拍卖会。

【典当行业】 2014年末，楚雄州共有典当企业5家，合计注册资本1.95亿元。其中，楚雄市融达典当行有限公司1998年批准成立，注册资本1500万元；新源典当有限公司2007年批准成立，注册资本2000万元，2013年注册资本增加至1.2亿元；楚雄瑞特典当有限责任公司2012年批准成立，注册资本3000万元；楚雄荣发典当有限公司2012年批准成立，注册资本1000万元；云南泰丰典当行有限公司2013年批准成立，注册资本2000万元。年内，5家企业共开展典当业务229笔，成交总额1.89亿元，实现收入1441.81万元。

【电子商务】 2014年，楚雄州商务局认真贯彻州人民政府《关于鼓励企业发展电子商务的意见》，获得州级财政安排电子商务发展专项资金100万元。依托州职教园区成立电子商务人才培训中心，广泛开展电子商务人才孵化培训，培训电子商务人才800余人。5月24日，楚雄州金状元电子商务公司牵头注册成立楚雄州电子商务协会。7月21日，楚雄州电子商务协会与广东金状元科技网络有限公司合作，依托淘宝网，建成特色中国“楚雄馆”，建立楚雄州名特优产品网上集中展示和销售平台，增加本土名特优产品网上销量，带动和扩大楚雄州优势企业生产规模，促进就业。至年末，全州有电商112户，其中企业60户、个体52户，有网店122个，在网上销售商品8301.77万元，月均销售额691.8万元。11月11日，省商务厅授予楚雄州职教园区云南省第一家“电子商务示范基地”称号。

［李成峰］

对外贸易与经济合作

【外贸进出口】 2014年，楚雄州商务系统积极采取应对措施，突出重点，紧盯目标，加强监测和调研，及时应对异常情况；落实外贸奖励政策，稳定企业“军心”，激励企业积极开拓国外市场，扩大外贸进出口；抓好协调服务，帮助企业解决出口退税等难题，千方百计增加出口，努力扭转外贸下滑局面。7月，外贸进出口总额实现止跌回升。至年末，进出口总额3.52亿美元，比上年增长25.4%，完成省人民政府下达任务的110%，完成年初人代会确定目标的106%。其中，出口额3.34亿美元，增长30.3%；进口额1790万美元，下降20.9%。

【对外经济合作】 2014年，楚雄州商务局重点抓好境外劳务输出，巩固传统市场，加强与周边国家和地区交流合作，加快“走出去”步伐，帮助国际劳务输出机构开拓新市场，确保国际劳务输出

2014 年楚雄州对外贸易统计表

单位：万美元

县(市)	进出口总额					出　口			进　口		
	目标任务	实际完成	上年同期	同比增减（%）	完成任务（%）	实际完成	上年同期	同比增减（%）	实际完成	上年同期	同比增减（%）
开发区	2057	614	1268	-51.58	29.85	597	1222	-51.15	17	46	-63.04
楚雄市	22231	27205	19349	40.60	122.37	27196	19349	40.56	9		
牟定县	484	607	410	48.05	125.41	607	410	48.05			
武定县	81	45	67	-32.84	55.56	45	67	-32.84			
大姚县	751	1207	663	82.05	160.72	1207	663	82.05	0		
禄丰县	3855	3035	3267	-7.10	78.73	1262	947	33.26	1773	2320	-23.58
南华县	516	972	440	120.91	188.37	972	440	120.91	0	0	
双柏县	2798	1336	2371	-43.65	47.75	1336	2371	-43.65	0	0	
元谋县	166	182	141	29.08	109.64	182	141	29.08	0	0	
姚安县	119	10	101	-90.10	8.40	10	101	-90.10			
永仁县	5	0	4	-100.00	0	0	4	-100.00	0		
合　计	33092	35181	28044	25.4	106.3	33391	25619	30.3	1790	2425	-26.2

稳步推进。输出国际劳务 2319 人，获得国际劳务收入 1197.8 万美元，比上年分别增长 25.4% 和 56.1%。实施境外罂粟替代种植面积5000 亩，支持禄丰县勤攀化工有限公司赴澳大利亚投资。

【利用外资】 2014 年，楚雄州商务局进一步改善投资环境，加强招商引资工作，与招商局、工商局、外汇管理局、国税、地税等涉外经济部门之间密切配合，优化办事流程，从方便企业角度出发，精简办事程序，解决审批项目中存在的申请资料繁琐现象，提高办事效率，为外商提供优质服务。审批外商投资企业 4 户，办理各项变更 6 户，实际利用外资 2045 万美元，比上年下降 20.9%。

［李成峰］

供销合作

【供销社工作概况】 2014 年，楚雄州供销社系统围绕州人民政府和省供销社下达的工作任务，按照“改造自我、服务农民”总要求，推进供销合作社综合改革试点工作，各项工作取得新成效。采取集中、分散、联合等方式，组织开展各类农村流通人才培训，共举办各类培训班 149 期，培训人员 1.06 万人次，其中供销干部职工培训 27 期 541 人，专业合作社理事长培训 13 期 637 人，农产品经纪人培训 45 期 4593 人。供销社系统完成销售总额 75.30 亿元，完成省供销社下达任务 58 亿元的 129.8%，比上年增长 15.4%；完成农副产品购进 21.20 亿元，完成省供销社下达任务 12 亿元的 176.7%，比上年增长 17.7%；完成化肥销售 43.47 万吨，完成省供销社下达任务 34 万吨的 127.9%，比上年增长 14.5%；汇总实现利润 1.2 亿元，完成省供销社下达任务 6100 万元的 197.4%，比上年下降 7.3%；持股 10% 以上企业资产总额 3.24 亿元，完成省供销社下达任务 2.72 亿元的 119.3%，比上年增长 24.7%；社有资产总额 1.23 亿元，完成省供销社下达任务 1.12 亿元的 109.9%，比上年增长 16.2%。食用菌总产量 6.1 万吨，总产值 19.25 亿元。

【供销综合改革】 2014 年，楚雄州供销社系统认真贯彻落实中央和全国供销总社的决策部署以及云南省人民政府关于印发《云南省全面深化农村改革总体方案》及 4 个专项方案的通知精神，扎实稳妥地推进楚雄州供销社综合改革。全体干部职工认真学习省委、省人民政府对供销社综合改革试点提出的“要按照实体性合作经济组织建设的目标，加快形成为农服务主渠道”要求，以及全省供销系统综合改革试点工作启动现场会等精神，结合全州供销工作实际，力争把供销社打造成为“具有完善组织体系和规模优势，为农民生产生活服务、为农业社会化服务的主渠道和综合平台”。按照试点先行要求，省供销社把楚雄、牟定两县（市）供销社确定为综合改革试点县（市），州供销社确定武定、大姚两县供销社为州供销社综合改革试点县。12 月，州供销社制定出台综合改革实施方案，并上报州委、州人民政府，待审批后实施；楚雄、牟定两县（市）供销社综合改革实施方案通过县（市）党委、政府批准并进入实施阶段；武定、大姚两个试点县进入工作调研和制定改革实施方案阶段。

【农村现代流通服务体系建设】 2014 年，楚雄州供销社系统按照全国供销总社和省供销社关于加强基层组织建设的工作要求，采取有效措施，加强配送企业、乡（镇）中心超市改造提升，州供销社从州级流通业项目专项资金中安排 30 万元，补助供销社 20 个配送中心和乡（镇）中心超市改造提升。配送中心改造提升的重点是建立与农村综合服务社利益联结，确保商品质量，做到物美价廉；乡（镇）中心超市提升改造按照统一规划、统一建设标准、统一标识、统一服务内容、统一软硬件设施的要求进行，重点提升店面档次和综合服务功能。同时，从州级流通业项目专项资金中安排 25 万元，对 6 个乡（镇）集贸市场改造提升进行补助，使乡（镇）集贸市场的服务功能、设施更加完善，效益不断提高。

【农村合作经济组织指导服务体系建设】 2014 年，楚雄州供销社系统认真贯彻实施《农民专业合作社法》和《农民专业合作社登记管理条例》，充分发挥供销社的组织、指导、服务、带动等职能，利用供销社组织、人才、网络和服务优势，完善与农民的利益联结机制，积极推进农民专业合作社规范化运行。发展农民专业合作社55个，超额完成省供销社下达任务20个。各县（市）供销社在发展农民专业合作社过程中，因地制宜，确保完成数量，更加注重发展质量，发展了一批规模大，入社农户多，效益好，带动力强的专业合作社。创办农民专业合作社示范社32个、城市消费合作社10个，农村公共管理合作社提质增效24个，成立县级监事会3个。尝试、探索村党支部+村委会+专业合作社“三位一体”的合作经济组织试点，确定楚雄市东华镇邑多么村委会为试点，州供销社扶持资金5万元，解决农村集体经济“空壳”问题。

【农村生产生活资料供应】　2014年，楚雄州供销社系统以保障农村生产生活资料供应、拉动农村市场需求为重点，抓好农资供应。州、县（市）两级供销社积极帮助农资配送企业做好农资淡储和春耕备耕、农资供应工作，切实解决农资供应工作中出现的困难和问题，在确保质量、优质服务的基础上，做到不断档、不脱销、供得上，确保春耕生产和日常农资供应。供应化肥43.47万吨，供应化学农药1139吨，供应农用薄膜2097吨。抓好农村日用消费品供应，充分利用村级综合服务社等网络终端，切实做好农村日用消费品供应，农村综合服务社覆盖率95%以上，行政村基本做到有综合服务社，方便农民群众消费。开展农产品购销，实现农产品购进21.2亿元，比上年增长17.7%。

【乡村流通项目建设】　2014年，楚雄州供销社系统推进“新网工程”、“乡村流通工程”、“农业综合开发”和“食用菌产业发展”等项目建设。上报农村现代流通网络体系建设项目8个，获得批准5个，获得扶持资金175万元；上报全国供销总社农业综合开发项目1个，批准并获得扶持资金132万元；上报食用菌产业发展项目12个，有5个项目获得扶持资金65万元；上报全国供销总社新网工程项目3个，获得项目资金200万元。全年累计争取到各种项目资金562万元。

［杨成文］

粮油流通

【现代粮食流通产业改革】　2014年11月19日，楚雄州人民政府下发《关于加快现代粮食流通产业改革发展的实施意见》，明确用4年时间（2014～2017年），发展粮油工业，推进实施“粮安工程”，改善粮食仓储基础设施状况；健全完善粮食调控体系、粮食市场体系和粮食流通监管体系，守住粮食收购、销售、储备、质量4条底线，提高粮食应急供应能力；发挥粮食流通对保证粮食安全的作用，提高楚雄州粮食安全保障能力。提出粮食流通总产值不断提高，粮食企业市场竞争力显著增强，粮食流通基础设施明显改善，粮食流通市场监管水平全面提高，粮食安全保障能力显著提高5个发展目标。提出进一步完善粮食行政首长负责制、加大财政扶持力度、落实税收优惠政策、加大金融信贷扶持、给予土地优惠政策、深化国有粮食企业改革等6项政策措施。州委全面深化改革领导小组把深化粮食流通体制改革列入楚雄州经济体制改革重点工作及《楚雄州全面深化农村改革总体方案》专项改革内容之一。州粮食局按照州委全面深化改革领导小组及州人民政府要求，根据《云南省人民政府关于加快发展现代粮食流通产业的意见》，深入基层调研，认真查找制约楚雄州现代粮食流通产业发展的瓶颈、存在的突出问题，结合州内实际，制订《加快楚雄州粮食流通产业改革发展实施意见》，于9月下旬向州人民政府报送送审稿，通过州人民政府常务会审定下发实施，并被省粮食局转发全省学习。

【“小粮仓”建设项目】　2014年，楚雄州人民政府把实施农户科学储粮“小粮仓”2.5万套建设项目作为重点落实的10件民生实事任务之一，争取农户科学储粮小粮仓建设项目2.5万套。7月24日，省粮食局下达任务，州人民政府办公室及时分解落实各县（市）建设任务，并提出相关建设要求，在除元谋县外的9县（市）平均实施。州财政局及时配套州级财政资金84.38万元，9县（市）人民政府按要求合计配套资金84.38万元，并落实项目建设乡（镇）。州粮食局及相关县（市）粮食局与项目中标单位山东长江粮油仓储机械有限公司密切合作，协调落实现场加工场地，及时解决加工生产及运输过程中出现的各种问题，并配合省粮食科学研究院做好设备质量鉴定工作。至11月20日，完成项目总投资1125万元，其中中央补助资金30%，省级财政配套资金15%，州级财政及县级财政各配套资金7.5%，实际在9县（市）34个乡（镇）实施26558套。农户储粮设施得到改善，爱粮节粮、科学储粮的意识进一步增强。

【“危仓老库”维修改造】　2014年，楚雄州粮食局和州财政局抓住国家实施粮食收储供应安全保障工程，对国有粮食企业“危仓老库”进行维修改造的机遇，积极上报争取建设项目。9月23日，省财政厅、省粮食局下达楚雄州牟定县粮食储备公司整合重建1万吨仓容，仓库建筑面积2160平方米，其中省级补助建设资金210万元，州级财政配套140万元，县级财政配套70万元；下达南华县粮食储备有限公司粮食危仓老库整合重建0.53万吨仓容，仓库建筑面积1600平方米，其中省级补助建设资金111万元，州级财政配套74万元，县级财政配套37万元；下达武定县粮食储备有限公司维修改造1.7万吨仓容，其中省级补助建设资金73万元，州级财政配套49万元，县级财政配套25万元，武定县根据仓库维修情况请求变维修改造为整合重建获批准。3个整合重建项目顺利完成项目招投标，动工建设。合计总投资1535万元，其中省级补助资金394万元，州县补助395万元，企业自筹746万元。

【楚雄州粮食产业园区规划建设】 2014年，楚雄州针对缺乏集粮食收购、仓储、加工和副产品循环利用、质检、物流配送、信息平台等为一体的粮食产业园区平台，不利于大粮食、大流通发展，以及云南楚雄国家粮食储备库、楚雄市粮食储备公司位于市区中心，发展空间狭窄，需要搬迁重建的实际，提出依托国家“粮安工程”，在楚雄市建设一个300亩左右的楚雄州粮食产业园区，其中云南楚雄国家粮食储备库建设用地安排100亩，楚雄市国有粮食收储公司建设用地安排60亩，其余140亩用招商引资方式引入其他多元化市场主体，从事粮食收购、仓储、加工和副产品循环利用、质检、物流配送、信息平台等粮食业务，列入全州园区经济发展规划，并获州人民政府同意，相继成立粮食产业园区规划建设领导小组。10月29日，州人民政府召开相关部门协调会，推进项目建设工作。12月12日下午，州粮食产业园区规划建设领导小组现场办公，初步确定园区选址在楚雄市永安大道沈家垭口。

【学生用粮质量安全】 2014年，楚雄州粮食局与州教育局协作开展寄宿制学校粮油集中供应探索工作，取得降低成本，确保安全，规范管理的成效，确保学生用粮质量安全。6月23日，楚雄州作为先行探索者，在昭通市召开的全省农村义务教育阶段学生营养餐粮油集中供应工作现场会上作交流发言，并专题向州人民政府上报《楚雄州粮食局关于寄宿制学校粮食供应工作情况的报告》，提出做好全州寄宿制学校粮油供应工作意见建议。8月23日，协调州食品安全委员会办公室牵头召开全州寄宿制学校粮油集中供应工作座谈会，在对学生粮油集中供应，确保食品安全等方面达成共识，为国有粮食企业搭建平台。全州1046所学校中有621所学校由国有粮食企业负责粮油供应，供应大米314.06万千克、食用油32.61万千克，其中牟定、姚安、元谋、武定、大姚、禄丰6县基本实现寄宿制学校粮油集中供应全覆盖，并在如何制定政策措施，做好沟通协调，搞好优质服务，严格把好粮油质量，强化内部管理方面做了很好的探索与总结。楚雄州国有粮食企业学生用粮覆盖面、大米供应量均位列全省第2位，受到省粮食局的肯定与好评。

【新粮质量安全风险监测】 2014年，楚雄州全面启动新收获粮食风险监测及收获质量调查和品质测报工作。州粮食局精心组织，制定实施方案，明确州、县（市）粮食局及云南楚雄国家粮食质量监测站的工作职责、进度安排以及样品采集要求，并根据全州粮食生产情况的实际，分成两个采样工作组，在9月下旬深入除双柏、元谋、永仁外的7个县（市）23个乡（镇）45个村委会50个自然村，到249家农户田间地头、家中采集2014年新收获稻谷样品150份，按规定支付农户购买粮食样品费用，完成样品采集和晾晒、整理、分样、封样，以及采集样品数据的收集、整理、上表、电子文档录入等工作，按时在9月30日将50份粮食质量安全风险监测样品及相关数据电子文档直接送达云南省粮食科学研究院质量测试中心，余下100份样品由云南楚雄国家粮食质量监测站开展收获质量调查和品质测报，并按时上报质量调查和品质测报总结报告。省粮食局下发粮食简报专门介绍楚雄州粮食局开展新收获粮食质量安全风险监测工作情况。

【楚雄市粮油经营供需状况调查】 2014年10月13～16日，楚雄州粮食局联合楚雄州、市、开发区工商行政管理局及楚雄市粮食局，分两个工作组，首次对楚雄市城区粮油经营户及市场粮油供需情况进行拉网式摸底登记调查。至10月16日，共调查粮油经营户123户（不包括兼营粮油的小副食店）。分类别为：粮油专卖店26户，其中卖大米11户、卖玉米7户、卖黄豆2户、卖食用油6户；兼营粮油的超市61户（连锁超市3户）；粮食制品加工27户，其中大米加工2户、面条加工11户、米线加工8户、饵丝加工6户；米饭配送2户；粮食转化企业3户；国有粮食企业4户。混合粮油经营量7968.2万千克。分品种为：大米3310.13万千克，面条915.22万千克，面粉72.49万千克，小麦7万千克，大豆110万千克，玉米578.01万千克，蚕豆55.2万千克，稻谷2323.2万千克，食用植物油598.96万千克。粮油进货渠道，粮食类省外4275.19万千克，占53%；省内州外835.36万千克，占10%；州内2859.16万千克，占36%；食用植物油基本是省州外购进。市场粮油品牌共计96个。分品种为大米品牌45个，面粉品牌16个，挂面品牌12个，玉米品牌4个，大豆品牌2个，食用植物油品牌17个。从摸底调查情况看：楚雄市城区粮油经营单位成多元化格局。国有粮食企业、非国有粮食企业、连锁超市、个体经营户和农贸市场大米经营户并存。非国有粮油经营单位粮油经营量6324.77万千克，占总经营量的79.37%。11户大米专卖店和2户大米加工厂大米经营量2470万千克，占整个市区大米经营量的74.62%，非国有粮油经营单位成为市场经营主体。楚雄市城区经营粮油大部分从省州外购进。其中大米省州外购进占68%，面粉、玉米、植物油3个品种均从省州外购进。挂面、米线、饵丝等粮食制品以城区内加工州内销售为主。楚雄市城区超市和餐饮单位销售粮油基本从市内粮油专卖店（批发商）购进，极少量从州外购进。根据摸底调查情况，州粮食局专题向州人民政府上报相关报告，提出加快楚雄粮食工业园区建设，引导楚雄城区粮油经营企业，依托园区优势，延长粮油产业链，打造粮油精深加工产品，推广建设楚粳系优质米产业，带动全州粮食产业高速发展，打造安全放心的粮油产品，确保居民能够买到质量合格的粮油产品，加快楚雄州优质粳米占领州内市场步伐。

【国家粮食局调研组到楚雄调研粮食供需平衡情况】 2014年11月17～19日，国家粮食局调研组到楚雄州粮食局、楚雄市和牟定县调研粮油供需平衡情况。调研组深入牟定县共和镇金马居委会、楚雄市鹿城镇军屯居委会农户粮油固定调查点与20户农户和3户城镇居民座谈粮油生产、购销、家庭口粮饲料粮消费和存粮情况，查看调查户粮油收支台账记录，了解调查补贴资金发放及调查工作中存在的困难等情况；走访牟定县兴华食品有限公司了解牟定县腐乳产业中大豆和菜油供需情况；与楚雄州志祥粮油有限公司座谈了解楚雄市大米加工企业生产能力、应急能力及大米消费市场情况。听取楚雄州粮食局、楚雄市和牟定县粮食局粮油供需平衡调查工作情况汇报。通过走访、座谈、查看资料、听取汇报，调研组对楚雄州粮油供需平衡调查工作开展情况给予高度评价，认为楚雄州粮油供需平衡调查工作实、效果好、特点明显。

【楚粳优质大米品牌推介】　2014年，楚雄州农业科学研究所注册了由楚雄州志祥粮油有限公司负责加工销售的楚粳系列优质大米“楚鹿”牌商标，牟定县粮食储备有限公司注册了“穗和”牌楚粳28号大米商标，负责组织楚雄州优质稻谷收购、加工、品牌创建工作。州粮食局为做好两个品牌创建，开展了一系列工作。指导牟定县粮食储备有限公司在秋粮上市前与牟定县牟尼村委会12户种粮大户签订楚粳28号优质稻谷订单合同，承诺以高出国家最低收购价0.15元/千克的价格收购楚粳28号优质稻谷，实际收购13万千克并进行单独加工，在牟定城区、机关食堂、单位干部职工及楚雄开发区小毕郎遮放贡米专卖店、大理州试销，深受欢迎。11月24日，州粮食局与州农业局、州农业科学研究所专题与大姚县人民政府研究，决定2015年在大姚县金碧镇、新街镇推广种植1.15万亩楚粳28号优质水稻，并按照统一品种、统一育秧、统一连片、统一移栽节令、统一病虫害防治、统一中耕管理、统一收购的“七个统一”原则管理。计划由大姚县粮食收储有限公司及云南楚雄国家粮食储备库以高出州内2014年最低稻谷收购价0.20元/千克的价格与农户签订合同订单，收购楚粳28号稻谷300余万千克。利用省粮食局领导到楚雄调研机会，积极推介楚粳优质大米，并在就餐时提供楚粳28号、39号米饭品鉴。秋粮上市后，及时组织“穗和”牌楚粳28号优质大米送省粮食局职工食堂宣传品鉴，获得好评。“穗和”牌楚粳28号、“楚鹿”牌楚粳28号、39号优质大米进驻昆明“云南省放心粮油示范店”，长期合作销售。两公司参加10月15～19日“第十届昆明泛亚国际农业博览会”，展销楚粳28号、39号优质大米，提高市场知晓率。

［陈　岚］

石油购销

【中国石油云南楚雄销售公司】　2014年，中国石油云南楚雄销售公司以保障成品油稳定供应、促进全州经济社会发展为己任，按照“保增长、重管理、控成本、提效益”工作方针，围绕促销“上量”和“降本增效”工作主线，不断提升市场竞争力和市场份额。公司成品油销售量比上年增长11%，非油销售比上年增长3%，安全环保数质量“三条红线”平稳受控。公司以质优量足诚信经营为方针，以HSE管理体系、质量管理体系有效运行为抓手，严格落实安全管理要求，积极推进油品升级，供应车用汽油全部达到国Ⅳ标准。建立油站自检、公司校对、质监部门调校三级防控机制，确保加油机发油准确，在各级质量抽检中始终保持油品质量100%合格，打造客户信赖的品牌形象。员工队伍技能鉴定考核通过率100%，加油站经理资格认证通过率98%。深入开展“青”字号品牌工程，持续推进青年志愿者“阳光行动”，“春蕾女童”结对帮扶，创建省级“青年文明号”、州级“青年文明号”、“五四红旗”团委、省级“青年安全示范岗”各1个。青年员工苏丕超荣获全国“青年志愿者优秀个人”称号。推进加油站“五小”工程和“家文化”建设，建立“工作、生活、健康”员工三维关爱体系，油站“家文化”建设被中石油云南省公司党委评为思想政治工作十佳项目。

［曹玉宏］

【中国石化销售有限公司云南楚雄石油分公司】　2014年，中国石化销售有限公司云南楚雄石油分公司以经营为重心，加强资源统筹，千方百计保市场，提高调控保障能力，做好油品供应。销售成品油比上年增长0.93%。开展“从严管理年”系列活动，提高管理效率。加强员工技能培训及考核，提高员工素质。举办培训班228期，远程系统注册率97.8%。强化质量监管、网络及信息系统建设，成品油管道运行顺畅，楚雄油库样板库建设提升，信息化水平提高，完成ERP、IC卡、二次物流三大信息系统整合，二次物流信息系统、ERP、加油站液位仪上线运行，安装油库自动付油系统、油库自动计量系统、电子提单系统等现代化设备，建立网上充值体验厅，加强对发卡人员和客户的培训，努力扩大网上充值。增强信息化管理水平。昆大线楚雄段5座高速公路加油站改造提升投入运营，关闭元谋油库，新建加油站1座，关停低效站11座，退租低效站3座。推进“家文化”建设，开展在岗员工健康体检，落实带薪休假制度，营造良好氛围，实现员工与企业共同发展。举办青年联谊会、职工运动会、百姓健康舞、送温暖、金秋助学、职工医疗互助等活动，公司退休职工舞蹈《欢乐的彝山》代表云南石油参加集团公司第三届离退休人员文艺比赛荣获三等奖，并赴南京参加集团公司汇演。

［邱　凌］

（责任编辑：周能汉）

交通运输

公路建设

【交通运输发展概况】 2014年末，楚雄州公路通车总里程1.83万千米。其中，农村公路通车里程1.58万千米，占全州公路通车总里程的86.2%；高速公路通车里程339.4千米，一、二级公路里程361.9千米，高等级公路率3.8%；三、四级公路里程1.07万千米，公路等级率62.4%；等外公路6875.3千米。全州公路路网面积密度62.5千米/百平方千米，全州公路路网人口密度67.2千米/万人。全州103个乡（镇）通公路等级率100%；有101个乡（镇）通油（水泥）路，通油路率98.1%；有95个乡（镇）建有农村客运站，乡（镇）通班车率100%；全州1093个村（居）民委员会公路通达率100%；有683个村（居）民委员会通水泥混凝土硬化路面，通畅率62.5%；有892个村（居）民委员会开通客运班线，村（居）民委员会通班车率81.6%。随着交通基础设施的不断改善，全州公路网络初步形成了以州府鹿城为中心，国道、省道为骨架，农村公路广泛覆盖，干支相连、纵横交错，四通八达的公路交通网络。

【交通项目资金争取】 2014年，楚雄州交通运输局紧紧抓住国家加大国、省干道改造力度，加大农村公路建设投入和支持云南省“桥头堡”建设的重大政策机遇，认真分析国家和省对交通基础设施建设的投资政策，主动向云南省交通运输厅、国家交通运输部汇报争取，努力争取国家和省的项目资金支持。全年全州共争取交通基础设施建设项目265项，总投资34.15亿元，争取上级补助资金19.04亿元，比上年增长197.7%，超过州人民政府责任目标的146.9%。楚雄市连汪坝至南华县城一级公路、禄丰县彩云镇至双柏县城至碍嘉镇三级公路、双柏县城至玉溪市新平县水塘3条公路提升改造建设项目正式立项，一并列入2014年云南省国、省干道改造年度建设计划；元谋县G5京昆高速公路至龙街红色旅游公路项目得到云南省交通运输厅正式下达建设计划；州内剩余4个乡（镇）通乡油路建设计划列入2014年农村公路建设项目计划。年内，组织实施农村公路建设项目236项2433.58千米，计划总投资18.61亿元。

【交通固定资产投资】 2014年，楚雄州交通运输局认真分析梳理境内交通固定资产投资工作情况，积极深入各县（市）开展重点建设项目实地调研，通盘谋划年内交通固定资产投资任务，跟踪项目实施情况，并与统计部门联系沟通，认真做好交通固定资产运行分析和统计工作。以公路建设为主的交通固定资产投资稳步增长，完成交通固定资产投资41.32亿元。其中，楚雄至广通高速公路建设项目完成15.09亿元，占36.5%；楚雄连汪坝至南华县城一级公路建设项目完成8.82亿元，占21.4%；国道108线提升改造建设项目完成7亿元，占16.9%；农村公路建设完成10.39亿元，占25.2%。全年完成公路建设投资占州人民政府交通固定资产投资考核指标20亿元的206.5%，比上年实际完成20.67亿元增长99.8%。

【楚雄至广通高速公路建成通车】 2014年12月29日，楚雄至广通高速公路正式建成通车。楚雄至广通高速公路建设项目全长20.28千米，工程概算总投资16.57亿元。全线按双向4车道高速公路标准建设，起于楚雄市苍岭镇马房村，接已经建成的安宁至楚雄高速公路K140+000，由南向北布设，途经马房、石洞铺、下珊琅后进入禄丰县广通镇，止于广通火车站附近的段家村，直接受益人口8万余人，辐射人口约25万人。楚雄至广通高速公路建设项目是云南省第一条省地联建的地方高速公路项目，也是云南省第一批获得“以奖代补”政策支持的地方高速公路建设项目，项目由云南省公路开发投资公司与楚雄州按7:3的比例筹资联合建设，云南省公路开发投资公司承担总投资的70%，约11.6亿元；楚雄州承担总投资的30%，约5亿元。项目于2012年9月26日开工，累计完成投资15.93亿元，其中2014年实际完成投资7.09亿元。楚广高速公路建成通车，使楚雄至广通的通行时间从原来的1个小时缩短为20分钟。

【楚雄至南华一级公路建设】 2014年，楚雄（连汪坝）至南华县城一级公路建设项目由楚雄州人民政府组建楚南一级公路建设工程指挥部负责项目组织实施。项目全线9个合同段12个工作面同时施工。至12月25日，累计完成投资12.37亿元，占项目概算批复总投资40.78亿元的30.33%。其中，完成建安投资7.39亿元，占概算批复建安投资29.92亿元的24.7%，占土建路基工程合同投资18.88亿元的39.14%；完成征地拆迁投资4.19亿元，完成其他投资7863.31万元。年内计划完成投资8亿元，1～12月实际完成投资8.84亿元，占年度投资任务数的110.53%，提前完成州委、州人民政[illegible]的年度投资目标任务。其中完成建[illegible]7.05亿元，完成征地拆迁投资1.6亿[illegible]成其他投资1891.21万元。主体工程[illegible]完成路基挖方425.61万立方米，[illegible]的55.13%；路基填方157.42万立方[illegible]总量的29.85%；软基处治115.81[illegible]米，占总量的49%；边坡防护0.06万立方米，占总量的0.01%；涵洞、通道3747.49米89道，占总量的55.09%；防护工程7.86万立方米，占总量的58.94%；排水工程2.26万立方米，占总量的11.13%；桥梁桩基18083米775棵，占总量的84.13%；墩柱3555.25米378棵，占总量的42.19%；梁板预制完成18片，占总量的1.09%；隧道明洞开挖144米（单幅），占总量的87.8%；隧道主洞掘进753米（单幅），占总量的51.54%；完成隧道二次衬砌699米（单幅），占总量的43.04%。

【国道108线永仁至武定段改造示范工程项目】 2014年，国道108线永仁至武定段改造示范工程项目由云南省公路局楚雄公路管理总段组建指挥部具体负责组织实施，项目全长169.73千米，国家投资补助资金9.1亿元，永仁、元谋、武定3县过境线要求加宽部分资金自筹。其中一级公路武定县城过境线5.72千米，元谋县城过境线10.02千米，永仁县城过境线6.314千米，二级公路110.612千米、三级公路37.06千米。至年末，该项目累计完成投资7亿元，公路主体工程已完工，永仁、元谋、武定县城过境线正在分别组织建设。

【彩云至碍嘉三级公路项目开工建设】 2014年12月17日，禄丰县彩云镇至双柏县城至碍嘉镇三级公路建设项目正式启动。该项目起于禄丰县彩云镇，途经双柏县大庄、妥甸、马龙河、独田，止于碍嘉镇，全长186千米，按三级公路标准设计建设，路基宽7.5米、8.5米，其中双柏县大庄镇过境线路基宽10米、18米，工程预算投资8.77亿元，平均每千米471万元，其中国家补助建设资金7.42亿元，预算内缺口资金1.35亿元。因农村公路建设项目隧道国家不单列计划，项目中鹅头山隧道改造970米未纳入预算，需另酬建设资金8000万元。项目总投资9.57亿元，缺口资金合计2.15亿元。年内，建设计划得到国家交通运输部的政策和资金扶持，列入交通运输部2014～2015年连片扶贫国、省道改造前期工作计划，由省交通运输厅下达2014年度建设计划，州人民政府成立工程建设指挥部，双柏县、禄丰县分别成立现场指挥部，负责项目组织实施。

【农村公路建设】 2014年，楚雄州农村公路建设继续被州人民政府列为全州重点落实的10大民生实事之一，全州农村公路建设成果丰硕，亮点突出。完成上年下达的农村公路建设项目。2013年，楚雄州共组织实施农村公路建设项目90项955.44千米，计划总投资7.55亿元，其中上级补助5.15亿元，不足部分资金由地方配套。组织建设的90项农村公路项目中，通乡油路1项22.98千米，计划投资2756万元；集中连片特困地区县乡道改造4项115.2千米，计划总投资1.92亿元；路网改善工程1项11.73千米，计划总投资876万元；通村路面硬化工程84项805.53千米，计划总投资5.26亿元。至2014年末，根据建设工期，完工85项，在建5项，完成投资6.33亿元，占投资额的84%。通乡油路1项因云南省交通运输厅未正式下达计划，由地方政府出资提前实施11.5千米，已完工，完成投资810万元；集中连片特困地区县乡道改造4项正在建设，完成投资9014万元，占投资额的47%；路网改善工程1项正在建设，完成投资850万元，占投资额的97%；通村路面硬化工程84项805.53千米，已全部完工，完成投资5.26亿元，通过验收考核，工程合格率100%，优良工程率70%以上。2014年，全州新增加102个村（居）民委员会通水泥路，超额完成州人民政府10件民生实事“完成投资3亿元，建设500千米通村水泥路，通畅55个建制村”的目标任务，全州广大农村地区交通条件持续改善。2014年下达的农村公路建设项目快速有序推进。全州组织实施农村公路建设项目113项，计划建设里程1233.58千米，计划总投资10.9亿元。其中，通乡油路5项，计划里程177.8千米；县乡公路改造工程6项，计划里程96千米；通村路面硬化工程99项，计划里程938.28千米；新建桥梁3座159米。农村公路建设主要任务是铺筑沥青路和水泥路，项目建成后可新增6个乡（镇）110个村（居）民委员会通水泥路。云南省交通运输厅预下达的楚雄市、禄丰县、元谋县3个非贫困县84项500千米及预安排建设的2015年第一批计划项目84项700千米的农村公路正在开展前期工作。至年末，全州组织实施的113个农村公路建设项目中，已完工25项，正在抓紧组织实施建设73项，开展前期开工建设准备工作15项，完成投资2.15亿元，占总投资的20%。精简下放农村公路建设审批程序和手续。楚雄州交通运输局下发了精简下放农村公路建设行政审批事项和程序文件，注重监督、指导和服务职能提升，提高工作效率，为县（市）农村公路建设提供良好的技术服务和资金支持，积极帮助解决建设过程中的困难和问题，确保全州农村公路建设快速有序推进。

［李旺林］

运输管理

【公路运输管理】 2014年，楚雄州公路运输管理工作以“深化改革、转变职能、强化监管”为工作重点，加快转变发展方式、发展现代公路运输业为主线，以树立公路运输“好形象”建设为推手，深入推进“综合交通、智慧交通、绿色交通、平安交通”建设。围绕年度工作目标，狠抓各项工作落实，楚雄州公路运输生产力得到全面发展，服务经济社会发展能力得到增强，全州道路运输业实现平稳有序发展。年内，全州公路运输业（客运、货运、维修、检测站、机动车驾驶培训）5项总产值共28.99亿元，完成客运量3490.1万人、客运周转量16.65亿人千米，分别增长

4.5%和1.32%；完成货运量2875.56万吨、货运周转量45.89亿吨千米，分别增长10.05%和14.57%。

群众出行难问题得到改善。深入贯彻《楚雄州进一步加快推进农村客运发展指导意见》，加快推进城乡客运网络规划布局，城乡客运服务网络初步形成。年末，楚雄州103个乡（镇）人民政府所在地已全部开通客运班线，乡（镇）通车率100%，1093个村居民委员会890个开通客运班线，村居民委员会通班车率82%；开通农村客运班线457条，车辆1481辆，满足了人民群众安全便捷出行需求。

公路运输客货运站场基础设施建设力度加大。至年末，全州有5个一级汽车客运站、8个二级汽车客运站、3个三级汽车客运站，79个三级及以下农村客运站。有公路客运经营业户205户，旅游客运经营业户2户，营运旅游客车86辆，其中省、市际旅游客运车辆6辆，市际旅游客运车辆80辆。有道路客运线路522条，投放营运客车1725辆，其中，省际客运班线7条，营运客车13辆；市际客运班线65条，营运客车266辆；县际客运班线89条，营运客车401辆；县内客运班线361条，营运客车1045辆。有道路货运经营业户22943户，比上年增长9.6%；有货运车辆27863辆、货运总吨位114854吨，分别比上年增加360辆、12164吨；有危货运输企业6户、危货车辆563辆。

道路运输业从业人员占全社会从业人员比重增加。至年末，全州有从事道路运输的经营业户25887户，从业人员46282人，分别比上年增加2046户，增长8.58%；从业人员增加1660人，增长3.72%。

机动车驾驶和道路运输从业资格培训能力增强。年末，州内有机动车驾驶培训机构35户、教练员1668人、教练车1106辆，年培训能力达7.96万余人，全年实际培训新增驾驶员4万余名。在6个点集中开展驾校教练员继续教育，培训合格教练员1325人，在驾驶培训行业积极推行驾驶模拟器教学。11月，新申报的3户机动车驾驶培训机构获得省道路运输管理局批准并进入州公共资源交易中心公开招标。有道路运输从业资格证培训机构7户，培训合格3710名道路运输从业者；有机动车维修技术从业人员培训机构1户，培训结业机动车维修技术从业人员6期372人；“两客一危”继续教育培训驾驶员17456人。

车辆技术管理规范便民。至年末，全州有机动车维修业户2347户，比上年末增长13.9%，其中一类维修企业11户、二类91户、三类1625户；有机动车综合性能检测站7户，武定汽车综合性能检测站建设在推进，永仁、姚安、禄丰建设检测站发展计划已经获得省道路运输管理局批准并已进入州公共资源交易中心公开招标。机动车维修业、检测初步形成了种类齐全、服务快捷的综合体系。

道路运输信息化水平提高。建成省际包车客运管理信息系统、省道路运输“九通物流”信息平台、“七彩云南—智慧交通”物流信息网络平台、二级及以上汽车客运站联网售票系统。机动车驾驶培训教练车全面安装使用符合交通运输部技术规范要求的计时终端和培训管理系统，更新或安装符合标准的GPS终端设备。州道路运输从业人员从业资格考试中心建成，实现无纸化考试。

加强运政稽查执法。突出“春运”、“州庆”、“火把节”等法定节假日和学生寒暑假等重要假日期间客运市场的打击治理。开展道路运输市场专项整治，打击非法“黑车”从事出租汽车经营、非法从事道路旅客运输经营行为、机动车驾驶培训、维修市场整顿、货运源头治超工作等专项行动。全年楚雄州出动稽查人员23738人次，检查营运车辆66967辆，查处违法违规案件6147件，罚款582.15万元；对一般货运源头企业进行巡查，检查货运车辆7605辆，纠正违法装载车辆1014辆。

强化道路运输安全生产和源头监管。全面落实道路运输企业安全生产主体责任和监管责任，强化安全责任措施，开展交通运输企业安全生产标准化创建达标，履行“三关一监督”职责，坚持每季度召开安全生产例会，每月开展安全生产执法检查，注重安全生产隐患排查治理，执行客运告知制度、安全生产约谈制度，和客运车辆停车休息、安全告知等制度，深入开展“六打六治”、打非治违、平安交通等各类专项行动。年内，全州州出动安全检查人员7660人次，出动检查车辆659辆次，深入客运企业431户次、客运站421个次、危货企业124户次、检测站22家次、机动车驾驶培训学校106家次、二级以上汽车修理厂768家次进行检查，发现安全隐患和问题80余个，提出整改或处理意见38项，落实整改38项，整改率100%。在全省率先组织了对普通货物运输驾驶员的安全教育。

【水路运输管理】　2014年，楚雄州境内有江河4条，有船水库191座，渡口25道。有通航航道3条，共101.3千米，其中金沙江通航里程85千米、大海波水库14.5千米、青山嘴水库18千米。有码头10个，其中汽车轮渡码头2个，上通攀枝花，下达禄劝汤郎村，共160千米。有船舶899艘（只），其中纳入楚雄船舶检验所检验的船舶78艘，共1365总吨3595.86千瓦780客位，其中，运输船49艘，883总吨，2839.26千瓦，780客位；水上餐厅2艘，457总吨；自用快艇27艘，27总吨，756.6千瓦；有水库工作用机动船、机动捕渔船、机动自用船53艘，非机动渡口船12只，农渔船662只，公园游船94只。有私营水路运输业户3户，个体水运业户31户。有二类、三类机动船员103人。

加强水路运输安全生产监管。坚持“安全第一，预防为主”方针和责任到人的原则，层层签订责任状，职责到人。州、县成立安全生产领导小组，适时提出安全生产的防范重点和措施，常抓不懈。各水运企业有专（兼）职安全员，负责监督管理。实施洪期封渡停航，船舶集中管理，杜绝事故发生。加强船舶检验管理。对资料不全、不具备安全适航的船舶不予检验发证，对老旧运输船舶实行定期检验。全年检验船舶30艘，计1037总吨，2225.65千瓦，780客位，营运船舶检验率达到100%。加大对船员持证率及年审工作。通过对在职船员审验，宣传《内河交通安全管理条例》、《船员管理条例》、《船舶登记条例》、《内河船舶船员考试及发证规则》等相关法规。参加审验船员103名，审验合格率达100%。全年共组织安全生产大检查7次检查船舶1638余艘只次，接受宣传教育群众达12670余人次。共处理违章6起，对破旧农用船只强行销毁，取缔“三无船舶”。召开安全工作会共计11次，落实乡（镇）船舶管理四级责任制，签订“四级安全责任承包书”1067份，四级安全责任承包签订率达100%。加强水路运输行政执法和水运企业年。查处违法运输13起，警告、罚款处理13起。完成水路运输业户年审34户，审验、办证率达100%。确保全年无水上交通安全事故发生。

水路运输平稳发展。年内，水路运输完成客运量45.77万人，客运周转量998.15万人千米，分别比上年增长0.03%、0.02%；完成货运量28.12万吨，货运周转量444.84万吨千米，分别比上年增长40.7%、-58%，4项指标与上年同期相比客运量、客运周转量微升、短途货运量增加、货运周转量下降幅度较大。

改善水路基础设施条件。通过开放、培育、优化、整顿、规范市场秩序和建设，渡口、渡船改造等水运基础设施得到改善，在金沙江80千米通航航道上已建成码头10个，除满足沿江两岸群众日常出行需要，还具备100吨级机动船通航能力。估算投资1亿余元的金沙江观音岩库区航运基础设施湾碧码头，已完成土地征用手续以及环境影响评估及二期设计评审。向上争取资金对损毁码头进行维护，对碍航闸门滩进行炸礁和疏浚，使航运基础设施进一步改善。

［李旺林］

公路路政管理

【路政管理概况】 2014年，楚雄公路路政管理支队抓住路政管理中心工作，紧扣路产管理、路面控制、行政执法、日常工作4个方面的要求，加强路政巡查，实现路政管理工作常态化，狠抓责任落实，坚持科学管理，路政管理各项工作成效明显。至年末，全支队管辖公路里程1020.791千米，累计发生赔（补）偿案件133起，路产损失40.86万元，查处133起，索赔40.86万元；发生处罚案件36起，处罚10.63万元；办理其他占用306起，收取费用113.22万元；发生自然灾害10处。办理路政行政许可审批22起。人均每月上路巡查16天，路政巡查2286次，巡查里程8.62万千米，发告知函99份，发通知书220份；取缔非法建（构）筑物16处，拆除非交通标志224块，封闭平交道口65个，治理村镇路段38段，治理摆摊设点173起，治理加水点31处，治理打场晒粮95处，清理堆积物346处。年初红控区建（构）筑物2581处，年末2591处，增加10处，签订管理协议287份，控制率11.1%。支队机关和下属10个大队，共有州级文明行业1个，省级文明单位1个，州级文明单位6个，县级文明单位2个。

【路域环境专项整治】 2014年，楚雄公路路政管理支队深化落实“路地、路警、路运、路检、路安”等共建机制，积极推动路政管理与公路养护协作机制，组织开展路域环境专项整治活动，重点对加水点、私搭乱建、打场晒粮、摆摊设点、盗损公路设施等涉路违法行为进行整治，美化路域环境，提高公路通畅力。活动中，共出动路政执法人员741余人次、执法车辆335余台次，出动宣传车160余辆次，深入到公路沿线各村镇、集市散发宣传材料2267余份、告知书361份，解答法律咨询800余人次。

【路政执法】 2014年，楚雄公路路政管理支队以提刀路政管理能力和服务水平为目标，进一步加强路政执法队伍自身建设，努力改进执法方式，不断提高执法实效，强化执法监督管理，认真开展执法评议考核和案件评查工作，严格执法作风和纪律，不断提高全支队依法行政工作水平。全年共举办执法业务培训2次，组织普法考试2次，组织案件评查活动2次，所办理的各类路政案件均达到合格以上。严格按照《行政许可法》、《省法制局43号公告》、《省交通运输厅行政许可实施办法》、《省公路路政许可审批规范》等规定和要求，使路政行政许可常态化。认真审查每一件路政许可案件，坚持集体讨论制度和一次性告知制度，使许可事项规范合理，年内，全支队共审批行政许可22件。

［李海先］

【农村公路路政管理】 2014年，楚雄州交通运输局按照《中华人民共和国公路法》、《中华人民共和国公路安全保护条例》、《云南省公路路政管理条例》、《楚雄彝族自治州公路条例》等法律法规的规定要求，深入治理在农村公路上非法开设平交道口、违章建筑、设置非交通标志、以路为市、非法占用利用公路、乱堆乱放等违法违规行为，确保农村公路路产路权完好、通行安全和路容路貌美观，扎实开展农村公路路政管理工作。农村公路管理地位不断显现。逐步加大对农村公路管理经费的投人，不断改善农村公路的管理条件。各县（市）人民政府切实加大农村公路管理工作的力度，充分发挥乡（镇）农村公路管理所的作用，因地制宜，结合各自的工作实际，不断完善农村公路管理工作联动机制，共同维护农村公路路产路权。认真开展路政执法宣传活动。按照《云南省路政管理总队2014年爱路护路宣传月活动方案》的部署和要求，楚雄州州、县（市）两级交通部门先后投入经费16万元，在全州农村公路沿线及各乡（镇）广泛清理整顿农村公路沿线违法违章建筑，宣传《中华人民共和国公路法》、《云南省公路路政管理条例》、《楚雄彝族自治州公路条例》等法律法规和路政管理知识。共出动宣传车辆110台次、出动路政宣传人员1370人次，发放宣传资料2万余份，粘贴公告1000余份，书写路政知识固定宣传标语200余条。认真开展农村公路路域环境整治。印发《关于认真开展农村公路路域环境整治的通知》，成立农村公路路域环境专项治理工作领导小组，各县（市）交通运输局根据整治要求，按照政府支持，部门联动，依法严管，标本兼治，长期治理，成效明显的总体要求，采取与各相关单位相结合，严格执法与教育疏导相结合，共同管理与行政处罚相结合的原则，充分调动县、乡（镇）、村的积极性，切实开展农村公路路域环境整治。全州共投入路政执法人员2753人次、车辆268台次，针对重点农村公路路段开展打场晒粮、乱堆乱放、违章建筑等违法行为的整治，收回占用公路产权1570余平方米，违法行为得到有效遏制。切实加大路政巡查力度。全州10县（市）交通运输局严格执行路政巡查制度，重点加强城乡结合部、穿村镇路段、大中桥周围路段的巡查，加大打场晒粮、乱堆乱放的督促检查，对损害公路路产的各类案件严格依法处理。年内共发生路政案件552余件，查处552件，查处率100%，结案率98%，收回赔补费13.2万元，确保了农村公路的完好和安全畅通。农村公路路政管理试点工作顺利推进。经云南省路政管理总队批准，楚雄州在永仁县莲池乡开展农村公路路政管理试点工作，至年末，试点工作按计划有序推进。

［李旺林］

【“爱路护路宣传月”活动】 2014年8月，在全省“爱路护路宣传月”活动中，楚雄州以“创路政管理特色，展交通好形象”为主题，紧紧围绕“法治路政、平安路政、智慧路政、服务路政”4个路政建设主线，采取形式多样、内容丰富、喜闻乐见的方式，深入运输企业和公路沿线单位、学校、村寨广泛宣传，引导社会关心、爱护和参与公路保护工作。在整个宣传月期间，共悬挂横幅标语120条，出动宣传车200余车次沿街播放路政管理法律法规知识，散发路政宣传材料2000余份，解答法律咨询450余人次。

［李海先］

公路养护

【公路养护概况】 2014年，楚雄公路管理总段共管养国道320沪瑞线、省道216永景线、国道108线等线路10条共1033.5千米，其中国道2条404.53千米、省道7条625.672千米、县道1条3.3千米；管养桥梁215座共8081.70延米；管养隧道12座共3629延米。有在职职工947人，下设10个正科级公路管理段和1个市级机械化养护和应急中心。公路养护基础设施不断完善。年内，投资170万元，完成大姚段金碧管理所示范所（站）建设，并顺利通过省公路运输管理局的考核验收和命名；完成大旧庄、沙朗、旧街、杨家庄4个所（站）的提升改造；对国道108线沿线的大水井、白露等7个所（站）进行规划建设。加快机械化养护步伐，进一步推进科技兴路战略。全年共投入资金1515.54万元，新增各类筑、养护机械设备32台（件）。年末，总段共有各类机械设备457台（件），原值11124.42万元，机械设备完好率96.09%、使用率70.5%，机械化养护及施工能力日益增强。加快推进稀浆封层、同步碎石封层、沥青冷热再生等“四新”技术在公路建设和养护中的运用。关爱职工生活，开展棚户区改造项目，提升生活品质和单位形象。10月，双柏段棚户区改造项目开工建设，改造项目建筑户数108户，投资估算1948万元；12月，禄丰段棚户区改造项目开工建设，改造项目新建222户，提升改造92户，项目投资估算6808万元。年内，总段完成第四批全国文明单位复审，具有公路特色的行业文化体系初步建成。“永远的滇缅公路”19幅油画组画创作完成，7月获云南省公路局“中国梦·公路美”特等奖，9月2日在云南省政协大楼“隆重纪念滇西抗战胜利70周年大会”现场展出；年内出版内部报刊《楚雄公路》12期，制作了宣传楚雄公路管养的专题片《千里彝山路绽放文明花》。2月19日，楚雄州公路养护与管理协会成立，协会共有单位会员13个，有会员620人。

【公路管养】 2014年，楚雄公路管理总段努力提升路况质量和服务能力，共完成项目支出计划2667万元，耗用沥青2151.42吨，完成禄屏线沥青同步碎石封层30千米，自筹资金520万元对禄屏线实施了4千米大修，完成灾毁修复重建项目3970万元，完成路网结构改造工程（危桥加固、安保工程）1556万元，完成国道320线石甑子桥拆除重建工程。全年总段管养的国、省干线公路平均优良路率60.43%，比上年提高15.9%。

【公路治超】 2014年，楚雄州境内普通国、省干线公路超限运输治理工作形势稳定，由楚雄公路管理总段自主研发的超限运输信息系统研发成功，并在双柏、楚雄连汪坝、南华沙桥、永仁超限运输检测站投入使用，信息化治超有新进展。年内，云南、广西、贵州、四川、重庆5省（市）区区域联动治超工作研讨会在楚雄公路管理总段召开并签订治超执法联动协议，治超工作实现由单一治超向联合治超的突破。全年共检测车辆197.64万辆，查处超限超载运输车辆40.28万辆，查处车货总重55吨以上车辆270辆，卸载货物544.99吨，检测率和超限查处率100%。

【公路维修改造】 2014年，楚雄公路管理总段认真抓好州人民政府与省公路运输管理局合作建设的国道108线改造楚雄段示范工程建设任务。该项目总投资9.1亿元，至12月，完成路基工程土石方142.26万立方米，完成100%；路面工程基层完成149.4千米，完成100%；面层完成161.4千米，完成97.5%；全线桥梁25座，成桥20座，桥梁建设完成工程量的90%；永仁、武定、元谋3县的过境线建设进入实施阶段。累计完成投资7.74亿，占主线总投资的93%。积极推进州境内国道227线双柏至新平（水塘）段改造工程，完成项目前期报建工作并取得云南省发展和改革委员会批复立项，落实了项目计划。省交通厅下达项目建设里程90.6千米，计划总投资15.25亿元，其中中央补助资金3.27亿元，建设年限为2014～2016

年。8月，云南省公路管理总段代省公路运输管理局成立项目建设指挥部，开展各项准备工作。积极推进国道320线安丰营至一平浪、一平浪至牛凤龙、牛凤龙至天申堂3个路网提升改造项目前期报件的编制工作，力争列入国家“十二五”期间国省道路网改造计划，提升路况等级，服务地方经济和社会发展。

［刘源洁］

【农村公路管养】　2014年末，楚雄州农村公路列入养护管理里程1.65万千米，其中地方管省道699.2千米、县道2949.15千米、乡道7536.66千米、村道5012.13千米，专用公路332.96千米。年内，全州农村公路养护管理工作从责任落实、人员到位、机构建立、经费保障、技术支持、养护质量和管理水平上都得到充实和加强。全州10县（市）逐步建立起“责任以县人民政府为主体、投入以公共财政为主体、养护以市场化为主体、监管以交通运输部门为主体、日常养护以公路管理机构和乡（镇）为主体”的“五主体”农村公路管养机制，有效促进农村公路管养水平。建立资金投入长效机制，加强资金监管。全面推行乡村公路小修保养经费“报账制”，按季度对农村公路养护质量进行考核，并根据路况质量核拨乡村道的小修保养经费，提高农村公路养护质量，确保乡村道小修保养经费的专款专用，调动乡（镇）农村公路管理所和养护人员的积极性。加强学习培训，提高管养能力。6月16~19日，楚雄州组织28名工程技术人员和干部职工参加农村公路预防性养护技术培训班暨云南省第二届农村交通科教专业委员会年会；9月中旬，分武定、大姚两个片区对全州10县（市）地方段工程技术人员和现场管理人员共89人进行养护管理综合业务培训，提高全州农村公路养护管理水平与能力。明确目标责任，严格考核奖惩。通过州、县（市）、乡（镇）层层签订目标责任书，明确责任，严格考核奖惩，全年全州农村公路技术状况明显提高，县道优良路率59.67%、经常性养护率100%、绿化率82.5%，乡道优良路率32.8%、经常性养护率77%、绿化率53%，村道优良路率19.21%、经常性养护率62.2%、绿化率45.5%，各项养护指标均超过省级考核要求，较好地完成了全年农村公路养护管理工作任务。

［李旺林］

公路运输

【楚雄交通运输集团有限公司概况】　2014年末，云南省楚雄交通运输集团有限公司共有营运客车1928辆，客位2.71万座。其中，高级客车208辆，客位7292座；中级客车306辆，客位6373座；普通客车1414辆，客位1.34万座，普通客车中有出租车623辆，客位3119座；城乡公交客车203辆。有客运经营班线276条，其中省际班线6条、市际班线60条、县际班线66条、县内班线144条。公司客运年均日发班1302班次，全年完成客运量1250万人次，实现客运收入2.39亿元。施救服务中心年均日检车930辆次，全年实现客车例检营业收入335万元。着力抓好客运和高速公路综合服务产业发展。全年共实现营业收入3.53亿元，实现利税1292万元。公司被云南省总工会、省人力资源和社会保障厅、省企业联合会、省工商联合会、省国有资产管理委员会、省安全生产监督管理局、省工业和信息化委员会联合授予“2013年度云南省劳动关系和谐企业”称号。着力增强保修和工业产业实力。全年共销售汽车155辆，实现营收2596万元；汽车工贸部大修厂（含服务站）和东部汽车维修中心完成汽车修理1.37万辆次，实现营收2139万元；完成汽车综合性能检测1.59万辆次，实现营收190万元；汽车配件厂完成水窖模、节能炉、移动式垃圾车及建筑工程设备等产品生产560台，实现营业收入197万元。着力抓好驾培和职业技能培训鉴定、货运、客运站综合经济、出租车经营、物流中转、汽车油胎料销售、宾馆餐饮服务等多种经营业务，不断提高多种经营产业发展能力与水平。全年共培训初学合格驾驶员2804人，开办驾驶人继续教育107期，培训1.17万人；开办从业资格培训22期，培训1249人；开办公司内部准驾证培训12期，培训433人，技能培训鉴定1068人。实现营业收入6466万元。

【楚雄交通运输集团公司基础设施和新项目建设】　2014年，云南省楚雄交通运输集团有限公司继续加大基础设施和新项目建设力度，进一步增强企业的基础实力和竞争力。8月，总投资300万元，占地10亩的广通汽车客运站建成并投入使用；12月，总投资2500万元新建的永仁县城一级汽车客运站完成主体工程建设并进入装修阶段；双柏县城汽车客运站顺利通过一级汽车客运站站级验收；积极推进楚雄东客运站改扩建项目，加强各县城客运站硬件基础设施升级改造，实现各个县级客运站客运服务功能的大幅提升。至12月末，公司有建成的一级客运站5个，在建的一级客运站1个，二级客运站2个，乡（镇）客运站36个。加快推进楚雄程家坝服务区改造升级，总投资2827万元的楚雄程家坝服务区北区完成改扩建并于8月投入使用；加大机动车驾驶员培训产业项目建设力度，按照GT/T434标准，投资120万元，对驾驶员培训场地进行改扩建和完善功能配套设施，厂区驾驶员训练场改扩完成并投入使用，新增教练车20辆；加快推进楚雄城西汽车维修项目建设，总投资2247万元完成项目办公楼、一号维修车间和附属工程建设。继续加大高级车辆更新投入力度，新增和更新高级客车208辆，客位7292座；新增和更新中级客车306辆，客位6373座；新增和更新城市出租车120辆，客位600座。

【楚雄交通运输集团公司客运车辆经营结构调整】　2014年，云南省楚雄交通运输集团有限公司结合自身实际，继续采取有力措施，探索和发展多种经济成分并存的混合所有制经济模式，全力推进客运车辆经营结构调整。至12月末，公车公营车辆增至433辆，营运线路21条。积极吸引战略合作伙伴，优化产业结构，5月，楚雄精益汽车综合性能检测有限公司与楚雄州金辉经贸有限公司合作注册成立楚雄州锦诚机动车辆技术检测有限公司，按照国家对机动车安全技术检测站的规定，新建改造完成混合型自动化汽车检测线2条。积极拓宽客运市场，新成立景洪佳通出租汽车有限公司，并在景洪市投入110辆出租车运营。南华鑫瑞出租公司在原来90辆出租车的基础上又新增10辆出租车投入运营。积极推进厂区开发盘活项目，项目通过州人民政府常务会议审议，并进入推进开发盘活阶段；永仁分公司投资66万元，成功收购永仁公交公司及8辆公交车经营权，夯实公交客运基础；加快

楚雄市公交公司公交车运行线路表

公交线路	公交站点
1路：开关厂——职教中心	开关厂、源泰．汇鑫广场、铜材厂、云星园、火车站、市国税局生活区、都市名媛、锦星酒店、北客运站、龙江公园、州计生委、北城小学、楚雄一中、兆顺第一城、州博物馆、自来水公司、师院附中、州农行干校、楚光电力实业公司、油漆厂、栗子园、白土塘、鹿鸣清城、青龙社区、职教中心
2路：三家塘客运站——州医院新区	三家塘客运站、三家塘、彝人古镇、招呼站、龙树屯、招呼站、政务中心西、方源小区、游泳馆、华丽包装公司、公路总段、州中医院、州水利局、州交通局、新华书店、市便民中心、明珠百货、广电中心北、东兴中学、平山村委会岔路口、招呼站、招呼站、楚风苑北门、楚风苑南门、招呼站、滇一装饰、楚雄烟厂、招呼站、州医院新区
3路：上章村——灵秀湖	上章村客运站、盛世和园小区、市医院新区、天人中学、州消防支队、永盛花园（太阳历公园）、黎家屯、州政务中心东、数码城、盘龙云海、玛瑙园、民族中学、州交通局、新华书店、北城小学、百货大楼、楚雄一中、兆顺第一城、华力机械公司、灵秀小区、第二水文队、灵秀湖
4路：飞来寺——峨碌公园	飞来寺、滇中明珠、医药园区、彝药国际、庄甸、程家坝、金水山居、州技工学校、小康村、东客运站、州广电中心南、市司法局、东兴影剧院、全球通俱乐部、师院附小、兆顺第一城、凤鸣花园、光明电力公司、峨碌公园
5路：三家塘客运站——烟厂新区	三家塘客运站、三家塘、彝人古镇、滇能小区、州政务中心北、实验小学、电信宾馆、招呼站、永兴家居广场、北客运站、玉波酒店、金甸园、体育馆东、桃源湖、文庙、楚雄一中、兆顺第一城、州博物馆、师院南门、师院东校区、市公务员小区、复明眼科医院、州人才市场、招呼站、州文化活动中心、招呼站、彝海公园、招呼站、招呼站、烟厂新区
6路：赵家湾工业园区——漂白凹	赵家湾工业园区、招呼站、康居小区、龙和小区、源泰集团、永安小学岔路口、天河人家、天河农贸市场、刘家小区、火车站、北客运站、龙江公园、北路小学、北浦农贸市场、北浦小区、烟厂生活区、市便民中心、桃源湖、文庙、楚雄一中、兆顺第一城、西小山路口、漂白凹
7路：职教中心——白龙新村	职教中心、青龙社区、鹿鸣清城、白土塘、栗子园、富民路口、招呼站、市委党校、宏芳花园、丽景花园、金康花园、大修厂、东兴小学、小姑英、州广电中心南、市司法局、桃源湖、北城小学、百货大楼、楚雄一中、兆顺第一城、凤鸣花园、古山街、西园小区、市城建处、州电力公司、西山水居、省路桥四公司、白龙新村
8路：州农行干校——富民社区	州农行干校、师院附中、自来水公司、州博物馆、兆顺第一城、楚雄一中、文庙、市司法局、市民政局、汇东胜景北门、汇东胜景南门、花园路农贸市场、复明眼科医院、州人才市场、市委党校、招呼站、中坤国际、中所、州医院新区、董家队、荷花小学、许阳、新大街、黑泥坝、富民中学、富民社区
9路：上章村客运站——福塔公园	上章村客运站、源泰·天籁花语、枫华盛景小区、阳光水城、阳光水城售楼部、招呼站、彝人古镇、滇能小区、招呼站、州信息产业部、黎家屯、州政务中心东、数码城、盘龙云海、云华酒店、永丰建材市场、锦星酒店、北客运站、龙江公园、州计生委、市便民中心、明珠百货、广电中心北、东兴中学、平山村委会岔口、招呼站、招呼站、福龙苑、福塔溪镇、福塔公园
10路：纸箱厂——上章村	纸箱厂、州粮油机械厂、州电力公司、市城建处、西园小区、古山街、凤鸣花园、兆顺第一城、楚雄一中、文庙、桃源湖、体育馆东、金甸园、天河园、东宝酒店、州法院、实验小学、黎家屯、永盛花园（太阳历公园）、州消防支队、天人中学、市医院新区、上章村
11路：明强钢厂——庄甸医药园区	纸箱厂、公路总段、州中医院、州水利局、州交通局、新华书店、州计生委、北路小学、北浦农贸市场、北浦小区、州中心血站、州市国税局、天河园、岭东纸业、零七家园、程家坝、庄甸、招呼站、庄甸医药园区
12路：州中医院——楚雄医专	州中医院、州水利局、民族中学、玛瑙园、盘龙云海、数码城、游泳馆、招呼站、招呼站、彝人古镇、彝人外滩、招呼站、观音寺、化肥厂仓库、柠檬酸厂、源泰．浩庭花园、招呼站、公交小区、龙江中学、楚雄医专
13路：州医院新区——火车站	州医院新区、招呼站、栗子园小区、栗子园社区、铜鼓花园、东华苑、复兴苑、灵秀社区、鹿城苑南、鹿城苑北、和源农贸市场、自来水公司、州博物馆、兆顺第一城、楚雄一中、北城小学、州计生委、龙江公园、北客运站、火车站
1路加班：火车站——富民工业园区	火车站、北客运站、龙江公园、州计生委、北城小学、楚雄一中、兆顺第一城、州博物馆、市自来水公司、招呼站、市公务员小区、复明眼科医院、州人才市场、招呼站、州文化活动中心、招呼站、彝海社区、市经信局、招呼站、富民工业园区
2路加班：太阳女汽车综合性能检测站——桃源湖	太阳女检测站、波罗哨、仁和医院、招呼站、三家塘、彝人古镇、滇能小区、招呼站、州政务中心西、方源小区、游泳馆、华丽包装公司、公路总段、州中医院、州水利局、州交通局、新华书店、北城小学、文庙、桃源湖

推进大姚县城乡公交一体化建设，成功收购大姚县269辆微型车规范进入大姚城乡公共客运分公司经营。

【楚雄交通运输集团公司运输安全生产管理】 2014年，云南省楚雄交通运输集团有限公司继续深入开展“道路客运安全年”活动和安全生产标准化工作，强化安全生产责任落实，全面深化隐患排查治理，扎实开展安全教育培训，不断健全完善企业安全生产管理制度并创新做好企业安全管理工作，杜绝特重大安全事故，减少一般事故，安全生产形势趋于稳定。全面落实安全生产主体责任，年初与26个生产经营单位签订《安全生产责任书》，各生产经营单位将责任书签订到班组和工作岗位，安全生产责任书签订率100%。加大安全生产督促检查力度，采取集中检查、交叉检查、专项检查等形式，对各生产单位的安全生产情况进行定期和不定期检查17次，深入各生产单位督促指导26次。各基层生产单位严格执行每月至少1次的自检自查和应急安全演练制度，做到发现隐患及时整改并不断提升处理突发安全事故的能力。继续加强安全监督管理队伍建设，优化队伍结构，强化队伍能力素质提升，安全监管队伍人数增加到170人。加强安全宣传教育培训，通过举办“驾驶人集中教育”、“企业负责人安全员再教育培训”、“安全事故警示教育”等，加强员工和从业人员安全教育。年内，全公司共有单位负责人、安全员114人参加安全资格培训并取得《安全资格证书》。创新安全管理方式，注重发挥驾驶员家属贤内助作用，购置和使用客车驾驶员酒精检测仪，为安全生产提供有力支撑。健全安全生产管理制度，补充修订了《楚雄交通运输集团有限公司安全管理系统》、《安全管理规范》、《GPS动态监控管理制度》并新制定《安全生产费用提取和使用管理办法》，经职代会审议通过并贯彻实施。加强安全科技建设投人，全公司19座以上客车和危货车全部安装GPS卫星定位监控系统，623辆出租车全部安装行车记录仪和GPS监控系统，实行车辆全天24小时实时监控管理。为二级生产经营单位配备安全监督车，至年末，共为基层行车单位配发安全监督专用车15辆。持续开展安全生产标准化工作，逐步形成科学化、规范化、制度化的安全管理体系，并顺利通过了安全生产二级等级企业复核。着力提高安全统筹服务水平，规范安全统筹管理并认真做好安全宣传、设施建设、事故理赔及善后处理等工作，全年参统车辆1877辆，统筹资金2202万元。

［彭志明　石含明］

城市公交

【城市公交概况】 2014年，楚雄州贯彻落实《云南省关于城市优先发展公共交通的指导意见》，突出优先发展城市公共交通的政策支持和保障措施，推进城市公共客运健康发展。扎实开展行业监管工作，重点对运力投放发展、安全制度落实、从业人员资质、车辆技术状况、提供优质服务等情况进行有效监管，落实各项惠民优惠政策。加强指导公交运输企业科学规划和调整公交线网结构，合理增加营运路线和车辆，提高公交站点覆盖率，解决道路运输服务“最后一公里”的问题，增强公共交通吸引力，让人民群众愿意乘公交、更多人乘公交，改善城市出行环境，逐步形成以公交车为主、出租车为辅的常规公共交通体系。至年末，全州拥有城市公交企业11户，开行公交线路147条，投放运力534辆；拥有城市出租汽车企业18户，出租汽车1375辆。

［李旺林］

【城市公交出租汽车运营】 2014年末，楚雄市城区共有公交车330辆，由楚雄市公交公司经营，开通城市公交线路15条、城乡公交专线9条，营运里程750千米。辖区共有4家出租汽车公司，有出租汽车500辆，其中楚雄市开投公司100辆，楚雄宏熙公司50辆，楚雄佳通公司300辆，楚雄州汽车运输公司出租车分公司50辆。在2010年实施老年人免费乘坐公交车的基础上，于2013年年底开始启动残疾人免费乘坐公交车，至2014年12月，楚雄市已有4万名年满60周岁以上的城乡老年人（含暂住老年人）办理了老年人公交优待卡，年免费乘坐城区公交车老年人数961.5万次。办理残疾人阳光卡2000张，残疾人免费乘坐25万人次。

［周从相］

铁路运输

【昆明铁路局广通工电段】 2014年，昆明铁路局广通工电段主要承担国家铁路成昆线南段K750+897至K1051+080计正线300.183千米，广昆线自K945+715至K1067+580（扣除2个断链）计正线167.159千米（包括甸尾至广通北联络线、广通北至广大线联络线），合资铁路广大线自K0+743至K206+320计正线205.577千米，大丽线自K0+000至K161+006计正线186.278千米（包括大理至大理北、仁和至丽江东联络线），成昆线10个车站非路产专用线计34.759千米的工务、电务、供电及电力设备的维修养护。管辖线路里程合计893.96千米。管辖线路跨越四川省境内的攀枝花市、云南省境内的昆明市、楚雄州、大理州和丽江市。段内设12个职能科室，设车间14个；设置班组139个，其中生产型班组124个、辅助型生产班组15个；共有管理从业人员2632人，其中干部228人、在册工人1769人，滇西公司委托管理的人员582人，劳务工550人。有高级专业技术职务2人、中级66人，初级145人，高级技师10人，技师122人。

工务专业。全年完成曲线达标整治94.09千米，道岔达标整治112组，正线保养254.01千米，道岔保养446组，站线保养88.53千米；大机重点保养436.24千米。完成桥梁维修138座17.43千米，隧道维修86.2座19.53千米，涵渠维修66座2222.40米，路基维修37.19千米。完成了成昆线塔石咀、渔坝村、密马龙、棠海、高楼房、泽润里6个站的关站及设备拆除工作；完成了广大线南华、沙桥、祥云等6个站的扩能改造、大修工程；完成广昆复线广通北、禄丰南、双湄村站站线更换再用轨无缝线路施工工程。

电务专业。全年更换电动转辙机157台、继电器1435台，完成电缆更换迁移、径路包封整治10.7千米，电源屏停电检修80屏，电缆线环防断整治2168个箱盒；完成广大线楚雄、赤木岭站信号设备局部大修，祥云、沐滂站正线道岔大修，弥渡、栽秧箐等6站股道延长扩能改造施工及祥云站站场扩能改造施工配合工作；完成成昆线6站的关站信号设备拆除、器材回收工作。

供电专业。全年共完成接触网维修保养790.45千米，变（配）电所维修保养24座，高低压电力线路维修保养1153.8千米。完成了甸尾站站改施工、勤丰营至青龙寺8.61千米铜包钢承力索和44组软横跨更换、广通至泽润里14.9千米电力贯通线架空改电缆等施工任务。全段明确“项目修”理念，抓住设备整治重点，确保设备质量均衡并稳步提升，管内4条线轨检车成绩稳步提升。成昆线轨检车检查23次，平均不良扣分6.7分；广昆复线上行线检查25次，平均不良扣分14.56分，下行线检查12次，平均不良扣分16.39分；广大线检查21次，平均不良扣分21.04分；大丽线检查21次，平均不良扣分8.52分，较好地完成了昆明铁路局下达的各项指标。至12月31日，全段实现无责任铁路交通一般C类及以上事故1520天，无责任铁路交通一般D类事故130天，无责任轻伤事故1178天。年内，广通工电段由段领导带队开展汛前防洪隐患排查，对危急隐患及时整改消号，加强防洪设备整治，建立联防联控机制，加大防洪奖励力度，管内汛期降雨达警戒值共978次，封锁区间152个，封锁时间共180小时24分钟，冒雨出巡4317人次，Ⅱ级防洪地点看守人员2579人次，轨道车出巡检查121个台班，单机出巡检查44个台班，战胜了各种自然灾害，取得了防洪工作的胜利。根据昆明铁路局及段内工作安排，对广通基础设备维修车间工务进行优化，撤并工务专业班组5个，结合生产组织情况做好人员调剂工作。年内全段共有68人参加局及以上的技术比赛，28名选手在比赛中获得名次，其中有14人获得技术标兵和技术能手评选资格。广通工电段打造的“美丽上关我的家”、“微信金手指职工思想政治工作平台”2个品牌被昆明铁路局命名为党内优质品牌；广通工电段被昆明铁路局授予“2014年度工务安全优质段”和“2014年度爱国卫生工作先进单位”，被中国铁路总公司文明委授予“全国铁路文明单位”等荣誉称号。

［杨学诤］

【昆明铁路局广通车务段】 2014年，昆明铁路局广通车务段有干部职工1509人，管辖61个车站和1个列尾作业组，管辖里程779.35千米，其中，成昆线319千米27个车站，广大线206千米18个车站，大丽线160.89千米12个车站，仁和至丽江东联络线19.54千米，大理至大理北联络线8.29千米，昆广复线61.83千米3个车站，甸尾至广通北联络线3.8千米；有货运营业站17个、客运营业站10个、“云岭快运”作业站7个；所辖区域跨及滇、川两省的昆明、楚雄、大理、丽江和攀枝花5州（市）。货运主要办理整车发到、危险货物、超重超限、鲜活货物和国际联运等业务；客运开展互联网购票、电话订票、自动购票、银行卡及支付宝网上支付等新业务。

货运改革。贯彻落实“双新双快、云岭快运办理、实货敞开受理”改革举措，制定《“云岭快运”列车组织管理办法》、《零散货物快运组织方案》等5个作业办法；健全专兼职营销队伍，深入开展客户筛查、课题调研、项目攻关等工作，着力搭建零散货物快运网络；实行物流、行车、货运调度合署办公，强化“调度—站车—工组”岗位联控、信息共享及作业协调，确保货运改革各项工作扎实推进，全年共发送双新双快货物15.08万件12.02万吨。

运输经营。以装卸车上量为重点，制定10个方面33项保障措施，通过抓干部、抓时间、抓编组、抓能力及精细化运输组织，取得了广大线卸车上量的攻坚性胜利，实现广大线日均450车的常态化卸车能力；强化工效挂钩考核，全年共投入营销奖励300余万元，挖潜提效奖励600余万元，奖励1.05万人次562.7万元，考核103站次13.7万元，形成个人收入与运输任务挂钩的激励模式。采取量价捆绑、三方让利、阶梯运价等方式，实现货源回归及运量新增，全年全段完成运输收入19.9亿元，比上年增收1.3万元，超年进度计划3522万元，提前5天完成全年运输任务；完成卸车21.3万车，比上年增加3.4万车，超年计划任务1.9车，提前28天完成卸车任务。

营销服务。健全专兼职营销队伍，完善营销考核、服务质量、标准创建等管理制度，全年共访谈客户9300余家、货主座谈76站次；推行客户细分及目标营销工作，完善营销业绩挂钩考核，兑现新增货源信息奖32件奖金3300元、新增运输收入奖45件奖金4.67万元，全员营销业绩考核1964人26.5万元，奖励942人11.9万元；加快推进“门到站、站到门”、“第三方物流合作”等延伸服务，着力搭建物流配送网络，全年完成接取送达148.75万吨，超计划298%，实现业务收入2785.74万元，超计划253%。

客运服务。强力推进“金花·彝州”、“最美金花”服务品牌创建、民族文化列车开行等工作，在禄丰、楚雄、广通开展铁路客运产品推介系列活动，探索“行、住、游”互动格局；集中开展各类主题营销活动，深化春、暑运及节假日客运优质服务工作，不断提升客运服务形象，全年共开展各类客运营销活动34场次，服务重点旅客1040人次、好人好事1560件；发送旅客474.6万人，实行客运收入4.6亿元，比上年增长2799万元。

［张伯莉］

（责任编辑：安孟勤）

促进经济平稳健康发展和社会和谐稳定总体要求

全面贯彻党的十八大、十八届三中四中全会、中央经济工作会议、习近平总书记系列重要讲话，省委九届九次全会和省委经济工作会议精神，坚持稳中求进工作总基调，坚持以提高经济发展质量和效益为中心，适应经济发展新常态，守住生态良好、社会稳定底线，突出打基础、兴产业、调结构、抓扶贫，更加注重依法治州，更加注重改革创新，更加注重民生改善，更加注重开放合作，更加注重风险防范，促进经济平稳健康发展和社会和谐稳定。

——摘自中共楚雄州委八届五次全体（扩大）会议报告

抓工业

近年来，楚雄州围绕全面建设小康社会的战略目标，坚持以发展为主题，在推进工业发展上进行了大胆的探索实践。2001 年，州委、州人民政府在对州情进行认真分析的基础上作出了符合彝州实际的“工业强州”战略决策，2003 年，制定了《楚雄州新型工业化发展纲要》，并提出实施意见，2008 年作出《关于进一步加快推进新型工业化的决定》，2012 年出台了《关于加强园区建设推动工业跨越发展的决定》。在科学发展观的指导下，全州上下按照走新型工业化道路的要求，紧紧抓住国家实施西部大开发、建设中国—东盟自由贸易区、桥头堡建设和滇中产业聚集区建设的历史机遇，开拓创新，全州工业快速发展，重点产业培植取得显著成效，结构调整取得重大进展，工业技术创新能力明显提高，初步形成了以烟草、冶金化工、生物制药、绿色食品加工、新能源新材料、装备制造等为主的工业体系。2014 年，全州实现工业增加值 231.6 亿元，比上年增长 12.9%，对 GDP 增长的贡献率达 38.7%。其中，规模以上工业实现增加值 178.5 亿元，比上年增长 13.1%。规模以上工业企业达到 239 户，其中，产值亿元以上企业 99 户，产值 10 亿元以上企业 8 户，产值 100 亿元以上企业 1 户。至 2014 年末，全州共有高新技术企业 18 户，省级企业技术中心 11 个、州级技术中心 39 个，有效国药准字批文 371 个，其中 25 个为具有自主知识产权的新药品种，8 个为国家中药保护品种，31 个为全国独家产品，86 个为全省独家产品。有 4 个企业建立了院士工作站。全州已有 3 个省级工业园区、7 个州级工业园区，园区规

加快新型工业化进程

划面积达 386.2 平方千米。楚雄工业园区生物医药片区、绿色食品加工片区、富民轻工片区，禄丰工业园区土官片区、大姚工业园区南山坝片区等的基础设施显著改善，并吸引了一大批工业企业入驻园区发展。楚雄工业园区医药产业示范基地被认定为云南省新型工业化产业示范基地。2014 年，全州工业园区规划总面积达 386.2 平方千米，实现工业总产值 539.6 亿元，比上年增长 21.2%。入园企业达 494 户，其中新增入园企业 62 户，完成基础设施投资 22.31 亿元，增长 95%，园区工业投资完成 76.4 亿元，增长 2%，竣工标准厂房 44.34 万平方米，收储土地 13043 亩。园区建设的快速推进，为工业集群化、规模化发展和转型升级提供了有力支撑。

①2014 年 9 月 13 日，省工信委副主任宋嘉林到楚雄州工业企业调研
②2014 年 6 月 9 日，“环保世纪行”活动省州人大新闻采访
③州工信委 2014 年党建和党风廉政建设会议
④州级部门节能工作座谈会
⑤副州长周兴国到云开电气公司调研
⑥州工信委到临沧市云县学习考察中药材种植
⑦2014 年 4 月 25 日，全省墙改工作会议在楚雄召开
⑧楚雄州 2015 年盐业工作会议
⑨云开电气公司产品仓库
⑩楚雄矿冶原料生产线
⑪楚雄市首家蒸压加气混凝土砌块生产线现场认定核查
⑫节能产品推广
⑬南方电网禄丰和平 500 千伏超高压输电网

抓招商

2014 年，全州招商引资工作在州委、州人民政府的高度重视和有力推动下，围绕招商引资到位资金新增 100 亿元的目标任务，努力发挥招商引资在聚产业，调结构，促发展方面的优势，强化工作责任，务实节俭开展招商活动，努力提高引资质量和水平，全力推动项目落地，各项工作有序推进，全州招商引资工作成效明显。

引资总量持续增长，外来投资成效显著。至年末，全州共实施州外国内招商引资项目 902 项，比上年增加 182 项，增长 25.3%；引进外来投资总量 473 亿元，比上年新增 134 亿元，增长 39.6%，超额完成州委八届四次全会确定目标任务的 134.2%，增幅取得全省 16 州市排位第 3 的好成绩，保持 5 年来隔年翻番的快速增长态势；全年省外到位资金实现 312 亿元，比上年新增 91.67 亿元，增长 41.7%，占比达 65.9%，实现近 3 年来最高；工业项目资金到位 242.93 亿元，占同期到位资金总额的 68.6%，增长 26.8%。全州省外到位资金、州外到位资金和工业到位资金全面完成全年目标任务。全年全州共有 977 户州外国内外来投资企业列入统计，入库税收 77.3 亿元，外来投资企业从业人数 50079 人，当年新增 9897 人。全州 22 户外资企业正常经营，外资企业入库税收 5190 万元，就业人数 2014 人。引资结构不断优化，外来投资对全州产业结构调整、增加财政税收、扩大就业和改善民生的贡献进一步加大。

重点项目招商推进有力，特色产业招商初显成效。成功引进中国亿丰、成都恩威、山东菏泽交通集团以及上海天衡化工有限公司、武钢控股有限公司等一批国内知名企业落户楚雄；实施了双柏县大庄 27MWp 并网光伏电站建设、姚安县保顶山升压站建设、大姚县生物质发电厂建设等一批太阳能、风能、生物质能、水电开发项目；以禄丰七彩云南·时空世界、元谋古人类历史文化旅游为代表的文化旅游项目和以双柏、元谋冬早反季蔬菜、辣木种植、农业生态畜牧养殖示范园建设为代表的高原特色农业项目，特色农业、现代物

增强经济发展活力

流、新能源项目成为楚雄州新的产业亮点。

区域合作领域不断延展，投资促进作用更加凸显。通过近几年的发展，到楚雄州投资的企业和资金到位由环渤海经济圈、川渝经济圈逐步向长三角、珠三角和海峡两岸经济圈延展。

小分队招商活跃开展，请进来工作成效明显。一年来，招商部门认真落实中央“八项规定”及省招商委《关于节俭务实开展招商活动的通知》要求，进一步规范招商引资活动，严格控制招商引资活动规模、人数和成本，更加注重专题、专项、园区和点对点的招商。州级主要领导、分管领导分别率部分县(市)及相关部门组成小分队招商团赴广州、深圳、珠海、山东、湖南、甘肃等地开展招商推介、洽谈和项目考察活动，在上海、杭州成功举办两场招商推介会；全州各县(市)领导也纷纷组织到省外近 20 个城市、省内昆明、瑞丽等 6 个城市进行小分队招商，成功邀请到两广及重庆方向共 80 多家企业到楚雄参加了火把节招商引资推介活动，促成了广东天适集团楚雄樱花项目、广州漫洁儿服饰等一批项目的接洽。

①2015 年 3 月，州长李红民在楚雄州以商招商推介会上致辞
②举办战略合作签字仪式
③州级领导视察第 22 届昆交会楚雄展区
④2014 年楚雄州火把节招商引资项目推介会
⑤2015 年 3 月，广州市与楚雄州区域经济合作座谈交流会
⑥2015 年全州招商引资工作会议
⑦楚雄州辣木产业招商引资专题推介会
⑧第 22 届昆交会上永仁县与签约客商
⑨第 22 届昆交会楚雄展区接待外国客商
⑩州招商局到云南思农蔬菜种业发展有限责任公司调研
⑪在浙江杭州举办的楚雄州承接产业招商推介会
⑫招商引资考察推介

抓基础——

①

③

近年来，楚雄州交通运输局在州委、州人民政府的坚强领导下，把彝州交通运输发展作为责无旁贷的责任抓紧抓好，全力推动公路、水路交通运输基础设施建设，为全州经济社会发展和人民群众安全便捷出行提供良好的交通运输服务保障。

重点交通项目建设。楚雄州在建的项目有4项：楚南一级公路建设项目。楚雄连汪坝至南华县城一级公路建设里程54.97千米，总投资40.8亿元，项目于2013年9月29日开工建设，至2015年4月底累计完成投资13.7亿元，占项目概算批复总投资40.78亿元的33.66%。禄丰彩云至双柏县城至碍嘉三级公路建设项目。建设里程206千米，建设总投资9.6亿元，项目于2014年12月17日正式启动，建设施工单位全面进场开展工作，各项工作正有序推进。108国道改造建设项目。建设里程169.73千米，国家投资补助资金9.1亿元，项目于2013年9月24日开工建设，自开工建设以来累计完成投资7亿元，公路主体工程已经完工。目前，永仁、元谋、武定县城过境线正在分别组织建设。楚雄至广通高速公路建设项目。建设里程20.28千米，工程概算总投资16.57亿元，项目于2012年9月26日开工建设，于2014年12月29日建成通车。

农村公路建设。2014年实施乡(镇)至行政村的路面硬化工程，共组织实施农村公路建设项目236项2433.58千米，计划总投资18.601亿元，投资和项目规模创“十二五”以来农村公路建设新高，持续改善了州内广大农村地区群众的出行条件。公路客运基础设施不断改善，至2015年4月，楚雄州建有县(市)城区综合枢纽客运站16个，建有乡(镇)农村客运站92个、农村客运招呼站点219个，方便广大群众出行。

水路交通基础设施建设加快发展。围绕金沙江观音岩电站

推进交通运输业快速发展

⑤

⑥

⑦

⑧

⑨

⑩

⑪

大坝库区航运发展需求，加快建设楚雄州大姚县境内的湾碧码头和永仁县境内的永兴码头，总投资约2000万元，按计划2015年10月开工建设。金沙江乌东德电站大坝库区航运基础设施发展规划编制正在多方协调，按计划有序推进。通过改善航运基础设施条件，更好地满足州内金沙江沿岸群众的出行需求。

至2014年末，楚雄州高速公路通车里程339.4千米，还有双柏、牟定、姚安、大姚、禄丰5个县级中心城市未通高速公路。按照州委、州人民政府的发展思路，楚雄州交通运输局积极主动谋划全州高速公路发展规划，在未来5年的高速公路建设“五年会战”中，楚雄州规划新建的高速公路项目共6项，建设里程626千米，估算总投资765亿元，届时全州高速公路里程将达到900千米。其中，国家高速公路网项目共2项，建设里程299千米，估算总投资385亿元；地方高速公路网项目共4项，建设里程326.9千米，总投资379.4亿元。

①2015年1月17日，省委副书记、代省长陈豪视察楚(雄)南(华)一级公路建设情况

②2014年12月29日，楚雄至广通高速公路通车仪式

③楚(雄)广(通)高速公路立交区

④繁忙的安(宁)楚(雄)高速公路

⑤国道108线马头山路段

⑥建设中的楚南一级公路茅草坪大桥

⑦投入使用中的双柏客运站

⑧南华县建设中的白土至小界碑农村公路

⑨元谋金沙江龙街渡口水运作业

⑩楚(雄)南(华)一级公路施工现场

⑪彩碍公路石羊江大桥建设

抓基础——

2014年，楚雄州认真贯彻落实全省水利工作会议、春耕生产暨水利建设工作现场会议精神，围绕省水利厅下达的水利建设投资和效益、管理及改革等目标任务，把加快水利建设作为稳增长、促改革、调结构、惠民生的重要内容，加强组织领导，强化工作措施，进一步强化科学治水、依法治水、合力兴水，突出加强薄弱环节建设，取得一定成效。

水利目标效益任务圆满完成。2014年，全州完成水利建设投资23.77亿元，占省水利厅下达计划任务的101.16%。其中基建完成13.66亿元，占年度计划的101.21%。解决了农村12万人和农村学校3822名师生饮水安全问题，占年度任务的103.19%。治理水土流失面积450.27平方千米，占年度任务440平方千米的102.3%。建设新增"爱心水窖"2万件。征收水资源费2252万元，占年度任务300万元的750%。小(二)型病险水库除险加固开工建设216座，占年度计划任务180座的120%。完成蓄水8.01亿立方米。

水利建设管理不断加强。在工程建设管理中，楚雄州严格执行水利基本建设程序，认真落实项目法人责任制、招投标制、合同管理制、建设监理制，做好水利建设市场信用，规范工程参建各方行为。高度重视工程建设管理工作，切实推进水利建设市场信用体系建设，加强了水利建设市场秩序监管。严格履行竣工验收程序，使工程按期投入使用。年内全州水源工程建设取得新突破。禄丰沙龙、双柏河口河、楚雄罗其美等6座中小型水库已全面完工，其中禄丰沙龙、双柏河口河2座水库已通过省组织的竣工验收。元谋坛罐窑、禄丰西河等12座水库进展顺利，大姚木卡拉、武定仁和水库已开工建设。完成了楚雄市重点县3个年度建设项目的年度验收和2009年、2011年度中央小型农田水利建设专项工程州级验收。

防汛抗旱减灾成效明显。全州共投入抗旱人数39.2万人次，投入抗旱保饮水资金4836.24万元，续建和新建12件抗旱应急供水工程，累计临时解决了23.3万人、11.5万头大牲畜饮水困难。通过科学合理调度用水，确保城镇居民生活用水，最大限度地保证了农村人畜饮水安全。防汛减灾取得成效。在抗御洪涝灾害中，全州共投入防汛抢险2279人次；投入机械设备50台班；投入资金66.65万元，减灾经济效益200万元。库塘增蓄工作成

创新水利发展举措

效明显。全州库塘蓄水从6月8日最低的2.74亿立方米增加到年底的8.01亿立方米，净增5.28亿立方米。山洪灾害预警体系得到进一步完善。全州10个县(市)县级非工程措施建设任务基本完成，建成了县级监测预警平台和县级预警发布系统。因措施有力，全州无较大洪涝灾害发生，无人员伤亡，实现了全年防汛减灾工作的平稳过度。

水利建管模式创新举措。积极推广“一库一策”投融资模式，带动社会资本参与水利工程建设，通过工程建设施工吸引社会上有闲置资金和融资能力的施工企业参与水利建设，年内重点水源工程建设融资取得新突破。在武定仁和水库试点采取融资模式等措资金参与工程建设，通过公开招投标的方式选择融资单位代县政府融资进行工程建设的模式，融资5000万元解决了县级资金配套不及时的问题；楚雄州列入规划小(二)型病险水库除险加固工程共795座，占全省规划总数的1/4，数量较多，任务较重，结合州内实际，以202件小(二)型病险水库除险加固项目省级投资账户做质押向州农发行成功贷款1.5亿元，实现了融资工作零的突破，为按时完成楚雄州小(二)型病险水库除险加固建设任务奠定了基础。通过积极的探索，在建设管理模式上，以县(市)为单位分别成立了小(二)型病险水库除险加固工程建设管理局，统一集中管理辖区内的所有小(二)型病险水库除险加固工程项目；为加强建设项目工程质量的控制和监督，强制要求“隐蔽工程施工过程留图片”和实行“现场两公示一监督”制度。

①2014年4月17日，国家防总抗旱工作组到永仁、武定县检查旱情及抗旱工作
②2014年州人大常委会对永仁县城市供水情况进行督查
③2014年9月15日，全省污水管网建设推进会在元谋县召开
④楚雄青山嘴大（二）型水库
⑤南华毛板桥水库
⑥元谋大型灌区一角
⑦双柏普龙村在建的葡萄高效节水灌溉基地
⑧大姚白鹤水库
⑨禄丰沙龙水库
⑩田间滴灌设施
⑪南华县城市污水管网建设
⑫元谋河尾水库
⑬污水处理达标排放
⑭双柏河口河水库大坝

抓扶贫

近年来，全州扶贫部门贯彻落实习近平总书记关于扶贫开发的战略思想，把扶贫开发工作放在统筹推进全州“四个全面”的重点任务来谋划布局。坚持以实现扶贫对象不愁吃、不愁穿，保障其义务教育、基本医疗和住房，农民人均纯收入增幅高于全州平均水平，基本公共服务主要领域指标接近全州平均水平，扭转发展差距扩大趋势为目标，以乌蒙山区和滇西边境山区连片扶贫开发为抓手，着力推进专项扶贫、行业扶贫、社会扶贫“三位一体”大扶贫格局，建设乌蒙山区和滇西边境山区连片扶贫开发试验区、民族团结进步示范区、绿色经济产业区、智力扶贫创新区，不断加强组织领导、加强资金投入、加强政策保障措施建设、加强项目资金管理、加强扶贫机构和队伍建设，打好连片特困地区扶贫开发、特色产业发展、基础设施建设、社会事业发展、就业促进、生态环境建设“攻坚战”、“123456”扶贫工作思路，推进全州扶贫开发工作。

专项扶贫持续推进。2014 年至 2015 年 5 月底，全州累计投入专项扶贫资金 19.53 亿元，整合行业部门扶贫资金 8.29 亿元，投入社会帮扶资金 1.9 亿元。组织实施在建整乡推进项目 4 个，争取实施 2014 年整乡推进项目 5 个，启动 2015 年整乡推进项目 6 个；实施行政村整村推进 55 个，投入产业扶贫资金 4456 万元，实施产业扶贫开发项目 57 个，完成产业扶贫投资 1.5 亿元；发放扶贫到户贷款 13.5 亿元，建设产业扶贫示范村 835 个，发放项目贴息贷款 2.85 亿元，扶持扶贫龙头企业 150 个，完成扶贫移民搬迁 2174 人，转移培训贫困地区劳动力 3.2 万人，建设劳务输出示范村 50 个，实施安居工程 1810 户，在 8 个县(市)114 个村民小组开展互助资金项目试点，实施区域扶贫开发试点项目 1 个，完成专项扶贫总投资 21.23 亿元。同时，精准扶贫迈出新步伐，识别出贫困人口 621162 人，其中，建档立卡人数 318427 人，贫困乡(镇)25 个，贫困行政村 220 个，贫困自然村 3309 个，贫困危房户 63924 户，易地搬迁户 16071 户 60014 人。制定出台楚雄州《关于创新机制扎实推进农村扶贫开发工作的意见》，推进扶贫开发体制机制创新。

行业扶贫形成合力。把 10 项重点工程落实到单位部门，并作为州委、州人民政府对部门扶贫工作考核的重要内容和州委、政府督查室督查的重点工作。明确行业部门任务，列出项目清单、责任分解表。做到扶贫和发改部门做项目规划、组织实施项目，财政部门筹集资金，农业部门负责片区农业产业结构调

打好扶贫开发攻坚战

整和扶持发展特色农产业，交通部门负责改善道路交通基础条件，水务部门负责解决生产生活用水，土地部门加强土地开发整理，林业部门负责发展经济林果和发展林产业，电力、通讯部门负责通电、通讯设施建设等。2014 年 8 个片区县完成投资 325 亿元。

社会扶贫掀起热潮。拓展“上、下、内、外”四条渠道，调动各级机关企事业单位、社会各界和广大党员干部参与扶贫开发的积极性。国家招商银行、中智公司 2 家中央企业挂点帮扶 4 个贫困县，教育部派出第二、第三批共 12 名干部联系滇西边境山区 6 个贫困县；国土资源部联系乌蒙山区武定县；26 家省级机关单位挂点帮扶 26 个贫困乡(镇)，30 多名州级领导和 903 个县(市)机关企事业单位挂钩扶贫 502 个贫困村，3.7 万名党员干部与 3.4 万户贫困农户结对帮扶；香港乐施会、世界宣明会筹措资金 744 万元参与扶贫开发，社会帮扶掀起了新高潮。

狠抓扶贫资金监管，扶贫开发工作走在全省前列。省政府扶贫开发工作考核大姚县获一等奖，双柏、南华、永仁 3 县获二等奖，牟定县获三等奖，奖励以奖代补资金 2240 万元。省扶贫办和省财政厅扶贫工作绩效考核获全省三等奖，奖励项目资金 310 万元。全州贫困人口从 2011 年的 49.69 万人下降到 2014 年的 31.8 万人，其中 2014 年有 6.1 万扶贫对象脱贫，贫困发生率从 24.91%下降到 12.7%。

①省扶贫办党组书记、主任李新平到楚雄州扶贫龙头企业宏桂公司调研生产经营情况
②州委书记侯新华深入贫困村委会碍嘉镇阳太村委会调研
③州长李红民到养殖大户走访
④2015 年全州扶贫开发现场会在牟定县召开
⑤教育部直属 6 所高校挂点帮扶楚雄州滇西片区 6 个县。图为华中师范大学到楚雄州开展校地合作座谈会
⑥扶贫龙头企业——云南一致魔芋生物科技有限公司鲜芋加工处理
⑦牟定县星贸公司收购加工辣椒
⑧永仁县永兴乡拉姑村委会田兴村扶贫搬迁
⑨楚雄州扶贫龙头企业——云南巨牛牧业有限公司养殖场
⑩大姚县雄汇公司黑山羊养殖基地
⑪双柏县安龙堡乡安居、产业、土地开发、水利建设综合扶贫开发一角
⑫双柏县大麦地镇整乡推进万亩葡萄种植基地
⑬永仁县辣木种植
⑭元谋县产业扶贫项目——葡萄种植

抓生态

①

③

⑥

2014年，全州林业系统围绕州委、州人民政府提出的“生态立州”战略，坚持走生态建设产业化，产业发展生态化路子，克服了长时期森林防火等级高等不利因素的影响，深化改革、克难奋进、狠抓各项措施的落实，全州完成营造林任务40.63万亩，为计划的109.8%；完成低效林改造22.5万亩，为计划的112.5%；完成义务植树1024.1万株，四旁植树1657.8万株，分别为计划的106.7%和110.5%；完成育苗2093.8亩，为计划的126.1%；森林火灾受灾率0.17‰、林业有害生物成灾率0.78‰，两项指标均在省下达1‰、5.8‰的控制指标以内。退耕还林首期补助到期面积、天保工程森林抚育项目通过国家林业局核查验收，森林防火和林业宣传等工作受到省人民政府和省林业厅表彰奖励。

集体林权制度改革取得新突破。进一步完善林权流转管理制度，规范流转程序、加强流转监管、拓展林权抵押贷款登记及政策咨询等服务，不断推进集体林权制度改革。至2014年12月底，全州林权抵押贷款面积45.2万亩，林权抵押贷款余额9.6亿元，林权流转7665宗、面积98.1万亩。全州2901.64万亩集体林地，已确权2890.81万亩，确权率99.6%，共发放林权证41.73万本，发证面积2864.77万亩，发证率99%。积极推进林业向规模化、集约化和专业化经营发展，在政策和资金等方面加大对林农专业合作社等新型林业合作组织的扶持。全州共有国家级林业专业合作社3家，省级林业合作社29家。

林业生态建设取得新成效。天然林保护、退耕还林、农村能源建设、生态效益补偿等重点生态工程建设稳步推进。全州完成天保工程公益林人工造林5000万亩、封山育林12.5万亩，分别完成计划任务的100%，分流安置森工企业职工1355人，聘用护林员4742人，对1598.32万亩国有林和公益林进行管护，对1640.83万亩商品林实施监管。完成退耕还林荒山造林1.5万亩，完成计划任务的100%；巩固成果后续产业建设人工造林9.8万亩，完成计划任务的100%。完成农村改灶10050户，安装太阳能热水器14000户，分别完成年度计划任务的104%和106%。全州共兑现和使用2013年度国家级和省级公益林生态效益补偿

促进林业全面发展

资金 15127.41 万元，补偿资金兑付和使用率 100%；兑现 2014 年度公益林补偿费 12897.97 万元，补偿费兑现率 100%。完成低效林改造 22.5 万亩，完成计划任务的 112.5%。

林业产业发展取得新进步。培强做大以核桃为主的特色经济林产业，以野生食用菌为主的非木质林产业，以人造板、家具制造为主的木材深加工产业，以松香、桉叶油、天然香料和生物质能源为主的林产化工产业和林木种苗花卉产业。到 2014 年底，全州已发展特色经济林 710 万亩，其中核桃 530 万亩、油橄榄 2 万亩、板栗 51 万亩、花椒 44 万亩、水果 32 万亩、青桐 40 万亩，实施野生菌保育 150 万亩。

2014 年全州共生产核桃 5.2 万吨、板栗 1.6 万吨、水果 13.6 万吨、野生菌 2.16 万吨、中药材 0.4 万吨、人造板 28.6 万立方米、松香松节油 7 万吨、桉叶油 8000 万吨、种苗花卉 5470 万株。野生菌、松香产量居全省第一位，核桃居第三位。全州已培育林业企业 444 户，全年总产值 45 亿元。全州有国家级龙头企业 2 户，省级龙头企业 33 户。全年全州实现林业产值 106.47 亿元，比 2013 年增长 11.8%；农民人均从林业中获得收入 2200 元，比 2013 年增加 400 元。

①2014 年 7 月 25 日，州委书记张太原、州长李红民参加义务植树活动
②2015 年 3 月 5 日，州委书记侯新华深入永仁县林区指导工作
③国家林业局资源管理司副司长王洪波在省林业厅副厅长夏留常等陪同下到楚雄州调研
④州委常委、副州长任锦云到永仁县调研林业产业
⑤方兴未艾的楚雄州茶花产业
⑥城市绿化
⑦森警部队在集训
⑧自然保护区风光
⑨自然保护区风光
⑩云南松林地
⑪哀牢山风光
⑫核桃大树
⑬核桃乳
⑭鲍汁松茸罐头
⑮黑松露酒
⑯中密度纤维板

抓新型城镇化

2014年，楚雄州住房和城乡建设工作坚持以新型城镇化建设为抓手，以城乡规划为引领，以保障民生为重点，以桥头堡战略和滇中城市经济圈建设为机遇，全力推进住房和城乡建设工作。

完善提升城乡规划。着力谋划新型城镇化发展，编制完成了《楚雄州新型城镇化规划(2014～2020年)》和《推进新型城镇化的实施意见》。探索多规合一。在确定以武定县为全省多规合一试点县的同时，先期启动了楚南经济带建设中的产业布局、用地保障、环境保护、林地利用、城镇建设等多规合一试点，并完成了规划编制。进一步修改完善州域城镇体系规划。投入2247.4万元，全面启动了楚雄州州域城镇体系规划、城乡总体规划修改，完成了21个城乡建设专项规划编制。

启动实施城乡人居环境提升行动。统筹谋划改善城乡人居环境。制定下发了《楚雄州城乡人居环境提升3年行动计划》，从2014年起，集中财力、人力、物力，按计划、分年度扎实推进城乡人居环境提升。突出重点，加大投入。研究制定了县城、重点小城镇、美丽乡村示范村、宜居村庄规划建设的扶持政策，加大城乡面貌整治力度，推进城乡一体化发展；编制完成了《楚雄州村镇特色民居规划暨建筑设计》、《楚雄州美丽乡村建设技术导则》和《楚雄州村镇特色民居建筑设计施工图集》，为全州村镇建设提供技术支持。全面加快城镇市政基础设施建设步伐，全年全州共实施市政基础设施建设项目239项，完成投资15.53亿元。

加快“美丽乡村”示范村建设。按照3年建成1500个美丽乡村示范村的目标计划，充分整合农村危房改造、地震安居工程、扶贫异地搬迁、新农村重点村建设等项目资金，2014年建成了444个示范村，争取中央和省级财政投入资金9502.8万元，改造农村危房10692户。开展全国重点镇、景观镇、宜居小镇、传统村落申报工作。成功申报全国重点镇16个，国家级传统村落19个。

进一步加强民生保障。全力推进城镇保障性住房建设。年内，全州保障性住房基本建成目标任务8000套，实际建成

引领城乡建设事业发展

⑨

⑩

⑪

⑫

15308 套，占年度基本建成任务数的 191.4%；实际开工 5511 套，开工率 101.9%，完成投资 3.2 亿元。城市棚户区改造全面实施，全年全州城市棚户区改造共开工建设 4625 户，开工率 100.54%；完成改造 1557 户，累计完成投资 3.9 亿元。积极拓展融资渠道，通过发行企业债券，计划为楚雄、元谋、武定、禄丰等 4 县(市)筹措 10 亿项目建设资金；与云南省西交集团和建工集团合作，全面展开融资达 150 亿元的城市棚户区改造项目融资工作。

房地产和建筑业稳步发展。全年房地产完成投资 92.48 亿元，商品房屋施工面积 879.24 万平方米，比上年增长 9%；商品房销售面积 225.02 万平方米，比上年增长 20%；商品房销售额 78.29 亿元，比上年增长 23.3%。创建省级、州级物业管理示范住宅小区各 1 个。全州房地产企业 329 家。全州建筑业完成总产值 111.8 亿元，比上年增长 24.6%，实现增加值 66.76 亿元，增长 20.5%。全州建筑业企业发展至 157 家。

至 2014 年底，全州规划区面积 526.5 平方千米，建成区面积 163.02 平方千米，其中县城建成区面积 93.55 平方千米，全州城镇化率 38.74%，比上年提高 1.28 个百分点。全州城市供水能力达到 22.8 万吨 / 日，供水普及率 97.7%；城市污水厂集中处理率 83.2%，县城生活垃圾无害化处理率 100%，燃气普及率 65.83%，城市园林绿地面积 41340 亩，城市人均公园绿地面积达到 12.7 平方米，建成区绿化覆盖率 33.96%，绿地率 29.47%。城市道路长度 563.39 千米，道路面积 984.42 万平方米，人均城市道路面积 14.22 平方米。

①全州住房和城乡建设工作会议
②全州住建系统党风廉政和精神文明建设工作会议
③2014 年 2 月楚雄市熙和名筑完工交房，东岳庙片区旧城提升改造完成
④环境优美的禄丰县 2013 年度保障性住房
⑤2013 年 12 月，楚雄市铜鼓花园 1041 套公租房、374 套廉租房竣工，解决部分人群住房困难问题
⑥云南省级历史文化名镇——大姚石羊古镇
⑦双柏查姆大道特色改造
⑧永仁保障房建设及永定河二期改造
⑨提升改造后的楚雄市桃源湖
⑩禄丰恐龙山镇小阁楼特色民居远景
⑪大姚县城建设
⑫州级重点镇——楚雄市中山镇

抓高原特色农业

云南省第九次党代会作出发展高原特色农业的战略部署以来，楚雄州围绕省委、省人民政府决策部署，唱响元谋“中国冬早蔬菜之乡”、大姚“中国核桃之乡”、南华“野生菌王国”、“牟定腐乳”四张名片。坚持重特色、重品牌、重规模、重效益工作思路，确立了在稳定粮食生产发展的前提下，提升烟草产业、打造绿色蔬菜产业、加快发展林业产业、大力发展山地牧业和发展壮大种子产业“五大重点产业”。全州上下围绕扶龙头、培产业、增投入、强科技、树品牌，强化工作措施落实，全州高原特色农业呈现出持续快速发展的良好势头。

千方百计稳定粮食生产。通过扩面积、重科技、强投入，克服 2010 年特大干旱的后续影响，粮食总产连续四年创历史新高，播种面积由 2011 年的 330.1 万亩增加到 2014 年的 380.6 万亩，总产由 105.5 万吨增加到 122.9 万吨。高度重视水稻生产，确保口粮安全，确定年水稻种植面积 100 万亩以上，同时以绿色优质米品牌创建为抓手，依托“楚粳”优质米品种，实施优质米绿色食品认证和优质稻生产、收购、加工、销售全产业链建设，2015 年实施基地建设 1.2 万亩。

挖掘产业特色，培植优势产业。发展了“冬菜春果夏菌(菇)秋核桃，天然虾青素和辣木”系列特色产业。“冬菜”就是利用以元谋为重点的独特干热河谷地区冬季高温干燥的气候特点，发展无公害绿色蔬菜产业，全县共种植冬早蔬菜 17.6 万亩、外销 31 万吨。同时，借助种植优势，加大研发和引进深加工技术资金，延长产业链。2014 年全州蔬菜种植规模 114.8 万余亩以上，总产量 180 万吨，产值达 40.26 亿元。“春果”就是利用楚雄州春季独特气候特征，引进葡萄、莲雾、火龙果、青枣等果类到州内种植，形成春夏早熟水果。2014 年末，葡萄在元谋、永仁、双柏等县共种植 6.5 万亩，产量 8.94 万吨，产值 7.71 亿元，亩产值最高 13 万元。“夏菌”就是利用州内独特的气候资源和森林植被，构成最适宜菌类生长的自然环境，实施野生菌保育面积 150 万亩，产量 2.16 万吨，占全省五分之一，人工食用菌种植 400 万平方米。近年来，楚雄州一直致力于保护开发这一最具地方特色的产业资源，通过在野外保育扩繁和人工仿生扩繁，工厂化栽培等，形成了近 15 亿元的产业规模。食用菌产量居全省第一。“秋核桃”就是依托全国唯一的“核桃生物产业基地县”，以大姚“三台”核桃为主打品种，在全州 10 县(市)种植核桃 530 万亩。2014 年核桃产业总产值达到 35.4 亿元(其中干果产量 5.25 万吨，产值 16.9 亿元；加工产值 18.5 亿元)。虾青素是楚雄州通过与国家海洋所合作建成全球唯一一家以开放式跑道

推进农业发展品牌创新

水池和密闭光生物反应生产工艺及培养模式养殖雨生红球藻，提取天然虾青素的项目。该项目被列入了国家“863”计划和火炬计划。繁制种产业。楚雄州还利用特殊气候和良好隔离条件，引进了一批国际上知名跨国种业公司和国内育种专家长期在州内进行冬繁育种，州农科所自主研发培育出的“楚粳”系列水稻品种中，有12个品种获国家植物新品种权、2个为农业部认定的云南省仅有的超级(粳)稻品种，其中“楚粳”28号单产超过1吨、达一级米标准，是云南省推广速度最快、种植面积最大的主栽品种，还推广到了国内外的适宜区域种植。在蔬菜制种方面，思农蔬菜种业等一批种业公司发展迅速，成果明显。2014年各类粮经作物繁制种面积5.99万亩(含魔芋)，繁育农作物种子5.15万吨，产值达5.28亿元。同时，通过政府引导，以企业为主体发展辣木产业。年内全州辣木种植面积1.45万亩，一批企业已开发出辣木系列产品。

加快园区建设，推进规模经营。围绕楚雄州具有发展优势的食用菌、核桃、绿色蔬菜、山地牧业、农作物繁制种等特色优势产业，抓好楚雄国家农业科技园区、绿色食品加工园区、生物产业工业示范园区、绿色生物科技园区建设推进特色产业转型升级。积极培植发展农业产业化龙头企业、家庭农场、现代农业庄园、种养殖大户、农民专业合作组织，促进农业适度规模经营发展。

打造特色品牌，引导产业升级。全州累计有275个农产品通过了国家质量认证，其中有机食品认证16个，绿色食品认证107个，无公害农产品认证150个，地理标志农产品质量认证2个。获得“云南名牌”称号农产品4个、“云南名牌农产品”称号22个、“云南省著名商标”称号农产品47个。2014年全州实现特色农产品出口5亿美元，占全州出口总额的80%。

①2015年4月16日，副省长张祖林等省州领导到元谋小丙岭农业科技示范园调研
②州农业局到青岛昌盛日电太阳能科技有限公司招商
③武定县高山反季蔬菜种植
④州级部门开展楚粳系列优质米展销
⑤楚雄市大过口乡魔芋种植
⑥元谋工厂化育苗
⑦玉米与马铃薯套种
⑧禄丰县植保植检站演示无人机喷施农药
⑨水稻机插秧
⑩“楚粳”28号试验田
⑪元谋县冬春鲜食葡萄
⑫元谋江边栽种的辣木经济林

抓民生——

①

②

④

2014 年，楚雄州教育工作在州委、州人民政府的高度重视和坚强领导下，全州上下团结一心，广大教育工作者奋发努力，聚焦改革，着力促进公平和提高质量，教育改革发展有重点，有亮点，有创新，取得了显著成绩，省对州教育目标管理考核再次获得一等奖。

立德树人全面推进。楚雄市金鹿中学被教育部关工委表彰为“国家级示范学校”，永仁县猛虎中心小学、姚安县光禄小学乡村学校少年宫“一宫两站”管理使用模式成为全省典范。教育领域综合改革扎实深入。全州省级 8 项改革项目和州级 13 项改革工作全面推进，楚雄城区中小学幼儿园“入学(园)难”、“择校热”、“大班额”现象等一些重点领域和关键环节的改革取得实质性突破。

教育公平整体提升。共争取到位各级各类学生资助项目 19 个，争取到位资助资金 46041 万元，资助家庭经济贫困学生和教师 820994 人次。营养改善计划覆盖全州所有义务教育学校，补助学生占全州义务教育学生的 88.51%，学校食堂供餐比例达 86.84%。农村义务教育生均公用经费提高了 40 元，营养改善补助由 3 元提高到 4 元。

各级各类教育协调发展。学前教育规模不断扩大。不断完善政府统筹、多元发展工作机制，完成第一期学前教育三年行动计划，启动实施第二期行动计划。加大示范性幼儿园创建力度，农村学前教育资源和城市优质学前教育资源不断扩大。全州新增幼儿园 17 所，省级示范幼儿园达到 24 所，学前 3 年儿童毛入园率比上年增长 5.39 个百分点，达 75.25%。义务教育均衡发展扎实推进。着力推进义务教育学校办学条件标准化、学校管理规范化、校园文化特色化、课堂教学精细化、后勤服务优质化“五化”建设，义务教育均衡发展取得新成效。开发区实验小学、楚雄市北浦中学等 4 所中小学被省教育厅认定为云南省首批“身边的好学校”。全州小学适龄儿童入学率 99.95%，在校生巩固率 99.92%，辍学率 0.08%；初中阶段学龄人口入学率 99.7%，在校生巩固率 98.29%，辍学率 1.71%。义务教育残疾儿童入学率保持在 90% 以上。普通高中教育质量取得新突破。2014 年全州普通高考高分段的比例及提升幅度均有较大突破，700 分以上考生实现了“零”的突破，二本以上上线率为 41.86%，高于全省 3.42 个百分点。现代职业教育加快发展。投资 11.5 亿元的州职教园区建设全面完工。在州职教园区建成“淘宝中国特色楚雄馆”，被省商务厅确定为全省第一家电子商务示范基地。全州中等职业教育基础能力和示范项目建设明显加强，国家级民族职业教育示范基地建设步伐明显加快，州属职业教育学校改革正式启动，州县一体化办学模式改革推进顺利，职业教育的吸引力显著

促进教育事业协调发展

⑥

⑦

⑧

⑨

⑩

⑪

⑫

⑬

⑭

⑮

增强。全州中职在校生 29949 人，毕业生就业率保持在 98%以上，高中阶段教育毛入学率达 76.32%。

教育保障能力不断增强。办学条件进一步改善。投入学校建设资金 2.7 亿元，组织实施了全面改薄、农村学前教育推进工程、农村教师周转宿舍、农村初中校舍改造、薄弱县高中建设等项目 908 个，加固改造 B、C 级校舍 35.5 万平方米，新建校舍 20.4 万平方米。教育信息化步伐进一步加快。

教师队伍建设进一步加强。全州培训教育管理干部、科研人员、校(园)长、骨干教师等 3 万人次，校长和教师专业发展能力进一步增强。教育督导工作进一步推进。完成 963 所中小学、幼儿园、中等职业学校中小学责任督学挂牌工作。通过了国务院推进义务教育均衡发展督查。组织楚雄、双柏、姚安 3 个县(市)圆满完成国家、省基础教育质量监测工作。修订完成《云南省楚雄州民族教育条例》，2014 年 5 月 1 日起实施。着力维护学校安全稳定。全州“平安校园”创建开展面达 100%，3 所学校获教育部“和谐校园先进学校”荣誉称号，35 所学校获省级“平安校园”称号，123 所学校获州级“平安校园”称号。全州教育系统未发生较大以上安全事故，安全事故发生率比上年下降 50%以上，有力地维护了教育系统和社会的安全稳定。

①招商银行向武定县捐赠扶贫资金捐赠仪式
②楚雄市举办素质教育汇报展演
③云南省 2014 年乡村少年宫建设工作推进会在永仁举行
④楚雄开发区永安小学综艺楼
⑤楚雄一中钢结构新教学大楼——“知行楼”落成
⑥姚安县幼儿园
⑦紫金明德小学
⑧北浦中学读书长廊
⑨爱尼山小学音乐教学
⑩参加助残日爱心企业捐赠活动
⑪教育信息化建设
⑫南华县民族中学敏特教育基金发放
⑬楚雄天人中学首届缅北跨境民族留学生开班典礼，中缅学生共跳民族规范舞
⑭州职教园区学生运动会
⑮小学生营养早餐

抓民生——

2014年，楚雄州卫生工作以“建立符合州情的基本医疗卫生制度，逐步实现人人享有基本医疗卫生服务为目标，以深化医药卫生体制改革为主线，以保基本、强基层、建机制为中心，以服务质量和服务效率提升为重点，突出卫生惠民实事的落实”，全面推进改革，卫生保障能力显著增强，居民健康水平显著提高，卫生事业健康发展。

全州共实施卫生基础设施建设项目200个，总投资9999万元，群众看病就医条件不断改善；加强监管，完善制度，省内现场减免，全州2121322名农村居民积极踊跃参加新型农村合作医疗及其大病保险，参合(参保)率99.12%，人均筹资470元，参合农民在县、乡级住院医药费用报销比例分别达到80%、90%，大病保险报销不设封顶线，2014～2015年4月，共有906.3万人次享受新农合及其大病保险报销，报销医药费用117531.68万元，其中一次性报销29.5万元1例、25.32万元1例、25万元1例；政府举办的基层医疗卫生单位和部分县级医院全部取消药品加成，患者用药负担进一步减轻；门诊总额预付费、住院床日分段付费、单病种限价收费、疾病诊断分组(DRGs)付费等支付方式改革，在全省、全国推广；县、乡、村医疗服务一体化管理的实施，充分整合、利用、发挥县乡村卫生资源，提高服务水平；广泛开展“环境优美、流程优化、服务优质”(“三优”)卫生单位创建活动，做法受到省卫计委的高度关注；公共卫生契约式上门服务、团队服务、家庭服务，提高了公共卫生服务质量，有效促进了基本公共卫生服务均等化目标的实现，省医改办、省卫计委以简报形式转发楚雄州做法；自愿无偿献血率100%；整理、编纂彝族医药典籍9部，发掘、研制的4个彝族药获得国家生产批准文号，35个院内制剂获得省级批准文号；在州内中医院建成全国首个“彝族医药馆”；上海3家三甲医院与楚雄州4家州、县级医院建立长期支援帮扶关系，省内5家三甲医院与楚雄州5家县级医院形成长期协作关系；“上海市东方医院国家卫生紧急医学救援队楚雄救援队”和

提高群众医疗卫生保障水平

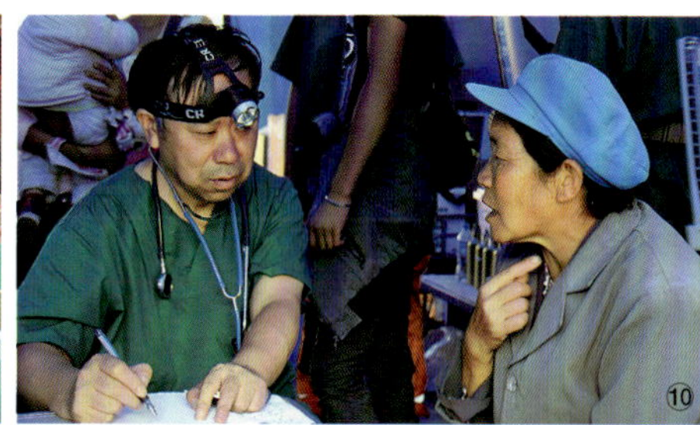

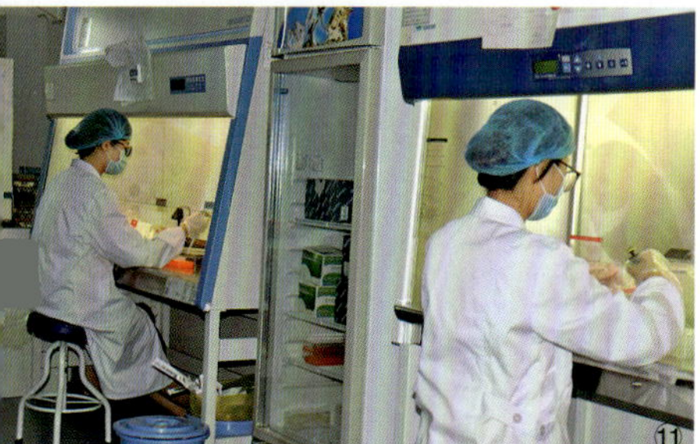

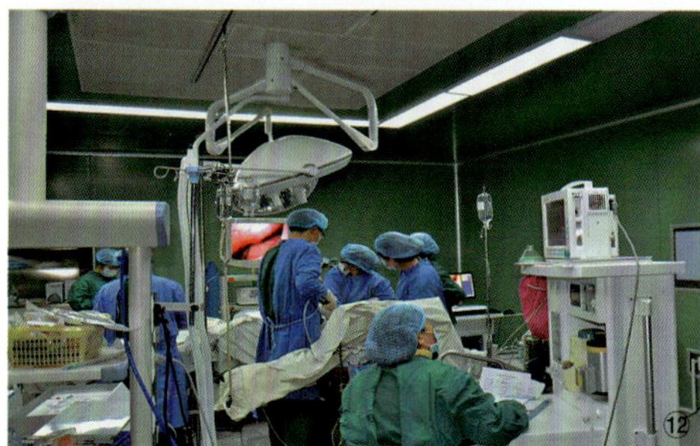

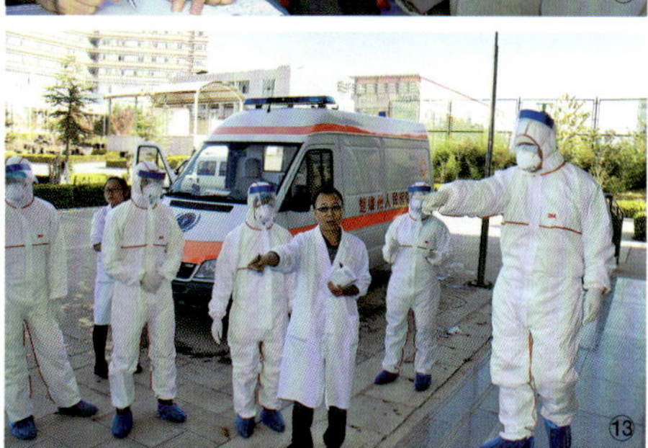

"上海市东方医院(同济大学附属东方医院)楚雄心脏中心"在楚雄州成立，灾难性紧急医疗救援和心脏疾病治疗逐步辐射滇西；政策指导有力，协调服务到位，44家涵盖综合医疗、专科医疗的民营医院落户楚雄州，民营医院床位、诊疗人次占比量明显提高，逐步弥补州内医疗资源的不足。

全州卫生事业快速发展，全州婴儿死亡率6.1‰，孕产妇死亡率21.49/10万，传染病发病率126/10万，艾滋病发病率低于全省平均发病率，居民人均期望寿命达74.2岁，以上指标高于全省、全国平均水平。负责完成的民生实事受到省人民政府表扬。2010年以来州卫生局连续保持"省级文明单位"，州级医疗卫生单位已全部获得省州级文明单位，2014年州卫生局获得州委、州人民政府命名的"文明行业"荣誉称号。

①2014年5月7日，副省长高峰到禄丰县医院调研
②2014年6月24日，省卫生厅厅长张笑春到禄丰县调研
③2014年元谋县全国农村中医药工作先进县复查汇报会
④2014年9月20日，上海市东方医院与楚雄州人民医院对口支援项目合作签字仪式暨"上海市东方医院楚雄心脏中心"、"上海市东方医院国家卫生紧急医学救援队——楚雄救援队"成立挂牌仪式在楚雄州人民医院新区举行
⑤无偿献血知识宣传
⑥州中医院送医下乡
⑦卫生知识宣传进校园
⑧西班牙国际器官捐献与移植研究院主席马提教授一行到州人民医院考察交流
⑨中国民族医药学会彝医药分会成立大会暨全国彝族医药学术交流会在楚雄市召开
⑩楚雄州医护人员在"8·03"鲁甸地震救援现场救治伤病员
⑪州疾控中心医务人员开展流感病毒监测
⑫州妇幼保健院医生为产妇实施手术
⑬埃博拉出血热疫情防控应急演练
⑭参加"8·03"鲁甸地震救援的卫生应急队员
⑮州疾控中心应急演练行军

抓民生——

①

②

2014年以来，楚雄州食品药品监督管理局按照省州党委政府的安排部署，进一步理顺食品药品监管体制，机构改革基本完成，监管基础进一步夯实，州级及全州10县(市)均组建成立食品药品监督管理局和食品药品稽查大队(加挂食品药品投诉举报中心牌子)，并完成监管职能移交；从卫生、工商、质监应划转人员和编制174人已陆续到位，10县(市)均在乡(镇)按区域设置了食品药品监管所，共在乡（镇）成立了34个食品药品监督管理所，加挂"食品药品检验站"牌子，聘请了村级食品药品协管员1243名，均已落实食品药品协管员待遇。

健全和完善食品药品安全责任体系。将食品药品监管工作纳入州委、州人民政府对县(市)政府和州政府部门综合绩效的集中考核，全面推行食品药品安全网格化监管，将全州"四品一械"所有监管对象全部纳入网格中进行网格化管理，实现每一个药品、医疗器械、保健食品、化妆品生产经营企业和餐饮服务单位全部纳入了网格体系，监管责任得到层层落实。

改善基础设施，进一步提升监管能力。2014年先后争取到省级食品药品监管专项经费1070万元，实施食品药品信息化监管试点、食品安全县创建、食品检验监测资源整合、"五小"集中监管试点等项目25个，改善了食品药品监管的基础设施条件，提高了监管能力。进一步优化许可事项，将州药监局行使的2项行政审批事项下放由县(市)药监局办理，将5类行政许可时限平均缩短15个工作日，将餐饮服务现场核查由原来的20个工作日缩短为7个工作日，同时精简了申报材料，极大地方便了群众办事。

持续加大行政执法力度。强化食品药品生产经营行为的日常监管，深入开展专项整治，针对风险隐患突出的区域、品种、环节开展农村食品药品市场、医疗器械"五整治"等专项整治50余项，依法严厉打击食品药品违法犯罪行为，全州共立案查办各类案件557件，涉及物品总值48.11万元，罚没款金额总计187.48万元，依法严厉打击食品药品违法犯罪行为，对食品药品违法犯罪行为形成高压态势，始终保持了食品药品生产、经营、使用秩序的平稳有序，全州未发生重大食品药品安全事故，人民群众食品药品安全得到有效保障。

加强食品药品监督管理

加大培训教育力度。举办稽查业务培训、食品快速检测等培训班7期，培训执法人员875人次，先后选派84人次赴北京、上海财经大学、浙江大学等地参加省州组织业务培训，提升了食品药品监管能力。

做好帮扶企业发展工作。州药监局领导多次到国家药监总局、省药监局帮助企业协调相关问题，监管人员深入企业检查指导，提出工艺流程设计、生产线改造、验收达标生产的指导意见466条，帮助食品药品生产经营企业培训从业人员147期23249人次，帮助指导148户药品经营企业通过了药品经营质量管理规范认证，12户药品生产企业88条生产线通过了新版药品生产质量管理规范认证，4家保健食品生产企业通过GMP认证，207户食品生产企业获得了生产许可证。在州药监局的指导帮助下，药械生产企业通过新申报、补充注册、批文转移等方式取得药品批准文号48个，医疗器械注册证2个，产业发展后劲进一步增强，药品生产企业的企业数、增长率、生产药品的质量均在全省名列前茅。

①州食品药品监督管理局重点提案面商会
②2014年农村食品药品市场专项整治工作会议
③楚雄州2014年食品生产经营企业约谈会
④2014年4月9日，省食药监局在永仁县举行云南省餐饮服务食品安全事故跨省边际地区协作四级应急演练
⑤州食药监局领导深入企业调研指导工作
⑥春节前食品安全专项检查
⑦执法人员食品快速检测培训
⑧在州职教园区开展食品快速检验
⑨州食品药品监督管理局开展“三下乡”服务活动
⑩楚雄州2014年全国食品安全宣传周活动启动仪式
⑪“安全用药月”宣传活动

抓民生——

2014 年，楚雄州人力资源和社会保障局在州委、州人民政府的坚强领导和省人社厅的科学指导下，践行党的群众路线教育实践活动，全面落实各项社会保障民生政策，让广大人民群众切实得到了改革发展的实惠。

就业局势保持总体稳定。以高校毕业生、失业人员、城镇困难人员等就业困难群体就业为重点，采取机关事业单位面向高校毕业生考录招聘、引导高校毕业生到基层就业、鼓励高校毕业生“走出去”就业等措施，通过开展就业援助月、春风行动、民营企业招聘周等专项活动，促进了就业困难群体充分就业。同时，加大扶持创业力度，充分发挥创业带动就业作用。截至 2014 年底，全州城镇新增就业 2.66 万人，失业人员再就业 1.81 万人，就业困难人员就业 0.61 万人，城镇登记失业率为 3.3%。开发公益性岗位 4100 个，开发用工岗位 2.5 万个，帮助 4282 名应届高校毕业生、1.5 万名就业困难人员及各类城乡劳动者实现了就业。全州共发放“贷免扶补”创业贷款和小额担保贷款 4.13 亿元，扶持创业 6668 人，带动就业 1.7 万人。

社会保障待遇稳步提高。提高机关事业单位工作人员津补贴。2014 年机关事业单位工作人员月人均津补贴达 2340 元，比 2013 年增长 8%，人均增加 170 元。提高州级机关事业单位聘用制工人待遇。2014 年，全额预算单位聘用制普通工人月人均工资 2250 元，比 2013 年提高 59%；技术工人人均工资 2583 元，比 2013 年提高 55%。提高乡(镇)工作人员岗位补贴。2014 年，全州乡(镇)机关事业单位在编在岗工作人员每人每月发放 500 元的乡、镇工作岗位补贴。提高企业退休人员基本养老金。2014 年，全州月人均基本养老金达到 1747 元，比 2013 年提高 12%，人均增加 186 元。提高公益性岗位补贴标准。2014 年，全州公益性岗位人员的岗位补贴标准楚雄市辖区从 845 元 / 月提高到 1270 元 / 月，其他 9 县从 720 元 / 月提高到 1070 元 / 月；2014 年公益性岗位人员社会保险人均补贴 678 元，比 2013 年提高了 19%，人均提高 106 元。提高失业人员失业保险金待遇。2014 年，全州月人均失业保险金达 748 元，比 2013 年提高了 15%，月人均增加 98 元。提高灵活就业人员社会保险补贴。2014 年，全州灵活就业人员月人均社会保险补贴 229 元，比 2013 年提高了 26%，人均增加 48 元。提高最低工资标准。2014 年，最低工资标准楚雄市为 1270 元 / 月，比 2013 年增加

全面落实各项社会保障政策

12%，月均增加140元；其他9县为1070元/月，比2013年增加12%，月均增加115元。提高医疗保险待遇。2014年，已参加城镇居民基本医疗保险的城镇居民个人不用缴纳大病保险费，免费享受大病保险待遇；职工医保门诊慢性病病种范围扩大到26个病种，比2013年增加4个；对20种重大疾病的职工医保患者取消了年最高支付限额的限制；建国初期参加革命工作的退休干部，每人每年补助门诊医疗费增加2000元，每个季度划拨500元。

劳动关系和谐稳定。强化中小企业实施劳动合同制度，全州职工劳动合同签订率98.14%，集体合同签订率80.95%。加强劳动保障日常巡视检查和举报专查，劳动保障举报投诉案件查处率100%，结案率99%。加大农民工权益保障工作力度，建立了农民工工资支付保障协调机制、排查治理机制、奖励保护与惩处打击机制，进一步完善了全州农民工工资支付保障工作机制，开通了农民工劳动争议仲裁"快立、快调、快审、快结"绿色通道，强化对重大节日、重要节点的监察执法，联合公安、住建等部门开展保障农民工工资支付专项排查。2014年，全州共排查出拖欠农民工工资用人单位101户，涉及农民工5261人，涉及金额5389.54万元；办结拖欠农民工工资案件65件，责令支付工资4710人4355.59万元；妥善处理因拖欠农民工工资引发的突发事件6件，涉及296人1301.4万元。

①2014年4月26日，人社部副部长杨志明深入武定县人社局服务窗口调研
②省人社厅厅长崔茂虎到禄丰县金山镇便民服务站检查指导网上办事平台运行情况
③全省城乡居民养老保险制度实施工作会在楚雄召开
④全州人力资源社会保障工作会议
⑤2014年楚雄州新录用公务员初任培训班
⑥省州县人社部门到禄丰县土官工业园区调研解决企业用工难问题
⑦第三届楚雄州残疾人职业技能竞赛
⑧楚雄州社会保障"一卡通"工程发卡仪式
⑨"12333"全国统一咨询日活动
⑩楚雄州启动社会保险全民参保登记试点
⑪人社工作服务百家企业行动在楚雄
⑫参观楚雄州大学生创业孵化园

抓和谐——

楚雄州第八次党代会提出把楚雄州建设成为全国民族团结进步示范区以来，全州各级党委、政府高度重视，紧紧围绕“十大示范”，突出民族经济发展、民族文化繁荣、民族教育振兴、民族干部培养、民族法制建设、民族关系和谐“六个率先”，加强组织领导，制定政策措施，细化目标任务，通过全州各级各部门的共同努力，示范区建设势头良好，成效明显。到 2014 年，全州正在推进 4 个民族团结进步示范县、28 个示范乡（镇）建设，已建成示范村 115 个、示范学校 134 所、示范企业 4 个、示范社区 1 个。楚雄州示范区建设在实践中呈现出五个特点：建设类型形式多样。如：民族类型模式（楚雄市紫溪彝村、永仁彝人新村、福兴傣族村），一族一村集中打造；文化品牌模式（罗婺彝寨，彝人古镇）；企业村民联创模式（武定县马豆沟示范村）；整乡推进模式（南华县雨露乡，姚安县前场镇，大姚县赵家店镇、六苴镇，元谋县羊街镇）；“五位一体”推进模式（永仁县莲池乡）；新农村模式；特色村寨模式。建设内容不断丰富。各地始终以民族团结进步为目标，紧扣“打基础，建产业，促发展”这条主线，把解决各族群众生产生活困难、改善生产生活条件、增加群众收入和维护少数民族合法权益作为建设的首要任务。建设投入不断加大。各级各部门不断加大对示范区建设的投入，从项目、资金等方面对示范区倾斜。建设机制不断完善。从州到乡三级成立了民族团结进步示范区建设领导小组等领导机构，制定了示范区建设专项规划，形成党委统一领导、政府组织实施、各部门通力协作、社会广泛参与的建设格局。建设成果不断显现。示范区建设项目实施示范点面貌逐步改观，基础设施得到加强，群众观念有所改变，群众生活水平有所提高，建设活力不断涌现，民族关系更加和谐。

突出重点、以点带面。按照“重点突破、以点带面、示范引导、全面推进”的思路，编制了 2013～2015 年 60 个示范点的建设规划，并制定了《实施示范区建设“112”示范点创建工程方案》，确定 1 个县、10 个乡(镇)、20 个自然村作为示范点进行重点帮扶、先行先试，为全州示范区建设探索经验，形成以点串线、以线连片、以片带面的示范区创建格局。制定了《楚雄州民族团结进步示范点创建标准(试行)》，明确民族团结进步示范区建设的创建目标、建设标准和考核依据，推动示范点创建规范化、制度化、科学化。在民族特色村寨建设中，坚持以民族文化保护开发为载体，与旅游业融合互动发展，打造了一批民居有特色、产业强、群众富、环境好、村美人和谐的民族特色示范村镇。

上下联动、整体推进。州委办公室、州人民政府办公室下发了《建设全国民族团结进步示范区主要任务分工方案》，将 10 项示范创建工作分解成 58 项工作任务，并明确每项工作任务的牵头单位、责任单位职责，各牵头单位和责任单位将示范区创建项目优先纳入本行业规划和本部门计划，制定具体实施方案，着力

推进民族团结进步示范区建设

推进创建工作。同时，实行示范区建设领导小组成员单位挂钩联系民族团结进步示范乡(镇)制度。负责组织协调，全面统筹做好年度实施规划，整合各级各部门人力、财力及物力等资源，细化目标，明确任务，硬化措施，部门联动，扎实推进各示范点创建工作。

整合资源、合力攻坚。2014 年，全州共整合各类资金 28 亿元投入示范区建设。先后制定实施了《楚雄州加快少数民族和民族地区经济社会发展规划》、《楚雄州扶持散杂居少数民族发展规划》、《滇西边境山区区域发展与扶贫攻坚规划》、《楚雄州乌蒙山区武定县区域发展与扶贫攻坚规划》等系列专项规划，着力解决少数民族和民族地区贫困和发展问题。少数民族地区以交通、水利、安居房为重点的基础设施条件不断改善，经济发展的内生动力不断增强，经济社会发展步伐不断加快，各族群众的生产生活水平不断提高。年内，武定民族团结进步示范县整合资金 7 亿元；大姚县六苴镇、赵家店镇民族团结进步示范镇分别整合资金 1.7 亿元、5355 万元；南华县雨露乡民族团结示范乡整合资金 5831.61 万元，示范村整合资金 6000 万元；姚安县光禄镇光禄村委会朝阳示范村整合资金 1510.18 万元；永仁县莲池乡查利么村委会秧渔河示范村整合资金 1029 万元；禄丰县恐龙山镇阿纳村委会大村示范村整合资金 1142.03 万元。从 2011 年起，州级民族机动金在上年基础上按 10%的增幅安排，在民族机动金中，每年单列民族事务费 150 万元和 7 个世居少数民族传统文化抢救保护经费 150 万元，各县(市)也设立民族机动金，并逐年增加；有民族乡的县(市)每年安排不低于 5 万元的民族乡机动金，由民族乡安排用于经济社会发展，州本级从民族机动金中安排 80 万元(每乡 20 万元)支持民族乡的发展。自 2011 年起，全州州级依法单列民族机动金共 6304.8 万元，向上级争取民族专项资金 10859.21 万元，用于改善少数民族地区基础设施建设、培育特色经济、促进民族教育、繁荣民族文化，确保在民族团结稳定方面产生良好的经济效益和社会效益。通过整合资源，合力攻坚，扎实推进示范区建设，2011～2014 年共投入各类专项扶贫资金 29.69 亿元，帮助 26 万扶贫对象实现脱贫致富。

①省政协调研组听取楚雄州开展民族团结进步示范区建设工作情况汇报
②楚雄州民族团结进步示范区建设领导小组会议
③楚雄州 2015 年民委工作会议
④永仁县永定镇乍石省级民族团结示范村
⑤楚雄市紫溪彝村
⑥永仁县方山诸葛营民族团结示范村
⑦牟定县凤屯镇腊湾村委会“玛古彝寨”民族团结示范村
⑧双柏县小龙汤民族团结示范村
⑨永仁县福兴少数民族特色村
⑩南华县龙川镇岔河村委会小岔河彝族特色旅游村寨
⑪楚雄市板凳山民族小学彝族文化传承

抓和谐——

2014年以来，楚雄州委政法委全面落实中央和全省政法工作会议的各项部署和要求，以维护全州社会大局稳定为己任，以公平正义为核心价值追求，以保障人民群众安居乐业为根本目标，全面推进法治平安建设和政法队伍建设。进一步提高政法工作的科学化、现代化水平，履行好维护社会大局稳定、促进社会公平正义，不断增强广大干部群众的安全感和满意度，为彝州全面深化改革、促进经济社会协调发展营造了安全稳定的社会环境。

全州政法机关强化政权意识，善于运用法治思维和底线思维牢牢掌握对敌斗争的主动权。进一步提高情报信息搜集、分析和研判水平，加强对重点人群的防范控制，坚决防止发生规模性非法聚集活动。进一步完善反恐怖工作机制，加强反恐力量和手段建设，坚决防止发生严重暴力恐怖案件。加强对境外非政府组织在彝州活动的监管；严密防范和依法打击“法轮功”、“全能神”等邪教组织等违法犯罪活动的嚣张气焰；严厉打击网上制造谣言、恶意炒作、煽动滋事等违法犯罪行为，严防各类违法犯罪活动在网上滋生蔓延，有效提高了对虚拟社会的管控能力。

健全和完善人民调解、司法调解、行政调解“三调对接”相互衔接的多元化调解工作体系和机制。行业人民调解组织建设进一步健全和进一步拓展，在征地拆迁、劳动争议、医疗纠纷、交通事故等重点行业健全完善行业人民调解组织，调解权威性和调解成功率不断提高。深入推进重大事项社会稳定风险评估工作。全州对77个重大项目进行社会稳定风险评估，经评估，可以实施75件。通过开展社会稳定风险评估，努力从源头上预防和减少不稳定因素产生。

全州各地推广义务巡逻、农村“6995”村户联防、邻里守望、治安承包等群防群治模式，从源头上预防和减少发案。设群防群治组织农村治保会1167个，人员11187人；设城镇治保会64个，人员657人；设内部治保会573个，人员2606人，治保会下设治保小组10903个，人员31771人。全州已建设的平安城市监控摄像头1375个，在金融网点、市场、内部单位等重点单位部门安装治安视频监控探头5553个。

各县(市)、各职能部门在巩固平安创建成果的基础上，切实加强基层平安创建和行业系统平安创建工作的领导，完善机制，不断拓展创建面，努力提升“五级联创、十进十创”的创建质量和水平，确保平安创建工作取得实效。截至目前，州综治委与州属18个单位联合下发文件，推进平安交通、平安边界、平安校

法治护航铸就平安

园、平安市场、平安医院、平安旅游、平安库区、平安银行等行业系统平安创建活动。

全州对 74 个社区网格化服务管理工作进行提升规范，占社区总数的 100%，聘请专职网格管理员 113 名。在 48 个乡(镇)开展农村网格化管理试点工作，占总数的 46.6%；建立片区网格 569 个、农村网格 5020 个，设兼职网格管理员 7632 人，投入经费 464 万元，基本做到社区网格有专人抓、片区网格有人负责、基础网格有人管事。州委政法委进一步规范涉法涉诉信访案件办理程序，组织州级政法部门分管领导和部门负责人在州党政领导大接访日联合接访涉法涉诉信访群众。2014 年州级财政共救助 32 件 50 人，发放救助资金 59 万元，同时向省财政争取国家司法救助资金 275 万元下达到 10 县(市)。

全州各县(市)不断创新社会治安防控管理机制，有效提升了社会治安打、防、管、控水平，初步实现了发案少、秩序好、群众满意度高的目标。2014 在全省组织的公众安全感和满意度调查中，楚雄州综合满意率为 86.16%，居全省第 4 位，与上年相比上升了 4 位。

①副省长尹建业到元谋县调研公安工作

②省高级人民法院院长张学群在州长李红民，州委常委、州委政法委书记岑化虎陪同下到州法院调研

③省公安厅副厅长董家禄到元谋县调研巡特警建设情况

④省人大常委会执法检查组组长康仲明一行在州法院了解涉诉特困人员救助情况

⑤省护路办副主任杨云华到南华县铁路沿线检查落实重点路段安保措施

⑥双柏县社区对矫正对象进行集中学习教育

⑦元谋县政法部门开展"送法进校园"活动

⑧双柏县文化团体到县看守所开展文化流动服务活动

⑨防范非法集资诈骗相关知识宣传

⑩州市公安消防部门到车站开展"四防"安全宣传

⑪交通法规宣传

⑫姚安县梅葛宣讲团暨法律法规宣讲小组开展送法进乡村活动

⑬元谋县"三八"节妇女维权法制宣传

⑭牟定县安乐乡开展"三月综治维稳宣传月"活动

⑮楚雄市公安局三街派出所开展"秋季法治平安建设"集中宣传活动

抓和谐——

①

③

④

2014年，全州信访工作主要围绕全国信访工作制度改革这条主线，紧扣落实信访工作属地责任、解决群众合理诉求、妥善化解信访积案、畅通信访诉求渠道、依法规范信访秩序、提升信访工作水平等内容，采取有效措施，全州信访形势平稳持续向好，信访总量稳中微升，平稳可控，呈现出“三升三降一好转”的特点(信访总量、网络来信、个体访上升，集体访、传统纸质来信、到京非正常上访下降和信访秩序持续好转)，切实维护了群众合法权益，推动全州信访形势持续好转，全州信访工作取得明显成效。

党政领导高度重视，“一岗双责”抓信访成为新常态。全年州县党委常委会和政府常务会共46次听取研究信访工作，州委、州人民政府主要领导16次听取信访工作汇报，亲自安排部署全局性信访工作12次，对做好信访工作批示22次，批阅群众来信192件，接待群众来访58批151人次。全年全州各级各部门共办理群众来信来访14774件批次，比上年下降0.5%；办理群众纸质来信2691件，下降6.9%；接待群众来访9719批41004人次，批次和人次分别上升1.5%和6.4%，集体访1349批23412人次，批次和人次分别下降15.4%和11.9%；办理网上来信2364件，上升67.7%；到京非正常上访38人133批次，人数和批次同比下降41.9%和59.3%，到省上访253批564人次(集体访18批237人次)。

信访联席会议作用明显，整合力量化解矛盾有新成效。开展专项督查。全年州联办就重点工程建设、视频接访、信访维稳、重信重访问题、属地责任等内容组织协调相关部门进行了5次专项督查，督促排查化解重大矛盾纠纷167件，排查督办突出信访问题401件，对存在问题与各县(市)委主要领导和分管领导进行了逐一逐项反馈，收到较好效果。加大督办化解力度。全年，州联办共督办和办理初信初访765件批次；对286件立案信访事项进行跟踪督办(中央和省交办督办131件，州级领导接待群众来访交办督办128件，州委、州人民政府领导批示交办督办10件，州信访局立项督办17件)，已化解214件；对排查出的537件重大信访问题开展适时督办，成功化解442件(其中调处289件)。认真做好全国和省州重大活动、重要节庆和重点时段的信访维稳工作。认真开展到省进京劝返工作。州联办先后派出10批47人次到省到京开展劝返专项整治工作，共劝返到京非正常上访人员44人次，到昆明上访566人次。协调相关部门依法果断处置信访活动中的违法犯罪行为。

突出“事要解决”主旨，化解信访积案有新举措。实行高位推动化解。在群众路线教育实践活动中，将排查出的42件突出信访问题、27名到京非正常上访人员、12个重点群体、21个历史遗留疑难复杂问题、5个热点难点问题分别交办和包保到州委常委、各县(市)和有关部门；10月，州委办公室、州人民政府办

畅通群众信访诉求渠道

公室又将州信访局排查出的 88 件重大信访事项予以交办，经年底督查，办理率均在 85%以上。实行三级联动化解。全州将排查出的 97 件历史遗留问题进行分类：以县(市)党委政府为主继续整改落实的问题 21 件，州县联动研究解决的问题 60 件，省州县联动解决的问题 16 件。争取专项资金化解。全年全州共争取到中央信访专项资金和省级补助资金 792.2 万元，州级配套 150 万元，解决特殊疑难信访问题 153 件，一批长期困扰全州各级各部门的特殊疑难信访问题得到有效化解。加大调研促化解。针对楚雄州 12 个重点群体、21 个历史遗留疑难复杂问题、5 个热点难点问题、干部作风引发的信访问题，以及农村土地流转、建设工程领域拖欠工程款、在建重点项目(成昆铁路线、广大铁路线扩能改造、中缅油气管道等)、房地产行业等存在的信访问题，州联办及时开展专题调研上报，理清问题来龙去脉，分析社会稳定风险，为决策提供参考。

畅通和规范诉求渠道，解决群众合理诉求有新思路。加大对网上信访事项的办理力度，提高办理质量，逐步把网上信访建成群众反映诉求的主渠道。全州网上信访比上年上升 67.7%，占来信的 46.8%，占信访总量的 14.5%。使用视频系统接待群众，最大限度地引导群众就地就近反映诉求，不断提高用视频方式解决群众诉求的实效，公开透明接待群众，接受群众监督，降低信访成本。开展领导干部定点接访、带案下访、重点约访，推动群众合理诉求的解决。全年州县领导干部共接待群众来访 2078 批 5138 人次，办结 783 件。建立畅通群众诉求渠道五级联动监督平台，实行省州县乡村五级联动工作机制；推行网上信访代理制度，在乡镇、村委会(社区)确定 1 名工作人员对通过网上信访反映诉求有困难的群众进行代理，最大限度方便群众反映诉求，满足不同层次群众网上信访需要。

①2014 年 9 月 12 日，州委书记张太原接待人民群众来访
②2014 年 7 月 7 日，州党政领导通过视频接访系统接待群众来访
③州委常委、常务副州长杨照辉，副州长曹卫东召集信访联系会议接待群众来访
④副州长曹卫东接待人民群众来访
⑤省信访局对州信访局进行业务指导
⑥州信访局接待群体访群众
⑦重点群体信访问题实地调研
⑧与重点群体信访问题的部分代表座谈
⑨深入村组与信访群众面对面交流
⑩信访法律法规宣传活动
⑪参与文明城市创建志愿服务活动
⑫参与全州打击非法集资宣传活动

抓和谐——

2014 年，楚雄州安全生产监督管理部门深入贯彻习近平总书记、李克强总理和省委、省人民政府主要领导对安全生产工作的一系列重要指示、批示和讲话精神，以深化改革为动力，坚守安全红线，强化安全责任，注重事故预防，坚决遏制重特大事故，严控较大事故，有效预防和减少一般事故，为全州经济社会和谐健康发展创造了良好的安全生产环境。全年全州共发生各类伤亡事故 368 起、死亡 110 人、受伤 253 人、直接经济损失 1574.69 万元，安全生产形势呈现“六下降、趋向稳”的特点。“六下降”，即与 2013 年相比，事故起数减少 172 起、死亡人数减少 15 人、受伤人数减少 120 人、直接经济损失减少 550.05 万元，较大事故减少 1 起，较大事故死亡人数减少 8 人；“趋向稳”，即安全生产形势稳中好转，趋于稳定。全年主要开展了以下工作：

州委、州人民政府高度重视，将安全生产工作列入全州重点督查的和谐平安建设工作任务之一，继续实行安全生产“一票否决”制，将安全生产工作纳入综合绩效考核和领导干部政绩考核，作为领导干部提拔使用的重要依据之一。

坚决贯彻落实“党政同责、一岗双责、齐抓共管”工作要求，州委、州人民政府出台了《楚雄州安全生产党政同责暂行规定》，10 县（市）、103 个乡（镇）也相继出台了安全生产党政同责相关规定，各级党委、政府的安全生产领导责任得以全面落实。

按照“管行业必须管安全、管业务必须管安全、管生产经营必须管安全”的要求，对各职能部门的安全监管进行清理，州人民政府办公室下发了《关于进一步落实州级部门安全生产监督管理职责的通知》，对州级各部门的安全监管责任再次明确和细化，确保了监管责任的落实。

强化安全监管，对取消和下放的 6 项安全行政审批事项，强化事中、事后监管，对继续保留的审批事项，严格审查、严把安全准入关，督促企业加大安全投入，确保安全生产必要条件，全

强化安全生产责任

年共办理各类企业安全许可 220 户。

抓实宣教培训，努力提高全民安全意识和从业人员安全素质，充分发挥宣教培训在预防和减少生产安全事故方面的积极作用，全年共培训生产经营单位主要负责人、安全管理人员、特种作业人员等“三项岗位人员”7818 人次。

以标准化建设、隐患排查治理、安全专项整治作为落实企业主体责任的重要抓手，强化治本攻坚，淘汰落后产能，促进煤矿、非煤矿山等高危行业企业转型升级，共整治一般隐患 20135 项、挂牌督办重大隐患 21 项，关闭煤矿矿井 5 对、金属非金属矿山 75 座。至年末，全州安全生产重点行业领域达标企业共 544 户。其中，煤矿企业 30 户、非煤矿山企业 302 户、危险化学品企业 98 户、烟花爆竹批发企业 3 户、工贸行业企业 133 户、交通运输企业 56 户、建筑施工标准化工地 9 个。

以行政执法作为坚强后盾，确保安全生产法律法规和各项政策措施的落实，坚决打击非法违法生产经营行为，全年共监督监察生产经营单位 4000 个 8140 次，查处较大事故 5 起、一般事故 43起。

①州人民政府领导检查调研煤矿安全生产
②省、州及楚雄市安监局聘请专家，检查楚雄市新村镇小水井金矿安全生产
③2014 年全州安全生产工作会议暨州安委会第一次全体会议
④全州煤矿安全生产煤炭产业转型发展及道路交通安全工作会议
⑤“全国安全生产月”安全宣传咨询日活动
⑥职业病危害预防工作检查
⑦到楚大高速公路交巡警大队调研
⑧到永仁县检查尾矿库安全度汛工作
⑨州安监局聘请专家为企业排查安全隐患
⑩到禄丰县调研安全生产
⑪到永仁县检查企业安全生产
⑫楚雄矿冶大姚六苴铜矿尾矿库
⑬企业安全生产宣传
⑭采石厂机械化作业

美丽乡村——楚雄市西舍路镇保甸村（马兴华／摄影）

旅　游

旅游综述

【旅游工作概况】　2014年，楚雄州旅游业保持平稳发展态势，接待海外游客3.61万人次，比上年增长11.24%；接待国内游客1851万人次，比上年增长11.56%；实现旅游总收入83.5亿元，比上年增长26.3%。旅游经济假日拉动明显，短线旅游火爆，一日游游客人数所占比重日益上升。年内，楚雄州纳入云南省人民政府考核的旅游重大项目11个，其中前期类项目3个，在建类项目8个。考核在建类项目累计完成投资6.39万元，占考核目标任务数的159.75%。年内，《楚雄州旅游地震应急预案》出台，《楚雄州旅游发展专项资金管理办法》正式实施。武定己衣大裂谷在由云南省旅游发展委员会、《中国国家地理》杂志社主办的“寻找云南100年最美观景拍摄点”活动中，凭借其“惊、险、奇、特、秀”的自然景观入选云南首批20个最美观景拍摄点。3月，根据《国家旅游局关于许可大理茶花国际旅行社有限责任公司等5家旅行社经营出境旅游业务的批复》，楚雄州云南金鹿国际旅行社有限公司被国家旅游局批复许可经营出境旅游业务，成为全州唯一拥有经营出境旅游业务资质的旅行社。8月，经云南省旅游发展委员会批准，楚雄彝海假日旅行社有限公司、楚雄彤祥旅行社有限责任公司正式成立，楚雄州旅行社总数增加到15家。11月27日，南华咪依噜风情谷景区和武定狮子山景区被州委、州人民政府授予“州级文明风景旅游区”称号。

【星级饭店复核】　2014年9～10月，楚雄州星评委针对全州范围内的50家星级饭店开展了年度星级饭店复核工作。根据《旅游饭店星级的划分与评定》标准的规定，全州1～3星级饭店复核率100%；4星级以下旅游星级饭店47家，40家通过复核，其中2家因内部管理混乱、存在安全隐患限期整改，于10月30日整改完毕；7家酒店因停业或转向经营等原因取消星级。

【彝州美食大赛】　2014年1月4日，彝州美食大赛“舌尖上的姚安”在姚安县城开幕。大赛由州旅游协会、楚雄电视台、姚安县委宣传部联合华程立品房地产开发有限公司共同举办。活动历时1年，按12个月分别推出12个不同的主题，有专家、群众、特邀评委和国内多家媒体出席，州内10县（市）近百家知名餐饮企业选手参赛，以新颖性、多样性、趣味性、参与性为亮点，要求选手制作规定菜和特色菜两道菜品，炒、煮、炖、煎、烤，冷拼、沙拉，各国菜肴、全国各地菜系、各地小吃均可成为选手们的参赛作品。通过比赛，推广绿色、健康饮食新理念，推出一批有地方特色的菜肴，弘扬宣传彝州美食文化，促进姚安餐饮美食业的进一步发展。

【旅游市场秩序整治】　2014年，楚雄州根据省旅游局的统一安排部署，开展了为期一年的旅游市场秩序整治工作，集中整治违反旅游经营与服务“十五不准”规定的行为。在各旅游企业自检自查的基础上，由各县（市）文体广电旅游局牵头对辖区内的旅游市场进行多次大检查，州、县（市）累计开展检查43次，出动检查人员172人次，检查旅行社、宾馆酒店和景区、购物点等旅游要素企业210家。通过整治，楚雄州旅游市场初步实现了旅游不指定购物、消费无宰客、无不合理低价旅游线路、旅游经营无“黑社”、导游服务无“黑导”、旅游交通无重大责任事故，提高旅行社规范经营水平、提高导游队伍管理水平、

2014年度楚雄州10县（市）旅游收入情况统计表

县（市）	海外游客（人次）	国内游客（万人次）	旅游业总收入（万元）
楚雄市	14765	600.86	253931.81
双柏县	233	59.87	32147.8
牟定县	74	34.1	19340.12
南华县	79	139.6	63815.92
姚安县	396	31	19252.32
大姚县	61	52.47	26851.32
永仁县	88	96.73	39264.45
元谋县	18116	266.04	139432.21
武定县	1300	179.18	84120.3
禄丰县	1005	391.43	157001.32
合　计	36117	1851.28	835157.57

提高旅游环境管理水平的“五无三提高”目标。

【中国旅游日活动】 2014年，楚雄州在第4个“中国旅游日”到来之际，结合“快乐旅游，公益惠民”主题开展了丰富多彩的活动。4月20日至5月20日，先后举办了牟定“三月会”左脚舞文化节、楚雄紫溪山樱桃节、中国武定牡丹文化旅游节等多项具有民族特色的节庆活动，并参加了5月16～18日在昆明大观公园举办的“便民惠民超市”旅游宣传促销活动。19日“中国旅游日”当天，州内所有A级以上景区门票均实行优惠，共有4000余人次享受到门票优惠；州旅游局及10县（市）旅游主管部门牵头开展了宣传活动，以发放宣传资料、接受咨询等形式向游客和市民宣传全州旅游发展规划、旅游法规、旅游管理条例、导游考试等旅游相关知识，各家旅行社就“中国旅游日”期间推出的旅游线路及优惠措施进行宣传并现场收客，三星级以上酒店以发放宣传资料、接受咨询等形式向市民进行宣传，共接受咨询2万余人次，发放各类旅游宣传资料5万余份。

【楚雄州7个村被列为国家旅游局乡村旅游扶贫重点村】 2014年，楚雄州的双柏县碍嘉镇新厂村、南华县龙川镇岔河村、姚安县光禄镇光禄村、大姚县石羊镇石羊村、永仁县永定镇乍石村、武定县狮山镇狮山村、牟定县共和镇余新村被国家旅游局列入乡村旅游扶贫重点村。9月底，7个美丽乡村旅游扶贫重点村的村主任或村支书参加了国家旅游局举办的全国乡村旅游扶贫重点村村官培训班学习。

［刘应东］

景区建设

【“七彩云南·时空世界”项目建设】 2014年1月7日，云南省十大历史文化旅游项目之一的“七彩云南·时空世界”项目规划通过省人民政府审查。4月25日，项目在禄丰县彩云镇开工。省旅游发展委员会党组书记、主任段跃庆宣布项目开工。省人民政府参事黄兴奇，省农科院副院长范源洪；中共楚雄州委书记张太原，州委副书记、州长李红民，州政协主席李兴顺，州人大常委会副主任吴丽华，州政协副主席何根源；诺仕达集团、怡美实业控股集团董事局主席任剑峥出席开工仪式。“七彩云南·时空世界”项目是禄丰恐龙文化旅游项目“一区两园”的重要组成部分，是省委、省人民政府确定的十大历史文化旅游项目之一。诺仕达集团拟以建设国际知名的国家AAAAA级旅游景区为目标，依托楚雄州独特的历史、文化、资源、交通等优势，通过创意、体验、科技，诠释恐龙、民族、鲜花三大主题，将项目打造成集观光、休闲、度假、娱乐、康体、科普、科考、探秘为一体的大型文化旅游综合体。项目计划投资40亿元，计划建设周期3年。

【元谋古人类历史文化旅游项目建设】 2014年9月30日，元谋古人类历史文化旅游项目建设（游客接待中心）启动仪式在元谋县西部凤凰山举行。该项目是云南省十大历史文化旅游项目之一，由山东菏泽交通集团控股的云南凤凰文化旅游实业有限公司开发建设。项目位于元谋县西部凤凰山上，东临成昆铁路，南抵元双公路，西以普登河、勐岗河为界，北至普登村，规划面积2.74万亩，其中核心区5258亩，总投资85亿元。该项目总体规划于1月17日通过楚雄州人民政府组织的专家组评审。4月29日，《元谋古人类历史文化旅游项目规划》通过省人民政府召开的全省十大历史文化旅游项目规划研究审查会议审查。

【紫溪山景区ISO9001质量认证体系通过评审】 2014年4月3日，紫溪山国家级AAAA评审会议在紫溪彝寨召开，来自重庆的高级评审员胡刚等3人组成的ISO9001认证体系评审组，对紫溪山景区进行国家级AAAA评定。评审组查阅了相关资料，并实地考察了山茶物种园、紫顶寺等景点，一致给予通过。

【《楚雄市泽龙生态旅游农庄项目总体策划》通过评审】 2014年8月8日，楚雄市人民政府组织召开《楚雄市泽龙生态旅游农庄项目总体策划》评审会，来自全州经济研究、旅游管理、城乡规划、国土管理、农业等领域的专家对该项目进行评审。该“生态旅游农庄”项目规划用地面积6278亩，计划总投资14.2亿元，由云南泽龙农产品开发有限公司分4期投资建设。策划是以“农业是基础，农庄是内涵，旅游是路径”的指导思路，按照“一心一园一营地九区”的功能分区，将策划项目打造成水上娱乐、特色水果采摘、森林生态涵养、特色花卉种植等为一体的生态休闲旅游农庄。《策划》先后进行了5轮修改，最终通过专家组评审。

【江边红军长征纪念馆开馆】 2014年9月12日，楚雄州举行江边红军长征纪念馆开馆仪式，元谋县龙街红军横渡金沙江渡口景区正式向游客开放。红军纪念馆（展陈馆）是元谋县红军横渡金沙江渡口景区基础设施建设项目的主题性建筑，位于景区西北侧，为二层框架结构，总建筑面积1683平方米。首次布展陈列43组108件珍贵红军遗物。纪念馆分一、二两层室内展厅。一楼展厅以1934年10月中国工农红军战略大转移开始二万五千里长征及长征途中的大事记以及途经云南的重要历史图片、文字、实物和情景再现为手段，全面展示1935年5月中国工农红军长征途中“巧渡金沙江”的伟大历史；二楼展厅以元谋简介、元谋儿女、红色元谋为展示内容，全面展示元谋县情、元谋历史上的革命先烈和为元谋作出突出贡献的人物和事迹。同时，在二楼专设一个红色影视厅，专门放映红军长征的各种影视片。

［刘应东］

旅游接待

【禄丰世界恐龙谷接待“冬令营”科普爱好者】 2014年1月13～25日，由中国科学院、北京京津科学协会和禄丰世界恐龙谷联合组织的科普知识教育“冬令营”活动在楚雄州禄丰世界恐龙谷景区举行。来自北京市第三十五中学的70余名同学在禄丰世界恐龙谷景区导游和学校老师的带领下，先后参观了“恐龙大本营”、“中国禄丰恐龙大遗址”等场馆，并在专业发掘人员的讲解和辅导下，对恐龙化石的发现及原地保护进行现场临摹，亲自体验恐龙化石现场考古发掘的乐趣。开阔了眼界，增长了科普知识。

2014 年楚雄州旅行社名录

旅行社名称	地　　址	认定星级
云南金鹿国际旅行社有限公司	楚雄市鹿城南路66号	四星
楚雄紫溪旅行社有限公司	楚雄市府后街新天地广场 A2—305	三星
楚雄市太阳女旅行社有限公司	楚雄市团结路91号金山花园A幢201室	三星
楚雄彝州旅行社有限公司	楚雄市鹿城西路三家巷1号	三星
楚雄州丽楚假日旅行社有限公司	楚雄市鹿城北路70号鑫茂商城B幢8层5~6号	三星
云南雄宝旅行社	楚雄市鹿城东路193号雄宝酒店	二星
南华新五洲旅行社有限公司	南华县龙川镇龙泉西路61号	二星
武定狮子山旅行社有限公司	武定县狮山镇中山路21号宏源酒店二楼	二星
禄丰龙城旅行社有限公司	禄丰县金山镇金山南路95号	一星

【假日旅游接待】 2014 年，楚雄州假日旅游接待平稳增长，实现了安全、秩序、质量、效益“四统一”目标。

春节黄金周旅游接待。春节期间，楚雄州共接待游客41.94万人次，其中过夜游游客10.56万人次、一日游游客31.35万人次，实现旅游收入1.36亿元。春节黄金周纳入抽样统计的5个主要旅游景区（点）共接待游客31.35万人次，门票收入908.73万元。其中，世界恐龙谷景区接待9.1万人次，门票收入636.86万元；元谋土林景区接待8.01万人次，门票收入137.7万元；武定狮子山景区接待7.41万人次，门票收入107.94万元；彝人古镇景区接待3.77万人次，门票收入6.33万元；楚雄紫溪山景区接待3.06万人次，门票收入19.9万元。自驾车进出17.66万辆次，其中进出楚雄市、南华县、姚安县、大姚县、元谋县、永仁县、禄丰县的自驾车均超过1万辆次。

清明节小长假旅游接待。清明小长假期间，全州接待游客16.45万人次，比上年增长3.72%，旅游总收入4246.94万元，比上年增长1.68%。其中，过夜游客人6.14万人次，过夜游收入235.31万元，与上年基本持平；一日游游客10.3万人次，一日游收入4011.63万元。自驾游出入车辆3.72万辆次。共受理投诉3起，均得到有效解决。

州庆旅游接待。4月12~16日，楚雄彝族自治州州庆假日期间，州内各主要旅游区接待人数连续上升，5个AAAA级景区累计接待游客8.01万人次，门票收入201.79万元。其中，楚雄紫溪山旅游区5天累计接待游客2.5万人次，实现门票收入18万元；禄丰世界恐龙谷景区接待游客2万人次，门票收入142万元。

“五一”小长假旅游接待。“五一”小长假期间，全州接待游客20.47万人次，比上年增长3.27%；实现旅游收入5354.73万元，比上年增长4.2%。其中，过夜游游客8.25万人次，比上年下降5.65%，旅游收入3090.71万元，比上年增长1.21%；一日游游客12.22万人次，比上年增长10.3%，旅游收入2264.02万元，比上年增长8.58%。

端午小长假旅游接待。5月31至6月2日，全州共接待游客17.02万人次，比上年增长36.13%，实现旅游收入4944万元，比上年增长58.37%。其中，过夜游客8.75万人次，比上年增长31.64%，过夜游收入3263万元，比上年增长60.95%；一日游游客8.27万人次，比上年增长41.23%，一日游收入1681万元，比上年下降53.58%。假日期间，出入州内自驾车旅游车辆3.6万辆次；全州纳入统计的5个AAAA级旅游景区共接待游客3.94万人次，实现门票收入109.14万元。

火把节旅游接待。7月19~23日，中国楚雄彝族火把节期间，全州接待国内外游客47.95万人次，其中过夜游客12.47万人次、一日游游客35.48万人次，实现旅游收入8819.54万元。彝人古镇接待游客25万人次，实现门票收入31.23万元；楚雄紫溪山景区接待游客8059人次，实现门票收入5.19万元；武定狮子山景区接待游客1.12万人次，实现门票收入9.3万元；元谋土林景区接待游客8744人次，实现门票收入36.9万元；禄丰世界恐龙谷景区接待游客2.69万人次，实现门票收入182万元。

中秋节旅游接待。9月6~8日，中秋节小长假期间，全州共接待游客14.85万人次，比上年增长9.44%，实现旅游综合收入4578.15万元，比上年增长36.56%。其中，接待过夜游游客8.02万人次，比上年增长15.79%；接待一日游游客6.83万人次，比上年增长2.81%。禄丰世界恐龙谷景区接待游客1.06万人次，门票收入74.01万元；彝人古镇彝人部落接待游客7300人次；武定狮子山景区接待游客3864人次；元谋土林景区接待游客5081人次；楚雄紫溪山景区接待游客5557人次。

“十一”国庆黄金周假日旅游接待。“十一”黄金周期间，全州共接待游客58.58万人次，与上年持平，其中过夜游游客18.02万人次、一日游游客40.56万人次，实现旅游总收入2.15亿元，比上年增长13.53%。假日期间，州内5个主要旅游景区（点）共接待游客23.33万人次，门票收入675.76万元，比上年下降11.29%，其中世界恐龙谷景区接待游客7.38万人次（海外游客6104人次），门票收入516.37万元；元谋土林景区接待游客2.95万人次（海外游客1241人次），门票收入88万元；武定狮子山景区接待游客6.64万人次，门票收入53.66万元；彝人古镇景区接待游客2.39万人次，门票收入9.79万元；楚雄紫溪山景区接待游客1.78万人次，门票收入7.95万元。禄丰罗次温泉度假区、黑井古镇、禄丰腊玛龙源温泉度假村、南华咪依噜风情谷、姚安光禄古镇、大姚石羊古镇、元谋江边红色旅游景区等景区游客大幅上升。据统计，“十一”黄金周期间，全州机动车总通行量61.73万辆次，自驾车通行量44.4万辆次，其中进入州域的自驾车通行量21.28万辆次，离开州域的自驾车通行量23.12万辆次，比上年有较大增长。

［刘应东］

宣传促销

【“楚雄微旅游”平台开通】 2014年1月28日，楚雄州旅游局微信公众号“楚雄微旅游”正式开通。作为楚雄旅游宣传促销工作的一个新平台，旨在依托现代网络媒体，发挥网络信息平台传播迅速广泛的优势，开展旅游市场推广宣传促销，全方位提升楚雄旅游的知名度、美誉度和吸引力，更好地让公众了解楚雄秀美风景、民族风情。至年末，“楚雄微旅游”累计拥有用户3600余人。

【元谋土林特色旅游产品新闻发布会】 2014年3月5日，元谋土林风景区、云南海外国际旅行社有限公司、云南省国际旅行社、云南世博国际旅行社联合在昆明举办“元谋土林特色旅游产品新闻发布会”，共有来自云南省旅游发展委员会、云南世博集团、《中国旅游报》、《香港文汇报》、《香港商报》、《中国青年报》、《昆明日报》、《春城晚报》、云南电视台，以及昆明各大旅行社等相关单位及部门的负责人、媒体记者共300余人应邀出席新闻发布会。发布会上，元谋土林风景区董事长王崇亮向与会来宾、媒体记者、旅游界同行推荐介绍了元谋县的旅游资源、自然风光、人文风情等；活动的组织者及发起者，云南省国际旅行社总经理杨楠女士向与会来宾、媒体记者、旅游界同行阐明了云南海外国际旅行社有限公司、云南省国际旅行社、云南世博国际旅行社强强联手，整合旅游客源，主推元谋特色旅游产品的决定。昆明旅游客源市场重新整合后，自3月8日起，云南海外国际旅行社有限公司、云南省国际旅行社、云南世博国际旅行社全面启动“元谋土林一日游行动计划”，游客只需在昆明市体育馆结集，统一乘坐省国旅的旅游大巴，就可轻松畅快地完成“元谋土林一日游”的所有旅程。

【武定狮子山景区举办旅游产品推介会】 2014年3月14日，武定县以牡丹文化旅游节为契机，在牡丹饭店举办“加强区域同盟，促进景区共同发展”为主题的旅游产品推介会。楚雄州旅游局、武定县人民政府、武定县文体广电旅游局有关领导参加推介会并作指导发言。推介会邀请武定邻近主要景区，昆明、楚雄、攀枝花3地部分旅行社代表、自驾车协会和有关媒体参加，对加强旅游资源开发、联合宣传营销、统筹区域旅游黄金线路等问题开展研讨。研讨会上，武定县狮子山景区分别与有关景区、旅行社和自驾车协会签订“友好景区合作协议”和“联合打造自助旅游环线合作协议”，真正实现互动联动、合作、双赢，促进共同发展。

【电影《摩尔之恋》在楚雄紫溪山开拍】 2014年4月12日，由国家新闻出版广电总局电影频道、北京太阳圣火国际传媒有限公司联合创作的《美丽中国》公益音乐电影《彩云之恋》系列篇《摩尔之恋》在云南楚雄紫溪山摩尔农庄开机拍摄。省委宣传部副部长、省文明办主任蔡春生等省州领导到开拍现场参观指导。

【楚雄州旅游促销团赴重庆、成都促销】 2014年4月25～26日，楚雄州旅游局组织禄丰世界恐龙谷、彝人古镇、武定狮子山、元谋土林、楚雄紫溪山、南华咪依噜风情谷、永仁方山景区和金鹿国际旅行社等企业，组成楚雄州旅游促销团分别在重庆市和成都市召开了“‘中国彝乡·魅力楚雄’旅游产品推介会”，两场推介会共有150家旅行社和20余家新闻媒体参加。推介会上，楚雄州旅游局分别同重庆振旭国际旅行社、四川康辉国际旅行社签署了战略合作协议，并授权这两家旅行社分别作为楚雄州旅游局在重庆市场和成都市场的营销中心。

【旅游发展模式创新】 2014年8月20日，楚雄州旅游局与春城晚报传媒有限公司在楚雄签署战略合作协议，协议双方开展深层次合作，联合搭建旅游产品开发平台、旅游宣传推广平台、旅游市场营销平台、旅游网络电商平台、旅游文创开发平台，实现资源整合，创新“政企”合作推动旅游发展的新模式，利用全媒体加实体平台宣传推广大美楚雄，结合楚雄特殊的区位优势，突出浓郁的彝族风情，以“中国彝乡·魅力楚雄”这一品牌，把楚雄打造成联结滇西北、滇西旅游线的重要旅游目的地。

【省内旅行商考察楚雄精品旅游环线】 2014年10月24～27日，云南省旅行社行业协会和楚雄州旅游局共同组织昆明旅行商和媒体记者踏勘考察楚雄精品旅游环线。考察团的40名成员分别来自云南省旅行社协会、云南省旅游自驾车与露营分会、昆明市导游协会、昆明风情国旅、昆明东方旅行社、昆明国旅、云南世博国旅、云南熊猫国旅、中旅国际、《春城晚报》、云游网等20余家协会、旅行社和媒体。在3晚4天的时间里，旅行商考察了武定狮子山、元谋土林、永仁方山、大姚三潭瀑布、姚安光禄古镇、南华咪依噜风情谷、楚雄紫溪山、楚雄州博物馆、彝人古镇、禄丰世界恐龙谷等景区。

【楚雄州组团参加中国国际旅交会】 2014年11月14～16日，由国家旅游局、中国民用航空局和上海市人民政府共同举办的中国国际旅游交易会在上海新国际会展中心举行，楚雄州由旅游主管部门和旅游企业组成旅游促销参展团参加。国际旅交会期间，楚雄州参展团累计接待旅行商和公众市民访客近2万人次，发放宣传品4.8万份。

［刘应东］

节庆活动

【楚雄市第七届茶花文化旅游节】　2014年2月11~17日，楚雄市在桃源湖举办了为期7天的楚雄市第七届茶花文化旅游节。此次茶花文化旅游节由楚雄茶花协会、楚雄市文体广电旅游局、楚雄市特色产业发展局主办，以茶花展销、茶花书画美术作品展及“茶花之旅”自驾游为主要活动内容。12家茶花种植户参加茶花展销活动，展出茶花品种55个共156盆，吸引了3.5万人参与；展出42件茶花书画美术作品，吸引2000余人参观；50辆自驾车参加了“茶花之旅”自驾活动。

【中国直苴彝族赛装节】　2014年2月14日（农历正月十五），中国直苴彝族赛装节在千年赛装之乡——永仁县中和镇直苴村举行，通过各种民间农耕文化为主的传统体育竞赛（踩高跷、捆垛子、拔藤、捡五谷），彝族刺绣、服饰表演比赛及彝绣展销，彝歌（酒歌）比赛、民间乐器比赛、赶山街、游古镇、跳脚等活动，用比赛的形式展示彝族原生态的歌、舞、乐、刺绣、服装等，展示永仁县历史悠久的彝族文化、赛装文化、民族器乐、彝绣等。中央电视台、《云南日报》、楚雄电视台、云南滇中影视传媒公司等多家媒体记者前往报道。赛装节当天，中国直苴彝族赛装网（www.zhonghe.gov.cn）正式开通。

【武定第二十二届牡丹文化旅游节】　2014年3月13~15日，第二十二届牡丹文化旅游节在武定县城开幕。武定县彝族民歌传媒文化演艺有限公司和县内一些优秀的业余表演团队，为广大游客及各族群众表演了一系列具有武定特色而又喜闻乐见的文艺节目。牡丹文化旅游节期间，还组织开展了游狮山、赏牡丹活动、武定旅游产品推介会、企业文化展示、指空禅师文化论坛及狮子山素食文化节、旅游商品展销活动、群众文化活动、群众路线书画摄影比赛、群众广场电影之夜等一系列丰富多彩的活动。3天时间，狮子山接待游客近5万人，门票收入55.6万元。

【楚雄紫溪山樱桃节】　2014年4月17日，楚雄紫溪山樱桃节开节仪式在山茶物种园举行，昆明市3家旅行社出席开幕式，楚雄老年人左脚舞队和楚雄市演艺公司表演团在开幕式上演出。近年来，紫溪山风景区大力发展以林果采摘、农家休闲、特色餐饮为主的“农家乐”乡村休闲旅游，受到州内外游客的青睐，至2014年，紫溪镇樱桃种植面积达到2000余亩，樱桃产量50吨，吸引来自昆明、攀枝花、大理和楚雄本地的大量游客前来采摘游玩。据统计，4月15日至5月10日樱桃节期间，楚雄紫溪山景区共接待游客3.22万人次，其中海外游客2346人次，门票收入25万元，比上年增长7%。

【牟定左脚舞文化节暨传统“三月会”】　2014年4月27日，为期3天的牟定左脚舞文化节暨传统“三月会”在彝和园开幕。牟定县以传统文化为主，举办了一场特色浓郁的开幕式及演出；一组异彩纷呈的民族民间文化巡演；一台“唱红牟定左脚调，跳响牟定左脚舞”的民歌大赛；一个忘情“三月会”的左脚狂欢夜；一次着力展示美丽牟定的书画摄影作品展；一条琳琅满目的三月会物资交流街；一台时尚车展、全新特色房车展及咨询会；一条集牟定特色美食街，吃牟定彝族特色家宴；一场本土草根明星演唱会“九个一”系列活动。期间，全县共接待游客3.67万人次，比上年增长11.2%；实现旅游收入1086.97万元，比上年增长13.8%；全县各宾馆、酒店、招待所入住率90.5%。

【姚安荷花节】　2014年7月16日，为期3个月的中国·姚安荷花节在姚安县光禄古镇荷塘人家景区拉开帷幕。2014年中国·姚安荷花节以“千年古镇、荷韵光禄”为主题，围绕印象光禄、古韵光禄、浪漫光禄、激情光禄、美食光禄、商机光禄6大板块，举办荷塘泛舟、放歌荷塘、激情漂流、欢乐水仗、古镇荷韵摄影等21项活动，让游客在赏花之余，尽情享受古镇的无穷魅力。开幕式上，千余来宾和当地群众共同观看了以荷城印象、荷城魅力、情满荷城3个篇章为主题的精彩文艺节目。

【禄丰恐龙文化旅游节】　2014年10月26日，随着开幕式上《恐龙归来》、《云南韵》、《天天好时光》、《祖国在我心中》、《奔腾》等14个精彩节目的上演，2014中国·禄丰第十六届恐龙文化旅游节正式拉开帷幕。此次恐龙文化旅游节围绕“提升恐龙文化品牌，建设文化旅游强县”主题，以“文化、体育、旅游、商贸”4大活动为载体，陆续推出青少年才艺大赛、第三届城区余业文艺汇演、开幕式文艺演出、楚雄州非物质文化遗产禄丰巡展、广场舞大赛、禄丰文化遗产、科普展示、第二十五届“恐龙杯”篮球赛、“梦绕世界恐龙之乡环游禄丰”、醉美龙乡征集大赛“四个一”（传播一组图片、赋予一串地名、拍摄一部视频、撰写一篇游记）活动和商贸物资交流等系列活动，至11月10日闭幕。2014年1月，在北京举行的“2013美丽中国·新华网旅游年度盛典”上，禄丰恐龙文化旅游节被授予“美丽中国·最负城市形象品牌节庆品牌”。

［刘应东］

（责任编辑：安孟勤）

信息通信

信息化综述

【信息化建设概况】 2014年，楚雄州认真落实信息消费政策，深入实施“宽带中国”战略，互联网州际出口带宽能力达160G，州内骨干传输能力达440G以上，互联网用户27.48万户。4G网络覆盖全州所有县城和乡（镇）。全州电子政务外网基础网络平台和新协同办公系统建成使用，实现电子政务网络覆盖全州所有乡（镇），接入单位1300余家。无线电管理工作进一步加强，新建小型监测站4个，新增无线电台站1313个，各监测站点累计监测时间6589小时。圆满完成了无线电安全保障任务。

［雷文生］

【电信业务总量增长】 2014年，楚雄州工业和信息化委员会按照州人民政府安排，认真开展全州电信业务总量增长情况调研，摸清情况、找准问题、研究对策、采取有效措施，每月督促各通信运营商及时报送统计数据，对数据进行分析整理，提出调控决策意见建议，确保全州电信业务总量正常稳步增长。全年全州共完成电信业务总量18.32亿元，增长23.7%，超额完成州人民政府下达20%的目标任务3.7个百分点。

【电子政务建设】 2014年2月19日，楚雄州人民政府召开办公会议，专题研究州电子政务外网建设有关工作。会议讨论通过了《楚雄州电子政务外网建设初步方案》，决定按照“统筹规划，整体推进”的原则，采取“政府主导、企业投资、购买服务”的建设模式，确保在2014年内完成全州电子政务外网建设各项工作任务。会后，州工业和信息化委员会立即制定《楚雄州电子政务外网建设招标工作方案》，并报经州人民政府审批后，按照政府采购的有关规定，对楚雄州电子政务外网建设招标采购项目按程序进行报批。州公共资源交易中心于3月28日发出招标公告，并于4月24日上午组织公开招标，确定中国移动楚雄分公司为州电子政务外网项目建设的承建单位。州电子政务外网建设项目的主要内容包括，建设纵向连接中央、省、州、县（市）、乡（镇）5级，横向连接全州各级党政机关、部分企事业单位的网络基础平台；提升改造州电子政务协同办公系统；规划建设州电子政务外网安全认证体系等3部分。年内，州工信委开展了新协调办公系统的运用培训和试运行工作，起草了《楚雄州电子政务外网使用管理办法（试行）》和《楚雄州电子政务外网协同办公系统使用管理办法（试行）》，并报州人民政府办公室印发实施。

【计算机专业技术资格考试】 2014年，楚雄州工业和信息化委员会负责完成了5月份和11月份1年两次的全国计算机技术与软件专业技术资格（水平）考试工作，两次考试共500余人参加。考试期间，认真做好考前考场检查、密封和机考系统的安装调试，试卷的保密押运和考场的巡查监督。考试结束后，认真做好试卷、考试数据光盘的清点交接、密封、押运和存放寄送等工作。考试过程中未发生违法违规情况。

［敖显昌］

网络和信息资源管理

【电子政务外网接入】 2014年12月，楚雄州电子政务外网建设项目完成。州电子政务外网基础网络正式投入使用后，专线网络由原来只覆盖到州、县（市）两级部门，向所有乡（镇）延伸，实现了全州各级机关、重点企事业单位和乡（镇）全覆盖，为电子政务外网向村委会（社区）延伸夯实了基础。同时，所有接入单位通过楚雄州电子政务外网基础网络平台可实现与国家和省电子政务外网的互联互通。

【电子政务网络维护管理】 2014年，楚雄州工业和信息化委员会进一步加强电子政务网络运行维护和管理，加强对连接着省、州、县、乡（镇）各级各部门原楚雄州电子政务专网传输线路、州县核心设备和州级近200余家接入单位节点设备的日常运行维护和接入运行情况的监测分析，确保全州电子政务协同办公系统、多个部门业务系统和视频会议系统的高效、稳定运行。全年顺利召开视频会议71场。

【网络与信息安全协调】 2014年11月13日，楚雄州工业和信息化委员会经请示州人民政府办公室同意，印发了《楚雄州工业和信息化委员会关于印发楚雄州2014年重点领域网络与信息安全检查工作方案的通知》，要求全州各级各部门、重点领域网络信息系统建管单位开展网络信息安全检查工作。州工信委认真收集检查情况及基础数据，加强数据汇总分析，查找总结各级各部门、各重要网络信息系统存在的安全隐患，督促和帮助指导其提出整改建议和整改措施，并将全州开展网络与信息安全检查情况上报省工信委。

［陈玉刚］

无线电管理

【无线电管理概况】 2014年，楚雄州无线电频率台站主管部门按照云南省无线电频率、台站许可规定，共办理频率许可4件，批复单频3个、双频5对，办理无线电设备报停、报废2件，封存停用设备10台。全州新增无线电台站1313个，其中移动基站CDMA413个、WCDMA387个、GSM131个、TS－SCDMA375个，陆地手持移动台7个。

【无线电台站规范化管理】 2014年，楚雄州无线电管理委员会办公室共办理无线电设台单位执照年检61家6278个电台，换发到期执照，收取频率占用费11.62万元上缴省财政。完成楚雄机场项目3个拟选场址的电磁环境测试，抽样检测新建移动通信基站27站，其中移动10站、联通12站、电信5站，根据抽样检测结果，出具基站检测报告27份。

【无线电行政执法】 2014年，楚雄州组织开展了“伪基站”、“卫星干扰器”、“黑广播”的专项治理活动，确保《云南省无线通信网络建设管理办法》的贯彻执行，净化辖区内无线通信网络环境，共排查清除无线电干扰2件，受理协调群众对移动通信基站的投诉4件，发出整改通知责令整改3件。

【无线电频谱监测】 2014年，楚雄州无线电管理委员会严格按照《云南省无线电监测工作规范》要求进行常规监测、专项监测和特殊监测，重点对广播电视、航空导航通信、公众移动通信等无线电业务频段进行频谱监测，各监测小站累计监测7188小时，上报监测月报12期。

【无线电安全保障】 2014年，楚雄州无线电管理委员会在“春节”、“两会”、“州庆”、“火把节”及“党的十八届四中全会”等重要时段，制定无线电安全保障方案，完成24小时值守和监听，发现不明信号及时处置，确保重要时段的无线电安全；配合主考部门圆满完成公务员招考、护士资格考试、高考、二级建造师资格考试、医师资格考试、成人高考等国家级考试期间的无线电安全保障工作，对作弊信号施放干扰信号进行压制处理。

【无线电监测技术演练】 2014年，楚雄州工业和信息化委员会着力强化无线电管理业务培训和监测技术演练，通过业务培训学习、实地监测演练、交流讨论，力争让所有无线电管理人员都能够利用无线电监测设备进行扫描监听、干扰、测向定位和应急监测等基本操作，提高无线电监测工作人员的技术水平。

【无线电政策法规宣传】 2014年，楚雄州工业和信息化委员会认真组织全州相关行业单位召开《云南省无线电通信网络建设管理办法》培训座谈会，开展以“珍惜频谱资源，保护电磁环境”为主题的世界无线电日宣传和为期1个月的无线电宣传月活动，组织州内各县（市）经济和信息化局、移动通信部门，以无线电法律法规、科普知识为主要宣传内容，分别在州人民政府门户网站、手机短信、城区主街道横道电子显示屏等平台进行法规标语宣传，并在楚雄州调频广播、中波电台上录制播出无线电法规知识进行宣传。

【无线电基础设施建设】 2014年，楚雄州工业和信息化委员会认真做好无线电监测网4期小型监测站建设，职能科室配合完成了南华县、姚安县、牟定县、楚雄市4个小型监测站建设与设备调试运行，积极做好大姚县、元谋县、双柏县3个小型监测站的选址搬迁工作，对各个监测小站做好定期维护，配合维护好无线电监测、检测设备，确保全州无线电监测网络正常运行。

［谭兴龙］

邮　　政

【邮政工作概况】 2014年，云南省邮政公司楚雄州分公司辖禄丰、武定、元谋、大姚、姚安、南华、牟定、双柏、永仁9县邮政局，共133个邮政支局（所）、48个代理金融网点、106个电子化支局。其中，农村支局（所）112个，电子化联网网点119个，邮政储蓄网点48个。全州共有邮路91条，邮路单程长度5711千米，其中农村邮路80条，农村邮路单程长度5109千米。投递段道467条，投递段道单程长度1.78万千米。全州共有邮运车辆57辆，有邮政报刊图书销售点39个、邮政报刊亭39个。共有从业人员702人，其中在岗职工487人，劳务工215人，离退休退养职工616人。全州邮政员工参加集团、省、州组织的集中、远程培训共64期1843人次；参加中邮网院的网上学习，完成三级领导轮训4人、营销人员5人、投递信息系统23人、速递窗口代理90人、课件评优课程学习12人，集邮业务远程培训两期24人，网运管理3人、精神文明建设讲座2人，企业文化辅导讲座337人、逻辑大集中远程培训263人、合规大行动考试288人等远程教育培训课程和项目学习共1051人，参学率、参考率、合格率均为100%。组织速递业务、邮政营业、投递储汇初、中、高级共105人参加职业技能鉴定，合格85人，合格率81%。全州共有104人取得银行从业资格证，320人取得保险代理资格证，30人取得基金销售从业资格证，44人取得证券从业资格证，57人同时取得银行、证券（基金）、保险3证。年内，州邮政工会女职工委员会被云南省总工会评为“云南省女职工工作先进集体”和“云南省女职工组织规范化建议示范单位”；双柏县邮政局封发室投递组被授予云南省“五一巾帼标兵岗”；元谋县邮政局龙川街营业所被授予云南省“巾帼文明岗”；牟定县邮政局职工之家被州总工会授予“先进职工之家”；李绍华被评为云南省“巾帼建功标兵”；刘长梅被评为楚雄州“创建学习型组织争做知识型员工先进个人”；在全省网运“达标争先”创先活动中，州邮政分公司转运室和驾押组被评为先进集体，孙保国、李刚被评为先进个人。公司全年共完成业务总收入7990万元，其中邮务类业务收入1881万元，金融类业务收入5140万元，速递物流业务收入595万元。

【云南省邮政公司楚雄州分公司更名揭牌】 2014年3月2日，云南省邮政公司楚雄州分公司举行更名揭牌仪式，由原楚雄州邮政局正式更名为云南省邮政公司楚雄州分公司。州邮政分公司领导班子成员、中层部门领导，各县邮政局长共30人参加揭牌仪式，州分公司总经理、副总经理为公司更名揭牌。

【邮政“三个能力建设”】 2014年，云南省邮政公司楚雄州分公司围绕工作重点，以改革创新为动力，加强“三个能力建设”。加强营业能力建设。便民服务站渠道建设有序推进，自年初培训动员后，全州各经营单位积极制定措施，以针对小商户为主发展便民服务站，共发展便民服务站104家。完成开发区邮政所和东兴路邮政所搬迁，完成彝人古镇邮政所业务委托代办，并正常营业。加强投递能力建设。按照省邮政公司统一布置和安排，及时调整州内二干邮路邮车运行时间，提高邮件传输速度，满足业务经营发展需求；围绕邮路优化调整工作，对全州各县邮政营业网点的截邮时间、封发邮运时点进行调整，对投递作业频次和服务范围作明确和规范。加强营销团队建设。完善营销团队的管理和考核激励办法，突出对CRM系统的应用，落实各项建设标准，确保团队建设的规范性、科学性、有效性，各营销团队CRM系统逐步规范使用，1~11月团队业绩达到1074万元。

【正版图书普及惠民助学活动】 2014年5月，云南省邮政公司楚雄州分公司在楚雄举办“倡导全民读书、关爱贫困学生”正版图书普及惠民助学活动，以定价的2~6折销售包括古典类、文史类、百科类、家庭藏书类、普法类、教育类、科普类、艺术类、少儿类、工具书等上万个品种的图书。姚安县、大姚县邮政局分别向县教育局捐赠价值1.5万元和2万元的图书，分发给困难乡(镇)学校图书室，带动社会各界关注贫困学生，通过各种渠道帮助学校解决图书缺乏问题，让贫困学生在爱心助学活动中得到实实在在的帮助。

【《甲午年》特种邮票首发】 2014年1月5日，《甲午年》特种邮票正式首发。云南省邮政公司楚雄州分公司提前利用短信方式将活动时间及内容通知到重点客户，并在营业大厅悬挂布标公布活动信息。借助马年生肖邮票首发销售时机，公司在营业大厅搭建展示台，在展示台和宣传橱窗内摆放2014年新春及其他集邮产品共50余种，当天有700余人到场参加活动，销售邮品金额8.5万余元。

【邮政代缴电费业务】 2014年，云南省邮政公司楚雄州分公司通过多方协调、积极准备，成功与楚雄供电有限公司开展业务合作，在全州推进代缴电费业务。州邮政分公司抽调人员，下派到各村委会，专为村民办理代缴电费业务，使群众不出门就能缴费用电。至年末，共有123个网点办理代缴电费业务，办理代缴用电户15.48万户，实现供电公司、邮政、用电户三方共赢。

【邮政服务进驻学校、部队】 2014年6月14~20日，云南省邮政公司楚雄州分公司组织14名相关人员，分4个小组进驻楚雄师范学院为广大师生开展服务，共收寄包裹1180个。8月19日，公司组织10余个品种的月饼样品送到军营，在部队驻地开展了以“千里寄乡思，好邮传真情”为主题的“思乡月进军营”专项营销活动，为部队官兵远在异地他乡的亲人寄递月饼表达相思、报送平安提供邮政服务，共销售月饼价值5000余元。11月24日至12月2日，公司组织人员到驻楚部队，上门收寄退伍兵包裹，共收寄包裹800余个。

[李建敏]

电 信

【中国电信楚雄分公司】 2014年，中国电信楚雄分公司按照“全业务收入市场份额提升、用户市场份额提升目标”的总体要求，抢抓发展机遇，经营发展各项工作取得实效。转变经营模式，移动发展不断提速，规范销售路径，聚焦双轮驱动，确保规模与效益双提升；强化资源配置，扎实落实“营维合一”的社区团队，以“先装后付，即装即通”为抓手，规范拨打10000号装宽带，加快宽带发展；打好渠道战役，渠道覆盖率和运营能力不断提升，深化服务提升战役，客户感知不断提升。全面深化改革，加快企业转型，建立扁平化组织架构，加快人员结构调整步伐，建成一支快速响应、支撑一线的销售和维护队伍。进一步建立和完善倒三角服务与支撑体系，通过建立州公司层面集约支撑组织体系，职责有效合并，推动人员向前端、向一线前移。夯实财务基础管理，开展专项工作提升管理水平，促进经营发展。围绕公司重点领域，加强分公司专项审计调查及离任经济责任审计，不断促进各级规范管理。年内，楚雄电信分公司再次获得州级“文明行业”称号、电信双柏分公司获得州级“文明单位”称号；州电信公司本部和禄丰、武定、元谋、大姚、姚安、南华6个县分公司继续保持省级“文明单位”称号；武定分公司被表彰为“楚雄文明服务行动”先进集体。

LTE试验网工程建设。2014年，中国电信楚雄分公司紧急召开LTE试验网建设启动会，强调工程进度和管控要求，同时将本期建设实施进度纳入各县(市)公司绩效考核中。公司分管领导亲自挂帅，多次召开工程协调会，进一步强化工程进度管控，与各家施工单位、设计单位及监理单位分别就工程完工时限签订承诺函，积极配合做好物资采购，项目负责人按日管控工程进度，确保本期工程按时完工。

“两会”及“3·15”网络安全保障。网络部组织各中心对全网开展预检预修和设备系统健康性检查，对重点网络、系统、设备和线路进行全面检查，及时排除安全隐患。进一步完善各级网络应急预案，做好备品备件储备、应急通信装备检修及队伍调配等各项准备工作，遇有重大突发事件时及时启动相应预案，做到快速响应，妥善处理。在预检预修中，传输、数据、电源、交换、监控等专业各自进行了检查，客户支撑中心对党政军警等重要客户电路，尤其是“平安城市”、卡口、网吧监控设备及电路进行检查，发现故障迅速处理恢复。对于特别重要的电路，主动联系客户，充分了解客户的保障需求，落实保障措施。对通信枢纽、重要机楼等重点生产现场加强巡查，切实做好通信要害区域的防通信事故、防火灾、防盗窃、防破坏、防爆炸、防失泄密的“六防”工作，确保网络及人身安全。

开通“翼支付”线下超市。4月，中国电信楚雄分公司销售部与楚雄鸿福商贸有限公司成功签订“翼支付”线下商户合作协议，实现了楚雄州“翼支付”线下商圈引入工作。年内，全州鸿福商贸有限公司在楚雄市2个，禄丰、大姚、双柏各1个超市“翼支付”POS机支付点已正常投入使用。

开展军民联合护线宣传活动。6月，中国电信楚雄分公司联合中国人民解放军78096部队驻楚63分队组成联合护线宣传队，到楚雄州境内长途一、二级干线光缆沿线的施工地点、村委会、自然村，开展军民联合护线宣传活动。通过宣传车广播、发放宣传单（手册）、宣传品，用实物讲解光缆的构造、用途和重要性，向赶集的老百姓、学生、施工地点、村委会及广大群众宣传通信光缆的重要性，争取各施工单位和地方政府对保护通信线路工作的支持，鼓励广大群众参与到共同维护光缆畅通的行动中，建立共同保护光缆的社会合力，保证通信网络的安全畅通。

宽带“先装后付”正式启动。8月14日，中国电信楚雄分公司在楚雄市永盛花园广场举办全州电信宽带“先装后付，即装即通”启动仪式。客户需拨打中国电信10000号电话，手机扫描二维码、网上营业厅、掌上营业厅以及到电信服务网点等多种简单方式申请，即可在24小时内享受到电信上门装机服务。

［杨迎春］

【中国移动楚雄分公司】 2014年，中国移动楚雄分公司运营收入比上年增长11%，完成固定资产投资2.98亿元，增长29%。全州在网客户突破157万，移动客户普及率持续增长，市场份额超过82%；直接或间接为社会提供就业岗位7800余个；缴纳各项税收8670万元，比上年增长21.19%。

保持网络领跑优势。2月27日，中国移动楚雄分公司4G网络正式全面启用，至年末，公司在全州范围内建成并开通4G基站1083个，实现10县（市）城区100%覆盖，各主要景区、高速公路、乡（镇）和大部分行政村的4G网络连续覆盖，4G客户规模突破13万户。同时，开展网络质量客户感知提升，网络健康度改善，2G、3G网络下载速率提升，TD深度覆盖，LTE全面覆盖，室分信源替换，传输网络整治等工作。2月，开展了“2014净网行动”、电话实名制与IP实名制等一系列专项行动。至年末，所有网站备案率以及域名、IP实名率均为100%；全州非实名制用户占14%，比同年7月改善10个百分点，净化了网络环境，提升了网络质量。

助推彝州信息化发展。年内，中国移动楚雄分公司始终致力于为客户提供全方位的信息化解决方案，为全州2000余家政府、企事业单位提供信息化服务，面向政府、公安、教育、卫生、文体等20余个行业部门提供信息化解决方案。全力做好楚雄市平安城市监控系统“天网”工程二期网络接入租用，楚雄州电子政务外网、楚雄州信访局视频接访系统服务，楚雄州卫生专网租用，楚雄州住房公积金专线、楚雄州监测站数据专线等重大项目。持续开展“6995”村民联防体系建设工作，保障“136农村移动富民工程”扎实落地，以农村宽带、智能机下乡、“6995”村民联防体系建设和农村惠农网搭建为抓手，以服务“三农”为重点，持续推动通信普遍服务和农村信息化建设工作，加快推进农村信息化进程。

搭建“6995”村民联防信息化平台。在全州范围内共建立3.69万个村民联防小组，切实解决山区群众“远在深山无人帮”、政府职能部门“远水难解近渴”的问题，构建起一张“治安联防、警民互动、邻里互助、生产互帮”的现代信息技术网络，推动社区治理创新。年内，中国移动楚雄分公司在各项社会经济重大活动以及抢险救灾行动中，全面较好地完成了通信保障任务。

［高泽敏］

【中国联通楚雄分公司】 2014年，中国联通楚雄分公司以提升效益为核心，聚焦市场发展，抓基础、抓渠道，抓机遇、树信心，着力提升市场份额，努力实现各项业务快速健康发展。结合市场需求加强3G网络建设，实现3G网络向农村覆盖的延伸，网络覆盖面进一步扩大，网络质量更优质。推出4G业务，加快4G网络建设，在短时间内完成了基站建设和开通工作，实现全州各个县城区域的4G信号覆盖，为联通的4G市场发展提供网络保障。

推进国际通信基础设施建设。年内，中国联通楚雄分公司结合云南打造面向东南亚、南亚的国际通信枢纽和区域信息汇集中心的发展规划，积极加强信息基础设施建设，扩建了成都方向一干光缆出口，开通“云南—缅甸”的国际长途信息高速通道，进一步提升国际化信息服务能力。

宽带服务质量持续提升。年内，中国联通楚雄分公司引进多家社会代理商共同参与联通宽带发展。为确保服务质量，先后组织代理商进行了40余场次的技术培训和现场指导。通过培训和技术指导，联通宽带网络指标得到明显改善，装机平均历时较年初缩短74%、移机平均历时较年初缩短40%、修障平均历时比年初缩短35%，客户感知明显提升。

［李 艳］

（责任编辑：安孟勤）

城建·环保

城乡规划

【城镇规划】 2014年，楚雄州完成《楚雄州新型城镇化规划（2014～2020年）》和《滇中城市经济圈楚南经济带城镇建设总体规划（2014～2030年）》方案编制。启动《楚雄州州域城镇体系规划（2010～2025年）》（草案）修改，其中，禄丰县获州人民政府批准，永仁县通过州规划委员会专家技术审查，大姚县、双柏县报人大审议，南华县、元谋县规划纲要通过省、州两级审查。编制完成武定、元谋、禄丰、大姚、双柏5个省级风景名胜区总体规划，其中4个报省级相关部门审查，1个报州级相关部门初审。

【镇村规划建设】 2014年，楚雄州启动30个重点示范乡（镇）规划编制工作。编制乡（镇）总体规划15个、乡（镇）控制性详细规划13个。编制完成县域村镇体系规划2个，乡（镇）总体规划修改5个，完成禄丰县土官镇农村综合体、禄丰县高峰乡九头河村修建性详细规划、楚雄市吕合镇钱粮桥村、南华县龙川镇车子塘村建设规划编制工作。

【专业规划和控制性详细规划】 2014年，楚雄州推进县（市）专业规划和控制性详细规划，编制专项规划和控制性详细规划21个，其中通过州规划委员会专家技术评查暨州级行政审查10项；完成《楚雄州城市特色规划及建筑方案设计》，结合《楚雄州村镇特色民居规划暨建筑设计方案》发布，实现全州特色规划全覆盖。

【城市综合体建设】 2014年，楚雄州起草《楚雄州人民政府办公室关于推进城市综合体建设的实施意见》，建立推进城市综合体建设的工作机制。申报列入省级城市综合体项目8个，建设规模355.68万平方米，投入资金108.86亿元，开工6个，累计完成投入资金23.04亿元；开展规划和征地拆迁等前期工作项目2个。开展城市综合体项目储备和规划建设工作，储备城市综合体项目14个。将城市综合体建设与棚户区改造相结合，3个城市综合体项目上报列入县2013～2017年棚户区改造规划及年度计划。与州招商部门紧密配合，搭建城市综合体招商引资平台，对外发布招商引资项目4个。

【建设项目规划选址审批】 2014年，楚雄州严格执行“一书两证”制度，审查规划（测量）项目15项，核发建设项目选址意见书17项（拟用地10.60万亩，拟投资96.79亿元），审查上报云南省住房和城乡建设厅核发建设项目选址意见书13项（拟用地6.40万亩，拟投资927.67亿元）。完成州外规划设计单位入楚备案38家、州外测绘单位入楚备案5家。

【城乡规划项目审查】 2014年，楚雄州审查9县修建性详细规划项目37个，总用地面积106.24万平方米，总建筑面积265.64万平方米，估算投资约79.69亿元。其中，房地产项目26个，建筑面积242.80万平方米，估算投资约72.84亿元（从审查的房地产项目规模上看，10万平方米以上的项目11个、10万平方米以下的15个）；保障房项目1个，建筑面积8.19万平方米，估算投资约2.46亿元；公共建筑项目10个，建筑面积14.65万平方米，估算投资4.39亿元。推行“办事依据公开，办事程序公开，办事机构和人员公开，办事结果公开，办事纪律和监督投诉渠道公开”的“五公开”制度；对所有修规项目审查实行公示制度，提高城乡规划工作透明度，强化公众参与和公众监督。

【城乡规划管理机构建设】 2014年，楚雄州10县（市）相继成立城乡规划决策议事机构——城乡规划委员会（城乡规划建设领导小组），除楚雄市外，9县正常开展工作。10县（市）核定城乡规划管理编制326名，实有287人。其中，县（市）级核定编制96名，配备123人（聘用40人）；乡（镇）核定编制230名，配备164人。

【城乡规划稽查】 2014年，楚雄州投入规划经费2247.4万元，编制城乡规划53项，核发“一书三证”2098份，办理竣工规划核实备案证184份，竣工面积112.91万平方米；开展规划巡查1644次，发现违法建设行为915件，其中事前制止255件、事中制止170件，立案282件，结案225件，发出限期整改和停建通知798件，作出罚款决定201件，收缴罚没款203.46万元，拆除违法建（构）筑物21.51万平方米；州级审查修建性详细规划项目37个，总用地面积106.24万平方米，总建筑面积265.64万平方米，投资79.69亿元。

［刘学华］

城镇建设

【园林城市创建及城市市政基础设施建设】 2014年，楚雄州集中实施一批城市绿化提升改造工程，大姚县在成功创建省级园林县城的基础上积极创建国家园林县城，永仁县签订创建省级园林县城协议，确保2016年成功创建省级园林县城工作，其余各县（市）成立相应创建机构，共有20家单位（小区）被云南省住建厅命名为省级园林单位（小区）。年内，全州共续建和新建城市市政基础设施建设项目239项，项目概算总投资112.9亿元，完成投资15.53亿元。

【全国重点镇、景观镇、宜居村申报】 2014年，楚雄州成功申报国家重点镇16个，分别是东华镇、吕合镇、金山镇、广通镇、元马镇、黄瓜园镇、栋川镇、光禄镇、石羊镇、龙街镇、永定镇、宜就镇、猫街镇、共和镇、碍嘉镇、沙桥镇。申报全国景观镇大姚县石羊镇1个；申报姚安县光禄镇为全国宜居小镇；申报双柏县法脿镇李方村、永仁县宜就镇火把新村、宜就镇彝人新村、永定镇诸葛营村、永定镇麦拉山村5个村为全国宜居村庄。成功申报姚安西关村等20个国家级传统村落。

【市容市貌环境卫生管理】 2014年，楚雄州加强市容市貌及环境卫生管理。加大整治力度，规范城区占道经营行为，加快农贸市场、水果市场、建材市场等规划建设力度；创新户外广告治理方式，设置户外广告栏350余块，规范张贴广告4.26万条，清理喷涂小广告3.22亿条，城市街道“牛皮癣”得到有效根治。日清扫街道748万平方米，清运城市生活垃圾680吨。

【农村安居工程建设】 2014年，楚雄州共实施农村危房改造1.39万户（拆除重建7912户，修缮加固6000户），争取到上级补助资金9502.8万元（中央补助资金6335.2万元，省级补助资金3167.6万元）。信息录入率102.4%，开工率102.4%，竣工率102.28%。开展农村危房现状及农村人居环境调查工作。完成1084个行政村49.55万户的农村危房现状调查，两项调查信息录入率100%。建设“特色村庄”示范村50个，全部完工入住26个，推进建设24个。

【美丽乡村建设】 2014年，楚雄州编制完成《楚雄州村镇特色民居规划暨建筑设计方案》、《楚雄州美丽乡村技术导则》、《楚雄州村镇特色民居建筑施工图集》，各印刷1000册下发至各县（市）、乡（镇）、村委会推广应用。制定《楚雄州城乡人居环境提升行动财政专项资金管理的意见》、《楚雄州人民政府办公室关于整合涉农资金支持彝州美丽乡村建设的实施意见》、《楚雄州彝州美丽乡村建设考核验收办法》用以指导乡村建设规划；参与拟定《楚雄州加快小城镇建设促进城乡统筹发展的意见》，起草《楚雄州关于进一步加快推进30个州级重点示范镇建设的实施意见》报州人民政府发布实施。加大各县（市）镇（乡）给水、污水、垃圾处理设施体系规划编制和重点镇（乡）建设指导和督促，做好重点镇（乡）给水、排污、垃圾处理设施可研和初设等前期工作。5个县（市）完成给水、污水、垃圾处理设施体系规划编制并通过省级技术审查。

【城镇保障性住房建设】 2014年，楚雄州续建2013年保障性住房建设目标任务1.5万套（户），其中廉租住房436套、公共租赁住房12964套、城市棚户区改造1600户，基本建成6000套。至年末，实际开工15039套，开工率100.26%。开工项目总投资21.29亿元，完成投资16.41亿元，完成投资占总投资比例的77.08%。牟定、姚安、元谋3县全部基本建成，楚雄、双柏、南华、大姚、禄丰5县（市）部分项目封顶。省人民政府下达楚雄州城镇保障性安居工程建设目标任务5408套（户），其中公共租赁住房2408套、城市棚户区改造3000户，基本建成8000套，项目总投资7.5亿元。实际开工5511套，开工率101.9%；实际基本建成15308套（含往年接转续建项目），占年度基本建成任务数191.35%，完成投资3.2亿，当年分配入住3881户。

【城市棚户区改造】 2014年，楚雄州棚户区改造概念性规划编制完成。城市棚户区改造开工建设4625户，开工率100.54%；完成改造1557户，完成投资3.9亿元。积极拓展融资渠道，通过发行企业债券的方式，为楚雄、元谋、武定、禄丰4县（市）筹措项目建设资金10亿元；与西南交通建设集团有限公司和云南建工集团有限公司合作，全面展开150亿元的城市棚户区改造项目融资工作；引导县（市）与地方企业合作，鼓励民间资本参与城市棚户区改造，有4个县（市）与当地企业达成合作共识。

【城乡建设行政执法机制体制建设】 2014年，楚雄州草拟《楚雄州城乡违法建设监督管理办法》，进入规范性文件立法程序；修订《楚雄州实施“阳光规划”的意见》和《楚雄州城乡规划编制管理以奖代补考核管理办法》，对《楚雄彝族自治州城乡规划管理技术规定（试行）》进行修订立项申请；上报《楚雄彝族自治州城市管理条例》列入2015年立法前期调研项目；制定《楚雄州建设项目修建性详细规划审查技术要点》、《楚雄州住房和城乡建设局行政执法依据目录》、《2014年楚雄州住建局普法依法治理工作计划》和《楚雄州住建局政府信息公开八项配套制度》，严格做到有法可依。

【行政审批清理】 2014年，楚雄州住房和城乡建设系统切实做好行政审批清理，保留行政审批14项，精简行政审批12项，精简率46.2%；办理时限由原来的415个工作日压缩为276个工作日，压缩审批时限33.5%；下放县级行政审批5项，一次性取消行政审批7项；承接省住建厅下放和部分下放的行政审批13项，州级有行政审批20项，其中许可13项、非行政许可2项、服务事项5项。

【城乡建设领域行政执法】 2014年，楚雄州住房和城乡建设系统受理举报案件1172件，立案查处违法违纪行为700件，结案631件，其中，警告277件，罚款464件、罚款金额366.26万元，没收16件，责令停产停业18件，暂扣许可证或者执照6件，责令个人停止执业6件，其他处罚7件；州级立案查处违法行为2件，作出行政处罚1件、撤案1件；收到行政复议申请3件，受理2件、不予受理1件；办理其他应诉1件；发出行政执法建议书16份、建筑工程质量安全隐患整改通知书26份。形成行政执法案卷417件，其中行政许可375件、行政处罚1件、行政复议2件，其他行政案件39件。

［刘学华］

建筑业

【建筑业产值及投资】 2014年，楚雄州完成建筑工程固定资产投资446.25亿元，比上年增长41.3%。完成建筑业总产值111.8亿元，增长24.6%，实现建筑业增加值65.76亿元，增长20.5%。

【建筑市场管理】 2014年，楚雄州审核发放建筑施工许可证388份，施工合同金额52.53亿元，建设规模366.54万平方米。其中，州级审批建筑施工许可证13份，施工合同金额1.57亿元，建设规模7.57万平方米。140余家核查范围内的建筑施工企业参与企业资质核查及其从业人员资格延续工作，为30家建筑企业办理67项建筑企业资质审批，为7家建筑企业办理企业资质升级审核服务，对1起提供虚假证明材料申请建筑业企业资质违法行为进行依法查处。年末，有建筑企业157家。

【建筑工程质量监管】 2014年，楚雄州对保障性住房、州级监管项目、全州重点在建项目等各类建设工程项目施工安全进行有针对性的安全生产大检查，开展住宅工程质量常见问题专项治理，对挂点联系的永仁县2014年安全生产工作进行检查4次。开展相关检查和整治活动6次，检查在建工程75项、商品混凝土企业11户。开展建筑施工企业安全生产许可证有效期延期，审核通过123户。深入推进建筑施工安全质量标准化工作，帮助和引导企业创建5个省级建筑施工安全质量标准化示范工地，通过验收4个。开展工程质量监督项目1091项，建筑面积609.36万平方米，其中2014年注册工程709项，建筑面积374.72万平方米；竣工验收工程453项，建筑面积196.02万平方米，竣工验收合格率100%；办理工程竣工验收备案303项，建筑面积223.85万平方米，竣工备案覆盖率66.89%。未发生较大以上工程质量安全事故，工程质量安全生产形势总体稳定。

【抗震设防审查】 2014年，楚雄州完成新建建筑工程抗震设防专项审查工程项目172个，建筑面积16.74万平方米。完成新建工程施工图设计文件审查工程项目449个，总建筑面积384.85万平方米；完成重大设计变更审查备案14项；依法实施大中型建设工程初步设计行政审批31项。加强州级地震应急抢险队伍技术装备建设，投入应急装备购置资金22.1万元，采购地震应急技术检测装备和基本生活物资装备110台（套）。开展住建系统特别重大地震应急演练，加快推进减隔震技术的推广应用，推广应用减隔震技术进行设计减隔震建筑工程项目7个，总建筑面积4.76万平方米。地震灾区恢复重建项目开工2361个，竣工2356个，分别占计划的100%和99.79%，完成投资8.67亿元，占计划的100.25%。

【建筑节能管理】 2014年，楚雄州完成建筑工程节能设计审查工程项目449个、总建筑面积384.85万平方米，节能设计审查合格率100%。城镇既有居住建筑和城镇既有公共建筑完成节能改造面积42%。开展2013年度国家机关办公建筑和大型公共建筑年度能耗统计上报工作，共调查统计3000平方米以上国家机关办公建筑60栋43.77万平方米，2013年总能耗（电力）1187.09吨标准煤，单位建筑面积能耗量2.7千克标准煤/平方米；调查统计2万平方米以上大型公共建筑12栋58.38万平方米，2013年总能耗（电力）615.26吨标煤，单位建筑面积能耗量1.1千克标煤/平方米。6月，2家公司被评为2012年度骨干企业并受到扶持奖励；3个项目被评为2012年度优质工程并受到扶持奖励；1人作为培养骨干人才受到扶持奖励；1个设计项目被评为省优秀工程勘察设计三等奖，4个设计项目获省优秀勘察设计表扬奖。5月4日，开展施工图设计文件审查信息公开，发布施工图审查相关信息300条。

【建筑工程招投标管理】 2014年，楚雄州完成房屋建筑和市政工程项目招投标监管616个，招标控制总价60.57亿元，中标总价58.52亿元，平均优惠率3.39%。其中，属州级监管项目117个，招标控制总价39.9亿元，中标总价38.37亿元，平均优惠率3.83%。备案审查代理机构48个，项目174个，工程报建备案105件、招标备案128件、招标文件审查备案128件、合同备案125件、招投标备案125件，整理归档招投标汇编资料125件229卷。对2批140余名专家申报报名人员的申报材料进行审核，初步审核合格104名，完成综合专家库入库专家上岗前培训。

［刘学华］

房地产业

【房地产开发投资】 2014年，楚雄州房地产开发投资持续稳步增长，房地产开发投资92.48亿元，增长5.52%；商品房屋施工面积879.24万平方米，增长9%；商品房销售面积225.02万平方米，增长20%；商品房销售额78.29亿元，下降23.3%。

【房地产市场管理】 2014年，楚雄州推荐省级房地产重大开发项目6个、州级房地产重大开发项目12个，创建省级、州级物业管理示范住宅小区（办公楼）各1个。楚雄市被云南省住建厅认定为省级房地产交易与权属登记规范化管理单位，禄丰县启动省级房地产交易与权属登记规范化管理单位申报。开展“平安小区”创建试点，创建州级“平安小区”示范试点5个、县（市）级“平安小区”示范试点17个。审批房地产企业资质86家。年末，有房地产企业329家，其中房地产开发企业199家、物业服务企业97家、房地产估价机构5家、房地产经纪机构28家。

【住宅专项维修资金管理】 2014年，楚雄州进一步的规范住宅专项维修资金的缴存、管理和使用，指导督促各县（市）专项维修资金业主分户账建账。年内，大姚县完成住宅专项维修资金业主分户账建账，并开展住宅专项维修资金使用管理，其余县（市）逐步启动业主分户账建账工作。

［刘学华］

住房公积金管理

【住房公积金缴存及贷款管理】 2014年，楚雄州归集住房公积金12.72亿元，有2485个单位11.88万职工缴存住房公积金，住房公积金缴存总额82.95亿元，缴存余额30.81亿元。发放住房公积金个人住房贷款2.83亿元，完成年度计划任务的71%（主要受房地产市场下滑和差别化住房信贷政策的影响），向2.88万户职工家庭发放住房公积金个人住房贷款41.55亿元，个人住房贷款余额25亿元。计划实现住房公积金增值收益4650万元，实际实现增值收益6022.17万元，完成年度计划任务的129.51%。

【住房公积金风险控制】 2014年，楚雄州修订完善《楚雄州住房公积金管理中心开展廉政风险防控工作实施方案》，认真排查机关科室、县管理部和关键岗位存在的廉政风险点，确定风险点35个，制定防控措施36条，健全廉政风险防控长效机制。州住房公积金管理中心主要领导与机关各科室、各县管理部负责人签订楚雄州住房公积金管理中心内部授权书、行政执法责任书、岗位责任书、党风廉政建设责任书、公务用车责任书5项责任书，年底召开年终考核工作会议进行集中考核，并在次年工作会议上严格兑现奖惩。修订制度5项、新制定制度9项。6月，完成稽核科科室负责人、科室人员配备，稽核科正式履职。11月，州住房公积金管理中心组成检查组，深入9县住房公积金管理部，对管理部住房公积金归集、使用、管理、核算、风险控制、行政执法、公车使用、档案管理、党风廉政建设等进行全面检查、督促，规范业务办理。

【综合业务管理信息系统建设】 2014年9月22日，楚雄州综合业务管理信息系统上线运行，标志着历时两年，投资870余万元的住房公积金综合业务管理信息系统全面完成，实现全州10个业务网点日清日结、对所属机构业务办理情况全程监控、与各受托银行和身份证核查系统互联互通、住房公积金提取和贷款业务资金实时到账、缴存职工自助查询便捷。州住房公积金管理中心与州财政局、省农村信用联社楚雄办事处联合成立楚雄州住房公积金业务便民服务工作领导小组，制定《楚雄州住房公积金业务便民金融服务工作方案》并组织实施，对乡（镇）代办点工作人员进行业务培训，在全州103个乡（镇）农村信用社网点加挂“住房公积金业务乡（镇）代办点”牌匾，实现乡（镇）职工住房公积金的就地缴存及相关金融业务办理。

【住房公积金管理审计】 2014年6月、12月，楚雄州住房公积金管理中心分别接受州财政局委托中大会计师事务所进行的例行审计和云南省审计厅对楚雄州人民政府州长李红民进行的经济责任延伸审计。针对审计中提出的住房公积金在非公企业覆盖率不高、应实时结算和不相容岗位不彻底分离3个整改意见，住房公积金管理中心强化住房公积金归集，加快综合业务信息管理系统建成运行步伐，及时向州委、州人民政府汇报，增加人员编制，细化责任落实。

［王忠华］

环境保护

【主要污染物减排】 2014年，楚雄州人民政府与10县（市）人民政府和6个州级相关部门签订年度主要污染物减排目标责任书。强化减排项目环保执法监管，实行月报制度，建立电子减排管理台账，做到每月调度分析、按季度通报。全面推进自动监控设施建设，加大环境现场监察和外排污染物监测频次，重点源监督性监测结果通过州环保局网站及时向社会公布。至年末，全州19家企业安装污染源自动监控设施32套，8户国控企业安装污染源自动监控设施13套，云南德胜钢铁有限公司、一平浪盐矿、10县（市）污水处理厂进出水口均安装污染源自动监控设施。州人民政府4次派出督查组，对全州减排重点项目推进情况、污水处理厂运行情况现场督促检查；4次召开减排工作推进会议，对全州城镇污水处理厂建设运行管理情况进行分析，针对存在问题提出对策措施。州人民政府下发减排督查通报4期，州环保局下达限期整改通知14份、减排预警函5份、减排通报3份，促进减排目标责任落实。推进省下达重点减排项目实施35个，州级减排项目州实施10个。年末，省、州45个减排项目全面完成，根据污染源自动监控平台调度和省环保局通报，楚雄州重点污染源自动监测数据传输有效率75%以上，企业自行监测结果公布率80%以上，监督性监测结果公布率95%以上。10县（市）11座污水处理厂累计完成化学需氧量削减量9004.259吨，比上年新增化学需氧量削减量2786吨，完成上级下达任务量8097吨的111.20%；累计完成氨氮削减量1276.27吨，比上年新增氨氮削减量625.7吨，完成上级下达任务量954吨的133.78%；年度完成淘汰燃煤锅炉60台，占省环保局确定任务58台的103%。

【环境污染防治】 2014年，楚雄州环保部门以强化污染预防和治本相结合，着力推进大气、水、土壤防治工作，环境污染治理水平有效提高。制定《楚雄州“十二五”危险废物污染防治规划实施方案》，强化危险废物监管，认真开展年度危险废物申报登记；制定《楚雄州近期土壤环境保护和综合治理实施方案》和《楚雄州人民政府办公室关于印发土壤环境保护和综合治理重点工作分工方案及联席会议制度的通知》，建立工作联席会议制度，南华县化工厂历史遗留砷渣处置工程、牟定县原渝滇公司含铬废渣堆放场地治理修复等重点土壤治理项目开展前期工作；制定下发《楚雄州环境保护局关于切实加强饮用水水源保护妥善应对突发环境事件的通知》，对饮用水源保护区管理制度、水源水质、水源管理应急预案和应急措施进行检查，开展城镇集中式饮用水水源环境状况评估，对楚雄州重点水质监测断面进行监测，密切关注水质变化情况；制定《楚雄州大气污染防治行动实施方案》，州人民政府安排资金190万元，对楚雄市环境空气自动站进行改造及设备更新，建立环境空气自动监测系统。根据监测结果，二氧化硫年均浓度0.033毫克/立方米、二氧化氮年均浓度0.009毫克/立方米、PM10年均浓度0.042毫克/立方米，达到《环境空气质量标准》(GB3095－1996）二级标准；从空气质量指数来看，2014年楚雄市区空气质量优良天数共364天（网络中断1天），其中优231天、良133天，未出现轻度污染、中度污染、重度污染及严重污染天气。制订《龙川江、星宿江流域水污染综合防治工作方案》，全面推进龙川江、星宿江流域水污染防治工作。推进列入《三峡库区及其上游流域规划》的24个水污染处理工程和垃圾填埋场渗滤液处理工程建设，10县（市）共建成污水处理厂11座，并投入运营。州环保局向上争取资金210万元，实施楚雄市团山水库集中式饮用水水源地保护综合治理项目、大姚县石洞水库水源地保护非点源污染治理项目、武定县城集中式饮用水水源地保护综合治理项目；争取中央资金2575万元，实施的九龙甸水库饮用水源地水污染防治项目进入验收阶段。

【环境影响评价】 2014年，楚雄州环保部门强化环评管理，对州委、州人民政府确定的重大项目，提前介入、跟踪服务、依法审批。深化行政审批改革，将环境保护部和省级环境保护部门审批权限以外的、州级和县（市）级投资主管部门备案的、总投资3000万元及以下的工业类和总投资1亿元以下的非工业类建设项目环评审批权，下放给县（市）环保部门；将35千伏及以下输变电工程的环评审批权下放县（市）环保部门。州级审批的非生产类项目委托县（市）环保局验收。除国家及省有明确规定的项目外，所有排污许可证核发、年检和换证下放县（市）环保部门办理。取消环境污染限期治理项目竣工验收，改为日常监督管理。建立重点项目环评审批责任制，对州委、州人民政府确定的“3个30”重点项目，建立联系制度，积极搞好协调服务。着力推进项目落地，在压缩法定环评审批时限三分之二以上的基础上，开辟环评审批“绿色通道”，实行无缝对接。至年末，州环保局审批项目120个，其中工业项目32个、非工业项目88个，总投资305.28亿元。州环保局政务窗口受理的项目全部完成环评审批，没有一个符合国家产业政策和环保法律法规的项目因为环评审批服务不到位影响开工建设和生产运行。

【环境执法监察】 2014年，楚雄州环境保护部门下发《楚雄州2014年主要污染物总量减排监察方案》，对14家国控总量减排企业要求州环境监察支队每季度监察1次、县环境监察大队每月监察1次。下发《楚雄州环境保护专项检查工作实施方案》，把钢铁、水泥、化工、制药等大气排污企业、废水排放企业、涉重金属企业，危险化学品生产、使用及运输企业，群众投诉的热点环境问题作为重点，认真开展环保专项执法检查；下发《楚雄州环境保护局关于加强汛期环保监管工作的通知》，对有色金属冶炼、矿山尾矿库企业、危险废物产生处置企业存在的环境风险隐患进行排查；下发《楚雄州人民政府办公室关于深入开展2014年整治违法排污企业保障群众健康环保专项行动的通知》，开展涉重金属行业、医药制造行业、危险废物行业“回头看”专项整治，对群众反映强烈的环保问题进行挂牌督办。9月15～18日，国家环保部西南督查中心对楚雄州环保专项行动进行督查，督查组通过查阅有关资料，深入相关县（市）实地检查和抽查，对全州环保专项行动工作给予充分肯定，对提出的问题企业进行挂牌督办整改。开展现场检查涉重金属、冶炼企业64家，污水处理厂11个，铅酸蓄电池4家企业开展“回头看”，检查医药制造企业17家，对19个县级集中式饮用水源地开展执法检查，检查非重点企业274家，出动检查人员3814人次，州环保局发出限期整改41份，并对永仁县新得天生物科技有限公司等3家企业实施处罚，共处罚金22.5万元。征收排污费1074.48万元，其中对2家少缴排污费企业依法追缴排污费30.49万元，全州排污费征收工作连续2年考核位居全省前3名，再创历史新高。

【环境监测服务】 2014年，楚雄州各级环境监测站认真开展环境监测，为环境管理提供决策支持，按时、按质、按量完成国控、省控、州控重点排污企业的监督性监测和金沙江、龙川江、元江、绿汁江、星宿江等15个监测断面地表河流水质和底质、饮用水源地、空气质量、降水、降尘等例行监测任务。完成金沙江大湾子断面滇川两省跨省流域同步监测。新增楚雄市东南新区环境空气自动站站点，对原有开发区和州监测站站点监测设备进行填平补齐工作。为建设项目环保“三同时”竣工验收、环境污染事故、污染纠纷开展监测，为全州环境管理、污染减排提供准确技术支持。

［张国跃］

（责任编辑：周能汉）

财政·税务

财　政

【财政收支概况】　2014年，楚雄州完成地方公共财政预算收入63.7亿元，为预算的100.9%，比上年增收7.4亿元，增长13%，其中，州级完成13亿元，为预算的100.1%，增收1.4亿元，增长12.1%；县（市）级完成50.7亿元，为预算的101.2%，增收5.9亿元，增长13.3%；在全省16个州（市）中，楚雄州地方公共财政预算收入总量排名第6位，增幅排名第3位。完成政府性基金预算收入20.6亿元，为预算的79.7%，减少6.8亿元，下降24.9%，主要是国有土地使用权出让收入减少6.7亿元，下降25.6%。完成地方公共财政预算支出205.1亿元，为预算的108%，增支32.5亿元，增长18.8%，其中，州级完成25.3亿元，为预算的116.2%，增支4.6亿元，增长22%；县（市）级完成179.8亿元，为预算的106.9%，增支27.9亿元，增长18.4%；在全省16个州（市）中，楚雄州地方公共财政预算支出总量排名第9位，比上年前移1位，增幅排名第3位，比上年前移8位。完成政府性基金预算支出29.2亿元，为预算的88.3%，减少2.3亿元，下降7.3%，主要是国有土地使用权出让收入安排的支出减少5.5亿元，下降21%。

【财政非税收入征管】　2014年，楚雄州加强非税收入征管，制定《关于加强州级行政事业单位国有资产有偿使用收入收缴管理的通知》，开展行政事业单位经营性资产清理，完成纳入公共预算管理的非税收入18.3亿元，增长33.1%。坚持征查并举，加大收入稽查和非税清欠力度，防止跑冒滴漏。加强汇报协调，主动汇报争取红塔集团、红云红河集团“两统一两整合”财政收入分配比例，积极协调重点税收和重点项目，确保楚广、广大铁路和乌东德、观音岩水电站等重点工程营业税与耕地占用税足额入库。

【财政向上争取资金】　2014年，楚雄州坚持把向上争取项目资金作为增强财

2014年楚雄州地方公共财政预算收支情况表

单位：万元

县（市）	一般预算收入				一般预算支出			
	2013年决算数	2014年决算数	比上年同期		2013年决算数	2014年决算数	比上年同期	
			绝对数	%			绝对数	%
楚雄市	163000	184260	21260	13.0	301758	353028	51270	17.0
双柏县	19732	22765	3033	15.4	109976	165400	55424	50.4
牟定县	22987	26669	3682	16.0	124556	132735	8179	6.6
南华县	32100	38624	6524	20.3	137165	175478	38313	27.9
姚安县	18081	22262	4181	23.1	111951	128781	16830	15.0
大姚县	34800	39390	4590	13.2	165540	183900	18360	11.1
永仁县	20391	24177	3786	18.6	94651	107465	12784	13.5
元谋县	19135	22686	3551	18.6	117894	149212	31318	26.6
武定县	43083	49979	6896	16.0	156284	184961	28677	18.3
禄丰县	74629	76617	1988	2.7	199576	217460	17884	9.0
县级小计	447938	507429	59491	13.3	1519351	1798420	279039	18.4
州　级	115765	129777	14012	12.1	207111	252768	45647	22.0
合　计	563703	637206	73503	13.0	1726462	2051188	324686	18.8

力、缓解收支矛盾的重要措施，完善《楚雄州争取项目资金工作经费考核安排暂行办法》，突出部门主体责任。制定《楚雄州财政局机关向上争取资金和工作汇报制度》和《楚雄州财政局加强部门工作沟通和向上争取资金定期协调制度》，每月不少于1次到省财政厅汇报工作，了解财政政策，把握资金投向；每月不少于1次与预算单位协调，及时反馈信息，帮助申报项目。加强财政库款协调调度，争取省财政厅超额调度楚雄州往来款9.5亿元，州财政局超汇县级国库资金4.9亿元，增长122.7%。争取上级转移支付补助126.5亿元，完成任务数的100.8%，增长19.6%，其中，一般性转移支付补助55.4亿元，增长8.4%；专项转移支付补助71.1亿元，增长30%。

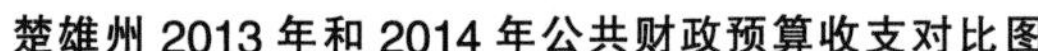
楚雄州2013年和2014年公共财政预算收支对比图

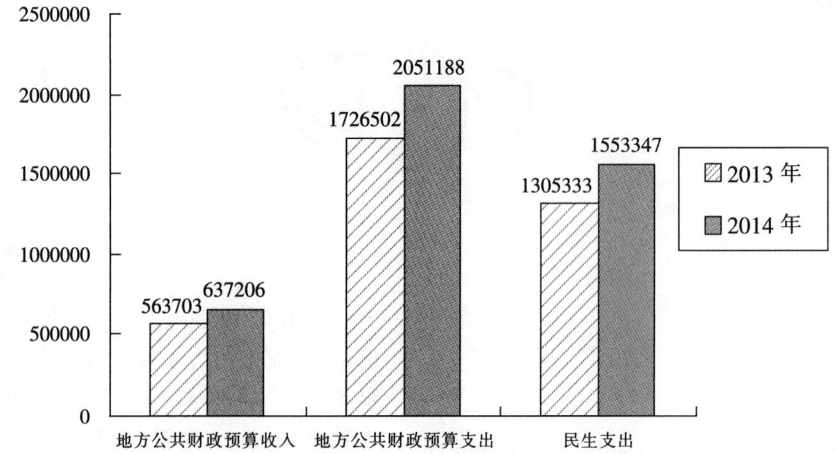

【财政服务经济发展】 2014年，楚雄州加强宏观引导，用好用活财税金融扶持政策，贯彻落实州人民政府稳增长“18条”措施。坚持收支并重，把支出水平作为衡量财政管理工作质量重要指标，科学合理制定支出预算，规定州级项目支出预算下达进度，限期下达上级专项资金，按月召开支出进度分析会，建立约谈单位领导和每月督查通报制度，全州1~6月、1~9月和1~11月分别完成全年支出的47.4%、69.4%和84.6%。提高预算执行均衡性，保障重点支出需求。支持大项目带动大发展，投入经济建设领域资金51.3亿元，加快交通、水利、环保等基础设施建设；筹集安排项目前期经费和工作经费6945万元，支持项目前期工作；争取上级财政项目资金40.3亿元，增长65%。拉动固定资产投资增长，支持产业结构优化升级，落实产业建设3年行动计划，筹集支持工业园区基础设施建设资金8440万元，财政直接奖补企业资金1.6亿元。鼓励实施“走出去”和创新驱动发展战略，积极争取国际金融组织和外国政府贷（赠）款，亚行1.5亿美元贷款楚雄州城市基础设施建设项目签订贷款协议，完成征地拆迁投资2.6亿元。发挥金融办协调服务作用，健全地方金融体系，10县（市）列入全省县域金融改革创新试点县，引进曲靖市商业银行落户楚雄，新成立小额贷款公司4户、资本管理公司2户、股权投资类企业4户，新增各类融资103亿元，增长21.8%，其中新增银行信贷70.6亿元，增长16.5%。

【财政支持“三农”发展】 2014年，楚雄州认真落实强农惠农政策，稳步增加财政支农投入，完成农林水事务支出34.2亿元，增长20.3%。投入财政资金4.1亿元，重点支持5个整乡推进、557个整村推进和2.14万户农户贷款贴息项目。投入财政资金3.8亿元，支持高原特色农业、优势农业龙头企业、农产品基地建设以及核桃、蔬菜、蚕桑、畜牧等特色农业产业发展。投入财政资金13.3亿元，支持重点水源、灌区节水改造等建设，新增中央财政小型农田水利重点县3个，建设“五小”水利工程6万件。筹措财政资金2015万元，支持农村环境综合整治。筹措财政资金2053万元，支持建设养殖小区和联户沼气项目35个、沼气池700口、沼气网点和乡村服务网点27个，补助节柴改灶农户1005户，安装太阳能热水器1.4万户。整合投入财政资金2.7亿元，实施一事一议财政奖补项目780个，受益农户4.5万户15.5万人。投入财政资金1.1亿元，实施完成农业综合开发项目47个，10县（市）均列入省级以上农业综合开发县。投入财政资金1.4亿元，实施7个中央特大型、9个省级大型和4个州级中小型地质灾害项目治理工程，提升农村防灾减灾能力。投入财政资金4亿元，实施森林生态效益补偿1598.5万亩，支持天然林保护、退耕还林和护林防火。兑付惠农补贴7.1亿元，农民人均补贴377元。

【财政社会事业支出】 2014年，楚雄州完成民生支出155.3亿元，增长19%，占地方公共财政预算支出的75.7%，超额完成州人民政府确定的140亿元目标任务。其中，教育支出30.1亿元，启动全面改善贫困地区义务教育薄弱学校基本办学条件工程，特殊教育学校和农村中小学公用经费补助标准每生每年分别提高到4000元、800元和600元；社会保障和就业支出26.2亿元，增长8.7%，支持云岭大学生创业扶持计划，企业退休人员基本养老金、城乡低保补助标准每人每月分别提高到1747.2元、276元和124元；医疗卫生与计划生育支出19.7亿元，增长14.3%，推进基层医疗卫生服务体系和重大疾病防治设施建设，将基本公共卫生服务项目财政补助标准提高到35元，新农合和城镇居民基本医疗保险财政补助标准每人每年提高到320元；文化体育与传媒支出2.4亿元，增长13.5%，支持创建国家公共文化服务体系示范区；住房保障支出7.4亿元，加快保障房建设；下达石油价格改革补贴4737万元，稳定城乡客运；落实收入倍增计划，完成机关事业单位津补贴调整工作，筹资1.9亿元向乡（镇）机关事业单位工作人员每人每月发放500元的岗位补贴。坚持有保有压，认真落实中央八项规定和省、州实施办法，修订州级差旅费、会议费管理办法，严控一般性支出，全州“三公经费”、会议费、培训费、庆典费分别下降24.9%、17.3%、11.5%、38.3%。

【财政监督管理】 2014年，楚雄州加强专项资金管理，制定州级财政扶持企业和畜牧产业化发展专项资金管理办法，实行项目指南、资金投向“双公开”和项目申报前、审批后“双公示”，推进民生资金监管平台建设。加大财政督导和会计监督检查力度，对州级43家单位开展财政督导，对22家医药行业进行会计监督检查，抽取320个单位和团体专项整治“小金库”，累计查处违纪违规资金1958.7万元。加强债务管理，清理甄别政府性债务，偿还债务本息4.5亿元。推进绩效管理和财政评审工作，完成2013年度州级5家单位绩效评价和整改工作，采取上下联动和直接介入方式配合省级做好11个项目绩效评价，对12家地方金融企业开展绩效评价，选取州级4家单位开展2015年部门项目支出预算评审试点，对州级项目前期经费等11个项目开展财政评审。加强政府采购监管，制定州级政府采购联络员、计划管理和合同履约验收制度，全州完成政府采购金额8.9亿元，节约资金8674.6万元，节约率8.8%。夯实会计基础，全州会计从业人员达到2.04万人，推进村级会计委托代理服务，代管资金21.9亿元。防范金融风险，从12月1日开始，集中2个月时间开展防范和打击非法集资宣传教育与风险排查活动。

【财税体制改革】 2014年，楚雄州深化预算管理改革，将社保基金收支纳入全口径预算，完善财政预算管理制度，修订州级财政预算资金审批管理办法，提前2个月编制2015年州级部门预算。加大预决算信息公开，全面完成政府和单位预决算、“三公经费”公开工作，公开州人代会审议通过的预决算报告、背景材料和收支附表，除部分涉密部门外，全州873个部门1445家单位公开部门预算，860个部门1426家单位公开“三公经费”预算，并在审核公开州级所有单位的部门预算基础上，选取2家部门的决算报州人大审议。推进国库管理改革，全州实施财政国库改革资金111.4亿元，占地方公共财政预算支出的54.3%，建立覆盖州县的预算执行动态监控体系，编制完成州级和10县（市）权责发生制政府综合财务报告，推进公务卡结算制度，1113个单位累计办卡3.92万张，县级以上实现全覆盖。推进营改增试点，将铁路运输、邮政服务和电信业纳入试点范围，试点纳税人增加到4070户，形成增值税减税2916.7万元。推进财政票据电子化管理改革，全州纳入财政票据电子信息化管理单位816个、安装开票端点1053个，新增137个单位、211个端点。深化农村综合改革，推进乡（镇）机构和县乡财政管理体制改革，完善农村义务教育和村级组织运转经费保障机制，健全农民负担监管体系。

［王　宁］

国家税务

【国税收入概况】 2014年，楚雄州国税系统严格落实组织收入原则，严守组织收入纪律，依法组织税收收入。组织国税收入91.36亿元，比上年增收4.72亿元，增长5.45%。完成省国税局年初下达任务98亿元的93.23%，完成省国税局调整任务目标89.98亿元的101.53%。按照州人民政府考核口径共组织“三税”收入88.71亿元，完成州人民政府年初下达收入任务93.06亿元的95.32%。其中，国内增值税收入24.13亿元，减少6.13%；国内消费税收入54.33亿元，增长11.78%；企业所得税收入10.24亿元，增长2.54%；征收个人所得税收入5万元；车辆购置税收入完成2.65亿元，增长13.65%。

【国税税收执法】 2014年，楚雄州国税系统深入落实依法治国若干重大问题的决定，进一步转变职能，简政放权，全面规范依法行政。深入贯彻落实行政审批制度改革事项，实行行政审批项目清单式管理，向社会公开了58项行政审批项目，162项涉税项目纳入备案管理。开展税收执法督察，清理废止规范性文件7份。大力推进“六五”普法，开展第23个税收宣传月活动和首个国家宪法日活动。进一步规范执法行为，系统执法过错率万分之0.58。规范进户执法工作，突出发挥税务稽查职能作用，稽查查补收入7277万元，增长56%。积极落实国家各项税收优惠政策，减免退各类税收8.46亿元。

【国税税收征管】 2014年，楚雄州国税系统进一步创新税收服务与管理，不断提升税收征管基础信息数据质量。继续开展税源与征管一体化分析。成立税收风险管理工作领导机构，加强落实税收风险管理。积极落实滇中产业新区国税税收征管工作指导意见。加强企业财务报表网络申报业务。推行小规模纳税人按季申报。严格审核延期纳税、延期申报，加大欠税清缴力度。大力支持大姚县国税局探索整合办税流程，并于11月1日在大姚召开现场推进会在全州推广。在楚雄市国税局强力推进税务标准化建设试点工作。强化增值税管理，落实增值税“预征—结算”管理办法和增值税进项税额抵扣管理，做好增值税风险管理预警工作，及时核查预警信息数据。注重征退税衔接，进一步加强出口退免税审核，探索出口货物劳务退（免）税审批权限下放工作。强化消费税管理，落实消费税政策调整工作，积极协调掌握卷烟消费税入库进度。强化所得税管理，开展所得税政策专项调研，完成上年度所得税汇算清缴工作，受到省国税局通报表扬。加强大企业税收管理。落实大企业领导管户和联络员制度，组建大企业税收专业化管理团队，对26户定点联系企业实施税收风险管理，受到省国税局通报表扬。开展反避税调查，加大股息、红利、服务贸易对外支付等非居民税收检查。加强车辆购置税业务和档案资料规范化管理。完成铁路运输

2014 年楚雄州国税收入完成情况表

单位：万元

县（市）	全年收入合计	比上年同期增减(%)	增值税		消费税		企业所得税		储蓄存款利息个人所得税		车辆购置税		出口退税
			累计收入	比上年同期增减(%)	累计收入	比上年同期增减(%)	累计收入	比上年同期增减(%)	累计收入	比上年同期增减(%)	累计收入	比上年同期增减(%)	
楚雄市	50858	3.9	23524	-6.7	105	10.5	8093	14.2	2	-72.9	19134	15.5	1363
双柏县	6113	15.4	4172	5.5	2	100.0	1480	52.9		-100.0	459	22.7	0
牟定县	5939	19.9	4246	19.8	20	25.0	1171	46.6		-100.0	502	-15.2	160
南华县	11728	18.3	8194	12.7	231	-46.3	2293	84.9		-100.0	1010	4.0	26
姚安县	5207	12.6	2873	11.8	17	-26.1	1758	14.6	1	-85.0	558	12.3	25
大姚县	12000	0.0	9125	-3.8	4	0.0	1911	12.3	1	-85.0	959	18.2	508
永仁县	5458	-23.6	4082	-31.2	3	0.0	870	2.4		-100.0	503	40.1	0
元谋县	6278	11.3	3824	16.2	6	-78.6	1383	8.4		-100.0	1065	1.8	58
武定县	16504	-26.7	12138	-33.2	2	0.0	3653	2.8		-100.0	711	-8.8	0
禄丰县	31389	-30.8	26164	-34.5	50	31.6	3774	-5.3	1	-80.0	1400	2.9	0
开发区	762151	8.8	142980	3.8	542898	11.8	76025	-1.1	—	—	248	100.0	160
全　州	913625	5.4	241322	-6.1	543338	11.8	102411	2.5	5	-79.2	26549	13.7	2300

2014 年楚雄州国税重点税源企业一览表（500 万元以上）

单位：万元

企业名称	行业类别	增值税	消费税	企业所得税	合　计
云南红塔集团楚雄卷烟厂	卷烟制造	92035	532106	11974	636115
云南省烟草公司楚雄州公司	烟草批发	51141	10786	55008	116935
楚雄烟叶复烤有限责任公司	烟叶复烤	3406		4036	7442
云南电网公司楚雄供电局	电力供应	4384		240	4624
一平浪煤矿	煤炭开采	3812			3812
楚雄市农村信用合作联社	金融			3791	3791
楚雄德胜煤化工有限公司	炼焦	3158			3158
楚雄州吕合煤业有限责任公司	煤炭开采	3020			3020
云南楚雄矿冶有限公司六苴铜矿	铜矿采选	2834			2834
武定县农村信用合作联社	金融			2307	2307
禄丰县农村信用合作联社	金融			2070	2070
南华县农村信用合作联社	金融			2062	2062
武定县华翔经贸有限公司	铁矿采选	1744		267	2011
云南德胜钢铁有限公司	炼钢	1961			1961
楚雄滇中有色金属有限责任公司	铜冶炼	1785			1785
云南电网有限责任公司楚雄鹿城供电局	电力供应	1747			1747
楚雄城市花园房地产开发有限公司	房地产开发			1746	1746
姚安县农村信用合作联社	金融			1675	1675
大姚县农村信用合作联社	金融			1567	1567

续上表

企业名称	行业类别	增值税	消费税	企业所得税	合　计
禄丰供电有限公司	电力供应	1494			1494
云南盘龙云海药业有限公司	中成药制造	1467			1467
云南云开电气股份有限公司	配电开关制造	1445			1445
云南岭东印刷包装有限公司	包装装潢印刷	862		521	1383
云南白药集团中药材优质种源繁育有限责任公司	中药材种植	1353			1353
楚雄盛世舒苑实业有限公司	物业管理	286		1038	1324
武定县华翔经贸有限公司球团矿厂	炼铁	1275			1275
昆明钢铁集团有限责任公司罗次分公司	铁矿采选	1139			1139
元谋县农村信用合作联社	金融			1111	1111
中国石油天然气股份有限公司云南楚雄销售分公司	石油制品批发	1036			1036
云南燃二化工有限公司	化工	967			967
云南摩尔农庄生物科技开发有限公司	饮料制造	609		318	927
双柏县农村信用合作联社	金融			925	925
云南电网公司楚雄武定供电局	电力供应	886			886
元谋供电有限公司	电力供应	853			853
牟定县农村信用合作联社	金融			838	838
云南禄丰勤攀磷化工有限公司	磷肥制造	798			798
云南岭乐矿业有限公司	铁矿采选	731			731
永仁县农村信用合作联社	金融			708	708
云南美森源林产科技有限公司	松香制造	549		156	705
云南德胜物流有限公司	物流	699			699
昆明铁路局广通车务段	交通运输	686			686
楚雄吉兴彩印有限责任公司	包装装潢印刷	659			659
国营云南安宁化工厂武定分厂	化工	636			636
大姚供电有限公司	电力供应	625			625
禄丰县华鑫经贸有限公司	稀土金属冶炼	609			609
中国石化销售有限公司云南楚雄石油分公司	石油制品批发	599			599
南华供电有限公司	电力供应	577			577
楚雄昆钢奕标新型建材有限公司	水泥制品	562			562
中国石化销售有限公司云南楚雄禄丰石油分公司	石油制品批发	561			561
云南楚雄矿冶股份有限公司	铜矿采选	554			554
云南楚雄思远投资有限公司	铜矿采选	441		99	540
大姚桂花铜选冶有限公司永仁直苴分公司	铜矿采选	534			534
云南滇能楚雄水电开发有限公司老虎山水电站	水力发电	525			525
牟定供电有限公司	电力供应	515			515
永仁供电有限公司	电力供应	501			501
合　　计		196060	542892	92457	831409

和邮政业、电信业“营改增”扩围工作。年末，全州“营改增”纳税人4070户，入库增值税9970万元；纳税评估补缴入库税收3303万元。

【国税纳税服务】 2014年，楚雄州国税系统以纳税人合理需求为导向，推出一系列便民办税组合拳，狠抓“三个三”主题落地，提质提速，切实优化纳税服务。围绕打通联系服务基层和税户“最后一公里”问题，大力落实“便民办税春风行动”，全面落实“六提速、三减负、一首问和三清单”等一系列服务举措。在完善“一窗通办”服务基础上，全面推行《全国县级税务机关纳税服务规范1.0版》，统一执行纳税服务新标准，细化落实9大类171个服务项目，推出40多种业务“免填单”服务，做到一把尺子、一个标准服务纳税人，大姚县国税局被省国税局确定为示范点。纳税人对《纳税服务规范》试行情况总体满意率99.33%。统一规范办税服务场所标准化建设，全面改造提升办税服务厅功能，打造纳税服务升级版。整合楚雄城区办税服务厅业务，对楚雄市国税局、开发区国税局办税服务厅和州政务服务中心窗口业务进行整合和拓展延伸，楚雄城区纳税人就近选择办税服务厅即可办理涉税业务。建立纳税人学校，不断加强纳税服务宣传和业务辅导。开展纳税人信用等级评定工作。探索向社会购买劳务和技术服务工作。在省国税局委托第三方开展的纳税人满意度调查中，楚雄州综合得分96.78分，在全省国税系统排名第3位。

［田江华　李鸿良　王薇］

地方税务

【地税收入概况】 2014年，楚雄州地税系统组织入库税费72.12亿元，比上年增收5.95亿元，增长8.99%。其中地方税收入49.90亿元，比上年增收4.42亿元，增长9.71%，增幅排名全省第三位。地方公共财政预算收入48.09亿元，比上年增收4.01亿元，增长9.1%。征收规费20.38亿元，比上年增长7.7%，

2014年楚雄州地方税费收入完成情况表

单位：万元

项　目	楚雄市	双柏县	牟定县	南华县	姚安县	大姚县	永仁县	元谋县	武定县	禄丰县	开发区分局	直征局	总　计
一、地方税收收入合计	105305	18600	20216	31338	19462	32010	24536	20022	41277	41938	42666	101664	499034
中央	10566	1608	1947	4114	1694	3474	1408	1590	3250	6348	5389	4190	45578
省级	16485	1692	1931	4356	1658	4352	4198	2678	5050	6021	4857	12526	65804
州级												54055	54055
县（市）级	78254	15300	16338	22868	16110	24184	18930	15754	32977	29569	32420	30893	333597
1. 营业税	39166	7132	7218	7138	5377	8374	5493	6535	10480	10030	14089	24359	145391
2. 资源税	171	25	260	265	7	753	159	109	418	878	1		3046
3. 土地使用税	2114	273	308	1482	468	404	208	414	366	1922	1767	2278	12004
4. 企业所得税	8428	1469	1921	3711	1906	3170	1207	1538	3466	6705	5303	1664	40488
5. 个人所得税	9182	1211	1323	3145	917	2620	1140	1112	1950	3875	3679	5321	35475
6. 城市维护建设税	4301	436	503	871	382	721	337	499	1056	1314	2026	45688	58134
7. 印花税	1017	152	166	204	199	228	169	236	352	755	842	968	5288
8. 房产税	3360	197	390	828	216	429	258	492	397	1334	2020	1208	11129
9. 车船税	1316	168	183	351	82	223	109	298	291	634	1100	14	4769
10. 土地增值税	5153	562	723	457	811	1072	409	445	1846	522	2691	110	14801
11. 教育费附加	1890	348	344	567	257	527	288	310	677	1071	866	19994	27139
12. 烟叶税	9180	4724	4199	6636	5868	5024	3177	1645	7358	8420	234		56465
13. 耕地占用税	13375	1484	1621	4634	2125	7504	10764	5189	8985	2937	3539		62157
14. 契税	6645	419	1055	1047	846	960	817	1197	3621	1543	4506	61	22717
15. 其他收入（税务部门罚没收入）	4	7		1	1	1	2	1	13	1			31

续上表

项　　目	楚雄市	双柏县	牟定县	南华县	姚安县	大姚县	永仁县	元谋县	武定县	禄丰县	开发区分局	直征局	总　计
二、社会保险基金收入合计	63005	7649	7793	11006	7350	12648	5579	8431	9986	26735	13062	18494	191738
1. 生育保险费	702	97	77	185	74	128	89	77	159	308	200	331	2427
2. 失业保险费	4204	323	319	499	284	669	311	357	497	1222	829	1505	11019
3. 工伤保险费	1426	196	237	538	213	674	157	214	377	988	325	248	5593
4. 基本医疗保险费	30122	4132	4517	5326	4259	6272	3235	4981	5524	12129	4636	4612	89745
5. 基本养老保险费	26551	2901	2643	4458	2520	4905	1787	2802	3429	12088	7072	11798	82954
三、其他收入	4853	668	715	961	577	989	585	771	1212	2104	1392	15605	30432
1. 文化事业建设费	24	3	2	1	2	1	2	9	1	16	68	5	134
2. 残疾人就业保障金	834	100	62	137	104	73	44	99	195	143	120	287	2198
3. 地方教育附加	1201	208	197	337	145	309	171	181	410	648	584	13889	18280
4. 工会经费和建会筹备金	2794	357	454	486	326	606	368	482	606	1297	620	1424	9820
总　计	173163	26917	28724	43305	27389	45647	30700	29224	52475	70777	57120	135763	721204
2013 年各项税费收入合计	153175	24412	26529	40636	25351	46338	25445	25413	44343	86323	49912	113852	661729
2014 年比上年同期增长（%）	13	10	8	7	8	-1	21	15	18	-18	14	19	9

增收 1.42 亿元。认真践行“双成绩”治税理念，为 72037 户纳税人依法减免地方税 2.35 亿元。年内，全州地方税务系统共检查和组织企业自查 318 户，组织稽查入库收入 1.66 亿元，比上年增收 5538.50 万元，选案准确率 100%、结案率 100%、入库率 100%、稽查收入查补率 3.33%。

【地税征管改革】　2014 年，楚雄州地方税务局深入开展“征管改革深化年”活动，制定《楚雄州地方税务局税源分级分类管理和涉税事项前移工作实施方案》，稳步推进税源专业化管理改革，确定楚雄市地税局和牟定县地税局作为楚雄州征管改革试点。加强税收风险管理，制定《楚雄州地方税务局税收风险管理工作规范》，复查复核重点税收风险点 567 个，复查补税 677.79 万元。制定《楚雄州地方税务局纳税评估工作规范》，开展纳税评估 133 户，评估入库税款 667.47 万元。开展全省地税系统“依法行政示范单位”创建工作，认真开展上年度依法行政综合绩效管理和党风廉政建设责任制落实情况考核检查，扎实开展税收行政管理和税收执法责任制考核，被州人民政府表彰为上年度行政执法责任制一等奖。加大重大税务案件审理力度，审理重大税务案件 22 件，无行政复议和行政诉讼案件。稳步推进“营改增”工作。1 月 1 日起，铁路运输和邮政业纳入“营改增”试点。6 月 1 日起，电信业纳入“营改增”试点，地税部门分别向当地国税部门移交“营改增”管户 74 户和 53 户。

【地税税费管理】　2014 年，楚雄州加强营业税、资源税、文化事业建设费管理。上年度企业所得税汇算清缴企业 2364 户，应纳企业所得税 1.81 亿元；有 1283 人年所得 12 万元以上纳税人进行纳税申报，应纳个人所得税 2669.67 万元。加强“九税两费”管理，认真开展“两税”数据信息比对工作，对 2012 年度的 1159 条异常户籍数据进行比对，补缴入库税费 1334 万元。开展土地增值税清算、审核工作，土地增值税入库收入 14801 万元。运用存量房评估系统评估房产 4248 套，评估调增计税金额 22351 万元，增加地方税款 1207 万元。城镇土地使用税入库 12004 万元，比上年增收 3486 万元，增长 40.90%。完善规费“同征同管同查”工作机制，规费收入突破 20 亿元大关。

【便民办税春风行动】　2014 年，楚雄州地方税务系统深入开展“便民办税春风行动”，受理网上咨询问题 532 个，发布阳光公告 34187 条，123 项服务事项前移到办税服务厅，办税厅受理各项涉税事项 17.31 万户次。推行免填单服务 19 项，办理“免单”服务 2.24 万户次，“免填单”服务 4.21 万户次。全面贯彻落实《全国县级税务机关纳税服务规范》，星级办税服务厅实现“满堂红”，获得 2 个四星级办税服务厅，10 个三星级办税服务厅。强化国税、地税协作，国税与地税联合开展联合办证 1.05 万户、联合开展税源调查 1796 户，交换信息 4.95 万条，联合征收零散税收 512 万元。以“便民办税春风行动”为主题，开展全国第 23 个税收宣传月活动，发放宣传资料 2 万份，上门宣传 300 人次，在《楚雄日报》开设“彝州地税”专栏，发送手机宣传短信 20 余万人次。地税系统蹲企 473 户，召开税企座谈会 337 场，举办纳税辅导 268 次，收集意见建议 138 条，帮助解决企业问题 209 个。

［王家奇］

（责任编辑：周能汉）

金融·保险

金　融

【中国银行业监督管理委员会楚雄监管分局】 2014年，中国银行业监督管理委员会楚雄监管分局按照“严管理、控风险、提质效、促发展”的总体思路，切实增强监管前瞻性、主动性和有效性，进一步深化改革，改进服务，加强监管，提升质效，以监管促发展，为维护楚雄银行业稳定和金融消费者合法权益，推动彝州经济社会科学发展发挥了积极作用。至年末，全州银行业金融机构各项存款余额782.88亿元，比年初增加89.38亿元，增长12.89%；各项贷款余额499.6亿元，比年初增加70.57亿元，增长16.45%，新增存贷比78.94%，比年初上升11.76个百分点，圆满完成州委、州人民政府下达的年度融资任务。

银行业支持发展。制定《加强县域金融服务工作意见》和《促进银行业支持实体经济发展实施意见》等，落实“金十条”和“稳增长”各项措施。建立重点项目资金供需台账，引导银行业加大信贷投入，支持重点项目建设。2014年，楚雄州“3个30”重点建设项目贷款余额10.54亿元，其中年内新增4.13亿元；云南省“3个100”重点建设项目贷款余额9.55亿元，其中年内新增5.21亿元，两项贷款占新增贷款总额的13.24%。重点产业和工业转型升级项目贷款余额24.81亿元，比上年增加6.24亿元，增长33.59%。提高对小微企业贷款的不良容忍度，开展小微企业还款方式新监管政策督导，严格执行“七不准、四公开”规定，加强对不合法、不合理、不合情收费行为的治理力度，降低小微企业融资成本，解决“融资贵”的问题。采取通报、约谈等多种监管方式，加强小微企业贷款“两个不低于”指标监测考核，推动银行业加大小微企业信贷支持力度，年末全辖小微企业贷款余额167.31亿元，比年初增加19.79亿元，增长13.41%。加强银行业金融机构，特别是承担支农职责的银行业金融机构“脱农”和“三农”贷款“两个不低于”、新增贷款“三个不低于”的监测，对指标完成较差的银行业机构采取严厉监管措施，力促银行业支持“三农”发展。年末涉农贷款余额319.98亿元，比年初增加46.08亿元，增长16.82%。积极支持民生工程建设，加强水利、水电、公路、通信等基础设施建设和保障性安居工程金融服务。保障性安居工程贷款余额6.82亿元，比年初增加3.41亿元，增长99.81%。进一步调整信贷结构，积极盘活存量，提高信贷贷款的使用效率。年末，短期贷款余额171.03亿元，比上年增长25.82%；中长期贷款余额315.3亿元，比上年增长11.73%，期限配置合理度进一步改善。全年辖内银行各项贷款累计发放358.4亿元，比上年增加44.63亿元；累计收回287.83亿元，比上年增加52.04亿元。

“打击非法集资”宣传　　（中国银行楚雄分行提供）

银行业监督管理。进一步优化行政审批流程，改变审核方式，简化和取消部分许可事项。加强高管人员动态监管，将履职情况、征信状况与资格准入挂钩。年内，受理辖区银行业金融机构行政许可申请133项，核准123项，不予核准7项，正在办理中3项，组织拟任高管人员考试92人次。严格落实报表报送审核“三项制度”及报表数据质量承诺制度，开展监管统计检查，狠抓数据质量。修订“县域银行业运行情况报表”，建立健全重点风险监测台账，严密监测，深入分析，及时通报和提示，发挥统计数据综合反映与精确制导作用。年内通过非现场监管数据监测，向银行业金融机构发出6份“监管提示单”和9份“风险提示通知书”。依托劳动竞赛、现场检查等深入推进EAST系统应用，积极完成模型设计。充分发挥现场检查查错纠弊作用，规范银行业经营行为。落实查前自查承诺制和“主查人”负责制。逐步建立现场检查数据库，积极探索现场检查科技手段。对发现问题的根源深挖详查，从经营导向、制度建设等源头查找问题、漏洞。按照“三铁两见”要求，对违规问题进行严厉查处，年内累计开展现场检查19场，发现问题涉及金额17.67亿元，提出整改意见63条。实施行政处罚2项，罚款30万元，责令被查机构处理相关责任人员43人。

银行业风险防控。落实银行业金融机构风险防控主体责任和监管机构监督管理责任，签订“‘双线’风险防控责任书”，建立责任明确和科学的考核评价体系。探索监管方式，与两家法人机构和1家分支机构签订事前监管承诺书，变事后监管为事前防范，增强银行机构的自我约束力和依法经营的自觉性。严格落实差别化房贷政策，坚持按季风险提示，促进房地产平稳发展。建立落后产能、重大环境及安全生产违法违规企业台账，监测重大风险企业信贷情况，坚持促进产业转型升级。督促各银行业严守“三条”防线，坚持“四个”加强，密切监控“结构性”流动性风险。密切关注影子银行风险，开展银行同业业务督查，对中间业务开展的合规性进行现场检查，严防风险传染和交叉感染。制定《楚雄州银行业金融机构多头授信总额联动管理暂行办法》，建立客户多头融资和超过自身承受能力融资风险防控体系。重点盯防法人机构核心监管指标，严格监管标准，严防法人机构违规调整使用高管人员，违规撤销农村机构网点，造成新的金融服务空白区域，引发新的金融服务社会问题。实行案件风险排查情况按季报告和不定期抽查，督导重大案件（风险）整改，推动以查促防；加强案件风险预警和案情通报，严格案件（风险）信息报送制度执行，实施事后追责，严肃查处迟报瞒报行为。对不良贷款出现反弹和大额不良资产凸现的机构，查明原因，做好风险处置和资产保全。2014年末，楚雄全辖银行业金融机构不良贷款余额比上年增加2.95亿元；不良贷款率比上年上升0.38个百分点，风险防控有效。

银行业改革创新。2014年，楚雄州成立深化改革领导小组，大力推进银行业改革发展。积极“引银入楚”，年内完成曲商行楚雄分行开业，促成常熟农商行拟在州内设立3家村镇银行。深化金融体制改革，引导银行业金融机构下沉服务重心，发展普惠金融，提高县域金融服务可获得性和便利化水平。年内，完成富滇银行楚雄分行在元谋县设立支行。引导银行业做好基础服务、特殊群体服务，继续做好行政区划归并乡（镇）的金融服务，确保金融服务全覆盖。通过监管会议、监管巡查、监管通报，向地方政府和银行业传导政策，鼓励银行业推进差异化发展与转型。搭建平台促进银政企合作，引导银行业金融机构创新产品，推出“野生菌商品融资”、“出口订单融资”、“互惠贷”、“助保贷”等结合楚雄经济金融实际的系列信贷新产品。加强林权抵押贷款培训，制定《进一步推进林权抵押贷款工作意见》，推动银行业大力开展林权抵押贷款业务，年末，全辖林权抵押贷款4.42亿元。在武定插甸试点的基础上，在全辖农村信用社全面推行“红色信贷”业务，发放“红色信贷”户数2605户，贷款余额1.93亿元。积极开展“金融知识普及月”和“送金融知识下乡”活动。组织银行业机构人员进校园、进社区、进企业、进农村开展“金融知识普及月”和“送金融知识下乡”活动，普及金融知识、金融法规，使社会公众了解金融、认识金融，并运用金融为生产生活服务，引导社会公众远离非法集资，避免给广大群众带来损失，维护社会稳定。全年开展各项业务培训6场次，培训1100余人次；发放财务规划、个人贷款、信用卡、借记卡、银行理财、电子银行、自助设备、网银安全等业务知识和小微企业贷款、助学贷款宣传单万余份，发放打击非法集资宣传单4300余份。

［张利民］

【中国人民银行楚雄州中心支行】2014年，中国人民银行楚雄州中心支行党委团结带领全行干部职工，紧紧围绕全州经济社会发展目标，积极应对经济下行带来的严峻挑战，正确处理“稳增

2014年楚雄州10县（市）金融机构人民币存贷款情况表

单位：万元

指标类别 / 县（市）	各项存款			各项贷款			存贷比（%）	同比增减（%）
	年末余额	比年初增减（%）	同比增减（%）	年末余额	比年初增减（%）	同比增减（%）		
楚雄市	3337584	13.53	13.53	2470523	15.09	15.09	74.02	1.00
双柏县	351741	17.13	17.13	156713	24.21	24.21	44.55	2.54
牟定县	421847	18.53	18.53	234809	19.93	19.93	55.66	0.65
南华县	508898	16.16	16.16	272734	14.84	14.84	53.59	-0.62
姚安县	419245	12.10	12.10	172079	21.71	21.71	41.04	3.24
大姚县	591472	16.13	16.13	339632	16.88	16.88	57.42	0.37
永仁县	316235	18.64	18.64	144450	37.47	37.47	45.68	6.26
元谋县	498412	21.17	21.17	191191	39.35	39.35	38.36	5.00
武定县	575449	10.71	10.71	349321	19.94	19.94	60.70	4.67
禄丰县	994643	6.89	6.89	664523	7.40	7.40	66.81	0.32
全　州	8015527	13.77	13.77	4995976	16.45	16.45	62.33	1.44

长、调结构、防风险”的关系，认真贯彻落实稳健的货币政策，积极推动辖区金融改革与创新，不断优化信贷结构，努力改善金融服务，为全州经济社会平稳健康发展提供积极有效的金融支持。至年末，全州金融机构各项存款余额801.55亿元，比年初增加96.99亿元，增长13.77%；全州新增各类融资103亿元，完成计划目标的103%；各项贷款余额499.60亿，居全省第7位，比年初增加70.57亿元，增长16.45%。圆满完成年初州人代会以及州委、州人民政府下达的信贷投放70亿元、新增各类融资总规模100亿元的金融工作目标。

货币政策传导。2014年，人民银行楚雄州中心支行积极引导金融机构通过盘活存量、争取增量，提高信贷资金使用效率，继续加大对全州重大项目建设、涉农、小微、扶贫和民生领域的信贷支持。至年末，全州信贷支持最多的前6个基础行业（个人贷款及透支，制造业，交通运输、仓储和邮政业，批发和零售业，建筑业，电力、热力、燃气及水生产和供应业）本外币贷款余额合计411亿元，比上年同期增长15%；单位固定资产贷款余额119亿元，增长13.7%；涉农贷款余额320亿元，增长16.67%，高于各项贷款增速0.57个百分点；小微型企业贷款余额122.85亿元，增长24%；创业促就业贷款余额7.52亿元，扶贫贴息贷款余额4.01亿元，助学贷款余额563万元，各项民生金融领域的信贷投入平稳增长；各项金融“扶贫扶弱”政策得到有效落实，全州连片特困地区各项贷款高于全州各项贷款平均增速0.86个百分点，新增贷款高于上年同期5.08个百分点；全州农民专业合作社贷款余额2.13亿元，全年累计发放2.08亿元，完成计划目标的178%，为53户企业和668户农户提供信贷支持；全州享受民贸民品优惠政策企业32户，贷款余额4.05亿元，比上年增长52%；累计贴息939万元，增长56%，民贸贴息户数和贴息额分别排名全省第1位和第3位。从信贷投向结构看，全州银行业金融机构对重大建设项目、涉农、小微、民生领域的信贷支持力度明显加大，过剩行业的信贷投放有所减弱，充分体现了“有扶有控”的信贷政策导向。

维护地方金融稳定。加强风险监测及防范，切实维护金融稳定。完善金融风险监测手段，密切监测银行业资产质量变化情况和流动性风险状况，对最大贷款企业进行监测，重点关注房地产贷款风险状况和经济下行背景下企业不良贷款反弹情况，关注网络金融公司等新型业态和融资担保公司、小额贷款公司、部分理财业务等影子银行风险，分析当地非法金融业务对金融稳定的影响。继续加强金融稳定再贷款管理，完成“金融稳定评估系统”相关数据录入，加强风险分析调研。健全指标体系，总结完善新设银行业金融机构加入人民银行业务系统、综合评价、统合执法检查工作制度。采取“非现场管理与现场检查相结合、年度评价与日常管理相结合、全面评价与分项评价相结合”方式，对辖区45家银行业金融机构执行人民银行政策情况进行综合评价。对“两管理两综合”工作中存在的不合规行为，采取约见谈话、通报批评、限制服务等方式予以惩戒。派出检查组对中国银行楚雄分行、交通银行楚雄分行等机构进行综合执法检查，对6家违反相关金融管理法规的金融机构累计处以罚款35.3万元，有力促进了辖内银行业金融机构依法合规经营。

现金管理。坚持早预测、早储备、早摆放的原则，做到未雨绸缪、科学安排，优化券别结构，提高流通中人民币整洁度；健全完善辖区小面额现金投放长效机制，稳步推进金融机构对外支付现金全额清分和冠字号码查询工作。以商业银行对外支付假币“零容忍”为终极目标，加大反假货币管理工作力度，加快城市社区、农村乡（镇）反假货币宣传网络建设步伐，全面推进人民币净化工程。

国库监督管理。切实履行经理国库职责，做好国债发行宣传，保证国债的兑付和发行，及时准确办理各级预算收入的收纳、划分、报解及预算支出划拨业务，加强与银行、财政、税务部门的沟通协调，强化安全管理，实现了库款的“零在途”目标。全年组织辖内8家承销机构共发行销售凭证式国债4期，金额3839.04万元。全州各级国库共办理预算收入421.6亿元，比上年增长11.74%；办理预算支出323.2亿元，增长11.01%。5月30日，全州规费征缴纳入财税库银横向联网工作顺利上线，全年通过国家金库信息处理系统缴税7.43万笔，实时扣税6.37万笔，涉及金额共计15.2亿元。

外汇管理。加强外汇管理与服务，继续保持对异常跨境资金的高压态势，抑制“热钱”流入。积极致力于外汇管理政策的传导和各项配套服务措施的有效提升，扎实推进资本项下简政放权，优化投融资环境，行政许可项目从59项减少至20项，减少七成以上，使辖区外贸企业充分享受到便利化措施。2014年，全州外贸进出口完成33515万美元，比上年增长29.88%；跨境人民币业务结算量达1.59亿元，增长146.69%；辖内银行结售汇总额9393万美元，增长5.23%；结售汇顺差达4803万美元，下降23.81%，比上年同期收窄。

支付结算。年内，辖区ACS系统以及8家金融机构ACS综合前置子系统在辖内成功上线。ACS、TCBS以及大、小额支付系统安全稳定运行，业务成功率、资金交易量显著提升。至年末，组织涉农金融机构在辖内1047个村委会布放1810个惠农点，共惠及全州10县（市），实现辖内惠农支付“村村通”，平均每个村委会1.73个，累计办理资金交易业务101.04万笔，交易金额4.86亿元，为惠农支付服务商户增收202.08万元，累计查询业务103.05万笔。交易笔数、交易金额和查询笔数分别是上年末历年累计数的1.3倍、1.54倍和1.29倍。

金融统计。严格执行金融统计制度，做好存贷款旬报、快报等工作，提升全州32家小贷公司数据收集、录入的规范性和准确性。在全辖9县推行《楚雄州县域特色领域重点监测分析制度》，做好基础数据收集分析，针对全州经济金融运行中的热点、难点问题实时开展调查研究，有效促进统计成果的转化利用，提升金融统计决策服务功能。

银行卡管理。加大宣传力度，培养民众的安全用卡意识，建立刷卡无障碍示范街，银行卡受理市场环境持续改善；组织各金融机构对全州范围内的ATM机和自助银行机具进行全面排查，完善风险预警和内部控制制度，启动银行卡风险防控处置机制，创建安全稳定的银行卡支付环境。联合辖内武定县农村信用合作联社首次成功发行金融社保卡，联合交通银行楚雄分行在全省首推“出租车金融IC卡闪付应用”，积极开展银行卡的“一卡多用”、“一卡通用”探索。会同州公安局、州银监局和各金融机构，开展“ATM安全服务大检查”，建立跨部门预防和打击银行卡违法犯罪的长效机制，加大对银行卡犯罪的打击力度，提升银行卡风险防控水平。

金融消费权益保护。结合辖区实际制定《楚雄州人民银行金融消费权益保护工作指导意见》，建立完善金融消费权益保护投诉受理工作机制，在全州10县（市）开通“12363”（金融消费权益保护咨询投诉电话），畅通百姓维权渠道。要求各银行业金融机构服务客户为中心的理念，重视消费者投诉，认真落实首办责任制，对人民银行转办的相关投诉事项，要在规定时限内办理，切实做到有诉必接、有接必查、有查必果、有果必复，高效处理金融消费者投诉，提高投诉处理质量，积极稳妥地处理和化解金融消费争议。

征信管理及金融生态建设。继续做好企业信用信息数据库和个人信用信息数据库的更新、维护和管理工作。至年末，全州人民银行共受理个人征信报告查询5305人次，企业信息报告查询1021份，异常核查4182份。加强与地方党政部门和金融机构协商沟通，认真部署信用环境创建工作，积极探索借款企业信用评级模式，开展农户信用评价试点，推进城乡信用体系建设，健全信用监督和失信惩戒机制，完善信用体系建设规划。结合州内实际，拟定《楚雄州小微企业信用体系试点建设工作实施意见》、《“楚雄州小微企业信用信息系统”建设方案》，组织开展为期3个月的征信和社会信用体系建设专题宣传活动，人民银行牵头组织专题宣传29场次，160个金融机构网点、336人次参加宣传活动，发出宣传资料1.46万份；辖内银行业金融机构自行组织宣传200场，共282个网点966人次参加，发放宣传资料3.7万份。充分利用借助手机短信、微信、微博等新型传播媒介扩大宣传影响面，普及公众征信知识，着力打造“诚信楚雄”，构建良好金融生态环境。

［刘云辉］

“金融知识进校园”宣传活动　　（浦发行提供）

【中国工商银行股份有限公司楚雄分行】 2014年，中国工商银行股份有限公司楚雄分行围绕“转变发展方式、保持盈利增长、提高竞争能力”三大中心任务，坚持改革创新，坚持转型发展，坚持改进作风，全面深化一级支行管理改革，全力实施网点竞争力提升工作，积极开展“人民满意银行建设年”主题活动和“合规主题”活动，持续推进党的群众路线教育实践整改活动，深入实施“大个金、大公司、大资管、全机构”战略，加快金融创新，强化市场营销，完善内控管理，强化服务理念，各项工作扎实有序推进。年末，全行实现拨备前利润1.43亿元，实现净利润1.02亿元，人均利润28.99万元，网均利润678.27万元。年内，楚雄府后街支行被省分行命名为“文明规范服务示范单位”，楚雄分行再次被州委、州人民政府命名为“文明单位”，楚雄分行获“云南省分行精神文明建设工作先进单位”称号。

存款业务。工商银行楚雄分行继续落实和完善存款一把手负责制，大力推广储蓄存款区域竞争力管理模式，加大对优质客户的营销力度，强化金融创新，全面实施介质扩户和产品稳户，推进新兴客户市场快速拓展，突出中高端客户营销维护，增强客户服务体验感受，夯实客户基础，有效提升客户满意度，全力做好增存稳存工作。至年末，全行各项存款63.18亿元，比年初增加4.46亿元，增长7.59%。

信贷业务。工商银行楚雄分行以巩固大型客户、积极拓展中型客户、努力增加小型客户为导向，坚持城区市场和县域市场并重，密切跟进楚雄州重点建设项目，加强与州内各县（市）工商、招商、税务、工信委等部门的沟通联系，抢占信息源头，深入州辖各县域企业调查走访，开展小微企业金融服务宣传，了解中小微企业贷款需求，不断拓宽贷款品种，持续延伸业务领域，实施产品联动营销，竭力为中小微企业提供融资服务，开辟新的信贷增长点，同步推进信贷结构调整。年末，全行各项贷款余额49.13亿元，净增2.69亿元，累计发放贷款20.87亿元，累计收回贷款18.18亿元。

网点建设。工商银行楚雄分行全力抓好网点竞争力提升“十五大工程”的实施工作，把网点竞争力提升“十五大工程”与网点运营标准化管理、大零售先行先试、互联网金融创新等工作有机融合，力促网点核心竞争力得到有效提升。优化整合楚雄城区营业网点，三个一级支行顺利运行。运营标准化管理改革顺利推进，全行高低柜比例为1.18:1，有力推动了网点功能和经营转型，提升了网点运营效率和服务供给能力。积极发展互联网金融业务，开展互联网金融重点产品旺季冲刺营销活动，迅速打开“工银e支付”、“融e购”等互联网金融重点产品市场。其中楚雄师范学院学生通过“融e购”商城缴学费项目是总行确定的全国两家“融e购”商城缴学费项目之一，8月，顺利投产并成功缴费，实现缴费98笔，金额24.8万元；楚雄摩尔农庄在“融e购”的销量达600万元。

内控案防。工商银行楚雄分行进一步加强内控、案防和风险管理文化建设，通过及时提示等警示措施，全辖网点柜面共防堵住假冒开户30起、假冒挂失1起、电信诈骗9起，挽回客户资金损失15.12万元；通过对违规行为的责任追究治理，12类重点治理风险事件累计105笔，比上年减少121笔，下降53.53%；风险治理成效明显，业务运营风险核心指标得到有效压降，风险管理进一步得到加强，顺利通过了上级行对楚雄分行业务运营风险专项治理工作的考评验收。7～10月，全行组织开展了业务运营风险专项治理执法监察现场检查、重点领域案件和风险事件专项治理、信贷风险控制专项治理、中间业务专项治理等活动，严厉查处和纠正各种违法违规行为，进一步巩固内控案防基础。4月1日起，所有门卫值班人员全部外包，由保安公司管理；7月1日起，所有营业网点均配备了双保安，全面推进营业网点预案演练工作，安全保卫工作进一步加强。

［李维荣］

【中国农业银行股份有限公司楚雄分行】2014年，中国农业银行股份有限公司楚雄分行围绕州委、州人民政府经济社会发展战略，牢固树立“优质高效、安全和谐”的经营理念，实施“发展、转型、创新、控险、强管、增效”的业务经营方针，以业务经营为中心，加强基础管理，深化内部改革，加强党建、队伍和企业文化建设，全面推进“彝州绩优行”建设，为彝州经济社会发展做出积极贡献。加强队伍建设，对南华县、武定县支行副行长进行“海选”、聘任，对州分行本部3名部室总经理、本部及县支行4名副职岗位进行调整；在全行范围内公开选拔10名具有全日制本科学历的青年员工作为2014年县域青年英才培养；先后组织53人参加省分行农银大学职业轮训、10人参加省分行县支行副行长培训、12人参加省分行网点负责人培训、139人参加中年员工培训、292人参加岗位资格考试。投资333万元对5个乡（镇）网点及县域支行本部进行“职工之家”建设，改善基层员工工作、生活条件。召开职工代表大会，加强实行行务公开和试点党务公开工作，进一步畅通员工参与民主决策、民主管理和民主监督的渠道。建立州分行领导、本部部室与县支行挂钩联系制度，推动机关密切联系基层、联系实际工作作风的转变。重视对员工的关心关爱，加大薪酬分配向基层一线和业务前台的倾斜力度，建立健全困难员工帮扶救助网络，组织开展形式多样的“送温暖”活动以及向鲁甸地震灾区捐款等社会公益事业，体现农行“大家庭”温暖和负责任的企业形象。

存款业务。贯彻落实“存款增效”的经营理念，制定出台《农行楚雄分行2014年人均、日均、点均存款考核办法》，以提高“三均”为目标，开展“春天行动”、“激情仲夏”、“赢在金秋”等综合营销活动，加大对零售产品组合营销和个人中高端客户维护和拓展，营销法人客户、第三方支付账户和金融社保IC卡业务，促进存款业务发展。年末，全行人民币日均核心存款余额173.37亿元，比年初增加8.44亿元，时点核心存款余额181.28亿元，比年初增加13.49亿元，其中个人日均核心存款和时点存款分别比年初净增9.7亿元和8.3亿元。

贷款业务。加强信贷计划的精细化管理，积极对接实体经济信贷资金需求，满足客户多元化融资服务需求，资产业务呈现规模增长、结构优化、质量提升的良好局面。年末，人民币各项贷款余额103.98亿元，比年初增加13.92亿元。

三农业务。加强金穗“惠农通”工程服务点的建设和管理，年末，建成各类惠农服务点1970个，比年初净增1611个，覆盖全州855个行政村，覆盖率82.53%；交易笔数14.82万笔、交易量2.34亿元，分别比年初增长114.51%和551.71%。加大对全州民营企业、小微企业、个体工商户的扶持力度，配置信贷专项规模，支持农业产业化龙头企业、8类特色优势农产品，以及优质涉农企业和小微企业发展，保障农户小额贷款、重点惠农工程和“三农”县域民生工程的信贷需求。年末，涉农贷款余额52.39亿元，比年初增加5.82亿元；对省级和州级农业产业化龙头企业服务覆盖率达74.36%和54.27%，贷款余额3.68亿元；净增小微企业贷款3.94亿元，增长62.64%，实现银监会“两个不低于”目标；发放公租房、廉租房贷款16.83亿元，农户贷款余额17.04亿元，比年初增加3.42亿元，其中发放扶贫到户贷款1356户6242万元。

中间业务。拓宽中间业务增收渠道，全面加快电子银行业务发展，全年新建离行式自助银行69个，有在用自助服务设备208台；与移运、电信通讯运营商合作，推广手机银行、网上银行和智付通等业务；创新移动金融业务，在全省农行率先开办网上交易市场（P2P）业务。在进一步做好人民币结算、保险代理、银行卡等传统中间业务同时，重点拓展融资租赁、国内保理、信用卡商户分期、代理金融机构等新业务。年末，实现中间业务8506万元，比上年增加1036万元。

经营效益。以提升价值创造力和经

济增加值为核心，以风险管控为重点，加快经营战略转型，调整优化业务结构，清收盘活不良资产，拓宽业务收入渠道，加强资金计划管理和资金成本核算，合理配置财务资源，科学用好业务费用，经营效益创历史最好水平。

风险管控。开展“基础管理防范风险治理”活动，认真整治管理中存在的问题，建立健全各条线基础管理提升进位考核评价办法，促进基础管理精细化水平提升目标责任的落实，持续推进重点领域信用风险专项治理工作，提升了在全省农行信贷综合管理考评排名中的位次。进一步加强对操作风险的管控，按业务和管理条线开展各项操作风险自评估，对各项风险隐患进行排查整改，圆满完成“三化三铁”创建目标，提升了操作风险管理水平考核结果在全省农行中的排名位次。继续抓好案件专项治理，开展“平安农行”创建活动，自查自纠不规范经营行为，开展“合规知识竞赛”，深化合规文化教育，发挥法律对业务发展的支持保障作用，加大对发现问题整改落实和责任追究力度，及时发现或消除安全隐患。

［鲁家善］

【中国农业发展银行楚雄州分行】
2014 年，中国农业发展银行楚雄州分行坚持稳中求进工作总基调，以稳中有进、稳中提质、稳中增效为目标，努力支持楚雄州经济发展。年末，各项贷款余额 38.18 亿元，增长 5.16%；各项存款余额 10.41 亿元，增长 8.09%，不良贷款继续保持为零，各项业务经营继续保持稳步健康发展的良好势头。

粮油信贷。大力支持国家粮油收储、调销业务，做好收购贷款资格认定、最高贷款额度核定和审批权限内粮油收购贷款受理、调查等工作，保证夏、秋粮油收购资金供应。年末，购销（储）贷款余额 13.25 亿元，占全部贷款余额的 34.7%。

非粮油信贷。从支持“三农”需要为基点出发，紧紧围绕发展现代农业、提高农业综合生产能力的目标，以支持水利建设、农村路网、农村土地整理开发为重点，非粮油贷款业务得以有效拓展。年末，中长期贷款余额 20.86 亿元，占全部贷款余额的 54.63%。妥善维护农副产品加工、苗木种植等优质企业，努力为这些经营业绩好的客户增加短期活动资金贷款。年末，短期流动资金贷款余额 4.07 亿元，占全部贷款余额的 7.09%。

风险管控。认真开展基础管理年活动，夯实基础管理。加强贷款审查审议，不断提高办贷效率，共审查贷款 86 笔金额 6.5 亿元；及时准确进行评级授信，审定客户评级 70 户，其中 AAA 级 2 户、AA + 级 6 户、AA 级 6 户、AA - 级 4 户、A + 级 4 户、A 级 38 户、A - 级 4 户、BBB + 级 6 户，报省分行审批集团客户 1 户，审核最高综合授信 66 户金额 56 亿元，为贷款准入创造条件；开展“加强依法合规经营与支持实体经济发展”专项活动，强化合规经营意识，增强遵纪守法观念。

资金管理。认真编制信贷计划，积极争取信贷规模。全年上报信贷规模计划 71 笔，争取信贷规模 13.99 亿元。加强日常计划管理，及时调度资金，全年请调资金 67 笔金额 1.38 亿元，归还总行资金 10 笔金额 1850 万元，跨系统大额支付资金 3560 笔金额 44.81 亿元。加强与财政部门协调，确保财政补贴资金到位。全年州、县财政应补各类补贴 2990 万元，到位率 100%。

财务管理。加强收息工作，全年应收贷款利息 2.19 亿元，实际收息 2.2 亿元，综合贷款利息收回率 100.33%；加强财务费用管理，合理计划，均衡安排财务支出，做到财务开支票据有效、手续齐备、合规合法、公开透明。全年召开财审委会议 14 次，集体审议项目 189 个。实现财务收入 2.35 亿元、财务支出 1.64 亿元；实现账面盈利 7053 万元，比上年减少 714 万元，下降 11.26%。

内部管理。推广内部管理信息化系统，提升内部管理水平；开展内部控制评价工作，强化合规经营管理；调整机构班子，公开竞聘武定县支行行长；组织会计坐班主任短期异地交流；武定县支行、禄丰县支行和州分行营业部被省分行认定为文明单位，禄丰县支行被农发行总行授予“合规示范单位”称号。

［何正芬］

【云南省农村信用社联合社楚雄办事处】
2014 年，云南省农村信用社联合社楚雄办事处着力抓好班子建设、队伍建设、科技建设和制度建设，切实提升执行能力、创新能力，各项业务健康快速发展，支持“三农”和经济社会发展贡献度显著提升。年末，存款余额 314.75 亿元，净增 47.57 亿元，完成净增任务 45 亿元的 105.7%，率先在全州金融机构中突破 300 亿元大关；贷款余额 178.37 亿元，净增 29.7 亿元，完成净增任务 27 亿元的 109.93%，存贷款的存量、增量均稳居全州金融机构首位。实现营业收入 19.49 亿元，完成下达任务的 104.2%，比上年增加 3.76 亿元；实现净利润 4.19 亿元，比上年增加 1.22 亿元，完成 3.47 亿元任务的 120%。股金余额 10.57 亿元，全年增扩股金 1.35 亿元；拨备覆盖率 233.7%，比年初提高 24.33 个百分点；贷款损失准备充足率 244.1%，比年初上升 22.7 个百分点；资本充足率 15.25%，比上年末上升 1.19 个百分点，完成下达任务的 117.3%。

信贷业务。全年累计发放贷款 139.49 亿元，比上年增加 24.37 亿元，为彝州经济社会发展作出了积极贡献。服务“三农”主力军作用有效发挥。年末，涉农贷款余额 146.29 亿元，占全州金融机构支农贷款的 47%，存量占比 82%，净增加 25.95 亿元，增长 20.5%，涉农贷款实现“两个不低于”监管指标，其中，发放农业产业化贷款 5.99 亿元，余额 12.05 亿元；发放水利建设贷款 2.14 亿元，农田水利及基础设施贷款 1.64 亿元；支持高原特色农业企业 198 家，发放金额 10.74 亿元，余额达 13.51 亿元；支持农业专业合作社 58 户，带动农户 1586 户，贷款金额 1.89 亿元。支持中小微企业，助力实体经济快速发展。积极支持滇中产业园区、招商引资、重大建设项目和中小微企业，累计发放企业贷款 45.73 亿元，余额 67.44 亿元，比年初增加 15.43 亿元，完成小微企业

“两个不低于”监管指标。其中，支持全州园区企业118户，累计发放贷款6.49亿元，比年初增加2.2亿元，贷款余额达11.5亿元；支持滇中产业园区企业32家，发放贷款3.62亿元。勇担社会责任，民生金融服务水平不断提升。推进农户经济档案和信用评级授信，扎实开展折换卡工作；向4056人发放“贷免扶补”创业小额贷款2.71亿元，贷款余额4.05亿元，带动近7000人就业；向1.18万户农户发放小额扶贫贴息贷款3.3亿元，贷款余额3.3亿元，帮助困难群众发展生产、增收致富；发放“基层党员带领群众创业致富贷款”2130户金额1.65亿元，余额达2.16亿元，有力支持和带动近2500名农村党员和群众创业致富；通过惠农“一折通”累计兑付财政直补资金247.85万笔，金额7.07亿元；代理发放城乡居民社会养老保险资金141.62万笔，金额2.49亿元；代付烟叶收购资金近15亿元；代付移民搬迁资金近2亿元。

创新发展。积极探索“三权三证”贷款，全州10县（市）联社均已开办林权抵押贷款，支持658户，余额4.55亿元；农房抵押贷款在元谋、武定试点，支持820户，余额1.7亿元；积极探索农村土地承包经营权抵押贷款。探索出“基层党员带领群众创业致富贷款”（红色信贷）较为系统的经验办法，获得中央机关工委组织部“建设服务型机关党组织最佳案例”的褒扬。在武定举行了全省金融社保IC卡首发仪式，在永仁联社举行了全省县级联社金碧惠商卡首发仪式。在积极探索资产业务的基础上，与证券公司和同业合作，共办理创新非信贷业务25笔，为26家企业解决4.09亿元融资需求。继续用战略的思维科学规划、高效配置好网点资源，通过迁、并、改、选址新建等手段合理优化网点布局，分批分次在各县联社稳步推进标准化网点的升级改造和门头标识工作，推进全功能网点建设。在网点改造中以电子化服务为重点，充分发挥大堂经理客户识别、引导、分流和营销作用，提高自助设备的利用效率，从硬件和服务上同步提升标准化网点服务效能。2014年，科技类指标在全省排第2位，银行卡类指标在全省排第5位。

风险防控。加强对贷款的监控力度，及时对县级联社进行风险提示，加快不良贷款清收处置，全力化解贷款风险。严格落实案防责任制，从严管理干部职工，组织开展了9项专项审计工作，通过稽核审计切实消除经营管理中的风险隐患。开展各种安防演练，加大安全检查的力度、密度和深度，主动发现和排除各类安全隐患，切实提高各级员工处置突发事件能力，加快推进安防监控报警系统集中联网和金库异地值守。切实防范自助设备和银行卡的安全，制定风险防范、应急措施，加强日常维护和巡查力度。严格执行任前廉政谈话、诫勉谈话、约见谈话督办督导、交心谈心等制度，全年开展谈话23次，下发督办通知17份。

精细化管理。在合意新增贷款的管控下有效运用资金，充分用好贷款“三级”储备机制，用量和进度结构来提高收益，并扎实推进农户信用建档评级授信和法人客户信用等级评定工作。贯彻落实好省联社全员营销的理念和要求，采取高位营销、联动营销、滚动营销方法开展营销。围绕全州重点推进项目和工程，找准与地方经济发展的结合点，以支持具备融资条件和能力的需求为手段，全力拓展存款客户群体。指导各县（市）联社清理经营各个环节不合理的现金和头寸资金占用，依托省联社资金营运中心做好逆回购、同业存放等业务，提高资金收益率。办事处加强重点领域、重点环节、关键部位等方面的制度建设，在上年建立18个制度办法的基础上，2014年新建立16个制度办法，提升了权力运行的透明度。

［杨成森］

【中国建设银行股份有限公司楚雄州分行】 2014年，中国建设银行股份有限公司楚雄州分行贯彻落实建设银行总行“三个更加注重”和建设银行省分行“三个新突破”的总体目标，围绕建设银行州分行“树信心、抓转型、拼市场、强管理、控风险、上位次”的要求，坚持稳健发展，推进经营转型，大力支持和服务实体经济，各项工作创近年最好水平。年末，实现账面利润1.67亿元，比上年增加4127万元，增长32.78%。抓好精神文明建设和企业文化建设，建设银行州分行和下辖楚雄龙山分理处分别荣获“州级文明单位”称号。

负债业务。全行积极开展多种形式的营销活动，努力巩固提升存款基础地位，负债业务稳中有进。至年末，全行一般性存款余额75.89亿元，比年初新增8.70亿元，增长12.94%。四行占比21.52%，比上年提升0.9个百分点，四行排名第2位。

资产业务。继续做好大型及重点项目营销，提升中型企业贷款新增占比，加快推进综合融资业务，全行资产业务表现优异。至年末，累计投放各类贷款20.33亿元，对公贷款累投14.9亿元，个人类贷款累投5.43亿元，各类贷款余额41.27亿元，比年初新增9.96亿元，增长31.81%。四行占比19.17%，比上年提升2.86个百分点，四行排名第三。其中小企业贷款新增2.02亿，增长72.80%，涉农贷款新增5.48亿，增长54.17%，圆满完成了“三个不低于”的监管目标。

助保贷业务。大力发展企业间互保互助的“助保贷”业务，解决中小企业自有担保不足的融资难题。分别与楚雄市人民政府、楚雄市开发区管委会，禄丰县、南华县、武定县、双柏县、姚安县人民政府签订合作协议，政府风险铺底资金到位4800万元，企业缴纳助保金784.27万元，6个平台投放“助保贷”45户2.59亿元。武定狮山分理处12月29日开业当天成功发放云南建行首笔中型客户“助保金”贷款2000万元，有力支持县域经济发展。“助保贷”业务已签约平台数、风险补偿金到位平台数均排名全省第1位，全部县域机构平台签约覆盖率80%、无机构县域平台签约覆盖率50%，均排名全省第一，“助保贷”客户数、余额均排名全省第2位。

中间业务和账户客户拓展。在做好传统重点中间业务产品营销的同时，努力拓宽中间业务收入的来源。年末，实现中间业务收入4306万元，比上年增加1242万元，增长40.57%。四行占比23.60%，比上年提升5.91个百分点，四行排名第2位。继续加大对客户账户的营销拓展力度，至年末全行结算账户总量为3403户，净增473户，增长16.14%，增量、增速均居四行首位。

电子银行业务。通过组织员工培训、修订电子银行业务考核办法、举行多样化营销活动等手段，大力推动渠道分流，提升账务交易量比。至12月末，离柜账务性交易量占总量的81.75%，比年初提升4.12个百分点，提升值全省建行系统排名第3位；抓紧落实全行2013～2015年网点建设计划，楚雄城区龙江路支行、武定狮山分理处分别于11月22日、12月29日搬迁开业，年内新增离行式自助银行7个。年末，全行有12家物理网点、13个离行式自助银行和63台各类（含ATM、CRS）自助设备，客户服务能力得到进一步增强。

新业务。开展大数据产品营销，全年共办理善融贷25笔1905万元，办理网易循环贷业务40笔9602万元，全省均排名第2位；成功办理首单项目融资租赁业务1.2亿元；与州人民医院合作开展银医一体化项目于6月9日正式上线运行，有效解决群众看病难问题。

［陈建波］

【中国银行股份有限公司楚雄州分行】

2014年，中国银行股份有限公司楚雄州分行全面树立“稳中求进谋发展、进中求变调结构、变中求活抓创新”的发展思路，认真履行社会责任，积极加大对地方经济的支持力度，不断提高管理服务效能，努力实现转型变革新局面。年末，实现拨备前利润9628.07万元，比上年减少115.99万元，下降1.19%；实现净利润2153.70万元，比上年减少5127.43万元，下降70.42%。

人民币负债业务。年末，人民币各项存款日均余额为32.74亿元，比上年末增加1.89亿元，增长6.14%。其中公司存款日均余额20.71亿元，比上年末增加1.3亿元，增长6.71%；储蓄存款日均余额12.03亿元，比上年末增加5893万元，增长5.15%；各项外汇存款日均余额354万美元，比上年末增加23万美元，增长6.95%。

人民币资产业务。年末，人民币各项贷款余额19亿元，比上年末减少4.07亿元，下降17.63%。其中公司贷款余额13.07亿元，比上年末减少4.46亿元，下降25.44%；零售贷款余额5.93亿元，比上年末增加3932万元，增长7.11%。

特色业务。年内，办理跨境人民币业务4391.50万元。其中办理对公跨境人民币4354.20万元，办理个人跨境人民币37.30万元。办理对公即期结售汇业务1258万美元，办理对公远期结售汇业务121万美元，办理个人结售汇业务1570万美元，办理对公国际收支间接申报业务2119.70万美元，办理对私国际收支间接申报业务1147.16万美元。

［李应国］

【交通银行股份有限公司楚雄分行】

2014年，交通银行楚雄分行紧紧围绕省分行“转型发展年”主题和“抓存款、稳利润、控风险”主线，以“跑赢大市，争先进位”为总体目标，以“夯基础、促转型、控风险、强服务”为着力点，狠抓资产、负债业务发展，努力拓宽中间业务收入渠道，持续强化风险管理和服务提升，积极推进结构调整和战略转型，保持案防工作高压态势。内部管理进一步加强，服务能力进一步提升，发展基础进一步夯实，各项业务持续、稳步、健康发展，实现了全年“零投诉”的目标。组织参与“我的微笑、真心相伴”服务评选竞赛活动，东新支行荣获省分行“客户最满意银行”称号；组织积极参与“走进交行、感受温馨”服务明星评选活动，柜员纳宁艺、客户经理李静当选总行级“服务明星”称号；服务质量考核取得好成绩，全年在总行录像检查中，除营业部柜员在一季度有扣分点外，其他4个支行在全年均保持较好成绩；在交通银行云南省会计“示范行”创建过程中，东新支行被省分行授予“交通银行会计营运工作示范行”称号，龙梅荣获省分行营运综合业务技能竞赛全能第三、单指第一的好成绩；分行监察室被交通银行云南省分行评为纪检监察工作先进集体；授信与风险管理部荣获省分行“合规管理先进集体”称号；分行工会获交通银行云南省分行“2014年工会工作考核二等奖”；在省银协组织的考评中，营业部被评为“2014年度云南省银行业文明规范服务省级示范单位”。

资产业务。在对重点项目的营销和存量资产业务客户盘合、提升的同时，继续加大对县域经济的调研和企业营销，一批有发展潜力的中小企业成为全行的贷款客户，资产业务稳健发展。至年末，各项贷款余额21.52亿元，比年初增加3.5亿元，增长19.45%，市场占比4.31%，比年初增加0.11个百分点。日平均贷款余额19.91亿元，比年初增加4.04亿元，增长25.48%。全年累计发放贷款26.5亿元，累计收回贷款22.99亿元。对公贷款余额17.15亿元，比年初增加3.07亿元，增长21.80%。个人贷款余额4.36亿元，比年初增加4337万元，增长11.04%。对公贷款。全年累计发放对公贷款56笔7.79亿元，累计收回贷款89笔8.24亿元。累计签发银行承兑汇票403笔，签发金额11.3亿元，年末余额5.02亿元。全年累计发放个人自营性贷款479笔，发放金额1.58亿元，累计收回贷款1.15亿元，个人自营性贷款余额4.36亿元，比上年末净增4336万元，增长11.03%；累计发放实质性小企业贷款31户，发放金额1.63亿元，贷款余额1.71亿元，比上年末减少3166万元，下降15.64%；累计收回小企业贷款1.95亿元；签发小企业银行承兑汇票3户，签发金额6755万元，汇票余额3400万元。

负责业务。至年末，人民币各项存款余额35.22亿元，比上年减少5872万元，下降1.64%，完成省分行下达年度计划的负9.25%，市场占比4.51%，比年初下降0.66个百分点。人民币日平均存款余额34.32亿元，比年初减少1.7亿元，下降4.72%。对公存款余额22.16亿元，比年初减少6488万元，下降2.84%。对公存款日平均余额21.78亿元，比年初减少2.85亿元，下降11.57%。储蓄存款余额13.06亿元，比年初增加616万元，增长0.47%。储蓄存款日平均余额12.54亿元，比年初增加1.15亿元，增长10.08%。外币存款17万美元，比年初减少10万美元，下降37.04%。

风险管控。结合市场状况和区域经济特点，针对全行经营管理和客户情况，始终将资产质量和风险控制作为重要工作来安排部署。开展信贷业务风险全面排查、地方政府性存量债务风险排查、民间融资风险排查、房地产贷款风险排查、小企业潜在风险客户专项排查及违规放贷和非法集资案件风险专项排查等各类风险排查，对排查中发现的问题及时进行整改落实；强化对存量客户的风险排查，年内排查存量对公授信客户36户、小企业客户33户、个人经营类贷款客户9户，减退类授信客户10户、支持类授信客户7户、维持类授信客户61户。通过暗访及各种形式的风险排查，进一步掌握全行授信客户经营情况，把控风险隐患实行动态管理，进一步强化减退加固措施，并对排查中发现的潜在风险隐患客户进行减退，确保资产质量稳定。至12月31日，存贷比61.09%，比年初增加10.79个百分点；按五级分类不良贷款总额88万元，全部为个人不良贷款，不良率0.04%，资产质量总体保持优良水平。

反洗钱工作。切实落实反洗钱各项管理要求，建立反洗钱工作定期通报制度；组织全员开展反洗钱培训，并积极参加人民银行组织的反洗钱宣传活动；按时维护上报反洗钱系统数据。至年末，共编辑处理可疑交易564份6.94万笔，其中排除可疑交易508份6.78万笔，上报可疑交易报告56份1607笔，完成客户风险等级评定审查处理12.27万笔。

［杨发顺］

上海浦东发展银行股份有限公司楚雄分行与云南楚雄美华丰科技产业园举行《金融服务合作意向协议》签约仪式（浦发行提供）

【中国邮政储蓄银行股份有限公司楚雄州分行】 2014年，中国邮政储蓄银行股份有限公司楚雄州分行以“深化管理、深挖潜力”为主题，以“严控风险”为管理重点，以“抓机遇、调结构、拓空间”为经营重点，扎实开展“党的群众路线教育实践活动”，全力加快推进“二次转型”。随着机构优化改革的推进，在更加专业化的运营管理体系、商业模式运行下，充分依托覆盖城乡的网络优势，坚持服务“三农”、服务社区、服务中小企业的市场定位，自觉承担“普之城乡，惠之于民”的社会责任，切实践行“普惠金融”理念，通过创新发展，各项业绩取得实效。

负债业务。紧抓业务发展，实现资产负债均衡发展；依托平台管理，增强综合服务能力，充分利用VIP客户服务体系及客户管理中心，提高专业化服务；深入推进商贸结算类客户，以代收付业务为切入点，大力开发各种行业产业类客户。年末，全行各项存款余额35.15亿元，比上年末增加5.73亿元，增长19.48%。其中公司存款余额1.55亿元，比上年末增加0.14亿元，增长9.92%。个人存款余额33.60亿元，比上年末增加5.59亿元，增长19.96%。

资产业务。全行以支持州内种植户、养殖户、个体工商户及中小微企业为目标，通过问题梳理、流程再造、平台搭建等方式，以支持重点工程、重点项目、重点产业为导向，支持中小微企业发展，支持“三农”发展，保障民生，积极开展住房及消费贷款。全年累计发放各类贷款8.19亿元，贷款结余8.83亿元，比上年末净增2.52亿元，增长40.05%。其中公司小企业贷款结余4.07亿元，比上年末增加5073.86万元，增长14.24%；个人零售贷款结余4.75亿元，比上年末增加2.02亿元，增长73.64%。

风险管理。全行以风险与内控委员会为平台，以“一岗双责”要求为依据，全面搭建风险管理平台。通过加强重点领域的风险防控，关注行业集中风险问题、关注抵押类贷款风险问题、关注老客户资信状况、关注从业人员规范操作、关注行业与区域风险方面入手，严防不良贷款恶化反弹；通过强风险管理基础，客观真实做好风险分类工作，强化贷款分类偏离度管理、提高资产分类水平，做好资产客户日常监测和逾期催收管理等方面的工作，夯实资产质量；通过落实风险组织构架、明确职责定位，加强基层风险管理队伍建设、提高综合素质，强化日常风险管理和要求、完善常态工作机制，完善风险考核机制、落实“一岗双责”方面完善风险管理机制，提升全行风险管理水平，实现全年全行未发生案件或风险事件。

［李　云］

【富滇银行股份有限公司楚雄分行】 2014年，富滇银行楚雄分行以“两服务、一促进”为己任，加快转型步伐，积极服务中小企业，服务城乡居民、促进地方经济发展，不断推进品牌建设和网点布局，切实提高精细化管理水平，加强制度建设及风险管控，狠抓案件防范和安全保卫工作，以服务提升和精神文明创建工作为抓手，在持续提升富滇银行品牌影响力的同时，积极支持楚雄县域经济发展。7月24日，在元谋县设立富滇银行楚雄元谋支行。12月末，富滇银行楚雄分行内部设立了营业部、公司业务部、个人业务部3个业务部门和综合管理部、风险管理部、财务会计部3个支持部门，下辖富滇银行楚雄开发区支行、富滇银行楚雄元谋支行2个支行。年末，楚雄分行共有在册职工60人，对外营业网点3个，自助银行9个，存款余额17.35亿元，比年初增加4.88亿元，贷款余额13.82亿元，比年初增加1.48亿元，不良贷款率、正常贷款迁徙率和新增不良贷款率为零，未发生信用风险。在2014年的创建考评中，富滇银行楚雄分行获得了“云南省三八红旗集体”、“楚雄州第十批州级文明单位”、“2014年度云南省银行业文明规范服务示范单位”等称号。

［杨　樊］

【上海浦东发展银行股份有限公司楚雄分行】 2014年，上海浦东发展银行股份有限公司楚雄分行“以规模的增长，客户基础的夯实，效益的提升，风险的防控”为主线，夯实管理基础，坚守风险底线，提升经营效益，积极支持地方经济建设和发展，工作取得实效。实现利润总额4705.41万元，比上年增加5016.87万元，增长1610.75%，人均利润188.22万元。

负债业务。年末，全行各项存款余额2.55亿元，比上年末减少1.32亿元，下降34.1%。其中，对公存款余额1.84亿元，占各项存款的72.34%，比上年末减少1.76亿元，下降48.89%；个人存款余额7050.54万元，占各项存款余额的27.66%，比上年末增加4449.92万元，增长171.11%。

资产业务。年末，全行各项贷款余额9.15亿元，比上年末增加1.66亿元，增长22.16%。其中公司类贷款8.56亿元，占贷款总额的93.58%，比上年末增加1.53亿元，增长21.72%；个人贷款5872.84万元，占贷款总额的6.42%，比上年末增加1322.9万元，增长29.08%。年内共发放各类贷款81户10.01亿元，贷款从区域上覆盖州内7县（市），从行业结构上涉及百货零售、建材制造、汽车修理与维护、农产品种植收购加工销售、学校后勤服务、商铺租赁、路桥施工、建筑施工、白酒制造、园艺作物种植、中药饮片加工、磷肥制造、土地储备等13个行业，从企业规模上涉及大型、中型、中小型、微型、个人经营及消费。

风险管控。加强贷前调查工作，做实、做细贷前尽职调查，认真把好贷款审核准入关口，及时发现和化解授信业务风险点，将授信业务风险防控关口前移，做好事前风险防范；严格按照上级行授信业务审查的要求开展授信业务初审工作，把好贷款审查关口；加强贷后管理工作力度，认真开展贷后检查，充分做好信用风险的预警监测工作，发现授信企业情况异常时及时采取措施处置，避免发生信用风险损失。年末，全行不良贷款率为零，贷款风险迁徙率为零。

［罗红兰］

保　险

【楚雄州保险行业协会】 2014年，楚雄州保险业务呈现持续快速发展，累计实现保费收入17.42亿元，比上年增长18.15%，其中，寿险保费收入9.44亿元，比上年增长12.01%；财产险保费收入7.98亿元，比上年增长26.35%。累计赔款7.38亿元，比上年增长39.75%，其中，寿险赔款3.50亿元，比上年增长46.12%；财产险赔款3.89亿元，比上年增长34.48%。保险机构累计上缴地方营业税及其他税5630万元。全州12家财产险公司为税务部门代收代缴车船税4769万元，占全州该税种已征税款的98%。

配合监管。1月16～17日，配合云南保监局到牟定县召开农业保险现场工作会。1月26日，配合云南保监局做好中国保监会副主席陈文辉莅临楚雄调研政策性农房地震保险制度试点工作相关的会议服务工作。6月4～6日，配合云南保监局法制处在楚雄州开展保险机构及其高管人员任职情况巡查工作。6月19～20日，配合云南保监局保险中介市场清理整顿工作督导组在楚雄开展保险中介市场清理整顿工作督导。10月28日至11月7日，配合中国保监会检查组在楚雄开展大病保险检查工作。

维护保险消费者权益。每个季度对全州各财险公司的车险理赔服务保险消费者满意度进行了问卷调查；保险纠纷调解中心成功调解保险纠纷4起，调解金额37.8万元；协会秘书处共接到群众来信来访及投诉10起。

协调服务。与州交警支队共同制定《楚雄州轻微财产损失道路交通事故快处快赔（试行）办法》，确定各方面条件较好、新的快处快赔服务中心；继续开展楚雄州辖内道路交通事故社会救助基金管理服务工作，垫付道路交通事故社会救助基金救助申请3起，垫付金额5.73万元；组织保险营销人员资格考试289场，参考人数5809人次，合格率47.46%。

行业宣传。3月，参与开展“3·15”消费者权益日宣传活动；5月，参与开展“打击防范经济犯罪，护航改革保障民生”宣传活动；7月，组织全州各保险机构开展“7月8日全国保险公众宣传日活动”，并组织人保财险公司和诚泰财险公司开展了农房地震保险问卷调查；维护好楚雄州保险行业协会网站，不断提升网站的质量和水平；刊出《楚雄州保险信息》12期、特刊19期、农险特刊2期。

［张国琼］

【中国人民财产保险股份有限公司楚雄州分公司】 2014年，中国人民财产保险股份有限公司楚雄州分公司对标市场加快发展，强化管理提升效益，扎实推进改革转型和经营管理，各项工作取得新成效。全年实现保费收入3.45亿元，比上年增长6.6%。完成实收保费3.43亿元，比上年增长5.86%，增量保费2140万元。公司市场份额43.66%。公司开办的十大险种，实现车险2.57亿元，比上年增长9.83%，其中商业车险1.72亿元，增长14.04%；交强险8483万元，增长2.18%；农业保险3365万元，增长10.12%；意外险2492万元，增长8.21%；货运险770万元，减少25.7%；责任险705万元，减少34.8%；企财险652万元，减少33.8%；家财险531万元，增长29.45%；健康险104万元，增长437.09%；工程险90万元，减少29.45%；保证保险20万元，增长100%。

理赔工作。全年公司承担保险责任金额1113.64亿元，约为全州GDP的1.5倍。全年上缴税收1755万元，代收代缴车船税2070万元，合计3825万元。全年有效报立案5.85万件，结案5.51万件，按365天计算，平均每天处理150.88件；支付赔款1.67亿元，未决赔款准备金净余额1.15亿元；公司车险理赔周期8.56天、非车险4.85天，车险结案率94.67%，非车险结案率91.35%。2014年，公司被国家工商总局评为“守合同重信用”企业。

［麻文东］

【中国人寿保险股份有限公司楚雄分公司】 2014年，中国人寿保险股份有限公司楚雄分公司围绕年初确定的总体思路及“四稳、四提升”的总体经营目标，积极主动服务彝州经济社会，经营管理各项工作取得较好成绩。至年末，公司实现总保费3.46亿元，占全州寿险市场份额37.1%，全年共处理理赔案件1.08万件，赔付支出7861.89万元，全年在当地缴纳税款485.18万元。继续深入开展学生平安保险业务。全年为全州22.8万名学生儿童提供了21.6亿元的保险保障，处理学生平安保险赔案7170件，赔付金额680.77万元。稳步推进计划生育家庭系列保险业务。积极贯彻“构筑保险民生保障网，完善多层次社会保障体系”，在开展学生平安保险、母婴安康保险的基础上，积极推进独生子女、双女户计划生育家庭系列保险，逐步向所有家庭成员覆盖，全州参保家庭9.68万户，参保人数30.88万人，累计赔款161.9万元。大力拓展小额贷款人身意外伤害保险业务。年内，公司为全州8.56万农村借款人及贷款银行承担了34.24亿元的风险，赔款243.4万元。积极推动农村小额人身保险。把握历史机遇，积极参与地方政府快速提高农村保险覆盖面，为

2014年楚雄州保险业务统计表

单位：万元

保险分类	险种	保费收入			赔款金额			
		2014年	2013年	同比	2014年	2013年	同比	赔付率
人寿保险	意外伤害险	6140.51	4780.83	28.44%	1129.80	848.74	33.11%	18.40%
	健康险（短期）	13949.83	13085.84	6.60%	14262.30	9003.86	58.40%	102.24%
	寿险	74303.46	66407.18	11.89%	19593.36	14091.09	39.05%	26.37%
	小计	94393.80	84273.85	12.01%	34985.46	23943.69	46.12%	37.06%
财产保险	企财险	979.08	1464.87	-33.16%	127.38	116.31	9.52%	13.01%
	家财险	668.07	494.14	35.20%	315.03	275.16	14.49%	47.16%
	车险（商业险）	39946.75	31125.22	28.34%	19748.96	15197.14	29.95%	49.44%
	车险（交强险）	21364.50	18183.59	17.49%	9061.65	7699.15	17.70%	42.41%
	工程险	177.13	247.27	-28.37%	5.12	32.18	-84.09%	2.89%
	责任险	1881.52	2000.74	-5.96%	942.73	909.12	3.70%	50.10%
	货运险	968.65	1206.35	-19.70%	264.60	326.14	-18.87%	27.32%
	农业险	8873.58	4931.60	79.93%	6808.97	3070.69	121.74%	76.73%
	林业险	920.76	1.22	75372.13%				
	保证保险	16.56	16.92	-2.13%				
	人身意外伤害保险	3812.96	3384.60	12.66%	1527.21	1253.35	21.85%	40.05%
	健康险	150.89	66.23	127.83%	62.60	19.54	220.37%	41.49%
	其他险		2.80					
	小计	79760.45	63125.55	26.35%	38864.25	28898.78	34.48%	48.73%
合计	174154.25	147399.4	18.15%	73849.71	52842.47	39.75%	42.40%	

农村群众提供疾病、意外身故保障，有效弥补社会保障缺口奠定了基础。开展“3·15”消费者权益保护日宣传活动、“国寿客户节”联谊活动，并在全州举办心脑血管疾病预防、癌症防治等健康养生讲座500余场次，不断提升品牌形象和社会影响力。

［邓开聪］

【中国太平洋财产保险股份有限公司楚雄中心支公司】 2014年，中国太平洋财产保险股份有限公司楚雄中心支公司坚持“以客户需求为导向”的战略转型为目标，以“推动和实现可持续的价值增长”为经营理念，以效益为中心，经过一年的努力，综合实力显著增强，服务水平明显提高，市场份额和占比不断增加，行业地位和社会影响力稳中有升。全年共实现保费收入1.03亿元，完成年度计划114.72%，比上年同期增长73.43%，市场占比12.9%，比上年同期增加3.5个百分点；承保业务83.65万件，赔款金额5048.93万元，上缴地方税收373.69万元。年内，公司首次承保全州10县（市）的烤烟保险，共承保烤烟74.43万亩，投保12.71万户，保额9.16亿元，实现保费收入3422.71万元；出险面积约6.04万亩，定损赔付金额1980万元。

［王晓婷］

【中国太平洋人寿保险股份有限公司楚雄中心支公司】 2014年，中国太平洋人寿保险股份有限公司楚雄中心支公司围绕集团公司“重价值、优管理、重合规、优服务”的工作要求，坚持“公司价值可持续增长”的经营理念，深化落实总公司“两个聚焦”的业务发展策略，确立坚持转型、参与转型、为转型服务的工作思路，大力推进以客户需求为导向的转型发展，积极探索个人客户经营模式升级，全面完成各项任务指标。全年实现保费收入1.12亿元，比上年增长13.5%。全年理赔案件284件，理赔金额510.81万元；给付1696件，给付金额429.37万元。

［何　琼］

【中国平安财产保险股份有限公司楚雄中心支公司】 2014年，中国平安财产保险股份有限公司楚雄中心支公司秉承“专业经营、服务领先”的宗旨，坚定“迎难而上、合规经营”的发展信念，对内狠抓渠道化建设，队伍建设，稳健经营发展，对外狠抓客户满意度服务提升，遵守行业自律，依法合规经营。至年末，公司累计承保保额261.43亿元，其中车险23.03亿元、财产险138.22亿元、意健险100.18亿元；共支付赔款6577.5万元，其中车险赔款5780.8万元，财产险赔款679.9万元，意健险赔款116.8万元；共上缴税收1728万元，其中代收车船税923万，营业税及附加税805万元。

［张　辉］

【中国大地财产保险股份有限公司楚雄中心支公司】 2014年，中国大地财产保险股份有限公司楚雄中心支公司抓住“国十条”发布契机，围绕上级公司“找、控、引、建”四字方针，坚持“效益规模”同步发展为目标，走依法合规的经营之路，实现保费收入9546.88万元，超额完成省分公司下达的2753万元的保费考核任务，完成率140.54%，比上年增长48.97%，超过全州行业内22.93%的平均增速，实现利润476万元，缴纳地方税收529.8万元。全年支付赔款3787万元，结案6700件。据州保险行业协会统计，全年大地保险楚雄公司在州内产险市场份额12.05%，比上年增长1.9个百分点。年内，公司荣获中国大地保险云南分公司2014年度机构品牌宣传“先进集体一等奖”，荣获楚雄州保险系统2014年度先进信息单位二等奖和“发展贡献奖”。

［纳绍菊］

【中国人民健康保险股份有限公司楚雄中心支公司】 中国人民健康保险股份有限公司楚雄中心支公司于2008年6月9日在楚雄正式开业，自成立之日起便在政府主导，州级统筹基础上配合政府部门做好医保补充相关业务。2008～2010年，先后与州人民政府建立了由商业保险承办的楚雄州城镇职工、城镇居民、新农合大病补充医疗保险制度，逐步形成了双方共同经办管理的合作模式。2014年，公司在转型创新中努力构建政府委托业务、商业健康保险业务和健康管理业务三大业务板块，共承保政府委托业务大病保险项目3个，覆盖全州272万人口，实现规模保费1.15亿元，比上年增长10%；商业健康保险业务实现规模保费5617万元，比上年增长117%；健康管理业务搭建了组织管理构架，落实兼职健康管理人员2名，服务客户100余人。全年实现规模保费收入1.7亿元，比上年增长27%。从保费占比来看，团险保费比上年同期占比下降11个百分点，个险、银保保费占比逐步提高，业务结构调整不断优化，长期险可用费用增长到200万元。全年共支出赔款1.29亿元，比上年增长71%。6月，公司创办《楚雄健康保险信息》，至12月底共刊发内、外版12期，刊发信息文章73篇；12月17日，人保健康云南分公司在楚雄州2015～2017年度新农合大病医疗保险项目竞标中夺标，获得承保方资格。

［王远祥］

（责任编辑：安孟勤）

科学技术

科技综述

【科技工作概况】 2014年，楚雄州围绕“两强一堡”和富民强州宏伟目标，深入实施创新驱动发展战略，不断夯实创新基础、优化创新环境、培育创新人才、壮大创新产业，大力推动科技与经济紧密结合，科技创新取得显著成效。申报国家和省级科技计划项目83项，获得立项51项，争取科技经费3862万元；获批建立院士工作站2个，专家工作站1个，全州院士工作站达到4个；取得各类科技成果96项，获云南省科学技术奖2项，楚雄州科学技术奖40项；申请专利491件，获得专利授权320件，发明专利拥有量131件；新增国家高新技术企业7家，高新技术企业达到23家，实现销售收入24.1亿元，实现工业增加值28.2亿元，销售收入上亿元的高新技术企业有8家；新增省级创新型试点企业2家，总数达到11家；4个产品被认定为云南省重点新产品；楚雄经济开发区被省人民政府批准为省级高新技术产业开发区；新获省级农业科技示范园认定17家；新获省级优质种业基地认定11家；新获省级农产品深加工科技型企业认定10家；新获省级科技型农村经济合作组织认定11家；规范化种植中药材11.9万亩，生产中药材原料4.1万吨，产值5.8亿元，种植企业和农户增加收入3.5亿元；举办各类科技（普）培训班120场，培训2.4万人次，科普活动覆盖10县（市）70余个乡（镇）约29万人；科技进步对国民经济的贡献率52.1%，比上年提升1.1个百分点。

【科技项目管理】 2014年，楚雄州围绕六大重点产业发展和打好“三大战役”科技需求，转变服务方式，深入到企业、科研院所开展宣讲、组织、动员、指导，精心策划申报各类科技计划。申报国家和省级科技计划项目83项，获得立项51项，项目新增投资4.2亿元，争取到位科技经费3863万元，比上年增长22%。其中，“高产优质核桃规范化种植及深加工产业化示范”等2个项目被列为国家科技富民强县计划，“冻干脱水蔬菜加工技术产业化应用及示范”等2个项目被列为国家星火计划，“新型二氧化锰基复合造渣剂产业化关键技术应用”等5个项目被列为国家科技型中小企业技术创新基金专项，有42项被列为省级科技计划。

【科技认定】 2014年，楚雄州科技局按照科技认定实施办法，组织多个领域高新技术认定申报。全力推进高新技术园区认定和建设。楚雄经济开发区被省人民政府批准为省级高新技术产业开发区，禄丰县钛产业基地被认定为“省级高新技术特色产业基地”。楚雄云星铜材有限公司等7户企业申报国家高新技术企业认定，7户企业通过认定，全州高新技术企业总数23家，实现销售收入24.1亿元，实现工业增加值28.2亿元，其中高新技术产品收入2.7亿元，销售收入上亿元的有8家。认真办理高新技术企业享受研发费用加计扣除优惠政策，减免税收263万元。南华茂森综合利用有限责任公司等2户企业申报云南省创新型试点企业认定，2户企业均通过认定，全州省级创新型试点企业总数增加到11家。推进楚雄国家农业科技园区建设，推荐大姚县百草岭蜂业有限责任公司等19家企业申报云南省农业科技示范园认定，获准认定17家。推荐大姚县三台绿特食品开发有限责任公司等11家企业申报省级优质种业基地认定，获准认定11家。推荐云南摩尔农庄生物科技开发有限公司等12家企业申报省级农产品深加工科技型企业认定，获准认定10家。推荐申报省级科技型农村经济合作组织认定29家，获准认定11家。“三迪”牌紫丹活血片、“恒元”牌咽舒合剂、“恒元”牌咽舒胶囊、松香变性增粘树脂、“百草岭”牌大姚硬蜜、复合式组合电器、1.2%虾青素微囊粉等7个科技创新产品申报云南省重点新产品认定，4个产品通过认定。

【科技创新人才服务】 2014年，楚雄州牢固树立人才理念，创新科技人才培养和引进机制，壮大创新人才队伍。申报院士工作站3个、专家工作站1个，经省科技厅评审，有侯保荣院士工作站、梁维燕院士工作站和黄明贤专家工作站获得批准建设，每个院士工作站获得180万元的专家工作经费和1个300万元的产业化开发项目支持。申报云南省中青年学术技术带头人后备人才和云南省技术创新人才6人，有1人入选省级中青年学术技术带头人后备人才。126人被认定为省级农村科技辅导员和特派员，选派“三区”（贫困地区、民族地区和革命老区）科技人才39人，在州内开展创新创业提供科技人才支持和智力服务。

【知识产权工作】 2014年，楚雄州申请专利491件，获得专利授权320件，发明专利拥有量131件，分别比上年增长28%、68%和25%。楚雄市、禄丰县被列为省级知识产权强县试点，5家企业被列为省级知识产权试点企业。获得省级专利申请资助项目92项，州级资助项目168项。实施省、州专利技术转化项目17项，支持资金117万元。举办知识产权宣传咨询活动 11 场次，发放各类资料 5 万余份，展出各类宣传展板 100 余块，接受咨询 1.3 万余人次。开展知识产权系统联合执法检查 15 次，出动执法及检查人员 120 余人次，检查商场、超市及各类商品经营户及企业 96 家，检查各类商品 1020 种，办理专利案件 24 件，责令改正 22 件。

【科技普及】 2014 年，楚雄州开展“三下乡”、知识产权宣传周、科技活动周等大型科普宣传活动，出动各类科技人员 1200 人，发放科普宣传资料 18 万份，展出宣传展板 600 余块，举办各类科技（普）培训班 120 场，培训 2.4 万人次，科普活动覆盖 10 县（市）70 余个乡（镇）约 29 万人。加强重大科技创新成果、创新人才和科技型企业宣传力度，联合州级 3 家媒体合作制作“感动彝州科技人物”专题节目，组织相关单位参加云南省科技厅与云南广播电视台联办《科技彩云南》栏目。编辑印发《楚雄科技》（季刊）4 期 3200 余册，编辑印发《楚雄科技》（信息）7 期 560 份。完成州科技局重点工作通报 61 项、重要事项公示 24 项，做好政务信息查询 96128 专线工作。

【民生科技】 2014 年，楚雄州在姚安县实施粮食高产创建示范项目，建立高产创建示范区 2 万亩，其中两个百亩核心区、两个千亩示范区、两个万亩展示区。在南华县实施马铃薯高产创建示范区 1 万亩，有千亩连片展示区 2 个，平均单产 2600 千克；百亩核心展示区 3 个，平均单产 2800 千克。在永仁县莲池乡羊旧乍村委会和武定县白路乡小井村委会实施光伏取水示范项目，解决当地群众 335 户、4100 头大牲畜饮用水问题，1650 亩山地抗旱保苗。

［李德江　杨朝俊］

科研与应用

【中药材种植】 2014 年，楚雄州全力打造天然药业，创新药材发展理念，用中药现代化思路和“大中药”理念指导中药材发展。州级科技专项经费支持生物医药产业发展项目 22 个，支持经费 170 万元，其中中药材种植方面 15 个项目，支持经费 118 万元。向省科技厅争取项目 8 个，到位资金 170 万元，主要用于人才培养、平台建设、新产品开发和中药材种植。中药材种植 36 种 11.9 万亩，比上年增长 64%。生产中药材原料 4.1 万吨，产值 5.8 亿元，种植企业和农户增加收入 3.5 亿元。有中药材种植企业和专业合作社 51 家，创建示范样板 28 片。种植面积较大的有续断 3.82 万亩、白扁豆 1.11 万亩、玫瑰茄 7097 亩、三七 6609 亩、茯苓 6046 亩、红花 5466 亩、龙胆草 5067 亩，7 个品种种植面积 7.96 万亩，占总种植面积的 66.78%。武定、双柏和大姚 3 个省级“云药之乡”种植面积 8.73 万亩，占全州种植面积的 73.29%。有省级中药材种植科技示范园 2 个，省级中药材深加工科技型企业 1 个，省级中药材良种繁育基地 3 个，2 个中药产品获得云南省重点新产品认定；7 家生物医药企业为高新技术企业，2 家生物医药企业为创新型试点企业，3 个生物医药企业建立院士专家工作站。云南新源药业有限公司申报的“云续 1 号”，云南白药集团中药材优质种源繁育有限责任公司申报的“白药滇重楼 1 号”和“白药滇重楼 2 号”，获云南省园艺植物新品种证书。

【院士专家工作站建设】 2014 年 11 月 10 日，云南爱尔发生物技术有限公司与中国科学院海洋研究所侯保荣院士合作共建的“侯保荣院士工作站”建立，围绕雨生红球藻产业化和天然虾青素产业化关键技术开发和应用、研发基地建设及高级工程技术人才培养基地建设等方面开展深入合作，为企业集聚创新资源，突破关键技术，优化雨生红球藻天然虾青素产业化技术。公司利用荒山资源产业化生产天然虾青素形成新型产业模式，雨生红球藻养殖 30 余万平方米，成为雨生红球藻生产供应商。11 月 26 日，楚雄中高光热太阳能产业基地有限公司与中国科学院理化研究所梁维燕院士合作共建的“梁维燕院士工作站”建立。梁维燕院士工作站是云南省太阳能光热发电领域唯一一个企业院士工作站，致力于“分布式太阳能光热碟式发电机组优化控制及并网技术研发”项目实施，研究解决太阳能光热碟式发电机及控制系统开发等技术难题，以公司为主导，梁维燕院士及专家团队为核心，太阳能热声发电技术创新为导向，共同进行太阳能热声发电系统研究，将太阳能热声发电系统产业化。8 月 12 日，楚雄德尔思紫胶有限公司与郑州大学黄明贤专家合作共建“黄明贤专家工作站”建立，致力于“年产 2600 吨紫胶深加工产品产业化”项目实施，合作开发紫胶改性技术及紫胶桐酸提取技术，紫胶系列产品产业化开发。

【科技入滇对接活动】 2014 年，楚雄州遴选科技需求信息 44 个，其中，科技成果需求 10 个，科研平台需求 4 个，科技合作项目 8 个，人才和团队需求 18 个，科技投融资需求 4 个，参与科技入滇活动。组织有技术需求企业，参加对接洽谈，赴天津、重庆、广州等地的科研院所和高校，按照“科研平台落地、科技成果落地、科技人才团队落地”目标宣传推介和洽谈。楚雄开发区管委会邀请省科技成果转化服务中心、云南东陆投资咨询有限公司到楚雄召开融资项目对接会，与企业“一对一”融资需求洽谈。楚雄安友畜牧业有限公司与华南农业大学达成长期合作意向，聘请江青艳教授为技术顾问，共建“楚雄华农动物福利研究所”研究示范动物福利养殖技术，把安友公司建设成为华南农业大学的学生实习基地和技术扩散基地。

【撒坝猪新品种系选育】 2014 年，禄丰县双丰良种猪有限公司申报滇撒猪新品种繁育及养殖技术推广项目，被国家科技部列为科技富民强县专项行动计划。项目总投资 1150 万元，获国家科技经费扶持 200 万元。项目重点是加强种猪适应性、体型及肢蹄结实度的选择，提高滇撒二元母猪整体质量，利用企业良种猪群基础、技术力量和设施条件，培养出更加适应云南高原气候和饲养管理条件的撒坝猪新品种系，通过科学育种措施，稳定撒坝猪产仔多、母性强、耐饲料等杂交遗传性能，提高生长速度和瘦肉率。企业每年向养猪示范户提供二元优质母猪3000头，全县发展滇撒猪标准化健康养殖示范户100户，年生产标准化优质滇撒商品猪15万头仔猪33万头。

【光伏光热建筑一体化项目】 2014年，云南昆钢钢结构有限公司在禄丰县实施“光伏光热建筑一体化集成技术及产业示范”项目，获得省科技厅立项支持。太阳能光伏光热一体化能够有效降低光伏组件的温度，提高光伏发电效率，将太阳能技术与建筑技术结合，有助于获得光伏发电、非跟踪聚光光伏发电、太阳能主被动供热和采暖等应用技术，推进节能减排，打造绿色建筑品牌，为建设综合节能建筑做出技术示范。

【果蔬果脯磁化腌制工艺技术研究及示范】 2014年，元谋金孔雀食品有限公司实施“果蔬果脯磁化腌制工艺技术研究及示范”项目获国家科技型中小企业创新基金立项支持。项目主要针对果蔬果脯腌制工艺进行研究，采用磁能积（MGOE）为5600高斯的钕铁硼，高能磁磁化过的液体腌制，改变液体分子结构，使原来的大分子团液体变成果蔬易吸收的小分子团，增加液体活性及含氧量，改变液体酸碱度，使液体呈弱碱性。技术应用后，可缩短果脯腌制时间，防止果脯腌制中的美拉德反应，有效降低果脯加工成本，提高产品质量。“元谋县果脯生产新技术、果汁新产品开发产业化及公共检测服务平台建设项目”得到省科技厅立项支持，获项目经费150万元。改造原有果脯生产线，在传统工艺基础上，通过测定基础数据，建立稳定工艺配方方案，重点解决原有工艺加工时间长、成品含糖量高、易造成环境污染等问题；进行果汁生产工艺研究，开发红番茄汁、黄番茄汁、酸角汁、芒果汁和葛根饮料等，提高产品多样性；建设公共检测服务平台，开展初筛、常规检验及现场食品质量安全监督检测。

【滇重楼科技计划项目】 2014年，云南白药集团中药材优质种源繁育有限责任公司按照中药材GAP规范化生产综合技术要求，与中国医学科学院药用植物研究所等科研院所合作，建立优质滇重楼种源圃，实施“稀缺药材滇重楼优质种苗基地建设及规范化种植关键技术示范推广”等科技计划项目。开展滇重楼种子育苗过程中的产地环境、种子处理、播种育苗、田间管理及病虫害防治和种子采收等系统研究，在滇重楼种子种苗生产关键技术上取得重大突破，制定出台针对性强、操作简便、易于推广的《滇重楼种子种苗规范化生产标准操作规程》，为滇重楼种子、种苗规范化、规模化生产提供技术保障和技术规范。云南白药集团中药材优质种源繁育有限责任公司通过10余年努力，收集和保存了世界上已报道的24种野生重楼中的23种，发现和命名新种3个，建成世界上最大的重楼种质资源库。公司申报的“白药滇重楼1号”和“白药滇重楼2号”获云南省园艺植物新品种证书。

【科技重点新产品认定】 2014年，楚雄州有4种新产品获得省科技厅重点新产品认定，这4种重点新产品是南华松香厂生产的松香变性增粘树脂、大姚县百草岭蜂业有限责任公司生产的“百草岭”牌大姚硬蜜、云南楚雄天利药业有限公司生产的“三迪”牌紫丹活血片、云南金碧制药有限公司生产的“恒元”牌咽舒胶囊与舒合剂（口服液）。

【楚粳31号选育】 2014年5月7日，“稳产水稻新品种‘楚粳31号’的选育”成果鉴定会在省科技厅举行。经省级同行专家鉴定，该成果总体水平达到高原粳稻育种研究国内领先水平。楚粳31号是楚雄州农科所2000年以牡丹江90－267为母本、楚粳24号为父本杂交，经10年育成的粳稻新品种，2010年通过云南省审定，具有高产、稳产、品质好的特性，适宜云南省海拔1500～1850米的稻区种植。该品种审定以来在省内楚雄、大理、曲靖、临沧等8个州（市）推广应用，经专家测产比较，比当地主栽品种增产10.74%～11.29%，生产上表现出秧龄弹性大、耐迟栽、分蘖强、成穗率高等特性。2011～2013年推广种植78.80万亩，新增稻谷5.47万吨，新增产值1.53亿元，经济效益社会效益显著。

［李德江　王天明　郭绍云　赵定勇］

科普与知识产权宣传

【科学普及】 2014年，楚雄州以“科技支撑发展，科技惠及民生”为主线，突出“节约能源资源、保护生态环境、保障安全健康”重点，开展科技惠民宣传服务。1月9日，在姚安县光禄镇启动楚雄州2014年文化科技卫生“三下乡”集中示范活动。5月17～24日，按照国家科技部、省科技厅的统一部署，围绕“科学生活创新圆梦”为主题，在楚雄市桃源湖广场举办科技活动周集中示范活动，30余家部门、企事业单位260余名科普人员参加活动，开展食品安全、生态环保、防灾减灾、低碳节能、健康生活等科普宣传及义诊、科技成果、新产品展示活动，制作展板，发放各种科普宣传资料2万余份（册），接待咨询义诊群众2000余人次。第16届中国科协年会“院士专家科普报告彩云行”走进楚雄，在楚雄师范学院、楚雄一中等6所学校举办院士专家科普报告；州内7家科普教育基地开展主题科技活动周科普活动，楚雄州博物馆举办流动博物馆展览、楚雄彝族文化展演、文博知识有奖竞答活动等。禄丰世界恐龙谷开展“公众畅游科普教育基地大联运”活动，实行景区门票优惠，举办恐龙与地质科普展览、恐龙科普学堂。全州10县（市）在县城开展科技活动周集中示范活动，出动科技宣传人员2500余人，悬挂布标200余条，发放宣传资料20余万份（册），接待咨询4万余人次。举办各类科技（普）培训班120场，培训2.4万人次，科普活动覆盖10县（市）70余个乡（镇）约29万人。

【科普项目】 2014年，楚雄州围绕科

普教育基地能力提升、精品科普教育基地打造和科普培训，组织武定、姚安、南华等县针对少数民族和民族地区开展科普工作为重点申报省级科普项目4项，项目总投资85万元，武定、南华两县被省科技厅列项支持。州级实施科普惠民计划，建设禄丰县科技信息化服务示范平台和摩尔农庄核桃种质博物馆科普示范基地，补助州级科技（普）资金40万元，云南摩尔农庄生物科技开发有限公司在楚雄紫溪山建成摩尔农庄核桃种质博物馆，建设“世界核桃种质博物馆”和“核桃种质资源圃”，成为集中展示核桃人文史，核桃科研、育繁种、教学、旅游观光科普教育基地，拍摄企业品牌音乐电影《摩尔之恋》。

【元谋“云南省热区生态农业科技园”建设】　云南省农业科学院热区生态农业研究所位于楚雄州元谋县，是一个拥有3个基地、5000余亩集生态农业、蔬菜、热作资源、现代草业研究的科研基地及科技综合示范园区，被省科技厅列为云南省科普教育基地，命名为“云南省热区生态农业科技园”。2014年，省农业科学院热区生态农业研究所加强基础设施建设，提升科普示范与培训能力，做好科普教育工作，着力打造冬季科普旅游基地。推进5000亩科研基地建设中实行科研试验示范与科普示范，推进科普设施建设。配合元谋县人民政府，规划建设元谋公园，打造县城居民休闲和科普旅游基地。为研究所的200余个树种和1000余种植物资源挂上“身份证”（即标识牌）。投资80万元建成能够容纳170人的多功能科技培训教室；投资60万元建设科技成果展示厅，展示科技成果，普及农业科技知识。建成干热河谷地区独有的热带植物景观，接待科普游客1.56万人次（小丙岭农业综合开发科技示范园区0.6万人次，研究所部基地0.86万人次，苴林基地生态复合试验示范区0.10万人次），开展各类农业科技科普培训120场1.56万人次，20名专家通过“三农通”专家服务平台接受电话咨询110余次、平台短信服务1000条。年末，“云南省热区生态农业科技园”有科技培训楼2200平方米，实验室300平方米，收集和引进植物资源2000余份，获得科技成果奖35项，发表论文438篇，出版专著18部，获技术发明专利权15项、新品种审定登记4个、绿色食品认证10个，申请注册商标3个，制定地方标准13项，相关作物技术规程20余套。

【知识产权保护宣传】　2014年，楚雄州科技部门组织科技人员参加国家知识产权局专利行政执法办案业务知识竞赛，举办知识产权宣传咨询活动11场次，发放专利、商标、著作权、植物新品种权、药品管理、质量标准等宣传材料5万余份，展出各类宣传展板100余块，接受咨询1.3万余人次，开展各类知识产权业务培训1000人次。知识产权系统组织联合执法检查15次，出动执法及检查人员120余人次，检查商场、超市及各类商品经营户及企业96家，检查各类商品1020种，办理专利案件24件，责令改正22件。

【专利转化项目】　2014年，楚雄州实施省、州专利技术转化项目17项，支持资金117万元。云南摩尔农庄生物科技开发有限公司“一种保持蛋白原味品质的植物蛋白饮料的加工方法”专利在植物蛋白饮料生产中应用和元谋利明脱水蔬菜有限公司“保持食用菌原味和营养成分的即食型生物制品及其制备方法”专利在冻干食品开发中应用，获得省立项支持40万元。在州级科技计划中，4个县（市）和11家企业获得州级知识产权保护与转化专项及知识产权强县试点项目立项，下达经费77万元。至年末，省、州专利转化项目投入资金超过350万元，带动企业投资超过1.6亿元，为企业增加营业收入超过2.7亿元，上缴利税2100万元，实现利润3160万元。

［李德江　白凌　蔡志辉］

科技成果

【科技成果管理】　2014年，楚雄州科学技术奖评审委员会办公室按照《楚雄州科学技术奖励办法》的规定，受理96项申请评审的科技成果，其中申请突出贡献奖1人，大农业类请奖成果40项、工业类24项、医疗卫生类23项、应用研究基础和软科学研究8项。按有关规定，通过坚持标准、科学评价、严格筛选、认真审查后，推荐评审委员会评审科技成果43项。按请奖类别分，突出贡献奖1项，自然科学奖2项，技术发明奖3项，科技进步奖37项。2013年度请奖成果有4个特点：

科技成果请奖类别较为齐全，涵盖领域进一步拓宽。请奖项目中，有突出贡献类、自然科学类、技术发明类、科技进步类4个类别的成果，请奖类别较为齐全；请奖项目除包含农业、工业和医疗卫生等领域外，交通工程、水利工程等领域的成果在间隔多年后有项目提出请奖，请奖项目涵盖的领域进一步拓宽。

拥有自主知识产权成果数量大幅增加。除突出贡献奖申请者外，请奖的42项科技成果所获自主知识产权在数量上大幅增加，在质量上也有提高；42项科技成果共申报专利52件，取得专利授权32件；获得云南省品种审定证书3个，科技成果的科技内涵和市场价值显著提升。

成果完成人员层次逐渐提高，结构不断优化。在355名成果完成人员中，拥有博士研究生学历的9人、拥有硕士研究生学历的50人、本科学历的201人，本科及以上学历的人员在成果完成人员中占73%，拥有中级以上技术职称的占71.8%；35岁以下的87人，占24.5%；35～55岁的251人，占70.3%；56岁以上的17人，占4.8%，年龄结构更趋合理。

请奖成果技术水平和经济社会效益显著提高。请奖成果科技水平比往年有较大提高，除突出贡献奖申请者外，请奖的42项科技成果中，达到国内领先水平4项，达到国内先进水平11项，两类合计占37.5%。这些科技成果的应用，取得良好经济效益和社会效益，其中，楚雄州水务局与楚雄欣源水利电力勘察设计有限责任公司共同完成的“堆石混凝土技术在水利工程中的应用”项目，引进先进自密实混凝土技术，在永仁县拉里么小（一）型水库大坝施工中进行应用，大量减少水泥用量，工程质量得到提高，缩短工期1年，节约施工成本793.84万元，并使灌区人民群众提前1年受益，项目技术在水利、水电、公路、铁路、市政、电力等领域都具有广阔的推广应用前景。楚雄州农业科学研究推广所完成的“杂交玉米新品种楚白单5号选育及推广”，选育出稳产、抗旱的优良玉米新品种“楚白单5号”，于2011年11月通过云南省农作物品种审定委员会审定；2011～2013年在全省累计示范推广3.5万亩，平均单产585千克，比对照品种亩增产41.35千克，共增粮食144.73万千克，按玉米市场价格每千克1.8元计，新增总产值260.51万元。云南摩尔农庄生物科技开发有限公司完成的“规模化自动化优质核桃饮料生产工艺技术研发及应用”项目，立足于开发丰富的核桃资源，按照ISO2000标准，完成核桃饮料生产过程中去皮脱涩、磨浆、浆渣分离、高压均质、灭菌等主要生产环节工艺技术的研发及应用，建成年产5万吨核桃饮料自动化生产线，项目工艺流程和技术方案科学合理，设施先进，达到国内同行业先进水平，该项目于2012年1月投产，2年来累计实现销售收入8.74亿元，上缴税金2321.72万元，并惠及广大核桃种植农户，经济效益社会效益显著。

【州级科技成果奖励项目】 2014年，按照《楚雄州科学技术奖励办法》规定，楚雄州科学技术奖励成果经州科学技术奖评审委员会评审，州科学技术奖励委员会审定，并在《楚雄日报》和楚雄科技网上公示，评出2013年度楚雄州科学技术奖奖励成果40项，其中一等奖2项，二等奖6项，三等奖32项；成果奖金共计60万元，其中一等奖2项10万元、二等奖6项18万元、三等奖32项32万元；按科技成果奖励类别分，突出贡献奖空缺，自然科学奖2项，技术发明奖3项，科技进步奖35项。

自然科学奖。二等奖：钛合金材料的动态力学行为及其微结构演化机理研究（楚雄师范学院，孙坤、徐媛、向文丽、自兴发、钟卫、叶青）。

三等奖：γ-氨基丁酸A受体β3亚基（GABRB3）基因多态性与彝族精神分裂症的关联研究（楚雄州第二人民医院，何金华、普建文、李中才、王敬龙、封正敏、吴国平、董青、风华、李斌）。

技术发明奖。三等奖：（1）“一种花椰菜杂交制种的花期综合调控方法”发明专利转化应用（云南思农蔬菜种业发展有限责任公司、云南省农业科学院热区生态农业研究所，杨长楷、木万福、麻继仙、李思武、沙毓沧、唐正富、李树万、杨龙、陈光平）；（2）普洱速溶茶工艺技术研究及新产品开发（楚雄州百草岭药业发展有限公司，曹志坚、周绍光、李光杰、杨群金、冯明永、刘建、刚何斌）；（3）松香浅色化发明专利在松香树脂MP120S产品中的应用（南华松香厂，李发中、刘燕、字洪兵、鲁世友、石剑锋）。

科技进步奖。一等奖：（1）规模化自动化优质核桃饮料生产工艺技术研发及应用（云南摩尔农庄生物科技开发有限公司，张跃进、邢开国、李建忠、杨文、汪兰、黄翔、刘思严、汤道勇、王晓亮）；（2）彝族药“化毒灵胶囊”治疗艾滋病感染期临床研究（楚雄州彝族医药研究所、楚雄州中医医院，杨本雷、何亚迪、钟继红、许嘉鹏、滕英、陶忠芬）。

二等奖：（1）稳产水稻新品种“楚粳31号”的选育（楚雄州农业科学研究推广所，李开斌、黄光和、阮文忠、张天春、除加平、黄文兴、曹利民、王正伟、孙国亮）；（2）滇重楼种子种苗规范化生产技术研究及示范推广（云南白药集团中药材优质种源繁育有限责任公司，赵庭周、樊启龙、王卜琼、马青、魏明、周国华、杨成金、周朝训、黄国宾）；（3）红塔特色中式卷烟分组分模块制丝生产线工艺质量控制技术研究（红塔烟草集团有限责任公司楚雄卷烟厂，彭黎明、戴永生、李伯恒、徐合磊、布旭亮、孙强、毛勇、李泰、鲍治华）；（4）堆石混凝土技术在水利工程中的应用（楚雄州水务局、楚雄欣源水利电力勘察设计有限责任公司，张家明、上官志毅、杨洪、李应科、文祥、段红林、彭金盛、谭孝萍）；（5）主动脉内球囊反搏（IABP）治疗心源性休克的临床应用（楚雄州人民医院，刘晓明、张远飞、晏国锋、杨翠琼、张莉梅、温绍昌、王元章、钱爱新、胡文龙）。

三等奖：（1）利用荒山资源培养微藻及产业化推广应用（云南爱尔发生物技术有限公司，刘建国、张勇、梁文伟、吴秋瑾、袁毅、王兴勇、杨秋林、许华荣、李凌）；（2）牛肝菌等四种珍贵野生食用菌资源可持续利用技术的研究及推广（楚雄州林业技术推广站、楚雄宏桂绿色食品有限公司，杨彝华、施庭有、白宏芬、周平忠、余艳、李向梅、刘增军、慕丽琴、自正权）；（3）杂交玉米新品种“楚白单5号”选育及推广（楚雄州农业科学研究推广所，张运锋、黄光和、樊应虎、陆秀春、韩学坤、李昌元、欧阳军、苏正飚、王学辉）；（4）杂交玉米种“彩稼8号”选育（楚雄市益农农业科技开发有限公司，刘益、陈曦）；（5）多丝量大茧型、高抗性桑蚕新品种引进试验试繁研究（姚安天硕蚕种有限公司，阎跟东、王兆学、雷晓丽、崔绍顺、刘维国、房德文）；（6）高品位生丝四眠蚕品种“苏秀×春丰”应用与推广（云南新丝路茧丝绸有限公司，邱训国、沈卫德、李兵、管竞芳、严松俊、汪玲、花仕宽、章晔、潘时山）；（7）年产2500吨精制蜂蜜低温保鲜工艺技术升级开发应用（大姚县百草岭蜂业有限责任公司，陈建祥、葛燕玲、张晓芹、李一萍、肖梅）；（8）楚雄州烤烟人工防雹关键技术研究与示范（云南省烟草公司楚雄州公司、楚雄州气象局，冯柱安、杨光焕、段应泽、晏飞、赵勇、周家勇、陈岗、杨蓥、赵敏）；（9）山洪灾害防治州级预警平台气象信息处理技术研发应用（楚雄州气象局、楚雄州水务局，杨传荣、杨海抒、吴志宏、戴华敏、马永林、石有彪、罗丽、杨凤琼、郑秀琼）；（10）高频焊接H型钢生产线关键技术研究（云南昆钢钢结构有限公司，高成隆、成耀华、钱瑾、姜庆九、李小伟、郑晖、吴启荣、陈勇、张建刚）；（11）冷轧钛带卷双向双功能剪切加工技术研发及应用（云南钛业股份有限公司，史亚鸣、范勇斌、蒋泰旭、杨娜、谭兴元、徐明高、何昱波、黄晓慧）；（12）选矿厂磨机全静压轴承改进与应用（云南楚雄矿冶有限公司，李连鑫、李中彪、邹尤森、曾智、洪跃堂、汪文彪、李信、刘嘉荔、刘中华）；（13）楚雄州农村现代商品流通服务体系建设发展规划及研究（楚雄师范学院，张无畏、施剑波、李明、郭树华、向刚、杨桂红、李贵平、杨胜、彭红丽）；（14）公安系统综合绩效考评管理信息系统研发及应用（楚雄州公安局，深圳市星火电子工程公司，曹卫东、赵树礼、杨义勇、王正能、郑礼俊、王皓冬、赵有能、陈俊宏、尹世勇）；（15）基于元数据表单设计技术的楚雄州工业经济监测管理系统研发（楚雄州工业和信息化委员会、湖南科创信息技术股份有限公司，苏铸红、罗怀云、罗绍辉、鲍海峰、彭大为、张玉强、许天禹、戴弃痕、杨瑞）；（16）圆压圆烫金设备引进与工艺研究应用（楚雄市鹿城彩印有限责任公司，曾进、曹志刚、罗杰、朱天伟、周永武、孙进荣、金学宏、高俊森、谭磊）；（17）预应力智能数控张拉系统在石羊江大桥建设中的应用（双柏县交通运输局，苏培超、李正勇、张振洲、李学鹏、普海龙、杜发毅）；（18）桉叶油素纯化关键技术研究应用（桉叶油素纯化关键技术研究应用，张玉华、张永杰、孙琼菊、孙泽松、连光菊、王福兰）；（19）新型硬质合金挖掘机斗齿研制（永仁力鑫钒钛低铬合金球有限公司，吴盛发、周元昆、董全娥、周可）；（20）微创漏斗胸矫形术（改良 Nuss 手术）的临床应用研究（楚雄州人民医院，詹烜、任中华、李轶川、杨晟杰、丁伟峰、欧丽华、李晓芳、钟崇斌、常灿辉）；（21）自膨式支架治疗颈动脉狭窄的临床应用（楚雄州人民医院，吴卫华、吴庭书、刘晓明、段丽琼、谢庆丽、谢崇武）；（22）自动痔疮套扎术联合外剥内扎术治疗混合痔 120 例临床疗效观察（楚雄州中医医院，李洪燕、刘春贵、许嘉鹏、何成华、张惠珍、王雨媛、杨冬梅）；（23）短刺针法配合电针治疗腰椎间盘突出症研究（楚雄州中医医院，耿文中、杨本雷、许嘉鹏、罗应保、李育红、严成龙、王建辉、康有周、杨国卉）；（24）楚雄州 35～59 岁农村妇女宫颈癌发病现状调查（楚雄州妇幼保健院、楚雄市妇幼保健院、禄丰县妇幼保健院，庞玲、陈勇、王之聪、金雪芳、陈奇、杨英娉、周永存、褚勇、胡永华）；（25）金丝马尾连等三种彝药体外抑菌活性研究（楚雄医药高等专科学校，林逢春、路则宝、李燕琼、杨宏仁、王晓明、昝雪峰、代立云、张加林）；（26）经皮腰椎间盘切吸术治疗腰椎间盘突出症（楚雄市人民医院，赵自忠、陈志坚、李俊红、吴梅、沈廷强、周艳华、周尚花、何洁、李家兰）；（27）牟定县结核病流行特征研究及防治（牟定县疾病预防控制中心，王本信、李建芬、普显珅、易国锋、洪英、普华和、李艳、冷兆建、罗林）；（28）云南省缉毒民警的情感倦怠及心理危机反应状况调查（楚雄州公安局人民警察培训学校、云南省楚雄人民警察培训学校、全国公安民警心理训练楚雄实验中心，邱文华、尹世勇、赵宗伟、陈晓琳、吴胜涛）。

【两项成果获云南省科学技术奖】 2014 年，楚雄州按照《云南省科技厅关于 2014 年度云南省科学技术奖励推荐工作的通知》要求，对照云南省科学技术奖励办法，组织符合奖励条件的成果申报云南省科学技术奖。推荐楚雄师范学院完成的“纳米银制备及其表面增强拉曼光谱研究”、楚雄州农业科学研究推广所完成的“稳产玉米品种楚单 7 号选育及推广”、武定县农业技术推广服务中心完成的“杂交玉米新品种‘武玉一号’的选育及推广”等 5 项成果申请云南省 2014 年度科学技术奖。经审定，推荐上报的 5 项成果中，有 2 项获 2014 年度云南省科学技术奖，楚雄师范学院完成的“纳米银制备及其表面增强拉曼光谱研究”获省自然科学奖三等奖，州农科所完成的“稳产玉米品种楚单 7 号选育及推广”获省科技进步奖三等奖。

［李德江　赵定勇］

科技协会

【科协组织建设】 2014 年，楚雄州成立社区科普协会 22 个、企业科普协会 10 个，培训农民合作组织建设骨干 300 余人。10 县（市）科协主席参加中国科协 2014 年县级科协主席培训，12 名社区科普工作人员参加省科协举办的 2014 年云南省城镇科普示范社区业务培训。年末，全州有县（市）科协 10 个，乡（镇）科协 103 个，社区科普协会 62 个，企业科协 31 个。

【楚雄州科协六届三次全委（扩大）会议】 2014 年 1 月 17 日，楚雄州科协六届三次全委（扩大）会议在楚雄召开。省科协党组成员、副主席戴陆园，州委常委、副州长任锦云，副州长邓斯云，州政协副主席何根源莅临会议指导。10 县（市）委分管科协工作的领导，州纪委第二纪工委领导，州科协六届委员，州属各学（协）会秘书长，10 县（市）科协主席、党组书记 100 余人出席会议。会议审议并同意州科协原主席夭建国代表州科协六届常委会所作的《认真学习贯彻十八届三中全会精神努力推动科协工作实现新跨越》的工作报告；审议通过了州科协六届三次全委（扩大）会决议；表彰了获奖的全国、全省、全州先进集体和先进个人。

【科协学会活动】 2014 年 12 月 13 日，楚雄州科协与州级各有关学会联合举办“楚雄州 2014 年科学技术学术年会”，开展相关活动。征集论文 160 篇，评选出优秀论文 102 篇，并编辑成 70 万字的《楚雄州 2014 年科学技术学术年会优秀论文集》，由云南科技出版社 2014 年 12 月出版。年会活动期间，组织专家对全州疾病预防控制体系建设进行调研，召开专家咨询会，形成专家决策咨询报告报州委、州人民政府领导提供决策参考；邀请 2 位疾病预防控制和信息专家作专题报告 2 次；组织部分学会参加云南省科协第四届科学技术学术年会，有 3 篇论文入选《第四届云南省科协学术年会生物种业论坛论文集》。

【农民合作组织建设】 2014年，楚雄州科学技术协会因地制宜，宣传、推广“协会+公司+合作社+基地”四位一体的发展模式，发展农民专业合作组织638个，成员12361人（户），其中，农民专业协会129个，会员8836户；农民专业合作社509个，社员3525人。至年末，全州有合作组织4288个，成员30.66万人（户）。其中，农民专业协会1994个，会员28.8万户；农民专业合作社2294个，社员1.86万人。86%以上的村（居）委会都组建各种类型合作组织。申报“全国科普惠农兴村计划”项目13个，有农协会8个、科普示范基地2个、农村科普带头人3名受到中国科协、财政部表彰，获国家奖补资金215万元。开展农民合作组织建设骨干培训，培训农民合作组织骨干300余人。

【科普项目】 2014年，楚雄州科学技术协会申报2014年国家级社区科普益民计划项目1个，被中国科协、财政部表彰命名为全国科普示范社区，下达项目奖补资金20万元。申报省级“科普惠农兴村计划”项目15个、科普项目16个、云南省科普示范社区2个，获项目经费230万元。实施州级科普项目90个，下达项目奖补资金140万元。

【科普宣传】 2014年，楚雄州科学技术协会系统参加科技“三下乡”、“科技活动周”、“防灾减灾日”、“世界环境日”、“食品安全宣传周”、“全国科普日”等主题科普宣传活动。开展楚雄州2014年全国科普日活动，围绕“创新发展，全民行动”主题，组织楚雄州全民科学素质工作领导小组各成员单位和有关单位、各县（市）科协、州科协所属学（协）会开展科普日活动。全国科普日活动期间，有1301名科普工作人员和科普志愿者参与到科普活动中。展出科普展板1622块、展品758件，发放科普宣传资料22万份、科普书刊3.5万册、科普挂图3266张、计生用品3.1万只；开展科技咨询服务2.2万人次，义诊2982人次，受益公众12.6万人次；举办科普讲座近20场次，播放科普电影29场次，观众1.5万人次。

【农函大办学与农村专业技术职称评定】 2014年，楚雄州农函大招生1.58万人，其中党员4887人，基层干部3212人，妇女3826人。开展基层培训教师信息备案，建立基层培训教师信息库238名。组织30名基层骨干教师到省农函大参加养猪、烤烟专业教师培训。申报评定农村专业技术职称2350人，其中评定高级技师6人、技师112人、助理技师593人、技术员1639人。至年末，累计评定农民技术职称4.39万人，其中高级技师51人、中级技师1149人、助理技师3554人、技术员36348人、助理技术员2750人。

【科技教育】 2014年，楚雄州科学技术协会组织参加云南省第29届青少年科技创新大赛，楚雄州参赛作品获省级一等奖12项、二等奖44项、三等奖44项；组织参加第30届云南省青少年科技创新大赛，各中小学校上报作品1002件，评出州级奖785件，推荐139件优秀作品参加第30届云南省青少年科技创新大赛；10县（市）部分中小学开展“科普大篷车进校园活动”，参与学生1.6万人次；开展第16届中国科协年会“院士专家科普报告彩云行”楚雄活动，3位国家级科普专家为楚雄师范学院等6所学校1863名师生作科普报告6场；开展“全国高校科学营”活动，选拔20名优秀高中生到南京理工大学和厦门大学参加为期7天的活动。

［李翠萍］

防震减灾

【防震减灾概况】 2014年，楚雄州地震局认真贯彻落实国务院、省、州防震减灾联席会议精神，坚持最大限度减轻地震灾害损失为根本宗旨，围绕防震减灾工作目标，抓好法制建设、监测预报、震灾预防、应急救援、社会动员等工作，努力提升社会管理能力和公共服务水平，推进防震减灾事业融合式发展。

【地震监测预报】 2014年，楚雄州地震局始终牢固树立“震情第一”观念，把地震监测预报和震情跟踪工作作为重中之重抓落实，取得明显实效。制定和组织实施《楚雄州2014年度震情跟踪工作方案》、《云南中部地区2014年度震情跟踪工作方案》，从组织管理、技术方案、工作措施、跟踪监视和分析预报、应急准备等方面作了明确。严格执行震情周、月会商制度，定期组织召开年中和月、周会商近50次。各县地震局上报周、月会商报告400余份，短临预报卡5份。开展全州前兆观测手段异常指标清理，实行宏微观异常零报告制度，累计上报宏微观异常零报告登记表22期。2月、8月、10月，禄丰县勤丰镇、仁兴镇等乡（镇）5个水库先后出现翻花冒泡、发浑等现象，州县地震部门、水务部门及时进行现场调查核实，5次向省地震局上报宏观调查报告。加强监测台网运行管理，抓好53套地震观测手段的日常管理维护，参加全省地震观测记录质量评比中获得全省第1名1项、第2名1项、第3名4项。

【震灾预防】 2014年，楚雄州地震局加强与有关部门的协商，理顺抗震设防要求审批纳入基本建设程序管理。以抓重点工程促进工作进展，多次对需要进行专项地震安全性评价的楚南公路建设工程进行政策法规说明，发出地震安全性评价通知书。加强重点工程监管，为建设单位服务，与省地震局地震工程勘察院协商，创新性地成立云南省地震工程勘察院楚雄办事处，开展建设工程地震安全性评价服务，承接建设项目评价服务9个，完成合同额197万元。开展地震科技星火计划1680年楚雄63/4级地震发震构造研究项目攻关，为抗震设防、重大建筑工程选址、活动断裂避让提供依据。

【防震减灾宣传】 2014年，楚雄州地震局投入宣传经费28万元，依托新型宣传载体，在全州2850余块气象电子显示屏滚动宣传防震减灾知识和震情信息，推进防震减灾知识宣传。与州电视台、楚雄日报社合作，开设防震减灾专栏。突出重点宣传，在“5·12”防灾减灾日、科技活动周、科普宣传日、标准日等活动中，州、县地震局积极组织开展防震减灾法律、法规和基础知识的宣传。深入军营、企业、农村等举行宣传讲座，为防震减灾依法行政的开展营造良好氛围。突出宣传重点，加强示范学校创建与网站管理。扎实推进防震减灾科普示范学校建设，对州级命名的防震减灾科普示范学校，以奖代补给予每所学校工作经费补助5000元，调动学校防震减灾科普宣传积极性；在楚雄防震减灾网上编审发布各类信息300余篇，使广大民众通过网站适时了解震情、灾情、地震应急、抗震救灾等防震减灾工作信息。巩固群测群防网络，推进“三网一员”建设，抓好地震宏观测报网、地震知识宣传网、地震灾情速报网及防震减灾联络员队伍建设，建立“三网一员”群测群防体系，建立骨干观测点137个，有县、乡、村三级地震宏观联络员1288人。州、县地震部门适时进行动态落实和培训管理，确保群测群防工作换人不换岗，地震宏观监测信息收集上报、地震科普知识宣传和地震灾情上报工作渠道畅通。

【地震应急】 2014年，楚雄州根据工作实际，修订完善《楚雄州地震应急预案》，经州人民政府常务会通过印发。州地震局制作完成大震应急指挥流程及相应图件，提供领导及相关部门使用，督促各县（市）、各部门完成地震应急预案修订，并组织部分县（市）和部门对应急预案进行专项演练，有效提升地震应急处置能力。抓好地震应急准备工作，印发《2014年楚雄州地震应急准备工作方案》到州抗震救灾成员单位和各县（市）人民政府，细化分解工作内容，落实地震应急预案，抗震救灾指挥机构、应急救援队伍、应急值守、救灾物资储备等工作，确保做到有机构、有队伍、有预案、有物资。5月，州地震局对各县地震应急准备工作进行全面检查。禄丰、双柏、南华等县由县人民政府办公室统一组织，对各乡（镇）进行专门地震应急准备工作检查。5月7日元谋4.7级地震和10月7日景谷6.6级地震发生后，第一时间向州委、州人民政府主要领导、分管领导报告震情信息，州地震应急指挥中心及时汇报震情，提出震灾应急处置建议。

【防震减灾重点项目】 2014年，楚雄州防震减灾工作“四个纳入”取得实质性进展。防震减灾工作纳入国民经济和社会发展规划，并作为重点专项规划发布实施。工作经费年纳入年度财政预算，预算州地震应急指挥平台建设配套经费100万元、防震减灾宣传专项经费28万元、震情跟踪经费10万元、地震监测经费20万元。武定县预算灾情速报技术系统建设配套15万元，各县均在原基础上增加防震减灾事业费。防震减灾纳入综合绩效考核，州地震局在制订对县级政府的综合绩效考核指标体系时，将重点项目纳入考核内容。建设工程抗震设防管理纳入基本建设审批程序。各县地震局建立发改、建设、地震等部门良好协调关系，按照法律法规赋予职责，严格按照程序开展抗震设防管理。加强抗震设防要求管理，与省地震局地震工程勘察院协商，成立云南省地震工程勘察院楚雄办事处，开展建设工程地震安全性评价服务。承接9个建设项目地震安全性评价工作，完成合同金额197万元，推动抗震设防要求管理。落实全省防震减灾会议工作部署。楚雄州震情会商与应急响应技术系统建设、武定县灾情速报技术系统建设、“楚参1井”地震综合观测站建设前期工作等纳入省地震局年度计划。

【地震应急检查】 2014年4月1日，国家发展和改革委员会副秘书长任珑率国家发改委、工信部、住建部、地震局和总参作战部等部门组成的国务院抗震救灾指挥部督查组，在云南省地震局副局长陈勤等有关部门负责人的陪同下，赴楚雄督查指导地震应急准备工作。督查组实地视察了楚雄地震台，听取情况介绍，察看地震监测设施运行与资料收集情况，并听取了副州长邓斯云代表州人民政府所作的工作情况汇报。通过听取汇报和实地检查，督查组对楚雄州防震减灾工作所取得的成效给予充分肯定。

［陈　猛］

气象监测与预报

【气候概况】 2014年，楚雄州10县（市）平均降水量765毫米，持续第6年偏少，6年来首次年雨量突破700毫米，为2009年以来降水最多的一年，降雨分布呈东北部多西南部少的特点，比上年偏多92毫米，比历年偏少98毫米，其中武定最突出，年降水量1015毫米，比历年偏多48毫米，偏多5%，是近6年唯一偏多县；其余9县（市）偏少，偏少幅度最大的双柏，偏少192毫米，偏少20%；偏少幅度最小的牟定，偏少61毫米，偏少7%。1月13日，武定出现雨夹雪天气；1月20日，楚雄、元谋和禄丰外的7个县出现雪或雨夹雪天气。雨季于6月6~7日开始，比历年同期偏晚10天左右。雨季于10月上旬结束，与历年同期相比偏早。平均气温17.5℃，比上年偏高0.4℃，较历年偏高1.1℃。各县均为偏高，牟定、元谋和武定等3县偏高1℃以下，其余7县偏高1℃以上。6月3~4日，10县（市）年度极端最高气温创纪录，元谋县城最高气温42.4℃。年平均日照时数2498小时，比上年偏多102小时，较历年偏多184小时，偏多8%。大姚、永仁和元谋年日照时数在2600小时以上，其余7县在2200~2500小时之间，武定年日照时数最少，为2338小时。与历年同期相比，楚雄市偏多20%，偏多415小时，牟定和大姚偏多11%~13%，其余7县偏多2%~8%。

【极端气候】 2014年，楚雄州境干旱、霜冻、高温极端天气活跃。1~5月，楚雄州平均降水只有41毫米，5月降水只有17.8毫米，在初夏抢栽抢种关键时期的5月份降水不足20毫米，雨季开始偏晚，有春旱发生，初夏干旱尤其严重。1月19日夜间开始，受冷锋切变影响，楚雄州出现强降温雨雪天气过程，日最高气温平均下降13.1℃，平均降雨量4.2毫米，10县（市）均有乡（镇）观测到雨夹雪或小雪。1月21日凌晨，受冷空气及辐射降温共同影响，州境大部分地区最低气温接近0℃或低于0℃，其中姚安、大姚、武定部分乡（镇）最低气温低于-5℃。12月16~20日，受强冷空气和南支槽影响，州境出现强降温降雨局部降雪天气，日最高气温平均下降17.5℃，平均降雨量7.2毫米，部分乡（镇）特别是高山、高海拔区域出现雨夹雪或小雪，是入冬以来第一场低温寒潮天气过程，10县（市）不同程度受灾。4月中旬以后气温快速上升，其中4月19日10县（市）最高气温接近或突破30℃，元谋最高气温20日达38.3℃。与历史同期相比，30℃以上高温天气出现早，范围广。5月平均气温23.3℃，比上年同期偏高2.1℃，比历年同期偏高2.4℃。其中，5月下旬平均气温26.4℃，比上年同期偏高3.4℃，比历年同期偏高5.0℃，属于州境有记录以来历史最高值。6月3~4日，各县（市）最高气温突破历史记录，其中元谋县城6月3日最高气温42.4℃。高温特点是范围广，持续时间长，极值不断被刷新。

【主要气象灾害及影响】 2014年，楚雄州发生严重初夏干旱和不同程度低温冷害、大风、冰雹、雷电、暴雨洪涝等气象及其衍生灾害。根据楚雄州民政局提供资料，因各类气象灾害造成受灾71万人，死亡5人，房屋受损1423间，倒塌340间，农作物受灾59.4万亩，绝收7.35万亩，直接经济损失3.94亿元。从灾害造成直接经济损失看，初夏干旱是最主要气象灾害，占直接经济损失的48%，其次是冰雹大风灾害占25%，暴雨洪涝19%，冷害雪灾8%。雷击死亡3人，占气象灾害直接死亡人数的60%，暴雨引发洪水或落石死亡2人占40%。

干旱。至6月6~7日雨季开始，旱灾造成10县（市）103个乡（镇）58.32万人受灾，农作物受灾42.86万亩，成灾23.92万亩，绝收6.31万亩，饮水困难人口21.7万人，饮水困难大牲畜11.65万头，24条河流断流，80座水库干涸，122座机井出水不足，直接经济损失1.88亿元，其中农业经济损失1.80亿元。

冰雹、大风、雷电。统计到冰雹大风12次，造成直接经济损失1.02亿元，

2014年楚雄州10县（市）全年降雨量

单位：毫米

	楚雄市	双柏县	牟定县	南华县	姚安县	大姚县	永仁县	元谋县	武定县	禄丰县	全州平均
2014年平均降雨量	789	770	822	710	683	709	802	528	1015	818	765
与上年比	126	140	198	85	-14	-22	70	-54	272	119	92
与历年比	-102	-192	-61	-133	-98	-111	-82	-130	48	-120	-98

2014年楚雄州10县（市）全年平均气温

单位:℃

	楚雄市	双柏县	牟定县	南华县	姚安县	大姚县	永仁县	元谋县	武定县	禄丰县	全州平均
2014年平均气温	17.6	16.5	16.8	16.1	16.5	16.8	18.6	22.3	16.0	17.7	17.5
与上年比	0.5	0.5	0.4	0.3	0.4	0.5	0.6	0.4	0.2	0.2	0.4
与历年比	1.2	1.3	0.6	1.3	1.0	1.0	1.2	0.9	0.8	1.5	1.1

2014年楚雄州10县（市）全年日照时数

单位：小时

	楚雄市	双柏县	牟定县	南华县	姚安县	大姚县	永仁县	元谋县	武定县	禄丰县	全州平均
2014年全年日照时数	2445	2396	2511	2495	2399	2686	2726	2755	2227	2338	2498
与上年比	119	315	37	-116	113	320	93	141	-36	39	102
与历年比	415	107	282	93	112	259	166	193	41	169	184

排行仅次于干旱，受冰雹大风灾害影响较重的都是经济价值较高的葡萄和烤烟等经济作物，冰雹大风造成人员受伤，牲畜死伤，车辆房屋，太阳能等设施受损。发生雷击死人事件2次，一次在元谋，击死2人，击伤2人；一次发生在武定，击死1人。

暴雨洪涝。单点暴雨突出，局部洪涝灾害有所抬头，统计到暴雨洪涝灾害22例，受灾8.40万亩，绝收1.09万亩，直接经济损失0.2亿元。强降水造成1人被洪水冲走，1人被落石砸死，水毁公路142千米，损毁沟渠管道8千米、桥涵3座，水毁坝塘和机井22件，倒塌房屋畜圈300间，损坏1400间。

寒潮、低温冷害、雪灾。低温冷害和雪灾损失3000万元，占总损失的8%，1月18日永仁降雪造成樱桃等林果损失，维的乡樱桃受灾1762亩，绝收1613亩，直接经济损失770万元。12月16～20日低温造成元谋蔬菜冷害。元谋最低气温2.9℃，出现低温霜冻灾害，灾害涉及元谋县7个乡（镇），蔬菜受灾面积2.79万亩，成灾2355亩，绝收1575亩，造成直接经济损失2240万元。

【气候影响评价】 2014年，楚雄州境气候变化对农业生产的影响较大。

气候与水资源。年末，库塘蓄水8.01亿立方米，比上年多0.91亿立方米，比历年多0.19亿立方米。库塘蓄水从6月8日最低2.74亿立方米增加到年末的8.01亿立方米，净增5.27亿立方米。青山嘴水库、大海波水库分别完成计划任务的100%和105%，双柏、牟定、永仁、南华、武定等县分别完成计划的110%、110%、106%、104%和101%，大姚、元谋、禄丰3县分别完成计划的99%、95%和92%，姚安县、楚雄市分别完成计划的70%和65%。

气候与农业。干旱、低温冻害、冰雹、大风、暴雨、局部洪涝、秋季连阴雨对农业生产造成不同程度影响，低温冻害对“经济林果和蔬菜等高原特色农业种植”影响最为突出。初夏干旱严重，对秋粮作物适时栽（播）种有一定影响，农业气候属中等年景。干旱对传统夏收粮食作物影响主要是成熟中后期，干旱和局部地区出现轻度高温逼熟，影响作物产量和质量的形成；低温冻害主要影响早蚕豆、油菜。秋粮生长期气候年景中等稍偏上，产量和质量均创下近6年最好水平。12月16～20日的强寒潮霜冻天气对中低海拔区域冬早蔬菜、热区水果造成较重影响。

气候对夏粮作物影响。上年9～10月平均降水140毫米，蚕豆、小麦、油菜等传统作物播种期土壤墒情好，作物出苗整齐、健壮，长势良好，12月中旬雨雪天气为土壤补充水分，持续低温霜冻对病虫害发生抑制作用。2014年1～3月平均降水量25毫米，期间降水分布相对调匀，4～5月高温干旱天气对作物丰收影响较轻微，农业气候背景为近5年及历年中等气候年景。

气候对秋粮作物影响。春播育秧期因农业部门推广旱地育秧和集中育秧或近水源地技术，春季干旱灾害对育秧影响不突出，春季气温偏高、光照充足，水稻秧苗长势良好。雨季开始期稍晚，对水稻移栽、玉米适时栽种期有一定影响，但6月上旬中雨季开始至10月，雨水调匀，热量充足、光照条件好，水稻移栽、玉米播种后，降水调匀，水稻成活率高，玉米和豆类出苗整齐，为产量奠定基础。水稻分蘖，玉米苗期降水适中、光照充足、热量充裕，光合利用率高，水稻蘖多蘖壮，玉米植株健壮、根系发达，是形成高产基础。水稻抽穗开花至乳熟、玉米抽雄至子粒形成期，降水充沛、光照条件好、气温略偏高，作物生长发育好，植株健壮，光合利用率高，作物干物质积累多，产量高、品质好。5月中旬至6月上旬前期初夏干旱严重，导致局部区域水稻推迟移栽或死苗，雨季开始后部分水稻田块因缺苗，而改种其他作物。9月中旬至10月上旬连阴雨天气，给局部区域水稻、玉米收晒带来不利影响，导致产量和质量稍有损失。尤其是山区和水源差的坝区，前期干旱致水稻移栽期推迟、玉米未能按节令播种，整个生长发育期向后推，收获期延迟至10月中旬或以后的区域，作物产量和质量影响稍大。

气候与生态。2009年秋以来经历5年干旱气候与2013年2月至2014年6月上旬前期的持续干旱叠加，使得2014年初夏干旱灾害加剧，高温干旱导致部分地区植物因干旱而枯死。12月16～20日发生强寒潮持续低温、霜冻天气，导致低热河谷地区热带水果和蔬菜枯死，高海拔地区部分植物受冻死亡。

气候与经济作物。烤烟气候属中等稍偏上年景，初夏前期高温对烤烟根茎生长有利，烟株根系发达，健壮。8月中部烟叶采收期降水天气过多，多雨寡照天气影响烤烟光合积累，烤烟叶片薄、部分区域病害稍重，对产量和质量有一定影响。1月18～21日，永仁县、大姚县、姚安县、牟定县、禄丰县等区域部分地区受低温冻害影响，给樱桃等经济林果和蔬菜造成损失。12月18～20日，出现持续低温霜冻天气。12月20日元谋最低气温2.9℃，出现低温冻害，灾害涉及元谋县7个乡（镇）的蔬菜作物。

【人工增雨防雹】 2014年，楚雄州从4月1日增雨点就位到9月30日所有作业点全部安全撤除，历时183天，出现降雹日数13天，83个作业点开展作业480次，保护农经作物120万亩。在人工增雨防雹中，注重作业点安全隐患整改，对存在安全隐患的51个作业点制定整改方案并下发整改通知书，安排整改资金250万元。

【气象灾害监测预警和气象服务】 2014年，楚雄州针对气象防灾减灾需求，建成126个区域气象观测站、7部数字化测雨雷达、126个山洪地雨量站、1个大气电场仪、2个闪电定位仪、1个酸雨观测站、11个应急移动观测站、2个农气观测站，10个高原特色农业气象观测站，103个气象服务信息站、2850余块预警电子屏。气象观测站覆盖全州所有乡（镇）。牟定县江坡镇开展电子显示屏整乡进村试点，气象综合监测能力和服务覆盖能力明显提升。完成气象宽带网备份链路建设和省—州高清视频会议系统。12月5日，楚雄机场气象观测站建设选址经民航西南区管理局现场选定，开始建设。围绕特色农业园区开发，在楚雄州摩尔农庄核桃种植科研基地、楚雄富硒水稻种植示范区、楚雄蓝莓基地、永仁芒果种植园区、双柏绿汁江流域葡萄种植园区、元谋辣木种植基地、元谋鲜食葡萄基地、大姚核桃种植研究所、姚安野生菌加工园区、楚雄爱尔发生物技术有限公司等地建设自动气象观测站10个，并开展相关气象服务。

【气象科研成果】 2014年，楚雄州气象系统共开展科研课题6项。州气象局主持完成的《金沙江元谋干热河谷气候独特性分析》和《楚雄州野生食用菌气候生境分析》两篇论文在5月22日楚雄举行的第十六届中国科协年会“云南高原特色农业发展论坛暨院士专家助农业产业行动”专题论坛上获得国内外专家肯定，列入州科技局重点科研项目；“烤烟人工防雹关键技术研究”和“山洪灾害防治气象信息技术研发运用”课题获州科技进步三等奖。

[谢希萍]

水文水资源勘测研究

【水情报汛与水文测验】 2014年，楚雄州交换水情、雨情实时数据137.5万余组（含墒情），报汛时效性99.3%，准确率100%；发布《水情快报》83期、《水情日报》41期、《水情旬报》10期、《水情月报》6期、《水情综述》3期，手机短信143组2.2万余条；完成《2014年楚雄州水情趋势预测》、《楚雄州2013年度水资源公报》编制工作。年末，云南省水文水资源局楚雄分局辖遥测站161个，其中水文站9个、雨量站148个、土壤墒情站4个。实现水情信息自动采集、自动生成报文、自动传输，满足25分钟内向省防汛抗旱办公室、30分钟内向国家防汛抗旱总指挥部报告的报汛要求。配合州水务局开展山洪灾害防治系统建设，实现自动雨量、水位站的水雨情信息实时共享。按照《水文资料测验整编规范》和《云南省水文资料整编补充规定》，完成18个水文站157个雨量站水文资料整编复审验收。完成28件大中型水库资料整编审查验收，完成三家塘站、荷花村站等11个新建水文（水位）站85基准高程引测。完成11个国家级和25个省级地下水监测站站点规划，完成上章村和谢家河两个国家级试点站建设并投入运行。

【水质监测】 2014年，云南省水文水资源局楚雄分局根据《水环境监测规范》和省中心监测任务书，设常态监测站点45个，监测类型包括常规水质监测、州（市）界河流水质监测、集中式供水水源地水质监测、水功能区水质监测、入河排污口监测和水源地应急演练等专项水质监测。其中常态监测站点13个（含水生物监测站点及省界断面各1个），省级重点水功能区监测站点10个，州（市）界河站2个，入河排污口监测站点20个。水功能区监测站6个、排污口监测站10个、楚雄州县级以上集中式供水水源地全覆盖监测站28个（含团山水库和青山嘴丁家村）。各类站点监测项目最少监测15项，最多监测42项，累计监测水样303个，平均每月至少监测25个。对南华东小河、楚雄市污水处理厂等20个入河排污口（县级以上城镇生活入河排污口、大型企业入河排污口等）排放污水监测2次，完成15项参数、两批1200余个数据的排污口监测、入河量计算及评价成果上报任务，为纳污能力核定提供科学依据。完成8县1市9个水保监测点及5个水文控制站的内业资料整理、整编及监测成果报告编制，按时向各县（市）水保办及珠江水利委员会、珠江流域水土保持监测中心站、长江水利委员会、长江流域水土保持监测中心站报送监测点的月度水土保持监测数据及成果。

【水资源状况】 2014年，楚雄州平均降水量834.7毫米，折合水量237.45亿立方米。比上年偏多8.1%，比常年偏少6.6%，为偏枯水年份。地表水资源量41.42亿立方米，地下水资源量9.71亿立方米，扣除地表水与地下水重复计算量后州境水资源总量9.5亿立方米，比上年偏多22.9%，比常年偏少34.5%。蓄水工程年末蓄水量8.01亿立方米，比上年增蓄12.8%。供、用水总量23.29亿立方米，其中河道外供用水9.29亿立方米，河道内供用水14亿立方米。河道外供水中，地表水源供水量占96.7%，地下水源供水量占2.3%，其他供水量占1%。河道外用水中，生产用水量占河道外用水量的89%，生活用水量占河道外用水量的10%，生态环境用水量占河道外用水量的1%。主要江河水质状况按《地表水环境质量标准》GB3838－2002采用单项水质参数进行评价，水质状况（粪大肠菌群未参评）分为两类。金沙江水系。综合评价河道660.6千米，Ⅱ～Ⅲ类河道占评价河道的52.12%，Ⅳ类河道占评价河道的15.59%，Ⅴ类、劣Ⅴ类河道占评价河道的32.29%，主要污染物有氨氮、总磷、五日生化需氧量等。西南诸河。综合评价河道219.7千米，Ⅱ类河道占评价河道的87.26%，Ⅴ类、劣Ⅴ类河道占评价河道的12.74%，主要污染物有氨氮、铅、总磷等。

[李　蔚]

（责任编辑：周能汉）

社会科学

社会科学综述

【社科工作概况】 2014年，楚雄州社会科学界联合会以强化理论武装为抓手，组织社科界认真学习宣传践行社会主义核心价值体系，组织开展社科课题研究，做好社科期刊编发工作，开展社会科学知识普及、加强社科人才队伍培养建设。州社科联主编的《2012楚雄州经济社会发展蓝皮书》获楚雄州第八届社科优秀成果三等奖。《楚雄社科论坛》编辑部主任陈九彬获全国社会科学普及工作先进个人。4月2日，楚雄州社会科学界联合会五届三次全委（扩大）会议召开，总结2013年工作，部署安排2014年工作。会议总结经验、深化认识、统一思想、明确任务，为做好社会科学工作奠定思想基础。10月12～14日，楚雄州社会科学界干部专题培训班经州委干部教育委员会批准举办，10县（市）社科联主席、副主席、秘书长、理论骨干和州社会科学界联合会所属部分学会、协会、研究会负责人60余人参加培训。

【“万家坝铜鼓文化及资源整合”课题研究】 2014年，楚雄州社会科学界联合会组织社科专家，开展“万家坝铜鼓文化及资源整合”课题研究，研究成果编著成15万字的《万家坝铜鼓文化及资源整合研究》专著，并交云南人民出版社出版。《万家坝铜鼓文化及资源整合研究》分五章，第一章《万家坝铜鼓源流》由杨市旺撰写，第二章《万家坝铜鼓与东南亚铜鼓文化圈》由陈九彬撰写，第三章《万家坝铜鼓与楚雄古代文明》由杜晋宏撰写，第四章《“一彝三古”视野下的万家坝铜鼓文化资源》由文有贤撰写，第五章《万家坝铜鼓文化资源的开发利用》由黄正山撰写。1975年在楚雄州首府鹿城镇万家坝发现和发掘古墓70余座，出土铜鼓5面。经研究，万家坝铜鼓被确认为世界迄今所知确切年代最早的铜鼓。万家坝铜鼓在考古学、历史学、民族学、人类学、文化学等方面的研究成果著述丰富、成就斐然。《万家坝铜鼓文化及资源整合研究》从一个全新的角度选题，研究发掘本土历史文化资源，侧重于挖掘其文化内涵，将文化资源转化、融合为经济资源、经济发展优势，发挥其最大价值。

【编撰《中国梦·美丽楚雄》科普读本】 2014年，楚雄州社会科学界联合会组织编写《中国梦·美丽楚雄》科普读本。读本分上、中、下3个篇，上篇《中国梦——中华民族伟大复兴之梦》，中篇《楚雄追梦的起点》，下篇《圆梦——建设美丽新楚雄》。读本通俗易懂地介绍中国梦整体理念和思想，楚雄州州情、取得的成就和州第八次党代会以来州委提出的各项重大改革发展思路，展示追梦、寻梦、圆梦的现实基础，帮助全州广大干部群众深刻理解和全面把握中国梦的基本内涵、精神实质、实现路径和实践要求。

【编辑出版《元谋人》科普读本】 2014年，楚雄州社科联组织编写云南省社科联科普课题项目之一的《元谋人科普读本》。全书以文明、进步、科学、服务为宗旨，重点介绍元谋古人类历史文化研究、保护、开发与利用知识和相关考古知识，宣传云南省十大历史文化旅游项目——元谋古人类历史文化项目，采用人们喜闻乐见的形式，为读者讲述人类的起源、元谋史前文化的内容、元谋史前文化建设项目的概况。文字活泼生动，以图释文，展示远古文明的历史原貌和元谋人文化丰富的内涵。书中设置“知识链接”，对文字所涉及文化知识进行延伸阅读，让读者获取更多的考古、历史文化方面的知识，扩展思维和想象空间，凸显功能性和知识性特点。

【编撰《楚雄州社科界2014年课题选编》】 2014年，楚雄州社科联在2013年编辑出版《光辉的时代神圣的使命——楚雄州县（市）社科联2013年课题精选》基础上，围绕“全面深化改革：理论·实践·路径”主题，组织10县（市）社科联成立课题组，对“楚雄州‘十三五’生产力空间布局暨重点产业发展思路研究”、“楚雄现代公共文化服务体系建设研究”、“姚安光禄古镇开发建设实践探研”、“楚雄骠川文化定位及发展研究”、“论国家级非遗《查姆》的静态保护与动态传承”、“加快南华县水利基础设施建设对策研究”、“培强做大禄丰县文化旅游产业对策研究”、“元谋县现代农业发展研究”、“牟定县彝族刺绣产业发展研究”、“民族文化开发与保护研究”、“永仁县民族文化旅游业发展情况调研”、“对大姚绿色经济强县建设的几点思考”等12个涉及经济社会发展的重大理论和现实问题进行深入研究。

【编撰出版《2015楚雄州经济社会发展蓝皮书》】 2014年，楚雄州社会科学界联合会编辑出版《2015楚雄州经济社会发展蓝皮书》。收录《关于加快楚雄州财政可持续发展的思考》、《楚雄州区域经济融合发展研究》、《关于推进楚雄州工业转型升级的几点思考》、《家庭农场与庄园经济比较研究》、《做大做强楚雄彝族刺绣产业对策研究》、《加快推进楚雄州草食畜牧业发展方式研究》、《楚雄州水利建设发展研究》、《楚雄州职业教育发展研究》、《楚雄州公共文化服务体系建设现状分析与研究》、《楚雄州社会养老服务体系建设研究》、《当前楚雄州各级党委落实党风廉政建设主体责任的现状分析》11篇课题研究文章，对涉及当地经济社会发展的重点问题、重大发展机遇进行研究，为经济社会发展提供对策建议，是社会各界从深层次了解、研究楚雄州发展主线的文献资料。全书12万字，由云南人民出版社出版发行。

【"民族贫困地区提升现代公共文化治理能力"课题研究】 2014年，根据国家文化部及州委、州人民政府领导的安排，由楚雄州社会科学界联合会、州文体局牵头，就民族贫困地区提升现代公共文化治理能力进行课题研究。该课题就楚雄州提升现代公共文化治理能力的基本内容、需要解决的问题、实施路径等进行重点分析，探讨研究楚雄州提升现代公共文化治理能力的战略要素和发展方向，提出楚雄州提升文化治理体系和治理能力现代化的具体发展战略和对策措施，为州委、州人民政府制定全州提升现代公共文化治理能力的相关政策提供参考，同时为少数民族欠发达地区提升现代公共文化治理能力提供借鉴。该课题采用实地调研、召开座谈会、专家咨询等形式开展工作，运用政治学、行政管理学等原理，发扬创新精神，立足楚雄，放眼全国，放眼世界，以宽阔的胸怀和境界，围绕提升现代公共文化治理能力的理论和实践进行研讨。该研究成果10万字，以章、节、目形式构成。

【"云岭大讲堂·楚雄讲坛"大型公益科普讲座】 2014年，楚雄州社会科学界联合会承办由省委宣传部、省社科联主办的"云岭大讲堂·楚雄讲坛"大型公益性科普讲座活动，普及社会科学知识、科学思想、科学精神，构建和谐文化，培育文明新风。承办16讲，其中州级机关3讲、县（市）13讲。分别在州级机关和10县（市）开展专题讲座。

【《楚雄社科论坛》与《社科理论视点》编印】 2014年，楚雄州社会科学界联合会主办的内部资料性月刊《楚雄社科论坛》坚持政治性与学术性相统一的办刊宗旨，对栏目设置做适当调整，新增"党建党风"栏目。编辑印发12期，刊载稿件228篇，约90余万字，刊登"群众路线教育实践活动专稿"20篇，培育和践行社会主义核心价值观公益广告6期。编辑印发《社科理论视点》12期，摘编稿件100余篇约10万字。

【"楚雄精神"研究】 2014年，根据州委宣传部的安排，楚雄州社会科学界联合会在2013年组织社科专家反复研究斟酌、征求意见的基础上，提炼出3条"楚雄精神"候选表述语，即：火把品格——团结、进取；彝山情怀——包容、担当；楚风彝韵、雄远图强。并提请州委讨论决定。

【第八届社会科学优秀成果表彰奖励】 2014年，楚雄州共评选出第八届社会科学优秀成果34项，经报州委宣传部审定、《楚雄日报》公示，由州委、州人民政府出台文件对34项优秀社科成果予以表彰奖励。

著作类。一等奖：《楚雄州农村人口梯度转移与城镇化模式研究》（楚雄州人民政府研究室）。二等奖：《大姚县志》（大姚县地方志办公室）。三等奖：（1）《楚雄彝族文化史》（楚雄师范学院民族研究所，杨甫旺、李德胜）；（2）《2012楚雄州经济社会发展蓝皮书》（楚雄州社会科学界联合会）；（3）《岁月心语》（中共楚雄州纪委，胡贵明）。

论文类。荣誉奖：《顺应时代变革，创新社会管理》（楚雄州政协，王玉玺）。一等奖：（1）《新时期山区农村水利建设的有效途径》（中共楚雄州纪委第二纪工委，孙长友）；（2）《和谐楚雄视阈下的和谐社区构建》（楚雄师范学院，胡东）；（3）《火把节考》（楚雄彝族文化研究院，唐楚臣）。二等奖：（1）《发挥纪检监察机关职能促进楚雄州科学发展》（中共楚雄州委党校，张发润）；（2）《县（市、区）长经济责任审计评价方法与指标体系初探》（楚雄州审计局，顾姝倩）；（3）《略论宋词风格成因中的几个音乐元素》（楚雄师范学院，周品生、曹晓宏）；（4）《昆仑神话与西南彝语支民族的虎崇拜》（楚雄师范学院，陈永香、曹晓宏）；（5）《云南省农村居民消费与经济增长关系的实证分析》（楚雄师范学院，安敏）。三等奖：（1）《对贫困地区加快新型工业化的思考》（中共牟定县委农村工作领导小组，李振华）；（2）《姚安县土地流转"清河模式"解读》（姚安县人民政府办公室，普正文）；（3）《发展楚雄州现代农业问题》（中共楚雄州委党校，张绍能）；（4）《楚雄彝族自治州彝语文立法研究》（中共楚雄州委党校，苏斐然）；（5）《制度功能之哲学分析》（中共楚雄州委党校，李志昌）；（6）《我国民族理论与民族政策概述》（中共楚雄州委党校，刘亚玲、李亮明）；（7）《关于加快培育楚雄市茶花旅游品牌的思考》（楚雄彝族文化研究院，李荣祥）；（8）《楚雄州统一战线服务科学发展的调研报告》（中共楚雄州委政研室，田映昌、王毅）；（9）《楚雄州宗教问题现状及分析》（楚雄州宗教事务局，吴晓剑）；（10）《彝族神话传说与活态民俗印证下的三星堆器物符号的彝族文化元素》（楚雄师范学院，单江秀）；（11）《云南中小学民族团结教育现状调查研究》（楚雄师范学院，尹绍清）；（12）《完善楚雄州突发公共安全应急体系的思考》（楚雄师范学院，李艳霞）；（13）《滇越铁路对沿线彝族社会文化的影响》（楚雄师范学院，李娜）；（14）《中美企业内部控制之多视角比较》（楚雄师范学院，张无畏）；（15）《金沙江红河谷傣族泼水节的历史记忆与文化认同》（楚雄师范学院，刘祖鑫）；（16）《探索建立深入整治用人上不正之风考核评价体系问题研究》（楚雄州人民政府研究室，黄忠）；（17）《发展壮大农村集体经济促进农村经济稳步发展》（中共禄丰县委党校，晏永明）；（18）《诺苏文化的活化石》（中共元谋县委政策研究室，王颖）；（19）《浅谈县（市）志书总纂》（元谋县地方志办公室，李在营）；（20）《楚雄州2009年实施妇女儿童发展规划监测统计报告》（楚雄州统计局，寇燕）。

【承办云南省社会科学普及工作骨干培训暨经验交流现场会】 2014年11月5~7日，楚雄州社会科学界联合会承办在楚雄召开的云南省社会科学普及工作骨干培训暨经验交流现场会，各州（市）社科联、部分县（市区）社科联、部分大专院校的专家学者和社科工作者110余人参加会议。会议期间，开展了"健全社科普及机制，努力推进全省社会科学普及工作"、"围绕中心、服务大局，努力推动地方社会科学事业繁荣发展"、"发挥'云岭大讲堂'品牌优势，推进州市县和高校社科普及工作"专题培训，8个单位作经验交流；组织与会人员参观了省级社科普及基地大姚县石羊镇文化服务中心和姚安县光禄镇文化服务中心。

［艾　梅］

彝族文化研究

【彝族文化研究概况】 2014年，楚雄彝族文化研究院全面贯彻落实党的十八大及三中、四中全会精神，认真开展党的群众路线教育活动，党群、干群关系进一步密切，"出人才、出成果"初见成效。完成院县合作课题《姚安左门彝族传统文化保护区规划》；完成106卷《彝族毕摩经典译注》中20卷口碑文献加注彝文的编译工作；研究人员发表论文30余篇，共50余万字；完成《毕摩世家——哀牢毕摩》和《双柏彝族尝新节》两部影视人类学纪录片摄制任务；完成《中华彝族文化研究文库》中两部专著编写任务；编辑印发《彝族文化》4期64万余字；编辑印发《彝族历史文献译丛》1期20万字。申报的《开奔勒笃》（六祖古歌）被省人民政府命名为第三批非物质文化遗产名录。8月，楚雄彝族文化研究院选送参赛的《春的记忆——红河州弥勒县陶瓦村彝族阿哲人祭龙习俗》和《开奔勒笃·六祖古歌》两部纪录片荣获2014中国（青海）世界山地纪录片节"玉昆仑"奖人文类入围奖，研究院荣获"推动机构特别奖"。

【彝族文化学术交流】 2014年，楚雄彝族文化研究院通过"走出去，请进来"的学习交流形式，先后与西南民族学会、云南省彝学会、四川省彝学会、中央民族大学、云南民族大学等彝学机构和高等院校开展学术交流活动。参加国家"十一五"重大文化建设工程"中华字库彝文字符搜集与整理"工作会议，第十五次滇川黔桂彝文古籍协作会暨第十届全国彝学学术研讨会，与法国驻中国高校联盟举办中法文化交流彝族文化专题座谈会，初步达成进一步合作交流意向。

［普澄宇］

党史研究

【党史资料征集】 2014年，楚雄州开展楚雄解放以来、党的十一届三中全会之前的党史征集研究，完成地方党史基本著作《中国共产党楚雄历史》第二卷"引言"、"文化大革命"、"人民公社"、"大跃进"、"土地改革"、"党的民族工作在楚雄的实践"6个篇章撰写。全面收集解放以来，中央领导（副国级以上）到楚雄视察的史料征集征编，记录全州改革开放和现代化建设实践及解放后中央领导对楚雄州的关心关怀。

【党史宣传教育】 2014年，中共楚雄州委党史研究室按照中央要求，加大党史宣传教育力度，深入推进党史进机关、进校园、进企业、进军营、进社区、进农村的"六进"工作，与州教育局联合完成《中共楚雄地方历史常识》（学生读本）续编。联合州委组织部调研并报经州委同意，命名首批"楚雄州党史党性教育基地"17个。9月29日，在第一个烈士纪念日到来之际，撰写了纪念文章《让革命烈士精神永放光芒》、《千里彝山英雄辈出，威楚古地正气长存》在《楚雄日报》刊出，并组织各县（市）开展丰富多彩、形式多样的纪念活动。与州委宣传部、楚雄日报社联合开展"纪念邓小平同志诞辰110周年"征文，在《楚雄党史党建》、《楚雄日报》上刊载一批纪念文章。将党史知识融入群众性文化活动，争取州委同意，开展首部楚雄革命题材电视连续剧《滇中英魂》（暂定名）剧本创作。做好革命老区县、乡（镇）申报工作，武定县、禄丰县5个镇被省委、省人民政府补充确定为革命老区镇。与中共武定县委、楚雄州革命老区发展促进会联合，深入挖掘上世纪70年代楚雄州"远学大寨，近学平地"的史实资料，组织相关人员撰写亲身经历回忆文章，收集整理相关史料，编辑出版《回味平地》一书。

【《中共楚雄州委执政纪要》编撰出版】 2014年6月，中共楚雄州委决定把《中共楚雄州委年鉴》改编为《中共楚雄州委执政纪要》。12月15日，首部《中共楚雄州委执政纪要》出版发行。《中共楚雄州委执政纪要》紧扣2013年中央、省委的战略部署和楚雄州发展大局，以反映州委重大决策、重点工作和重要活动为主线，全面记述州委及各级党组织执政实践，认真总结执政经验，深入探索执政方略。主要内容包括省部级以上领导到楚雄调研、视察、检查和指导工作，州委执政综述、大事要览、重要决策、重要活动、执政论坛、专项工作、思想建设、组织建设、党风廉政建设、统一战线、政法维稳、协调保障、党组（党委）工作、县（市）委工作等19个部分，共100万字。12月15日，全州党史工作暨《中共楚雄州委执政纪要》发行、征稿工作会议召开。州委常委、州委秘书长赵克义出席会议并讲话。

【《楚雄党史党建》编印】 2014年，中共楚雄州委党史研究室围绕中央和省、州党委工作大局，把握正确导向，适时开辟栏目，精心组织稿件，认真做好资料性内部双月刊《楚雄党史党建》编印赠阅工作，宣传全州各级各部门在学习贯彻党的十八届三中、四中全会精神和习近平总书记系列重要讲话精神以及州委中心工作中，认真践行群众路线、积极推动改革发展的典型和经验，凝聚起广大党员干部和群众建设“美丽楚雄”的强大正能量。编辑印发《楚雄党史党建》6期，并增编《楚雄州党的群众路线教育实践活动专刊》，全面反映全州党的群众路线教育实践活动总体情况及基本经验。

［王丽芬］

地方志编纂

【地方志工作概况】 2014年，楚雄州地方志工作深入贯彻落实国务院《地方志工作条例》和省、州《地方志工作规定》，稳步推进地方志工作规范化制度化法治化建设，全面总结弘扬30余年来地方志工作发展经验、优良传统，紧密结合经济社会发展实际最新变化、重要特点，坚持巩固提升与创新突破相结合，认真开展各项地方志工作。编辑出版州级地方综合年鉴1部、县（市）级地方综合年鉴10部，出版行业志、部门志、专业志2部，出版地情书2部，出版历代方志整理书籍3部。

【地方志续修】 2014年，楚雄州地方志办公室根据《楚雄州志》续修编纂人员变动情况及工作需要，及时调整续修州志总纂班子和业务科室负责人，充实力量，明确总纂工作分工、职责和任务，并多次召开专题业务会，对州志总纂纲目确定、断限调整、资料补充、编纂重点及难点等相关工作深入研讨，将断限由1988～2005年调整为1978～2010年；认真研究制定总纂《纲目》及《实施意见》，完善工作机制，转变机关工作作风，抓紧编纂进度及工作措施落实。6月开始，《楚雄州志》（1978～2010）按照分卷总纂、分步实施原则，陆续将稿件返还相关部门进行资料修订补充和审查修改，编纂班子及时深入部门帮助培训业务、研究指导修志，帮助协调解决实际问题。至年末，续修《楚雄州志》“地理卷”、“经济卷”、“社会卷”向30余家单位返还修订补充资料稿，“政治卷”全部及“文化卷”部分共30余家稿件将陆续返还部门补充完善资料；“人物卷”和“附录”相关内容也再次落实相关部门提供。加强县（市）志、乡（镇）志和部门（专业）志编修指导，尚未出版志书的4个县（市）抓紧推进续修，修志业务平稳协调发展。

【年鉴编纂出版】 2014年，楚雄州地方志办公室认真做好《楚雄州年鉴》（2014）编纂出版工作。收到157家单位和部门的稿件，原稿总字数约150万字，经初编后精简为110万字，按类目、分目、条目三级编排，设28个类目，下设分目231个，约有条目1450个。与上年相比，年鉴框架结构更趋合理，条目编写愈加精细，专版宣传更富特色，质量水平有所提升，时效进度基本持平。10县（市）综合年鉴均赓续编纂，基本实现当年编纂当年出版。《楚雄州年鉴》（2014）是创刊以来坚持赓续出版的第26部自治州地方综合年鉴。

【《楚州今古》编印】 2014年，《楚州今古》秉持“指导修志，服务社会”的办刊思想，着力在培植和拓展作者群、读者群上下功夫，进一步加大工作创新，不断增强纪实性、史料性、学术性、知识性，积极为繁荣彝州地方文化、历史文化、民族文化构建中高端平台。年内，《楚州今古》结合实际认真制定工作流程、时间进度要求、组稿工作基本要求、编辑校对重要细则；进一步优化刊物发行工作，召开《楚州今古》作者通联座谈会，就如何巩固提升刊物质量、拓展作者队伍、扩大稿源、栏目创新以及通联发行工作等问题，广泛听取各县（市）志办同仁和刊物读者、作者意见建议，并就刊物组稿的基本原则和文章体裁范围、文风体例等要求向作者作了相关说明。组成调研组到南华、姚安、大姚、永仁、元谋、武定和禄丰7县开展《楚州今古》刊物工作专题调研和采风，采集了一系列珍贵的文化图片资料。至12月25日止，完成《楚州今古》全年四期的编辑印发工作，共计61.4万字，共编辑刊登文章124篇，信息42条，照片63幅。

【地方志工作会议】 2014年，楚雄州地方志办公室及时顺利筹备召开全州地方志工作会议、《楚雄州年鉴》撰稿培训座谈会、全州志办主任会、《楚州今古》通联座谈会议。在全州地方志工作会议上，州人民政府副州长邓斯云出席会议并讲话；会议总结回顾近年尤其是2013年以来全州的地方志工作，安排部署了下一步地方志工作任务；会上还赠阅发行《楚雄州年鉴》（2014），对2014年度《楚雄州年鉴》先进组稿单位和优秀撰稿人进行表彰奖励。

［者宗菊］

（责任编辑：周能汉）

教育综述

【教育工作概况】　2014年，楚雄州教育系统坚持以科学发展观统领教育工作，以办人民满意的教育为目标，以立德树人、全面提高教育质量为根本任务，以“学前教育促扩张、义务教育促均衡、普通高中提质量、职业教育上水平”为重点，以深化教育综合改革、加强教师队伍建设、优化配置教育资源、推进信息化建设为保障，推进实施“十二五”教育发展规划，凝心聚力，攻坚克难，各类教育协调健康发展，开创了彝州教育科学发展新局面。全州有全日制各类学校1279所，在校学生42.07万人，教职工2.92万人。其中，幼儿园296所，比上年增加17所，在园幼儿5.55万人；普通小学820所，其中教学点145个，在校学生17.33万人；普通中学134所，其中高级完全中学21所、初级中学113所，在校学生14.59万人（初中10.21万人、高中4.38万人）。有特殊教育学校2所，在校学生381人。有中等职业学校24所，其中，中等职业技术学校5所，成人中等专业学校（教师进修学校）9所，职业高级中学10所，在校学生1.99万人；技工学校1所，在校学生1.01万人；普通高校2所，在校学生1.51万人。学前3年儿童毛入园率75.25%，小学学龄儿童入学率99.95%，初中学龄人口入学率99.70%，高中阶段教育毛入学率76.32%。在全省教育工作会议上，楚雄州再次荣获全省教育目标管理考核一等奖。

［郭家柄］

【贫困地区改善义务教育薄弱学校基本办学条件规划】　2014年，楚雄州教育局会同有关部门编制《楚雄彝族自治州全面改善贫困地区义务教育薄弱学校基

2014/2015学年初各级各类学校情况统计表

单位：人

学校类别	学校数（所）	教学点（个）	班数（个）	毕业生数	招生数	在校学生数			毕业学生数	教职工数	
						总计	其中			总计	其中：专任教师
							女学生	民族生			
1. 楚雄师范学院	1			2388	2754	10424	6639	3492	2603	768	556
2. 楚雄医药高等专科学校	1			1602	1692	4661	3633	1570	1417	246	197
3. 中等职业教育学校	24	0	0	5044	7149	19867	10083	5787	6789	1292	995
普通中等专业学校	5			1673	3754	9558	5809	3147	2673	553	394
成人中等专业学校	9									138	117
职业高中	10			3371	3395	10309	4274	2640	4116	601	484
职高中：成人非全日制学生				274		998	479	215	998		
4. 普通中学	134	0	2895	45257	50072	145902	74888	56346	46265	11196	9807
其中：初中	113		2055	32302	34838	102137	50272	41184	32359	7027	6789
高（完）中	21		840	12955	15234	43765	24616	15162	13906	4169	3018
5. 小学	820	145	6262	35054	25434	173319	84640	79547	32634	12272	11886
6. 特殊教育学校（含随班）	2		24	221	231	988	390	316	108	77	67
7. 幼儿园（含学前班）	296		2042	29305	32851	55474	26746	21315	31424	3116	1865
8. 技工学校	1			2496	2919	10082	3043	3187	3129	220	193
合　计	1279	145	11223	121367	123102	420717	210062	171560	124369	29187	25566

2014/2015 学年初各级各类学校办学条件基本情况统计表

学校类别	学校占地（平方米）		校舍建筑面积（平方米）		图书（册）		计算机（台）			固定资产总值（万元）
	面积	生均	合计	生均	总计	生均	总计	教学用（台）	生机比（:1）	
1. 楚雄师范学院	415454	39.86	257135	24.67	829300	79.56	4096	2616		49443.65
2. 楚雄医药高等专科学校	294103	63.1	73766	15.83	255000	54.71	622	554		15475.00
3. 中等职业教育学校	1133596	57.06	222471	11.2	479185	24.12	4097	3318	5.99	26170.18
普通中等专业学校	472794	49.47	74247	7.77	267531	27.99	1790	1392	6.87	5207.57
成人中等专业学校	28697		17902		50040		534	430	0	1920.44
职业高中	632105	61.32	130322	12.64	161614	15.68	1773	1496	6.89	19042.17
4. 普通中学	5470634	37.5	1712117	11.73	2935958	20.12	14320	11660	12.51	183810.61
其中：初中	3227241	31.6	1050445	10.28	2107294	20.63	9071	7404	13.79	111565.54
高（完）中	2243393	51.26	661672	15.12	828664	18.93	5249	4256	10.28	72245.07
5. 小学	4950149	28.56	1535312	8.86	3579777	20.65	12293	9800	17.69	156881.71
6. 特殊教育学校	36803	37.25	30796	31.17	13290	13.45				
7. 幼儿园（含学前班）	479271	8.64	284045	5.12	276959	4.99				
8. 技工学校					54461		1444	1444		6144.9
合　计	12780010	30.38	4115642	9.78	8423930	20.02	36872	29392	14.31	437926.05

本办学条件规划（2014～2018 年）》，规划用 5 年时间，完成 155.27 万平方米的中小学校舍建设任务和 1.75 亿元的设施设备采购任务，概算总投资 16.75 亿元。争取并下达“全面改薄”资金 1.42 亿元，其中中央资金 1 亿元、省级资金 3107 万元、州级资金 1000 万元，涉及采购课桌椅 8.27 万单人套、学生用床 6.66 万床、3D 打印系统 397 套，校舍建设 14 万平方米。

［张存芬］

【学校安全管理】 2014 年，楚雄州完善并落实学校各项安全管理规章制度和防范措施，进一步强化安全工作责任，定期排查安全隐患，基本实现安全教育无漏洞、安全排查无盲点、安全管理无事故、安全防范无空档的“四无”目标。推进“平安校园”创建，全面加强学校安全管理的规范化、制度化建设工作，有 28 所学校被表彰为州级“平安校园”，10 所学校被表彰为省级“平安校园”。全州有州级“平安校园”学校 123 所、省级“平安校园”学校 45 所、教育部“和谐校园先进学校”3 所，“平安校园”创建开展面 100%。建立全州教育系统学校安全工作短信平台，5 月始，10 县（市）分管副县（市）长、教育局长、分管副局长和安全股室负责人，州属学校校（园）长、分管副校（园）长、安全部门负责人，州教育局相关领导和科室负责人全部纳入短信服务对象。建立楚雄州学校及周边治安环境综合治理工作领导小组主要成员单位挂点联系 10 县（市）学校及周边治安环境综合治理工作制度。6 月，10 个主要成员单位分别深入各挂点联系县（市），指导督促各县（市）开展学校及周边治安环境综合治理工作，采取听、看、查、访等形式对各县（市）学校及周边治安环境综合治理工作进行实地抽查督查。加大维稳形势研判，全力做好教育系统维稳工作，在州属学校建立维稳形势定期研判工作机制，每月下旬召开 1 次由州属学校分管副校长参加的维稳形势研判会，对教育系统社会稳定形势进行分析研判，并将研判情况及时报送相关机构。建立“校园安全检查登记卡”制度，全面贯彻安全工作主体责任单位“党政同责、一岗双责、齐抓共管”工作要求和“安全第一、预防为主、综合治理”工作方针，认真贯彻落实“管行业必须管安全，管业务必须管安全，管生产经营必须管安全”要求，形成“学校安全工作人人抓”良好局面，决定在全州教育系统建立“校园安全检查登记卡”制度。

［崇均庭］

【营养改善计划】 2014 年，楚雄州营养改善计划覆盖所有义务教育学校 1098 所（含教学点），补助学生 26.02 万人，占全州义务教育学生的 91.36%。下达拨付 2014 年农村义务教育学生营养改善计划补助资金 1.5 亿元，其中中央资金 8291.22 万元、省级资金 4024.73 万元、州级资金 1128.69 万元、县级配套资金 1554.46 万元，资金拨付率 100%。

［张存芬］

【教育社会资助】 2014 年，楚雄州争取到位各级各类学生资助项目 19 个，争取到位资助资金 4.6 亿元，资助家庭经济贫困学生和教师82.1万人次。学前教育家庭经济困难学生资助158.19万元，受益人数5274人。乡（镇）和农村义务教育阶段寄宿制学生全部享受生活费补助，下达寄宿制学生补助经费1.62亿元，补助学生16.79万人。下达免费教科书补助资金3093.58万元，享受人数30.83万人。下达城市免杂费资金459.2万元，享受人数3.25万人。下达农村义务教育学生营养改善补助资金1.59亿元，农村义务教育阶段学生每天获得4元的营养早餐（从2014年11月起标准提高到4元）。落实普通高中家庭经济困难学生国家助学金补助，下达资金1964.5万元，资助学生1.49万人；下达省定民族高中寄宿制学生生活补助经费77.67万元，受益人数2589人。下达中等职业学校免学费资金2786.8万元，受益人数1.39万人；下达中等职业学校国家助学金1300.8万元，受益人数8672人；争取中职学生省人民政府奖学金8.8万元，奖励中职学生22人。争取残疾人事业专项彩票公益金5.2万元，37名在校残疾人高中生、大学新生和残疾人家庭子女缓解了入学难问题。落实普通高校大学生生源地信用助学贷款3535.15万元，发放贷款5777人。争取普通高校家庭经济困难新生入学资助专项资金24.5万元，资助学生368人。争取中央彩票公益金——励耕计划项目资金231万元，资助家庭经济特别困难的中小学、幼儿园专任教师231人。争取云南省优秀贫困学子奖学金名额216名，奖励考起中央部委直属高校新生216名，奖励标准每人每年5000元。落实大学毕业生创业小额担保贷款指标15人。协同组织完成第五届岭东英才奖助学金20万元，资助大学生40名；云南爱尔发奖助学金20万元，资助奖励大学新生20名。

［江玉波］

【校园文化活动】 2014年，楚雄州以构建和谐校园为载体，深入开展“我的中国梦”主题教育和“文明楚雄”系列教育活动，做好社会主义核心价值观的宣传教育。各级各类学校开展五好小公民“美丽中国·我的中国梦”主题教育读书活动。收集上报演讲、征文、摄影等作品25个，有9名学生作品获省教育厅关工委表彰，有2名学生参加全国总决赛并取得好成绩，楚雄州教育局关工委被评为优秀组织奖，楚雄市金鹿中学被教育部关工委读书办表彰为“国家级示范学校”。州教育局与团州委、州新华书店联合开展“爱读书、读好书、好书相伴快乐假期”读书征文活动，收到县（市）和学校推荐上报的学生征文519篇，评选出征文比赛一等奖30名、二等奖50名、三等奖80名，优秀指导教师奖41名、优秀学校组织奖10所。开展教育系统“文明餐桌行动”，通过教职工大会、班级“文明餐桌”主题班会、国旗下的讲话等形式，认真开展以餐桌文明知识、餐桌文明礼仪等为主要内容宣传教育，教育广大教职工和青少年厉行节约，反对铺张浪费。管理使用好乡村学校少年宫，把乡村学校少年宫作为开展思想道德教育和培育社会主义核心价值观主阵地。有54所学校建设乡村学校少年宫，配有各类文体活动设备。永仁县猛虎中心小学、姚安县光禄小学等学校乡村学校少年宫“一宫两站”管理使用模式成为全省典范。推荐上报省级校园文化建设示范区及心理健康教育示范区各1个、德育示范学校6所、校园文化建设示范学校7所、心理健康教育示范学校7所；校风、教风、学风建设示范学校9所；校风、教风、学风建设先进集体9个。推进延安精神进校园，州教育局于9月底成立延安精神研究会分会，设置相关领导机构，吸收局机关在职职工成为会员。10月16日，楚雄州第九次“用延安精神办学育人”经验交流会在大姚县召开，用延安精神助推学校德育工作。

［李同国］

【教育督导】 2014年9月23～25日，10月10～11日，楚雄州组成州级地方政府履行教育职责复核检查组到大姚县和楚雄市复核检查县（市）人民政府履行教育职责情况，与两县（市）人民政府分管领导，教育局、教育督导室负责人座谈，查阅档案资料，查看了两个县（市）9个乡（镇）的21所中、小学和幼儿园，并依据《楚雄州对县级人民政府履行教育职责督导评价标准》，对大姚县人民政府和楚雄市人民政府教育发展战略、教育投入保障、教育改革发展“3大类32条”指标进行综合分析，形成对大姚县人民政府和楚雄市人民政府履行教育工作职责的督导复核意见。组织开展楚雄州财政教育投入和使用管理情况专项自检自查，形成自检自查报告报州人民政府审定后报省教育督导委员会。督促各级人民政府继续履行教育职责，采取领导挂点、组建工作队和工作组做好学生劝返入学、依法入学工作，加大对学生巩固工作的监督检查力度，采取建立州、县、学校义务教育阶段在校生情况统计表制度等措施，确保辍学率小学控制在1%、初中控制在3%的警戒线内。组织楚雄市、姚安县、双柏县开展全国义务教育阶段学生数学和体育与健康状况监测工作。

【教育目标管理】 2014年，楚雄州结合实际，制定州教育局对10县（市）教育局教育目标管理制度，与10县（市）教育局长签订目标管理责任书，把省教育厅对楚雄州教育目标管理责任的具体指标任务分解到各县（市）教育局和机关各科室。开展2013年全州教育工作目标任务完成情况检查考评，并对获得一、二等奖的县（市）进行表彰。1月9～12日，省教育厅检查考核组对楚雄州2013年度教育工作目标责任书落实情况实地检查考评，楚雄州被考核评为一等奖。

【《云南省楚雄彝族自治州民族教育条例（修订）》实施】 2014年5月1日，《云南省楚雄彝族自治州民族教育条例（修订）》开始实施。6月，楚雄州教育局起草《〈云南省楚雄彝族自治州民族教育条例（修订）〉实施办法》初稿，经数次征求教育行政管理干部、部分中小学校校长、教师代表、10县（市）教育局局长意见建议后，根据征求到的意见建议形成修改稿。8月，邀请州人大教工委领导及写作组全体人员对《实施办法》初稿逐条进行修改。至年底，经数次修改后形成《实施办法》送审稿和关于《〈云南省楚雄彝族自治州民族教育条例（修订）〉实施办法》的说明，报州人民政府审定。

［普俊骞］

【“一活动一工程”活动】 2014年，楚雄州教育系统全面开展“一活动一工程”（“云岭职工跨越发展先锋活动”和实施“云岭职工人才工程”）活动，开展教师培训994期次，培训教师5.18万人次，组织教职工开展各类教学技能竞赛和岗位练兵活动548期次，参加教职工1.38万人次。7～9月，州教育局、州总工会组织开展初中女教师语文、数学学科岗位技能大赛，初中女教师参与面60%以上。26名初中女教师代表全州10县（市）和3所州属中学参加决赛，决出全州初中女教师语文、数学学科技能大赛一、二、三等奖。10月19～24日，获全州初中语文、数学学科技能大赛一等奖的6名女教师，代表楚雄州参加全省女职工岗位技术技能大赛总决赛。

【职工之家建设】 2014年，楚雄州教育系统各级工会以建好职工之家为抓手，推动工会工作整体发展，涌现出一批组织健全、工作规范、作用明显，为广大教职工信赖和认可的先进集体。其中，楚雄高级技工学校第十工会小组荣获“全国模范职工小家”荣誉称号；楚雄市职业高级中学工会等11所学校（单位）被评为“楚雄州先进职工之家”荣誉称号；楚雄北浦中学工会等15所学校（工会小组）被评为“楚雄州先进职工小家”荣誉称号。

【教育系统工会活动】 2014年4月14～17日，楚雄州教育工会组织全州17名基层工会主席到省工青妇干校参加“2014年云南省教育卫生科研系统工会主席培训班”培训。各县（市）、各学校加强新选举的基层工会主席培训，以会代训193期（次），参训2635人（次），选送省、州、县培训58期，参训112人。县（市）民办学校和私立幼儿园205所，通过按片区组建、挂靠中心小学等形式绝大多数建立工会组织。有教职工1964人，教职工加入工会组织1924人，入会率98%。禄丰县积极探索民办幼儿园组建工会新模式，以碧城镇为试点，把尚未组建工会组织的5所民办幼儿园组建成联合工会，基本实现民办幼儿园教职工全部加入工会组织。全州民办学校（幼儿园）工资集体协商合同普遍推行，159校（幼儿园）的1549名教职工开展工资集体协商，分别占全州县（市）民办学校（幼儿园）的77%和教职工总数的77.8%。州教育工会在楚雄技师学院、楚雄州特殊教育学校举行州直学校（学院）工会学习交流活动，围绕《加强职工小家建设，增强工会组织活力》、和《以建家活动为抓手，实现工会“六有”目标》主题开展学习交流。7月14～20日，州教育工会组织10县（市）及州直15所学校（学院）、州教育局机关一线优秀教师、先进工会干部和年近退休的老教师300名参加全省教卫科系统疗（休）养活动。

［朱跃民］

【教育乱收费治理】 2014年，楚雄州教育系统在县（市）、学校自检自查基础上，牵头联合发改、财政、审计等部门到10县（市）和州属学校专项监查2014年春秋两个学期教育收费情况，及时纠正、清退教育违规收费资金28184元，并对相关单位和人员进行处理。

［李开兰］

【教师专业技术职务评审与教师资格认定】 2014年5月13日，楚雄州教育局召开教师专业技术职务评审中评委会议，评审认定教师专业技术中级职务。收到评审材料873人，其中，申报晋升中专讲师职称11人，评审通过11人，通过率100%；申报晋升中学一级教师职称348人（文科197人、理科151人），评审通过341人，未通过7人，通过率97.99%；申报晋升小学高级教师职称269人，评审通过267人，未通过2人，通过率99.3%；申报晋升中专高级讲师职称12人，经评审向高评委会推荐12人；申报晋升中学高级教师职称233人（文科126人、理科107人），经评审向高评委会推荐233人。6月，按照教育部和云南省教育厅统一安排，组织全州教师资格认定，认定符合条件的教师资格人员1480人，其中，在职教师认定41人，社会人员认定27人，应届大中专毕业生认定1412人（师范类专业1186人、非师范类专业226人）。

［赵宗丽］

【招生考试】 2014年，楚雄州坚持“以考生为本、为考生服务”指导思想，加强招生考试机构和队伍建设，强化考试环境综合治理，完善招生考试安全保障体系，严肃考风考纪，做好试卷安全保密，深入实施普通高校招生“阳光工程”，积极推进普通高中学业水平考试工作改革，不断提高招生考试工作效率和质量，努力完成招生考试“保密、准确、按时、守纪”管理目标，圆满完成各类招生考试工作任务。报名参加全国普通高考考生1.35万人，比上年增加895人，其中报考文史类5758人、理工类7667人，三校生报考高等职业院校121人；应届学生1.28万人、往届学生755人。报名参加八年级初中学业水平考试考生3.27万人，比上年增加157人；报名参加九年级初中学业水平考试考生3.1万人，比上年增加2224人。报考各类成人高等学校考生2955人，比上年减少617人，其中报考专科起点升本科1402人，高中起点升本、专科1432人，免试生19人。完成全国高等教育自学考试、全省教师资格课程考试报名和考试工作任务。组织全省普通高中学业水平考试报名和考试工作2次。完成普通高等学校应届专科毕业生升本科考试、全省特岗教师招聘考试、高中（中专）招生体育和艺术专业考试工作任务。

［周德平］

基础教育

【基础教育概况】 2014年，楚雄州教育局代州人民政府草拟了《楚雄州人民政府关于深入推进义务教育均衡发展的实施意见》，明确全州推进义务教育均衡发展目标任务、时间表和保障措施，全面规范义务教育学校办学行为，提高教育治理能力和学校依法治校水平。印发《义务教育学校管理标准（试行）》、《中小学生学籍管理实施细则》、《关于进一步规范学校办学行为的通知》、《云南省农村寄宿制学校管理办法（试行）》、《调整后的云南省初中学生学业水平考试方案（试行）》、《关于进一步做好小学升初中免试就近入学工作实施意见》、《关于规范中小学假期工作有关事项的通知》等系列文件，推进中小学依法治校进程，规范中小学办学行为，提升管理水平和办学质量。破解楚雄城区中小学幼儿园入学（园）难问题，针对群众对楚雄城区入学难问题的意见，认真落实州委书记在《教育信息》、副书记在《信息专报》上的批示精神，由州、市教育局组成联合调研组，专题调研破解楚雄城区中小学幼儿园入学（园）难问题，形成《关于解决楚雄城区入学（园）难问题的调研报告》，呈送州委、州人民政府领导、州级相关部门和楚雄市人民政府。结合城区优质教育资源不足实际，统筹协调实现楚雄师范学院附属小学与楚雄市灵秀小学联合办学。协调组织完成国务院办公厅义务教育均衡发展专项督查相关工作，楚雄市、大姚县接受督查。完成全省首批“身边的好学校”评选推荐上报工作，楚雄开发区实验小学、楚雄市北浦中学、楚雄市鹿城小学、禄丰县干海子学校等4所中小学被省教育厅认定为云南省首批“身边的好学校”。协调完成楚雄州“两基”巩固情况专题调研，配合州人民政府教育督导室开展“两基”过程督导检查。全州小学适龄儿童入学率99.95%，在校学生巩固率99.92%，辍学率0.08%；初中阶段学龄人口入学率99.7%，在校学生巩固率98.29%，辍学率1.71%。义务教育残疾儿童入学率保持在90%以上。州教育局起草《楚雄州第二期学前教育3年行动计划（2014～2016年）》，编制《楚雄州2015～2017年学前教育项目建设规划》，开展2011～2013年实施的学前教育改建类项目督查调研和绩效评价。组织专家组对禄丰县第二幼儿园申报省一级二等示范幼儿园、南华县东城幼儿园申报省一级三等示范幼儿园进行州级评估认定，对牟定县天台幼儿园、武定县九厂幼儿园、楚雄市新苗幼儿园申报省级示范幼儿园县级评估进行指导。全州新增幼儿园17所，省级示范幼儿园达到24所，学前3年儿童毛入园率比上年增长5.39个百分点，达75.25%。

［谢海荣］

【楚雄一中】　2014年，楚雄一中优化管理机制，全面推行扁平化管理，讲责任、敢担当，重实干，办学水平和综合效益进一步提高。加强校风、教风、学风建设，坚持“学生成才，教师成功，学校发展，人民满意”的办学思想，以“三优加特色”（教育优质、校风优良、环境优美和体育、艺术特色）为办学目标，以特色促发展，以创新求突破，多渠道搭建育人平台。开展军训、冬运会、足球和篮球单项比赛、第二十届“金色年华艺术节”、第九届“主题班会课竞赛”、“相逢在花季”女生主题班会、母亲节亲情教育、教师节表彰、毕业典礼、第十八期“青年业余党校”培训班、“青少年团校”培训班、关爱残疾儿童志愿者活动、心理健康教育、法制教育、地震应急逃生、消防灭火演练等系列教育活动，形成厚重的校园文化积淀和清新的校园文明风尚。2月，学校荣获云南省“文明学校”和云南省首批“高等学校高水平运动员人才培养与输送基地”称号。推进课堂教学改革，以“一三五有效课堂教学”研究为导向，以提高学生学习能力为目的，实施全新集体备课制度。精心研究备考策略，优化复习方法，在高三年级学生中推行“指导教师专职培养”模式。高考取得优异成绩，本科上线率、总上线率分别达到96.2%和100%，600分以上优秀学生人数达到118人，比上年增加63人；3名应届理科考生进入全省前50名，其中2人突破700分大关，3人分别被清华、北大录取。学校获得2014年度一级高（完）中教学质量综合考核州级一等奖。完成校园总体规划工作，建筑面积5604.02平方米、有38个标准教室的钢结构教学大楼——“知行楼”竣工投入使用；完成阶梯教室和后勤综合楼建设工程前期准备和开工；完成教学用交互式一体机等现代化教学设备政府采购及安装，全校55个教学班实现网络和数字化广播全覆盖。教师在国家级，省级和州级论文、课堂教学、教学设计、课件比赛中获奖109人次。李惠英荣获全国优秀教师称号，朱绍章获“云岭名师”称号，金凌获云南省2014年度省人民政府特殊津贴奖，杨春德、钱蕾入选楚雄州中青年学术技术带头人培养人选。

［金　凌］

【楚雄州民族中学】　2014年，楚雄州民族中学有517名应届生参加高考，600分以上4人，一本上线96人，上线率比上年增长26.31%；本科上线443人，总上线率100%。其中，李红翠，文科语文127分，全州第七名；周紫桐，理科英语142分，全州第二名；马祥，文科数学129分，全州第六名；李昌，文科数学128分，全州第七名；陈玉敏，文科综合236分，全州第七名。学校荣获州教育局综合考核一等奖、质量提升三等奖和优生培育三等奖，荣获2013年云南省“平安校园”称号。

［陈　敏］

【楚雄师范学院附属中学】　2014年，楚雄师范学院附属中学借鉴先进经验，改善管理策略，完善管理机制，优化管理理念、创新工作思路，实行扁平化管理，成立高三、高二、高一和初中4个级部，合并原来的6个职能处室，成立教务管理、校务管理和后勤服务3个中心，由副校长主管4个级部、3个中心。开展国家级课题“班主任综合素质培养与实践研究”和“新课程背景下骨干教师培训与成长的理论及实践研究”，为教师成长搭建平台。有50余篇教育教学论文获国家、省级一、二、三等奖，8名教师在省州课赛中获一、二、三等奖；8名教师参与初中《第一测评》编写和中考模拟试卷命题；设立省级高中音乐和州级高中地理名师工作室，29名教师成为省、州各学科名师工作室成员，苏全被评为楚雄州中青年学术技术带头人。

［李 明］

【楚雄天人中学】 2014年，楚雄天人中学共有初、高中教学班94个，在校学生5316人（含缅甸籍留学生143人），教职工320人，专任教师287人。教师中有硕士18人、本科267人，中、高级教师占专任教师总数的39.02%；有国家级优秀教师42人，省、州级优秀教师60人，省、州级以上骨干教师35人。应届生报考率96.11%，600分以上考生3人，本科上线率91.2%，专科以上上线率99.7%。陈昱晓同学被美国德克萨斯州休斯敦贝勒大学录取。在2014年楚雄州普通高中教学质量综合考核中，荣获楚雄州优生培育先进学校一等奖、楚雄州综合考核先进学校二等奖。中考毕业率100%。年内，学校承担首届缅北跨境民族留学生教育交流合作项目，接收来自缅北地区的缅甸籍留学生143名到校留学。

［郭书宏］

【楚雄州实验中学】 2014年6月16日，楚雄州实验中学经州教育局批准设立，成为州教育局直接管理的民办高级中学，于9月1日开学。学校占地75亩，有师生400余人。新校区规划总占地300亩，总投资3亿元，共90个教学班，在校学生4500人，教职工360人。面向全省招生，教师面向全国公开招聘。

［李平锋］

【楚雄师范学院附属小学】 2014年8月13日，楚雄州教育局和楚雄市人民政府联合决定楚雄师院附属小学与楚雄市灵秀小学区域合作办学。9月1日，原灵秀小学更名为楚雄师院附小新校区。区域合作办学后的楚雄师院附小新校区呈现出办学形式新、学校面貌新、管理方式新、教师行动新、学生学习效果新的特点。12月16～17日，云南省人民政府教育督导委员会办公室专家组到学校开展现代教育示范学校认定评估。专家组按照评估程序，随机深入课堂听课30节，听取学校自评工作汇报，召开教师、学生、学生家长及社区代表座谈会，发放调查问卷200份，查阅相关档案材料，巡查学校校园环境、设施设备及学校文化建设。经专家组考评，学校达到“云南省现代教育示范学校”评估标准，同意学校通过“云南省现代教育示范学校”省级督导评估。

［林邦伟］

【楚雄开发区实验小学】 2014年，楚雄开发区实验小学始终坚持办学目标，开展教育教学改革12项，促进学校发展，提高教育教学质量，形成鲜明办学特色。12月，被云南省教育厅评为首批“身边的好学校”，办学经验曾在全省“身边的好学校”活动中作交流。学校不断优化育人环境，配备一流硬件设施；学校不断提升校园文化内涵，围绕5个主题设计布置校园文化；积极搭建教师成长平台，采用“请进来、走出去”方式，多渠道开展教师培训；分单、双年分别举行35岁以下和35岁以上课堂教学竞赛活动，举办“最佳评课稿”和“优秀教学设计”评比活动；实行每年教师基本功考核制度；定期举办教师论文、班主任综合素质竞赛，教师讲坛等活动；与上海浦东进才实验小学结成对口帮扶学校，每年派中层干部、骨干教师到上海进才实验小学跟岗学习、研修；与上海浦东进才实验小学、安徽黄山歙县行知小学等学校开展跨省校际教学研讨活动2次。借鉴上海等先进地区成功经验，创新管理制度，强化办学特色，深化课堂教学改革，促进学校全面发展。至7月，学校顺利完成4个三年发展规划，并进入第5个三年发展规划。

［卓思翔］

【楚雄开发区永安小学】 2014年，楚

永安小学冬运会开幕式 （李 梅/摄影）

雄开发区永安小学新生招生8个教学班，年末有教学班34个，学生1760余名，教职工80名。教师中有省级特级教师1名，省级骨干教师2人，州级骨干教师3人，校级骨干教师10人，州中青年学术技术带头人培养人选2人。2月，学校工会被楚雄州教育工会评为“先进职工之家”；4月，被云南省公安厅、教育厅评为“平安校园”；5月，少先队大队部被共青团云南省委评为“优秀少先队集体”；8月，被楚雄州文体局评为“青少年校园足球活动优秀定点学校”；9月，被云南省教育厅授予“现代教育示范学校”称号，并被共青团云南省委、省少工委评为第八届“青少年学艺大赛团体一等奖”。选派教师参加省内外培训学习50余人次。1人参加全国小学信息技术优质课评选活动荣获二等奖，1人参加全国“少先队辅导员说课竞赛”荣获“优秀案例奖”，5人荣获云南省学科技能大赛一等奖，1人荣获二等奖，2人荣获楚雄州学科教学竞赛一等奖，2人荣获二等奖。学生参加楚雄市2014年小学生球类运动会获得团体总分第4名。有7个课题被“新时期中小学家庭教育立德树人的综合研究”课题办公室批准立项为教育部关工委重点课题子课题，另有3个州级课题结题。10余名教师制作的课件和撰写的教育教学论文荣获国家级二、三等奖，200余篇教学论文荣获省级一、二、三等奖，8篇论文刊载于《云南教育》和《楚雄教育》。12月，教育部科技司领导到学校调研工作时，对学校教研改革、信息化建设和办学特色给予肯定。

［黄智娥］

【楚雄州幼儿园】 2014年，楚雄州幼儿园有教职工59人，设全日制小、中、大15个教学班，在园幼儿529名。教职工中，专业技术人员48人，小学高级教师31人，男教师2人，大专以上学历100%。为贯彻落实《国务院关于加强教师队伍建设的意见》和《教育部关于加强中小学教师培训工作的意见》精神，幼儿园开展“怎样做课例研修”集中教育活动。代表楚雄州参加“云南省集中教育活动竞赛”获二等奖、州一等奖；教职工代表州教育工会参加省职工健身舞比赛获团体第四名、“规定动作”一等奖、“自选动作”二等奖；青年教师樊茹媛参加省教育厅“三项”教学技能评比获二等奖；幼儿园评选表彰“好党员、好老师、好家长”及党员先锋岗、青年示范岗、文明窗口等示范班组及个人。李加琦、李云刚参加教育学会第一届业务竞赛，“好声音、好身体”获“一等奖”，陈沐昀参加“好手艺”获“二等奖”。

［王 利］

【楚雄州特殊教育学校】 2014年5月，楚雄州特殊教育学校规划总投资7380万元的基本建设设施投入使用，学校实现整体搬迁。1月，学校党支部被州教育党委表彰为2013年目标管理“一等奖”；学校工会工作被州教育工会表彰为2013年目标管理“一等奖”和2013年工会工作创新“三等奖”。12月，学校被楚雄州人民政府残疾人工作委员会表彰为参加全省第十届残运会暨第四届特奥会“优秀组织奖”。

［谢 红］

职业教育

【楚雄州职教园区概况】 2014年，楚雄州职教园区建设全面竣工，累计投资11.5亿元，占地2000亩，建筑面积45.6万平方米，中职招生在读1.17万人。园区在校学生规模2.3万余人，教职工1000余人。向奥地利政府贷款1400万欧元购置实训设备项目进入安装调试阶段，园区实训设备总值2亿元。园区实施投资8000万元基础能力建设4个项目。园区创办“昆明理工大学应用人才基地”，首届本科招生284人。深入推进与上海电子信息职教集团校校合作与校企合作，培训楚雄州职业学校管理干部和骨干教师177人。淘宝·中国特色楚雄馆和绵阳连康电子公司入驻州职教园区以及部分中职学校建立汽车维修等校中工厂。国家中等职业教育改革发展示范校建设项目楚雄民族中专通过省级验收。楚雄技校和禄丰县职中建设项目有序推进。12月24日，州委办公室、州人民政府办公室印发《楚雄州州属职业学校改革方案》的通知，楚雄技师学院（楚雄高级技校）、云南省楚雄州工业学校、云南省楚雄农校、楚雄民族中等专业学校、楚雄州体育运动学校5所州属职业学校进行合并，组建楚雄技师学院，为楚雄州人民政府直属公益二类事业机构，副厅级财政全额拨款事业单位。

［李应荣］

【楚雄农业学校】 2014年，楚雄农业学校招收新生917人，有各类在校学生3350人。学校与4所院校合作办学，合作办学专业在校学生2644人。基础设施建设完成实验、实训物资采购13.56万元，完成护理专业实训设施设备采购、安装与验收投资125万元。实训楼、学生宿舍建设、园林园艺实习、畜牧兽医实训基地、药园建设稳步推进。教师参加州级以上培训及企业实践锻炼58人次，在各类业务比赛中获得表彰31人次。学校与上海农林职业技术学院签订战略合作协议，在师资培训、专业建设、实训设施建设等方面进行交流合作，10余名专业教师深入楚雄等县（市）开展实用技术培训，培训农民、农民工、农转城人员811人次。考评员到州内18个村委会和5个县（市）职业高级中学开展28个工种鉴定56人次，鉴定高、中、初级工2477人次。12月24日，州人民政府在州职教园区召开州属职业教育学校改革动员大会，宣布《中共楚雄州委办公室、楚雄州人民政府办公室印发〈楚雄州州属职业教育学校改革方案〉的通知》，决定注销云南省楚雄农业学校事业单位法人，保留学校牌子，学校参与组建成为新的楚雄技师学院。楚雄农业学校前身是创建于1958年5月的楚雄地区中等农业学校，至2014年9月，学校先后开办与农业经济建设紧密联系的专业86个，培养各类毕业生1.5余万名。

［潘志云］

【昆明理工大学楚雄应用技术学院】 2014年，楚雄州人民政府与昆明理工大学决定在楚雄州职业教育园区内，利用州职教园区内现有教学资源，合作创建“昆明理工大学应用人才培养基地”。4月30日上午，在昆明理工大学城市学院举行楚雄州人民政府与昆明理工大学合作创建“昆明理工大学应用人才培养基地”协议书签字仪式。8月26日，昆明理工大学应用人才培养基地授牌仪式暨2014级开学典礼在楚雄技师学院举行，昆明理工大学应用人才培养基地2014级283名新生参加开学典礼。昆明理工大学教务处处长宫爱玲宣读云南省教育厅关于成立昆明理工大学应用人才培养基地的批复；昆明理工大学副校长易健宏、楚雄州人民政府副州长邓斯云共同为昆明理工大学应用人才培养基地授牌。该基地面向全省招收参加“三校生”升本考试的职高、技校、中专应届毕业生283名，专业为机械工程（数控方向）、焊接技术与工程、汽车服务工程（汽车检测与维修方向）、财务管理和市场营销（酒店营销与管理方向），学制4年，学生修满昆明理工大学规定课程，成绩合格，由昆明理工大学颁发高等职业本科毕业证书和学位证书。

［杨忠明］

【楚雄技师学院】 2014年，楚雄技师学院招生2919人，有在校学生1.01万人，连续7年保持在校学生万人规模。毕业56个班2496人，毕业学生就业率99.76%。外送国家级师资培训23人，省级一体化课改培训25人，考评员培训38人，企业实践培训90人，赛前培训10人，企业专业研讨4人。8名教师申报晋升高职，16名教师申报晋升中职。师生备战5个省级竞赛，35名学生选手分获4个一等奖、10个二等奖、14个三等奖；18名教师选手分获4个一等奖、6个二等奖、1个三等奖，3个团体赛项目荣获1个一等奖、1个二等奖和1个三等奖，1名学生参加焊工全国大赛，3名学生6名教师参加全国数控大赛，22名学生参加全国职业院校技能大赛，获得1个二等奖、7个三等奖，并争取到省级财政竞赛经费补助15万元。教师张彦青被评为“云岭首席技师”、何德生被评为“云岭教学名师”，5年培养期内省财政每人每年给予10万元工作经费，在岗期间，每人每年给予3万元生活补助。年末，257名在校学生报读云南开放大学机电一体化技术、数控加工技术和汽车检测与维修技术3个专业的中高衔接专科教育。学院获州级文明单位荣誉称号。

［周海云］

【楚雄州体育运动学校】 2014年，楚雄州体育运动学校紧紧围绕“优化育人环境，扩大办学规模，增强竞技实力，提升办学效益”目标，完善干部聘用制和教职工岗位责任制。结合奥运会、亚运会、全运会和省运会项目设置，以及彝州竞技体育人才培养实际，着力打造体操、拳击、中长跑（竞走）、射击、射箭、柔道、网球7个省布局的重点训练项目，田径（短跨、跳投、全能等）、皮划艇、游泳、摔跤、举重、自行车（小轮车）、散打、乒乓球8个州布局的优势训练项目，以及足球、篮球2个校布局的基础项目，竞技体育人才培养和职业教育工作取得长足发展。向省体工队输送运动员11人，向省体育职业技术学院输送学生7人。在云南省第十四届运动会比赛中，以州体育运动学校16个运动队组建的楚雄州参赛代表团，取得金牌23枚、银牌19枚、铜牌41枚，以团体总分995分名列全省第七名。学校坚持以市场需求为目标，以适度超前为原则，立足体育而不局限于体育，扬长避短，积极探索特色专业办学、校企合作办学、校际合作办学等多层次、多渠道办学模式，坚持与北京体育大学成教院联办运动训练函授本（专）科班，与云南省印刷技工学校联办印刷技术专业，与云南省中医药学校联办护理、农村医学专业，与楚雄高等医药专科学校联办康复治疗技术（三年制和五年制）优势专业，与州内外职业学校联办篮球、高级护卫和休闲体育等特色专业。学校春秋两季招收新生581人，在校生突破1600余人，形成初中、中专、大专、函授专（本）科的办学格局。

［余建兴］

【楚雄民族中等专业学校】 2014年8月26日，楚雄民族中等专业学校顺利通过云南省教育厅、省人力资源和社会保障厅、省财政厅国家中等职业教育改革发展示范学校建设项目专项检查验收。楚雄民族中等专业学校示范校项目建设包括学前教育、服装制作与生产管理、会计电算化、计算机应用4个重点建设专业项目和数字校园管理与评价系统、民族文化进校园2个特色项目。经过两年努力，实现示范校建设预期目标，取得较好成效。至6月4日，按照“项目建设任务书”要求，项目建设资金按时全额到位，到位资金总计2661.77万元，其中中央专项资金1000万元，地方配套专项资金投入790万元，学校自筹810.85万元，行业企业投入设备价值60.92万元。完成验收要点657个，完成率104.79%。其中，重点专业完成任务数517个，完成率103.82%；特色项目完成任务数48个，完成率123.08%。

［樊文杰］

【楚雄州公安局人民警察培训学校】 2014年，楚雄州公安局人民警察培训学校完成各类培训任务43期3534人次。承办全省公安机关区域性教官实战比武楚雄片区州、县（市）级教学训练和考核工作，协助州公安局国保支队参加全省比武集训，协助州森林公安局、州检察院完成参加全省大比武集训队训练任务。州公安局国保支队参加全省比武荣获三等奖，州森林公安局大比武集训队获得全省比武第二名，州检察院大比武集训队获得全省比武第一名。在2014年省公安厅组织的全省比武中，楚雄警校抽调教官协助楚雄州公安局开展集训队训练，在全省公安机关反恐暨警务实战技能比武活动比赛中取得应用射击成绩排列第一，反暴恐和警情处置得分排列第二，综合成绩排名第二的好成绩。在全州公安机关年终工作考核中，荣获综合考核三等奖，荣立三等功。

［李华荣］

高等教育

【楚雄师范学院】 2014年，楚雄师范学院根据国家、省对高等教育改革发展要求，修订学校办学定位和人才培养目标，明确学校办学方向。制定《楚雄师范学院转型发展实施意见》，计划用5年时间，调整改建专业，建设“双师型”队伍，加强实践教学基地建设，改革人才培养模式，深化校地、校企合作，强化应用型人才培养，提高学校为地方经济社会发展服务能力，推进学校向应用型本科转型发展。获得国家级卓越小学教师培养改革项目1项，获得新建本科院校向应用技术型大学转型发展“实验实习实训基地与技术创新服务中心”建设项目1项。加强学院制建设，通过简政放权，将更多人事管理权、财务管理权和分配奖励权等下放给学院，强化学院人财物资源配置的权力和责任，校、院两级管理体制得到完善。创新内部管理机制，将招生就业与教学工作结合起来，构建“招生—培养—就业”一体化培养模式；将国有资产管理与信息化建设工作结合起来，构建国有资产管理、使用与建设一体化管理模式，内部管理体制机制改革得到深化。加大节能宣传和节能改造，节能降耗工作成效明显，被国家三部委命名为“全国第一批节约型公共机构创建示范单位”。

深化改革。年内，学院4个在建省级优势特色重点学科、硕士学位点建设重点（及培育）学科通过中期检查。新增省哲学社会科学研究创新团队1个、省高校科技创新团队1个。新设立研究机构15个，为9个科研机构和11个国家级科研项目组配置工作室，完成科研机构、科研平台充实调整和结构优化。年度学科建设和科研经费总额1200余万元，再创历史新高，其中纵向和横向争取获得的科研经费首次突破1000万元大关。新增项目100余项，其中国家级项目6项、省部级项目17项、横向项目7项。发表核心期刊论文54篇，SCI、EI收录论文31篇，出版著作、教材21部，申请专利2项，获得省部级奖励1项。与姚安县合作开展文化保护项目，与双柏县合作建设地方民族文化，校内科研平台与行业企业广泛开展合作，协同创新发展，产学研持续推进，服务地方经济社会发展的能力得到增强。邀请近百名国内外知名专家学者到校讲学，举办“雁峰论坛”等学术讲座60余场次。

学科建设与科研。年内，学院制定《楚雄师范学院应用型本科人才培养方案修订指导意见》，通过改革人才培养模式，强化应用能力培养，构建与高素质应用型人才培养相适应的课程体系和教学组织运行方案，提高学校应用型人才培养质量。制定师范类专业“整合连贯型”改革方案，采取创新课程体系、改革教学内容与方法、加大实践实习环节、强化学生教学能力和教师职业技能培养等措施，对原有师范专业进行调整。制定《楚雄师范学院学分制学籍管理规定》等5个学分制管理制度，建立以学分制为主的弹性学习制度，扩大学生学习自主权，学生潜能得到发挥，促进学生全面成长。获得“本科教学质量与教学改革工程”国家级、省级9个类别15个项目立项，使学校拥有的国家级、省级项目数达到66项。有71名学生考取研究生，在全国大学生数学建模、物理教学技能、市场调查与分析、信息技术等全国性学科专业竞赛中获得一等奖1项、二等奖6项、三等奖6项。

基本建设。年内，学院成立“新校区发展办公室”，启动花果山校区教师进修综合楼建设前期工作，完成花果山校区3号、4号教学实验楼及附属工程建设，完成雁塔校区改造规划并启动一期改建项目，投资923万元完成雁塔校区高层次人才用房、阶梯教室、下食堂、网球场等45个改造维修项目，新增校舍面积11760平方米。基本建设有序推进，校园环境不断优化，被省住建厅授予“云南省园林单位”。总投资600万元的“数字化校园”建设项目启动，一期项目顺利推进。完成校园网出口带宽扩容，校园网出口带宽达到1010兆，完成校园无线网络（WLAN）二期工程建设。加大教学科研仪器装备投入，完成1998.77万元装备采购及项目建设任务。新增纸质图书3.4万册，电子图书20万册，数据库4个。年末，学校有藏书84.57万册，电子图书70万册，数据库46个。

师资队伍建设。年内，学院入选“云岭学者”1人，入选“云南省教书育人楷模”和“云岭教学名师”1人，荣获“云南省突出贡献专业技术人才”三等奖1人，新增省中青年学术技术带头人后备人才1人。有硕士生导师13名，博士生导师1名。招考引进硕士25人、博士3人，选派教师外出攻读学位和进修62人，学校教师中有硕士320人、博士35人（含在读14人），硕士以上教师占教师比例63.8%。晋升教授5人，晋升副教授12人。年末，专任教师中有教授54人、副教授164人，教授、副教授占教师总数的39.2%。

招生就业。年内，学院有44个本科专业面向全国24个省（市、区）招收本科学生2720人，在校生规模1.04万人。普通本、专科毕业学生2361名，平均初次就业率88.5%，比上年增长4.2%，毕业生“五项指标”就业率53.2%，比上年增长8.2%。大学生创业园区投入使用，实现创业就业27人，学院连续第九年荣获云南省普通高校毕业生就业工作目标责任考核一等奖。

学生管理与帮困助学。年内，学院开展“中国梦·成才梦”主题教育实践活动10余项，社会主义核心价值观主题教育实践活动8项，有26人次、16件作品受到上级表彰。组织开展女生文化节、学术科技节、“五四”青年文化月、社团文化节、创业计划大赛等活动61项，评选出优秀作品（节目、活动）220项，有18项受到上级表彰。认定家庭经济困难学生5387人，占全校学生总人数的51.8%，评定发放各类奖助学金1257.45万元，3216名学生获得生源地助学贷款，贷款金额1631.5万元。举办家庭经济困难学生帮扶培训班3期，培训学生1202人，860名学生获得职业资格证书。

继续教育。年内，学院成人函授本、专科开设专业70个，校外办学点33个，学员人数4000余人，网络远程教育600余人，全日制专科专业5个，在校学生

137人。与中国医科大学、中国石油大学、南开大学、东北财经大学等6所高校联合开展网络远程教育。完成“国培计划”1178人，名列全省第二；完成“省培计划”200人，其他非师培训4000余人次。

对外合作交流。年内，上海体育学院在楚雄师范学院挂牌成立“田径运动项目训练基地”，双方联合开展科研和高层次人才培养；楚雄师范学院与云南师范大学合作共建“国家级少数民族传统体育课程教学团队”研究基地；学院图书馆与云南省图工委签署加盟协议，与楚雄州威楚画院、楚雄州文艺评论家协会签署合作协议，启动楚雄彝族优秀文化作品数据库建设和创作展示基地建设。聘请外籍专家和教师6人，接待国外高校来访团队23个173人次。招收美国、韩国、泰国、老挝、柬埔寨籍长短期留学生81人，其中学历留学生20人。公派教师出国（境）学习18人次。组织实施泰国清莱皇家大学“3+1”合作办学项目、汉语国际教育专业学生国外实习实践项目、英语专业学生国外学习项目、体育与健康学院学生交换项目等4个，学生出国学习实践73人次。与泰国春武里体育大学，泰国东方大学教育学院、艺术学院，泰国清莱皇家大学教育学院、艺术学院签署校级、院级合作协议6份。

［徐　波］

【楚雄医药高等专科学校】 2014年，楚雄医药高等专科学校占地面积452.6亩，校舍面积8.93万平方米，专业实验室78个，多媒体教室70个，图书馆藏书26万册，在职教职工272人，有检验系、药学系、医学系、基础医学系、公共部和思想政治理论课部6个系（部），开办专业18个。面向全国16个省（市、区）招生专业14个，完成三年制普通专科1590人，初中起点五年制转段106人，初中起点五年制高职生585人，农村医士98人，招生总数达2379人。年末全日制在校学生7345人，其中三年制专科4555人、五年制转段高职106人、初中起点五年制专科2109人、农村医学中专575人，成人本、专科学历教育在校生2400人。毕业学生1602人，举办校内招聘会2次，年终就业率98.13%。实施省级质量工程项目34项，其中，中央财政支持实训基地1个，中央财政支持提升专业服务产业能力建设项目1个，省财政支持提升专业服务产业能力建设项目2个，省级示范实习实训基地9个，省级特色专业建设点2个，省级教学团队2个，省级教学名师1人，省级教学改革研究项目5项，省级“十二五”规划教材5门，校外实习教学基地133个。投资3200万元完成了1.51万平方米学生公寓建设，投资150万元建成口腔医学实验室4个，完成投资2000万元的学生食堂建设项目土建工作，投资100余万元建设新区路灯、行道绿化项目。利用德国促进贷款项目完成省级财务评审，列入国家财政部项目清单，完成采购公司代理招标。科研成果获国家发明专利和商标1项。申报省级科研项目4项，校级科研课题立项11项，获州科学技术进步奖1项，教师公开发表论文68篇，国内核心期刊13篇。“平安校园”创建工作通过省级考评，被命名为“云南省平安校园”。

机构改革及专业建设。年内，学校成立护理学院，信息中心、思想政治理论课部、监察审计室升格为一级内设机构，单列校医院、图书馆作为内部二级机构，明确宣传部、统战部、大学生工作部、人民武装部、对外交流合作处、职业技能鉴定中心、学术委员会办公室等工作机构挂靠处室。推进教学改革，实施教考分离，建立学科考试题库，完善学业评价和综合素质评价体系。完成《楚雄医药高等专科学校章程》建设，完善《楚雄医药高等专科学校教风实施细则》等23个规章制度，学校管理制度化明显加强，强化教代会执委会职能，年度重点工作、建议案实行责任督查制度。实施编制计划和编制外需求岗位相结合用人机制，招聘新教师18名，有教职工272人，其中博士1人、硕士53人，教授9人、副教授58人，“双师型”教师83人，校内专兼职教师212人，校外兼职教师110人，专任教师占教职工总数的72.5%。制定《楚雄医药高等专科学校教师专业化培养方案》，落实培训计划，选派130余人次教师外出参加各类培训，其中参加国培、省培项目40人，一线顶岗培训30余人。申报口腔医学专业、口腔医学技术、医学影像技术三个新专业顺利通过省教育厅、教育部专家组评审，列入2014年招生专业。年末，学校专业数量达到18个。思想政治课教师、改革体育课建设通过省级专家评估，公共体育课建设评估达优秀等级。康复治疗技术、药物分析技术获“云南省专业提升产业服务能力建设项目”，化学实训基地、护理实训中心获“云南省高等专业院校公共实习实训基地建设项目”。获云南省教育厅质量工程项目8个，校内评审认可质量工程项目2个。组织学生参与云南省大学生职业技能竞赛，获得临床实践技能、药学综合技能、医学检验技能、中药传统技能、康复治疗技能等5项集体一等奖。康复治疗技能代表云南省参加全国大学生技能大赛，被评为道德风尚奖。

职业技能鉴定。年内，学校完成职业技能鉴定477人次，医师资格考试2857人次，卫生专业技术职称考试1407人次，护士职业资格考试2029人次，住院医师规范化考试376人。组织开展计算机应用技术考试2232人次、英语应用技能A级考试3025人次，建立并开展普通话测评1812人次。

对外交流与合作。年内，学校与中国光华国际教育联合会合作，探索实施涉外护理教学模式。与中央民族大学开展高校思想政治理论课“手拉手”共建活动暨“中华优秀传统文化与社会主义核心价值观”学术研讨，云南省高校思想政治课共建第8组共11所院校参加。发挥秘书长单位作用，成功承办“云南省食品药品教学指导委员会成立大会”和“全国医药卫生职业教育联盟医学检验专业研讨会”；参加在盐城卫生职业学院、重庆医专、湖南食品药品职业学院、邵阳医专等学院开展的“全国卫生职业教育联盟专业教学活动”。

学生资助。年内，学校坚持“公平、公正、公开”的原则，发放奖学金

75.34 万元，奖励人数 134 人，其中，国家奖学金 4 人，国家励志奖学金 105 人，省人民政府奖学金 4 人，省人民政府励志奖学金 21 人，校级奖学金 99 人。发放助学金 151.7 万元，受助困难学生 1098 人，争取助学贷款 564 万元，贷款人数 937 人。

［段玉林］

教研与师训

【教育科研概况】 2014 年，楚雄州认真贯彻落实国家、省、州教育工作会议精神，不断深化教育改革，努力提高教育教学质量，按照“加强教育科研、稳步提升教学质量”职能要求，加强教研机构自身建设，努力提高教育科研水平，积极推进和深化基础教育课程改革，取得显著成效。参加高考人数 13274 人，占全省比例的 5.50%。700 分以上 2 人，占全省的 6.67%，实现零的突破；600 分以上 184 人，比上年增加 105 人，增幅高于全省 15.26 个百分点；本科上线人数 8271 人，上线率 62.31%，高于全省 4.81 个百分点；专科以上总上线人数 1.31 万人，上线率 98.52%，高于全省 3.42 个百分点。

【教育科研机构建设】 2014 年，楚雄州围绕职能要求，制定《楚雄州教科所岗位管理办法》、《楚雄州教科所工作规则》，明确部门人员岗位职责、工作内容、目标任务和工作纪律，规范会议、学习、公文处理等制度。修订完善《楚雄州教科所年度履职考核办法》。建立教研员挂点联系学校教育教学工作制度，本着“重心下移，聚焦课堂”原则，围绕“以点带面，整体提高”目标要求，建立《楚雄州教科所教研员挂点联系学校教育教学工作制度》，要求各教研员至少每月一次到挂点联系学校，以带班上课、随堂听课、专题讲座、走访座谈等多种方式对学校教育教学工作进行督促与指导，形成年度教研员开展工作情况报告，纳入每年履职考核。建立和完善高考专家指导组管理和考核评价制度，州教科所完成《楚雄州高考专家指导组年度目标管理考核办法（试行）》制订，负责考评指导组成员完成工作任务情况，开展活动组织、督查、人员调整补充等工作。6 月，楚雄州教育局落实专项经费 60 万元（每个工作室 5 万元），组建普通高中名师工作室，包括语文、数学、英语、政治、历史、地理、物理、化学、生物、体育、美术、信息技术 12 个学科，有成员 382 人。

【普通高中教学和质量监测】 2014 年 3 月，楚雄州教科所组织高三骨干教师 358 人参加云南省高三教学研讨会。3 ~ 4 月，开展高考复习备考调研指导活动，指导组深入 20 所高完中，随堂听课 687 节，开展专题教研活动 200 场次，召开座谈反馈会 20 场次。7 月 29 日，组织开展 2015 届高三复习备考研讨活动，20 所高完中 879 名教师参加研讨。9 ~ 11 月，深入 20 所高完中，随堂听课 980 节，开展专题教研活动 200 场次，召开座谈反馈会 20 场次。组织全州高三上学期（1 月份）和高一、二年级学年末（7 月份）教学质量统一检测命题、成绩统计和质量分析。3 月 6 ~ 7 日、4 月 17 ~ 18 日，两次组织全州高三学生参加全省统一检测，对全省和全州统测成绩进行统计分析，并通过网络平台和内部资料的形式将统计和分析情况反馈各县（市）、各学校参考。组织高考专家指导组成员开展信息技术培训，编辑学科小专题训练题，开展网络教研、远程教学活动，实施网上在线和入校辅导工作。

【教育科研课题研究及管理】 2014 年 4 月，楚雄州教科所组织 15 所学校申报云南省教育科研规划课题及云南省哲学社会科学科研课题 29 项。6 月，南华民族中学教师张红星主持的“寄宿制学校初中山区少数民族学生心理问题研究”（BC14014）和南华县东城小学教师高国贵主持的“小学生校内礼仪教育实践研究”（BC14020）两项课题获准立项。8 月，组织“十二五”第三批课题立项评审，受理课题申报 78 项，经州教育科研学术委员会评审，州教育科学规划领导小组审定通过，获准立项 62 项。审核通过各县（市）上报的“十一五”及“十二五”课题结题鉴定材料 48 项，组织专家开展州属学校课题结题鉴定 16 项。

【语言文字工作】 2014 年，楚雄州组织开展第 17 届全国推广普通话宣传周活动，全州各类人员 6000 余人参加普通话水平测试，有 14 人取得省级普通话测试员资格。完成禄丰县土官镇中心小学、南华县民族中学、牟定县茅阳二小 3 所学校创建“云南省语言文字规范化示范校”的州级复查评估和向省语委申报等工作。推进大姚县、禄丰县等 5 个县城开展云南省三类城市语言文字达标评估工作。开展楚雄州 2014 年初中学生汉字书写比赛，选拔楚雄市紫溪中学代表楚雄州参加全省比赛。举办楚雄州经典诵读和规范汉字书写比赛。

［杨智琼］

【教师培训】 2014 年，楚雄州培训中小学幼儿园教师、校（园）长 2.67 万人次。其中，全州 20 所高（完）中 14 个学科 2623 名专任教师参加远程全员培训。中小学教师继续教育培训考试 1.37 万人次，中小学幼儿园教师参加“国培计划”培训 5514 人，教学点培训及送教下乡培训 1400 人次。开展初级中学心理健康教育辅导教师培训 238 人，州级骨干教师培训 1500 人，教育部滇西连片扶贫培训中小学教师 1000 余人次。与“美丽中国”项目办合作，开展“美丽中国——乡村教师培训”培训中小学教师 100 人。开展春季学期小学教学新课标教材网络培训、中小学心理健康教育教师培训、普通高中计算机教室开放现场培训、人教版小学数学、小学英语、初中英语、初中体育与健康 4 个学科新修订教材教法等培训，培训教师 1100 余名。小学语文、数学、品德和初中语文、数学、英语、物理、化学、地理、生物等学科骨干教师培训 1500 人。其中，小学语文、数学、品德骨干教师培训 744 名，初中语文、数学、化学、地理、物理骨干教师培训 756 名，特殊教育学校骨干教师参加省级培训 6 名。

【“云岭教学名师”评选】 2014年9月，楚雄州教育系统在中小学幼儿园教师中广泛开展“云岭教学名师”推荐、选拔，推荐上报云南省“云岭教学名师”候选人17名。11月，经省教育厅评选，楚雄一中政治特级教师朱绍章、楚雄开发区实验小学语文特级教师王静、楚雄市鹿城小学语文特级教师李文伟被认定为云南省首批“云岭教学名师”。

【教师培训基地建设】 2014年，禄丰县教师进修学校成功晋升为省级示范性教师进修学校。年末，全州有国家级示范性进修学校1所，省示范性进修学校4所（姚安、双柏、武定、禄丰），省一级进修学校2所（南华、牟定）。初步形成以楚雄师范学院为主体，教育科研机构参与，以县级教师培训机构为重点，以校本培训基地为支撑的覆盖城乡的州、县（市）、学校三级教师培训网络体系。

［施自荣］

电化教育

【教育信息化建设】 2014年5月，教育部科技司司长在省教育厅领导和相关部门领导陪同下对楚雄州教育信息化建设进行工作调研，对楚雄州教育信息化建设方案提出修改意见。8月26日，经过两年精心准备的《楚雄州教育信息化建设方案》获得州人民政府第31次常务会议通过，全州教育信息化建设正式启动。全州教育信息化建设由州、县（市）、学校3级共同建设，采取一次建设，分期付款方式，由州教育局负责规划，采取统一规划，统一标准，统一服务，统一管理。教育信息化建设范围涉及中小学1083所，建设资金4.83亿元，建设内容有校园网络、多媒体教学、计算机教学、校园安全、系统应用、数据中心、录播教室七大系统。

【国务院教育督导委员会教育信息化工作督导专项检查】 2014年12月15日，国务院教育督导委员会教育信息化工作督导组到楚雄州开展专项检查。督导组深入楚雄市、楚雄经济开发区、禄丰县的农村和城市中小学校、职业中学等检查，听取学校情况介绍，与教师和学生交谈，听取楚雄州、县（市）人民政府教育信息化工作汇报。专项督导检查内容是各地贯彻落实2012年全国教育信息化工作电视电话会议精神和《教育部等九部门关于加快推进教育信息化当前几项重点工作的通知》任务完成情况，重点是教育信息化工作机制、经费保障、政策措施，及教学点数字资源全覆盖、教育信息化基础设施建设、教师信息技术应用能力提升情况等。

【电化教育评比竞赛】 2014年1月，楚雄州电化教育馆组织中小学校开展电脑制作活动，从近300件电脑制作作品中遴选出60件优秀作品，选送参加全省中小学电脑制作活动和农村初中电脑制作活动评比。3～8月，推荐北浦中学，北浦小学优秀选手参加机器人工程挑战赛。3～10月，组织中小学教师参加云南省电化教育馆举办的第五届“中国移动校讯通杯”全国中小学教师论文大赛云南赛区奖赛活动，有15篇论文获省级奖，其中一等奖1篇、二等奖4篇、三等奖10篇。4月，组织教师参加教育部教育管理信息中心举办的第14届全国多媒体课件大赛（幼教及普教）活动。

【楚雄教育网和楚雄远程教育网】 2014年，楚雄州电化教育馆承担楚雄教育网、楚雄远程教育网更新和日常维护工作，新建楚雄州学前教育三年行动计划网络巡展栏目，更新两大网站所有栏目和图片信息。上传新信息250余条。楚雄教育网访问量快速增加，年末，访问量达33.6万次，访客10.34万人，平均日访问量313人。教育网信息下载次数快速增加。

［查 锐］

【教学仪器装备】 2014年，楚雄州全面完成“农村义务教育薄弱学校改造计划”教学仪器设备装备工作。4年来筹集农村义务教育薄弱学校改造计划教育技术准备资金1.59亿元，其中，中央补助8659万元，省级配套3735万元，州级配套1050.3万元，县级配套2450.7万元。在实施过程中，按照“建设一校，达标一校”的要求，装备设备2485套件，其中，初级中学物理、化学、生物设备各70套，数学设备104套，地理设备75套，探究实验设备27套，音乐设备64套，体育设备60套，美术设备71套，钢琴17台，电子白板412套，篮球架105套，图书240套；小学数学设备108套，科学设备125套，音乐设备101套，体育设备98套，美术设备102套，钢琴17台，电子白板186套，篮球架92套，图书268套。装备项目学校346所，其中初级中学132所，小学512所。

［张学富］

（责任编辑：周能汉）

文化

文化综述

【文化工作概况】　2014年，楚雄州文化体育系统紧紧围绕民族文化强州建设目标，以第二批国家公共文化服务体系示范区创建工作为主线，以基础设施建设、文化体育惠民工程、人才队伍建设3项工程为重点，群众性文化活动广泛开展，艺术创作成果丰硕，文化遗产保护和传承得到加强，文化市场管理规范有序，新闻出版、"扫黄打非"工作力度不断加大。年内共向上申报文化文物项目119个，申报资金1.05亿元，完成非税收入489万元，完成招商引资任务1000万元，下达1280万元建设经费，资金下达率100%。实施了44个农村文体活动广场、61个村文化室、36个乡（镇）灯光篮球场、206个村级活动场地建设项目。至年末，全州已建有4个博物馆、11个图书馆、11个文化馆、103个乡（镇）文化站、1745个村文化室、1119个农家书屋，实现了行政村文化室和文化活动广场全覆盖。建成文化信息资源共享工程州级支中心1个、县级支中心10个、乡（镇）基层服务点103个、村级基层服务点1097个。建成了州博物馆网站和州县图书馆、文化馆网站，数字图书馆移动阅读平台开通运行。配备流动舞台车9辆、流动图书借阅车10辆。包括固定设施、流动设施、数字阵地在内的4级公共文化服务设施网络体系初步形成。有公共文化机构176个，在职人员1258人，年龄45岁以下占81%，大专以上文化占69.6%。其中专业技术人员820人，高级职称46人，占5.6%；中级职称283人，占34.5%；初级职称456人，占55.6%。

【基础设施建设】　2014年，楚雄州以创建国家公共文化服务体系示范区为契机，州、县加大投入力度，把公共文化产品和服务项目、公益性文化活动等纳入财政预算，形成长效投入机制，提出了乡（镇）文化站"十个有"、村（社区）文化室"九个有"标准，坚持建、管、用并重，集中打造26个示范性乡（镇）文化站、58个示范性村（社区）文化室。各县（市）落实了行政村（社区）文化室文化辅导员补贴和县级非遗传承人补助；州、县两级财政分别安排了示范区创建工作经费。新建4个县图书馆、1个县文化馆、4个乡（镇）文化站，改扩建1个县（市）图书馆和1个县（市）文化馆工程全面启动；永仁县体育场和非遗传承展示中心、大姚核桃博物馆、楚雄市广电中心、楚雄州学生课外实习基地等项目进展顺利。

【人才培养】　2014年，楚雄州深入开展"四个一批"人才培养工程，向属于"三区"的8个县（市）选派文化指导员117名赴基层开展工作，选派25名基层文化指导员到省级进行专项培养。制定《楚雄州文化志愿者招聘和管理制度》，组建文化志愿者队伍143支1641人。每个村（社区）落实1名财政补贴的文化辅导员，基层专兼职人员队伍不断充实，有2000余支群众业余文艺队伍常年活跃在基层。对21位申报高职的人员进行推荐，评审中职28人、初职30人。按照《楚雄州2014年开展公共文化服务体系示范区区域文化联动活动方案》，楚雄州分别与保山市和延边朝鲜族自治州开展了交流学习活动。州、县、乡结合实际开展形式多样的创建业务培训、体育指导员和教练员培训、可移动文物普查等方面的业务培训，提升文体系统人员素质，激发人才队伍活力。

【文化体制改革】　2014年，楚雄州文化体育局牵头的文化体制改革事项共有2项，分别是"探索建立全州演艺联盟"和"改革博物馆、图书馆、文化馆法人治理结构"。年内，"探索建立全州演艺联盟"改革工作完成了对全州的演艺资源调查，制定《楚雄州演艺联盟组建方案》，明确基本原则、演艺联盟性质、组建方式、组织架构、运行机制等，出台了《楚雄演艺联盟公约（章程）》；"博物馆、图书馆、文化馆法人治理结构"改革工作借鉴省博物馆组建理事会试点经验，探索建立法人治理结构，拟定《楚雄州公益性文化事业单位法人治理结构建设试点工作方案》，明确了指导思想、目标任务、主要内容和保障措施。

【文化市场管理】　2014年，楚雄州共有文化市场经营单位2392户，其中演出性经营单位11户、歌舞厅234户、电子游戏室127户、网吧244户、茶室322户、音像销售398户，其他1056户，文化市场经营项目从业人员1.1万人，上缴税金1500万元。州文化体育局加强文化市场管理，组织开展了无证照网吧专项整治行动、娱乐行业打黑除恶专项行动；与福建龙岩建立定期协作制度、执法骨干交流制度等7项机制，深入推进文化执法对口交流协作；制定并实施网吧市场准入和规划布局方案，全州新布局网吧169家，新审批55家；组织开展全州文体系统清剿火患战役和文化市场火灾隐患排查专项行动，排查经营单位5116家，发现火灾隐患或消防违法行为

356条，整改率100%；在全州范围内推广使用全国文化市场技术监管与服务平台。全州文化市场综合执法部门共出动3.4万人（次），检查经营单位1.85万家（次），责令整改148家，受理举报19件，案件查处90件、移交2件、办结59件，处予警告71家（次），罚款17.95万元。

【对外文化交流】 2014年，楚雄州积极加强对外文化交流，组织了一系列文化交流活动。州民族艺术剧院参加青岛世界园艺博览会63场“七彩云南·魅力楚雄”民族歌舞专场演出。8月4日，“2014海峡两岸文化交流《云中火把》系列——周成龙作品音乐会”在楚雄彝州大剧院举行，来自台湾的桃园乐友丝竹室内乐团与上海民族乐团、云南省民族乐团、楚雄州民族艺术剧院民乐团共同为楚雄人民带来了一场精彩演出，“海峡两岸文化交流音乐会”这一项目被国家中宣部、文化部等6部委认定为2013～2014年度国家文化出口重点项目。

【行政审批事项下放】 2014年，楚雄州文化体育局开展了第六轮行政审批事项的承接和下放工作，共取消1项、下放8项行政许可事项。取消由政府出资修缮的非国有省级文物保护单位的转让、抵押和改变用途审批；下放临时占用体育设施的审批；下放州市级文物保护单位范围内进行其他建设工程或爆破、钻探、挖掘等作业审批；下放国有州市级文物保护单位改变用途审批；下放非国有馆向国有馆出借二级以下国有馆藏文物审批；下放设立从事包装装潢印刷品和其他印刷品经营活动的企业审批；下放印刷业经营者兼营包装装潢和其他印刷品印刷经营活动审批；下放从事包装装潢印刷品和其他印刷品印刷经营活动的企业变更印刷经营活动审批（不含出版物印刷）；下放印刷业经营者兼并其他印刷业经营者（不含出版物印刷企业）审批；下放印刷业经营者因合并、分立而设立新的印刷业经营者（不含出版物印刷企业）的审批。

[周 芸]

群众文化活动 （高建波/摄影）

公共文化

【群众文化活动】 2014年，楚雄州结合山区农业州特点，继续提升第一批示范项目“农民文化素质教育网络培训学校”示范建设经验。针对楚雄州民族文化资源丰富、风情浓郁的特点，着力打造民族特色节庆文化、“大家乐”群众广场舞蹈活动、流动博物馆展览、中国彝族文献图书馆、民族文化资源保护与传承、民族文化资源向公共文化资源转化、乡（镇）文化站“八个一”管理模式、扶持农村业余文艺演出队“3+1”模式等9个公共文化服务品牌，丰富和繁荣群众文化。州、县（市）博物馆、图书馆、文化馆共开展流动服务1000余场次，州、县（市）两级送戏下乡下基层5622场次，放映农村公益电影1.3万场次，组织较大规模群众文化活动6389场次。

【2014年楚雄州创建国家公共文化服务体系示范区农民工文化艺术节】 2014年10～12月间，楚雄州组织开展了“2014年创建国家公共文化服务体系示范区农民工文化艺术节”活动，活动以“送文化”为主题，结合示范区创建宣传工作，突出农民工参与性和娱乐性，在全州范围内开展了慰问演出、农民工才艺比赛、关爱活动、流动博物馆和流动图书馆（车）进工地等活动。州文化馆还举办了农民工文化艺术节书画摄影彝绣展，征集到全州农民工和民间艺术爱好者的作品130余件。

[周 芸]

艺术创作

【文学艺术创作】 2014年，楚雄州组织开展了文学艺术“六个一”创作活动，即创作一批楚雄题材长篇文学作品、拍摄一部长篇电视连续剧、创作一批文学作品上国家级大刊大报、培养一批国家级文艺家会员、创作一批楚雄题材歌曲、打造一台舞台艺术精品。年内，完成了楚雄题材重点长篇小说《彝鹰》、《楚雄州2014年优秀文学作品选》、《楚雄好地方〈文选〉》，《美丽楚雄》大型摄影集、“彝族文学经典普及丛书6部”等文艺精品的出版工作；编辑出版《金沙江文艺》6期，发行2万余册；完成12期《彝族文学报》出版发行工作，发行6000余份；扶持出版了《走夷方》、《荒诞岁月》、《腾阳旧事》、《哀牢山的呼唤》、《彝族文学报精选文萃》、《金沙流影》、《大美已衣》、《穿火草筒裙的村庄》8 部个人作品。

【文艺创作服务】 2014 年，楚雄州文学艺术界联合会先后举办美术作品展 8 次，邀请中国作家协会主办的《人民文学》、《小说选刊》、《民族文学》等刊物主编、副主编、编辑到楚雄举办中短篇小说改稿班及文学创作培训班，举办文学创作培训 4 次、个人作品创作座谈会（秦迩殊、朱绍章、李长平创作座谈会）1 次。州摄影家协会举办了“楚雄美丽乡村”摄影展征稿活动，州民间文艺家协会组队参加“中国首届宣威山歌展演”并获银奖，州舞蹈家协会组织少儿舞蹈到北京展演。举办了凉山、毕节、红河、楚雄 4 地州《彝族文学报》编务会及彝族文化交流活动。

［王俊丽］

文艺表演

【文化惠民演出】 2014 年，楚雄州共完成文化惠民演出 1197 场次，服务群众 100 余万人。组织开展了 2014 年“我的中国梦”文化进万家春节系列活动；大型彝剧《杨善洲》在全州各县（市）巡演 10 场次；配合省文化厅组织“文化大篷车 · 千乡万里行”到楚雄州部分县（市）、乡（镇）进行惠民演出 44 场；配合省文化厅“中国梦 · 云南情”云南优秀剧目到楚雄州巡演；配合省文化厅组织的巡演团队到楚雄州部分县（市）开展“大地情深”云南群星奖获奖作品巡演。

【戏剧演出比赛】 2014 年 6 月 23 ~ 27 日，由楚雄州人民政府主办，州文化体育局承办的楚雄州创建国家公共文化服务体系新剧（节）目展演活动举办，来自州民族艺术剧院及 9 县（市）代表团的 12 支演出队近 400 名演员集中参演，编排创作了《云中火把——七彩彝韵》等 30 余个优秀剧（节）目。10 月 13 ~ 22 日，由省文化厅主办的“云南省第十届青年演员比赛”在昆明举行，楚雄州参赛人员共获得 1 个一等奖、1 个二等奖、3 个三等奖，1 名演员获云南省优秀青年演员荣誉称号。10 月 31 日至 11 月 5 日，由中国文学艺术界联合会、中国戏剧家协会、张家港市人民政府联合主办的首届长江流域小戏小品展演在张家港市举行，楚雄州民族艺术剧院彝剧团创作演出的彝剧小戏《喝三秒》获首届长江流域小戏小品展演“小戏类优秀推荐剧目”奖。11 月 2 ~ 8 日，由省委宣传部、省文化厅、省文联主办的“2014 年云南省花灯艺术周”演出活动在宣威市举办，楚雄州代表队荣获组织奖，花灯歌舞《亲、等你在楚雄》获花灯歌舞三等奖。组队参加云南省 2014 年群众文化“彩云奖”比赛，曲艺节目《选社长》荣获“彩云奖”。

［周 芸］

文化遗产保护

【彝族梅葛数字化地方特色数字库管理系统建成】 2014 年，楚雄州彝族梅葛数字化地方特色数字库管理系统建成并投入使用。该项工作由姚安、大姚、永仁、牟定 4 县的文化馆配合完成，对彝族梅葛的文字、照片、录音、录像、曲谱等资料进行数据录入，共录入资料 487 条，其中文字 13 条 16 万余字、视频 92 条 280 分钟、音频 71 条 200 分钟，对彝族梅葛文化的保护和传承具有较好的现实意义。

［周 芸］

【禄丰黑城遗址文物考古调勘】 2014 年 5 月，楚雄州博物馆、禄丰县文物管理所配合云南省文物考古研究所对楚雄州级文物保护单位黑城遗址开展了文物考古调查勘探工作，在古城址范围内共发现灰沟 6 条、灰坑 3 座、柱洞 7 个。灰沟平面形状多不规则，较为弯曲，圜底，灰沟内发现有陶片、瓦片、石块；柱洞皆为圆形，大小不一，直径在 30 ~ 60 厘米之间，内均铺垫石块为柱础，石块大小直径约 10 ~ 20 厘米，其中 TG1ZD2 铺垫石块有两层，底层铺垫石板。遗址内发现了大量陶片、釉陶片、瓷片、瓦片、瓦当、滴水、釉陶砖、灰砖等遗物。其中，出土的陶片等多为泥质灰陶，有少量火候较高的夹砂灰陶、夹细沙的红褐陶（皆为陶釜残片）等，器型有盘口瓶、鼓肩罐、折沿陶釜、盆、带流器、杯等。陶片纹饰以素面为主，有少量方格纹陶片。部分器物肩部划出莲花纹饰、水波纹、斜形网纹，肩部装饰堆花纹，部分器物底部刻印有仰莲纹。瓦片较厚，灰色及红褐色皆有，部分瓦片火候极高。在瓦片上多有竖向的拍印痕迹。出土瓦当多残缺，似为卷草纹或兽面纹；滴水残缺，以绞丝纹为边线，里面似为蔓草或花卉纹。盘口瓶、鼓肩罐是唐代典型器物，陶器刻划、刻印莲花纹也是唐代的文化因素，釉陶砖、瓦等也符合唐代器物特征。黑城遗址位于仁兴镇古城村西北约 800 米的缓坡上，4 面城墙上分别有 4 个突出的马面，城址四周皆有护城河环绕。

［杨丽美］

文化产业

【文化产业概况】 2014 年，楚雄州组织开展省级体育产业发展资金支持项目、国家特色文化产业项目、国家藏羌彝文化产业走廊等 12 个项目的申报工作，申报资金 5.38 亿元。中国彝族文化大观园建设项目和彝族文艺精品演艺项目《太阳儿女》进入国家藏羌彝文化产业走廊重点项目库；永仁县方山诸葛营民族文化生态旅游示范村、楚雄市子午镇以口夸村、武定县猫街镇糯左宽村被表彰为云南省文化惠民示范村前四批“优秀创建单位”；楚雄市高原体育训练基地项目开展前期准备工作。

【第六批云南省文化惠民示范村创建】 2014 年，云南省开展了第六批文化惠民示范村创建工作，楚雄州共有 8 个创建点入选，分别是楚雄市东瓜镇彝人古镇社区、楚雄市苍岭镇前马房村、牟定县戌街乡铁厂村委会坝上村、姚安县左门乡左门村、姚安县太平镇陈家村委会蚂蝗箐村、大姚县新街镇小古衙村、武定县白露镇平地村、武定县狮山镇陈官村一组，每个点下拨创建经费15万元，共计120万元。

［周　芸］

新闻出版

【世界知识产权日活动】 2014年4月26日，楚雄州在“世界知识产权日”期间举行绿书签活动，倡导公众尊重创意，支持正版。活动期间，开展了《著作权法》、《著作权法实施条例》等相关法律法规、政策的宣传和普及，并开展了2014年度侵权盗版及非法出版物集中销毁活动，共销毁执法机关查处收缴的非法出版物5280件。其中，盗版图书2860册，盗版音像制品2420张。

【扫黄打非】 2014年，楚雄州在全州范围内组织开展了“清源”、“秋风”、“净网”、“剑网”等4个“扫黄打非”专项行动。组织州内57家印刷企业和479家出版发行单位开展年检换证工作。配合省新闻出版局做好省管印刷企业和连续性内部资料出版物审核工作。全州“扫黄打非”执法机关共出动执法检查2018人（次），检查出版物市场（店档、摊点）955个、印刷复制企业1407家（次），取缔关闭店档、摊点7个，查缴侵权盗版出版物4831件。

［周　芸］

文物博物

【文博工作概况】 2014年，楚雄州共争取省级文物保护专项资金360万元，用于元谋猿人遗址、楚雄市龙泉书院、永仁县中和镇民居建筑群、滇洱古道禄丰段清风桥、黑井古镇古盐井群等国家、省级文物保护单位保护修缮。年内，元谋乌头禾红军标语修缮工程、楚雄白土玉皇阁一期维修工程竣工验收，楚雄市龙泉书院、楚雄市达诺王彩旧居、永仁县夏氏故居、姚安县光禄文昌宫、禄丰县黑井庆安堤、禄丰县广通清风桥等文物维修工程进行了前期勘查、方案评审等工作。做好楚雄州2014年省级文物保护专项补助资金申报工作，编制楚雄州第三批文物保护单位标志碑制作安装规范及经费预算，组织完成州境第六、第七批国保单位档案备案工作，指导各县（市）做好州级以上文物保护单位的中长期文物保护规划编制工作。9月28日下午，全国重点文物保护单位禄丰腊玛古猿化石遗址文物保护建设项目可行性研究报告顺利通过州级评审。开展了禄丰黑城遗址文物考古调勘、滇中引水工程（楚雄段）沿线文物调勘、彩（云）——碍（嘉）公路沿线文物调勘、国道320线公路改建工程沿线文物调勘、重启“楚雄州古人类起源研究项目”野外调查、古生物化石调查、古道调查等工作。全年分4批次征集各类文物39件，其中包括民国彝族文物、现代名家书画等，接受捐赠书画、标本等5件。第一次全国可移动文物普查工作有序开展，进行了普查培训、文物数据采集、上报，普查进度督查等工作。博物馆公共电子阅览室启用，与博物馆网站、博物馆1万页现代文献和古籍文献以及各展厅展览内容相结合，观众随时可以查询所需知识信息。举办临时展览3个，引进外展2个，推出展览2个，流动博物馆巡展19场。州博物馆于5月1日起实行天天开馆，每周开放时间56小时，全年累计接待观众70余万人次，其中未成年观众40余万人次，旅游团队1.2万余人，义务讲解和公务讲解近200场。

【文物维修工程验收】 2014年，元谋县乌头禾红军标语修缮工程、楚雄白土玉皇阁修缮工程分别于1月20日、9月17日通过楚雄州文化体育局、州文物管理所验收。元谋乌头禾红军标语修缮工程于2013年11月20日开工，2014年1月20日竣工，维修面积91.43平方米，投入经费25万元，主要进行揭顶维修，标语墙加固封护，屋面、地面、围墙维修及环境整治等。乌头禾红军标语存于元谋县大乌头禾村杨家祠堂内，共有红军标语4条，均为1935年红军长征过元谋时遗留下的革命遗迹。标语最初用墨汁书写，后因褪色被后人用油漆添涂，2013年公布为省级文物保护单位。白土玉皇阁维修工程于2013年11月14日开工，2014年5月31日竣工，主要对阁楼进行揭顶修缮，局部落架；修补更换糟朽构件、木基层及瓦件；梁架、台基、地面、墙体加固整治；门、窗基础装饰构件恢复、装饰及防虫、防腐处理；支砌围墙；周边环境治理等。工程总投资97.27万元。白土玉皇阁位于楚雄市吕合镇白土村委会，为著名古寺普照寺后院，始建于元朝，历经明、清两代多次重修重建。原普照寺建筑群沿中轴线“四进四院”，由寺门、前院、天王殿、天王殿后院、过厅楼、中院、大雄宝殿、后院、玉皇阁等组成。东有镇阁庵，西有土主庙。现存玉皇阁坐北朝南，高18米，占地面积180.27平方米，为清中晚期建筑，是楚雄州保存至今体量最大的楼阁式歇山顶三重檐土木结构建筑。2005年8月公布为楚雄州第二批州级文物保护单位。

【滇中引水工程（楚雄段）沿线文物调勘】 2014年5～6月，楚雄州博物馆考古研究部配合云南省文物考古研究所完成了滇中引水工程（楚雄段）沿线野外文物调勘工作。该工程横跨楚雄州4县1市，途经10余个乡（镇），沿线文物点分布较为密集，调查面积范围较广，调查难度较大。调查历时2个月，通过采用多种调查方式，走村串寨，在乡（镇）文化站相关工作人员的配合下，深入田间地头走访调查，把野外调勘工作做深做实，积极向施工建设方提出文物点保护建议，把施工对文物点的影响降低到最小限度，并完成部分调勘报告。

【彩碍公路沿线文物调勘评估报告通过州级评审】 2014年8月28日，彩（云）碍（嘉）沿线公路文物调勘评估报告通过楚雄州文化体育局、州博物馆专家评审。调勘工作于2014年7月全面展开，8 月结束。通过调查勘探，弄清了沿线 8 个古生物化石区（波西厂生物化石区，大龙箐古生物化石区、大寨后山生物化石区、大肚子山生物化石区、白石岩古生物化石区、土城哨古生物化石区、大坝山古生物化石区、马鞍山古生物化石区）、3 个祠堂（杨家祠堂、大庄祠堂、罗韶祠堂）、2 块碑（杨家祠堂记事碑、腻瓷山界碑）、1 个古瓷窑址（罗川古瓷窑址）、1 座铁索桥（礼社江）、1 条古驿道（马店）遗址、1 座风雨桥（碍嘉）分布状况。

【国道 320 线改建工程沿线文物调勘】 2014 年 7 ~ 9 月，楚雄州文物部门对国道 320 线改建工程楚雄州境内涉及禄丰、楚雄、南华 3 个县（市）约 242.6 千米建设沿线进行了文物调勘。调勘分 3 个组进行，分别对南华境内始于龙川镇车子塘村委会钱粮桥附近，止于沙桥镇天申堂附近路段共 63 千米；始于禄丰一平浪镇，止于楚雄市吕合镇牛凤龙路段共 80.6 千米；始于安楚高速公路安丰营立交处，止于一平浪路段共 99.29 千米进行调查勘探。在楚雄、南华境内共发现文物点 23 处，其中，南华段 13 处，其中古遗址 7 处（高峰哨遗址、水盘铺、孙家屯遗址、沙桥驿、苴力铺、天申堂铺、天申堂古驿道）、古建筑 4 处（大天城土主庙、大天城文昌宫、宝珠寺、灵官桥）、古墓葬 1 处（鹦鹉山火葬墓群）、石窟寺及石刻 1 处（石门山石刻）；禄丰至楚雄段 10 处，其中近现代史迹 3 处（张冲故居、一平浪烈士陵园、飞云桥）、古建筑 3 处（钱家冲钱家祠堂、马家大院、钱粮桥）、古生物化石点 2 处（元吉屯恐龙足迹点、苍岭鱼化石点）、新石器遗址 1 处（小花山新石器遗址点）、古驿道 1 处（清源哨）。通过调勘，弄清所有文物点分布状况、文物价值、与改建公路的距离，并提出具体的保护意见及施工注意事项。基本查清了安丰营至一平浪段改建工程区域及施工区评价范围内文物的基本分布情况并对沿线文物提出了保护处理意见，认为滇缅公路及滇缅铁路现存的众多遗迹均需进行保护，对滇缅公路上的大花桥等 4 座桥梁、滇缅铁路上的密马龙等 4 个隧道以及保存较好的 4 段路堤均应实施原址保护。9 月 24 日，州文化体育局、州博物馆组织专家评审组对国道 320 线一平浪至牛凤龙段改建工程沿线公路文物调勘评估报告进行评审，认为该项工程建设对沿线文物不构成大的威胁，同意工程线路及开工，并同意按程序报云南省文物局审批。

【古生物化石调查】 2014 年 10 ~ 11 月，楚雄州文物管理所对双柏县恐龙化石埋藏区域作了全面调查，采取地面实地踏查、地层测绘、标本抢救采集等方式，共调查安龙堡乡青香树、六纳、法念、说全、安龙堡及大麦地镇峨足等 6 个村委会，调查面积 270 余平方千米，确认恐龙化石埋藏面积不低于 200 平方千米，界定恐龙化石保护区 8 个（即安龙堡区、撒树依—法念区、说全区、六纳区、信茂朱区、青香树区、大田区、峨足区），测录化石区域 GPS 数据 78 组，测绘地层剖面线两万余米，确认双柏县恐龙化石埋藏区早侏罗世地层厚度 900 米以上，确认双柏县恐龙化石含已定名许氏禄丰龙、巨型禄丰龙、金山龙、双脊龙、镰刀龙、易门龙、云南龙等种属，并有尚未命名的新属新种恐龙。调查中，还在清香树村委会信茂朱大梁子发现了兽脚类恐龙化石脚印，并抢救采集了部分恐龙化石标本和地层岩石标本。

【古道调查】 2014 年，楚雄州博物馆文物管理部深入楚雄市和禄丰、双柏两县的 24 个乡（镇），对各辖区内西南丝绸之路、盐马古道、夷方古道和县域古道的历史沿革、路线走向、保存状况、沿线文物遗迹作了全面调查，采集了较为详实的文字信息和丰富的照片资料，为以后整理出版全州古道调查报告、保护和研究、开发利用古道文化遗产资源奠定基础。

【彝族服饰外展】 2014 年，楚雄州博物馆一共推出两个外展。1 月 15 日至 3 月 15 日，“威楚彝韵——楚雄彝族文化展”在广州博物馆展出。展览分“追根溯源”、“彝山掠影”、“奇装异彩”、“人神合一”4 个板块，共展出展品 232 套（件），包括万家坝型铜鼓、羊角编钟、铜锄等历史文物，漆器、竹木器、乐器、宗教法器等民族文物，多姿态多彩的服装饰品等，以模特、平面、展柜 3 种形式，配合彝族生活场景照片展出。展出面积 400 余平方米，分别展示了楚雄彝族悠久的历史文化、多姿多彩的生活画卷、丰富多彩的服饰及古老神秘的宗教信仰，是楚雄州博物馆建馆以来举办的规模最大、内容最全、展期最长的一次楚雄彝族文化外展，观众人数累计达 4 万余人。10 月 13 日，“霓彩彝裳——中国彝族传统服饰精品展”在上海鲁迅纪念馆展出，楚雄州博物馆遴选了 91 套件精品彝族服饰，按语言分布划分为大小凉山、滇西、楚雄、红河、滇东南、滇东北 6 大类型进行专题展览。

【流动博物馆展览】 2014 年，楚雄州流动博物馆把展览重心放在基层的学校、乡（镇）、农民工工地等，共举办展览 19 场，接待观众 6 万余人次，发放宣传资料 2300 份。其中，在武定、元谋两县举办展览 6 场，展出“世界恐龙之乡”和“彝族文化大观园”两个专题，包括 120 块展板和 30 件实物；应邀参加了云南民族产业石林汇展活动，展出“神奇彝州·魅力楚雄”专题 58 块展板和 20 余件彝族文物；在楚雄州创建国家公共文化服务体系示范区农民工艺术节期间，流动博物馆到在建的廉租房建筑工地开展“彝族文化大观园”专题展览，共展出展板 15 块、实物 17 件；在科技、文化、卫生“三下乡”活动、“5·18”国际博物馆日和“6·5”世界环境日期间，在姚安光禄古镇、楚雄市桃源湖广场进行了展览宣传活动。

［杨丽美］

楚雄日报

【楚雄日报社工作概况】 2014 年，楚雄日报社围绕州委、州人民政府中心工作，健全完善并认真执行《宣传策划及编前会议制度》，做到每月有专题宣传策划，每季度有重大宣传策划，加强深度采访或追踪报道，全年组织实施重大宣传策划19个，着力提升党报的舆论引导力。继续推进改版工作，版式设计上突出时代感和时尚感，让读报更加方便；稿件采写上倡导“短、实、活、新”，以新闻价值决定报道取向，内容更生动贴切，文风更清新简明；精简、压缩会议报道，切实改进领导人员活动的报道，改革改版工作取得新的成效。2015年度《楚雄日报》征订发行3.04万份，完成任务数的103%。楚雄日报社被州委、州人民政府复评命名为第十批州级文明单位，报社档案工作被认定为省级档案管理规范化建设示范单位，楚雄日报传媒有限公司工会被楚雄州总工会表彰为“先进职工之家”。

【州委八届四次全会精神宣传】 2014年，中共楚雄州委八届四次全会召开以后，《楚雄日报》及时刊发以《全面深化改革，加快富民强州进程》为题的社论，对全会的重要意义和主要精神进行阐述，充分发挥评论的思想引领作用。开设“贯彻州委八届四次全会精神”专栏，派出记者对州级相关部门和10县（市）就学习贯彻州委深化改革决定所采取的措施进行采访报道，迅速掀起学习贯彻州委全会精神热潮。

【州“两会”宣传】 2014年，楚雄州的“两会”召开前夕，《楚雄日报》开设“回看2013”栏目，刊发《园区经济引擎作用渐现》等稿件，对2013年全州经济社会发展取得的成效进行总结回顾；开设“人大政协工作回眸”栏目，回顾州人大常委会和州政协常委会2013年工作亮点，为“两会”召开营造氛围。州“两会”期间，楚雄日报社整合采编力量，创新报道手法，推出“两会”专页，通过消息、图表、图片、侧记、社论等形式，多角度聚焦“两会”，多渠道反映群众心声，回顾成就，凝聚共识，推动发展。

【党的群众路线教育实践活动宣传】 2014年，楚雄日报社加强领导，整合资源，分步研究制定宣传报道方案，认真组织实施党的群众路线教育实践活动宣传。开设“扎实开展群众路线教育实践活动”、“边查边改——扎实开展群众路线教育实践活动”、“群众路线大家谈”、“打好整改落实攻坚战”等栏目，以动态报道、重点报道、评论引导、理论宣传、图片报道、舆论监督等形式，深入宣传开展党的群众路线教育实践活动的重要意义和重大部署，及时反映楚雄州教育实践活动的进展情况和实际效果，大力宣传各地各部门深化“四风”突出问题专项整治、落实党风廉政建设主体责任和监督责任、突出抓好整改落实的做法成效，生动报道全州教育实践活动中涌现出来的典型经验和先进人物，为教育实践活动深入持续开展提供舆论支持。

【精神文明建设工作宣传】 2014年，《楚雄日报》开辟“美丽楚雄，身边好人”、“善行义举榜”、“劳动者风采”、“弘扬社会主义核心价值观”等栏目，持续刊发州内各类道德（劳动）模范典型人物先进事迹，用身边人讲身边事、用身边事教育身边人，积极培育和践行社会主义核心价值观；推出“文明创建”专页，刊发《唱响道德正气歌——全州公民思想道德建设工作综述》、《众手浇妍文明花——全州群众性精神文明创建活动综述》等一组6篇文章，对全州公民思想道德建设、群众性精神文明创建活动、“文明楚雄行动”主题创建活动等工作进行综合报道，营造和谐发展的良好舆论氛围。

【品牌栏目打造】 2014年，《楚雄日报》继续开办“故乡之恋”、“踏访彝山”等栏目，刊发《彝山乡村十年》、《锦绣彝州》、《走过那段山路去赶街》等反映本地社会生活、风土人情的作品，增强报纸的可读性和吸引力。继续打造好“走基层，一线采访”栏目，不间断刊出富有生活气息的稿件。刊出《鲜鸡蛋孵出致富路》、《扶贫唱响富民曲——永仁县莲池乡扶贫开发与基层党建整乡“双推进”》等文章，反映基层群众的致富经历和生活变化，典型聚焦贫困地区抢抓机遇、加快发展的创新之举和成效，受到基层群众的好评。认真落实采编人员联系县（市）宣传工作制度，定时向县（市）提示宣传重点，定期与县（市）宣传部研究宣传工作，宣传各县（市）的工作重点、亮点和特色，“县（市）新闻”专栏品牌进一步得到夯实。

【楚雄日报传媒有限公司】 2014年，楚雄日报社切实加强对楚雄日报传媒有限公司的领导，积极筹资28万元，为楚雄日报传媒有限公司添置、更换设备，改善经营发展条件。将公司工程管理部合并到广告经营管理部，妥善处理《楚雄晚刊》停刊、《彝州手机报》和微信公众平台业务划并云南楚雄网经营管理事宜，确保部门规范有序运转。加强商铺等国有资产的管理，本着公开、公正、透明原则，规范出租程序，注重后续监管，确保国有资产保值增值。公司全年实现收入1357万元，比上年增加200万元，增长17.3%。

【云南楚雄网建设】 2014年，由中共楚雄州委、州人民政府主办，楚雄日报社承建承办的楚雄州新闻外宣门户网站——云南楚雄网建设正式启动。11月3日，云南楚雄网正式上线运行。积极走出去联合发展，与昆明、玉溪、曲靖、红河报社共同组建滇中城市新媒体联盟平台，形成资源共享互惠互利、共同发展的格局，探索出了彝州传统媒体和新兴媒体融合发展的新路子。

［高仕龙］

图　书

【数字资源建设】 2014年4月24日，楚雄州图书馆完成数字图书馆推广工程的硬件设备安装及VPN虚拟专用网络调试工作。数字图书馆推广工程建设主要以技术手段打破不同行业、不同地域图书馆之间的界限，使全国分散、异构的数字图书馆系统连接为一个超大型数字图书馆，推动文献信息资源的共建共享，内容包括100余万册中外文图书、700余种中外文期刊、7万余个教学课件、1万余种图片、18万余档案全文及3000余种讲座和地方戏等视频资源，资源总量超过120TB（1TB数据相当于25万册电子图书或926小时视频节目），各地读者可以在当地图书馆电子阅览室访问海量的数字资源。

【图书馆自动化建设】 2014年10月，楚雄州图书馆根据《楚雄州公共图书馆虚拟网络集群及馆藏书目数据库建设实施方案》的统一部署，安装了图书馆自动化集群管理系统专业总馆软件，把州图书馆作为中心馆，在不改变各参与分馆行政隶属、人事和财政关系的前提下，通过图书馆自动化集群管理系统，将中心馆、分馆和流通点联接起来，组成区域性数字化、网络化的图书馆群，从而构建以州图书馆为总馆，以县（市）图书馆、乡（镇）文化站为分馆，村（社区）图书室为分站的运行管理模式。按照规划，全州图书馆自动化建设工程实施结束后，将实现州内公共图书馆的联合采购、联合编目、文献通借通还、资源共建共享、书目联合查询等服务，读者可以通过网络随时随地查寻全州公共图书馆藏书，实现异地通借通还。

【中国彝族文献图书馆】 2014年，楚雄州图书馆不断加大彝族文献建设工作力度，成立彝族文献建设办公室，并配备相应的工作人员和设备，专门负责地方彝族文献的搜集、采购、分编、整理、文献开发建设等工作。年末，州图书馆共藏有彝族文献8550种2.35万册，其中电子、视听文献181种523碟；手抄彝文古籍1980册，彝文古籍105册，其中修复43册。年内，将“彝族文献查阅室”申报命名为“中国·楚雄彝族文献资料信息查阅中心”。10月，在国家文化部召开的全国古籍保护工作会议上，楚雄州于2012年批准成立的“中国彝族文献图书馆”被国家文化部授予“全国古籍保护工作先进单位”称号。

［赵梓燚　普家清］

【楚雄新华书店有限公司】 2014年，楚雄新华书店有限公司全面贯彻落实“提质增效年”活动、“三个三分之一”发展战略和“双十”增长总目标的要求，不断提升企业核心竞争力，实现销售收入1.18亿元，实现利润657.34万元，被云南新华书店集团有限公司表彰为2014年“先进经营管理单位”。

［刘劲松］

【昆明新知集团有限公司楚雄分公司】 2014年，昆明新知图书楚雄书城上架图书11.8万种37.3万册，库存876.6万册，实现销售1129万元，上缴税收11.7万元（享受国家文化增值税优惠退税政策），缴纳员工社保资金24.5万元。年内，分别向姚安县委宣传部赠送图书406册，价值9451元；向楚雄市东瓜镇兴隆小学赠送图书1167册，价值3.39万元；向楚雄师范学院贫困学生捐款1万元。

［乔　方］

广播电视

【广播电视工作概况】 2014年，楚雄州广播影视工作围绕党委、政府中心工作，把握正确的舆论导向，坚持“三贴近”原则，结合“走转改”活动开展，加大对民生问题的关注，鼓励记者深入县（市）、深入基层，采制鲜活生动的，反映基层群众生产生活、反映百姓心声的新闻，播出相关报道140余期1200余条。着手搭建楚雄电视台新媒体平台，推出手机APP客户端“爱楚雄”，进一步优化楚雄电视网，提高影响力。注重发挥舆论监督的优势，采制播出了一批舆论监督报道节目，获得群众好评。年内，共在中央电视台《新闻联播》栏目播出新闻9条，其他栏目播出新闻14条次，配合《走遍中国》摄制播出《彝山百菌个个奇》等专栏4期，火把节期间与央视四套一同向海内外观众直播了彝族火把节盛况。在中央人民广播电台播出新闻稿件54条（组），在中国国际广播电台播出专题节目2组；在云南广播电视台电视频道播出新闻385条，联合制播30条（期）反映楚雄州群众路线教育实践活动专题新闻。云南广播电视台广播频率播出稿件1260条（组）。有5件广播电视作品获得国家级奖励，其中一等奖1件，二等奖1件，三等奖3件；有21件电视作品获得云南省广播电视政府奖，其中一等奖7件，二等奖3件，三等奖11件；有24件广播作品获得省级奖励，其中一等奖11件，二等奖7件，三等奖6件；彝语音乐电视《新娘哭嫁》获中国少数民族影视协会电视民语节目一等奖，获第六届中国民族语言、民族题材电视节目“金鹏展翅”奖音乐电视类一等奖。年内，全州10县（市）乡（镇）163名老放映员历史遗留问题得到妥善解决，老放映员待遇落实补助资金全部实现按月足额领取。

【党的群众路线教育实践活动宣传】 2014年，楚雄州广播电视局制定《楚雄州党的群众路线教育实践活动广播电视宣传报道方案》，对宣传工作认真策划，全面布置，在楚雄电视台、州广播电台分别开设“党的群众路线教育实践活动”、“扎实推进党的群众路线教育实践活动”等专栏。采用动态消息、系列报道、组合报道、专访、综述、录音报道等形式，对各级各部门在教育实践活动中开展的重要工作、采取的创新做法、取得的明显成效、探索的成功经验、涌现出的先进人物进行全面、深入、持续的采访报道。播出党的群众路线教育实践活动相关电视新闻和系列报道377条，专题节目36期；播出相关广播节目285组910条，专题节目62组186条。

【经济宣传】 2014年，楚雄州广播电视局围绕政府工作重点，组织广播电视媒体全面报道楚雄州在经济建设中的新举措、改革进程中的新经验和新成果。楚雄电视台《楚雄新闻联播》、《彝州观察》栏目对州委、州人民政府确定的“3个30”重点项目、20项重要工作、

10件民生实事进行现场采访，播发了大量建设一线的新闻。开展“产业建设年”系列报道活动，推出《兴产业强楚雄》特别节目，深入报道全州各级党员干部和群众一心一意搞建设，干事创业谋发展的工作情况。州广播电台《全州新闻联播》、《彝州万象》播出《“红色经济”舞动农村经济发展龙头》、《楚雄州多措并举助推非公经济发展》等经济新闻1860条。

【党风廉政建设宣传】 2014年，楚雄州广播电视局在楚雄电视台开办《党风廉政之窗》栏目，及时报道全州推进党风廉政建设和反腐败斗争的工作部署、要求及各项工作情况。与州纪委和州纠风办合作开办《政行风热线·跟踪反馈》节目，对群众反映的问题进行跟踪采访，播出相关新闻和舆论监督报道63条，其中在云南电视台播出8条，制作播出廉政公益广告3600余条次。在州广播电台播出《政风行风热线》节目22期，将182件群众热线电话、咨询投诉问题转纠风办，现场直播接听回复群众问题57个。

【精神文明建设宣传】 2014年，楚雄州广播电视局围绕精神文明建设主题，加强策划组织，开辟专栏，深入采访报道各行各业涌现出来的道德模范和先进典型。集中对州内道德模范人物先进事迹进行专访，并对道德模范宣讲活动进行追踪报道和实况录像，播出道德建设相关新闻160余条。深入宣传“文明楚雄”系列活动，播出“文明楚雄”系列活动主题报道140余条。

【电影放映】 2014年，楚雄州加强电影放映工作管理。全州共组织13个广场电影放映点，在周末和节假日开展放映活动，全年共放映广场电影科教片1256场，观众190余万人次。其中，楚雄市将广场公益电影放映纳入财政预算，形成天天放映数字电影的长效机制；武定、禄丰、双柏、姚安、牟定、元谋等县实现了每周放映。积极协调、落实各级电影专项资金，强化监督检查，全年足额争取国家和省级资金251.04万元，州级配套资金62.76万元，用于保障农村公益电影放映工作的顺利开展。全州1046个村委会共放映农村公益电影1.28万场，观众200余万人次，超额271场完成2014年全州农村电影公益放映任务。积极引导民营资本参与城镇影院建设，丰富群众文化生活。

【安全播出保障】 2014年，楚雄州广播电视系统强化日常管理，提高应急能力，完善播出系统设备配置，增强安全保障能力。圆满完成“春节”、全国“两会”、省“两会”、“南博会”、“十一”国庆节、“党的十八届四中全会”、“APEC会议”等重要保障期全州广播电视安全播出工作任务。年内，全州各级播出单位共计发生停播事故5起，停播时间1小时26分56秒，与上年相比，停播事故减少3起，停播时间减少2小时33分钟。

【广告监管】 2014年，楚雄州广播电视局加大对医疗、药品、保健品、医疗器械、涉农广告和电视购物广告的监管力度，与州工商行政管理局、州食品药品监督管理局、州卫生局、州监察局等部门合作，开展5次联合检查整治行动，整改、停播了部分广告。积极处理群众投诉，监听监看节目，及时整改问题，有效遏制虚假违法广告播出，受众满意度和广播电视媒体公信力得到提升。

【全州地面数字电视广播覆盖网一期工程顺利完成】 2014年，楚雄州投资815.38万元，组织实施全州地面数字电视广播覆盖网一期工程建设，先后完成项目建设中的10个台站频率功率报批、设备招标采购、工程建设实施等工作，于12月底全面完成工程建设任务，构建起地方广播电视节目传输覆盖新体系，提升广播电视公共服务体系的数量、质量和水平，解决了有线网络未通达农村地区无法收听收看本地广播电视节目的问题。

【直播卫星覆盖工程建设】 2014年，楚雄州的“十二五”广播电视村村通直播卫星覆盖工程项目通过省级考核验收。全面完成第二期直播卫星户户通工程3万户建设任务，全州安装开通2.97万户，安装开通率99.08%，先后通过州级和省级专家组考核验收，解决了13万名偏远山区的农村群众收听收看广播电视的问题。加强地面卫星接收设施管理。州、县（市）共开展30次联合执法检查，出动执法人员260人次，检查经营户1000余户，对擅自出售和安装地面卫星接收设施的行为进行清理整顿，暂扣了部分非法销售的机顶盒、高频头、天线等设备。

［余海晏］

档 案

【档案工作概况】 2014年，楚雄州各级档案部门和档案工作者按照国家、省档案工作会议精神，围绕党委、政府中心工作，结合开展“党的群众路线教育实践活动”，围绕档案工作“三个体系建设”，务实进取、真抓实干，常规工作有亮点、难点工作有突破，全州档案事业科学发展成效显著，在档案业务建设、县级国家综合档案馆库建设、数字档案馆建设等方面走在了全省前列，受到国家、省、州等各级部门和领导的充分肯定。

【县级国家综合档案馆项目建设】 2014年，楚雄州各县（市）档案馆库建设工作全面推进，争取到中央和州级馆库建设项目配套和补助资金1771万元和408.14万元，共2179.14万元。建成楚雄市、双柏县、大姚县档案馆。年末，楚雄、大姚两县（市）档案馆已投入正式使用，永仁县档案馆正在进行搬迁准备，元谋、姚安、牟定3县档案馆完成主体工程建设并转入内部装修施工。新开工建设禄丰、武定、南华3个县档案馆，全州10个县（市）档案馆全部实现新建，在“十二五”期间提前1年实现全州10县（市）总投资1.35亿元5.02万平方米档案馆的开工建设工作，从根本上解决了各县（市）档案馆库房老旧、面积小、设施设备缺乏、安全保管条件差的问题。州档案馆将2013年度完成的档案数字化扫描加工形成的156万页电子档案数据送到德宏州档案馆进行了异地备份。

【档案资源体系建设】　2014年，楚雄州州、县两级档案馆共计接收进馆档案47827卷（盒），档案接收数量比上年增长近100%。州档案馆注重做好特色档案、名人出版物等各种门类载体档案的收集、征集工作，注重征集接收名人出版物、家谱、族谱、地方出版物，进一步优化馆藏结构，档案内容进一步丰富，为多领域、多角度、全方位提供档案和资料查询服务积累各种档案资源。

【档案利用体系建设】　2014年，楚雄州各级档案部门进一步加强档案利用体系建设，共接待查阅利用档案6518人次，调阅档案1.57万卷，接待国家档案局、河北省、贵州省、广西壮族自治区以及省内省级、州（市）机关、档案部门等前来参观学习1.19万人次。推进新型现代公共档案馆建设，不断完善档案查阅利用流程，简化档案查阅手续，取消收取档案利用费和档案复制费，解决了群众查档难和利用不方便的问题；拓展州档案馆作为爱国主义教育基地的功能和州档案局作为省级、州级廉政文化进机关示范点的示范辐射作用，新布设了3个展厅；结合档案工作实际和党委、政府中心工作，围绕全州开展“党的群众路线教育实践活动”，投入4万余元布设“党的群众路线教育”展厅，为干部群众搭建丰富的学习教育平台；投入3万余元新布设廉政漫画展厅、馆藏档案史料展等几个展厅。2014年，仅州档案馆就接待国内、省内等前来参观学习的各级领导干部和群众3000余人次，充分发挥了档案“存凭、留史、资政、育人”的作用。

【数字档案馆建设】　2014年，楚雄州人民政府投入198.27万元继续推进州档案局数字档案馆建设工作。投资34.84万元购置非线性编辑系统1套，使州档案馆具备了收录、编辑、保管音视频档案的能力；投资9.36万元购置计算机、文件柜、桌椅、档案推车、存储硬盘和重新编制了楚雄档案信息网站；完成了31个全宗360万页的档案原文扫描工作，数字档案馆数据量达到53个全宗536.75万页，其中有31个全宗360万页经过开放档案鉴定，实现了向社会公开利用；征集到《楚雄新闻》、《茶花大会》、《楚雄市“11·02”特大自然灾害》、《火把节》等音、视频资料1720盘4.86万分钟，收集到数码照片资料1.2万张；对2013年形成的电子档案数据进行了异地备份；顺利通过了省档案局、省保密局、州保密局组成的联合检查组对州档案馆数字档案馆的安全保密工作专项检查；不断完善制度建设，新制定8项涉及档案数字化加工安全的制度；狠抓保密知识培训和消防安全培训及应急演练；指导全州各县（市）完成数字档案馆建设规划编制并通过了省档案局的审批。

【档案工作规范化管理和重点建设项目档案工作】　2014年，楚雄州有112个党政机关档案室、4个企事业单位档案室、1个村委会档案室通过了规范化管理示范单位的认定。各级档案部门继续开展对建设项目档案的管理和验收工作，参与了双柏县河口河水库工程、姚安和大姚灌区工程的验收，组织了禄丰县沙龙水库、元谋大型灌区工程的相关验收。配合州人社局完成了对全州人社系统医保、社保和就业服务3个部门33家中心档案的检查和规范化管理实地认定。与州移民局配合，对全州的移民档案工作进行了检查。与楚雄供电局配合，对全州部分县（市）供电公司的档案进行了电力系统档案规范化管理的复查复核。

［李泓伶］

书法·美术·摄影

【威楚画院成立暨首届艺术作品展】　2014年1月5日，由楚雄州文学艺术界联合会、楚雄州美术家协会主办，楚雄威楚画院、楚雄州博物馆承办的“威楚画院成立暨首届艺术作品展”在州博物馆机动厅展出，此次展览包含视觉艺术的多个门类近300件作品，有油画、国画、书法、雕塑等，风景、人物、花鸟、山水，可谓异彩纷呈，作品凝聚了画院艺术家们的追求与热情，体现了他们对艺术的虔诚之心。展览现场，一批接地气、反映民生的艺术作品让前来参观的市民赞叹不已。一幅幅精美的书画，一件件栩栩如生的艺术作品，都赋予着思想内涵和生命感情，体现了作者对社会、人生的感悟，表达了艺术家们对彝州这片红土地的眷恋和热爱之情。

【王玉国文化助残书画展】　2014年8月6日，“让爱飞翔——当代著名书法家王玉国文化助残书画展”开展仪式在楚雄州博物馆举行。州人民政府副州长夭建国在开展仪式上讲话，州政协副主席王玉玺宣布开展。展览共展出书法作品100余幅，作品出规入距，张弛有度，酣畅淋漓，挥洒自如，笔法大气，具有较深的书法艺术造诣和较强的艺术感染力。与此同时，还展出了楚雄州部分残疾人的书画作品，为弱势群体提供了一个展现才华的平台。

［周芸　陈丽］

【陈孝瑞中国画精品展开展】　2014年1月1日，由楚雄师范学院人文学院和滇中国学院联合州文联主办、楚雄师范学院图书馆协办的著名山水花鸟画家，楚雄师院人文学院、滇中国学院特聘教授陈孝瑞“金沙水暖、乌蒙磅礴——中国画精品展”在楚雄师院开展。省、州文化界部分知名人士和楚雄师院部分师生参加开展仪式。此次画展展出了陈孝瑞先生历年来倾心创作的43幅作品，包括“彩云之南”系列中描写的轿子雪山、茶马古道、金沙江畔等地的山水画。画展历时1个月，吸引了众多观赏者。

［安孟勤］

（责任编辑：李　梅）

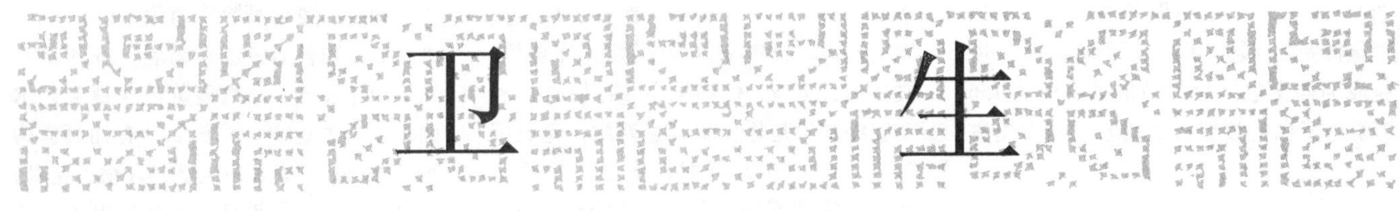

卫生

卫生综述

【卫生工作概况】 2014年，楚雄州以“促进卫生服务网络完善、促进公共卫生服务均等、提高农村居民医保水平、提升医疗卫生服务质量、有效应对突发公共卫生事件”为重点，以深化医药卫生体制改革、加强卫生队伍建设、推进卫生行风建设为保障，围绕中心、全力做好卫生惠民实事，突出重点、扎实推进医药卫生体制改革，统筹推进、不断提高卫生事业发展水平，卫生事业持续协调发展。新农合参合率98.99%，孕产妇死亡率21.49/10万，婴儿死亡率6.1‰，传染病发病率173.18/10万，自愿无偿献血率100%，10县（市）获得省级卫生城市（县城）称号。向患者、患者家属和社会监督员征求意见，社会对全州卫生系统综合满意率96.95%。州卫生系统获得州委、州人民政府命名的“文明行业”称号。创建“三优”（环境优美、流程优化、服务优质）医疗卫生单位1049个，其中乡（镇）卫生院77个、村卫生室846个、县级卫生单位38个、州级卫生单位7个。

【卫生机构人员与床位】 2014年末，楚雄州有各级各类卫生机构1704个，其中，医院74所，基层医疗卫生机构1591个（社区卫生服务机构17个、卫生院114个、村卫生室1092个、门诊部15个、诊所医务室353个），专业公共卫生机构37个（疾病预防控制中心11个、妇幼保健院11个、卫生监督所11个、采供血机构1个、急救中心2个、健康教育所1个），其他卫生机构2个。各级各类卫生机构在岗职工1.7万人，其中卫生技术人员1.27万人（执业/助理医师4379人、注册护士4802人、药师/士709人、技师/士704人、其他卫生人员2144人），乡村医生1853人，卫生员58人，管理和工勤人员2358人。平均每千人拥有卫生技术人员4.67人。医疗卫生机构实有床位1.47万张，其中，医院1.16万张，卫生院2635张，社区卫生服务机构40张，妇幼保健院323张，门诊部10张。平均每千人实际拥有医院病床4.25张。

【基本公共卫生服务】 2014年，楚雄州为245.58万名城乡居民建立电子健康档案，建档率90.32%。为16.25万名0～6岁儿童提供保健管理，0～6岁儿童保健管理率99.13%；适龄儿童国家免疫规划建证率100%，接种率99%；为2.4万名孕产妇提供健康管理服务，孕产妇健康管理率99.14%；为16.81万名65岁以上老年人提供健康管理服务，管

2014年楚雄州医疗卫生机构、床位、人员情况统计表

县(市)	机构个数（个）					床位数（张）				各类人员合计	卫生技术人员（人）					其他卫生人员（人）						
	小计	医院	基层医疗卫生机构	专业公共卫生机构	其他	小计	医院	基层医疗卫生机构	专业公共卫生机构		小计	执业（助理）医师	执业医师	注册护士	药师（士）	技师（士）	检验师（士）	其他	乡村医生和卫生员	其他技术人员	管理人员	工勤技能人员
楚雄市	396	27	358	10	1	5613	5007	490	116	6972	5618	1795	1577	2390	275	289	219	869	250	233	609	262
双柏县	105	2	100	3		621	424	175	22	608	397	172	128	127	28	28	21	42	18	21	46	126
牟定县	120	5	112	3		927	705	207	15	925	647	263	217	199	37	30	21	118	10	22	74	172
南华县	159	4	152	3		830	618	190	22	1134	704	254	196	242	47	43	27	118	64	30	106	230
姚安县	101	4	94	3		865	639	186	40	1104	809	251	192	263	41	34	29	220	32	40	65	158
大姚县	197	5	189	3		1300	959	321	20	1320	952	355	256	341	54	56	42	146	44	54	91	179
永仁县	95	2	90	3		521	300	201	20	664	433	162	130	140	23	20	14	88	10	29	68	124
元谋县	132	6	123	3		921	550	356	15	1186	853	306	237	359	53	62	47	73	36	3	118	176
武定县	158	5	150	3		1442	1186	220	36	1459	1031	335	252	295	60	45	33	296	25	85	93	225
禄丰县	241	14	223	3	1	1616	1200	399	17	2058	1569	601	445	538	105	104	66	221	54	83	110	242
合　计	1704	74	1591	37	2	14656	11588	2745	323	17430	13013	4494	3630	4894	723	711	519	2191	543	600	1380	1894

理率 81.01%；为 18.17 万名高血压患者、4.09 万名糖尿病患者和 1.07 万名重性精神疾病患者提供健康管理服务；65 岁以上常驻居民和 0～36 月龄儿童中医药健康管理覆盖率分别达 74.38% 和 79.31%。

【基本药物制度】 2014 年，楚雄州人民政府开办的基层卫生机构（乡镇卫生院、村卫生室、社区卫生服务机构）按要求配备使用基本药物并实行 100% 零差率销售，基本药物实行省级网上集中采购，统一配送，州级、县级综合医院和中医医院使用基本药物比例分别达 20%、35% 和 10% 以上。在楚雄市彝人民居服务站和牟定县黄立逵诊所实施基本药物制度试点。10 月份起，全面启动基本药物“点对点”网上集中采购，简化由基层医疗卫生机构上报县（市）卫生局，再由各县（市）卫生局汇总采购计划，最后向省药品集中采购网络平台上报订单及统一支付药款等繁琐工作环节，由基层医疗卫生机构直接登陆省药品集中采购网络平台报送药品采购计划，并对账付款。“点对点”采购减少采购中间环节，缩短采购周期，提高工作效率，减少因环节过多导致的工作差错，采购周期缩短 1 周左右。医疗机构采购基本药物金额 2.48 亿元，采购品规 1076 种，其中基层医疗卫生机构采购金额 1.01 亿元，占 51.1%。

【突发公共卫生事件处置】 2014 年 10 月 16 日，1 名楚雄籍人员从尼日利亚埃博拉出血热疫区回到楚雄市，州、市疾控中心对其进行 21 天跟踪、随访和观察，健康状况无异常；11 月 11 日，牟定县军腊公路工地食堂误食机油中毒 20 人，无死亡。7 月 28 日，牟定县蟠猫乡朵苴村委会梨园村李翠芬家食用野生菌中毒，中毒 4 人全部死亡；4 月 15 日，牟定县茅阳第一小学发生水痘疫情，发病 15 人，无死亡；5 月 23 日，楚雄市鹿城镇李家庵村发生布鲁氏菌病疫情，发病 2 人，无死亡；6 月 12 日，楚雄市鹿城镇中学风疹疫情暴发，发病 22 人，无死亡；10 月 24 日，禄丰县妥安乡中学学生发生急性油桐中毒，中毒 10 人，无死亡；11 月 21 日，牟定县戌街中心小学发生食物中毒，中毒 33 人，无死亡；11 月 20 日，姚安县活力幼儿园南街分园学生手足口病疫情暴发，发病 12 人，无死亡。依托州人民医院，建立楚雄州紧急救援中心，9 月 19 日，“上海市东方医院国家卫生紧急医学救援队楚雄救援队”在州人民医院新区挂牌；鲁甸“8·03”地震发生后，楚雄州先后抽调医疗、疾控应急队 6 批赴灾区支援抗灾救灾，在灾区工作 45 天。

【疾病应急医疗救助】 2014 年 12 月 31 日，楚雄州人民政府办公室印发《关于建立疾病应急救助制度实施意见》，通过州县财政预算、中央和省级专项补助、社会捐赠筹集资金，组成疾病应急救助基金，用于解决社会流浪乞讨等特殊人员突发中毒、自然灾害、道路交通等伤病产生的经法律追究、各级各类报销后仍然无法解决的医疗费用。至年末，争取上级支持资金 110 万元，救助急重危伤病人、“三无”患者 6 起，投入救助资金 12.74 万元。免费为 2303 例白内障患者实施复明手术，为尿毒症患者血液透析治疗 238 例。

【卫生便民惠民服务】 2014 年，楚雄州卫生系统开展便民惠民服务 10 项。加强急诊绿色通道管理，保证急危重症患者得到及时救治。简化就医流程，改善门诊、住院、转诊、转科服务流程，各项诊疗服务流程更加合理、便捷。通过宣传栏、电子显示屏公布医院科室布局、科室特色、专家信息和出诊时间等信息，方便患者选择就医。围绕“改革护理模式，履行护理职责，提供优质服务，提高护理水平”要求，以“责任制整体护理”为核心，开展优质护理服务，州级 3 所三级医院全部开展优质护理服务示范工作，总病区 62 个，示范病区 62 个，占 100%。县级 25 所二级医院全部开展优质护理服务示范工作，占 100%，总病区 221 个，示范病区 155 个，占 82.45%。开展“三好三合理一满意”活动（服务态度好、服务质量好、服务环境好，合理检查、合理用药、合理收费，人民群众满意），加大医护质量管理，保障医疗安全。认真落实处方点评制度，提高药物治疗水平，确保患者用药安全。认真落实医院感染控制，防范医疗安全事件发生。开展重大疾病规范化诊疗，推行临床路径，加强单病种质量管理，州人民医院、州中医院开展 24 个以上专业 100 个病种 7178 例病例临床路径管理，10 所二级综合医院开展 10 个以上专业 357 个病种 1.47 万个病例临床路径管理。新农合住院实现住院费用即时结报，解决患者垫支和往返问题。持有贫困证明的居民住院减免 20% 床位费。加强投诉管理，推进医疗纠纷调解，构建和谐医患关系，建立由保险业支撑的医疗纠纷赔偿机制，各级各类医疗机构均参加以州为统筹单位的医疗责任保险统保，把医疗机构从调处医疗纠纷大量繁杂工作中解脱出来，把精力投入到提高医护质量和诊疗水平、加强医疗安全上。开展医院信息公开，全面推行门诊预约诊疗服务，实行双向转诊。改革医疗收费服务管理与医保结算服务管理，实现患者先诊疗后结算。实行患者就医“一本通”和同级医院医学检查结果互认，减少患者重复检查和不必要检查。开展农村巡回医疗及送医下乡活动，充分发挥公立医院作用，社会效益显著。

【爱国卫生工作】 2014 年，楚雄州开展春、秋两季爱国卫生运动及灭鼠活动，完成农村改厕 5000 座。创建省级“灭鼠先进城区”9 个、“灭蟑螂先进城区”3 个、“灭蚊先进城区”1 个。楚雄市获得“云南省卫生城市”称号，其余 9 县获得“云南省卫生县城”称号。楚雄市吕合镇和三街镇新创建为“省级卫生乡（镇）”，全州累计有 8 个省级卫生乡（镇）。新创建“省级卫生村”11 个，全州累计有 18 个省级卫生村。

【卫生人才队伍建设】 2014 年，楚雄州培训基层卫生人员 6474 人。其中，全科医师转岗培训 40 人，社区卫生人员能力培训 72 人，乡（镇）卫生院管理人员培训 114 人，乡（镇）卫生院业务骨干培训114人，乡（镇）卫生院药学人员培训114人，健康教育人员培训69人，村卫生室人员培训1204人，儿科医师培训33名。参加省级继续医学教育培训2787人次，州级继续医学教育培训1.44万人次。中医类别全科医师转岗培训8人，乡村医生中医药知识与技能培训46人，乡村医生能西会中中医药知识培训412人。县级医院、中医院骨干医师到省第一人民医院、省第三人民医院、省中医院、上海东方医院、州人民医院进修学习半年者53人。2月，经层层考核评选，选拔出学术技术带头人100人，州财政每年安排24万元资金专项用于这100名学术技术带头人培养，培养周期5年。楚雄医药高等专科学校开设农村医学中专班，培养乡村医生后备人才，招录应届初中毕业生100名，学制3年，为全日制中专学历，9月1日正式开学。完成免费订单医学生培养15人，相应县（市）分别与被录取医学生签订协议书，协议生分别在昆明医科大学、云南中医学院和大理学院就读，毕业后到农村地区工作。招录乡（镇）卫生院特设岗位全科医师31名，于9月30日前到岗。省第一人民医院派出5名医务人员支援牟定县人民医院。省第二人民医院派出5名医务人员支援姚安县人民医院。省第三人民医院派出10名医务人员支援武定县人民医院和南华县人民医院。省急救中心派出1名医务人员支援楚雄州人民医院。昆明医科大学第二附属医院派出5名医务人员支援禄丰县人民医院。上海东方医院派出5名医务人员对口支援大姚县人民医院。上海市杨浦区中心医院派出5名医务人员支援禄丰县人民医院。州人民医院派出15名医务人员支援双柏县人民医院、元谋县人民医院、永仁县人民医院、大姚县人民医院。州中医院派出3名医务人员支援市中医院。县级人民医院派出72人次支援24个乡（镇）卫生院。

【卫生科技与重点学科建设】 2014年，楚雄州人民医院肾内科、泌尿外科，禄丰县人民医院心内科、妇产科，大姚县人民医院普外科获省级临床重点专科建设项目。永仁县中医院针推科、元谋县中医院针推科和姚安县中医院老年病科获省级中医重点专科建设项目，每个专科项目获得100万元省级资金支持。州级确定12个重点专科建设项目，州财政每个专科给予2.5万元资金支持。州财政对武定中医院、双柏县中医院3个中医临床重点专科建设给予7.5万元资金支持。卫生系统有9项科技成果获州级科技进步奖，其中州级自然科学奖1项，州级科技进步奖8项（一等奖1项，二等奖1项，三等奖6项）。

【卫生信息化建设】 2014年，楚雄州级卫生信息中心机房建成并投入使用。实施卫生专网项目建设，建成覆盖州、县、乡三级147家医疗卫生单位光纤专网和覆盖州、县、乡、村四级1000家医疗卫生单位VPN专网（虚拟专用网络），全部投入使用。以州级信息机房为中心，全州卫生专网为基础，全州居民健康档案、公共卫生服务绩效管理、突发公共卫生应急指挥系统、基层医疗卫生机构管理信息系统等应用逐步扩展，互联互通卫生信息化格局基本形成。

【卫生行业作风建设】 2014年，楚雄州卫生系统广泛深入开展卫生行风建设“九不准”学习教育，覆盖面100%。州级卫生单位党员干部到州廉政教育基地观看展览12批次1203人次，党员干部观看廉政教育电教片786人次；州级卫生单位干部职工听廉政讲座4场次107人次，集体廉政恳谈6场次485人次。乡（镇）卫生院长“党风廉政建设、行风建设和廉政风险防控”授课教育113人次，各单位领导为职工上廉政教育课18场次651人次。开展纠正医疗服务中损害群众利益和医疗卫生机构办理健康证专项治理，维护群众合法权益。专项调研督查医用耗材和检验试剂的采购、使用、管理情况，认真落实《处方管理办法》、处方评点、药品价格公示、医院药品用量动态监测和超常预警等制度。经问卷调查，群众对医疗机构综合满意率96.95%。

【血液采供储备】 2014年，楚雄州共有1.72万人次参加无偿献血，采集全血459.6万毫升，其中，州中心血站深入10县（市）现场采血218万毫升（献血8109人次），街头流动采血206.5万毫升（献血7506人次）；楚雄城区17家学校、企事业单位职工献血34.5万毫升（献血1574人次），自愿无偿献血率100%。制备悬浮红细胞2.3万单位，洗涤红细胞287单位，冰冻红细胞44.5单位，新鲜冰冻血浆154.69万毫升，冰冻血浆93.79万毫升，冷沉淀1352.75单位。向医疗机构供应悬浮红细胞2.25万单位，洗涤红细胞287单位，解冻去甘油红细胞23.75单位、血浆207.16万毫升、冷沉淀1305.75单位、血小板365.5单位。

［自卫平］

卫生监督与执法

【公共场所卫生监督】 2014年，楚雄州完成州级直管40家公共场所监督抽检，抽检样品118件，合格106件，有11家单位的12件样品不合格。其中，州级直管1家游泳馆进行监督检查3次，下达监督意见书2次；监督抽检4家公共场所4个集中空调通风系统，分别抽检风管内表面积尘4份、表面细菌总数4份、表面真菌总数4份、冷却水嗜肺军团菌2份。

【学校卫生监督】 2014年，楚雄州开展州级20所学校（含托幼机构）饮用水卫生、传染病防控、教学环境和生活设施卫生监督检查，建立学校基础档案，监督抽检学校二次供水、自建集中式供水情况，抽检学校二次供水单位3家，自建集中式供水单位1家，抽检二次供水水样4份、井水1份，检查中发现问题及时下达卫生监督意见书14份，监督检查学校32户次。

【生活饮用水卫生监督】 2014年，楚雄州监督检查州级直管市政集中式供水单位3家12次，下达卫生监督意见书4

次；监督检查二次供水单位10家；监督检查7个县市政集中式供水单位13家次，下达卫生监督意见书7份；监督抽检市政集中式供水单位3家、自建集中式供水单位1家、二次供水单位10家，抽检出厂水3份、二次供水10份、井水1份。检测结果显示出厂水不合格1份，二次供水不合格2份，不合格单位4家。不合格单位下达卫生监督意见以督促整改落实，要求再次送检水样检测。监督检查涉水产品的生产销售经营单位19家，下达卫生监督意见书11份。监督抽检持有涉及饮用水卫生安全产品卫生许可批件的涉水产品生产企业6家、未持有涉及饮用水卫生安全产品卫生许可批件的涉水产品生产企业2家、涉水产品经营单位6家、使用生活饮用水化学处理剂的市政集中式供水单位3家、现制现售饮用水自动售水机经营单位2家；到涉水产品的生产企业、经营使用单位抽取涉水产品样品21件，其中饮用水输配水管材10件，水箱2件，水化学处理剂2件，饮水机2件，现制现售饮用水水样5件，抽检工作涉及生产企业7家，经营单位5家，市政供水单位2家，现制现售饮用水经营单位2家。

【职业卫生与放射卫生监督】　2014年，楚雄州完成职业病危害建设项目职业病危害预评价审核1家，防护设施设计审查1家，竣工验收1家。监督检查职业健康检查机构7家、职业卫生技术服务机构1家，下达卫生监督意见书3份。放射防护预评价职业病危害建设项目14个、职业病危害建设项目放射防护竣工验收及现场验收24个；监督检查放射诊疗机构56家，设备123台，未取得“放射诊疗许可证”擅自开展放射诊疗的单位下达卫生监督意见书76份，立案查处逾期未按要求进行整改落实的放射诊疗机构10家。

【医院感染卫生监督】　2014年，楚雄州抽样监测州级医疗卫生机构5家、社区卫生服务中心2家、民营医院13家、医疗美容诊所1家、厂矿职工医院1家、门诊部2家，采样189份，检测合格185份，合格率97.88%。其中抽检灭菌物品32件、工作台面（含疫苗储存冰箱台面）21件、使用中的消毒液38件、医务人员手样43件，诊疗环境空气42件、口腔科灭菌器械6件，内镜4件，血液透析室水样2件，抽样检测医院排放污水13件。

【卫生行政许可与处罚】　2014年，楚雄州卫生行政监督管理部门受理公共场所、饮用水、消毒、医疗、放射、职业、麻醉药品和第一类精神药品购用印签卡、医疗广告审查证明、医护人员等各类卫生行政许可申请1080起，其中，公共场所卫生许可31起，医疗机构设置审批许可2起，医疗机构执业许可50起，母婴保健技术服务执业许可19起，放射诊疗许可20起，职业卫生建设项目审查32起，消毒产品（卫生用品类）生产企业许可4起，供水单位卫生许可4起，医疗广告审查13起，医师执业注册75起，医师执业变更注册151起，护士首次执业注册387起，护士执业变更注册231起，麻醉药品和第一类精神药品购用印签卡许可61起。办结发放各类许可证件1144份，其中，公共场所卫生许可证31份，医疗机构设置批准书2份，医疗机构执业许可证56份，放射诊疗许可证18份，母婴保健技术服务执业许可证19份，职业卫生建设项目审查批复31份，消毒产品（卫生用品类）生产企业卫生许可证4份，供水单位卫生许可证4份，医疗广告审查证明13份，医师执业证书226份，护士执业证书618份，麻醉药品和第一类精神药品购用印签卡122份。年内，州卫生局卫生监督所共查办各类卫生违法案件46件，处罚7.89万元。其中，查处医疗卫生违法案件24件，罚款人民币5.81万元。查处公共场所类违法案件12件，结案12件，罚款金额1.04万元；医疗机构放射卫生10件，结案8件，罚款金额1.04万元。

【卫生监督协管】　2014年，楚雄州卫生协管站（室）开展各类协管巡查1.73万次，其中，农村饮用水卫生安全巡查8184次、学校卫生安全巡查4210次。上报非法行医线索111条，卫生监督部门立案查处34件，取缔无证行医摊点29个；报告食品安全信息56条次，报告接触职业危害人员3人次，开展报送非法行医和非法采供血信息334次。

【卫生执法及法规培训】　2014年，楚雄州参加国家卫计委举办的省级首席卫生监督员培训班3人，参加省卫生厅举办的行政执法业务培训班56人，参加州级部门举办的培训班30人，参加网络培训91人。8月14～15日，州卫生局卫生监督所举办卫生行政执法人员培训班，全国知名卫生行政执法专家、国家卫计委综合执法局法律顾问石滨到培训班授课，109名卫生行政执法人员参加培训。州卫生局卫生监督所举办涉及从事卫生服务行业人员培训班27期，培训各类从业人员1849人次。其中，举办公共场所从业人员培训班21期，培训从业人员521人次；举办母婴保健技术服务人员培训班2期，培训从业人员716人次；举办生活饮用水从业人员培训班1期，培训从业人员43人；举办医疗从业人员培训班1期，培训从业人员241人。

［自卫平］

精神卫生

【精神疾病诊治】　2014年，楚雄州精神病医院门诊诊疗3.3万人次，其中，精神科门诊就诊3.26万人次，收住院治疗2464人次，出院病人平均住院日93天，病床使用率105.07%。义务为病人理发3879人次。

【重症精神疾病患者管理】　2014年，楚雄州精神病医院与楚雄、牟定、双柏、元谋、永仁、武定、南华、大姚8个县（市）卫生局签订严重精神障碍患者健康管理服务工作购买服务协议，负责当地严重精神障碍患者面对面随访管理治疗服务。精神医学专业人员深入68个乡（镇）157个村委会开展工作，确诊并报告严重精神障碍患者7109人，建档7109例。随访管理重症精神病患者7027人，收住院治疗精神病人2464人次。与民政、残联等部门互通信息，为患者办理救助手续，开展“一站式”救助服务，救治救助6108人，居家管理门诊服药5298人。州精神病医院派出专家8名，赴丽江市华坪县、宁蒗县，帮助两县开展严重精神障碍患者筛查、诊断、评估，随访评估患者539人，筛查确诊患者130人，治疗204人，培训当地卫生人员150人次。

【精神疾病司法鉴定】 2014年5月，楚雄州精神病医院成立精神疾病司法鉴定所。7月，精神疾病司法鉴定所正式开展业务。鉴定所专业人员主动深入州民委、州检察院、州职教中心、楚雄师范学院、楚雄卷烟厂等单位开展心理CT测试，至年末，进行精神疾病司法鉴定14例，韦氏智力测查2人，心理CT测试114人次，心理健康体检107人次。

［自卫平］

农村卫生

【新型农村合作医疗】 2014年，楚雄州有216.75万农村群众参加新型农村合作医疗，参合率98.99%。新农合人均筹资380元，其中个人交费70元，筹集新农合基金8.24亿元，参合农民在乡级住院报销90%、县级住院报销80%、州级住院报销60%、省级住院报销50%，最高报销限额10万元。年内共有663.59万人次享受新农合减免报销，报销金额7.89亿元。

【新型农村合作医疗大病补充保险】 2014年，楚雄州有216.75万农村群众参加新型农村合作医疗大病补充保险，参保率98.99%。新农合大病保险人均筹资25元，资金从新农合基金中全额划出，统一投保，农民个人不再缴费，大病保险报销减免取消封顶线限制，自付部分3000元至1万元报销50%，1万元以上报销60%。大病保险理赔2.59万人次，赔付资金5239.38万元，报销10万元以上2人，其中1例报销19.5万

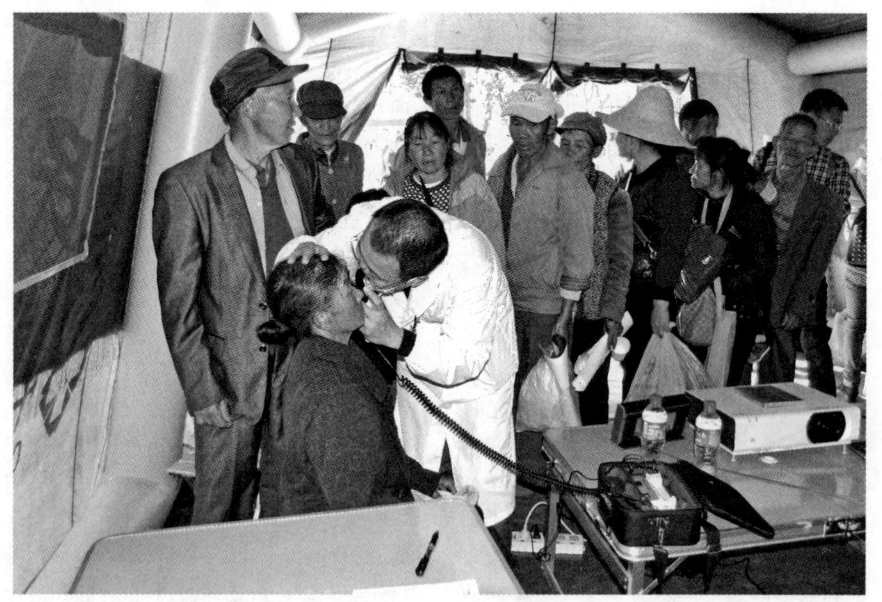

送医下乡 （夏天彧/摄影）

元。实施农村儿童白血病、先天性心脏病、儿童苯丙酮尿症、尿道下裂等22种重特大疾病保障，22种重特大疾病新农合报销比例70%，并将新生儿白血病、尿毒症和农村重性精神病患者新农合减免比例提高至90%。

【诊疗收费改革】 2014年，楚雄州人民政府开办的基层卫生机构全部实施6元、7元、9元（诊断开药的每张处方收费6元，肌肉注射的每张处方收费7元，静脉注射的每张处方收费9元）3个档次的“一般诊疗费”制度。

【乡村卫生服务管理】 2014年，楚雄州首次开展乡（镇）卫生院等级评审工作，有63家乡（镇）卫生院通过等级评审，其中“优秀卫生院”9家、“一级甲等卫生院”48家、“一级乙等卫生院”6家。8月，开展县乡村医疗服务一体化管理，县级医院以整体托管为主要形式、对口帮扶为补充形式，以管理、技术、设备、培训等为主要支持手段，县级医院通过整体托管、联合办医、团队帮扶、组建医疗联合体，对乡（镇）卫生行政管理、基本医疗、公共卫生服务等实行全面管理和运营，县级医院对乡（镇）卫生院享有管理权、经营权、人事权和分配权，建立科学、合理、有序的县域医疗体系，有效整合县域医疗服务资源，建立城乡卫生人才、技术双向流动、患者双向转诊制度，形成上下级医院双向转诊、优势互补、资源共享的协作机制。实施乡村医生签约服务，乡村医生与辖区农村居民签订公共卫生服务协议，明确提供服务内容、服务频次和质量，乡村医生报酬与服务对象评价和上级卫生主管部门考核挂钩，促使乡村医生改善服务态度、提高技术水平和服务质量。大姚县在全县所有乡（镇）开展乡村医生签约服务工作，其余县（市）均在一个以上乡（镇）开展。楚雄市、禄丰县、大姚县、牟定县探索开展社区全科医师团队签约服务，至年末，签约15.73万户36.69万人。

［自卫平］

医疗事业

【医疗机构诊疗情况】 2014年，楚雄州各级各类医疗机构总诊疗1339.39万人次，其中门急诊1315.16万人次，入院37.88万人次。住院病人手术8.61万人次。急诊病人死亡率0.03%，住院病人死亡率0.35%。120急救中心出诊8707次，抢救急（危）重症患者3876人次。病人向上级医院转诊率0.12%

（乡级转县级、县级转州级、州级转省级）；各级各类医疗卫生机构病床使用率平均69.87%，其中综合医院76.07%，中医医院89.41%，乡（镇）卫生院40.42%；医疗机构出院者平均住院日9.6天。坚持执行核心制度；坚持实行门（急）诊首问、首诊负责制；坚持实行住院医师、主治医师、主任医师查房制；严格执行会诊制度和病例讨论制度、手术分级管理制度，注重病历质量管理，加强门诊处方质量管理。实施单病种付费制、临床路径管理制度；加强对抗菌药物使用监控。楚雄州人民医院与上海市东方医院合作，成立上海市东方医院（同济大学附属东方医院）楚雄心脏中心，依托上海市东方医院的技术力量，将楚雄州心脏中心建设为立足滇中，辐射滇西，州（市）领先的心脏中心，不断提升医院灾难医疗救援工作能力和水平。实施手术室、危重症、急诊、临产室、肿瘤科等专科领域护士培养工程；深入开展优质护理服务示范工程；推行责任制整体护理，提高护理水平；开设客服中心，方便患者多渠道咨询、就诊；开展自助挂号、挂号室预约挂号，预约门诊诊疗服务。州人民医院启用“楚雄州人民医院就诊卡”，州中医院启用“杏林卡”，实现挂号就诊、取药、交费“一卡通”。

［自卫平］

【楚雄州人民医院】 2014年，楚雄州人民医院诊治门诊患者79.68万人次，其中专家门诊13.35万人次，比上年增长12.05%。出院患者5.35万人次，比上年增长11.83%。平均开放床位1790张，病床使用率89.42%。平均住院日10.92天，比上年下降0.26天，病床周转次数29.9次。手术1.65万例，其中住院手术1.45万例，增长6.21%；介入手术1961例，增长3.1%。医院业务收入比上年增长13%，药品比率41.63%。派出医疗队31人到双柏、元谋、永仁、大姚4县参与临床诊疗和技术指导。派出各种会议保障服务17次335个工作日。完成指令性派车任务47次，旅程1.14万千米。组织会诊270人次，外派会诊178人次；请上级专家指导、协助诊疗204人次；两院区区间会诊转介1200人次；转院病人2514人次。120急救中心出诊8707次，抢救急（危）重症患者3876人，增长24.2%，救治人数增长17.1%，处置重大突发事件4起。成分输血率100%，未发生配血输血事故。收治医保病人4.2万人次，其中城镇职工1.42万人次，居民4680人次，新农合2.29万人次，省医保324人次。为350个单位职工体检2.3万人次。完成楚雄一中、楚雄师范学院附中、龙江中学学生高考体检1568名。坚持药品集中招标采购，按药品招标要求，除精神药品、部分急救药及中药饮片外，全部使用中标药品，100%招标采购。开展新技术16项。申报上年度楚雄州科学技术奖3项，主动脉球囊反搏（IABP）治疗心源性休克临床应用、微创漏斗胸矫形术（改良Nuss）的临床应用研究、自膨式支架治疗颈动脉狭窄的临床应用研究分获二、三等奖。“楚雄地区1518例肾小球疾病病理类型及临床流行病学研究”获云南省卫生科技成果三等奖。肾脏内科、泌尿外科被列为省级重点专科建设项目，完成“乙型肝炎病毒分型和耐药基因检测临床分析”课题研究，建立“国家体外诊断技术产品开发重大项目临床研究实验室”开展国家863课题“血浆髓过氧化酶水平与冠状动脉狭窄水平之间的关系”研究。在国内公开刊物发表论文112篇（国内核心期刊9篇）。组织学术活动专题讲座10次。接收大理学院、云南中医学院、楚雄医专、曲靖医专、红河卫生职业学院等实习生实习389名。完成大理学院临床本科班48人理论教学，举办州级继续医学教育项目7项，省级继续医学教育项目3项。利用远程诊疗系统开展远程医学会诊452人次，远程教育专题讲座转播14项。推广护理QCC（品质管制圈）活动，强化品管圈管理工具在护理临床的使用。开展优质护理服务示范工程，多途径、分层次组织护理人员培训，组织护理技术操作培训4次。开展“医院感染现患率”调查，医院感染现患率3.54%～3.79%。报告传染病2352例，漏报1例，漏报率0.04%。完成HIV检测4.42万人次；孕产妇免费HIV检测2091人，完成艾滋病患者CD4检测2717人次，病毒载量检测1381人，完成孕产妇哨点检测2026例。完成医疗设备采购100余台（套），采购金额2624万元。年末，医院占地388亩，其中医院新区282亩，南路区54.4亩，曙光小区15亩，新营盘院区36.6亩。有工作用房17.86万平方米，总资产7.28亿元。设有科室104个，其中临床科室45个，医技科室9个，党群科室13个，行政后勤科室21个，门诊科室16个。有职工2011人，其中高级专业技术人员130人（正高21人，副高109人）。

［赵 伟］

【楚雄州中医院】 2014年，楚雄州中医院坚持“以病人为中心，全方位为病人服务”宗旨，深化改革，不断强化管理，较好地完成各项工作任务。完成业务收入2.977亿元，比上年增长6.7%；门诊诊疗人次34.19万人次，增长14.0%；出院人次2.49万人次，增长12.8%；开展手术6489台次，增长4.2%；病床使用率114.1%。巩固创三级甲等中医医院成果，严格执行《医疗纠纷、医疗事故处理及责任追究制度》，认真贯彻落实各项操作规程、诊疗规范和16种核心制度，完善医护质量管理体系和管理机制，加强医疗质量管理，未发生重大医疗过失行为和医疗事故。入、出院诊断符合率99.8%；平均住院日14.0天；择期手术患者术前平均住院3.98天；药品收入占业务收入比例47.33%；手术前后诊断符合率92.1%；无麻醉意外死亡现象发生。临床主要诊断、病理诊断符合率63.4%，甲级病历率93%，门诊中药饮片处方占门诊处方总数的比例为34.3%，急危重症抢救成功率73.2%，院内急会诊到位时间5～8分钟，治愈好转率97.3%，X光检查阳性率70.7%；CT检查阳性率71.0%；处方合格率98%。建立抗生素使用管理制度，编印《医院处方点评规范、医疗机构处方专项点评指南》。开展50个单病种临床路径，有效规范医疗行为，减轻患者经济负担。办理病人出院结算2.53万人次，比上年增加2749人次，增长12.19%，住院总费用2.32亿元，比上年增加963.99万元，人均住院费用9152.04元，比上年下降687.96元。做好医院感染病例监测、消毒灭菌效果、环境卫生学监测及重点科室、重点环境、重点环节、重点人群监测，医院感染率1.25%，医院感染漏报率4.81%，未发生院内感染安全事件。开展各类人员感染知识培训10次1616人次。实施责任制整体护理，坚持“以病人为中心”服务理念，以医疗护理安全为目标，全面落实护理“质量、安全、服务”各项工作制度化、科学化、规范化，不断提高护理队伍整体素质。严格执行《传染病防治法》，及时报告传染病疫情，报告传染病1675例，其中病原携带923例，传染病漏报率为零。转诊肺结核病人284例，转诊率100%。转介慢性病1195例，其中糖尿病187例、高血压839例、高血压并糖尿病169例。有534名医务人员参加“华医网”远程继续医学教育，占专业技术人员78.9%。举办省级继续医学教育项目“颈椎病诊治进展”培训和“自动痔疮套扎术（RPH）的临床运用”培训2项，举办州级继续医学教育项目“护理服务与沟通”培训、“护理‘三基’”培训、“加强中医临床科室建设开展中医特色治疗”培训、“医患沟通与医疗安全”培训、“医院感染管理”培训5项。推荐老专家云岭名医2名，杨本雷主任医师获“云南省首届云岭名医”称号。遴选医务人员16名申报楚雄州第一批卫生系统学术技术带头人。出台《楚雄州中医院关于开展第一届“名医”评选活动的通知》，认定王国忠等8名医师为医院首届第一批“楚雄州中医院名医”。招收合同制人员77人，接收进修学习人员25人、大中专学生实习227人，送出进修学习人员31人。开展中医适宜技术116项。举办全州乡村医生中医药知识与技能培训班1期。开展自助挂号、挂号室预约挂号，专家门诊预约3.92万人次，预约率23.4%。编印《彝州杏林》5期，刊登稿件196篇。开展中（彝）医药治疗艾滋病试点项目工作，有111名HIV/AIDS患者接受中（彝）医药治疗。派出4名医师到南华县中医医院援建，接待县、乡骨干医师进修学习47名。培训乡村医师44名。完成二级中医医院中医工作指导7次。

［卢自春］

疾病预防与控制

【传染病疫情】 2014年，楚雄州无甲类传染病报告，报告乙类传染病16种，报告发病4770例，死亡57例。发病率173.18/10万，死亡率2.07/10万，病死率1.16%；报告手足口病2696例，其中重症23例，无死亡病例，发病以散居儿童（占67.03%）和幼托儿童（占26.41%）为主。报告狂犬病人间病例5例，死亡5例。10县（市）报告“一犬伤多人”事件66起，被犬伤人员208人。动物疫情中，能追踪到的28起采集肇事犬脑组织标本，对27起标本进行狂犬病病毒检测，检出阳性24起，阳性率88.89%。

【疫情监测】 2014年，楚雄州以州、县（市）疾病预防控制中心为主，开展流感、霍乱、鼠疫疫情监测。流感监测。采集流感样病例标本1221份，经检测，核酸阳性23份，阳性率3.02%，培养13份，By型8份，甲型$H_1N_1$3份，$H_3N_2$2份。霍乱监测。报告腹泻病例1779例，粪便培养1617份，重点人群监测195人，监测自来水100份、井水45份、池塘水17份、河水13份，其他水体12份，生活污水8份，均未检出霍乱弧菌。鼠疫监测。布放鼠笼11.33万笼次，捕获家栖鼠2819只，平均鼠密度2.49%，检查活鼠2742只，检获蚤2354匹，总蚤指数0.86，完成细菌学动物培养2801份、细菌学昆虫培养1238组、血清学血凝实验1193份，结果均为阴性。严格执行鼠疫疫情“三报”制度，认真收统自死鼠、病鼠“零”报告卡，上报率100%，均未发现自死鼠、病鼠，未发生鼠疫疫情。抽取楚雄市、南华县、双柏县为样本开展年度传染病漏报调查，漏报率2.25%。抽取大姚、姚安、牟定3个县进行传染病漏报调查，乙类传染病漏报率4.33%。

【传染病与地方病防治】 2014年，楚雄州开展结核病、麻风病、云南不明原因猝死、碘缺乏病、疟疾、血吸虫病、艾滋病等传染病和地方病防治。

结核病防治。发现活动性肺结核1292例。涂阳病人2月末痰菌阴转率89.2%，3月末痰菌阴转率95.8%，新涂阳病人治愈率93.3%，新涂阴患者治疗完成疗程率95.9%。2013年12月至2014年12月综合医疗机构转诊到位率60.3%，肺结核病人追踪到位率95.9%，总体到位率94.7%。抽检县级制作阳性片121张、阴性片1603张，镜检符合率99.7%。痰培养301例、药敏实验227份，涂阳密切接触者筛查率100%，结核患者系统管理率99.6%。新登记的结核病人进行HIV抗体检测率76.4%。

麻风病防治。开展麻风节宣传慰问活动，可疑者筛查710例，麻风病人密切接触者检查3462例，新发现麻风病患者17例；对新发的17例和既往102例现症病人给予联合化疗，开展细菌检验89份，病理组织检验68份。

云南不明原因猝死防治。4月，派出6个老疫点县（市）疾控中心和医疗机构相关专业人员10人到大理参加省地方病防治所举办的云南不明原因猝死应急处置培训班学习。5月底，下发《关于认真做好楚雄州云南不明原因猝死防治工作的通知》，并组织专业人员对6个老疫点县（市）进行督导，未发生云南不明原因猝死疫情。

碘缺乏病防治。居民户碘盐监测3000份，其中合格碘盐2917份，不合格53份，非碘盐32份，碘盐覆盖率99%，碘盐合格率98.68%，合格碘盐食用率98.20%，非碘盐率1.07%。5月下旬，在牟定县开展孕妇或哺乳妇女碘营养监测现场工作。

疟疾防治。完成血检13374人份、RDT检测105人次、主动病例侦查49

次，未出现本地疟疾病例。报告疟疾病例3例，其中输入性病例2例，境外感染，为实验室诊断病例，1例为间日疟，1例为恶性疟。另外1例为楚雄州户籍，外地感染外地发病。

血吸虫病防治。查螺面积1025.45万平方米，查出有螺面积5.99万平方米，比上年有螺面积下降2.36%，捕获钉螺1165只，全部经压碎法解剖检查，未发现感染性钉螺，禄丰县连续7年未查到活螺；反复灭螺面积113.17万平方米。开展血清学查病1516人，血清学阳性5人，阳性者全部进行病源学检查，未发现新感染病人；扩大化疗14人，晚血病人管理6人，现存晚血病人5人。

艾滋病防治。经问卷调查统计，全州艾滋病知识知晓率为城镇居民99.8%、学生94.9%、农村居民99.0%、农民工99.2%、校外青少年96.6%、业主100%；建成艾滋病确证实验室1个、初筛实验室15个、CD_4细胞检测实验室3个、病毒载量检测实验室1个、自愿咨询检测点27个，100%的县级以上医疗机构和乡（镇）卫生院具备艾滋病快速检测能力。艾滋病病毒抗体检测46.31万份，其中自愿咨询检测（VCT）5980人次。美沙酮维持治疗516人，在除双柏县、永仁县外的8个县（市）开展清洁针具交换工作。中（彝）医药治疗HIV/AIDS病人111名。

【慢性病管理】 2014年，楚雄州65岁以上老年人建档管理16.81万人，高血压病人登记管理18.17万人，糖尿病病人管理4.09万人；楚雄市、姚安县获得省级“慢性病综合防控示范区”称号，楚雄市获得国家级“慢性病综合防控示范区”称号。

【计划免疫】 2014年，楚雄州适龄儿童基础免疫接种率，乙肝疫苗三针次合格接种率99.83%、卡介苗接种率99.92%、麻疹组分疫苗接种率99.91%、脊灰全程接种率99.81%、百白破全程接种率99.81%、乙脑第1针接种率99.83%、A群流脑第1针接种率99.82%、A+C流脑第1针接种率98.77%、甲肝接种率99.87%。加强免疫接种率，脊灰疫苗4岁常规免疫加强接种率99.75%、无细胞百白破常规免疫加强接种率99.74%、麻疹组分疫苗加强免疫接种率99.88%，6岁组白破加强接种率99.90%。A群流脑第2针接种率99.81%、乙脑第2针接种率99.85%、A+C流脑第2针接种率99.80%。开展消除麻疹工作，检测疑似麻疹血清标本165份，检出阳性1例，发病率0.037/10万；开展麻疹疫苗应急接种、查漏补种，消除免疫空白。开展脊灰疫苗强化免疫和麻风疫苗查漏补种活动，脊灰疫苗实种10.49万人，补种1.37万剂次，在永仁县、元谋县开展麻腮风疫苗应急接种，累计接种2015人。监测乙肝病例1093例，监测疑似乙脑病例28例，经实验室检测确诊11例，监测甲肝44例、风疹255例、腮腺炎435例，无新生儿破伤风和流脑病例报告。加强AFP“零病例”报告管理，报告AFP病例17例，报告发病率4.49/10万。开展麻疹抗体水平监测3993人，其中3826人有保护效价，占95.18%。健康人群抗体水平监测503人，监测结果乙脑抗体、破伤风、乙肝表面抗体阳性率低于95%，百日咳、白喉、脊灰抗体阳性率均大于95%。

【卫生监测】 2014年，楚雄州报告各类职业病716例，其中，尘肺病643例，急、慢性职业中毒71例、职业性皮肤病1例、职业性肿瘤1例；通过食源性疾病暴发报告系统报告食物中毒事件83起，暴露1215人，中毒494人，均开展流行病学调查。

［自卫平］

妇幼保健

【婚前保健】 2014年，楚雄州婚姻登记人群进行健康检查2.3万人，婚检率99.39%；婚前保健人群HIV抗体检测3.3万人，梅毒检测3.3万人。活产婴儿2.4万人，婴儿死亡率6.1‰。

【妇女保健】 2014年，楚雄州各级卫生组织共为农村妇女免费进行乳腺癌筛查4220人、宫颈癌筛查1.64万人。孕产妇系统管理率97.48%；孕产妇住院分娩率99.83%，农村孕产妇住院分娩补助覆盖率96.58%；孕产妇HIV抗体检测2.9万人，梅毒检测2.89万人，乙肝表面抗原检测2.89万人；剖宫产率23.05%；孕产妇死亡5人，孕产妇死亡率21.49/10万。

【儿童保健】 2014年，楚雄州活产婴儿2.4万人，婴儿死亡率6.1‰；0～6岁儿童健康管理16.15万人；新生儿访视2.43万例（含迁移至楚雄州境内的外地户籍新生儿）；新生儿免费遗传代谢性疾病筛查2.51万人，新生儿免费听力筛查2.54万人，新生儿疾病和听力筛查出的阳性患儿进行随访跟踪管理，按时动员复查。

［自卫平］

卫生学会

【卫生学会建设】 2014年末，楚雄州卫生系统有医学会、中医学会、护理学会、康复医学会、预防医学会5个学会，有单位会员66个。其中，州级医疗卫生单位8个，州卫生局审批的民营医院7个，县（市）人民医院11个，县（市）中医医院8个，县（市）妇幼保健院10个，县（市）卫生局审批的民营医院22个。有个人会员835人。年内，5个学会向各会员单位征集论文30篇，推荐上报州科协15篇，获州科协优秀论文奖5篇。

【卫生学会学术活动】 2014年，楚雄州的5个卫生学会均根据各专业业务建设和发展，正常开展学术活动。

4月25～27日，楚雄州外科学分会主办普通外科新知识学习班，各级各类医疗卫生单位普外科医护人员120余人参加培训。昆明医科大学第一附属医院教授程若川，昆明医科大学第二附属医院教授徐鹏远、张家骅、李云春，云南省第一人民医院教授郭建辉，昆明医科大学第三附属医院教授李云峰，解放军昆明总医院教授崔明、郭曙光等围绕普外专业领域新理论、新技术、新进展作专题学术讲座。

4月26日，楚雄州麻醉学分会主办麻醉学学术讲座，各级各类医疗卫生单位80名代表参加会议，云南省肿瘤医院麻醉科教授张毅、云南省第一人民医院麻醉科教授唐天云、云南省第二人民医院麻醉科主任卜林明、楚雄州人民医院麻醉科主任程磊、楚雄州人民医院麻醉科副主任王文发、楚雄州中医院麻醉科主任赵姝等围绕老年髋部手术麻醉的风险评估、麻醉学术焦点问题、解读肌松药专家共识、纤维支气管镜引导经鼻气管插管的临床应用、麻醉术全评估与临床决策、脊柱手术的麻醉等当前麻醉学领域的相关前沿及热点问题作讲学。

5月16～18日，楚雄州骨科学分会主办海峡两岸学习班及2014年骨科学术会，各级各类医疗卫生单位骨科医护人员160余人参加会议，台湾阳明大学及省内著名骨科医学教授作专题报告。

5月17日，楚雄州医学会组织州级医疗卫生单位50余名卫生专家到楚雄市桃源湖广场举行以“科学生活创新圆梦”为主题的科技周活动，发放宣传材料3000余份、接待义诊咨询群众200余人。

5月25日，云南省皮肤性病学分会基层大讲堂学术活动在楚雄举行，全州80多名代表参会，3位省级专家作专题讲座。

6月21日，楚雄州医学会举办无痛分娩和无痛人流应用提高班，各级各类医疗卫生单位从事妇产科的医护人员100余人参加培训。

7月24～26日，楚雄州儿科学分会主办儿科学学术讲座，各级各类医疗卫生单位从事儿科学及围产医学、产科专业医护人员150余人参加听讲，云南省妇幼保健院院长倪俊学、昆明医科大学第一附属医院教授黄永坤作专题报告。

7月26～28日，楚雄州心血管病学分会主办心血管病新进展学习班，广东省心研所副所长张智伟和昆明医科大学第一附属医院心内科主任郭涛、教授肖践明，云南省心血管病医院副院长光雪峰、云南省红会医院心内科主任韩明华等省内外著名心血管病专家作专题报告。

9月19～21日，楚雄州急诊重症医学分会举办急诊危重症理论及实践技能暨学科建设培训班，各级各类医疗卫生单位从事急诊、重症、全科医学、内外科、麻醉科200余名代表参加培训，中国疾控中心中毒研究所副所长孙承业，上海东方医院院长、心脏病专家刘中民，云南省医学会急诊分会主任委员杨亚飞，著名危重症专家景炳文，当前急危重症领域最新理论及急救技能进行培训。

9月20日，楚雄州医学会组织州级医疗卫生单位专家在楚雄市桃源湖广场举行以“创新发展，全民行动”为主题的“全国科普日”活动，发放宣传材料7000余份、接待义诊咨询群众600余人。

9月27～28日，楚雄州举办首届放射学学术会，各级各类医疗卫生单位（含民营医院）从事医学影像学工作的100余名代表参加会议，昆明医科大学第一附属医院教授赵卫、韩丹，云南省第一人民医院主任医师陈志明作专题讲座。

10月10～12日，楚雄州医学会皮肤性病学分会和省医学会皮肤性病学分会联合举办“楚雄州医学会皮肤病、性病学术会暨云南省皮肤医学大讲堂”，各级各类医疗卫生单位从事皮肤性病医学工作的医护人员159人听讲，云南省医学会皮肤性病学分会主任委员何黎率著名皮肤性病学及美容医学专家讲学。

10月11日，楚雄州医学会举办医疗事故技术鉴定专家培训班，160余人参加学习。

10月31日至11月2日，楚雄州医学会和州妇幼保健院联合举办妇产科疾病诊治新进展暨“两癌”诊治和“孕产妇安全分娩管理”实践技能提高培训班，各级各类医疗卫生单位从事妇产科医疗、助产、保健、妇幼专干、护理等专业人员100余人参加培训。

12月4～7日，楚雄州医学会和州人民医院联合举办肾脏病诊疗新进展暨血液透析技术规范化操作学习班，各级医疗卫生单位临床内科医师、透析护士、护士长120余人参加培训。

12月13日，楚雄州骨科学分会举办“VSD技术临床治疗理论与实践研讨班”，中华医学会显微外科学分会副主任委员、云南省医学会骨科学分会主任委员、解放军43医院附属骨科医院院长、博士及博士后导师徐永清到会指导。

12月26～28日，楚雄州超声医学分会主办超声诊断技术新进展学习班，国内及省内著名超声医学专家作专题培训。

【医疗事故技术鉴定】 2014年，楚雄州医学会受理医疗事故技术鉴定案40件，鉴定38起，其中受理鉴定楚雄州34件，受理玉溪市医学会委托异地鉴定4件，中止鉴定2件。楚雄州内委托鉴定的34件医疗事故中，鉴定结论属于医疗事故15件，不属医疗事故16件，未结案1件，因无尸检死亡原因不清无法作出客观判定2件。鉴定结论为医疗事故的15件案件中，一级甲等医疗事故，医方承担主要责任2例，医方承担次要责任3例，医方承担轻微责任1例。三级甲等医疗事故，医方承担主要责任1例；三级丙等医疗事故，医方承担完全责任1例，医方承担主要责任1例；三级丁等医疗事故，医方承担次要责任1例；三级戊等医疗事故，医方负次要责任1例。四级医疗事故，医方承担主要责任3例，医方负次要责任1例。

［自卫平］

（责任编辑：周能汉）

体育综述

【体育工作概况】 2014年，楚雄州体育工作围绕富民强州建设目标，贯彻落实《全民健身条例》，全面实施《楚雄州“十二五”体育事业发展规划》，《楚雄州体操足球发展规划（2015～2025年）》经州人民政府批准印发。群众性体育活动广泛开展，组织开展了元旦穿城赛跑、州第十八届“庆三八”女子健身运动会、“三人”篮球赛、“谁是球王”民间足球争霸赛楚雄赛区活动、七彩云南格兰芬多国际自行车节楚雄站比赛等系列活动；与州残联配合举办了楚雄州第五届残疾人运动会，组团参加了云南省第十届残疾人运动会；与州民委配合举办了楚雄州第九届少数民族传统体育运动会，组团参加云南省第十届少数民族传统体育运动会；组队参加全省全民健身运动会、东盟足球赛和健身气功大赛；州老年体协先后举办了云南省州市第七届老年人乒乓球协作赛、云南省第六届城市羽毛球“百岁杯”联赛、“百草岭杯”全省气排球邀请赛、楚雄州老年体协成立30周年座谈会等活动。竞技体育水平不断提高。经过4年周期备战训练，8月，楚雄州代表团300名运动员参加了云南省第十四届运动会青少年组田径、游泳、拳击、篮球等16个项目的比赛，圆满完成省运会参赛任务；继续推动青少年体育训练网点学校建设，楚雄一中被省教育厅和省体育局命名为第一批云南省高等学校高水平运动员人才培养与输送基地学校；做好2014年楚雄州青少年足球锦标赛和青少年校园足球活动各项工作，北浦中学组队参加西南赛区青少年足球比赛荣获一等奖，并参加全国比赛。体育基础设施进一步夯实，申报体育项目319个，申报资金8470万元；全民健身组织网络建设取得新成效，新成立体育协会1个，向省级训练单位输送优秀体育后备人才9名，批授二级裁判员95人、三级裁判员106人，授予国家二级社会体育指导员54人、三级社会体育指导员295人。体育产业稳步推进，全年各级体育场馆接待体育爱好者32万余人，体育场馆面向社会开放和铺面经营收入400余万元；体育彩票销售收入2.36亿元。

【第六次全国体育场地普查】 2014年，根据《国家体育总局、教育部、铁道部、国家旅游总局关于开展第六次全国体育场地普查工作的通知》，楚雄州以2013年12月31日为标准时点开展了第六次全国体育场地普查。普查对象为全州各系统、各行业、各种所有制形式的各类体育场地（不含铁路系统、军队）。通过普查，至2013年12月31日，全州共有体育场地4800个，用地面积378万平方米，建筑面积31.5万平方米，场地面积297万平方米。其中，室内体育场地243个，面积5.1万平方米；室外体育场地4557个，面积291.7万平方米。以2013年末全州人口272万人计算，平均每万人拥有体育场地17.65个，人均体育场地面积1.1平方米。与2003年第五次全国体育场地普查相比，体育场地数量增加1989块，场地面积增加148.8万平方米，人均场地面积增加0.51平方米。在82种主要体育场地类型中，数量排名靠前的体育场地分别是篮球场、乒乓球场、全民健身路径、小运动场、排球场、网球场，共4438个；场地面积排名靠前的体育场地分别是小运动场、篮球场、田径场、体育场、登山步道。

［杨文义　周　芸］

【国民体质监测】 2014年，根据国家体育总局、教育部等10部委《关于开展2014年国民体质监测工作的通知》精神，楚雄州对州内3～69周岁居民开展了国民体质抽测、监测工作。抽测、监测对象分幼儿（3～6岁）、儿童青少年学生（6～19岁）、成年人（20～59岁）、老年人（60～69岁）4个年龄阶段，教育部门负责儿童青少年学生（6～19岁）的抽测、监测工作，体育部门负责其他3个年龄阶段人群的抽测、监测工作。全州10县（市）均成立国民体质与运动健身指导站，省体育局为每个县（市）配备测定器材，每个点负责城镇、农村3～6岁男女幼儿4类样本16个年龄组160人，农民、城镇体力劳动者和城镇非体力劳动者20～59岁男女成年人6类样本48个年龄组480人，城镇和农村60～69岁男女老年人4类样本8个年龄组80人的抽样监测工作。全州10个抽测监测站抽样监测各类人群7200余人，所有抽样监测数据于10月底上报省体育局进行数据录入、统计、分析。

【楚雄州参加第十二届全国运动会获表彰】 2014年1月26日，云南省人民政府在海埂体育训练基地召开第十二届全国运动会云南代表团总结大会，楚雄州文化体育局受到省人力资源和社会保障厅和省体育局的嘉奖。在全国第十二届运动会期间，楚雄州共有田径马拉松、射击、体操、拳击4个项目的5名运动员参赛。其中，田径马拉松项目运动员孟玉芬获女子团体银牌，射击项目获第四名。

【楚雄州老年人体育协会成立30周年座谈会】 2014年12月9日，楚雄州召开老年人体育协会成立30周年座谈会，回顾州老年体协成立30年来的工作，提出以后的工作目标和方向，表彰楚雄州老年人体育工作先进个人。至年末，楚雄州老年体协共有注册会员5.7万人，全州建有11个老干（老年）活动中心，10县（市）均建有老年体协组织，老年体协组织分布全州72个乡（镇）。

［周　芸］

群众体育

【楚雄城区迎新年元旦穿城赛跑】 2014年1月1日上午，由楚雄州文化体育局、州教育局，楚雄市文体广电旅游局、市教育局组织的2014年楚雄城区迎新年元旦穿城赛跑活动在楚雄市举行。楚雄城区2.3万人参加穿城赛跑活动。活动分小学组、中学组、大学组、中专组、成年组、老年组6个组别进行，全程3千米。

［王建钢］

【楚雄州第十八届庆“三八”女子健身运动会】 2014年3月1日，由楚雄州文化体育局与州妇女联合会共同举办的楚雄州第十八届庆“三八”女子健身运动会在州体育馆举行。来自楚雄城区各单位的1100余名女职工参加了拔河、同心协力、迎面接力和家庭背运球等项目的比赛。

【楚雄州第五届残疾人运动会】 2014年7月2～7日，由楚雄州人民政府主办，州残疾人联合会和州文化体育局承办的楚雄州第五届残疾人运动会在楚雄市举行。来自全州10个代表团的337名运动员进行了6个大项160个小项的比赛，产生金牌192枚、银牌121枚、铜牌125枚。

【2014年“招商地产杯”男子三人篮球赛楚雄赛区比赛】 2014年7月11～13日，由云南省体育局主办，省社会体育指导中心、楚雄州文化体育局承办，云南招商城投地产有限公司冠名的2014年“招商地产杯”男子三人篮球赛楚雄赛区比赛在楚雄州体育馆举行。32支代表队分别参加了成年组、青少年甲组、青少年乙组比赛。华瑞商贸代表队获得楚雄城区成年组冠军，禄丰县代表队获得县（市）成年组冠军，牟定县代表队荣获县（市）青少年甲组冠军，武定县代表队获得县（市）青少年乙组冠军。

【“全民健身日”系列展演活动】 2014年7月30日，由楚雄州文化体育局和州老年人体育协会共同主办的楚雄州庆祝第六个“全民健身日”展演活动在州体育馆举行，全州各体育协会参与开展了太极拳、舞蹈、武术、健身操、广场舞、健身气功等10余个节目展演。

【参加第二届“七彩云南”全民健身运动会】 2014年8月1日，2014年全民健身日云南省启动仪式暨第二届“七彩云南”全民健身运动会启动仪式在德宏州芒市举行。楚雄州组队参加了少数民族健身操和三人篮球赛两个项目的比赛，在规定套路“彝族、藏族健身操”中荣获一等奖，自编、自创套路少数民族健身操荣获一等奖，并荣获优秀组织奖。

【参加云南省第十届残运会暨第四届特奥会】 2014年8月31日至9月6日，云南省第十届残疾人运动会暨第四届特殊奥林匹克运动会在曲靖市举行。运动会共设9个大项、297个小项的比赛，共843名运动员参赛。楚雄州代表团获得金牌32枚、银牌16枚、铜牌22枚；综合团体总分564分，在全省18个代表团中排名第五；金牌总数排名第八；聋人女子篮球队获得冠军；代表团被省残运会大会组委会评为“体育道德风尚奖”，被省残疾人联合会、省体育局、省残疾人体育协会授予参加全国第八届残疾人运动会“特别贡献奖”。

【2014“七彩云南”格兰芬多国际自行车节楚雄站比赛】 2014年11月19日，2014“七彩云南”格兰芬多国际自行车节楚雄站比赛在楚雄市举行。该赛事个人计时赛赛道自彝人古镇毕摩广场，经元双公路、朵基水库、紫溪山南门至紫溪山包头王广场，全长23千米，共有300余人报名参加全程比赛，有近500人报名参加体验赛。最终，来自昆明荣辉自行车运动俱乐部魔迅车队的吕先景以44分50秒的成绩获得男子组冠军，来自云南自行车联队的马江丽以57分39秒的成绩获得女子组冠军。

［周　芸］

竞技体育

【承办2014年度云南省青少年篮球锦标赛】 2014年2月7～14日，由云南省

楚雄州代表团在云南省第十四届运动会开幕式上　（向　琳/摄影）

体育局主办，楚雄市文体广电旅游局承办的2014年“鹿鸣清城杯”云南省青少年篮球锦标赛在楚雄州体育馆举行。来自昆明、玉溪、曲靖等州（市）的27支代表队参加比赛，比赛分州（市）组和中学组进行。经过激烈角逐，曲靖队、昆明一队、楚雄队分别获得州（市）男子组前三名，曲靖队、昆明一队、玉溪队分获州（市）女子组前三名，昆明八中、玉溪五中、文山州一中分获中学男子组冠、亚、季军。

［杨文义　周　芸］

【参加云南省第十四届运动会】　2014年8月8～18日，云南省第十四届运动会在曲靖市举行。运动会共设青少年组、成年组两个组别，青少年组设21个大项、485个小项，由16个州（市）组团参赛；成年组分设大学组和职工组，设16个大项。楚雄州代表团300名运动员参加了青少年组田径、游泳、拳击、足球、篮球等16个项目的比赛，夺得金牌23枚、银牌19枚、铜牌41枚，以团体总分995分的成绩位列16个州（市）第七名并荣获“体育道德风尚奖”。

【2014年“谁是球王”中国足球民间争霸赛暨楚雄州青少年足球锦标赛】　2014年8月20～28日，楚雄州举办了2014年“谁是球王”中国足球民间争霸赛暨楚雄州青少年足球锦标赛，共有218支代表队参加比赛，其中娃娃组120支、青少年组42支、社会组56支。经过激烈角逐，楚雄市、元谋县、牟定县、大姚县、武定县、永仁县代表队分别获得足球锦标赛县（市）组的前六名；楚雄一中、楚雄州民族中学、楚雄师院附中代表队分别获得州属组的前三名；楚雄市、楚雄一中、楚雄师院附中、武定县代表队分别获得“谁是球王”争霸赛U18组的前四名；南华县、姚安县、禄丰县、双柏县和楚雄天人中学代表队获“体育道德风尚奖”。

顽强拼搏　　(向　琳/摄影)

【校园足球联赛】　2013～2014学年赛季，来自楚雄市、南华县、禄丰县和大姚县的63所学校参加了全州校园足球联赛。34所小学组建了74支男女球队，22所初中组建了34支男女球队，7所高中学校组建了7支球队，形成小学、初中、高中三级联赛。年末，全州在中国足协注册运动员2310人，参加校园足球活动学生人数达到2万余人，共开展足球比赛1002场次。举办校长和指导员、教练员培训班7期，培训人员368人。2014年2月，楚雄州校足办参加云南省后备力量青少年足球锦标赛，U14获得冠军；8月，参加云南省第14届运动会U15足球比赛，荣获亚军，获金牌2枚；12月，被全国校足办评选为“优秀校足办”。北浦中学参加全国冠军杯比赛在西南区预赛中获得一等奖，获得全国青少年冠军杯。

［周　芸］

体育设施与产业

【体育设施建设】　2014年，云南省共下达楚雄州“七彩云南全民健身工程”乡（镇）项目5个、村级项目100个，下达中央支持地方村级项目60个，共投入资金850万元。楚雄州州级体彩公益金安排体育器材购置经费177.8万元，省级体彩公益金安排配套篮球架及乒乓球球桌购置经费80万元，合计采购资金257.8万元，主要用于购置配送到县、乡、村（组）的篮球架、室内外乒乓球桌和全民健身路径器材。州级从本级体彩公益金中安排540万元建设了31个乡（镇）灯光篮球场和46个村级篮球场。同时，继续做好2013年实施的永仁体育场、双柏体育馆、南华体育馆、牟定体育活动中心等重点项目的检查和督促。

［杨会芳　周　芸］

【体育场馆开放】　2014年，楚雄州共有州体育馆、州游泳馆、州体育场、禄丰县体育馆4个场馆被列为国家大型体育场馆免费低收费开放场馆，中央财政给予免费低收费开放补助经费400余万元。年内，全州已建成投入使用的各级体育场馆共接待体育爱好者32万余人次，举办各类全民健身活动和体育赛事100余场次，体育场馆面向社会开放和铺面经营收入400余万元，其中，4个国家大型体育场馆举办公益性体育活动30余场，接待开展乒乓球、羽毛球、篮球、足球、游泳、健身操等运动项目的群众15万余人次。

［杨文义］

（责任编辑：李　梅）

民族

民族工作

【民族工作概况】 2014年，楚雄州民族事务委员会认真贯彻落实中央民族工作会议精神，全面正确贯彻落实党的民族政策，坚持民族区域自治制度，牢牢把握各民族共同团结奋斗、共同繁荣发展的民族工作主题，以民族团结进步示范区建设为总抓手，以推进民族事务治理体系和治理能力现代化为目标，把改革创新贯穿于民族工作的各个方面，着力抓好典型示范，全力推进示范区建设；着力抓好第一要务，加快少数民族和民族地区发展；着力抓好第一责任，维护民族团结稳定大局；着力抓好统筹协调，促进民族文化教育事业发展；着力加强调查研究，创新民族工作体制机制；巩固和发展平等团结互助和谐的社会主义民族关系，不断开创促进民族团结进步、实现共同繁荣发展的新局面。在9月国务院召开的第六次全国民族团结进步表彰大会上，中共武定县委被表彰为国务院第六次全国民族团结进步模范集体，楚雄州民族事务委员会党组书记、主任周国兴，永仁县猛虎乡党委书记张丽梅荣获国务院第六次全国民族团结进步模范个人称号。

【纪念《民族区域自治法》颁布实施30周年座谈会】 2014年10月31日，中共楚雄州委、州人大常委会召开纪念《中华人民共和国民族区域自治法》颁布实施30周年座谈会，学习贯彻党的十八大、十八届四中全会和中央民族工作会议精神，回顾总结30年来民族区域自治制度在彝州的光辉历程、显著成就和实践经验。州委书记张太原出席会议并讲话，州人大常委会主任卢显林主持会议并就楚雄州进一步贯彻实施《民族区域自治法》作要求。

【民族理论研究调研】 2014年，楚雄州民族事务委员会认真组织开展民族理论研究调研，报送了《楚雄州贯彻民族区域自治法及配套法规政策情况及对策》、《楚雄州苗族经济社会发展调查》、《禄丰县仁兴镇大箐村委会苗族经济社会发展调查》、《武定县上狮子口苗族村经济社会发展调查》等4篇调研文章；形成《楚雄州民族团结进步示范区建设情况调研报告》、《楚雄州彝族刺绣产业的现状及发展对策》、《贯彻落实中央民族工作会议精神，加快推进楚雄州经济社会发展的调研报告》、《新民腊湾民族团结日调研》4篇关于民族团结示范区建设工作的调研报告。

【民族团结信息网络建设】 2014年，楚雄州加强民族团结信息源和信息员机制建设，建立健全由州民族事务委员会、县（市）民宗局、乡（镇）、村委会（社区）等1300名人员组成的民族团结信员队伍，形成全州民族团结信息网络。12月2～4日，州民委举办首次民族理论政策暨民族团结信息员培训班，全州103个乡（镇）的民族团结信息员、重点社区信息员、民族宗教专干和各县（市）民宗局分管民族团结稳定工作的负责人及信息员以及州民委全体职工，共140人参加培训。培训班上，省民族宗教事务委员会相关人员以“加强民族团结，促进繁荣发展”、“民族信息工作及网络舆情引导”为题作专题讲授；《楚雄日报》副总编就“信息写作”作专题讲授。期间，还召开了全州民族团结稳定形势研判会议。

【民族矛盾纠纷排查化解】 2014年，楚雄州抓好形势研判，以民族关系协调任务较重地区和中心城镇为重点，加强对民族团结和社会稳定形势的分析，加大对影响民族团结矛盾纠纷隐患的调研排查和调处化解，做到一周一分析，一月一排查，一事一化解；加强信息情报工作，健全信息源和信息员网络，对苗头性、敏感性的信息及时上报；始终绷紧“反恐维稳”这根弦，密切关注重点地区团结稳定动态。坚持“团结、教育、疏导、化解”的方针，把工作做在平时，问题解决在基层，矛盾化解在萌芽状态，年内共排查调处矛盾纠纷隐患35件。全州没有发生一起因民族问题引发的重大群体性事件。

【变更公民民族成分】 2014年，楚雄州根据国家民族事务委员会、公安部《关于中国公民确定民族成分的规定》和国家民委办公厅、教育部办公厅《关于严格执行变更民族成分有关规定的通知》要求，经全州10县（市）民族宗教事务局初审同意后，报经州民族事务主管部门审核同意，办理符合变更条件的公民民族成分变更492件，转由户口所在地公安派出所受理。

[陈世聪]

民族团结进步示范区建设

【民族团结进步示范区建设概况】 2014年，楚雄州按照中共云南省委、省人民政府《关于建设民族团结进步边疆繁荣稳定示范区的意见》要求，不断加大工作力度，切实推进示范区创建工作，示范区建设取得阶段性成效。年末，全州正在推进4个民族团结进步示范县、28个示范乡（镇）建设，已建成示范村115个、示范学校134所、示范企业4个、示范社区1个。10月，楚雄州第十一届人大常委会第十七次会议听取、审议并同意了州民族事务委员会主任受州人民政府委托所作的《关于楚雄州建设全国民族团结进步示范区工作情况的报告》，并就进一步做好建设全国民族团结进步示范区工作，推进少数民族和民族聚居地区经济发展、社会和谐、民族团结稳定提出了审议意见。

【全国民族团结进步示范区工作领导小组会议】　2014年5月30日，楚雄州召开建设全国民族团结进步示范区工作领导小组会议，州委副书记、州长、州建设全国民族团结进步示范区工作领导小组组长李红民，副州长、州建设全国民族团结进步示范区工作领导小组副组长赵祖莹，州人民政府秘书长、州建设全国民族团结进步示范区工作领导小组副组长李德胜，州建设示范区工作领导小组成员单位主要负责人出席会议，州委常委、州委统战部部长、州建设全国民族团结进步示范区工作领导小组副组长杨静主持会议。李红民就示范区建设作安排部署，州民委、州建设全国民族团结进步示范区工作领导小组办公室在会上汇报了2013年示范区建设情况和2014年工作建议，州发改委、州扶贫办作交流发言。

【示范区建设专题培训班】　2014年10月28～30日，中共楚雄州委组织部、州民族事务委员会在州委党校举办了为期3天的民族团结进步示范区建设专题培训班。州人民政府副州长夭建国出席开班仪式并作动员讲话，州民委主任周国兴就贯彻落实中央民族工作会议精神作专题讲座，省民宗委办公室副主任丹业就云南民族团结进步边疆繁荣稳定示范创建情况作专题介绍，省民宗委政策法规处处长杨剑波作“促进民族团结进步、解决突出问题和特殊问题”专题讲座，省民宗委监督检查处处长李正洪作“民族团结稳定”专题讲座，楚雄市鹿城镇栗子园社区和彝人古镇社区作交流发言。全州10县（市）民宗局局长、分管民族工作的副局长、经济股长，示范乡（镇）党委书记或乡（镇）长，民族乡党委书记或乡长、民族专干，栗子园社区和彝人古镇社区党总支书记，州民委领导及科级干部共90余人参加培训。培训班学员参观了楚雄市紫溪彝村示范点建设情况。

【“十县百乡千村万户示范点创建工程”建设】　2014年，楚雄州根据云南省人民政府部署实施示范区建设“十县百乡千村万户示范点创建工程”3年行动计划，按照示范区建设的目标、内容，从实际出发，长远规划，分步实施，科学合理制定规划实施方案，组织实施了武定民族团结进步示范县、楚雄市紫溪民族团结示范乡（镇）建设，按要求州级配套示范县建设资金400万元、示范乡（镇）50万元。在全省年度考核评比中，楚雄州省级重点示范县武定、重点示范乡（镇）楚雄市紫溪镇均荣获“一等奖”。组织实施楚雄市三街镇背阴村委会背阴村、双柏县大庄镇干海资村委会波西厂村、牟定县凤屯镇飒马厂村委会大平地村、南华县沙桥镇山场村委会一碗水村、姚安县适中乡三木村委会三木村、大姚县桂花镇乌龙口村委会暑立里村、永仁县维的乡大把关村委会落水洞村、元谋县物茂乡芝麻村委会炼黄村8个民族团结进步示范村建设项目，每个示范村投入建设资金30万元，合计240万元。

［陈世聪］

民族经济

【民族机动金管理】　2014年，楚雄州州级财政依法单列民族机动金2100万元，其中，州级民族机动金1150万元，民族事务费150万元，世居少数民族传统文化抢救保护费150万元，宗教工作专项经费100万元，宗教场所修缮专项经费100万元，举办州第九届民族运动会暨组团参加省第十届民族运动会经费200万元，民族团结进步示范县、示范乡（镇）配套经费450万元。民族机动金坚持由州民族事务部门安排，向州人民代表大会报告，财政、审计部门监督，统筹兼顾、分类指导、突出效益和体现民族工作部门职能的原则。

【省级民族发展项目资金扶持】　2014年，楚雄州民族事务委员会围绕加快少数民族和民族地区发展，坚持分类指导，因地制宜，积极开展项目前期调研工作，认真组织项目资金申报，全年共争取省级民族发展项目资金3067万元。其中，民族团结进步示范县建设经费400万元，民族特色村寨建设资金1100万元，“3121工程”资金400万元，民族团结示范村建设经费640万元，民族文化精品工程打造经费120万元，民族文化抢救保护经费96万元，民族团结保障经费110万元，民族专项资金项目管理费66万元，民族工作支撑体系建设经费56万元，民族地区特殊困难项目经费50万元，电脑农业推广经费29万元。

【金融支持民贸民特企业发展】　2014年，在楚雄州人民政府金融办的协调下，人民银行楚雄州中心支行、州财政局、州民族事务委员会积极支持民族地区民族贸易企业和民族特需商品定点生产企业发展，楚雄市树苴乡农业技术综合开发公司、永仁县天彝苴却砚文化开发公司等32家民贸民品企业获得生产流动资金优惠贷款，完成贷款余额4.2亿元，获贴息资金共938.76万元。

【少数民族特色村寨建设】　2014年，楚雄州完成了楚雄市吕合镇马家庄，双柏县法脿乡李方村，牟定县安乐乡他不的村，南华县五街镇罗鲁村，姚安县朝阳村、草海村，大姚县桂花镇自必苴村，永仁县莲池乡秧渔河村，元谋县黄瓜园镇雷丁村，武定县狮山镇平头山村，禄丰县恐龙山镇阿纳大村11个民族特色村寨建设。9月，南华县咪依噜风情谷、永仁县方山诸葛营村被国家民委挂牌命名为“中国少数民族特色村寨”。

【民族聚居地区基础设施建设】　2014

年，楚雄州民族事务委员会着力帮助边远山区少数民族地区解决通水、通电、通路等困难和问题。修通村组公路43千米，硬化村间道路2.09万立方米，架设引水管道6435米，建蓄水池400立方米，修建文化室1125平方米，1.29万户5.18万名群众受益。对部分少数民族群众开展实用技术培训。举办农村实用技术培训50期5200人次，使参加培训的少数民族群众掌握1~2门实用技术。“培植一村一品”产业，解决部分群众增收难的问题。围绕特色农业，因地制宜，坚持“一村一策，一村一品，一户一条脱贫致富路子”，挖掘资源优势，培强做大能使群众增收致富的产业，在高寒冷凉地区，继续扶持种植核桃、花椒、刺头菜、魔芋等作物，在低热河谷地带扶持农户发展冬早蔬菜，加大扶持黑山羊、肉牛、壮鸡等特色养殖项目。使边远山区少数民族地区基本实现村庄道路硬化，有安全的人畜饮水、有安居房、有文化室、有稳定解决温饱的基本农田，经济社会发展基本达到当地中等水平的目标。

［陈世聪］

民族文化

【少数民族文化项目扶持】 2014年，云南省民族宗教事务委员会扶持楚雄州少数民族文化精品项目3个、资金120万元，扶持少数民族文化抢救保护项目10个、资金71万元。年末，少数民族文化精品项目“火草筒裙”、“梅葛”、“查姆”和少数民族文化抢救保护的10个项目正在实施中。全年全州共下达州级民族文化抢救保护项目资金150万元，安排民族文化抢救保护项目15个，其中州级7个、县（市）级8个。

【少数民族传统文化抢救保护】 2014年，楚雄州着力开展民族民间故事收集、民族文化传承基地建设和民族文化收集、整理、抢救、保护、传承、发展工作。编辑出版了《楚雄民族文化丛书》、《楚雄民族文化史》、《彝族文化经典读本》、《马游彝族梅葛曲集》等民族文化书籍；拍摄微电影《七棵树的变迁》，真实记录大姚县铁锁乡七棵树村变迁的历史及搬迁后的发展变化；创作彝剧《追梦》，展现楚雄紫溪彝村民族团结和谐、“美丽乡村”建设的新变化。

【《楚雄彝族自治州民族志》公开出版】 2014年，《楚雄彝族自治州民族志》历经3年编撰正式公开出版发行。全书设彝族、傈僳族、苗族、傣族、回族、白族、哈尼族、汉族及民族工作、人物10章，以及概述、大事记、附录等，共80万字。史志一体，如实反映了州内各世居民族的基本情况和在党的民族政策照耀下，楚雄州民族工作取得的成就，历史、辩证地总结了以往的经验和做法，对做好新形势下的民族工作具有重要的参考价值。

【彝语言普及】 2014年，楚雄州民族事务委员会与州广播电视局联办《彝语文跟我学》50期，采用多媒体手段，把教学用语和实物、实景结合在一起，由句子、单词、彝族宝典、学唱彝歌、州彝语标准化术语几部分组成，注重教学的思想性，并融入爱国主义和民族团结的内容。全年开办“彝语新闻”广播50期，每天播出3次。

【楚雄州傣学会成立】 2014年12月19日，楚雄州傣学会成立大会暨第一次会员代表大会在楚雄举行。傣学会是州内傣学研究工作者和傣族事务工作者自愿组织的非营利性群众民间团体，主要开展傣族经济、政治、文化、宗教、教育、医药、科学技术以及现实社会等方面的研究工作。

【楚雄州彝族作家作品入选《新时期中国少数民族文学作品选集·彝族卷》】 2014年，楚雄州8位彝族作家作品《列多的怪事》、《红妖》、《我的母族我的故乡》、《碍嘉是哀牢山的一只眼睛》、《阿姆凯尔高原》、《乌蒙山的河流》、《生命舞蹈》、《沉淀在记忆中的水》入选中国作家协会策划、编辑的《新时期中国少数民族文学作品选集·彝族卷》。

【举办彝绣女经纪人培训班】 2014年3月24~30日，楚雄州妇女联合会、州民族事务委员会在楚雄师范学院举办彝绣女经纪人培训班，来自全州10县（市）的51名彝绣女经纪人参加了培训。培训班用大量的图片、实例向参加培训的学员讲授了“刺绣产品消费者市场及购买行为分析”、“中国手绣产品产销分布及特点”、“应用农产品经纪人的基本素养”、“云南省刺绣行业流通及发展”、“民间工艺品整体营销”等知识。培训期间，学员们参加了省级初级农产品经纪人资格考试。培训结束时，参训学员上交了在培训班上自己设计制作的作品，并获得结业证书。

【云南省彝文古籍修复技术培训班在楚雄举办】 2014年，云南省彝文古籍修复技术培训班在楚雄州举办，来自省内各公共图书馆及彝文收藏单位的36名学员参加了以实践操作为主要内容的培训。这是自《中华古籍保护计划》实施以来，国内省级公共图书馆第二次举办少数民族文字古籍修复培训班。作为楚雄州创建国家公共文化服务体系示范区5个亮点之一的“中国彝族文献图书馆”，有彝族文献8000种2万余册，其中彝文古籍100余卷。

【刘尧汉教授捐书捐款仪式举行】 2014年5月21日，刘尧汉教授的妻子严汝娴及其女儿刘宇女士按照刘尧汉教授的遗愿，将其珍藏多年、弥足珍贵的2000余册个人藏书和他本人荣获的中国社会科学院荣誉学部委员证书无偿捐赠给楚雄州，并捐款20万元用于设立楚雄刘尧汉彝学研究基金会，实现了刘尧汉教授“落叶归根融入家乡泥土，将藏书捐赠楚雄州”的遗愿。

［陈世聪］

民族体育

【楚雄州第九届少数民族传统体育运动会】 2014年6月11~17日，楚雄州第九届少数民族传统体育运动会在楚雄市举行，共有来自全州10县（市）的10个代表团共615名运动员、教练员、工作人员参加。运动会设陀螺、射弩、秋千、彝族式摔跤、蹴球、磨秋套圈、高脚竞速7个大项46个小项的竞赛项目和竞技类、技巧类、综合类、民族健身操类33个表演项目。在7个大项46个小项的竞赛项目中，共决出138枚奖牌；在33个表演项目中，共产生金奖10名、银奖14名、铜奖9名；楚雄市、双柏县、禄丰县、武定县、南华县、姚安县、永仁县、牟定县8个代表团分别获得团体总分前8名；楚雄市、双柏县、元谋县、武定县、禄丰县5个代表团荣获组织奖；10个代表团全部荣获体育道德风尚奖。

【参加云南省第十届少数民族传统体育运动会】 2014年9月12～21日，楚雄州组团参加在迪庆州香格里拉县举办的云南省第十届少数民族传统体育运动会，由11个民族123人组成的楚雄州代表团参加了陀螺、秋千、摔跤、蹴鞠、射弩、高脚竞速、板鞋竞速、吹枪8个竞赛项目和“阿哥阿妹跳脚来”、“握渔”、“蒴摸杜”、“火把欢歌”、“晨乐”5个表演项目的比赛。经过10天的角逐，取得金牌8枚、银牌3枚、铜牌5枚，金牌总数在18个参赛代表团中位居第六名，其中秋千项目取得金牌5枚。楚雄州代表团获大会组委会授予的“组织奖”，陀螺等5个项目运动队、杨维超等19名运动员荣获“体育道德风尚奖”，楚雄州民委、州文体局被评为“全省民族体育先进集体”，陈雪红、鲁光福被评为“全省民族体育先进个人”。12月18日，州人民政府召开参加省第十届少数民族传统体育运动会总结表彰会议，总结参加省第十届民运会工作情况，并对州民族事务委员会等3个先进集体、杨凤江等4名先进个人、赫永斌等4名优秀教练员、杨红英等18名优秀运动员进行表彰。

［陈世聪］

民族教育

【民族教育工作概况】 2014年，楚雄州民族事务委员会参与修订《楚雄彝族自治州民族教育条例》工作，与州教育局共同下达了《中央民族大学附属中学、云南师范大学附属中学、云南省民族中学在楚雄州招收少数民族考生初选计划的通知》，按照公平、公正、择优的原则，做好3所学校少数民族考生招生工作。对全州10县（市）考取省内外大学及州内大中专学校的38名特困民族生给予1000～2000元不等的补助；为楚雄城区7所大中专学校611名特困民族生发放寒衣补助，把温暖送到每位特困民族生手中；与财政、教育部门共同下达2014年省定民族中学高中住宿学生生活费补助资金77.67万元，州民族中学、武定民族中学2589名住宿生享受每人每学年300元的寄宿生生活补助。6月27日，国家民委直属的中央民族大学、中南民族大学、西南民族大学、大连民族大学、北方民族大学、西北民族大学6所院校到楚雄州民族中学，为300余名高考考生召开招生咨询会，向考生们全面展示了各自学校的专业优势、办学特色及招生政策。年内，楚雄州从大专以上的少数民族青年中，经过报名、笔试、面试、考核体检等环节，严格筛选，公开录用国家公务员50名，补充到县（市）、乡（镇）机关工作。

【《云南省楚雄彝族自治州民族教育条例（修订）》公布施行】 2014年，经楚雄彝族自治州十一届人大四次会议通过，并报经云南省十二届人大八次会议批准，《云南省楚雄彝族自治州民族教育条例（修订）》正式公布，并于5月1日起施行。1993年颁布施行的《云南省楚雄彝族自治州民族教育条例》是全国民族自治地方中第一个颁布实施的教育类单行条例。新修订的《民族教育条例》共31条，以促进民族教育均衡发展为目的，界定了民族教育的适用范围和调整对象，确定了发展民族教育的基本原则，明确了民族教育的管理体制和各级政府及相关部门在发展民族教育中的管理职责，规范了办学形式和教育教学管理制度，强化了教师队伍建设、教师待遇、教育投入保障等政策措施，为解决民族教育发展中的诸多现实问题提供了法律依据。

【省补民族高中学校寄宿生生活费】 2014年6月，为贯彻落实《中共云南省委、云南省人民政府关于进一步加强民族工作促进民族团结，加快少数民族和民族地区科学发展的决定》精神，进一步加快少数民族人才培养步伐，云南省财政按每生每年300元的标准，划拨经费77.67万元，专项用于补助楚雄州民族中学、武定县民族中学寄宿学生生活费，并要求将补助资金纳入特设专户管理，加大资金使用情况的监督检查，确保专款专用。补助惠及楚雄州普通高中寄宿生2589人。

【楚雄民族中等专业学校建设项目通过省级验收】 2014年8月25～26日，国家示范校建设项目省级验收专家组一行，对楚雄民族中等专业学校国家示范校建设项目进行验收评审。楚雄民族中等专业学校于2011年10月被国家三部委立项为第二批国家中等职业教育改革发展示范校建设单位。2012年6月，学校“项目建设任务书”和“建设方案”正式批复，项目建设全面展开。两年来，楚雄州成立了以州人民政府分管领导为组长的项目建设领导小组，全力保障经费投入，统筹推进项目建设。经过两年工作，学校整体办学实力显著提升，办学特色凸显，民族文化氛围浓厚，校企合作不断深化，专业建设有明显突破，人才培养质量快速提升，在全州范围内开始发挥示范和引领作用。通过听取汇报、查阅资料、观看项目建设成果录像、实地察看重点建设专业和特色项目成果、审核项目资料和资金使用情况等，专家组同意学校“国家中等职业教育改革发展示范学校建设项目”通过省级验收。

【少数民族优秀特困新生补助】 2014年，楚雄州民族事务委员会设立特困少数民族优秀学生考入高校专项补助资金，用于因家庭经济特别困难、考入二本及以上大学的农村少数民族特困学生。经过贫困学生本人申请，村委会、乡（镇）人民政府、毕业学校严格审核推荐，县（市）民族部门确定符合条件的初选受助学生上报审批，州民委研究审定后，给予受助学生省外每人2000元和省内每人1000元的一次性补助资金。年内，补助品学兼优的少数民族大学新生38人，补助金额6万元。

［陈世聪］

民族节庆

【中国·楚雄2014彝族火把节】 中国·楚雄2014彝族火把节由中共楚雄州委、州人民政府主办，州委宣传部、楚雄市委、市人民政府承办。着力搭建火文化及“非遗”展示、群众狂欢、商品交易、招商引资4个平台。策划组织开展祭火仪式、万人左脚舞、火把狂欢、“非物质文化遗产”展演，指尖上的记忆“非物质文化遗产”彝族刺绣动态展、特色美食、名特优产品展销、民间工艺品展销等活动。举办为期5天的2014“七彩云南”全民健身科技体育健身展示活动暨“摩尔农庄杯”云南省青少年海陆空科技模型竞赛，竞赛设航空模型竞时、电动遥控直升机、电动遥控线操作飞机、航海模型自航、航海模型遥控、电子模拟遥控飞行等7个大项16个小项，来自昆明、曲靖、红河、玉溪、楚雄和西双版纳6个州市14所中小学的280余名科技体育模型爱好者报名参加。首次承办国家级体育赛事。举办2014中国（CBO）大学生女子篮球锦标赛，共有来自青海大学、云南师范大学等的12支代表队参加比赛，观众近3万人次。祭火大典、万人左脚舞狂欢活动参与群众及游客15万人次。组织开展彝族传统体育“磨担秋”、“打陀螺”比赛，彝族原生态祭“塞扭”、祭“彝族六祖”、祭“毕摩祖师”、“祭火神、撒火把”活动及羊皮鼓舞、彝族大三弦舞、彝族葫芦笙舞、“阿苏嗻”歌舞、大号传承展示活动，开展磨担秋、“斗鸡”、双拐、扭扁担等民族体育类比赛活动，举办指尖上的记忆“非物质文化遗产”彝族刺绣动态展等活动，充分彰显深厚的彝族文化底蕴和富含创新精神的彝族文化魅力。

火把节期间，共有中央电视台、中央人民广播电台、新华社、《光明日报》、《云南日报》、云南电视台、云南人民广播电台、云南网等40余家中央、省、州市各级各类媒体的150余名记者直接参与了宣传报道工作。中央电视台国际频道首次现场直播了楚雄火把节活动，中央人民广播电台、新华社（新华网）、《光明日报》、《人民网》、《云南日报》、云南广播电视台、云南网等媒体刊播了火把节活动的新闻。各级网络媒体楚雄火把节点击量48.7万次。共接待游客47.2万人，比上年增长3.5%；实现旅游业总收入1.06亿元，增长8%。紫溪彝村开办彝族特色美食45家，实现营业收入289.3万元。

［周永琼］

彝绣　（王　明/摄影）

【紫溪彝村彝族年】 2014年12月20日，楚雄市紫溪彝村旅游专业合作社主办了一年一度的彝族年，活动以“最美彝村吉祥彝族年”为主题，弘扬民族文化，促进民族团结。各地的彝族群众和游客欢聚在紫溪彝村火把广场，共度彝族年。彝族毕摩为彝族群众和各地游客献上了诚挚的祝福，祈福彝家山寨来年风调雨顺，五谷丰登，幸福吉祥，彝族同胞的日子越来越红火。当日，举行了彝族“非遗”文化展示，彝族原生态歌舞、彝族时装表演等活动。

【新民腊湾民族团结日】 2014年3月15日（农历二月十五日），楚雄州姚安新民牟定腊湾第二十三届“民族团结日联谊大会”在新民民族广场举行，楚雄州民族事务委员会的领导及姚安、牟定两县的相关领导莅临节日联谊大会并作指导讲话。两县县、乡（镇）、村委会的相关人员作交流发言。大家表示，要牢固树立“汉族离不开少数民族，少数民族离不开汉族，各少数民族之间也相互离不开”的思想，不断巩固和发展平等团结互助和谐的社会主义民族关系。在全面深化改革的新形势下，牢牢把握各民族“共同团结奋斗，共同繁荣发展”的主题，深入开展民族团结宣传教育，使各民族同呼吸、共命运、心连心的光荣传统代代相传。姚安县非遗中心为参加节日活动的各族干部群众献上了《十八大畅想》、《回报》、《青菜心白菜心》、《阿哥阿妹情谊深》等歌舞、花灯小戏表演节目。

【中国直苴彝族赛装节】 2014年2月14日，“中国直苴彝族赛装节”在永仁县中和镇直苴村举行，来自周边邻村彝族群众及昆明、四川攀枝花市等外地游客近6000人参加活动。活动分别开展了老年、中年、青少年男女彝族赛装展演、民俗文艺活动，充分展示直苴彝族本土的原生态的民风民俗文化和古老的彝族赛装文化。期间还举办了物资交流活动。

［陈世聪］

（责任编辑：安孟勤）

人民生活

【城镇常住居民人均可支配收入】　2014年，根据城乡住户一体化新口径调查结果，楚雄州城镇常住居民人均可支配收入为24531元，比上年新口径测算基数22362元增加2169元，增长9.7%。收入构成的4大项均有所上升，工资性收入14854元，增长3.8%，占可支配收入比重60.6%；经营净收入1801元，增长2.5%，占可支配收入比重7.3%；转移净收入4247元，增长1.9%，占可支配收入比重17.3%；财产净收入3629元，增长70.7%，占可支配收入比重14.8%。全年全州城镇常住居民人均可支配收入增长9.7%，比全国增长6.8%高2.9个百分点，比全省增长8.2%高1.5个百分点；城镇常住居民人均可支配收入绝对数低于全国而略高于全省，比全省24299元高232元，比全国28844元低4313元。城镇居民收入增长的主要因素一方面是工资收入增长。2014年是楚雄州津补贴改革三步走的最后一年，在岗职工工资上涨；年内乡（镇）工作人员每人增加乡（镇）津贴500元；在个体、私营企业打工的人员工资上涨幅度较大；离退休人员基本养老金上调10%左右。另一方面，国家进一步加强对低收入人群的扶持力度，千方百计增加困难群体的收入，特别是年内通过开展群众路线教育实践活动，低保、社会养老金等一系列惠民政策的进一步贯彻落实到位，群众真正得到了实惠，使得人均转移性收入有所增长；城乡低保人均水平继续提高15%，城市低保提高36~42元左右；政府贴息创业贷款的力度加大，“创业热”使居民从经营中得到的收入快速增长；房地产控价政策对中小城市的影响较弱，房价仍然偏高，加之大量农村务工人员的涌入，撑高了房屋出租价格。

【城镇居民消费支出】　2014年，楚雄州城镇常住居民人均家庭总支出20198元，比上年增长2.7%，其中人均消费支出15238元，增长15.6%，八大类消费“六升二降”。“六升”表现在，人均食品类消费支出4824元，比上年增长12.6%，占消费性支出的31.7%；人均衣着类消费支出977元，比上年增长3.3%；人均居住类消费支出3492元，比上年增长60%，占消费性支出的22.9%。居住类消费支出大幅增长的主要原因是调查制度体系的变化，新口径调查中加入了自有住房虚拟租金折算为消费支出，此外受改善居住条件及房租价格上涨等因素影响，居民相关消费支出也增长较快。人均生活服务及服务类消费支出1070元，比上年增长16.3%；人均教育文化娱乐类消费支出1693元，比上年增长10.9%，增长原因是九年义务教育前儿童和九年义务教育后成人的教育培训成本增加带动了消费支出。人均医疗保健类消费支出1040元，比上年增长10.2%。“二降”分别是城镇常住居民交通通信类消费支出和其他服务用品和服务类消费支出，分别为1956元和185.4元，比上年下降6%和38.3%。

【农村常住居民收入持续增长】　2014年，楚雄州农村常住居民人均可支配收入7570元，比上年新口径测算基数6687元增加883元，增长13.2%，其中，工资性收入2045元，比上年增长19.2%，占可支配收入的27%；家庭经营净收入4771元，增长11.3%，占可支配收入的63%；财产净收入56元，下降12.5%，占可支配收入的0.7%；转移净收入698元，增长12.5%，占可支配收入的9.2%。在农村常住居民人均可支配收入构成中，家庭经营净收入贡献率最大（占63%）。全年全州农村常住居民人均可支配收入增长13.2%，比全国增长9.2%高4个百分点，比全省增长11%高2.2个百分点；农村常住居民人均可支配收入绝对数低于全国而略高于全省，比全省7456元高出114元，比全国10489元低2919元。

【农村居民消费稳中有增】　2014年，楚雄州农村居民消费支出稳步增长。农村常住居民人均消费支出达5489元，增长9.5%。从各项消费支出的增速来看，农村常住居民人均衣着类消费、家庭生活用品及服务类消费支出和医疗保健类消费支出增长较快，分别为31.8%、30.9%和30.5%；从消费支出所占比重来看，食品类、居住类、交通和通讯类消费支出比重最大，分别占到40.9%、19%和11.6%。在消费支出中，人均食品类消费支出2245元，比上年增长4.9%；人均衣着类消费支出236元，增长31.8%；人均居住类消费支出1046元，增长7.4%；人均家庭生活及服务类消费支出369元，增长30.9%；人均交通和通讯类消费支出635元，增长15%；人均医疗保健类消费支出462元，增长30.5%。在消费8大项中，比上年下降的2项分别是人均教育文化娱乐类消费支出453元，下降6.6%，其他商品和服务类消费支出43元，下降6.5%。农村居民收入增长的主要因素有外出务工人员数量与工资标准均有较大提高。

最低工资标准从上年每日70元左右提高至80～120元，农村居民从事的大多是技术含量低，重体力的低收入行业，因此最低工资标准的提高，对其工资增长有显著促进作用。国家、省、州有关粮食直补、良种补贴、农资综合补贴、农机具购置补贴、种植业保险、退耕还林补贴、重大农业技术推广补贴等各项支农惠农政策，兑付落实各项补贴资金，不但有效地缓解了农民抗大旱保春耕生产投入的资金压力，还激发和调动了农民生产积极性。由于外出打工人员增加，转让土地承包经营权的户数也相对增加，土地流转、大户种植提高了承包者的收益，也增加了当地村民就近务工的机会，当地务工人员工资标准提高。全州高原特色农业发展较好，核桃、野生食用菌、花椒、魔芋、金丝小枣、葡萄以及冬早蔬菜种植和引进相对应农业特色龙头企业数量都比往年有所增长，成为新的增收亮点。

【城乡居民人均住房面积增加】 2014年，根据楚雄州城乡住户抽样调查资料显示，全州城镇常住居民人均住房面积为50.6平方米，比上年增加13.9平方米，增长37.9%；全州农村常住居民人均住房面积为34.3平方米，比上年增加1.3平方米，增长3.9%。城乡居民居住条件得到改善皆因国家房价调控政策初显成效，房价趋于稳定，加之近年来城乡居民收入稳定增长，人民对改善生活条件的需求能够实现。

［李德波］

人口和计划生育

【人口和计划生育工作概况】 2014年，楚雄州人口计生系统紧紧围绕“毫不动摇地稳定低生育水平、积极稳妥地推进人口计生改革、扎实有效地提升服务群众能力、坚持不懈地夯实基层基础工作、不折不扣地落实各项保障措施”的总体工作思路，振奋精神、开拓创新、真抓实干，各项工作任务稳步推进，全州人口计生工作保持了健康发展的良好势头。全年全州总人口267.82万人（户籍人口），出生人口2.53万人，人口出生率9.48‰，人口自然增长率3.14‰。在出生人口中，符合政策出生2.37万人，计划生育率93.51%。全州已婚育龄妇女人数53.68万人，已落实节育措施45.49万人，综合节育率84.74%。全州累计有12.15万人领取了“独生子女父母光荣证”，累计领证率22.64%。

【统筹解决人口问题】 2014年，楚雄州严格执行人口计生目标管理责任制，继续实行“三线”考核制度。人口计生经费投入有所增长。年内，州级财政预算安排人口计生事业费1230.31万元，各县（市）人口计生事业费在上年基础上分别增长10%以上。村级计划生育宣传员报酬有所增加。州级财政宣传员生活补助标准从上年的每人每月60元提高到120元。人口宏观管理决策系统建设进展顺利。全州共有70.48万户263.93万人的基本信息录入云南省育龄妇女及家庭成员信息系统，基本实现人口信息在线查询和变更。完成坚持计划生育基本国策促进人口长期均衡发展课题研究。人口信息统筹机制初步建立。州人口计生委、州公安局联合下发了《关于进一步规范人口信息互通制度的通知》，构建定期协商、信息交换等工作机制。

【实施“单独两孩”政策】 2014年，楚雄州与全省同步实施“单独两孩”政策。全州人口计生部门充分运用网络、媒体，公开“单独两孩”政策办事指南、问题解答，规范审批程序，依法快捷审批，及时受理“单独”夫妻《生育服务证》申请。年内，全州共有147对“单独”夫妻办理了二孩“生育服务证”，办证后出生婴儿27人。

【人口计生宣传教育】 2014年，楚雄州人口和计划生育委员会积极与州级主流媒体联合开展宣传教育。继续与楚雄日报社、州广播电台联合开办人口宣传专栏。州电视台、广播电台分别两次就实施“单独两孩”政策、关爱“失独家庭”等对州人口计生委进行了专访。加强阵地建设。继续实施“15311”宣传教育工程，积极发挥11个人口理论教育基地、26个人口文化大院的作用，切实加强人口理论教育培训。深入开展集中性宣传教育活动。全年共开展宣传活动2744场次，发放宣传品90余万份，受教育群众达125.62万人。建立规范新闻发布制度。印发了《楚雄州人口计生新闻发布工作制度》，建立了人口计生新闻发布、新闻宣传联席会议、接受新闻媒体采访和新闻宣传答问口径制作等制度。

【人口计生依法行政】 2014年，楚雄州人口和计划生育委员会积极探索计生证件全程代办制度，制定下发了《楚雄州人口计生系统全程代办服务实施方案（试行）》。严肃查处违法行为。全年共查处计划生育违法案件3297件，规范了社会抚养费征收和罚没收入管理，依法维护了国家法律法规和规章的严肃性。深入开展集中整治“两非”专项行动。年内全州出生人口性别比为106（以女性为100计算），保持在正常值范围。投入150万元启动实施了计划生育行政审批规范化建设项目。

【人口计生优质服务】 2014年，楚雄州全面推进国家免费孕前优生健康检查项目，共开展孕前检查3.29万人。农村妇女增补叶酸预防神经管缺陷项目进展顺利，新增叶酸服用人数2.29万人。计划生育优质服务先进单位创建活动稳步推进，对7个国家级计划生育优质服务先进单位牟定县、元谋县、大姚县、禄丰县、楚雄市、双柏县、姚安县和3个省级计划生育优质服务先进单位南华县、永仁县、武定县实行动态管理。在全州计划生育技术服务机构开展计划生育技术服务预约诊疗服务工作。开展计划生育科技大练兵活动和全州妇幼健康计划生育技能竞赛活动，对获得州级竞赛活动前10名的参赛选手进行了表彰奖励，并从中遴选出1人参加省级决赛，楚雄州荣获团体二等奖和个人第二名。

【人口计生奖励优惠】 2014年，楚雄州认真落实国家农村部分计划生育家庭奖励扶助制度和特别扶助制度。共兑现计划生育奖励扶助金8632人880.44万元，兑现计划生育特别扶助金2109人689.02万元。农业人口独生子女“奖优免补”政策稳步推进。全年发放一次性奖励金1178人111.85万元，兑现教育奖学金1.90万人646.76万元，免除计划生育群众新型农村合作医疗参合费23.18万人2086.24万元。积极稳妥做好失独家庭发放一次性抚慰金工作，全州共发放失独家庭一次性抚慰金65人29万元。认真落实计划生育免费技术服务相关规定，严格执行独生子女父母退休加发5%计划生育奖励金政策，足额兑现独生子女保健费。

社会保险全民参保登记试点工作启动　（向陶云/摄影）

【流动人口计划生育管理】　2014年，楚雄州流动人口计划生育基本公共服务均等化试点工作进展顺利。全州共建立均等化试点12个，以点带面推进流动人口计划生育基本公共服务均等化。继续开展全员流动人口统计工作，完成了流动人口计划生育动态监测任务，年末全州有流动人口24.25万人，其中流出人口16.06万人，流入人口8.18万人，“流动人口婚育证明”发证率和验证率显著提高。修订完善《楚雄彝族自治州流动人口计划生育服务管理规定》，简化流动人口办事、办证程序，现居住地为流动人口办理“一孩生育服务登记”工作稳步推进。

【人口计生药具管理】　2014年，楚雄州人口和计划生育委员会高度重视避孕药具管理，扎实做好国家免费计划生育药具的计划编制和调供工作。推进免费药具发放网点建设，年末全州共有药具发放网点1342个，其中主渠道发放网点1218个，社会发放网点124个，自助发放机9台。认真开展计划生育药具服务基层系列活动，药具自助发放机、药具监测哨点项目、药具服务管理网络建设等工作稳步推进。加强药具市场专项督查，会同公安、卫生、工商、质监、药监等部门联合开展计划生育药械市场专项督查，计划生育药械市场秩序进一步规范。

【计划生育协会工作】　2014年，楚雄州基层计生协会组织建设得到加强。全州有计生协会组织1263个、会员小组1.43万个、会员38.30万人；有宣传服务阵地1234个，会员联系户16.62万户。继续实施生育关怀行动，年内组织开展妇科病普查服务活动15场次，开展生殖健康讲座19期，组织开展“生育关怀、不孕不育”公益项目活动1场次。扎实推进计划生育“三结合”工作，对第三期53万元计划生育“三结合”资金管理使用情况进行了全面清理和项目效益跟踪，在楚雄、牟定、双柏、大姚、永仁、禄丰6县（市）开展了第四期计划生育“三结合”项目帮扶活动。继续开展计划生育家庭系列保险工作，全年共完成计划生育系列保险287.74万元。同时，继续编辑出版《人口和计划生育专题文艺节目》（第十二辑）。

［胡志华］

人力资源和社会保障

【人力资源和社会保障工作概况】2014年，楚雄州人力资源和社会保障工作围绕州委、州人民政府的决策部署，落实全省人力资源社会保障工作会议要求，以“民生为本、人才优先”为工作主线，坚持稳中求进、改革统揽，深入实施积极的就业政策，深化社会保障制度改革，加强人才队伍建设，构建和谐劳动关系，各项工作取得实效。

【社会保障】　2014年，楚雄州人力资源和社会保障系统按照国家和省、州有关要求，整合城乡居民养老保险制度，认真落实城镇居民参加大病保险个人不缴费政策，调整城镇职工基本医疗保险相关政策，健全完善社会保险制度体系，不断提高社会保障待遇水平，各项社会保险待遇按时足额支付。开展社保基金安全评估试点工作，启动全民参保登记计划试点，社会保障“一卡通”建设逐步推进。

企业职工养老保险。全州城镇企业职工基本养老保险参保13.85万人，完成目标任务的101.2%，其中，在职职工参保9.16万人，完成目标任务的100.8%；实际缴费8.53万人，完成目标任务的103.1%。

医疗保险。2013年，全州医疗保险参保42.28万人，完成目标任务的100.7%，其中，职工医疗保险参保22.2万人，居民医疗保险参保20.08万人。

企业职工生育保险。全州企业职工生育保险参保7.06万人，完成目标任务的101%。全年共为1986名职工支付生育保险待遇2253万元。

工伤保险。全州工伤保险参保

17.46 万人，完成目标任务的 100.1%。全年共为享受工伤保险待遇的 2035 人，审核支付各项待遇 4800 万元。

失业保险。全州失业保险参保 11.17 万人，完成目标任务的 100%。全州失业保险基金收入 11434.95 万元，其中，失业保险费收入 11018.87 万元；利息收入 416.08 万元。失业保险基金支出 4801.93 万元，失业保险基金滚存结余 27604.37 万元。全年共发放失业保险金 8393 人 2831.76 万元；发放社会保险补贴 6875 人 2434.32 万元。

城乡居民养老保险制度整合。按照国家、省关于城乡居民基本养老保险制度整合的部署要求，《楚雄州城乡居民基本养老保险实施细则》正式下发执行，举办了全州两项制度合并实施工作及相关业务培训会议，完成了信息系统升级并进入试运行阶段，标志着全州城乡居民基本养老保险制度顺利实施。

社会保险全民参保登记试点。楚雄州被国家人社部确定为全民参保登记计划首批试点地区之一，结合全州实际情况，采取“先比对、后入户调查”的方式，首先以目前覆盖人数最多的基本养老保险、基本医疗保险为基础，整合城乡各项社会保险参保信息，进行筛查比对；其次对信息缺失、错误的单位和人员，以基层社保经办机构和街道、乡(镇)、社区劳动就业社保平台为主，通过排查、入户调查等方式，进行信息采集和补录，完成后确认登记，对是否参保人员进行标注；最后建立参保人唯一的参保标识和全面覆盖的社会保险基础数据库。社会保险全民参保登记试点工作在全州有序推进。

加载金融功能社会保障卡发行。全州开展对 63 万名城乡居民养老保险参保人进行金融社会保障卡个人信息的确认工作，逐步实现覆盖城乡，人人享有社会保障、人人持有金融社保卡，逐步实现一卡多用、一卡通用的目标任务。

基层社会保障平台建设。以武定县插甸镇为试点，依托省委组织部“云岭先锋”网站服务型党组织综合平台，通过链接的形式，开通州人社局“网上便民服务办事大厅”，率先在全省实现农村居民办理人社业务“五个不出村”，即“不出村就能咨询政策和查询个人信息、不出村就能找到工作、不出村就能办理社保、不出村就能维护劳动者权益、不出村就能享受金融服务”。

社保基金抗风险能力。针对楚雄州医保基金连年赤字的情况，及时对相关政策进行调整，把单位缴费费率从 8% 提高到 9%，加强对县市医保基金收支计划的考核约束，规范特殊慢性病的审批管理，实现了增收节支。

被征地农民养老保障。出具被征地农民社会保障审查意见 36 件，涉及征地 13238.67 亩（含国有土地），涉及被征地农民 3.96 万人，其中 60 周岁以上 6547 人，收取被征地农民基本养老保障金 2.38 亿元，累计收取被征地农民基本养老保障金 8.5 亿元，累计涉及需纳入养老保障被征地农民 9.29 万人。全州有 5 个县开展被征地农民基本养老保障工作，累计参加被征地农民基本养老保障 4811 人，领取养老待遇 3422 人。

社会保险费征缴和清欠。全州养老保险实际征缴 8.15 亿元，收入比上年增加 8270 万元，增长 11.4%，历年欠费回收 904 万元；工伤保险实际征缴 5589 万元，收入比上年增加 479 万元，增长 9.4%；收回历年欠费 65 万元；生育保险实际征缴 2426 万元，收入比上年增加 319 万元，增长 15.1%；收回历年欠费 22 万元，三项保险征缴率均在 95% 以上。

医疗保险政策。2014 年，出台《关于进一步完善城镇职工基本医疗保险门诊特殊疾病慢性病管理工作的通知》，完善城镇职工基本医疗保险门诊特殊疾病慢性病政策；出台《关于调整城镇职工基本医疗保险单位缴费费率的通知》，从 2014 年起启动城镇职工浮动费率机制；出台《关于做好 2014 年城镇居民大病保险工作的通知》，规定从 2014 年起，参保的城镇居民个人不再缴纳大病保险费，所需资金从城镇居民基本医疗保险基金结余中按人均 30 元划入，参保的城镇居民大病保险待遇按原政策规定执行；城镇居民基本医疗保险个人缴费标准提高到 110 元。

医保基金。全州城镇职工基本医疗保险基金收入 6.92 亿元，比上年增加 13203 万元，增长 24%；城镇职工基本医疗保险统筹基金当期结余负 2463 万元，历年累计结余 11020 万元。全州城镇居民基本医疗保险基金收入 9272 万元，支出 8999 万元，其中医疗待遇支出 8413 万元，增加 732 万元，增长 9.53%。基金当期结余 273 万元，历年累计结余 2515 万元。全州享受公务员医疗补助 96892 人，公务员医疗补助金收入 16128 万元、支出 9058 万元，当期结余 7070 万元，累计结余 4.1 亿元。全州共计收缴离休干部医疗统筹金 2342 万元，审核支付医疗费 1889 万元，未出现拖欠离休干部医疗费用的情况。

医疗保险省内异地就医联网结算。全州有 69 个定点医疗机构和 146 个定点零售药店实现了全省异地就医购药联网结算，占两定机构总数的 40%。有 245 个定点医疗机构、385 个定点零售药店实现了州内同城无异地就医、购药联网结算。全州城镇职工共计发生省内州外异地住院联网结算 6019 人次，结算医疗费用 10272 万元；发生省内州外异地持卡门诊、购药联网结算 13.53 万人次，结算费用 1760 万元。

特慢病门诊管理。加强和规范特、慢病门诊待遇资格的审批工作及程序，加大对定点医疗机构特、慢病门诊费用和管理服务的监督检查力度。年内，全州审批享受特慢病门诊待遇 32149 人，特慢病门诊统筹支出 6283 万元，比上年同期增长 247 万元，增长 4%。

社会保险基金监管。对全州 100 家医保定点医疗机构、208 家定点零售药店进行了检查，对 9 家违反政策规定、服务协议执行不到位的定点医疗机构和定点零售药店按照规定进行了处理。全州按违规费用放大 2～5 倍扣减应付定点医疗机构医疗费用 100806 元，拒付违规费用 14082.18 元；按违规费用放大 2～5 倍扣减应付定点零售药店费用 200579 元，暂停 7 家定点药店医保系统，勒令其进行 1～3 个月的整改。年内，全州社会保险书面稽核 4558 户 196957 人；实地稽核 338 户 39029 人，查出五项社会保险应保未保人员2390人，已整改参保217人，查出少报缴费基数3262万元，五项社会保险应补缴625万元，已补缴491万元。五项社会保险全面完成了省下达的社会保险稽核任务，社会保险基金安全完整、有效运行。

【社会化管理服务】　2014年，楚雄州人力资源和社会保障系统加大社会化管理服务工作。

企业退休人员管理服务。全年全州累计接收491户企业的3.13万人进入各级退管中心（工作站）管理，其中，退休人员2.98万人，退养人员132人，落实政策及遗属供养人员1392人。企业退休人员社会化管理率100%，社区（乡镇）社会化管理率99.9%。共组织召开座谈会90场次，安排3814名退休人员代表参加。春节走访慰问企业退休人员4762人，发放慰问金96.74万元，其中州退管中心走访慰问困难企业退休人员1050名，发放慰问金33.46万元。

社会化管理资金。全年全州累计缴入社会化专项资金3.96亿元（州本级累计缴入12792.70万元），当期缴入社会化专项资金911.74万元；累计支出2.09亿元（州本级累计支出8697.26万元），累计结余社会化专项资金1.87亿元（州本级累计结余4095.44万元）。当期支出1071.47万元，其中，缴纳各种社会保险费446.62万元，发放退养人员生活费199.50万元，支付遗属生活补助费197.94万元，其他支出227.41万元。

社会化管理服务。全州各级退管机构为201人次办理报销异地住院医疗费用98万元；为3259人次办理报销职工互助医疗费用168.59万元，为12401人申报参加第十期职工医疗互助，收取互助金102.06万元；为750人申报办理了享受特慢性病资格手续；为75名符合享受遗属生活补助人员办理了相关手续并发放生活补助费；为329名符合条件的人员申报领取丧抚金787.5万元；按时完成了管理服务对象养老金调待工作。

机关事业单位退休金社会化发放。全州共有机关事业单位离退休人员22364人，纳入社保机构统一发放退休金的退休人员有15609人，占全州机关事业单位退休人员总人数的70%。全年发放退休金53154.28万元，积累机关事业单位养老保险基金2998.39万元。州本级共为143家单位2806人发放退休金9777.24万元。为143家单位2581人次增发退休金、调整艰苦地区津贴及补发各项补贴，涉及金额32.56万元，为74家单位3065人次代扣缴水、电等合理费用31万元，为624人次异地居住退休人员异地发放退休金67.18万元，为48名在楚居住退休人员异地领取退休金资格进行认证，为新增的312名退休人员发放了退休金明白卡并建立了退休金资料档案，为143家单位提供了退休金查询等服务。

【工资收入管理】　2014年，楚雄州人力资源和社会保障系统加强工资收入分配工作的管理。

提高机关事业单位工作人员津贴补贴。从2014年1月起，全州机关事业单位工作人员津贴补贴人均增加170元，通过3年调整，月人均津贴补贴提高了770元，比2013年增长了8%，同其他10个州（市）实现了统一。

提高州级机关事业单位聘用制工人待遇。从2014年1月起，全州全额预算单位聘用制技术工人待遇由每人每年2万元提高到3.1万元，普通工人待遇由每人每年1.7万元提高到2.7万元，分别比2013年提高55%和59%。同时取得职业资格证书的初级工、中级工、高级工、技师每月分别增加100元、200元、300元、400元。

提高公益性岗位补贴标准。从2014年5月1日起，全州公益性岗位人员的岗位补贴划分三个档次，岗位工资按不低于现行最低工资标准计发，即楚雄市辖区1270元/月，其他9县1050元/月。

提高失业人员失业保险金待遇。在全省率先完成了全州失业保险金发放标准调整工作，从2014年1月1日起，失业保险金水平月人均达到748元，月人均增加98元，比2013年提高了11%。

提高企业退休人员基本养老金。从2014年1月1日起，对2013年12月31日前办理退休手续的45483名企业退休人员提高基本养老金。增加后企业退休人员月人均基本养老金达到1747元，比2013年提高11%。

提高乡（镇）工作人员岗位补贴。从2014年1月1日起，全州乡（镇）机关事业单位在编在岗工作人员每人每月增加500元的乡（镇）工作岗位补贴。

提高最低工资标准，从2014年5月1日起，楚雄市最低工资标准提高到1270元/月，增加140元，增长12%；其他9县提高到1070元/月，增加115元，增长12%。

提高灵活就业人员社会保险补贴。楚雄州灵活就业人员社会保险补贴支出费用为1250万元，比2013年增加支出140万元，人均年补贴2446元，人均年增加273元，有效地缓解了灵活就业人员缴纳社会保险费的压力。

提高城镇基本医疗保险待遇。从2014年起，城镇居民个人不再缴纳大病保险费，从统筹基金统一划拨。同时，城镇居民基本医保财政补助标准将提高到人均320元，比2013年增加40元，增长14.2%。对慢性病病种范围、病种准入标准、用药报销范围及医疗待遇、就医管理等方面作了相应调整，病种范围扩大，由22个病种调整为26个病种，待遇水平略高于全省水平，报销比例在职职工为90%，退休人员为95%。

农民工工资支付保障。2014年，组织开展农民工工资支付情况、清理整顿人力资源市场秩序等专项检查行动6次。至年末，全州共交存农民工工资保证金2.69亿元（已动用2393万元）、预存农民工工资准备金2589.5万元、建立政府应急周转金200万元；接受农民工案件513件，结案509件，查出拖欠农民工工资5021.18万元，追回5021.18万元、涉及农民工1.68万人，清欠率100%；妥善处置因拖欠农民工工资引起的突发性事件14件833人。

【劳动关系管理】　2014年，楚雄州人力资源和社会保障系统加大劳动关系管理，促进和谐劳动关系构建。

劳动合同签订。至年末，全州办理

劳动用工登记的用人单位4295户，用工人数12.91万人，签订劳动合同12.67万人，劳动合同签订率98.14%；全州劳动用工登记企业户数为4295户，签订集体合同2815份，覆盖企业3477户，涉及人数105996人，集体合同签订率80.95%。

劳动能力鉴定。严格执行劳动能力鉴定标准，全年共组织劳动能力鉴定会4次，完成劳动能力鉴定913人，其中，鉴定企业参保人员因病劳动能力丧失程度311人；鉴定机关、事业单位人员因病劳动能力丧失程度160人；鉴定属于因工伤残等级评定442人。

工伤认定。全年共受理工伤认定1384件，其中，不予认定32件、符合条件认定1333件，视同工伤19件。在受理的工伤案件中，死亡41人，其中认定工伤11人，视同工伤19人，不予认定11人。

退休审批。楚雄州严格按国家和省有关规定为参保人员办理正常退休282人，办理超龄参保人员退休470人、特殊工种退休215人、因病完全丧失劳动能力退休214人。

劳务派遣。按照《劳务派遣行政许可实施办法》规定，规范楚雄州劳务派遣行政许可申报及审批工作，全年全州共批准经营劳务派遣企业20户，其中，开展劳务派遣业务12户，共向87个用工单位派遣劳务用工7540人，劳务派遣人员劳动合同签订率100%，人均月工资收入1698元。

劳动争议调解仲裁。全州共受理劳动争议仲裁案件271件，涉及劳动者305人。比上年增加66.3%，其中立案受理227件，占83.8%，不予受理44件，占16.2%，结案227件，所有案件均在规定时限内立案办结，案件受理的结案率达100%，为劳动者和用人单位挽回经济损失约1139.51万元。年内，州仲裁院受理人事争议案件1件，经仲裁庭主持调解，双方当事人达成调解协议，案件得以妥善处理。

劳动保障监察执法。全州劳动保障监察机构主动巡视检查用人单位2383户；接受举报投诉588件，立案568件，结案568件，查处率100%，结案率100%；责令补签劳动合同5857人；追发劳动者工资等待遇1.71万人、5047.58万元；督促241家用人单位缴纳社会保险费225.92万元，涉及劳动者2604人；督促登记社会保险416户，涉及劳动者3984人；清退童工5人，清退抵押金34人3万元；审查用人单位规章11140件，纠正176件；办理行政处罚案件97件，罚款16.955万元，责令改正568件。

劳动保障执法年审。全年完成执法年审18030户、涉及劳动者16.25万人，年审户数比上年增加15户，其中经复审合格494户；清退抵押金20人0.4万元；责令补签劳动合同2668人，追发劳动者工资等待遇207人39.2万元；督促补交社会保险费42户67.64万元，督促新增申报社会保险54户36.67万元；下达整改指令146份，处罚单位15户，罚款2万元；审查单位规章4984件、纠正119件，普法培训552人。

劳动保障监察“两网化”建设。全州划分为114个管理网格，其中一级网格1个（州级）、二级网格10个（县市级）、三级网格103个（乡镇），“两网化”管理已覆盖全州。

【信息宣传】 2014年末，楚雄州人力资源和社会保障网访问点击量达1020万人次，发布信息1309篇（条）；编发《楚雄人力资源和社会保障信息》34期，发布信息211篇（条）；出版《彝州人事与社保》4期，刊登调研文章66篇；在云南省阳光政府四项制度平台共发布重要事项公示46条，重点工作通报62条，96128网上信息查询答复67条；在《楚雄日报》、楚雄州广播电台、楚雄州电视台播发各类信息300余条。

［杨 杰］

民 政

【社会救助】 2014年，楚雄州开展国务院《社会救助暂行办法》州、县、乡三级工作人员集中培训，落实县（市）最低生活保障配套资金，成立州和10县（市）“居民家庭经济状况核对中心”，进一步规范城乡低保工作。至年末，全州有城市低保对象10.15万人，全年共发放城市低保资金3.36亿元，农村低保对象19.31万人，全年共发放农村低保资金2.88亿元；全州农村五保供养人数1.21万人，其中，农村五保集中供养4569人，年人均供养水平为2484元，五保分散供养人数7491人，年人均供养水平为1992元，全年累计支出供养资金

高校毕业生就业援助专项招聘会 （向陶云/摄影）

2513.52万元。全年累计开展城乡医疗救助32.57万人，其中资助参保参合30.23万人，支出资金4525万元（救助重特大疾病4853人，支出资金581.6万元，资助参保参合资金2207.74万元）。全州临时救助低保边缘及城乡困难群众1.52万人次，支出救助资金885.53万元；开展城乡生活无着的流浪乞讨人员救助7533人次。

【民政防灾减灾】 2014年，楚雄州低温冷冻、风雹、干旱、地震等自然灾害交替发生，共造成72.52万人受灾，因灾死亡5人、受伤8人，紧急转移安置469人；因灾死亡羊78只、伤109只，死亡大牲畜1头；民房倒塌84户301间，严重损坏190户930间。直接经济损失4.4亿元。共下达自然灾害生活救助资金3740万元，重建民房104户468间，维修民房1267户5782间，救助冬春受灾困难群众26.32万人，发放粮食3966.94吨，发放衣被3.78万件（套），现金救助1.13万人。至年末，全州民政部门救灾物资储备库共储备救灾帐篷5184顶，棉被3.81万床，衣服3.58万套，大衣1.58万件，毛毯2464床，彩条布1382件，折叠床1488张，床垫500个，雨衣500件，折叠桌凳10套，发电机18台，抽水机4台。下达10县（市）应急避难场所建设省级补助经费400万元，规划建设28个应急避难场所。昭通市鲁甸"8·03"地震发生以后，州人民政府捐款150万元，全州民政部门共接收捐款244.92万元，并于10月20日前全部汇往地震灾区；普洱市景谷县"10·07"地震发生以后，州人民政府捐款100万元，州民政局捐款10万元、捐赠棉被1000床。

【民政基础服务设施建设】 2014年末，楚雄州老年护理院建设项目一期工程完成投资4700万元，完成永仁县社会福利中心建设项目，南华县社会福利中心建设项目顺利启动。实施居家养老服务设施建设项目21个，建筑面积1.17万平方米，新增床位300张，总投资1808万元，其中中央补助180万元、省级补助720万元。争取县级社会福利中心及老年护理院项目2个，建筑面积1.05万平方米，新增床位300张，总投资1750万元，到位资金1025万元；争取敬老院建设项目7个，建筑面积1.58万平方米，新增床位640张，总投资2509万元，到位资金1273万元；争取社区服务站建设项目11个，建筑面积2200平方米，总投资320万元，到位资金280万元；争取新建避难场所建设项目10个，总投资400万元，到位资金400万元；争取殡仪馆设备购置项目2个，到位补助资金100万元；争取儿童保护福利建设项目3个，总投资240万元，到位资金240万元；争取老年活动场所建设项目5个，总投资61万元，到位资金61万元；争取烈士纪念设施维修改造建设项目1个，到位补助资金200万元。

【老龄事业】 2014年，楚雄州在春节和敬老节期间，对32名百岁老人、897名高龄贫困和五保老人、42个敬老院、20个老年协会进行了走访慰问。全面建立高龄老人津贴制度，下达41075名老年人优待资金1400万元（省级414万元、州级986万元）。老年人免费入园、入厕、乘坐公交车等各项优待政策逐步得到落实，办理老年优待证10199本，下达楚雄市城市公交车州级补助资金50万元。全州领取城乡低保金老年人46017人。组织开展了楚雄州"十大孝星"评选表彰活动，继续开展"百村"建设工作。圆满承办了滇桂黔3省（区）11州（市）130人参加的老龄工作协作区第28次会议。

【儿童福利事业】 2014年，楚雄州累计发放678名孤儿保障对象基本生活费760.7万元。对不符合发放生活费的事实无人抚养儿童、超龄儿童进行有效甄别，做到人数准、账目清、档案全。州儿童保护中心入院安置孤残儿童25名，收养弃婴1名。开展"义肢助残活动"，为111名城乡贫困家庭的肢体残疾人士免费安装假肢及矫形器具。救助尿毒症病人117例，支出资金36万元；救助重度精神病人179例，支出资金55.4万元。销售福利彩票1.8亿元，争取福彩公益金3124万元，资助项目86个；下拨州本级福彩公益金1215.8万元，资助项目51个。

【优抚工作】 2014年，楚雄州有各类重点优抚对象25808人，下达抚恤和医疗补助资金11648.19万元，其中，中央抚恤补助资金9344.65万元，省级抚恤补助资金1145.56万元，州级抚恤补助资金102.27万元，优抚对象医疗补助资金666.155万元，元旦、春节一次性生活补助资金259.56万元，优抚事业单位中央专项补助资金130万元。全州优待义务兵家属456户，发放优待金365.2万元。申报评残（调级）对象51人，接收部队评定的残疾军人落户33人。

【基层政权建设】 2014年，楚雄州着力抓好基层政权建设。组织相关部门对全州农村社区建设工作及基层民主协商开展情况进行专题调研，对村务监督委员会建设情况进行摸排调查；认真贯彻村干部待遇"倍增计划"，财政投入的村干部基础补贴不低于每人每月1300元，其中楚雄市1420元，南华县1380元；下拨原村公所（办事处）干部生活补助资金和农村原大队一级离职半脱产干部定期生活补助经费155万元；从当年起，在职社区党组织和居民委员会专职工作人员生活补贴每人每月提高300元，下拨社区党组织和居民委员会专职人员生活补贴经费325.8万元；下拨社区工作人员教育培训补助经费23.1万元。

【专项社会事务管理】 2014年，楚雄州民政部门着力加强专项社会事务管理。开展清明节宣传月暨行风建设月活动，累计发放宣传资料4000余份，积极开展好群众祭祀文明宣传、突发事件应急处置、交通疏导、安全防火等工作。全年全州共火化遗体3818具，火化率28%。审核上报省人民政府批复同意武定县插甸、白路、己衣、万德4个乡撤乡设镇，禄丰县撤县设市及永仁县莲池、猛虎、维的3个乡撤乡设镇工作正在报批当中；

完成楚玉线、楚丽线行政区域界线联检及平安边界共建；开展第二次全国地名普查的前期准备工作，制定下发楚雄州实施方案；全州34个婚姻登记点1～11月共办理国内居民婚姻登记20254对，其中结婚16420对、离婚3834对，办理涉外婚姻登记21对；1～11月全州依法办理收养登记30件，合格率100%。至11月，共培育各类民间组织1193个，其中社会团体958个、民办非企业单位233个、基金会2个，新登记社会组织132个，其中社会团体108个、民办非企业单位23个、基金会1个。

【民政资金监管】 2014年，楚雄州民政局健全完善资金财务内部管理制度，确保民政资金规范运行。严格预算管理，科学编制预算，增强预算的规范性和约束力，建立健全预算执行分析制度，继续推行和完善报账制、公示制等管理方式；不断推进基层民政资金的规范使用，支持基层民政逐步建立信息平台，完善信息对接和沟通机制；加强对民政资金事前、事中、事后全程监督检查。在加强资金内部监督管理的同时，自觉接受财政、审计等部门的监督，积极配合相关部门搞好民政资金检查、审计。全年共投入民政事业经费89378.53万元。

［朱宗林］

红十字会工作

【红十字会组织建设概况】 2014年，楚雄州红十字会系统共有专兼职工作人员99人，其中专职77人、兼职22人。全州有红十字基层组织116个，州级红十字团体会员单位14个，县级红十字团体会员单位285个，红十字成人会员7757人、青少年会员6457人。组织招募红十字志愿者2971人，其中造血干细胞捐献志愿者2840人，宣传、募捐工作志愿者131人。

【红十字会赈灾】 2014年，楚雄州红十字系统积极开展募捐工作，在昭通鲁甸“8·03”地震灾害发生后，募集捐款630.36万元，台币100元，其中州红十字会募集捐款116.25万元。对接收的捐赠物，均按专款专用及尊重捐赠者意愿的原则进行管理和使用，由州红十字会转缴到省红十字会474.21万元、台币100元，用于灾区紧急救灾救助和恢复重建；由州红十字会按照捐赠人捐赠意向转汇灾区17.86万元，用于受灾群众救助；由县（市）红十字会按照捐赠人捐赠意向转汇灾区138.29万元，用于灾区救灾。

【红十字会应急救援】 2014年，楚雄州红十字会派出救援队队员5人，参加云南省红十字会大众卫生、供水紧急救援队，奔赴昭通鲁甸“8·03”地震灾区，开展了为期20天的地震救援。年内，州红十字会承办了云南省红十字会大众卫生救援队、供水救援队的培训，楚雄州25人参加培训。

【社会救助】 2014年，楚雄州红十字会在博爱送万家活动中，发放救助物资价值78.6万元，近1.5万人受益。申报“天使阳光基金”14人，有8人收到资助“告知书”；申报“小天使基金”4人，有4人收到资助“告知书”。

【造血干细胞捐献】 2014年，楚雄州共完成造血干细胞捐献志愿者血样采集2840份，协助云南省干细胞分库完成高分辨采样4人，成功捐献2人。至年末，全州累计血样采集1.13万份，成功捐献12人。

【人体器官捐献】 2014年，楚雄州正式启动人体器官捐献工作。州红十字会严格按照《中华人民共和国红十字会法》、《人体器官移植条例》、《中国人体器官捐献试点工作方案》等相关法律法规和器官捐献管理制度，认真做好人体器官捐献的宣传动员、报名登记、捐献见证、缅怀纪念、救助等相关工作。全年全州共登记志愿捐献者17名，实现5例捐献，共捐献11个大器官、8枚眼角膜。年内，组织12人参加云南省人体器官捐献协调员、联络员培训，1人参加全国人体器官捐献协调员资格审验培训。

【应急救护培训】 2014年，楚雄州完成应急救护员培训4.71万人，其中州级完成培训1.29万人，10县（市）完成培训3.42万人。全州自2011年启动应急救护培训工作以来，共培训救护员15.82万人，其中道路运输从业人员培训1.2万人。

【红十字社区工作】 2014年，楚雄州红十字会结合实际，积极对社区居民和乡村村民开展红十字运动知识讲座、初级卫生救护培训、艾滋病防治知识宣传，看望慰问困难户、受灾群众等活动，组织州县（市）红十字会会员单位医务人员开展健康咨询和义诊。共组织开展红十字知识、初级卫生救护知识讲座5场次，免费义诊、健康咨询受益群众960余人，救助困难家庭145户，救助物资价值2.9万元。全州社区、村（居）民委员会红十字组织机构逐步得到加强。

［陈光荣］

扶贫开发

【扶贫开发工作概况】 2014年，中共楚雄州委、州人民政府切实把扶贫开发工作作为“三农”工作重中之重和最大的民生工程来抓，多次召开会议专题研究扶贫开发工作，于6月15日在大姚县召开了2014年全州扶贫开发暨整乡推进现场会；健全完善了州委、州人民政府领导联系片区县责任制；加大州级专项扶贫资金投入力度，加强扶贫开发工作考核奖惩，各级各部门重视扶贫、关心扶贫、支持扶贫的大扶贫工作格局进一步形成，“党委重视、政府主抓、上下联动、左右协调”的扶贫攻坚局面得到巩固提升。全年投入各类扶贫资金12.3亿元，完成扶贫总投资15.93亿元。争取财政专项资金1140万元，实施易地扶贫搬迁539户2174人；争取革命老区建设资金200万元，年内完成总投资571.8万元，受益农户759户3357人；争取中央财政专项扶贫资金1810万元，实施

1810户农村特困户安居工程项目，项目受益70个乡（镇）372个村委会872个村民小组7647人；争取中央财政专项扶贫资金112.5万元，继续推进大姚县"雨露计划实施方式改革"试点工作，对就读职业院校的农村贫困家庭学生给予补助，补助学生1251人；新增互助资金450万元，继续滚动推进8个县（市）41个乡（镇）58个村委会141个村民小组开展互助资金项目试点工作，成立互助社79个，入社农户3598户，互助资金规模2356.23万元。年内，全州争取资金945万元，深入推进"一三十五"特别行动计划、"央企入滇就业扶贫"，推进贫困地区农村富余劳动力转移就业工作，完成贫困地区劳动力转移3.3万人，建设劳务输出示范村56个，实现打工经济收入5.9亿元。

【贫困识别】　2014年，楚雄州根据中央和省的安排部署，按照"县为单位、规模控制、分级负责、精准识别、动态管理"的原则，全面组织开展了农村扶贫对象识别和建档立卡工作。全州共录入扶贫开发建档立卡信息管理平台的扶贫对象有贫困农户8.67万户、贫困人口318427人；贫困县7个、嵌入县1个，贫困乡（镇）25个，贫困行政村220个，贫困自然村3309个；实际识别贫困农户17.29万户、贫困人口62.11万人，贫困危房户6.39万户，易地搬迁户1.61万户6万人。

【扶贫开发整乡整村推进】　2014年，楚雄州争取补差资金3000万元，加快推进上年度双柏县大麦地镇、牟定县安乐乡、永仁县莲池乡、元谋县羊街镇4个整乡推进项目，年度完成投资5.81亿元；争取大姚县六苴镇、姚安县太平镇、武定县白路镇、楚雄市大过口乡和南华县一街乡5个整乡推进项目，计划完成总投资8.89亿元，年内完成投资8398.37万元。实施自然村整村推进360个，行政村整村推进33个，计划完成总投资4.23亿元，年内完成投资4.29亿元，共有2.98万户11.73万人受益。

双柏县大麦地镇扶贫整乡推进　　(州扶贫办提供)

【产业信贷扶贫】　2014年，楚雄州共争取财政专项扶贫资金3000万元，实施产业扶贫项目36个，规划总投资2亿元，年内完成投资1.5亿元，项目覆盖10个县（市）38个乡（镇）91个村委会436个村民小组。向上争取扶贫到户贷款5亿元，财政贴息资金2500万元，信贷奖补资金200万元，争取扶贫项目贴息贷款规模1.85亿元，财政贴息资金555万元。共扶持农户2.14万户、扶贫到户贷款产业示范村550个、养殖专业大户4000户、扶贫龙头企业（专业合作社）80家。

【社会扶贫】　2014年，楚雄州有8家中央（含6所高校）、26家省级、147家州级、847家县级共1028家机关企事业单位开展结对帮扶工作，帮扶103个乡（镇）1019个村委会，派出挂职干部971人、驻村干部1130人，深入到扶贫联系点开展工作3.99万人次，5.11万名党员干部职工与4.34万户贫困农户结成帮扶对子，争取投入各类帮扶资金1.9亿元。各帮扶单位帮助引进项目、资助、捐赠等598个，引进人才116人，引进技术154项；举办培训班1005期，受训人数7.15万人次；组织劳务输出1.99万人，资助贫困学生4572人；争取云南中烟工业有限责任公司社会帮扶项目资金2000万元；争取投入外资扶贫项目资金603.56万元。

［习小兵］

移民工作

【水库移民工作概况】　2014年，楚雄州按照省、州人代会确定的目标任务和全省移民工作会议的要求，围绕移民工作任务，强化措施，攻坚克难，真抓实干，奋力推进大中型水利水电工程移民开发工作，促进库区和移民安置区经济社会发展，实现"搬得出、稳得住、能致富"的目标，为全州经济"稳增长、强产业、促发展"作出了积极贡献。7～12月，州政协对州移民开发局进行民主监督，形成了《政协楚雄州委员会关于对州移民局民主监督的意见和建议》，对推进全州移民工作再创新业绩提出了意见、建议，州移民局根据所提的意见、建议进行了整改，整改实效得到州政协常委会的充分肯定。

【观音岩水电站移民搬迁安置】　2014年，楚雄州确保观音岩水电站按期下闸蓄水，重点推进移民工作。州、县移民部门加强组织领导，采取有力措施，选派相关人员到移民工作重点县、乡

（镇）挂职和担任新农村建设工作指导员在库区和安置区开展工作；持续开展“比进度、比质量、比安全”竞赛活动，狠抓进度、质量和安全工作，确保移民工程进度、质量和安全；组织大姚、永仁两县人民政府及移民局、项目业主、综合设代、综合监理召开现场会，细化工作重点和任务，抓好州人民政府调研督查事项，现场解决移民搬迁安置困难和问题，推进移民搬迁安置工作；建立远程视频监控系统，及时掌握移民安置点的建设和移民生产生活情况，有效管理移民工作。年内，共完成移民安置投资48883万元，搬迁安置1818户8332人，移民4月底全部迁出库区入住新居，移民搬迁安置提前5个月完成，工程蓄水阶段移民安置通过省级终验，电站按计划下闸蓄水，并于12月20日投产发电。大姚县湾碧新集镇基础设施基本完善，交通、电力和水利等专业项目改复建工程较快推进，功能基本恢复，移民生产生活得到极大改善，观音岩水电站建设征地移民实现“搬得出、稳得住、能致富”的目标，大姚县、永仁县财政增收3.5亿元。

【乌东德水电站移民安置】 2014年，楚雄州按照移民工作前期要求，由元谋、武定、永仁3县人民政府和州、县移民局配合项目业主及设计单位开展乌东德水电站建设移民安置规划大纲编制工作，并进一步修改和完善。9月，州、县人民政府出具了《移民大纲》，确认行政意见。11月6日，省人民政府审核批准《乌东德水电站移民安置规划大纲》，移民工作进入移民安置规划报告编制和审核审批阶段。同时，以座谈会、问卷调查、现场访谈的形式，编制社会稳定风险分析报告，开展社会稳定风险评估，及早预防和解决不稳定、不和谐因素，维护库区及安置区和谐稳定，为顺利推进工程建设提供保障。有序开展扩（远）迁人口实物指标及移民意愿调查，武定县、元谋县完成扩迁区移民实物指标调查工作。乌东德水电站业主上缴耕地占用税，实现财政增收1.4亿元，其中武定县0.5亿元、元谋县0.9亿元。

【青山嘴水库移民后期工作】 2014年，楚雄州移民局在充分论证的基础上，制定《青山嘴水库移民安置遗留问题解决方案》和《解决青山嘴水库移民搬迁安置遗留问题资金筹措方案》，报经州委、州人民政府同意后，3～5月，楚雄市开展了移民库周剩余资源补偿兑付工作，34个村民小组签订了库周资源补偿协议，协议率100%，兑付补偿资金2.8亿元。建立青山嘴水库移民生活补助费长效机制，移民生活费逐年提高，足额按时兑付生活补助费2626万元和后期扶持直补资金467万元。投资60余万元，开展栗子园小区移民职业技能培训，参训人数803人，移民就业创业能力进一步增强；统筹资金2128万元，推进栗子园小区农贸市场建设、高效农业和食用菌发展项目的实施，移民生活水平持续提高，确保了青山嘴水库栗子园移民安置小区和谐稳定，经济发展。年内，移民安置工程项目和移民资金通过了云南省审计厅的审计。

【重点水利水电工程移民工作】 2014年，楚雄州开展坛罐窑、红豆树、西河水库移民搬迁安置工作，元谋、大姚、禄丰3县完成移民安置投资8356万元。编制完成《仁和中型水库移民规划》和《直苴中型水库移民实物指标调查细则》，并通过省移民局批准和审查。加强协调、监督和管理，努力推进嘎洒江一级水电站移民安置工作，省移民局批准了《移民安置工作规划报告》，双柏县人民政府签订了移民搬迁安置协议书，确保工程按期开工建设。在全省率先完成了滇中引水工程输水总干渠涉及楚雄州6个县的实物指标调查工作，受到省移民局的表扬。

【移民后期扶持】 2014年，楚雄州核定新增观音岩水电站移民人口4242人，全州移民后期扶持人口达3.86万人，按时足额兑付直补到人资金2318.1万元。制定出台《楚雄州大中型水库库区基金项目管理细则》和《楚雄州大中型水库移民小额贷款贴息管理暂行办法》，加大移民项目的管理和监督，对大中型水库移民后期扶持项目和资金进行了内部审计，移民资金管理更加规范。争取后期扶持资金2.05亿元，实施项目141个，受益移民群众上万人；把扶持移民产业发展作为重点扶持方式来抓，投资605万元，实施大姚县白鹤水库移民安置区肉牛养殖基地、元谋县老城乡库南村产业发展基地和牟定县庆丰水库库区、移民安置区葛根产业开发项目，加大产业发展力度，增强移民致富能力，促进移民安置地区经济社会发展。筹资100万元，组织劳动技能培训，提供智力支持，增强就业创业能力，拓宽移民就业渠道。争取避险解困资金8500万元，实施永仁县麻栗坡水库和楚雄市九龙甸水库库区避险解困试点工程，惠及移民509户1485人。

【移民信访维稳】 2014年，楚雄州针对移民工作形势和特点，加大信访维稳工作力度。保障工作经费。向省移民局和观音岩水电站业主争取维稳经费1100万元，确保信访维稳工作有力开展。提供法律服务。制定下发《关于做好大中型水利水电工程移民法律服务工作意见》，在大中型水利水电工程库区和安置区举办法律知识培训班，对移民群众进行法律知识培训26场次，提高移民群众对学法、懂法、守法的认识，增强法律意识，化解涉法问题，促进“平安库区”创建活动。宣传移民政策。开展“秋季集中宣传行动”，宣传26场次，发放宣传册2.03万份，提供咨询1135批次2018人，拓展群众了解大中型水库移民工作的渠道，营造广大群众关心支持移民工作的良好氛围。排查化解矛盾。研判信访形势，完善工作预案，坚持移民信访“零报告”制度，并进行移民动态监测，领导干部包村包户，排查隐患，调处矛盾纠纷，处理网上信访4件，调处来信来访1095件1710人，化解率84%，及时解决移民群众反映的热点、难点问题，有效维护了大中型水库库区和移民安置区和谐稳定。

［罗荣晶］

残疾人事业

【残疾人康复】　2014年，楚雄州残疾人联合会以开展“光明工程”、“世界从此欢声笑语”——中国（云南）助听项目和实施彩票公益金助残项目为抓手，着力做实做好残疾人康复及辅助器具适配救助。免费实施复明手术1643例；为1400名听力障碍人士免费验配助听器2679台；为87名聋儿和智力残疾儿童免费实施抢救性康复项目及矫治手术；为295名精神病患者实施医疗和服药项目救助，救助资金41.55万元；为830余名残疾人免费提供轮椅、座便椅、手杖等辅助器具；为93名残疾人免费装配普及型假肢及矫形器108例。

【残疾人维权】　2014年，楚雄州残疾人联合会积极办理残疾人来信来访，处理来信12件，接访260人次，救助249人次，发放救助金3.1万元。及时做好96128网上信访办理工作，办理网上信访24件，满意率100%。积极配合司法部门做好残疾人法律援助工作，援助9名残疾人维权。开展残疾人无障碍改造项目，为80户残疾人进行了无障碍改造。认真贯彻落实云南省残疾人联合会转发中国残联办公厅《关于排查了解妥善处理残疾人机动轮椅车营运问题》的通知，妥善处理残疾人机动轮椅车营运问题，无集体上访事件。利用“助残日”、“爱耳日”等活动，宣传《中华人民共和国残疾人保障法》、《云南省残疾人保障条例》、《无障碍环境建设条例》，发出宣传资料2000余册，营造维护残疾人合法权益的氛围。

【残疾人事务管理】　2014年，楚雄州残疾人联合会组织6名干部参加“云南省残联系统领导干部能力提升高级研修班”培训，提高残联领导干部政策理论水平和业务素质。落实了全州98个社区98名残疾人专职委员和1001个村委会1001名残疾人联络员的生活补助。严格标准、规范程序，认真核发残疾人证，共核发残疾人证4286本。

【残疾人专项调查】　2014年，楚雄州按照云南省残疾人联合会的部署，召开会议，培训人员，对残疾人基本服务状况和需求开展专项调查，全面完成入户调查、数据录入、抽样复录等工作，专项调查72343名残疾人，按时、按质、按量完成了全州残疾人专项调查工作。

【残疾人体育】　2014年，楚雄州举办残疾人体育健身指导员培训班，46人通过培训考核后成为残疾人健身指导员。成功举办州第五届残疾人运动会，来自全州10县（市）的337名运动员进行了6个大项160个小项的竞赛，共决出192枚金牌、121枚银牌和125枚铜牌，10个代表团荣获体育道德风尚奖。积极组团参加在曲靖市举办的云南省第十届残疾人运动会暨第四届特殊奥林匹克运动会，楚雄州共有66名残疾人运动员参加竞赛，获得金牌32枚、银牌16枚、铜牌22枚，在全省18个代表团中，取得综合团体总分564分排名第五、金牌总数排名第八名的好成绩。

【残疾人扶贫】　2014年，楚雄州实施农村贫困残疾人危房改造500户，州级投入资金75万元，县级配套100万元，使贫困残疾人住房有所改善。开展农村残疾人（居家和机构）托养工作，投入资金152万元资助居家托养1800人，投入资金15万元机构托养100人。州级财政投入40万元，建立残疾人扶贫就业基地10个，基地培训农村残疾人600人次，辐射带动1656名残疾人脱贫。组织完成120户农村基层党组织助残扶贫工程项目任务，切实扶助农村贫困残疾人脱贫致富。组织完成楚雄州贯彻执行《农村残疾人扶贫开发纲要（2011～2020年）》自检自查和《云南省农村残疾人扶贫开发纲要（2011～2020年）》执行情况交叉互查。实施“交通银行——通向明天”助学项目，救助在校高中学生18人，发放救助金1.8万元，实施彩票公益金助学项目救助在校高中学生和大中专新生37人，发放救助金5.2万元，县（市）救助困难在校高中生和考取的大中专学生以及残疾人子女175人，发放救助金21万元。

【“全国助残日”活动】　2014年5月18日，楚雄州认真开展第二十三次“全国助残日”活动。州、县（市）残工委高度重视，围绕助残日“关心帮助残疾人，共筑美好中国梦”的活动主题，精心谋划、周密部署。州、县（市）残疾人工作委员会各成员单位紧扣助残日的活动主题，结合部门实际，制订工作计划，精心组织、密切配合、广泛开展一系列助残活动。年内，州残疾人联合会积极在电台、报刊、电视等舆论媒体上大力宣传残疾人“两个体系”工作中成功经验和先进事迹。在州电视台《同在一片蓝天下》栏目播放残联新闻稿件58篇；在云南省电视台播放残联新闻稿件28篇；在州电视台播出一周要闻手语新闻48周次。

【残疾人社会保障】　2014年，楚雄州各级残疾人联合会加快推进残疾人社会保障体系和服务体系建设，以改善残疾人生活状况为根本，认真落实残疾人优惠政策。全年全州有2.74万名残疾人纳入最低生活保障救助，其中享受城镇居民最低生活保障救助3116人，享受农村最低生活保障救助2.43万人；有1900名智力、精神和重度残疾人享受到机构托养和居家托养服务，发放救助资金167万元；有57867名残疾人享受城镇居民医保和新农合医保，为残疾人缴纳合作医疗资金340万元，保证残疾人病有所医。年内，举办了全州第三届残疾人职业技能竞赛；7月，组队参加在玉溪市举办的全省第五届残疾人职业技能竞赛，获得室内摄影、女服制作、速录员3个单项第二名，团体荣获全省竞赛优秀组织奖。举办了初级药物制剂工培训班、盲人电脑骨干师资培训班、残疾人初级中式烹调师培训班，培训残疾人121名，全年有44名残疾人就业。全州共征收残疾人就业保障金2162万元。

［董杨春］

宗教事务

【宗教场所自我管理能力建设】 2014年，楚雄州宗教事务局重视宗教活动场所自我管理能力提升，加强对宗教活动场所财务管理人员的培训工作。2月23～28日，楚雄州基督教“两会”举办全州各县（市）重点教堂财务管理人员培训班，州基督教“两会”主席、副主席、会长、副会长、秘书长和来自各县（市）基督教教堂的50名财务管理人员共60人参加培训。培训班主要学习了《宗教活动场所财务监督管理办法（试行）》、宗教法律法规、教会牧养、教会管理、“三自”与神学思想建设等内容，并邀请州红十字会对救护新概念进行培训。4月24日，州宗教事务局又组织了由全州10县（市）民宗局宗教股长、16个宗教团体副秘书长以上人员共40余人参加的全州宗教活动场所主要教职任职备案业务培训。

【全州开放寺院负责人培训班】 2014年4月24～25日，楚雄州佛教协会在州佛教培训中心举办2014年全州开放寺院负责人培训班，来自全州76所开放寺院的136名负责人参加培训，州委统战部、州宗教事务局领导应邀参加培训班开班典礼并作动员讲话。在培训班动员会上，传达了党的十八届三中全会精神，并结合全州佛教现状，要求全州佛教界要加强自身建设，确保佛教领域和谐稳定，同时，安排布置了年内要着力抓好的9项工作任务。在为期两天的培训中，州佛教协会部分班子成员分别给学员们讲授了如何加强道风建设、文明敬香和过堂用斋等知识，并对州佛教协会第三届领导班子的工作进行民主测评，对州佛教协会第四届领导班子进行了民主推荐。

【楚雄州佛教第四次代表会议】 2014年6月29～30日，楚雄州佛教第四次代表会议在楚雄市西山兴隆寺召开。来自全州10县（市）的佛教界代表共91人参加会议，云南省宗教事务局一处处长孙云霞，省佛协秘书长雷劲，州委统战部、州人大常委会、州人民政府、州政协有关领导，州宗教事务局、州民政局、州人大民工委、州政协民宗委、州伊斯兰教协会、州基督教“两会”等单位领导和负责人到会指导。会议审议并通过了州佛教协会三届理事会工作报告，听取州佛教协会三届理事会财务收支情况报告，讨论并安排下步工作任务，学习了党的十八大和十八届三中全会及全国、全省、全州宗教工作会议精神，选举产生由释清缘为会长，释法轮、释如证、释法诚、释法祥、释净雄、释传证、释宏愿为副会长，释净祥为秘书长的州佛教协会第四届领导班子，通过了全州佛教第四次代表会议决议，表彰了11所“和谐寺院”，并聘任了州佛教协会第三届教务委员会委员。

【宗教执法检查】 2014年8月7～8日，楚雄州人大常委会组成检查组对《楚雄彝族自治州宗教事务管理规定》贯彻执行情况进行工作检查。执法检查组一行深入南华、牟定、楚雄3县（市）宗教团体、宗教活动场所实地查看，与宗教界人士、宗教教职人员和干部群众座谈，了解《规定》贯彻执行情况、宗教团体自身建设情况、宗教活动场所内部管理和建设情况、教职人员生产生活情况等，认真倾听意见建议，并针对存在的问题提出了要求。

【宗教团体建设】 2014年，楚雄州宗教事务局切实加强全州性宗教团体建设。通过多次调研和争取，由州财政分别安排38万元和200万元专项资金，妥善解决了州基督教“两会”购买办公用房长期欠资和州伊斯兰教办公场地建设资金投入问题，更好地发挥团体宗教的桥梁纽带作用。

【朝觐人员座谈会】 2014年10月11日，楚雄州伊斯兰教协会在楚雄城区清真寺召开朝觐人员荣归座谈会。祝贺全州25名朝觐人员圆满完成朝觐功课归国，州、市统战、宗教等有关部门领导，楚雄城区的哈吉、阿訇及部分穆斯林群众共300余人参加会议，会议为25名新哈吉颁发了朝觐荣归纪念牌。

【民间信仰活动场所管理】 2014年，楚雄州宗教事务局进一步加强对全州民间信仰活动场所规范化、制度化管理工作。通过深入到全州各县（市）民间信仰活动场所实地调研，在认真总结近年来楚雄州民间信仰活动场所管理工作经验的基础上，针对在民间信仰活动场所管理中存在的各种问题，通过指导县（市）开展以建立健全和完善民间信仰活动场所“组织建设”、“规范活动”、“财务管理”、“食品卫生”、“消防安全”5个方面为主题的规范化、制度化管理，以此促进民间信仰活动达到“规范、有序、安全”的管理目标。

【宗教工作干部培训及“卧尔兹”演讲比赛】 2014年11月11～12日，楚雄州宗教事务局在楚雄警校举办了全州宗教工作干部培训班。10县（市）民宗局局长、分管宗教工作副局长、宗教股长，全州51个宗教工作重点乡（镇）分管宗教工作的领导、宗教专兼职干部共170余人参加培训，邀请省民宗委、省委统战部、省社会主义学院相关人员为学员专题授课。州委常委、州委统战部部长杨静出席开班仪式并作动员讲话，州人民政府副州长夭建国主持开班仪式。12月9～10日，州伊斯兰教第五届“卧尔兹”演讲比赛暨《楚雄穆斯林卧尔兹集》（第二集）发行会在武定县西和清真寺举行，州委统战部、州宗教事务局领导应邀参加活动并作动员讲话。

［龙文德］

（责任编辑：安孟勤）

县（市）概况

楚雄市

【地理位置】 楚雄市位于楚雄州中西部，地处北纬24°30′～25°15′，东经100°35′～101°48′之间。东邻禄丰县，南连双柏县，西接南华县，北同牟定县毗邻。楚雄州、市人民政府驻地鹿城镇，海拔1773米。楚雄市区距离昆明市152千米，距离大理市179千米。国土面积4433平方千米。与昆明市、曲靖市、玉溪市构成滇中城市群；是省会昆明通往滇西8州（市）和进入东南亚、南亚国际大通道重要承接点和物流集散地，素有“省垣门户，迤西咽喉”之称。

【行政区划】 2014年末，楚雄市辖鹿城、东瓜、吕合、紫溪、东华、子午、苍岭、三街、八角、中山、新村、西舍路12个镇和大过口、大地基、树苴3个乡，152个村（居）民委员会，2834个村（居）民小组。

【人口民族】 2014年末，楚雄市户籍总人口52.08万人；其中，农业人口26.69万人，占户籍人口的51.2%；非农业人口25.40万人，占户籍人口的48.8%；有少数民族人口12.73万人，占户籍人口的24.4%，其中，彝族人口10.82万人，占户籍人口的20.8%。人口自然增长率4.2‰。

【自然概貌】 楚雄市境地势西北高，东南低，从西北向东南倾斜，呈倾斜葫芦形，山脉皆属哀牢山系东麓支平余脉，多呈西北、东南走向。西部山岭绵亘，沟壑纵横，呈“一山分四季，隔里不同天”的立体气候；东部地势呈波状起伏，多丘陵盆地，含有鹿城、子午、东华、苍岭、吕合5个坝子。境内最高点是西舍路镇哀牢山脉的小越坟山，海拔2916米；最低点为礼社江与彝家拉河、石羊江交汇处，海拔691米。

楚雄市境河流分属元江、金沙江2大水系。元江上游的礼社江，从南华县入境，穿越市境西南部，支流有马龙河、三街河、白衣河、五街河、邑舍河、碧鸡河、自雄河；金沙江水系有其支流龙

楚雄新貌

（马兴华/摄影）

川江，从吕合入境，自西向东流经东瓜、鹿城、苍岭，再由西向北出境，是楚雄市坝区的主要河流。主要支流有紫甸河、西静河、河前河、寨子小河、青龙河、苍岭小河。2014年降雨量788.9毫米。

楚雄市境属北亚热带季风气候区，冬干夏湿，雨季集中，日照充足，霜期较短，冬季降水量偏少。西部山区，山高谷深，地形复杂多样，有立体气候特点。土壤多为水稻土和红壤土，适宜水稻、烤烟、包谷等农作物种植。森林覆盖率76.92%，空气质量保持国家一级标准，城市集中式饮用水源水质保持国家标准。2014年平均气温17.6℃。

【资源特产】 楚雄市有丰富的茶花资源，是云南山茶花重要原生地，也是山茶科植物物种基因库。山茶属植物有云南山茶、粗柄连蕊茶、猴子木、毛果山茶、怒江山茶、厚皮香6种；百年以上云南传统名贵茶花园艺品种古树主要有童子面、松子壳、狮子头、大叶银红、大理茶5种。楚雄茶花精品种植园培育的“紫禾”、“楚焰”2个新品种，通过中国科学院昆明植物研究所茶花专家鉴定正式命名。楚雄本地鉴定、命名的特有品种36个，主要分布在紫溪山、黑牛山和三尖山地区。紫溪山云南山茶物种园、黑牛山野生山茶保护区、楚雄茶花精品园、彝海国际茶花文化园等均为观赏和考察楚雄山茶花的理想之地。常见木本植物有40余种，草本植物20余种，食用菌30余种。分布有野生中草药640余种，名贵药材有三七、天麻、茯苓等56种。楚雄市境内有野生动物519种，其中，两栖类29种，爬行类56种，鸟类329种，兽类105种；属国家保护的野生动物有蜂猴、白鹇等64种。市境西南部哀牢山国家级自然保护区，森林茂密，有名贵植物1480多种，鸟兽460种，两栖爬行动物46种，国家重点保护珍稀动物26种，被列为联合国“人与生物圈”森林生态系统定位观测站。楚雄市境内红河水系礼社江水能资源理论蕴藏量33.26万千瓦，可开发小水电资源30万千瓦，已开发13.5%。年末，有110千伏变电站6个，容量51.6万千伏安，输电线路337千米；有35千伏变电站17个，容量14.56万千伏安，输电线路403千米；10千伏配电线路达3174千米，通电覆盖率100%。楚雄市境煤炭资源储量居楚雄州第二，初步探明煤炭资源储量2.26亿吨，还有金、银、铜、锌、大理石、石灰石、石油、天然气等多种资源。有做工精细的民族珍贵装饰品银器、手工刺绣彝族服饰、益友骨角保健梳及工艺品。楚雄薄荷含油量高，可制薄荷油和薄荷脑，在中药材中有“楚薄”之称。楚雄云泉豆瓣酱鲜香可口，辣味适中，被评为“中国大西南名牌产品”。深加工的野生食用菌畅销法国、瑞士、意大利、德国、东南亚等10余个国家和地区。楚雄市产核桃具有个大、壳薄、仁厚、味香等特点，其中，“东宝一捏脆”核桃系列产品采用现代生物科学技术加工，保留核桃原有营养成分，被国家农业部认证为“国家A级绿色食品”。授予“全国核桃之乡”荣誉称号。中山镇洼子村委会草芥村民小组现有迄今市境内最大的一颗核桃树，该核桃树树龄500余年，树径2.1米，品种为大泡核桃，年挂果约3万个，产量325千克，年收入1.1万元。

【经济状况】 2014年，楚雄市人民政府牢牢把握发展第一要务，坚持稳中求进总基调，沉着应对经济下滑、需求不足等不利因素影响，着力稳增长、转方式、调结构、促改革、惠民生，市域经济保持平稳较快增长。实现生产总值269.05亿元，按可比价计算，比上年增长10.6%；其中，第一产业实现增加值25.61亿元，增长6.5%；第二产业实现增加值149.82亿元，增长11.7%；第三产业实现增加值93.62亿元，增长9.7%。人均生产总值4.51万元，增长10%。一、二、三产业结构比为9.5∶55.7∶34.8，对国民经济增长的贡献率5.4%、64.5%和30.1%。烟草及配套、能源冶金化工、生物药业、绿色食品、高原特色农业、建筑建材、装备制造、商贸物流、文化旅游9大重点产业实现增加值204.76亿元，增长10.3%，占全市生产总值的76.1%。生产总值总量位居云南省129个县（市区）第8位。非公经济实现增加值118.77亿元，增长13.6%，占GDP的44.1%。实现社会消费品零售总额101.01亿元，增长13.3%。完成地方财政总收入25.29亿元，增长12.4%；一般公共财政预算收入18.43亿元，增长13%。招商引资到位资金107.33亿元，增长51.3%；外贸进出口总额2.78亿美元，增长34.9%。年末金融机构各项存款余额334.14亿元，增长13.5%，其中，城乡居民储蓄存款154亿元，增长13.7%；人均储蓄2.58万元，比上年增加2985元。各项贷款余额247.1亿元，增长15.1%。规模以上固定资产投资完成207.6亿元，增长25.1%；实现社会消费品零售总额101.01亿元，增长13.3%。居民消费价格总指数102.6%，比上年增长2.6%。建成区面积41.53平方千米，城镇化率61.31%。

年内，楚雄经济开发区投入财政扶持资金2662万元，通过股权出质登记和动产抵押等方式帮助企业融资4260万元。启动国家级开发区申报，完成省科技企业孵化器、省生产力促进中心、省小企业创业示范基地和省中小企业公共服务示范平台申报。完成工业投资16.8亿元，增长45.4%；完成规模以上工业增加值23.2亿元，增长25.2%；社会消费品零售总额37.9亿元，增长13.3%。实施项目建设202个，完成规模以上固定资产投资64.3亿元，增长30.4%。完成地方财政总收入7.75亿元，增长14.5%；一般公共预算收入5.46亿元，增长12.1%。实施招商引资合作项目101项，完成招商引资州外到位资金50.64亿元，增长32.2%，新签约项目20个，协议总投资71.4亿元。实施园区基础设施项目57个，累计完成投资5亿元。

2014年，楚雄市加快农业产业化进程，培育壮大农业龙头企业，大力发展农村专业合作经济组织，不断完善农业产业化经营模式。新增一致魔芋等省级重点农业龙头企业2家，马大泡、甘甜果园等州级重点农业龙头企业9家。共有省、州级重点农业龙头企业41家，其中省级7家，州级34家。投入农业产业化发展资金1639万元，实施土地连片开发农业产业化项目31个，登记注册各类农民专业合作社302个，带动农户2.4万户。中山镇草芥核桃专业合作社、天利家禽养殖专业合作社被评为国家农业合作社示范社。获证企业24户，摩尔农庄牌核桃乳、三尖山牌核桃、云泉酱园牌豆瓣酱等44个产品获无公害、绿色食品、有机食品和云南名牌农产品认证。以“一折通”方式兑付支农惠农资金1.50亿元，受益农户8.37万户。完成农林牧渔业总产值39.96亿元，比上年增长6.3%，其中，农业产值17.37亿元，增长43.2%；林业产值3.84亿元，增长5.76%；畜牧业产值13.28亿元，增长9.1%；渔业产值7019万元，增长8.3%。实现农村经济总收入73.95亿元，增长11%。市级财政投入农林水事务资金4.43亿元，增长4.7%。农业机械总动力59.61万千瓦，增长14%。农作物总播种面积89.79万亩。其中，粮食播种面积57.32万亩，下降1.4%。生产粮食20.39万吨，比上年增长1.8%；烤烟收购量1.58万吨，下降6.4%，烟农卖烟收入4.28亿元，实现农业增加值25.61亿元，增长6.5%。投入农业发展资金1639万元，实施土地连片开发经营项目31个1.38万亩，建成林产业示范基地27个3.96万亩，新种植核桃5万亩，引进试种美国山核桃等经济林果2378亩。建成畜禽规模养殖场37个，新增规模养殖户275户。向上争取畜牧业扶持发展资金2367.61万元，畜牧业招商引资到位资金5040万元，新增规模养殖户275户，建成畜禽规模养殖场37个。出栏生猪59.43万头，增长8.3%；出栏肉牛6.95万头，增长10.5%；出栏肉羊10.7万只，增长11.5%；出栏家禽417万羽，增长12.9%；实现肉类总产量7万吨，增长9.6%，实现畜牧业产值13.45亿元，增长9.1%。尹家嘴水库55年首次清淤，清除淤泥35万立方米，新增蓄水量35万立方米。西静河水库除险加固项目列入国家水利部除险加固项目计划，九龙甸、西静河、团山和尹家嘴4座水库饮用水源地安全保障达标建设项目通过云南省水利厅审批。投入5.9亿元完成罗其美水库烟草水源工程、40件小（二）病险水库除险加固、1万件小水窖、紫甸河中段治理等项目。投资4982.75万元，改造中低产田地5.23万亩。水库坝塘总库容1.91亿立方米，农田有效灌溉面积占耕地的65.6%。实施天保工程森林管护面积517万亩，完成造林面积14.4万亩，林业用地520.8万亩，活立木总蓄积量2001万立方米，森林覆盖率76.92%。通过“政府扶持、群众自建、社会参与”方式，以点带面，着力加快美丽乡村、特色村庄建设，投资9666万元实施50个“美丽乡村”示范村建设项目，受益农户3093户1.34万人。

制定出台促进经济稳增长的14个方面意见，健全市级领导联系重点企业制度，增进政银企合作。新增规模以上工业企业23户，实现工业总产值248.08亿元，增长14.6%；实现工业增加值112.59亿元，增长10.9%。年末，楚雄工业园区入驻企业117户，实现工业总产值219.7亿元，增长14.43%；上交税金71.6亿元，增长6.55%，解决就业8193人。重点工业产业实现增加值110.88亿元，增长10.2%，占GDP的41.2%。引进工业项目71项，到位资金37.97亿元，增长5.2%。

年末，中小微型企业总户数2.33万户，增长18.9%；从业人员12.76万人，增长26.1%；注册资本金161.71亿元，增长49.2%；上缴税金7.19亿元，增长4.5%；实现增加值118.77亿元，增长13.6%，占GDP的44.1%。完成工业总产值272.4亿元，比上年增长13.5%；规模以上工业产值248.1亿元，增长14.6%，其中，轻工业产值149.56亿元，增长18.1%；重工业产值98.52亿元，增长9.7%。实现工业增加值120.53亿元，增长10.6%；工业增加值占全市生产总值44.8%，比上年下降0.9个百分点。规模以上工业增加值112.59亿元，增长10.9%。规模以上固定资产投资完成207.6亿元，比上年增长25.1%。

年末，公路通车里程9656千米，县道硬化里程507千米，县道硬化率81.9%；乡道硬化230千米，乡道硬化率20%。乡道通达率98.7%，乡（镇）通班车率100%，行政村通班车率84.9%。完成客运量1677万人，旅客周转量10.02亿人千米，分别增长6.5%和3.2%；完成货运量1199万吨，货运周转量10.9亿吨千米，分别增长11.5%和16.2%。楚雄至昆明开通城际列车，从楚雄至昆明全程需1小时52分钟，途经广通、禄丰南站。邮电业务总收入5.35亿元，增长14.1%。年末拥有固定电话2.23万部，下降1.9%，固定电话普及率4.31部/百人。年末移动电话拥有63.46万部，增长15.1%，移动电话普及率121.84/百人；年末互联网注册用户14.17万户，增长33.2%。实施州外国内招商引资项目185项，项目协议总投资375.34亿元，实际到位资金107.33亿元，比上年增长51.3%；185个项目完成固定资产投资98.3亿元，增长66.4%。对外贸易进出口总额2.78亿美元，增长34.9%，其中，出口额2.78亿美元，增长35.1%；进口额26万美元，下降43.5%。接待国内外旅游者600.86万人次，增长10.6%；实现旅游总收入25.39亿元，增长14.3%。

【教科文卫】 2014年，楚雄市全面落实义务教育经费保障机制。落实义务教育保障经费7222.16万元、国家普惠政策资金1055.49万元。免除义务教育阶段学生学杂费、中等职业教育学费和补助贫困学生生活费。投入资金3222.09万元，推行农村义务教育营养改善计划。推行区域合作办学，灵秀小学办成楚雄师范学院附属小学分校；新增校舍面积5.41万平方米，建成5所乡（镇）中心幼儿园。市级财政教育事业经费支出5.35亿元，比上年增长0.4%。拥有高等院校2所，专任教师753人，在校学生1.51万人，毕业学生3990人，分别增长2.7%、2.7%和12.3%；有各类中等职业学校10所，专任教师957人，增长17.4%；在校学生1.99万人，增长0.6%；毕业学生5203人，下降4%；有普通中学27所，专任教师2500人，在校学生3.97万人，毕业学生1.18万人，分别增长3.7%、3.8%和2.8%；有小学130所，专任教师2238，增长2%，在校学生3.86万人，下降5.3%，毕业学生7948人，下降0.5%；有幼儿园87所，在园幼儿7240人。小学学龄儿童入学率99.99%；初中适龄人口入学率99.98%，初中阶段毕业生升学率84.11%。永安中学申报“家长学校在家庭教育立德树人中的作用研究”等6个课题被国家教育部关心下一代工作委员会批准立项为“新时期中小学家庭教育立德树人的综合研究”子课题；首届缅北跨境民族留学生开班典礼在楚雄天人中学举行，招收缅甸籍免费留学生143名。北浦中学、开发区实验小学、鹿城小学3所学校被评为云南省首批“身边的好学校”；环城小学被中共楚雄州委关心下一代工作委员会授予红领巾相约中国梦“关爱下一代学校示范联系点”。

申报国家、省、州各类科技计划项目50余项，立项支持45项，争取扶持资金1791.68万元；实施市级科技计划项目27项，安排项目资金70万元。1项科技成果获云南省科技进步三等奖，8项科技成果获州级科学技术奖。新建院士工作站2家，新认定高新技术企业6户、科技型农产品深加工企业2户、优质种业基地3个。向国家知识产权局申报专利125件，授权专利63件，拥有授权专利643件，名列楚雄州第一。科技进步对国民经济增长贡献率51.89%。云南省科学技术协会同意楚雄市创建省级科普示范市。

举办2014年中国楚雄彝族火把节活动、“中国梦云南情”公益巡演等以示范区创建为主题的文化活动。免费开放“两馆一站”，建成市文化馆电子阅览室，开通市文化馆、市图书馆、市彝族习俗传习所网站。开展第一次不可移动文物普查工作，争取资金102万元，对传习龙泉书院、西舍路达诺王采旧居实施维修保护。吕合镇吕合村委会吕合村、中屯村委会马家庄村被国家文化部收入第三批中国传统村落名录。广播电视完成5400户“户户通”工程建设。6件广播电视作品获国家级奖，18件广播电视作品获省级奖。拥有图书馆2个，文化馆2个（含群艺馆1个），博物馆1个；有电视台2个，广播电台2个，电视覆盖率99.1%，广播覆盖率99.2%。举办格兰芬多国际自行车节楚雄站比赛、大学生女子篮球锦标赛、楚雄地区“鹿城杯”职工篮球赛。楚雄市代表团参加校园足球云南省少年足球锦标赛、西南五省区冠军赛均获冠军；参加楚雄州第九届民运会、州第六届残运会等获得团体总分第一名。投资1.86亿元的楚雄市人民医院新区和投资63.42万元的新村镇、紫溪镇5个村卫生室投入使用。市医院新区位于楚雄经济开发区，医院新址建设项目占地105亩，一区建筑面积3.7万平方米，开放床位400张，开放科室20个、医技辅助科室3个。实施市、乡（镇）医疗服务一体化管理，鼓励社会资本举办非公立医疗机构，市内民营医院累计17家；实施城乡医院对口支援工作，提升医院综合服务能力。成功创建国家级慢性非传染性疾病综合防控示范区。楚雄市连续10年被命名为“省级卫生城市”，新村镇、东华镇、三街镇、吕合镇4个省级卫生乡（镇），苍岭镇马石铺村、紫溪镇紫溪彝村一小组、二小组和吕合镇马家巷4个省级卫生村和楚雄市省级卫生城市创建工作通过验收。拥有营业执照医疗卫生机构412个，其中，医院46所，拥有床位5594张，有卫生技术人员5544人，其中执业医师1794人。每千人拥有医生3.4名。有33.48万人参加新型农村合作医疗保险，参合率99%，为80.61万人次减免新农合医疗费用1.08亿元。

【社会生活】 2014年，楚雄市城镇国有及集体单位在岗职工人均工资收入3.11万元，增长4%；城镇居民人均可支配收入2.61万元，增长9.2%；农村常住居民人均可支配收入0.81万元，增长13.1%。城镇居民有1.5万人享受最低生活保障，下降0.93%，发放最低生活保障金4491万元，下降15.3%；农村居民有2.64万人享受低保，发放最低生活保障金3476万元，分别下降0.2%和19%。参加城镇职工基本养老保险人数5.6万人，增长1.7%，征缴养老保险基金4.53万元，增长21%；参加城镇居民社会养老保险人数1.1万人，发放养老金人数2645人，分别增长3%和2.4%；参加农村养老保险人数22.1万人，下降0.2%，发放养老金人数4.29万人，增长1.6%；参加城镇职工基本医疗保险人数10.09万人，增长4.6%，征缴保险基金3.17亿元，增长27.8%；城镇居民基本医疗保险参保人数8.13万人，筹集保费3052万元，分别增长12.1%和4.4%。从业人员38.1万人，增长3.7%，市级城镇登记失业人员2362人，城镇登记失业率控制在3.5%以内。投入扶贫开发资金1.42亿元，其中，扶贫到户贴息贷款7000万元，扶持贫困地区1740户农户发展种养殖优势特色产业。投入财政专项扶贫资金6564.5万元，组织实施扶贫整村推进项目128个、整乡推进1个、续修1个、易地搬迁安置200人、扶贫安居工程220户、革命老区项目2个、产业扶贫项目16个和市级扶贫127件等；实施挂钩单位帮扶项目55件，减少贫困人口7126人。

【楚雄市实施4个重点民生保障工程】 2014年，楚雄市继续加大教育、扶贫开发、抗旱饮水、山区产业等重点民生领域投入力度，累计投入3.30亿元，实施“1个亿元工程、3个千万工程”，不断提升民生保障能力。投入2.55亿元，完善城市教育发展规划，建设城区学校4所。投入3000万元扶贫开发专项资金，突出基础设施建设和产业培育2个重点，加大山区连片扶贫开发力度，推进马龙河流域扶贫开发，改善1万名农村贫困群众的生产生活条件；投入3000万元抗旱保民生专项资金，规划实施196件抗旱应急工程，缓解7.44万名城乡居民的生活饮用水困难；投入1500万元山区产业发展专项资金，“采取一村一业、一组一品”的差异化发展模式，实施核桃、魔芋、中药材等山区产业提质增效工程，支持山区跨越发展，不断拓宽群众增收渠道，缩小城乡差距。

【楚雄市工业"一园五区"规划建设】 2014年，楚雄市楚雄桃园冶金化工区、赵家湾生物产业区、庄甸医药产业区、富民轻工业片区和苍岭工业片区"一园五区"总体规划面积70.93平方千米。采取BT、垫资代建等模式，通过与昆明高新区等先进区合作建园、引入资金进行土地一级开发、大企业建园中园及EPC等方式，完成园区基础设施建设投资7.88亿元，园区功能进一步完善。出台楚雄工业园区生产项目招商引资若干优惠政策暂行规定，入园企业和项目日益增多，园区经济发展迅速。

【楚雄市出台优惠政策引进高层次人才】 2014年，楚雄市落实人才强市战略，把楚雄经济开发区天然药物产业打造成为吸引高端人才、富有生机活力、推动产业发展、引领经济腾飞的示范基地，制定出台优惠政策，吸引高层次人才前来创业发展。引进院士在内的高层次人才33名，成功组建"刘颂豪院士工作站"和"王永炎院士工作站"。

【楚雄市国家级生态示范区建设】 2014年，楚雄市新创建州级生态村6个，紫溪镇、东华镇被评为省级生态文明乡（镇）。有国家级生态乡（镇）2个、省级生态文明乡（镇）5个、州级生态村14个、市级生态村4个；创建国家级绿色学校2所、省级绿色学校25所、州级绿色学校101所，省级绿色社区3个、州级绿色社区1个，省级环境教育基地1个、州级环境教育基地1个。

［周永琼］

楚雄市乡（镇）情况一览表

乡(镇)	面积(平方千米)	村(居、社区)委会(个)	年末总人口(人)	年末耕地面积(亩)	农业总产值(万元)	粮食总产量(吨)	烤烟总产量(吨)	年末大牲畜存栏(头)
鹿城镇	372	21	169155	22598	39053	16217	354	8553
东瓜镇	229	13	69543	17477	22318	12046	394	4581
吕合镇	186	9	25010	21482	30147	15217	434	5632
紫溪镇	243	8	15134	15942	18045	10028	395	7084
东华镇	448	11	30004	37472	39388	21230	2925	4193
子午镇	362	13	34740	45643	40027	26418	2980	12284
苍岭镇	344	8	32146	43069	44396	25842	869	9553
三街镇	206	11	24062	21100	21964	11396	864	8705
八角镇	145	7	16718	16221	20514	9605	1364	7318
中山镇	301	11	24592	26888	26528	12840	1222	6543
新村镇	355	8	14838	18982	21991	10146	848	10348
树苴乡	134	7	18109	17935	19874	10087	1255	6446
大过口乡	340	9	16043	18206	17354	6517	400	7405
大地基乡	387	6	10982	15291	18795	6821	1036	5395
西舍路镇	381	11	19771	20418	19188	9498	561	9490

［楚雄州统计局］

双　柏　县

【地理位置】 双柏县位于楚雄州南部，地跨北纬24°13′~24°55′，东经101°3′~102°02′之间。东邻玉溪市易门县、峨山县，西与普洱市镇沅县、景东县接壤，以哀牢山分水岭为界，南连玉溪市新平县，北同楚雄市、禄丰县毗邻。东西横距95千米，南北纵距76千米。国土面积4045平方千米。县人民政府驻地妥甸镇，居县境偏北，海拔1964米，东距省城昆明184千米，北距州府楚雄市鹿城镇56千米。

【行政区划】 2014年末，双柏县辖妥甸镇、大庄镇、碍嘉镇、法脿镇、大麦地镇和安龙堡乡、爱尼山乡、独田乡5镇3乡，11个社区居民委员会、73个村民委员会，1540个村（居）民小组。

【人口民族】 2014年末，双柏县有户籍人口15.39万人，比上年末增加123人。其中女性人口7.34万人，占总人口的47.7%；非农业人口3.79万人，占总人口的24.65%；少数民族人口7.73万人，占总人口的50.24%。主要少数民族有彝族和哈尼族。出生人口1600人，人口出生率10.4‰，死亡1190人，死亡率7.73‰，人口自然增长率2.67‰。

【自然概貌】 双柏县境地处滇中，具有地表崎岖，群山连绵，山川峡谷纵横，高差悬殊，垂直明显的特点。因受绿汁江、马龙河水系的深切，断面呈“V”形发育，构成西北高，东南低，地形由西北部向东南部倾斜，白竹山以北地区高原特征较明显；南部呈中山深切割地貌，谷深坡陡，地表破碎，多数山地脉络难寻。绿汁江多沿着县境边界环流。全县最高点为西部与景东县交界的大梁山，海拔2946米，最低点是县境南端与新平县交界处的三江口，海拔556米，海拔高差2390米，平均海拔1751米。全境皆山，无一平川，坡度大于8度的面积占98.5%。其地貌大致分为强烈切割高、中山峡谷区，强烈切割的高、中山区，切割较强烈的中山丘陵地区3个单元区。

【资源特产】 2014年末，双柏县有常年耕地面积23.63万亩。年平均降雨量748.7毫米，县境河川径流总量12.75亿立方米，可供开发水电资源近60万千瓦，形成15.1万千瓦生产能力。有林业生产用地487.82万亩，活立木蓄积量1697万立方米，有各类植物5000多种，其中国家一级保护植物8种，国家二级保护植物70种；有野生动物种群1750种，其中国家一级保护动物9种，国家二级保护动物21种。主要特产有妥甸酱油、白竹山茶、邦三红糖、鲜食葡萄等。

哀牢晨曦 （马兴华/摄影）

【经济状况】 2014年，双柏县实现地区生产总值26.2亿元，比上年增长12.3%，完成规模以上固定资产投资31.1亿元，增长32.6%。完成地方财政总收入2.97亿元，增长15.8%；地方公共财政预算收入2.28亿元，增长15.4%；地方公共财政预算支出16.54亿元，增长50.4%。实现社会消费品零售总额7.5亿元，增长13.5%。实现城镇常住居民人均可支配收入2.39万元，增长11.8%；农村常住居民人均可支配收入6798元，增长15.2%。居民消费价格总水平控制在3.5%以内。第三产业发展持续增长，对生产总值的贡献率提高4.1个百分点。

实现农林牧渔业总产值17.11亿元。其中，农业产值7.89亿元，林业产值2.29亿元，畜牧业产值6.81亿元，渔业产值1255万元。主要农产品有稻谷、玉米、小麦、蚕豆、大豆、烤烟、蔬菜、甘蔗、油料作物等，产稻谷1.86万吨、玉米4.21万吨、小麦6317吨、蚕豆5291吨、大豆1085吨、烤烟8208吨、蔬菜9.28万吨、甘蔗7342吨、油料2502吨。

实现工业总产值25.83亿元。其中股份制企业实现产值18.3亿元，外商企业实现产值6856万元。主要工业产品有酱油、松香、发电量、售电量、人造板、精制茶、铜金属、铅金属等；全年产酱油2760吨、松香2.11万吨，发电3.34亿千瓦时、售电9034万千瓦时，产精制茶412吨，产铜金属4065吨、铅金属3.01万吨。

【教科文卫】 2014年，双柏县教育投入力度加大，新建和改造校舍3.57万平方米，办学条件明显改善；基础教育均衡发展，高考本科上线率63.2%，高中教育教学质量稳步提高；成功举办双柏一中建校70周年庆祝活动。双柏一中办学条件改善项目、妥甸中学综合楼全面完成。科技示范和科技成果得到广泛推广运用，科技对国民经济发展的贡献率逐年提高。国家公共文化服务体系示范区创建工作扎实推进，文化信息资源共享、农村电影放映、农家书屋等文化惠民工程加快实施，农村公共文化基础设施明显改善。第二届查姆诗会、云南文化记者双柏行暨2014云南报纸副刊研究会年会成功举办，大型彝族原生态歌舞剧《查姆》荣获全州文艺调演一等奖。群众性文体活动广泛开展，职工运动会和首届少数民族传统体育运动会圆满成功，组团参加省、州民运会和全州老运会、残运会取得较好成绩。县乡村医疗卫生体系不断完善，村卫生室达标建设加快推进。疾病防控、卫生监督、妇幼保健、食品药品安全监管等工作深入开展，人民群众健康保障水平得到提高。

"单独两孩"政策全面落实，低生育水平进一步巩固。生态县建设规划全面实施，主要污染物总量减排目标圆满完成。国家级卫生县城和省级文明县城、园林县城、双拥模范县创建工作全面启动。文化旅游产业发展基础不断改善，中国双柏彝族虎文化园项目完成策划并对外推介招商，查姆文化广场及环湖游道二期项目竣工投入使用，大麦地现代农业观光自驾游营地建设全力推进并顺利接待游客，法脿李芳村"锣笙源"云南彝族生态旅游村、卧马都葡萄种植庄园和新欣农业庄园建设项目加快推进，文化旅游与特色产业实现融合发展。

【社会生活】 2014年，双柏县招考录用公务员、事业人员和大学生村官100名，安置退役士兵63名，城镇新增就业人员1307人，城镇登记失业率3.02%。发放"贷免扶补"、小额担保贷款等创业资金2623万元；社会保障体系进一步完善，保险覆盖面不断扩大，五大社会保险参保人数累计3.7万人；城乡居民社会养老保险续保率98%；新农合参合率99.35%，累计为28.93万人次减免医疗费3689.7万元。发放城乡低保4069万元、各类救助金223万元、救灾粮320吨。乡（镇）工作岗位补贴、村三职干部工作补贴及政法、残联、安监岗位津贴得到落实。足额兑现各项惠农补贴4083万元。投入抗旱资金455万元，解决3.13万人和2.15万头大牲畜饮水困难。502套保障性住房和200户城市棚户区改造工程全面完工，2014年度196套保障性住房和150户城市棚户区改造工程加快推进，完成农村危房改造800户。《绿汁江流域五乡（镇）综合扶贫开发规划》通过州级评审，大麦地扶贫整乡推进项目基本完工，实施整村推进项目48个、一事一议财政奖补项目95个、易地搬迁和安居工程240户，发放扶贫到户贷款4700万元。

【双柏县产业建设加快】 2014年，双柏县播种粮食作物30.2万亩，粮食总产量突破8万吨，实现连续稳定增长。收购烟叶7890吨，实现产值2.15亿元，"两烟"税收6074万元。绿汁江流域综合开发深度推进，葡萄种植面积突破1万亩，枣类种植面积3700亩，鲜食葡萄种植保险试点工作全面启动；马龙河片区产业开发加快推进，反季蔬菜、热区水果等热作产业效益明显。各类经济作物种植结构和布局不断优化，特色产业持续培强，林产业及林下经济加快发展，发展冬早蔬菜3.42万亩、魔芋6500亩，种植核桃10万亩、青花椒1.5万亩、中药材3.2万亩（辣木1000亩），完成低效林改造3万亩、森林抚育3万亩。以牛、羊、猪为重点的山地牧业发展势头强劲，天蓬、种禾、鸿祥和哀牢山生态养殖等龙头企业不断发展壮大，阿里郎千头肉牛养殖等项目加快建设。林板、林化、矿电及新能源重点工业项目加快推进，森美达桉叶油加工生产线、东源门业生产线、伟杰木业、吉安混凝土搅拌站等项目建成投产，华兴人造板老厂搬迁项目有序推进；戛洒江一级水电站建设征地移民安置前期工作加快实施，大湾电站第一台机组发电运行，龙门、小江河一二级电站和大庄并网光伏电站加快建设；依法关闭碍嘉密架煤矿，煤炭资源整合工作全面推进。工业园区建设扎实推进，征转土地林地5350亩，完成基础设施投资5200万元，新增入园企业5户，新建标准厂房1万平方米，完成工业投资2.34亿元。县域企业帮扶力度不断加大，中小企业助保贷款及"两个10万元"微型企业培育工程加快实施，工业经济在极为严峻的形势下实现平稳增长。

【双柏县基础设施夯实】 2014年，双柏县彩碍公路建设全面启动，156千米通村路面硬化工程、白竹山至里海通乡油路、绿汁江沿江公路、大麦地普龙大桥、底土河桥等项目加快实施。双柏至新平（水塘）二级公路通过评审，即将开工。全年完成交通基础设施投资3.4亿元。河口河水库通过省级竣工验收并投入使用，螃蟹冲小（一）型水库、峨足坡耕地水土流失综合治理、沙甸河双柏县城河道治理及17件小（二）型病险水库除险加固工程全面完工。小沙河小（一）型水库、县城自来水厂改扩建等工程加快推进，山区"五小水利"重点县、马龙河坡耕地水土流失综合治理、农村饮水安全工程开工建设。施家河小（一）型水库通过国家烟草专卖局审查，即将开工。白水河中型及平掌河、子石冲小（一）型水库前期工作有序推进。青香树和马龙河沿岸（一期）补充耕地、干海资和代么古中低产田地改造等工程全面完工，法脿双坝、大麦地牛厩房等中低产田地改造项目加快实施，完成中低产田地改造2.06万亩，新增耕地面积7681亩。全年完成农田水利基础设施投资4.45亿元。源星驾校标准化考场、鸿升汽车驾驶培训学校、县救灾物资储备中心和2个乡（镇）敬老院、2个居家养老服务中心项目全面完成。县法院审判法庭及县森林公安、县卫生监督所、县急救中心、妥甸卫生院等业务用房即将完工。全州机动车驾驶人科目三考试项目、县委党校整体异地新建项目加快推进。电力、通讯等其他社会事业基础建设项目加快实施。完成社会事业基础设施投资1.2亿元。

【双柏县改革开放深化】 2014年，双柏县食品药品监管体制改革和事业单位分类管理改革全面完成，行政审批制度、医药卫生体制、投融资体制等社会领域改革深入推进，福利厂改制基本完成。组建成立县金融办，金融支持县域发展活力进一步增强。以"三权三证"抵押贷款为主的"三农"金融改革取得突破，成立7个林农专业合作社，4个乡（镇）经济林木（果）权证核发工作加快推进。探索推进农用地承包经营权颁证工作，有效破解农业发展融资难问题。对外交流合作继续深化，组团招商、以园招商、以商招商力度不断加大，实施州外招商项目145个，其中新引进项目62个，引进州外到位资金34.4亿元，增长43.6%。

【双柏县城乡面貌改善】 2014年，双柏县县城总体规划修改（2013～2030年）、县域村镇体系规划、白竹山—碍嘉省级风景名胜区总体规划方案全面完成，城乡一水两污体系规划、县城西南片区控制性详细规划全面实施。元双公路县城过境线及县城绿化等专项规划加快推进。城乡人居环境提升三年行动计划全面实施，以县城为中心，大庄、碍嘉、大麦地3个州级示范镇和法脿县级示范镇规划建设有序推进，集镇道路、两污工程等市政基础设施加快建设。查姆大道西延长线及县城兴贸路、永兴路、东兴路人行道提升改造工程全面完工，虎乡大道东南延长线、人民路北段、文康路、长青路等路网建设加快推进，龙泰瑞园、鑫和大城、学府世家等房地产项目继续推进。安龙堡大村、妥甸蚕豆田等9个特色村庄示范村全面完成，45个“美丽乡村”、6个省级新农村重点村加快建设。农民转户进城工作有序推进，5500名农业人口转变为城镇居民。城镇管理进一步加强，制定出台《双柏县查姆湖管理暂行办法》和《县城特色规划管理暂行规定》，城镇综合整治扎实推进。绿化、亮化率进一步提升，城镇配套服务功能不断完善。城镇建成区面积6.8平方千米，城镇化率28.7%，比上年提高1.54个百分点。

［苏　燕］

双柏县乡（镇）情况一览表

乡(镇)	面积(平方千米)	村(居、社区)委会(个)	年末总人口(人)	年末耕地面积(亩)	农业总产值(万元)	粮食总产量(吨)	烤烟总产量(吨)	年末大牲畜存栏(头)
妥甸镇	737	18	41391	47695	33512	15068	2120	19746
大庄镇	557	13	26134	35190	24695	13102	1290	14767
法脿镇	429	13	23785	31946	27379	11879	1905	14516
碍嘉镇	619	14	27338	37656	27349	13597	425	15645
大麦地镇	504	9	9576	19515	12187	6012	340	13487
安龙堡乡	270	8	8948	27740	15146	9139	979	8123
爱尼山乡	675	7	12596	30409	23674	10178	850	15686
独田乡	254	2	4129	8662	7149	2757	299	5664

［楚雄州统计局］

牟　定　县

【地理位置】　牟定县位于云南省中北部，楚雄州中部，地处北纬25°09′~25°40′，东经101°19′~101°51′，属滇中腹地干旱区，东连禄丰，南接楚雄，西依南华、姚安，北靠大姚、元谋。境内群山连绵，地势西北高，东南低。县境南北最大纵距57.6千米，东西最大横距53.6千米，县城所在地共和镇平均海拔1758米。国土面积1464平方千米，其中平坝区占9%，山区和半山区占91%。元（谋）双（柏）二级公路纵贯县境南北，姚（安）广（通）三级公路横穿县境东西。县城驻地共和镇，距州府楚雄市城区32千米，距省会昆明市城区197千米。

【行政区划】　2014年末，牟定县辖共和、新桥、江坡、凤屯4镇，蟠猫、戌街、安乐3乡，89个村（居）民委员会，771个自然村，1208个村（居）民小组。

【人口民族】　2014年末，牟定县常住人口21.16万人。据公安部门统计，年末户籍人口20.29万人，比上年减少225人，减1.11%；其中男性人口10.39万人，占总人口的51.2%，男女性别比为104.9（以女性为100计算）；非农业人口5.40万人；少数民族人口4.65万人，占总人口的22.9%。主要少数民族（千人以上）有彝族4.47万人，占总人口的22%，占少数民族人口的96.13%。人口出生率9.66‰，死亡率6.36‰，人口自然增长率3.3‰。

【自然概貌】　牟定县位于云南山字型构造西翼弧和脊柱之间，区内褶皱宽缓，断层不发育，主要分布元古界、中生界、新生界地层，构造线方向为北西向。地处滇中红土高原中部，西北高、东南低，地势自西北向东南倾斜，西北山高坡缓，高原面保持较完整；东北谷深坡陡，地表破碎，群山连绵，山脉延缓处呈一小平坝。县境主要河流少，较大河流均沿县境边界环流，故县境又呈周矮中凸状。河流属金沙江水系，主要有龙川河，源于县境西北部，属龙川江一级支流，贯穿县境中部，流经共和、江坡2镇，境内全长55.5千米，流域面积404.55平方千米；勐岗河，位于县境北部，境内全长31千米，流域面积430.66平方千米，是牟定、姚安、大姚、元谋4县的县界性河流；紫甸河，位于县境西部，属龙川江一级支流，境内全长24千米，流域面积172.09平方千米；冷水河（又名盐柴河），位于县境东北新桥镇境内，属龙川江一级支流，境内流域面积133.25平方千米；观音塘河，位于县境东北，安乐乡与戌街乡交界性河流，属龙川江一级支流，境内全长37千米，流域面积76.08平方千米；六渡河，位于县境东北安乐乡境内，属龙川江一级支流，全长25千米，流域面积81平方千米；大力歪河，位于县境东南江坡镇境内，冬枯夏洪，属季节性河流，境内全长27千米，流域面积24.7平方千米；小力歪河，位于县境东南江坡镇境内，冬枯夏洪，属季节性河流，全长19千米，流域面积28.73平方千米；另还有更小的河流10余条。县境内有充足的光热资源，55%属紫色土，多呈弱酸性，常年平均气温16.2℃，是种植粮、烟的适宜区。牟定坝子位于龙川河两岸，南北长17千米，东西宽3～5千米，呈宽带状，总面积80平方千米，海拔在1730～1860米之间，县城居此坝子中部。另还有猫街、老纳、田丰及龙丰、戌街、古岩、桃苴、米村、普村、碑厅、马厂、小蒙恩、风屯、龙泉及双龙、朵苴14个小型坝子，合计面积41.86平方千米。境内大部分地区海拔在1570～1985米之间，最高点为西部三尖山，海拔2897米，其山境内面积达10平方千米；最低点为东北部勐岗河底及海子哨村的大箐口，海拔1140米。

县境属北亚热带季风气候区，由于海拔自东南、东北向西逐渐升高，平均气温则逐渐下降，自然降水量却依次递增，年温差小，日温差大，有一定的“立体气候”特点。2014年末，有耕地20.73万亩，其中水田12.24万亩、旱地8.49万亩，人均耕地1.02亩；有中、小型水库86座，总库容6423万立方米。有自然保护区2个，面积76.6平方千米（4.5万亩），占国土面积1464平方千米（219.16万亩）的5.23%；有林地132.4万亩，人均有林地6.53亩。县境年平均气温17.1℃，比常年平均值偏高0.9℃，比上年平均值偏高0.7℃。县境年降水量839.5毫米，比上年偏多118.9毫米，比常年平均偏少43.3毫米。县境年日照时数为2510.7小时，较历年平均偏多283.3小时，比上年偏多37.1小时。

【资源特产】　牟定县位于滇中腹地，地处川滇台背斜三级成矿带，成矿条件优越，形成门类较多，有部分矿种储量丰富的矿产资源，境内发现矿产40余种，探明的有金、银、铂钯、铜、铁、钛、钒、铌、铅、镍、硅石、钾长石、蛇纹石、蛭石、方解石、花岗岩、石墨、石膏、蓝石棉、稀土、高岭土、煤炭等20余种，稀土矿、铂钯矿、高岭土矿、硅矿4种基本资料比较完备。境内植物资源种子植物149种、464属、874种，其中，裸子植物8科、13属、22种，被子植物141科、451属、852种，被子植物中有双子叶植物124科、371属、743种，单子叶植物17科、80属、109种。动物资源有兽类36种、鸟类98种、两栖类5种、爬行类7种；兽类中的皮毛革兽12种，医药、实验用兽13种，狩猎兽3种，鼠类7种，其他兽类1种；鸟类中有留鸟85种、冬候鸟6种、夏候鸟7种。特产主要有力石酒、喜鹊窝酒、化佛茶、油腐乳、铜炊锅、腌菜罐、砂土锅等，油腐乳享誉楚雄州内外，颇受消费者青睐，是县内主要轻工业产品之一，年产量从数百吨攀升至上千吨，品质也不断提高。

【经济状况】　2014年，牟定县实现地区生产总值40亿元，按可比价格计算，比上年增长12.2%。其中，第一产业实现增加值11.04亿元，增长6.4%；第二产业实现增加值14.93亿元，增长18.6%；第三产业实现增加值14.03亿元，增长9.1%。投资、消费、外贸齐拉动，对全县经济增长的贡献率分别为59.2%、39.8%、1%。第一、二、三产业增加值占地区生产总值的比重由上年的28.8∶35.7∶35.5调整为27.6∶37.3∶35.1。三次产业结构类型为“三二一型”，第一、第三产业分别下降1.2、0.4个百分点，第二产业比重上升1.6个百分点。按常住人口计算人均地区生产总值（GDP）1.89万元，比上年增加2062元，增长12.24%。按公安户籍人口计算，人均地区生产总值（GDP）1.97万元，比上年增加2148元，增长12.2%。非公有制经济增加值19.78亿元，比上年增长15.2%，占地区生产总值的49.5%，对经济增长的贡献率为60%，拉动经济增长7.32个百分点。实施招商引资项目62个，实际引进州外到位资金32.48亿元，增加8.94亿元，增长39.1%，其中，引进省外到位资金22.42亿元，增加7.83亿元，增长53.7%。全县居民消费价格指数为102.9%，商品零售价格指数102.9%，农业生产资料价格指数98.4%。实现农、林、牧渔业总产值17.62亿元、增加值11.04亿元，按可比价计算分别比上年增长6.5%和6.4%。农作物总播种面积55.08万亩，比上年增长0.93%，其中粮食播种面积34.62万亩，比上年增长0.5%；经济作物播种面积20.46万亩，比上年增长1.64%。粮食总产量10.3万吨，比上年增长2.1%。全县89个村（居）委会通了电、电话、公路，有88个村（居）委会通自来水。年末，农田有效灌溉面积18.1万亩；农村用电量4568万千瓦时，比上年增85万千瓦时，增长1.9%。实现工业增加值9.24亿元，比上年增长22.7%，对经济增长的贡献率为45.9%，支撑经济增长5.6个百分点，占县境全社会生产总值的比重由上年的21.6%上升到23.1%；其中规模以上工业企业实现增加值4.82亿元，增长28.3%，对经济增长的贡献率为26.7%，支撑经济增长3.26个百分点。工业经济保持较快增长。城镇化率37.7%。

实现全社会建筑业增加值5.69亿元，比上年增长11.8%。其中，县内10户具有资质等级的建筑企业完成总产值

9.5亿元，增加值3.02亿元，实现利润2909万元，缴纳税金2185万元，分别比上年增长23.9%、17.5%、40.1%、21.1%。完成规模以上（500万元以上）固定资产投资总额44.51亿元，比上年增长24.9%，其中，房地产开发投资7.51亿元，增长5.2%，商品房销售面积15.06万平方米，比上年下降17%。新增固定资产投资24.34亿元，比上年增长7.5%。新开工项目171个，房屋竣工面积13.93万平方米，其中，住宅面积11.3万平方米，投资创造增加值21.77亿元，比上年增长13.4%，对经济增长的贡献率达59.2%，支撑经济增长7.23个百分点。实现批发和零售业增加值3.64亿元，比上年增长9.5%；住宿餐饮业增加值9308万元，增长6.5%。社会消费品零售总额10.81亿元，增长13.7%。分地区看，城镇零售额7.09亿元，增长15.9%；乡村市场零售额3.73亿元，增长9.8%。分类型看，非公有制经济零售额10.78亿元，增长13.5%；其中，个体私营经济零售额8.13亿元，增长12%；分消费形态看，餐饮收入1.67亿元，增长14.2%；商品零售9.14亿元，增长13.6%。消费对经济增长的贡献率达39.8%，创造增加值18.1亿元，比上年增长10.6%，拉动经济增长4.85个百分点；各种运输方式完成货运量219万吨，货物周转量1.33亿吨千米，分别比上年增长2.8%和1%；完成客运量238万人，客运周转量8216万人千米，分别比上年增长1.3%和5.2%。完成邮电和通讯业务总量1.44亿元，比上年增长22.3%。年末，电话用户17.74万部，增长11%，电话普及率77.5%，比上年提高9.9个百分点。其中，移动电话15.78万部，增加1.79万部，增长12.8%，移动电话普及率77.5%，比上年提高9.9个百分点；固定电话1.96万部，普及率9.6%。互联网用户（含电脑、电视、手机）8.8万户，比上年增加2.77万户，增长45.9%，普及率42.3%，比上年提高13.2个百分点。完成地方财政总收入3.39亿元，比上年增长16.6%，其中地方公共财政预算收入2.67亿元，比上年增长16%；完成地方公共财政预算支出13.27亿元，比上年增长6.6%；一般公共服务支出1.84亿元，比上年增长4.2%。年末金融机构各项存款余额42.18亿元，比上年增长18.5%，其中城乡居民储蓄存款余额27.42亿元，增长16.8%。各项贷款余额23.48亿元，比上年增长19.9%。保险企业实现保费收入7117.56万元，比上年增长16.6%；赔款及给付2415万元，比上年增长13.8%；金融保险业实现增加值6969万元，比上年增长16.5%。

【教科文卫】　2014年末，牟定县有普通高级中学1所，职业高级中学1所，教师进修学校1所，初级中学9所，小学78所，幼儿园18所（民办幼儿园6所）。有在职在编教职工1781人，其中专任教师1687人。有小学专任教师852人，普通中学专任教师647人；在校学生1.97万人，其中小学生1.07万人，普通中学生8982人。有高级职业中学1所，专任教师48人，职业高中学生1046人。有幼儿园18所（含民办幼儿园6所），在园幼儿3653人。小学学龄儿童毛入学率109.9%，初中学龄人口毛入学率121.3%。有卫生医疗机构24个（不含个私诊所和村级卫生室），其中医院14个（含乡镇卫生院）；有卫生专业技术人员647人，其中医生263人，平均每千人拥有卫生技术人员3.2人；有病床927张，其中医院795张，平均每千人拥有医院床位数3.9张。有艺术表演团体3个，图书馆1个，文化馆1个，乡（镇）文化站7个，电影放映单位1个，广播人口覆盖率95%，电视人口覆盖率97%。

【社会生活】　2014年，牟定县城镇居民人均可支配收入2.41万元，比上年增加2470元，增长11.4%，扣除物价因素，实际增长8.3%。农村常住居民人均可支配收入6931元，增长14.1%，扣除物价上涨因素，实际增长10.9%。居民人均消费水平7763元，其中，农村居民4978元，城镇居民1.42万元，分别比上年增加863元、493元、1406元，增长12.5%、11%和11%。城镇居民人均住房面积34平方米，农村居民人均住房面积35平方米。有3174人（次）领取城镇居民最低生活保障金，发放保障金1210.59万元；1.63万人（次）领取农村最低生活保障金，发放保障金2195.82万元；供养农村“五保”对象886人；医疗救助1640人，发放救助金125.88万元。年末，纳入统计单位职工1.01万人，比上年增加65人，增长0.64%；在岗职工8864人，比上年减少43人，减0.5%。在岗职工年平均工资4.07万元，比上年增加5797元，增长16.6%。参加企业职工养老保险累计6524人（当年为711人），失业保险累计3002人，医疗保险1.91万人（其中，居民参保8529人、职工参保1.06万人），工伤保险累计9260人（当年参保1184人），生育保险累计2300人（当年参保330人）。城镇登记失业人员1385人，登记失业率3.45%。年内，发生各类安全生产事故220起，死亡7人、受伤109人，直接经济损失158.98万元，事故起数下降11.64%，死亡人数下降12.5%，受伤人数下降41.39%，直接经济损失下降48.51%。

【牟定县基础设施建设】　2014年，牟定县千方百计争取交通基础设施投资，累计投资1.08亿元，基本完成通村公路路面硬化主体工程，农村公路硬化总里程达400千米，在楚雄州率先实现建制村100%通硬化公路的基本目标。加强农田水利基础设施建设，投资6226万元改造中低产田地3.4万亩；完成水利建设投资3.73亿元，改善、恢复和新增0.99万亩，库塘安全蓄水6010万立方米，比上年增加蓄水1891万立方米。

【牟定县教育投资】　2014年，牟定县教育事业创新发展，健全完善教育教学考核评价体系，在牟定一中探索实行教师核编定岗聘任制，投入教育基础设施建设资金5496.29万元，发放“两免一补”资金2830.27万元，落实“营养改善计划”资金1336.35万元，县内相关领导和单位群策群力，千方百计将教育投资落到实处，改善办学条件。

【牟定县卫生计生改革】 2014年，牟定县医药卫生体制改革深入推进，公共卫生服务和基本医疗持续加强，基本药物制度进一步巩固。新农合扩面提标，参合率98.83%，累计减免补偿资金5782万元，受益群众36.57万人次。县120急救中心和江坡、田心、戌街3个卫生院建成投入使用。计生工作“单独二孩”政策启动实施，优生促进工程深入推进，兑现“奖优免补”资金503.47万元，人口自然增长率控制在3.3‰。

【安乐乡扶贫开发整乡推进】 2014年，牟定县实施安乐乡整乡推进扶贫项目。项目覆盖安乐乡13个村委会103个自然村189个村民小组6793户农户2.42万人。中央及省级投入专项财政扶贫资金1500万元（含补差资金500万元），引导整合部门资金3.04亿元。其中，基础设施823.49万元，占54.9%；规划的产业投资676.51万元，占45.1%。建设重点为基础设施项目涉及的13个村委会116个村组，89个子项目，产业项目3个、素质提高项目1个。2013年7月至2014年11月，完成安乐乡扶贫开发整乡推进冬桃产业建设面积4678.54亩，其中，2013年完成小屯村委会1500亩，2014年完成小屯村委会1360亩、蒙恩村委会420亩、猫街村委会97.44亩、新田村委会453亩、桃源村委会665.9亩、石板村委会182.2亩，受益农户1260户4788人。完成青花椒种植5013.89亩，受益农户1317户5005人。完成整乡推进基础设施项目69个，总投资487.93万元。整合部门完成工程项目情况为县交通局、财政局完成4.5米宽通村水泥路5条85.02千米；县水利局完成水利（小水窖）建设379个，县财政局、农业局、国土资源局完成基本农田（基本口粮田、陡坡地治理、农村集体土地整治）4200亩，县经信局、电信公司、移动公司完成现代3G网络建设4071户，县电力公司完成农村电网改造28.32千米，县林业局完成太阳能安装1700套、天然林保护工程及生态林建设45.63万亩，县扶贫办、城建局完成安居工程、危房改造任务145套，县教育局完成幼儿园、村完小校舍改造1133平方米，县文体局、科技局完成文化室建设6所775.46平方米，县人社局、计生局、科技局完成进行适用技能、实用技术培训5450人次。安乐乡整乡推进试点项目完成总投资2亿元，财政专项扶贫资金1000万元，县级24个部门整合资金1.76亿元，业主投入1379.58万元。具体投入为产业发展1039万元、基础设施1.65亿元、安居工程472万元、素质提高200万元、社会事业882.47万元、生态环境与保护903.29万元。

［刘祖文］

牟定县乡（镇）情况一览表

乡(镇)	面积(平方千米)	村(居、社区)委会(个)	年末总人口(人)	年末耕地面积(亩)	农业总产值(万元)	粮食总产量(吨)	烤烟总产量(吨)	年末大牲畜存栏(头)
共和镇	244.05	24	76247	56714	55932	34107	1906	11266
新桥镇	159.08	15	28738	38435	28634	14639	1227	9141
江坡镇	209.4	13	27358	30861	28439	15871	1743	13783
凤屯镇	203.23	9	18174	23002	22342	11484	944	9347
蟠猫乡	170.98	7	11855	12457	11458	6743	316	3674
戌街乡	201.51	8	17021	18831	14268	9257	405	7606
安乐乡	269.38	13	23465	26953	15094	10919	444	10677

［楚雄州统计局］

南华县

【地理位置】 南华县位于楚雄州西南部，地处北纬24°43′～25°22′，东经100°43′～101°22′。东接牟定县、楚雄市；南连楚雄市和普洱市的景东县；西与大理州弥渡县、祥云县毗邻；北连姚安县和大理州祥云县。辖区东西最大横距64.6千米，南北最大纵距71.1千米，国土面积2343平方千米，其中，坝区占4%，山区占96%。县人民政府驻地龙川镇，海拔1857米，东距州府楚雄市城区37千米，距省会昆明市城区197千米，西距大理州首府大理市141千米。

320国道穿过县城中心，省道217南（华）永（仁）高等级公路起于县城，南华至景东公路纵贯县境；楚（雄）大（理）高速公路从县城南缘直通滇西，广（通）大（理）铁路从县城北缘穿过，并在县境设有南华、沙桥2个车站。是川、滇、黔、滇东通往滇西直至缅甸、印度等国家和地区的咽喉要塞，古有“九府通衢”之称。

【行政区划】 2014年末，南华县辖龙川、沙桥、五街、红土坡、马街、兔街6镇和雨露白族乡及一街、罗武庄、五顶山4乡，128个村（居）民委员会，其中，村委会116个，居委会12个，村（居）民小组1489个。

【人口民族】 2014年末，南华县居住着汉、彝、白、回等民族，年末户籍人口24.19万人，比上年末增加826人，增长0.34%；其中女性人口11.86万人；非农业人口6.42万人；男女性别比为103.1（以女性为100计算）；有少数民族人口9.17万人，占总人口的38.88%。常住人口24.07万人，主要少数民族（千人以上）有彝族9.27万人，占总人口的38.3%；白族9395人，占总人口的3.9%；回族2104人，占总人口的0.9%。人口出生率11.37‰，死亡率6.98‰，人口自然增长率4.39‰。城镇化率29.59%。

【自然概貌】 南华县地处滇中高原西部和云南“山”字构造的脊柱部分，地形东北促狭，西南辽远，中部和东部起伏和缓。地势西北高，东南低；西南群山纵横，东北丘陵起伏，山河相间陈列，呈北西至北北西向，东北丘陵起伏，山脉皆属哀牢山系东麓支平余脉，间有少量的高原小平坝和峡谷。境内地层发育不全，以中生界为主，元古界、古生界和新生界极少。县境山多平坝少，山区占全县面积的96%，有县城所在地的龙川坝子，徐营、沙桥坝子和雨露峡谷盆地，占全县总面积4%。主要山脉有大中山、龙潭山、脑头山、马鞍山4大山脉。县境地面河流纵横，主要河流有金沙江水系的龙川江，元江水系的马龙河、礼社江，李仙江水系的兔街河。山河相间排列，地下水储量不丰富，以裂隙水、孔隙水为主要类型；泉水以单泉和群泉出露，间歇泉居优。土壤种类繁多，分棕壤、黄棕壤、紫色壤、红壤、冲积土和水稻土6大类，11个亚类、49个耕地土种。境内最高点为红土坡镇龙潭山脉烧香寺梁子，海拔2861米，最低点为马街镇威车村倒坐窑礼社江边，海拔963米。县人民政府驻地龙川镇海拔1857米。县境地形复杂，海拔高差大，立体气候明显，南亚热带至中温带气候齐备，气温年温差较小，日温差较大，雨热同季、干雨季分明。年平均气温14.8℃、地温为17.0℃，历年平均年降雨837.5毫米。2014年，年平均气温16.1℃，比上年增加0.3℃，年日照2459.2小时，比上年减少152.2小时。年降雨量710.2毫米，比上年增加85.7毫米。年末，有耕地面积21.44万亩；有中小型水库78座，水库总库容6954万立方米，水利工程供水量6425万立方米，比上年增长3.5%。有林地249.98万亩，其中，国有林15.21万亩，集体国家和地方公益林87.58万亩，集体商品林147.19万亩。有自然保护区2个，面积45.05万亩，其中哀牢山国家级自然保护区面积26.01万亩，三峰山州级自然保护区面积19.04万亩。森林覆盖率63.73%，活立木蓄积730万立方米。有湿地4.32万亩，其中，永久性河流湿地2.63万亩，人工湿地1.69万亩，片状湿地62块、线状湿地94条。县城建成区面积7.74平方千米。城镇化率29.59%。

【资源特产】 南华县地处低纬度、高海拔地带，以北亚热带季风气候为主，具有垂直分带为特点的高原地区。山多坝少，光照充足森林茂盛，树种繁多，森林覆盖率63.73%。在全县248万亩森林中，都有野生菌分布，资源年蕴藏量约1万吨，主产松茸、块菌、牛肝菌、干巴菌、鸡油菌、虎掌菌等，尤其是松茸，分布于170万亩山林中，有生产周期长、产量高、质量好等特点，已知野生菌540余种，占全国野生菌900种的60%、占云南省700种的77.1%。2014年，封山育菌190万亩，野生菌集散交易量6160吨、交易额3.97亿元，其中，县内野生菌产量4312吨、产值2.78亿元。有核桃产量7275吨、产值2.13亿元。以松香外进原料为主加工2.3万吨、加工松节油6500吨、树脂5310吨、实现加工产值1.51亿元；畜牧业产值达9.67亿元；中草药资源丰富，有动植物药材660种。野生动物种类较多，境内打雀山是南飞候鸟迁徙途中的“宿营站”，境内约有植物3000余种，有记录的主要种子植物805种，隶属于145科435属；大中山自然保护区有野生动物397种，其中兽类动物记录28种，隶属于8目15科。国家一级保护动物有云豹1种，国家二级保护动物11种，省级保护动物有1种。有鸟类278种。境内矿产丰富，矿种繁多，其中龙潭砷矿和五顶山力苴石膏矿储藏规模为全省之冠。主要矿产有铅、锌、铜、金、铊、镉、银、铂、砷、石膏、石灰石、石棉、泥煤、褐煤、烟煤等20种。主要旅游资源有以彝族文化、福文化和菌文化支撑的“咪依噜风情谷”，被评为国家AAA旅游景区和省级乡村旅游服务标准化试点；福园、菌园、彝人天堂五街太阳女人文风情园、英武罗鲁文博园、野生菌王国、毛板桥风景区（包括锦星山庄、星亿山庄、南泉寺）、鹦鹉山生态园、大中山林区、宝珠寺和30个民族文化生态旅游村，乡村旅游接待游客139.6万人次，实现旅游业总收入6.38亿元，其中，“咪依噜风情谷”接待旅游者56.28万人次，实现乡村旅游收入2379.77万元。特产有白芸豆、核桃、萝卜、洋芋、烟草、野生食用菌、沙桥豆制品、天堂牌火腿、五顶山腊鹅、兔街茶、澜沧江啤酒、兔街小戈瓦酒、五顶山花石头酒、腌鱼、刺头菜、甜笋、香椿。

【经济状况】 2014年，南华县实现地区生产总值40.75亿元，按可比价格计算，比上年增长12.6%，其中第一产业实现增加值13.69亿元，增长6.6%；第二产业实现增加值13.61亿元，比上年增长20.1%；第三产业实现增加值

13.45亿元，比上年增长10.1%。第一、二、三产业对生产总值增长贡献率由35.2∶31.6∶33.2调整为33.6∶33.4∶33，第一、二、三产业对生产总值增长的贡献率是16.0%、56.7%和27.3%，分别比上年下降3个百分点、上升6.7个百分点和下降3.7个百分点。按常住人口计算的人均地区生产总值（GDP）为1.69万元，比上年增长12.4%。按公安户籍人口计算的人均地区生产总值（GDP）为1.69万元（按年末人民币汇率折算折合2757美元），比上年增长11.8%。非公有制经济增加值17.08亿元，比上年增长15.2%，占地区生产总值的比重为41.9%，比上年上升0.9个百分点。签约合作项目15个，招商引资州外到位资金37.55亿元，比上年增长49.5%，其中省外到位资金30.73亿元，比上年增长73.8%。烤烟、煤炭、啤酒3大重点产业实现产值13.76亿元，其中烤烟实现产值3.02亿元，增长7.1%；煤炭实现产值2.2亿元，比上年减少19.7%，啤酒实现产值9.14亿元，增长13%。野生菌加工实现产值3.97亿元，核桃产值2.13亿元。居民消费价格总水平比上年上涨2.5%，其中，食品类上涨3.1%（粮食价格上涨5.8%）；烟酒及用品类上涨0.3%；家庭设备用品及维修服务类上涨3.7%，保健和个人用品类上涨1.9%；交通和通讯类下降0.1%；娱乐教育文化用品及服务类上涨1%；居住类上涨4%。商品零售价格总水平比上年上涨2%。农业生产资料价格上涨2.5%，与上年持平。实现农林牧渔业产值24.5亿元，比上年增1.49亿元，增长6.5%。其中，农业产值12.08亿元，增长3.7%；林业产值2.53亿元，增长9.6%；牧业产值9.67亿元，增长9.2%；渔业产值2185万元，增长4.9%。粮食种植面积37.1万亩，比上年增长1%。经济作物播种面积20.72万亩，比上年增长0.1%，其中，烤烟种植面积8.97万亩，比上年减少4.6%；油料种植面积3.53万亩，比上年减少2.5%。粮食作物与经济作物种植比为64∶36。实现粮食产量11.99万吨，增长2.3%。肉类总产量（含家禽）3.8万吨，比上年增长8.2%。有128个村（居）委会通电、通公路、通电话，村民小组通公路1184个。新增有效灌溉面积1500亩，实现农田有效灌溉面积12.96万亩，节水灌溉面积12.1万亩，水利化程度60.45%。农用化肥施用量（折纯）1.75万吨，增长3.3%；农药施用量293吨，减少13.8%。完成供电量1.58亿千瓦时，增长26.66%；完成售电量1.46亿千瓦时，增长26.4%。实现工业总产值35.95亿元，比上年增长8.29%，其中规模以上工业企业实现产值35.95亿元，增长30%；实现增加值8.29亿元，增长26.1%；实现利税3.71亿元；增长22%；实现利润2.68亿元，增长23.5%；应缴增值税8532.8万元，比上年增长25.4%。6家资质建筑企业完成产值12.05亿元，比上年增长36.3%，实现建筑业增加值2.56亿元，比上年增长15.4%，实现工程结算主营业务收入7.49亿元，实现利润总额9603.6万元，上交税金及附加2351.6万元。按总产值计算的建筑业全员劳动生产率56.64万元/人。完成规模以上固定资产投资42.7亿元，比上年增长35.7%。新开工建设项目96项，续建项目50项，实际建成投产90项，新增固定资产11.23亿元。签约合作项目15个，招商引资州外到位资金37.55亿元，比上年增长49.5%，其中省外到位资金30.73亿元，比上年增长73.8%。实现社会消费品零售总额14.39亿元，比上年增长13%，其中，城镇零售额8.35亿元，增长21.5%；农村零售额6.05亿元，增长3.1%。完成邮电业务营业总收入1.15亿元（含邮政、电信、移动、联通、铁通、广电信息网络），比上年增长18.4%；报刊期发数15.98万份，累计投发59.17万份，办理函件13.56万件。年末有固定电话和移动电话16.34万部，电话普及率67.54部/百人。完成地方财政总收入5.35亿元，增长20.7%，其中地方公共财政预算收入3.86亿元，增长20.3%。地方公共财政预算支出17.55亿元，增长27.9%。年末金融机构各项存款余额1.23亿元，增长41.4%，其中城乡居民储蓄存款余额30.59亿元，增长20.77%。金融机构人民币贷款余额27.27亿元，增长14.84%。10家保险公司保费收入1.23亿元，比上年增长41.4%；赔款及给付支出4637.85万元，比上年增长41.2%。

【教科文卫】 2014年，南华县有普通高中1所，职业中学1所，初级中学14所，小学134所，幼儿园20所，教师进修学校1所。有教职工2204人，其中，专任教师2011人。普通高中招生1009人，在校学生3021人，毕业学生904人；职业中学招生400人，在校学生816人，毕业学生100人；初级中学招生3638人，在校学生10373人，毕业学生2775人；普通小学招生2376人，在校学生17075人，毕业学生3684人；幼儿园招生3021人，在园幼儿4512人，出园幼儿2900人。小学适龄儿童少年毛入学率、初中阶段毛入学率和高中阶段毛入学率分别为110.5%、116.16%和87%。组织申报国家科技部科技计划项目1项、省科技厅项目14项、州科技局项目10项，获准立项实施24项。有艺术表演团体1个，公共图书馆1个，图书馆藏书4.95万册；青少年校外活动中心1个，乡（镇）文化站所（室）137个。组织群众体育运动12场次，参加体育运动7.8万人次。参加州级以上体育运动5场次，运动人员842人次，体育健儿参加州级以上体育竞技比赛获得奖牌86枚，其中，金牌42枚、银牌16枚、铜牌28枚。广播综合人口覆盖率97.8%，电视综合人口覆盖率98.3%。年末数字电视用户3.1万户，接入互联网的计算机用户1.5万户。有卫生机构158个。医院和卫生院床位876张（医院床位713张），专业卫生技术人员472人，其中，医生326人。传染病发病率157.6/10万人。有21.19万人参加新型农村合作医疗，参合率107.16%，筹集到新型农村合作医疗资金8055.51万元，累计补偿资金8198.73万元，新型农村合作医疗资金使用率101.78%。

【社会生活】 2014年，南华县城镇常住居民人均可支配收入2.44万元，增长

10.9%，扣除物价上涨因素，实际增长8.2%；常住居民人均消费支出1.47万元，比上年增加4763元，增长48.1%；年末城镇居民人均居住面积37平方米，比上年增长18.3%；农村常住居民人均居住面积41平方米，比上年增长5.1%。农村常住居民人均可支配收入7172元，比上年增长15.0%，扣除物价上涨因素，实际增长12.2%；农村常住居民人均生活消费支出5865元，比上年增长12.6%。有4274户6301人次领取城镇居民最低生活保障救济，发放保障金2034.92万元；有4395户1.48万人次领取农村低保，发放低保金1957.73万元；发放救灾救济物资11万件，救灾救济资金459.4万元。年末，有城乡敬老院10所，床位220张，收养老人152人。有在岗职工1.02万人，比上年增长5.6%，在岗职工人均年工资4.85万元，比上年增长3.1%。参加基本养老保险1.14万人，失业保险6500人，基本医疗保险1.19万人，农村社会养老保险人数达13.26万人。城镇登记失业人数2175人，登记失业率2.17%。发生安全生产事故32起，死亡17人，直接经济损失169.63万元；亿元GDP生产安全事故死亡人数0.42人，比上年增加0.09人。其中，道路交通死亡事故13起，死亡16人，直接经济损失4.47万元；工矿商贸企业事故1起，死亡1人，直接经济损失108万元；火灾事故18起，直接经济损失57.18万元。

【南华县市民广场建设】 2014年，南华县在城北公务中心旁建设市民广场，项目建设占地57.06亩，由道路、水体、大小广场、装饰小品（图腾柱、亭子、小桥、景观石、游道、灯光）、绿化、管理用房等组成。年内完成主体工程施工，有道路面积5500平方米、绿化面积2.01万平方米、水体面积4000平方米、图腾广场面积1706平方米、涌泉广场面积314平方米、其他5个广场面积1234平方米；弧形建筑185平方米、矩形建筑106平方米、公厕2座108平方米，计划总投资1500万元，年内累计完成投资1800万元。

【南华县城天然气输供工程建设】 2014年，中缅天然气干线途经南华县，通过中缅天然气管南华支线为南华县天然气综合利用工程输供天然气。县城采用管输天然气供气模式，设置天然气场站2座，包括南华县城龙川镇门站1座，龙川镇CNG（压缩天然气）汽车加气站1座。年内，城区中压管网及门站初步设计及老高坝门站初设图评审完毕，完成门站场地平整，完成南华县城天然气环城管网主输气管线1.2万米。

【南华县云台山风电场建成投产】 2014年，南华县云台山风电场位于龙川镇东北部的云台山村委会，距县城18千米，是南华县建成投产的新能源建设项目。项目总投资4.75亿元，装机容量4.95万千瓦，安装单机容量1500兆瓦的风力发电机组33台。8月，各风力发电机组开始并网发电，至年末实现发电量2400万千瓦时，实现新能源产业增加值1012.35万元。

［窦正旺］

南华县乡（镇）情况一览表

乡(镇)	面积(平方千米)	村(居、社区)委会(个)	年末总人口(人)	年末耕地面积(亩)	农业总产值(万元)	粮食总产量(吨)	烤烟总产量(吨)	年末大牲畜存栏(头)
龙川镇	614.02	29	83462	61908	62228	38806	1606	13986
沙桥镇	351.4	19	35452	30327	41098	18693	1872	8453
五街镇	267	14	18921	19008	23558	9335	713	8738
红土坡镇	167	10	13814	14789	16416	7687	1251	10743
马街镇	175.17	13	18134	15514	19725	9204	634	9030
兔街镇	143.21	11	14496	14091	15051	9027	166	6864
雨露乡	24.3	7	14537	17624	17119	6836	1088	8048
一街乡	168	12	20094	17099	18626	6760	1720	13345
罗武庄乡	123.4	7	12637	12214	16001	6816	1382	6115
五顶山乡	90.8	6	10389	11853	15192	6714	1241	5972

［楚雄州统计局］

姚　安　县

【地理位置】　姚安县位于楚雄州西北部，地处北纬 25°13′~25°45′，东经 100°56′~101°34′，县人民政府驻地栋川镇，海拔1870米。东邻牟定县、南连南华县，西与大理州祥云县接壤，北接大姚县。南（华）永（仁）公路穿境而过，广（通）大（理）铁路在县境有弥兴镇小苴火车站。县境横距64千米，南北横距48.5千米，国土面积1803平方千米。距州府楚雄市城区78千米，距省会昆明市城区243千米。

【行政区划】　2014年末，姚安县辖栋川、光禄、前场、弥兴、太平5镇和适中、左门、官屯、大河口4乡。全县共77个村（居）民委员会，1205个村（居）民小组。

【人口民族】　2014年末，姚安县户籍总人口20.93万人。其中，非农业人口5.05万人，占总人口的24.13%；农业人口15.88万人，占总人口的75.87%。境内居住着汉族、彝族、回族等23种民族。总人口中，少数民族人口5.81万人，占总人口的27.76%。人口出生率10.04‰，死亡率6.6‰，人口自然增长率3.44‰。

【自然概貌】　姚安县境四周群山环抱，中间平川广畴，东南部山势较陡，三峰山、燕子窝山、风咀梁子、贺基角山构成东南屏障，西部山势平缓，山顶浑圆，与西南向西北的山势组成西北屏障。全县地势呈南北走向，南高北低。县东南三峰山海拔2897米，为全县最高点。西北角一泡江出境处拉雾堵海拔1515米，为县境最低点。地貌大致可分为3类：坝区位于县境中部，地势微向北倾斜，平均海拔1870米；半山区位于县境西部，山间形成官屯、马游、弥兴3个山区小坝子，平均海拔1870~1950米；山区分布在县境南部太平镇、东部前场镇、适中乡和西部左门乡、大河口乡，平均海拔1920米。2014年完成人工造林6万亩，退耕还林1.5万亩，天保工程管护189.23万亩。有自然保护区3个，保护区面积103.74万亩。有林地面积173.1万亩，活立木蓄积量434.81万立方米，森林覆盖率64.26%。姚安县属中亚热带季风气候区冬干夏湿，年降雨量683.4毫米，年平均气温16.5℃，年日照2399.1小时，无霜期274天。

【资源特产】　姚安县农业资源丰富，生产水平较高，经济作物单产高、质量优，被誉为“滇中粮仓”、“鱼米之乡”，曾先后被评为全省商品粮基地县、国家级商品猪基地县、国家级种子加工中心、省级优质蚕桑基地县、烤烟科技转化示范县、国家级农业综合开发建设项目县和国家级水稻示范县。农特产品主要有山药、百合、魔芋、藕粉、蜂蜜、优质粳米、三角糯米等。矿产资源主要有金、银、铜、铁、铅、锌、钾、硫和国内稀有紫蓝长绒石棉矿等。

【经济状况】　2014年，姚安县实现生产总值37.97亿元，按可比价计算，比上年增长12.1%。其中，第一产业增加值13.46亿元，增长6.7%；第二产业增加值12.24亿元，增长15.6%；第三产业增加值12.27亿元，增长13.7%。第一、二、三产业增加值占生产总值的比重分别为35.4%、32.2%、32.4%。非公有制经济增加值17.41亿元，占GDP的45.8%，比上年提高0.4个百分点。实现社会消费品零售总额10.45亿元，比上年增长13.9%。居民消费价格总水平上涨2.2%。其中，食品价格上涨3.0%，服务项目价格上涨2.0%；商品零售价格总水平上涨1.8%；农业生产资料价格总水平下降1.3%。年末全县乡村从业人员12.24万人，比上年下降0.1%。其中，从事农业产业7.82万人，占63.89%；从事非农行业的农村劳动力4.42万人，占36.1%。年末城镇登记失业率3.2%，与上年持平。城镇化率33.57%，比上年提高1.24个百分点。

实现农林牧渔业总产值23.45亿元，按可比价格计算，比上年增长6.5%。其中，农业产值13.10亿元，增长5.9%；林业产值1.50亿元，增长7.1%；牧业产值8.08亿元，增长6.7%；渔业产值7747万元，增长14.3%。农作物种植面积44.16万亩，比上年增长0.1%。其中，粮食作物种植25.81万亩，增长1.2%；经济作物种植面积18.35万亩，下降1.5%，其中，烤烟种植面积7.01万亩，下降9.5%；油料种植面积3.65万亩，增长5.1%；蔬菜种植面积7.05万亩，增长8.9%。粮食总产量9.84万吨，增长2.4%。其中，夏收粮食2.64万吨，增长6%。稻谷2.74万吨，下降1.3%；小麦产量0.93万吨，增长0.1%；玉米产量3.93万吨，增长1.1%；豆类产量1.20万吨，增长15%。蔬菜产量（含人工食用菌产量）15.41万吨，增长11.5%；油料作物产量7292吨，增长4.9%。收购烟叶9865吨，实现产值2.67亿元。新栽桑3649亩，养蚕2.7万张，产茧971吨，实现鲜茧产值3739万元。出栏肉猪28.53万头、牛3.15万头、羊6.59万只、家禽124.35万只，分别增长3%、6.4%、8.8%、6.1%；肉类总产量3.25万吨，增长3.6%。年末大牲畜存栏6.48万头，增长14.8%；生猪存栏16.07万头，增长12.5%；牛存栏5.36万头，增长11.9%；羊存栏8.08万只，增长14.8%，家禽存栏66.33万只，增长3.6%。77个村（居）委会全部通公路、通电、通电话、通自来水。有耕地面积17.70万亩，其中水田12.92万亩，旱地4.77万亩。有效灌溉面积11.4万亩。有中小型水库71座，坝塘918座，总库容1.12亿立方米。农业机械总动力

17.1万瓦特；农村用电量6113万千瓦时，增长9.4%；农用化肥施用量（折纯量）1.03万吨，比上年增长3.8%，农药施用量330吨，增长4.1%。

完成工业总产值49.75亿元，比上年增长8.96%。其中，规模以上工业企业实现产值9.93亿元，增长31.43%；规模以下工业完成产值39.82亿元，增长4.5%。有资质内本地建筑企业4个，完成总产值4.82亿元，比上年增长25%，实现建筑业增加值1.77亿元，增长20.5%。年末公路通车里程1172千米，其中二级公路47千米。完成客运量149万人，客运周转量7094万人/千米；货运量97万吨，货运周转量1.55亿吨/千米。完成邮电业务总量620.5万元。订售报纸218.76万份，订售杂志7.38万份，信函收发总量1.45万件。年末拥有固定电话0.78万部、移动电话用户1.03万户，互联网上网用户1.7万户。

完成地方财政总收入2.88亿元，比上年增长21.2%。其中，公共财政预算收入2.23亿元，增长23.1%；公共财政预算支出12.88亿元，增长15%。完成政府性基金预算收入9204万元，下降30.4%；完成政府性基金预算支出1.43亿元，下降15.1%。金融机构年末人民币存款余额41.93亿元，比年初增长12.1%，其中城乡居民储蓄存款18.27亿元，增长13.34%。金融机构年末人民币贷款余额17.21亿元，比年初增长21.7%。各种保险累计保费收入4904万元，比上年增长0.16%，赔款及给付2528万元，增长14.91%。

【教科文卫】 2014年末，姚安县有高级中学1所，专任教师185人，招生891人，在校学生2704人，毕业学生954人；初级中学8所，专任教师586人，招生2380人，在校学生7195人，毕业学生2441人；中等职业技术学校2所，专任教师49人，招生146人，在校学生326人，毕业学生63人；小学58所，专任教师891人，招生1533人，在校学生1.04万人，毕业学生2425人。幼儿园13所，其中，公办4所，民办9所，在园幼儿3676人，专任教师111人。列入各级科技计划项目20项；有农民专业合作组织127个，社员1.44万人。组织科技培训4期，发放科普材料2.8万余份。年末有文化事业机构15个。其中，艺术表演团体1个，图书馆1个，博物馆1个，乡（镇）文化站9个；有电视台1座，广播电台1座，广播、电视覆盖率分别为100%和99%。有各类卫生机构119个，卫生技术人员745人。其中，执业医师244人，执业助理医师55人，注册护士319人。有病床869张，其中医院床位110张。

姚安县风力发电见成效 （孙家成/摄影）

【社会生活】 2014年，姚安县农村常住居民人均可支配收入7385元，增长14.5%；城镇常住居民人均可支配收入2.38万元，增长11.7%。参加城镇职工基本养老保险6700人。参加城镇职工基本医疗保险9400人，城镇居民基本医疗保险6820人，参加失业保险3510人，参加工伤保险8500人，参加生育保险2400人。参加新型农村合作医疗18.37万人，参合率98.75%。新型农村和城镇居民社会养老保险参保人数16.06万人，参保率100%。有2.43万人领到城乡居民最低生活保障金，发放低保金4485.76万元。民政优抚对象1576人，发放优抚金517.42万元。有敬老院7所，收养119人；有福利院1所，收养10人。发生各类生产安全事故22起，造成4人死亡、4人受伤；其中交通事故5起，造成4人死亡、4人受伤。

【姚安县两家企业股权交易挂牌】 2014年9月16日，姚安农哈哈食用菌开发有限公司在上海股权交易托管中心成功挂牌交易，成为云南省首个在上海股权交易托管中心挂牌交易的农业企业，食用菌制品“回颜”被认定为云南省著名商标。11月21日，姚安美凌食品科技有限公司在上海股权托管交易中心成功Q板挂牌，是云南省首家在股权托管交易中心挂牌的冷饮生产企业。

【姚安县农村土地承包经营权流转】 2014年，姚安县以“清河模式”和“包粮屯经验”带动农村土地承包经营权有序流转，流转面积3.17万亩，占家庭承包耕地面积13.04万亩的24.3%；流转农户1.59万户，占家庭承包经营农户的32.4%。农村土地流转以转包、互换、出租、入股方式为主。从土地流转方向划分，流转给农户1.27万亩，占流转总面积的40%，流转入专业合作社6300亩，占流转总面积的19.9%，流转入企业2500亩，占流转总面积的7.9%。鼓励扶持发展种养大户、家庭农场、农业龙头企业和农民专业合作社，积极培育农业庄园。农民专业合作社发展到273个，其中农民专业协会61个，登记注册的专业合作社212个，成员总数8939个。新增州级农业龙头企业4家，全县有农业龙头企业15家，其中省级农业龙头企业3家、州级龙头企业13家。年末，农业产业化经营从业人员1055人，实现总产值2.47亿元，营业收入1.86亿元，利润总额1044万元，上交税金288万元，劳动者报酬550万元，工业销售产值9336万元，主要农产品原料采购值7751万元，带动农户数7532户，其中订单带动农户987户。

【姚安县中低产田地改造】　2014年，姚安县完成中低产田地改造项目8件，改造面积2.13万亩，完成投资3339.16万元。其中，烟草公司实施弥兴镇水洼水窖项目，投资135.3万元，扶持修建水窖200个，改造中低产田地1000亩；弥兴镇小苴董家冲、官屯乡连厂大箐修建水窖591个，投资399.81万元，改造中低产田地3000亩；弥兴镇大村红星塘坝工程，投资714.24万元，改造农田4755亩。县发改局在前场石河、王朝、新村等村实施综合开发项目，投资280万元，建设沟渠16.63千米，改造中低产田地1600亩。县财政局农业综合开发高标准农田建设示范工程项目，投资700万元，维修沟渠12.25千米，修建机耕路4.99千米，改造中低产田地5000亩；在栋川镇、官屯乡实施中低产田地改造项目，投资430万元，建设沟渠6.28千米，田间机耕路695米，改造中低产田地3300亩。县国土资源局实施左门乡地索村土地整治（补充耕地）项目，投资554.08万元，建设水窖82个，沟渠11.97千米，机耕路6.53千米，平整土地1439亩。

【姚安县新能源项目建设】　2014年，姚安县以风电场建设和太阳能光伏电站建设为主体的新能源建设项目取得较大成就。编制《姚安县风电场规划报告》、《姚安县太阳能光伏电站选址规划报告》，与三峡新能源云南姚安发电有限公司、中国水电顾问集团昆明勘测设计研究院、华能新能源公司、中国华水水电开发总公司签订风电开发协议和太阳能开发协议。在县境规划建设风电场5个，即大龙口、保顶山、花园梁子、高峰寺、太平风电场，总装机容量约73.7万千瓦。根据开发条件和实际情况，总装机容量67.9万千瓦，总投资62.09亿元。其中，大龙口风电场一期梅家山风电场、二期尖山梁子风电场于2011年11月25日获得云南省发改委核准批复，2012年2月正式开工建设，年底就有66台风机投产发电。至2014年末，累计上网电量4.98亿千瓦时。规划建设太阳能光伏电站6个，即石河、朱家庄、老板冲、红梅、大苴、大麦冲光伏电站，总装机容量16.55万千瓦，总投资19.9亿元。其中，石河村并网光伏电站完成全部项目前期工作和备案。红梅光伏电站开展测光及前期工作。

［赵文安］

姚安县乡（镇）情况一览表

乡(镇)	面积(平方千米)	村(居、社区)委会(个)	年末总人口(人)	年末耕地面积(亩)	农业总产值(万元)	粮食总产量(吨)	烤烟总产量(吨)	年末大牲畜存栏(头)
栋川镇	195	21	92669	66950	84471	27964	4491	8240
光禄镇	136.6	11	34289	28312	42795	16411	2033	5573
前场镇	305.2	9	17987	17670	26587	10517	579	12822
弥兴镇	195	8	20899	16923	23722	13071	906	6287
太平镇	202.6	5	9716	10101	12194	5626	500	9131
适中乡	109.1	4	5535	4951	7948	3270	274	2934
左门乡	203	5	4440	6139	6961	3100	269	4651
官屯乡	274.6	8	16282	20569	19937	13542	1000	8772
大河口乡	181.8	6	7529	5337	9911	4911	1000	6423

［楚雄州统计局］

大　姚　县

【地理位置】 大姚县位于云南省北部偏西、楚雄州西北部，地处北纬25°33′~26°24′，东经100°53′~101°42′之间。县人民政府驻地金碧镇，海拔1860米，距州府鹿城镇107千米，距省府昆明市276千米。东邻永仁、元谋县，南与牟定、姚安县毗邻，西接大理州祥云、宾川县，北隔金沙江与丽江市永胜、华坪县相望。东西最大横距79.3千米，南北最大纵距93.5千米，国土面积4146平方千米。

【行政区划】 2014年末，大姚县辖金碧、石羊、六苴、龙街、赵家店、新街、桂花、三岔河8镇和昙华、三台、铁锁、湾碧（傣族傈僳族乡）4乡，129个村（居）民委员会，1539个村（居）民小组。

【人口民族】 2014年末，按公安户籍人口统计，全县有户籍人口28.29万人，其中非农业人口7.61万人，占总人口的26.90%。少数民族人口10.22万人，占总人口的36.13%，其中主要少数民族有彝族9.33万人，傣族4170人，傈僳族2602人。年内，出生人口2892人，人口出生率11.29‰；死亡人口2456人，死亡率6.99‰；人口自然增长率4.3‰；城镇化率28.85%。

【自然概貌】 大姚境内多山，地势北高南低，中部隆起，最高点为百草岭主峰帽台山，海拔3657米，最低点为金沙江边的灰拉表村，海拔1023米，高低相差2634米。境内百草岭处于云岭东部斜坡，是云岭余脉山系。境内河流属金沙江南面近区水系，以百草岭、昙华山山脉走向为分水岭，分成百草岭北坡、西部一泡江、南部蜻蛉河及东部龙街河4个水区。主要河流16条，总长510千米，年均径流量12.95亿立方米。县境内立体气候显著，冬无严寒夏日暖，一年两季干湿分，雨量偏少春夏旱，日照充足霜期短，日差较大年差小，雨热同季宜烟粮。2014年，全县降雨量708.60毫米，比上年减少21.7毫米；年最高气温34.6℃，年最低气温-3.1℃，年平均气温16.8℃，年日照2685.9小时。

【资源特产】 大姚县域土壤分为紫色土、黄棕壤、棕壤、水稻土、红壤、暗棕壤、冲积土、盐土8个土类，14个亚类，24个土属，59个土种，37个变种。2014年末，有耕地面积24.92万亩，人均耕地面积0.88亩，农业人口人均耕地面积1.20亩。矿产资源丰富，其中铜矿石总储量5134万吨，铜总储量67.9万吨，有铜矿点及矿化点45个；以蓝石棉、粘土、建筑用砂、建筑用砂岩为主矿种的建材非金属矿20个，盐矿、白云岩、金、银也有相当储量。石盐储量5.96亿吨，铁矿总储量154万吨，煤储量67.6万吨。县域水能理论蕴藏量106.7万千瓦，可开发蕴藏量6.3万千瓦。植物资源种类繁多，有种子植物136科1148种，其中野生中药材603种，名贵药材192种，野生中药材蕴藏量1.08万吨。有兽类（或哺乳类）57种，鸟类301种，两栖类22种，爬行类30种。旅游资源丰富，有旅游资源7个种类129个景观，其中，自然景观44个，包括地文景观17个，水域风光11个，生物景观16个；人文景观85个，包括古迹建筑39个，城市景观3个，民俗风情38个。旅游资源分布于14个乡（镇），分4个旅游区，即昙华山旅游区、县城旅游区、石羊古镇旅游区和帽台山旅游区。地方产品独具特色，名特产品有15个，久负盛名的有大姚薄壳核桃、小把粉丝、野坝子蜂蜜。仙鹤胶囊、咽舒欣等彝药产品享誉省内外。

【经济状况】 2014年，大姚县实现生产总值52.54亿元，比上年增长11.1%，其中，第一产业增加值16.99亿元，增长6.5%；第二产业增加值19.20亿元，增长15.5%；第三产业增加值16.35亿元，增长9.3%；第一、二、三产业的比重32:37:31，产业结构得到优化。地方财政总收入实现5.47亿元，增长10.6%，其中，公共财政预算收入实现3.94亿元，增长13.2%；公共财政预算支出18.39亿元，增长11.1%。金融机构人民币存款年末余额59.15亿元，人民币贷款年末余额33.96亿元。社会消费品零售总额18.92亿元，增长13.4%；居民消费价格总水平上涨2.9%。固定资产投资（不含农户）完成52.97亿元，比上年增长27.6%，其中，项目投资完成45.58亿元，比上年增长27.3%；房地产开发投资7.39亿元，比上年增长29.9%。引进招商项目68个，实际到位州外资金40.2亿元，增长40.1%。

粮豆作物播种面积46.00万亩，比上年增长0.9%，其中，夏收粮食作物播种面积17.12万亩，比上年增长5.6%；秋收粮食作物播种面积28.89万亩，比上年下降1.7%。农业总产值31.8亿元，增长6.4%；粮食总产量14.27万吨，增长2.3%。收购烟叶8380吨，综合均价比上年提高1.18元，烟农户均烤烟收入2.81万元。全面推进标准化规模养殖，实现畜牧业产值10.2亿元，增长6%。核桃、花椒、蚕桑、中药材等重点产业种植规模不断扩大，辣椒、魔芋、百合等特色品种规模化种植发展迅速，农业产业经济效益明显增强，促农增收作用日益显现。综合森林覆盖率78%，生态效益和经济效益显现。切实加强耕地保护工作，持续推进草原生态奖补工程，巩固退耕还林成果，兑现公益林生态效益补偿资金2437万元。落实草原生态保护面积291.33万亩，兑付补助奖励资金605.41万元。

实现工业总产值56.98亿元，增长18.5%，其中，规模以上工业完成总产值41.60亿元、增长24.4%，完成增加值10.56亿元，增长17.9%；规模以下工业完成总产值15.39亿元，增长5%；完成工业固定资产投资17亿元，增长29%。县财政安排担保金1000万元，支持中小企业向银行贷款1亿元；实施“两个10万元”微型企业培育工程，扶持企业134户，扶持资金402万元。实现非公企业增加值25.3亿元，占全县GDP的47.7%。利英特色食品有限公司成为大姚县首家在上海股权托管交易中心Q板挂牌上市企业。2014年，生产铜精矿含铜1.18万吨，电解铜1.70万吨，铸件1.39万吨，蜂蜜1278吨，软饮料2469吨，中成药69吨，蚕丝320吨，棉纱1357吨，砖1.68亿块，发电量3365万千瓦时，自来水生产量212万吨。

完成全县旅游业发展总体规划、石羊孔子文化广场修建性详细规划编制。三潭、百草岭等景区景点设施更加完善，楚攀区域旅游合作不断深入，旅游业对外影响力逐步提升，实现旅游总收入2.7亿元，增长27.8%。

【社会生活】 2014年，大姚县全面启动城乡人居环境提升三年行动计划，完成10个新农村、11个民族团结进步示范项目、58个美丽乡村（示范村）、80个扶贫整村推进和114个“一事一议”财政奖补项目建设，实施农村危房改造及地震安居工程1550户。城镇常住居民人均可支配收入2.45万元，增长11.2%；城镇常住居民消费性支出人均1.78万元，比上年增长2.4%。农村常住居民人均可支配收入7158元，增长14.6%。金沙江观音岩水电站建设移民搬迁安置累计完成投资11.5亿元，其中年内完成投资2.9亿元，兑付个人财产补偿补助资金2.6亿元，完成搬迁安置901户4077人。红豆树、大坡、坛罐窑水库建设移民进展顺利。民生支出14.9亿元，占地方公共财政预算支出的81.3%。兑付各项惠农补贴资金6672万元。城镇新增就业3127人，农业劳动力转移就业1.85万人。新型农村合作医疗参合率99.24%，兑现新农合补偿资金9495万元、大病补充保险理赔资金426.8万元。发放城乡居民基本养老保险金2766.5万元、五项社会保险待遇8544.8万元、低保及社会救助金8010万元。“五保”供养1615人。夕阳红、缘林等居家养老服务中心投入使用，社会化养老服务体系初步建立。发放困难学生补助资金4843万元。9月，金碧镇金龙社区梁家山村民赵丽华荣登“中国好人榜”，并被选为中国文明网《好人365》栏目封面人物。

【教科文卫】 2014年，大姚县有学校150所。其中，完全中学2所，职教中心1所，初级中学12所，小学110所，幼儿园25所。有在校学生3.69万人，其中，普通高中学生5340人，职业高中学生1276人（非全日制629人），初中学生9219人，小学生1.62万人，在园幼儿（含学前班）4900人；有公办教职工2726人，其中专任教师2454人；有民办学校教职工86人，其中专任教师38人。普通中小学校舍面积38.69万平方米，中小学藏书量60.26万册。高考600分以上21人，本科以上上线1207人，其中一本上线243人，总上线率99.87%。申报专利29件，举办知识产权培训班1期60人。申报国家、省、州科技计划项目13项，获得省州科技计划项目资金295万元。企业申报省级相关认定36项（人），其中高新技术企业认定1项、省级农业科技示范园认定3项。科技工作者和科普志愿者100余人参加科技咨询、科普展览、科普宣传等活动。开展新型农民培训，整合培训资金130.5万元，举办县级集中培训5期600余人次，开展县级部门和乡（镇）现场培训125期1.12万人次。科普活动覆盖全县12个乡（镇）129个村（社区）。新植中药材2.52万亩，有中药材种植面积3.47万亩。开展国家公共文化服务体系示范区创建，129个村委会（社区）都有农家书屋，书屋平均藏书量4000册以上。开展城区“十大节日”文艺演出活动，配合省花灯剧院到大姚部分乡（镇）开展演出10场；开展8月全民健身月活动，开展环蜻蛉湖自行车挑战赛及白塔杯环湖赛跑、广场舞大赛、石羊孔子文化节“穿越之旅”自行车挑战赛等系列活动；举办2014年大姚石羊孔子文化节，乡（镇）举办昙华“插花节”、三台“彝族服装节”、赵家店“火把节”等十大民族传统节日；组队参加全州青少年足球锦标赛并获得第4名；县民宗局、县残联、县文体广电旅游局组织参加楚雄州少数民族传统运动会和全州残疾人运动会；举办全州老年人网球邀请赛和2014年“百草岭杯”全省气排球邀请赛；举办大姚县第六届农民文艺汇演暨第七届农民体育运动会和第三十届城区职工运动会。实施文化体育基础设施建设项目62个，累计完成投资867.19万元。文化产业实现增加值16187万元，比上年增长28.5%，文化产业增加值占全县GDP的3.0%，比上年提高0.33个百分点。有各级各类医疗卫生机构197个，其中，县乡公立医疗卫生机构18个（县级4个、乡（镇）卫生院14个），民营医疗机构4个，个体诊所26个，村卫生室（所）149个。医疗机构开放床位1217张，其中公立医院805张、民营医院412张，每千人口拥有床位数4.30张。有各级各类医疗卫生人员1439人，其中编制内604人，有卫生专业技术人员1041人，每千人口拥有卫生技术人员3.68人。引进1500万元资金新建民营精神病专科医院1家，于7月投入使用。实施白内障复明手术235例，开展重性精神病患者管理和治疗救助，尿毒症患者转介和治疗救助，推进妇幼健康计划，组织实施卫生改厕1000户。

【大姚县“三叶进田”和“三果上山”兴农】 2014年，大姚县以烟叶、桑叶、菜叶进田的“三叶进田”和核桃、花椒、板栗上山的“三果上山”调整产业结构，立足传统优势，优化农业结构，培育特色产业，从抓传统农业向抓现代科技农业转变。依托现代烟草科技、蚕桑科技和农业科技，栽烤烟6.8万亩，收购烟叶8380吨，实现烟农收入2.28亿元；新植桑园8650余亩，总面积达7.28万亩，蚕桑工农业综合产值1.7亿元；种植各类蔬菜2.85万亩。新增核桃种植面积3.5万亩，总面积达151.2万亩；新增板栗种植1.2万余亩，总面积达18.5万亩；新增花椒种植面积2.6万余亩，总面积达41.1万亩，新增华山松种植面积3.5万亩，总面积达58.5万亩；新增樱桃、桃、李、梨等水果种植面积2万余亩，总面积达21.5万余亩。依托林业科技，加大对原有经济林果集约化管理，夯实富民富县基础，实现林业产值7.96亿元。

【大姚县建设楚北工业重镇】 2014年，大姚县以产业转型升级为突破口，做优做大优势产业，全力推进楚北工业重镇建设。制定《关于加快发展园区经济民营经济推动县域经济跨越发展的决定》及《关于推动工业跨越发展的实施意见》，鼓励支持企业扩产促销。县级财政一般预算收入的5%用于工业发展专项资金，其中，70%用于园区建设，30%用于扶持奖励税收上台阶、经营有突破、技术有创新的工业企业。县财政安排首期风险补偿金500万元，撬动建设银行向森盛木业等14户中小企业发放5000万元融资贷款。县相关职能部门积极为企业及园区基础设施建设申报，争取省、州贷款贴息及中小企业发展扶持资金1200余万元。全县上下形成谋工业、抓工业、促工业的发展氛围。通过不懈努力，形成冶金矿产、机械配件制造、纺织缫丝、彩印包装、建筑建材、绿色食品加工等多门类工业体系，大姚工业园区被列入省级工业园区，县机械配件厂通过汽车质量体系认证、中国铸造协会铸造准入认定，成长为“国家高新技术企业”；嘉宏纺织集团公司生产规模达到5.5万锭，生产的高支特高支纱打开通向缅甸等东南亚国家的市场通道，成为省内轻纺工业中的龙头企业和出口创汇企业。工业园区入园企业累计51户，实现产值50.5亿元，增长10.3%；南山坝工业园区场平、县城第二自来水厂和金碧工业片区13号道路建设快速推进，完成投资1.58亿元。大姚绿色食品加工园区被认定为第一批“云南省生物产业示范基地”。

【“美丽中国”暑期夏令营活动在大姚县举行】 2014年7月16日至8月15日，来自美国、新加坡的40名外籍教师和国内北大、清华等“211”、“985”重点院校的项目教师220名、志愿者80余名，在大姚县开展“美丽中国”暑期夏令营活动。“美丽中国”于2008年创立，2009年在云南启动，是一个专业教育非营利组织，目的在于通过安排师资深入中国教育资源薄弱地区支教2年，输送优质师资力量，培养具有全球视野并适应多元文化的精英教师，帮助学生提高学习成绩，培养学生思辨能力。“美丽中国”暑期夏令营活动采用一半课堂教学，一半课外活动的方式，重点围绕语文、数学、英语等主科科目进行。以游戏比赛、知识竞赛、课题小讲座等形式开展活动，适当穿插演讲口才、激励训练等；每天上午进行小班模式活动及授课，让学生有机会与来自中美两国的项目教师亲密接触，向老师提问题，和老师交朋友，提升学生语言表达及口语特别是英语口语能力。大姚县一中、实验中学、民族中学、金碧小学等5所学校的1700余名师生参加培训。夏令营结束后，有28名项目教师留在大姚县支教。

［胡有洪］

大姚县乡（镇）情况一览表

乡(镇)	面积(平方千米)	村(居、社区)委会(个)	年末总人口(人)	年末耕地面积(亩)	农业总产值(万元)	粮食总产量(吨)	烤烟总产量(吨)	年末大牲畜存栏(头)
金碧镇	400	27	99096	56359	72220	42154	1150	13957
石羊镇	403	14	27695	26984	35581	16829	1070	12967
六苴镇	280	8	13295	10014	13977	4858	750	9777
龙街镇	360	8	24931	27114	26423	16411	1130	11689
赵家店镇	390	12	16509	20673	28384	15386	1020	10034
新街镇	218	9	27368	26862	19162	9043	1250	13368
昙华乡	192	7	7890	11428	24939	6870	1270	9124
桂花镇	352	9	11922	14251	21463	5329		9550
湾碧乡	566	12	18305	17402	11931	4236	300	7556
铁锁乡	230	6	10381	10311	18400	9227	260	13766
三台乡	455	8	12234	12685	22235	6194	200	6637
三岔河镇	300	9	13298	15072	23319	6117		6909

［楚雄州统计局］

永　仁　县

【地理位置】　永仁县地处滇中北部，跨北纬25°51′~26°30′，东经101°14′~101°49′之间，是出滇入川重要门户，东临金沙江与四川省会理县隔江相望，东南同元谋县毗邻，西南和大姚县接壤，北连四川省攀枝花市，西北界丽江市华坪县。县人民政府驻地永定镇居县境中部偏东，海拔1536米，东南距省城昆明226千米，南距州府楚雄鹿城180千米。县境东西最大横距53.2千米，南北最大纵距73.6千米，国土面积2189平方千米，其中山区占97%，坝区占3%。

【行政区划】　2014年末，永仁县辖永定、宜就、中和3镇和莲池、猛虎、维的、永兴（傣族乡）4乡，63个村（居）委会，652个村民小组。

【人口民族】　2014年末，永仁县常住人口11.09万人。按公安户籍人口统计，年末全县总人口10.61万人。其中，农业人口7.74万人，非农业人口2.87万人。总人口中，少数民族人口6.75万人，占总人口的63.6%，其中彝族人口5.75万人，占总人口的54.2%，占少数民族人口的85.2%。人口出生率11.32‰，死亡率6.98‰，人口自然增长率4.34‰。

【自然概貌】　永仁县属内陆高原区，位于滇中红色高原北缘，地质地貌由一系列压扭弧形断裂与不对称斜褶地组成，皱坡丘陵和山间坝子相间。地势西北及南部高，西部和东南低，中部地势开阔平缓，河流切割不深，但地形破碎。山脉属云岭余脉百草岭山系，主要有方山、大雪山等。河流属金沙江水系，主要有永定河、羊蹄江、江底河、万马河等。最高点是宜就镇大雪山主峰，海拔2884.7米；最低点是永定镇东端金沙江边石坎子下，海拔926米；气候冬无严寒，夏无酷暑，冬春干旱，夏秋多雨，干湿分明，雨量偏少，光照充足；年平均气温17.5℃，年平均无霜期267天；年平均降雨量868.4毫米，蒸发量2516.8毫米。年平均日照2836小时。

【资源特产】　永仁县自然资源丰富，探明矿产资源有金、银、铜、铂、钯、石英砂、大理石、石膏、煤等20余种。水能资源量蕴藏10.21万千瓦，活立木蓄积量850.2万立方米，草山资源267万亩，森林覆盖率70.1%。白马河林场是全国最大的云南松母树林基地，素有“彝州林海”之称。旅游资源有方山省级风景名胜区、方山诸葛营民族文化生态旅游村、虎跳峡（虎龙峡）、落水洞、仙人洞、龙潭营等。1995年，永仁被云南省确定为板栗基地县，维的板栗远销省内外及台湾市场。优质米、草莓、樱桃、蚕桑、仔猪繁殖、黑山羊养殖等产业正发展壮大，在攀枝花、昆明等地市场前景良好。

【经济状况】　2014年，永仁县实现生产总值（GDP）22.86亿元，按可比价计算，比上年增长12.0%。其中，第一产业增加值8.21亿元，增长6.4%；第二产业增加值6.23亿元，增长19.2%，其中，工业增加值4.09亿元，增长19.5%，建筑业增加值2.14亿元，增长18.2%；第三产业增加值8.41亿元，增长11.2%。第一、二、三产业增加值占生产总值比重36∶27∶37，与上年相比，第一产业下降2个百分点，第二产业上升1个百分点，第三产业上升1个百分点。全社会劳动生产率（按从业人员计算人均GDP）为3.14万元/人（折合5039美元）。按常住人口计算人均GDP为2.06万元（折合3304美元），按公安户籍人口计算人均GDP为2.15万元（折合3451美元），非公有制经济增加值9.89亿元，增长11.7%，占GDP的43.2%，比上年下降0.2个百分点。居民消费价格总水平上涨2.6%。居民消费价格中，食品价格上涨2.7%，其中，粮食价格上涨4.0%；烟酒价格下降0.1%；衣着价格上涨3.0%；家庭设备用品及维修服务价格上涨1.0%；医疗保健和个人用品价格上涨6.2%；交通和通讯价格下降0.9%；娱乐教育文化用品及服务价格上涨0.6%；居住价格上涨4.1%。商品零售价格总水平上涨2.5%。农业生产资料价格总水平上涨1.0%。年末，有从业人员7.2万人，其中，从事农业产业的4.97万人，占68.8%。第一产业从业人员4.98万人，第二产业从业人员0.65万人，第三产业从业人员1.61万人。年末城镇登记失业率3.42%。城镇化率30.65%，城市建成区面积4.1平方千米。

实现农林牧渔业总产值13.69亿元，比上年增长6.5%。粮食作物种植面积21万亩，增长1.1%。经济作物种植面积15.60万亩，增长4.5%。其中，烤烟种植面积4.57万亩，增长2.2%；油料种植面积2.35万亩，增长2.2%；蔬菜种植面积5.47万亩，增长4.0%。粮食作物与经济作物种植比为57∶43，经济作物种植比重上升1个百分点。生产蚕茧247吨，增长41.1%，实现桑农收入1001万元，增长40.0%。粮食产量6.01万吨，增长2.4%。其中，秋粮5.05万吨，增长1%；夏粮9578吨，增长11.0%。肉类总产量2.64万吨，增长19.5%。其中，猪牛羊肉2.51万吨，增长17.5%；禽蛋产量421吨，下降7.3%；水产品产量798吨，增长5.6%。大牲畜年末存栏7.45万头，增长5.9%；生猪年末存栏18.16万头，增长10.8%；羊年末存栏13.84万只，增长7%；家禽年末存栏51.05万只，增长5.4%。有效灌溉面积9.05万亩，下降0.7%；农业机械总动力16.60万千瓦，增长3.4%。农村用电3682万千瓦时，增长6.4%。农用化肥施用量（折纯）1.08万吨，增长3.7%。农机作业面积42.75万亩，增长3.2%；有大中型拖拉机1435（混合）台，增长2.8%；有小型拖拉机505台，增长0.8%。

完成工业总产值23.08亿元，下降2.3%，其中，规模以上工业总产值9.76亿元，增长6%；完成工业增加值4.09亿元，增长19.5%，其中，规模以上工业增加值2.37亿元，增长28.8%。规模以上工业企业实现利税6029万元，增长73.4%。其中，实现利润4090万元，增长185.2%；实现税金1939万元，下降5.1%。4个具有资质的本地建筑企业完成建筑业总产值4.87亿元，增长40.4%。实现增加值2.14亿元，增长18.2%。完成规模以上固定资产投资26.24亿元，增长0.6%。其中，非房地产投资23.73亿元，下降0.6%；房地产投资2.51亿元，增长13.3%。新增固定资产26.91亿元，增长61.8%。施工项目108个，增长35.0%，新开工项目66个，增长40.4%。商品房竣工2.58万平方米，下降83.2%。商品房销售额5394万元，下降92.6%。实现招商引资到位资金31.64亿元，增长39.9%。实现社会消费品零售总额4.63万元，增长13.2%。县内公路通车里程1775千米（含村道）。完成客运量159万人，增长3.9%；客运周转量7610万人千米，增长0.8%；货运量49万吨，增长10.1%；货运周转量7849万吨千米，增长14.6%。完成邮电业务总量1.08亿元，增长20.5%。其中，邮政业务总量189万元，增长18.6%；电信业务总量1.07亿元，增长20.9%。接待游客97万人次，增长13.9%。实现旅游总收入3.92亿元，增长24.2%。完成地方财政总收入3.30亿元，比上年增收4138万元，增长14.3%；完成地方公共财政预算收入2.41亿元，增收3786万元，增长18.6%。完成地方公共财政预算支出10.75亿元，增支1.28亿元，增长13.5%。金融机构年末人民币存款余额31.62亿元，比年初增长18.6%，其中，城乡居民储蓄存款15.95亿元，比年初增长14.2%。金融机构年末人民币贷款余额14.44亿元，比年初增长37.5%。

【教科文卫】 2014年，永仁县有各级各类公办学校34所，其中完全中学1所，职业高级中学1所，教师进修学校1所，初级中学2所，县直属小学1所，乡（镇）小学27所，县直属幼儿园1所；有公办幼儿园20所，民办幼儿园7所。有教职工1059人。学前三年人园率77.41%；小学学生巩固率99.96%，辍学率0.04%；初级中学学生入学率99.8%，辍学率0.5%；高中学生毛入学率76.21%，辍学率4.66%。333人参加高考，本科上线211人，上线率63.4%。在全州20所高（完）中综合考核排名第11名，荣获三等奖；质量提升排名第5名，荣获二等奖；荣获2014年度楚雄州教育工作目标管理考核一等奖。年末有图书馆1个，文化馆1个，乡（镇）文化站7个。电视覆盖率92.0%，广播覆盖率96.5%。有卫生机构94个，其中，县级5个，乡（镇）卫生院8个，村卫生室66个，社区服务站3个，学校厂矿医务室4个，个体诊所5个，民营医院1个。卫生机构床位数400张，专业技术人员281人。

【社会生活】 2014年，永仁县农村常住居民人均可支配收入6788元，比上年增加1222元，增长14.9%；城镇常住居民人均可支配收入2.40万元，比上年增加2315元，增长11.7%。全部（非私营）单位从业人员年劳动报酬2.2万元，其中，在岗职工工资总额2.06万元，在岗职工平均工资4.42万元。参加城镇基本养老保险4748人；参加城乡居民社会养老保险5.25万人；参加失业保险3910人；参加城镇基本医疗保险1.52万人。参加新型农村合作医疗8.71万人，参合率99.1%。领取最低生活保障金9993人，其中城镇4341人、农村5652人。民政优扶革命伤残军人61人，在乡复员军人39人。有敬老院8个，收养196人。

【永仁县永定河治理】 2014年，永仁县实施永定河治理第二期工程。据云南省水利厅对永定河河道治理工程初步设计报告批复，工程总投资2257.11万元。工程位于永仁县永定镇龙头山大桥至永定镇大坝村委会麻栗树水库坝脚的永定河河段及支流干丙河河口段，全长7.64千米，其中永定河干流7.24千米、支流干丙河河口段0.3千米。治理工程包括河道清淤清障处理，新建护岸、堤防以及其他相应穿河堤建筑物和附属设施。两岸部分排水口重新规划建设。通过对永定河干流及干丙河生态治理，达到相应防洪标准要求，以保护永仁县城、规划城区及沿河两岸村庄2.8万人的生命财产安全，保护耕地面积约2400亩。

【永仁县移民特色村庄建设】 2014年，永仁县结合观音岩水电站建设及移民安置实际，开展移民特色村庄建设。观音岩水电站建设淹没、影响永仁县永兴乡3个村24个小组713户2631人，需搬迁安置移民390户1384人。其中，集中安置320户1156人，货币安置（自愿放弃宅基地安置）68户223人，分散安置2户5人。确定建设永定镇定兴、猛虎乡福兴和永兴乡田兴、和兴4个集中安置点，其中，定兴安置点安置移民146户524人，福兴安置点安置移民97户336人，田兴安置点安置移民24户82人，和兴安置点安置移民53户214人。利用观音岩水电站建设征地补偿费建设移民新村公共基础设施和移民建房。从集体财产补偿中人均统筹5000元，整合农村危房改造项目资金户均补助1.02万元、州级农村安居工程特色村庄示范村建设项目资金户均补助1.98万元，实施民房风貌打造。建设成整齐、优美、突出傣族风情的4个移民新村。

【永仁县新能源建设】 2014年3月，永仁县人民政府与云南电网公司建设分公司签订“观音岩水电站送出系列工程永仁段项目投资协议”，协议投资规模40亿元。投资1.69亿元的观音岩水电站移民搬迁安置建设项目完工，总投资2.85亿元的观音岩水电站过渡期500千伏交流送出工程收尾，总投资3.37亿元的永仁至富宁±500千伏直流输变电工程建设顺利推进。红山坡并网光伏电站、小木马并网光伏电站、班幸并网光伏电站、大雪山风电场项目前期工作展开，小木马、红山坡并网光伏电站被列为全省“3 个 100”重点前期项目；永仁至富宁 ±500 千伏直流输变电工程（永仁段）、金沙江中游直送广西 500 千伏直流送出工程（永仁段）、仁和开关站至铜都开关站 500 千伏送出线路工程（永仁段）、德茂变电站至永仁送端换流站 500 千伏交流送出工程（永仁段）等“西电东送”和“云电外送”骨干电网工程稳步推进。500 千伏仁和变电站纳入南方电网公司建设规划，110 千伏莲池输变电工程、220 千伏永定输变电工程建设有序推进。维的、干巴拉、秀田并网光伏电站相继投产，总投产装机容量 110 兆瓦，完成投资 14.6 亿元。至年末，3 个太阳能并网光伏电站累计发电量 1.64 亿千瓦时，实现产值 1.64 亿元。

［王秀芝］

永仁县乡（镇）情况一览表

乡(镇)	面积（平方千米）	村(居、社区)委会（个）	年末总人口（人）	年末耕地面积（亩）	农业总产值（万元）	粮食总产量（吨）	烤烟总产量（吨）	年末大牲畜存栏（头）
永定镇	327	12	31176	24844	21744	10706	92	7273
宜就镇	330	12	16501	20032	21208	8950	1518	17794
中和镇	430	9	11014	15429	15700	8826	590	13127
莲池乡	175	6	13692	23229	28386	9440	549	6448
维的乡	204	7	11544	17832	19632	7830	1550	7533
猛虎乡	196	5	9781	17028	16146	7099	696	8028
永兴乡	527	12	12424	17176	14077	7272	160	14261

［楚雄州统计局］

元谋县

【地理位置】　元谋县位于楚雄州北部，地处北纬 25°23′～26°06′，东经 101°35′～102°06′之间，东倚武定县，南接禄丰县、牟定县，西邻大姚县、永仁县，北越金沙江与四川省会理县交界。县人民政府驻地元马镇，海拔 1078 米，南距州府楚雄市城区 103 千米，东南距省会昆明市城区 180 千米。

【行政区划】　2014 年末，元谋县辖元马、黄瓜园、羊街 3 镇和老城、凉山、平田、新华、物茂、江边、姜驿 7 乡，78 个行政村（社区），其中社区 10 个、行政村 68 个。行政区域面积 2021.69 平方千米。

【人口民族】　2014 年末，元谋县常住人口 21.9 万人。据公安部门统计，年末全县户籍人口 21.71 万人（7.93 万户），比上年末增长 0.56%。其中女性人口 10.63 万人，非农业人口 5.87 万人，少数民族 8.67 万人，少数民族人口占总人口的 39.92%。主要少数民族（千人以上）有彝族 6.33 万人、傈僳族 1.88 万人、回族 1598 人、苗族 1543 人。人口出生率 11.48‰、死亡率 6.99‰，人口自然增长率 4.49‰。城镇化率 29.6%。

【自然概貌】　元谋县境东山雄峻，西岗低迤，南嶂叠耸，北屏挺拔；四周皆山，镶嵌着小盆地。地势东南高，西北低。境内最高点是江边乡大营盘山，海拔 2835.9 米，最低点是姜驿乡黑者村东北的金沙江出境处，海拔 898 米。河流属金沙江水系，长流河 19 条，季节河 43 条。金沙江、永定河北来入境，龙川江南来穿境，蜻蛉河、班果河、勐冈河西来过境，江河聚会江边龙街，纳入金沙江，东北向出境。高山低谷，海拔高差大，呈立体气候；河谷、平坝干燥少雨，光热足，罕霜雪；半山区温热；山区冷寒。极端最高气温 42.4℃，极端最低气温 1.3℃，年平均气温 22.7℃，裸地表面地面极端最高温度 74.2℃，地面极端最低温度 2.0℃，全年日照时数 2755.4 小时，全年降雨量 520.8 毫米，全年蒸发量 1809.7 毫米，年平均风速 2.0 米/秒。

【资源特产】　元谋县资源特产丰富，植物种类有 170 科、724 属、1297 种。河谷、平坝多草本，半山区疏灌木，山区生乔木。有番茄、洋葱、豇豆、青豌豆、四季豆、牛蒡等各类冬早蔬菜；有西瓜、葡萄、龙眼、香蕉、台湾大青枣、小枣、橙子、柑桔等亚热带水果。矿藏资源有铂钯、铂铜镍、磁铁、褐铁、菱铁、镜铁、石膏、金、银、铅、钴等矿。主要工业产品有铁矿石、铅锌矿石、沙石料、石膏矿、硅矿石、食糖、酸角糖、酒精、白酒、水泥、水泥预制件、红砖等。还有元谋凉鸡、烤小猪等名特小吃。有土林、金沙江风光、凉山彝族风情园等旅游资源。

【经济状况】 2014年，元谋县实现地区生产总值（GDP）39.33亿元，比上年增加4.26亿元，按可比价格计算，增长12%。其中，第一产业实现增加值14.21亿元，增长6.8%；第二产业实现增加值11.42亿元，增长19.1%；第三产业实现增加值13.7亿元，增长10.9%。产业结构逐步优化，三次产业结构由上年的37.7∶27.7∶34.6调整为36.1∶29∶34.9。全县社会劳动生产率（按全社会从业人口计算的人均GDP）为3.16万元/人，比上年增长25.8%。按常住人口计算的全县人均地区生产总值为1.80万元，比上年增长11.85%。非公有制经济实现增加值18.36亿元，按可比价计算比上年增长13.4%。非公经济增加值占全县地区生产总值的46.7%，比上年提高0.4个百分点。居民消费价格总水平上涨2.5%。其中，食品类价格上涨5.7%（粮食价格上涨0.4%），烟酒及用品类价格上涨1.1%，衣着类价格下降0.8%，家庭设备用品及维修服务类价格上涨0.4%，医疗保健和个人用品类价格上涨0.7%，交通和通讯类价格上涨1.1%，娱乐教育文化用品及服务类价格上涨0.3%，居住类价格上涨1.7%。居民消费价格总指数中，服务项目价格水平比上年上涨1.4%，商品零售价格总水平比上年上涨2.3%，农业生产资料价格总水平比上年下降0.5%。零售物价指数为102.3%。实现农业总产值23.48亿元，比上年增加1.42亿元，按价格指数缩减法计算，比上年增长6.43%。其中农业产值16.34亿元，增长5.97%；林业产值3444万元，增长6.89%；畜牧业产值6.46亿元，增长7.57%；渔业产值3402万元，增长5.98%。年末，全县实有耕地面积20.43万亩，常用耕地面积20.36万亩，其中水田9.6万亩、旱地10.76万亩。全县农作物总播种面积46.07万亩，比上年增长2.22%。其中，粮食播种面积24.7万亩，比上年增长0.94%；经济作物播种面积21.37万亩（蔬菜14.76万亩、烤烟2.18万亩、油料1.32万亩），比上年增长3.74%。粮食作物与经济作物种植结构比为53.6∶46.4，粮食作物种植比重比上年下降0.7个百分点。全年粮食总产量8.91万吨，比上年增长2.53%。全年肉类总产量2.92万吨，比上年增长9.36%；禽蛋产量431吨，增长5.64%；水产品产量2580吨，增长7.5%。大牲畜当年出栏2.74万头，年末存栏9.15万头；生猪当年出栏26.01万头，年末存栏19.61万头；羊当年出栏10.06万只，年末存栏15.51万只。

年末，全县有中型水库5座、小（一）型水库7座、小（二）型水库55座、小坝塘2050个，总库容1.25亿立方米，总灌溉面积13.55万亩。全年水利工程动工1470件，竣工1458件，完成投资2.23亿元。全县水利工程供水量1.13亿立方米。年末全县农田有效灌溉面积12.26万亩，节水灌溉面积7.92万亩，其中高效节水灌溉面积4.76万亩。全县农业机械总动力2.8亿瓦特，比上年增加798.87万瓦特，增长2.9%。全年农机经营总收入6022.96万元，比上年增加386.5万元，增长6.86%。全县农用排灌动力机械1.35万台，排灌总动力4307.44万瓦特，比上年下降3.91%。拖拉机6503台，比上年增加279台。全县农村用电量3285万千瓦时，比上年下降5.86%。全年农用化肥施用量（折纯）1.94万吨，增长2.39%；农药施用量518吨，增长1.17%。2014年全县完成营造林1.9万亩，其中，人工造林0.9万亩、封山育林1万亩，完成义务植树83.87万株，完成低效林改造1万亩。全县新增造林面积0.9万亩，全县森林面积218.85万亩，森林综合覆盖率46.61%。全年完成水土流失综合治理面积53.05平方千米。1989年至2014年累计完成水土流失综合治理面积1086.68平方千米。年末全县城市人均公共绿地面积7.6平方米。全县工业废水排放达标率2.71%，工业废气处理率67.4%，工业固体废物综合利用率97%，城市生活垃圾无害化处理率100%，城市生活污水集中处理率89%。县人民政府驻地空气质量一级。完成工业总产值56.72亿元，比上年增加5.56亿元，按当年价格计算比上年增长10.87%。其中规模以上工业完成产值21.56亿元，比上年增加4.59亿元，增长27.05%；规模以下工业完成产值35.16亿元，比上年增加0.96亿元，增长2.81%。规模以上工业企业实现增加值4.88亿元，比上年增加1.1亿元，增长20.0%。规模以上工业实现主营业务收入21.77亿元，比上年增加4.56亿元，增长26.5%；实现利税总额2.96亿元，比上年增长33.94%，其中，利润总额2.25亿元，比上年增长36.36%。7户资质建筑企业，完成建筑业总产值3.9亿元，比上年增长22.26%；实现建筑业增加值3.13亿元，按可比价格计算，比上年增长23.5%；实现利润1853.5万元，比上年下降3.33%。全县房屋竣工面积15.83万平方米。全年完成规模以上固定资产投资30.1亿元，比上年增加8.93亿元，增长42.18%。其中，城镇投资26.7亿元，比上年增长41.34%；房地产投资3.41亿元，比上年增长49.56%。新增固定资产18.01亿元。施工项目104个，比上年增长30%，其中，本年新开工86个，比上年增长22.86%；竣工项目84个，比上年增长37.7%。县城区建成面积达6.22平方千米。实施招商引资项目45个，项目协议总投资100.36亿元，比上年减少0.64亿元，下降0.63%；年内实际引进州外到位资金39.95亿元，比上年增加11.07亿元，增长38.33%，完成州考核目标任务36亿元的111%，完成比例居全州第三位。实现社会消费品零售总额13.24亿元，比上年增长13.8%。批发零售业实现商品销售总额30.24亿元，比上年增长15.38%。完成地方财政总收入3.02亿元，比上年增加4168万元，增长15.99%。其中，地方公共财政预算收入2.27亿元，比上年增加3551万元，增长18.56%；上划收入

7544万元，比上年增加617万元，增长8.91%。公共财政预算支出14.92亿元，比上年增加3.13亿元，增长26.56%。金融机构年末人民币存款余额49.84亿元，比上年末增长21.18%，其中城乡居民储蓄存款余额30.51亿元，比上年末增长14.11%。金融机构年末人民币贷款余额19.12亿元，比上年末增长39.36%。年末存贷差30.72亿元。县内保险公司实现保费收入4557万元，比上年下降2.6%。其中，人寿险保费收入2308万元，下降6.45%；财产险保费收入2249万元，增长1.69%。已决赔款1339万元，比上年下降14.72%。其中，财产险1209万元，人寿险130万元。

年末，县内公路通车里程1346.05千米，其中等级公路739.18千米。县境内通航里程56千米，有8道金沙江渡口。有民用机动车6.09万辆，机动车驾驶员6.5万人。拥有各类船舶115艘，其中机动船舶61艘，船舶总功率3208.5千瓦，船舶总客位629个。水陆运输完成客运量35.38万人次，比上年增长10.15%，客运周转量1.03亿人千米，比上年增长1.03%；货运量216.32万吨，比上年增长0.59%，货运周转量2.99亿吨千米，比上年增长15.89%。完成邮电业务总量1.23亿元，比上年增长22.7%，其中邮政业务总量986.7万元、电信（含移动、联通）业务总量1.13亿元。发行报纸223万份、杂志6.9万份，收发国内信件24.7万件、函件4.2万件。年末有固定电话和移动电话用户16.72万户，其中固定电话1.88万部、移动电话用户14.84万户，电话普及率76部/百人。年末互联网用户3.57万户，比上年末增加1.27万户，增长54.97%。77个县级部门和10个乡（镇）全部开通电子政务网。接待中外游客268.33万人次，比上年增长8.06%。其中，国内游客266.35万人次，增长7.95%；海外游客1.98万人次，增长26.72%。实现旅游总收入13.56亿元，比上年增长40.23%。其中，国内旅游收入13.24亿元，增长41.15%；旅游外汇收入3196.23万元（人民币），增长10%。

【教科文卫】 2014年末，元谋县有各级各类学校186所，其中，教师进修学校1所、普通高中1所、职业高中1所、普通初中10所、小学57所、幼儿园27所、成人文化技术学校89所。年内普通高中招生864人，在校学生2323人，毕业学生636人，专任教师160人；职业高中招生106人，在校学生285人，毕业学生92人，专任教师49人，高中学生毛入学率73.61%；初中招生2727人，在校学生7990人，毕业学生2746人，专任教师739人，初中学生毛入学率119.36%；小学招生2250人，在校学生1.44万人，毕业学生2733人，专任教师1024人，学龄儿童入学率99.97%；在园幼儿5291人，教职工260人，学前3年毛入园率80.2%，学前1年毛入园率94.04%。有教职工2114人，其中专任教师1916人、代课教师13人、临时工223人。教育事业投入2.71亿元，占财政总支出的18.16%。实施校舍建设项目103个，总投资1828.16万元，总建筑面积4.33万平方米。其中，B、C级危房加固项目88个，总建筑面积3.37万平方米。高考有考生677人，达到专科录取线以上的651人，高考上线率96.16%，其中，一本录取线以上13人（600分以上2人）、二本录取线以上104人、三本录取线以上152人、一专录取线以上109人、二专录取线以上273人，本科上线率39.73%。2月，元谋县培英中学、羊街中心完小和老城乡阿郎太保希望小学被云南省环境保护厅和省教育厅评为“第八批云南省绿色学校”，元谋县老城中心完小被云南省教育厅评为“云南省勤工俭学生产实践示范基地”。4月，元谋一中被云南省住房和城乡建设厅评为“云南省园林单位”；元谋县元马中学被云南省教育厅、省公安厅评为“云南省平安校园”。5月，元谋一中被中共云南省委高校工委、省教育厅、省文明办联合授予“云南省文明学校”荣誉称号，元谋县教育局荣获云南省教育厅“宣传工作优秀奖”。11月，元谋县元马小学和县机关幼儿园被中共楚雄州委、州人民政府表彰为“楚雄州文明单位”。

申报国家和省、州级重点科技项目21项，批准立项15项，获得项目补助资金461万元，其中有2项获得国家科技部补助项目资金136万元、有5项获得云南省科技厅补助项目资金257万元、有8项获得楚雄州科技局补助项目资金68万元。企事业单位和个人申报专利52件，其中发明专利6件、实用新型专利44件、外观设计专利2件。至年末，累计获得专利授权125件，其中发明专利26件、实用新型专利87件、外观设计专利12件。举办种植、养殖实用技术培训班711期，累计参训2.3万人次，培训农村劳动力骨干1.9万人。县财政在科学技术方面投入515万元，比上年增加208万元，增长67.75%。2月23日，国家高新技术企业元谋县思农蔬菜种业有限公司带头人杨长楷荣获楚雄州人民政府“楚雄州科学技术奖突出贡献奖”。5月，元谋县科技局徐翠仙被国家科技部表彰为“2013年度万名科学使者进校园（社区）先进个人”。年末，有各类农民专业协会245个、协会会员3.68万人，有农民专业合作社215个、合作社社员6272人，带动3万户农民按照无公害生产技术规程规范种植蔬菜。科技进步对经济增长贡献率46.5%。

有非物质文化遗产保护、传承和展演中心1个，县级文化馆1个，乡（镇）文化站10个，公共图书馆、元谋人博物馆、电影事业管理站和档案馆各1个，有业余文艺宣传队126个；10个乡（镇）有社区居委会、村委会文化室78个、农村文化活动室203个、党员活动室226个。公共图书馆藏书5.74万册。有数字电视用户2.62万户，数字电视覆盖率33.01%。建成广播电视直播卫星“村村通”工程1.43万户，每户可收看51套直播卫星电视节目；建成广播电视直播卫星“户户通”工程1.07万户，每户可收看57套直播卫星电视节目。广播电视综合覆盖率98.8%。举办体育运动会5次，参加人数1.2万人。

有各级各类卫生医疗机构142个，其中，医院6个、卫生院11个、妇幼保健院1个、个体诊所34个、疾病预防控制机构1个、卫生监督所1个、农村卫生室78个、计划生育服务站10个。医院和卫生院有医疗床位916张，平均每千人拥有病床4.2张；有医疗卫生专业技术人员865人，其中执业医师及执业助理医师316人，平均每千人拥有卫生专业技术人员4人。有乡村医生173人。医疗卫生单位拥有固定资产1.51亿元，业务总收入1.30亿元。医疗卫生事业投入1.48亿元，增长18.12%，占财政总支出的9.7%。10月，元谋县疾病预防控制中心争取到食品安全风险监测能力建设项目资金150万元，购置检验检测仪器40多台件，提升食品、饮用水等检验检测能力，年内新开展检验项目24项。

【社会生活】 2014年，元谋县城镇常住居民人均可支配收入2.55万元，增长11.1%。城镇居民人均生活消费性支出1.82万元，增长34.33%。年末城镇居民人均住房建筑面积73.68平方米，比上年增长60.59%。农村居民人均现金收入1.30万元。农村常住居民人均可支配收入8774元，比上年增长13%。农村居民人均生活消费支出7357元，下降11.83%。年末，农村居民人均住房使用面积57.23平方米，比上年增长54.68%。有从业人员12.62万人，下降8.22%。在岗职工9409人，下降2.03%。在岗职工年平均工资3.95万元，增长6.36%。10个社区居委会均通自来水、通程控电话、通公路、通电，有67个村委会通自来水，有68个村委会通程控电话、通公路、通电。有7.86万人次领取城镇居民最低生活保障金，发放最低生活保障金1945.89万元，享受城镇居民最低生活保障6429人。有19.5万人次领取农村贫困居民最低生活保障金，发放最低生活保障金2454.69万元，享受农村贫困居民最低生活保障1.63万人。拨付医疗救助资金184.8万元，对1629人进行城乡医疗救助。供养农村“五保”老人778人。有养老院11个，集中供养孤寡老人155人。

城镇新增就业2160人，其中安置就业困难人员再就业570人。创业培训2期，参训250人；农业富余劳动力技能培训6期、60个班次，参训2500人。城镇登记失业人员663人，年末城镇登记失业率2.81%。农村富余劳动力转移就业1.39万人。参加城镇职工基本养老保险7040人、城镇职工基本医疗保险1.12万人、失业保险4800人、工伤保险9781人、生育保险2776人，参加城镇居民基本医疗保险1.54万人，参加城乡居民社会养老保险12.27万人。有18.61万人参加新型农村合作医疗保险，参合率99.01%，参合患者就诊55.87万人次，发生医疗费用1.01亿元，实现医疗费减免6303.77万元。有18.61万人参加新型农村合作医疗大病保险，参保率100%，新农合大病保险赔付案件960件，赔付总金额205.55万元。

发生各类安全生产事故21起，比上年减少35起，下降62.5%；死亡9人，与上年持平；受伤4人，下降63.64%；直接经济损失129.26万元，增长199.42%。其中，道路交通安全事故7起，下降12.5%，死亡8人，与上年持平，受伤3人，下降72.73%，直接经济损失41.38万元，增长37.31倍；火灾事故13起，下降72.34%，无死亡，受伤1人，直接经济损失17.88万元，下降28.74%；工矿商贸事故1起，死亡1人，直接经济损失70万元，增长311.76%。亿元GDP安全生产事故死亡0.23人。

【元谋县坛罐窑水库项目工程建设】 元谋县坛罐窑水库位于大姚县赵家店镇坛罐窑村附近的龙街河支流黑什里河上，距元谋县城45.2千米，是一项以灌溉为主，兼顾防洪的综合性水利工程。水库建筑群主要由大坝、溢洪道、导流输水隧洞、灌溉渠道等组成。水库设计坝高42.5米、坝顶长354.7米、坝顶宽5米，坝型为粘土心墙石渣坝，总填筑量38.65万立方米。水库坝址以上径流面积77.7平方千米，总库容1368.68万立方米，兴利库容994.63万立方米，正常库容1064.93万立方米，调洪库容303.75万立方米，死库容70.3万立方米，设计年供水量846.32万立方米，规模为中型水库。水库受益区为元谋县西部新华乡、平田乡和黄瓜园镇3个乡（镇）。根据云南省水利厅、省发改委对《元谋县坛罐窑水库工程初步设计报告》的批复，水库工程项目总投资1.78亿元（含建设征地移民安置补偿费6337.05万元），其中，省级补助资金1.27亿元，州级建设资金1538.83万元，县级建设资金3590.59万元。坛罐窑水库工程项目于2013年8月开工建设，建设施工总工期36个月，由省、州、县人民政府共同投资兴建。2014年，坛罐窑水库主体工程全面开工建设，主要有水库拦河坝、龙街河隧洞、溢洪道及水库导流泄洪输水隧洞工程。元谋县坛罐窑水库工程建设项目影响涉及大姚县赵家店镇黑什里行政村6个自然村和打苴基行政村2个自然村，共占用征收耕地、林地等土地2137.53亩，直接淹没土地、林地1935亩，淹没乡村公路1352米，淹没通信、电力设施2.1千米。水库建设涉及农村居民226户779人，实物指标调查人口121户458人，需异地搬迁安置移民53户210人，确定异地搬迁安置点为元谋县平田乡丙令林场。工程项目累计到位资金1.09亿元，其中中央资金2433万元、省级补助6056万元、州级配套1478.83万元、县级配套970.2万元。2014年完成投资5093.6万元，完成年度投资计划5000万元的101.8%。累计完成投资1.03亿元，其中，水库建筑工程投资3810.5万元，其他工程投资152.4万元，独立费用1626万元（建设单位管理费、勘察设计费、监理服务费等），水库淹没补偿费4645.7万元，金属结构设备安装工程投资61万元。坛罐窑水库建成后，可有效解决3个乡（镇）4562人、2638头大牲畜饮水问题，新增农田灌溉面积1.13万亩。

【元谋县城市污水处理厂及配套管网工程建设】 元谋县城市污水处理厂及配套管网工程属重点流域水污染治理“十一五”规划治理及长江上游三峡库区生态环境治理规划项目。2010年1月5日，云南省住建厅、省发改委发文批准项目总投资6122.27万元，新建污水处理厂1座，新建污水配套管网20.3千米、雨水管网13.14千米，改造合流制管渠6.61

千米及其他管网配套设施。该工程于2010年10月23日开工建设，至2012年10月，污水处理厂厂区工程全部竣工，建成提升泵房、污泥泵房、脱水机房、二沉池、氧化沟及综合办公楼等主体工程，中心化验室设备、进出水口在线监测设备等主要设备已安装调试完毕，并于2012年10月开始投入运行，污水处理厂开始正常运营。至2014年末，配套管网工程累计完成污水管网建设20.46千米，其中，2012年以前完成4.96千米，2013年完成2.1千米，2014年完成13.4千米。元谋县城市污水处理厂及配套管网工程的顺利实施，使元谋县城污水收集率、进水化学需氧量浓度等各项指标均有明显提高。据监测分析，2014年12月在线监测数据与2013年平均监测数据相比，污水处理厂日均进水量从672立方米提高到5949立方米，污水收集率从12%提高到98%。

【元谋县挨小河水库工程建设】 元谋县挨小河水库工程属云南省烟草水源工程规划项目之一。水库位于元谋县老城乡，为金沙江水系龙川江右岸支流，坝址距县城13千米，是一个以农业灌溉、农村人畜饮水为主，兼顾防洪等功能的综合性水利工程。水库枢纽主要建筑物由拦河坝、溢洪道、导流泄洪输水隧洞组成，设计坝高57米，坝顶长282.6米，坝顶宽6米，坝型为粘土心墙风化料坝壳坝。水库坝址以上控制径流面积42.8平方千米，总库容447.38万立方米，兴利库容366.36万立方米，死库容22.94万立方米，计划年供水量638.9万立方米，属小（一）型水库。挨小河水库工程项目于2013年4月26日经国家烟草总公司评审通过，审定预算总投资1.45亿元，其中，国家投入烟草援建资金1.23亿元，州级配套建设资金683.09万元，县级配套建设资金1593.84万元。2013年9月，完成挨小河水库前期附属工程进场公路、高压输电线路、水库管理房等的招标工作；2013年10月开工建设；2014年3月，完成水库主体工程招标工作；2014年4月10日，水库主体工程正式开工建设。年末，完成水库附属工程建设，开展溢洪道平台以上开挖、大坝清基、输水隧洞等主体工程建设。工程累计完成投资5025万元。挨小河水库建成后，可解决老城乡挨小行政村9个自然村和那能行政村9个自然村及元马镇清和行政村10个自然村共28个自然村2.02万亩耕地的用水问题，同时可解决2.72万人3.87万头大小牲畜的饮用水不足问题。

［张 错］

元谋县乡（镇）情况一览表

乡(镇)	面积(平方千米)	村(居、社区)委会(个)	年末总人口(人)	年末耕地面积(亩)	农业总产值(万元)	粮食总产量(吨)	烤烟总产量(吨)	年末大牲畜存栏(头)
元马镇	133.4	13	59805	40327	61605	23728		11130
黄瓜园镇	200	11	37604	36733	46875	14532		10190
羊街镇	256.9	10	18182	16320	14018	7028	980	9455
老城乡	216.4	10	27748	27198	30623	11927	454	13916
物茂乡	245	5	16479	16246	22095	6354	15	6743
平田乡	188	5	14755	18255	19047	6113		8687
江边乡	252.3	8	16629	15984	19849	7818	413	10328
新华乡	183.9	4	8047	8926	6183	3631	300	5837
姜驿乡	256.8	8	13721	19813	10255	5880	480	11506
凉山乡	89	4	4092	4561	4278	2041	222	3744

［楚雄州统计局］

武　定　县

【地理位置】　武定县位于楚雄州东北部，地跨北纬25°20′～26°11′，东经101°55′～102°29′之间。东邻昆明市禄劝县，南接禄丰县和昆明市富民县，西与元谋县接壤，北隔金沙江与四川省会理县相望。县境南北长94千米，东西宽56千米，国土面积3322平方千米。县人民政府驻地狮山镇，海拔1740米，距州府楚雄市城区160千米。

【行政区划】　2014年，武定县辖狮山、高桥、猫街、插甸、白路、万德、己衣7镇，田心、发窝、环州3乡和东坡傣族乡，133个村（居）委会，1572个村（居）民小组。

【人口民族】　2014年末，武定县有户籍人口27.67万人。其中，女性人口13.57万人，占总人口的49.06%；非农业人口7.11万人，占总人口的25.68%；少数民族人口15.36万人，占总人口的55.51%，主要少数民族有彝族8.77万人、傈僳族3.19万人、苗族2.37万人、傣族7717人、回族1079人。出生人口3224人，死亡人口1991人。男女性别比为104（以女性为100计算）。人口出生率11.45‰，死亡率6.99‰，人口自然增长率4.46‰。

【自然概貌】　武定县境地处三台（习称乌蒙）山区，境内多山，山势走向北高南低，河流走向南高北低。山地面积占总面积的96%。地势东西两侧及西南部高，北部低，东南部较开阔，中北部受勐果河深切割，地形破碎，形成峡谷。县域属低纬高原季风气候区，气候垂直变化明显，类型多样。境内长于10千米的河流有22条，除猫街镇河底河向南流入星宿江外，其余均为金沙江水系，分别由东、西、北3个方向出境。最大河流勐果河在县境全长97千米。最低点己衣乡新民村大沙地，海拔862米；最高点己衣乡白龙会峰，海拔2956米。年平均气温16.0℃，年日照2227.2小时，年降雨量1015毫米，极端最高气温34.8℃，极端最低气温-3.5℃。

【资源特产】　武定县境内有钛、铜、铁、铅锌、木纹石等10余种矿体。其中，探明储量的有铁矿2.46亿吨，钛矿1800万吨，铜矿6.68万吨。东坡、田心、己衣、万德4个乡（镇）大部分地区处于干热河谷地带，天然温室孕育着香蕉、甘蔗、小粒咖啡、印楝等经济作物；插甸、发窝、猫街、白路、环州5个乡（镇）大部分地区处于高寒冷凉地带，适宜种植中草药、高山反季无公害蔬菜；处于中海拔地区的狮山镇和高桥镇适宜种植优质米、烤烟等粮食经济作物。有自然保护区1个，保护区面积2.13万亩。森林覆盖率55.3%。中草药资源有800余种，鸡纵、干巴菌、松茸等野生食用菌和板栗、核桃、野坝子蜂蜜等特产备受国内外市场青睐。武定壮鸡以体大、肉嫩、骨酥、味美而著名。旅游资源得天独厚。位于县城西南的狮子山，集雄、古、奇、秀四大特点为一体，是国家AAAA级风景名胜区和旅游、避暑、科考基地。有插甸水城河、九厂响水箐、己衣大裂谷、猫街新村湖等旅游资源。

【经济状况】　2014年，武定县实现地区生产总值（GDP）46.06亿元，按可比价计算，比上年增长14%。其中，第一产业实现增加值15.05亿元，增长6.6%；第二产业实现增加值16.34亿元，增长24.4%；第三产业实现增加值14.67亿元，增长9.2%。第一、二、三产业增加值占生产总值的比重由2013年的34.5∶32.9∶32.6调整为2014年的32.7∶35.5∶31.8。全社会劳动生产率为2.40万元/人。按公安户籍人口计算，人均GDP为1.67万元。非公有制经济增加值19.60亿元，占GDP的比重为42.6%，比上年上升0.2个百分点。完成财政总收入6.89亿元，比上年增长7.18%，其中公共财政预算收入5亿元，增长16.01%。公共财政预算支出18.50亿元，增长18.35%。实现农业总产值26.90亿元，按可比价计算，比上年增长6.5%。其中，农业产值10.65亿元，增长3.2%；林业产值7782万元，增长11.8%；畜牧业产值14.07亿元，增长7.2%；渔业产值1302万元，增长5.2%；农林牧渔业服务业产值1.28亿元，增长28.5%。粮食种植面积41.22万亩，比上年增长0.58%，经济作物种植面积23.36万亩，增长4.21%。粮食总产量12.41万吨，增长2.09%；肉类总产量5.87万吨，增长3.99%；禽蛋产量1259吨，增长5.09%；蜂蜜产量117吨，增长4.46%；水产品产量1010吨，增长5.21%。大牲畜出栏6.90万头，增长15.67%，年末存栏11.65万头，减少1.2%；生猪出栏44.53万头，增长4.2%，年末存栏28.69万头，增长5.62%；羊出栏17.37万只，减少4.98%，年末存栏20.90万只，增长13.4%；家禽出栏532.97万羽，减少1.41%，年末存栏193.56万羽，增长1.99%。规模以上工业实现产值25.23亿元，比上年增长28.47%，增加值7.19亿元，按可比价计算，增长35.4%。规模以上工业企业实现利税总额1.38亿元，增长4.06%；利润总额实现7071万元，增长15.59%；主营业务收入实现19.03亿元，增长13.94%。10个资质建筑企业完成总产值5.19亿元，比上年增长60.35%，实现利润1558.1万元，增长20.96%，实现税金2338.7万元，增长68.35%。完成规模以上固定资产投资52亿元，比上年增长36.48%。新增固定资产32.42亿元，增长53.93%。新开工项目80个，增长17.65%。实施招商引资项目88个，累计到位资金39.47亿元，增长41.04%。其中省外资金25.83亿元，增长90.61%。全社会实现消费品零售总额17.75亿元，增长13.6%，其中城镇实现12.38亿元，增长17.13%，乡村实现5.36亿元，增长6.21%。居民消费价格总水平比上年上涨2.5%。商品零售价格总水平上涨2.6%。农业生产资料价格总水平与上年持平。年末金融机构人民币存款余额57.54亿元，增长10.71%，其中储蓄存款34.45亿元，增长13.96%。金融机构年末人民币贷款余额34.93亿元，增长19.94%。保险企业实现保费收入9168.8万元，增长4.4%，已决赔款2589万元。农业机械总动力28.1万千瓦，增长9.08%；农用化肥施用量（折纯）1.44万吨，增长0.14%；农药施用量248吨，增长3.3%；农村用电量3822万千瓦时，增长7.84%。年末，县内公路通车里程1487.5千米（不含高速、国道及省道）。境内高速公路51千米，国道94.5千米，省道48.7千米。完成货运周转量1.98亿吨千米，增长14.81%；客运量400万人次，增长4.25%，旅客周转量1.91亿人千米，增长0.1%。有133个村（居）委会通电。完成邮电业务总量1.20亿元，比上年增长18.7%。其中邮政业务总量613.36万元，增长19.12%。年末拥有固定电话用户6320户，移动电话用户15.10万户。接待游客179.18万人次，比上年增长9.05%，实现旅游业总收入8.41亿元，增长39.13%。

【教科文卫】 2014年末，武定县有各级各类学校161所，其中高级完全中学2所、教师进修学校1所、职业高级中学1所、初级中学11所、小学122所，幼儿园23所（其中私立14所）。有在校学生3.91万人，专任教师2400人。其中，普通高中在校学生4011人，专任教师182人，职业中学在校学生274人，专任教师39人，高中阶段毛入学率76.03%；初中在校学生9655人，学龄人口入学率99.57%，专任教师840人；小学在校学生1.94万人，专任教师1205人，适龄儿童入学率99.95%；三类残疾儿童入学率92.5%。学前幼儿5799人，专任教师134人，其中在园幼儿3069人，学前班2730人，学前三年入园率74.02%、学前一年入园率94.03%。有在职在编教职工2534人，其中专业技术人员2433人，行政人员14人，工管人员87人；教师学历合格率分别为高中96.46%，初中100%，小学（含幼儿园）96.18%。学校校园占地面积110.48万平方米，生均28.24平方米；校舍建筑总面积36.39万平方米，生均9.3平方米。

申报2014年度各类省州级以上科技计划项目21项，批准立项17项，其中省级立项9项，州级立项8项，争取项目资金支持320万元。受理专利申请37件，批准专利8件。组织申报省级科技认定5个，“科技活动周”期间共开展科普宣传活动9场次，展出科普展板92块，科普挂图62幅，展出科普作品8项，发放科普书籍4250册，科普宣传资料5190份，义诊和咨询群众1350余人次，宣传教育群众3900余人次。举办知识产权宣传1次，现场办公1次，服务咨询群众147人次，发放宣传资料367份；推荐6个合作组织到省州进行表彰，发展农民专业合作组织43个。其中，农民专业协会12个，农民专业合作社31个，新增会员1391人（协会新增1236人，合作社新增155人）。各类农民专业合作组织达316个，会员人数1.17万人。争取到财政部、中国科协表彰的科普惠农项目农村科普示范基地1个，省级科普惠农项目3个，州级基层科普行动计划和产业建设科技行动计划项目10个，合计争取资金70万元。举办中药材种植技术培训11期，培训人员520人次，建立中药材种植示范基地7个，示范户610户，中药材种植推广面积4.07万亩，完成年初州下达任务的160%。县科协全国科普日网络在线活动组织有力，成效显著，被省州科协推荐到中国科协表彰。

年末有专业艺术表演团1个、图书馆1个，藏书量17万册，建成乡（镇）综合文化站11个，村级文化室162个，农民文化素质网络培训学校11所，农家书屋134个，文化信息资源共享工程基层服务点117个。县图书馆服务读者7.2万人次，公共文化场馆免费开放服务群众8.63万人（次）。举办2014年春节百村群众文体活动，全县11个乡（镇）133个村委会（社区）都组织春节群众文体活动，参加人数13.62万人（次）。举办2014年迎春书画摄影作品展、群众路线主题书画摄影展、庆祝建国65周年书画摄影展和非遗文化展览。展出书法作品70件、美术作品58件、摄影作品119件。参观展览人数5260余人（次）。在楚雄州创建国家公共文化服务体系示范区新剧目展演中，武定县展演的《彝剧小戏专场》荣获综合一等奖。组织武定彝族酒歌传承人参加牟定举办的2014年“彝和园”中国牟定彝族酒歌邀请赛，荣获集体三等奖。拍摄播映罗婺彝族首部电视风情艺术片《罗婺彝韵》。县图书馆、电影事业管理站、演艺公司组织送演出下乡72场次，送图书下乡2.83万册，放映农村公益电影1715场次。各乡（镇）利用春节百村群众文体活动、民族传统节日举办农民篮球运动会、体育健身活动等142场次，参加人数7.86万人次。广播、电视覆盖率分别为97.7%、98.9%。完成实施村级全民健身场地15个，乡（镇）灯光篮球场建设项目3个，村级体育场地建设项目13个。有各种体育场地709块（标准篮球场568块），总面积36.1万平方米，人均1.32平方米。武定县在第二批创建国家公共文化服务体系示范区创建单位中顺利通过验收，命名为“国家公共文化服务体系示范区”。体育健儿参加州级及以上体育竞技比赛获得奖牌11枚，其中金牌2枚、银牌3枚、铜牌6枚。

年末有医疗机构32个，其中县级医疗机构6个，乡（镇）卫生院11个，疾病预防控制中心1个，妇幼保健站1个，卫生监督所1个，计划生育服务中心12个。医院和卫生院床位1442张，其中县级医疗机构床位1222张。有卫生技术人员956人，其中执业医师及执业助理医师293人。参合农民24.48万人，参合率99.12%，筹资水平人均380元。报销减免70.23万人次，支付合作医疗基金

7168.74万元，新农合政策范围内住院费用支付比例75.68%，门诊统筹支付比例53.17%。县级医疗卫生单位和11个乡（镇）卫生院均能有效提供中医药服务，在115个村卫生室中，有75个村卫生室能有效提供中医药服务，能提供中医药服务的村卫生室数达到全县村卫生室的65.2%。县人民医院开展15个专业21个病种临床路径工作，临床路径管理病例530例。城乡居民健康档案规范化电子建档率92.37%，6岁以内儿童保健管理率、孕产妇健康管理率、老年人健康管理率分别达94.37%、98.31%、72.2%。报告乙类传染病9种511例，死亡7例，发病率185.5/10万。丙类传染病7种496例，发病率180.1/10万。无甲类传染病发生及重大传染病暴发流行。开展饮用水卫生安全专项整顿行动，确定43个水质监测点进行水样采集与指标检测，监测水样201份，合格132份，合格率65.7%。完成投资420万元的己衣、万德、环州3个乡（镇）卫生院业务用房建设项目，投资60万元的高桥、发窝中心卫生院周转宿舍项目和投资70万元的3个乡（镇）7个村卫生室建设项目建成使用。县人民医院通过省卫生计生委命名成功创建二级甲等综合医院。武定中医院成功申报和创建二级乙等中医院，通过省卫生计生委命名。高桥、猫街、东坡、发窝、白路、狮山6个乡（镇）卫生院列入一级等级医院评审，通过州级一级甲等卫生院命名，高桥中心卫生院荣获“优秀乡（镇）卫生院”称号。

【社会生活】 2014年，武定县城镇常住居民人均可支配收入2.45万元，增长12.1%，城镇居民家庭恩格尔系数33.25%。农村常住居民人均可支配收入6779元，比上年增长15.3%。农村居民家庭恩格尔系数48%，农民人均总收入8841元，增长8.56%。农民人均生活消费支出4101元，增长6.08%。年末有从业人员19.22万人，其中从事农业产业12.82万人，占66.7%，比上年下降0.6个百分点；从事非农产业6.41万人，占33.3%，比上年上升0.6个百分点。年末外出务工3.81万人，比上年末增加5114人，增长15.5%，外出务工农民寄回和带回现金8906.35万元，增长19.62%。年末城镇居民人均住房面积56.61平方米，农村人均住房面积35.3平方米。电话普及率56.9部/百人（按公安户籍人口计算），互联网用户9596户。有1.44万户4.12万人领取最低生活保障金。其中纳入城镇低保7122户1.67万人，发放低保金4560.4万元，月人均补差246元。纳入农村低保7261户2.49万人，发放低保金3690.8万元，月人均补差124元。有养老院11个，纳入“五保”供养人员1135人，其中在院集中供养688人，月人均供养184元；分散供养447人，月人均供养104元。发放供养金215.6万元。农村医疗救助累计救助4187人次，救助资金639.8万元。城市医疗救助356人次，发放医疗救助金34.8万元。依法开展国内收养登记4件，为151名孤儿发放基本生活保障金142.35万元。发放高龄老年人健康、长寿补贴248.16万元。为1514人次城镇和农村困难群众发放临时救助资金99万元。年末在岗职工1.04万人，工资总额4.38亿元，职工年平均工资4.19万元，比上年增长8.49%。年末城镇登记失业率3.1%，城镇化率28.77%。城市生活污水集中处理率94.74%，城市垃圾无害化处理率100%。参加养老保险职工6605人；参加失业保险职工4428人，参加医疗保险职工1.27万人，参加新型农村合作医疗24.48万人，参合率99.12%。参加社会养老保险16.24万人，征缴各项社会保险金1.5亿元，支出各项社会保险金1.15亿元。城镇新增就业1611人，下岗失业人员实现再就业1205人，就业困难人员实现就业354人，组织创业培训120人，完成农业富余劳动力技能培训420人，开发公益性岗位300个。累计支出再就业专项资金374万元。发放“贷免扶补”创业贷款120户600万元、失业人员小额担保贷款900万元，带动684人创业就业。用人单位签订劳动合同8500份，签订率90%。调整2335名企业退休人员养老金待遇，人均增加163.65元。兑现328名国有企业人员社保补贴60万元。全年共投入扶贫资金10521.5万元，完成107个整村推进，易地搬迁200人，年末绝对贫困人口9.83万人。发生生产安全事故63起，死亡8人，受伤64人，直接经济损失195.85万元；亿元生产总值生产安全事故死亡人数0.17人。发生交通事故42起，5人死亡，63人受伤，直接经济损失12万元。

【武定县村镇建设】 2014年，武定县村镇建设以撤乡设镇和最美休闲乡村命名、传统村落入选为重点，成果丰硕。4月18日，云南省人民政府同意插甸乡、白路乡、万德乡、己衣乡4个乡撤乡设镇；7月31日，武定县第十六届人大常委会第十二次会议审议通过《武定县人民政府关于插甸乡等4个乡撤乡设镇有关问题的报告》，8月11～19日，插甸镇、白路镇、万德镇、己衣镇陆续举行撤乡设镇挂牌授印仪式，4个乡撤乡设镇后隶属关系不变，行政区域不变，政府驻地不变。10月，农业部组织开展的中国最美休闲乡村推介活动揭晓，武定县狮山镇狮山村位列现代新村，被授予中国最美休闲乡村荣誉称号，是全国“美丽乡村”创建试点的又一成果。11月25日，中国传统保护村落发展专家委员会评审认定，住房和城乡建设部、文化部、国家文物局、财政部、国土资源部、农业部和国家旅游局联合公布第三批中国传统村落名录，武定县猫街镇猫街村委会咪三咱村、插甸镇水城村委会水城村、发窝乡大西邑村委会大西邑村、白路镇平地村委会木高古村、万德镇万德村委会万德村、己衣镇己衣村委会己衣大村等6个村，入选第三批中国传统村落名录。

【武定县工业园区建设】 2014年，武定工业园区完成工业总产值40.51亿元，比上年增长32%；完成工业投资7.28亿元，增长88%；新入园企业11户。完成基础设施建设4.86亿元，收储土地1200亩；新建标准化厂房6.1万平方米，实现税金1.92亿元，增长46%。自

2013年5月开工建设的武定县禄金工业片区一期核心区累计筹集资金1.9亿元，收储核心区土地5618亩，开展基础设施建设完成投资2.9亿元；云南中铁二十三局建设投资1.8亿元的禄金核心区基础设施一号路第一标段完成招投标；园区10千伏施工用电线路完成主线路和支线路架设，35千伏应急输电线路进入规划设计，110千伏变电站可研初审通过。

【武定县羊旧水库建设】 2014年末，武定县羊旧水库主体工程完工，累计完成投资1.21亿元，总体工程投资进度82%。大坝于5月封顶，填筑到2013.65米高程（相应坝高54.35米），完成填筑量100.36万立方米，完成帷幕灌浆1.32万米，固结灌浆2475米；溢洪道累计完成开挖265米，底板砼浇筑100米；输水洞完成327.56米隧洞开挖，隧洞衬砌327.56米，完成竖井开挖32.94米，竖井衬砌32.94米，回填灌浆1180平方米、固结灌浆456米；导流洞完成导流明槽开挖141米、导流隧洞开挖及隧洞混凝土浇筑衬砌354.2米，完成导流洞后段明槽混凝土浇筑衬砌79.8米；完成临时导流围堰开挖填筑，完成隧洞固结灌浆144米，回填灌浆1534.1平方米；输水干渠完成开挖1.41千米（完成隧洞开挖1.39千米、隧洞进出口明槽开挖23米）、完成干渠隧洞衬砌390米；管理房建盖554.24平方米，仓库建筑76.64平方米，卫生间建筑12.72平方米，淹没区改道公路开挖1.62千米，交通桥1座，水保挡墙3座。羊旧水库位于狮山镇羊旧村委会羊旧关村，距离县城33千米，总库容824.2万立方米，正常库容666.7万立方米，死库容83.7万立方米，工程规模为小（一）型，主要建设大坝、溢洪道、输水洞、导流洞及灌溉干渠（干渠隧洞）等。工程项目于2012年4月20日开工建设。

［王　飞］

武定县乡（镇）情况一览表

乡(镇)	面积(平方千米)	村(居、社区)委会(个)	年末总人口(人)	年末耕地面积(亩)	农业总产值(万元)	粮食总产量(吨)	烤烟总产量(吨)	年末大牲畜存栏(头)
狮山镇	438	28	83481	62816	50141	33089	850	16594
高桥镇	422	17	36563	39188	41184	18010	1490	11802
猫街镇	471	15	27277	32216	25846	14523	1230	12907
插甸镇	351	12	24068	26326	22001	11161	555	10025
田心乡	139	7	18712	19487	19026	8238	670	10724
发窝乡	289	11	14470	16224	15916	6724	380	7809
白路镇	283	10	14557	18363	27092	3807	2360	10299
万德镇	241	8	15785	22721	19641	7449	1040	8805
己衣镇	247	9	15745	22682	17738	9195	1230	11105
环州乡	226	8	11432	13882	15527	4549	1370	8026
东坡乡	215	8	14600	16330	14906	7367	240	8362

［楚雄州统计局］

禄　丰　县

【地理位置】 禄丰县位于云南省中部，楚雄州东部。地处北纬24°51′～25°30′、东经101°38′～102°25′之间。东与昆明市富民县、安宁市和西山区接壤，南连双柏县和玉溪市易门县，西倚楚雄市和牟定县，北邻元谋县和武定县。平均海拔1566米，东西宽76千米，南北长68千米，国土面积3536平方千米。县人民政府驻地金山镇，海拔1565米，东距省会昆明97千米，西距州府楚雄83千米，南距安楚高速公路23千米。

【行政区划】 禄丰县辖金山、广通、碧城、仁兴、勤丰、一平浪、彩云、土官、黑井、和平、恐龙山11个镇，中村、妥安、高峰3个乡。设社区居委会8个、村民委员会157个，有村民小组2122个（不含社区居委会村民小组）。

【人口民族】 2014年末，禄丰县有常住人口43.02万人。按公安部门户籍人口统计，年末全县总人口42.46万人，其中，农业人口28.93万人，下降5.6%；非农业人口13.5万人，增长14.4%。在总人口中，汉族人口31.41万人，占74%；少数民族人口11.05万人，占总人口的26%。少数民族人口中，彝族人口8.00万人，占总人口的18.8%，占少数民族人口的72.4%。现有民族25个，其中千人以上的少数民族除彝族外，还有苗族1.86万人、回族6032人、傈僳族2853人、白族1064人，男女性别比为103.39（以女性为100计算）。人口出生率11.32‰，死亡率6.99‰，人口自然增长率4.33‰。

【自然环境】 禄丰县处于滇中高原东南部，属金沙江、元江两大水系上游分水岭地带，主要河流有星宿江、龙川江，地表崎岖，山岭纵横，山地、丘陵、山间盆地交错。山区（包括山地、丘陵）面积占全县总面积的91.9%，坝区占8.1%。境内地势东高西低，山脉多为南北走向，境内海拔1309～2754米之间，最高点碧城老青山海拔2754米，最低点川街小江口海拔1309米，县城所在地海拔1560米。面积在2平方千米以上4平方千米以下的坝子9个，4平方千米以上的坝子16个，比较大的是罗次、金山、罗川坝子，坝区面积289平方千米。2014年末，城镇建成区面积35.71平方千米，其中县城建成区面积8.86平方千米。建成区绿地面积4199.25亩，其中县城建成区绿地面积3558.3亩，绿地率26.77%，绿化覆盖率30.25%。街道65条，总长58.58千米，总面积112.99万平方米。平均降雨量817.5毫米，年平均气温17.7℃，年日照2337.8小时。城市生活污水集中处理率90%；城市垃圾无害化处理率100%，城区大气降尘量每平方千米81.11吨。

【资源特产】 禄丰县境矿产资源丰富，已查明的金属、非金属矿产有铜、铁、盐、钛、煤、芒硝、石英砂等29种，初步形成采矿、冶金、铸造、化工、机械、建材等多种产业发展格局。缸套、香醋等产品和一平浪煤矿、盐矿在省内外具有较高知名度，昆明、滇中两大电网覆盖全境。

【经济状况】 2014年，禄丰县实现生产总值（GDP）140.07亿元，按可比价格计算，比上年增长8.5%。其中，第一产业增加值28.20亿元，增长6.5%；第二产业增加值50.95亿元，增长7.5%；第三产业增加值60.92亿元，增长10.3%。第一、二、三产业增加值占总生产总值比重20.1∶36.4∶43.5，继续呈现出“三二一”产业结构类型。社会劳动生产率（按从业人员计算的人均GDP）5.34万元/人，按常住人口计算的人均GDP为3.26万元，按公安户籍人口计算的人均GDP为3.30万元。非公有制经济增加值77.46亿元，占GDP的55.3%。年末全县从业人员26.24万人，其中从事非农产业10.87万人，占41.4%。年末城镇登记失业率3.5%。城镇化水平（城镇化率）42.67%。

居民消费价格总水平比上年上涨2.3%，商品零售价格总水平上涨1.4%。农业生产资料价格总水平下降2.1%。居民消费价格中，食品价格上涨2.9%（其中粮食价格上涨0.6%）；烟酒及用品价格下降2%；衣着价格上涨2.9%；家庭设备用品及维修服务价格上涨2.8%；医疗保健和个人用品价格上涨0.1%；交通和通讯价格下降0.1%；娱乐教育文化用品及服务价格上涨1.7%；居住价格上涨3.9%；服务项目价格上涨4.9%。

冶金制造、能源化工、现代烟草、建筑建材、绿色食品、文化旅游六大重点产业实现增加值181.87亿元，比上年增长2.3%。六大重点产业增加值占GDP的47.6%。工业园区建设顺利推进，至2014年末，入园企业62户，其中，年度新增6户，实现工业总产值116.08亿元，比上年下降6.7%。实现增加值17.88亿元，下降0.5%。接待游客431.79万人次，增长20.3%，实现旅游总收入17.22亿元，增长41.2%。

粮食种植面积62.61万亩，比上年增长0.8%。经济作物播种面积51.73万亩，增长5.3%。实现粮食产量20.62万吨，增长2.1%。其中，秋粮15.11万吨，增长0.4%；夏粮5.51万吨，增长6.8%。粮食作物与经济作物种植比为54.8∶45.2。完成造林面积3.6万亩，森林覆盖率64.6%。实现肉类总产量7.76万吨，增长2.1%；禽蛋产量2681吨，增长7.9%；蜂蜜产量156吨，增长151.6%；水产品产量4432吨，增长13%。大牲畜年末存栏17.59万头（匹），增长4.5%；生猪年末存栏55.27万头，增长8.1%；羊年末存栏19.41万只，增长7.5%。有中小型水库244座，总库容2.46亿立方米，有效灌溉面积24.98万亩，其中节水灌溉面积19.13万亩。有农业机械总动力3.75亿瓦，比上年增长4.8%，排灌机械总动力4589.1万瓦，增长2.2%。农村用电7722万千瓦时，增长12.6%。农用化肥施用量（折纯）3.40万吨，增长9.8%。农药施用量769吨，增长4.8%。实现农林牧渔业总产值44.45亿元，按可比价格计算，比上年增长6.3%。

完成工业总产值179.53亿元，按现行价格计算，比上年下降2.4%，实现增加值41.11亿元，比上年增长3.9%（可比价）。其中，规模以上工业企业实现产值111.99亿元，下降6%；规模以下工业企业实现产值67.54亿元，增长4.1%。实现规模以上工业增加值19.91亿元，增长2.7%（可比价）。规模以上工业企业产值占全部工业产值的62.4%，下降2.1个百分点。规模以上工业企业实现利税1806万元，下降95.7%，其中利润亏损1.98亿元。在县内注册建筑企业16户，签订合同额10.48亿元，增长0.2%；完成总产值9.15亿元，增长20.1%；房屋建筑施工面积60.56万平方米，增长10%。500万元以上项目固定资产投资和房地产开发投资81.08亿元，增长84.4%。其中，500万元以上的城镇投资、农村非农户投资76.89亿元，增长104.1%；房地产投资4.19亿元，下降33.4%。

实现社会消费品零售总额39.67亿元，比上年增长12.3%。按城乡划分，城镇实现23.53亿元，增长12.2%；乡村实现16.14亿元，增长12.3%。按经济类型划分，公有制经济实现2281.6万元，增长12.9%；非公有制经济实现39.44亿元，增长12.3%。非公有制经济实现消费品零售额占消费品零售总额的99.4%。

县境公路通车里程4999千米，其中，国道57千米，省道143千米，省管县道96千米，县管县道293千米，乡道765千米，专用道44千米，村道3601千米。货运量635.21万吨，货物周转量10.14亿吨千米。客运量510.25万人次，客运周转量2.42亿人千米。年末，拥有固定电话2.71万部，移动电话28.85万部，国际互联网用户4.47万户。

完成地方财政总收入10.76亿元，比上年下降10.9%。其中，上划中央收入2.67亿元，下降33.4%；上划省级收入4326万元，下降28.2%；地方公共财政预算收入7.66亿元，增长2.7%。完成地方政府性基金预算收入1.37亿元，下降41.2%。完成地方公共财政预算支出21.75亿元，增长9%；完成地方政府性基金预算支出2.05亿元，下降30.6%。金融机构人民币年末各项存款余额99.46亿元，增长6.9%，其中城乡居民储蓄存款余额71.46亿元，增长14.7%。金融机构人民币年末各项贷款余额66.45亿元，增长7.4%。年末存贷差33.01亿元。保险机构实现保费收入1.26亿元，下降1.6%；赔款支出5604万元，增长37.6%；收支差7010万元，下降14.2%。

【科教文卫】 2014年，禄丰县申报国家科技计划项目1个、省级8个、州级6个，获得科技部立项1项、省科技厅立项6项、州科技局立项4项，获得科技项目扶持经费453万元，比上年增长157%。预报县级科学技术奖励成果23项，评出一等奖2项、二等奖3项、三等奖12项。有1项成果获州级科学技术奖二等奖、4项成果获三等奖。应习华等10人被认定为云南省科技特派员，谢光昌等10人被认定为云南省农村科技辅导员。申报专利申请103件，累计授权275件。科技对国民经济增长的贡献率为53.53%，比上年提高0.3个百分点。7月，禄丰县被列为云南省知识产权强县试点县。

有各级各类学校230所，其中，高中3所，在校学生5568人，专任教师416人；初中17所，在校学生1.75万人，专任教师1015人；小学159所，在校学生3.06万人，专任教师2111人；幼儿园50所，在园人数9706人。特殊教育学校1所，在校学生49人，专任教师16人。学龄儿童入学率99.98%，小学毕业生升学率99.2%，巩固率99.6%；初中阶段入学率99.9%，初中毕业生升学率52.2%；普通高中上线1576人，高中毕业生上线率99.37%。小学、初中、高中专任教师学历达标率99.9%、99.7%和97.1%。

有专业艺术表演团体1个，演出71场次，观众7.1万余人次。公共图书馆1个，藏书10.02万册。县文化馆1个，乡（镇）文化站14个。博物、文物管理机构1个，接待国内外观众5万余人次。电视覆盖率98%，数字电视用户3.73万户，广播覆盖率100%。

有各类卫生机构256个。其中，医院14个，基层医疗卫生机构223个（卫生院14所，村卫生室164个，诊所、卫生所、医务室45个），专业公共卫生机构18个（疾病预防控制中心1个，妇幼保健院1个，卫生监督所1个，计划生育技术服务机构15个），其他卫生机构1个。有卫生技术人员1569人，其中执业（助理以上）医师601人。有床位1616张，其中医院床位1200张。

【社会生活】 2014年，禄丰县农村常住居民人均可支配收入8303元，比上年增加1007元，增长13.8%，扣除物价上涨因素，实际增长11.2%；城镇常住居民人均可支配收入2.56万元，增长10.5%，扣除物价上涨因素，实际增长8%。年末城镇居民人均住房使用面积27.49平方米，农村人均居住面积31.57米。165个村（居）委会全部通程控电话、通公路、通电、通自来水。

参加基本养老保险2.63万人，其中，在职职工1.67万人，企业退休人员9580人；参加失业保险2.32万人；参加城镇基本医疗保险人数7.7万人，其中城镇职工3.64万人、城镇居民4.06万人；农村和城镇居民参加城乡居民社会养老保险21.45万人，其中发放养老金5.02万人；参加新型农村合作医疗36.06万人。企业离退休人员养老金和失业人员失业保险金按时足额发放。纳入城镇居民最低生活保障8646户1.52万人。纳入农村最低生活保障1.19万户2.68万人。民政部门优抚伤残人员160人，在乡复员军人913人。有敬老院13所；有五保老人1559人，其中在敬老院集中供养398人，分散供养1161人；有福利院1个，收养孤残儿童3名、鳏寡老人9名。

各类自然灾害造成直接经济损失3468.53万元。农作物受灾面积4.50万亩，其中绝收7856亩，受灾人口9.70万人次。发生各类安全事故1426起，死亡15人，直接经济损失183.07万元。亿元生产总值安全事故死亡人数0.11人。其中，工矿商贸企业生产安全事故2起，死亡2人，直接财产损失160万元；道路交通安全事故1409起，死亡13人，直接财产损失8.35万元；火灾（森林火灾除外）15起，直接财产损失14.72万元。

【昆（明）广（通）复线铁路建成运营】 2014年1月16日上午，昆明—大理旅客列车驶上昆（明）广（通）复线铁路，标志昆广复线铁路正式开通运行。昆（明）广（通）复线铁路工程于2007年10月18日开工，工程设计为国家Ⅰ级双线电气化铁路，设计速度160千米每小时（预留200千米每小时）。2013年12月27日，首列22720次货物列车全程通过，标志着该线铁路正式开通运营。昆广复线铁路使昆明至广通的铁路里程缩短104千米，还将与广（通）大（理）复线铁路、广（通）攀（枝花）复线铁路相连接，使禄丰县金山站、广通站的铁路重要枢纽站作用得到更大发挥。

【禄丰县招商引资成效明显】 2014年1月26日，禄丰县人民政府成功签订“禄丰中科药用花卉植物种植研究所有限公司试验基地建设项目投资协议书”、

"禄丰喜尧水渣磨粉有限公司年产50万吨增炭剂生产线建设项目投资协议书"、"禄丰安锋气体有限公司气体充装站项目投资协议书"，3个项目总投资1.88亿元，项目建成投产后，可实现年销售收入10.7亿元、1600万美元，年税收4400万元。8月15日，禄丰工业园区土官片区举行云南嘉绩钢结构、云南明宇钢结构、云南富诚人防和云南泰瑞合4户企业工程建设项目开工仪式。4家企业主要生产民用钢结构加工、工业用气和医用气体充装，总投资4.88亿元，用地面积200亩。10月27日，禄丰县人民政府与华电云南发电有限公司签订"禄丰工业园区标准厂房屋面光伏发电项目投资协议书"，项目拟投资5~8亿元人民币，利用省级禄丰工业园区内标准厂房屋顶，建设装机容量不低于5万千瓦的分布式光伏发电项目，项目计划在2015~2020年分期建设。

［曹永萍］

禄丰县乡（镇）情况一览表

乡(镇)	面积（平方千米）	村(居、社区)委会（个）	年末总人口（人）	年末耕地面积（亩）	农业总产值（万元）	粮食总产量（吨）	烤烟总产量（吨）	年末大牲畜存栏（头）
金山镇	419.1	23	80577	54412	51522	33697	996	18765
仁兴镇	231.1	12	35376	38400	50057	16403	3181	16361
碧城镇	187.1	15	48751	45775	55595	21621	1953	8974
勤丰镇	253.4	11	28005	28608	40422	15301	889	6950
一平浪镇	441.3	14	41849	44511	38474	21308	1400	20762
广通镇	352.2	16	41755	45806	38518	19764	2048	13786
黑井镇	133.5	9	18322	32653	14758	9750	97	15152
土官镇	95.6	5	13044	14636	13501	6913	0	2562
彩云镇	302.8	9	20494	27269	22804	10730	0	15031
和平镇	284.7	13	24065	33407	33261	12257	1907	15797
恐龙山镇	242	9	18379	20371	21069	8263	455	8587
中村乡	301.7	9	17503	22690	24219	8989	1056	12637
高峰乡	155.5	8	10647	15250	10455	6332	633	6081
妥安乡	136.3	12	25791	29808	29854	14845	635	14492

［楚雄州统计局］

（责任编辑：周能汉）

人 物

新闻人物

【云南十大法治新闻人物姜光文】 姜光文，男，汉族，1969年10月5日出生，楚雄州大姚县人，1988年12月参加工作，中共党员，在职大学学历，一级法官。现任大姚县人民法院石羊中心法庭党支部书记、庭长、审判委员会委员。

姜光文在日常工作中，注重提高法庭干警业务技能，每月组织法官轮流主持开展案例研讨，并做好传、帮、带工作；抓好石羊中心法庭党支部党建工作，加强对党员干警的教育管理，以党建带队建促审判；把全庭年度目标任务具体分解到每一个干警身上，严格执行案件质量评查标准，对所有案件实行三级评查，即承办人自查、书记员排查、庭长评查。他熟悉乡土民情，善于做群众工作，巡回办案中坚持司法为民、公正司法，耐心、细心、用心办理好每件案件。2014年，石羊中心法庭立案前化解纠纷16件，受理各类案件164件，其中，受理民商事138件，审结134件；受理并执结执行案件26件，结案率98%；全年巡回审理案件92件，巡回审判率68.2%；调撤案件108件，调撤率67.5%，无发回重审案件；在“中国裁判文书网”和“云南信息公开网”上公开生效裁判文书32份；对所辖4个乡（镇）的人民调解员、人民陪审员进行业务指导培训6场次，受训人数126人；开展法制进校园讲座3场次，受教育师生750人。2014年3月，荣膺“2013年度云南十大法治新闻人物（红榜）”荣誉称号；同月，被中共大姚县委表彰为政法综治工作先进个人；2014年5月，被楚雄州中级人民法院记个人三等功；2014年11月，被中共云南省委宣传部、省精神文明建设指导委员会办公室授予“岗位学雷锋标兵”称号。

［州法院供稿］

【云南省首批“云岭学者”罗明东】 罗明东，男，汉族，1962年12月生，博士研究生学历，中共党员。教育地理学博士生导师，教育学博士，二级教授，享受国务院特殊津贴专家，“云南省人民政府特殊津贴”获得者，云南省中青年学术

技术带头人，云南省首批高校教学与科研带头人，云南省有突出贡献哲学社会科学专家，云南省“四个一批人才”，云南省优秀教育工作者。历任云南师范大学教务处副处长、基础教育研究中心副主任、高教所常务副所长、教务处处长、教师教育学院院长等职。现任楚雄师范学院院长。

罗明东先后主持国家级、省级科研项目10项，出版著作、教材29部；曾在《光明日报》等学术报刊上发表论文110余篇，20余篇论文被《新华文摘》、人大复印资料《教育学》与《地理学》等全文转载或摘要；2008年起先后在昆明学院、楚雄师范学院创造性地开展“整合连贯型”教师教育模式改革试验研究，其系列成果《整合连贯型：教师教育模式改革的新探索》2013年荣获云南省人民政府第十六次哲学社会科学优秀成果一等奖，《高校师范类专业“整合连贯型”教师教育模式改革的研究与实践》获云南省人民政府第七届高等教育教学成果一等奖。作为带头人主持的“教师教育模式创新团队”于2014年被批准为云南省哲学社会科学创新团队。2014年，作为云南省“教育学”学科带头人，罗明东教授因其在教育地理学、区域教育学、教师教育等专业研究领域里和人才培养上取得的突出贡献，成为云南省“云岭学者”高层次人才首批30人之一。

［李 梅］

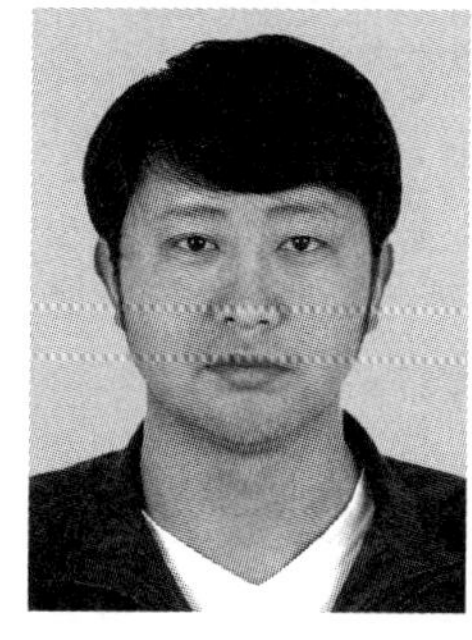

【云南省首批“云岭首席技师”张彦青】 张彦青，男，中共党员，1973年12月出生，1992年7月参加工作，纳西族，大学本科学历。楚雄技师学院数控应用技术系教师、数控加工专业学科带头人、国家职业技能鉴定高级考评员、数控机床操作高级技师，云南省“技术状元”、“国务院特殊津贴”获得者。

张彦青自从事教育教学工作以来，工作刻苦，学习勤奋，不断提高教学业务水平和专业技能水平，编写校本教材，提出普车实训教学模块课题理论，统一了普车实训教学的操作程序。10余年来，他共有多篇教育教学论文获奖，编写过《教学目标细化》和《中级车工的模块教学》；参与编写《数控加工技能实训（数控车中级）》教材，已由人民邮电出版社正式出版，并被定为中等职业教育规划教材；2013年，负责编写学院高技能人才培养教材《车工实训手册》，正式出版发行。他所培养的学生多次在云南省数控技能大赛中包揽前三名；指导的同学代表云南省参加教育部组织的全国职业院校技能大赛，车工、数控车工专业的学生在2009、2010、2011、2014年均获得三等奖的好成绩。他先后获得过先进班主任、优秀共产党员、云岭优秀教职工、师德十佳等称号，12次被评为年度先进教职工，多年履职优秀。2003年被评选为州级优秀教师。2005年度，荣获楚雄州教育系统“云岭优秀职工”称号；2007年度，被评为教育部国家级中职骨干教师培训班优秀学员；2008年，获云南省第三届数控技能大赛教师组第一名，取得“高级技师”职业资格和“技术状元”称号，并以优异成绩通过全省第二次选拔赛，成为代表云南省数控车教师组两位选手之一，参加当年10月在大连举办的第三届全国数控大赛并获优秀奖；2009年9月，被州教育局评为全州教育工作“优秀教师”；2011年6月，被州委、州人民政府评为“优秀教师”；2010年、2012年两次通过楚雄州内评选，代表楚雄高技能人才参加云南省第二届“兴滇人才奖”评选；2011年3月，受到国务院表彰并享受政府特殊津贴；2013年7月，被云南省人力资源与社会保障厅评为首批省级技能大师，同年10月作为职业教育骨干教师被州教育局安排到德国参加职业教育培训学习；2014年9月，被评选表彰为云南省首批“云岭首席技师”。

［楚雄技师学院供稿］

【云南省首批“云岭名医”杨本雷】 杨本雷，男，主任医师，现任云南省彝医医院院长、云南省彝族医药研究所所长、楚雄州彝族医药研究所所长、楚雄州中医医院党委书记、院长。民族药产业技术创新战略联盟核心人。享受国务院和云南省人民政府特殊津贴专家，国家科学技术奖评审专家、云南省彝族医药非物质文化遗产项目代表性传承人、云南省第二批名老中医师带徒老师、全国优秀科技工作者、楚雄州有突出贡献优秀专业技术人才。

1978年毕业于云南中医学院中医系，同年7月分配到楚雄州中医院工作。从事彝族医药和中医药临床、科研、医院管理工作36年，先后研制出“养胃解毒胶囊”、“紫灯胶囊”、“利胆解毒胶囊”、“止泻胶囊”4个彝族新药，并获国家准字号新药证书和生产批准文号。他先后主持和参与的科研项目共取得26项重要科技成果，主编出版了《彝族医药荟萃》、《云南彝医药（上、下册）》、《中国彝族医学基础理论》、《中国彝族药学》、《中国彝医方剂学》5部彝族医药专著；开发了39个彝药院内制剂和2个彝药保健品，建立了“中国彝族医药馆”和1个集彝医植物药种质保存及栽培、药用动物驯养繁殖为一体的彝族药材种植养殖基地，参与了彝族药材标准研究制定，致力于彝族医药的临床实践和研究，在彝药“化毒灵”系列治疗艾滋病、彝药“解毒灵”治疗消化系统肿瘤、彝药“咽舒宝滴丸”治疗慢性咽炎等方面取得满意疗效，填补了中国彝族医药体系建设领域的多项空白。2014年9月28日，被云南省卫计委、省人力资源和社会保障厅命名为云南省首批“云岭名医”。

［陆琮慧］

【云南省首批“云岭教学名师”李文伟】 李文伟，男，汉族，1968年2月出生，云南楚雄人。1987年7月参加工作，曾是代课教师，当过科任教师、班主任、年级组长、教导主任、办公室主任、党支部书记、校长，教过中学，也教过小学。现为楚雄市鹿城小学校长。

从教27年，李文伟始终忠诚于人民的教育事业，爱岗敬业、为人师表、教书育人，在小学教师这一平凡的岗位上无怨无悔，默默耕耘。2001年11月获“楚雄州优秀少儿工作者”称号，多次被评为州、市优秀共产党员。在教学中，他确立“以德育德、以才育才”的教育理念，注重加强对课程标准、课本（教材）、考试、教法、学习方式、学情、育人方法的研究，广泛开展以学生良好的学习动力、学习习惯、学习行为、学习方法、学习能力、学习心理的培养为核心的研究，全面提高教学质量。作为校长，他十分重视教师队伍建设，全面实施“96571”教师素质工程，教师队伍整体素质不断提高，名优教师不断涌现，学校现有省级名校长1人、省级骨干教师2人，市级骨干教师9人。他2006年9月被楚雄市教育局评为“优秀校长”，同年12月被市委、市人民政府评为“楚雄市教育改革和发展工作先进个人”；2007年8月被市教育局评为“教育改革和发展研究一等奖”。2008年1月被中国教育学会授予“全国百名优秀校长”；3月被州委、州人民政府授予“有突出贡献的优秀专业技术人才”称号；9月被省人民政府授予“特级教师”荣誉称号；2010年9月被省教育厅评选为“云南省中小学名校长”；被省教育厅评为2007年、2008年、2009年全省教育宣传先进个人；2014年，被云南省教育厅、省财政厅、省人力资源和社会保障厅授予云南省首批“云岭教学名师”称号。

【云南省首批“云岭教学名师”王静】 王静，女，楚雄开发区实验小学党总支书记、校长，云南省第八次党代会代表，楚雄州第七届、第八届政协委员，楚雄市第八届人大代表、常委。

1981年参加工作，在三尺讲台上，为人师表，全心全意做好教书育人工作。培养云南省特级教师4名，云南省骨干教师2名，州级骨干教师9名，校级骨干教师29名。发表国家、省、州各级论文30余篇，50余篇论文分获国家、省、州级一、二等奖。两项科研成果荣获楚雄州科技进步三等奖，科研课题多项结题并获奖。2012年12月，参加中央电教馆全国教育信息技术研究“十一五”规划重点课题“基于网络的教师‘校本培训’研究”评为优秀研究成果奖；2013年3月，作为课题负责人开展的云南省教育厅“十一五”教育技术立项课题“基于交互式白板的小学课堂教与学的创新”圆满结题；2014年1月，担任课题组长的国家级课题“学校规范化管理研究”及“学校教师专业梯队建设研究”顺利结题，并荣获一等奖，学校被评为全国教育科研先进单位。1998年被评为云南省特级教师。2014年，被省人民政府授予“云南省先进工作者”、云南省第二十一届“劳动模范”，被省教育厅、省财政厅、省人力资源和社会保障厅授予云南省首批“云岭教学名师”称号。

【云南省首批“云岭教学名师”朱绍章】 朱绍章，男，汉族，云南南华人，1989年毕业于云南师范大学政教系（科）政治教育专业，现为楚雄一中教师。

从教26年，他积极探索有效课堂教学，注重从知识、能力、觉悟三方面培养和塑造学生，创造了独特的“既高分又高能”的学科素质教育方法。1992、1995、1998、2001、2004年，五届高考所教学科成绩均为楚雄州第1名；2006、2008、2011、2014年，担任学校文科综合备课组长，四届高考文综成绩均为楚雄州第1名。

他注重青年教师的培养工作，首创衡量政治课教学的“五个一”标准（每学期一份标准的教学计划、一篇优秀的教案、一堂合格的汇报课、一套合乎要求的试卷、一篇规范的教学论文），组织教研工作和指导青年教师教学。先后指导南华一中的欧玲、罗发荣，楚雄一中的刁惠玲、宋玉萍、余靖、何庆林，东兴中学的孔瑞芬7位青年教师，欧玲成长为楚雄州课赛一等奖获得者、州高考专家指导组成员，罗发荣成长为南华一中政治教研组组长，刁惠玲、宋玉萍成长为楚雄州课赛一等奖获得者，孔瑞芬成长为云南省课赛一等奖获得者。2013年3~7月，受学校委派，受聘为楚雄师范学院政管系2010级1、2班“中学思想政治教学论”任课教师。1996年10月，获楚雄州高中政治优质课比赛一等奖；1996年12月，获云南省中学思想政治课教案比赛一等奖；1999年1月，获楚雄州高中政治优质录像课评选一等奖；同年9月，获云南省首届高中政治录像课评比三等奖；2000年4月，获上海教育出版社出版的《政治教育》“迈向新世纪”征文二等奖；2005年9月，被评为云南省中小学“云电杯”十佳教师。同年10月，获州委、州人民政府第四届优秀社科成果三等奖。2007年12月，被评为楚雄州优秀社会科学工作者。2008年1月，获楚雄州“十五”教育科研优秀成果二等奖。2008年8月，楚雄一中2007~2008学年教学论文比赛一等奖。2008年9月，获楚雄一中2007~2008学年优秀班主任，楚雄一中2007~2008学年高考优秀辅导教师。2014年，被云南省教育厅、省财政厅、省人力资源和社会保障厅授予云南省首批“云岭教学名师”称号。

［州教育局供稿］

模范人物

【全国民族团结进步模范周国兴】 周国兴，男，彝族，1962年11月出生，在职研究生学历，现任中共楚雄州委统战部副部长（兼）、州民委党组书记、主任。

周国兴对少数民族群众和少数民族地区经济社会发展有着特殊的感情，多年来不管在什么工作岗位上，始终把一腔热血、一片真情倾注在民族工作上，用真情浇灌民族团结进步之花。作为一名民族工作者，他深入10县（市）少数民族聚居区，了解少数民族群众的所需所盼，竭尽全力为少数民族群众办实事。他以敏锐的眼光，努力寻求做好民族工作的着力点，积极争取各级党委、政府对民族工作的支持，多方争取资金，全力推进民族团结进步示范区建设，并取得可喜成绩。他带领州民委领导班子，为民族地区经济社会发展积极谋求思路，按照“分类指导”、“因地制宜”、“因族施策”的工作策略，将全州民族乡、民族聚居乡、散杂居少数民族地区作为民族工作的重点和难点强力推进。他倾情关注少数民族干部的培养，根据州委制定的相关政策，积极协调各级各部门，采取有效措施，加大对少数民族干部的选拔推荐培养力度。他心系民族教育事业的发展，始终坚持把优先发展民族教育、提高各民族素质作为加快民族地区经济社会发展的基础性工作来抓，他积极参与修订《楚雄州民族教育条例》，使民族教育步入规范化、法制化轨道。他注重民族文化的挖掘、传承和保护，参与制定了《楚雄州民族文化强州建设规划》，并整合资源、组织实施，打造了一批民族文化产品。他重视党的民族政策的宣传教育，在他组织倡导下，州民委与州电视台、电台、报社等多家媒体密切配合，全方位、多渠道加大宣传力度，使党的民族政策更加深入人心，各级各部门执行民族政策的自觉性更加提高，社会主义新型民族关系更加巩固。2014年9月，被国务院表彰为“全国民族团结进步模范”。

【全国民族团结进步模范张丽梅】 张丽梅，女，彝族，永仁县猛虎乡党委书记。她注重解决群众关心的热点、难点问题，及时排查和调处社会矛盾，全力维护民族地区社会稳定，营造和谐稳定的环境。做好观音岩电站库区97户324名傣族群众的安置工作。协调解决移民在搬迁安置建房过程中的困难问题，争取资金改善安置点的设施条件，让移民搬得来、在得住、能发展。积极做好省级重点建设项目“总投资38个亿的观音岩电站±500千伏换流站”项目实施的土地林地征占协调、矛盾纠纷化解工作，确保了工程顺利实施。全面落实各项惠农政策，让群众得实惠，促进民族团结。完善民族地区基础设施，发展产业促农增收。按照“抓项目强基础，调结构促增收，挖资源广招商”这一思路，科学编制项目规划，发扬“钉子”精神，跑省州县相关部门积极争取项目资金，修路，修沟，修水库，农田水利设施得到进一步完善，促进全乡经济发展、连续两年农民人均增收1000元以上。她注重挖掘乡土文化资源，传承民族民间文化；建设彝族刺绣传习所，培育彝族刺绣产业，为彝族妇女搭建增收致富的平台；挖掘乡土文化人才，培养民族民间文化传承人；编印《猛虎纪事》，传承民族文化；积极争取资金建设文化站、文化室、农家书屋等公共文化设施。2014年9月，被国务院表彰为“全国民族团结进步模范”。

［州民委供稿］

【全国优秀教师李惠英】 李惠英，女，汉族，1968年7月出生，楚雄州大姚县人，现为楚雄第一中学语文教师，班主任。

从教23年，她始终奋斗在教育教学的第一线，一直担任班主任工作，带领学生以建设“团结、和谐、快乐、温暖、奋进”的班集体为目标，不断探索新形势下的学生思想教育工作新途径，成功走出了一条行之有效的新路子。她主动参加云南省教育科学院举办的“全国统一鉴定心理咨询师培训班”，积极参加楚雄一中第一届主题班会比赛，并获第一名。她擅长做学生的思想工作，擅长开班会和家长会。她所带的班级一直被学校评为先进班级，她自己也屡获优秀班主任的称号。2006～2008年她受聘在楚雄师范学院成人教育学院省、州级骨干教师培训班开设班主任工作专题讲座28讲。2007年她在楚雄州首次普通高中教育教学工作展示交流活动中作“主题班会在班级管理中的作用”的报告。2009年，她曾应邀在云南省第二届“三生教育”骨干教师培训班上讲课并交流。2014年8月，被教育部表彰为“全国优秀教师”。

［州教育局供稿］

【全国法院人民法庭工作先进个人赵建新】 赵建新，男，彝族，1979年6月出生，楚雄州大姚县人。2001年8月参加工作，2000年12月加入中国共产党，中央民族大学少数民族语言文学系毕业，大学本科学历，现任楚雄市人民法院酒鸡口法庭庭长，二级法官。

赵建新2001年8月从中央民族大学毕业分配到楚雄市人民法院工作，2001年8月至2006年9月在政工科工作，2006年9月至今在楚雄市人民法院酒鸡口法庭工作。在酒鸡口法庭工作的近8年时间里，赵建新共接待群众2000余人次，办结各类民事、刑事自诉案件713件，其中调解结案481件，调撤率67.5%，所审理案件均达到了调解无反悔、审理无超期。他坚持好上班签到制度、廉洁自律情况登记制度、值班接待登记制度，做到天天有人值班，时时有人接待。参加工作14年来，赵建新扎根山区，一心为民，每年承办案件120余起，结案率100%，正确率100%，案件均达到“无发回重审、无超审限、无错案”的“三无”标准，办案质量效率全院名列前茅，其个人不但多次荣获表彰，他所带领的酒鸡口法庭也多次获省、州奖励。2005年7月，被中共楚雄市委评为“先进性教育活动优秀督导员”；2006年3月，被市委、市人民政府评为“‘十五’期间党员干部结对扶贫先进个人”；2009年2月，被州委、州人民政府评为“楚雄州第二批新农村建设工作队优秀队长”；2010年1月，被中共楚雄市委、市人民政府评为“优秀公务员”；2010年12月，被市委、市人民政府评为“抗旱救灾先进个人”；2012年1月，被市委、市人民政府评为“优秀公务员”；2012年12月，被市委、市人民政府评为“第五次民族团结进步模范个人”；2013年2月，被楚雄州中级人民法院评为“优秀法官”；2014年3月，被最高人民法院表彰为“全国法院人民法庭工作先进个人”。

［州法院供稿］

【中国青年志愿者优秀个人段连斌】 段连斌，男，汉族，1977年9月出生，中共党员，楚雄州元谋县人。1996年参加工作，2007年11月在元谋县元马镇人民政府担任驾驶员工作，2010年12月在元谋县财政局担任驾驶员工作至今。

作为一名专职驾驶员，在担任驾驶员的10多年里，段连斌处处以共产党员的标准严格要求自己，立足本职，爱岗敬业。同时，他积极投身青年志愿者行动。

2009年4月，段连斌和几个朋友一起创建了一个区域性的QQ群（后更名为元谋在线义工组织），用于宣传、组织、带动一些社会爱心团体和个人参与社会公益事业。2011年3月，元谋团县委以元谋在线义工组织为基础，成立元谋县网络团支部，并对网络团支部进行定位：网络团支部具备政治属性和社会属性的双重属性，在坚持政治属性的前提下着重发挥社会属性的功能和作用。4年多来，元谋在线义工组织以一个论坛为基础，3个QQ群为辅助，一直致力于元谋县境内的扶贫、助学、救灾等公益项目。至2014年，已组织实施大小公益活动30余次，出动义工500余人次，募集爱心物资价值数10万元，爱心资金6万余元，直接帮扶对象数万人，拥有正式注册义工57人。2014年5月，元谋县网络团支部被评为“楚雄州五四红旗团支部”。他也于2010年3月，被评为“元谋县优秀青年志愿者”；2013年9月，荣获第三届楚雄州道德模范提名奖；2014年5月，被授予“楚雄青年五四奖章”荣誉称号；2014年12月，被共青团中央、中国青年志愿者协会授予“第十届中国青年志愿者优秀个人奖”。

【中国青年志愿者优秀个人苏丕超】 苏丕超，男，1986年10月出生于双柏县大庄镇，现在中国石油云南楚雄销售公司工作。

2005年，苏丕超以优异成绩被云南警官学院录取。2009年5月，云南省红十字会到学校开展捐献造血干细胞志愿者报名活动，苏丕超报了名，如愿成为了捐献造血干细胞的一名志愿者。2010年8月，大学毕业的苏丕超因照顾生病的爷爷耽误了公务员考试，进入中国石油云南销售楚雄分公司成为了一名普通的加油员。工作以后，苏丕超很快成为公司“郭明义爱心团队”和“中国石油青年志愿者服务队”的骨干，在做好本职工作的同时，积极参与公司组织的青年志愿者活动，多次深入社区、敬老院、儿童福利院献爱心义务劳动等活动。2012年10月，中华骨髓库云南分库的工作人员几经周折找到正在中国石油云南销售楚雄分公司工作的苏丕超，并电话告知，他的造血干细胞与一名白血病患者配型成功。听到这个消息，尽管他的父母极力反对，但想到可以通过自己的干细胞救人，他没有丝毫的犹豫，毅然决然的答应了捐献造血干细胞。2013年1月7日和8日，苏丕超瞒着父母，分两次为一名远在2000多千米外的陌生人捐献了364毫升造血干细胞，挽救了一个白血病患者的生命。成为云南省首例造血干细胞捐献者，也是云南省第71例成功捐献造血干细胞的志愿者。2013年9月，苏丕超被授予“楚雄州道德模范”称号；2014年12月，被共青团中央、中国青年志愿者协会授予“第十届中国青年志愿者优秀个人奖”。

［团州委供稿］

云南省第二十一届劳动模范

【华正龙】 华正龙，男，汉族，1963年7月生，大专文化，禄丰县金山镇西门社区人，1979年至今从事种养殖业。

华正龙高中毕业后便踏入社会成为了和父母一样的靠种田维持生计的农民，1979年抱着改变家中生活条件，减轻父母负担的愿望，到建筑工地从事混凝土工作，开始了他的打工生涯。1983年，他创建金山镇青年预制块厂，开始了他创业的第一步。1988年，他专门到云南工程学院进修1年。进修结束后，他应聘到禄丰县金山镇建筑工程公司务工并很快成为公司骨干，先后担任金山镇建筑工程公司技术员、高级工程师、技术负责人、项目经理等。无论在什么岗位上工作，他始终严格执行《建筑法》和《建筑工程招投管理办法》，严把工程建设质量关，严格建筑施工管理，确保建筑施工安全，使公司得到长足发展。2003年，他离开金山建筑工程公司，凭借自己多年积累的管理经验和经营能力，筹集资金150万元注册成立禄丰大华实业有限公司。由于他肯钻研，善管理，公司的发展蒸蒸日上。随后他先后创办了大华休闲园、大华农产品种植营销专业合作社，禄丰县金山镇拖罗甸生态农庄，使公司规模不断壮大，经济实力不断增强。到2014年，华正龙的大华实业有限公司已发展成为集客房、餐饮、特种种养殖业为一体，年产值519万元，拥有员工70余人的优秀民营企业。共吸纳农村富余劳动力72人就业，年上交税金22万余元，为禄丰县经济社会发展做出了积极贡献。

事业成功以后，华正龙不忘回报社会，积极投身公益事业。他解决了200多名农村剩余劳动力的再就业问题，还先后出资15万元，帮助贫困家庭解决实际困难，实现脱贫致富。2009年9月，被评选为“楚雄州优秀农民工”；2010年4月，被评选为“楚雄州第八届劳动模范”；2010年7月，为评选为“云南第二届农村创业之星”；2011年12月，被中共云南省委组织部、省农业厅、省人力资源和社会保障厅、省财政厅评为“云南省第四届百名农村乡土人才”。所创办的公司2008年12月被楚雄州农业产业化经营与农产品加工领导小组评选为“州级重点龙头企业”、“高原特色农业重点专业合作组织”、“全国科普惠农兴村先进单位”；2011年6月，被中国科协、财政部授予“全国科普惠农兴村先进单位”；2012年11月，被州人民政府授予“高原特色农业重点专业合作社”。2014年，华正龙被评选为“云南省第二十一届劳动模范”。

【段金凤】　段金凤，女，汉族，大专文化，党员，1976年5月出生，元谋县环卫站清洁工，农民工。

从参加环卫清扫工作起，段金凤就承包了县城最主要、最繁华的“窗口”——龙川街段，道路清扫保洁道路面积25000平方米，负责50只果皮箱清掏保洁。为了保质保量地完成工作任务，每天凌晨4点钟她就来到岗位上，一天工作下来，经常累得满头大汗、腰酸脚痛，面对困难她从不泄气、不动摇。她虚心向老同事学习请教，特别是学习有关清扫保洁作业技巧，经过多年来摸索，段金凤练就了一套清扫作业又好又快的基本功。遇到有车辆停靠在路边时，她总是弯下腰一点一点地把车下的垃圾扫出来，不留灰痕死角；清扫到道路两侧落水口时，她放慢速度仔细扫，若落水口被积污堵塞，她就用手把落水口缝隙中的杂物清除掉，使得道路卫生经常保持整洁干净。

12个春秋，段金凤用一个环卫工人的标准，默默奉献，把美好年华无私奉献给执着追求的环卫事业，用真情实意、言传身教引导人们热爱自己的家园；用五尺扫把在大街上谱写了一曲曲爱岗敬业、勤劳奉献之歌。2007年12月，段金凤被评为云南省“十佳农民工”，同时被授予云南省“五一劳动奖章”；2008年11月，被评为“全国优秀农民工”，同时被授予“云南省杰出农民工”；2013年3月，荣获“楚雄州十大杰出女性”荣誉称号；2014年，被评为“云南省第二十一届劳动模范”。

【何　聪】　何聪，男，彝族，中共党员，大专文化，1970年3月出生在大姚县一个农民家庭，1989年3月参加工作，现在楚雄州公安局禁毒支队流动警务站工作，主任科员。

何聪1989年3月应征入伍到昭通市公安消防部队服役，

次年6月加入中国共产党，2002年8月转业到楚雄州公安局工作。从警12年来，他共参与侦破毒品案件260余件，缴获各类毒品220余千克，抓获犯罪嫌疑人280余名。用自己的行动在禁毒流动警务站这条堵截毒流的第一线，筑起了一道坚不可摧的墙。2012年8月，何聪在全州公安机关警务实战技能训练期间，被检查确诊为肺癌晚期并向肋骨发生转移。但他却始终以惊人的毅力，乐观向上，同病魔作斗争。经过6次化疗，病情基本得到控制后，他坚持重返工作岗位，主动请缨投入禁毒一线战斗，先后参加全省毒品公开查缉大比武4次，查办案件毒品11件，抓获犯罪嫌疑人38名，缴获毒品海洛因、冰毒31.26千克。2011年、2012年，连续两年荣立个人三等功；2013年，被州公安局表彰为“优秀共产党员”；2014年，被评为“云南省第二十一届劳动模范”。

【刘春明】　刘春明，男，汉族，大专文化，1957年12月出生。九三学社会员，1980年7月参加工作，全国注册监理工程师、云南省评标专家库专家，楚雄州水土保持方案编制成果评审专家，现任楚雄市水务局高级工程师、总工办主任。

35年来，刘春明一直从事基层水利水电工程勘察设计、施工技术指导工作，先后参加、主持了楚雄武定大响水电站工程规划设计，勐果河流域电站规划，元谋丙间大沟、孟连、麻柳水库，大姚大罗古水库、马金河水库，楚雄龙川江、青龙河综合治理工程和各种小型水利水电站工程建设等160多件及楚雄市112件小（二）型水库除险加固成果审查。他以水利科技为民服务为理念，刻苦学习水利水电工程专业知识，深刻领会国内水利工程科技动态、新技术、新规范，提高处理水利工程复杂问题的能力，坚持科学审查、严格把关，任劳任怨，数十年如一日，夜以继日地忘我工作。他视工程质量与科学合理性如生命，为历届水利部门行政领导严把工程技术关，工程重大事项面前临危不惧，勇挑重担，不为名、不为利，默默奋斗在基层水利工程第一线。先后获得全省水利水电系统年度先进个人奖3次、州级先进个人一等奖2次、州级优秀专业人才科技进步三等奖3次，州、市级其他奖励5次；2006年4月，被授予楚雄州第七届先进工作者称号（州级劳动模范）；2011年1月，被九三学社云南省委评为2009～2010年度社务工作先进社员；2014年，被评为“云南省第二十一届劳动模范”。

【龚兆祥】　龚兆祥，男，汉族，1956年3月出生，高中学历。1976年参加工作，先后在石羊汽车配件厂、大姚县交通工具厂、云南大姚机械配件厂工作。

工作30余年，龚兆祥对工作兢兢业业，不畏困难，勤学苦练，先后完成了“机械原理、机械基础、机械制图、液压传动知识、金属工艺学、电工学、电工原理”等学业并取得工程师资格证书和电工、电焊工的技术等级证书和特殊工种操作证书，练就了一套过硬的机械加工技术。同时，他在业务技术上不断钻研和创新，改进生产工艺技术60余项。他发明“旋风头车螺杠技术”，使工厂的生产效益提高5倍；设计制造了“十字孔定位模具”，为工厂减少设备投资30余万元；制造多孔钻组合模块，提高生产效益3倍；和昆明理工大学企校合作技术改造，将“铁模覆砂生产工艺”应用于汽车配件铸造，在云南省内属于首创；将球墨铸件生产合格率提高到95%，累计降低成本120余万元。2005年“铁模覆砂球墨铸铁在汽车零配件上的应用”、2006年“机械镀锌技术的研究和生产应用”、2012年“调频智能负压实型铸造紧实台开发”项目、2008年与昆明理工大学合作共同开展的“振动焊接在轻型汽车车桥桥壳的应用”项目，4项技术改造获得了云南省科技专利认证。他的一系列技术改造创新，降低了成本，完善了产品质量，提高了生产效率，提升了企业的核心竞争力。2003年被评为州级劳动模范；2006年被州人民政府评为优秀中国特色社会主义事业建设者；2008年获得州科学技术进步奖；2009年被州总工会评为节能减排技术革新标兵；2012年获得州科学技术进步奖。2014年，被评为“云南省第二十一届劳动模范”。

【杨明英】　杨明英，女，汉族，1968年4月出生，初中文化。2003年3月参加工作，现任云南玉飞达钛业有限公司污水处理工。

杨明英自进厂以来，就被安排做污水处理工作。污水处理岗位是所有岗位中最苦、脏、累的工种，但是她二话不说爽快地服从了领导的安排。她认真学习污水处理工艺规程、操作规程、污水处理、钛白粉生产技术等专业知识，虚心向老职工学习、边学边干，边干边学，使自己的理论水平和岗位技能在短时间内得到很大提升，很快便能熟练完成全岗位各项工艺技术性工作，成为了该岗位独当一面的技术骨干和操作能手。除了踏实做好自己的本职工作外，她在工作中注意观察、积累，善于思考和发现问题，大胆建言献策，多项建议被公司领导采纳，在一定程度上促进了企业污水处理和节能减排工作。

在她和工友们的共同努力下，4年来，企业没有发生过一起环境污染事故。2009年9月被评为“楚雄州优秀农民工”，2010年12月被评为“云南省优秀农民工”，2013年4月被授予“云南省五一劳动奖章”，2014年，被评为“云南省第二十一届劳动模范”。

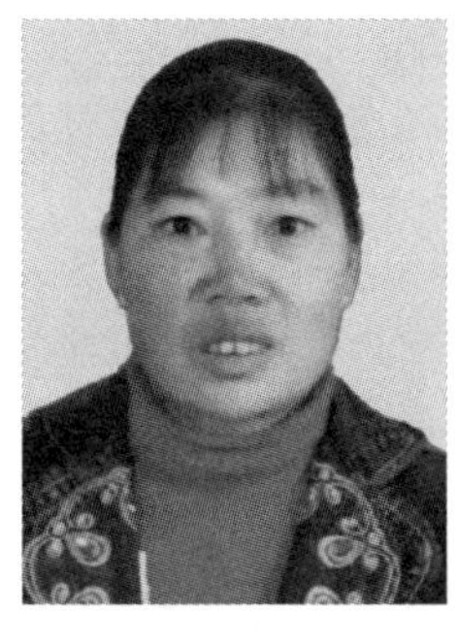

【顾中兰】　顾中兰，女，1964年4月生，汉族，初中文化，中共党员。姚安县栋川镇西街居委会小寺冲十一组农民。

2006年4月获楚雄州人民政府第七届先进工作者称号；2008年4月被楚雄州农村妇女“双学双比”竞赛活动领导小组评为科技致富女能手；2010年3月被楚雄州妇联评为“学科技女能手”称号。

作为一名普普通通的农村妇女，顾中兰勤于学习，敢于创新，早在1999年，就在党的富民政策指引下，承包了村小组因经济效益不好而疏于管理的11亩土地，开始尝试葡萄规模化种植；随后又于2003年，承包20亩土地开始尝试葡萄育苗。随着事业不断发展壮大，她在从事种植业的同时，开始发展生猪养殖，每年养殖150头商品猪，纯收入10多万元，不仅让自己的家庭彻底摆脱了贫困，带头先富了起来，也改变了农村妇女成天围着锅、碗、瓢、盆转的传统生活方式。对当地的产业结构调整和农民增收起到了示范带动作用。在自己致富的同时，顾中兰不忘带动村民致富，积极响应镇妇联提出的“手拉手”结对子帮贫扶困活动，大力从资金、技术、种苗上扶持农村妇女，从种植养殖到收获，提供一条龙免费服务。2006年，顾中兰被州委、州人民政府评为“第七届劳动模范”；2008年，顾中兰被州妇联表彰为“双学双比科技致富女能手”；2014年，顾中兰被评为“云南省第二十一届劳动模范”。

【王　静】　王静，女，汉族，生于1962年2月，中共党员，本科学历，2001年起任楚雄开发区实验小学党总支书记、校长。曾先后被选为云南省第八次党代会代表，楚雄州第七届、第八届政协委员，楚雄市第八届人大代表、常委，楚雄州第三届教育学会理事，楚雄州小学语文专业委员会理事长，楚雄州州级督学，省级督学。

从教三十余载，她先后主持并参与了“十五”中央电教馆重点课题，研究成果被中央电教馆评为三等奖；参加中央电教馆全国教育信息技术研究“十一五”规划重点课题评为优秀研究成果奖；在她的带领下，楚雄开发区实验小学在彝州率先进行中层竞聘，改变了以往管理人员只能上，不能下的思维惯性，为学校的发展注入全新的活力；她率先用科学的“三年发展规划”引领学校发展，使学校成为了彝州基础教育的窗口，省内的名校，先后被各级组织表彰为“全国教育科研先进集体、全国学校艺术教育先进单位、全国巾帼文明岗、全国三八红旗集体、全国交通安全示范校、全国‘双合格’优秀家长学校、全国外语教研示范学校、国家级‘语言文字’示范学校、全国第四届和谐校园先进学校、全国少年儿童航天科普教育基地、全国示范家长学校”等。

2006年9月被云南省教育厅、省教育卫生科研工会评为云南省“师德先进个人”；2006年12月被中央电化教育馆评为“课题研究先进个人”；2009年1月被云南省教育厅“三生教育”领导小组评为“优秀指导教师”；2009年8月被省教育科学研究院评为“优秀指导教师”；2010年4月被省总工会表彰为“五一劳动奖章”；2010年7月被教育部中国教师发展基金会评为“教育科研先进工作者”；2010年7月推荐为“国培计划”培训教学专家；2010年9月评为“云南省名校长”；2011年9月被中共云南省高校工委、省教育厅授予第二届“云南教育功勋奖”；2012年7月被省高校工委、省教育厅党组评为“优秀共产党员标兵”；2014年，被云南省人民政府授予“云南省先进工作者”、“云南省第二十一届劳动模范”。

【山云芬】 山云芬，女，傣族，1969年2月生，专科文化。1989年12月参加工作，现在永仁供电有限公司宜就供电所工作，高级工，综合管理班长。

在山云芬23年的工作历程中，获得6次部门先进个人，5次被电力公司表彰为先进工作者、文明标兵。特别是在电力公司工作的10年里，勤勤恳恳工作、任劳任怨，踏踏实实做万家灯火的光明使者。她曾经担任过电力收费员、输电线路管理员、综合班班长，爬电杆、清除输电线路故障、帮助用电户安装电器和修复供电设施等工作，没有出现一次工作失误。在承担宜就镇三分之二的输电线路（10千伏线路76千米）管理工作中，她几乎踏遍了宜就镇7个村委会72个村民小组，服务1500户用电客户，始终把客户的满意度放在首位。她团结同事，努力完成单位领导交办的各项工作任务，多次被部门树为行业标兵，把光明献给永仁人民，成为永仁人民的光明使者，赢得广大群众的好评。2010年4月，获得“楚雄州第八届劳动模范称号”；2012年4月，被云南省总工会授予“五一劳动奖章”；2013年，被云南电网公司记个人三等功。2014年，被评为“云南省第二十一届劳动模范”。

[州总工会供稿]

2014年度云南省三八红旗手

【张　燕】 张燕，女，1966年4月出生，汉族，大学文化程度，中共党员，楚雄州农业科学研究推广所园艺站高级农艺师。

从事园艺技术工作27年，张燕不断将优新良种和先进技术推广到全州园艺生产中，在全州蔬菜生产、尤其是为楚雄州高原外销特色蔬菜生产及农民增收致富作出了显著成绩。2001年张燕主持承担楚雄州魔芋基地建设技术指导任务后，由于魔芋在国内属新开发利用作物，基本没有现成的资料可供查阅，也没有现成的经验可以借鉴，她克服重重困难，跋山涉水、不辞辛劳，收集国内魔芋资源，广泛开展高产优质品种选育、花魔芋适生区域选择、避病丰产栽培技术试验示范。选育的“楚魔花1号”作为云南省首个魔芋种通过云南省种子管理站鉴定登记，并在全省推广种植，总结的“花魔芋优质丰产栽培技术”在全省推广应用，撰写的论文在全国魔芋研讨会上交流。至2013年，楚雄州魔芋种植面积已由2001年前的零星种植发展到规模化种植7.3万亩，年产值6亿元以上，州内魔芋主栽区每年魔芋销售收入5～8万元的农户比比皆是。种植魔芋成为楚雄山区农民致富奔小康的有效途径和优势发展项目，吸引了国内知名魔芋加工企业“一致魔芋生物科技有限公司”到楚雄落户，促进了楚雄州魔芋产业化发展模式的形成。

10余年来，张燕共获得楚雄州科技进步奖、自然科学奖7项，先后被授予楚雄州首批“学科带头人”称号，被州委、州人民政府表彰为“双学双比”竞赛活动先进个人，被州妇联授予“三八”红旗手称号，多次被州直机关工委、州农业局机关党委、州农科所党总支表彰为“优秀共产党员”、“先进工作者”。2014年，被表彰为云南省“三八红旗手”。

【莫　燕】 莫燕，女，1977年2月出生，汉族，大学本科学历，楚雄市交通运输局会计。

她干一行爱一行，钻一行精一行，尽心尽责，认真履行楚雄市交通局财务科基建会计、财务会计岗位工作。每年按时完成局机关及几十个工程建设项目的会计账务和各种报表上报工作，积极配合审计部门完成多个基建项目的审计认定工作，有力地支持了全局工程建设。她热心单位公益活动，真诚服务干部职工。扎实开展好妇委会和女工委的工作，积极组织好庆祝“三八”节的各种外出学习交流、参加“巾帼志愿者”爱心行动、看望慰问流动留守儿童、关心下一代、开展预防艾滋病宣传教育、开展家庭助廉、号召女职工踊跃捐款献爱心等系列活动，丰富妇女职工的文化生活。几年来，她积极参加全市行业预防职务犯罪“廉政勤政伴我行”、“爱岗敬业”等演讲比赛，荣获过全市第二名第好成绩。在家里，她孝敬公婆、善待父母，任劳任怨，深受邻里的称赞。曾先后被评为楚雄州交通系统先进个人、楚雄市交通局优秀公务员、楚雄州“三八红旗手”。2014年，被表彰为云南省“三八红旗手”。

【方晓云】 方晓云，女，1962年12月生，汉族，中专文化程度，农行双柏县支行营业室柜员。

方晓云自1980年参加工作以来，一直在农行双柏县支行工作。30多年来，她先后从事过联行会计、对公会计、储蓄会计、内勤主任，实行柜员制后的前台综合柜员等工作。无论在什么岗位上，她都干一行爱一行，钻一行，兢兢业业，任劳任怨，一丝不苟，凭着对事业的一片赤诚，从一件小事做起，从点点滴滴做起，在平凡的岗位上任劳任怨，恪尽职守，出色地完成了各项工作任务，得到了领导的充分肯定，受到了同事的一致好评，赢得了顾客的一片赞誉。2008～2010年，在农行云南省分行开展的各项业绩考核比赛中，她连续三年荣获“岗位标兵”的光荣称号，受到省分行的表彰奖励。2012～2013年度，借调农行楚雄州分行运营中心，她在录入组和补录组的业务量考核都名列前茅。2013年7月和9月，分别参加农行省分行和农行总行组织的“三基本”考试，取得了90分以上的优异成绩。2009年9月，被楚雄州妇联授予“三八红旗手”称号；2009年11月，被双柏县妇联授予“十大创佳绩女标兵”称号；2010年4月，被农行双柏县支行评为“先进个人”；2014年，被表彰为云南省“三八红旗手”。

【代丽仙】 代丽仙，女，汉族，1978年10月生，大学文化，南华县龙川镇人。2002年7月毕业于云南省公安高等专科学校，2002年12月分配到南华县公安局工作，现任龙川派出所副所长，一级警司警衔。

代丽仙先后担任南华县公安局五街派出所、徐营派出所、龙川派出所内勤民警，龙川派出所副所长。她从内勤民警做起，11年如一日，勤勤恳恳，兢兢业业，巾帼不让须眉，始终做“立警为公，执法为民”的表率，做忠诚卫士的表率；始终严以律己、耐艰辛、守清贫、抗诱惑、经风险，用真情慰民众，用真心换民心，展现出对公安事业忠贞不渝的人生轨迹。参加工作以来，积极参与侦破刑事案件156件、查处治安案件365件、打击处理各种违法犯罪分子500余名，放弃数不清的节假日，为维护辖区社会治安稳定作出显著成绩。由于工作实绩突出，多次被县公安局授予先进个人，屡次被评为优秀公务员。2007年，被选为南华县第十五届人大代表；2008年，被南华县人民政府表彰为“巾帼英雄”；2009年，被楚雄州人民政府表彰为“三八红旗手”；2014年，被表彰为云南省“三八红旗手”。

［州妇联供稿］

组织机构及领导名录

中国共产党楚雄彝族自治州委员会

常务委员　张太原
　　李红民（女，彝族）
　　邱　江（仡佬族）
　　岑化虎
　　任锦云
　　左荣贵（彝族）
　　杨　静（女，彝族）
　　杨照辉
　　徐　昕
　　曹　军
　　夏新建
　　姜　扬
　　赵克义（白族）
　　孙　赟（挂职）
书　　记　张太原
副 书 记　李红民（女，彝族）
　　邱　江（仡佬族）
秘 书 长　赵克义（白族）
副秘书长　苏贤发
　　张士金
　　何晓荣
　　肖应明（彝族，～2014.08）
　　田中洪
　　陶尚周（彝族）
　　杨秀成（兼）

中共楚雄州委机构

办公室
　主　任　苏贤发
　副主任　王春兴
　　仲显海
关工委办公室主任（副处）　黄　河（彝族）
信息综合室主任（副处）　杨丽平（女）
督查室
　主　任　王春兴
　副主任　何明智
　　宾国学（彝族）

组织部
部　　长　徐　昕
常务副部长　梁文林
副 部 长　吴亚峰
李春全（傈僳族）
施剑波（兼）
李　昆（兼）
州委非公有制经济组织和社会组织工作委员会
书　记　梁文林（兼）
副书记　杨林本
杨发荣（傈僳族，兼，2014.10～）
祁云鹏（兼，2014.10～）
罗永高（兼，2014.10～）
罗绍辉（兼，2014.10～）
宣传部
部　　长　姜　扬
常务副部长　段福君
副 部 长　刘　凯
黄　玲（女）
精神文明办公室
主　任　刘　凯
副主任　尹　睿
文化产业办公室
副主任　周　兵
州委对外宣传办公室和州政府新闻办公室
主　任　段福君
副主任　孟　孚（女）
统战部（州台办）
部　　长　杨　静（女，彝族）
常务副部长　刘予敏（女，兼州台办主任、州社会主义学院副院长）
副 部 长　李志岗
杨发荣（傈僳族，兼）
周国兴（彝族，兼）
刘　祥（彝族，兼，～2014.08）
政法委员会
书　　记　岑化虎
常务副书记　秦国雄
副 书 记　倪志文
李鹏程
周红华（彝族，兼）
毛兴福（兼）
李智贤
综治办主任　周红华（彝族，正处）
办公室主任　徐　勇
政治部主任　李辛学（彝族）
维稳办副主任　陈有昌（白族）
执法监督室主任　董仲明
610 办公室
党组书记、主任　毛兴福
副　主　任　王景兵
政策研究室（州农办）
政策研究室主任　张士金
政策研究室常务副主任、州农办主任
白　云（女，白族）
副主任　田映昌（彝族）
李继云
州直机关工委
书　记　起云忠（彝族）
副书记　善承卫
秦玉兰（女）
机构编制办公室
主　　任　肖应明（彝族，2014.08～）
副 主 任　杨明玉（女）
督查室主任　文　皓（女，彝族）
老干部局
局　长　施剑波
副局长　张晓玲（女）
习　刚
机要局、密码管理局
局　长　李丕俊（彝族）
副局长　张瑞萍（女）
李冬伟
保密局（州国家保密局，副处）
局　长　杨永昌
州委群众工作局（州政府信访局）
局　　长　杨秀成
副 局 长　董继辉
李志荣
纪菊丽（女）
李　璇（女，兼）
王海宏（兼）
信访督查专员　王景飚
黄清华
党史研究室
主　任　侯志荣
副主任　李世伟（彝族）
何志猛
干休所（副处级事业机构）
所　长　周正芬（女，彝族）

中国共产党楚雄彝族自治州纪律检查委员会

书　记　夏新建
副书记　王志梅（女）

王　建（彝族）
赵宗喜
秘书长、办公室主任　李永志
干部室主任　普德功（彝族）
信访室主任　高正友
案审室主任　陈民军
执法和效能监察室主任　郭兴旺
党风政风监督室主任　陈燕青
宣教室主任　自朝顺
综合室主任　李晓华
政策法规研究室主任　吕高顺
纪检监察一室主任　张俊华
纪检监察二室主任　李宗林（彝族，2014.08～）
案件监督管理室主任　杨焕生（白族）
预防腐败室主任　吕　雄（2014.08～）
州纪委第一纪工委、监察分局
书　记　骆安昆
副书记、监察分局局长　周云生（回族）
副书记　经云珍（女）
州纪委第二纪工委、监察分局
书　记　孙长友
副书记　韩明哲（保留正处待遇）
副书记、监察分局局长　李文云（傣族）
州纪委第三纪工委、监察分局
书　记　杨爱学（彝族）
副书记、监察分局局长　李必旺
副书记　周　健（彝族）
州纪委第四纪工委、监察分局
书　记　刘爱明（彝族）
副书记、监察分局局长　贺　祥
副书记　王云峰
州纪委第五纪工委、监察分局
书　记　何正兴
副书记、监察分局局长　毕作东
副书记　杨　燕（女）
州纪委第六纪工委、监察分局
书　记　鲁　伟
副书记、监察分局局长　毕承太（彝族）
副书记　尚　群（女）

楚雄彝族自治州人大常委会

党组书记、主任　卢显林
党组副书记、副主任　李　佳
党组成员、副主任　卜德诚
商雁鸿
熊卫民（彝族）
李志勇
副主任　吴丽华（女）
秘书长　张林敏
副秘书长　白忠华

州人大常委会内设机构

办公室
主　任　白忠华
副主任　祖　俊
汪家有
蒋华荣
周晓宇（彝族）
法工委
主　任　杨文昌
副主任　孙丹润
教科文卫工委
主　任　付永新
副主任　张开阳
民工委
主　任　李祝宁（彝族）
副主任　张志军（苗族）
财经工委
主　任　周　雷
副主任　陈徐宗
选联工委
主　任　郭孝益
副主任　吴燕来
农业与环境资源工委
主　任　李学安
副主任　华明友

楚雄彝族自治州人民政府

党组书记、州长　李红民（女，彝族）
党组副书记、常务副州长　杨照辉
党组成员、副州长　任锦云
孙　赟（挂职）
赵祖莹
邓斯云
周兴国
曹卫东（哈尼族，～2014.09）
洪维智（挂职）
副州长　夭建国（2014.06～）
党组成员　杨应旭
州长助理　刘春华（挂职，～2014.11）
秘书长　李德胜（彝族）
副秘书长　李　平（～2014.08）
杨秀成
张竣珲

钟建辉
阮建文
张　健
金德能
吴海芬（女）
段志红（女，白族，挂职）
张建华（挂职，2014.04～）

州人民政府机构

办公室
党 组 书 记　李德胜（彝族）
主　　　任　李　平（～2014.08）
副　主　任　代淳志
　　　　　　罗如贵
督查室主任　朱光荣
信息中心主任　冯忠顺

楚雄州能源及新材料产业督导协调组（正厅）
组　长　杨应旭
副组长　何学明

楚雄州能源及新材料产业督导协调组办公室
主　任　生国强
副主任　李　斌（彝族，～2014.10）
　　　　李　银

发展和改革委员会（能源局）
党组书记、主任　徐　东
党组副书记、副主任　洪　志（正处，兼州能源局局长）
副主任　尹　毅
　　　　罗志清（彝族）
　　　　王文书
　　　　彭寿才（～2014.08）
　　　　金正东（2014.09～）
重点项目稽查特派员　杨发宏
　　　　　　　　　　郭逢春
重点项目稽查特派员办公室主任　李鹏宁
州铁路建设协调领导小组办公室主任　邱国生（兼州民航工作协调领导小组办公室主任）
州深化医药卫生体制改革领导小组办公室主任　朱明生

工业和信息化委员会
党委书记　马国雄（回族）
主　任　苏铸红（白族，兼中小企业局局长）
副 主 任　程宗文（正处，兼州无线电管理办公室主任，～2014.10）
　　　　康　喜
　　　　李联平
　　　　何正祥
　　　　罗怀云
　　　　解正伟
　　　　吕建云
党委副书记、纪委书记　罗绍辉

教育局（州政府教育督导室）
州教育党委书记、局长　李　能（兼州职教园区党委书记）
州政府教育督导室主任　琚华良
州教育党委副书记、纪委书记、副局长　周志海（回族）
副局长　罗向阳（彝族）
　　　　王俊伟
教育督导室副主任　李树鉴
教育工会主席　施自荣（2014.02～）
教科所所长　自洪明（彝族）

科学技术局（知识产权局）
党组书记　罗秀娟（女，～2014.08）
　　　　　普学芬（女，彝族，2014.08～）
局　　长　罗秀娟（女，～2014.10）
　　　　　普学芬（女，彝族，2014.10～）
副 局 长　张洪云
　　　　　吴启荣

民族事务委员会
党组书记、主任　周国兴（彝族）
副主任　马光辉（回族，保留正处级待遇）
　　　　龙光明（苗族）
　　　　杨洪雨（彝族）

公安局
党委书记、局长　曹卫东（哈尼族，～2014.10）
副书记、常务副局长　赵树礼
副局长　施怀祥
　　　　李发富（彝族）
　　　　周建忠
　　　　戚玉刚
政治部主任　尹丽华（女，彝族）
政治部副主任　谢云芳（女）
纪委书记　柳思平（正处）
纪委副书记　饶　兵（回族，～2014.04）
警令部主任　董　兵
警务保障处处长　李　军（彝族）
机要通信处处长　赵　云
信访处处长　冯　杰
法制支队支队长　陈　英（女，兼直属分局局长）
法制支队政委　杨庆民（彝族）
警务督察支队支队长　杨智慧（女）
警卫支队支队长　邱晓东
刑侦支队支队长　王　玮
刑侦支队政委　施　云
禁毒支队支队长　李　彦
禁毒支队政委　王乔云
治安管理支队支队长　李忠华（彝族）

治安支队政委　张育生（彝族）
国家安全保卫支队支队长　张会云
国家安全保卫支队政委　李存美（女）
经济犯罪侦察支队支队长　陆荣贵
经济犯罪侦察支队政委　陈云海
技术侦察支队支队长　梁　文
技术侦察支队政委　张惊雷（回族）
公共信息网络安全监察支队支队长　王小军
公共信息网络安全监察支队政委　李亚杰（女，彝族）
监所工作管理支队支队长　李　珉
看守所所长　杨宏春
看守所政委　王　猛（回族）
出入境管理支队支队长　何云平
反恐支队支队长　夏会良

州公安局交警支队
支 队 长　靳　昌
政　　委　任　源
纪 委 书 记　王世敏（保留正处待遇）
政治处主任　杜春云（女，彝族）
副 支 队 长　闫　文
陆　跃（纳西族）

州公安局警察培训学校
校　　长　邱文华（彝族）
政　　委　王　丽（女）
副 校 长　尹世勇
政治处主任　吕　浩
纪 委 书 记　龙志斌

监察局
局　长　王志梅（女）
副局长　吴金辉
速　勇（回族）
李　敏（女）

民政局（老龄办）
党组书记、局长、老龄办主任　王光荣
副局长　祁云鹏（保留正处待遇）
邓永莲（女）
杨　发

司法局
党 委 书 记　苏光祖（～2014.08）
李　平（2014.08～）
局　　长　苏光祖（～2014.10）
李　平（2014.10～）
副 局 长　段兴邦（保留正处待遇）
蔡琼华（女）
杨　芳（女）
纪 委 书 记　李　鲲（彝族）
政治部主任　高明新

财政局（金融办）
党组书记、局长　赵晓明（彝族，兼州政府金融办主任）
副局长　崔学政
李永祥
起国华（彝族）
杨柏繁（白族）
甘　勇
金融办常务副主任　杨新林
金融办副主任　保永刚
非税收入管理局局长（副处）　尹亚全
农业综合化开发办主任（副处）　白　明（纳西族）

国资委
党委书记　王耀秋
党委副书记　高　翔（兼）
主　　任　高　翔
党委副书记、纪委书记　刘　谦
副主任　杨胜利（保留正处待遇）
丁似莲（女）

人力资源和社会保障局
党组书记、局长　李　昆
副局长　李琼会（女）
杞王友（彝族）
余开顺
高锡鹏
金利东
医保中心主任　文金华
退管中心主任　李宗霖
劳动人事争议仲裁院院长　夏　禹

国土资源局
党组书记、局长　胡有刚
副局长　杜　鹏
雷　鸣
赵　江

环境保护局
党组书记　蔡永林（～2014.08）
苏光祖（2014.08～）
局　　长　蔡永林（～2014.10）
苏光祖（2014.10～）
副 局 长　张绍文（彝族）
黄丕刚

住房和城乡建设局
党组书记　罗乔仙（女）
局　　长　杨　杰（白族，规划局局长）
副 局 长　章　琦
张跃生
李维光
余志宏

交通运输局
　　党组书记、局长　李富才
　　副局长　陈　斌
　　　　　　卢晓林
　　　　　　王　祥
　　　　　　周良才
　　　　　　杨在伟（兼）
　　运政管理处处长（副处）　毛焕聪（2014.09～）
农业局
　　党组书记、局长　杨树荣
　　副局长　杨　龙（畜牧兽医局党组书记、局长）
　　　　　　赵光文（～2014.08）
　　　　　　杨永生（彝族）
　　　　　　王志达
　　　　　　李美琼（女）
　　　　　　史　翎
　　畜牧兽医局副局长　李维峰（彝族）
　　　　　　　　　　　陈文芳
　　农产品检测中心主任（副处）　杨文忠（彝族）
林业局
　　党委书记、局长　卢显亮
　　副书记、纪委书记　毛兴明
　　副局长　黄大斌（保留正处待遇）
　　　　　　罗世文（自然保护区管理局局长）
　　　　　　柏雨风（彝族）
　　　　　　丁似水
　　森林公安局局长　李映山（2014.08～，兼督察长）
　　森林公安局政委　唐清云（保留正处待遇）
　　森林防火指挥部专职副指挥长（副处）　高培忠
水务局
　　党组书记、局长　汤　健
　　副局长　田裕民
　　　　　　刘仕举
　　　　　　刘文忠
　　　　　　段红林
　　州防汛抗旱指挥部专职副指挥长（副处）　吴志宏
商务局
　　党组书记　李兆友（傣族，～2014.05）
　　　　　　　杨俐昆（2014.10～）
　　局　　长　杨俐昆
　　副 局 长　周晁哗（～2014.04）
　　　　　　　孔玉华
文化体育局（新闻出版局、版权局）
　　党组书记　董智昆
　　局　　长　施克沛
　　副 局 长　李飞云
　　　　　　　杨宝生
　　　　　　　张殿洪（彝族）
　　　　　　　徐丽琴（女）
　　文化市场综合执法支队支队长（副处）　张　宇
广播电视局
　　党组书记　朱丽华（女）
　　局　　长　夏　良
　　副 局 长　柳　明
　　　　　　　陈　涛（～2014.08）
　　州广播电台台长　李建华（彝族）
　　楚雄电视台台长　张翔华
卫生局
　　党委书记、局长　钟继红（女，傈僳族）
　　党委副书记、纪委书记　白玉平（彝族）
　　副局长　董应宽
　　　　　　普联珊（彝族）
　　　　　　王如发（彝族）
人口和计划生育委员会
　　党组书记、主任　普学芬（女，彝族，～2014.08）
　　副主任　李静媛（女，彝族）
审计局
　　党组书记　阿明仙（女，彝族）
　　局　　长　刘　平
　　副 局 长　徐永金
　　　　　　　陶光明
　　　　　　　胡晓雯（女）
　　　　　　　李秋洪
　　　　　　　顾姝倩（女）
　　　　　　　陈绍能
外事侨务办公室
　　党组书记　邹志琼（女）
　　主　　任　夏　军
　　副 主 任　李兴文（彝族）
统计局
　　党组书记　杨金智
　　局　　长　戴凤玲（女，白族）
　　副 局 长　张明海
　　　　　　　严涛聪
　　　　　　　谢正芳（女，彝族）
　　　　　　　施卫华（纳西族，挂职）
旅游局
　　党组书记、局长　李玉林（～2014.08）
　　　　　　　　　　王若舟（傣族，2014.08～）
　　副局长　王兴林
　　　　　　李永军
安全生产监督管理局
　　党组书记、局长　李明祥（2014.08～）
　　　　　　　　　　程宗文（2014.08～）

副局长　罗觉敏（保留正处待遇）
　　　　符洪彩（保留正处待遇）
　　　　宋兴洪
宗教事务局
党组书记、局长　刘　祥（彝族，2014.02～08）
副局长　马炳尧（回族）
　　　　凤云松（彝族）
粮食局
党组书记　刘　华（彝族）
局　　长　刘　祥（彝族，～2014.02）
　　　　　李红梅（女，2014.02～）
副 局 长　肖荣祥
　　　　　叶忠海
扶贫开发办公室
党组书记、主任　罗文慧（彝族）
副主任　张战友（保留正处待遇）
　　　　李学才
　　　　起绍祥（彝族）
食品药品监督管理局
党组书记　柳思强
局　　长　杨　柳（傈僳族）
副 局 长　沈彩兰（女）
　　　　　谭学超
招商合作局（经济技术合作办公室）
党组书记、局长、主任　朱梅品（～2014.05）
　　　　　　　　　　　李玉林（2014.08～）
副局长、副主任　张鹤雁
　　　　　　　　李素萍（女）
　　　　　　　　彭金富（彝族）
　　　　　　　　杨　珺（白族）
移民开发局
党组书记、局长　李　文
副局长　余加略（彝族，保留正处待遇）
　　　　刘　彪（彝族）
人民防空办公室
党组书记、主任　李彩林（彝族）
副　　主　　任　刘建华（布依族，保留正处待遇）
供销合作联合社
党组书记　起向聪（彝族）
主　　任　陈长来
副 主 任　张　勇
　　　　　朱国良（彝族）
　　　　　李枝权（彝族）
地方志办公室
党组书记、主任　郭孟贤
副主任　杜晋宏（彝族，正处）
　　　　白云鹏（彝族）
地震局
党组书记　侯家学
副 局 长　宋志峰
政府政务服务管理局
局　长　周有奇（彝族，州公共资源交易中心主任）
副局长　杨建斌（彝族）
　　　　杨玉江（白族）
机关事务管理局
局　长　冉江明（土家族）
副局长　杨家明（保留正处待遇）
　　　　高　耀
　　　　李丽君（女）
接待处
处　长　张俊辉
副处长　张春平（调研员）
　　　　杨　晋（白族）
州政府研究室、发展研究中心
主　任　黄正山
副主任　李如宗（彝族）
　　　　黄　忠
州政府驻昆办事处
主　任　王爱萍（女）
副主任　王海宏
州政府驻京联络处
主　任　李　璇（女）
副主任　张运恩（彝族）
州政府法制办
主　任　陆绍林
副主任　徐　鹏
档案局（馆）（副处）
局（馆）长　高建祥
职业教育园区管理委员会（正处事业机构）
党委书记　李　能（兼）
党委副书记、主任　刁晋光（～2014.10）
党委副书记、纪委书记　杨建明（回族）
副主任　席家永
　　　　张　翔
　　　　周　刚
蜻蛉河灌区管理局（副处）
局　长　刘昌富（彝族）
青山嘴水库工程建设管理局
党组书记　许华荣
局　　长　冯伟玲（女）
副 局 长　李洪亮（彝族，保留正处待遇）
　　　　　范云峰（彝族）
　　　　　宋开洋

葡萄产业开发办公室
党组书记、主任
副主任 王苑文
管 玲（女）
住房公积金管理中心（副处）
主 任 罗金林（彝族）
工商行政管理局
党组书记、局长 唐思虎
副 局 长 罗永高
余琼芬（女）
施 慧（女）
纪 检 组 长 吴开云
质量技术监督局
党组书记、局长 张 勇
副 局 长 宋景全
杨立欧
纪 检 组 长 张咏梅（女）
州委党校
校 长 邱 江（仡佬族，兼）
行政学校校长 杨照辉（兼）
党委书记、常务副校长 马爱芳（女，回族，州行政学校副校长，州社会主义学院常务副院长）
副校长 张学龙（州社会主义学院副院长）
李志昌
纪委书记 张发润（白族）
楚雄日报社
党委书记、社长 何 勇
总编辑、副社长 陈 涛
副总编辑 杨 凡
符文华
纪委书记 曾新华
彝族文化研究院
党支部书记 董云辉（彝族）
院 长 肖惠华（彝族）
副 院 长 李松禄（彝族）
王之福（彝族）
农科所
党总支书记、所长 黄光和（~2014.09）
张永华（彝族，2014.09~）
党总支副书记 赵廷龙（彝族）
副所长 张发祥
博物馆
馆 长 钟仕民（彝族，兼州古生物化石研究中心主任）
副馆长 王增清
李胜海（傣族）
民族艺术剧院
总支书记 马开仁（回族，副处）
院 长 邱卫东（州委宣传部调研员）
开发投资有限公司
董 事 长 杨照辉（兼）
总 经 理 周建琼（女，彝族）
副总经理 马 麟（女，回族）
由 珂

政协楚雄彝族自治州委员会

党组书记、主席 李兴顺
副书记、副主席 张启俊
党组成员、副主席 李 怡（女）
王玉玺
副主席 何根源（白族）
蒲 涌
杨玉泉（纳西族）
享受副厅级待遇 马旷源（回族）
保留副厅级待遇 张万礼
秘书长 李光彪
副秘书长 鲁文兴（彝族，~2014.09）
周家荣（2014.09~）

州政协内设机构

办公室
主 任 鲁文兴（彝族，~2014.09）
周家荣（2014.09~）
副主任 周家荣（~2014.09）
苏文生
严万雄
罗德顺（彝族）
经济委员会
主 任 张金华
副主任 吴荣华（女，回族）
民族宗教联络委员会
主 任 周文义（彝族，~2014.09）
冯梅青（女，彝族，2014.09~）
副主任 张永智
教科文卫文史资料委员会
主 任 毕从秀（女，彝族，~2014.09）
蔡永林（2014.09~）
副主任 王 旭（保留正处待遇）
提案委员会
主 任 刘洪群
副主任 张 梅（女）
社会法制委员会
主 任 李秀华

副主任　杨　云
白　桦（女）

研究室

主　任　陈明贵

副主任　沈新荣

楚雄彝族自治州中级人民法院

党组书记、副院长、代理院长　刘宗根（2014.06～）

副院长　杨　鹏（白族）
高明云（女）
起绍洪（彝族）
杨　虹（女）

纪检组长　起有生（彝族）

政治部主任　朱崇芳

政治部副主任　杨　颖（女）

执行局局长（正处）　邵光庆

执行局副局长（副处）　何立明

行政装备管理处处长　陈建华（女，副处）

审判监督庭庭长　李文先（副处）

立案庭庭长　张志强（副处）

研究室主任　李静平（副处，彝族）

民事审判一庭庭长　杨鸿旭（副处）

民事审判二庭庭长　刘亚玲（女，副处）

民事审判三庭庭长　何加荣（副处）

行政审判庭庭长　刘　芳（女，副处）

监察室主任　姬云桥（副处）

司法警察支队支队长　白华敏（副处）

刑事审判一庭庭长　董　波（副处）

刑事审判二庭庭长　黄怒雄（副处）

办公室主任　李雪江（副处，彝族）

新闻信息中心主任　刘　琼（女，副处）

审判管理办公室主任　孙　明（副处）

专职审判委员会委员　张建民（副处）
刘文亮（副处）

楚雄彝族自治州人民检察院

党组书记、检察长　戴富才

副书记、副检察长　姚燕平（女）

副检察长　蔡永明
李光俊（彝族）
马晓斗
刘存云

纪检组长　李继光（彝族，止处）

政治部主任　罗云波（正处）

政治部副主任　王玉仙（女，彝族，～2014.08）

反贪局局长　邓永平

反贪局副局长　刁愿军（傣族）

职务犯罪预防处处长　马云华（副处）

反渎职侵权局局长　崔荣昆（正处）

反渎职侵权局副局长　赵云生（副处）

办公室主任　张洪顺（副处）

检察技术处处长　罗大兴（彝族，副处）

人民监督员办公室主任　杜　程（副处）

专职检察委员会委员　张宝奎（副处，～2014.08）
周　康（彝族，副处）

控告申诉处处长　杨永文（彝族，副处）

监所检察处处长　刘继红（副处）

法警支队支队长　何　敏（副处）

法律政策研究室主任　杨正波（回族，副处）

侦查监督处处长　赵春菊（女，傈僳族，副处）

计划财务装备局局长　鲁汉学（彝族，2014.08～，副处）

公诉处处长　杜　勇（副处）

监察处处长　陈为忠（副处）

派驻楚雄监狱检察室主任　敖庆忠（彝族，副处）

民事行政监察处处长　陈　丽（女，副处）

案件管理办公室主任　胡　云（女）

群团机构

总工会

主　席　商雁鸿（兼）

党组书记、常务副主席　王　虎（～2014.08）

副主席　李兴国（傣族）
夜成芳（女，彝族）

团州委

党组书记、书记　杨梦婷（女，回族）

副书记　杨　军
朱成玉（彝族）

妇女联合会

党组书记、主席　孟树仙（女）

副主席　李　梅（女）
李和枝（女）

工商联（总商会）

主　席　吴丽华（女，兼）

党组书记、常务副主席　杨发荣（傈僳族）

副主席　周云峰
陈　涛（2014.08～）
马志洪（回族）

州科学技术协会

党组书记　金　桦（女，彝族）

主　　席　夭建国（彝族，～2014.08）
刘　祥（彝族，2014.08～）

副 主 席　陈春富
倪　勇

社会科学界联合会

党组书记、主席　何锡英（女）

副主席　朱明云
　　　　晏自军

文学艺术界联合会
党组书记　冯梅青（女，彝族，~2014.08）
　　　　　李茂尊（2014.08~）
主　　席　李茂尊
副 主 席　吴玉华（瑶族）

残疾人联合会
党组书记、理事长　吴双华（女）
副理事长　白惠能（彝族）
　　　　　周永洪
　　　　　刘　波

红十字会（正处）
会　　长　邓斯云（兼）
党 组 书 记　滕　洪
常务副会长　代丽菊（女）
副 会 长　杨彩珍（女，彝族）

归国华侨联合会
党组书记、主席　何兆发
副主席　高海霞（女）

民主党派州级地方组织

农工民主党楚雄州委
主　委
副主委　聂天荣
　　　　周永惠（兼，女）
　　　　陈志坚（兼）

中国民主促进会楚雄州委
主　委　蒲　涌（兼）
副主委　李云华（女，彝族，2014.11~）
　　　　高建平（兼）

中国民主建国会楚雄州委
主　委　杨玉泉（女，纳西族，兼）
副主委　商　珊（女）
　　　　李　援（彝族，兼）

九三学社楚雄州委员会
主　委　韦　薇（女，壮族，兼）
副主委　苏　梅（女）
　　　　聂宗林（兼）

中国国民党革命委员会楚雄州委员会
主　委　张鹤雁（兼，2014.10~）
副主委　由　涛（2014.10~）
　　　　李　瑛（女，兼，2014.10~）

教育系统

楚雄师范学院
党委书记　谭　丛（女）
副 书 记　罗明东
　　　　　李云峰
　　　　　李德勇
纪委书记　李正武
院　　长　罗明东
副 院 长　谢志林
　　　　　陆　华
　　　　　李　勇
　　　　　陈　颖（女）

楚雄医药高等专科学校（副厅级）
党委书记　杨宏仁
副书记、校长　王晓明
副书记（正处）　姚天春（兼纪委书记）
副校长　叶茂绿（兼工会主席）
　　　　昝雪峰
党委办（纪委办）主任　陆润奎（彝族）
行政办主任　段玉林
组织人事处处长　杨光团
团委书记　邓永平（女）
工会专职副主席　杨自祥（彝族）
女工委主任　杨和平（女）
学生工作处处长　方　雷
后勤管理处处长　王炳林
教务处处长　熊金成
招生就业处处长　贺　彪
药学系主任　杨先振
检验系主任　林逢春
医学系主任　易敏春
基础医学系主任　钱兴勇
公共部主任　李维斌（彝族）
计划财务处处长　陆鸿奎
科技处处长　李光富
继续教育处处长　沈必成

楚雄技师学院（副厅级）
党委书记　李自云
院　　长　刁晋光（~2014.10）
副 院 长　席家永（兼）
　　　　　闵　珏（女，兼）
　　　　　李万祥（兼）

昆明理工大学楚雄应用技术学院（工业学校）
党委书记　王　良（~2014.04）
院　　长　彭金辉（彝族，兼）
党委副书记、常务副院长　刁晋光（~2014.10）
副院长、副校长　鲁延森
　　　　　　　　张绍喜（白族）
　　　　　　　　徐俊梅（女）
副书记、纪委书记、工会主席　陈建华

楚雄州民族中等专业学校
党委书记　普怀亭（彝族）
校　　长　钱文卿（彝族）
副 校 长　杨建明（回族）
文有德
段联嵩

楚雄州农业学校
党总支书记　陈　阳（女）
校　　长　李绍宝（彝族，享受正处待遇）
副　校　长　张　翔（兼工会主席）
王　静

楚雄州技工学校
党总支书记　张孟培
校　　长　刁晋光（～2014.10）
副　校　长　席家永
闵　珏（女）
李万翔

楚雄州体育运动学校
校　长　杨文津（兼工会主席，保留副处待遇）
副校长　朱　斌（副处）

楚雄一中
党委书记、校长　刘志杰
党委副书记　尹宏贤
副　校　长　师崇良

楚雄州民族中学
党委书记、校长　张廷昆（彝族）
副　　校　　长　郭志刚（白族）

楚雄师院附中
党总支书记、校长　杨永华

卫生系统

楚雄州人民医院
党委书记、副院长　丁伟峰
党委副书记、院长　刘晓明
副院长　王育昌
高　勇（白族）
余成敏
工会主席　范建英（女）
纪委书记　柯永丽（女）

楚雄州中医院（云南省彝医医院）
党委书记、院长　杨本雷
副书记　倪志坚
副院长　张其武
许嘉鹏（彝族）

楚雄州精神病医院（第二人民医院）
党总支书记、院长　普建文（彝族）

楚雄州妇幼保健院（副处）
党总支书记　秦永明
院　　长　庞　玲（女）

楚雄州卫生监督所（副处）
所　长　缪洪芳（女）

楚雄州疾病预防控制中心
党委书记　汪楚平
主　　任　刘应先

楚雄州中心血站（副处）
党支部书记　段国华
站　　长　张　梅（女，～2014.08）
熊建云（2014.09～）

县（市）委书记、副书记

楚雄市
书　记　左荣贵（彝族）
副书记　杨中华（彝族）
周　霏
季佳元（挂职）

双柏县
书　记　张晓鸣（彝族）
副书记　李长平
鲁文兴（彝族，～2014.08）
赵开锋（彝族，挂职）

牟定县
书　记　李绍文（彝族）
副书记　赖有常（彝族，2014.05～）
张俊国（彝族）
秦少军（挂职）

南华县
书　记　李云升
副书记　刘文跃
何文明
黄治胜（挂职）

姚安县
书　记　冯　毅
副书记　刘建云
王若舟（傣族，～2014.08）
雷　波（2014.08～）
彭俊融（挂职）

大姚县
书　记　陆积峰（彝族）
副书记　唐聆燕（女）
李郁光
徐琪勇（挂职）

永仁县
书　记　杨仕坤（彝族）

副书记　李明峰
金　鸿
师　逸（挂职）

元谋县
书　记　袁丽娟（女）
副书记　李林波
赖有常（彝族，2014.05～）
彭寿才（2014.08～）
杨春禄（拉祜族，挂职）

武定县
书　记　黄云雁
副书记　周志远
李　坚（女，苗族）
赵安升（挂职）

禄丰县
书　记　柴万宏
副书记　杨继周（彝族）
龙俊波（苗族）
刘宇晖（挂职）
张士金（挂职，2013.08～）

县（市）委常委、纪委书记
楚雄市　杨雪斌（女）
双柏县　孟继祖（彝族）
牟定县　善应贤（彝族）
南华县　彭长达（～2014.08）
李文武（2014.12～）
姚安县　王开国
大姚县　刘建伟（白族）
永仁县　周有方（傣族）
元谋县　周　海
武定县　李永志（彝族，～2014.01）
袁　雄（2014.01～）
禄丰县　王之忠（彝族）

县（市）委政法委书记
楚雄市　刘汉勇（彝族）
双柏县　毕剑华（彝族）
牟定县　刘文禹
南华县　张志洪
姚安县　昝丕政
大姚县　沈克敏
永仁县　马庭文（傣族）
元谋县　段光显
武定县　李　坚（女，苗族）
禄丰县　毛世宾（彝族）

县（市）委常委、办公室主任
楚雄市　李有贵
双柏县　王景书（～2014.10）
李家荣（彝族，2014.12～）
牟定县　郭现杰
南华县　罗富生（彝族）
姚安县　杨　勇
大姚县　张利伟（回族）
永仁县　起自敏（女，彝族）
元谋县　文萧翰（～2014.08）
祖　凌（2014.08～）
武定县　张剑波（彝族）
禄丰县　石　刚

县（市）委常委、组织部长
楚雄市　赵　良（彝族）
双柏县　唐建平
牟定县　杨芳亮（傈僳族）
南华县　杨庆文（彝族）
姚安县　李志娟（女，彝族）
大姚县　陈如军
永仁县　张新明
元谋县　沙治成
武定县　马庆辉（回族）
禄丰县　郭永冰（彝族）

县（市）委常委、宣传部长
楚雄市　邹顺伟（彝族）
双柏县　岑云英（女）
牟定县　窦小军
南华县　殷卫华（彝族，～2014.08）
姚安县　席会丽（女）
大姚县　肖　燕（女）
永仁县　鲁泽强（彝族）
元谋县　宋文浩
武定县　龙德武
禄丰县　周晓红（女）

县（市）人大常委会主任、副主任
楚雄市
主　任　段　云
副主任　刘发明
杨廷凯
胡乃林
冷文莲（女，彝族）

双柏县
主　任　郎天云

副主任　苏秀华（女）
杨　铭
王　斌
汤永平（哈尼族）

牟定县
主　任　普学煌（彝族）
副主任　郑　荣
夏桂琳（女）
李自德
黑茂贵（彝族）

南华县
主　任　叶忠华
副主任　黄淑珍（女）
叶　敏（女）
罗智强（彝族）
翁云龙

姚安县
主　任　胡　雄
副主任　李景元（彝族）
刘嵩涛
李　勇（彝族）
陈冬梅（女）

大姚县
主　任　温连勇（~2014.08）
副主任　张忠德（彝族）
张　玲（女）
沙朝安
李　虎

永仁县
主　任　吴玉斌
副主任　郑周伟
李本元
郑丽萍（女）
刘国永

元谋县
主　任　鲁维生（彝族）
副主任　张自忠
吕　忠
高发银（彝族）
马江芝（女，回族）

武定县
主　任　李茂学（彝族）
副主任　鲁志廉（彝族）
杨春城（苗族）
李正芝（女）
刘永康（傈僳族）

禄丰县
主　任　李红芸（女，彝族）
副主任　刘素芬（女）
普　平（彝族）
李春平
李忠民

县（市）人民政府县（市）长、副县（市）长

楚雄市
市　长　杨中华（彝族）
常务副市长　习　雁（~2014.08）
包继文（女，2014.08~）
市委常委、副市长　包继文（女，~2014.08）
马子才（回族，2014.08~）
副市长　马子才（回族，~2014.08）
李　援（彝族）
张爱东
罗华银（彝族）
李明海（彝族，~2014.08）

双柏县
县　长　李长平
常务副县长　张永华（彝族，~2014.08）
王丽平（彝族，2014.10~）
县委常委、副县长　王丽平（彝族，~2014.10）
王景书（2014.10~）
副县长　方永红（彝族）
吴应辉
沈海燕（女）
王　权（彝族）
高风华（挂职，2014.04~）
李泓频（女，挂职，2014.06~）

牟定县
县　长　赖有常（彝族，代理，2014.05~）
常务副县长　席　云（~2014.10）
余海潮（2014.10~）
县委常委、副县长　余海潮（~2014.10）
刘　云（2014.12~）
副县长　高学龙（彝族）
毛德勇（彝族）
刘　云（~2014.12）
李翠萍（女）
尹守用（2014.12~）
陈荣卓（挂职，2014.04~）

南华县
县　长　刘文跃
常务副县长　彭长达（2014.08~）
县委常委、副县长　祝春燕（女，回族）

副县长　马爱军（回族）
　　　　钟世富（傈僳族）
　　　　毛发金
　　　　李　俊（白族）
　　　　王　斌（满族，挂职，2014.04～）
　　　　陈万春（挂职，2014.06～）

姚安县
县　长　刘建云
常务副县长　李　勇
县委常委、副县长　李　勇
副县长　钟吉聪
　　　　潘建勋（彝族）
　　　　普永进
　　　　陆赵李
　　　　刘晓兵（挂职，2014.04～）
　　　　杨春媛（女，藏族，挂职，2014.06～）

大姚县
县　长　唐聆燕（女）
常务副县长　王文清（彝族）
县委常委、副县长　汪光献
副县长　李　滨
　　　　林帮荣
　　　　黎明俊
　　　　曹　波
　　　　李维峰（挂职，2014.04～）
　　　　高立立（挂职）

永仁县
县　长　李明峰
常务副县长　晁建伟
县委常委、副县长　李　伟
副县长　周　宏
　　　　杨开寿（彝族）
　　　　罗翠明（彝族）
　　　　尹云莲（女）
　　　　郭丽娟（女，挂职，2014.04～）
　　　　王学峰（挂职，2014.08～）

元谋县
县　长　李林波
常务副县长　雷　波（～2014.08）
　　　　　　文萧翰（2014.08～）
县委常委、副县长　何　平
副县长　谢绍光
　　　　杨春茹（女）
　　　　郑　武
　　　　吴春华（彝族）
　　　　任　兵（挂职）
　　　　杨长楷（挂职，白族）

武定县
县　长　周志远
常务副县长　阳庆富
县委常委、副县长　周廷质（彝族）
副县长　普正祥（彝族）
　　　　李建云
　　　　徐志华（彝族）
　　　　黄玉梅（女，彝族）
　　　　宋　予（挂职）
　　　　刘宗辉（挂职，2014.08～）

禄丰县
县　长　杨继周（彝族）
常务副县长　张　东
县委常委、副县长　田　霞（女）
　　　　　　　　　王爱平（挂职）
副县长　胡晓东（回族）
　　　　李　伟（～2014.04）
　　　　李开传（彝族）
　　　　朱　江（白族）
　　　　李　斌（2014.10～）
　　　　陈晓辉（挂职）

楚雄经济技术开发区管委会
主　　任　刘显昌
党委书记　罗凤森（彝族，～2014.08）
　　　　　习　雁（2014.08～）
副书记、纪委书记　荆庆华（白族）
副主任　孙春荣
　　　　吴　炬（挂职）
　　　　向　勇（傣族）
　　　　周保全
　　　　樊志栋（～2014.08）

禄丰工业园区管委会
工委书记　杨建伟（正处，彝族）
主　　任　陈玉洁
工委副书记、纪工委书记　陈　铁（女）
副主任　丁贵友
　　　　黄　毅

县（市）政协主席、副主席

楚雄市
主　席　吴永祥
副主席　马文辉（回族）
　　　　杞　昀（女，彝族）
　　　　赵天武（壮族）
　　　　王联中

双柏县
主　席　李雪峰（彝族）
副主席　赖海荣（哈尼族）
李晓昌
苏荣兰（女）
王清宏
牟定县
主　席　徐惠兴
副主席　董成松
李源先
张世武（~2014.08）
王晓丽（女，彝族）
南华县
主　席　肖　志
副主席　鲁明贵（彝族）
陈金禹
张　燕（女）
王体智
姚安县
主　席　华　成
副主席　李廷贵（彝族）
周黎红（彝族）
张春艳（女）
杨海虹（女）
大姚县
主　席　马跃云
副主席　吴家凯
金国安
杨必军
李雪梅
永仁县
主　席　殷加林（彝族）
副主席　刘洪全
龙秀英（女）
熊新平（回族）
刘琼英（女）
元谋县
主　席　兰　松
副主席　杨茂喜
罗　春（彝族）
刘从有
泰焕华（女）
武定县
主　席　李思恒
副主席　杨　德
杨红蔚（白族）
廖　猛
郑立华（女）
禄丰县
主　席　邬家华
副主席　李静云（女，彝族）
山学兵
李天有
荀之灵（女，彝族）

县（市）人民法院、检察院、公安局

楚雄市
法院院长　常　云
检察院检察长　陈　剑
公安局长　张爱东（兼督察长）
公安局政委　裴　宏
双柏县
法院院长　李新琼（女）
检察院检察长　刘　萍（女）
公安局长　吴应辉（兼督察长）
公安局政委　周增先（白族）
牟定县
法院院长　张　强
检察院检察长　刘建武
公安局长　毛德勇（彝族，兼督察长）
公安局政委　谭锡顺
南华县
法院院长　李红云
检察院检察长　王德云（苗族）
公安局长　马爱军（回族，兼督察长）
公安局政委　张文安
姚安县
法院院长　肖光亮（彝族）
检察院检察长　张翔会
公安局长　普永进（兼督察长）
公安局政委　杜继勇
大姚县
法院院长　李家清
检察院检察长　徐　艳（女）
公安局长　李　滨（兼督察长）
公安局政委　盛显江
永仁县
法院院长　戴先军
检察院检察长　李全华（彝族）
公安局长　周　宏（兼督察长）
公安局政委　马利锋（彝族）
元谋县
法院院长　景　华

检察院检察长　段正明
公 安 局 长　谢绍光（兼督察长）
公安局政委　陆春华

武定县
法 院 院 长　余文乾
检察院检察长　丁　伟
公 安 局 长　徐志华（彝族，兼督察长）
公安局政委　闫开华

禄丰县
法 院 院 长　甘兆林
检察院检察长　李　云
公 安 局 长　胡晓东（回族，兼督察长）
公安局政委　杨汉宵

县（市）产业督导协调组

楚雄市
组　长　王浩忠（正处）
副组长　顾永华（~2014.08）
　　　　李忠贵（彝族）

禄丰县
组　长　张百舸
副组长　夏　清（女）
　　　　毕志强（彝族）

县（市）中心镇党委书记

楚雄市鹿城镇　李佑祖
楚雄市东瓜镇　李成相
双柏县妥甸镇　王为周
牟定县共和镇　王玉东（彝族）
南华县龙川镇　李德荣（彝族）
姚安县栋川镇　周晓东（彝族）
大姚县金碧镇　余忠诚
永仁县永定镇　李培龙（彝族）
元谋县元马镇　赵光贤
武定县狮山镇　余卫东
禄丰县金山镇　尹守用（~2014.12）

［州委组织部供稿］

楚雄州2014年度享受国务院特殊津贴人员名录

杨培昌　楚雄州动物疫病预防控制中心高级畜牧师

楚雄州2014年度享受云南省人民政府特殊津贴人员名录

张天春　楚雄州农业科学研究推广所高级农艺师
邢志先　楚雄州动物疫病预防控制中心高级畜牧师
张　晖　楚雄州人民医院主任医师
黄文兴　楚雄州农业科学研究推广所高级农艺师
金　凌　楚雄第一中学中学高级教师

楚雄州2014年度高级专业技术职务任职资格人员名录

主任舞台技师（认定时间：2014.7.31）
李开宇　楚雄州民族艺术剧院

二级演员（认定时间：2014.7.31）
李红波　楚雄州民族艺术剧院
罗雄乾　楚雄州民族艺术剧院
董桂芝　楚雄州双柏彝族老虎笙传承演艺有限公司

高级工程师（认定时间：2014.6.26）
冉玉明　姚安县地震局

高级讲师（认定时间：2014.8.16）
李宗艳　楚雄民族中等专业学校
王恩顺　楚雄民族中等专业学校
张　斌　楚雄民族中等专业学校
张幼松　楚雄民族中等专业学校
周光肇　楚雄民族中等专业学校
何　祥　楚雄农业学校
惠光伟　楚雄州工业学校
鞠云峰　楚雄州工业学校
李晓东　楚雄州工业学校
苏美蓉　楚雄州工业学校
严　琳　楚雄州工业学校
赵　勇　楚雄州工业学校

高级工程师（认定时间：2014.8.21）

李建洲　元谋县林业局产业办公室
朱永钦　禄丰县五台山封山育林管理所
刘忠颖　南华县林业局林业科技推广站
张　俊　哀牢山国家级自然保护区南华管理局
李世彪　牟定县林业局
刘有荣　姚安县三峰自然保护区管理所
伍晋蓉　姚安县花椒园自然保护区管护所
王汉荣　姚安县光禄林业站
胡顺菊　永仁县林业局林业技术推广站
金显云　大姚县金碧林业站
龙顺新　武定县猫街镇林业站
陈惠珍　武定县狮山镇林业站
谭绍斌　楚雄州林业调查规划院

高级工程师（认定时间：2014.8.29）

陈　云　云南德胜钢铁有限公司
朱永刚　云南德胜钢铁有限公司
李祖昌　禄丰县人民医院

高级经济师（认定时间：2014.8.22）

顾锡江　楚雄州种猪种鸡场
钱家元　大姚县人民医院

高级工程师（认定时间：2014.8.27）

朱耀武　楚雄市建设工程质量检测中心

主任医师（认定时间：2014.8.29）

王元章　楚雄州人民医院
江长海　楚雄州人民医院
李建红　武定县人民医院
李　桃　姚安县疾病预防控制中心
代有礼　姚安县中医医院

主任护师（认定时间：2014.8.29）

孔桂芬　楚雄州人民医院

主任药师（认定时间：2014.8.29）

何春荣　楚雄州中医医院

主任技师（认定时间：2014.8.29）

王永平　楚雄州疾病预防控制中心

副主任医师（认定时间：2014.8.29）

唐　燕　楚雄州人民医院
旃志勇　楚雄州人民医院
吴庭书　楚雄州人民医院
杨　莉　楚雄州人民医院
杨绍宣　楚雄州人民医院
杨　瑾　楚雄州人民医院
何丽娟　楚雄州人民医院
郭　焰　楚雄州人民医院
孙　艳　楚雄州人民医院
彭　波　楚雄州人民医院
武延春　楚雄州人民医院
杨利鸿　楚雄州人民医院
李　应　楚雄州人民医院
赵丽萍　楚雄州人民医院
毛翠兰　楚雄州人民医院
杨翠琼　楚雄州人民医院
李文祥　楚雄州中医医院
何应芹　楚雄州中医医院
张雄鹰　楚雄州中医医院
严成龙　楚雄州中医医院
陈海玲　楚雄州中医医院
樊菊芳　楚雄州疾病预防控制中心
罗玉梅　楚雄州妇幼保健院
陈　奇　楚雄州妇幼保健院
刘红蕊　楚雄州妇幼保健院
李　斌　楚雄州精神病医院
张正毓　禄丰县广通医院
李世云　禄丰县广通医院
郑绍成　禄丰县广通医院
黑宗云　楚雄市人民医院
杨桂玲　楚雄市人民医院
何永芝　楚雄市疾病预防控制中心
李素琼　大姚县人民医院
李　伟　大姚县人民医院
刘建华　大姚县人民医院
李春玫　大姚县妇幼保健院
冷　澍　大姚县妇幼保健院
田　雁　大姚县妇幼保健院
金华忠　禄丰县疾病预防控制中心
黎文宏　禄丰县人民医院
和万军　禄丰县人民医院
苏子凤　禄丰县一平浪中心卫生院
郭春平　禄丰县罗次中心卫生院
黄　艳　牟定县人民医院
沈绍文　牟定县人民医院
马　勇　牟定县人民医院
刘祖贤　牟定县人民医院
易国锋　牟定县疾病预防控制中心
郑启岚　牟定县妇幼保健院
段开昌　南华县人民医院
李佑琳　南华县人民医院
张　清　南华县中医医院
张丽琼　南华县疾病预防控制中心
吴文中　双柏县人民医院
杨开武　武定县人民医院
李杰有　武定县人民医院
张仔美　武定县人民医院
周建芬　武定县人民医院
申品芬　武定县人民医院
夏会忠　永仁县中医医院
沙朝祥　永仁县中医医院
周朝明　永仁县中医医院
李菊萍　永仁县计划生育服务站
杨在华　元谋县中医医院
程碧云　元谋县中医医院
花应刚　元谋县人民医院
张玉叶　元谋县人民医院
李学达　元谋县人民医院
李兆华　元谋县人民医院
苏发旺　姚安县疾病预防控制中心
罗瑞云　姚安县人民医院
胡庆安　姚安县妇幼保健院
周艳梅　姚安县计生局计生服务站

副主任技师（认定时间：2014.8.29）

李　鹤　楚雄州人民医院
刘世洪　武定县妇幼保健院
昝映菊　姚安县疾病预防控制中心

副主任药师（认定时间：2014.8.29）

高元庆　楚雄州人民医院
彭学荣　禄丰县人民医院
张湘涛　禄丰县罗次中心卫生院
朱维明　南华县中医医院

副主任护师（认定时间：2014.8.29）

董云红　楚雄州妇幼保健院
李惠芳　楚雄州精神病医院
李俊红　楚雄市人民医院
王映华　楚雄市人民医院
杨丽琼　大姚县人民医院
赵庆枝　大姚县人民医院
陈树芬　禄丰县人民医院
舒天兰　禄丰县人民医院
代丽萍　禄丰县第二人民医院

刘树英　禄丰县广通中心卫生院
马琼华　牟定县人民医院
朱庆珍　南华县中医医院
郭菊华　双柏县人民医院
李文芬　武定县人民医院
罗　薇　永仁县中医医院
苏丽芬　姚安县人民医院

高级工程师（认定时间：2014.9.2）

刘祖保　楚雄市水务局水利管理站
杨　洪　楚雄欣源水利电力勘察设计有限责任公司
范建昌　楚雄欣源水利电力勘察设计有限责任公司
丁志海　楚雄欣源水利电力勘察设计有限责任公司
杨静贤　楚雄兴水工程股份有限公司
沈晓波　楚雄兴水工程股份有限公司
李映宏　楚雄兴水工程股份有限公司
石　鑫　楚雄嘉誉工程咨询有限公司
杨祖全　双柏县水务局水利水电勘测设计队
侯绍国　牟定县水务局水勘队
何孔德　南华县水务局水利建设管理中心
夏开光　南华县水务局水资源管理交易
李福科　南华县龙川镇农业综合服务中心
李春志　大姚县水务局水保办公室
董华翠　大姚县水务局蜻蛉河河道管理所
夏荔仙　永仁县水务局质量与安全监督站
殷世平　永仁县水务局水利工程管理站
徐景前　永仁县水务局质量与安全监督站
王　永　永仁县水务局水土保持办公室
张　英　元谋县水务局建设管理站
文宝玉　元谋县水土保持委员会办公室
贺　勇　武定县水务局
妥光彦　武定县开发投资有限公司
高映珠　禄丰县水务局水利管理站
崔少义　禄丰县水务局中型灌区管理委员会

高级审计师（认定时间：2015.9.10）

陈　梅　楚雄市审计局
钱丽媛　楚雄市审计局
查贵云　武定县审计局
陶冬梅　武定县审计局
田　鼎　武定县审计局
潘文祖　禄丰县审计局

高级会计师（认定时间：2014.9.17）

赵开刘　禄丰县开发投资有限公司

高级工程师（认定时间：2014.9.17）

杨劲松　楚雄市城市建筑规划设计有限公司
李光俊　楚雄市城市建筑规划设计有限公司
高宏森　楚雄市城市建筑规划设计有限公司
廖显鹏　楚雄市城市建筑规划设计有限公司
马静秋　楚雄市排水有限公司
陈达明　楚雄州工程咨询中心
夏绍彪　云南广厦规划建筑设计院有限公司
李　俊　云南广厦规划建筑设计院有限公司
赵　东　云南广厦规划建筑设计院有限公司
陈文清　云南广厦规划建筑设计院有限公司
姜朝宏　姚安县建筑工程设计室
何洪文　云南恒业古镇文化旅游投资集团有限公司
苏　明　云南恒业古镇文化旅游投资集团有限公司
高　勇　武定县建设工程安全监督站
赵　玮　云南新思成建筑规划设计有限公司
武景辉　楚雄市鹿城建筑建材总公司
杨国平　云南科律工程管理咨询有限公司
邱建强　楚雄州建筑设计事务所有限公司
何跃明　楚雄新逸建筑设计有限责任公司
陈桂海　楚雄新逸建筑设计有限责任公司
余嘉斌　楚雄新逸建筑设计有限责任公司
杨云勇　武定县住房和城乡建设局
杨自福　禄丰县金恒工程有限公司
代建忠　禄丰县金恒工程有限公司
樊继明　云南世恒建设工程有限公司

高级工程师（认定时间：2014.9.19）

张　伟　楚雄州公路桥梁勘测设计处
赵宏云　武定县地方公路管理段

高级农艺师（认定时间：2014.9.19）

徐美恩　楚雄州农业科学研究推广所
张文明　楚雄州农业科学研究推广所
孙永海　楚雄州农业科学研究推广所
陈思进　楚雄市苍岭镇农业技术推广服务中心
刘开先　楚雄市东华镇农业技术推广服务中心
张胜华　楚雄市中山镇农业技术推广服务中心
王家兴　牟定县安乐乡农业综合服务中心
高建萍　南华县农建土肥站
余丽琼　南华县沙桥镇农业综合服务中心
罗和平　南华县五街镇农业综合服务中心
严希友　姚安县太平镇农技中心
肖国虎　姚安县农产品质量安全检验检测站
张　燕　大姚县农广校
舒惠淑　大姚县新街镇农业综合服务中心
苏春刘　大姚县农业技术推广服务中心
李明丽　元谋县农产品质量检测站
段光文　元谋县农业行政综合执法大队
袁秀美　元谋县黄瓜园镇农业技术推广服务中心
张义明　禄丰县黑井镇农业技术推广服务中心
胡菊香　禄丰县和平镇农业技术推广服务中心
杨荣国　禄丰县恐龙山镇农业技术推广服务中心
杜应梅　禄丰县勤丰镇农业技术推广服务中心
王丽菊　禄丰县碧城镇农业技术推广服务中心

吴春贵　元谋县江边乡农业综合服务中心
张体学　元谋县老城乡农业综合服务中心
龚琼蓉　永仁县农机化广播学校
尹世芬　永仁县莲池乡农业综合服务中心
张建春　武定县万德乡农业技术推广服务中心
陈琼绘　武定县白路乡农业技术推广服务中心
黎学忠　武定县农业技术推广服务中心
周　平　武定县农业技术推广服务中心
王仕良　武定县农田建设与农村能源工作站

高级工程师（认定时间：2014.9.24）
王云波　楚雄电视台

高级工程师（认定时间：2014.9.25）
杨凤安　禄丰县中村乡农业技术推广服务中心

副研究馆员（认定时间：2014.9.25）
彭　梅　楚雄市文物管理所
李永富　禄丰县恐龙博物馆

高级统计师（认定时间：2014.9.26）
张红芬　大姚县人民医院

副研究员（认定时间：2014.9.30）
何定安　楚雄彝族文化研究院
李福云　楚雄彝族文化研究院

高级兽医师（认定时间：2014.10.11）
肖　俊　楚雄州动物疫病预防控制中心
彭加武　楚雄州动物卫生监督所
罗兴全　双柏县爱尼山乡农业综合服务中心
杨顺周　永仁县永兴乡畜牧兽医站
段彦民　武定县动物疫病预防控制中心
李发军　元谋县动物疫病预防控制中心
土如贵　禄丰县广通镇畜牧兽医站
胡从宽　禄丰县勤丰畜牧兽医站

高级畜牧师（认定时间：2014.10.11）
胡家和　双柏县动物疫病预防控制中心
尹向军　双柏县动物卫生监督所
李　斌　双柏县妥甸镇农业综合服务中心
鄂美聪　永仁县莲池乡畜牧兽医站
董　平　武定县动物卫生监督所
何正发　楚雄市畜牧兽医局鹿城畜牧兽医站
赵业宁　禄丰县恐龙山畜牧兽医站
李建忠　永仁县永定镇农业服务中心

高级实验师（认定时间：2014.10.24）
赵翠红　楚雄医药高等专科学校

副教授（认定时间：2014.10.24）
普跃昌　楚雄医药高等专科学校

高级讲师（认定时间：2014.10.30）
刘　萍　楚雄市委党校
杨　东　禄丰县委党校
李亮明　楚雄州委党校
罗　芹　楚雄州委党校
赵兴誉　南华县委党校
杜江华　南华县委党校
郑　艳　元谋县委党校

正高级工程师（认定时间：2014.11.19）
朱有国　楚雄州交通工程技术服务站
施庭有　楚雄州林业科学研究所

高级讲师（认定时间：2014.12.3）
董晓明　楚雄技师学院
周建萍　楚雄技师学院
周丽琴　楚雄技师学院
何鹏燕　楚雄技师学院
何亚玲　楚雄技师学院

高级实习报导教师（认定时间;2014.12.3）
紫文才　楚雄技师学院
李云海　楚雄技师学院
张彦青　楚雄技师学院

主任编辑（认定时间：2014.12.12）
罗秀琼　南华县广播电视新闻中心
高惠芬　武定县文体广电旅游局
李忠能　楚雄日报社
杨永榆　楚雄电视台
杨建安　双柏县广播电视台
杨秀萍　楚雄电视台

主任记者（认定时间：2014.12.12）
普丽芬　楚雄州广播电台
普彩霞　楚雄州广播电台
鲁　智　楚雄电视台

高级记者（认定时间：2014.12.18）
纳晓龄　楚雄电视台

副研究馆员（认定时间：2014.12.23）
吴秋凤　楚雄州图书馆
张　弛　楚雄州图书馆

农业推广研究员（认定时间：2014.12.10）
李自清　武定县农田建设与农村能源工作站
李建华　楚雄市农业技术推广站
赵中保　楚雄州种猪种鸡场
黄光和　楚雄州农业技术推广站

中学高级教师（认定时间：2014.7.18）
鲁绍荣　楚雄师院附中
苏　全　楚雄师院附中
许　琳　楚雄师院附中
由丽娟　楚雄师院附中
周兴明　楚雄师院附中
陈跃宏　楚雄天人中学
高　玲　楚雄天人中学（调实验中学）
闫华昌　楚雄天人中学
蔡平华　楚雄第一中学
邓光仕　楚雄第一中学
李祖芬　楚雄第一中学
徐建宾　楚雄第一中学
赵云飞　楚雄第一中学
马子波　楚雄市八角民族中学
曹恒美　楚雄市北浦中学
邓　芳　楚雄市北浦中学
李　鹤　楚雄市北浦中学
杨兰芬　楚雄市北浦中学
袁加发　楚雄市北浦中学
詹文权　楚雄市北浦中学
杨自芳　楚雄市苍岭中学
王先富　楚雄市大过口中学
解学琼　楚雄市东兴中学
李彩霞　楚雄市东兴中学
罗应文　楚雄市东兴中学

尚加祥　楚雄市东兴中学
王　凯　楚雄市东兴中学
熊晓菊　楚雄市东兴中学
徐天彩　楚雄市东兴中学
杨咏赋　楚雄市东兴中学
张兴权　楚雄市东兴中学
周　芳　楚雄市东兴中学
周永杰　楚雄市东兴中学
徐　勇　楚雄市教师培训中心
严　玮　楚雄市教师培训中心
王佳武　楚雄市金鹿中学
杨文章　楚雄市金鹿中学
赵太妙　楚雄市金鹿中学
周明成　楚雄市金鹿中学
李应翠　楚雄市龙江中学
孙存武　楚雄市龙江中学
王光伟　楚雄市龙江中学
李国华　楚雄市鹿城中学
段翠兰　楚雄市吕合镇中学
李　发　楚雄市前进中学
张国兰　楚雄市三街中学
马思雄　楚雄市树苴中学
王生富　楚雄市西舍路中学
杨作宏　楚雄市新街中学
自发成　楚雄市云龙中学
黄美琼　楚雄市职业高中
段佳惠　楚雄市职业中学
李万华　楚雄市中山中学
唐国友　楚雄市子午中学
杨　斌　楚雄市紫溪中学
杨　波　楚雄市紫溪中学
张红碧　楚雄市紫溪中学
张若爱　楚雄市紫溪中学
张学升　楚雄市紫溪中学
李　靖　大姚县桂花中学
李　青　大姚县桂花中学
华　靖　大姚县六苴中学
宁发斌　大姚县六苴中学
华家凯　大姚县龙街中学
刘开梅　大姚县龙街中学
杨　平　大姚县民族中学
李雪梅　大姚县实验中学
刘　斌　大姚县实验中学
罗永祥　大姚县实验中学
欧前云　大姚县实验中学
普家通　大姚县实验中学
王建坤　大姚县实验中学
张雪梅　大姚县实验中学
张燕萍　大姚县实验中学
陈建祥　大姚县第一中学
范有波　大姚县第一中学
何丽娟　大姚县第一中学
何兴昌　大姚县第一中学
李金先　大姚县第一中学
李显成　大姚县第一中学
杨焱照　大姚县第一中学
张立云　大姚县第一中学
张　嫣　大姚县第一中学
赵　娟　大姚县职教中心
段丽菊　大姚县职教中心
古雅丽　大姚县职教中心
张明丽　大姚县职教中心
张兴树　大姚县职教中心
雍崇明　禄丰县恐龙山中学
马国龙　禄丰县彩云中学
洪　玲　禄丰县第三中学
肖思坤　禄丰县第三中学
尹　健　禄丰县第三中学
张学平　禄丰县第三中学
岳美华　禄丰县第四中学
石楚亮　禄丰县第一中学
张德金　禄丰县第一中学
张菊仙　禄丰县第一中学
黄忠能　禄丰县广通中学
张仕金　禄丰县和平中学
黄明群　禄丰县龙城中学
廉美英　禄丰县龙城中学
张建武　禄丰县猫街中学
凡　莉　禄丰县勤丰中学
丁天焕　禄丰县仁兴中学
杨　军　禄丰县仁兴中学
王锡友　禄丰县松园中学
肖春荣　禄丰县松园中学
姚文华　禄丰县松园中学
毕志明　禄丰县文星中学
施国兰　禄丰县第一中学
赵玉红　禄丰县第一中学
朱兰英　禄丰县第一中学
施建洪　禄丰县职业中学
傅文玉　楚雄州民族中学
郭东萍　楚雄州民族中学
起生红　楚雄州民族中学
尹丽华　楚雄州民族中学
赵学刚　楚雄州民族中学
果发河　牟定县安乐中学
王炳生　牟定县高平中学
刘龙成　牟定县马厂中学
唐彦勇　牟定县茅阳中学
张发珍　牟定县蟠猫中学
夏绍锋　牟定县青龙中学
邓鸿翠　牟定县天台中学
杨长海　牟定县戌街中学
董春萍　牟定县第一中学
孙其伟　牟定县第一中学
夏海煜　南华县第二中学
洪志勇　南华县第一中学
李聪合　南华县第一中学
李少华　南华县第一中学
钱加金　南华县第一中学
杨发祚　南华县第一中学
张志琼　南华县第一中学
吕文武　南华县罗武庄中学
李富林　南华县民族中学
钱桂斌　南华县民族中学
王　海　南华县民族中学
王文香　南华县民族中学
紫应昆　南华县民族中学
周崇华　南华县五顶山中学
李钱功　南华县马街中学
陆秀俊　南华县沙桥中学
余　荣　南华县沙桥中学
杨子明　南华县兔街中学
高国雄　南华县一街中学
高雁钟　南华县第一中学
李文奇　南华县雨露中学
彭永金　南华县雨露中学
李荣伟　南华县职业中学
罗　平　南华县第一中学
欧正积　南华县第一中学
王爱华　南华县第一中学
叶群宏　南华县第一中学
曾　翔　南华县第一中学
赵国志　南华县第一中学
自明兴　南华县第一中学
左发功　南华县第一中学
李学俊　双柏县大庄中学
杨子莹　双柏县妥甸中学
陆　勇　楚雄州体育运动学校
陈红兵　武定县第一中学
冯光瑞　武定县第一中学
付卫琼　武定县第一中学

李洪志 武定县民族中学
李加能 武定县民族中学
李沁娜 武定县民族中学
王建忠 武定县民族中学
熊 刚 武定县民族中学
张 会 武定县民族中学
苏朝锋 武定县白路中学
邵树光 武定县插甸中学
朱维光 武定县发窝中学
闫自金 武定县高桥中学
高兰珍 武定县九厂中学
张文正 武定县九厂中学
李云仙 武定县万德中学
陈孝先 武定县香水中学
李映梅 武定县香水中学
武 秦 武定县香水中学
王宗友 武定县第一中学
许祖斌 武定县第一中学
杨丽红 武定县职业中学
段琼芳 武定县第一中学
余文海 武定县第一中学
陈海英 姚安县大成中学
何光文 姚安县大成中学
许 华 姚安县大成中学
苏家棋 姚安县第一中学
周立芳 姚安县第一中学
张学林 姚安县光禄中学
李富民 姚安县弥兴中学
杨朝山 姚安县弥兴中学
刘金荣 姚安县前场中学
吴 城 姚安县前场中学
胡文萍 姚安县第一中学
马鸣芳 姚安县第一中学
米 丽 姚安县第一中学
邱家俊 姚安县第一中学
沈中泉 姚安县第一中学
俞永成 姚安县第一中学
李柏荣 姚安县职业中学
张佳声 姚安县职业中学
苏 文 永仁县教师进修学校
殷朝勤 永仁县教师进修学校
陈加聪 永仁县民族学校
龚利荣 永仁县第一中学
文昌金 永仁县第一中学
余明芬 永仁县第一中学
赵和刚 元谋县黄瓜园中学
罗 发 元谋县江边中学
吴元平 元谋县老城中学
唐 华 元谋县清和中学
李景魏 元谋县物茂中学
杨世金 元谋县羊街中学
李学珍 元谋县第一中学
陈继丽 元谋县元马中学
李 静 元谋县元马中学
徐永萍 元谋县元马中学
永保云 元谋县元马中学
常应松 元谋县职业中学

[州人力资源和社会保障局供稿]

逝世人物

【刘守忠】 刘守忠，楚雄州政协离休干部，原副秘书长。生于1928年12月，1947年2月参加工作，解放战争时期参加工作，1949年4月加入中国共产党。1949年1月至1951年1月，在西南服务团云南省财政厅总务股任股长；1952年2月至1953年2月，在玉溪地区通海县任土改工作队队长；1953年1月至1955年1月，任通海县法院院长；1958年7月至1963年1月，任玉溪地区通海县委书记；1963年1月至1969年2月，任玉溪地区华宁县委书记；1972年2月至1975年12月，任玉溪地区政工组织部部长；1975年12月至1980年12月，任红河州个旧市委书记；1980年8月至1984年2月，任楚雄州大姚县委书记；1984年2月1989年2月，任楚雄州政协副秘书长；1989年2月离休；1990年5月，批准享受副厅单项待遇；1995年9月，批准享受副厅级政治生活待遇；2014年6月病逝。

【张茂祥】 张茂祥，楚雄州人民医院离休干部，原院长。生于1926年8月，1938年3月参加工作，抗日战争时期参加工作，1943年6月加入中国共产党。1938年3月至1944年，在八路军太岳军区四分区十七团九连任卫生员、三营卫生班长；1944年至1949年3月，在平原野战军四纵十三旅三七团三营任医生；1949年3月至1953年8月，在二野十三军三八师114团卫生队任队长；1953年8月至1957年9月，在二野十三军三十九师后勤部任卫生主任；1957年9月至1962年6月，在思茅专区小平田铜矿医院任医生；1962年7月至1979年8月，在思茅专区景东县医院任医生；1979年8月至1985年11月，在楚雄州人民医院任医生、院长；1985年11月离休，享受副厅级政治生活待遇；1985年12月，批准享受副厅级政治生活待遇；2014年5月15日去世。

[州委老干部局供稿]

（责任编辑：李 梅）

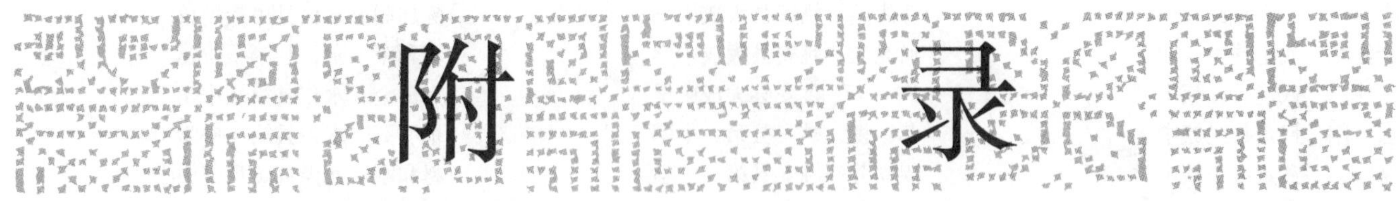

关于楚雄彝族自治州2014年国民经济和社会发展计划执行情况与2015年国民经济和社会发展计划草案的报告

——在楚雄彝族自治州第十一届人民代表大会第五次会议上

（2015年2月5日）

楚雄彝族自治州发展和改革委员会

各位代表：

受州人民政府委托，现将楚雄彝族自治州2014年国民经济和社会发展计划执行情况与2015年国民经济和社会发展计划草案提请会议审查，并请州政协委员提出意见。

一、2014年国民经济和社会发展计划执行情况

2014年，面对经济下行压力不断加大的严峻形势，在州委的正确领导下，全州上下紧紧围绕年初人代会确定的经济社会发展目标，深入贯彻落实党的十八届三中、四中全会、省委九届七次、八次、九次全会和州委八届四次全会精神，坚持稳中求进工作总基调，突出稳增长、抓改革、调结构、惠民生、促和谐等工作重点，全州经济在新常态下保持了平稳发展势头，社会建设全面推进。

初步统计，全州生产总值实现701.8亿元，增长11%；规模以上固定资产投资完成601.4亿元，增长33.1%；地方公共财政预算收入完成63.7亿元，增长13%；实现社会消费品零售总额238.4亿元，增长13.2%；外贸进出口总额完成3.5亿美元，增长25.4%；城镇和农村常住居民人均可支配收入分别达24531元、7570元，分别增长9.7%和13.2%；居民消费价格总水平上涨2.5%；城镇登记失业率为3.3%；人口自然增长率控制在5‰以内；城镇化率提高1.28个百分点，达38.7%；单位生产总值能耗下降完成省下达目标。州十一届人大四次会议确定的经济社会发展目标，除城镇常住居民人均可支配收入指标外，其余指标均完成或超额完成。

（一）农业农村经济稳步发展

全面深化农村改革，加快推进农业现代化，农业农村经济实现了稳步发展，全年完成农林牧渔业总产值262.97亿元，增长6.4%。全年粮食播种面积达380.6万亩，粮食总产量达122.9万吨，增长2.16%，实现了四连增。种植烤烟70.4万亩，收购烟叶186.4万担，实现烟农总收入28.61亿元，与上年持平。高原特色农业加快发展，种植蔬菜108.86万亩，总产量196万吨，产值达40亿元；种植优质水果18万亩、魔芋9.58万亩，新植核桃20万亩、花椒4万亩、油橄榄0.62万亩。农业产业化步伐加快，州级以上农业产业化重点龙头企业达219户，其中省级44户，获得“云南名牌农产品”22个、“云南省著名商标”农产品47个，“武定壮鸡”、“白竹山茶”等被国家农业部认定为地理标识农产品。云南白药中药材良种繁育、禄丰彩云印象现代农业等庄园建设取得新成效。土地、林地流转步伐加快，土地承包经营权和林权流转面积累计分别达20.7万亩、98.1万亩。实施中低产田地改造25.6万亩、低效林改造20万亩，巩固退耕还林基本口粮田2.08万亩。新农村建设和扶贫开发成效显著。共整合资金6.2亿元建设新农村省级重点村54个、美丽乡村示范村500个；共投入各类扶贫资金15.9亿元，实施整乡推进5个，行政村整村推进33个，自然村整村推进360个，完成易地扶贫搬迁539户2174人，发放扶贫到户贷款5亿元，实施产业扶贫项目36个，农村特困户安居工程1810户，转移贫困地区劳动力3.3万人，实现增收5.9亿元。

（二）工业经济实现企稳回升

认真贯彻落实中央和省州稳增长中支持工业发展的各项政策措施，着力加大扶持力度、加强指导服务，工业经济实现了企稳回升向好发展。全州实现工业增加值231.56亿元，增长12.9%，其中，规模以上工业增加值为178.53亿元，增长

13.1%。在烟草工业保持稳定支撑的情况下，非烟工业支撑力进一步增强。园区建设取得新进展，南华、武定工业园区完成省级工业园区申报工作，全州共完成园区基础设施建设投资22亿元，建设标准厂房44万平方米，新增入园企业达62户。着力解决引资难、项目落地难和企业融资难、融资贵等问题，及时落实了降低企业用电成本、减轻企业负担、支持企业扩产促销、扶持中小企业等政策。中小企业上市融资取得新突破，18户企业签订了协议，已有7户企业成功在"新三板"等股权交易中心挂牌。强力推进了煤炭产业结构调整和转型升级，加大了对重点企业技术改造、名牌产品和著名商标打造、企业技术中心建设的扶持和奖励力度，钛卷板轧制等一批生产设备和工艺技术达到国内领先水平，共有11户企业被认证为省级企业技术中心，建立了4个院士专家工作站。

（三）第三产业保持平稳发展

全面贯彻落实国家和省扩大内需、增加消费的政策措施，进一步加大财政公共服务支出，大力培育服务新业态，努力推动城乡消费结构升级，第三产业保持了平稳增长，实现增加值248.17亿元，增长9.4%。积极推进楚雄建材城、广通集装箱和多式联运等商贸物流项目建设，大力培育淘宝·特色中国"楚雄馆"、南华野生菌信息港等网络交易，商贸与物流互动发展的格局基本形成，物流业成为经济增长的新亮点。深挖城乡消费潜力，积极组织参与省内外商品博览会、展销会，多部门联动抓好商贸流通企业的申规达限工作，全年社会消费品零售总额增长13.2%，高于计划目标0.2个百分点，增速位居全省前列。禄丰恐龙、元谋人等一批重大文化旅游项目稳步推进，A级景区创建取得新进展，文化旅游业快速发展，全年接待海外游客3.61万人次、国内游客1851万人次，实现旅游业总收入83.5亿元，增长26.3%。积极落实外贸奖励政策，帮助企业解决出口退税等难题，外贸实现逆势增长，全年外贸进出口总额突破3.5亿美元。房地产业健康发展，全州商品房施工面积879.24万平方米，增长9%；商品房销售额78.29亿元，增长23.3%。在信贷投入规模受限的情况下，金融业保持较快增长，全年新增银行贷款70.6亿元，增长16.45%。

（四）发展的基础进一步夯实

着眼于打基础、强后劲，重大基础设施和重点产业项目建设取得新进展。筹集安排项目前期费和工作经费6945万元，为推进项目前期工作提供了有力保障，双新公路、大姚桂花水库、楚雄机场、州医院门诊综合楼等一批重点项目前期工作有序推进。强化了项目审批服务和土地、林地、融资配套等要素协调保障，狠抓在建和新开工项目，列入省"3个100"、州"3个30"的重点项目和年度1495个支撑项目稳步推进，楚广高速建成通车，楚南一级公路、108国道永仁至武定段改造、红豆树等8件烟草和骨干水源工程、武定禄金工业园区基础设施建设、楚雄市建材之家等一批重点在建项目全面推进，彩云至碍嘉三级公路、武定仁和水库、元谋河外并网光伏电站等一批重点新开工项目陆续开工，全州实施项目达2084个，其中新开工项目达1549个。以交通、水利、城镇为重点的重大基础设施建设步伐加快。修建农村公路1733千米，交通投资突破40亿元；各类水利工程项目建设全面推进，完成水利投资36亿元；续建和新建市政基础设施项目239项，完成投资15.53亿元，房地产完成投资92.48亿元，增长5.5%。向上争取资金和融资工作取得实效，共争取公共财政预算资金126.5亿元，增长19.6%，全州新增各类融资101亿元。

（五）推改革扩开放有新进展

按照州委全面深化改革领导小组的部署，以经济体制改革为重点的各项改革稳步推进。简政放权力度加大，取消和下放了一批行政审批事项。研究提出了新一轮政府机构改革方案和165家州属事业单位的分类定别工作。财税体制改革取得新进展，部门预算和"三公"经费全面公开；营改增工作进展顺利，实现营改增税收9297万元。国有资产监管体制、工商登记制度改革和资源性产品价格改革全面推进，现代市场体系建设步伐加快。公务用车制度改革全面启动，以公立医院改革试点为重点的医改工作稳步推进，以农村土地制度改革为重点的农村综合改革全面展开，以小微金融服务和建立多元投融资主体为重点的投融资体制改革有新推进。继续坚持"走出去"与"引进来"并重，以优化环境和提升服务相结合，狠抓招商引资工作，全年引进州外到位资金473亿元，增长39.6%，实际利用外资达2045万美元。

（六）重点民生得到持续改善

各类教育协调健康发展。学前教育规模不断扩大，学前3年儿童毛入园率达75.3%；义务教育覆盖面不断扩大，小学学龄儿童入学率达99.95%，初中学龄人口入学率达99.7%；高考三本以上上线率为62.31%，绝对上线率高于全省4.81个百分点；职业教育、高等教育发展不断加快，民办教育、特殊教育体系更趋完善，州特殊教育学校新校区投入使用。科技创新驱动力进一步增强。共争取国家和省级科技计划项目立项51项，获得专利授权252件，新增国家高新技术企业7家。文化体育事业蓬勃发展。集中打造了26个示范性乡（镇）文化站、58个示范性村（社区）文化室，全国可移动文物普查和国家级非遗项目申报等工作有序推进；群众性体育活动丰富多彩，竞技体育运动水平不断提高，在省级各类运动会上，楚雄州运动员共获得金牌53枚。公共卫生和基本医疗服务体系进一步完善。新农合参合率达98.9%，人均筹资达380元，农村居民看不起病和因病致贫、因病返贫问题得到缓解；全面开展了居民健康建档、慢性病管理、免费婚检等公共卫生服务工作，孕产妇死亡率20.82/10万，婴儿死亡率6.93‰，传染病发病率126.07/10万，未发生大面积疫情。广播电视事业稳步推进，户户通二期工程建设全面完成。城乡社会保障水平进一步提高。全州五大社会保险参保人数达235.64万人，比上年增加3.32万人，全面完成各险种扩面任务。促进就业创业成效显著。建立就业专项资金州县分级负担机制，加强公共就业服务和创业服务，全州城镇新增就业达到2.7万人，失业人员再就业1.81万人，就业困难人员就业0.61万人，农业富余劳动力转移就业16.64万人，其中新增转移就业6.71万人；通过“贷免扶补”和小额担保贷款扶持创业6662人，发放贷款4.02亿元，带动就业1.73万人。人口计生工作全面加强，低生育水平继续保持，人口自然增长率控制在5‰以内。安全生产工作得到强化，事故总量、死亡、直接经济损失同比下降27.31%、6.42%、17.94%。2014年省下达的5408套保障性住房全部开工建设，13912户农村危房改造完成了10693户，棚户区改造有序推进。价格监管力度进一步加大，物价水平保持低位运行。防灾减灾、应急处置、民政救济救助、食品药品安全监管等工作全面加强。生态环境质量有新提高，主要污染物排放控制和水源地保护治理进一步加强，继续实施七彩云南保护行动，完成省下达的各项污染减排目标。

认真履行规划职能，重点领域规划全面推进。积极参与了省新型城镇化、滇中城市经济圈一体化发展、桥头堡滇中产业聚集区、昆瑞对外开放经济带和长江经济带金沙江黄金水道综合交通等规划的编制工作，完成了楚雄州新型城镇化、滇中产业聚集区楚雄组团、昆瑞经济带楚雄部分、楚（雄）南（华）经济带、参与长江经济带建设等规划编制。全面启动了全州“十三五”规划编制工作，8个州级重点前期课题和基本思路研究等工作有序推进。

在取得成绩的同时，我们也清醒地认识到，在经济发展进入新常态的大背景下，保持经济社会平稳健康协调发展方面还存在着不少困难和问题，主要体现在：一是稳增长的着力点突出不够，政策措施落实的力度不大，导致三次产业支撑发展的协调性不足。二是对传统产业的改造提升和新兴产业培育步伐缓慢，导致经济增长的存量下降、增量不足。三是政府与市场的关系处理不到位，市场配置资源的决定性作用发挥不充分，加快发展的体制机制障碍仍然突出。四是开放合作的平台不多、层次不高、领域不广，尤其是产业园区的建设、管理和运营的模式创新不够，招商引资入园难的问题未能得到根本解决。

二、2015年国民经济和社会发展预期目标及主要任务

围绕努力实现州“十二五”规划发展目标，综合考虑发展的需要和可能，2015年经济社会发展的主要预期目标建议为：

——生产总值增长9%左右；

——规模以上固定资产投资增长20%以上；

——地方公共财政预算收入增长7%以上；

——社会消费品零售总额增长12.5%；

——外贸进出口总额增长14%；

——城镇常住居民人均可支配收入增长9%；

——农村常住居民人均可支配收入增长10%；

——居民消费价格总水平涨幅控制在3.5%以内；

——城镇登记失业率控制在4.5%以内；

——人口自然增长率控制在6‰以内；

——城镇化率达40%以上；

——单位生产总值能耗下降完成省下达任务。

为确保完成以上目标任务，建议主要抓好以下8个方面的重点工作：

（一）以扶贫开发为引领，推动农业农村持续发展

深入贯彻落实中央一号文件、中央和省农村、扶贫工作会议精神，以推进扶贫12项工程为引领，以深化农村综合改革为动力，加快农业现代化进程。一是加快农业产业化发展。强化龙头带动，延伸农业产业链，推进农村一二三产业融合发展。在稳定粮食总产量120万吨左右的基础上，完成181.9万担烟叶收购任务；大力发展高原特色农业，力争蔬菜种植面积达110万亩以上，产量达200万吨以上；种植中药材15万亩，力争产量达6万吨；扩大辣木种植规模，完成营造林40万亩，力争林业总产值超过110亿元，增长10%以上；推进畜牧业养殖基地建设，力争畜牧业总产值达110亿元，增长10%。二是持续加强农业基础设施建设。抓紧推进中小型水库和“五小水利”、农田灌溉和防洪排涝工程建设，改造中低产田地22.6万亩、低效林20万亩。新建和改造农村公路800千米以上，推进农村电网改造升级，大力发展农村新型可再生能源。三是扎实推进扶贫开发。进一步加大乌蒙山和滇西边境片区的区域发展与扶贫攻坚规划的实施，加快编制金沙江、元江流域扶贫综合开发规划，实施扶贫整乡推进4个、行政村整村推进20个、自然村整村推进120个，发放扶贫到户贷款5亿元，培植400个产业扶贫示范村，扶持50个扶贫龙头企业，完成易地扶贫搬迁1800人，贫困地区劳动力转移就业3万人，扶贫对象减贫5万人。

（二）以优化升级为重点，增强工业经济竞争优势

围绕规模以上工业增加值力争实现10%以上增长的目标，抢抓省大力实施产业兴省战略的机遇，强化工业创新驱动、优化结构、转型升级，加大品牌创建和培育力度，提升工业企业核心竞争力，推动工业经济迈上新台阶。一是加快推进产业转型升级。坚持优化存量与做大增量并重、传统产业与新兴产业发展并重，加快推进烟草、冶金化工、绿色食品加工等传统产业升级改造，大力培育新能源新材料、生物医药、先进装备制造、石化等新兴产业；进一步抓好重点节能项目建设，促进节能技术进步，力争完成节能降耗目标任务。二是增强企业创新驱动力。发挥市场机制，突出比较优势，强化创新驱动，加强云南极粹生物科技、摩尔农庄生物科技开发、云南钛业股份、云南爱尔法生物科技等企业院士工作站建设工作，提高企业技术创新和科技成果转化能力。三是狠抓工业园区建设。以优化全州生产力空间布局为契机，推动园区布局调整；创新园区投融资和建管新模式，引进第三方管理平台，推进园区建管市场化，以“飞地经济”模式探索推进楚（雄）南（华）经济带的产业发展；加大园区配套设施投入力度，继续推进标准厂房建设，力争新建标准厂房30万平方米，完善园区水、电、路等设施配套，强化以园招商、以商兴园，增强对企业入园发展的吸引力，力争新增入园企业40户。四是努力破解制约工业

发展难题。继续加大对重点骨干企业、小微企业、新兴产业的扶持和指导力度，突出对重点工业企业、行业的运行监测和协调服务，着力解决好重点工业企业生产经营中存在的困难，切实破解工业用电、用地、用水和融资等难题；加大现有233户规上企业的挖潜和扩产促销工作，稳住存量；加大企业升规达限工作力度，力争新增规上企业达25户以上。

（三）以重点项目为支撑，保持投资的强劲拉动力

围绕规模以上固定资产投资增长20%以上的目标，牢固树立抓项目就是抓发展的理念，全力打好投资组合拳，千方百计保持投资较快增长。一是做好项目上报争取工作。抢抓国家支持中西部地区基础设施建设和省委、省政府把构建交通、航空、水利、能源、信息“五网”作为投资重点等重大机遇，将列入国家和省重大工程项目，尤其是列入滇中城市经济圈一体化发展的71个近期实施的重点项目为抓手，超前谋划，争取有更多的项目挤进国家和省计划盘子。二是加快推进重点在建和新开工项目。加快推进列入省“3个100”和州“3个30”重点项目以及1497个重点支撑项目中的在建、新开工项目的建设，狠抓项目开工率、投资到位率和完成率，确保重点项目尽快形成投资和工程实物量。三是抓投资项目要素供给。强化项目审批服务，推行网上在线审批，变审批为服务，探索项目前置审批；在进一步用活用足土地、林地建设用地指标的同时，创新投融资体制机制，引入战略投融资主体，探索推行政府和社会资本合作模式（PPP），解决好项目建设融资配套难的问题。四是落实好项目监管机制。认真贯彻执行好国家和省对项目管理的相关规定，开展好重点项目稽察工作，强化对项目的监管；及时制定出台州级重点项目管理实施细则，加强对州级重点项目的动态调整和管理。

（四）以消费升级为抓手，促进第三产业加快发展

围绕建设桥头堡和滇中城市经济圈面向东南亚南亚的重要物流、加工贸易、民族文化旅游、配套服务基地的目标，多措并举，打造服务业发展的升级版，力争第三产业增加值增长9%以上。一是加强对第三产业的统筹领导。尽快成立州推进现代服务业协调发展领导小组和工作机构，科学统筹服务业的中长期发展规划和年度发展重点。二是加快发展商贸物流业。按照“1基地、4园区、2中心、4节点”的物流发展总体布局，加快物流基础设施建设，支持物流企业向仓储、交易、加工、配送等功能转变。突出信息、绿色、旅游、休闲、养老、家政6大消费重点，大力推广电子商务，提升流通、消费对经济增长的拉动力。三是加快发展交通运输业。抓住滇中城市经济圈内外综合交通系统不断完善，楚雄州交通枢纽地位日趋强化的有利条件和国家及省加快长江黄金水道、昆瑞经济带综合交通建设的重大机遇，加强与物流园区和工业园区相衔接，引入大型运输集团，推动公铁水等综合交通运输业的加快发展。四是加快文化旅游业发展。继续推进禄丰恐龙、元谋人等重大旅游建设项目，融合昆瑞经济带建设，抓紧打造环州旅游线和哀牢山国家公园的规划申报工作，创新旅游品牌，提升服务品位，加快建成省内新兴旅游目的地。同时，采取外资、外经、外贸并进，扩大外贸规模，力争外贸进出口总额突破4亿美元；积极支持金融、科技、房地产等传统服务业和物联网、互联网、电子标签、农村物流配送等新兴服务业发展。

（五）以产城融合为取向，推进城镇化的健康发展

围绕城镇化率达40%以上的目标，加快实施《楚雄州新型城镇化规划（2014～2020年）》，坚持以人的城镇化为核心，以综合承载能力为支撑，加快推进新型城镇化发展。一是进一步优化城镇空间布局。以基础设施先行和产业发展为重点，加快推动形成以楚雄城市为中心、“一轴、两区、双城、多点”为空间结构的滇中城市经济圈楚（雄）南（华）经济带建设，打造产城融合发展的示范区和样板。二是有序推进农业转移人口市民化。稳步推进户籍制度改革，加大市政道路、供排水、“两污”等城镇基础设施建设，进一步完善教育、卫生、社保、住房等配套公共服务设施建设，切实增强城镇承载力。三是强化规划的龙头作用。加快推进《楚雄州州域城镇体系规划》修改和《滇中城市经济圈楚（雄）南（华）城镇带规划》编制，指导10县（市）城市和风景名胜区总体规划、控制性详细规划及各专项规划编制。四是着力提升城乡人居环境。加快推进30个重点示范小城镇建设，推进实施500个美丽乡村示范村和10个新农村综合体建设，切实提升城乡人居环境。五是积极推动中小城市综合改革试点工作。争取把楚雄市列入国家中小城市综合改革试点，探索创新产业和城市融合发展、多元化城市投融资、土地要素流动、公共服务供给、城市管理体制改革等机制。

（六）以改革开放为动力，释放更多经济发展潜能

围绕中央、省州党委全面深化改革和扩大沿边开放的决策部署，扎实推进重点领域和关键环节的改革，加强对外开放和区域合作，最大限度地激发市场活力。一是全面深化经济体制改革。承接好国家和省下放行政审批事项，适时调整州级行政审批目录，加大简政放权力度；探索建立水、电、天然气等资源性产品价格形成机制；深化投融资、财税、国资国企改革；继续推进以农村土地承包经营权流转为重点的农村综合改革；深入推进教育、医疗卫生、就业和社会保障等民生领域改革；克期完成公务用车制度改革。二是不断提高对内对外开放水平。以主动融入“一带一路”、长江经济带、滇中城市经济圈一体化发展、昆瑞对外开放经济带发展为取向，加强与周边区域的互联互通和合作发展为重点，搭建开放合作平台，创新招商引资模式，积极到沿海发达地区选商招商，着力引进一批具有竞争力的企业和项目。力争招商引资州外到位资金新增100亿元，实际利用外资完成2500万美元。

（七）以群众期盼为导向，着力保障改善重点民生

加快教育均衡发展步伐。实施第二期学前教育3年行动计划，提高学前适龄儿童入园率和九年义务教育巩固率；进一步提高高中和高等院校的教育质量，以就业为主要导向，进一步深化职教资源的整合，增强竞争力；进一步加强特殊教育和民

族教育基础设施建设。加强科技创新能力建设。支持企业技术创新，提高科技对经济社会发展的驱动力。推动文体事业繁荣发展。加大文化体育基础设施建设力度，全面推进国家公共文化服务体系示范区创建工作；认真组织开展全民健身活动，筹办好州第十三届运动会；继续开展好第一次全国可移动文物普查、文化遗产保护、艺术创作服务基层工作。提高公共卫生服务质量。继续完善新型农村合作医疗制度，确保参合率达96%以上，人均筹资达450元；抓好公共卫生服务，缩小城乡居民公共卫生和基本医疗服务差距；加大艾滋病、地方病防治力度，确保公共卫生安全，严格控制传染病发病率、孕产妇死亡率、婴儿死亡率。加快推进广播电视事业建设。推进6个高山台站、户户通工程建设。加强对高校毕业生的就业创业指导，做好失业人员、就业困难人员和“农转城”人员等群体的就业帮扶工作，落实好“贷免扶补”和小额担保贷款创业相关政策，有效扩大就业面；推进全民参保登记计划试点工作，进一步扩大社会保险覆盖面。全面落实国家人口计生政策，确保低生育水平的稳定。认真落实好省下达的保障性住房建设和农村危房改造任务。高度重视防灾减灾、应急处置、救济救助、残疾人、养老服务、民族宗教等工作，认真抓好第二次地名普查，严厉打击非法集资扰乱金融秩序的违法行为。全面落实安全生产“党政同责、一岗双责”，确保全州安全生产形势的稳定。做好市场保供和物价监管工作，保持居民消费价格总水平基本稳定。

（八）以绿色发展为目标，加快推进生态文明建设

围绕“两型社会”建设目标，以推进环境基本公共服务均等化为方向，以削减污染物排放总量、防范环境风险为重点，以工业污染全防全控为抓手，加强生态文明建设。一是全面加强自然生态保护。按照“谁开发谁保护、谁受益谁补偿”的原则，探索建立环境和自然资源有偿使用和价格形成机制，建立制度化、规范化、市场化的生态补偿机制。继续实施新一轮退耕还林还草工程，加大天然林保护力度，治理水土流失面积440平方千米。二是强化环保基础设施建设。加快推进10县（市）城镇污水管网和老城区雨污分流建设，提高污水收集处理能力，严格控制污染物排放。实施好乡（镇）“两污”项目，加大农村面源污染防治，推进美丽乡村和美丽城镇建设。三是加大污染减排监管力度。严格项目环评审批和环保验收程序，加强能评和环评审查的监督管理，严肃查处各种违规审批行为。依法追究未经环境影响评价即擅自开工建设、建设过程中擅自变更、未经环境保护验收即擅自投产等违法行为。2015年既是“十二五”收官之年，又是“十三五”的规划之年。按照国家、省的统一部署和要求，在尽快起草形成州“十三五”规划基本思路的基础上，坚持正确处理好政府与市场关系、改革创新、广聚民智、统筹衔接、依法依规等原则，贯彻“多规合一”理念，与全省同步推进州“十三五”规划纲要（草案）和重点专项规划的编制工作，认真指导好县级规划，充分发挥规划对未来发展的引领作用。

各位代表，在经济发展进入新常态的大背景下，实现2015年全州经济社会发展预期目标，任务艰巨、责任重大。我们将在州委的正确领导下，在州人大的法律监督、工作监督和州政协的民主监督下，坚持以提高经济发展质量和效益为中心，进一步解放思想、坚定信心、开拓进取、奋发有为，努力完成2015年经济社会发展各项任务，为与全国全省同步全面建成小康社会和实现富民强州宏伟目标作出新的贡献！

［州发改委供稿］

关于楚雄彝族自治州2014年地方财政预算执行情况和2015年地方财政预算草案的报告

——在楚雄彝族自治州第十一届人民代表大会第五次会议上

（2015年2月5日）

楚雄彝族自治州财政局

各位代表：

受州人民政府委托，现将楚雄彝族自治州2014年地方财政预算执行情况和2015年地方财政预算草案提请州第十一届人民代表大会第五次会议审查，并请州政协委员提出意见。

一、2014年地方财政预算执行情况

2014年，在州委的正确领导和州人大及其常委会的依法监督下，州人民政府团结带领全州各族群众，积极适应经济发展的新常态，努力克服外部环境复杂多变、区域竞争形势加剧、

经济下行压力加大等影响，以稳增长、惠民生、促发展为中心，超前谋划，扎实工作，推动财政收支稳步增长，财政保障能力不断增强，有力促进了全州经济平稳发展、民生持续改善、社会和谐稳定。

（一）全州地方财政预算执行情况

1. 全州地方公共财政预算收入完成637206万元，比年初预算数增加5875万元，增长0.9%，比上年决算数增加73503万元，增长13%。其中税收收入完成454692万元，比上年决算数增长6.6%；非税收入完成182514万元，比上年决算数增长33.1%。地方公共财政预算支出完成2051188万元，比年初预算数增加152088万元，增长8%，比上年决算数增加324686万元，增长18.8%。

全州地方公共财政预算平衡情况是：地方公共财政预算收入637206万元，转移性收入1380356万元，上年结余收入60393万元，调入资金8487万元，转贷政府债券收入42000万元，收入总计2128442万元。地方公共财政预算支出2051188万元，转移性支出19788万元，增设预算周转金200万元，债券还本支出4072万元。收支相抵，年终滚存结余53194万元，其中结转下年支出49134万元。结余资金的形成，主要是部分项目跨年度实施，当年不能形成支出，需结转下年按规定用途使用。

2. 全州地方财政基金预算收入完成206355万元，比年初预算数减少52694万元，下降20.3%，比上年决算数减少68460万元，下降24.9%。地方财政基金预算支出完成292380万元，比年初预算数减少38770万元，下降11.7%，比上年决算数减少22952万元，下降7.3%。

全州地方财政基金预算平衡情况是：地方财政基金预算收入206355万元，转移性收入77112万元，上年结余收入48212万元，收入总计331679万元。地方财政基金预算支出292380万元，上解支出-1097万元。收支相抵，年终滚存结余40396万元。结余资金的形成，主要是列收列支的专项基金支出和土地出让金收入提取的跨年度使用的专项基金。

3. 全州社会保险基金预算平衡情况是：社会保险基金收入329346万元（其中：社会保险基金保险费收入199236万元，利息收入6334万元，财政补贴收入120755万元，其他收入414万元，转移收入2607万元）。全州社会保险基金支出290452万元（其中：社会保险待遇支出287364万元，其他支出2983万元，转移支出105万元），上解上级支出1486万元。收支相抵，本年收支结余37408万元，加上年结余收入262019万元，年终滚存结余299427万元。结余资金包括按政策属个人账户的资金余额以及按规定够下午度一定月份的支付数额基金。

（二）州本级地方财政预算执行情况

1. 州本级地方公共财政预算收入完成129777万元，比年初预算数增加101万元，比上年决算数增加14012万元，增长12.1%。州本级地方公共财政预算支出完成252768万元，比年初预算数增加35268万元，增长16.2%，比上年决算数增加45647万元，增长22%。

州本级地方公共财政预算平衡情况是：地方公共财政预算收入129777万元，转移性收入1426239万元，上年结余收入33356万元，调入资金3955万元，转贷政府债券收入42000万元，收入总计1635327万元。地方公共财政预算支出252768万元，转移性支出1347119万元，债券还本支出3000万元。收支相抵，年终滚存结余32440万元，其中结转下年支出30205万元。结余资金的形成，主要是少数项目跨年度实施形成结余。

2. 州本级地方财政基金预算收入完成20405万元，比年初预算数减少19296万元，下降48.6%，比上年决算数增加7964万元，增长64%。州本级地方财政基金预算支出完成7959万元，比年初预算数减少21513万元，下降73%，比上年决算数增加3271万元，增长69.8%。

州本级地方财政基金预算平衡情况是：地方财政基金预算收入20405万元，转移性收入77112万元，上解收入-1016万元，上年结余收入30023万元，收入总计126524万元。地方财政基金预算支出7959万元，转移性支出98577万元，上解支出-1097万元。收支相抵，年终滚存结余21085万元。结余资金的形成，主要是列收列支的专项基金支出和土地出让金收入提取的跨年度使用的专项基金。

3. 州本级社会保险基金预算平衡情况是：社会保险基金收入122142万元（其中：社会保险基金保险费收入111284万元，利息收入3515万元，财政补贴收入7247万元，其他收入49万元，转移收入47万元），下级上解收入17700万元。社会保险基金支出110589万元，其中社会保险待遇支出108074万元、其他支出2484万元、转移支出31万元，补助下级支出2453万元，上解上级支出1486万元。收支相抵，本年收支结余25314万元，加上年结余148218万元，年终滚存结余173532万元。结余资金包括按政策属个人账户的资金余额以及按规定够下年度一定月份的支付数额基金。

以上数据均为州内快报数，待省财政厅批复楚雄州年度财政决算后，部分数据会有变化，届时再向州人大常委会报告。

二、2014年主要财政工作

（一）坚持谋早抓实，高位协调推动，努力做大“财政蛋糕”。认真分析财经形势，科学编制收支预算，及时分解财政收入和向上争取资金任务。完善财政收入考核机制，建立目标责任风险抵押金制度，调动组织收入的积极性。支持税务部门依法治税，加大协税护税和稽查力度，认真落实减免税政策。加强政府高位协调，加强对基层财政工作的指导，坚持财税运行定期分析，主动与税务、烟草等部门协作，密切关注税收重点县（市）、重要行业和主要税种收入变化，确保应收尽收。规范非税收入管理，制定州级行政事业单位国有资产有偿使用收入收缴管理办法，开展行政事业单位经营性资产清理，加大征缴稽查力度，完成纳入公共财政预算收入管理的非税收入18.3亿元，增长33.1%，对收入增长的贡献率达61.8%，比上年提高24.8个百分点。坚持收支并重，把支出水平作为衡量财政管理工作质量的重要指标，建立支出进度按月分析和督查约谈通报制度，紧盯重要节点，加快支出进度。加大向上争取力度，完善州级部门争取资金工作经费考核办法，制定财政部门按月向上汇报和协调预算单位制度，加强库款协调调度，全年争取上级补助126.5亿元，完成任务数的100.8%，增长19.6%，推动全州财政收支稳步增长，增幅持续领先全省。

（二）坚持宏观引导，落实稳增长措施，主动服务发展大局。围绕州人民政府稳增长“18条”措施，用好用活财政金融扶持政策，发挥财政资金杠杆作用，支持大项目带动大发展。以推进州“3个30”和列入省“3个100”项目为重点，投入经济建设领域资金51.3亿元，加快交通、水利、环保、城镇等基础设施建设。筹集安排项目前期费和工作经费6945万元，支持项目前期工作，争取上级财政项目资金40.3亿元，增长65%，拉动固定资产投资快速增长。支持产业结构优化升级，落实产业建设3年行动计划，筹资8440万元支持10个工业园区基础设施建设，财政直接奖补企业资金1.6亿元，鼓励企业实施“走出去”和创新驱动发展战略。积极争取国际金融组织和外国政府贷（赠）款项目，支持生态、民生等领域建设，其中亚行1.5亿美元贷款楚雄州城市基础设施建设项目已签订贷款协议，完成投资2.6亿元。金融行业稳步发展，金融体系不断健全，全年新增各类融资103亿元，增长21.8%，其中新增银行信贷70.6亿元，增长16.5%，超额完成全年任务。

（三）坚持民生为本，优化支出结构，全面落实惠民政策。统筹财力配置，优化支出结构，优先保障民生等公共财政支出，全州完成民生支出155.3亿元，增长19%，占地方公共财政预算支出的75.7%，着力支持解决事关群众切身利益的重大民生问题。其中教育支出30.1亿元，支持提高特殊教育学校和农村中小学公用经费补助标准；农林水支出34.2亿元，增长20.3%，建设村级公益事业一事一议财政奖补项目780个，实施完成农业综合开发项目47个，10县（市）均列入省级以上农业综合开发县；社会保障和就业支出26.2亿元，增长8.7%，支持提高企业退休人员基本养老金和城乡低保补助水平；医疗卫生与计划生育支出19.7亿元，增长14.3%，支持提高新农合、城镇居民基本医疗保险和基本公共卫生服务项目财政补助标准；住房保障支出7.4亿元，推进保障性安居工程建设；文化体育与传媒支出2.4亿元，增长13.5%，支持创建国家公共文化服务体系示范区。

（四）坚持深化改革，推进预算公开，完善公共财政体系。深化预算管理改革，将社会保险基金纳入全口径预算，完善财政预算管理制度，修订州级财政预算资金审批管理办法，定量细化预算追加事项和审批权限，细化部门预算编制程序和标准，建立健全部门预算项目库，提前2个月编制州级2015年部门预算。稳步推进预算公开，公开了州人代会审议通过的财政预决算报告、背景材料和收支附表，收支分类科目明细到“款”级，州级部门预算全部报州人大财经委审核通过，除部分涉密部门外，全州873个部门1445家单位公开部门预算，860个部门1426家单位公开“三公经费”预算。深化财政国库管理改革，率先在省内开展预算执行动态监控系统试点工作，建立覆盖州县的预算执行动态监控体系，继续推进公务卡结算制度，完成州级和10县（市）权责发生制政府综合财务报告编制工作。推进营改增试点，将铁路运输、邮政服务和电信业纳入试点范围，全州试点纳税人达到4070户，形成增值税减税2916.7万元，实现区域整体税负减轻。推进财政票据电子化管理改革，全州纳入财政票据电子信息化管理单位816个、安装开票端点1053个，新增137个单位、211个端点。深化农村义务教育、县乡财政管理体制等农村综合改革。

（五）坚持建章立制，强化监督落实，提高依法理财水平。认真落实中央八项规定和省州实施办法，修订州级差旅费、会议费管理办法，严控一般性支出，强化预算约束，全州“三公经费”下降24.9%。完善内控机制，制定州级财政扶持企业和畜牧产业化发展专项资金管理办法，建立企业项目申报审批公示制度，严格项目资金调整变更程序，推进民生资金监管平台建设。加强督导检查，对州级43家单位开展财政督导，对22家医药行业进行会计监督检查，抽取320个单位开展“小金库”专项整治，累计查处违纪违规资金1958.7万元。认真清理甄别政府性债务，偿还债务本息4.5亿元。推进绩效管理和财政评审工作，对16个项目和12家金融企业进行绩效评价，选取州级4家单位作为2015年州级项目支出预算评审试点，开展财政评审项目11个，增强“做事才有钱、花钱必问效、无效必问责”的理念。加强政府采购监管，制定采购联络员、计划管理和合同履约验收制度，全州完成政府采购金额8.9亿元，节约资金8674.6万元，节约率8.8%。夯实会计基础，全州会计从业人员达到20432人，推进村级会计委托代理服务，代管集体资金21.9亿元。扎实开展党的群众路线教育实践活动和“三学”集中教育活动，加强财政系统党风廉政建设，完善廉政风险防控制度，健全定期轮岗机制，加强财政队伍建设。

回顾2014年的财税工作，取得了一定成绩，但仍存在一些困难和问题，主要是：组织收入的压力依然较大，可用财力与支出需求的差距不断扩大，财力紧张与资金沉淀的问题更加凸显，促发展、保民生、偿债务之间的矛盾日益突出，财政预算执行缺乏硬性约束，支出责任和绩效意识不强，违反财经纪律现象偶有发生。对于这些问题，我们将认真研究，逐步加以解决。

三、2015年地方财政预算草案

2015年是实施“十二五”规划的收官之年，也是贯彻新预算法的第一年。根据国务院和省政府关于编制2015年预算的要求，结合实际，2015年楚雄州财政预算编制的指导思想是：全面贯彻党的十八大、十八届三中、四中全会、中央经济工作会议、省委九届九次全会和州委八届五次全会精神，认真落实《党政机关厉行节约反对浪费条例》、中央八项规定和省州实施办法，按照新预算法要求，围绕楚雄州“十二五”发展规划，坚持稳中求进、改革创新的总基调，继续实施积极的财政政策，提高经济发展质量和效益，增加财政收入；继续深化财税改革，加大预算统筹力度，推进预算公开透明；继续优化支出结构，严控一般性支出，保障民生和重点支出；继续加强政府性债务管理，防范债务风险，提高依法理财水平，促进全州经济社会健康发展。

在具体编制中主要遵循以下原则：一是坚持预算编制完整性。落实收入预算由约束性转向预期性的要求，将上级提前下达的转移支付预计数编入本级预算，将政府收入和支出全部纳入预算管理，将政府债务分类纳入公共预算和政府性基金预算管理，编制国有资本经营预算，实现一般公共预算、政府性基金预算、社保基金预算、国有资本经营预算的全口径编制。二是坚持年度预算与中期财政规划相衔接。奠定编制2016～2018年中期财政规划的基础，强化中期财政规划对年度预算的约束。三是坚持财力与事权相匹配。逐步理顺州县财政关系，规范事权与支出责任，优化转移支付结构。四是坚持厉行节约、突出重点。树牢过紧日子的思想，坚持量入为出，压缩一般性支出，集中财力保障民生和重点支出，强化绩效预算管理，提高财政资金使用效益。

（一）全州地方财政预算草案

1. 全州地方公共财政预算收入安排681810万元，比上年决算数增加44604万元，增长7%。地方公共财政预算支出安排2153747万元，比上年决算数增加102559万元，增长5%。

全州地方公共财政预算平衡情况是：地方公共财政预算收入681810万元，转移性收入1431811万元，上年结余收入53194万元，调入资金5033万元，收入总计2171848万元。地方公共财政预算支出2153747万元，转移性支出18101万元。收支持平。

2. 全州地方财政基金预算收入安排258186万元，比上年决算数增加51831万元，增长25.1%。地方财政基金预算支出安排332507万元，比上年决算数增加40127万元，增长13.7%。

全州地方财政基金预算平衡情况是：地方财政基金预算收入258186万元，转移性收入33925万元，上年结余收入40396万元，收入总计332507万元。地方财政基金预算支出332507万元。收支持平。

3. 全州社会保险基金预算收入安排376518万元（其中：社会保险基金保险费收入226974万元，利息收入8599万元，财政补贴收入139616万元，转移收入1329万元）。社会保险基金预算支出安排331046万元（其中：社会保险待遇支出319410万元，其他支出11514万元，转移支出122万元），上解上级支出1634万元。收支相抵，本年收支结余43838万元，加上年结余收入299427万元，年终滚存结余343265万元。结余资金包括按政策属个人账户的资金余额以及按规定够下年度一定月份的支付数额基金。

4. 全州国有资本经营预算收入安排388万元，调出资金388万元。收支持平。

（二）州本级地方财政预算草案

1. 州本级地方公共财政预算收入安排140159万元，比上年决算数增加10382万元，增长8%。地方公共财政预算支出安排252768万元，与上年决算数持平。

州本级地方公共财政预算平衡情况是：地方公共财政预算收入140159万元，转移性收入1475731万元，上年结余收入32440万元，调入资金500万元，收入总计1648830万元。地方公共财政预算支出252768万元，转移性支出1396062万元。收支持平。

2. 州本级地方财政基金预算收入安排23560万元，比上年决算数增加3155万元，增长15.5%。地方财政基金预算支出安排10112万元，比上年决算数增加2153万元，增长27.1%。

州本级地方财政基金预算平衡情况是：地方财政基金预算收入23560万元，转移性收入33925万元，上年结余收入21085万元，收入总计78570万元。地方财政基金预算支出10112万元，转移性支出68458万元。收支持平。

3. 州本级社会保险基金预算收入安排135849万元（其中：社会保险基金保险费收入123533万元，利息收入4292万元，财政补贴收入7983万元，转移收入41万元），下级上解收入16976万元。社会保险基金预算支出安排116558万元（其中：社会保险待遇支出114566万元，其他支出1951万元，转移支出41万元），补助下级支出18481万元，上解上级支出1634万元。收支相抵，本年收支结余16152万元，加上年结余收入173532万元，年终滚存结余189684万元。结余资金包括按政策属个人账户的资金余额以及按规定够下年度一定月份的支付数额基金。

4. 州本级国有资本经营预算收入安排200万元，调出资金200万元。收支持平。

四、2015年财政工作主要措施

（一）狠抓增收节支，确保完成全年任务。加强经济发展新常态下的财经形势分析预测和财税运行定期沟通，密切关注“两烟”生产经营和红塔、红云红河集团“两统一两整合”后的情况，完善重点税源监控机制。落实支持经济发展的财税政策，扶持六大重点产业发展，支持培育新兴产业，夯实财税增收基础。严格税收征管，支持依法治税，做到应收尽收。规范非税收入管理，挖掘常规收入项目潜力，依法变现盘活存量资产，加大稽查清欠力度。抓住国家实施“一带一路”战略、扩大沿边开发开放等重要机遇，树牢靠项目争资金的理念，坚持争取资金按月分析协调汇报制度，支持配合各级各部门认真研究国家产业政策和投资导向，做好项目储备和资金争取工作，力争向上争取资金增长10%以上。加强预算的动态管理，硬化预算约束力，年度预算执行中除救灾等应急支出通过动支预备费解决外，一般不出台增加当年支出的政策，如出台增支政策，转入下年度执行。严格落实《党政机关厉行节约反对浪费条例》、中央八项规定和国务院“约法三章”要求，压缩一般性开支，坚持政府性楼堂馆所一律不得新建、财政供养人员和公费接待、公费出国、公费购车只减不增，严控差旅、会议、活动等公务开支，推进公务用车改革，健全节庆、赛事等财务预算管理制度，扩大公务卡结算范围，健全厉行节约反对浪费长效机制。

（二）加强宏观引导，支持经济提质增效。加强项目前期费管理，加大资金投入和整合力度，建立健全项目前期费投入滚动使用机制和安排挂钩联动机制。综合运用财政资金、股权投资等工具，鼓励民间资本以 PPP 等方式参与部分项目建设，以州“3 个 30”为重点，加大固定资产投资力度，重点支持民生、产业、技术创新等领域基础设施建设，增强发展后劲。落实取消、停征、免征行政事业性收费和企业减税让利政策，推进“两个 10 万元”微型企业培育工程，支持煤矿整顿关闭和转型升级，继续推进“楚雄产业促进引导基金”设立，支持中小企业和民营经济发展，健全财政扶持企业发展项目资金绩效评价机制。支持重点产业布局优化和结构调整，推进楚雄省级高新技术产业区、禄丰钛产业基地建设，加快经济转型升级，提高财政收入质量和水平。支持流通环境改善和流通市场体系建设，推进楚雄物流基地和集装箱物流中心等项目，培育新的经济增长点。创新融资模式，拓宽融资渠道，新增各类融资 100 亿元以上，其中新增信贷 75 亿元以上。用好扩大消费升级政策措施，支持改善消费环境，落实收入分配制度改革政策，多渠道增加城乡居民收入，拉动消费增长。落实国家调整油价补贴机制，逐步调整城市公交行业燃油补贴用于补贴新能源公交运营，减少对经营性行业燃油补贴。推进亚行贷款楚雄州城市基础设施建设项目，力争 2015 年 6 月土建工程开工。

（三）加大支农投入，促进城乡统筹发展。积极整合涉农财政资金，完善农村信用担保体系，建立健全以“三权三证”为主的抵质押机制，通过贴息、奖励等措施引导金融和社会资金扶持“三农”。夯实农村发展基础，加大农业综合开发、基本农田保护、农村生态环境整治和村级公益事业投入，加快推进农村公路、水利、通信等基础设施建设。加大扶贫开发投入，整合资金 15 亿元支持精准扶贫和集中连片特困地区扶贫攻坚，推进重点区域综合开发。大力发展现代农业，支持粮食生产和特色农业产业发展，推进金沙江、绿汁江等流域特色高效农业建设，扶持农民合作社、家庭农场、庄园经济、种养大户等新型农业经营主体，完善政策性农业保险体系，支持推进农村土地确权登记工作。围绕“产城融合”和“城增村减”推进新型城镇化，优化城镇结构和空间布局，支持重点小集镇和美丽乡村建设，提升城乡人居环境。完善惠农补贴政策标准，加大农村劳务输出培训，促进农民增收。

（四）保障改善民生，推动社会事业发展。坚持把民生保障放在首位，加大财政投入力度，继续支持办好 10 件民生实事，促进社会事业均衡发展。支持教育优先发展，推动城乡教育资源均衡配置，推进全面改善贫困地区义务教育薄弱学校办学条件和教育信息化建设，促进职业教育资源优化整合，建立健全职业教育生均拨款制度。支持完善社会保障制度，认真执行《国务院关于机关事业单位工作人员养老保险制度改革的决定》，落实机关事业单位养老保险并轨机制，提高企业退休人员基本养老金标准和城乡居民基础养老金最低标准，鼓励创业带动就业。支持医疗卫生和计划生育事业发展，提高新农合和城镇居民基本医疗保险财政补助标准到 380 元，提高基本公共卫生服务经费财政补助标准到 40 元，支持健全城乡居民大病保险制度，努力推开县级公立医院综合改革。推进保障性安居工程建设，支持健全住房保障体系。支持食品药品质量监管体系建设。支持科技文化体育传媒发展，推进国家公共文化服务体系示范区建设。加大社会治安综合治理投入，维护社会稳定。支持节能减排和生态建设，加大环境保护投入。按照国家统一部署，调整优化机关事业单位人员工资结构，提高收入水平。

（五）全面实施新预算法，深化财税体制改革。认真落实新预算法和国务院深化预算管理制度改革的决定，完善政府预算体系和基本支出定额标准，加大政府性基金预算与一般公共预算统筹力度，按经济分类细化编制部门预算，探索跨年度预算平衡和中期财政规划管理机制，奠定 2016 ~ 2018 年滚动财政规划编制基础。完善预算公开机制，全面推进预算和财政政策公开，除涉密信息外，所有使用财政资金的部门单位均应公开本部门预决算，并主动公开所有涉及财政资金的使用情况。深化财政体制改革，合理划分州县事权与支出责任，加强转移支付预算管理，清理整合财政专项资金，除法律规定外，不对预算支出占财政收入或支出的比重和增幅作要求。健全预算执行动态监控体系，启动国库集中支付电子化管理试点，全面推开县城所在镇国库集中收付制度改革，完善州级预算单位银行账户管理办法，清理财政借垫款，整顿财政专户，实现财政专户归口规范管理。支持深化税制改革，探索将建筑业、房地产业、生活性服务业和金融业纳入营改增试点，实施煤炭资源税从价计征改革，推进清费立税和综合与分类相结合的个人所得税改革。加强财政票据电子化管理，完善财政票据专管员制度，探索部分非税收入项目财政直收试点。支持政府职能转变和机构改革，推进事业单位分类改革，深化一事一议财政奖补和新型农业社会化服务体系试点等农村综合改革。

（六）强化财政监管，提高资金使用绩效。树牢预算绩效理念，强化支出责任，加强财政评审和绩效评价，研究制定预算绩效管理中长期规划，选择 10 个重点民生项目资金作为绩效评价试点，完善重大项目支出预算和财政预算绩效管理，建立绩效跟踪监控机制和信息管理系统，推进绩效评价结果应用，硬性约束政府理财行为。加强债务管理，认真落实《国务院关于加强地方政府性债务管理的意见》，建立财政部门统一归口的政府债务管理和以政府债券为主体的地方政府举债融资体系，健全债务风险预警、应急处置和考核问责机制，除纳入在建工程名录的项目外，各级政府不能再以任何形式举债。完善财政资金管理办法，健全资金申报审核制度，实行严格的资金管理使用责任制。加强督导检查，全面推进民生资金监管平台建设，健全防范“小金库”长效机制。认真落实《国务院关于进一步做好盘活财政存量资金工作的通知》，强化结余结转资金定期清理和统筹使用，盘活闲置沉淀财政资金。加强政府采购监管，加大政府购买公共服务力度，健全采购专家库。加强资产监管和债权清收，建立完善州级行政事业单位国有资产配置、占有、使用、处置、对外投资等管理办法。加强财政支出管理，健全日常、考核、通报机制，提高支出均衡性。

各位代表，做好2015年的财税工作任务艰巨，责任重大。全州财税部门将在州委的正确领导下，在州人大、州政协和社会各界的监督支持下，按照州十一届人大五次会议确定的目标任务，奋力拼搏，扎实工作，努力开创财税工作新局面，为实现“十二五”圆满收官、推进富民强州进程、全面建成小康社会提供坚实的财力保障！

［州财政局供稿］

云南省楚雄彝族自治州民族教育条例（修订）

（1992年4月28日云南省楚雄彝族自治州第七届人民代表大会第一次会议通过，1992年9月25日云南省第七届人民代表大会常务委员会第二十六次会议批准，2014年2月24日云南省楚雄彝族自治州第十一届人民代表大会第四次会议修订，2014年3月28日云南省第十二届人民代表大会常务委员会第八次会议批准，自2014年5月1日起施行）

第一条　为了发展民族教育事业，提高各民族科学文化素质，根据《中华人民共和国教育法》等法律法规，结合楚雄彝族自治州（以下简称自治州）实际，制定本条例。

第二条　本条例所称的民族教育，是指在自治州行政区域内对各少数民族学生和少数民族聚居区、边远地区、贫困地区学生实施的各级各类教育。

第三条　民族教育应当优先发展、重点扶持，坚持统筹规划、突出重点、因地制宜、分类指导的原则。

鼓励社会组织或者个人支持民族教育事业。

第四条　自治州、县（市）人民政府应当加强对民族教育工作的领导，将其纳入国民经济和社会发展总体规划，促进民族教育健康协调发展。

自治州、县（市）人民政府及相关部门在配置教育资源时应当对民族学校予以优先照顾。

第五条　民族教育实行政府负责、分级管理、以县（市）为主，教育行政部门主管、民族事务管理部门和其他有关部门配合的管理体制。

第六条　自治州、县（市）人民政府应当坚持从各少数民族聚居区、边远地区、贫困地区实际出发，合理布局学校，加大教育投入，改善办学条件，加强教师队伍建设和学校管理，完善民族教育体系，提高教育教学质量。

第七条　自治州内的民族乡应当设立民族中小学。少数民族人口较多的乡（镇）或者少数民族聚居区可以设立民族中小学。

普通高（完）中、初级中学可以设立民族部、民族班。高等院校、普通中等专业学校、技工院校、职业高中可以根据实际需要设立民族班。

第八条　普通中等专业学校、技工院校、职业高中应当根据民族地区经济、社会发展需要设置专业，开展全日制职业教育和职业技能培训，培养民族地区经济社会发展需要的技能型创业人才。

第九条　民族学校、民族部、民族班、少数民族聚居区的中小学应当结合民族学生特点，开展民族民间优秀传统文化教育活动。

第十条　自治州行政区域内的高等院校可以根据需要，面向少数民族聚居区举办民族预科班、双语师资班。

第十一条　在少数民族聚居区，应当举办少数民族语言文字和国家通用语言文字（以下简称双语）幼儿园，并在学前教育和小学三年级前开展适合少数民族学生特点的双语教学。

民族学校、民族部、民族班、少数民族聚居区的中小学，应当推广、使用国家通用语言文字。

第十二条　少数民族聚居区、边远地区、贫困地区学校可以采取定向、定岗的方式录用、聘用本地区通晓少数民族语言文字和国家通用语言文字并持有教师资格证的大中专毕业生从事双语教学工作。

第十三条　民族学校，少数民族聚居区、边远地区、贫困地区学校教师的中、高级专业技术岗位设置应当高于同级同类其他学校的10%；寄宿制学校的教职工编制在国家和省颁标准的基础上可以适当增加。

民族学校的校级领导成员中应当有一名以上的少数民族成员。

第十四条　自治州、县（市）人民政府对在少数民族聚居区、边远地区、贫困地区从事教育工作的教师，应当按照下列规定给予优待：

（一）享受民族教育生活补助；

（二）在专业技术职务评聘时给予适当政策倾斜；

（三）连续从教满20年以上，经本人申请，可以按法定退休年龄提前5年退休；

（四）连续从教满20年以上的，退休时由自治州人民政府颁发荣誉证书并给予一次性奖励；

（五）优先安排教师周转房或者保障性住房；

（六）连续从教5年以上的汉族教师，其子女在报考普通高（完）中时，享受少数民族学生待遇。

城区教师到上述地区学校支教的享受民族教育生活补助。

第十五条　教育行政部门应当定期开展校长、教师培训。民族学校，少数民族聚居区、边远地区、贫困地区学校校长、教师每三年至少安排一次培训或者进修。

第十六条　自治州、县（市）人民政府应当建立健全对少数民族聚居区、边远地区、贫困地区学校的对口支援工作机制。

城区学校应当加大对少数民族聚居区、边远地区、贫困地区学校的对口支援力度；城区学校教师晋升中级以上职称的，应当到以上地区支教一年以上。

第十七条　教师应当安心从教、为人师表、爱岗敬业，模范遵守教育教学管理的有关规定。

第十八条　自治州内的民族学校应当以招收少数民族学生为主。自治州、县（市）人民政府教育、民族事务行政主管部门可以根据实际情况合理确定民族学校招收少数民族学生的比例。

普通高（完）中在招生时应当对少数民族聚居区、边远地区、贫困地区的少数民族学生给予加分录取或者实行定向录取。

第十九条　自治州内高等院校招生，应当对少数民族考生放宽录取条件，并对自治州行政区域内人口数量较少的少数民族考生以定向招录等方式给予特殊照顾。

第二十条　鼓励高等院校少数民族毕业生回乡就业或者自主创业，对自主创业的，按照政策给予优惠。

第二十一条　民族学校、民族部、民族班和少数民族聚居区、边远地区、贫困地区中小学校在校生的生均公用经费应当高于其他同级同类学校。

第二十二条　自治州、县（市）人民政府应当设立民族教育发展专项资金，扶持各级各类民族教育。资金来源：

（一）自治州、县（市）财政预算安排的资金；

（二）农村税费改革财政转移支付资金的一定比例；

（三）自治州、县（市）城市教育费附加和地方教育附加、土地收益金的一定比例；

（四）民族机动金的一定比例；

（五）社会组织和个人捐赠的资金。

民族教育发展专项资金的使用由自治州、县（市）教育行政部门提出年度安排计划，报同级人民政府批准。

第二十三条　自治州人民政府及其民族事务、发展和改革、财政、教育、扶贫等部门安排分配相关教育项目和资金，应当向少数民族聚居区、边远地区、贫困地区学校倾斜，其转移支付等补助资金比例应当高于其他同级同类学校。

第二十四条　自治州、县（市）人民政府应当设立少数民族困难学生助学金，扶持少数民族困难学生完成高中阶段以前学业；实行少数民族学生奖学金制度，奖励优秀的少数民族高中学生和被高等院校录取的大学本科以上的少数民族学生。

第二十五条　自治州、县（市）人民政府应当对发展民族教育事业做出显著成绩的单位和个人给予表彰奖励。

第二十六条　自治州、县（市）人民政府教育、财政和审计等部门，应当加强对民族教育发展专项资金、学校接受的各类捐资助学经费、按政策收取的非税收入、勤工俭学收入等经费的管理使用情况进行监督。

第二十七条　对违反国家财政制度、财务制度，挪用、克扣、虚报、冒领教育经费的，由自治州、县（市）人民政府或者其教育行政部门责令限期改正或者归还，并对直接负责的主管人员和其他直接责任人员给予行政处分；构成犯罪的，依法追究刑事责任。

第二十八条　教育行政部门及其他相关行政部门工作人员玩忽职守、滥用职权、徇私舞弊的，按照有关规定给予处分；构成犯罪的，依法追究刑事责任。

第二十九条　本条例中少数民族聚居区、边远地区、贫困地区以及城区的界定，由县（市）人民政府提出意见，报自治州人民政府确定。

第三十条　本条例经自治州人民代表大会审议通过，报云南省人民代表大会常务委员会审议批准，由自治州人民代表大会常务委员会公布实施。

自治州人民政府可以根据本条例制定实施办法。

第三十一条　本条例由自治州人民代表大会常务委员会负责解释。

云南省楚雄彝族自治州青山嘴水库管理条例

（2014年2月24日云南省楚雄彝族自治州第十一届人民代表大会第四次会议通过，2014年3月28日云南省第十二届人民代表大会常务委员会第八次会议批准，自2014年5月1日起施行）

第一章　总　则

第一条　为了加强青山嘴水库（以下简称水库）的保护管理和合理利用，防治水污染，根据《中华人民共和国水法》、《中华人民共和国水污染防治法》等法律法规，结合楚雄彝族自治州（以下简称自治州）实际，制定本条例。

第二条　在水库保护区和输水设施保护范围内活动的单位和个人，应当遵守本条例。

第三条　水库正常蓄水位为1814米（黄海高程，下同），校核洪水位为1819．84米。按照防洪、灌溉、供水等功能要求，对水库径流区生态系统实行严格保护。水库保护区划分为一级、二级和准保护区。

（一）一级保护区：水库正常蓄水位以内区域及坝轴线上游250米、坝脚线向下200米、大坝两端200米、溢洪道边线外100米、消力池以下200米、其他建筑物工程外轮廓线向外50米和生产、生活区的土地确权范围。

（二）二级保护区：一级保护区以外，水库界桩以内的区域。

（三）准保护区：一级、二级保护区以外的水库径流区。

水库保护区的具体范围，由自治州人民政府划定，设置界桩、标志，并向社会公布。

第四条　水库输水设施具体保护范围由相关县（市）人民政府划定，设立标志并向社会公布。

第五条　水库的保护管理应当遵循科学规划、统一管理、分级负责、合理利用、综合防治的原则。

第六条　水库一级保护区水体水质按照国家《地表水环境质量标准》Ⅲ类水质目标进行保护。

第七条　自治州人民政府应当将水库的保护管理工作纳入国民经济和社会发展规划，所需经费列入本级财政预算。

楚雄市、南华县、牟定县人民政府应当将水库的保护工作纳入国民经济和社会发展规划，制定保护措施，实行目标责任制。

第八条　自治州人民政府应当建立水库保护区生态补偿机制，加大对水库保护区的政策和资金扶持力度，加强基础设施建设，切实改善水库保护区内居民的生产生活条件。

生态补偿的具体办法由自治州人民政府制定。

第二章　管理职责

第九条　自治州人民政府设立青山嘴水库管理机构（以下简称水库管理机构），负责水库保护管理工作，履行下列主要职责：

（一）宣传贯彻执行有关法律法规和本条例；

（二）组织实施水库保护管理专项规划；

（三）制定水库运行计划，执行调度指令；

（四）按规定收取水费，保障正常、安全、规范供水；

（五）管理、维修、养护一级、二级保护区内的工程设施；

（六）负责一级、二级保护区内的安全保卫工作；

（七）保护管理一级、二级保护区内的水域、森林、土地等资源。

经自治州人民政府批准，水库管理机构在一级、二级保护区内可以行使水务、环境保护、农业、林业、国土资源、交通运输、旅游等部门的部分行政执法权。

第十条　自治州和相关县（市）人民政府水务、发展和改革、财政、林业、住房和城乡建设、环境保护、公安、工业和信息化、农业、气象、国土资源、卫生、交通运输、民政、旅游、移民等部门，应当按照各自职责做好水库保护工作。

第十一条　楚雄市、南华县、牟定县人民政府履行下列职责：

（一）编制面源污染防治和城乡环境保护综合整治规划，并组织实施；

（二）协助做好水库一级、二级保护区内的保护管理工作；

（三）做好水库保护区内的森林资源保护管理和水土保持工作；

（四）组织协调有关部门对突发性水污染事件实施应急处理；

（五）依照有关法律法规和本条例查处违法行为。

第十二条　水库保护区内的乡（镇）人民政府履行下列职责：

（一）实施面源污染防治和城乡环境保护综合整治规划；

（二）做好水库保护区内的森林资源保护管理和水土保持工作。

第十三条　水库输水设施管理单位履行下列职责：

（一）管理和维护水库输水设施、设备；

（二）执行防汛抗旱指令；

（三）制定输水设施的管理制度和安全、运行、检修规程；

（四）对输水设施进行安全检查，制止妨害输水设施安全的行为；

（五）协助有关部门做好水库保护管理的其他工作。

第三章　保护利用

第十四条　自治州人民政府发展和改革、住房和城乡建设、国土资源、环境保护、水务、水库管理机构等有关部门，应当编制水库保护管理专项规划，报自治州人民政府批准后实施。

水库管理机构应当根据水库保护管理专项规划，会同有关部门制定具体实施方案。

第十五条　楚雄市、南华县、牟定县人民政府应当对水库保护区重点区域实行封山育林，建设水源涵养林、水土保持林和生态保护带、防火隔离带。

楚雄市、南华县、牟定县人民政府应当组织建设城乡居民生活污水收集管网和集中处理设施，建设生活垃圾收集、转运和集中处理设施，对人畜粪便、生活垃圾等进行资源化、无害化处理。

楚雄市、南华县、牟定县人民政府应当对产业结构进行优化调整，推广使用高效、低毒、低残留农药和生物制剂，发展有机农业和生态农业，减少面源污染，防止对土壤、水体的污染和破坏。

第十六条　准保护区内禁止下列行为：

（一）新建、改建、扩建污染环境或者水质的建设项目；

（二）向河道、沟渠倾倒固体废弃物、医疗废物，丢弃动物尸体，排放粪便、废液及其他超过污染物排放标准的污水；

（三）堆埋、贮存有毒有害的污染物和废弃物；

（四）直接排放或者利用溶洞、渗井、渗坑、裂隙、坑塘排放、倾倒含有毒有害物质的废水、废渣；

（五）生产、销售和使用国家明令禁止的农药及农药混合物；

（六）盗伐、滥伐林木，毁林开垦，毁坏植被，擅自改变林地用途；

（七）擅自采种、采脂、采粉、剥树皮等破坏森林资源的行为；

（八）捕猎野生动物；

（九）移动或者破坏水库保护界桩、界碑。

第十七条　二级保护区内除准保护区禁止的行为外，还禁止下列行为：

（一）挖砂、采石、取土；

（二）新建公墓和出售墓地；

（三）设置储存有毒、有害、危险物品的仓库或者堆栈；

（四）规模化畜禽养殖；

（五）野外用火。

第十八条　一级保护区内除二级、准保护区禁止的行为外，还禁止下列行为：

（一）新建、改建、扩建与水库保护管理无关的建设项目；

（二）围堰、网箱、围网养殖；

（三）毒鱼、炸鱼、电鱼、钓鱼，以及使用破坏水产资源的其他渔具、渔法捕捞；

（四）分割水面、围填水库造田或者造地等侵占水体或者缩小水面的行为；

（五）损毁堤防、护岸、堤坝、桥闸、泵站、码头等水库工程和水利、水文、通信、电力、航标、航道、渔标、科研、气象、测量、环境监测、防护网等设施设备；

（六）爆破、打井等影响水库工程安全的行为；

（七）擅自采捞对净化水质有益的水草和其他水生植物；

（八）在水库及河道内游泳和洗涮污染水质的物品；

（九）在泄洪闸、输水隧洞闸等安全警戒区内捕鱼、停靠船只和其他水上作业。

第十九条　在输水沟渠、输水管、结合井、管理井等输水设施两侧水平外延50米以内，管道、检修井两侧水平外延100米以内，输水设施检修专用道路两侧水平外延5米以内的区域，禁止下列行为：

（一）建设影响输水设施安全运行的建筑物、构筑物及其他设施；

（二）挖砂、采石、取土、凿井、打桩、钻探、建窑、爆破等；

（三）占压或者堵塞输水管道及其设施，在管道、检修井进出口设置障碍物；

（四）倾倒垃圾、废渣、弃土；

（五）擅自在输水管道开口、凿洞。

第二十条　在水库准保护区内拟进行的重大建设项目，有关主管部门在立项审批前，应当征求水库管理机构意见后方可办理相关审批手续。

水库保护区内进行工程建设，施工方案中应当有水土保持和环境保护措施。

第二十一条　在水库一级、二级保护区内开发利用水资源和土地资源，应当符合水库保护管理专项规划，并经水库管理机构批准。

在水库一级、二级保护区内进行生产经营活动的，有关部门在办理相关审批手续前应当征得水库管理机构同意。

经批准后实施的生产经营活动，不得影响大坝安全、污染水质、妨碍船舶通行、破坏生态环境。

第二十二条　直接从水库取水的单位和个人，应当经水库管理机构批准，当地农村居民自用少量取水的除外。

第四章　监督管理

第二十三条　自治州和相关县（市）人民政府水务、环境保护等有关部门应当对入库水源和水库水体定期进行水质、水量监测，监测结果书面报告本级人民政府并通报水库管理机构。

第二十四条　水库管理机构应当建立健全管理制度，加强对水库工程设施和设备安全检测，发现隐患及时采取措施排除。

第二十五条　水库管理机构应当加强水库水情、雨情自动测报、通讯等自动化设施的建设与维护，采取措施，增强水库调蓄能力。

第二十六条　水库泄洪闸门、输水闸门和相关设施的操作，应当由水库管理机构专职人员严格按照调度指令和操作规程进行，非专职人员不得操作。

第二十七条　水库管理机构在发现违反本条例禁止的行为或者接到违反本条例的行为举报后，应当及时查处；不属于职责范围的，应当移送有管辖权的部门处理。

第二十八条　自治州和相关县（市）人民政府及其部门应当制定水库安全和水污染应急预案，当发生可能造成水库水污染或者危害工程安全、输水安全的重大突发事件时，及时启动预案，采取措施排除或者减轻危害。

第二十九条　水库实行有偿供水。

用水单位和个人应当按照规定缴纳水费，逾期不缴纳的，由水库管理机构催缴；经催缴仍不缴纳的，水库管理机构可以停止供水。

收取的水费实行收支两条线管理，专项用于水库保护管理。

第五章　法律责任

第三十条　承担水库保护管理职责的机构及其工作人员玩忽职守、滥用职权、徇私舞弊的，由所在单位或者上级机关依法给予处分；构成犯罪的，依法追究刑事责任。

第三十一条　违反本条例规定，有下列情形之一的，由水库管理机构按照下列规定予以处罚：

（一）违反第十六条第九项规定的，责令恢复原状，赔偿损失，处100元以上500元以下罚款；

（二）违反第十七条，第十八条第一、四、五、六项规定的，责令停止违法行为，赔偿损失，处5000元以上25000元以下罚款；

（三）违反第十八条第二、三、七、八、九项规定的，责令停止违法行为，处500元以上2500元以下罚款；

（四）违反本条例第十九条规定的，责令停止违法行为，处1000元以上5000元以下罚款；

（五）违反第二十一条第一款、第二十二条规定的，责令停止违法行为，限期改正，处5000元以上25000元以下罚款。造成损失的，依法承担赔偿责任；有违法建（构）筑物的，责令限期拆除；逾期不拆除的，申请人民法院强制执行；

（六）违反本条例第二十一条第二、三款规定的，责令停止违法行为，处2000元以上1万元以下罚款。

第三十二条　违反本条例规定，有下列情形之一的，由县（市）人民政府相关行政主管部门按照下列规定予以处罚：

（一）违反第十六条第一项规定的，由县（市）环境保护行政主管部门责令停止违法行为，处5万元以上25万元以下罚款；

（二）违反第十六条第二、三、四项规定的，由县（市）环境保护行政主管部门责令停止违法行为，限期采取治理措施，消除污染；情节轻微的，给予警告，并处100元以上500元以下罚款；情节严重的，并处2万元以上10万元以下罚款；逾期不采取治理措施的，县（市）环境保护行政主管部门指定有治理能力的单位代为治理，所需费用由违法者承担；

（三）违反第十六条第五项规定的，由县（市）农业行政主管部门予以处罚；生产国家明令禁止的农药及农药混合物的，责令限期改正，没收农药和违法所得，并处违法所得10倍以下罚款，没有违法所得的处5万元以下罚款；销售国家明令禁止的农药及农药混合物的，责令限期改正，没收农药和违法所得，并处违法所得5倍以下罚款，没有违法所得的处2万元以下罚款；使用国家明令禁止的农药及农药混合物的，给予警告，并处1000元以下罚款；

（四）违反第十六条第六、七、八项规定的，由县（市）林业主管部门依照相关法律法规予以处罚。

第六章　附　则

第三十三条　本条例经自治州人民代表大会审议通过，报云南省人民代表大会常务委员会审议批准，由自治州人民代表大会常务委员会公布施行。

自治州人民政府可以根据本条例制定实施办法。

第三十四条　本条例由自治州人民代表大会常务委员会负责解释。

［州人大常委会办公室供稿］

（责任编辑：李　梅）

统计资料

楚雄州2010～2014年国民经济和社会发展主要指标完成情况统计表

指　　标	单位	2010年		"十一五"年均增长速度（%）	2011年		2012年		2013年		2014年	
		绝对数	增速（%）		绝对数	增速（%）	绝对数	增速（%）	绝对数	增速（%）	绝对数	增速（%）
一、年末总人口	万人	261.5	-0.19	0.37	262.5	0.4	261.68	-0.3	262.8	0.4	263.63	0.3
#农业人口	万人	222.6	0.2	0.18	223.3	0.3	204.98	-8.2	189.52	-7.5	180.58	-4.7
#少数民族人口	万人	90.4	1.9	1.52	91.2	0.9	91.61	0.4	92.6	1.1	93.49	1.0
#彝族	万人	73.2	1.9	1.47	73.8	0.8	74.04	0.3	74.79	1.0	75.45	0.9
人口出生率	‰	10.9	—	10.8	11.4	—	11.31	—	11.32	—	11.3	—
人口死亡率	‰	6.6	—	6.1	6.8	—	6.9	—	6.95	—	6.95	—
人口自然增长率	‰	4.3	—	4.7	4.5	—	4.43	—	4.37	—	4.35	—
城市化率	%	32.2	—	提高1.24个百分点	33.8	—	36.23	—	37.46	—	38.74	—
二、年末从业人员	万人	168.9	1.9	1.8	169.5	0.4	172.65	1.9	167.67	-2.9	170.35	1.6
第一产业	万人	109.4	-1.8	-0.9	107.5	-1.7	106.7	-0.7	101.15	-5.2	99.6	-1.5
三、地区生产总值	亿元	404.4	11.3	11.6	482.5	12.4	570	12.8	632.5	10.6	701.78	11.0
第一产业	亿元	90.5	3	5.5	108.3	8.1	134	7.3	137.16	9.4	156.28	6.5
第二产业	亿元	171.8	15	13.9	208.4	15.6	239.5	16.5	263.24	11.8	297.33	14.1
其中：工　业	亿元	140.5	14.7	13	171.4	16.5	194	15.6	208.67	10.9	231.56	12.9
建筑业	亿元	31.3	16.2	18.1	37.1	11.6	45.6	20.8	54.57	9.7	65.76	19.1
第三产业	亿元	142.1	12.2	13.1	165.8	11.2	196.5	11.4	232.10	9.7	248.17	9.4
人均GDP	元	15452	18.2	15.4	17899	15.8	21022	12.1	23241	10.2	25744	10.8
非公经济增加值	亿元	168.4	10.7	11.1	208.0	15.1	257.9	17	290.35	15.6	335.44	16.0
非公经济增加值占GDP比重	%	42.1	—	—	43.1	—	45.2	—	45.9	—	47.8	—
六大产业增加值	亿元	192.9	9.8	13.1	223.2	9.1	266	15.5	301.04	8.7	330.85	9.1
1. 烟草产业	亿元	63.9	4	7.6	78.5	15.7	93.2	16.0	94.9	2.7	99.89	4.7
2. 生物医药	亿元	3.2	13.1	11.4	4.0	4.9	5.4	20.4	5.46	35.7	10.18	38.4
3. 冶金化工业	亿元	37.5	13.2	13.5	37.2	13.2	51.4	15.1	51.67	12.6	52.61	8.4
4. 绿色食品业	亿元	61.9	6.8	10.7	73.2	10.6	80.6	8.2	108.12	13.0	120.79	12.0
5. 文化旅游业	亿元	26.3	14.1	9.6	30.4	9	34.1	12.1	38.63	12.8	44.52	13.1
6. 新能源新材料	亿元						1.4	31.6	2.26	100.0	2.86	36.7
六大产业增加值占GDP比重	%	47.7	—	—	46.3	—	46.7	—	47.6	—	47.14	—

续上表

指标	单位	2010年		“十一五”年均增长速度（%）	2011年		2012年		2013年		2014年	
		绝对数	增速（%）		绝对数	增速（%）	绝对数	增速（%）	绝对数	增速（%）	绝对数	增速（%）
四、农业												
1. 农业总产值	亿元	152.5	3.6	6.5	181.3	8.5	221	7.3	247.15	7.4	262.97	6.4
2. 农业增加值	亿元	90.5	3	5.5	108.3	8.1	134	7.3	145.28	7.1	156.28	6.5
3. 主要农产品产量												
粮食	万吨	103.4	1.2	0.4	115.3	11.5	117.00	1.5	120.31	2.8	122.91	2.2
（1）谷物	万吨	83.6	-6.1	0.5	95.5	7.2	96.70	1.2	101.56	5.0	103.75	2.2
（2）豆类	万吨	6.7	-34.5	-7.3	12.0	73.1	13.04	8.3	12.00	-8	12.39	3.3
油料	万吨	2.1	-53.2	-9.2	4.9	130	5.34	8.6	5.39	0.8	5.84	8.5
烤烟	万吨	10.1	14.4	5.4	9.8	-3	12.14	23.6	10.51	-13.4	9.69	-7.8
蔬菜	万吨	125.4	4.7	3.9	132.3	5.5	147.9	11.8	164.52	11.2	179.91	9.4
水果	万吨	18.4	29.4	13.9	20.7	12.7	25.7	23.9	26.88	4.6	30.20	12.4
茶叶	吨	998	2.5	1.9	1095	9.7	1199	9.5	1285	7.2	1301	1.3
中药材	吨	2122	-33	-10.3	2256	6.3	3392	50.4	4259	25.6	5121	20.2
肉类总产量	万吨	33.3	8.7	4.9	35.9	7.9	39.81	10.9	40.5	2.9	42.30	4.4
#猪牛羊肉	万吨	30.1	8.7	6.5	32.4	7.6	35.98	11.1	36.93	2.6	38.32	3.8
水产品产量	吨	17047	-0.5	12.5	17026	-0.1	19556	14.9	22490	16.7	24404	8.5
五、工业												
1. 规模以上工业产值	亿元	298.7	24.4	17.6	353.3	22.5	419.98	17.7	485.83	12.5	541.28	12.5
2. 规模以上工业增加值	亿元	106.3	14.4	13.9	126.0	16.2	156.93	16.0	160.83	10.3	178.53	13.1
3. 主要工业品产量												
卷烟	万箱	57.8	3	0.6	60.6	4.8	63.6	5.0	62.51	-1.7	64.00	2.4
粗钢	万吨	147.3	-2	10.1	140.0	-5	142.14	1.5	148.33	4.4	137.79	-7.1
钢材	万吨	143.2	-2.3	14.9	137.8	-3.8	141.75	2.9	148.51	4.8	142.65	-3.6
铜	万吨	5.3	68.5	25.5	5.6	7.2	5.79	12.9	0.63	-7.2	1.74	174.9
铝	吨	8439	60.1	12.6	7534	-10.7	—	—	—	—	—	—
原煤	万吨	169.6	-3.8	0.8	169.8	9.3	170.6	0.5	238.42	39.8	216.55	-9.2
发电量	亿千瓦时	12.9	-9.3	16.6	10.9	3.9	14.32	31.7	18.42	52.5	20.95	13.8
水泥	万吨	104.2	-13.7	11.1	106.2	-0.9	138.62	39.0	148.94	7.5	171.75	15.3
中成药	吨	2237.8	85.1	16.9	3157	40.7	4367	38.3	6316	44.6	8852	39.7
化肥（折纯量）	万吨	6.3	-17.7	8.4	6.3	12.7	9.09	44.1	11.12	22.3	14.21	27.8
六、交通运输邮电												
1. 公路通车里程	千米	16938.1	0.2	3.7	17251.2	1.8	17416.94	1.0	17832.53	2.4	18293.46	2.6
2. 客运周转量	万人千米	164904	12.3	13.6	184926	12.1	214425	16.1	238562	11.3	167514	1.4
3. 货运周转量	万吨千米	146107	14.5	11.7	171054	17.1	200954	17.6	234173	16.5	459384	14.5
4. 邮电业务总量	亿元	9.8	21.3	12.6	11.5	17.9	13.75	19.3	15.43	12.2	19.17	24.2

续上表

指　　标	单位	2010 年		"十一五"年均增长速度（%）	2011 年		2012 年		2013 年		2014 年	
		绝对数	增速（%）		绝对数	增速（%）	绝对数	增速（%）	绝对数	增速（%）	绝对数	增速（%）
5. 固定电话	万部	29.2	-8.5	0.5	25.4	-13	22.11	-13.0	20.54	-7.1	15.23	-25.9
6. 移动电话	万部	106.3	14.2	21.8	125.2	17.8	138.97	11.0	157.28	13.2	163.63	4.0
7. 固定电话普及率	部/百人	11.1	——	——	9.7	——	8.4	—	7.82	—	5.79	—
8. 移动电话普及率	部/百人	40.6	——	21.2	47.8	——	53.1	—	59.85	—	62.17	—
七、固定资产投资												
全社会固定资产投资	亿元	280.6	34.9	31.1	354.5	26.3	347.62	32.2	451.79	30.0	601.41	33.1
1. 按经济类型分												
国有经济投资	亿元	149.2	35.6	28.8	144	-3.5	148.9	不可比	196.56	32.5	289.07	35.8
集体经济投资	亿元	—	—	—	14	—	4.8	不可比	15.14	—	26.5	—
私人投资	亿元	—	—	—	196.5	—	—	—	—	—	—	—
2. 按城乡分												
城镇	亿元	223.6	35.7	28.8	264.8	18.4	289.75	21.2	354.61	22.4	—	—
农村	亿元	57	32.2	43.7	89.7	57.5	57.87	143.6	97.18	67.9	—	—
3. 按产业分												
第一产业	亿元	15.6	13.7	10.9	17.4	11.8	12.1	111.7	21.57	78.3	40.71	88.7
第二产业	亿元	98.3	36.5	42.4	125.4	27.6	149.72	30.8	156.41	4.5	184.24	17.8
第三产业	亿元	166.7	36.4	29.1	211.7	27	185.8	30.3	273.81	47.4	376.46	37.5
八、国内贸易												
社会消费品零售总额	亿元	131.9	20.2	19	158.3	20	184.7	17.1	210.65	14.1	238.37	13.2
1. 按经济类型分												
公有制经济	亿元	19.5	18.8	15.7	36	22.4	45.5	13.9	48.64	11.5	48.64	—
#国有经济	亿元	15.8	19.9	19.8	30.8	23	39.41	10.8	43.01	13.9	39.43	-1.4
非公经济	亿元	112.4	20.5	19.6	122.3	19.3	139.2	18.2	162.01	14.9	189.73	13.8
#个私经济	亿元	107.5	22.6	24.9	116.7	22.6	127.56	17.6	149.77	15.1	177.62	11.8
2. 按销售地区分												
市级	亿元	52.0	28.7	—	71.5	37.5	89.74	13.6	99.61	12.1	114.90	14.6
县级	亿元	43.7	30.4	—	52.8	20.8	66.7	—	79.69	—	88.24	—
县以下	亿元	36.3	17	—	34.0	-5.6	28.32	10.2	31.35	9.9	35.23	11.8
九、对外贸易												
进出口总额	万美元	10843	56.4	26.8	15089	39.2	20076	33.1	28044	39.7	35181	25.4
其中：进口额	万美元	492	-44.8	8.9	1334	171.1	2042	53.1	2425	18.7	1790	-26.2
出口额	万美元	10351	71.3	28.2	13755	32.9	18034	31.1	25619	42.1	33391	30.3
十、旅游												
1. 接待国内游客人数	万人次	964.4	18.7	28	1165.1	20.8	1343.33	15.3	1659.49	23.5	1851.28	11.6
2. 旅游总收入	亿元	31.1	44	17.9	40.3	29.8	49.68	23.2	66.12	33.1	83.52	26.3

续上表

指标	单位	2010年		"十一五"年均增长速度（%）	2011年		2012年		2013年		2014年	
		绝对数	增速（%）		绝对数	增速（%）	绝对数	增速（%）	绝对数	增速（%）	绝对数	增速（%）
十一、财政												
财政总收入	亿元	86.5	18	21.1	103.2	19.3	124.37	20.6	140.46	12.9	153.29	9.1
#地方财政收入	亿元	30.7	20	18.9	37.6	22.4	46.32	23.2	56.37	21.7	63.72	13.0
地方财政支出	亿元	108.6	19.2	23.8	126.8	16.7	158.02	24.7	172.65	9.3	205.12	18.8
十二、金融												
金融机构年末存款余额	亿元	438	17.4	18.8	504.8	15.3	587.18	16.3	704.56	20.0	801.55	13.8
#城乡居民储蓄存款余额	亿元	228.5	20.3	16.4	275.7	20.6	325.66	18.1	391.14	20.1	448.08	14.6
金融机构年末贷款余额	亿元	265.2	22.6	18	301.5	14.8	351.05	16.4	429.03	22.0	499.60	16.5
十三、物价指数（上年=100）												
商品零售价格总指数	%	103.7	—	2.8	104.2	—	102.4	—	101.6	—	101.3	—
居民消费价格总指数	%	103.7	—	3.3	104.3	—	103.1	—	103.0	—	102.5	—
#食品价格指数	%	109.0	—	8.1	110.3	—	105.8	—	106.5	—	103.1	—
农业生产资料价格总指数	%	102.8	—	4.8	111.6	—	105.7	—	100.1	—	98.8	—
十四、职工工资												
在岗职工人数	人	148109	2.9	5.7	146302	-1.2	154804	5.8	160783	3.9	165868	3.2
在岗职工工资总额	万元	423150	13.7	20.4	489523	15.7	588368	20.2	679589	15.5	756781	11.4
在岗职工人均工资	元	29110	10.2	14.3	33543	15.2	38644	15.2	42987	11.2	46854	8.9
十五、城乡居民生活												
农民人均纯收入	元/年	3896	11	7.5	4627	18.8	5418	17.1	6357	17.3	—	—
#农民人均可支配收入	元/年	3715.5	10.3	8.8	4275	15.1	5012	17.2	—	—	7570	13.2
城镇居民人均可支配收入	元/年	15624	9.1	11.2	17777	13.8	20292	14.1	22934	13.0	24531	9.7
农村居民人均住房使用面积	平方米	35.3	0.6	1.4	36	2	37.1	3.1	34	-8.4	34.1	0.3
城镇居民人均住房总建筑面积	平方米	35.2	2.3	2.3	35.6	1.1	36.4	2.2	36.7	0.9	49.3	34.3
人均粮食占有量	千克	395.0	1.2	—	391	9.8	431	10.2	442	2.6	451	2.0
人均肉食占有量	千克	127	8.7	6.2	133	8.1	147	10.5	149	1.4	163	9.4
十六、教科文及体育												
高等院校在校生人数	人	12296	13.1	16.7	13669	11.2	13950	2.1	14691	5.3	15085	2.7
中等学校在校生人数	人	31674	8.9	21	30079	-5	31424	4.5	29895	-4.9	29949	0.2
高中生在校生人数	人	37453	-0.6	—	38499	2.8	40715	5.8	42805	5.1	43765	2.2
初中生在校生人数	万人	10.46	0.4	—	10.27	-1.8	10.12	-1.5	10.13	0.1	10.21	0.8
小学生在校生人数	万人	20.6	-2.4	-0.8	20	-2.9	19.25	-3.5	18.31	-4.9	17.33	-5.4
在园幼儿数	人	46533	5.3	2.7	50924	9.4	51091	0.3	52738	3.2	55474	5.2
学龄儿童入学率	%	99.9	—	98.5	99.85	—	99.82	—	99.95	—	99.95	—
艺术表演团体	个	10	—	—	10	—	10	—	10	—	10	—
文化馆	个	11	—	—	11	—	11	—	11	—	11	—

续上表

指　　标	单位	2010年		"十一五"年均增长速度（%）	2011年		2012年		2013年		2014年	
		绝对数	增速（%）		绝对数	增速（%）	绝对数	增速（%）	绝对数	增速（%）	绝对数	增速（%）
文化站（乡镇）	个	103	—	—	103	—	103	—	103	—	103	—
公共图书馆	个	11	—	—	11	—	11	—	11	—	11	—
广播覆盖率	%	97	—	96.1	97.2	—	97.3	—	97.4	—	97.43	—
电视覆盖率	%	97.3	—	96.6	97.5	—	97.7	—	97.8	—	97.86	—
获州以上科技进步奖	项	69	60.5	7.5	45	20.3	41	-8.9	41	持平	41	持平
科技对国民经济增长贡献率	%	47.6	—	46.2	48.7	—	49.9	—	51	—	52.1	—
运动员获州以上奖牌数	枚	84	-32.2	-1.8	91	8.3	91	持平	96	5.5	192	100.0
#金牌	枚	27	-37.2	1.4	34	25.9	35	2.9	26	-25.7	46	76.9
十七、卫生												
卫生机构数	个	569	2.2	-2.1	609	7	611	0.3	603	-1.3	612	1.5
#医院	个	52		6.5	61	17.3	64	4.9	66	3.1	74	12.1
卫生技术人员	人	10805	25.9	8.4	9987	-7.6	10583	6.0	12128	14.6	12738	5.0
#医生	人	3832	1.5	2.3	3977	3.8	4202	5.7	4398	4.7	4379	-0.4
床位数	张	9812	6.4	7.3	11437	16.6	12442	8.8	13577	9.1	14656	7.9
十八、民政和社会保障												
敬老院	个	102	—	-4.7	102	—	102	持平	102	持平	102	持平
救济困难人数	万人		—	—		—						
城镇居民领取最低生活保障金人数	万人	7.6	7	9.2	8.2	7.9	8.9	8.5	9.72	9.2	10.15	4.4
参加职工基本养老保险的人数	人	116790	2.9	4.1	126710	8.5	130735	3.2	135082	3.3	138452	2.5
参加失业保险的人数	人	128500	1.7	3.2	128500	持平	110376	-14.1	110368	基本持平	111652	1.2
参加基本医疗保险的人数	人	399302	91.6	16.7	419286	5	419234	基本持平	422804	0.9	434797	2.8
参加新型农村合作医疗人数	万人	211.2	2.8	—	210.9	-0.1	210.95	持平	214.58	1.7	216.75	1.0
参加城乡居民社会养老保险的人数	万人	53.3	81.2	14.5	98.3	84.4	139.76	42.2	142.24	1.8	142.62	0.3
城镇登记失业率	%	3.3	—	3.2	3.3	—	3.3	—	3.3	—	3.3	—
十九、环境保护												
工业废水排放达标率	%	92.2	—	89.6	—	—	—	—	—	—	—	—
森林覆盖率	%	62.5	—	61.1	62.5	—	62.5	—	62.5	—	62.48	—

说明：1. 表中数据均为统计公报数。
2. 地区生产总值、各产业增加值绝对数按现价计算，增长速度按不变价计算。
3. 部分数据因四舍五入的原因，存在着与分项合计不等的情况。
4. 2012年以来为规模以上固定资产投资，2012年以前为全社会固定资产投资。
5. 2012年为六大产业统计，2011年以前的天然药业从2012年起改为生物医药。
6. 财政收支，2012年以来为地方财政总收入，地方公共财政预算收入、支出，2012年以前为财政总收入，地方财政收入、支出。
7. 参加城乡居民社会养老保险人数，2014年以前为参加农村社会养老保险的人数。

全省16个州（市）及全州10县（市）2013～2014年国民经济主要统计指标

州（市）	总人口（万人）				人均GDP（元）			
	2014年		2013年		2014年		2013年	
	绝对数（万人）	位次	绝对数（万人）	位次	绝对数（元）	位次	绝对数（元）	位次
昆明市	662.60	1	657.90	1	56236	1	52094	1
曲靖市	600.90	2	597.40	2	27529	4	26599	4
玉溪市	235.10	11	234.00	11	50511	2	47215	2
昭通市	538.70	3	534.20	3	12496	16	11933	16
红河州	462.00	4	459.10	4	24473	7	22442	7
文山州	359.30	5	357.80	5	17172	15	15523	15
普洱市	259.40	8	258.40	8	17949	14	16491	13
版纳州	115.70	14	115.20	14	26507	5	23670	5
大理州	352.70	6	351.00	6	23652	8	21727	8
保山市	256.70	9	255.40	9	19566	11	17658	11
德宏州	126.40	13	124.50	13	19796	10	18663	10
丽江市	127.50	12	126.90	12	20585	9	19661	9
怒江州	54.10	15	53.90	15	18540	13	15936	14
迪庆州	40.70	16	40.63	16	36213	3	32380	3
临沧市	249.30	10	247.90	10	18710	12	16839	12
楚雄州	272.80	7	272.40	7	25744	6	23241	6
楚雄市	59.64	1	59.54	1	45150	1	40976	1
双柏县	16.03	9	16.02	9	16340	10	14451	10
牟定县	21.16	7	21.15	7	18910	4	16839	5
南华县	24.07	5	24.05	5	16935	8	15143	8
姚安县	20.25	8	20.2	8	18776	6	16793	6
大姚县	27.83	3	27.8	3	18891	5	17010	4
永仁县	11.09	10	11.08	10	20620	3	18409	3
元谋县	21.90	6	21.84	6	17983	7	16081	7
武定县	27.81	4	27.74	4	16582	9	14639	9
禄丰县	43.02	2	42.98	2	32575	2	29926	2

续上表

州（市）	生产总值				第一产业			
	2014 年		2013 年		2014 年		2013 年	
	绝对数（亿元）	位次	绝对数（亿元）	位次	绝对数（亿元）	位次	绝对数（亿元）	位次
昆明市	3713.0	1	3415.3	1	187.6	3	175.3	3
曲靖市	1649.4	2	1583.9	2	310.2	1	289.2	1
玉溪市	1184.7	3	1102.5	3	122.8	11	112.4	11
昭通市	670.3	7	634.7	6	138.1	10	128.7	9
红河州	1127.1	4	1027.0	4	196.8	2	193.1	2
文山州	615.7	8	553.4	8	143.1	6	133.4	6
普洱市	464.7	11	425.4	10	140.5	8	130.6	7
版纳州	306.0	12	272.3	12	85.9	12	80.0	12
大理州	832.2	5	760.8	5	181.9	4	162.0	4
保山市	501.0	9	449.7	9	138.4	9	128.5	10
德宏州	248.3	14	230.9	14	72.3	13	67.3	13
丽江市	261.8	13	248.8	13	44.2	14	41.1	14
怒江州	100.1	16	85.8	16	17.0	15	13.6	15
迪庆州	147.2	15	131.3	15	11.5	16	10.7	16
临沧市	465.1	10	416.1	11	142.7	7	130.4	8
楚雄州	701.78	6	632.50	7	156.28	5	145.28	5
楚雄市	269.05	1	243.64	1	25.61	2	23.84	2
双柏县	26.18	9	23.22	9	9.82	9	9.06	9
牟定县	40.00	6	35.62	6	11.04	8	10.27	8
南华县	40.75	5	36.37	5	13.69	6	12.79	6
姚安县	37.97	8	33.90	8	13.46	7	12.53	7
大姚县	52.54	3	47.15	3	16.99	3	15.67	3
永仁县	22.86	10	20.38	10	8.21	10	7.65	10
元谋县	39.33	7	35.07	7	14.21	5	13.22	5
武定县	46.06	4	40.57	4	15.05	4	14.02	4
禄丰县	140.07	2	128.53	2	28.20	1	26.23	1

续上表

州（市）	第二产业				第三产业			
	2014 年		2013 年		2014 年		2013 年	
	绝对数（亿元）	位次	绝对数（亿元）	位次	绝对数（亿元）	位次	绝对数（亿元）	位次（元）
昆明市	1642.0	1	1537.1	1	1883.4	1	1702.9	1
曲靖市	839.4	2	838.5	2	499.8	2	456.3	2
玉溪市	706.4	3	664.8	3	355.5	3	325.3	3
昭通市	326.1	6	318.9	6	206.1	8	187.1	8
红河州	581.4	4	539.1	4	348.9	4	304.7	4
文山州	249.4	8	217.1	8	223.2	7	202.9	7
普洱市	176.1	10	162.3	10	148.1	10	132.5	10
版纳州	94.2	13	80.5	13	126.0	11	111.8	11
大理州	344.0	5	319.7	5	306.3	5	279.1	5
保山市	175.3	11	155.3	11	187.3	9	165.9	9
德宏州	78.9	14	74.9	14	97.2	14	88.7	14
丽江市	112.7	12	112.7	12	104.9	13	95.0	13
怒江州	32.9	16	29.1	16	50.2	16	43.1	16
迪庆州	61.9	15	54.3	15	73.8	15	66.3	15
临沧市	198.8	9	175.7	9	123.6	12	110.1	12
楚雄州	297.33	7	264.35	7	248.17	6	222.87	6
楚雄市	149.82	1	136.12	1	93.62	1	83.68	1
双柏县	7.70	9	6.39	9	8.67	9	7.77	9
牟定县	14.93	5	12.73	5	14.03	5	12.62	5
南华县	13.61	6	11.49	6	13.45	7	12.09	7
姚安县	12.24	7	10.78	7	12.27	8	10.59	8
大姚县	19.20	3	16.82	3	16.35	3	14.66	3
永仁县	6.23	10	5.29	10	8.41	10	7.43	10
元谋县	11.42	8	9.71	8	13.70	6	12.14	6
武定县	16.34	4	13.34	4	14.67	4	13.21	4
禄丰县	50.95	2	48.06	2	60.92	2	54.24	2

续上表

州（市）	规模以上固定资产投资				社会消费品零售总额			
	2014 年		2013 年		2014 年		2013 年	
	绝对数（亿元）	位次	绝对数（亿元）	位次	绝对数（亿元）	位次	绝对数（亿元）	位次
昆明市	3138.17	1	2931.5	1	1905.9	1	1702.3	1
曲靖市	1164.54	3	1020.8	2	427.7	2	378.3	2
玉溪市	511.92	8	393.7	9	255.6	6	226.3	6
昭通市	550.48	7	548.5	4	189.4	8	169.9	8
红河州	1228.03	2	801.4	3	279.7	3	247.6	3
文山州	449.66	9	355.8	11	263.6	5	233.4	4
普洱市	417.58	10	427.3	7	131.3	11	116.2	11
版纳州	278.64	13	209.1	14	91.5	13	81.0	13
大理州	585.48	5	521.5	5	265.2	4	233.3	5
保山市	383.87	11	288.3	12	154.2	9	136.4	9
德宏州	257.01	14	212.8	13	100.8	12	89.2	12
丽江市	283.14	12	372.7	10	84.3	14	74.9	14
怒江州	100.29	16	82.9	16	26.6	16	23.5	16
迪庆州	247.06	15	196.0	15	38.4	15	34.2	15
临沧市	564.79	6	417.3	8	132.2	10	116.3	10
楚雄州	601.41	4	451.79	6	238.37	7	210.65	7
楚雄市	207.60	1	165.94	1	101.01	1	91.99	1
双柏县	31.14	8	23.48	9	7.51	9	6.09	9
牟定县	44.51	5	35.63	5	10.81	7	9.10	7
南华县	42.73	6	31.50	6	14.40	5	12.44	5
姚安县	33.04	7	24.43	8	10.45	8	9.01	8
大姚县	52.97	3	41.50	3	18.92	3	16.58	3
永仁县	26.24	10	26.09	7	4.63	10	4.09	10
元谋县	30.10	9	21.17	10	13.24	6	11.60	6
武定县	52.00	4	38.10	4	17.75	4	15.53	4
禄丰县	81.08	2	43.96	2	39.67	2	34.22	2

续上表

州（市）	地方公共财政预算收入				地方公共财政预算支出			
	2014 年		2013 年		2014 年		2013 年	
	绝对数（亿元）	位次	绝对数（亿元）	位次	绝对数（亿元）	位次	绝对数（亿元）	位次
昆明市	477.97	1	450.75	1	594.05	1	585.75	1
曲靖市	115.67	2	121.53	2	334.17	3	297.26	3
玉溪市	113.59	3	105.97	3	207.31	8	186.28	8
昭通市	51.02	7	47.47	8	330.89	4	261.26	4
红河州	111.02	4	97.25	4	344.79	2	310.71	2
文山州	50.7	8	42.72	11	217.23	7	195.46	7
普洱市	44.99	11	53.72	7	224.33	6	201.64	6
版纳州	28.79	14	26.81	14	90.07	15	81.26	15
大理州	75.28	5	71.97	5	243.57	5	222.93	5
保山市	47.18	9	42.84	10	164.24	11	150.32	11
德宏州	31.00	13	27.96	13	121.72	13	99.60	14
丽江市	46.07	10	45.78	9	128.03	12	113.20	12
怒江州	9.33	16	8.41	16	63.36	16	55.29	16
迪庆州	14.49	15	13.05	15	101.14	14	108.85	13
临沧市	37.26	12	36.85	12	194.45	10	181.33	9
楚雄州	63.72	6	56.37	6	205.12	9	172.65	10
楚雄市	18.43	1	16.30	1	35.30	1	30.18	1
双柏县	2.28	8	1.97	8	16.54	6	11.00	9
牟定县	2.67	6	2.30	6	13.27	8	12.46	6
南华县	3.86	5	3.21	5	17.55	5	13.72	5
姚安县	2.23	10	1.81	10	12.88	9	11.20	8
大姚县	3.94	4	3.48	4	18.39	4	16.55	3
永仁县	2.42	7	2.04	7	10.75	10	9.47	10
元谋县	2.27	9	1.91	9	14.92	7	11.79	7
武定县	5.00	3	4.31	3	18.50	3	15.63	4
禄丰县	7.66	2	7.46	2	21.75	2	19.96	2

续上表

州（市）	农村常住居民人均可支配收入				城镇常住居民人均可支配收入			
	2014 年		2013 年		2014 年		2013 年	
	绝对数（元）	位次	绝对数（元）	位次	绝对数（元）	位次	绝对数（元）	位次
昆明市	10366	1	9273	1	31295	1	28354	1
曲靖市	8514	4	6861	4	25023	3	24262	3
玉溪市	9969	2	8925	2	27223	2	24276	2
昭通市	6497	14	4604	15	20030	14	18724	14
红河州	7726	6	6368	6	23877	7	22294	7
文山州	6998	13	5460	14	21872	10	21080	10
普洱市	7096	12	5873	11	21058	13	19170	13
版纳州	9155	3	7107	3	21478	11	20094	11
大理州	7933	5	6677	5	24868	5	22690	6
保山市	7626	7	6275	8	23638	9	21555	8
德宏州	7152	11	5608	12	21303	12	19659	12
丽江市	7183	10	6037	10	23752	8	21229	9
怒江州	4297	16	3251	16	17266	16	15999	16
迪庆州	5865	15	5571	13	25020	4	23902	4
临沧市	7199	9	6066	9	19526	15	18563	15
楚雄州	7570	8	6357	7	24531	6	22934	5
楚雄市	8149	3	7108	3	26068	1	24137	1
双柏县	6798	8	5565	9	23894	9	21183	10
牟定县	6931	7	5672	7	24135	7	21728	7
南华县	7172	5	5943	5	24355	6	22021	6
姚安县	7385	4	6177	4	23759	10	21521	9
大姚县	7158	6	5928	6	24477	4	22465	4
永仁县	6788	9	5566	8	23951	8	21636	8
元谋县	8774	1	7733	1	25498	3	23117	3
武定县	6779	10	5527	10	24461	5	22456	5
禄丰县	8303	2	7283	2	25574	2	23176	2

注：固定资产投资为规模以上固定资产投资，不包括500万元以下投资和农村私人投资。

［楚雄州统计局］

（责任编辑：李　梅）

1. 本索引采用主题分析方法，按汉语拼音音序排列。
2. 类目和分目标题用黑体字标示。
3. 特载、附录、统计资料内容及图片、表格不作索引。
4. 索引词后的数字表示内容所在页码，数字后的字母 a、b、c 分别表示左、中、右栏。
5. “附见”条放在索引词下面，索引词后自第二个页码起为“参见”条目页码。

D

E

F

G

H

J

K

M

N

R

S

T

W

X

Z

美丽乡村——牟定县腊湾玛古新村（马兴华／摄影）

抓园区

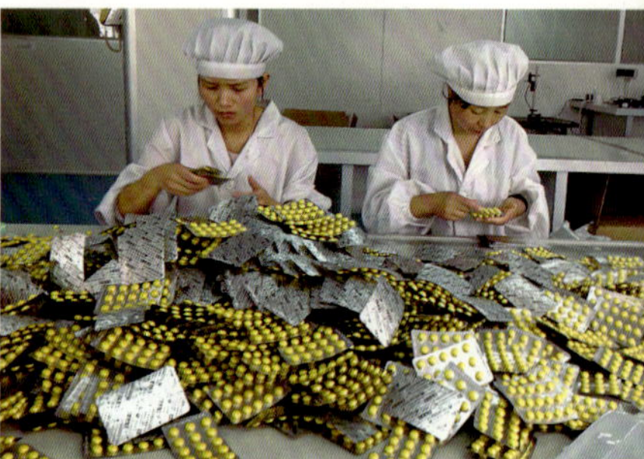

近年来，州委、州人民政府高度重视工业园区建设工作，把园区建设作为“工业强州”战略的重要突破口来抓。及时出台有关加强工业园区建设的一系列政策措施；千方百计落实园区建设专项资金，支持各园区基础设施和标准厂房建设；各工业园区充分发挥自身优势，积极开展多种形式融资和收储土地，致力于园区基础设施建设；狠抓工业园区规划布局工作，在完成《总规》调整修编的基础上，积极开展片区控制性和园区产业布局规划工作，对近期和中长期工业园区发展进行统筹谋划。

2014年，州级财政拨款6000万元支持各园区基础设施和标准厂房建设，2015年完成申报省级工业发展专项资金工业园区建设发展项目共计35个。楚雄苍岭云甸片区、武定禄金工业片区、姚安草海工业片区、禄丰土官勤丰片区、永仁新型工业循环片区、元谋小雷宰工业片区等一批水、电、路基础设施项目有序推进。

出台激励措施，加强银政合作，鼓励各商业银行加大对园区开发的贷款支持力度，2013年、2014年州级财政分别拨款4500万元和3900万元对融资工作开展较好的楚雄、武定等园区进行了重点扶持。引进中冶、福保集团公司采取“融资·建设”模式参与楚雄州工业园区建设。武定、南华、禄丰工业园区先后与中冶、福保公司签订合作协议。

2014年新修订的《楚雄州工业园区责任目标考核奖惩办法》把土地收储纳入了工业园区工作目标责任考核，进一步强化对各园区土地收储工作的指导督促。